Códigos Tributários

Códigos Tributários

2019 · 17ª Edição

Constituição da República Portuguesa (Constituição Fiscal)
Lei Geral Tributária
Código de Procedimento e de Processo Tributário
Regime Geral das Infrações Tributárias
Código do IRS
Código do IRC
Estatuto dos Benefícios Fiscais
Código do IVA
Código do Imposto Municipal sobre Imóveis
Código do Imposto Municipal sobre as Transmissões Onerosas de Imóveis
Código do Imposto do Selo
Código dos Impostos Especiais de Consumo
Legislação Complementar Adicional

ALMEDINA

CÓDIGOS TRIBUTÁRIOS
1ª edição: Setembro de 2010
EDITOR
EDIÇÕES ALMEDINA, S.A.
Rua Fernandes Tomás nºs 76, 78, 80
3000-167 Coimbra
Tel.: 239 851 904 · Fax: 239 851 901
www.almedina.net · editora@almedina.net
DESIGN DE CAPA
FBA.
PRÉ-IMPRESSÃO
EDIÇÕES ALMEDINA, S.A.
IMPRESSÃO E ACABAMENTO
PAPELMUNDE

Setembro, 2019
DEPÓSITO LEGAL
461450/19

ALMEDINA | GRUPOALMEDINA

BIBLIOTECA NACIONAL DE PORTUGAL – CATALOGAÇÃO NA PUBLICAÇÃO
PORTUGAL. Leis, decretos, etc.
Códigos tributários. – 17ª ed. – (Códigos universitários)
ISBN 978-972-40-8009-3
CDU 336

NOTA PRÉVIA À 17ª EDIÇÃO

O presente ano foi fértil em alterações legislativas em matéria fiscal, razão pela qual apresentamos uma nova edição profundamente atualizada.

Dando destaque às alterações que ocorreram, iniciamos com a Lei nº 9/2019, de 1 de fevereiro, que alterou a Lei Geral Tributária, clarificando, com natureza retroativa, o dever das entidades públicas de pagar juros indemnizatórios pelo pagamento de prestações tributárias que sejam indevidos por a sua cobrança se ter fundado em normas declaradas judicialmente como inconstitucionais ou ilegais.

Por sua vez, a Lei nº 17/2019, de 14 de fevereiro (Regime de comunicação obrigatória de informações financeiras), alterou o Regime Geral das Infrações Tributárias, definindo o quadro sancionatório a aplicar em caso de incumprimento, omissões ou inexatidões nos procedimentos de comunicação e diligência devida e demais obrigações que são impostas às instituições financeiras reportantes no que respeita ao regime de comunicação obrigatória de informações relativas a contas financeiras cujos titulares ou beneficiários sejam residentes em território nacional; e o Regime Complementar do Procedimento de Inspeção Tributária e Aduaneira, dotando a Autoridade Tributária e Aduaneira dos poderes adequados à verificação do cumprimento das obrigações previstas para as instituições financeiras reportantes no que respeita ao regime de comunicação obrigatória de informações relativas a contas financeiras cujos titulares ou beneficiários sejam residentes em território nacional.

Pelo Decreto-Lei nº 28/2019, de 15 de fevereiro, procedeu-se à regulamentação das obrigações relativas ao processamento de faturas e outros documentos fiscalmente relevantes, e das obrigações de conservação de livros, registos e respetivos documentos de suporte, que recaem sobre os sujeitos passivos de imposto sobre o valor acrescentado, alterando-se o Código do Imposto sobre o Valor Acrescentado e o Código do Imposto sobre o Rendimento das Pessoas Singulares.

A Lei nº 32/2019, de 3 de maio, veio reforçar o combate às práticas de elisão fiscal, transpondo a Diretiva (UE) 2016/1164, do Conselho, de 16 de julho, alterando o Código do Imposto sobre o Rendimento das Pessoas Coletivas, a Lei Geral Tributária e o Código de Procedimento e de Processo Tributário

O Decreto-Lei nº 60/2019, de 13 de maio, alterou também o Código do Imposto sobre o Valor Acrescentado, determinando a aplicação da taxa reduzida do IVA à componente fixa de determinados fornecimentos de eletricidade e gás natural.

Pelo Decreto-Lei nº 67/2019, de 21 de maio, procedeu-se ao agravamento do imposto municipal sobre imóveis relativamente a prédios devolutos em zonas de pressão urbanística., alterando-se o Código do Imposto Municipal sobre Imóveis.

A Portaria nº 230/2019, de 23 de julho, alterou a tabela de atividades de elevado valor acrescentado para efeitos do disposto no nº 10 do artigo 72º e no nº 5 do artigo 81º do Código do IRS.

Uma referência ainda para a Lei nº 118/2019, de 17 de setembro, que modificou os regimes processuais no âmbito da jurisdição administrativa e tributária, alterando e republicando o Código de Procedimento e de Processo Tributário.

Terminamos esta edição com a referência à Lei nº 119/2019, de 18 de setembro, que alterou diversos códigos fiscais (Código do IRS, Código do IRC, Código do IVA, Código do Imposto do Selo e respetiva Tabela, Código do IEC, Código do IMI, Código do IMT, Código do IUC, RGIT e CPPT).

Coimbra, setembro de 2019

SOFIA BARRACA

Parte Geral

Constituição da República Portuguesa (Constituição Fiscal)

Lei Geral Tributária

Código de Procedimento e de Processo Tributário

Combate ao Planeamento Fiscal Abusivo

Regimes de Tributação Privilegiada

Regime Complementar do Procedimento de Inspeção Tributária e Aduaneira

Sistema de Inspeção Tributária por Iniciativa do Sujeito Passivo ou de Terceiro

Regime Geral das Infrações Tributárias

Constituição da República Portuguesa

PRINCÍPIOS FUNDAMENTAIS

Artigo 1º – República Portuguesa

Portugal é uma República soberana, baseada na dignidade da pessoa humana e na vontade popular e empenhada na construção de uma sociedade livre, justa e solidária.

Artigo 2º – Estado de direito democrático

A República Portuguesa é um Estado de direito democrático, baseado na soberania popular, no pluralismo de expressão e organização política democráticas, no respeito e na garantia de efectivação dos direitos e liberdades fundamentais e na separação e interdependência de poderes, visando a realização da democracia económica, social e cultural e o aprofundamento da democracia participativa.

Artigo 3º – Soberania e legalidade

1. A soberania, una e indivisível, reside no povo, que a exerce segundo as formas previstas na Constituição.

2. O Estado subordina-se à Constituição e funda-se na legalidade democrática.

3. A validade das leis e dos demais actos do Estado, das regiões autónomas, do poder local e de quaisquer outras entidades públicas depende da sua conformidade com a Constituição.

(...)

Artigo 6º – Estado unitário

1. O Estado é unitário e respeita na sua organização e funcionamento o regime autonómico insular e os princípios da subsidiariedade, da autonomia das autarquias locais e da descentralização democrática da administração pública.

2. Os arquipélagos dos Açores e da Madeira constituem regiões autónomas dotadas de estatutos político-administrativos e de órgãos de governo próprio.

Artigo 7º – Relações internacionais

1. Portugal rege-se nas relações internacionais pelos princípios da independência nacional, do respeito dos direitos do homem, dos direitos dos povos, da igualdade entre os Estados, da solução pacífica dos conflitos internacionais, da não ingerência nos assuntos internos dos outros Estados e da cooperação com todos os outros povos para a emancipação e o progresso da humanidade.

2. Portugal preconiza a abolição do imperialismo, do colonialismo e de quaisquer outras formas de agressão, domínio e exploração nas relações entre os povos, bem como o desarmamento geral, simultâneo e controlado, a dissolução dos blocos político-militares e o estabelecimento de um sistema de segurança colectiva, com vista à criação de uma ordem internacional capaz de assegurar a paz e a justiça nas relações entre os povos.

3. Portugal reconhece o direito dos povos à autodeterminação e independência e ao desenvolvimento, bem como o direito à insurreição contra todas as formas de opressão.

4. Portugal mantém laços privilegiados de amizade e cooperação com os países de língua portuguesa.

5. Portugal empenha-se no reforço da identidade europeia e no fortalecimento da acção dos Estados europeus a favor da democracia, da paz, do progresso económico e da justiça nas relações entre os povos.

6. Portugal pode, em condições de reciprocidade, com respeito pelos princípios fundamentais do Estado de direito democrático e pelo princípio da subsidiariedade e tendo em vista a realização da coesão económica, social e territorial, de um espaço de liberdade, segurança e justiça e a definição e execução de uma política externa, de segurança e de defesa comuns, convencionar o exercício, em comum, em cooperação ou pelas instituições da União, dos poderes necessários à construção e aprofundamento da união europeia.

7. Portugal pode, tendo em vista a realização de uma justiça internacional que promova o respeito pelos direitos da pessoa humana e dos povos, aceitar a jurisdição do Tribunal Penal Internacional, nas condições de complementaridade e demais termos estabelecidos no Estatuto de Roma.

Artigo 8º – Direito internacional

1. As normas e os princípios de direito internacional geral ou comum fazem parte integrante do direito português.

2. As normas constantes de convenções internacionais regularmente ratificadas ou aprovadas vigoram na ordem interna após a sua publicação oficial e enquanto vincularem internacionalmente o Estado Português.

3. As normas emanadas dos órgãos competentes das organizações internacionais de que Portugal seja parte vigoram directamente na ordem interna, desde que tal se encontre estabelecido nos respectivos tratados constitutivos.

4. As disposições dos tratados que regem a União Europeia e as normas emanadas das suas instituições, no exercício das respectivas competências, são aplicáveis na ordem interna, nos termos definidos pelo direito da União, com respeito pelos princípios fundamentais do Estado de direito democrático.

Artigo 9º – Tarefas fundamentais do Estado

São tarefas fundamentais do Estado:

a) Garantir a independência nacional e criar as condições políticas, económicas, sociais e culturais que a promovam;

b) Garantir os direitos e liberdades fundamentais e o respeito pelos princípios do Estado de direito democrático;

c) Defender a democracia política, assegurar e incentivar a participação democrática dos cidadãos na resolução dos problemas nacionais;

d) Promover o bem-estar e a qualidade de vida do povo e a igualdade real entre os portugueses, bem como a efectivação dos direitos económicos, sociais, culturais e ambientais, mediante a transformação e modernização das estruturas económicas e sociais;

e) Proteger e valorizar o património cultural do povo português, defender a natureza e o ambiente, preservar os recursos naturais e assegurar um correcto ordenamento do território;

f) Assegurar o ensino e a valorização permanente, defender o uso e promover a difusão internacional da língua portuguesa;

g) Promover o desenvolvimento harmonioso de todo o território nacional, tendo em conta, designadamente, o carácter ultraperiférico dos arquipélagos dos Açores e da Madeira;

h) Promover a igualdade entre homens e mulheres.

(...)

PARTE I – DIREITOS E DEVERES FUNDAMENTAIS

TÍTULO I – Princípios gerais

Artigo 12º – Princípio da universalidade

1. Todos os cidadãos gozam dos direitos e estão sujeitos aos deveres consignados na Constituição.

2. As pessoas colectivas gozam dos direitos e estão sujeitas aos deveres compatíveis com a sua natureza.

Artigo 13º – Princípio da igualdade

1. Todos os cidadãos têm a mesma dignidade social e são iguais perante a lei.

2. Ninguém pode ser privilegiado, beneficiado, prejudicado, privado de qualquer direito ou isento de qualquer dever em razão de ascendência, sexo, raça, língua, território de origem, religião, convicções políticas ou ideológicas, instrução, situação económica, condição social ou orientação sexual.

(...)

Artigo 18º – Força jurídica

1. Os preceitos constitucionais respeitantes aos direitos, liberdades e garantias são directamente aplicáveis e vinculam as entidades públicas e privadas.

2. A lei só pode restringir os direitos, liberdades e garantias nos casos expressamente previstos na Constituição, devendo as restrições limitar-se ao necessário para salvaguardar outros direitos ou interesses constitucionalmente protegidos.

3. As leis restritivas de direitos, liberdades e garantias têm de revestir carácter geral e abstracto e não podem ter efeito retroactivo nem diminuir a extensão e o alcance do conteúdo essencial dos preceitos constitucionais.

(...)

TÍTULO II – Direitos, liberdades e garantias

CAPÍTULO I – Direitos, liberdades e garantias pessoais

Artigo 29º – Aplicação da lei criminal

1. Ninguém pode ser sentenciado criminalmente senão em virtude de lei anterior que declare punível a acção ou a omissão, nem sofrer medida de segurança cujos pressupostos não estejam fixados em lei anterior.

2. O disposto no número anterior não impede a punição, nos limites da lei interna, por acção ou omissão que no momento da sua prática seja considerada criminosa segundo os princípios gerais de direito internacional comummente reconhecidos.

3. Não podem ser aplicadas penas ou medidas de segurança que não estejam expressamente cominadas em lei anterior.

4. Ninguém pode sofrer pena ou medida de segurança mais graves do que as previstas no momento da correspondente conduta ou da verificação dos respectivos pressupostos, aplicando-se retroactivamente as leis penais de conteúdo mais favorável ao arguido.

5. Ninguém pode ser julgado mais do que uma vez pela prática do mesmo crime.

6. Os cidadãos injustamente condenados têm direito, nas condições que a lei prescrever, à revisão da sentença e à indemnização pelos danos sofridos.

(...)

Artigo 35º – Utilização da informática

1. Todos os cidadãos têm o direito de acesso aos dados informatizados que lhes digam respeito, podendo exigir a sua rectificação e actualização, e o direito de conhecer a finalidade a que se destinam, nos termos da lei.

2. A lei define o conceito de dados pessoais, bem como as condições aplicáveis ao seu tratamento automatizado, conexão, transmissão e utilização, e garante a sua protecção, designadamente através de entidade administrativa independente.

3. A informática não pode ser utilizada para tratamento de dados referentes a convicções filosóficas ou políticas, filiação partidária ou sindical, fé religiosa, vida privada e origem étnica, salvo mediante consentimento expresso do titular, autorização prevista por lei com garantias de não discriminação ou para processamento de dados estatísticos não individualmente identificáveis.

4. É proibido o acesso a dados pessoais de terceiros, salvo em casos excepcionais previstos na lei.

5. É proibida a atribuição de um número nacional único aos cidadãos.

6. A todos é garantido livre acesso às redes informáticas de uso público, definindo a lei o regime aplicável aos fluxos de dados transfronteiras e as formas adequadas de protecção de dados pessoais e de outros cuja salvaguarda se justifique por razões de interesse nacional.

7. Os dados pessoais constantes de ficheiros manuais gozam de protecção idêntica à prevista nos números anteriores, nos termos da lei.

(...)

TÍTULO III – Direitos e deveres económicos, sociais e culturais

(...)

CAPÍTULO II – Direitos e deveres sociais

Artigo 66º – Ambiente e qualidade de vida

1. Todos têm direito a um ambiente de vida humano, sadio e ecologicamente equilibrado e o dever de o defender.

2. Para assegurar o direito ao ambiente, no quadro de um desenvolvimento sustentável, incumbe ao Estado, por meio de organismos próprios e com o envolvimento e a participação dos cidadãos:

a) Prevenir e controlar a poluição e os seus efeitos e as formas prejudiciais de erosão;

b) Ordenar e promover o ordenamento do território, tendo em vista uma correcta localização das actividades, um equilibrado desenvolvimento sócio-económico e a valorização da paisagem;

c) Criar e desenvolver reservas e parques naturais e de recreio, bem como classificar e proteger paisagens e sítios, de modo a garantir a conservação da natureza e a preservação de valores culturais de interesse histórico ou artístico;

d) Promover o aproveitamento racional dos recursos naturais, salvaguardando a sua capacidade de renovação e a estabilidade ecológica, com respeito pelo princípio da solidariedade entre gerações;

e) Promover, em colaboração com as autarquias locais, a qualidade ambiental das povoações e da vida urbana, designadamente no plano arquitectónico e da protecção das zonas históricas;

f) Promover a integração de objectivos ambientais nas várias políticas de âmbito sectorial;

g) Promover a educação ambiental e o respeito pelos valores do ambiente;

h) Assegurar que a política fiscal compatibilize desenvolvimento com protecção do ambiente e qualidade de vida.

Artigo 67º – Família

1. A família, como elemento fundamental da sociedade, tem direito à protecção da sociedade e do Estado e à efectivação de todas as condições que permitam a realização pessoal dos seus membros.

2. Incumbe, designadamente, ao Estado para protecção da família:

a) Promover a independência social e económica dos agregados familiares;

b) Promover a criação e garantir o acesso a uma rede nacional de creches e de outros equipamentos sociais de apoio à família, bem como uma política de terceira idade;

c) Cooperar com os pais na educação dos filhos;

d) Garantir, no respeito da liberdade individual, o direito ao planeamento familiar, promovendo a informação e o acesso aos métodos e aos meios que o assegurem, e organizar as estruturas jurídicas e técnicas que permitam o exercício de uma maternidade e paternidade conscientes;

e) Regulamentar a procriação assistida, em termos que salvaguardem a dignidade da pessoa humana;

f) Regular os impostos e os benefícios sociais, de harmonia com os encargos familiares;

g) Definir, ouvidas as associações representativas das famílias, e executar uma política de família com carácter global e integrado;

h) Promover, através da concertação das várias políticas sectoriais, a conciliação da actividade profissional com a vida familiar.

(...)

PARTE II – ORGANIZAÇÃO ECONÓMICA

TÍTULO I – Princípios gerais

(...)

Artigo 81º – Incumbências prioritárias do Estado

Incumbe prioritariamente ao Estado no âmbito económico e social:

a) Promover o aumento do bem-estar social e económico e da qualidade de vida das pessoas, em especial das mais desfavorecidas, no quadro de uma estratégia de desenvolvimento sustentável;

b) Promover a justiça social, assegurar a igualdade de oportunidades e operar as necessárias correcções das desigualdades na distribuição da riqueza e do rendimento, nomeadamente através da política fiscal;

c) Assegurar a plena utilização das forças produtivas, designadamente zelando pela eficiência do sector público;

d) Promover a coesão económica e social de todo o território nacional, orientando o desenvolvimento no sentido de um crescimento equilibrado de todos os sectores e regiões e eliminando progressivamente as diferenças económicas e sociais entre a cidade e o campo e entre o litoral e o interior;

e) Promover a correcção das desigualdades derivadas da insularidade das regiões autónomas e incentivar a sua progressiva integração em espaços económicos mais vastos, no âmbito nacional ou internacional;

f) Assegurar o funcionamento eficiente dos mercados, de modo a garantir a equilibrada concorrência entre as empresas, a contrariar as formas de organização monopolistas e a reprimir os abusos de posição dominante e outras práticas lesivas do interesse geral;

g) Desenvolver as relações económicas com todos os povos, salvaguardando sempre a independência nacional e os interesses dos portugueses e da economia do país;

h) Eliminar os latifúndios e reordenar o minifúndio;

i) Garantir a defesa dos interesses e os direitos dos consumidores;

j) Criar os instrumentos jurídicos e técnicos necessários ao planeamento democrático do desenvolvimento económico e social;

l) Assegurar uma política científica e tecnológica favorável ao desenvolvimento do país;

m) Adoptar uma política nacional de energia, com preservação dos recursos naturais e do equilíbrio ecológico, promovendo, neste domínio, a cooperação internacional;

n) Adoptar uma política nacional da água, com aproveitamento, planeamento e gestão racional dos recursos hídricos.

(...)

TÍTULO IV – Sistema financeiro e fiscal

(...)

Artigo 103º – Sistema fiscal

1. O sistema fiscal visa a satisfação das necessidades financeiras do Estado e outras entidades públicas e uma repartição justa dos rendimentos e da riqueza.

2. Os impostos são criados por lei, que determina a incidência, a taxa, os benefícios fiscais e as garantias dos contribuintes.

3. Ninguém pode ser obrigado a pagar impostos que não hajam sido criados nos termos da Constituição, que tenham natureza retroactiva ou cuja liquidação e cobrança se não façam nos termos da lei.

Artigo 104º – Impostos

1. O imposto sobre o rendimento pessoal visa a diminuição das desigualdades e será único e progressivo, tendo em conta as necessidades e os rendimentos do agregado familiar.

2. A tributação das empresas incide fundamentalmente sobre o seu rendimento real.

3. A tributação do património deve contribuir para a igualdade entre os cidadãos.

4. A tributação do consumo visa adaptar a estrutura do consumo à evolução das necessidades do desenvolvimento económico e da justiça social, devendo onerar os consumos de luxo.

Artigo 105º – Orçamento

1. O Orçamento do Estado contém:

a) A discriminação das receitas e despesas do Estado, incluindo as dos fundos e serviços autónomos;

b) O orçamento da segurança social.

2. O Orçamento é elaborado de harmonia com as grandes opções em matéria de planeamento e tendo em conta as obrigações decorrentes de lei ou de contrato.

3. O Orçamento é unitário e especifica as despesas segundo a respectiva classificação orgânica e funcional, de modo a impedir a existência de dotações e fundos secretos, podendo ainda ser estruturado por programas.

4. O Orçamento prevê as receitas necessárias para cobrir as despesas, definindo a lei as regras da sua execução, as condições a que deverá obedecer o recurso ao crédito público e os critérios que deverão presidir às alterações que, durante a execução, poderão ser introduzidas pelo Governo nas rubricas de classificação orgânica no âmbito de cada programa orçamental aprovado pela Assembleia da República, tendo em vista a sua plena realização.

Artigo 106º – Elaboração do Orçamento

1. A lei do Orçamento é elaborada, organizada, votada e executada, anualmente, de acordo com a respectiva lei de enquadramento, que incluirá o regime atinente à elaboração e execução dos orçamentos dos fundos e serviços autónomos.

2. A proposta de Orçamento é apresentada e votada nos prazos fixados na lei, a qual prevê os procedimentos a adoptar quando aqueles não puderem ser cumpridos.

3. A proposta de Orçamento é acompanhada de relatórios sobre:

a) A previsão da evolução dos principais agregados macroeconómicos com influência no Orçamento, bem como da evolução da massa monetária e suas contrapartidas;

b) A justificação das variações de previsões das receitas e despesas relativamente ao Orçamento anterior;

c) A dívida pública, as operações de tesouraria e as contas do Tesouro;
d) A situação dos fundos e serviços autónomos;
e) As transferências de verbas para as regiões autónomas e as autarquias locais;
f) As transferências financeiras entre Portugal e o exterior com incidência na proposta do Orçamento;
g) Os benefícios fiscais e a estimativa da receita cessante.

(...)

PARTE III – ORGANIZAÇÃO DO PODER POLÍTICO

TÍTULO I – Princípios gerais

(...)

Artigo 112º – Actos normativos

1. São actos legislativos as leis, os decretos-leis e os decretos legislativos regionais.

2. As leis e os decretos-leis têm igual valor, sem prejuízo da subordinação às correspondentes leis dos decretos-leis publicados no uso de autorização legislativa e dos que desenvolvam as bases gerais dos regimes jurídicos.

3. Têm valor reforçado, além das leis orgânicas, as leis que carecem de aprovação por maioria de dois terços, bem como aquelas que, por força da Constituição, sejam pressuposto normativo necessário de outras leis ou que por outras devam ser respeitadas.

4. Os decretos legislativos têm âmbito regional e versam sobre matérias enunciadas no estatuto político-administrativo da respectiva região autónoma que não estejam reservadas aos órgãos de soberania, sem prejuízo do disposto nas alíneas *b*) e *c*) do nº 1 do artigo 227º

5. Nenhuma lei pode criar outras categorias de actos legislativos ou conferir a actos de outra natureza o poder de, com eficácia externa, interpretar, integrar, modificar, suspender ou revogar qualquer dos seus preceitos.

6. Os regulamentos do Governo revestem a forma de decreto regulamentar quando tal seja determinado pela lei que regulamentam, bem como no caso de regulamentos independentes.

7. Os regulamentos devem indicar expressamente as leis que visam regulamentar ou que definem a competência subjectiva e objectiva para a sua emissão;

8. A transposição de actos jurídicos da União Europeia para a ordem jurídica interna assume a forma de lei, decreto-lei ou, nos termos do disposto no nº 4, decreto legislativo regional.

Artigo 115º – Referendo

1. Os cidadãos eleitores recenseados no território nacional podem ser chamados a pronunciar-se directamente, a título vinculativo, através de referendo, por decisão do Presidente da República, mediante proposta da Assembleia da República ou do Governo, em matérias das respectivas competências, nos casos e nos termos previstos na Constituição e na lei.

2. O referendo pode ainda resultar da iniciativa de cidadãos dirigida à Assembleia da República, que será apresentada e apreciada nos termos e nos prazos fixados por lei.

3. O referendo só pode ter por objecto questões de relevante interesse nacional que devam ser decididas pela Assembleia da República ou pelo Governo através da aprovação de convenção internacional ou de acto legislativo.

4. São excluídas do âmbito do referendo:

a) As alterações à Constituição;

b) As questões e os actos de conteúdo orçamental, tributário ou financeiro;

c) As matérias previstas no artigo 161º da Constituição, sem prejuízo do disposto no número seguinte;

d) As matérias previstas no artigo 164º da Constituição, com excepção do disposto na alínea *i*).

5. O disposto no número anterior não prejudica a submissão a referendo das questões de relevante interesse nacional que devam ser objecto de convenção internacional, nos termos da alínea *i*) do artigo 161º da Constituição, excepto quando relativas à paz e à rectificação de fronteiras.

6. Cada referendo recairá sobre uma só matéria, devendo as questões ser formuladas com objectividade, clareza e precisão e para respostas de sim ou não, num número máximo de perguntas a fixar por lei, a qual determinará igualmente as demais condições de formulação e efectivação de referendos.

7. São excluídas a convocação e a efectivação de referendos entre a data da convocação e a da realização de eleições gerais para os órgãos de soberania, de governo próprio das regiões autónomas e do poder local, bem como de Deputados ao Parlamento Europeu.

8. O Presidente da República submete a fiscalização preventiva obrigatória da constitucionalidade e da legalidade as propostas de referendo que lhe tenham sido remetidas pela Assembleia da República ou pelo Governo.

9. São aplicáveis ao referendo, com as necessárias adaptações, as normas constantes dos nºs 1, 2, 3, 4 e 7 do artigo 113º

10. As propostas de referendo recusadas pelo Presidente da República ou objecto de resposta negativa do eleitorado não podem ser renovadas na mesma sessão legislativa, salvo nova eleição da Assembleia da República, ou até à demissão do Governo.

11. O referendo só tem efeito vinculativo quando o número de votantes for superior a metade dos eleitores inscritos no recenseamento.

12. Nos referendos são chamados a participar cidadãos residentes no estrangeiro, regularmente recenseados ao abrigo do disposto no nº 2 do artigo 121º, quando recaiam sobre matéria que lhes diga também especificamente respeito.

13. Os referendos podem ter âmbito regional, nos termos previstos no nº 2 do artigo 232º

(...)

TÍTULO III – Assembleia da República

(...)

CAPÍTULO II – Competência

Artigo 161º – Competência política e legislativa

Compete à Assembleia da República:

a) Aprovar alterações à Constituição, nos termos dos artigos 284º a 289º;

b) Aprovar os estatutos político-administrativos e as leis relativas à eleição dos deputados às Assembleias Legislativas das regiões autónomas;

c) Fazer leis sobre todas as matérias, salvo as reservadas pela Constituição ao Governo;

d) Conferir ao Governo autorizações legislativas;

e) Conferir às Assembleias Legislativas das regiões autónomas as autorizações previstas na alínea *b*) do nº 1 do artigo 227º da Constituição;

f) Conceder amnistias e perdões genéricos;

g) Aprovar as leis das grandes opções dos planos nacionais e o Orçamento do Estado, sob proposta do Governo;

h) Autorizar o Governo a contrair e a conceder empréstimos e a realizar outras operações de crédito que não sejam de dívida flutuante, definindo as respectivas condições gerais, e estabelecer o limite máximo dos avales a conceder em cada ano pelo Governo;

i) Aprovar os tratados, designadamente os tratados de participação de Portugal em organizações internacionais, os tratados de amizade, de paz, de defesa, de rectificação de fronteiras e os respeitantes a assuntos militares, bem como os acordos internacionais que versem matérias da sua competência reservada ou que o Governo entenda submeter à sua apreciação;

j) Propor ao Presidente da República a sujeição a referendo de questões de relevante interesse nacional;

l) Autorizar e confirmar a declaração do estado de sítio e do estado de emergência;

m) Autorizar o Presidente da República a declarar a guerra e a fazer paz;

n) Pronunciar-se, nos termos da lei, sobre as matérias pendentes de decisão em órgãos no âmbito da União Europeia que incidam na esfera da sua competência legislativa reservada;

o) Desempenhar as demais funções que lhe sejam atribuídas pela Constituição e pela lei.

(...)

Artigo 164º – Reserva absoluta de competência legislativa

É da exclusiva competência da Assembleia da República legislar sobre as seguintes matérias:

a) Eleições dos titulares dos órgãos de soberania;

b) Regimes dos referendos;

c) Organização, funcionamento e processo do Tribunal Constitucional;

d) Organização da defesa nacional, definição dos deveres dela decorrentes e bases gerais da organização, do funcionamento, do reequipamento e da disciplina das Forças Armadas;

e) Regimes do estado de sítio e do estado de emergência;

f) Aquisição, perda e reaquisição da cidadania portuguesa;

g) Definição dos limites das águas territoriais, da zona económica exclusiva e dos direitos de Portugal aos fundos marinhos contíguos;

h) Associações e partidos políticos;

i) Bases do sistema de ensino;

j) Eleições dos deputados às Assembleias Legislativas das regiões autónomas;

l) Eleições dos titulares dos órgãos do poder local ou outras realizadas por sufrágio directo e universal, bem como dos restantes órgãos constitucionais;

m) Estatuto dos titulares dos órgãos de soberania e do poder local, bem como dos restantes órgãos constitucionais ou eleitos por sufrágio directo e universal;

n) Criação, extinção e modificação de autarquias locais e respectivo regime, sem prejuízo dos poderes das regiões autónomas;

o) Restrições ao exercício de direitos por militares e agentes militarizados dos quadros permanentes em serviço efectivo, bem como por agentes dos serviços e forças de segurança;

p) Regime de designação dos membros de órgãos da União Europeia, com excepção da Comissão;

q) Regime do sistema de informações da República e do segredo de Estado;

r) Regime geral de elaboração e organização dos orçamentos do Estado, das regiões autónomas e das autarquias locais;

s) Regime dos símbolos nacionais;

t) Regime de finanças das regiões autónomas;

u) Regime das forças de segurança;

v) Regime da autonomia organizativa, administrativa e financeira dos serviços de apoio do Presidente da República.

Artigo 165º – Reserva relativa de competência legislativa

1. É da exclusiva competência da Assembleia da República legislar sobre as seguintes matérias, salvo autorização ao Governo:

a) Estado e capacidade das pessoas;

b) Direitos, liberdades e garantias;

c) Definição dos crimes, penas, medidas de segurança e respectivos pressupostos, bem como processo criminal;

d) Regime geral de punição das infracções disciplinares, bem como dos actos ilícitos de mera ordenação social e do respectivo processo;

e) Regime geral da requisição e da expropriação por utilidade pública;

f) Bases do sistema de segurança social e do serviço nacional de saúde;

g) Bases do sistema de protecção da natureza, do equilíbrio ecológico e do património cultural;

h) Regime geral do arrendamento rural e urbano;

i) Criação de impostos e sistema fiscal e regime geral das taxas e demais contribuições financeiras a favor das entidades públicas;

j) Definição dos sectores de propriedade dos meios de produção, incluindo a dos sectores básicos nos quais seja vedada a actividade às empresas privadas e a outras entidades da mesma natureza;

l) Meios e formas de intervenção, expropriação, nacionalização e privatização dos meios de produção e solos por motivo de interesse público, bem como critérios de fixação, naqueles casos, de indemnizações;

m) Regime dos planos de desenvolvimento económico e social e composição do Conselho Económico e Social;

n) Bases da política agrícola, incluindo a fixação dos limites máximos e mínimos das unidades de exploração agrícola;

o) Sistema monetário e padrão de pesos e medidas;

p) Organização e competência dos tribunais e do Ministério Público e estatuto dos respectivos magistrados, bem como das entidades não jurisdicionais de composição de conflitos;

q) Estatuto das autarquias locais, incluindo o regime das finanças locais;

r) Participação das organizações de moradores no exercício do poder local;

s) Associações públicas, garantias dos administrados e responsabilidade civil da Administração;

t) Bases do regime e âmbito da função pública;

u) Bases gerais do estatuto das empresas públicas e das fundações públicas;

v) Definição e regime dos bens do domínio público;

x) Regime dos meios de produção integrados no sector cooperativo e social de propriedade;

z) Bases do ordenamento do território e do urbanismo;

aa) Regime e forma de criação das polícias municipais.

2. As leis de autorização legislativa devem definir o objecto, o sentido, a extensão e a duração da autorização, a qual pode ser prorrogada.

3. As autorizações legislativas não podem ser utilizadas mais de uma vez, sem prejuízo da sua execução parcelada.

4. As autorizações caducam com a demissão do Governo a que tiverem sido concedidas, com o termo da legislatura ou com a dissolução da Assembleia da República.

5. As autorizações concedidas ao Governo na lei do Orçamento observam o disposto no presente artigo e, quando incidam sobre matéria fiscal, só caducam no termo do ano económico a que respeitam.

Artigo 166º – Forma dos actos

1. Revestem a forma de lei constitucional os actos previstos na alínea *a*) do artigo 161º

2. Revestem a forma de lei orgânica os actos previstos nas alíneas *a*) a *f*), *h*), *j*), primeira parte da alínea *l*), *q*) e *t*) do artigo 164º e no artigo 255º

3. Revestem a forma de lei os actos previstos nas alíneas *b*) a *h*) do artigo 161º

4. Revestem a forma de moção os actos previstos nas alíneas *d*) e *e*) do artigo 163º

5. Revestem a forma de resolução os demais actos da Assembleia da República, bem como os actos da Comissão Permanente previstos nas alíneas *e*) e *f*) do nº 3 do artigo 179º

6. As resoluções são publicadas independentemente de promulgação.

(...)

Artigo 168º – Discussão e votação

1. A discussão dos projectos e propostas de lei compreende um debate na generalidade e outro na especialidade.

2. A votação compreende uma votação na generalidade, uma votação na especialidade e uma votação final global.

3. Se a Assembleia assim o deliberar, os textos aprovados na generalidade serão votados na especialidade pelas comissões, sem prejuízo do poder de avocação pela Assembleia e do voto final desta para aprovação global.

4. São obrigatoriamente votadas na especialidade pelo Plenário as leis sobre as matérias previstas nas alíneas *a*) a *f*), *h*), *n*) e *o*) do artigo 164º, bem como na alínea *q*) do nº 1 do artigo 165º

5. As leis orgânicas carecem de aprovação, na votação final global, por maioria absoluta dos Deputados em efectividade de funções, devendo as disposições relativas à delimitação territorial das regiões, previstas no artigo 255º, ser aprovadas, na especialidade, em Plenário, por idêntica maioria.

6. Carecem de aprovação por maioria de dois terços dos Deputados presentes, desde que superior à maioria absoluta dos Deputados em efectividade de funções:

a) A lei respeitante à entidade de regulação da comunicação social;

b) As normas que disciplinam o disposto no nº 2 do artigo 118º;

c) A lei que regula o exercício do direito previsto no nº 2 do artigo 121º;

d) As disposições das leis que regulam as matérias referidas nos artigos 148º e 149º, e as relativas ao sistema e método de eleição dos órgãos previstos no nº 3 do artigo 239º;

e) As disposições que regulam a matéria da alínea *o*) do artigo 164º;

f) As disposições dos estatutos político-administrativos das regiões autónomas que enunciem as matérias que integram o respectivo poder legislativo.

(...)

TÍTULO IV – Governo

(...)

CAPÍTULO III – Competência

(...)

Artigo 198º – Competência legislativa

1. Compete ao Governo, no exercício de funções legislativas:

a) Fazer decretos-leis em matérias não reservadas à Assembleia da República;

b) Fazer decretos-leis em matérias de reserva relativa da Assembleia da República, mediante autorização desta;

c) Fazer decretos-leis de desenvolvimento dos princípios ou das bases gerais dos regimes jurídicos contidos em leis que a eles se circunscrevam.

2. É da exclusiva competência legislativa do Governo a matéria respeitante à sua própria organização e funcionamento.

3. Os decretos-leis previstos nas alíneas *b*) e *c*) do nº 1 devem invocar expressamente a lei de autorização legislativa ou a lei de bases ao abrigo da qual são aprovados.

Artigo 199º – Competência administrativa

Compete ao Governo, no exercício de funções administrativas:

a) Elaborar os planos, com base nas leis das respectivas grandes opções, e fazê-los executar;

b) Fazer executar o Orçamento do Estado;

c) Fazer os regulamentos necessários à boa execução das leis;

d) Dirigir os serviços e a actividade da administração directa do Estado, civil e militar, superintender na administração indirecta e exercer a tutela sobre esta e sobre a administração autónoma;

e) Praticar todos os actos exigidos pela lei respeitantes aos funcionários e agentes do Estado e de outras pessoas colectivas públicas;

f) Defender a legalidade democrática;

g) Praticar todos os actos e tomar todas as providências necessárias à promoção do desenvolvimento económico-social e à satisfação das necessidades colectivas.

(...)

TÍTULO V – Tribunais

(...)

CAPÍTULO II – Organização dos tribunais

Artigo 209º – Categorias de tribunais

1. Além do Tribunal Constitucional, existem as seguintes categorias de tribunais:

a) O Supremo Tribunal de Justiça e os tribunais judiciais de primeira e de segunda instância;

b) O Supremo Tribunal Administrativo e os demais tribunais administrativos e fiscais;

c) O Tribunal de Contas.

2. Podem existir tribunais marítimos, tribunais arbitrais e julgados de paz.

3. A lei determina os casos e as formas em que os tribunais previstos nos números anteriores se podem constituir, separada ou conjuntamente, em tribunais de conflitos.

4. Sem prejuízo do disposto quanto aos tribunais militares, é proibida a existência de tribunais com competência exclusiva para o julgamento de certas categorias de crimes.

(...)

Artigo 212º – Tribunais administrativos e fiscais

1. O Supremo Tribunal Administrativo é o órgão superior da hierarquia dos tribunais administrativos e fiscais, sem prejuízo da competência própria do Tribunal Constitucional.

2. O Presidente do Supremo Tribunal Administrativo é eleito de entre e pelos respectivos juízes.

3. Compete aos tribunais administrativos e fiscais o julgamento das acções e recursos contenciosos que tenham por objecto dirimir os litígios emergentes das relações jurídicas administrativas e fiscais.

(...)

TÍTULO VII – Regiões autónomas

(...)

Artigo 227º – Poderes das regiões autónomas

1. As regiões autónomas são pessoas colectivas territoriais e têm os seguintes poderes, a definir nos respectivos estatutos:

a) Legislar no âmbito regional em matérias enunciadas no respectivo estatuto político-administrativo e que não estejam reservadas aos órgãos de soberania;

b) Legislar em matérias de reserva relativa da Assembleia da República, mediante autorização desta, com excepção das previstas nas alíneas *a*) a *c*), na primeira parte da alínea *d*), nas alíneas *f*) e *i*), na segunda parte da alínea *m*) e nas alíneas *o*), *p*), *q*), *s*), *t*), *v*), *x*) e *aa*) do nº 1 do artigo 165º;

c) Desenvolver para o âmbito regional os princípios ou as bases gerais dos regimes jurídicos contidos em lei que a eles se circunscrevam;

d) Regulamentar a legislação regional e as leis emanadas dos órgãos de soberania que não reservem para estes o respectivo poder regulamentar;

e) Exercer a iniciativa estatutária, bem como a iniciativa legislativa em matéria relativa à eleição dos deputados às respectivas Assembleias Legislativas, nos termos do artigo 226º;

f) Exercer a iniciativa legislativa, nos termos do nº 1 do artigo 167º, mediante a apresentação à Assembleia da República de propostas de lei e respectivas propostas de alteração;

g) Exercer poder executivo próprio;

h) Administrar e dispor do seu património e celebrar os actos e contratos em que tenham interesse;

i) Exercer poder tributário próprio, nos termos da lei, bem como adaptar o sistema fiscal nacional às especificidades regionais, nos termos de lei quadro da Assembleia da República;

j) Dispor, nos termos dos estatutos e da lei de finanças das regiões autónomas, das receitas fiscais nelas cobradas ou geradas, bem como de uma participação nas receitas tributárias do Estado, estabelecida de acordo com um princípio que assegure a efectiva solidariedade nacional, e de outras receitas que lhes sejam atribuídas e afectá-las às suas despesas;

l) Criar e extinguir autarquias locais, bem como modificar a respectiva área, nos termos da lei;

m) Exercer poder de tutela sobre as autarquias locais;

n) Elevar povoações à categoria de vilas ou cidades;

o) Superintender nos serviços, institutos públicos e empresas públicas e nacionalizadas que exerçam a sua actividade exclusiva ou predominantemente na região, e noutros casos em que o interesse regional o justifique;

p) Aprovar o plano de desenvolvimento económico e social, o orçamento regional e as contas da região e participar na elaboração dos planos nacionais;

q) Definir actos ilícitos de mera ordenação social e respectivas sanções, sem prejuízo do disposto na alínea *d*) do nº 1 do artigo 165º;

r) Participar na definição e execução das políticas fiscal, monetária, financeira e cambial, de modo a assegurar o controlo regional dos meios de pagamento em circulação e o financiamento dos investimentos necessários ao seu desenvolvimento económico-social;

s) Participar na definição das políticas respeitantes às águas territoriais, à zona económica exclusiva e aos fundos marinhos contíguos;

t) Participar nas negociações de tratados e acordos internacionais que directamente lhes digam respeito, bem como nos benefícios deles decorrentes;

u) Estabelecer cooperação com outras entidades regionais estrangeiras e participar em organizações que tenham por objecto fomentar o diálogo e a cooperação inter-regional, de acordo com as orientações definidas pelos órgãos de soberania com competência em matéria de política externa;

v) Pronunciar-se por sua iniciativa ou sob consulta dos órgãos de soberania, sobre as questões da competência destes que lhes digam respeito, bem como, em matérias do seu interesse específico, na definição das posições do Estado Português no âmbito do processo de construção europeia;

x) Participar no processo de construção europeia, mediante representação nas respectivas instituições regionais e nas delegações envolvidas em processos de decisão da União Europeia, quando estejam em causa matérias que lhes digam respeito, bem como transpor actos jurídicos da União, nos termos do artigo 112º

2. As propostas de lei de autorização devem ser acompanhadas do anteprojecto do decreto legislativo regional a autorizar, aplicando-se às correspondentes leis de autorização o disposto nos nºs 2 e 3 do artigo 165º

3. As autorizações referidas no número anterior caducam com o termo da legislatura ou a dissolução, quer da Assembleia da República quer da Assembleia Legislativa a que tiverem sido concedidas.

4. Os decretos legislativos regionais previstos nas alíneas *b*) e *c*) do nº 1 devem invocar expressamente as respectivas leis de autorização ou leis de bases, sendo aplicável aos primeiros o disposto no artigo 169º, com as necessárias adaptações.

(...)

Artigo 232º – Competência da Assembleia Legislativa da região autónoma

1. É da exclusiva competência da Assembleia Legislativa da região autónoma o exercício das atribuições referidas nas alíneas *a*), *b*) e *c*), na segunda parte da alínea *d*), na alínea *f*), na primeira parte da alínea *i*) e nas alíneas *l*), *n*) e *q*) do nº 1 do artigo 227º, bem como a aprovação do orçamento regional, do plano de desenvolvimento económico e social e das contas da região e ainda a adaptação do sistema fiscal nacional às especificidades da região.

2. Compete à Assembleia Legislativa da região autónoma apresentar propostas de referendo regional, através do qual os cidadãos eleitores recenseados no respectivo território possam, por decisão do Presidente da República, ser chamados a pronunciar-se directamente, a título vinculativo, acerca de questões de relevante interesse específico regional, aplicando-se, com as necessárias adaptações, o disposto no artigo 115º

3. Compete à Assembleia Legislativa da região autónoma elaborar e aprovar o seu regimento, nos termos da Constituição e do respectivo estatuto político-administrativo.

4. Aplica-se à Assembleia Legislativa da região autónoma e respectivos grupos parlamentares, com as necessárias adaptações, o disposto na alínea *c*) do artigo 175º, nos nºs 1 a 6 do artigo 178º e no artigo 179º, com excepção do disposto nas alíneas *e*) e *f*) do nº 3 e no nº 4, bem como no artigo 180º

(...)

TÍTULO VIII – Poder local

CAPÍTULO I – Princípios gerais

(...)

Artigo 238º – Património e finanças locais

1. As autarquias locais têm património e finanças próprios.

2. O regime das finanças locais será estabelecido por lei e visará a justa repartição dos recursos públicos pelo Estado e pelas autarquias e a necessária correcção de desigualdades entre autarquias do mesmo grau.

3. As receitas próprias das autarquias locais incluem obrigatoriamente as provenientes da gestão do seu património e as cobradas pela utilização dos seus serviços.

4. As autarquias locais podem dispor de poderes tributários, nos casos e nos termos previstos na lei.

(...)

CAPÍTULO III – Município

(...)

Artigo 254º – Participação nas receitas dos impostos directos

1. Os municípios participam, por direito próprio e nos termos definidos pela lei, nas receitas provenientes dos impostos directos.

2. Os municípios dispõem de receitas tributárias próprias, nos termos da lei.

(...)

TÍTULO IX – Administração Pública

Artigo 266º – Princípios fundamentais

1. A Administração Pública visa a prossecução do interesse público, no respeito pelos direitos e interesses legalmente protegidos dos cidadãos.

2. Os órgãos e agentes administrativos estão subordinados à Constituição e à lei e devem actuar, no exercício das suas funções, com respeito pelos princípios da igualdade, da proporcionalidade, da justiça, da imparcialidade e da boa fé.

(...)

Artigo 268º – Direitos e garantias dos administrados

1. Os cidadãos têm o direito de ser informados pela Administração, sempre que o requeiram, sobre o andamento dos processos em que sejam directamente interessados, bem como o de conhecer as resoluções definitivas que sobre eles forem tomadas.

2. Os cidadãos têm também o direito de acesso aos arquivos e registos administrativos, sem prejuízo do disposto na lei em matérias relativas à segurança interna e externa, à investigação criminal e à intimidade das pessoas.

3. Os actos administrativos estão sujeitos a notificação aos interessados, na forma prevista na lei, e carecem de fundamentação expressa e acessível quando afectem direitos ou interesses legalmente protegidos.

4. É garantido aos administrados tutela jurisdicional efectiva dos seus direitos ou interesses legalmente protegidos, incluindo, nomeadamente, o reconhecimento desses direitos ou interesses, a impugnação de quaisquer actos administrativos que os lesem, independentemente da sua forma, a determinação da prática de actos administrativos legalmente devidos e a adopção de medidas cautelares adequadas.

5. Os cidadãos têm igualmente direito de impugnar as normas administrativas com eficácia externa lesivas dos seus direitos ou interesses legalmente protegidos.

6. Para efeitos dos nºs 1 e 2, a lei fixará um prazo máximo de resposta por parte da Administração.

(...)

Lei Geral Tributária

Decreto-Lei nº 398/98, de 17 de Dezembro

A reforma fiscal da tributação directa de 1989 não foi precedida da instituição de uma lei geral tributária que clarificasse os princípios fundamentais do sistema fiscal, as garantias dos contribuintes e os poderes da administração tributária. O Código de Processo Tributário, na esteira do Código de Processo das Contribuições e Impostos, viria a dispor genericamente, no título I, sobre as relações tributárias, especialmente as principais garantias dos contribuintes, mas continua a fazer-se sentir a ausência dessa peça fundamental do sistema fiscal português.

A concentração, clarificação e síntese em único diploma das regras fundamentais do sistema fiscal que só uma lei geral tributária é susceptível de empreender poderão, na verdade, contribuir poderosamente para uma maior segurança das relações entre a administração tributária e os contribuintes, a uniformização dos critérios de aplicação do direito tributário, de que depende a aplicação efectiva do princípio da igualdade, e a estabilidade e coerência do sistema tributário. A imagem de um sistema tributário disperso e contraditório prejudica fortemente a aceitação social das suas normas e, consequentemente, a eficácia do combate à fraude e evasão fiscal.

É tempo de suprir essa lacuna e dotar o sistema tributário português de um meio que o fará aproximar decididamente do sistema tributário das sociedades democráticas mais avançadas. É o que se pretende com a presente lei, cuja aprovação constitui, sem dúvida, um momento fundamental da acção reformadora do Governo, coroando um processo desencadeado a partir de 1996 com o acordo de concertação estratégica e a aprovação do Orçamento do Estado de 1997, onde já vinha prevista a realização de estudos tendentes à aprovação de uma lei geral tributária que clarificasse e sistematizasse os direitos e garantias dos contribuintes e os poderes da administração fiscal, e prosseguido pela Resolução do Conselho de Ministros nº 119/97, de 14 de Julho, onde, no ponto 8º, nº 3, alínea *b)*, se assinala o papel determinante da referida lei na reforma fiscal que o Governo vem empreendendo.

Esse objectivo insere-se, de resto, nos objectivos gerais, enunciados na mesma resolução para a reforma fiscal de transição para o século XXI: estabilidade do sistema; redução das desigualdades na sociedade portuguesa através da redistribuição da carga fiscal; simplificação, modernização e desburocratização da administração fiscal e aduaneira; prossecução, com mais eficácia, da luta contra a evasão e fraude fiscais e aduaneiras; promoção e desenvolvimento sócio-económico sustentável, em particular pela criação de condições favoráveis ao reforço da competitividade, ao crescimento económico e ao emprego e à consolidação e criação de empresas viáveis.

No título I, procede a presente lei, em conformidade com esses objectivos, à definição dos princípios fundamentais da ordem tributária, acolhendo as normas da Constituição fiscal e clarificando as regras de aplicação das leis tributárias no tempo e no espaço. No título II é regulada a relação jurídica tributária, do nascimento à extinção. No título III é regulado o procedimento tributário em ordem à sua adequação ao Código do Procedimento Administrativo e à 4ª revisão da Constituição, que desenvolveu e aprofundou as garantias dos cidadãos. No título IV são definidos os princípios fundamentais, também em harmonia com a 4ª revisão do processo judicial tributário. Finalmente, o título V enuncia os princípios fundamentais do sistema sancionatório tributário.

A presente lei não se limita à sistematização e aperfeiçoamento de normas já existentes, o que já seria relevante tendo em conta a incoerência ou dispersão que ainda caracterizam o actual sistema tributário, mas modifica aspectos fundamentais da relação Fisco-contribuinte, sem prejuízo do reforço de garantias dos contribuintes em termos de sigilo e confidencialidade e sem perversão dos normativos legais em vigor.

São paradigmáticos destes desígnios os seguintes princípios: a consagração da regra geral da transitoriedade dos benefícios fiscais, sujeitando-os a uma avaliação periódica visando impedir a sua transformação em verdadeiros privilégios fiscais; a sujeição a uma regulamentação clara e equilibrada do instituto da responsabilidade subsidiária, incluindo dos administradores ou gerentes, limitando os pressupostos da reversão e libertando, assim, os tribunais tributários de múltiplos casos susceptíveis de resolução meramente administrativa; o encurtamento pontual ou genérico dos prazos de caducidade do direito de liquidação e de prescrição das obrigações tributárias; criação de uma circunstância excepcional de encurtamento do prazo de caducidade do direito de liquidação em caso de fiscalização por iniciativa do sujeito passivo, que será relevante para a vida económica e reestruturação empresarial; a sujeição da possibilidade de adopção de providências cautelares a favor da administração tributária ao princípio da proporcionalidade e à condição de não causarem dano irreparável ao sujeito passivo; a possibilidade de o executado ser isento da prestação de garantia e indemnizado pela prestação de garantia indevida na execução fiscal; o alargamento muito substancial dos deveres de colaboração da administração tributária com o contribuinte; a consagração expressa e regulamentação clara da audiência prévia no procedimento tributário, cuja aplicação efectiva pode reduzir significativamente os litígios; a clarificação dos poderes da fiscalização tributária e sua sujeição expressa ao princípio da proporcionalidade; a definição dos princípios fundamentais da avaliação directa e indirecta da matéria tributável; a substituição das actuais comissões de revisão por um diálogo directo entre o Fisco e o contribuinte, que é susceptível de conferir maior eficácia e independência ao sistema; a clarificação das condições de avaliação indirecta da matéria tributável, explicitando-se os casos em que a administração tributária pode considerar existirem, de acordo com a terminologia dos actuais códigos tributários, indícios fundados de a matéria tributável real não corresponder à declarada, caso em que se invertem as regras gerais do ónus de prova no procedimento tributário.

Tratam-se de exemplos, entre bastantes outros possíveis, de que a presente lei não é a mera reprodução de disposições já existentes mas introduz uma nova filosofia na actividade tributária, assente numa cooperação mais estreita e sólida entre a administração tributária e o contribuinte, ou seja, num contrato de tipo novo, fruto de uma moderna concepção da fiscalidade.

No uso da autorização legislativa concedida pelo artigo 1º da Lei nº 41/98, de 4 de Agosto, e nos termos das alíneas *a)* e *b)* do nº 1 do artigo 198º e do nº 5 do artigo 112º da Constituição, o Governo decreta o seguinte:

Artigo 1º – Aprovação da lei geral tributária

É aprovada a lei geral tributária, em anexo ao presente diploma e que dele faz parte integrante.

Artigo 2º – Revogação de normas do Código de Processo Tributário

1. Sem prejuízo do disposto no artigo 3º, nº 2, são revogados os artigos do Código de Processo Tributário, aprovado pelo artigo 1º do Decreto-Lei nº 154/91, de 23 de Abril: artigos 3º, 4º, nº 1, 5º, 8º, 9º, 10º, 11º, nºs 1 e 2, 12º, 13º, 14º, 14º-A, 15º, 16º, 17º, 19º, 20º, 21º, 23º, 24º, nºs 1, 2 e 3, 32º, 33º, 34º, 38º, 48º, 49º, nº 1, 71º, 72º, 73º, 74º, 78º, 79º, 83º a 90º-A, 91º, nº 2, 93º, 94º e 111º, nº 1.

2. A revogação dos artigos 84º a 90º-A não prejudica o disposto no artigo 3º, nº 2, do presente diploma.

(Cfr. Declaração de Rectificação nº 7-B/99, de 27-02)

Artigo 3º – Revisão da matéria tributável

1. O regime da revisão da matéria tributável previsto no presente diploma aplica-se apenas às reclamações apresentadas após a sua entrada em vigor.

2. O contribuinte pode optar, até à entrada em vigor do novo Código de Processo Tributário, pelo regime de reclamação previsto nos artigos 84º e seguintes do Código de Processo Tributário vigente.

Artigo 4º – Competências

Para efeitos de regime do processo de revisão da matéria tributável e até à reorganização da Direcção-Geral dos Impostos, são considerados órgãos da administração tributária do domicílio ou sede dos sujeitos passivos os directores distritais de finanças e os directores de finanças das Regiões Autónomas da Madeira e dos Açores.

Artigo 5º – Prazos de prescrição e caducidade

1. Ao novo prazo de prescrição aplica-se o disposto no artigo 297º do Código Civil, sem prejuízo do disposto no número seguinte.

2. Aos impostos já abolidos à data da entrada em vigor da lei geral tributária aplicam-se os novos prazos de prescrição, contando-se para o efeito todo o tempo decorrido, independentemente de suspensões ou interrupções de prazo.

3. Ao prazo máximo de contagem dos juros de mora previsto na lei geral tributária é aplicável o artigo 297º do Código Civil.

4. O disposto no número anterior não se aplica aos regimes excepcionais de pagamento em prestações em vigor.

5. O novo prazo de caducidade do direito de liquidação dos tributos aplica-se aos factos tributários ocorridos a partir de 1 de Janeiro de 1998.

6. O disposto no número anterior aplica-se aos prazos previstos nos nºs 1 e 5 do artigo 78º da lei geral tributária.

Artigo 6º – Entrada em vigor

A presente lei entra em vigor no dia 1 de Janeiro de 1999.

Visto e aprovado em Conselho de Ministros de 28 de Outubro de 1998. – *António Manuel de Oliveira Guterres – António Luciano Pacheco de Sousa Franco – José Eduardo Vera Cruz Jardim.*

Promulgado em 30 de Novembro de 1998.

Publique-se.

O Presidente da República, JORGE SAMPAIO.

Referendado em 3 de Dezembro de 1998.

O Primeiro-Ministro, *António Manuel de Oliveira Guterres.*

Lei Geral Tributária*

TÍTULO I – Da ordem tributária

CAPÍTULO I – Princípios gerais

Artigo 1º – Âmbito de aplicação

1. A presente lei regula as relações jurídico-tributárias, sem prejuízo do disposto no direito comunitário e noutras normas de direito internacional que vigorem directamente na ordem interna ou em legislação especial.

2. Para efeitos da presente lei, consideram-se relações jurídico-tributárias as estabelecidas entre a administração tributária, agindo como tal, e as pessoas singulares e colectivas e outras entidades legalmente equiparadas a estas.

3. Integram a administração tributária, para efeitos do número anterior, a Direcção-Geral dos Impostos, a Direcção-Geral das Alfândegas e dos Impostos Especiais sobre o Consumo, a Direcção-Geral de Informática e Apoio aos Serviços Tributários e Aduaneiros, as demais entidades públicas legalmente incumbidas da liquidação e cobrança dos tributos, o Ministro das Finanças ou outro membro do Governo competente, quando exerçam competências administrativas no domínio tributário, e os órgãos igualmente competentes dos Governos Regionais e das autarquias locais.

Artigo 2º – Legislação complementar

De acordo com a natureza das matérias, às relações jurídico-tributárias aplicam-se, sucessivamente:

a) A presente lei;

b) O Código de Processo Tributário e os demais códigos e leis tributárias, incluindo a lei geral sobre infracções tributárias e o Estatuto dos Benefícios Fiscais;

c) O Código do Procedimento Administrativo e demais legislação administrativa;

d) O Código Civil e o Código de Processo Civil.

* Texto de acordo com a republicação da Lei nº 15/2001, de 5 de Junho.

Artigo 3º – Classificação dos tributos

1. Os tributos podem ser:

a) Fiscais e parafiscais;

b) Estaduais, regionais e locais.

2. Os tributos compreendem os impostos, incluindo os aduaneiros e especiais, e outras espécies tributárias criadas por lei, designadamente as taxas e demais contribuições financeiras a favor de entidades públicas.

3. O regime geral das taxas e das contribuições financeiras referidas no número anterior consta de lei especial.

Artigo 4º – Pressupostos dos tributos

1. Os impostos assentam essencialmente na capacidade contributiva, revelada, nos termos da lei, através do rendimento ou da sua utilização e do património.

2. As taxas assentam na prestação concreta de um serviço público, na utilização de um bem do domínio público ou na remoção de um obstáculo jurídico ao comportamento dos particulares.

3. As contribuições especiais que assentam na obtenção pelo sujeito passivo de benefícios ou aumentos de valor dos seus bens em resultado de obras públicas ou da criação ou ampliação de serviços públicos ou no especial desgaste de bens públicos ocasionados pelo exercício de uma actividade são consideradas impostos.

Artigo 5º – Fins da tributação

1. A tributação visa a satisfação das necessidades financeiras do Estado e de outras entidades públicas e promove a justiça social, a igualdade de oportunidades e as necessárias correcções das desigualdades na distribuição da riqueza e do rendimento.

2. A tributação respeita os princípios da generalidade, da igualdade, da legalidade e da justiça material.

Artigo 6º – Características da tributação e situação familiar

1. A tributação directa tem em conta:

a) A necessidade de a pessoa singular e o agregado familiar a que pertença disporem de rendimentos e bens necessários a uma existência digna;

b) A situação patrimonial, incluindo os legítimos encargos, do agregado familiar;

c) A doença, velhice ou outros casos de redução da capacidade contributiva do sujeito passivo.

2. A tributação indirecta favorece os bens e consumos de primeira necessidade.

3. A tributação respeita a família e reconhece a solidariedade e os encargos familiares, devendo orientar-se no sentido de que o conjunto dos rendimentos do agregado familiar não esteja sujeito a impostos superiores aos que resultariam da tributação autónoma das pessoas que o constituem.

Artigo 7º – Objectivos e limites da tributação

1. A tributação favorecerá o emprego, a formação do aforro e o investimento socialmente relevante.

2. A tributação deverá ter em consideração a competitividade e internacionalização da economia portuguesa, no quadro de uma sã concorrência.

3. A tributação não discrimina qualquer profissão ou actividade nem prejudica a prática de actos legítimos de carácter pessoal, sem prejuízo dos agravamentos ou benefícios excepcionais determinados por finalidades económicas, sociais, ambientais ou outras.

Artigo 8º – Princípio da legalidade tributária

1. Estão sujeitos ao princípio da legalidade tributária a incidência, a taxa, os benefícios fiscais, as garantias dos contribuintes, a definição dos crimes fiscais e o regime geral das contra-ordenações fiscais.

2. Estão ainda sujeitas ao princípio da legalidade tributária:

a) A liquidação e cobrança dos tributos, incluindo os prazos de prescrição e caducidade;

b) A regulamentação das figuras da substituição e responsabilidade tributárias;

c) A definição das obrigações acessórias;

d) A definição das sanções fiscais sem natureza criminal;

e) As regras de procedimento e processo tributário.

Artigo 9º – Acesso à justiça tributária

1. É garantido o acesso à justiça tributária para a tutela plena e efectiva de todos os direitos ou interesses legalmente protegidos.

2. Todos os actos em matéria tributária que lesem direitos ou interesses legalmente protegidos são impugnáveis ou recorríveis nos termos da lei.

3. O pagamento do imposto nos termos de lei que atribua benefícios ou vantagens no conjunto de certos encargos ou condições não preclude o direito de reclamação, impugnação ou recurso, não obstante a possibilidade de renúncia expressa, nos termos da lei.

Artigo 10º – Tributação de rendimentos ou actos ilícitos

O carácter ilícito da obtenção de rendimentos ou da aquisição, titularidade ou transmissão dos bens não obsta à sua tributação quando esses actos preencham os pressupostos das normas de incidência aplicáveis.

CAPÍTULO II – Normas tributárias

Artigo 11º – Interpretação

1. Na determinação do sentido das normas fiscais e na qualificação dos factos a que as mesmas se aplicam são observadas as regras e os princípios gerais de interpretação e aplicação das leis.

2. Sempre que, nas normas fiscais, se empreguem termos próprios de outros ramos de direito, devem os mesmos ser interpretados no mesmo sentido daquele que aí têm, salvo se outro decorrer directamente da lei.

3. Persistindo a dúvida sobre o sentido das normas de incidência a aplicar, deve atender-se à substância económica dos factos tributários.

4. As lacunas resultantes de normas tributárias abrangidas na reserva de lei da Assembleia da República não são susceptíveis de integração analógica.

Artigo 12º – Aplicação da lei tributária no tempo

1. As normas tributárias aplicam-se aos factos posteriores à sua entrada em vigor, não podendo ser criados quaisquer impostos retroactivos.

2. Se o facto tributário for de formação sucessiva, a lei nova só se aplica ao período decorrido a partir da sua entrada em vigor.

3. As normas sobre procedimento e processo são de aplicação imediata, sem prejuízo das garantias, direitos e interesses legítimos anteriormente constituídos dos contribuintes.

4. Não são abrangidas pelo disposto no número anterior as normas que, embora integradas no processo de determinação da matéria tributável, tenham por função o desenvolvimento das normas de incidência tributária.

Artigo 13º – Aplicação da lei tributária no espaço

1. Sem prejuízo de convenções internacionais de que Portugal seja parte e salvo disposição legal em sentido contrário, as normas tributárias aplicam-se aos factos que ocorram no território nacional.

2. A tributação pessoal abrange ainda todos os rendimentos obtidos pelo sujeito passivo com domicílio, sede ou direcção efectiva em território português, independentemente do local onde sejam obtidos.

Artigo 14º – Benefícios fiscais e outras vantagens de natureza social

1. A atribuição de benefícios fiscais ou outras vantagens de natureza social concedidas em função dos rendimentos do beneficiário ou do seu agregado familiar depende, nos termos da lei, do conhecimento da situação tributária global do interessado.

2. Os titulares de benefícios fiscais de qualquer natureza são sempre obrigados a revelar ou a autorizar a revelação à administração tributária dos pressupostos da sua concessão, ou a cumprir outras obrigações previstas na lei ou no instrumento de reconhecimento do benefício, nomeadamente as relativas aos impostos sobre o rendimento, a despesa ou o património, ou às normas do sistema de segurança social, sob pena de os referidos benefícios ficarem sem efeito.

3. A criação de benefícios fiscais depende da clara definição dos seus objectivos e da prévia quantificação da despesa fiscal.

(Redação dada pela Lei nº 53-A/2006, de 29-12)

TÍTULO II – Da relação jurídica tributária

CAPÍTULO I – Sujeitos da relação jurídica tributária

Artigo 15º – Personalidade tributária

A personalidade tributária consiste na susceptibilidade de ser sujeito de relações jurídicas tributárias.

Artigo 16º – Capacidade tributária

1. Os actos em matéria tributária praticados pelo representante em nome do representado produzem efeitos na esfera jurídica deste, nos limites dos poderes de representação que lhe forem conferidos por lei ou por mandato.

2. Salvo disposição legal em contrário, tem capacidade tributária quem tiver personalidade tributária.

3. Os direitos e os deveres dos incapazes e das entidades sem personalidade jurídica são exercidos, respectivamente, pelos seus representantes, designados de acordo com a lei civil, e pelas pessoas que administrem os respectivos interesses.

4. O cumprimento dos deveres tributários pelos incapazes não invalida o respectivo acto, sem prejuízo do direito de reclamação, recurso ou impugnação do representante.

5. Qualquer dos cônjuges pode praticar todos os actos relativos à situação tributária do agregado familiar e ainda os relativos aos bens ou interesses do outro cônjuge, desde que este os conheça e não se lhes tenha expressamente oposto.

6. O conhecimento e a ausência de oposição expressa referidos no número anterior presumem-se até prova em contrário.

Artigo 17º – Gestão de negócios

1. Os actos em matéria tributária que não sejam de natureza puramente pessoal podem ser praticados pelo gestor de negócios, produzindo efeitos em relação ao dono do negócio nos termos da lei civil.

2. Enquanto a gestão de negócios não for ratificada, o gestor de negócios assume os direitos e deveres do sujeito passivo da relação tributária.

3. Em caso de cumprimento de obrigações acessórias ou de pagamento, a gestão de negócios presume-se ratificada após o termo do prazo legal do seu cumprimento.

Artigo 18º – Sujeitos

1. O sujeito activo da relação tributária é a entidade de direito público titular do direito de exigir o cumprimento das obrigações tributárias, quer directamente quer através de representante.

2. Quando o sujeito activo da relação tributária não for o Estado, todos os documentos emitidos pela administração tributária mencionarão a denominação do sujeito activo.

3. O sujeito passivo é a pessoa singular ou colectiva, o património ou a organização de facto ou de direito que, nos termos da lei, está vinculado ao cumprimento da prestação tributária, seja como contribuinte directo, substituto ou responsável.

4. Não é sujeito passivo quem:

a) Suporte o encargo do imposto por repercussão legal, sem prejuízo do direito de reclamação, recurso, impugnação ou de pedido de pronúncia arbitral nos termos das leis tributárias;

b) Deva prestar informações sobre assuntos tributários de terceiros, exibir documentos, emitir laudo em processo administrativo ou judicial ou permitir o acesso a imóveis ou locais de trabalho.

(Redação dada pela Lei nº 55-A/2010, de 31-12)

Artigo 19º – Domicílio fiscal

1. O domicílio fiscal do sujeito passivo é, salvo disposição em contrário:

a) Para as pessoas singulares, o local da residência habitual;

b) Para as pessoas colectivas, o local da sede ou direcção efectiva ou, na falta destas, do seu estabelecimento estável em Portugal.

2. O domicílio fiscal integra ainda o domicílio fiscal eletrónico, que inclui o serviço público de notificações eletrónicas associado à morada única digital, bem como a caixa postal eletrónica, nos termos previstos no serviço público de notificações eletrónicas associado à morada única digital e no serviço público de caixa postal eletrónica.

3. É obrigatória, nos termos da lei, a comunicação do domicílio do sujeito passivo à administração tributária.

4. É ineficaz a mudança de domicílio enquanto não for comunicada à administração tributária.

5. Sempre que se altere o estatuto de residência de um sujeito passivo, este deve comunicar, no prazo de 60 dias, tal alteração à administração tributária.

6. Os sujeitos passivos residentes no estrangeiro, bem como os que, embora residentes no território nacional, se ausentem deste por período superior a seis meses, bem como as pessoas colectivas e outras entidades legalmente equiparadas que cessem a actividade, devem, para efeitos tributários, designar um representante com residência em território nacional.

7. Independentemente das sanções aplicáveis, depende da designação de representante nos termos do número anterior o exercício dos direitos dos sujeitos passivos nele referidos perante a administração tributária, incluindo os de reclamação, recurso ou impugnação.

8. O disposto no número anterior não é aplicável, sendo a designação de representante meramente facultativa, em relação a não residentes de, ou a residentes que se ausentem para, Estados membros da União Europeia ou do Espaço Económico Europeu, neste último caso desde que esse Estado membro esteja vinculado a cooperação administrativa no domínio da fiscalidade equivalente à estabelecida no âmbito da União Europeia.

9. O representante pode renunciar à representação nos termos gerais, mediante comunicação escrita ao representado, enviada para a última morada deste.

10. A renúncia torna-se eficaz relativamente à Autoridade Tributária e Aduaneira quando lhe for comunicada, devendo esta, no prazo de 90 dias a contar dessa comunicação, proceder às necessárias alterações, desde que tenha decorrido pelo menos um ano desde a nomeação ou tenha sido nomeado novo representante fiscal.

11. A administração tributária poderá rectificar oficiosamente o domicílio fiscal dos sujeitos passivos se tal decorrer dos elementos ao seu dispor.

12. Os sujeitos passivos do imposto sobre o rendimento das pessoas coletivas com sede ou direção efetiva em território português e os estabelecimentos estáveis de sociedades e outras entidades não residentes, bem como os sujeitos passivos residentes enquadrados no regime normal do imposto sobre o valor acrescentado, são obrigados a possuir caixa postal eletrónica, nos termos do nº 2, e a comunicá-la à administração tributária no prazo de 30 dias, a contar da data do início de atividade ou da data do início do enquadramento no regime normal do imposto sobre o valor acrescentado, quando o mesmo ocorra por alteração.

13. O Ministro das Finanças regula, por portaria, o regime de obrigatoriedade do domicílio fiscal electrónico dos sujeitos passivos não referidos no nº 9.

14. A obrigatoriedade de designação de representante fiscal ou de adesão à caixa postal eletrónica não é aplicável aos sujeitos passivos que aderiram ao serviço público de notificações eletrónicas associado à morada única digital, com exceção do previsto quanto às pessoas coletivas ou outras entidades legalmente equiparadas que cessem atividade.

15. O cancelamento da adesão ao serviço público de notificações eletrónicas associado à morada única digital,relativamente às pessoas singulares e coletivas residentes fora da União Europeia ou do Espaço Económico Europeu, só produz efeitos após a prévia designação de representante fiscal.

(Redação dada pela Lei nº 114/2017, de 29-12. Cf. Declaração de Retificação nº 6/2018, de 26-02)

Artigo 20º – Substituição tributária

1. A substituição tributária verifica-se quando, por imposição da lei, a prestação tributária for exigida a pessoa diferente do contribuinte.

2. A substituição tributária é efectivada através do mecanismo da retenção na fonte do imposto devido.

Artigo 21º – Solidariedade passiva

1. Salvo disposição da lei em contrário, quando os pressupostos do facto tributário se verifiquem em relação a mais de uma pessoa, todas são solidariamente responsáveis pelo cumprimento da dívida tributária.

2. No caso de liquidação de sociedades de responsabilidade ilimitada ou de outras entidades sujeitas ao mesmo regime de responsabilidade, os sócios ou membros são solidariamente responsáveis, com aquelas e entre si, pelos impostos em dívida.

Artigo 22º – Responsabilidade tributária

1. A responsabilidade tributária abrange, nos termos fixados na lei, a totalidade da dívida tributária, os juros e demais encargos legais.

2. Para além dos sujeitos passivos originários, a responsabilidade tributária pode abranger solidária ou subsidiariamente outras pessoas.

3. A responsabilidade do cônjuge do sujeito passivo é a que decorre da lei civil, sem prejuízo do disposto em lei especial.

4. A responsabilidade tributária por dívidas de outrem é, salvo determinação em contrário, apenas subsidiária.

5. As pessoas solidária ou subsidiariamente responsáveis poderão reclamar ou impugnar a dívida cuja responsabilidade lhes for atribuída nos mesmos termos do devedor principal, devendo, para o efeito, a notificação ou citação conter os elementos essenciais da sua liquidação, incluindo a fundamentação nos termos legais.

(Redação dada pela Lei nº 82-E/2014, de 31-12)

Artigo 23º – Responsabilidade tributária subsidiária

1. A responsabilidade subsidiária efectiva-se por reversão do processo de execução fiscal.

2. A reversão contra o responsável subsidiário depende da fundada insuficiência dos bens penhoráveis do devedor principal e dos responsáveis solidários, sem prejuízo do benefício da excussão.

3. Caso, no momento da reversão, não seja possível determinar a suficiência dos bens penhorados por não estar definido com precisão o montante a pagar pelo responsável subsidiário, o processo de execução fiscal fica suspenso desde o termo do prazo de oposição até à completa excussão do património do executado, sem prejuízo da possibilidade de adopção das medidas cautelares adequadas nos termos da lei.

4. A reversão, mesmo nos casos de presunção legal de culpa, é precedida de audição do responsável subsidiário nos termos da presente lei e da declaração fundamentada dos seus pressupostos e extensão, a incluir na citação.

5. O responsável subsidiário fica isento de custas e de juros de mora liquidados no processo de execução fiscal se, citado para cumprir a dívida constante do título executivo, efectuar o respectivo pagamento no prazo de oposição.

6. O disposto no número anterior não prejudica a manutenção da obrigação do devedor principal ou do responsável solidário de pagarem os juros de mora e as custas, no caso de lhe virem a ser encontrados bens.

7. O dever de reversão previsto no nº 3 deste artigo é extensível às situações em que seja solicitada a avocação de processos referida no nº 2 do artigo 181º do CPPT, só se procedendo ao envio dos mesmos a tribunal após despacho do órgão da execução fiscal, sem prejuízo da adopção das medidas cautelares aplicáveis.

(Redação dada pela Lei nº 64-B/2011, de 30-12)

Artigo 24º – Responsabilidade dos membros de corpos sociais e responsáveis técnicos

1. Os administradores, directores e gerentes e outras pessoas que exerçam, ainda que somente de facto, funções de administração ou gestão em pessoas colectivas e entes fiscalmente equiparados são subsidiariamente responsáveis em relação a estas e solidariamente entre si:

a) Pelas dívidas tributárias cujo facto constitutivo se tenha verificado no período de exercício do seu cargo ou cujo prazo legal de pagamento ou entrega tenha terminado depois deste, quando, em qualquer dos casos, tiver sido por culpa sua que o património da pessoa colectiva ou ente fiscalmente equiparado se tornou insuficiente para a sua satisfação;

b) Pelas dívidas tributárias cujo prazo legal de pagamento ou entrega tenha terminado no período do exercício do seu cargo, quando não provem que não lhes foi imputável a falta de pagamento.

2. A responsabilidade prevista neste artigo aplica-se aos membros dos órgãos de fiscalização e revisores oficiais de contas nas pessoas colectivas em que os houver, desde que se demonstre que a violação dos deveres tributários destas resultou do incumprimento das suas funções de fiscalização.

3. A responsabilidade prevista neste artigo aplica-se aos técnicos oficiais de contas desde que se demonstre a violação dos deveres de assunção de responsabilidade pela regularização técnica nas áreas contabilística e fiscal ou de assinatura de declarações fiscais, demonstrações financeiras e seus anexos.

(Redação dada pela Lei nº 60-A/2005, de 30-12)

Artigo 25º – Responsabilidade do titular de estabelecimento individual de responsabilidade limitada

1. Pelas dívidas fiscais do estabelecimento individual de responsabilidade limitada respondem apenas os bens a este afectos.

2. Sem prejuízo do disposto no artigo anterior, em caso de falência do estabelecimento individual de responsabilidade limitada por causa relacionada com a actividade do seu titular, responderão todos os seus bens, salvo se ele provar que o princípio da separação patrimonial foi devidamente observado na sua gestão.

Artigo 26º – Responsabilidade dos liquidatários das sociedades

1. Na liquidação de qualquer sociedade, devem os liquidatários começar por satisfazer as dívidas fiscais, sob pena de ficarem pessoal e solidariamente responsáveis pelas importâncias respectivas.

2. A responsabilidade prevista no número anterior fica excluída em caso de dívidas da sociedade que gozem de preferência sobre os débitos fiscais.

3. Quando a liquidação ocorra em processo de falência, devem os liquidatários satisfazer os débitos fiscais em conformidade com a ordem prescrita na sentença de verificação e graduação dos créditos nele proferida.

Artigo 27º – Responsabilidade de gestores de bens ou direitos de não residentes

1. Os gestores de bens ou direitos de não residentes sem estabelecimento estável em território português são solidariamente responsáveis em relação a estes e entre si por todas as contribuições e impostos do não residente relativos ao exercício do seu cargo.

2. Para os efeitos do presente artigo, consideram-se gestores de bens ou direitos todas aquelas pessoas singulares ou colectivas que assumam ou sejam incumbidas, por qualquer meio, da direcção de negócios de entidade não residente em território português, agindo no interesse e por conta dessa entidade.

3. *(Revogado.)*

(Redação dada pela Lei nº 82-E/2014, de 31-12)

Artigo 28º – Responsabilidade em caso de substituição tributária

1. Em caso de substituição tributária, a entidade obrigada à retenção é responsável pelas importâncias retidas e não entregues nos cofres do Estado, ficando o substituído desonerado de qualquer responsabilidade no seu pagamento, sem prejuízo do disposto nos números seguintes.

2. Quando a retenção tiver a natureza de pagamento por conta do imposto devido a final, cabe ao substituído a responsabilidade originária pelo imposto não retido e ao substituto a responsabilidade subsidiária, ficando este ainda sujeito aos juros compensatórios devidos desde o termo do prazo de entrega até ao termo do prazo para apresentação da declaração pelo responsável originário ou até à data da entrega do imposto retido, se anterior.

3. Nos restantes casos, o substituído é apenas subsidiariamente responsável pelo pagamento da diferença entre as importâncias que deveriam ter sido deduzidas e as que efectivamente o foram.

(Redação dada pela Lei nº 82-E/2014, de 31-12)

Artigo 29º – Transmissão dos créditos e obrigações tributárias

1. Os créditos tributários não são susceptíveis de cessão a terceiros, salvo nos casos previstos na lei.

2. As obrigações tributárias originárias e subsidiárias transmitem-se, mesmo que não tenham sido ainda liquidadas, em caso de sucessão universal por morte, sem prejuízo do benefício do inventário.

3. As obrigações tributárias não são susceptíveis de transmissão inter vivos, salvo nos casos previstos na lei.

4. O disposto no nº 1 não obsta a que o pagamento de um crédito resultante de atos de liquidação de imposto seja efetuado a pessoa diferente do sujeito passivo desde que este expressamente o autorize, mediante requerimento a efetuar à Autoridade Tributária e Aduaneira, sem prejuízo dos mecanismos de cobrança ou de constituição de garantias previstos na lei.

(Redação dada pela Lei nº 114/2017, de 29-12)

CAPÍTULO II – Objecto da relação jurídica tributária

Artigo 30º – Objecto da relação jurídica tributária

1. Integram a relação jurídica tributária:

a) O crédito e a dívida tributários;

b) O direito a prestações acessórias de qualquer natureza e o correspondente dever ou sujeição;

c) O direito à dedução, reembolso ou restituição do imposto;

d) O direito a juros compensatórios;

e) O direito a juros indemnizatórios.

2. O crédito tributário é indisponível, só podendo fixar-se condições para a sua redução ou extinção com respeito pelo princípio da igualdade e da legalidade tributária.

3. O disposto no número anterior prevalece sobre qualquer legislação especial.

(Redação dada pela Lei nº 55-A/2010, de 31-12)

Artigo 31º – Obrigações dos sujeitos passivos

1. Constitui obrigação principal do sujeito passivo efectuar o pagamento da dívida tributária.

2. São obrigações acessórias do sujeito passivo as que visam possibilitar o apuramento da obrigação de imposto, nomeadamente a apresentação de declarações, a exibição de documentos fiscalmente relevantes, incluindo a contabilidade ou escrita, e a prestação de informações.

Artigo 32º – Dever de boa prática tributária

Aos representantes de pessoas singulares e quaisquer pessoas que exerçam funções de administração em pessoas colectivas ou entes fiscalmente equiparados incumbe, nessa qualidade, o cumprimento dos deveres tributários das entidades por si representadas.

Artigo 33º – Pagamento por conta

As entregas pecuniárias antecipadas que sejam efectuadas pelos sujeitos passivos no período de formação do facto tributário constituem pagamento por conta do imposto devido a final.

Artigo 34º – Retenções na fonte

As entregas pecuniárias efectuadas por dedução nos rendimentos pagos ou postos à disposição do titular pelo substituto tributário constituem retenção na fonte.

Artigo 35º – Juros compensatórios

1. São devidos juros compensatórios quando, por facto imputável ao sujeito passivo, for retardada a liquidação de parte ou da totalidade do imposto devido ou a entrega de imposto a pagar antecipadamente, ou retido ou a reter no âmbito da substituição tributária.

2. São também devidos juros compensatórios quando o sujeito passivo, por facto a si imputável, tenha recebido reembolso superior ao devido.

3. Os juros compensatórios contam-se dia a dia desde o termo do prazo de apresentação da declaração, do termo do prazo de entrega do imposto a pagar antecipadamente ou retido ou a reter, até ao suprimento, correcção ou detecção da falta que motivou o retardamento da liquidação.

4. Para efeitos do número anterior, em caso de inspecção, a falta considera-se suprida ou corrigida a partir do auto de notícia.

5. Se a causa dos juros compensatórios for o recebimento de reembolso indevido, estes contam-se a partir deste até à data do suprimento ou correcção da falta que o motivou.

6. Para efeitos do presente artigo, considera-se haver sempre retardamento da liquidação quando as declarações de imposto forem apresentadas fora dos prazos legais.

7. Os juros compensatórios só são devidos pelo prazo máximo de 180 dias no caso de erro do sujeito passivo evidenciado na declaração ou, em caso de falta apurada em acção de fiscalização, até aos 90 dias posteriores à sua conclusão.

8. Os juros compensatórios integram-se na própria dívida do imposto. com a qual são conjuntamente liquidados.

9. A liquidação deve sempre evidenciar claramente o montante principal da prestação e os juros compensatórios, explicando com clareza o respectivo cálculo e distinguindo os de outras prestações devidas.

10. A taxa dos juros compensatórios é equivalente à taxa dos juros legais fixados nos termos do nº 1 do artigo 559º do Código Civil.

CAPÍTULO III – Constituição e alteração da relação jurídica tributária

Artigo 36º – Regras gerais

1. A relação jurídica tributária constitui-se com o facto tributário.

2. Os elementos essenciais da relação jurídica tributária não podem ser alterados por vontade das partes.

3. A administração tributária não pode conceder moratórias no pagamento das obrigações tributárias, salvo nos casos expressamente previstos na lei.

4. A qualificação do negócio jurídico efectuada pelas partes, mesmo em documento autêntico, não vincula a administração tributária.

5. A administração tributária pode subordinar a atribuição de benefícios fiscais ou a aplicação de regimes fiscais de natureza especial, que não sejam de concessão inteiramente vinculada, ao cumprimento de condições por parte do sujeito passivo, inclusivamente, nos casos previstos na lei, por meio de contratos fiscais.

Artigo 37º – Contratos fiscais

1. Caso os benefícios fiscais sejam constituídos por contrato fiscal, a tributação depende da sua caducidade ou resolução nos termos previstos na lei.

2. A lei pode prever que outros contratos sejam celebrados entre a Administração e o contribuinte, sempre com respeito pelos princípios da legalidade, da igualdade, da boa fé e da indisponibilidade do crédito tributário.

Artigo 38º – Ineficácia de actos e negócios jurídicos

1. A ineficácia dos negócios jurídicos não obsta à tributação, no momento em que esta deva legalmente ocorrer, caso já se tenham produzido os efeitos económicos pretendidos pelas partes.

2. As construções ou séries de construções que, tendo sido realizadas com a finalidade principal ou uma das finalidades principais de obter uma vantagem fiscal que frustre o objeto ou a finalidade do direito fiscal aplicável, sejam realizadas com abuso das formas jurídicas ou não sejam consideradas genuínas, tendo em conta todos os factos e circunstâncias relevantes, são desconsideradas para efeitos tributários, efetuando-se a tributação de acordo com as normas aplicáveis aos negócios ou atos que correspondam à substância ou realidade económica e não se produzindo as vantagens fiscais pretendidas.

3. Para efeitos do número anterior considera-se que:

a) Uma construção ou série de construções não é genuína na medida em que não seja realizada por razões económicas válidas que reflitam a substância económica;

b) Uma construção pode ser constituída por mais do que uma etapa ou parte.

4. Para efeitos de aplicação do disposto no nº 2, nos casos em que da construção ou série de construções tenha resultado a não aplicação de retenção na fonte com caráter definitivo, ou uma redução do montante do imposto retido a título definitivo, considera-se que a correspondente vantagem fiscal se produz na esfera do beneficiário do rendimento, tendo em conta os negócios ou atos que correspondam à substância ou realidade económica.

5. Sem prejuízo do número anterior, quando o substituto tenha ou devesse ter conhecimento daquela construção ou série de construções, devem aplicar-se as regras gerais de responsabilidade em caso de substituição tributária.

6. Em caso de aplicação do disposto no nº 2, os juros compensatórios que sejam devidos, nos termos do artigo 35º, são majorados em 15 pontos percentuais, sem prejuízo do disposto no Regime Geral das Infrações Tributárias, aprovado pela Lei nº 15/2011, de 5 de junho, na sua redação atual.

(Redação dada pela Lei nº 32/2019, de 03-05)

Artigo 39º – Simulação dos negócios jurídicos

1. Em caso de simulação de negócio jurídico, a tributação recai sobre o negócio jurídico real e não sobre o negócio jurídico simulado.

2. *(Revogado.)*

(Redação dada pela Lei nº 83-C/2013, de 31-12)

CAPÍTULO IV – Extinção da relação jurídica tributária

SECÇÃO I – Pagamento da prestação tributária

Artigo 40º – Pagamento e outras formas de extinção das prestações tributárias

1. As prestações tributárias são pagas em moeda corrente ou por cheque, débito em conta, transferência conta a conta e vale postal ou por outros meios utilizados pelos serviços dos correios ou pelas instituições de crédito que a lei expressamente autorize.

2. A dação em cumprimento e a compensação são admitidas nos casos expressamente previstos na lei.

3. Os contribuintes ou terceiros que efectuem o pagamento devem indicar os tributos e períodos de tributação a que se referem.

4. Em caso de o montante a pagar ser inferior ao devido, o pagamento é sucessivamente imputado pela seguinte ordem a:

a) Juros moratórios;
b) Outros encargos legais;
c) Dívida tributária, incluindo juros compensatórios;
d) Coimas.

Artigo 41º – Pagamento por terceiro

1. O pagamento das dívidas tributárias pode ser realizado pelo devedor ou por terceiro.

2. O terceiro que proceda ao pagamento das dívidas tributárias após o termo do prazo do pagamento voluntário fica sub-rogado nos direitos da administração tributária, desde que tenha previamente requerido a declaração de sub-rogação e obtido autorização do devedor ou prove interesse legítimo.

Artigo 42º – Pagamento em prestações

1. O devedor que não possa cumprir integralmente e de uma só vez a dívida tributária pode requerer o pagamento em prestações, nos termos que a lei fixar.

2. O disposto no número anterior não se aplica às dívidas de recursos próprios comunitários e, nos termos da lei, às quantias retidas na fonte ou legalmente repercutidas a terceiros ou ainda quando o pagamento do imposto seja condição da entrega ou transmissão dos bens.

Artigo 43º – Pagamento indevido da prestação tributária

1. São devidos juros indemnizatórios quando se determine, em reclamação graciosa ou impugnação judicial, que houve erro imputável aos serviços de que resulte pagamento da dívida tributária em montante superior ao legalmente devido.

2. Considera-se também haver erro imputável aos serviços nos casos em que, apesar de a liquidação ser efectuada com base na declaração do contribuinte, este ter seguido, no seu preenchimento, as orientações genéricas da administração tributária, devidamente publicadas.

3. São também devidos juros indemnizatórios nas seguintes circunstâncias:

a) Quando não seja cumprido o prazo legal de restituição oficiosa dos tributos;

b) Em caso de anulação do acto tributário por iniciativa da administração tributária, a partir do 30º dia posterior à decisão, sem que tenha sido processada a nota de crédito;

c) Quando a revisão do acto tributário por iniciativa do contribuinte se efectuar mais de um ano após o pedido deste, salvo se o atraso não for imputável à administração tributária;

d) Em caso de decisão judicial transitada em julgado que declare ou julgue a inconstitucionalidade ou ilegalidade da norma legislativa ou regulamentar em que se fundou a liquidação da prestação tributária e que determine a respetiva devolução.

4. A taxa dos juros indemnizatórios é igual à taxa dos juros compensatórios.

5. No período que decorre entre a data do termo do prazo de execução espontânea de decisão judicial transitada em julgado e a data da emissão da nota de crédito, relativamente ao imposto que deveria ter sido restituído por decisão judicial transitada em julgado, são devidos juros de mora a uma taxa equivalente ao dobro da taxa dos juros de mora definida na lei geral para as dívidas ao Estado e outras entidades públicas.

(Redação dada pela Lei nº 9/2019, de 01-02)

Artigo 44º – Falta de pagamento da prestação tributária

1. São devidos juros de mora quando o sujeito passivo não pague o imposto devido no prazo legal.

2. Os juros de mora aplicáveis às dívidas tributárias são devidos até à data do pagamento da dívida.

3. A taxa de juros de mora é a definida na lei geral para as dívidas ao Estado e outras entidades públicas, excepto no período que decorre entre a data do termo do prazo de execução espontânea de decisão judicial transitada em julgado, e a data do pagamento da dívida relativamente ao imposto que deveria ter sido pago por decisão judicial transitada em julgado, em que será aplicada uma taxa equivalente ao dobro daquela.

4. No caso de a dívida ser paga no prazo de 30 dias contados da data da citação, os juros de mora são contados até à data da emissão desta.

(Redação dada pela Lei nº 64-B/2011, de 30-12)

SECÇÃO II – Caducidade do direito de liquidação

Artigo 45º – Caducidade do direito à liquidação

1. O direito de liquidar os tributos caduca se a liquidação não for validamente notificada ao contribuinte no prazo de quatro anos, quando a lei não fixar outro.

2. No caso de erro evidenciado na declaração do sujeito passivo o prazo de caducidade referido no número anterior é de três anos.

3. Em caso de ter sido efetuada qualquer dedução ou crédito de imposto, o prazo de caducidade é o do exercício desse direito.

4. O prazo de caducidade conta-se, nos impostos periódicos, a partir do termo do ano em que se verificou o facto tributário e, nos impostos de obrigação única, a partir da data em que o facto tributário ocorreu, excepto no imposto sobre o valor acrescentado e nos impostos sobre o rendimento quando a tributação seja efectuada por retenção na fonte a título definitivo, caso em que aquele prazo se conta a partir do início do ano civil seguinte àquele em que se verificou, respectivamente, a exigibilidade do imposto ou o facto tributário.

5. Sempre que o direito à liquidação respeite a factos relativamente aos quais foi instaurado inquérito criminal, o prazo a que se refere o nº 1 é alargado até ao arquivamento ou trânsito em julgado da sentença, acrescido de um ano.

6. Para efeitos de contagem do prazo referido no nº 1, as notificações sob registo consideram-se validamente efectuadas no 3º dia posterior ao do registo ou no 1º dia útil seguinte a esse, quando esse dia não seja útil.

7. O prazo referido no nº 1 é de 12 anos sempre que o direito à liquidação respeite a factos tributários conexos com:

a) País, território ou região sujeito a um regime fiscal claramente mais favorável, constante de lista aprovada por portaria do Ministro das Finanças, que devendo ser declarados à administração tributária o não sejam; ou

b) Contas de depósito ou de títulos abertas em instituições financeiras não residentes em Estados-Membros da União Europeia, ou em sucursais localizadas fora da União Europeia de instituições financeiras residentes, cuja existência e identificação não seja mencionada pelos sujeitos passivos de IRS na correspondente declaração de rendimentos do ano em que ocorram os factos tributários.

(Redação dada pela Lei nº 82-E/2014, de 31-12)

Artigo 46º – Suspensão do prazo de caducidade

1. O prazo de caducidade suspende-se com a notificação ao contribuinte, nos termos legais, da ordem de serviço ou despacho no início da ação de inspeção externa, cessando, no entanto, esse efeito, contando-se o prazo desde o seu início, caso a duração da inspeção externa tenha ultrapassado o prazo de seis meses após a notificação, acrescido do período em que esteja suspenso o prazo para a conclusão do procedimento de inspeção.

2. O prazo de caducidade suspende-se ainda:

a) Em caso de litígio judicial de cuja resolução dependa a liquidação do tributo, desde o seu início até ao trânsito em julgado da decisão;

b) Em caso de benefícios fiscais de natureza contratual, desde o início até à resolução do contrato ou durante o decurso do prazo dos benefícios;

c) Em caso de benefícios fiscais de natureza condicionada, desde a apresentação da declaração até ao termo do prazo legal do cumprimento da condição;

d) Em caso de o direito à liquidação resultar de reclamação ou impugnação, a partir da sua apresentação até à decisão;

e) Com a apresentação do pedido de revisão da matéria colectável, até à notificação da respectiva decisão.

3. Em caso de aplicação de sanções da perda de benefícios fiscais de qualquer natureza, o prazo de caducidade suspende-se desde o início do respectivo procedimento criminal, fiscal ou contra-ordenacional até ao trânsito em julgado da decisão final.

(Redação dada pela Lei nº 42/2016, de 28-12)

Artigo 47º – Fiscalização tributária a solicitação do sujeito passivo

1. Em caso de fiscalização tributária por solicitação do sujeito passivo, nos termos de lei especial e sem prejuízo das disposições desta, não podem ser praticados posteriormente à notificação das suas conclusões ao contribuinte novos actos tributários de liquidação com fundamento em factos ocorridos no período compreendido na referida acção e incluídos no seu objecto.

2. A fiscalização referida no número anterior poderá, com autorização expressa do sujeito passivo, ser requerida por terceiro que demonstre nela ter igualmente interesse legítimo.

SECÇÃO III – Prescrição da prestação tributária

Artigo 48º – Prescrição

1. As dívidas tributárias prescrevem, salvo o disposto em lei especial, no prazo de oito anos contados, nos impostos periódicos, a partir do termo do ano em que se verificou o facto tributário e, nos impostos de obrigação única, a partir da data em que o facto tributário ocorreu, excepto no imposto sobre o valor acrescentado e nos impostos sobre o rendimento quando a tributação seja efectuada por retenção na fonte a título definitivo, caso em que aquele prazo se conta a partir do início do ano civil seguinte àquele em que se verificou, respectivamente, a exigibilidade do imposto ou o facto tributário.

2. As causas de suspensão ou interrupção da prescrição aproveitam igualmente ao devedor principal e aos responsáveis solidários ou subsidiários.

3. A interrupção da prescrição relativamente ao devedor principal não produz efeitos quanto ao responsável subsidiário se a citação deste, em processo de execução fiscal, for efectuada após o 5º ano posterior ao da liquidação.

4. No caso de dívidas tributárias em que o respectivo direito à liquidação esteja abrangido pelo disposto no nº 7 do artigo 45º, o prazo referido no nº 1 é alargado para 15 anos. *(Redação dada pela Lei nº 64-B/2011, de 30-12)*

Artigo 49º – Interrupção e suspensão da prescrição

1. A citação, a reclamação, o recurso hierárquico, a impugnação e o pedido de revisão oficiosa da liquidação do tributo interrompem a prescrição.

2. *(Revogado.)*

3. Sem prejuízo do disposto no número seguinte, a interrupção tem lugar uma única vez, com o facto que se verificar em primeiro lugar.

4. O prazo de prescrição legal suspende-se:

a) Em virtude de pagamento de prestações legalmente autorizados;

b) Enquanto não houver decisão definitiva ou transitada em julgado, que ponha termo ao processo, nos casos de reclamação, impugnação, recurso ou oposição, quando determinem a suspensão da cobrança da dívida;

c) Desde a instauração até ao trânsito em julgado da ação de impugnação pauliana intentada pelo Ministério Público;

d) Durante o período de impedimento legal à realização da venda de imóvel afeto a habitação própria e permanente.

5. O prazo de prescrição legal suspende-se, ainda, desde a instauração de inquérito criminal, até ao arquivamento ou trânsito em julgado da sentença. *(Redação dada pela Lei nº 13/2016, de 23-05)*

CAPÍTULO V – Garantia da prestação tributária

Artigo 50º – Garantia dos créditos tributários

1. O património do devedor constitui a garantia geral dos créditos tributários.

2. Para garantia dos créditos tributários, a administração tributária dispõe ainda:

a) Dos privilégios creditórios previstos no Código Civil ou nas leis tributárias;

b) Do direito de constituição, nos termos da lei, de penhor ou hipoteca legal, quando essas garantias se revelem necessárias à cobrança efectiva da dívida ou quando o imposto incida sobre a propriedade dos bens;

c) Do direito de retenção de quaisquer mercadorias sujeitas à acção fiscal de que o sujeito passivo seja proprietário, nos termos que a lei fixar.

3. A eficácia dos direitos referidos na alínea *b)* do número anterior depende do registo.

Artigo 51º – Providências cautelares

1. A administração tributária pode, nos termos da lei, tomar providências cautelares para garantia dos créditos tributários em caso de fundado receio de frustração da sua cobrança ou de destruição ou extravio de documentos ou outros elementos necessários ao apuramento da situação tributária dos sujeitos passivos e demais obrigados tributários.

2. As providências cautelares devem ser proporcionais ao dano a evitar e não causar dano de impossível ou difícil reparação.

3. As providências cautelares consistem na apreensão de bens, direitos ou documentos ou na retenção, até à satisfação dos créditos tributários, de prestações tributárias a que o contribuinte tenha direito.

Artigo 52º – Garantia da cobrança da prestação tributária

1. A cobrança da prestação tributária suspende-se no processo de execução fiscal em virtude de pagamento em prestações ou reclamação, recurso, impugnação e oposição à execução que tenham por objecto a ilegalidade ou inexigibilidade da dívida exequenda, bem como durante os procedimentos de resolução de diferendos no quadro da Convenção de Arbitragem nº 90/436/CEE, de 23 de Julho, relativa à eliminação da dupla tributação em caso de correcção de lucros entre empresas associadas de diferentes Estados membros.

2. A suspensão da execução nos termos do número anterior depende da prestação de garantia idónea nos termos das leis tributárias.

3. A administração tributária pode exigir ao executado o reforço da garantia no caso de esta se tornar manifestamente insuficiente para o pagamento da dívida exequenda e acrescido.

4. A administração tributária pode, a requerimento do executado, isentá-lo da prestação de garantia nos casos de a sua prestação lhe causar prejuízo irreparável ou manifesta falta de meios económicos revelada pela insuficiência de bens penhoráveis para o pagamento da dívida exequenda e acrescido, desde que não existam fortes indícios de que a insuficiência ou inexistência de bens se deveu a atuação dolosa do interessado.

5. A isenção prevista no número anterior é válida por um ano, salvo se a dívida se encontrar a ser paga em prestações, caso em que é válida durante o período em que esteja a ser cumprido o regime prestacional autorizado, devendo a administração tributária notificar o executado da data da sua caducidade, até 30 dias antes.

6. Caso o executado não solicite novo período de isenção ou a administração tributária o indefira, é levantada a suspensão do processo.

7. A garantia pode, uma vez prestada, ser excepcionalmente substituída, em caso de o executado provar interesse legítimo na substituição e daí não resulte prejuízo para o credor tributário.

8. A garantia só pode ser reduzida após a sua prestação nos casos de anulação parcial da dívida exequenda, pagamento parcial da dívida no âmbito de regime prestacional legalmente autorizado ou se se verificar, posteriormente, qualquer das circunstâncias referidas no nº 4.

(Redação dada pela Lei nº 42/2016, de 28-12)

Artigo 53º – Garantia em caso de prestação indevida

1. O devedor que, para suspender a execução, ofereça garantia bancária ou equivalente será indemnizado total ou parcialmente pelos prejuízos resultantes da sua prestação, caso a tenha mantido por período superior a três anos em proporção do vencimento em recurso administrativo, impugnação ou oposição à execução que tenham como objecto a dívida garantida.

2. O prazo referido no número anterior não se aplica quando se verifique, em reclamação graciosa ou impugnação judicial, que houve erro imputável aos serviços na liquidação do tributo.

3. A indemnização referida no nº 1 tem como limite máximo o montante resultante da aplicação ao valor garantido da taxa de juros indemnizatórios prevista na presente lei e pode ser requerida no próprio processo de reclamação ou impugnação judicial, ou autonomamente.

4. A indemnização por prestação de garantia indevida será paga por abate à receita do tributo do ano em que o pagamento se efectuou.

(Redação dada pela Lei nº 32-B/2002, de 30-12)

TÍTULO III – Do procedimento tributário

CAPÍTULO I – Regras gerais

Artigo 54º – Âmbito e forma do procedimento tributário

1. O procedimento tributário compreende toda a sucessão de actos dirigida à declaração de direitos tributários, designadamente:

a) As acções preparatórias ou complementares de informação e fiscalização tributária;

b) A liquidação dos tributos quando efectuada pela administração tributária;

c) A revisão, oficiosa ou por iniciativa dos interessados, dos actos tributários;

d) O reconhecimento ou revogação dos benefícios fiscais;

e) A emissão ou revogação de outros actos administrativos em matéria tributária;

f) As reclamações e os recursos hierárquicos;

g) A avaliação directa ou indirecta dos rendimentos ou valores patrimoniais;

h) A cobrança das obrigações tributárias, na parte que não tiver natureza judicial.

2. As garantias dos contribuintes previstas no presente capítulo aplicam-se também à autoliquidação, retenção na fonte ou repercussão legal a terceiros da dívida tributária, na parte não incompatível com a natureza destas figuras.

3. O procedimento tributário segue a forma escrita, sem prejuízo da tramitação electrónica dos actos do procedimento tributário nos termos definidos por portaria do Ministro das Finanças, mediante a qual será regulada a obrigatoriedade de apresentação em suporte electrónico de qualquer documento, designadamente requerimentos, exposições e petições.

4. Os documentos emitidos e os actos praticados por meios electrónicos pela administração tributária têm o mesmo valor legal dos documentos autênticos emitidos e dos actos praticados em suporte papel, desde que garantida a sua autenticidade, integridade, confidencialidade e conservação de acordo com os requisitos legais e regulamentares exigíveis pelo Sistema de Certificação Electrónica do Estado – Infra-Estrutura de Chaves Públicas, nos termos a regulamentar por portaria do Ministro das Finanças.

5. Os actos praticados por meios electrónicos pelo dirigente máximo do serviço são autenticados com assinatura electrónica avançada certificada nos termos previstos pelo Sistema de Certificação Electrónica do Estado – Infra-Estrutura de Chaves Públicas.

6. Sem prejuízo do disposto na presente lei, o exercício do direito de inspecção tributária constará do diploma regulamentar próprio.

(Redação dada pela Lei nº 64-B/2011, de 30-12)

Artigo 55º – Princípios do procedimento tributário

A administração tributária exerce as suas atribuições na prossecução do interesse público, de acordo com os princípios da legalidade, da igualdade, da proporcionalidade, da justiça, da imparcialidade e da celeridade, no respeito pelas garantias dos contribuintes e demais obrigados tributários.

Artigo 56º – Princípio da decisão

1. A administração tributária está obrigada a pronunciar-se sobre todos os assuntos da sua competência que lhe sejam apresentados por meio de reclamações, recursos, representações, exposições, queixas ou quaisquer outros meios previstos na lei pelos sujeitos passivos ou quem tiver interesse legítimo.

2. Não existe dever de decisão quando:

a) A administração tributária se tiver pronunciado há menos de dois anos sobre pedido do mesmo autor com idênticos objecto e fundamentos;

b) Tiver sido ultrapassado o prazo legal de revisão do acto tributário.

Artigo 57º – Prazos

1. O procedimento tributário deve ser concluído no prazo de quatro meses, devendo a administração tributária e os contribuintes abster-se da prática de actos inúteis ou dilatórios.

2. Os actos do procedimento tributário devem ser praticados no prazo de oito dias, salvo disposição legal em sentido contrário.

3. No procedimento tributário, os prazos são contínuos e contam-se nos termos do Código Civil.

4. Os prazos referidos no presente artigo suspendem-se no caso de a dilação do procedimento ser imputável ao sujeito passivo por incumprimento dos seus deveres de cooperação.

5. Sem prejuízo do princípio da celeridade e diligência, o incumprimento do prazo referido no nº 1, contado a partir da entrada da petição do contribuinte no serviço competente da administração tributária, faz presumir o seu indeferimento para efeitos de recurso hierárquico, recurso contencioso ou impugnação judicial.

(Redação dada pela Lei nº 64-B/2011, de 30-12)

Artigo 58º – Princípio do inquisitório

A administração tributária deve, no procedimento, realizar todas as diligências necessárias à satisfação do interesse público e à descoberta da verdade material, não estando subordinada à iniciativa do autor do pedido.

Artigo 59º – Princípio da colaboração

1. Os órgãos da administração tributária e os contribuintes estão sujeitos a um dever de colaboração recíproco.

2. Presume-se a boa fé da actuação dos contribuintes e da administração tributária.

3. A colaboração da administração tributária com os contribuintes compreende, designadamente:

a) A informação pública, regular e sistemática sobre os seus direitos e obrigações;

b) A publicação, no prazo de 30 dias, das orientações genéricas sobre a interpretação e aplicação das normas tributárias;

c) A assistência necessária ao cumprimento dos deveres acessórios;

d) A notificação do sujeito passivo ou demais interessados para esclarecimento das dúvidas sobre as suas declarações ou documentos;

e) A prestação de informações vinculativas, nos termos da lei;

f) O esclarecimento regular e atempado das fundadas dúvidas sobre a interpretação e aplicação das normas tributárias;

g) O acesso, a título pessoal ou mediante representante, aos seus processos individuais ou, nos termos da lei, àqueles em que tenham interesse directo, pessoal e legítimo;

h) A criação, por lei, em casos justificados, de regimes simplificados de tributação e a limitação das obrigações acessórias às necessárias ao apuramento da situação tributária dos sujeitos passivos;

i) A publicação, nos termos da lei, dos benefícios ou outras vantagens fiscais, salvo quando a sua concessão não comporte qualquer margem de livre apreciação da administração tributária;

j) O direito ao conhecimento pelos contribuintes da identidade dos funcionários responsáveis pela direcção dos procedimentos que lhes respeitem;

l) A comunicação antecipada do início da inspecção da escrita, com a indicação do seu âmbito e extensão e dos direitos e deveres que assistem ao sujeito passivo;

m) Informação ao contribuinte dos seus direitos e obrigações, designadamente nos casos de obrigações periódicas;

n) A interpelação ao contribuinte para proceder à regularização da situação tributária e ao exercício do direito à redução da coima, quando a administração tributária detecte a prática de uma infracção de natureza não criminal;

o) A disponibilização no Portal das Finanças dos formulários digitais para o cumprimento das obrigações declarativas previstas nos artigos 57º e 113º do Código do IRS e nos artigos 120º e 121º do Código do IRC, com uma antecedência mínima de 120 dias em relação à data limite do cumprimento da obrigação declarativa.*

* Nos termos do art. 3º da Lei nº 39/2018, de 08-08, nos anos de 2018 e 2019, o prazo de antecedência mínima previsto na alínea *o)* do nº 3 do artigo 59º da LGT é de 90 dias.

4. A colaboração dos contribuintes com a administração tributária compreende o cumprimento das obrigações acessórias previstas na lei e a prestação dos esclarecimentos que esta lhes solicitar sobre a sua situação tributária, bem como sobre as relações económicas que mantenham com terceiros.

5. A publicação dos elementos referidos nos alíneas *a*), *b*), *e*), *f*) e *i*) do nº 3 é promovida por meios electrónicos.

6. A administração tributária disponibiliza a versão electrónica dos códigos e demais legislação tributária actualizada.

7. As comunicações previstas nas alíneas *m*) e *n*) do nº 3 são efetuadas por via eletrónica.

8. Sempre que a Autoridade Tributária e Aduaneira não cumpra o prazo mínimo de antecedência previsto na alínea *o*) do nº 3, a data limite para o cumprimento da respetiva obrigação declarativa prorroga-se pelo mesmo número de dias de atraso. *(Redação dada pela Lei nº 39/2018, de 08-08)*

Artigo 60º – Princípio da participação

1. A participação dos contribuintes na formação das decisões que lhes digam respeito pode efectuar-se, sempre que a lei não prescrever em sentido diverso, por qualquer das seguintes formas:

a) Direito de audição antes da liquidação;

b) Direito de audição antes do indeferimento total ou parcial dos pedidos, reclamações, recursos ou petições;

c) Direito de audição antes da revogação de qualquer benefício ou acto administrativo em matéria fiscal;

d) Direito de audição antes da decisão de aplicação de métodos indirectos, quando não haja lugar a relatório de inspecção;

e) Direito de audição antes da conclusão do relatório da inspecção tributária.

2. É dispensada a audição:

a) No caso de a liquidação se efectuar com base na declaração do contribuinte ou a decisão do pedido, reclamação, recurso ou petição lhe seja favorável;

b) No caso de a liquidação se efectuar oficiosamente, com base em valores objectivos previstos na lei, desde que o contribuinte tenha sido notificado para apresentação da declaração em falta, sem que o tenha feito.

3. Tendo o contribuinte sido anteriormente ouvido em qualquer das fases do procedimento a que se referem as alíneas *b*) a *e*) do nº 1, é dispensada a sua audição antes da liquidação, salvo em caso de invocação de factos novos sobre os quais ainda se não tenha pronunciado.

4. O direito de audição deve ser exercido no prazo a fixar pela administração tributária em carta registada a enviar para esse efeito para o domicílio fiscal do contribuinte.

5. Em qualquer das circunstâncias referidas no nº 1, para efeitos do exercício do direito de audição, deve a administração tributária comunicar ao sujeito passivo o projecto da decisão e sua fundamentação.

6. O prazo do exercício oralmente ou por escrito do direito de audição é de 15 dias, podendo a administração tributária alargar este prazo até o máximo de 25 dias em função da complexidade da matéria.

7. Os elementos novos suscitados na audição dos contribuintes são tidos obrigatoriamente em conta na fundamentação da decisão.

(Redação dada pela Lei nº 66-B/2012, de 31-12)

CAPÍTULO II – Sujeitos

SECÇÃO I – Administração tributária

Artigo 60º-A – Utilização das tecnologias da informação e da comunicação

1. A administração tributária pode utilizar tecnologias da informação e da comunicação no procedimento tributário.

2. A administração tributária dispõe de um serviço na *Internet* que proporciona, nos termos referidos no número anterior, funcionalidades idênticas às dos serviços em instalações físicas.

3. Por portaria do Ministro das Finanças são identificadas as obrigações declarativas, de pagamento, e as petições, requerimentos e outras comunicações que são obrigatoriamente entregues por via electrónica, bem como os actos e comunicações que a administração tributária pratica com utilização da mesma via, devendo respeitar-se sempre o princípio da reciprocidade.

(Aditado pela Lei nº 64-B/2011, de 30-12)

Artigo 61º – Competência tributária

1. A incompetência no procedimento deve ser conhecida oficiosamente pela administração tributária e pode ser arguida pelos interessados.

2. O órgão da administração tributária material ou territorialmente incompetente é obrigado a enviar as peças do procedimento para o órgão da administração tributária competente no prazo de quarenta e oito horas após a declaração de incompetência, considerando-se o requerimento apresentado na data do primeiro registo do processo.

3. O interessado será devidamente notificado da remessa prevista no número anterior.

4. Em caso de dúvida, é competente para o procedimento o órgão da administração tributária do domicílio fiscal do sujeito passivo ou interessado ou, no caso de inexistência de domicílio, do seu representante legal.

5. Para os sujeitos passivos não residentes sem estabelecimento estável em território nacional, que não tenham representante fiscal, considera-se competente o serviço de finanças de Lisboa 3.

(Redação dada pela Lei nº 64-B/2011, de 30-12)

Artigo 62º – Delegação de poderes

1. Salvo nos casos previstos na lei, os órgãos da administração tributária podem delegar a competência do procedimento.

2. A competência referida no número anterior pode ser subdelegada, com autorização do delegante, salvo nos casos em que a lei o proíba.
(Redação dada pela Lei nº 55-A/2010, de 31-12)

Artigo 63º – Inspecção

1. Os órgãos competentes podem, nos termos da lei, desenvolver todas as diligências necessárias ao apuramento da situação tributária dos contribuintes, nomeadamente:

a) Aceder livremente às instalações ou locais onde possam existir elementos relacionados com a sua actividade ou com a dos demais obrigados fiscais;

b) Examinar e visar os seus livros e registos da contabilidade ou escrituração, bem como todos os elementos susceptíveis de esclarecer a sua situação tributária;

c) Aceder, consultar e testar o seu sistema informático, incluindo a documentação sobre a sua análise, programação e execução;

d) Solicitar a colaboração de quaisquer entidades públicas necessária ao apuramento da sua situação tributária ou de terceiros com quem mantenham relações económicas;

e) Requisitar documentos dos notários, conservadores e outras entidades oficiais;

f) Utilizar as suas instalações quando a utilização for necessária ao exercício da acção inspectiva.

2. O acesso à informação protegida pelo segredo profissional ou qualquer outro dever de sigilo legalmente regulado depende de autorização judicial, nos termos da legislação aplicável.

3. Sem prejuízo do número anterior, o acesso à informação protegida pelo sigilo bancário e pelo sigilo previsto no Regime Jurídico do Contrato de Seguro faz-se nos termos previstos nos artigos 63º-A, 63º-B e 63º-C.

4. O procedimento da inspeção e os deveres de cooperação são os adequados e proporcionais aos objetivos a prosseguir, só podendo haver mais de um procedimento externo de fiscalização respeitante ao mesmo sujeito passivo ou obrigado tributário, imposto e período de tributação mediante decisão, fundamentada com base em factos novos, do dirigente máximo do serviço, salvo se o procedimento visar apenas a consulta, recolha de documentos ou elementos ou a confirmação dos pressupostos de direitos que o contribuinte invoque perante a administração tributária e sem prejuízo do apuramento da situação tributária do sujeito passivo por meio de inspeção ou inspeções dirigidas a terceiros com quem mantenha relações económicas.

5. A falta de cooperação na realização das diligências previstas no nº 1 só será legítima quando as mesmas impliquem:

a) O acesso à habitação do contribuinte;

b) A consulta de elementos abrangidos pelo segredo profissional ou outro dever de sigilo legalmente regulado, com exceção do segredo bancário e do sigilo previsto no Regime Jurídico do Contrato de Seguro, realizada nos termos do nº 3;

c) O acesso a factos da vida íntima dos cidadãos;

d) A violação dos direitos de personalidade e outros direitos, liberdades e garantias dos cidadãos, nos termos e limites previstos na Constituição e na lei.

6. Em caso de oposição do contribuinte com fundamento nalgumas circunstâncias referidas no número anterior, a diligência só poderá ser realizada mediante autorização concedida pelo tribunal da comarca competente com base em pedido fundamentado da administração tributária.

7. A notificação das instituições de crédito, sociedades financeiras e demais entidades, para efeitos de permitirem o acesso a elementos cobertos pelo sigilo a que estejam vinculados quando a administração tributária exija fundamentadamente a sua derrogação, deve ser instruída com os seguintes elementos:

a) Nos casos de acesso directo, cópia da decisão fundamentada proferida pelo director-geral dos Impostos ou pelo director-geral das Alfândegas e dos Impostos Especiais sobre o Consumo, nos termos do nº 4 do artigo 63º-B;

b) Nos casos de acesso directo com audição prévia obrigatória do sujeito passivo ou de familiares ou terceiros que se encontrem numa relação especial com o contribuinte, prevista no nº 5 do artigo 63º-B, cópia da decisão fundamentada proferida pelo director-geral dos Impostos ou pelo director-geral das Alfândegas e dos Impostos Especiais sobre o Consumo e cópia da notificação dirigida para o efeito de assegurar a referida audição prévia.

8. As instituições de crédito, sociedades financeiras e demais entidades devem cumprir as obrigações relativas ao acesso a elementos cobertos pelo sigilo a que estejam vinculadas no prazo de 10 dias úteis.

(Redação dada pela Lei nº 114/2017, de 29-12)

Artigo 63º-A – Informações relativas a operações financeiras

1. As instituições de crédito e sociedades financeiras estão sujeitas a mecanismos de informação automática relativamente à abertura ou manutenção de contas por contribuintes cuja situação tributária não se encontre regularizada, nos termos dos nºs 5 e 6 do artigo 64º, ou inseridos em sectores de risco, bem como quanto às transferências transfronteiras que não sejam relativas a pagamentos de rendimentos sujeitos a algum dos regimes de comunicação para efeitos fiscais já previstos na lei, a transacções comerciais ou efectuadas por entidades públicas, nos termos a definir por portaria do Ministro das Finanças, ouvido o Banco de Portugal.

2. As instituições de crédito, as sociedades financeiras e as demais entidades que prestem serviços de pagamento estão obrigadas a comunicar à Autoridade Tributária e Aduaneira, até ao final do mês de março de cada ano, através de declaração de modelo oficial, aprovada por portaria do membro do Governo responsável pela área das finanças, as transferências e envio de fundos que tenham como destinatário entidade localizada em país, território ou região com regime de tributação privilegiada mais favorável que não sejam relativas a operações efetuadas por pessoas coletivas de direito público.

3. A Autoridade Tributária e Aduaneira fica obrigada a publicar anualmente, no seu sítio na Internet, o valor total anual das transferências e envio de fundos, bem como o motivo da transferência, por categoria de operação e de acordo com a respetiva tipologia, quando tenham como destinatários países, territórios e regiões com regime de tributação privilegiada mais favorável.

4. As instituições de crédito, sociedades financeiras e as demais entidades que prestem serviços de pagamento têm a obrigação de comunicar à Autoridade Tributária e Aduaneira, até ao final do mês de julho de cada ano, através de declaração de modelo oficial, aprovada por portaria do membro do Governo responsável pela área das finanças e ouvido o Banco de Portugal, o valor dos fluxos de pagamentos com cartões de crédito e de débito ou por outros meios de pagamento eletrónico, efetuados por seu intermédio, a sujeitos passivos que aufiram rendimentos da categoria B de IRS e de IRC, sem por qualquer forma identificar os mandantes das ordens de pagamento.

5. Sem prejuízo do disposto no número anterior, as instituições de crédito e sociedades financeiras e as demais entidades que prestem serviços de pagamento têm ainda a obrigação de fornecer, a qualquer momento, a pedido do diretor-geral da Autoridade Tributária e Aduaneira ou do seu substituto legal, ou do conselho diretivo do Instituto de Gestão Financeira da Segurança Social, I. P., as informações respeitantes aos fluxos de pagamentos com cartões de crédito e de débito ou por outros meios de pagamento eletrónico, efetuados por seu intermédio aos sujeitos passivos referidos no número anterior que sejam identificados no referido pedido de informação, sem por qualquer forma identificar os mandantes das ordens de pagamento.

6. A informação a submeter, nos termos do nº 1, inclui a identificação das contas, o número de identificação fiscal dos titulares, o valor dos depósitos no ano, o saldo em 31 de Dezembro, bem como outros elementos que constem da declaração de modelo oficial.

7. A obrigação de comunicação prevista no nº 2 abrange igualmente as transferências e os envios de fundos efetuados através das respetivas sucursais localizadas fora do território português ou de entidades não residentes com as quais exista uma situação de relações especiais, nos termos do nº 4 do artigo 63º do Código do IRC, sempre que a instituição de crédito, sociedade financeira ou entidade prestadora de serviços de pagamento tenha ou devesse ter conhecimento de que aquelas transferências ou envios de fundos têm como destinatário final uma entidade localizada em país, território ou região com regime de tributação privilegiada mais favorável.

8. Os sujeitos passivos de IRS são obrigados a mencionar na correspondente declaração de rendimentos a existência e a identificação de contas de depósitos ou de títulos abertas em instituição financeira não residente em território português ou em sucursal localizada fora do território português de instituição financeira residente, de que sejam titulares, beneficiários ou que estejam autorizados a movimentar.

9. Para efeitos do disposto no número anterior, entende-se por «beneficiário» o sujeito passivo que controle, direta ou indiretamente, e independentemente de qualquer título jurídico mesmo que através de mandatário, fiduciário ou interposta pessoa, os direitos sobre os elementos patrimoniais depositados nessas contas.

10. A obrigação de entrega da declaração prevista no nº 2 subsiste mesmo que não tenham ocorrido transferências ou envio de fundos abrangidos pela obrigação se comunicação.

11. O Banco de Portugal deve disponibilizar à Autoridade Tributária e Aduaneira, dentro do prazo previsto no nº 2, informação por entidade declarante, em número e valor, agregada por destino e motivo, relativa às transferências e envio de fundos que tenham como destinatário entidade localizada em país, território ou região com regime de tributação privilegiada mais favorável, que tenham sido reportadas ao Banco de Portugal pelas entidades referidas no nº 2.

(Redação dada pela Lei nº 71/2018, de 31-12)

Artigo 63º-B – Acesso a informações e documentos bancários

1. A administração tributária tem o poder de aceder a todas as informações ou documentos bancários, bem como a informações ou documentos de outras entidades financeiras previstas como tal no artigo 3º da Lei nº 25/2008, de 5 de junho, alterado pelos Decretos-Leis nºs 317/2009, de 30 de outubro, e 242/2012, de 7 de novembro, sem dependência do consentimento do titular dos elementos protegidos:

a) Quando existam indícios da prática de crime em matéria tributária;

b) Quando se verifiquem indícios da falta de veracidade do declarado ou esteja em falta declaração legalmente exigível;

c) Quando se verifiquem indícios da existência de acréscimos de património não justificados, nos termos da alínea *f)* do nº 1 do artigo 87º;

d) Quando se trate da verificação de conformidade de documentos de suporte de registos contabilísticos dos sujeitos passivos de IRS e IRC que se encontrem sujeitos a contabilidade organizada ou dos sujeitos passivos de IVA que tenham optado pelo regime de IVA de caixa;

e) Quando exista a necessidade de controlar os pressupostos de regimes fiscais privilegiados de que o contribuinte usufrua;

f) Quando se verifique a impossibilidade de comprovação e quantificação directa e exacta da matéria tributável, nos termos do artigo 88º, e, em geral, quando estejam verificados os pressupostos para o recurso a uma avaliação indirecta;

g) Quando se verifique a existência comprovada de dívidas à administração fiscal ou à segurança social;

h) Quando se trate de informações solicitadas nos termos de acordos ou convenções internacionais em matéria fiscal a que o Estado português esteja vinculado;

i) Constitui também fundamento da derrogação do sigilo bancário, em sede de procedimento administrativo de inspeção tributária, a comunicação de operações suspeitas, remetidas à Autoridade Tributária e Aduaneira, pelo Departamento Central de Investigação e Ação Penal da Procuradoria-Geral da República (DCIAP) e pela Unidade de Informação Financeira (UIF), no âmbito da legislação relativa à prevenção e repressão do branqueamento de capitais e financiamento do terrorismo.

2. A administração tributária tem, ainda, o poder de aceder diretamente aos documentos bancários e aos documentos emitidos por outras entidades financeiras previstas como tal no artigo 3º da Lei nº 25/2008, de 5 de junho, nas situações de recusa da sua exibição ou de autorização para a sua consulta, quando se trate de familiares ou terceiros que se encontrem numa relação especial com o contribuinte.

3. *(Revogado.)*

4. As decisões da administração tributária referidas nos números anteriores devem ser fundamentadas com expressa menção dos motivos concretos que as justificam e, salvo o disposto no número seguinte e no nº 13, notificadas aos interessados no prazo de 30 dias após a sua emissão, sendo da competência do diretor-geral da Autoridade Tributária e Aduaneira, ou dos seus substitutos legais, sem possibilidade de delegação.

5. Os atos praticados ao abrigo da competência definida no nº 1 são suscetíveis de recurso judicial com efeito meramente devolutivo e, sem prejuízo do disposto no nº 13, os atos previstos no nº 2 dependem da audição prévia do familiar ou terceiro e são suscetíveis de recurso judicial com efeito suspensivo, por parte destes.

6. Nos casos de deferimento do recurso previsto no número anterior, os elementos de prova entretanto obtidos não podem ser utilizados para qualquer efeito em desfavor do contribuinte.

7. As entidades que se encontrem numa relação de domínio com o contribuinte ficam sujeitas aos regimes de acesso à informação bancária referidos nos nºs 1, 2 e 3.

8. *(Revogado.)*

9. O regime previsto nos números anteriores não prejudica a legislação aplicável aos casos de investigação por infracção penal e só pode ter por objecto operações e movimentos bancários realizados após a sua entrada em vigor, sem prejuízo do regime vigente para as situações anteriores.

10. Para os efeitos desta lei, considera-se documento bancário qualquer documento ou registo, independentemente do respectivo suporte, em que se titulem, comprovem ou registem operações praticadas por instituições de crédito ou sociedades financeiras no âmbito da respectiva actividade, incluindo os referentes a operações realizadas mediante utilização de cartões de crédito.

11. Para os efeitos desta lei, considera-se documento de outras entidades financeiras, previstas como tal no artigo 3º da Lei nº 25/2008, de 5 de junho, qualquer documento ou registo, independentemente do respetivo suporte, que, não sendo considerado documento bancário, titule, comprove ou registe operações praticadas pelas referidas entidades.

12. A administração tributária presta ao ministério da tutela informação anual de caráter estatístico sobre os processos em que ocorreu o levantamento do sigilo bancário e do sigilo previsto no Regime Jurídico do Contrato de Seguro, a qual é remetida à Assembleia da República com a apresentação do relatório detalhado sobre a evolução do combate à fraude e à evasão fiscais, previsto no artigo 64º-B.

13. Nos casos abrangidos pela alínea *h*) do nº 1, não há lugar a notificação dos interessados nem a audição prévia do familiar ou terceiro quando o pedido de informações tenha caráter urgente ou essa audição ou notificação possa prejudicar as investigações em curso no Estado ou jurisdição requerente das informações e tal seja expressamente solicitado por este Estado ou jurisdição.

(Redação dada pela Lei nº 114/2017, de 29-12)

Artigo 63º-C – Contas bancárias exclusivamente afectas à actividade empresarial

1. Os sujeitos passivos de IRC, bem como os sujeitos passivos de IRS que disponham ou devam dispor de contabilidade organizada, estão obrigados a possuir, pelo menos, uma conta bancária através da qual devem ser, exclusivamente, movimentados os pagamentos e recebimentos respeitantes à actividade empresarial desenvolvida.

2. Devem, ainda, ser efectuados através da conta ou contas referidas no nº 1 todos os movimentos relativos a suprimentos, outras formas de empréstimos e adiantamentos de sócios, bem como quaisquer outros movimentos de ou a favor dos sujeitos passivos.

3. (*Revogado*).

4. A administração tributária pode aceder a todas as informações ou documentos bancários relativos à conta ou contas referidas no nº 1 sem dependência do consentimento dos respectivos titulares.

5. A possibilidade prevista no número anterior é estabelecida nos mesmos termos e circunstâncias do artigo 63º-B.

(*Redação dada pela Lei nº 92/2017, de 22-08*)

Artigo 63º-D – Países, territórios ou regiões com um regime fiscal claramente mais favorável

1. O membro do Governo responsável pela área das finanças aprova, por portaria, após parecer prévio da Autoridade Tributária e Aduaneira, a lista dos países, territórios ou regiões com regime claramente mais favorável.

2. Na elaboração do parecer e da lista a que se refere o número anterior, devem ser considerados, nomeadamente, os seguintes critérios:

a) Inexistência de um imposto de natureza idêntica ou similar ao IRC ou, existindo, a taxa aplicável seja inferior a 60% da taxa de imposto prevista no nº 1 do artigo 87º do Código do IRC;

b) As regras de determinação da matéria coletável sobre a qual incide o imposto sobre o rendimento divirjam significativamente dos padrões internacionalmente aceites ou praticados, nomeadamente pelos países da Organização para a Cooperação e Desenvolvimento Económico (OCDE);

c) Existência de regimes especiais ou de benefícios fiscais, designadamente isenções, deduções ou créditos fiscais, mais favoráveis do que os estabelecidos na legislação nacional, dos quais resulte uma redução substancial da tributação;

d) A legislação ou a prática administrativa não permita o acesso e a troca efetiva de informações relevantes para efeitos fiscais, nomeadamente informações de natureza fiscal, contabilística, societária, bancária ou outras que identifiquem os respetivos sócios ou outras pessoas relevantes, os titulares de rendimentos, bens ou direitos e a realização de operações económicas.

3. Os países, territórios ou regiões que constem da lista mencionada no nº 1 podem solicitar ao membro do Governo responsável pela área das finanças um pedido de revisão do respetivo enquadramento na lista prevista no nº 1, com base, nomeadamente, no não preenchimento dos critérios previstos no nº 2.

4. As alterações que sejam introduzidas na lista a que se refere o nº 1, nomeadamente em consequência de pedidos nos termos do número anterior, apenas produzem efeitos para o futuro.

5. São, igualmente, considerados países ou jurisdições com regime claramente mais favorável aqueles que, ainda que não constem da lista referida no nº 1 deste artigo, não disponham de um imposto de natureza idêntica ou similar ao IRC ou, existindo, a taxa aplicável seja inferior a 60% da taxa de imposto prevista no nº 1 do artigo 87º do Código do IRC, sempre que, cumulativamente:

a) Seja feita remissão expressa nos códigos e leis tributárias para este número do presente artigo;

b) Existam relações especiais, nos termos das alíneas *a)* a *g)* do nº 4 do artigo 63º do Código do IRC, entre as pessoas ou entidades envolvidas nas operações subjacentes às normas referidas na alínea anterior.

6. O disposto no nº 5 não é aplicável a Estados-Membros da União Europeia ou a Estados-Membros do Espaço Económico Europeu, neste último caso desde que esse Estado esteja vinculado a cooperação administrativa no domínio da fiscalidade equivalente à estabelecida no âmbito da União Europeia.

(Redação dada pela Lei nº 114/2017, de 29-12)

Artigo 63º-E – Proibição de pagamento em numerário

1. É proibido pagar ou receber em numerário em transações de qualquer natureza que envolvam montantes iguais ou superiores a € 3 000, ou o seu equivalente em moeda estrangeira.

2. Os pagamentos realizados pelos sujeitos passivos a que se refere o nº 1 do artigo 63º-C respeitantes a faturas ou documentos equivalentes de valor igual ou superior a € 1 000, ou o seu equivalente em moeda estrangeira, devem ser efetuados através de meio de pagamento que permita a identificação do respetivo destinatário, designadamente transferência bancária, cheque nominativo ou débito direto.

3. O limite referido no nº 1 é de € 10 000, ou o seu equivalente em moeda estrangeira, sempre que o pagamento seja realizado por pessoas singulares não residentes em território português e desde que não atuem na qualidade de empresários ou comerciantes.

4. Para efeitos do cômputo dos limites referidos nos números anteriores, são considerados de forma agregada todos os pagamentos associados à venda de bens ou prestação de serviços, ainda que não excedam aquele limite se considerados de forma fracionada.

5. É proibido o pagamento em numerário de impostos cujo montante exceda € 500.

6. O disposto neste artigo não é aplicável nas operações com entidades financeiras cujo objeto legal compreenda a receção de depósitos, a prestação de serviços de pagamento, a emissão de moeda eletrónica ou a realização de operações de câmbio manual, nos pagamentos decorrentes de decisões ou ordens judiciais e em situações excecionadas em lei especial.

(Aditado pela Lei nº 92/2017, de 22-08)

Artigo 64º – Confidencialidade

1. Os dirigentes, funcionários e agentes da administração tributária estão obrigados a guardar sigilo sobre os dados recolhidos sobre a situação tributária dos contribuintes e os elementos de natureza pessoal que obtenham no procedimento, nomeadamente os decorrentes do sigilo profissional ou qualquer outro dever de segredo legalmente regulado.

2. O dever de sigilo cessa em caso de:

a) Autorização do contribuinte para a revelação da sua situação tributária;

b) Cooperação legal da administração tributária com outras entidades públicas, na medida dos seus poderes;

c) Assistência mútua e cooperação da administração tributária com as administrações tributárias de outros países resultante de convenções internacionais a que o Estado Português esteja vinculado, sempre que estiver prevista reciprocidade;

d) Colaboração com a justiça nos termos do Código de Processo Civil e mediante despacho de uma autoridade judiciária, no âmbito do Código de Processo Penal;

e) Confirmação do número de identificação fiscal e domicílio fiscal às entidades legalmente competentes para a realização do registo comercial, predial ou automóvel.

3. O dever de confidencialidade comunica-se a quem quer que, ao abrigo do número anterior, obtenha elementos protegidos pelo segredo fiscal, nos mesmos termos do sigilo da administração tributária.

4. O dever de confidencialidade não prejudica o acesso do sujeito passivo aos dados sobre a situação tributária de outros sujeitos passivos que sejam comprovadamente necessários à fundamentação da reclamação, recurso ou impugnação judicial, desde que expurgados de quaisquer elementos susceptíveis de identificar a pessoa ou pessoas a que dizem respeito.

5. Não contende com o dever de confidencialidade:

a) A divulgação de listas de contribuintes cuja situação tributária não se encontre regularizada, designadamente listas hierarquizadas em função do montante em dívida, desde que já tenha decorrido qualquer dos prazos legalmente previstos para a prestação de garantia ou tenha sido decidida a sua dispensa;

b) A publicação de rendimentos declarados ou apurados por categorias de rendimentos, contribuintes, sectores de actividades ou outras, de acordo com listas que a administração tributária deve organizar anualmente a fim de assegurar a transparência e publicidade.

6. Para efeitos do disposto na alínea *a)* do número anterior, considera-se como situação tributária regularizada o disposto no artigo 177º-A do CPPT.

7. Para efeitos do disposto na alínea *d)* do nº 2, e com vista à realização das finalidades dos processos judiciais, incluindo as dos inquéritos em processo penal, as autoridades judiciárias acedem diretamente às bases de dados da Autoridade Tributária e Aduaneira.

8. A concretização do acesso referido no número anterior é disciplinada por protocolo a celebrar entre o Conselho Superior da Magistratura, a Procuradoria-Geral da República e a Autoridade Tributária e Aduaneira.

(Redação dada pela Lei nº 30/2017, de 30-05)

Artigo 64º-A – Garantias especiais de confidencialidade

Compete ao Ministro das Finanças definir regras especiais de reserva da informação a observar pelos serviços da administração tributária no âmbito dos processos de derrogação do dever de sigilo bancário.

Artigo 64º-B – Combate à fraude e à evasão fiscais

1. Governo apresenta à Assembleia da República, até ao final do mês de junho de cada ano, um relatório detalhado sobre a evolução do combate à fraude e à evasão fiscais em todas as áreas da tributação, explicitando os resultados alcançados, designadamente quanto ao valor das liquidações adicionais realizadas, bem como quanto ao valor das coletas recuperadas nos diversos impostos.

2. O relatório previsto no número anterior deve conter, designadamente:

a) O grau de execução dos planos plurianuais de combate à fraude e evasão fiscais e aduaneiras aprovados pelo Governo;

b) Os resultados obtidos com a utilização dos diversos instrumentos jurídicos para o combate à fraude e à evasão fiscais, nomeadamente:

i) No âmbito legislativo;

ii) No âmbito penal;

iii) No âmbito operacional;

iv) No âmbito do relacionamento institucional com outras entidades públicas nacionais e internacionais; e

v) No âmbito do relacionamento com o contribuinte;

c) A informação estatística relevante sobre a atuação da inspeção tributária, da justiça tributária, de outras áreas da Autoridade Tributária e Aduaneira e de outras entidades que colaboram no combate à fraude e evasão fiscais e aduaneiras;

d) A evolução dos montantes de transferências e envio de fundos quando tenham como destinatários países, territórios e regiões com regime de tributação privilegiada mais favorável, nos termos do nº 3 do artigo 63º-A, bem como os resultados da ação da inspeção tributária, da justiça tributária, de outras áreas da Autoridade Tributária e Aduaneira e de outras entidades que colaboram no combate à fraude e evasão fiscais e aduaneiras relativamente a esta matéria, designadamente quanto a número de inspeções realizadas, divergências detetadas, correções à matéria coletável, liquidação de imposto correspondente e remessa ao Ministério Público.

(Redação dada pela Lei nº 14/2017, de 03-05)

Artigo 64º-C – Poderes de autoridade pública

Para efeitos do disposto no Código Penal, os funcionários da Autoridade Tributária e Aduaneira, no exercício das funções que nessa qualidade lhes sejam cometidas, consideram-se investidos de poderes de autoridade pública.

(Aditado pela Lei nº 82-B/2014, de 31-12)

SECÇÃO II – Contribuintes e outros interessados

Artigo 65º – Legitimidade

Têm legitimidade no procedimento os sujeitos passivos da relação tributária e quaisquer pessoas que provem interesse legalmente protegido.

Artigo 66º – Actos interlocutórios

1. Os contribuintes e demais interessados podem, no decurso do procedimento, reclamar de quaisquer actos ou omissões da administração tributária.

2. A reclamação referida no número anterior não suspende o procedimento, mas os interessados podem recorrer ou impugnar a decisão final com fundamento em qualquer ilegalidade.

Artigo 67º – Direito à informação

1. O contribuinte tem direito à informação sobre:

a) A fase em que se encontra o procedimento e a data previsível da sua conclusão;

b) A existência e teor das denúncias dolosas não confirmadas e a identificação do seu autor;

c) A sua concreta situação tributária.

2. As informações referidas no número anterior, quando requeridas por escrito, são prestadas no prazo de 10 dias.

Artigo 68º – Informações vinculativas

1. As informações vinculativas sobre a situação tributária dos sujeitos passivos, incluindo, nos termos da lei, os pressupostos dos benefícios fiscais, são requeridas ao dirigente máximo do serviço, sendo o pedido acompanhado:

a) Da descrição dos factos cuja qualificação jurídico-tributária se pretenda;

b) Dos elementos necessários nos termos do Decreto-Lei nº 61/2013, de 10 maio, na sua redação atual, para a Autoridade Tributária e Aduaneira assegurar a troca obrigatória e automática de informações ao abrigo da cooperação administrativa entre autoridades competentes dos Estados-Membros da União Europeia e de outras jurisdições.

2. Mediante solicitação justificada do requerente, a informação vinculativa pode ser prestada com caráter de urgência, no prazo de 75 dias, desde que o pedido seja acompanhado de uma proposta de enquadramento jurídico-tributário.

3. As informações vinculativas não podem compreender factos abrangidos por procedimento de inspecção tributária cujo início tenha sido notificado ao contribuinte antes do pedido.

4. O pedido é apresentado por quaisquer dos sujeitos passivos a que se refere o nº 3 do artigo 18º, por outros interessados ou seus representantes legais, por via eletrónica e segundo modelo oficial a aprovar pelo dirigente máximo do serviço, e a resposta é notificada pela mesma via no prazo máximo de 150 dias.

5. As informações vinculativas podem ser requeridas por advogados, solicitadores, revisores e técnicos oficiais de contas ou por quaisquer entidades habilitadas ao exercício da consultadoria fiscal acerca da situação tributária dos seus clientes devidamente identificados, sendo obrigatoriamente comunicadas também a estes.

6. Caso a informação vinculativa seja pedida com carácter de urgência, a administração tributária, no prazo máximo de 30 dias, notifica obrigatoriamente o contribuinte do reconhecimento ou não da urgência e, caso esta seja aceite, do valor da taxa devida, a ser paga no prazo de cinco dias.

7. Pela prestação urgente de uma informação vinculativa é devida uma taxa entre 25 e 250 unidades de conta, a fixar em função da complexidade da matéria.

8. A proposta de enquadramento jurídico-tributário dos factos a que se refere o pedido de informação vinculativa urgente considera-se tacitamente sancionada pela administração tributária como informação vinculativa se o pedido não for respondido no prazo previsto no nº 2.

9. Os efeitos do deferimento tácito previsto no número anterior restringem-se especificamente aos actos e factos identificados no pedido e ao período de tributação em que os mesmos ocorram.

10. Se a administração tributária notificar o requerente da inexistência dos pressupostos para a prestação de uma informação vinculativa urgente, da existência de especial complexidade técnica que impossibilite a prestação da informação vinculativa, ou em caso de falta de pagamento da taxa prevista no nº 6, o pedido segue o regime regra da informação vinculativa.

11. Caso os elementos apresentados pelo contribuinte para a prestação da informação vinculativa se mostrem insuficientes, a administração tributária notifica-o para suprir a falta no prazo de 10 dias, sob pena de arquivamento do procedimento, ficando suspensos os prazos previstos nos nºs 2 e 4.

12. O pedido de informação vinculativa é arquivado se estiver pendente ou vier a ser apresentada reclamação, recurso ou impugnação judicial que implique os factos objecto do pedido de informação.

13. Antes da prestação da informação vinculativa e quando o entender conveniente, a administração tributária procede à audição do requerente, ficando suspensos os prazos previstos nos nºs 2 e 4.

14. A administração tributária, em relação ao objecto do pedido, não pode posteriormente proceder em sentido diverso da informação prestada, salvo em cumprimento de decisão judicial.

15. As informações vinculativas caducam em caso de alteração superveniente dos pressupostos de facto ou de direito em que assentaram e, em qualquer caso, no prazo de quatro anos após a data da respetiva emissão, salvo se o sujeito passivo solicitar a sua renovação.

16. As informações vinculativas podem ser revogadas, com efeitos para o futuro, após um ano a contar da sua prestação, precedendo audição do requerente, nos termos da presente lei, com a salvaguarda dos direitos e interesses legítimos anteriormente constituídos.

17. Todas as informações vinculativas prestadas, incluindo as urgentes, são publicadas no prazo de 30 dias por meios electrónicos, salvaguardando-se os elementos de natureza pessoal do contribuinte.

18. O incumprimento do prazo previsto no nº 4 do presente artigo, quando o contribuinte actue com base numa interpretação plausível e de boa-fé da lei, limita a sua responsabilidade à dívida do imposto, abrangendo essa exclusão de responsabilidade as coimas, os juros e outros acréscimos legais.

19. A limitação de responsabilidade prevista no número anterior compreende o período entre o termo do prazo para a prestação da informação vinculativa e a notificação desta ao requerente.

20. São passíveis de recurso contencioso autónomo as decisões da administração tributária relativas:

a) À inexistência dos pressupostos para a prestação de uma informação vinculativa ou a recusa de prestação de informação vinculativa urgente; ou

b) À existência de uma especial complexidade técnica que impossibilite a prestação da informação vinculativa; ou

c) Ao enquadramento jurídico-tributário dos factos constantes da resposta ao pedido de informação vinculativa.

21. Os sujeitos passivos que tenham requerido a prestação de informações vinculativas ficam obrigados a comunicar à Autoridade Tributária e Aduaneira qualquer alteração aos elementos transmitidos no pedido inicial que seja relevante para efeitos da troca obrigatória e automática de informações ao abrigo da cooperação administrativa.

(Redação dada pela Lei nº 98/2017, de 24-08)

Artigo 68º-A – Orientações genéricas

1. A administração tributária está vinculada às orientações genéricas constantes de circulares, regulamentos ou instrumentos de idêntica natureza, independentemente da sua forma de comunicação, visando a uniformização da interpretação e da aplicação das normas tributárias.

2. Não são invocáveis retroactivamente perante os contribuintes que tenham agido com base numa interpretação plausível e de boa-fé da lei as orientações genéricas que ainda não estavam em vigor no momento do facto tributário.

3. A administração tributária deve proceder à conversão das informações vinculativas ou de outro tipo de entendimento prestado aos contribuintes em circulares administrativas, quando tenha sido colocada questão de direito relevante e esta tenha sido apreciada no mesmo sentido em três pedidos de informação ou seja previsível que o venha a ser.

4. A administração tributária deve rever as orientações genéricas referidas no nº 1 atendendo, nomeadamente, à jurisprudência dos tribunais superiores.

(Redação dada pela Lei nº 83-C/2013, de 31-12)

Artigo 68º-B - Contribuintes de elevada relevância económica e fiscal

1. Sem prejuízo dos princípios que regem o procedimento tributário, designadamente dos princípios da legalidade e da igualdade, a administração tributária pode, atendendo à elevada relevância económica e fiscal de alguns contribuintes, considerá-los como grandes contribuintes para efeitos do seu acompanhamento permanente e gestão tributária.

2. Compete ao diretor-geral da Autoridade Tributária e Aduaneira determinar, em função de critérios previamente definidos, a integração de contribuintes de elevada relevância económica e fiscal no grupo de grandes contribuintes e, de entre estes, quais os que devem ter acompanhamento permanente em matérias não aduaneiras por gestor tributário.

3. Os critérios a que se refere o número anterior são fixados em portaria do membro do Governo responsável pela área das finanças e servem para determinar a eventual relevância económica e fiscal dos contribuintes e a sua qualificação ou desqualificação como grandes contribuintes, devendo abranger:

a) As entidades com um volume de negócios superior a montante a definir;

b) As Sociedades Gestores de Participações Sociais, constituídas nos termos do Decreto-Lei nº 495/88, de 30 de dezembro, com um valor total de rendimentos superior a montante a definir;

c) As entidades com valor global de pagamento de impostos superior a montante a definir;

d) As sociedades integradas em grupos abrangidos pelo regime especial de tributação dos grupos de sociedades, nos termos do artigo 69º do Código do IRC, em que alguma das sociedades integrantes do grupo, dominante ou dominada, seja abrangida pelas condições definidas em qualquer das alíneas anteriores;

e) As sociedades não abrangidas por qualquer das alíneas anteriores que sejam consideradas relevantes atendendo à sua relação jurídica ou económica com as sociedades abrangidas por essas alíneas;

f) As pessoas singulares com rendimentos superiores a montante a definir;

g) As pessoas singulares que detenham, direta ou indiretamente, ou sejam beneficiárias efetivas de património, incluindo bens e direitos, de valor superior a montante a definir;

h) As pessoas singulares, bem como as sociedades e outras entidades, que não sendo abrangidas por qualquer das alíneas anteriores sejam consideradas relevantes, atendendo à sua relação jurídica ou económica com os sujeitos passivos abrangidos por essas alíneas. *(Redação dada pela Lei nº 7-A/2016, de 30-03)*

CAPÍTULO III – Do procedimento

SECÇÃO I – Início do procedimento

Artigo 69º – Impulso

1. O procedimento inicia-se nos prazos e com os fundamentos previstos na lei, por iniciativa dos interessados ou da administração tributária.

2. O início do procedimento dirigido ao apuramento de qualquer situação tributária é comunicado aos interessados, salvo quando a comunicação possa pôr em causa os efeitos úteis que visa prosseguir ou o procedimento incida sobre situações tributárias em que os interessados não estão ainda devidamente identificados.

Artigo 70º – Denúncia

1. A denúncia de infracção tributária pode dar origem ao procedimento, caso o denunciante se identifique e não seja manifesta a falta de fundamento da denúncia.

2. O denunciante não é considerado parte do procedimento, nem tem legitimidade para reclamar, recorrer ou impugnar a decisão.

3. O contribuinte tem direito a conhecer o teor e autoria das denúncias dolosas não confirmadas sobre a sua situação tributária.

SECÇÃO II – Instrução

Artigo 71º – Direcção da instrução

1. A direcção da instrução cabe, salvo disposição legal em sentido diferente, ao órgão da administração tributária competente para a decisão.

2. Sempre que, nos termos da lei, a instrução for realizada por órgão diferente do competente para a decisão, cabe ao órgão instrutor a elaboração de um relatório definindo o conteúdo e objecto do procedimento instrutório e contendo uma proposta de decisão, cujas conclusões são obrigatoriamente notificadas aos interessados em conjunto com esta.

Artigo 72º – Meios de prova

O órgão instrutor pode utilizar para o conhecimento dos factos necessários à decisão do procedimento todos os meios de prova admitidos em direito.

Artigo 73º – Presunções

As presunções consagradas nas normas de incidência tributária admitem sempre prova em contrário.

Artigo 74º – Ónus da prova

1. O ónus da prova dos factos constitutivos dos direitos da administração tributária ou dos contribuintes recai sobre quem os invoque.

2. Quando os elementos de prova dos factos estiverem em poder da administração tributária, o ónus previsto no número anterior considera-se satisfeito caso o interessado tenha procedido à sua correcta identificação junto da administração tributária.

3. Em caso de determinação da matéria tributável por métodos indirectos, compete à administração tributária o ónus da prova da verificação dos pressupostos da sua aplicação, cabendo ao sujeito passivo o ónus da prova do excesso na respectiva quantificação.

(Redação dada pela Lei nº 50/2005, de 30-08)

Artigo 75º – Declarações e outros elementos dos contribuintes

1. Presumem-se verdadeiras e de boa-fé as declarações dos contribuintes apresentadas nos termos previstos na lei, bem como os dados e apuramentos inscritos na sua contabilidade ou escrita, quando estas estiverem organizadas de acordo com a legislação comercial e fiscal, sem prejuízo dos demais requisitos de que depende a dedutibilidade dos gastos.

2. A presunção referida no número anterior não se verifica quando:

a) As declarações, contabilidade ou escrita revelarem omissões, erros, inexactidões ou indícios fundados de que não reflectem ou impeçam o conhecimento da matéria tributável real do sujeito passivo;

b) O contribuinte não cumprir os deveres que lhe couberem de esclarecimento da sua situação tributária, salvo quando, nos termos da presente lei, for legítima a recusa da prestação de informações;

c) A matéria tributável do sujeito passivo se afastar significativamente para menos, sem razão justificada, dos indicadores objectivos da actividade de base técnico-científica previstos na presente lei.

d) Os rendimentos declarados em sede de IRS se afastarem significativamente para menos, sem razão justificativa, dos padrões de rendimento que razoavelmente possam permitir as manifestações de fortuna evidenciadas pelo sujeito passivo nos termos do artigo 89º-A.

3. A força probatória dos dados informáticos dos contribuintes depende, salvo o disposto em lei especial, do fornecimento da documentação relativa à sua análise, programação e execução e da possibilidade de a administração tributária os confirmar.

(Redação dada pela Lei nº 83-C/2013, de 31-12)

Artigo 76º – Valor probatório

1. As informações prestadas pela inspecção tributária fazem fé quando fundamentadas e se basearem em critérios objectivos, nos termos da lei.

2. As cópias obtidas a partir dos dados registados informaticamente ou de outros suportes arquivísticos da administração tributária têm a força probatória do original, desde que devidamente autenticadas.

3. A autenticação pode efectuar-se pelos meios genericamente definidos pelo dirigente máximo do serviço.

4. São abrangidas pelo nº 1 as informações prestadas pelas administrações tributárias estrangeiras ao abrigo de convenções internacionais de assistência mútua a que o Estado Português esteja vinculado, sem prejuízo da prova em contrário do sujeito passivo ou interessado.

CAPÍTULO IV – Decisão

Artigo 77º – Fundamentação e eficácia

1. A decisão de procedimento é sempre fundamentada por meio de sucinta exposição das razões de facto e de direito que a motivaram, podendo a fundamentação consistir em mera declaração de concordância com os fundamentos de anteriores pareceres, informações ou propostas, incluindo os que integrem o relatório da fiscalização tributária.

2. A fundamentação dos actos tributários pode ser efectuada de forma sumária, devendo sempre conter as disposições legais aplicáveis, a qualificação e quantificação dos factos tributários e as operações de apuramento da matéria tributável e do tributo.

3. Em caso de existência de operações ou séries de operações sobre bens, direitos ou serviços, ou de operações financeiras, efectuadas entre um sujeito passivo de imposto sobre o rendimento e qualquer outra entidade, sujeita ou não a imposto sobre o rendimento, com a qual aquele esteja em situação de relações especiais, e sempre que haja incumprimento de qualquer obrigação estatuída na lei para essa situação, a fundamentação da determinação da matéria tributável corrigida dos efeitos das relações especiais deve observar os seguintes requisitos:

a) Descrição das relações especiais;

b) Indicação das obrigações incumpridas pelo sujeito passivo;

c) Aplicação dos métodos previstos na lei, podendo a Direcção-Geral dos Impostos utilizar quaisquer elementos de que disponha e considerando-se o seu dever de fundamentação dos elementos de comparação adequadamente observado ainda que de tais elementos sejam expurgados os dados susceptíveis de identificar as entidades a quem dizem respeito;

d) Quantificação dos respectivos efeitos.

4. A decisão da tributação pelos métodos indirectos nos casos e com os fundamentos previstos na presente lei especificará os motivos da impossibilidade da comprovação e quantificação directas e exacta da matéria tributável, ou descreverá o afastamento da matéria tributável do sujeito passivo dos indicadores objectivos da actividade de base científica, ou fará a descrição dos bens cuja propriedade ou fruição a lei considerar manifestações de fortuna relevantes, ou indicará a sequência de prejuízos fiscais relevantes, e indicará os critérios utilizados na avaliação da matéria tributável.

5. Em caso de aplicação de métodos indirectos por afastamento dos indicadores objectivos de actividade de base científica a fundamentação deverá também incluir as razões da não aceitação das justificações apresentadas pelo contribuinte nos termos da presente lei.

6. A eficácia da decisão depende da notificação.

Artigo 78º – Revisão dos actos tributários

1. A revisão dos actos tributários pela entidade que os praticou pode ser efectuada por iniciativa do sujeito passivo, no prazo de reclamação administrativa e com fundamento em qualquer ilegalidade, ou, por iniciativa da administração tributária, no prazo de quatro anos após a liquidação ou a todo o tempo se o tributo ainda não tiver sido pago, com fundamento em erro imputável aos serviços.

2. *(Revogado.)*

3. A revisão dos actos tributários nos termos do nº 1, independentemente de se tratar de erro material ou de direito, implica o respectivo reconhecimento devidamente fundamentado nos termos do nº 1 do artigo anterior.

4. O dirigente máximo do serviço pode autorizar, excepcionalmente, nos três anos posteriores ao do acto tributário a revisão da matéria tributável apurada com fundamento em injustiça grave ou notória, desde que o erro não seja imputável a comportamento negligente do contribuinte.

5. Para efeitos do número anterior, apenas se considera notória a injustiça ostensiva e inequívoca e grave a resultante de tributação manifestamente exagerada e desproporcionada com a realidade ou de que tenha resultado elevado prejuízo para a Fazenda Nacional.

6. A revisão do acto tributário por motivo de duplicação de colecta pode efectuar-se, seja qual for o fundamento, no prazo de quatro anos.

7. Interrompe o prazo da revisão oficiosa do acto tributário ou da matéria tributável o pedido do contribuinte dirigido ao órgão competente da administração tributária para a sua realização.

(Redação dada pela Lei nº 7-A/2016, de 30-03)

Artigo 79º – Revogação, ratificação, reforma, conversão e rectificação

1. O acto decisório pode revogar total ou parcialmente acto anterior ou reformá-lo, ratificá-lo ou convertê-lo nos prazos da sua revisão.

2. A administração tributária pode rectificar as declarações dos contribuintes em caso de erros de cálculo ou escrita.

Artigo 80º – Recurso hierárquico

A decisão do procedimento é susceptível de recurso hierárquico para o mais elevado superior hierárquico do autor do acto, mas, salvo disposição legal em sentido contrário, este é sempre facultativo.

CAPÍTULO V – Procedimentos de avaliação

SECÇÃO I – Princípios gerais

Artigo 81º – Âmbito

1. A matéria tributável é avaliada ou calculada directamente segundo os critérios próprios de cada tributo, só podendo a administração tributária proceder a avaliação indirecta nos casos e condições expressamente previstos na lei.

2. Em caso de regime simplificado de tributação, o sujeito passivo pode optar pela avaliação directa, nas condições que a lei definir.

Artigo 82º – Competência

1. A competência para a avaliação directa é da administração tributária e, nos casos de autoliquidação, do sujeito passivo.

2. A competência para a avaliação indirecta é da administração tributária.

3. O sujeito passivo participa na avaliação indirecta nos termos da presente lei.

4. O sujeito passivo pode ainda participar, nos termos da lei, na revisão da avaliação indirecta efectuada pela administração tributária.

Artigo 83º – Fins

1. A avaliação directa visa a determinação do valor real dos rendimentos ou bens sujeitos a tributação.

2. A avaliação indirecta visa a determinação do valor dos rendimentos ou bens tributáveis a partir de indícios, presunções ou outros elementos de que a administração tributária disponha.

Artigo 84º – Critérios técnicos

1. A avaliação dos rendimentos ou valores sujeitos a tributação baseia-se em critérios objectivos.

2. O sujeito passivo que proceda à autoliquidação deve esclarecer, quando solicitado pela administração tributária, os critérios utilizados e a sua aplicação na determinação dos valores que declarou.

3. A fundamentação da avaliação contém obrigatoriamente a indicação dos critérios utilizados e a ponderação dos factores que influenciaram a determinação do seu resultado.

Artigo 85º – Avaliação indirecta

1. A avaliação indirecta é subsidiária da avaliação directa.

2. À avaliação indirecta aplicam-se, sempre que possível e a lei não prescrever em sentido diferente, as regras da avaliação directa.

Artigo 86º – Impugnação judicial

1. A avaliação directa é susceptível, nos termos da lei, de impugnação contenciosa directa.

2. A impugnação da avaliação directa depende do esgotamento dos meios administrativos previstos para a sua revisão.

3. A avaliação indirecta não é susceptível de impugnação contenciosa directa, salvo quando não dê origem a qualquer liquidação.

4. Na impugnação do acto tributário de liquidação em que a matéria tributável tenha sido determinada com base em avaliação indirecta, pode ser invocada qualquer ilegalidade desta, salvo quando a liquidação tiver por base o acordo obtido no processo de revisão da matéria tributável regulado no presente capítulo.

5. Em caso de erro na quantificação ou nos pressupostos da determinação indirecta da matéria tributável, a impugnação judicial da liquidação ou, se esta não tiver lugar, da avaliação indirecta depende da prévia reclamação nos termos da presente lei.

SECÇÃO II – Avaliação indirecta

SUBSECÇÃO I – Pressupostos

Artigo 87º – Realização da avaliação indirecta

1. A avaliação indirecta só pode efectuar-se em caso de:

a) Regime simplificado de tributação, nos casos e condições previstos na lei;

b) Impossibilidade de comprovação e quantificação directa e exacta dos elementos indispensáveis à correcta determinação da matéria tributável de qualquer imposto;

c) A matéria tributável do sujeito passivo se afastar, sem razão justificada, mais de 30% para menos ou, durante três anos seguidos, mais de 15% para menos da que resultaria da aplicação dos indicadores objectivos da actividade de base técnico-científica referidos na presente lei;

d) Os rendimentos declarados em sede de IRS se afastarem significativamente para menos, sem razão justificada, dos padrões de rendimento que razoavelmente possam permitir as manifestações de fortuna evidenciadas pelo sujeito passivo nos termos do artigo 89º-A;

e) Os sujeitos passivos apresentarem, sem razão justificada, resultados tributáveis nulos ou prejuízos fiscais durante três anos consecutivos, salvo nos casos de início de actividade, em que a contagem deste prazo se faz do termo do terceiro ano, ou em três anos durante um período de cinco;

f) Acréscimo de património ou despesa efectuada, incluindo liberalidades, de valor superior a € 100 000, verificados simultaneamente com a falta de declaração de rendimentos ou com a existência, no mesmo período de tributação, de uma divergência não justificada com os rendimentos declarados.

2. No caso de verificação simultânea dos pressupostos de aplicação da alínea *d)* e da alínea *f)* do número anterior, a avaliação indirecta deve ser efectuada nos termos dos nºs 3 e 5 do artigo 89º-A.

(Redação dada pela Lei nº 94/2009, de 01-09)

Artigo 88º – Impossibilidade de determinação directa e exacta da matéria tributável

A impossibilidade de comprovação e quantificação directa e exacta da matéria tributável para efeitos de aplicação de métodos indirectos, referida na alínea *b)* do artigo anterior, pode resultar das seguintes anomalias e incorrecções quando inviabilizem o apuramento da matéria tributável:

a) Inexistência ou insuficiência de elementos de contabilidade ou declaração, falta ou atraso de escrituração dos livros e registos ou irregularidades na sua organização ou execução quando não supridas no prazo legal, mesmo quando a ausência desses elementos se deva a razões acidentais;

b) Recusa de exibição da contabilidade e demais documentos legalmente exigidos, bem como a sua ocultação, destruição, inutilização, falsificação ou viciação;

c) Existência de diversas contabilidades ou grupos de livros com o propósito de simulação da realidade perante a administração tributária e erros e inexactidões na contabilidade das operações não supridos no prazo legal;

d) Existência de manifesta discrepância entre o valor declarado e o valor de mercado de bens ou serviços, bem como de factos concretamente identificados através dos quais seja patenteada uma capacidade contributiva significativamente maior do que a declarada.

Artigo 89º – Indicadores de actividade inferiores aos normais

1. A aplicação de métodos indirectos com fundamentos em a matéria tributável ser significativamente inferior à que resultaria da aplicação de indicadores objectivos de actividade de base técnico-científica só pode efectuar-se, para efeitos da alínea *c)* do artigo 87º, em caso de o sujeito passivo não apresentar na declaração em que a liquidação se baseia razões justificativas desse afastamento, desde que tenham decorrido mais de três anos sobre o início da sua actividade.

2. Os indicadores objectivos de base técnico-científica referidos no número anterior são definidos anualmente, nos termos da lei, pelo Ministro das Finanças, após audição das associações empresariais e profissionais, e podem consistir em margens de lucro ou rentabilidade que, tendo em conta a localização e dimensão da actividade, sejam manifestamente inferiores às normais do exercício da actividade e possam, por isso, constituir factores distorcivos da concorrência.

Artigo 89º-A – Manifestações de fortuna

1. Há lugar a avaliação indireta da matéria coletável quando falte a declaração de rendimentos e o contribuinte evidencie as manifestações de fortuna constantes da tabela prevista no nº 4 ou quando o rendimento líquido declarado mostre uma desproporção superior a 30%, para menos, em relação ao rendimento padrão resultante da referida tabela.

2. Na aplicação da tabela prevista no nº 4 tomam-se em consideração:

a) Os bens adquiridos no ano em causa ou nos três anos anteriores pelo sujeito passivo ou qualquer elemento do respectivo agregado familiar;

b) Os bens de que frua no ano em causa o sujeito passivo ou qualquer elemento do respectivo agregado familiar, adquiridos, nesse ano ou nos três anos anteriores, por sociedade na qual detenham, directa ou indirectamente, participação maioritária, ou por entidade sediada em território de fiscalidade privilegiada ou cujo regime não permita identificar o titular respectivo;

c) Os suprimentos e empréstimos efectuados pelo sócio à sociedade, no ano em causa, ou por qualquer elemento do seu agregado familiar;

d) A soma dos montantes transferidos de e para contas de depósito ou de títulos abertas pelo sujeito passivo em instituições financeiras residentes em país, território ou região sujeito a um regime fiscal claramente mais favorável, constante da lista aprovada por portaria do Ministro das Finanças, cuja existência e identificação não seja mencionada nos termos previstos no artigo 63º-A, no ano em causa.

3. Verificadas as situações previstas no nº 1 deste artigo, bem como na alínea *f)* do nº 1 do artigo 87º, cabe ao sujeito passivo a comprovação de que correspondem à realidade os rendimentos declarados e de que é outra a fonte das manifestações de fortuna ou do acréscimo de património ou da despesa efectuada.

4. Quando o sujeito passivo não faça a prova referida no número anterior relativamente às situações previstas no nº 1 deste artigo, considera-se como rendimento tributável em sede de IRS, a enquadrar na categoria G, no ano em causa, e no caso das alíneas *a)* e *b)* do nº 2, nos três anos seguintes, quando não existam indícios fundados, de acordo com os critérios previstos no artigo 90º, que permitam à administração tributária fixar rendimento superior, o rendimento padrão apurado nos termos da tabela seguinte:

Manifestações de fortuna	Rendimento padrão
1 — Imóveis de valor de aquisição igual ou superior a € 250 000.	20 % do valor de aquisição.
2 — Automóveis ligeiros de passageiros de valor igual ou superior a € 50 000 e motociclos de valor igual ou superior a € 10 000.	50 % do valor no ano de matrícula com o abatimento de 20 % por cada um dos anos seguintes.
3 — Barcos de recreio de valor igual ou superior a € 25 000.	Valor no ano de registo, com o abatimento de 20 % por cada um dos anos seguintes.
4 — Aeronaves de turismo..........	Valor no ano de registo, com o abatimento de 20 % por cada um dos anos seguintes.
5 — Suprimentos e empréstimos feitos no ano de valor igual ou superior a € 50 000.	50 % do valor anual.
6 — Montantes transferidos de e para contas de depósito ou de títulos abertas pelo sujeito passivo em instituições financeiras residentes em país, território ou região sujeito a um regime fiscal claramente mais favorável, constante da lista aprovada por portaria do Ministro das Finanças, cuja existência e identificação não seja mencionada nos termos previstos no artigo 63.º-A.	100 % da soma dos montantes anuais transferidos.

5. Para efeitos da alínea *f*) do nº 1 do artigo 87º:

a) Considera-se como rendimento tributável em sede de IRS, a enquadrar na categoria G, quando não existam indícios fundados, de acordo com os critérios previstos no artigo 90º, que permitam à administração tributária fixar rendimento superior, a diferença entre o acréscimo de património ou a despesa efectuada, e os rendimentos declarados pelo sujeito passivo no mesmo período de tributação;

b) Os acréscimos de património consideram-se verificados no período em que se manifeste a titularidade dos bens ou direitos e a despesa quando efectuada;

c) Na determinação dos acréscimos patrimoniais, deve atender-se ao valor de aquisição e, sendo desconhecido, ao valor de mercado;

d) Consideram-se como rendimentos declarados os rendimentos líquidos das diferentes categorias de rendimentos.

6. A decisão de avaliação da matéria colectável pelo método indirecto constante deste artigo é da competência do director de finanças da área do domicílio fiscal do sujeito passivo, sem faculdade de delegação.

7. Da decisão de avaliação da matéria colectável pelo método indirecto constante deste artigo cabe recurso para o tribunal tributário, com efeito suspensivo, a tramitar como processo urgente, não sendo aplicável o procedimento constante dos artigos 91º e seguintes.

8. Ao recurso referido no número anterior aplica-se, com as necessárias adaptações, a tramitação prevista no artigo 146º-B do Código de Procedimento e de Processo Tributário.

9. Para a aplicação dos nºs 3 a 4 da tabela, atende-se ao valor médio de mercado, considerando, sempre que exista, o indicado pelas associações dos sectores em causa.

10. A decisão de avaliação da matéria colectável com recurso ao método indirecto constante deste artigo, após tornar-se definitiva, deve ser comunicada pelo director de finanças ao Ministério Público e, tratando-se de funcionário ou titular de cargo sob tutela de entidade pública, também à tutela destes para efeitos de averiguações no âmbito da respectiva competência.

11. A avaliação indirecta no caso da alínea *f*) do nº 1 do artigo 87º deve ser feita no âmbito de um procedimento que inclua a investigação das contas bancárias, podendo no seu decurso o contribuinte regularizar a situação tributária, identificando e justificando a natureza dos rendimentos omitidos e corrigindo as declarações dos respectivos períodos.

(Redação dada pela Lei nº 55-A/2012, de 29-10)

SUBSECÇÃO II – Critérios

Artigo 90º – Determinação da matéria tributável por métodos indirectos

1. Em caso de impossibilidade de comprovação e quantificação directa e exacta da matéria tributável, a determinação da matéria tributável por métodos indirectos poderá ter em conta os seguintes elementos:

a) As margens médias do lucro líquido sobre as vendas e prestações de serviços ou compras e fornecimentos de serviços de terceiros;

b) As taxas médias de rentabilidade de capital investido;

c) O coeficiente técnico de consumos ou utilização de matérias-primas e outros custos directos;

d) Os elementos e informações declaradas à administração tributária, incluindo os relativos a outros impostos e, bem assim, os relativos a empresas ou entidades que tenham relações económicas com o contribuinte;

e) A localização e dimensão da actividade exercida;

f) Os custos presumidos em função das condições concretas do exercício da actividade;

g) A matéria tributável do ano ou anos mais próximos que se encontre determinada pela administração tributária;

h) O valor de mercado dos bens ou serviços tributados;

i) Uma relação congruente e justificada entre os factos apurados e a situação concreta do contribuinte.

2. *(Revogado.)*

(Redação dada pela Lei nº 82-E/2014, de 31-12)

SUBSECÇÃO III – Procedimentos

Artigo 91º – Pedido de revisão da matéria tributável

1. O sujeito passivo pode, salvo nos casos de aplicação do regime simplificado de tributação em que não sejam efectuadas correcções com base noutro método indirecto, solicitar a revisão da matéria tributável fixada por métodos indirectos em requerimento fundamentado dirigido ao órgão da administração tributária da área do seu domicílio fiscal, a apresentar no prazo de 30 dias contados a partir da data da notificação da decisão e contendo a indicação do perito que o representa.

2. O pedido referido no número anterior tem efeito suspensivo da liquidação do tributo.

3. Recebido o pedido de revisão e se estiverem reunidos os requisitos legais da sua admissão, o órgão da administração tributária referido no nº 1 designará no prazo de oito dias um perito da administração tributária que preferencialmente não deve ter tido qualquer intervenção anterior no processo e marcará uma reunião entre este e o perito indicado pelo contribuinte a realizar no prazo máximo de 15 dias.

4. No requerimento referido no nº 1, pode o sujeito passivo requerer a nomeação de perito independente, igual faculdade cabendo ao órgão da administração tributária até à marcação da reunião referida no nº 3.

5. A convocação é efectuada com antecedência não inferior a oito dias por carta registada e vale como desistência do pedido a não comparência injustificada do perito designado pelo contribuinte.

6. Em caso de falta do perito do contribuinte, o órgão da administração tributária marcará nova reunião para o 5º dia subsequente, advertindo simultaneamente o perito do contribuinte que deverá justificar a falta à primeira reunião e que a não justificação da falta ou a não comparência à segunda reunião valem como desistência da reclamação.

7. A falta do perito independente não obsta à realização das reuniões sem prejuízo de este poder apresentar por escrito as suas observações no prazo de cinco dias a seguir à reunião em que devia ter comparecido.

8. O sujeito passivo que apresente pedido de revisão da matéria tributável não está sujeito a qualquer encargo em caso de indeferimento do pedido, sem prejuízo do disposto no número seguinte.

9. Poderá ser aplicado ao sujeito passivo um agravamento até 5% da colecta reclamada quando se verificarem cumulativamente as seguintes circunstâncias:

a) Provar-se que lhe é imputável a aplicação de métodos indirectos;

b) A reclamação ser destituída de qualquer fundamento;

c) Tendo sido deduzida impugnação judicial, esta ser considerada improcedente.

10. O agravamento referido no número anterior será aplicado pelo órgão da administração tributária referido no nº 1 e exigido adicionalmente ao tributo a título de custas.

11. Os peritos da Fazenda Pública constarão da lista de âmbito distrital a aprovar anualmente pelo Ministro das Finanças até 31 de Março.

12. As listas poderão estar organizadas, por sectores de actividade económica, de acordo com a qualificação dos peritos.

13. Os processos de revisão serão distribuídos pelos peritos de acordo com a data de entrada e a ordem das listas referidas no nº 11, salvo impedimento ou outra circunstância devidamente fundamentada pela entidade referida no nº 1.

14. As correcções meramente aritméticas da matéria tributável resultantes de imposição legal e as questões de direito, salvo quando referidas aos pressupostos de determinação indirecta da matéria tributável, não estão abrangidas pelo disposto neste artigo.

15. É autuado um único procedimento de revisão em caso de reclamação de matéria tributável apurada na mesma acção de inspecção, ainda que respeitante a mais de um exercício ou tributo.

(Redação dada pela Lei nº 32-B/2002, de 30-12)

Artigo 92º – Procedimento de revisão

1. O procedimento de revisão da matéria colectável assenta num debate contraditório entre o perito indicado pelo contribuinte e o perito da administração tributária, com a participação do perito independente, quando houver, e visa o estabelecimento de um acordo, nos termos da lei, quanto ao valor da matéria tributável a considerar para efeitos de liquidação.

2. O procedimento é conduzido pelo perito da administração tributária e deve ser concluído no prazo de 30 dias contados do seu início, dispondo o perito do contribuinte de direito de acesso a todos os elementos que tenham fundamentado o pedido de revisão.

3. Havendo acordo entre os peritos nos termos da presente subsecção, o tributo será liquidado com base na matéria tributável acordada.

4. O acordo deverá, em caso de alteração da matéria inicialmente fixada, fundamentar a nova matéria tributável encontrada.

5. Em caso de acordo, a administração tributária não pode alterar a matéria tributável acordada, salvo em caso de trânsito em julgado de crime de fraude fiscal envolvendo os elementos que serviram de base à sua quantificação, considerando-se então suspenso o prazo de caducidade no período entre o acordo e a decisão judicial.

6. Na falta de acordo no prazo estabelecido no nº 2, o órgão competente para a fixação da matéria tributável resolverá, de acordo com o seu prudente juízo, tendo em conta as posições de ambos os peritos.

7. Se intervier perito independente, a decisão deve obrigatoriamente fundamentar a adesão ou rejeição, total ou parcial, do seu parecer.

8. No caso de o parecer do perito independente ser conforme ao do perito do contribuinte e a administração tributária resolver em sentido diferente, a reclamação graciosa ou impugnação judicial têm efeito suspensivo, independentemente da prestação de garantia quanto à parte da liquidação controvertida em que aqueles peritos estiveram de acordo.

Artigo 93º – Perito independente

1. O perito independente referido no artigo anterior é sorteado entre as personalidades constantes de listas distritais, que serão organizadas pela Comissão Nacional, nos termos do artigo 94º

2. Os peritos independentes não podem desempenhar, ou ter desempenhado nos últimos três anos, qualquer função ou cargo público na administração financeira do Estado e seus organismos autónomos, Regiões Autónomas e autarquias locais, devem ser especialmente qualificados no domínio da economia, gestão ou auditoria de empresas e exercer actividade há mais de 10 anos.

3. Sob pena de exclusão das listas distritais a determinar pelo presidente da Comissão Nacional, os peritos independentes não podem intervir nos processos de revisão de matéria tributária dos sujeitos passivos a quem, há menos de três anos, tenham prestado serviços a qualquer título.

4. A remuneração dos peritos independentes é regulada por portaria do Ministro das Finanças.

Artigo 94º – Comissão Nacional

1. Compete à Comissão Nacional de Revisão a elaboração trienal das listas distritais de peritos independentes a que se refere o artigo anterior e contribuir para a uniformidade dos critérios técnicos utilizados na determinação da matéria tributável por métodos indirectos.

2. No desempenho das competências referidas no número anterior, deve a Comissão Nacional elaborar um relatório anual.

3. A Comissão Nacional é constituída por representantes da Direcção-Geral dos Impostos, da Direcção-Geral das Alfândegas e dos Impostos Especiais sobre o Consumo e da Inspecção-Geral de Finanças e por cinco fiscalistas de mérito que não façam parte da administração tributária, nem o tenham feito nos últimos cinco anos, a nomear por despacho do Ministro das Finanças, ouvido o Conselho Nacional de Fiscalidade e desde que a maioria dos representantes dos contribuintes e de entidades e organizações que representem categorias de interesses económicos, sociais e culturais que o integram se pronuncie favoravelmente.

4. A Comissão Nacional, no exercício das competências referidas no nº 1, pode apresentar recomendações à administração tributária e proceder a correcção à composição das listas, designadamente afastando aquelas que se revelarem inidóneas para o adequado exercício das funções, por infracção aos deveres de zelo e imparcialidade que lhes cabem ou por falta injustificada às reuniões marcadas para apreciação do pedido de revisão da matéria colectável, fundamentando sempre o respectivo acto.

5. O funcionamento da Comissão e o estatuto e remuneração dos seus membros são regulados por portaria do Ministro das Finanças.

TÍTULO IV – Do processo tributário

CAPÍTULO I – Acesso à justiça tributária

Artigo 95º – Direito de impugnação ou recurso

1. O interessado tem o direito de impugnar ou recorrer de todo o acto lesivo dos seus direitos e interesses legalmente protegidos, segundo as formas de processo prescritas na lei.

2. Podem ser lesivos, nomeadamente:

a) A liquidação de tributos, considerando-se também como tal para efeitos da presente lei os actos de autoliquidação, retenção na fonte e pagamento por conta;

b) A fixação de valores patrimoniais;

c) A determinação da matéria tributável por métodos indirectos quando não dê lugar a liquidação do tributo;

d) O indeferimento, expresso ou tácito e total ou parcial, de reclamações, recursos ou pedidos de revisão ou reforma da liquidação;

e) O agravamento à colecta resultante do indeferimento de reclamação;

f) O indeferimento de pedidos de isenção ou de benefícios fiscais sempre que a sua concessão esteja dependente de procedimento autónomo;

g) A fixação de contrapartidas ou compensações autoritariamente impostas em quaisquer procedimentos de licenciamento ou autorização;

h) Outros actos administrativos em matéria tributária;

i) A aplicação de coimas e sanções acessórias;

j) Os actos praticados na execução fiscal;

l) A apreensão de bens ou outras providências cautelares da competência da administração tributária.

Artigo 96º – Renúncia ao direito de impugnação ou recurso

1. O direito de impugnação ou recurso não é renunciável, salvo nos casos previstos na lei.

2. A renúncia ao exercício do direito de impugnação ou recurso só é válida se constar de declaração ou outro instrumento formal.

Artigo 97º – Celeridade da justiça tributária

1. O direito de impugnar ou de recorrer contenciosamente implica o direito de obter, em prazo razoável, uma decisão que aprecie, com força de caso julgado, a pretensão regularmente deduzida em juízo e a possibilidade da sua execução.

2. A todo o direito de impugnar corresponde o meio processual mais adequado de o fazer valer em juízo.

3. Ordenar-se-á a correcção do processo quando o meio usado não for o adequado segundo a lei.

Artigo 98º – Igualdade de meios processuais

As partes dispõem no processo tributário de iguais faculdades e meios de defesa.

Artigo 99º – Princípio do inquisitório e direitos e deveres de colaboração processual

1. O tribunal deve realizar ou ordenar oficiosamente todas as diligências que se lhe afigurem úteis para conhecer a verdade relativamente aos factos alegados ou de que oficiosamente pode conhecer.

2. Os particulares estão obrigados a prestar colaboração nos termos da lei de processo civil.

3. Todas as autoridades ou repartições públicas são obrigadas a prestar as informações ou remeter cópia dos documentos que o juiz entender necessários ao conhecimento do objecto do processo.

Artigo 100º – Efeitos de decisão favorável ao sujeito passivo

A administração tributária está obrigada, em caso de procedência total ou parcial de reclamações ou recursos administrativos, ou de processo judicial a favor do sujeito passivo, à imediata e plena reconstituição da situação que existiria se não tivesse sido cometida a ilegalidade, compreendendo o pagamento de juros indemnizatórios, nos termos e condições previstos na lei.

(Redação dada pela Lei nº 64-B/2011, de 30-12)

CAPÍTULO II – Formas de processo e processo de execução

Artigo 101º – Meios processuais tributários

São meios processuais tributários:

a) A impugnação judicial;

b) A acção para reconhecimento de direito ou interesse legítimo em matéria tributária;

c) O recurso, no próprio processo, de actos de aplicação de coimas e sanções acessórias;

d) O recurso dos atos praticados na execução fiscal, no próprio processo ou, nos casos de subida imediata, por apenso;

e) Os procedimentos cautelares de arrolamento e de arresto;

f) Os meios acessórios de intimação para consulta de processos ou documentos administrativos e passagem de certidões;

g) A produção antecipada de prova;

h) A intimação para um comportamento, em caso de omissões da administração tributária lesivas de quaisquer direitos ou interesses legítimos;

i) A impugnação das providências cautelares adoptadas pela administração tributária;

j) Os recursos contenciosos de actos denegadores de isenções ou benefícios fiscais ou de outros actos relativos a questões tributárias que não impliquem a apreciação do acto de liquidação.

(Redação dada pela Lei nº 66-B/2012, de 31-12)

Artigo 102º – Execução da sentença

1. A execução das sentenças dos tribunais tributários e aduaneiros segue o regime previsto para a execução das sentenças dos tribunais administrativos.

2. Em caso de a sentença implicar a restituição de tributo já pago, são devidos juros de mora a partir do termo do prazo da sua execução espontânea.

(Redação dada pela Lei nº 67-A/2007 de, 31-12)

Artigo 103º – Processo de execução

1. O processo de execução fiscal tem natureza judicial, sem prejuízo da participação dos órgãos da administração tributária nos actos que não tenham natureza jurisdicional.

2. É garantido aos interessados o direito de reclamação para o juiz da execução fiscal dos actos materialmente administrativos praticados por órgãos da administração tributária, nos termos do número anterior.

Artigo 104º – Litigância de má fé

1. Sem prejuízo da isenção de custas, a administração tributária pode ser condenada numa sanção pecuniária a quantificar de acordo com as regras sobre a litigância de má fé em caso de actuar em juízo contra o teor de informações vinculativas anteriormente prestadas aos interessados ou o seu procedimento no processo divergir do habitualmente adoptado em situações idênticas.

2. O sujeito passivo poderá ser condenado em multa por litigância de má fé, nos termos da lei geral.

Artigo 105º – Alçadas

A alçada dos tribunais tributários corresponde àquela que se encontra estabelecida para os tribunais judiciais de 1ª instância.

(Redação dada pela Lei nº 82-B/2014, de 31-12)

Código de Procedimento e de Processo Tributário

Decreto-Lei nº 433/99, de 26 de Outubro

1. A lei geral tributária, aprovada pelo artigo 1º do Decreto-Lei nº 398/98, de 17 de Dezembro, exige uma extensa e profunda adaptação às suas disposições dos vários códigos e leis tributárias, designadamente do Código de Processo Tributário, aprovado pelo artigo 1º do Decreto-Lei nº 154/91, de 23 de Abril.

Na verdade, aquela lei chamou a si a regulamentação directa de aspectos essenciais da relação jurídico-tributária e do próprio procedimento tributário, que constavam até então do Código de Processo Tributário e de outras leis tributárias. Impõe-se agora a modificação da sistematização e disciplina deste Código, que ficará essencialmente a ser um código de processo judicial tributário e das execuções fiscais, sem prejuízo de complementar a regulamentação do procedimento tributário efectuada pela lei geral tributária, o que é feito no título II.

2. A reforma do Código de Processo Civil efectuada pelos Decretos-Leis nºs 329-A/95, de 12 de Dezembro, e 180/96, de 25 de Setembro, impõe também a harmonização com as suas disposições do Código de Processo Tributário.

O processo tributário é processo especial, mas a evolução do processo civil não podia deixar de reflectir-se na evolução do processo tributário, que não é qualquer realidade estática nem enclave autónomo do direito processual comum.

3. As modificações agora introduzidas no Código de Processo Tributário (agora definido, de acordo com a nova terminologia da lei geral tributária, como sendo também código do procedimento tributário) visam também objectivos gerais de simplicidade e eficácia.

Simplicidade e eficácia não são, no entanto, incompatíveis com os direitos e garantias dos contribuintes. Pelo contrário, sem eficácia e simplicidade do procedimento e processo, esses direitos e garantias não passarão de proclamações retóricas, sem conteúdo efectivo. Pretende-se que a regulamentação do procedimento e processo tributários assegure não só a certeza, como a celeridade na declaração e realização dos direitos tributários, que é condição essencial de uma melhor justiça fiscal.

O presente Código de Procedimento e de Processo Tributário não se aplica apenas aos impostos administrados tradicionalmente pela Direcção-Geral dos Impostos (DGCI). Fica também claro que se aplica ao exercício dos direitos tributários em geral, quer pela DGCI, quer por outras entidades públicas, designadamente a Direcção-Geral das Alfândegas e dos Impostos Especiais sobre o Consumo (DGAIEC), quer inclusivamente por administrações tributárias não dependentes do Ministério das Finanças. Foram eliminadas todas as referências ao Código de Processo Tributário que inviabilizavam ou dificultavam a sua aplicação por parte das referidas entidades, sem prejuízo de se salvaguardar o disposto no direito comunitário ou em lei especial que pontualmente aponte para soluções diferentes das consagradas no presente Código. Paralelamente, introduziram-se no Regulamento das Custas dos Processos Tributários, aprovado pelo artigo 1º do Decreto-Lei nº 29/98, de 11 de Fevereiro, as adaptações destinadas a viabilizar a sua efectiva aplicação aos processos aduaneiros.

4. A opção por novas sistematização e ordenação das disposições que integravam o Código de Processo Tributário resulta da amplitude das modificações exigidas pela lei geral tributária e pela reforma do Código de Processo Civil. É o resultado, no entanto, de meras opções de técnica legislativa, não representando qualquer alteração substancial do actual quadro das relações Fisco-contribuinte, que é considerado equilibrado, e mantendo-se rigorosamente no âmbito da autorização legislativa concedida pelo nº 1 do artigo 51º da Lei nº 87-B/98, de 31 de Dezembro.

5. O título I do presente Código mantém, na medida do possível, a estrutura do título I do Código de Processo Tributário, expurgada das matérias substantivas, incluindo as normas sobre responsabilidade tributária, que passaram entretanto a constar da lei geral tributária.

Assinalam-se em especial nesse título a adaptação das normas sobre a personalidade e capacidade tributárias, prazos e notificações às alterações do Código de Processo Civil e à lei geral tributária e a definição de um quadro claro de resolução de conflitos de competências, incluindo entre administrações tributárias diferentes.

6. No título II registam-se a adaptação das normas de procedimento tributário que não foram incluídas na lei geral tributária aos princípios e disposições desta, a consagração do princípio do duplo grau de decisão no procedimento tributário, que é uma garantia da sua celeridade e eficácia, a possibilidade de, em caso de erro na forma de procedimento, este ser convolado na forma adequada, o desenvolvimento dos deveres de informação dos contribuintes previstos na lei geral tributária, a regulamentação de subprocedimentos de especial importância, como os da declaração de abuso de direito ou de elisão de presunções legais, e a simplificação do processo de decisão das reclamações. São igualmente integradas no Código as normas de natureza procedimental do Estatuto dos Benefícios Fiscais que não devam caber na lei geral tributária.

7. No processo judicial tributário, que integra o título III, anotam-se especialmente, além da simplificação do processo de decisão, incluindo na fase da preparação do processo pela administração tributária, a regulamentação, pela primeira vez, da impugnação das providências cautelares adoptadas pela administração tributária e da possibilidade de reacção dos contribuintes contra omissões lesivas da administração tributária, dando-se assim consagração a inovações da última revisão constitucional obviamente acolhidas pela lei geral tributária.

8. Na execução fiscal, que integra o título IV, avulta essencialmente a sua adequação ao modelo do novo processo civil, acentuando-se a ideia de uma execução não universal, mas simultaneamente ampliando-se as garantias do executado e de terceiros, sem prejuízo das necessárias eficácia e celeridade do processo.

9. No título V regressa-se ao modelo do Código de Processo das Contribuições e Impostos, reconhecido como mais adequado, da autonomização da matéria dos recursos jurisdicionais e esclarecem-se algumas das soluções legislativas do Código de Processo Tributário à luz da experiência concreta da sua aplicação. Procede-se também, de acordo com o balanço feito da aplicação do Código de Processo Tributário, a uma simplificação e harmonização do sistema de recursos.

10. Finalmente, a aprovação do presente Código insere-se na linha da Resolução do Conselho de Ministros nº 119/97, de 14 de Julho, na medida em que reforça e aperfeiçoa o sistema de garantias dos contribuintes e imprime maior eficácia e celeridade à justiça tributária.

Foi ouvida a Associação Nacional de Municípios Portugueses.

Assim:

No uso da autorização legislativa concedida pelos nºs 1 e 6 do artigo 51º da Lei nº 87-B/98, de 31 de Dezembro, e nos termos das alíneas *a)* e *b)* do nº 1 do artigo 198º da Constituição, o Governo decreta, para valer como lei geral da República, o seguinte:

Artigo 1º – Aprovação

É aprovado o Código de Procedimento e de Processo Tributário, que faz parte integrante do presente decreto-lei.

Artigo 2º – Revogação

1. É revogado a partir da entrada em vigor do Código de Procedimento e de Processo Tributário o Código de Processo Tributário, aprovado pelo artigo 1º do Decreto-Lei nº 154/91, de 23 de Abril, bem como toda a legislação contrária ao Código aprovado pelo presente decreto-lei, sem prejuízo das disposições que este expressamente mantenha em vigor.

2. Ficam também revogados a partir da entrada em vigor do presente Código os artigos 14º a 17º do Estatuto dos Benefícios Fiscais, aprovado pelo artigo 1º do Decreto-Lei nº 215/89, de 1 de Julho.

Artigo 3º – Continuação em vigor

1. Até à revisão do Regime Jurídico das Infracções Fiscais não Aduaneiras, aprovado pelo artigo 1º do Decreto-Lei nº 20-A/90, de 15 de Janeiro, continuarão em vigor os artigos 25º a 30º, 35º, 36º e 180º a 232º do Código de Processo Tributário.

2. Manter-se-á em vigor o disposto nos nºs 1 e 2 do artigo 49º do Código de Processo Tributário, na parte relativa à contagem do prazo de interposição do recurso das decisões de aplicação das coimas.

Artigo 4º – Entrada em vigor

O Código de Procedimento e de Processo Tributário entra em vigor a 1 de Janeiro de 2000 e só se aplica aos procedimentos iniciados e aos processos instaurados a partir dessa data.

Artigo 5º – Unidade de conta

Para efeitos do código aprovado pelo presente decreto-lei, considera-se unidade de conta a unidade de conta processual a que se referem os nºs 5 e 6 do Decreto-Lei nº 212/89, de 30 de Junho.

Artigo 6º – Disposições especiais

1. Consideram-se órgãos periféricos locais, para efeitos do código aprovado pelo presente decreto-lei, os serviços de finanças, delegações aduaneiras e postos aduaneiros da Autoridade Tributária e Aduaneira (AT).

2. Na execução fiscal consideram-se órgãos periféricos regionais as direções de finanças ou quaisquer outros órgãos da administração tributária a quem lei especial atribua as competências destas no processo.

3. Consideram-se órgãos periféricos regionais, para efeitos do código aprovado pelo presente decreto-lei, as direções de finanças e as alfândegas da AT.

4. As competências que o código aprovado pelo presente decreto-lei atribui aos órgãos periféricos regionais e aos órgãos periféricos locais da administração tributária para o procedimento e processo tributário são exercidas, relativamente às pessoas singulares ou coletivas que, nos termos da lei, sejam qualificadas como grandes contribuintes, pelo órgão do serviço central da AT a quem, organicamente, seja cometida, como atribuição específica, o respetivo acompanhamento e gestão tributárias, com exceção dos impostos aduaneiros e especiais de consumo.

5. Excecionam-se das competências atribuídas ao órgão do serviço central da AT a que se refere o número anterior, as competências atribuídas aos órgãos periféricos locais previstas no Código do Imposto Municipal sobre Imóveis.

6. Nos tributos, incluindo parafiscais, não administrados pelas entidades referidas nos nºs 1 e 3, consideram-se órgãos periféricos locais os territorialmente competentes para a sua liquidação e cobrança e órgãos periféricos regionais os imediatamente superiores.

(Redação dada pela Lei nº 100/2017, de 28-08)

Artigo 7º – Tributos administrados por autarquias locais

1. As competências atribuídas no código aprovado pelo presente decreto-lei a órgãos periféricos locais ou, no que respeita às competências de execução fiscal, a órgãos periféricos regionais, são exercidas pelas autarquias quanto aos tributos por elas administrados.

2. As competências atribuídas no código aprovado pelo presente decreto-lei ao dirigente máximo do serviço ou a órgãos executivos da administração tributária serão exercidas, nos termos da lei, pelo presidente da autarquia.

3. As competências atribuídas pelo código aprovado pelo presente decreto-lei ao representante da Fazenda Pública serão exercidas, nos termos da lei, por licenciado em Direito ou em Solicitadoria desempenhando funções de mero apoio jurídico.

4. A competência para cobrança coerciva de impostos e outros tributos administrados por autarquias locais pode ser atribuída à administração tributária mediante protocolo, ou a agentes de execução mediante protocolo com a Ordem dos Solicitadores e dos Agentes de Execução.

5. A competência para cobrança coerciva de tributos administrados pelas freguesias pode ser atribuída aos municípios a cuja área pertençam mediante protocolo.

6. A realização de penhoras é precedida das diligências que a autarquia considere úteis à identificação ou localização de bens penhoráveis, procedendo esta, sempre que necessário, à consulta, nas bases de dados da administração tributária, de informação sobre a identificação do executado e sobre a identificação e a localização dos bens do executado.

7. A informação sobre a identificação do executado referida no número anterior apenas inclui o domicílio fiscal, mediante indicação à Autoridade Tributária e Aduaneira do número de identificação fiscal.

8. A consulta direta pelo município às bases de dados referidas no nº 6 é efetuada em termos a definir por portaria dos membros do Governo responsáveis pelas áreas das finanças e das autarquias locais.

9. A regulamentação referida no número anterior deve especificar, em relação a cada consulta, a obtenção e a conservação dos dados referentes à data da consulta e à identificação do respetivo processo executivo e dos trabalhadores e titulares de órgãos municipais que tenham acesso a informação transmitida pela AT.

10. Quando não seja possível o acesso eletrónico, pelo município, aos elementos sobre a identificação e a localização dos bens do executado, a AT deve fornecê-los pelo meio mais célere e no prazo de 30 dias.

(Redação dada pela Lei nº 118/2019, de 17-09)

Artigo 8º – Constituição de fundo

Será constituído na DGAIEC, no prazo de 180 dias a contar da entrada em vigor do presente decreto-lei, um fundo da mesma natureza e fins do previsto para a DGCI no artigo 3º do Decreto-Lei nº 29/98, de 11 de Fevereiro.

Artigo 9º – Processos aduaneiros

1. O artigo 24º do Regulamento das Custas dos Processos Tributários, aprovado pelo artigo 1º do Decreto-Lei nº 29/98, passa a ter a seguinte redacção:*

* As alterações não se transcrevem por não se inserirem no âmbito da presente publicação.

2. Quando estiverem em causa receitas administradas pela DGAIEC, consideram-se feitas a esta as referências efectuadas à DGCI nos artigos 3º e 4º do decreto-lei referido no nº 1.

Artigo 10º – Remissões

Consideram-se feitas para as disposições correspondentes do Código de Procedimento e de Processo Tributário todas as remissões efectuadas nos códigos e leis tributárias, bem como em legislação avulsa, para o Código de Processo Tributário.

Visto e aprovado em Conselho de Ministros de 18 de Agosto de 1999. – *António Manuel de Oliveira Guterres – António Luciano Pacheco de Sousa Franco – João Cardona Gomes Cravinho – José Manuel de Matos Fernandes.*

Promulgado em 24 de Setembro de 1999.

Publique-se.

O Presidente da República, JORGE SAMPAIO.

Referendado em 13 de Outubro de 1999.

O Primeiro-Ministro, *António Manuel de Oliveira Guterres.*

Código de Procedimento e de Processo Tributário*

TÍTULO I – Disposições gerais

CAPÍTULO I – Âmbito e direito subsidiário

Artigo 1º – Âmbito

O presente Código aplica-se, sem prejuízo do disposto no direito comunitário, noutras normas de direito internacional que vigorem diretamente na ordem interna, na lei geral tributária ou em legislação especial, incluindo as normas que regulam a liquidação e cobrança dos tributos parafiscais:

a) Ao procedimento tributário;

b) Ao processo judicial tributário;

c) À cobrança coerciva das dívidas exigíveis em processo de execução fiscal;

d) Aos recursos jurisdicionais.

Artigo 2º – Direito subsidiário

São de aplicação supletiva ao procedimento e processo judicial tributário, de acordo com a natureza dos casos omissos:

a) As normas de natureza procedimental ou processual dos códigos e demais leis tributárias;

b) As normas sobre a organização e funcionamento da administração tributária;

c) As normas sobre organização e processo nos tribunais administrativos e tributários;

d) O Código do Procedimento Administrativo;

e) O Código de Processo Civil.

* Texto de acordo com a republicação da Lei nº 118/2019, de 17 de setembro.

CAPÍTULO II – Dos sujeitos procedimentais e processuais

SECÇÃO I – Da personalidade e da capacidade tributárias

Artigo 3º – Personalidade e capacidade tributárias

1. A personalidade judiciária tributária resulta da personalidade tributária.

2. A capacidade judiciária e para o exercício de quaisquer direitos no procedimento tributário tem por base e por medida a capacidade de exercício dos direitos tributários.

3. Os incapazes só podem estar em juízo e no procedimento por intermédio dos seus representantes, ou autorizados pelo seu curador, exceto quanto aos atos que possam exercer pessoal e livremente.

Artigo 4º – Intervenção das sucursais

As sucursais, agências, delegações ou representações podem intervir no procedimento ou no processo judicial tributário mediante autorização expressa da administração principal, quando o facto tributário lhes respeitar.

Artigo 5º – Mandato tributário

1. Os interessados ou seus representantes legais podem conferir mandato, sob a forma prevista na lei, para a prática de atos de natureza procedimental ou processual tributária que não tenham caráter pessoal.

2. O mandato tributário só pode ser exercido, nos termos da lei, por advogados, advogados estagiários e solicitadores quando se suscitem ou discutam questões de direito perante a administração tributária em quaisquer petições, reclamações ou recursos.

3. A revogação do mandato tributário só produz efeitos para com a administração tributária quando lhe for notificada.

Artigo 6º – Patrocínio judiciário e representação em juízo

1. É obrigatória a constituição de mandatário nos tribunais tributários, nos termos previstos na lei processual administrativa.

2. (*Revogado*).

3. (*Revogado*).

Artigo 7º – Curador especial ou provisório

1. Em caso de, no procedimento tributário, se apurar a inexistência de designação de um representante legal do incapaz e sem prejuízo dos poderes legalmente atribuídos ao Ministério Público, deve a entidade legalmente incumbida da sua direção requerer de imediato a sua nomeação ao tribunal competente e, em caso de urgência, proceder simultaneamente à nomeação de um curador provisório que o represente até à nomeação do representante legal.

2. O disposto no número anterior aplica-se às pessoas singulares que, por anomalia psíquica ou qualquer outro motivo grave, se mostre estarem impossibilitadas de receber as notificações ou citações promovidas pela administração tributária ou ausentes em parte incerta sem representante legal ou procurador.

3. O curador a que se refere o presente artigo tem direito ao reembolso pelo representado das despesas que comprovadamente haja efetuado no exercício das suas funções.

Artigo 8º – Representação das entidades desprovidas de personalidade jurídica mas que dispõem de personalidade tributária e das sociedades ou pessoas coletivas sem representante conhecido

1. As entidades desprovidas de personalidade jurídica mas que disponham de personalidade tributária são representadas pelas pessoas que, legalmente ou de facto, efetivamente as administrem.

2. Aplica-se o disposto no nº 1 do artigo anterior, com as adaptações necessárias, se as pessoas coletivas ou entes legalmente equiparados não dispuserem de quem as represente.

SECÇÃO II – Da legitimidade

Artigo 9º – Legitimidade

1. Têm legitimidade no procedimento tributário, além da administração tributária, os contribuintes, incluindo substitutos e responsáveis, outros obrigados tributários, as partes dos contratos fiscais e quaisquer outras pessoas que provem interesse legalmente protegido.

2. A legitimidade dos responsáveis solidários resulta da exigência em relação a eles do cumprimento da obrigação tributária ou de quaisquer deveres tributários, ainda que em conjunto com o devedor principal.

3. A legitimidade dos responsáveis subsidiários resulta de ter sido contra eles ordenada a reversão da execução fiscal ou requerida qualquer providência cautelar de garantia dos créditos tributários.

4. Têm legitimidade no processo judicial tributário, além das entidades referidas nos números anteriores, o Ministério Público e o representante da Fazenda Pública.

SECÇÃO III – Da competência

Artigo 10º – Competências da administração tributária

1. Aos serviços da administração tributária cabe:

a) Liquidar e cobrar ou colaborar na cobrança dos tributos, nos termos das leis tributárias;

b) Proceder à revisão oficiosa dos atos tributários;

c) Decidir as petições e reclamações e pronunciar-se sobre os recursos hierárquicos apresentados pelos contribuintes;

d) Reconhecer isenções ou outros benefícios fiscais e praticar, nos casos previstos na lei, outros atos administrativos em matéria tributária;

e) Receber e enviar por via eletrónica ao tribunal tributário competente as petições iniciais nos processos de impugnação judicial que neles sejam entregues e dar cumprimento ao disposto nos artigos 111º e 112º;

f) Instaurar os processos de execução fiscal e realizar os atos a estes respeitantes, salvo os previstos no nº 1 do artigo 151º do presente Código;

g) Cobrar as custas dos processos e dar-lhes o destino legal;

h) Efetuar as diligências que lhes sejam ordenadas ou solicitadas pelos tribunais tributários;

i) Cumprir deprecadas;

j) Realizar os demais atos que lhes sejam cometidos na lei.

2. Sem prejuízo do disposto na lei, designadamente quanto aos procedimentos relativos a tributos parafiscais e aos procedimentos relativos aos grandes contribuintes, são competentes para o procedimento os órgãos periféricos locais da administração tributária do domicílio ou sede do contribuinte, da situação dos bens ou da liquidação.

3. Sem prejuízo do disposto na lei quanto aos procedimentos relativos aos grandes contribuintes, se a administração tributária não dispuser de órgãos periféricos locais, são competentes os órgãos periféricos regionais da administração tributária do domicílio ou sede do contribuinte, da situação dos bens ou da liquidação.

4. Se a administração tributária não dispuser de órgãos periféricos regionais, as competências atribuídas pelo presente Código a esses órgãos serão exercidas pelo dirigente máximo do serviço ou por aquele em quem ele delegar essa competência.

5. Salvo disposição expressa em contrário, a competência do serviço determina-se no início do procedimento, sendo irrelevantes as alterações posteriores.

Artigo 11º – Conflitos de competência

1. Os conflitos positivos ou negativos de competência entre diferentes serviços do mesmo órgão da administração tributária são resolvidos pelo seu dirigente máximo.

2. Os conflitos positivos ou negativos de competência entre órgãos da administração tributária pertencentes ao mesmo ministério são resolvidos pelo ministro respetivo.

3. Os conflitos positivos ou negativos de competência entre órgãos da administração tributária pertencentes a ministérios diferentes são resolvidos pelo Primeiro-Ministro.

4. Os conflitos positivos ou negativos da competência entre órgãos da administração tributária do governo central, dos governos regionais e das autarquias locais são resolvidos, nos termos do presente Código, pelos tribunais tributários.

5. São resolvidos oficiosamente os conflitos de competência dentro do mesmo ministério, devendo os órgãos que os suscitarem solicitar a sua resolução à entidade competente no prazo de oito dias.

6. Salvo disposição em contrário, o interessado deve requerer a resolução do conflito de competência no prazo de 30 dias após a notificação da decisão ou do conhecimento desta.

Artigo 12º – Competência dos tribunais tributários

1. Os processos da competência dos tribunais tributários são julgados em 1ª instância pelo tribunal da área do serviço periférico local onde se praticou o ato objeto da impugnação ou no caso da execução fiscal, no tribunal da área do domicílio ou sede do executado.

2. No caso de atos tributários ou em matéria tributária praticados por outros serviços da administração tributária, julgará em 1ª instância o tribunal da área do domicílio ou sede do contribuinte, da situação dos bens ou da transmissão.

Artigo 13º – Poderes do juiz

1. Aos juízes dos tribunais tributários incumbe a direção e julgamento dos processos da sua jurisdição, devendo realizar ou ordenar todas as diligências que considerem úteis ao apuramento da verdade relativamente aos factos que lhes seja lícito conhecer.

2. As autoridades e repartições públicas são obrigadas a prestar as informações que o juiz entender necessárias ao bom andamento dos processos.

Artigo 14º – Competência do Ministério Público

1. Cabe ao Ministério Público a defesa da legalidade, a promoção do interesse público e a representação dos ausentes, incertos e incapazes.

2. O Ministério Público será sempre ouvido nos processos judiciais antes de ser proferida a decisão final, nos termos deste Código.

Artigo 15º – Competência do representante da Fazenda Pública

1. Compete ao representante da Fazenda Pública nos tribunais tributários:

a) Representar a administração tributária e, nos termos da lei, quaisquer outras entidades públicas no processo judicial tributário e no processo de execução fiscal;

b) Recorrer e intervir em patrocínio da Fazenda Pública na posição de recorrente ou recorrida;

c) Praticar quaisquer outros atos previstos na lei.

2. No exercício das suas competências, deve o representante da Fazenda Pública promover o rápido andamento dos processos, podendo requisitar às repartições públicas os elementos de que necessitar e solicitar, nos termos da lei, aos serviços da administração tributária as diligências necessárias.

3. Quando a representação do credor tributário não for do representante da Fazenda Pública, as competências deste são exercidas pelo mandatário judicial que aquele designar.

Artigo 16º – Incompetência absoluta em processo judicial

1. A infração das regras de competência em razão da hierarquia e da matéria determina a incompetência absoluta do tribunal.

2. A incompetência absoluta é de conhecimento oficioso e pode ser arguida pelos interessados ou suscitada pelo Ministério Público, ou pelo representante da Fazenda Pública até ao trânsito em julgado da decisão final.

Artigo 17º – Incompetência territorial em processo judicial

1. A infração das regras de competência territorial determina a incompetência relativa do tribunal ou serviço periférico local ou regional onde correr o processo.

2. A incompetência em razão do território é de conhecimento oficioso, podendo ser arguida ou conhecida até à prolação da sentença em 1ª instância, sem prejuízo do disposto no número seguinte.

3. No processo de execução fiscal, a incompetência territorial do órgão de execução só pode ser arguida ou conhecida oficiosamente até findar o prazo para a oposição, implicando a remessa oficiosa do processo para o serviço considerado competente, no prazo de 48 horas, notificando-se o executado.

Artigo 18º – Efeitos da declaração judicial de incompetência

1. A decisão judicial de incompetência implica a remessa oficiosa do processo, por via eletrónica, ao tribunal tributário ou administrativo competente, no prazo de 48 horas.

2. Quando a petição seja dirigida a tribunal incompetente, sem que o tribunal competente pertença à jurisdição administrativa e fiscal, pode o interessado, no prazo de 15 dias a contar do trânsito em julgado da decisão que declare a incompetência, requerer a remessa do processo, se possível por via eletrónica, ao tribunal competente, com indicação do mesmo.

3. (*Revogado*).

4. Em qualquer dos casos, a petição considera-se apresentada na data do primeiro registo do processo.

Artigo 19º – Deficiências ou irregularidades processuais

O tribunal ou qualquer serviço da administração tributária para onde subir o processo, se nele verificar qualquer deficiência ou irregularidade que não possa sanar, mandá-lo-á baixar para estas serem supridas.

SECÇÃO IV – Dos atos procedimentais e processuais

SUBSECÇÃO I – Dos prazos

Artigo 20º – Contagem dos prazos

1. Os prazos do procedimento tributário e de impugnação judicial contam-se nos termos do artigo 279º do Código Civil, transferindo-se o seu termo, quando os prazos terminarem em dia em que os serviços ou os tribunais estiverem encerrados, para o primeiro dia útil seguinte.

2. Os prazos para a prática de atos no processo judicial contam-se nos termos do Código de Processo Civil.

Artigo 21º – Despacho e sentenças. Prazos

Na falta de disposições especiais, observar-se-ão os seguintes prazos para os despachos e sentenças:

a) Os despachos que não sejam de mero expediente serão proferidos dentro de 10 dias, devendo os de mero expediente ser proferidos no prazo de 5 dias;

b) As sentenças serão proferidas dentro de 20 dias.

Artigo 22º – Promoções do Ministério Público e do representante da Fazenda Pública. Prazo

1. No processo judicial tributário, os prazos para a prática de atos pelo Ministério Público e pelo representante da Fazenda Pública têm a natureza de prazos perentórios.

2. Na falta de disposição especial, os prazos mencionados no número anterior são de 20 dias na 1ª instância e de 30 dias nos tribunais superiores.

Artigo 23º – Prazos fixados

1. Quando, nos termos da lei, o prazo do ato deva ser fixado pela administração tributária ou pelo juiz, este não pode ser inferior a 10 nem superior a 30 dias.

2. Se a administração tributária ou o juiz não fixarem o prazo, este será de 10 dias.

Artigo 24º – Passagem de certidões e cumprimento de cartas precatórias. Prazos

1. As certidões de atos e termos do procedimento tributário e do processo judicial, bem como os comprovativos de cadastros ou outros elementos em arquivo na administração tributária, sempre que informatizados, são passados, no prazo máximo de três dias, por via eletrónica através da Internet ou mediante impressão nos serviços da administração tributária.

2. Nos procedimentos e processos não informatizados, as certidões e termos são passados mediante a apresentação de pedido escrito ou oral, no prazo máximo de cinco dias.

3. As certidões poderão ser passadas no prazo de quarenta e oito horas caso a administração tributária disponha dos elementos necessários e o contribuinte invoque fundamentadamente urgência na sua obtenção.

4. Salvo o disposto em lei especial, a validade das certidões passadas pela administração tributária é de um ano, exceto as certidões comprovativas de situação tributária regularizada, que têm a validade de três meses.

5. A validade de certidões passadas pela administração tributária que estejam sujeitas a prazo de caducidade pode ser prorrogada, a pedido dos interessados, por períodos sucessivos de um ano, que não pode ultrapassar três anos, desde que não haja alteração dos elementos anteriormente certificados, exceto as respeitantes à situação tributária regularizada, cujo prazo de validade nunca pode ser prorrogado.

6. A certidão comprovativa de situação tributária regularizada não constitui documento de quitação.

7. O pedido a que se refere o nº 5 pode ser formulado no requerimento inicial, competindo aos serviços, no momento da prorrogação, a verificação de que não houve alteração dos elementos anteriormente certificados.

8. As cartas precatórias serão cumpridas nos 60 dias posteriores ao da sua entrada nos serviços deprecados.

9. Os documentos emitidos nos termos do nº 1 são autenticados com um código de identificação, permitindo-se a consulta do original eletrónico disponibilizado no serviço eletrónico da Internet da administração tributária pela entidade interessada, considerando-se inexistente o documento enquanto não for efetuada a confirmação da conformidade do seu conteúdo em papel com o original eletrónico.

Artigo 25º – Cumprimento dos prazos

Os serviços competentes da administração tributária ou dos tribunais tributários elaborarão relações trimestrais dos procedimentos e processos em que os prazos previstos no presente Código não foram injustificadamente cumpridos e remetê-las-ão às entidades com competência inspetiva e disciplinar sobre os responsáveis do incumprimento, para os efeitos que estas entenderem apropriados.

SUBSECÇÃO II – Do expediente interno

Artigo 26º – Recibos

1. Os serviços da administração tributária passarão obrigatoriamente recibo das petições e de quaisquer outros requerimentos, exposições ou reclamações, com menção dos documentos que os instruam e da data da apresentação, independentemente da natureza do processo administrativo ou judicial.

2. No caso de remessa pelo correio, sob registo, de requerimentos, petições ou outros documentos dirigidos à administração tributária, considera-se que a mesma foi efetuada na data do respetivo registo, salvo o especialmente estabelecido nas leis tributárias.

3. No caso de remessa de petições ou outros documentos dirigidos à administração tributária por telefax ou por via eletrónica, considera-se que a mesma foi efetuada na data de emissão, servindo de prova, respetivamente, a cópia do aviso de onde conste a menção de que a mensagem foi enviada com sucesso, bem como a data, hora e número de telefax do recetor ou o extrato da mensagem efetuado pelo funcionário, o qual será incluído no processo.

4. A presunção referida no número anterior poderá ser ilidida por informação do operador sobre o conteúdo e a data da emissão.

Artigo 26º-A – Distribuição

É subsidiariamente aplicável ao processo tributário o disposto na lei processual administrativa em matéria de distribuição dos processos e demais documentos sujeitos a distribuição.

Artigo 27º – Processos administrativos ou judiciais instaurados

1. A administração tributária e os tribunais tributários registam e arquivam os procedimentos administrativos e os processos judiciais instaurados, sempre que possível em suporte informático, por forma que seja possível a sua consulta a partir de vários critérios de pesquisa.

2. Os arquivos são obrigatoriamente mantidos durante os 10 anos seguintes à decisão dos procedimentos ou ao trânsito em julgado das decisões judiciais.

3. (*Revogado*).

4. (*Revogado*).

5. (*Revogado*).

Artigo 28º

(*Revogado*).

Artigo 29º – Modelo dos impressos processuais

1. Os impressos a utilizar no procedimento administrativo tributário não informatizado, incluindo o processo de execução fiscal, obedecem a modelos aprovados pelo membro do Governo ou órgão executivo de quem dependam os serviços da administração tributária.

2. Os impressos a utilizar no processo judicial tributário obedecem a modelos aprovados pelos Ministros das Finanças e da Justiça.

3. A cópia para suporte papel dos procedimentos e processos informatizados deve ser efetuada, sempre que possível, no formato dos impressos aprovados.

Artigo 30º – Consulta dos processos administrativos ou judiciais

1. Os documentos dos processos administrativos e judiciais pendentes ou arquivados podem ser consultados pelos interessados ou seus representantes.

2. Os mandatários judiciais constituídos podem requerer que os processos pendentes ou arquivados nos tribunais lhes sejam confiados para exame fora da secretaria, com observância das normas do Código de Processo Civil.

Artigo 31º – Editais

1. Quando, nos termos da lei, houver lugar à publicação de editais ou anúncios, esta será feita a expensas do interessado, entrando em regra de custas.

2. Os editais e os anúncios publicados são juntos aos restantes documentos do processo administrativo ou judicial, com indicação da data e custo da publicação.

Artigo 32º – Restituição de documentos

Findo o processo administrativo ou judicial, os documentos serão restituídos ao interessado a seu pedido, sendo substituídos por certidões do mesmo teor ou, tratando-se de documentos que existam permanentemente em repartições ou serviços públicos, desde que fique no processo a indicação da repartição ou serviço e do livro e lugar respetivos.

Artigo 33º – Processos administrativos ou judiciais concluídos

1. Os documentos dos processos administrativos ou judiciais concluídos, depois de mensalmente descarregados no registo geral, serão arquivados no tribunal ou serviço que os tenha instaurado, por ordem sequencial ou alfabética, em tantos maços distintos quantos os índices especiais referidos no artigo 28º.

2. O disposto no número anterior não prejudica a obrigação de remessa dos processos concluídos ao órgão da administração tributária competente para a execução da sentença ou acórdão, nos termos previstos neste Código.

Artigo 34º – Valor probatório dos documentos existentes nos arquivos da administração tributária

1. O conhecimento dos documentos existentes nos arquivos da administração tributária, relativos às relações estabelecidas com os contribuintes no âmbito da execução da política tributária ou outra, pode ser obtido pelas seguintes formas:

a) Informação escrita;

b) Certidão, fotocópia, reprodução de microfilme, reprodução de registo informático ou reprodução de registo digital.

2. As cópias obtidas a partir dos suportes arquivísticos utilizados na administração tributária têm a força probatória do original, desde que devidamente autenticadas.

3. O interessado pode requerer, nos termos legais, o confronto das cópias referidas no número anterior com o original.

SUBSECÇÃO III – Das notificações e citações

Artigo 35º – Notificações e citações

1. Diz-se notificação o ato pelo qual se leva um facto ao conhecimento de uma pessoa ou se chama alguém a juízo.

2. A citação é o ato destinado a dar conhecimento ao executado de que foi proposta contra ele determinada execução ou a chamar a esta, pela primeira vez, pessoa interessada.

3. As notificações e as citações podem efetuar-se pessoalmente no local em que o notificando for encontrado, por via postal simples, por carta registada ou por carta registada com aviso de receção, ou por transmissão eletrónica de dados, através do serviço público de notificações eletrónicas associado à morada única digital, da caixa postal eletrónica ou na área reservada do Portal das Finanças.

4. Os despachos a ordenar citações ou notificações podem ser impressos e assinados por chancela.

5. Qualquer funcionário da administração tributária, no exercício das suas funções, promove a notificação e a citação.

6. A adesão à morada única digital nos termos previstos no serviço público de notificações eletrónicas associado à morada única digital determina que as notificações e citações podem ser feitas através daquele.

Artigo 36º – Notificações em geral

1. Os atos em matéria tributária que afetem os direitos e interesses legítimos dos contribuintes só produzem efeitos em relação a estes quando lhes sejam validamente notificados.

2. As notificações conterão sempre a decisão, os seus fundamentos e meios de defesa e prazo para reagir contra o ato notificado, bem como a indicação da entidade que o praticou e se o fez no uso de delegação ou subdelegação de competências.

3. Constitui notificação o recebimento pelo interessado de cópia de ata ou assento do ato a que assista.

Artigo 37º – Comunicação ou notificação insuficiente

1. Se a comunicação da decisão em matéria tributária não contiver a fundamentação legalmente exigida, a indicação dos meios de reação contra o ato notificado ou outros requisitos exigidos pelas leis tributárias, pode o interessado, dentro de 30 dias ou dentro do prazo para reclamação, recurso ou impugnação ou outro meio judicial que desta decisão caiba, se inferior, requerer a notificação dos requisitos que tenham sido omitidos ou a passagem de certidão que os contenha, isenta de qualquer pagamento.

2. Se o interessado usar da faculdade concedida no número anterior, o prazo para a reclamação, recurso, impugnação ou outro meio judicial conta-se a partir da notificação ou da entrega da certidão que tenha sido requerida.

3. A apresentação do requerimento previsto no nº 1 pode ser provada por duplicado do mesmo, com o registo de entrada no serviço que promoveu a comunicação ou notificação ou por outro documento autêntico.

4. No caso de o tribunal vier a reconhecer como estando errado o meio de reação contra o ato notificado indicado na notificação, poderá o meio de reação adequado ser ainda exercido no prazo de 30 dias a contar do trânsito em julgado da decisão judicial.

Artigo 38º – Avisos e notificações por via postal ou telecomunicações endereçadas

1. As notificações são efetuadas obrigatoriamente por carta registada com aviso de receção, sempre que tenham por objeto atos ou decisões suscetíveis de alterarem a situação tributária dos contribuintes ou a convocação para estes assistirem ou participarem em atos ou diligências.

2. Para efeitos do disposto no número anterior, a comunicação dos serviços postais para levantamento de carta registada remetida pela administração fiscal deve sempre conter de forma clara a identificação do remetente.

3. As notificações não abrangidas pelo nº 1, bem como as relativas às liquidações de tributos que resultem de declarações dos contribuintes ou de correções à matéria tributável que tenha sido objeto de notificação para efeitos do direito de audição, são efetuadas por carta registada.

4. As notificações relativas a liquidações de impostos periódicos feitas nos prazos previstos na lei são efetuadas por simples via postal.

5. As notificações serão pessoais nos casos previstos na lei ou quando a entidade que a elas proceder o entender necessário.

6. Às notificações pessoais aplicam-se as regras sobre a citação pessoal.

7. O funcionário que emitir qualquer aviso ou notificação indicará o seu nome e mencionará a identificação do procedimento ou processo e o resumo dos seus objetivos.

8. As notificações referidas nos nºs 3 e 4 do presente artigo podem ser efetuadas, nos termos do número anterior, por telefax quando a administração tributária tenha conhecimento do número de telefax do notificando e possa posteriormente confirmar o conteúdo da mensagem e o momento em que foi enviada.

9. As notificações referidas no presente artigo, bem como as efetuadas nos processos de execução fiscal, podem ser efetuadas por transmissão eletrónica de dados, através do serviço público de notificações eletrónicas associado à morada única digital ou da caixa postal eletrónica, equivalendo ambas à remessa por via postal registada ou por via postal registada com aviso de receção.

10. (*Revogado*).

11. Quando se refiram a atos praticados por meios eletrónicos pelo dirigente máximo do serviço, as notificações efetuadas por transmissão eletrónica de dados são autenticadas com assinatura eletrónica avançada certificada nos termos previstos pelo Sistema de Certificação Eletrónica do Estado – Infraestrutura de Chaves Públicas.

12. A administração fiscal disponibiliza no seu serviço na Internet os documentos eletrónicos de notificação e citação a cada sujeito passivo.

13. As notificações por transmissão eletrónica de dados previstas no nº 9 podem conter apenas um resumo da fundamentação dos atos notificados, desde que remetam expressamente para uma fundamentação completa disponível a cada sujeito passivo na área reservada do Portal das Finanças.

Artigo 38º-A – Notificações e citações eletrónicas no Portal das Finanças

1. As notificações e citações são efetuadas por transmissão eletrónica de dados, na respetiva área reservada no Portal das Finanças, relativamente aos sujeitos passivos:

a) Que sendo obrigados a possuir caixa postal eletrónica, nos termos do nº 12 do artigo 19º da lei geral tributária, não a tenham comunicado à administração tributária no prazo legal para o efeito;

b) Residentes em Estado fora da União Europeia ou do Espaço Económico Europeu, que não tenham designado representante com residência em território nacional;

c) Que não sendo obrigados a possuir e a comunicar a caixa postal eletrónica, optem pelas notificações e citações eletrónicas no Portal das Finanças;

d) Que embora possuam caixa postal eletrónica e a tenham comunicado à administração tributária, optem pelas notificações e citações eletrónicas no Portal das Finanças;

e) Não residentes de, ou residentes que se ausentem para, Estado-Membro da União Europeia ou do Espaço Económico Europeu, cuja designação de representante seja meramente facultativa, optem pelas notificações e citações eletrónicas no Portal das Finanças.

2. A adesão às notificações e citações no Portal das Finanças, exercida por opção, pode ser feita mediante autenticação na área reservada.

3. A opção de adesão prevista no número anterior pode ser exercida a qualquer momento, produzindo efeitos no 1º dia do mês seguinte, desde que entre a data da opção e a data da respetiva produção de efeitos decorra um período mínimo de 10 dias, caso contrário, a adesão só produz efeitos no 1º dia do 2º mês seguinte.

4. As notificações e citações efetuadas por transmissão eletrónica consideram-se efetuadas no 5º dia posterior ao registo de disponibilização na respetiva área reservada do Portal das Finanças.

5. O sistema informático de suporte às notificações e citações eletrónicas no Portal das Finanças garante:

a) A autenticidade da notificação;

b) O registo e a comprovação da data e da hora da disponibilização efetiva das notificações eletrónicas na respetiva área reservada.

6. As notificações e as citações eletrónicas efetuadas por transmissão eletrónica na respetiva área reservada do Portal das Finanças equivalem à remessa por via postal, via postal registada ou via postal registada com aviso de receção, consoante os casos.

7. A disponibilização das notificações e citações previstas no presente artigo, bem como o regime da adesão, da desistência e cessação do mesmo, é regulamentada por portaria do membro do Governo responsável pela área das finanças

Artigo 39º – Perfeição das notificações

1. As notificações efetuadas nos termos do nº 3 do artigo anterior presumem-se feitas no 3º dia posterior ao do registo ou no 1º dia útil seguinte a esse, quando esse dia não seja útil.

2. A presunção do número anterior só pode ser ilidida pelo notificado quando não lhe seja imputável o facto de a notificação ocorrer em data posterior à presumida, devendo para o efeito a administração tributária ou o tribunal, com base em requerimento do interessado, requerer aos correios informação sobre a data efetiva da receção.

3. Havendo aviso de receção, a notificação considera-se efetuada na data em que ele for assinado e tem-se por efetuada na própria pessoa do notificando, mesmo quando o aviso de receção haja sido assinado por terceiro presente no domicílio do contribuinte, presumindo-se neste caso que a carta foi oportunamente entregue ao destinatário.

4. O distribuidor do serviço postal procederá à notificação das pessoas referidas no número anterior por anotação do bilhete de identidade ou de outro documento oficial.

5. Em caso de o aviso de receção ser devolvido ou não vier assinado por o destinatário se ter recusado a recebê-lo ou não o ter levantado no prazo previsto no regulamento dos serviços postais e não se comprovar que entretanto o contribuinte comunicou a alteração do seu domicílio fiscal, a notificação será efetuada nos 15 dias seguintes à devolução por nova carta registada com aviso de receção, presumindo-se a notificação se a carta não tiver sido recebida ou levantada, sem prejuízo de o notificando poder provar justo impedimento ou a impossibilidade de comunicação da mudança de residência no prazo legal.

6. No caso da recusa de recebimento ou não levantamento da carta, previstos no número anterior, a notificação presume-se feita no 3º dia posterior ao do registo ou no 1º dia útil seguinte a esse, quando esse dia não seja útil.

7. Quando a notificação for efetuada por telefax ou via Internet, presume-se que foi feita na data de emissão, servindo de prova, respetivamente, a cópia do aviso de onde conste a menção de que a mensagem foi enviada com sucesso, bem como a data, hora e número de telefax do recetor ou o extrato da mensagem efetuado pelo funcionário, o qual será incluído no processo.

8. A presunção referida no número anterior poderá ser ilidida por informação do operador sobre o conteúdo e data da emissão.

9. (*Revogado*).

10. As notificações efetuadas para o domicílio fiscal eletrónico consideram-se efetuadas no décimo quinto dia posterior ao registo de disponibilização daquelas, sendo que a contagem só se inicia no primeiro dia útil seguinte, no sistema de suporte ao serviço público de notificações eletrónicas associado à morada única digital ou na caixa postal eletrónica da pessoa a notificar.

11. A presunção do número anterior só pode ser ilidida pelo notificado quando, por facto que não lhe seja imputável, a notificação ocorrer em data posterior à presumida e nos casos em que se comprove que o contribuinte comunicou a alteração daquela nos termos do artigo 43º.

12. O ato de notificação será nulo no caso de falta de indicação do autor do ato e, no caso de este o ter praticado no uso de delegação ou subdelegação de competências, da qualidade em que decidiu, do seu sentido e da sua data.

13. O presente artigo não prejudica a aplicação do disposto no nº 6 do artigo 45º da Lei Geral Tributária.

(Redação dada pela Lei nº 119/2019, de 18-09)

Artigo 40º – Notificações aos mandatários

1. As notificações aos interessados que tenham constituído mandatário são feitas na pessoa deste da seguinte forma:

a) Nos procedimentos tributários, por carta registada, dirigida para o seu escritório;

b) Nos processos judiciais tributários, nos termos previstos nas normas sobre processo nos tribunais administrativos.

2. Quando a notificação se destine a chamar o interessado para a prática de ato pessoal, além de ser notificado o mandatário, será enviado pelo correio um aviso registado ao próprio interessado, indicando a data, o local e o fim da comparência.

3. As notificações referidas nos números anteriores podem ainda ser efetuadas pelo funcionário competente quando o notificando se encontrar no edifício do serviço ou do tribunal.

4. Às notificações eletrónicas no Portal das Finanças aplica-se o disposto nos nºs 4 a 7 do artigo 38º-A.

Artigo 41º – Notificação ou citação das pessoas coletivas ou sociedades

1. As pessoas coletivas e sociedades são citadas ou notificadas na sua caixa postal eletrónica ou na pessoa de um dos seus administradores ou gerentes, na sua sede, na residência destes ou em qualquer lugar onde se encontrem.

2. Não podendo efetuar-se na pessoa do representante por este não ser encontrado pelo funcionário, a citação ou notificação realiza-se na pessoa de qualquer empregado, capaz de transmitir os termos do ato, que se encontre no local onde normalmente funcione a administração da pessoa coletiva ou sociedade.

3. O disposto no número anterior não se aplica se a pessoa coletiva ou sociedade se encontrar em fase de liquidação ou falência, caso em que a diligência será efetuada na pessoa do liquidatário.

Artigo 42º – Notificação ou citação do Estado, das autarquias locais e dos serviços públicos

1. As notificações e citações de autarquia local ou outra entidade de direito público são feitas por via eletrónica para a respetiva caixa postal eletrónica ou por carta registada com aviso de receção, dirigida ao seu presidente ou ao membro em que este tenha delegado essa competência.

2. Se o notificando ou citando for um serviço público do Estado, a notificação ou citação que não seja por via eletrónica será feita na pessoa do seu presidente, diretor-geral ou funcionário equiparado, salvo disposição legal em contrário.

Artigo 43º – Obrigação de participação de domicílio

1. Os interessados que intervenham ou possam intervir em quaisquer procedimentos ou processos nos serviços da administração tributária ou nos tribunais tributários comunicam, no prazo de 15 dias, qualquer alteração do seu domicílio, sede ou caixa postal eletrónica.

2. A falta de recebimento de qualquer aviso ou comunicação expedidos nos termos dos artigos anteriores, devido ao não cumprimento do disposto no nº 1, não é oponível à administração tributária, sem prejuízo do que a lei dispõe quanto à obrigatoriedade da citação e da notificação e dos termos por que devem ser efetuadas.

3. A comunicação referida no nº 1 só produz efeitos, sem prejuízo da possibilidade legal de a administração tributária proceder oficiosamente à sua retificação, se o interessado fizer prova de já ter solicitado ou obtido a atualização fiscal do domicílio, sede ou caixa postal eletrónica.

TÍTULO II – Do procedimento tributário

CAPÍTULO I – Disposições gerais

Artigo 44º – Procedimento tributário

1. O procedimento tributário compreende, para efeitos do presente Código:

a) As ações preparatórias ou complementares da liquidação dos tributos, incluindo parafiscais, ou de confirmação dos factos tributários declarados pelos sujeitos passivos ou outros obrigados tributários;

b) A liquidação dos tributos, quando efetuada pela administração tributária;
c) A revisão, oficiosa ou por iniciativa dos interessados, dos atos tributários;
d) A emissão, retificação, revogação, ratificação, reforma ou conversão de quaisquer outros atos administrativos em matéria tributária, incluindo sobre benefícios fiscais;
e) As reclamações, incluindo as que tenham por fundamento a classificação pautal, a origem ou o valor aduaneiro das mercadorias e os recursos hierárquicos;
f) A avaliação direta ou indireta dos rendimentos ou valores patrimoniais;
g) A cobrança das obrigações tributárias, na parte que não tiver natureza judicial;
h) (*Revogada*);
i) Todos os demais atos dirigidos à declaração dos direitos tributários.

2. As ações de observação das realidades tributárias, da verificação do cumprimento das obrigações tributárias e de prevenção das infrações tributárias são reguladas pelo Regime Complementar do Procedimento de Inspeção Tributária.

Artigo 45º – Contraditório

1. O procedimento tributário segue o princípio do contraditório, participando o contribuinte, nos termos da lei, na formação da decisão.

2. O contribuinte é ouvido oralmente ou por escrito, conforme o objetivo do procedimento.

3. No caso de audiência oral, as declarações do contribuinte serão reduzidas a termo.

Artigo 46º – Proporcionalidade

Os atos a adotar no procedimento serão os adequados aos objetivos a atingir, de acordo com os princípios da proporcionalidade, eficiência, praticabilidade e simplicidade.

Artigo 47º – Duplo grau de decisão

1. No procedimento tributário vigora o princípio do duplo grau de decisão, não podendo a mesma pretensão do contribuinte ser apreciada sucessivamente por mais de dois órgãos integrando a mesma administração tributária.

2. Considera-se que a pretensão é a mesma, para efeitos do número anterior, em caso de identidade do autor e dos fundamentos de facto e de direito invocados.

3. O pedido de reapreciação da decisão deve, salvo lei especial, ser dirigido ao dirigente máximo do serviço ou a quem ele tiver delegado essa competência.

Artigo 48º – Cooperação da administração tributária e do contribuinte

1. A administração tributária esclarecerá os contribuintes e outros obrigados tributários sobre a necessidade de apresentação de declarações, reclamações e petições e a prática de quaisquer outros atos necessários ao exercício dos seus direitos, incluindo a correção dos erros ou omissões manifestas que se observem.

2. O contribuinte cooperará de boa-fé na instrução do procedimento, esclarecendo de modo completo e verdadeiro os factos de que tenha conhecimento e oferecendo os meios de prova a que tenha acesso.

Artigo 49º – Cooperação de entidades públicas

Estão sujeitos a um dever geral de cooperação no procedimento os serviços, estabelecimentos e organismos, ainda que personalizados, do Estado, das Regiões Autónomas e das autarquias locais, as associações públicas, as empresas públicas ou de capital exclusivamente público, as instituições particulares de solidariedade social e as pessoas coletivas de utilidade pública.

Artigo 50º – Meios de prova

No procedimento, o órgão instrutor utilizará todos os meios de prova legalmente previstos que sejam necessários ao correto apuramento dos factos, podendo designadamente juntar atas e documentos, tomar declarações de qualquer natureza do contribuinte ou outras pessoas e promover a realização de perícias ou inspeções oculares.

Artigo 51º – Contratação de outras entidades

1. A administração tributária pode, nos termos da lei e no âmbito das suas competências, contratar o serviço de quaisquer outras entidades para a colaboração em operações de entrega e receção de declarações ou outros documentos ou de processamento da liquidação ou cobrança das obrigações tributárias.

2. A administração tributária pode igualmente, nos termos da lei, celebrar protocolos com entidades públicas e privadas com vista à realização das suas atribuições.

3. Quem, em virtude dos contratos e protocolos referidos nos números anteriores, tomar conhecimento de quaisquer dados relativos à situação tributária dos contribuintes fica igualmente sujeito ao dever de sigilo fiscal.

Artigo 52º – Erro na forma de procedimento

Se, em caso de erro na forma de procedimento, puderem ser aproveitadas as peças úteis ao apuramento dos factos, será o procedimento oficiosamente convolado na forma adequada.

Artigo 53º – Arquivamento

1. O procedimento da iniciativa do contribuinte será obrigatoriamente arquivado se ficar parado mais de 90 dias por motivo a este imputável.

2. A administração tributária deve, até 15 dias antes do termo do prazo referido no nº 1, notificar o contribuinte, por carta registada, e informá-lo sobre os efeitos do incumprimento dos seus deveres de cooperação.

Artigo 54º – Impugnação unitária

Salvo quando forem imediatamente lesivos dos direitos do contribuinte ou disposição expressa em sentido diferente, não são suscetíveis de impugnação contenciosa os atos interlocutórios do procedimento, sem prejuízo de poder ser invocada na impugnação da decisão final qualquer ilegalidade anteriormente cometida.

CAPÍTULO II – Procedimentos prévios de informação e avaliação

Artigo 55º – Orientações genéricas

1. É da exclusiva competência do dirigente máximo do serviço ou do funcionário em quem ele tiver delegado essa competência a emissão de orientações genéricas visando a uniformização da interpretação e aplicação das normas tributárias pelos serviços.

2. Somente as orientações genéricas emitidas pelas entidades referidas no número anterior vinculam a administração tributária.

3. As orientações genéricas referidas no nº 1 devem constar obrigatoriamente de circulares administrativas e aplicam-se exclusivamente à administração tributária que procedeu à sua emissão.

Artigo 56º – Base de dados

1. A administração tributária organizará uma base de dados, permanentemente atualizada, contendo as orientações genéricas referidas no nº 1 do artigo anterior.

2. Aos contribuintes será facultado o acesso direto à base de dados referida no nº 1 do presente artigo.

3. Os interessados em qualquer procedimento ou processo regulado pelo presente Código poderão requerer ao dirigente máximo do serviço a comunicação de quaisquer despachos comportando orientações genéricas da administração tributária sobre as questões discutidas.

4. A administração tributária responderá comunicando ao contribuinte o teor dos despachos solicitados expurgados dos seus elementos de caráter pessoal e procedendo à sua inclusão na base de dados a que se refere o nº 1 no prazo de 90 dias.

5. O disposto nos nºs 3 e 4 aplica-se a quaisquer informações ou pareceres que a administração tributária invoque no procedimento ou processo para fundamentar a sua posição.

Artigo 57º – Informações vinculativas

1. A notificação aos interessados da resposta ao pedido de informação vinculativa inclui obrigatoriamente a informação ou parecer em que a administração tributária se baseou para a sua prestação.

2. Os interessados não ficam dispensados, quando o despacho for sobre os pressupostos de qualquer benefício fiscal dependente de reconhecimento, de o requerer autonomamente nos termos da lei.

3. Apresentado o pedido de reconhecimento que tenha sido precedido do pedido de informação vinculativa, este ser-lhe-á apensado a requerimento do interessado, devendo a entidade competente para a decisão conformar-se com o anterior despacho, na medida em que a situação hipotética objeto do pedido de informação vinculativa coincida com a situação de facto objeto do pedido de reconhecimento, sem prejuízo das medidas de controlo do benefício fiscal exigidas por lei.

Artigo 58º – Avaliação prévia

1. Os contribuintes poderão, caso provem interesse legítimo, mediante o pagamento de uma taxa a fixar entre limites mínimos e máximos definidos anualmente pelo ministro competente, solicitar a avaliação de bens ou direitos que constituam a base de incidência de quaisquer tributos a que a administração tributária ainda não tenha procedido.

2. A avaliação efetuada no número anterior tem efeitos vinculativos para a administração tributária por um período de três anos após se ter tornado definitiva.

3. O efeito vinculativo referido no número anterior não se produz, em caso de reclamação ou impugnação da avaliação, até à decisão.

CAPÍTULO III – Do procedimento de liquidação

SECÇÃO I – Da instauração

Artigo 59º – Início do procedimento

1. O procedimento de liquidação instaura-se com as declarações dos contribuintes, ou, na falta ou vício destas, com base em todos os elementos de que disponha ou venha a obter a entidade competente.

2. O apuramento da matéria tributável far-se-á com base nas declarações dos contribuintes, desde que estes as apresentem nos termos previstos na lei e forneçam à administração tributária os elementos indispensáveis à verificação da sua situação tributária.

3. Em caso de erro de facto ou de direito nas declarações dos contribuintes, estas podem ser substituídas:

a) Seja qual for a situação da declaração a substituir, se ainda decorrer o prazo legal da respetiva entrega;

b) Sem prejuízo da responsabilidade contraordenacional que ao caso couber, quando desta declaração resultar imposto superior ou reembolso inferior ao anteriormente apurado, nos seguintes prazos:

I) Nos 30 dias seguintes ao termo do prazo legal, seja qual for a situação da declaração a substituir;

II) Até ao termo do prazo legal de reclamação graciosa ou impugnação judicial do ato de liquidação, para a correção de erros ou omissões imputáveis aos sujeitos passivos de que resulte imposto de montante inferior ao liquidado com base na declaração apresentada;

III) Até 60 dias antes do termo do prazo de caducidade, para a correção de erros imputáveis aos sujeitos passivos de que resulte imposto superior ao anteriormente liquidado.

4. (*Revogado*).

5. A declaração de substituição entregue no prazo legal para a reclamação graciosa, quando a administração tributária não proceder à sua liquidação, é convolada em reclamação graciosa, de tal se notificando o sujeito passivo.

6. Da apresentação das declarações de substituição não pode resultar a ampliação dos prazos de reclamação graciosa, impugnação judicial ou revisão do ato tributário, que seriam aplicáveis caso não tivessem sido apresentadas.

7. Sempre que a entidade competente tome conhecimento de factos tributários não declarados pelo sujeito passivo e do suporte probatório necessário, o procedimento de liquidação é instaurado oficiosamente pelos competentes serviços.

SECÇÃO II – Da decisão

Artigo 60º – Definitividade dos atos tributários

Os atos tributários praticados por autoridade fiscal competente em razão da matéria são definitivos quanto à fixação dos direitos dos contribuintes, sem prejuízo da sua eventual revisão ou impugnação nos termos da lei.

SECÇÃO III – Dos juros indemnizatórios

Artigo 61º – Juros indemnizatórios

1. O direito aos juros indemnizatórios é reconhecido pelas seguintes entidades:

a) Pela entidade competente para a decisão de reclamação graciosa, quando o fundamento for erro imputável aos serviços de que tenha resultado pagamento da dívida tributária em montante superior ao legalmente devido;

b) Pela entidade que determina a restituição oficiosa dos tributos, quando não seja cumprido o prazo legal de restituição;

c) Pela entidade que procede ao processamento da nota de crédito, quando o fundamento for o atraso naquele processamento;

d) Pela entidade competente para a decisão sobre o pedido de revisão do ato tributário por iniciativa do contribuinte, quando não seja cumprido o prazo legal de revisão do ato tributário.

2. Em caso de anulação judicial do ato tributário, cabe à entidade que execute a decisão judicial da qual resulte esse direito determinar o pagamento dos juros indemnizatórios a que houver lugar.

3. Os juros indemnizatórios serão liquidados e pagos no prazo de 90 dias contados a partir da decisão que reconheceu o respetivo direito ou do dia seguinte ao termo do prazo legal de restituição oficiosa do tributo.

4. Se a decisão que reconheceu o direito a juros indemnizatórios for judicial, o prazo de pagamento conta-se a partir do início do prazo da sua execução espontânea.

5. Os juros são contados desde a data do pagamento indevido do imposto até à data do processamento da respetiva nota de crédito, em que são incluídos.

6. Sem prejuízo do disposto no número seguinte, pode o interessado reclamar, junto do competente órgão periférico regional da administração tributária, do não pagamento de juros indemnizatórios nos termos previstos no nº 1, no prazo de 120 dias contados da data do conhecimento da nota de crédito ou, na sua falta, do termo do prazo para a sua emissão.

7. O interessado pode ainda, no prazo de 30 dias contados do termo do prazo de execução espontânea da decisão, reclamar, junto do competente órgão periférico regional da administração tributária, do não pagamento de juros indemnizatórios no caso da execução de uma decisão judicial de que resulte esse direito.

SECÇÃO IV – Procedimentos próprios

Artigo 62º – Ato de liquidação consequente

1. Em caso de a fixação ou a revisão da matéria tributável dever ter lugar, por procedimento próprio, a liquidação efetua-se de acordo com a decisão do referido procedimento, salvo em caso de esta violar manifestamente competências legais.

2. A declaração da violação das referidas competências legais pode ser requerida pelo contribuinte ou efetuada pela administração tributária, sendo neste caso obrigatoriamente notificada ao contribuinte no prazo máximo de 15 dias após o termo do procedimento referido no número anterior.

Artigo 63º – Aplicação de disposição antiabuso

1. A liquidação de tributos com base na disposição antiabuso constante do nº 2 do artigo 38º da lei geral tributária segue os termos previstos neste artigo.

2. (*Revogado*).

3. A fundamentação do projeto e da decisão de aplicação da disposição antiabuso referida no nº 1 contém necessariamente:

a) A descrição do negócio jurídico celebrado ou do ato jurídico realizado e dos negócios ou atos de idêntico fim económico, bem como a indicação das normas de incidência que se lhes aplicam;

b) A demonstração de que a celebração do negócio jurídico ou prática do ato jurídico foi essencial ou principalmente dirigida à redução, eliminação ou diferimento temporal de impostos que seriam devidos em caso de negócio ou ato com idêntico fim económico, ou à obtenção de vantagens fiscais.

4. A aplicação da disposição antiabuso referida no nº 1 depende da audição prévia do contribuinte, nos termos da lei.

5. O direito de audição prévia é exercido no prazo de 30 dias a contar da notificação do projeto de aplicação da disposição antiabuso ao contribuinte.

6. No prazo referido no número anterior poderá o contribuinte apresentar a prova que entender pertinente.

7. A aplicação da disposição antiabuso referida no nº 1 é prévia e obrigatoriamente autorizada, após a audição prévia do contribuinte prevista no nº 5, pelo dirigente máximo do serviço ou pelo funcionário em quem ele tiver delegado essa competência.

8. A disposição antiabuso referida no nº 1 não é aplicável se o contribuinte tiver solicitado à administração tributária informação vinculativa sobre os factos que a tiverem fundamentado e a administração tributária não responder no prazo de 150 dias.

9. (*Revogado*).

10. (*Revogado*).

11. A impugnação da liquidação de tributos com base na disposição antiabuso referida no nº 1 será obrigatoriamente precedida de reclamação graciosa.

12. Quando se verifique a aplicação do disposto no nº 5 do artigo 38º da Lei Geral Tributária:

a) A aplicação da disposição antiabuso referida no nº 1 não prejudica o direito de regresso aplicável do montante do imposto retido e, bem assim, o direito do beneficiário de optar pelo englobamento do rendimento, nos termos previstos na lei;

b) A decisão da reclamação graciosa apresentada pelo beneficiário do rendimento nos termos do número anterior, é igualmente da competência do órgão periférico regional que, nos termos do nº 1 do artigo 75º, seja competente para a decisão de reclamação graciosa apresentada pelo substituto tributário, podendo este órgão determinar a sua apensação.

13. A opção de englobamento prevista no número anterior pode ser exercida pelo sujeito passivo através de declaração de substituição acompanhada de requerimento dirigido ao Diretor-Geral da Autoridade Tributária e Aduaneira, no prazo de 120 dias a contar da data do conhecimento, ou da data em que for possível obter o conhecimento, do trânsito da decisão, quer administrativa quer judicial, das correções efetuadas ao abrigo do nº 1.

Artigo 64º – Presunções

1. O interessado que pretender ilidir qualquer presunção prevista nas normas de incidência tributária deverá para o efeito, caso não queira utilizar as vias da reclamação graciosa ou impugnação judicial de ato tributário que nela se basear, solicitar a abertura de procedimento contraditório próprio.

2. O procedimento previsto no número anterior será instaurado no órgão periférico local da área do domicílio ou sede do contribuinte, da situação dos bens ou da liquidação, mediante petição do contribuinte dirigida àquele órgão, acompanhada dos meios de prova admitidos nas leis tributárias.

3. A petição considera-se tacitamente deferida se não lhe for dada qualquer resposta no prazo de seis meses, salvo quando a falta desta for imputável ao contribuinte.

4. Caso já tenham terminado os prazos gerais de reclamação ou de impugnação judicial do ato tributário, a decisão do procedimento previsto no presente artigo apenas produz efeitos para o futuro.

CAPÍTULO IV – Do reconhecimento dos benefícios fiscais

Artigo 65º – Reconhecimento dos benefícios fiscais

1. Salvo disposição em contrário e sem prejuízo dos direitos resultantes da informação vinculativa a que se refere o nº 1 do artigo 57º, o reconhecimento dos benefícios fiscais depende da iniciativa dos interessados, mediante requerimento dirigido especificamente a esse fim, o cálculo, quando obrigatório, do benefício requerido e a prova da verificação dos pressupostos do reconhecimento nos termos da lei.

2. Os pedidos de reconhecimento serão apresentados nos serviços competentes para a liquidação do tributo a que se refere o benefício e serão instruídos de acordo com as normas legais que concedam os benefícios.

3. Os pedidos referidos no número anterior são apresentados nos seguintes prazos:

a) Se se tratar de benefícios fiscais relativos a factos tributários sujeitos a retenção na fonte a título definitivo, até ao limite do prazo para entrega do respetivo imposto nos cofres do Estado;

b) Nos restantes casos, até ao limite do prazo para a entrega da declaração de rendimentos relativa ao período em que se verificarem os pressupostos da atribuição do benefício fiscal.

4. O despacho de deferimento fixará as datas do início e do termo do benefício fiscal, dele cabendo recurso hierárquico do indeferimento nos termos do presente Código.

5. Sem prejuízo das sanções contraordenacionais aplicáveis, a manutenção dos efeitos de reconhecimento do benefício dependem de o contribuinte facultar à administração fiscal todos os elementos necessários ao controlo dos seus pressupostos de que esta não disponha.

CAPÍTULO V – Dos recursos hierárquicos

Artigo 66º – Interposição do recurso hierárquico

1. Sem prejuízo do princípio do duplo grau de decisão, as decisões dos órgãos da administração tributária são suscetíveis de recurso hierárquico.

2. Os recursos hierárquicos são dirigidos ao mais elevado superior hierárquico do autor do ato e interpostos, no prazo de 30 dias a contar da notificação do ato respetivo, perante o autor do ato recorrido.

3. Os recursos hierárquicos devem, salvo no caso de revogação total do ato previsto no número seguinte, subir no prazo de 15 dias, acompanhados do processo a que respeite o ato ou, quando tiverem efeitos meramente devolutivos, com um seu extrato.

4. No prazo referido no número anterior pode o autor do ato recorrido revogá-lo total ou parcialmente.

5. Os recursos hierárquicos serão decididos no prazo máximo de 60 dias.

Artigo 67º – Recurso hierárquico. Relações com o recurso contencioso

1. Os recursos hierárquicos, salvo disposição em contrário das leis tributárias, têm natureza meramente facultativa e efeito devolutivo.

2. Em caso de a lei atribuir ao recurso hierárquico efeito suspensivo, este limita-se à parte da decisão contestada.

3. Sem prejuízo do disposto no nº 1, o recurso contencioso de atos da administração tributária praticados por ocasião do desalfandegamento, que decidam a classificação pautal de mercadorias de importação proibida ou condicionada é previamente precedido de recurso hierárquico, sendo aplicável, com as devidas adaptações, o disposto no artigo 77º-A.

CAPÍTULO VI – Do procedimento de reclamação graciosa

Artigo 68º – Procedimento de reclamação graciosa

1. O procedimento de reclamação graciosa visa a anulação total ou parcial dos atos tributários por iniciativa do contribuinte, incluindo, nos termos da lei, os substitutos e responsáveis.

2. Não pode ser deduzida reclamação graciosa quando tiver sido apresentada impugnação judicial com o mesmo fundamento.

Artigo 69º – Regras fundamentais

São regras fundamentais do procedimento de reclamação graciosa:

a) Simplicidade de termos e brevidade das resoluções;

b) Dispensa de formalidades essenciais;

c) Inexistência do caso decidido ou resolvido;

d) Isenção de custas;

e) Limitação dos meios probatórios à forma documental e aos elementos oficiais de que os serviços disponham, sem prejuízo do direito de o órgão instrutor ordenar outras diligências complementares manifestamente indispensáveis à descoberta da verdade material;

f) Inexistência do efeito suspensivo, salvo, quando for prestada garantia adequada nos termos do presente Código, a requerimento do contribuinte a apresentar, com a petição, no prazo de 10 dias após a notificação para o efeito pelo órgão periférico local competente.

Artigo 70º – Apresentação, fundamentos e prazo da reclamação graciosa

1. A reclamação graciosa pode ser deduzida com os mesmos fundamentos previstos para a impugnação judicial e será apresentada no prazo de 120 dias contados a partir dos factos previstos no nº 1 do artigo 102º.

2. (*Revogado*).

3. (*Revogado*).

4. Em caso de documento ou sentença superveniente, bem como de qualquer outro facto que não tivesse sido possível invocar no prazo previsto no nº 1, este conta-se a partir da data em que se tornou possível ao reclamante obter o documento ou conhecer o facto.

5. Se os fundamentos da reclamação graciosa constarem de documento público ou sentença, o prazo referido no número anterior suspende-se entre a solicitação e a emissão do documento e a instauração e a decisão da ação judicial.

6. A reclamação graciosa é apresentada por escrito no serviço periférico local da área do domicílio ou sede do contribuinte, da situação dos bens ou da liquidação, podendo sê-lo oralmente mediante redução a termo em caso de manifesta simplicidade.

7. A reclamação graciosa pode igualmente ser enviada por transmissão eletrónica de dados, nos termos definidos em portaria do Ministro das Finanças.

Artigo 71º – Cumulação de pedidos

1. Na reclamação graciosa poderá haver cumulação de pedidos, nos mesmos termos que os previstos para a impugnação judicial, salvo quando o órgão instrutor entenda, fundamentadamente, haver prejuízo para a celeridade da decisão.

2. (*Revogado*).

Artigo 72º – Coligação de reclamantes

1. A reclamação graciosa poderá ser apresentada em coligação, nos mesmos termos que os previstos para a impugnação judicial, salvo quando o órgão instrutor entenda, fundamentadamente, haver prejuízo para a celeridade da decisão.

2. (*Revogado*).

Artigo 73º – Competência para a instauração e instrução do processo

1. Salvo quando a lei estabeleça em sentido diferente, a reclamação graciosa é dirigida ao órgão periférico regional da administração tributária e instruída, quando necessário, pelo serviço periférico local da área do domicílio ou sede do contribuinte, da situação dos bens ou da liquidação.

2. O órgão periférico local instaurará o processo, instrui-lo-á com os elementos ao seu dispor em prazo não superior a 90 dias e elaborará proposta fundamentada de decisão.

3. Não haverá instrução, caso a entidade referida no número anterior disponha de todos os elementos necessários para a decisão.

4. (*Revogado*).

5. (*Revogado*).

6. (*Revogado*).

7. O disposto no presente artigo não é aplicável à reclamação graciosa que tenha por fundamento a classificação pautal, a origem ou o valor aduaneiro das mercadorias.

Artigo 74º – Apensação

1. Se houver fundamento para a cumulação de pedidos ou para a coligação de reclamantes nos termos dos artigos 71º e 72º e o procedimento estiver na mesma fase, os interessados poderão requerer a sua apensação à reclamação apresentada em primeiro lugar.

2. A apensação só terá lugar quando não houver prejuízo para a celeridade do procedimento de reclamação.

Artigo 75º – Entidade competente para a decisão

1. Salvo quando a lei estabeleça em sentido diferente, a entidade competente para a decisão da reclamação graciosa é o dirigente do órgão periférico regional da área do domicílio ou sede do contribuinte, da situação dos bens ou da liquidação ou, não havendo órgão periférico regional, o dirigente máximo do serviço.

2. (*Revogado*).

3. O dirigente do órgão periférico regional da área do órgão de execução fiscal é competente para a decisão sobre a reclamação apresentada no âmbito da responsabilidade subsidiária efetivada em sede de execução fiscal.

4. A competência referida nos números anteriores pode ser delegada pelo dirigente máximo do serviço, diretor de serviços ou dirigente do órgão periférico regional em funcionários qualificados ou nos dirigentes dos órgãos periféricos locais, cabendo neste último caso ao imediato inferior hierárquico destes a proposta de decisão.

5. O disposto no presente artigo não é aplicável à reclamação graciosa que tenha por fundamento a classificação pautal, a origem ou o valor aduaneiro das mercadorias.

Artigo 76º – Recurso hierárquico. Relações com o recurso contencioso

1. Do indeferimento total ou parcial da reclamação graciosa cabe recurso hierárquico no prazo previsto no artigo 66º, nº 2, com os efeitos previstos no artigo 67º, nº 1.

2. A decisão sobre o recurso hierárquico é passível de recurso contencioso, salvo se de tal decisão já tiver sido deduzida impugnação judicial com o mesmo objeto.

Artigo 77º – Agravamento da coleta

1. Nos casos em que a reclamação graciosa não seja condição da impugnação judicial e não existirem motivos que razoavelmente a fundamentem, a entidade competente para a decisão aplicará um agravamento graduado até 5% da coleta objeto do pedido, o qual será liquidado adicionalmente, a título de custas, pelo órgão periférico local do domicílio ou sede do reclamante, da situação dos bens ou da liquidação.

2. Nos casos em que a reclamação graciosa seja condição de impugnação judicial, o agravamento só é exigível caso tenha sido julgada improcedente a impugnação judicial deduzida pelo reclamante.

3. O agravamento pode ser objeto de impugnação autónoma com fundamento na injustiça da decisão condenatória.

Artigo 77º-A – Reclamação graciosa em matéria de classificação pautal, origem ou valor aduaneiro das mercadorias

1. A reclamação graciosa de atos de liquidação que tenha por fundamento a classificação pautal, a origem ou o valor aduaneiro das mercadorias é apresentada junto do órgão periférico local que tenha praticado o ato de liquidação e remetida ao dirigente máximo do serviço para decisão.

2. Na instrução do processo o órgão periférico local competente inclui, se for caso disso, as amostras recolhidas e os relatórios de quaisquer controlos, ações de natureza fiscalizadora ou inspeções que tenham servido de base à liquidação.

3. Após a instrução, o processo é remetido ao serviço central competente em matéria de classificação pautal, origem ou valor aduaneiro no prazo de 15 dias, que procede à instrução complementar, sempre que se mostre necessária, à análise do processo e à elaboração da proposta fundamentada de decisão.

Artigo 77º-B – Relação com a impugnação judicial

A impugnação judicial de atos de liquidação que tenha por fundamento a classificação pautal, a origem ou o valor aduaneiro das mercadorias efetua-se nos termos do artigo 133º-A.

CAPÍTULO VII – Da cobrança

SECÇÃO I – Disposições gerais

Artigo 78º – Modalidades da cobrança

A cobrança das dívidas tributárias pode ocorrer sob as seguintes modalidades:

a) Pagamento voluntário;

b) Cobrança coerciva.

Artigo 79º – Competência

A cobrança dos tributos é assegurada pelas entidades legalmente competentes e, em caso de serem periódicos, os respetivos prazos serão divulgados pela comunicação social.

SECÇÃO II – Das garantias da cobrança

Artigo 80º – Citação para reclamação de créditos tributários

1. Salvo nos casos expressamente previstos na lei, em processo de execução que não tenha natureza tributária, é obrigatoriamente citado o diretor do órgão periférico regional da área do domicílio fiscal ou da sede do executado, para apresentar, no prazo de 15 dias, certidão de quaisquer dívidas de tributos à Fazenda Pública imputadas ao executado que possam ser objeto de reclamação de créditos, sob pena de nulidade dos atos posteriores à data em que a citação devia ter sido efetuada.

2. Não havendo dívidas, a certidão referida no número anterior será substituída por simples comunicação através de ofício.

3. As certidões referidas no nº 1 serão remetidas, mediante recibo, ao respetivo representante do Ministério Público e delas deverão constar, além da natureza, montante e período de tempo de cada um dos tributos ou outras dívidas, a matéria tributável que produziu esse tributo ou a causa da dívida, a indicação dos artigos matriciais dos prédios sobre que recaiu, o montante das custas, havendo execução, e a data a partir da qual são devidos juros de mora.

4. Da citação referida no nº 1 deverá constar o número de identificação fiscal do executado.

Artigo 81º – Restituição do remanescente nas execuções

1. O remanescente do produto de quaisquer bens vendidos ou liquidados em processo de execução ou das importâncias nele penhoradas poderá ser aplicado no prazo de 30 dias após a conclusão do processo para o pagamento de quaisquer dívidas tributárias de que o executado seja devedor à Fazenda Nacional e que não tenham sido reclamadas nem impugnadas.

2. Findo o prazo referido no número anterior, o remanescente será restituído ao executado.

3. No caso de ter havido transmissão do direito ao remanescente, deverá o interessado provar que está pago ou assegurado o pagamento do tributo que sobre ela recair.

Artigo 82º – Trespasse de estabelecimento comercial ou industrial

1. O notário que celebrar escritura do trespasse ou outro tipo de transmissão contratual relativa a estabelecimento comercial ou industrial exigirá previamente do cedente documento comprovativo da sua comunicação ao serviço periférico local da administração tributária da área da sua sede ou domicílio, feita com uma antecedência mínima de 30 dias e máxima de 60 relativamente à data da escritura.

2. O disposto no número anterior não será aplicável se, antes da escritura, o transmitente apresentar ao notário certidão do serviço periférico local da residência comprovativa da inexistência de quaisquer dívidas tributárias, emitida no prazo de 5 dias úteis após o pedido.

3. Quando o trespasse for celebrado por qualquer outra forma legalmente admissível que não por escritura pública, o cedente deve comunicar a transmissão ao serviço periférico local da administração tributária da área da sua sede ou domicílio, nos mesmos prazos estabelecidos no nº 1, relativamente à data da transmissão.

Artigo 83º – Sujeitos passivos inativos

1. Independentemente do procedimento contraordenacional a que haja lugar, em caso de sociedades, cooperativas e estabelecimentos individuais de responsabilidade limitada cuja declaração de rendimentos evidencie não desenvolverem atividade efetiva por um período de dois anos consecutivos, a administração tributária comunica tal facto à conservatória de registo competente, para efeitos de instauração dos procedimentos administrativos de dissolução e de liquidação da entidade, no prazo de 30 dias posteriores à apresentação daquela declaração.

2. A administração tributária comunica ainda ao serviço de registo competente, para os efeitos referidos no número anterior:

a) A omissão do dever de entrega da declaração fiscal de rendimentos por um período de dois anos consecutivos;

b) A declaração oficiosa de cessação de atividade, promovida pela administração tributária.

3. Não se considera exercício da atividade, para efeitos do presente artigo, a mera emissão direta ou indireta de faturas a utilizar por terceiros, sem que a causa da emissão tenha sido qualquer operação económica comprovada.

SECÇÃO III – Do pagamento voluntário

Artigo 84º – Pagamento voluntário

1. Constitui pagamento voluntário de dívidas de impostos e demais prestações tributárias o efectuado dentro do prazo estabelecido nas leis tributárias.

2. Durante o decurso do prazo referido no número anterior, podem ser efetuados pagamentos parciais.

3. Não são aceites pagamentos parciais inferiores a metade da unidade de conta, salvo quando se trate do pagamento do remanescente em dívida.

4. Findo o prazo de pagamento voluntário, sem que o pagamento tenha sido recebido integralmente, observar-se-á o disposto no artigo 88º.

Artigo 85º – Prazos. Proibição da moratória e da suspensão da execução

1. Os prazos de pagamento voluntário dos tributos são regulados nas leis tributárias.

2. Nos casos em que as leis tributárias não estabeleçam prazo de pagamento, este será de 30 dias após a notificação para pagamento efetuada pelos serviços competentes.

3. A concessão da moratória ou a suspensão da execução fiscal fora dos casos previstos na lei, quando dolosas, são fundamento de responsabilidade tributária subsidiária.

4. A responsabilidade subsidiária prevista no número anterior depende de condenação disciplinar ou criminal do responsável.

Artigo 86º – Termo do prazo de pagamento voluntário. Pagamentos por conta

1. Findo o prazo de pagamento voluntário, começarão a vencer-se juros de mora nos termos das leis tributárias.

2. O contribuinte pode, a partir do termo do prazo de pagamento voluntário, requerer o pagamento em prestações nos termos das leis tributárias.

3. Sem prejuízo do disposto no número anterior, poderá ser requerido à entidade competente para a apreciação do pedido na execução fiscal, a partir do início do prazo do pagamento voluntário, o pagamento em prestações, no âmbito e nos termos previstos em processo conducente à celebração de acordo de recuperação dos créditos do Estado.

4. Antes da extração da certidão de dívida, nos termos e para efeitos do artigo 88º, pode o contribuinte efetuar um pagamento por conta de dívidas por tributos constantes das notas de cobrança, desde que se verifiquem cumulativamente as seguintes condições:

a) Ter sido deduzida reclamação graciosa ou impugnação judicial da liquidação, apresentado pedido de revisão oficiosa da liquidação do tributo, com fundamento em erro imputável aos serviços, ou apresentada declaração de substituição de cuja liquidação resulte imposto inferior ao inicialmente liquidado;

b) Abranger o pagamento por conta a parte da coleta que não for objeto de reclamação graciosa ou impugnação judicial.

5. O pagamento por conta deve ser solicitado à entidade competente para a instauração de processo de execução fiscal.

6. Aos pagamentos por conta previstos no presente artigo aplica-se, com as necessárias adaptações, o disposto aos pagamentos por conta na execução fiscal.

7. No caso de recurso hierárquico com efeito suspensivo da liquidação, o contribuinte deve proceder ao pagamento da liquidação, com base na matéria tributável não contestada, no prazo do pagamento voluntário, sob pena de ser instaurado, quanto a àquela, o respetivo processo de execução fiscal.

Artigo 87º – Dação em pagamento antes da execução fiscal

1. A dação em pagamento antes da instauração do processo de execução fiscal só é admissível no âmbito de processo conducente à celebração de acordo de recuperação de créditos do Estado.

2. O requerimento da dação em pagamento pode ser apresentado a partir do início do prazo do pagamento voluntário e é dirigido ao ministro ou órgão executivo de que dependa a administração tributária, que decidirá, ouvidos os serviços competentes, designadamente sobre o montante da dívida e acrescido e os encargos que incidam sobre os bens.

3. A aceitação da dação, em caso de dívidas a diferentes administrações tributárias, poderá ser efetuada por despacho conjunto dos ministros competentes e órgãos executivos, que deverá discriminar o montante aplicado no pagamento das dívidas existentes, sem prejuízo do direito de o contribuinte solicitar a revisão dos critérios utilizados.

4. À dação em pagamento efetuada nos termos do presente artigo aplicam-se os requisitos materiais ou processuais da dação em pagamento na execução fiscal, com as necessárias adaptações.

5. Salvo se já tiver sido instaurado processo de execução fiscal em que se efetua por auto no processo, a dação em pagamento efetua-se por auto no procedimento previsto no presente artigo.

6. O pedido de dação em pagamento não suspende a cobrança da obrigação tributária.

7. As despesas de avaliação entram em regra de custas do procedimento de dação em pagamento, salvo se já tiver sido instaurado processo de execução fiscal, caso em que serão consideradas custas deste processo.

Artigo 88º – Extração das certidões de dívida

1. Findo o prazo de pagamento voluntário estabelecido nas leis tributárias, será extraída pelos serviços competentes certidão de dívida com base nos elementos que tiverem ao seu dispor.

2. As certidões de dívida serão assinadas e autenticadas e conterão, sempre que possível e sem prejuízo do disposto no presente Código, os seguintes elementos:

a) Identificação do devedor, incluindo o número fiscal de contribuinte;

b) Descrição sucinta, situações e artigos matriciais dos prédios que originaram as coletas;

c) Estabelecimento, local e objeto da atividade tributada;

d) Número dos processos;

e) Proveniência da dívida e seu montante;

f) Número do processo de liquidação do tributo sobre a transmissão, identificação do transmitente, número e data do termo da declaração prestada para a liquidação;

g) Rendimentos que serviram de base à liquidação, com indicação das fontes, nos termos das alíneas *b*) e *c*);

h) Nomes e moradas dos administradores ou gerentes da empresa ou sociedade executada;

i) Nomes e moradas das entidades garantes da dívida e tipo e montante da garantia prestada;

j) Nomes e moradas de outras pessoas solidária ou subsidiariamente responsáveis;

k) Quaisquer outras indicações úteis para o eficaz seguimento da execução.

3. A assinatura das certidões de dívida poderá ser efetuada por chancela ou outro meio de reprodução devidamente autorizado por quem as emitir, podendo a autenticação ser efetuada por aposição do selo branco ou, mediante prévia autorização do membro do Governo competente, por qualquer outra forma idónea de identificação da assinatura e do serviço emitente.

4. As certidões de dívida podem ser emitidas por via eletrónica, sendo autenticadas pela assinatura eletrónica avançada da entidade emitente, nos termos do Sistema de Certificação Eletrónica do Estado – Infraestrutura de Chaves Públicas.

5. As certidões de dívida servem de base à instauração do processo de execução fiscal.

6. A extração das certidões de dívidas poderá ser cometida, pelo órgão dirigente da administração tributária, aos serviços que disponham dos elementos necessários para essa atividade.

Artigo 89º – Compensação de dívidas de tributos por iniciativa da administração tributária

1. Os créditos do executado resultantes de reembolso, revisão oficiosa, reclamação ou impugnação judicial de qualquer ato tributário são aplicados na compensação das suas dívidas cobradas pela administração tributária, exceto nos casos seguintes:

a) Estar a correr prazo para interposição de reclamação graciosa, recurso hierárquico, impugnação judicial, recurso judicial ou oposição à execução;

b) Estar pendente qualquer dos meios graciosos ou judiciais referidos na alínea anterior ou estar a dívida a ser paga em prestações, desde que a dívida exequenda se mostre garantida nos termos do artigo 169º.

2. Quando a importância do crédito for insuficiente para o pagamento da totalidade das dívidas e acrescido, o crédito é aplicado sucessivamente no pagamento dos juros de mora, de outros encargos legais e do capital da dívida, aplicando-se o disposto no nº 3 do artigo 262º.

3. A compensação efetua-se pela seguinte ordem de preferência:

a) Com dívidas da mesma proveniência e, se respeitarem a impostos periódicos, relativas ao mesmo período de tributação;

b) Com dívidas da mesma proveniência e, se respeitarem a impostos periódicos, respeitantes a diferentes períodos de tributação;

c) Com dívidas provenientes de tributos retidos na fonte ou legalmente repercutidos a terceiros e não entregues;

d) Com dívidas provenientes de outros tributos, com exceção dos que constituam recursos próprios comunitários, que apenas serão compensados entre si.

4. Se o crédito for insuficiente para o pagamento da totalidade das dívidas, dentro da mesma hierarquia de preferência, esta efetua-se segundo a seguinte ordem:

a) Com as dívidas mais antigas;

b) Dentro das dívidas com igual antiguidade, com as de maior valor;

c) Em igualdade de circunstâncias, com qualquer das dívidas.

5. A compensação é efetuada através da emissão de título de crédito destinado a ser aplicado no pagamento da dívida exequenda e acrescido.

6. Verificando-se a compensação referida nos números anteriores, os acréscimos legais serão devidos até à data da compensação ou, se anterior, até à data limite que seria de observar no reembolso do crédito se o atraso não for imputável ao contribuinte.

7. O ministro ou órgão executivo de que dependa a administração tributária pode proceder à regulamentação do disposto no presente artigo que se mostre necessária.

Artigo 90º – Compensação com créditos tributários por iniciativa do contribuinte

1. A compensação com créditos tributários pode ser efetuada a pedido do contribuinte quando, nos termos e condições do artigo anterior, a administração tributária esteja impedida de a fazer.

2. A compensação com créditos tributários de que seja titular qualquer outra pessoa singular ou coletiva pode igualmente ser efetuada, nas mesmas condições do número anterior, desde que o devedor os ofereça e o credor expressamente aceite.

3. A compensação referida nos números anteriores é requerida ao dirigente máximo da administração tributária, devendo, no caso do número anterior, o devedor apresentar com o requerimento prova do consentimento do credor.

4. A compensação com créditos sobre o Estado de natureza não tributária de que o contribuinte seja titular pode igualmente ser efetuada em processo de execução fiscal se a dívida correspondente a esses créditos for certa, líquida e exigível e tiver cabimento orçamental.

5. (*Revogado*).

6. (*Revogado*).

Artigo 90º-A – Compensação com créditos não tributários por iniciativa do contribuinte

1. A compensação com créditos de qualquer natureza sobre a administração direta do Estado de que o contribuinte seja titular pode ser efetuada quando se verifiquem as seguintes condições cumulativas:

a) A dívida tributária esteja em fase de cobrança coerciva;

b) As dívidas da administração direta do Estado que o contribuinte indique para compensação sejam certas, líquidas e exigíveis.

2. A compensação a que se refere o número anterior é requerida pelo executado ao dirigente máximo da administração tributária, devendo ser feita prova da existência e da origem do crédito, do seu valor e do prazo de vencimento.

3. A administração tributária, no prazo de 10 dias, solicita à entidade da administração direta do Estado devedora o reconhecimento e a validação do caráter certo, líquido e exigível do crédito indicado pelo executado para compensação.

4. A entidade devedora, em prazo igual ao do número anterior, pronuncia-se sobre o caráter certo, líquido e exigível do crédito, indicando o seu valor e data de vencimento, de forma a permitir o processamento da compensação.

5. O órgão da execução fiscal promove a aplicação do crédito referido no número anterior no processo de execução fiscal, nos termos dos artigos 261º e 262º, consoante o caso.

6. Verificando-se a compensação referida no presente artigo, os acréscimos legais são devidos até ao mês seguinte ao da data da apresentação do requerimento a que se refere o nº 2.

7. As condições e procedimentos de aplicação do disposto no presente artigo podem ser regulamentados por portaria do membro de Governo responsável pela área das finanças.

SECÇÃO IV – Das formas e meios de pagamento

Artigo 91º – Condições da sub-rogação

1. Para beneficiar dos efeitos da sub-rogação, o terceiro que pretender pagar antes de instaurada a execução deve requerê-lo ao dirigente do órgão periférico regional da administração tributária competente, que decide no próprio requerimento, caso se prove o interesse legítimo ou a autorização do devedor, indicando o montante da dívida a pagar e respetivos juros de mora.

2. Se estiver pendente a execução, o pedido será feito ao órgão competente, e o pagamento, quando autorizado, compreenderá a quantia exequenda acrescida de juros de mora e custas.

3. O pagamento, com sub-rogação, requerido depois da venda dos bens só poderá ser autorizado pela quantia que ficar em dívida.

4. O despacho que autorizar a sub-rogação será notificado ao devedor e ao terceiro que a tiver requerido.

Artigo 92º – Sub-rogação. Garantias

1. A dívida paga pelo sub-rogado conserva as garantias, privilégios e processo de cobrança e vencerá juros pela taxa fixada na lei civil, se o sub-rogado o requerer.

2. O sub-rogado pode requerer a instauração ou o prosseguimento da execução fiscal para cobrar do executado o que por ele tiver pago, salvo tratando-se de segunda sub-rogação.

Artigo 93º – Documentos, conferência e validação dos pagamentos

1. Os devedores de tributos de qualquer natureza apresentarão no ato de pagamento, relativamente às liquidações efetuadas pelos serviços da administração tributária, o respetivo documento de cobrança ou, nos restantes casos, a guia de pagamento oficial ou título equivalente.

2. Os pagamentos de dívidas que se encontrem na fase da cobrança coerciva serão efetuados através de guia ou título de cobrança equivalente previamente solicitado ao órgão competente.

3. As entidades intervenientes na cobrança deverão exigir sempre a inscrição do número fiscal do devedor nos documentos referidos no número anterior e comprovar a exatidão da inscrição por conferência com o respetivo cartão que, para o efeito, será exibido ou por conferência com o constante dos registos dos serviços para esse devedor cuja identidade será provada pelo documento legal adequado.

Artigo 94º – Prova de pagamento

1. No ato do pagamento, a entidade interveniente na cobrança entregará ao interessado documento comprovativo.

2. Constituirá prova bastante do pagamento do tributo nos termos do número anterior a declaração bancária confirmativa, quando o tributo tenha sido pago por cheque ou transferência de conta.

Artigo 95º – Cobrança de receitas não liquidadas pela administração tributária

1. As guias relativas a receitas cuja liquidação não seja da competência dos serviços da administração tributária e que estes devam nos termos da lei coercivamente cobrar serão remetidas ao órgão da execução fiscal do domicílio ou sede do devedor.

2. O órgão referido no número anterior mandará notificar o devedor, por carta registada com aviso de receção, para, no prazo de 30 dias a contar da notificação, efetuar o pagamento.

3. Decorrido o prazo sem que o pagamento tenha sido efetuado, será extraída certidão de dívida para efeitos de cobrança coerciva.

CAPÍTULO VIII – Do procedimento de correção de erros da administração tributária

Artigo 95º-A – Procedimento de correção de erros da administração tributária

1. O procedimento de correção de erros regulado no presente capítulo visa a reparação por meios simplificados de erros materiais ou manifestos da administração tributária ocorridos na concretização do procedimento tributário ou na tramitação do processo de execução fiscal.

2. Consideram-se erros materiais ou manifestos, designadamente os que resultarem do funcionamento anómalo dos sistemas informáticos da administração tributária, bem como as situações inequívocas de erro de cálculo, de escrita, de inexatidão ou lapso.

3. O procedimento é caracterizado pela dispensa de formalidades essenciais e simplicidade de termos.

4. A instauração do procedimento não prejudica a utilização no prazo legal de qualquer meio procedimental ou processual que tenha por objeto a ilegalidade da liquidação ou a exigibilidade da dívida.

Artigo 95º-B – Legitimidade, prazo e termos de apresentação do pedido

1. Os sujeitos passivos de quaisquer relações tributárias ou os titulares de qualquer interesse legítimo podem, para efeitos de abertura do procedimento regulado no presente capítulo, solicitar junto do dirigente máximo da administração tributária a correção de erros que os tiverem prejudicado.

2. O pedido de correção de erros é deduzido no prazo de 10 dias posteriores ao conhecimento efetivo pelo contribuinte do ato lesivo em causa.

3. O pedido a que se referem os números anteriores pode ser apresentado verbalmente ou por escrito em qualquer serviço da administração tributária.

4. No caso do pedido ser apresentado verbalmente, é reduzido a escrito pelo serviço da administração tributária que o tiver recebido.

Artigo 95º-C – Competência

1. O pedido de correção de erros é decidido pelo dirigente máximo do serviço ou por qualquer outro funcionário qualificado em quem seja delegada essa competência.

2. A decisão do pedido é instruída pela unidade orgânica designada genericamente pelo dirigente máximo do serviço para o efeito.

3. O prazo máximo de decisão do pedido é de 15 dias.

4. A instrução do pedido é efetuada sumariamente, devendo os serviços chamados a colaborar dar prioridade à solicitação da unidade orgânica referida no nº 2.

5. Caso o fundamento do pedido seja a ilegalidade da liquidação, a inexigibilidade da dívida ou outro fundamento para o qual a lei preveja meio processual próprio, deve o contribuinte ser convidado a substituir o procedimento pelo meio adequado.

6. A decisão do pedido é notificada ao contribuinte presencialmente ou por via postal simples.

7. O indeferimento do pedido não está sujeito a audição prévia.

TÍTULO III – Do processo judicial tributário

CAPÍTULO I – Disposições gerais

SECÇÃO I – Da natureza e forma de processo judicial tributário

Artigo 96º – Objeto

1. O processo judicial tributário tem por função a tutela plena, efetiva e em tempo útil dos direitos e interesses legalmente protegidos em matéria tributária.

2. Para cumprir em tempo útil a função que lhe é cometida pelo número anterior, o processo judicial tributário não deve ter duração acumulada superior a dois anos contados entre a data da respetiva instauração e a da decisão proferida em 1ª instância que lhe ponha termo.

3. O prazo referido no número anterior deverá ser de 90 dias relativamente aos processos a que se referem as alíneas *g*), *i*), *j*), *l*) e *m*) do artigo seguinte.

Artigo 97º – Processo judicial tributário

1. O processo judicial tributário compreende:

a) A impugnação da liquidação dos tributos, incluindo os parafiscais e os atos de autoliquidação, retenção na fonte e pagamento por conta;

b) A impugnação da fixação da matéria tributável, quando não dê origem à liquidação de qualquer tributo;

c) A impugnação do indeferimento total ou parcial das reclamações graciosas dos atos tributários;

d) A impugnação dos atos administrativos em matéria tributária que comportem a apreciação da legalidade do ato de liquidação;

e) A impugnação do agravamento à coleta aplicado, nos casos previstos na lei, em virtude da apresentação de reclamação ou recurso sem qualquer fundamento razoável;

f) A impugnação dos atos de fixação de valores patrimoniais;

g) A impugnação das providências cautelares adotadas pela administração tributária;

h) As ações para o reconhecimento de um direito ou interesse em matéria tributária;

i) As providências cautelares de natureza judicial;

j) Os meios acessórios de intimação para consulta de processos ou documentos administrativos e passagem de certidões;

l) A produção antecipada de prova;

m) A intimação para um comportamento;

n) O recurso dos atos praticados na execução fiscal, no próprio processo ou, nos casos de subida imediata, por apenso;

o) A oposição, os embargos de terceiros e outros incidentes, bem como a reclamação da decisão da verificação e graduação de créditos;

p) A ação administrativa, designadamente para a condenação à prática de ato administrativo legalmente devido relativamente a atos administrativos de indeferimento total ou parcial ou da revogação de isenções ou outros benefícios fiscais, quando dependentes de reconhecimento da administração tributária, bem como para a impugnação ou condenação à prática de ato administrativo legalmente devido relativamente a outros atos administrativos relativos a questões tributárias que não comportem apreciação da legalidade do ato de liquidação, e para a impugnação ou condenação à emissão de normas administrativas em matéria fiscal;

q) Outros meios processuais previstos na lei.

2. A ação administrativa é regulada pelas normas sobre processo nos tribunais administrativos.

3. São também regulados pelas normas sobre processo nos tribunais administrativos:

a) As providências cautelares de natureza judicial a favor do contribuinte ou demais obrigados tributários, sem prejuízo do efeito suspensivo de atos de liquidação só poder ser obtido mediante prestação de garantia ou concessão da sua dispensa nos termos previstos nas normas tributárias;

b) Os conflitos de competência entre tribunais tributários e tribunais administrativos e entre órgãos da administração tributária do governo central, dos governos regionais e das autarquias locais.

4. Os atos processuais, incluindo os atos das partes que devam ser praticados por escrito, as notificações entre mandatários, entre estes e os representantes da Fazenda Pública, e as notificações aos representantes da Fazenda Pública e ao Ministério Público, bem como a tramitação do processo judicial tributário, são efetuados nos termos previstos para os processos nos tribunais administrativos, designadamente nos artigos 24º e 25º do Código de Processo nos Tribunais Administrativos.

5. No contencioso associado à execução fiscal o disposto no número anterior é aplicável apenas a partir da receção dos autos em tribunal.

Artigo 97º-A – Valor da causa

1. Os valores atendíveis, para efeitos de custas ou outros previstos na lei, para as ações que decorram nos tribunais tributários, são os seguintes:

a) Quando seja impugnada a liquidação, o da importância cuja anulação se pretende;

b) Quando se impugne o ato de fixação da matéria coletável, o valor contestado;

c) Quando se impugne o ato de fixação dos valores patrimoniais, o valor contestado;

d) No recurso contencioso do indeferimento total ou parcial ou da revogação de isenções ou outros benefícios fiscais, o do valor da isenção ou benefício;

e) No contencioso associado à execução fiscal, o valor correspondente ao montante da dívida exequenda ou da parte restante, quando haja anulação parcial, exceto nos casos de compensação, penhora ou venda de bens ou direitos, em que corresponde ao valor dos mesmos, se inferior.

2. (*Revogado*).

3. Quando haja apensação de impugnações ou execuções, o valor é o correspondente à soma dos pedidos.

SECÇÃO II – Das nulidades do processo judicial tributário

Artigo 98º – Nulidades insanáveis

1. São nulidades insanáveis em processo judicial tributário:

a) A ineptidão da petição inicial;

b) A falta de informações oficiais referentes a questões de conhecimento oficioso no processo;

c) A falta de notificação do despacho que admitir o recurso aos interessados, se estes não alegarem.

2. As nulidades referidas no número anterior podem ser oficiosamente conhecidas ou deduzidas a todo o tempo até ao trânsito em julgado da decisão final.

3. As nulidades dos atos têm por efeito a anulação dos termos subsequentes do processo que deles dependam absolutamente, devendo sempre aproveitar-se as peças úteis ao apuramento dos factos.

4. Em caso de erro na forma do processo, este será convolado na forma do processo adequada, nos termos da lei.

5. Sem prejuízo dos demais casos de regularização da petição, esta pode ser corrigida a convite do tribunal em caso de errada identificação do autor do ato impugnado, salvo se o erro for manifestamente indesculpável.

CAPÍTULO II – Do processo de impugnação

SECÇÃO I – Disposições gerais

Artigo 99º – Fundamentos da impugnação

Constitui fundamento de impugnação qualquer ilegalidade, designadamente:

a) Errónea qualificação e quantificação dos rendimentos, lucros, valores patrimoniais e outros factos tributários;

b) Incompetência;

c) Ausência ou vício da fundamentação legalmente exigida;

d) Preterição de outras formalidades legais.

Artigo 100º – Dúvidas sobre o facto tributário e utilização de métodos indiretos

1. Sempre que da prova produzida resulte a fundada dúvida sobre a existência e quantificação do facto tributário, deverá o ato impugnado ser anulado.

2. Em caso de quantificação da matéria tributável por métodos indiretos não se considera existir dúvida fundada, para efeitos do número anterior, se o fundamento da aplicação daqueles consistir na inexistência ou desconhecimento, por recusa de exibição, da contabilidade ou escrita e demais documentos legalmente exigidos ou a sua falsificação, ocultação ou destruição, ainda que os contribuintes invoquem razões acidentais.

3. O disposto no número anterior não prejudica a possibilidade de na impugnação judicial o impugnante demonstrar erro ou manifesto excesso na matéria tributável quantificada.

Artigo 101º – Arguição subsidiária de vícios

O impugnante pode arguir os vícios do ato impugnado segundo uma relação de subsidiariedade.

SECÇÃO II – Da petição

Artigo 102º – Impugnação judicial. Prazo de apresentação

1. A impugnação será apresentada no prazo de três meses contados a partir dos factos seguintes:

a) Termo do prazo para pagamento voluntário das prestações tributárias legalmente notificadas ao contribuinte;

b) Notificação dos restantes atos tributários, mesmo quando não deem origem a qualquer liquidação;

c) Citação dos responsáveis subsidiários em processo de execução fiscal;

d) Formação da presunção de indeferimento tácito;

e) Notificação dos restantes atos que possam ser objeto de impugnação autónoma nos termos deste Código;

f) Conhecimento dos atos lesivos dos interesses legalmente protegidos não abrangidos nas alíneas anteriores.

2. (*Revogado*).

3. Se o fundamento for a nulidade, a impugnação pode ser deduzida a todo o tempo.

4. O disposto neste artigo não prejudica outros prazos especiais fixados neste Código ou noutras leis tributárias.

Artigo 103º – Apresentação. Local. Efeito suspensivo

1. A petição é apresentada no tribunal tributário competente ou no serviço periférico local onde haja sido ou deva legalmente considerar-se praticado o ato.

2. Para os efeitos do número anterior, os atos tributários consideram-se sempre praticados na área de domicílio ou sede do contribuinte, da situação dos bens ou da liquidação.

3. No caso de a petição ser apresentada em serviço periférico local, este procederá ao seu envio ao tribunal tributário competente no prazo de cinco dias após o pagamento da taxa de justiça inicial.

4. A impugnação tem efeito suspensivo quando, a requerimento do contribuinte, for prestada garantia adequada, no prazo de 10 dias após a notificação para o efeito pelo tribunal, com respeito pelos critérios e termos referidos nos nºs 1 a 6 e 10 do artigo 199º.

5. Caso haja garantia prestada nos termos da alínea *f*) do artigo 69º, esta mantém-se, independentemente de requerimento ou despacho, sem prejuízo de poder haver lugar a notificação para o seu reforço.

6. A petição inicial pode ser remetida a qualquer das entidades referidas no nº 1 pelo correio, sob registo, valendo, nesse caso, como data do ato processual a da efetivação do respetivo registo postal.

Artigo 104º – Cumulação de pedidos e coligação de autores

1. Na impugnação judicial é admitida a cumulação de pedidos, ainda que relativos a diferentes atos, e a coligação de autores, desde que, cumulativamente:

a) Aos pedidos corresponda a mesma forma processual; e

b) A sua apreciação tenha por base as mesmas circunstâncias de facto ou o mesmo relatório de inspeção tributária, ou sejam suscetíveis de ser decididos com base na aplicação das mesmas normas a situações de facto do mesmo tipo.

2. Não obsta à cumulação ou à coligação referida no número anterior a circunstância de os pedidos se reportarem a diferentes tributos, desde que todos se reconduzam à mesma natureza, à luz da classificação prevista do nº 2 do artigo 3º da Lei Geral Tributária.

3. Quando forem cumulados pedidos para cuja apreciação sejam territorialmente competentes diversos tribunais, o autor pode escolher qualquer deles para a propositura da ação, mas se a cumulação disser respeito a pedidos entre os quais haja uma relação de dependência ou de subsidiariedade, a ação deve ser proposta no tribunal competente para apreciar o pedido principal.

Artigo 105º – Seleção de Processos com andamento prioritário e apensação

1. Quando, num mesmo tribunal, sejam intentados mais de 10 processos, ou interpostos recursos de decisões relativas a mais de 10 processos, que, embora referentes a diferentes atos tributários, sejam respeitantes ao mesmo tributo, arguam os mesmos vícios, e sejam suscetíveis de ser decididos com base na aplicação das mesmas normas a situações de facto do mesmo tipo, o presidente do tribunal deve determinar, ouvidas as partes, que seja dado andamento apenas a um deles e se suspenda a tramitação dos demais, nos termos da lei de processo administrativo.

2. Sem prejuízo dos restantes casos de apensação previstos na lei e desde que o juiz entenda não haver prejuízo para o andamento da causa, os processos de impugnação judicial podem ser apensados ao instaurado em primeiro lugar que estiver na mesma fase, em caso de verificação de qualquer das circunstâncias referidas no artigo anterior.

Artigo 106º – Indeferimento tácito

A reclamação graciosa presume-se indeferida para efeito de impugnação judicial após o termo do prazo legal de decisão pelo órgão competente.

Artigo 107º – Petição dirigida ao delegante ou subdelegante

O indeferimento tácito da petição ou requerimento dirigido ao delegante ou subdelegante é imputável, para efeitos de impugnação, ao delegado ou subdelegado, mesmo que a este não seja remetido o requerimento ou petição, atendendo-se à data da respetiva entrada para o efeito do artigo anterior.

Artigo 108º – Requisitos da petição inicial

1. A impugnação será formulada em petição articulada, dirigida ao juiz do tribunal competente, em que se identifiquem o ato impugnado e a entidade que o praticou e se exponham os factos e as razões de direito que fundamentam o pedido.

2. Na petição indicar-se-á o valor do processo ou a forma como se pretende a sua determinação a efetuar pelos serviços competentes da administração tributária.

3. Com a petição, o impugnante oferece os documentos de que dispuser, arrola testemunhas e requererá as demais provas que não dependam de ocorrências supervenientes.

Artigo 109º – Despesas com a produção de prova

1. As despesas com a produção da prova são da responsabilidade de quem as oferecer e, se for o impugnante, garanti-las-á mediante prévio depósito.

2. O não pagamento dos preparos para a realização das despesas implica a não realização da diligência requerida pelo impugnante, salvo quando o juiz fundamentadamente a entender necessária ao conhecimento do pedido.

SECÇÃO III – Da contestação

Artigo 110º – Contestação

1. Recebida a petição, o juiz ordena a notificação do representante da Fazenda Pública para, no prazo de três meses, contestar e solicitar a produção de prova adicional, sem prejuízo do disposto na parte final do nº 5 do artigo 112º.

2. O juiz pode convidar o impugnante a suprir, no prazo que designar, qualquer deficiência ou irregularidade.

3. O representante da Fazenda Pública deve solicitar, no prazo de três dias, o processo administrativo ao órgão periférico local da situação dos bens ou da liquidação, mas esse expediente não interfere no prazo da contestação previsto no nº 1.

4. Com a contestação, o representante da Fazenda Pública remete ao tribunal, por via eletrónica, o processo administrativo que lhe tenha sido enviado pelos serviços, para todos os efeitos legais.

5. O juiz pode, a todo o tempo, ordenar ao serviço periférico local a remessa, por via eletrónica, do processo administrativo, mesmo na falta de contestação do representante da Fazenda Pública.

6. A falta de contestação não representa a confissão dos factos articulados pelo impugnante.

7. O juiz aprecia livremente a falta de contestação especificada dos factos.

Artigo 111º – Organização do processo administrativo

1. O órgão periférico local da situação dos bens ou da liquidação deve organizar o processo e remetê-lo ao representante da Fazenda Pública, no prazo de 30 dias a contar do pedido que lhe seja feito por aquele, sem prejuízo do disposto no artigo seguinte.

2. Ao órgão referido no número anterior compete, designadamente, instruir o processo com os seguintes elementos:

a) A informação da inspeção tributária sobre a matéria de facto considerada pertinente;

b) A informação prestada pelos serviços da administração tributária sobre os elementos oficiais que digam respeito à coleta impugnada e sobre a restante matéria do pedido;

c) Outros documentos de que disponha e repute convenientes para o julgamento, incluindo, quando já tenha sido resolvido, procedimento de reclamação graciosa relativamente ao mesmo ato.

3. Caso haja sido apresentada, anteriormente à receção da petição de impugnação, reclamação graciosa relativamente ao mesmo ato, esta deve ser apensa à impugnação judicial, no estado em que se encontrar, sendo considerada, para todos os efeitos, no âmbito do processo de impugnação.

4. Caso, posteriormente à receção da petição de impugnação, seja apresentada reclamação graciosa relativamente ao mesmo ato e com diverso fundamento, deve esta ser apensa à impugnação judicial, sendo igualmente considerada, para todos os efeitos, no âmbito do processo de impugnação.

5. O disposto nos nºs 3 e 4 é igualmente aplicável, com as necessárias adaptações, no caso de recurso hierárquico interposto da decisão da reclamação graciosa ao abrigo do artigo 76º.

SECÇÃO IV – Do conhecimento inicial do pedido

Artigo 112º – Revogação do ato impugnado

1. Compete ao dirigente do órgão periférico regional da administração tributária revogar, total ou parcialmente, dentro do prazo referido no nº 1 do artigo anterior, o ato impugnado caso o valor do processo não exceda o valor da alçada do tribunal tributário de 1ª instância.

2. Compete ao dirigente máximo do serviço revogar, total ou parcialmente, dentro do prazo referido no nº 1 do artigo anterior, o ato impugnado caso o valor do processo exceda o valor da alçada do tribunal tributário de 1ª instância.

3. No caso de o ato impugnado ser revogado parcialmente, o órgão que procede à revogação deve, nos três dias subsequentes, proceder à notificação do impugnante para, no prazo de 10 dias, se pronunciar, prosseguindo o processo se o impugnante nada disser ou declarar que mantém a impugnação.

4. A revogação total do ato impugnado é notificada ao representante da Fazenda Pública nos três dias subsequentes, cabendo a este promover a extinção do processo.

5. A revogação parcial do ato impugnado é notificada ao representante da Fazenda Pública, com simultânea remessa do processo administrativo, no prazo de 3 dias após a receção da declaração do impugnante referida no nº 3 ou do termo do prazo aí previsto, sendo, nesse caso, o prazo para contestar de 30 dias a contar da notificação.

6. A competência referida no presente artigo pode ser delegada pela entidade competente para a apreciação em qualquer dirigente da administração tributária ou em funcionário qualificado.

Artigo 113º – Conhecimento imediato do pedido

1. Junta a posição do representante da Fazenda Pública ou decorrido o respetivo prazo, o juiz, após vista ao Ministério Público, conhecerá logo o pedido se a questão for apenas de direito ou, sendo também de facto, o processo fornecer os elementos necessários.

2. Sem prejuízo do disposto no número anterior, se o representante da Fazenda Pública suscitar questão que obste ao conhecimento do pedido, será ouvido o impugnante.

SECÇÃO V – Da instrução

Artigo 114º – Diligências de prova

Não conhecendo logo do pedido, o juiz ordena as diligências de produção de prova necessárias, as quais são produzidas no respetivo tribunal, aplicando-se o princípio da plenitude da assistência do juiz.

Artigo 115º – Meios de prova

1. São admitidos os meios gerais de prova.

2. As informações oficiais só têm força probatória quando devidamente fundamentadas, de acordo com critérios objetivos.

3. O teor das informações oficiais será sempre notificado ao impugnante, logo que juntas.

4. A genuinidade de qualquer documento deve ser impugnada no prazo de 10 dias após a sua apresentação ou junção ao processo, sendo no mesmo prazo feito o pedido de confronto com o original da certidão ou da cópia com a certidão de que foi extraída.

Artigo 116º – Pareceres técnicos. Prova pericial

1. Poderá haver prova pericial no processo de impugnação judicial sempre que o juiz entenda necessário o parecer de técnicos especializados.

2. A realização da perícia é ordenada pelo juiz, oficiosamente ou a pedido do impugnante ou do representante da Fazenda Pública, formulado, respetivamente, na petição inicial e na contestação.

3. A perícia poderá também ser requerida no prazo de 20 dias após a notificação das informações oficiais, se a elas houver lugar.

4. A prova pericial referida nos números anteriores será regulada nos termos do Código de Processo Civil.

5. Cabe ao tribunal adiantar o encargo das diligências não requeridas pelo impugnante, o qual entrará no final em regra de custas.

6. As despesas de diligências requeridas pelo impugnante são por este suportadas, mediante preparo a fixar pelo juiz, e entram no final em regra de custas.

Artigo 117º – Impugnação com base em mero erro na quantificação da matéria tributável ou nos pressupostos de aplicação de métodos indiretos

1. Salvo em caso de regime simplificado de tributação ou quando da decisão seja interposto, nos termos da lei, recurso hierárquico com efeitos suspensivos da liquidação, a impugnação dos atos tributários com base em erro na quantificação da matéria tributável ou nos pressupostos de aplicação de métodos indiretos depende de prévia apresentação do pedido de revisão da matéria tributável.

2. Na petição inicial identificará o impugnante o erro ou outra ilegalidade que serve de fundamento à impugnação, apresentará os pareceres periciais que entender necessários e solicitará diligências.

3. Na introdução em juízo, o representante da Fazenda Pública oferecerá, por sua vez, os pareceres periciais que considerar indispensáveis à apreciação do ato impugnado e solicitará, se for caso disso, outras diligências.

4. O juiz pode, se o entender, oficiosamente ou a requerimento dos interessados, ordenar a audição dos peritos que tenham subscrito os pareceres técnicos referidos nos números anteriores, determinar ao impugnante e ao representante da Fazenda Pública o esclarecimento das suas posições e ordenar novas diligências de prova.

Artigo 118º – Testemunhas

1. O número de testemunhas a inquirir não poderá exceder 3 por cada facto nem o total de 10 por cada ato tributário impugnado.

2. Os depoimentos são prestados em audiência contraditória, devendo ser gravados, sempre que existam meios técnicos para o efeito, cabendo ao juiz a respetiva redução a escrito, que deve constar em ata, quando não seja possível proceder àquela gravação.

3. Na marcação da diligência, o juiz deve observar o disposto no artigo 155º do Código de Processo Civil.

4. A falta de testemunha, do representante da Fazenda Pública ou de advogado não é motivo de adiamento da diligência.

5. O impugnante e o representante da Fazenda Pública podem interrogar diretamente as testemunhas.

Artigo 119º – Depoimento das testemunhas

1. As testemunhas residentes na área de jurisdição do tribunal tributário são notificadas por carta registada, sendo as restantes a apresentar pela parte que as ofereceu, salvo se fundadamente se requerer a sua notificação.

2. A devolução de carta de notificação de testemunha é notificada à parte que a apresentou, mas não dá lugar a nova notificação, salvo nos casos de erro do tribunal, cabendo à parte a apresentação da testemunha.

3. O impugnante e o representante da Fazenda Pública podem requerer que o depoimento das testemunhas residentes fora da área de jurisdição do tribunal tributário seja feita nos termos do número seguinte.

4. As testemunhas a inquirir nos termos do número anterior são apresentadas pela parte que as ofereceu e são ouvidas por teleconferência gravada a partir do tribunal tributário da área da sua residência, devendo ser identificadas perante funcionário judicial do tribunal onde o depoimento é prestado.

5. A inquirição das testemunhas prevista no nº 3 deve ser efetuada durante a mesma diligência em que são ouvidas as demais testemunhas, salvo quando exista motivo ponderoso que justifique que essa inquirição seja marcada para outra data.

Artigo 120º – Notificação para alegações

1. Quando tenha sido produzida prova que não conste do processo administrativo, ou quando o tribunal o entenda necessário, ordena a notificação das partes para apresentarem alegações escritas, por prazo simultâneo, a fixar entre 10 a 30 dias.

2. O disposto no número anterior não prejudica a faculdade de as partes prescindirem do prazo para alegações.

Artigo 121º – Vista do Ministério Público

1. Apresentadas as alegações ou findo o respetivo prazo e antes de proferida a sentença, o juiz dará vista ao Ministério Público para, se pretender, se pronunciar expressamente sobre as questões de legalidade que tenham sido suscitadas no processo ou suscitar outras nos termos das suas competências legais.

2. Se o Ministério Público suscitar questão que obste ao conhecimento do pedido, serão ouvidos o impugnante e o representante da Fazenda Pública.

SECÇÃO VI – Da sentença

Artigo 122º – Conclusão dos autos. Sentença

1. Em seguida serão os autos conclusos para decisão do juiz, que proferirá sentença.

2. O impugnante, se decair no todo ou em parte e tiver dado origem à causa, será condenado em custas e poderá sê-lo, também, em sanção pecuniária, como litigante de má-fé.

Artigo 122º-A – Julgamento em formação alargada e consulta prejudicial para o Supremo Tribunal Administrativo

Quando à apreciação de um tribunal tributário de 1ª instância se coloque uma questão de direito nova que suscite dificuldades sérias e possa vir a ser suscitada noutros litígios, pode o respetivo presidente, oficiosamente ou por proposta do juiz da causa, pode determinar que se adote o julgamento em formação alargada ou a consulta prejudicial para o Supremo Tribunal Administrativo, nos termos do artigo 93º do Código de Processo nos Tribunais Administrativos.

Artigo 123º – Sentença. Objeto

1. A sentença identificará os interessados e os factos objeto de litígio, sintetizará a pretensão do impugnante e respetivos fundamentos, bem como a posição do representante da Fazenda Pública e do Ministério Público, e fixará as questões que ao tribunal cumpre solucionar.

2. O juiz discriminará também a matéria provada da não provada, fundamentando as suas decisões.

Artigo 124º – Ordem de conhecimento dos vícios na sentença

1. Na sentença, o tribunal apreciará prioritariamente os vícios que conduzam à declaração de inexistência ou nulidade do ato impugnado e, depois, os vícios arguidos que conduzam à sua anulação.

2. Nos referidos grupos a apreciação dos vícios é feita pela ordem seguinte:

a) No primeiro grupo, o dos vícios cuja procedência determine, segundo o prudente critério do julgador, mais estável ou eficaz tutela dos interesses ofendidos;

b) No segundo grupo, a indicada pelo impugnante, sempre que este estabeleça entre eles uma relação de subsidiariedade e não sejam arguidos outros vícios pelo Ministério Público ou, nos demais casos, a fixada na alínea anterior.

Artigo 125º – Nulidades da sentença

1. Constituem causas de nulidade da sentença a falta de assinatura do juiz, a não especificação dos fundamentos de facto e de direito da decisão, a oposição dos fundamentos com a decisão, a falta de pronúncia sobre questões que o juiz deva apreciar ou a pronúncia sobre questões que não deva conhecer.

2. A falta da assinatura do juiz pode ser suprida oficiosamente ou a requerimento dos interessados, enquanto for possível obtê-la, devendo o juiz declarar a data em que assina.

Artigo 126º – Notificação da sentença

A sentença será notificada no prazo de 10 dias ao Ministério Público, ao impugnante e ao representante da Fazenda Pública.

SECÇÃO VII – Dos incidentes

Artigo 127º – Incidentes

1. São admitidos em processo de impugnação os incidentes seguintes:

a) Assistência;

b) Habilitação;

c) Apoio judiciário.

2. O prazo de resposta ao incidente é de 15 dias.

3. O Ministério Público pronunciar-se-á obrigatoriamente antes da decisão do incidente sobre a matéria nele discutida.

Artigo 128º – Processamento e julgamento dos incidentes

Os incidentes serão processados e julgados nos termos do Código de Processo Civil, em tudo que não seja estabelecido no presente Código.

Artigo 129º – Incidente de assistência

1. É admitido em processo de impugnação o incidente de assistência nos casos seguintes:

a) Intervenção do substituto nas impugnações deduzidas pelo substituído e vice-versa;

b) Intervenção do responsável subsidiário nas impugnações deduzidas pelo contribuinte.

2. A sentença produzirá caso julgado face ao assistente relativamente ao objeto da impugnação.

Artigo 130º – Admissão do incidente de habilitação

É admitido o incidente de habilitação quando, no decurso do processo judicial, falecer o impugnante e o sucessor pretenda impor a sua posição processual.

SECÇÃO VIII – Da impugnação dos atos de autoliquidação, substituição tributária, pagamentos por conta e dos atos de liquidação com fundamento em classificação pautal, origem ou valor aduaneiro das mercadorias

Artigo 131º – Impugnação em caso de autoliquidação

1. Em caso de erro na autoliquidação, a impugnação será obrigatoriamente precedida de reclamação graciosa dirigida ao dirigente do órgão periférico regional da administração tributária, no prazo de dois anos após a apresentação da declaração.

2. (*Revogado*).

3. Quando estiver exclusivamente em causa matéria de direito e a autoliquidação tiver sido efetuada de acordo com orientações genéricas emitidas pela administração tributária, não há lugar à reclamação necessária prevista no nº 1.

Artigo 132º – Impugnação em caso de retenção na fonte

1. A retenção na fonte é suscetível de impugnação por parte do substituto em caso de erro na entrega de imposto superior ao retido.

2. O imposto entregue a mais será descontado nas entregas seguintes da mesma natureza a efetuar no ano do pagamento indevido.

3. Caso não seja possível a correção referida no número anterior, o substituto que quiser impugnar reclamará graciosamente para o órgão periférico regional da administração tributária competente no prazo de dois anos a contar do termo do prazo nele referido.

4. O disposto no número anterior aplica-se à impugnação pelo substituído da retenção que lhe tiver sido efetuada, salvo quando a retenção tiver a mera natureza de pagamento por conta do imposto devido a final.

5. (*Revogado*).

6. À impugnação em caso de retenção na fonte aplica-se o disposto no nº 3 do artigo anterior.

Artigo 133º – Impugnação em caso de pagamento por conta

1. O pagamento por conta é suscetível de impugnação judicial com fundamento em erro sobre os pressupostos da sua existência ou do seu quantitativo quando determinado pela administração tributária.

2. A impugnação do pagamento por conta depende de prévia reclamação graciosa para o órgão periférico local da administração tributária competente, no prazo de 30 dias após o pagamento indevido.

3. Caso a reclamação seja expressamente indeferida, o contribuinte poderá impugnar, no prazo de 30 dias, o ato nos mesmos termos que do ato de liquidação.

4. Decorridos 90 dias após a sua apresentação sem que tenha sido indeferida, considera-se a reclamação tacitamente deferida.

Artigo 133º-A – Impugnação com fundamento em matéria de classificação pautal, origem ou valor aduaneiro das mercadorias

A impugnação judicial de atos de liquidação que tenha por fundamento a classificação pautal, a origem ou o valor aduaneiro das mercadorias depende de prévia reclamação graciosa prevista no presente Código.

Artigo 134º – Objeto da impugnação

1. Os atos de fixação dos valores patrimoniais podem ser impugnados, no prazo de três meses após a sua notificação ao contribuinte, com fundamento em qualquer ilegalidade.

2. Constitui motivo de ilegalidade, além da preterição de formalidades legais, o erro de facto ou de direito na fixação.

3. As incorreções nas inscrições matriciais dos valores patrimoniais podem ser objeto de impugnação judicial, no prazo de 30 dias, desde que o contribuinte tenha solicitado previamente a correção da inscrição junto da entidade competente e esta a recuse ou não se pronuncie no prazo de 90 dias a partir do pedido.

4. À impugnação referida no número anterior aplica-se o disposto no nº 3 do artigo 111º.

5. O pedido de correção da inscrição nos termos do número anterior pode ser apresentado a todo o tempo.

6. O prazo da impugnação referida no nº 3 conta-se a partir da notificação da recusa ou do termo do prazo para apreciação do pedido.

7. A impugnação referida neste artigo não tem efeito suspensivo e só poderá ter lugar depois de esgotados os meios graciosos previstos no procedimento de avaliação.

CAPÍTULO III – Dos processos de ação cautelar

SECÇÃO I – Disposições gerais

Artigo 135º – Providências cautelares

1. São admitidas em processo judicial tributário as seguintes providências cautelares avulsas a favor da administração tributária:

a) O arresto;

b) O arrolamento.

2. A impugnação dos atos de apreensão de bens, quando a eles houver lugar segundo as leis tributárias, e de outras providências cautelares adotadas, nos termos da lei, pela administração tributária é regulada pelo disposto no presente capítulo.

SECÇÃO II – Do arresto

Artigo 136º – Requisitos do arresto

1. O representante da Fazenda Pública pode requerer arresto de bens do devedor de tributos ou do responsável solidário ou subsidiário quando ocorram, simultaneamente, as circunstâncias seguintes:

a) Haver fundado receio da diminuição de garantia de cobrança de créditos tributáveis;

b) O tributo estar liquidado ou em fase de liquidação.

2. Nos tributos periódicos considera-se que o tributo está em fase de liquidação a partir do final do ano civil ou de outro período de tributação a que os respetivos rendimentos se reportem.

3. Nos impostos de obrigação única, o imposto considera-se em fase de liquidação a partir do momento da ocorrência do facto tributário.

4. O representante da Fazenda Pública alegará os factos que demonstrem o tributo ou a sua provável existência e os fundamentos do receio de diminuição de garantias de cobrança de créditos tributários, relacionando, também, os bens que devem ser arrestados, com as menções necessárias ao arresto.

5. As circunstâncias referidas na alínea *a*) do nº 1 presumem-se no caso de dívidas por impostos que o devedor ou responsável esteja obrigado a reter ou a repercutir a terceiros e não haja entregue nos prazos legais.

Artigo 137º – Caducidade

1. O arresto fica sem efeito com o pagamento da dívida, ou quando, no processo de liquidação do ou dos tributos para cuja garantia é destinado, se apure até ao fim do ano posterior àquele em que se efetuou não haver lugar a qualquer ato tributário e, ainda, se, a todo o tempo, for prestada garantia nos termos previstos no presente Código.

2. O arresto fica igualmente sem efeito quando, tendo sido decretado na pendência de procedimento de inspeção tributária, a entidade inspecionada não for notificada do relatório de inspeção no prazo de 90 dias a contar da data do seu decretamento, a menos que, findo este período, ainda não tenha terminado o prazo legal para a conclusão daquele procedimento de inspeção, com as eventuais prorrogações legais, caso em que o arresto fica sem efeito no termo deste último prazo legal.

3. O arresto caducará ainda na medida do que exceder o montante suficiente para garantir o tributo, juros compensatórios liquidados e o acrescido relativo aos seis meses posteriores.

Artigo 138º – Competência para o arresto

Tem competência para o arresto o tribunal tributário de 1ª instância da área do domicílio ou sede do executado.

Artigo 139º – Regime do arresto

Ao regime do arresto aplica-se o disposto no Código de Processo Civil em tudo o que não for especialmente regulado nesta secção.

SECÇÃO III – Do arrolamento

Artigo 140º – Requisitos do arrolamento

Havendo fundado receio de extravio ou de dissipação de bens ou de documentos conexos com obrigações tributárias, pode ser requerido pelo representante da Fazenda Pública o seu arrolamento.

Artigo 141º – Competência para o arrolamento

O processo de arrolamento é da competência do tribunal tributário de 1ª instância da área da residência, sede ou estabelecimento estável do contribuinte.

Artigo 142º – Regime do arrolamento

Ao regime do arrolamento aplica-se o disposto no Código de Processo Civil, em tudo o que não for especialmente regulado nesta secção.

SECÇÃO IV – Da apreensão

Artigo 143º – Impugnação da apreensão

1. É admitida a impugnação judicial dos atos de apreensão de bens praticados pela administração tributária, no prazo de 15 dias a contar do levantamento do auto.

2. A impugnação da apreensão de bens reveste-se sempre de caráter urgente, precedendo as diligências respetivas a quaisquer outros atos judiciais não urgentes.

3. É competente para o conhecimento da impugnação o tribunal tributário de 1ª instância da área em que a apreensão tiver sido efetuada.

4. Tem legitimidade para a impugnação prevista neste artigo o proprietário ou detentor dos bens apreendidos.

5. Sempre que as leis tributárias exijam a notificação dos atos de apreensão às pessoas referidas no número anterior, o prazo da impugnação conta-se a partir dessa notificação.

6. Estando pendente processo contraordenacional, a decisão judicial da impugnação do ato de apreensão faz caso julgado, considerando-se sempre definitiva a libertação dos bens e meios de transporte, independentemente da decisão quanto às coimas.

7. A regularização da situação tributária do arguido na pendência do processo de impugnação extingue este.

SECÇÃO V – Da impugnação das providências cautelares adotadas pela administração tributária

Artigo 144º – Impugnação das providências cautelares adotadas pela administração tributária

1. Sem prejuízo do disposto no artigo anterior, as providências cautelares adotadas pela administração tributária são impugnáveis no prazo de 15 dias após a sua realização ou o seu conhecimento efetivo pelo interessado, quando posterior, com fundamento em qualquer ilegalidade.

2. A impugnação é apresentada no tribunal tributário de 1ª instância da área do serviço da administração tributária que tiver adotado a providência cautelar.

3. A impugnação das providências cautelares reveste-se sempre de caráter urgente, precedendo as diligências respetivas a quaisquer outros atos judiciais não urgentes.

4. No requerimento, deve o contribuinte invocar as razões de facto e de direito que justificam a anulação total ou parcial da providência cautelar.

5. Antes da decisão, é obrigatoriamente ouvida a administração tributária sobre a necessidade e legalidade da providência.

6. A impugnação das providências cautelares adotadas pela administração tributária não tem efeitos suspensivos, devendo, no entanto, até à decisão a administração tributária abster-se da prática de atos que possam comprometer os efeitos úteis do processo.

CAPÍTULO IV – Ação para o reconhecimento de um direito ou interesse legítimo em matéria tributária

Artigo 145º – Reconhecimento de um direito ou interesse legítimo em matéria tributária

1. As ações para obter o reconhecimento de um direito ou interesse legalmente protegido em matéria tributária podem ser propostas por quem invoque a titularidade do direito ou interesse a reconhecer.

2. O prazo da instauração da ação é de quatro anos após a constituição do direito ou o conhecimento da lesão do interessado.

3. As ações apenas podem ser propostas sempre que esse meio processual for o mais adequado para assegurar uma tutela plena, eficaz e efetiva do direito ou interesse legalmente protegido.

4. As ações seguem os termos do processo de impugnação, considerando-se na posição de entidade que praticou o ato a que tiver competência para decidir o pedido.

CAPÍTULO V – Dos meios processuais acessórios

Artigo 146º – Meios processuais acessórios

1. Para além do meio previsto no artigo seguinte, são admitidos no processo judicial tributário os meios processuais acessórios de intimação para a consulta de documentos e passagem de certidões, de produção antecipada de prova e de execução dos julgados, os quais serão regulados pelo disposto nas normas sobre o processo nos tribunais administrativos.

2. O prazo para a execução espontânea das sentenças e acórdãos dos tribunais tributários conta-se a partir da data do seu trânsito em julgado.

3. Cabe aos tribunais tributários de 1ª instância a apreciação das questões referidas no presente artigo.

Artigo 146º-A – Processo especial de derrogação do dever de sigilo bancário

1. O processo especial de derrogação do dever de sigilo bancário aplica-se às situações legalmente previstas de acesso da administração tributária à informação bancária para fins fiscais.

2. O processo especial previsto no número anterior reveste as seguintes formas:

a) Recurso interposto pelo contribuinte;

b) (*Revogada*).

Artigo 146º-B – Tramitação do recurso interposto pelo contribuinte

1. O contribuinte que pretenda recorrer da decisão da administração tributária que determina o acesso direto à informação bancária que lhe diga respeito deve justificar sumariamente as razões da sua discordância em requerimento apresentado no tribunal tributário de 1ª instância da área do seu domicílio fiscal.

2. A petição referida no número anterior deve ser apresentada no prazo de 10 dias a contar da data em que foi notificado da decisão, independentemente de a lei atribuir à mesma efeito suspensivo ou devolutivo.

3. A petição referida no número anterior não obedece a formalidade especial, não tem de ser subscrita por advogado e deve ser acompanhada dos respetivos elementos de prova, que devem revestir natureza exclusivamente documental.

4. O diretor-geral dos Impostos ou o diretor-geral das Alfândegas e dos Impostos Especiais sobre o Consumo são notificados para, querendo, deduzirem oposição no prazo de 10 dias, a qual deve ser acompanhada dos respetivos elementos de prova.

5. As regras dos números precedentes aplicam-se, com as necessárias adaptações, ao recurso previsto no artigo 89º-A da lei geral tributária.

Artigo 146º-C

(*Revogado*).

Artigo 146º-D – Processo urgente

1. O processo referido no artigo 146º-B é tramitado como processo urgente.

2. A decisão judicial deve ser proferida no prazo de três meses a contar da data de apresentação do requerimento inicial.

CAPÍTULO VI – Da intimação para um comportamento

Artigo 147º – Intimação para um comportamento

1. Em caso de omissão, por parte da administração tributária, do dever de qualquer prestação jurídica suscetível de lesar direito ou interesse legítimo em matéria tributária, poderá o interessado requerer a sua intimação para o cumprimento desse dever junto do tribunal tributário competente.

2. O presente meio só é aplicável quando, vistos os restantes meios contenciosos previstos no presente Código, ele for o meio mais adequado para assegurar a tutela plena, eficaz e efetiva dos direitos ou interesses em causa.

3. No requerimento dirigido ao tribunal tributário de 1ª instância deve o requerente identificar a omissão, o direito ou interesse legítimo violado ou lesado ou suscetível de violação ou lesão e o procedimento ou procedimentos a praticar pela administração tributária para os efeitos previstos no nº 1.

4. A administração tributária pronunciar-se-á sobre o requerimento do contribuinte no prazo de 15 dias, findos os quais o juiz resolverá, intimando, se for caso disso, a administração tributária a reintegrar o direito, reparar a lesão ou adotar a conduta que se revelar necessária, que poderá incluir a prática de atos administrativos, no prazo que considerar razoável, que não poderá ser inferior a 30 nem superior a 120 dias.

5. A decisão judicial especificará os atos a praticar para integral cumprimento do dever referido no nº 1.

6. (*Revogado*).

TÍTULO IV – Da execução fiscal

CAPÍTULO I – Disposições gerais

SECÇÃO I – Do âmbito

Artigo 148º – Âmbito da execução fiscal

1. O processo de execução fiscal abrange a cobrança coerciva das seguintes dívidas:

a) Tributos, incluindo impostos aduaneiros, especiais e extrafiscais, taxas, demais contribuições financeiras a favor do Estado, adicionais cumulativamente cobrados, juros e outros encargos legais;

b) Coimas e outras sanções pecuniárias fixadas em decisões, sentenças ou acórdãos relativos a contraordenações tributárias, salvo quando aplicadas pelos tribunais comuns;

c) Coimas e outras sanções pecuniárias decorrentes da responsabilidade civil determinada nos termos do Regime Geral das Infrações Tributárias.

2. Poderão ser igualmente cobradas mediante processo de execução fiscal, nos casos e termos expressamente previstos na lei:

a) Outras dívidas ao Estado e a outras pessoas coletivas de direito público que devam ser pagas por força de ato administrativo;

b) Reembolsos ou reposições;

c) Custas, multas não penais e outras sanções pecuniárias fixadas em processo judicial.

SECÇÃO II – Da competência

Artigo 149º – Órgão da execução fiscal

Considera-se, para efeitos do presente Código, órgão da execução fiscal o serviço da administração tributária onde deva legalmente correr a execução ou, quando esta deva correr nos tribunais comuns, o tribunal competente.

Artigo 150º – Competência territorial

1. É competente para a execução fiscal a administração tributária.

2. A instauração e os atos da execução são praticados no órgão da administração tributária designado, mediante despacho, pelo dirigente máximo do serviço.

3. Na falta de designação referida no número anterior, a instauração e os atos da execução são praticados no órgão periférico regional da área do domicílio ou sede do devedor.

4. (*Revogado*).

5. O dirigente máximo do órgão periférico regional onde deva correr a execução fiscal pode delegar a competência na execução fiscal em qualquer órgão periférico local da sua área de competência territorial.

Artigo 151º – Competência dos tribunais tributários

1. Compete ao tribunal tributário de 1ª instância da área do domicílio ou sede do devedor originário, depois de ouvido o Ministério Público nos termos do presente Código, decidir os incidentes, os embargos, a oposição, incluindo quando incida sobre os pressupostos da responsabilidade subsidiária, e a reclamação dos atos praticados pelos órgãos da execução fiscal.

2. O disposto no presente artigo não se aplica quando a execução fiscal deva correr nos tribunais comuns, caso em que cabe a estes tribunais o integral conhecimento das questões referidas no número anterior.

SECÇÃO III – Da legitimidade

SUBSECÇÃO I – Da legitimidade dos exequentes

Artigo 152º – Legitimidade dos exequentes

1. Tem legitimidade para promover a execução das dívidas referidas no artigo 148º o órgão da execução fiscal.

2. Quando a execução fiscal correr nos tribunais comuns, a legitimidade para promoção da execução é, nos termos da lei, do Ministério Público.

SUBSECÇÃO II – Da legitimidade dos executados

Artigo 153º – Legitimidade dos executados

1. Podem ser executados no processo de execução fiscal os devedores originários e seus sucessores dos tributos e demais dívidas referidas no artigo 148º, bem como os garantes que se tenham obrigado como principais pagadores, até ao limite da garantia prestada.

2. O chamamento à execução dos responsáveis subsidiários depende da verificação de qualquer das seguintes circunstâncias:

a) Inexistência de bens penhoráveis do devedor e seus sucessores;

b) Fundada insuficiência, de acordo com os elementos constantes do auto de penhora e outros de que o órgão da execução fiscal disponha, do património do devedor para a satisfação da dívida exequenda e acrescido.

Artigo 154º – Legitimidade do cabeça-de-casal

Se no decurso do processo de execução falecer o executado, são válidos todos os atos praticados pelo cabeça-de-casal, independentemente da habilitação de herdeiros nos termos do presente Código.

Artigo 155º – Partilha entre sucessores

1. Tendo-se verificado a partilha entre os sucessores da pessoa que no título figurar como devedor, o órgão da execução fiscal ordenará, para efeito de citação dos herdeiros, a destrinça da parte que cada um deles deva pagar.

2. Em relação a cada devedor será processada guia ou documento equivalente em triplicado, com a indicação de que foi passada nos termos deste artigo, servindo um dos exemplares de recibo ao contribuinte.

3. Para efeito dos números anteriores, quando quem realizar a citação verificar que o executado faleceu prestará informação em que declare:

a) No caso de ter havido partilhas, os herdeiros e as suas quotas hereditárias;

b) Não tendo havido partilhas, os herdeiros, caso sejam conhecidos, e se está pendente inventário.

4. No caso da alínea *a*) do número anterior será mandado citar cada um dos herdeiros para pagar o que proporcionalmente lhe competir na dívida exequenda e no da alínea *b*) citar-se-á, respetivamente, consoante esteja ou não a correr inventário, o cabeça-de-casal ou qualquer dos herdeiros para pagar toda a dívida sob cominação de penhora em quaisquer bens da herança, fazendo-se a citação dos herdeiros incertos por editais.

Artigo 156º – Falência do executado

Se o funcionário ou a pessoa que deva realizar o ato verificarem que o executado foi declarado em estado de falência, o órgão da execução fiscal ordenará que a citação se faça na pessoa do liquidatário judicial.

Artigo 157º – Reversão contra terceiros adquirentes de bens

1. Na falta ou insuficiência de bens do originário devedor ou dos seus sucessores e se se tratar de dívida com direito de sequela sobre bens que se tenham transmitido a terceiros, contra estes reverterá a execução, salvo se a transmissão se tiver realizado por venda em processo a que a Fazenda Pública devesse ser chamada a deduzir os seus direitos.

2. Os terceiros só respondem pelo imposto relativo aos bens transmitidos e apenas estes podem ser penhorados na execução, a não ser que aqueles nomeiem outros bens em sua substituição e o órgão da execução fiscal considere não haver prejuízo.

Artigo 158º – Reversão contra possuidores

1. Se, nos impostos sobre a propriedade mobiliária ou imobiliária, se verificar que a dívida liquidada em nome do atual possuidor, fruidor ou proprietário dos bens respeita a um período anterior ao início dessa posse, fruição ou propriedade, a execução reverterá, nos termos da lei, contra o antigo possuidor, fruidor ou proprietário.

2. Se, nas execuções referidas no número anterior, se verificar que os títulos de cobrança foram processados em nome do antigo possuidor, fruidor ou proprietário, o funcionário ou outra pessoa que deva realizar a citação informará quem foi o possuidor, fruidor ou proprietário dos bens durante o período a que respeita a dívida exequenda, para que o órgão da execução fiscal o mande citar, se for caso disso, segundo as leis tributárias.

Artigo 159º – Reversão no caso de substituição tributária

No caso de substituição tributária e na falta ou insuficiência de bens do devedor, a execução reverterá contra os responsáveis subsidiários.

Artigo 160º – Reversão no caso de pluralidade de responsáveis subsidiários

1. Quando a execução reverta contra responsáveis subsidiários, o órgão da execução fiscal mandá-los-á citar todos, depois de obtida informação no processo sobre as quantias por que respondem.

2. A falta de citação de qualquer dos responsáveis não prejudica o andamento da execução contra os restantes.

3. Se o pagamento não for efetuado dentro do prazo ou decaírem na oposição deduzida, os responsáveis subsidiários suportarão, além das custas a que tenham dado causa, as que forem devidas pelos originários devedores.

Artigo 161º – Reversão da execução contra funcionários

1. Os funcionários que intervierem no processo ficarão subsidiariamente responsáveis, pela importância das dívidas que não puderam ser cobradas, por qualquer dos seguintes atos, desde que dolosamente praticados:

a) Quando, por terem dado causa à instauração tardia da execução, por passarem mandado para penhora fora do prazo legal ou por não o terem cumprido atempadamente, não forem encontrados bens suficientes ao executado ou aos responsáveis;

b) Quando, sendo conhecidos bens penhoráveis, lavrarem auto de diligência a testar a sua inexistência;

c) Quando possibilitem um novo estado de insolvência por não informarem nas execuções declaradas em falhas que os devedores ou responsáveis adquiriram posteriormente bens penhoráveis.

2. A responsabilidade subsidiária do funcionário só poderá ser exercida após condenação em processo disciplinar pelos factos referidos no número anterior.

SECÇÃO IV – Dos títulos executivos

Artigo 162º – Espécies de títulos executivos

Só podem servir de base à execução fiscal os seguintes títulos executivos:

a) Certidão extraída do título de cobrança relativa a tributos e outras receitas do Estado;

b) Certidão de decisão exequível proferida em processo de aplicação das coimas;

c) Certidão do ato administrativo que determina a dívida a ser paga;

d) Qualquer outro título a que, por lei especial, seja atribuída força executiva.

Artigo 163º – Requisitos dos títulos executivos

1. São requisitos essenciais dos títulos executivos:

a) Menção da entidade emissora ou promotora da execução;

b) Assinatura da entidade emissora ou promotora da execução, por chancela nos termos do presente Código ou, preferencialmente, através de aposição de assinatura eletrónica avançada;

c) Data em que foi emitido;

d) Nome e domicílio do ou dos devedores;

e) Natureza e proveniência da dívida e indicação do seu montante.

2. No título executivo deve ainda indicar-se a data a partir da qual são devidos juros de mora e a importância sobre que incidem, devendo, na sua falta, esta indicação ser solicitada à entidade competente.

3. Os títulos executivos são emitidos por via eletrónica e, quando provenientes de entidades externas, devem, preferencialmente, ser entregues à administração tributária por transmissão eletrónica de dados, valendo nesse caso como assinatura a certificação de acesso.

4. A aposição da assinatura eletrónica avançada deve ser realizada de acordo com os requisitos legais e regulamentares exigíveis pelo Sistema de Certificação Eletrónica do Estado – Infraestrutura de Chaves Públicas.

Artigo 164º – Elementos que acompanham o título executivo

A entidade promotora da execução pode juntar ao título executivo, se o entender necessário, uma nota de que conste o resumo da situação que serviu de base à instauração do processo.

SECÇÃO V – Das nulidades processuais

Artigo 165º – Nulidades. Regime

1. São nulidades insanáveis em processo de execução fiscal:

a) A falta de citação, quando possa prejudicar a defesa do interessado;

b) A falta de requisitos essenciais do título executivo, quando não puder ser suprida por prova documental.

2. As nulidades dos atos têm por efeito a anulação dos termos subsequentes do processo que deles dependam absolutamente, aproveitando-se as peças úteis ao apuramento dos factos.

3. Se o respetivo representante tiver sido citado, a nulidade por falta de citação do inabilitado por prodigalidade só invalidará os atos posteriores à penhora.

4. As nulidades mencionadas são de conhecimento oficioso e podem ser arguidas até ao trânsito em julgado da decisão final.

SECÇÃO VI – Dos incidentes e impugnações

Artigo 166º – Incidentes da instância e impugnações

1. São admitidos no processo de execução fiscal os seguintes incidentes:

a) Embargos de terceiros;

b) Habilitação de herdeiros;

c) Apoio judiciário.

2. À impugnação da genuinidade de qualquer documento aplica-se o disposto no nº 4 do artigo 115º.

Artigo 167º – Incidente de embargos de terceiros

O incidente dos embargos de terceiros, quando não forem liminarmente indeferidos na parte que não estiver regulada no presente Código, rege-se pelas disposições aplicáveis à oposição à execução.

Artigo 168º – Incidente de habilitação de herdeiros

1. No caso de falecimento do executado, será informado no processo quem são os herdeiros, nos termos do nº 3 do artigo 155º.

2. O disposto no número anterior aplica-se à habilitação das sucessões do embargante e do credor reclamante de créditos.

SECÇÃO VII – Da suspensão, interrupção e extinção do processo

Artigo 169º – Suspensão da execução. Garantias

1. A execução fica suspensa até à decisão do pleito em caso de reclamação graciosa, impugnação judicial ou recurso judicial que tenham por objeto a legalidade da dívida exequenda, bem como durante os procedimentos de resolução de diferendos no quadro da Convenção de Arbitragem nº 90/436/CEE, de 23 de julho, relativa à eliminação da dupla tributação em caso de correção de lucros entre empresas associadas de diferentes Estados membros, desde que tenha sido constituída garantia nos termos do artigo 195º ou prestada nos termos do artigo 199º ou a penhora garanta a totalidade da quantia exequenda e do acrescido, o que será informado no processo pelo funcionário competente.

2. A execução fica igualmente suspensa, desde que, após o termo do prazo de pagamento voluntário, seja prestada garantia antes da apresentação do meio gracioso ou judicial correspondente, acompanhada de requerimento em que conste a natureza da dívida, o período a que respeita e a entidade que praticou o ato, bem como a indicação da intenção de apresentar meio gracioso ou judicial para discussão da legalidade ou da exigibilidade da dívida exequenda.

3. O requerimento a que se refere o número anterior dá início a um procedimento, que é extinto se, no prazo legal, não for apresentado o correspondente meio processual e comunicado esse facto ao órgão competente para a execução.

4. Extinto o procedimento referido no número anterior, aplica-se o disposto no nº 2 do artigo 200º.

5. A execução fica ainda suspensa até à decisão que venha a ser proferida no âmbito dos procedimentos a que se referem os artigos 90º e 90º-A.

6. Se não houver garantia constituída ou prestada, nem penhora, ou os bens penhorados não garantirem a dívida exequenda e acrescido, é disponibilizado no portal das finanças na Internet, mediante acesso restrito ao executado, ou através do órgão da execução fiscal, a informação relativa aos montantes da dívida exequenda e acrescido, bem como da garantia a prestar, apenas se suspendendo a execução quando da sua efetiva prestação.

7. Caso no prazo de 15 dias, a contar da apresentação de qualquer dos meios de reação previstos neste artigo, não tenha sido apresentada garantia idónea ou requerida a sua dispensa, procede-se de imediato à penhora.

8. Quando a garantia constituída nos termos do artigo 195º, ou prestada nos termos do artigo 199º, se tornar insuficiente é ordenada a notificação do executado dessa insuficiência e da obrigação de reforço ou prestação de nova garantia idónea no prazo de 15 dias, sob pena de ser levantada a suspensão da execução.

9. O executado que não der conhecimento da existência de processo que justifique a suspensão da execução responderá pelas custas relativas ao processado posterior à penhora.

10. Se for apresentada oposição à execução, aplica-se o disposto nos nºs 1 a 7.

11. O disposto no presente artigo não se aplica às dívidas de recursos próprios comunitários.

12. Considera-se que têm a situação tributária regularizada os contribuintes que obtenham a suspensão do processo de execução fiscal nos termos do presente artigo, sem prejuízo do disposto quanto à dispensa de garantia.

13. O valor da garantia é o que consta da citação, nos casos em que seja apresentada nos 30 dias posteriores à citação.

Artigo 170º – Dispensa da prestação de garantia

1. Quando a garantia possa ser dispensada nos termos previstos na lei, deve o executado requerer a dispensa ao órgão da execução fiscal no prazo de 15 dias a contar da apresentação de meio de reação previsto no artigo anterior.

2. Caso o fundamento da dispensa da garantia seja superveniente ao termo daquele prazo, deve a dispensa ser requerida no prazo de 30 dias após a sua ocorrência.

3. O pedido a dirigir ao órgão da execução fiscal deve ser fundamentado de facto e de direito e instruído com a prova documental necessária.

4. O pedido de dispensa de garantia será resolvido no prazo de 10 dias após a sua apresentação.

5. (*Revogado*).

Artigo 171º – Indemnização em caso de garantia indevida

1. A indemnização em caso de garantia bancária ou equivalente indevidamente prestada será requerida no processo em que seja controvertida a legalidade da dívida exequenda.

2. A indemnização deve ser solicitada na reclamação, impugnação ou recurso ou em caso de o seu fundamento ser superveniente no prazo de 30 dias após a sua ocorrência.

Artigo 172º – Suspensão da execução em virtude de ação judicial sobre os bens penhorados

A ação judicial que tenha por objeto a propriedade ou posse dos bens penhorados suspende a execução quanto a esses bens, sem prejuízo de continuar noutros bens.

Artigo 173º – Suspensão da execução nos órgãos da execução fiscal deprecado

A suspensão da execução poderá decretar-se no órgão da execução fiscal deprecado, se este dispuser dos elementos necessários e aí puder ser efetuada a penhora.

Artigo 174º – Impossibilidade da deserção

1. A interrupção do processo de execução fiscal nunca dá causa à deserção.

2. O executado será notificado quando a execução prossiga a requerimento do sub-rogado.

Artigo 175º – Prescrição ou duplicação de coleta

A prescrição ou duplicação da coleta serão conhecidas oficiosamente pelo juiz se o órgão da execução fiscal que anteriormente tenha intervindo o não tiver feito.

Artigo 176º – Extinção do processo

1. O processo de execução fiscal extingue-se:

a) Por pagamento da quantia exequenda e do acrescido;

b) Por anulação da dívida ou do processo;

c) Por qualquer outra forma prevista na lei.

2. Nas execuções por coimas ou outras sanções pecuniárias o processo executivo extingue-se também:

a) Por morte do infrator;

b) Por amnistia da contraordenação;

c) Pela prescrição das coimas e sanções acessórias;

d) Pela anulação da decisão condenatória em processo de revisão.

3. O disposto na alínea *a*) do nº 1 não prejudica o controlo jurisdicional da atividade do órgão de execução fiscal, nos termos legais, caso se mantenha a utilidade da apreciação da lide.

Artigo 177º – Prazo de extinção da execução

A extinção da execução verificar-se-á dentro de um ano contado da instauração, salvo causas insuperáveis, devidamente justificadas.

Artigo 177º-A – Situação tributária regularizada

1. Considera-se que o contribuinte tem a situação tributária regularizada quando se verifique um dos seguintes requisitos:

a) Não seja devedor de quaisquer impostos ou outras prestações tributárias e respetivos juros;

b) Esteja autorizado ao pagamento da dívida em prestações, desde que exista garantia constituída, nos termos legais;

c) Tenha pendente meio de contencioso adequado à discussão da legalidade ou exigibilidade da dívida exequenda e o processo de execução fiscal tenha garantia constituída, nos termos legais;

d) Tenha a execução fiscal suspensa, nos termos do nº 2 do artigo 169º, havendo garantia constituída, nos termos legais.

2. À constituição de garantia é equiparada, para estes efeitos, a sua dispensa e a sua caducidade.

Artigo 177º-B – Efeitos de não regularização da situação tributária

Sem prejuízo do disposto noutras disposições legais, aos contribuintes que não tenham a sua situação tributária regularizada é vedado:

a) Celebrar contratos de fornecimentos, empreitadas de obras públicas ou aquisição de serviços e bens com o Estado, regiões autónomas, institutos públicos, autarquias locais e instituições particulares de solidariedade social maioritariamente financiadas pelo Orçamento do Estado, bem como renovar o prazo dos contratos já existentes;

b) Concorrer à concessão de serviços públicos;

c) Fazer cotar em bolsa de valores os títulos representativos do seu capital social;

d) Lançar ofertas públicas de venda do seu capital ou alienar em subscrição pública títulos de participação, obrigações ou ações;

e) Beneficiar dos apoios de fundos europeus estruturais e de investimento e públicos;

f) Distribuir lucros do exercício ou fazer adiantamentos sobre lucros no decurso do exercício.

Artigo 177º-C – Comprovação de situação tributária

A comprovação da situação tributária apenas pode ser efetuada mediante a prestação de consentimento do próprio sujeito passivo a que se refere o artigo 4º do Decreto-Lei nº 114/2007, de 19 de abril, quando diga respeito às seguintes pessoas:

a) As que participem nos procedimentos administrativos referidos no Decreto-Lei nº 114/2007, de 19 de abril;

b) Os sujeitos passivos abrangidos pela obrigação prevista no nº 10 do artigo 19º da LGT.

CAPÍTULO II – Do processo

SECÇÃO I – Disposições gerais

Artigo 178º – Coligação de exequentes

1. A administração tributária pode coligar-se, em processo de execução, às instituições do sistema de solidariedade e segurança social.

2. A coligação é decidida pelos membros do Governo competentes ou por aqueles em quem estes delegarem.

3. O processo de execução é instaurado e instruído pelo maior credor.

Artigo 179º – Apensação de execuções

1. Correndo contra o mesmo executado várias execuções, nos termos deste Código, serão apensadas, oficiosamente ou a requerimento dele, quando se encontrarem na mesma fase.

2. A apensação será feita à mais adiantada dessas execuções.

3. A apensação não se verifica quando a administração tributária considerar, fundamentadamente, que prejudica o cumprimento de formalidades especiais.

4. Procede-se à desapensação de qualquer das execuções apensadas, quando se considere, fundamentadamente, que a manutenção da sua apensação prejudica o andamento das restantes.

Artigo 180º – Efeito do processo de recuperação da empresa e de falência na execução fiscal

1. Proferido o despacho judicial de prosseguimento da ação de recuperação da empresa ou declarada falência, serão sustados os processos de execução fiscal que se encontrem pendentes e todos os que de novo vierem a ser instaurados contra a mesma empresa, logo após a sua instauração.

2. O tribunal judicial competente avocará os processos de execução fiscal pendentes, os quais serão apensados ao processo de recuperação ou ao processo de falência, onde o Ministério Público reclamará o pagamento dos respetivos créditos pelos meios aí previstos, se não estiver constituído mandatário especial.

3. Os processos de execução fiscal, antes de remetidos ao tribunal judicial, serão contados, fazendo-se neles o cálculo dos juros de mora devidos.

4. Os processos de execução fiscal avocados serão devolvidos no prazo de oito dias, quando cesse o processo de recuperação ou logo que finde o de falência.

5. Se a empresa, o falido ou os responsáveis subsidiários vierem a adquirir bens em qualquer altura, o processo de execução fiscal prossegue para cobrança do que se mostre em dívida à Fazenda Pública, sem prejuízo das obrigações contraídas por esta no âmbito do processo de recuperação, bem como sem prejuízo da prescrição.

6. O disposto neste artigo não se aplica aos créditos vencidos após a declaração de falência ou despacho de prosseguimento da ação de recuperação da empresa, que seguirão os termos normais até à extinção da execução.

Artigo 181º – Deveres tributários do administrador judicial da insolvência

1. (*Revogado*).

2. No prazo de 10 dias, a contar da notificação da sentença que tiver declarado a insolvência ou da citação que lhe tenha sido feita em processo de execução fiscal, o administrador da insolvência requer, sob pena de incorrer em responsabilidade subsidiária, a avocação dos processos em que o insolvente seja executado ou responsável e que se encontrem pendentes nos órgãos da execução fiscal do seu domicílio, e daqueles onde tenha bens ou exerça comércio ou indústria, a fim de serem apensados ao processo de insolvência.

Artigo 182º – Impossibilidade da declaração de falência

1. Em processo de execução fiscal não pode ser declarada a falência ou insolvência do executado.

2. Sem prejuízo do disposto no número anterior e da prossecução da execução fiscal contra os responsáveis solidários ou subsidiários, quando os houver, o órgão da execução fiscal, em caso de concluir pela inexistência ou fundada insuficiência dos bens penhoráveis do devedor para o pagamento da dívida exequenda e acrescido, comunicará o facto ao representante do Ministério Público competente para que apresente o pedido da declaração da falência no tribunal competente, sem prejuízo da possibilidade de apresentação do pedido por mandatário especial.

Artigo 183º – Garantia. Local da prestação. Levantamento

1. Se houver lugar a qualquer forma de garantia, esta será prestada junto do tribunal tributário competente ou do órgão da execução fiscal onde pender o processo respetivo, nos termos estabelecidos no presente Código.

2. A garantia poderá ser levantada oficiosamente ou a requerimento de quem a haja prestado logo que no processo que a determinou tenha transitado em julgado decisão favorável ao garantido ou haja pagamento da dívida.

3. O levantamento pode ser total ou parcial consoante o conteúdo da decisão ou o pagamento efetuado.

4. Para o levantamento da garantia não é exigida prova de quitação com a Fazenda Pública.

5. Se o levantamento for requerido pelos sucessores de quem tenha prestado a caução, deverão estes provar essa qualidade e que se encontra pago ou assegurado o imposto devido pela transmissão da quantia ou valores a levantar.

Artigo 183º-A – Caducidade da garantia em caso de reclamação graciosa

1. A garantia prestada para suspender o processo de execução fiscal caduca se a reclamação graciosa não estiver decidida no prazo de um ano a contar da data da sua interposição.

2. O regime do número anterior não se aplica se o atraso na decisão resultar de motivo imputável ao reclamante.

3. A verificação da caducidade cabe ao órgão com competência para decidir a reclamação, mediante requerimento do interessado, devendo a decisão ser proferida no prazo de 30 dias.

4. Não sendo a decisão proferida no prazo previsto no nº 3, considera-se o requerimento tacitamente deferido.

5. Em caso de deferimento expresso ou tácito, o órgão da execução fiscal deverá promover, no prazo de cinco dias, o cancelamento da garantia.

Artigo 183º-B – Caducidade da garantia por decisão em 1ª instância

1. A garantia prestada para suspender o processo de execução fiscal caduca se na ação de impugnação judicial ou de oposição o garantido obtiver decisão integralmente favorável em 1ª instância.

2. O cancelamento da garantia cabe ao órgão de execução fiscal, oficiosamente, no prazo de 30 dias após a notificação da decisão a que se refere o número anterior.

Artigo 184º – Registo das execuções fiscais

1. O registo dos processos será efetuado:

a) Nas relações que acompanham as certidões de dívidas ao Estado ou em livro de modelo a aprovar;

b) No livro, de modelo a aprovar, de outras execuções ou então nas relações que acompanham as certidões;

c) No livro, de modelo a aprovar, das cartas precatórias recebidas.

2. Os registos serão efetuados por ordem numérica e cronológica anual, podendo ser processados por meios informáticos.

3. As relações a organizar pelas diversas entidades conterão colunas próprias para a inserção do número do processo e averbamento de arquivo, tal como consta dos livros de registo.

4. Os livros terão termo de abertura e de encerramento assinados pelo órgão da execução fiscal, que também rubricará todas as folhas depois de numeradas, podendo fazê-lo por chancela.

Artigo 185º – Formalidades das diligências

1. No processo de execução fiscal, as diligências a solicitar a outros tribunais ou autoridades sê-lo-ão por simples ofício ou por outros meios simplificados previstos na legislação processual civil, salvo nos seguintes casos, em que se empregará carta precatória:

a) Para citação;

b) Para penhora, que não seja de dinheiro ou outros valores depositados à ordem de qualquer autoridade nas instituições de crédito;

c) Para cada um dos aludidos atos e termos subsequentes;

d) Para inquirição ou declarações.

2. No procedimento de execução informatizado, todos os atos e diligências do procedimento são efetuados pelo titular do órgão competente para a execução fiscal, sem prejuízo da solicitação referida no número anterior, quando se revele mais eficaz para a cobrança da dívida.

3. Nos casos referidos no número anterior a administração tributária disponibiliza, por meios eletrónicos, às entidades referidas no nº 1 e para a prática dos atos nele referidos, todos os elementos necessários à realização e à confirmação das respetivas diligências.

Artigo 186º – Carta precatória extraída de execução

1. Na carta precatória extraída de execução que possa ser paga no órgão da execução fiscal deprecado indicar-se-á a proveniência e montante da dívida, a data em que começaram a vencer-se juros de mora e a importância das custas contadas no órgão da execução fiscal deprecante até à data da expedição, juntando-se, se for caso disso, cópia da nota referida no presente Código.

2. A carta só será devolvida depois de contadas as custas.

3. Poderá não ter lugar o envio de carta precatória se for mais vantajoso para a execução e o órgão da execução fiscal a ser deprecado fizer parte da área do órgão regional em que se integre o órgão da execução fiscal deprecante.

4. Nos casos referidos no nº 3 as diligências serão efetuadas pelo próprio órgão da execução fiscal deprecante ou pelo funcionário em quem este, com autorização do órgão periférico regional da administração tributária, tenha delegado essa competência.

5. Nos processos informatizados, a emissão da carta precatória, quando a ela haja lugar, resulta de procedimento eletrónico onde fica registado o ato de emissão pelo órgão deprecante e todos os atos praticados no órgão deprecado, operando este diretamente no processo.

Artigo 187º – Carta rogatória

1. A carta rogatória será acompanhada de uma nota em que se indique a natureza da dívida, o tempo a que respeita e o facto que a originou.

2. Quando se levantem dúvidas sobre a expedição de carta rogatória, o órgão da execução fiscal consultará, nos termos da lei, os serviços competentes do Ministério dos Negócios Estrangeiros.

SECÇÃO II – Da instauração e citação

Artigo 188º – Instauração e autuação da execução

1. Instaurada a execução, mediante despacho a lavrar no ou nos respetivos títulos executivos ou em relação destes, no prazo de vinte e quatro horas após o recebimento e efetuado o competente registo, o órgão da execução fiscal ordenará a citação do executado.

2. Serão autuadas conjuntamente todas as certidões de dívidas que se encontrem no órgão da execução fiscal à data da instauração e que tenham sido extraídas contra o mesmo devedor.

3. Nos processos informatizados, a instauração é efetuada eletronicamente, com a emissão do título executivo, sendo de imediato efetuada a citação.

Artigo 189º – Efeitos e função das citações

1. A citação comunica ao devedor os prazos para oposição à execução e para requerer a dação em pagamento, e que o pedido de pagamento em prestações pode ser requerido até à marcação da venda.

2. (*Revogado*).

3. O executado pode, até ao termo do prazo de oposição à execução, requerer a dação em pagamento nos termos da secção V do presente capítulo.

4. O pedido de dação em pagamento poderá, no entanto, ser cumulativo com o do pagamento em prestações, ficando este suspenso até aquele ser decidido pelo ministro ou órgão executivo competente.

5. Se os bens oferecidos em dação não forem suficientes para o pagamento da dívida exequenda, pode o excedente beneficiar do pagamento em prestações nos termos do presente título.

6. Caso se vençam as prestações, nos termos previstos no nº 1 do artigo 200º, ou logo que notificado o indeferimento do pedido do pagamento em prestações ou da dação em pagamento, prossegue de imediato o processo de execução.

7. (*Revogado*).

8. Nos casos de suspensão da instância, pela pendência de reclamação graciosa, impugnação, recurso judicial ou oposição sobre o objeto da dívida exequenda, pode o executado, no prazo de 15 dias após a notificação da decisão neles proferida, requerer o pagamento em prestações ou solicitar a dação em pagamento.

Artigo 190º – Formalidades das citações

1. A citação deve conter os elementos previstos nas alíneas *a*), *c*), *d*) e *e*) do nº 1 do artigo 163º do presente Código ou, em alternativa, ser acompanhada de cópia do título executivo.

2. A citação é sempre acompanhada da nota indicativa do prazo para oposição, ou para dação em pagamento, nos termos do presente título, bem como da indicação de que, nos casos referidos no artigo 169º e no artigo 52º da lei geral tributária, a suspensão da execução e a regularização da situação tributária dependem da efetiva existência de garantia idónea, cujo valor deve constar da citação, ou em alternativa da obtenção de autorização da sua dispensa.

3. Quando a citação for por mandado, entregar-se-á ao executado uma nota nos termos do número anterior, de tudo se lavrando certidão, que será assinada pelo citando e pelo funcionário encarregado da diligência.

4. Quando, por qualquer motivo, a pessoa citada não assinar ou a citação não puder realizar-se, intervirão duas testemunhas, que assinarão se souberem e puderem fazê-lo.

5. A citação poderá ser feita na pessoa do legal representante do executado, nos termos do Código de Processo Civil.

6. Sem prejuízo do disposto nos números anteriores, só ocorre falta de citação quando o respetivo destinatário alegue e demonstre que não chegou a ter conhecimento do ato por motivo que lhe não foi imputável.

7. Nos casos de dívidas cobradas no mesmo processo de execução fiscal, os elementos da citação previstos no nº 1 podem referir-se à globalidade das dívidas, indicando a sua natureza, o ano ou período a que se reportam e o seu montante global, considerando-se os executados apenas citados, nestes casos, no quinto dia posterior à citação efetuada nos termos dos artigos seguintes.

8. Sem prejuízo do disposto no número anterior, as citações assim efetuadas contêm a referência de que os elementos relativos a cada uma das dívidas podem ser consultados no Portal das Finanças ou, no caso de sujeitos passivos não abrangidos pela obrigação prevista no nº 10 do artigo 19º da Lei Geral Tributária ou que não tenham optado por aderir ao serviço de caixa postal eletrónica, e desde que não possuam senha de acesso ao Portal das Finanças, gratuitamente, junto do órgão de execução fiscal.

Artigo 191º – Citações por via postal

1. Nos processos de execução fiscal cuja quantia exequenda não exceda 500 unidades de conta, a citação efetua-se, mediante via postal simples, aplicando-se-lhe as regras do artigo anterior, com as necessárias adaptações.

2. A citação referida no número anterior é feita por via postal registada quando a dívida exequenda for superior a 50 vezes a unidade de conta.

3. A citação é pessoal:

a) Nos casos não referidos nos números anteriores;

b) Na efetivação da responsabilidade solidária ou subsidiária;

c) Quando houver necessidade de proceder à venda de bens;

d) Quando o órgão de execução fiscal a considerar mais eficaz para a cobrança da dívida.

4. As citações referidas no presente artigo podem ser efetuadas para o domicílio fiscal eletrónico, valendo como citação pessoal.

5. (*Revogado*).

6. As citações efetuadas para o domicílio fiscal eletrónico consideram-se efetuadas no quinto dia posterior ao registo de disponibilização daquelas no sistema de suporte ao serviço público de notificações eletrónicas associado à morada única digital ou na caixa postal eletrónica da pessoa a citar.

7. A presunção do número anterior só pode ser ilidida pelo citado quando, por facto que não lhe seja imputável, a citação ocorrer em data posterior à presumida e nos casos em que se comprove que o contribuinte comunicou a alteração daquela nos termos do artigo 43º.

8. As citações efetuadas por transmissão eletrónica de dados são sempre autenticadas com a assinatura eletrónica avançada certificada nos termos previstos pelo Sistema de Certificação Eletrónica do Estado – Infraestrutura de Chaves Públicas, da entidade competente.

Artigo 192º – Citações pessoal e edital

1. As citações pessoais são efetuadas nos termos do Código de Processo Civil, sem prejuízo, no que respeita à citação por transmissão eletrónica de dados, do disposto nos nºs 4 e 5 do artigo anterior.

2. No caso de a citação pessoal ser efetuada mediante carta registada com aviso de receção e este vier devolvido ou não vier assinado o respetivo aviso por o destinatário ter recusado a sua assinatura ou não ter procedido, no prazo legal, ao levantamento da carta no estabelecimento postal e não se comprovar que o contribuinte comunicou a alteração do seu domicílio ou sede fiscal, nos termos do artigo 43º, é repetida a citação, enviando-se nova carta registada com aviso de receção ao citando, advertindo-o da cominação prevista no número seguinte.

3. A citação considera-se efetuada, nos termos do artigo anterior, na data certificada pelo distribuidor do serviço postal ou, no caso de ter sido deixado aviso, no 8º dia posterior a essa data, presumindo-se que o citando teve conhecimento dos elementos que lhe foram deixados, sem prejuízo de fazer prova da impossibilidade de comunicação da alteração do seu domicílio ou sede.

4. Sendo desconhecida a residência, prestada a informação de que o interessado reside em parte incerta ou devolvida a carta ou postal com a nota de não encontrado, será solicitada, caso o órgão da execução fiscal assim o entender, confirmação das autoridades policiais ou municipais e efetuada a citação ou notificação por meio de éditos, nos termos do disposto neste artigo.

5. O funcionário que verificar os factos previstos no número anterior passará certidão, que fará assinar pela pessoa de quem tenha recebido a informação respetiva.

6. Expedida carta precatória para citação e verificada a ausência em parte incerta, compete à entidade deprecante ordenar a citação edital, se for caso disso.

7. As citações editais serão feitas por éditos afixados no órgão da execução fiscal da área da última residência do citando.

8. Sendo as citações feitas nos termos e local do número anterior, constam dos éditos, conforme o caso, a natureza dos bens penhorados, o prazo do pagamento e de oposição e a data e o local designados para a venda, sendo os mesmos afixados à porta da última residência ou sede do citando e podem ser publicados em dois números seguidos de um dos jornais mais lidos nesse local ou no Portal das Finanças.

Artigo 193º – Penhora e venda em caso de citação por via postal ou transmissão eletrónica de dados

1. Se a citação for efetuada por via postal ou por transmissão eletrónica de dados, conforme previsto no artigo 191º, e o postal não vier devolvido ou, sendo devolvido, não indicar a nova morada do executado e ainda em caso de não acesso à caixa postal eletrónica, procede-se à penhora.

2. A realização da venda depende de prévia citação pessoal.

3. Se não for conhecida a morada do executado, proceder-se-á à citação edital, nos termos do artigo anterior.

4. A venda não poderá ter lugar antes de decorridos 30 dias sobre o termo do prazo da oposição à execução e será comunicada nos termos dos números anteriores.

Artigo 194º – Citação no caso de o citando não ser encontrado

1. Nas execuções de valor superior a 500 unidades de conta, quando o executado não for encontrado, o funcionário encarregue de proceder à citação começa por averiguar se é conhecida a atual morada do executado e se possui bens penhoráveis.

2. Se ao executado não forem conhecidos bens penhoráveis e não houver responsáveis solidários ou subsidiários, lavrar-se-á certidão da diligência, a fim de a dívida exequenda ser declarada em falhas, sem prejuízo de quaisquer averiguações ou diligências posteriores.

3. Se forem encontrados bens penhoráveis, proceder-se-á logo à penhora, seguindo-se as diligências previstas nos nºs 2 e seguintes do artigo 193º.

SECÇÃO III – Garantias especiais

Artigo 195º – Constituição de hipoteca legal ou penhor

1. Quando o interesse da eficácia da cobrança o torne recomendável, o órgão da execução fiscal pode constituir hipoteca legal ou penhor.

2. A hipoteca legal é constituída com o pedido de registo à conservatória competente, que é efetuado por via eletrónica, sempre que possível.

3. (*Revogado*).

4. Para efeitos do nº 2, os funcionários do órgão da execução fiscal gozam de prioridade de atendimento na conservatória em termos idênticos aos dos advogados ou solicitadores.

5. O penhor constitui-se por via eletrónica ou por auto e é notificado ao devedor nos termos previstos para a citação.

SECÇÃO IV – Do pagamento em prestações

Artigo 196º – Pagamento em prestações e outras medidas

1. As dívidas exigíveis em processo executivo podem ser pagas em prestações mensais e iguais, mediante requerimento a dirigir, até à marcação da venda, ao órgão da execução fiscal.

2. O disposto no número anterior não é aplicável às dívidas de recursos próprios comunitários e às dívidas resultantes da falta de entrega, dentro dos respetivos prazos legais, de imposto retido na fonte ou legalmente repercutido a terceiros, salvo em caso de falecimento do executado.

3. É excecionalmente admitida a possibilidade de pagamento em prestações das dívidas referidas no número anterior, sem prejuízo da responsabilidade contraordenacional ou criminal que ao caso couber, quando:

a) O pagamento em prestações se inclua em plano de recuperação no âmbito de processo de insolvência ou de processo especial de revitalização, ou em acordo sujeito ao regime extrajudicial de recuperação de empresas em execução ou em negociação, e decorra do plano ou do acordo, consoante o caso, a imprescindibilidade da medida, podendo neste caso haver lugar a dispensa da obrigação de substituição dos administradores ou gerentes, se tal for tido como adequado pela entidade competente para autorizar o plano; ou

b) Se demonstre a dificuldade financeira excecional e previsíveis consequências económicas gravosas, não podendo o número das prestações mensais exceder 24 e o valor de qualquer delas ser inferior a 1 unidade de conta no momento da autorização.

4. O pagamento em prestações pode ser autorizado desde que se verifique que o executado, pela sua situação económica, não pode solver a dívida de uma só vez, não devendo o número das prestações em caso algum exceder 36 e o valor de qualquer delas ser inferior a 1 unidade de conta no momento da autorização.

5. Nos casos em que se demonstre notória dificuldade financeira e previsíveis consequências económicas para os devedores, poderá ser alargado o número de prestações mensais até cinco anos, se a dívida exequenda exceder 500 unidades de conta no momento da autorização, não podendo então nenhuma delas ser inferior a 10 unidades da conta.

6. Quando, para efeitos de plano de recuperação a aprovar no âmbito de processo de insolvência ou de processo especial de revitalização, ou de acordo a sujeitar ao regime extrajudicial de recuperação de empresas do qual a administração tributária seja parte, se demonstre a indispensabilidade da medida, e ainda quando os riscos inerentes à recuperação dos créditos o tornem recomendável, a administração tributária pode estabelecer que o regime prestacional seja alargado até ao limite máximo de 150 prestações, com a observância das condições previstas na parte final do número anterior.

7. Quando o executado esteja a cumprir plano de recuperação aprovado no âmbito de processo de insolvência ou de processo especial de revitalização, ou acordo sujeito ao regime extrajudicial de recuperação de empresas, e demonstre a indispensabilidade de acordar um plano prestacional relativo a dívida exigível em processo executivo não incluída no plano ou acordo em execução, mas respeitante a facto tributário anterior à data de aprovação do plano ou de celebração do acordo, e ainda quando os riscos inerentes à recuperação dos créditos o tornem recomendável, a administração tributária pode estabelecer que o regime prestacional seja alargado, até ao limite máximo de 150 prestações, com a observância das condições previstas na parte final do nº 5.

8. A importância a dividir em prestações não compreende os juros de mora, que continuam a vencer-se em relação à dívida exequenda incluída em cada prestação e até integral pagamento, os quais serão incluídos na guia passada pelo funcionário para pagamento conjuntamente com a prestação.

9. Podem beneficiar do regime previsto neste artigo os terceiros que assumam a dívida, ainda que o seu pagamento em prestações se encontre autorizado, desde que obtenham autorização do devedor ou provem interesse legítimo e prestem, em qualquer circunstância, garantias através dos meios previstos no nº 1 do artigo 199º.

10. A assunção da dívida nos termos do número anterior não exonera o antigo devedor, respondendo este solidariamente com o novo devedor, e, em caso de incumprimento, o processo de execução fiscal prosseguirá os seus termos contra o novo devedor.

11. O despacho de aceitação de assunção de dívida e das garantias apresentadas pelo novo devedor para suspensão da execução fiscal pode determinar a extinção das garantias constituídas e ou apresentadas pelo antigo devedor.

12. O novo devedor ficará sub-rogado nos direitos referidos no nº 1 do artigo 92º após a regularização da dívida, nos termos e condições previstos no presente artigo.

13. O disposto neste artigo não poderá aplicar-se a nenhum caso de pagamento por sub-rogação.

Artigo 197º – Entidade competente para autorizar as prestações

1. A competência para autorização de pagamento em prestações é do órgão da execução fiscal.

2. (*Revogado*).

Artigo 198º – Requisitos do pedido

1. No requerimento para pagamento em prestações o executado indicará a forma como se propõe efetuar o pagamento e os fundamentos da proposta.

2. Após receção e instrução dos pedidos com todas as informações de que se disponha, estes são imediatamente apreciados pelo órgão da execução fiscal ou, sendo caso disso, imediatamente remetidos após receção para sancionamento superior, devendo o pagamento da primeira prestação ser efetuado no mês seguinte àquele em que for notificado o despacho.

3. Caso o pedido de pagamento em prestações obedeça a todos os pressupostos legais, deve o mesmo ser objeto de imediata autorização pelo órgão considerado competente nos termos do artigo anterior, notificando-se o requerente desse facto e de que, caso pretenda a suspensão da execução e a regularização da sua situação tributária, deve ser constituída ou prestada garantia idónea nos termos do artigo seguinte ou, em alternativa, obter a autorização para a sua dispensa.

4. Caso se apure que o pedido de pagamento em prestações não obedece aos pressupostos legais de que depende a sua autorização, o mesmo será indeferido de imediato, com notificação ao requerente dos fundamentos do mesmo indeferimento.

5. É dispensada a prestação de garantia para dívidas em execução fiscal de valor inferior a € 5000 para pessoas singulares, ou € 10 000 para pessoas coletivas.

Artigo 199º – Garantias

1. Caso não se encontre já constituída garantia, com o pedido deverá o executado oferecer garantia idónea, a qual consistirá em garantia bancária, caução, seguro-caução ou qualquer meio suscetível de assegurar os créditos do exequente.

2. A garantia idónea referida no número anterior poderá consistir, ainda, a requerimento do executado e mediante concordância da administração tributária, em penhor ou hipoteca voluntária, aplicando-se o disposto no artigo 195º, com as necessárias adaptações.

3. Se o executado considerar existirem os pressupostos da isenção da prestação de garantia, deverá invocá-los e prová-los na petição.

4. Vale como garantia, para os efeitos do nº 1, a penhora já feita sobre os bens necessários para assegurar o pagamento da dívida exequenda e acrescido ou a efetuar em bens nomeados para o efeito pelo executado no prazo referido no nº 7.

5. No caso de a garantia apresentada se tornar insuficiente, a mesma deve ser reforçada nos termos das normas previstas neste artigo.

6. A garantia é prestada pelo valor da dívida exequenda, juros de mora contados até ao termo do prazo de pagamento voluntário ou à data do pedido, quando posterior, com o limite de cinco anos, e custas na totalidade, acrescida de 25% da soma daqueles valores, sem prejuízo do disposto no nº 13 do artigo 169º.

7. As garantias referidas no nº 1 serão constituídas para cobrir todo o período de tempo que foi concedido para efetuar o pagamento, acrescido de três meses, e serão apresentadas no prazo de 15 dias a contar da notificação que autorizar as prestações, salvo no caso de garantia que pela sua natureza justifique a ampliação do prazo até 30 dias, prorrogáveis por mais 30, em caso de circunstâncias excecionais.

8. A falta de prestação de garantia idónea dentro do prazo referido no número anterior, ou a inexistência de autorização para dispensa da mesma, no mesmo prazo, origina a prossecução dos termos normais do processo de execução, nomeadamente para penhora dos bens ou direitos considerados suficientes, nos termos e para os efeitos do nº 4.

9. É competente para apreciar as garantias a prestar nos termos do presente artigo a entidade competente para autorizar o pagamento em prestações.

10. Em caso de diminuição significativa do valor dos bens que constituem a garantia, o órgão da execução fiscal ordena ao executado que a reforce ou preste nova garantia idónea no prazo de 15 dias, com a cominação prevista no nº 8 deste artigo.

11. A garantia poderá ser reduzida, oficiosamente ou a requerimento dos contribuintes, à medida que os pagamentos forem efetuados e se tornar manifesta a desproporção entre o montante daquela e a dívida restante.

12. As garantias bancárias, caução e seguros-caução previstas neste artigo são constituídas a favor da administração tributária por via eletrónica, nos termos a definir por portaria do Ministro das Finanças.

13. Os pagamentos em prestações ao abrigo de plano de recuperação no âmbito de processo de insolvência ou de processo especial de revitalização ou em acordo sujeito ao regime extrajudicial de recuperação de empresas em execução ou em negociação que decorra do plano ou do acordo não dependem da prestação de quaisquer garantias adicionais.

14. As garantias constituídas à data de autorização dos pagamentos em prestações referidos no número anterior mantêm-se até ao limite máximo da quantia exequenda, sendo reduzidas anualmente no dobro do montante efetivamente pago em prestações ao abrigo daqueles planos de pagamentos, desde que não se verifique, consoante os casos, a existência de novas dívidas fiscais em cobrança coerciva cuja execução não esteja legalmente suspensa ou cujos prazos de reclamação ou impugnação estejam a decorrer.

15. Os nºs 13 e 14 são correspondentemente aplicáveis, com as necessárias adaptações, aos planos de pagamentos em prestações aprovados ao abrigo do nº 7 do artigo 196º.

Artigo 199º-A – Avaliação da garantia

1. Na avaliação da garantia, com exceção de garantia bancária, caução e seguro-caução, deve atender-se ao valor dos bens ou do património apurado nos termos dos artigos 13º a 17º do Código do Imposto do Selo.

2. Sendo o garante uma sociedade, o valor do seu património corresponde ao valor da totalidade dos títulos representativos do seu capital social determinado nos termos do artigo 15º do Código do Imposto do Selo.

3. Sendo o garante uma pessoa singular, deve atender-se ao património desonerado e aos rendimentos suscetíveis de gerar meios para cumprir a obrigação.

4. O valor determinado nos termos dos números anteriores deve ser deduzido dos seguintes montantes, quando aplicável e sempre que afete a capacidade da garantia:

a) Garantias concedidas e outras obrigações extrapatrimoniais assumidas;

b) Passivos contingentes;

c) Partes de capital do executado, detidas, direta ou indiretamente, na respetiva proporção;

d) Quaisquer créditos sobre o executado.

Artigo 200º – Consequências da falta de pagamento

1. A falta de pagamento sucessivo de três prestações, ou de seis interpoladas, importa o vencimento das seguintes se, no prazo de 30 dias a contar da notificação para o efeito, o executado não proceder ao pagamento das prestações incumpridas, prosseguindo o processo de execução fiscal os seus termos.

2. A entidade que tiver prestado a garantia será citada para, no prazo de 30 dias, efetuar o pagamento da dívida ainda existente e acrescido até ao montante da garantia prestada, sob pena de ser executada no processo.

3. No processo far-se-ão constar os bens que foram dados em garantia.

4. Nos casos de dispensa de garantia, nos termos do nº 5 do artigo 198º, a falta de pagamento de uma prestação importa o vencimento imediato das seguintes, prosseguindo o processo de execução fiscal os seus termos.

SECÇÃO V – Da dação em pagamento

Artigo 201º – Dação em pagamento, requisitos

1. Nos processos de execução fiscal o executado ou terceiro podem, no prazo de oposição, requerer ao ministro ou órgão executivo de quem dependa a administração tributária legalmente competente para a liquidação e cobrança da dívida a extinção da dívida exequenda e acrescido, com a dação em pagamento de bens móveis ou imóveis, nas condições seguintes:

a) Descrição pormenorizada dos bens dados em pagamento;

b) Os bens dados em pagamento não terem valor superior à dívida exequenda e acrescido, salvo os casos de se demonstrar a possibilidade de imediata utilização dos referidos bens para fins de interesse público ou social, ou de a dação se efetuar no âmbito do processo conducente à celebração de acordo de recuperação de créditos do Estado.

2. Apresentado o requerimento, o órgão da execução fiscal enviará ao dirigente máximo do serviço, no prazo de 10 dias, cópia do requerimento, bem como o resumo do processo e dos encargos que incidam sobre os bens, com conhecimento, no mesmo prazo, ao imediato superior hierárquico, quando exista.

3. Recebido o processo, o dirigente máximo do serviço poderá remetê-lo para despacho do ministro competente, com fundamento no desinteresse da dação, ou solicitar a avaliação dos bens oferecidos em pagamento, através de uma comissão cuja constituição será promovida pelo órgão de execução fiscal, que presidirá, e dois louvados por ele designados que serão, no caso de bens imóveis, peritos avaliadores das listas regionais e, no caso de bens móveis, pessoas com especialização técnica adequada, devendo a comissão efetuar a avaliação no prazo máximo de 30 dias após ser determinada a sua realização.

4. Em situações de especial complexidade técnica, o dirigente máximo do serviço solicitará a avaliação dos bens, conforme os casos, à Direção-Geral do Património do Estado, à Direção-Geral do Tesouro e ao Instituto de Gestão do Crédito Público ou a entidade especializada designada por despacho do Ministro das Finanças.

5. A avaliação é efetuada pelo valor de mercado dos bens, tendo em conta a maior ou menor possibilidade da sua realização.

6. As despesas efetuadas com as avaliações referidas nos n.ºs 3 e 4 entram em regra de custas do processo de execução fiscal, devendo o devedor efetuar o respetivo preparo no prazo de cinco dias a contar da data da notificação, sob pena de não prosseguimento do pedido.

7. Reunidos os elementos referidos nos números anteriores, o processo será remetido para despacho ao ministro ou ao órgão executivo competente, que poderá, antes de decidir, determinar a junção de outros elementos no prazo de 10 dias, sob pena de o pedido não ter seguimento, salvo se o atraso não for imputável ao contribuinte.

8. O despacho que autorizar a dação em pagamento definirá os termos de entrega dos bens oferecidos, podendo selecionar, entre os propostos, os bens a entregar em cumprimento da dívida exequenda e acrescido.

9. Em caso de aceitação da dação em pagamento de bens de valor superior à dívida exequenda e acrescido, o despacho que a autoriza constitui, a favor do devedor, um crédito no montante desse excesso, a utilizar em futuros pagamentos de impostos ou outras prestações tributárias, na aquisição de bens ou de serviços no prazo de cinco anos ou no pagamento de rendas, desde que as receitas correspondentes estejam sob a administração do ministério ou órgão executivo por onde corra o processo de dação.

10. O crédito previsto no número anterior é intransmissível e impenhorável e a sua utilização depende da prévia comunicação, no prazo de 30 dias, à entidade a quem deva ser efetuado o pagamento.

11. Em caso de cessação de atividade, o devedor pode requerer à administração tributária, nos 60 dias posteriores, o pagamento em numerário do montante referido no nº 9, que só lhe será concedido se fizer prova da inexistência de dívidas tributárias àquela entidade.

12. A dação em pagamento operar-se-á através de auto lavrado no processo.

13. Na dação em pagamento de bens imóveis lavrar-se-á um auto por cada prédio.

14. O auto referido nos números anteriores valerá, para todos os efeitos, como título de transmissão.

15. O executado poderá desistir da dação em pagamento até cinco dias após a notificação do despacho ministerial, mediante o integral pagamento da totalidade da dívida exequenda e acrescido, incluindo as custas das avaliações a que se referem os nºs 3 e 5 do presente artigo.

16. Autorizada a dação em pagamento, seguir-se-ão, na parte aplicável, as regras previstas nas alíneas *c*) e *d*) do artigo 255º deste Código.

17. O terceiro a que se refere o nº 1 só ficará sub-rogado nos direitos da Fazenda Pública nos termos e condições definidos nos artigos 91º e 92º do presente Código.

18. As despesas de avaliação, que compreendem os salários e abonos de transporte dos membros da comissão constituída por promoção do órgão de execução fiscal, serão fixadas por portaria do Ministro das Finanças.

Artigo 202º – Bens dados em pagamento

1. No despacho que autorizar a dação, pode o ministro ou órgão executivo competente determinar a venda, por proposta em carta fechada, dos bens dados em pagamento, em prazo a fixar.

2. Em caso de urgência na venda dos bens, designadamente pelo seu risco de desvalorização, ou de estes serem de valor reduzido, ou quando seja essa a solução mais adequada à continuidade da utilização produtiva dos bens, pode o ministro ou órgão executivo competente determinar que a venda seja efetuada por negociação particular.

3. Pode também o ministro ou órgão executivo competente autorizar os serviços sob a sua dependência a locarem ou a onerarem, nos termos previstos na lei, os bens dados em pagamento ou a com eles realizarem capital ou outras prestações sociais.

4. Os direitos emergentes da locação ou da oneração referidas no nº 3 só podem ser penhorados em processo de execução fiscal.

SECÇÃO VI – Da oposição

Artigo 203º – Prazo de oposição à execução

1. A oposição deve ser deduzida no prazo de 30 dias a contar:

a) Da citação pessoal ou, não a tendo havido, da primeira penhora;

b) Da data em que tiver ocorrido o facto superveniente ou do seu conhecimento pelo executado.

2. Havendo vários executados, os prazos correrão independentemente para cada um deles.

3. Para efeitos do disposto na alínea *b*) do nº 1, considera-se superveniente não só o facto que tiver ocorrido posteriormente ao prazo da oposição, mas ainda aquele que, embora ocorrido antes, só posteriormente venha ao conhecimento do executado, caso em que deverá ser este a provar a superveniência.

4. A oposição deve ser deduzida até à venda dos bens, sem prejuízo do disposto no nº 3 do artigo 257º.

5. Na sequência de duas ou mais citações respeitantes a diferentes execuções pendentes contra o mesmo executado no mesmo órgão de execução fiscal, ainda que não apensadas, pode este deduzir uma única oposição, até ao termo do prazo que começou a correr em primeiro lugar.

6. Quando o juiz entender não haver prejuízo para o andamento da causa, pode determinar que os processos de oposição possam ser apensados à oposição autuada em primeiro lugar no Tribunal, desde que as oposições se encontrem na mesma fase e se verifiquem as condições previstas no número anterior.

7. O órgão da execução fiscal comunica o pagamento da dívida exequenda, por via eletrónica, ao tribunal tributário de 1ª instância onde pender a oposição, para efeitos da sua eventual extinção.

Artigo 204º – Fundamentos da oposição à execução

1. A oposição só poderá ter algum dos seguintes fundamentos:

a) Inexistência do imposto, taxa ou contribuição nas leis em vigor à data dos factos a que respeita a obrigação ou, se for o caso, não estar autorizada a sua cobrança à data em que tiver ocorrido a respetiva liquidação;

b) Ilegitimidade da pessoa citada por esta não ser o próprio devedor que figura no título ou seu sucessor ou, sendo o que nele figura, não ter sido, durante o período a que respeita a dívida exequenda, o possuidor dos bens que a originaram, ou por não figurar no título e não ser responsável pelo pagamento da dívida;

c) Falsidade do título executivo, quando possa influir nos termos da execução;

d) Prescrição da dívida exequenda;

e) Falta da notificação da liquidação do tributo no prazo de caducidade;

f) Pagamento ou anulação da dívida exequenda;

g) Duplicação de coleta;

h) Ilegalidade da liquidação da dívida exequenda, sempre que a lei não assegure meio judicial de impugnação ou recurso contra o ato de liquidação;

i) Quaisquer fundamentos não referidos nas alíneas anteriores, a provar apenas por documento, desde que não envolvam apreciação da legalidade da liquidação da dívida exequenda, nem representem interferência em matéria de exclusiva competência da entidade que houver extraído o título.

2. A oposição nos termos da alínea *h*), que não seja baseada em mera questão de direito, reger-se-á pelas disposições relativas ao processo de impugnação.

Artigo 205º – Duplicação de coleta

1. Haverá duplicação de coleta para efeitos do artigo anterior quando, estando pago por inteiro um tributo, se exigir da mesma ou de diferente pessoa um outro de igual natureza, referente ao mesmo facto tributário e ao mesmo período de tempo.

2. A duplicação de coleta só poderá ser alegada uma vez, salvo baseando-se em documento superveniente demonstrativo do pagamento ou de nova liquidação.

3. Alegada a duplicação, obter-se-á informação sobre se este fundamento já foi apreciado noutro processo e sobre as razões que originaram a nova liquidação.

4. Para efeitos dos números anteriores, a alegação da duplicação de coleta será de imediato anotada pelos serviços competentes da administração tributária nos respetivos elementos de liquidação.

Artigo 206º – Requisitos da petição

Com a petição em que deduz a oposição, o executado oferece todos os documentos, arrola testemunhas e requer as demais provas.

Artigo 206º-A – Coligação de executados

Os executados e revertidos podem coligar-se entre si, nos termos aplicáveis ao processo de impugnação.

Artigo 207º – Local da apresentação da petição da oposição à execução

1. A petição inicial será apresentada no órgão da execução fiscal onde pender a execução.

2. Se tiver sido expedida carta precatória, a oposição poderá ser deduzida no órgão da execução fiscal deprecado, devolvendo-se a carta, depois de contada, para seguimento da oposição.

Artigo 208º – Autuação da petição e remessa ao tribunal

1. Autuada a petição, o órgão da execução fiscal remete o processo, por via eletrónica, no prazo de 20 dias, ao tribunal de 1ª instância competente com as informações que reputar convenientes, incluindo as respeitantes à apensação de execuções.

2. Quando for invocada, como fundamento da oposição à execução, a ilegitimidade da pessoa citada por não ter exercido funções de administração ou gestão em pessoas coletivas e entes fiscalmente equiparados, o órgão de execução fiscal identifica todos contra quem tenha sido revertida a execução, os que foram citados, os que deduziram oposição com idêntico fundamento e o estado em que se encontram as referidas oposições.

3. No referido prazo, salvo quando a lei atribua expressamente essa competência a outra entidade, o órgão da execução fiscal poderá pronunciar-se sobre o mérito da oposição e revogar o ato que lhe tenha dado fundamento.

Artigo 209º – Rejeição liminar da oposição

1. Recebido o processo, o juiz rejeitará logo a oposição por um dos seguintes fundamentos:

a) Ter sido deduzida fora do prazo;

b) Não ter sido alegado algum dos fundamentos admitidos no nº 1 do artigo 204º;
c) Ser manifesta a improcedência.

2. Se o fundamento alegado for o da alínea *i*) do nº 1 do artigo 204º, a oposição será também rejeitada quando à petição se não juntem o documento ou documentos necessários.

Artigo 210º – Notificação da oposição ao representante da Fazenda Pública

Recebida a oposição, será notificado o representante da Fazenda Pública para contestar no prazo de 30 dias.

Artigo 211º – Processamento da oposição. Alegações. Sentença

1. Cumprido o disposto no artigo anterior, seguir-se-á o que para o processo de impugnação se prescreve a seguir ao despacho liminar.

2. São admitidos os meios gerais de prova, salvo as disposições especiais da lei tributária e sem prejuízo do disposto na alínea *i*) do nº 1 do artigo 204º.

Artigo 212º – Suspensão de execução

A oposição suspende a execução, nos termos do presente Código.

Artigo 213º – Devolução da oposição ao órgão da execução fiscal

Transitada em julgado a sentença que decidir a oposição e pagas as custas, se forem devidas, será o processo devolvido ao órgão da execução fiscal para ser apensado ao processo da execução.

SECÇÃO VII – Da apreensão de bens

SUBSECÇÃO I – Do arresto

Artigo 214º – Fundamentos do arresto. Conversão em penhora

1. Havendo justo receio de insolvência ou de ocultação ou alienação de bens, pode o representante da Fazenda Pública junto do competente tribunal tributário requerer arresto em bens suficientes para garantir a dívida exequenda e o acrescido, com aplicação do disposto pelo presente Código para o arresto no processo judicial tributário.

2. As circunstâncias referidas no número anterior presumem-se no caso de dívidas por impostos que o executado tenha retido ou repercutido a terceiros e não entregue nos prazos legais.

3. O arresto efetuado nos termos do número anterior ou antes da instauração do processo de execução será convertido em penhora se o pagamento não tiver sido efetuado.

4. Para efeitos de arresto ou penhora dos bens do contribuinte, pode ser requerida às instituições bancárias informação acerca do número das suas contas e respetivos saldos.

SUBSECÇÃO II – Da penhora

Artigo 215º – Penhora, ocorrências anómalas, nomeação de bens à penhora

1. Findo o prazo posterior à citação sem ter sido efetuado o pagamento, procede-se à penhora.

2. A penhora pode ser efetuada por via eletrónica.

3. Se, no ato da penhora, o executado ou alguém em seu nome declarar que os bens a penhorar pertencem a terceiros, deve o funcionário exigir-lhes a declaração do título por que os bens se acham em poder do executado e a respetiva prova, efetuando-se a penhora em caso de dúvida.

4. O direito de nomear bens à penhora considera-se sempre devolvido ao exequente, mas o órgão da execução fiscal poderá admiti-la, nos termos da lei, nos bens indicados pelo executado, desde que daí não resulte prejuízo.

5. A administração tributária acede a informação relativa à existência de bens ou direitos do devedor, suscetíveis de penhora, incluindo todos os dados existentes nos registos que possui, bem como na contabilidade da empresa.

6. A administração tributária pode, em qualquer momento, notificar o devedor ou terceiros para a apresentação de elementos que se revelem necessários à cobrança da dívida, incluindo os elementos da contabilidade das empresas.

7. O envio dos elementos referidos no número anterior é feito por via eletrónica.

8. A frustração da citação não obsta à aplicação, no respetivo processo de execução fiscal, dos montantes depositados, se aquela não vier devolvida ou, sendo devolvida, não indicar a nova morada do executado e ainda em caso de não acesso à caixa postal eletrónica.

9. A aplicação efetuada nos termos do número anterior não prejudica o exercício de direitos por parte do executado, designadamente quanto à oposição à execução.

Artigo 216º – Execução contra autarquia local ou outra pessoa de direito público

1. Se o executado for alguma autarquia local ou outra entidade de direito público, empresa pública, associação pública, pessoa coletiva de utilidade pública administrativa ou instituição de solidariedade social, remeter-se-á aos respetivos órgãos de representação ou gestão certidão da importância em dívida e acrescido, a fim de promoverem o seu pagamento ou a inclusão da verba necessária no primeiro orçamento, desde que não tenha sido efetuado o pagamento nem deduzida oposição no prazo posterior à citação.

2. A ineficácia das diligências referidas no número anterior não impede a penhora em bens dela suscetíveis.

Artigo 217º – Extensão da penhora

A penhora é feita nos bens previsivelmente suficientes para o pagamento da dívida exequenda e do acrescido, mas, quando o produto dos bens penhorados for insuficiente para pagamento da execução, esta prossegue em outros bens.

Artigo 218º – Levantamento da penhora. Bens penhoráveis em execução fiscal

1. No processo de recuperação da empresa e quando a medida for extensiva aos credores em idênticas circunstâncias da Fazenda Pública, o juiz poderá levantar a penhora, a requerimento do gestor judicial, fundamentado nos interesses da recuperação, com parecer favorável da comissão de credores, bem como no processo de falência.

2. Sempre que possível, o levantamento da penhora depende da sua substituição por garantia idónea.

3. Podem ser penhorados pelo órgão da execução fiscal os bens apreendidos por qualquer tribunal, não sendo a execução, por esse motivo, sustada nem apensada.

Artigo 219º – Bens prioritariamente a penhorar

1. Sem prejuízo do disposto nos nºs 4 e 5, a penhora começa pelos bens cujo valor pecuniário seja de mais fácil realização e se mostre adequado ao montante do crédito do exequente.

2. Tratando-se de dívida com privilégio, e na falta de bens a que se refere o número anterior, a penhora começa pelos bens a que este respeitar, se ainda pertencerem ao executado e sem prejuízo do disposto no nº 2 do artigo 157º.

3. (*Revogado*).

4. Caso a dívida tenha garantia real onerando bens do devedor por estes começará a penhora que só prosseguirá noutros bens quando se reconheça a insuficiência dos primeiros para conseguir os fins da execução.

5. A penhora sobre o bem imóvel com finalidade de habitação própria e permanente está sujeita às condições previstas no artigo 244º.

6. Quando exista plano de pagamento em prestações devidamente autorizado, e a execução fiscal deva prosseguir os seus termos normais, pode a penhora iniciar-se por bens distintos daqueles cujo valor pecuniário seja de mais fácil realização, quando indicados pelo executado e desde que o pagamento em prestações se encontre a ser pontualmente cumprido.

Artigo 220º – Coima fiscal e responsabilidade de um dos cônjuges. Penhora de bens comuns do casal

Na execução para cobrança de coima fiscal ou com fundamento em responsabilidade tributária exclusiva de um dos cônjuges, podem ser imediatamente penhorados bens comuns, devendo, neste caso, citar-se o outro cônjuge para requerer a separação judicial de bens, prosseguindo a execução sobre os bens penhorados se a separação não for requerida no prazo de 30 dias ou se se suspender a instância por inércia ou negligência do requerente em promover os seus termos processuais.

Artigo 221º – Formalidade de penhora de móveis

1. Na penhora de móveis observar-se-á, designadamente, o seguinte:

a) Os bens serão efetivamente apreendidos e entregues a um depositário idóneo, salvo se puderem ser removidos, sem inconveniente, para os serviços ou para qualquer depósito público;

b) O depositário é escolhido pelo funcionário, podendo a escolha recair no executado;

c) Na penhora lavra-se um auto, que é assinado pelo depositário ou por duas testemunhas, onde se regista o dia, a hora e o local da diligência, se menciona o valor da execução, se relacionam os bens por verbas numeradas, se indica o seu estado de conservação e o valor aproximado e se referem as obrigações e responsabilidades a que fica sujeito o depositário, a quem é entregue uma cópia;

d) Se o executado estiver presente e se recuse a assinar, mencionar-se-á o facto.

2. A penhora de bens móveis que façam parte do ativo de sujeitos passivos de IVA, ainda que dele isentos, pode ser feita mediante notificação que discrimine os bens penhorados e identifique o fiel depositário.

3. No caso referido no número anterior, o fiel depositário dispõe do prazo de cinco dias para informar a administração tributária da eventual inexistência, total ou parcial, dos bens penhorados.

4. A penhora efetuada nos termos do disposto no nº 2 não obsta a que o executado possa dispor livremente dos bens, desde que se trate de bens de natureza fungível e assegure a sua apresentação, no prazo de cinco dias, quando notificado para o efeito pela administração tributária.

Artigo 222º – Formalidades da penhora de veículos automóveis de aluguer

1. Quando a penhora recair sobre o veículo automóvel licenciado para o exercício da indústria de transporte de aluguer, será também apreendida a respetiva licença, desde que a sua transmissão seja permitida por lei especial, caducando aquela com a venda dos veículos.

2. O órgão da execução fiscal comunicará a venda às autoridades competentes para efeito de eventual concessão de nova licença.

Artigo 223º – Formalidade da penhora de dinheiro ou de valores depositados

1. A penhora de dinheiro ou de outros valores depositados será precedida de informação do funcionário competente sobre a identidade do depositário, a quantia ou os objetos depositados e o valor presumível destes.

2. A instituição detentora do depósito penhorado deve comunicar ao órgão da execução fiscal o saldo da conta ou contas objeto de penhora na data em que esta se considere efetuada.

3. Salvo nos casos de depósitos existentes em instituição de crédito competente, em que se aplica o disposto no Código de Processo Civil, a penhora efetua-se por meio de carta registada, com aviso de receção, dirigida ao depositário, devendo a notificação conter ainda a indicação de que as quantias depositadas nas contas referidas nos números anteriores ficam indisponíveis desde a data da penhora, salvo nos casos previstos na lei, mantendo-se válida por período não superior a um ano, sem prejuízo de renovação.

4. Salvo comunicação em contrário do órgão da execução fiscal, verificando-se novas entradas, o depositário deve proceder imediatamente à sua penhora, após consulta do valor em dívida penhorável e apenas até esse montante.

5. Para efeitos do previsto nos nºs 3 e 4, a Autoridade Tributária e Aduaneira disponibiliza ao depositário, para consulta no Portal das Finanças, informação atualizada sobre o valor em dívida.

6. Quando, por culpa do depositário, não for possível cobrar a dívida exequenda e o acrescido, incorrerá ele em responsabilidade subsidiária.

7. Além das coisas que obrigatoriamente são depositadas em instituição de crédito competente, poderão também ser ali guardadas outras, desde que isso se mostre conveniente.

8. O executado pode solicitar à instituição detentora do depósito penhorado que proceda ao depósito das quantias e valores penhorados à ordem do órgão de execução fiscal.

Artigo 224º – Formalidades da penhora de créditos

1. A penhora de créditos consiste na notificação ao devedor, efetuada preferencialmente por via eletrónica, emitida pelo órgão de execução fiscal, de que todos os créditos do executado até ao valor da dívida exequenda e acrescido ficam à ordem do órgão de execução fiscal, observando-se o disposto no Código de Processo Civil, com as necessárias adaptações e ainda as seguintes regras:

a) (*Revogada*);

b) O devedor, se reconhecer a obrigação imediata de pagar ou não houver prazo para o pagamento, depositará o crédito em operações de tesouraria, à ordem do órgão da execução fiscal, no prazo de 30 dias a contar da penhora, e, se o não fizer, será executado pela importância respetiva, no próprio processo;

c) Se reconhecer a obrigação de pagar, mas tiver a seu favor prazo de pagamento, aguardar-se-á o seu termo, observando-se seguidamente o disposto na alínea anterior;

d) O devedor será advertido na notificação de que não se exonera pagando diretamente ao credor;

e) (*Revogada*);

f) Inexistindo o crédito ou sendo o seu valor insuficiente para garantir a dívida exequenda e acrescido, o órgão da execução fiscal pode notificar o devedor da penhora de créditos futuros até àquele valor, mantendo-se válida a notificação por período não superior a um ano, sem prejuízo de renovação.

2. Não sendo possível a forma de comunicação prevista no número anterior, a mesma deve ser feita com as formalidades da citação pessoal e sujeita ao regime desta.

3. No caso de litigiosidade do crédito penhorado, pode também a Fazenda Pública promover a ação declaratória, suspendendo-se entretanto a execução se o executado não possuir outros bens penhoráveis.

Artigo 225º – Formalidades da penhora de partes sociais ou de quotas em sociedade

1. A penhora de parte social ou de quota em sociedade será feita mediante auto em que se especificará o objeto da penhora e o valor resultante do último balanço, nomeando-se depositário um dos administradores, diretores ou gerentes.

2. Se não for possível indicar no auto da penhora o valor do último balanço, será esse valor fixado pelo órgão da execução fiscal antes da venda.

Artigo 226º – Formalidades de penhora de títulos de crédito emitidas por entidades públicas

Quando haja de penhorar-se um título de crédito emitido por entidade pública, observar-se-á o seguinte:

a) Dar-se-á conhecimento aos serviços competentes de que não devem autorizar nem efetuar o pagamento;

b) No ato da penhora apreender-se-á o título;

c) Não sendo possível a apreensão, o órgão da execução fiscal providenciará no sentido de os serviços competentes lhe remeterem segunda via do título e considerar nulo o seu original;

d) Em seguida, o órgão da execução fiscal promoverá a cobrança do título, fazendo entrar o produto em conta da dívida exequenda e do acrescido, e, havendo sobras, depositar-se-ão em operações de tesouraria para serem entregues ao executado.

Artigo 227º – Formalidades da penhora de quaisquer abonos, salários ou vencimentos

Quando a penhora recaia sobre abonos, salários ou vencimentos, é notificada a entidade que os deva pagar, para que faça, nas quantias devidas, o desconto correspondente ao crédito penhorado e proceda ao seu depósito.

Artigo 228º – Penhora de rendimentos periódicos

1. A penhora em rendimentos, tais como rendas, juros ou outras prestações periódicas, terá trato sucessivo pelos períodos bastantes para o pagamento da dívida exequenda e do acrescido, nomeando-se depositário o respetivo devedor.

2. As importâncias vencidas serão depositadas em operações de tesouraria, à ordem do órgão da execução fiscal.

3. A penhora a que se refere este artigo caduca de direito logo que esteja extinta a execução, o que será comunicado ao depositário.

Artigo 229º – Formalidades da penhora de rendimentos

1. Na penhora de rendimentos observar-se-á o seguinte:

a) No ato da penhora, notificar-se-á o devedor dos rendimentos de que não ficará desonerado da obrigação se pagar ao executado, o que se fará constar do auto;

b) Se o prédio não estiver arrendado à data da penhora ou se o arrendamento findar entretanto, será o mesmo prédio, ou a parte dele que ficar devoluta, arrendado no processo, pela melhor oferta e por prazo não excedente a um ano, renovável até ao pagamento da execução;

c) Se um imóvel impenhorável estiver ocupado gratuitamente, ser-lhe-á atribuído, para efeitos de penhora, uma renda mensal correspondente a 1/240 ou 1/180 do seu valor patrimonial, conforme se trate, respetivamente, de prédio rústico ou prédio urbano;

d) Se o estabelecimento comercial ou industrial, ou a concessão mineira, cujo direito à exploração haja sido penhorado, se encontrar paralisado, proceder-se-á à cedência pela melhor oferta e por prazo não excedente a um ano, renovável até ao pagamento da execução;

e) Se o estabelecimento for concessão mineira, a penhora do direito à exploração, referida na alínea anterior, depende de autorização do ministro competente, que a concederá no prazo de 30 dias;

f) Se os rendimentos penhorados não forem pagos no seu vencimento, será o respetivo devedor executado no processo pelas importâncias não depositadas.

2. É aplicável à entrega dos rendimentos penhorados o disposto no nº 2 do artigo anterior.

Artigo 230º – Penhora de móveis sujeita a registo

1. Quando a penhora de móveis estiver sujeita a registo, será este imediatamente requerido pelo órgão da execução fiscal, aplicando-se o nº 4 do artigo 195º.

2. O serviço competente efetuará o registo no prazo de 15 dias e, dentro deste prazo, remeterá o respetivo certificado e a certidão de ónus, a fim de serem juntos ao processo.

3. A penhora prevista neste artigo também pode ser realizada por comunicação eletrónica à conservatória competente, nos termos previstos no Código de Processo Civil.

Artigo 231º – Formalidades de penhora de imóveis

1. A penhora de imóveis ou de figuras parcelares do respetivo direito de propriedade é efetuada por comunicação emitida pelo órgão da execução fiscal à conservatória do registo predial competente, emitindo-se uma comunicação por cada prédio, na qual se reproduzem todos os elementos da caderneta predial, bem como a identificação do devedor, o valor da dívida, o número do processo e o número da penhora, observando-se ainda o seguinte:

a) A penhora deve ser registada no prazo máximo de cinco dias;

b) Efetuado o registo, a conservatória comunica ao órgão da execução o número da apresentação, os elementos identificativos do registo e a identificação do ónus ou encargos que recaem sobre o bem penhorado, identificando os respetivos beneficiários, bem como o valor dos emolumentos e a conta;

c) Seguidamente, o órgão da execução fiscal nomeia depositário mediante notificação por carta registada com aviso de receção, podendo ser escolhido um funcionário da administração tributária, o próprio executado, seja pessoa singular ou coletiva, ou outro, a quem os bens penhorados são entregues;

d) (*Revogada*);

e) (*Revogada*).

2. Os atos e comunicações referidos no número anterior são efetuados, sempre que possível, por via eletrónica, podendo os elementos da caderneta predial ser substituídos por consulta direta à matriz predial informatizada.

3. A comunicação da penhora contém a assinatura eletrónica qualificada do titular do órgão da execução, valendo como autenticação a certificação de acesso das conservatórias aos serviços eletrónicos da administração tributária.

4. A comunicação referida no nº 1 vale como apresentação para efeitos de inscrição no registo.

5. A penhora de imóveis pode também ser efetuada nos termos do Código de Processo Civil, com as especificidades previstas na presente lei.

Artigo 232º – Formalidades da penhora do direito a bens indivisos

Da penhora que tiver por objeto o direito a uma parte de bens, lavrar-se-á auto no qual se indicará a quota do executado, se identificarão os bens, se forem determinados, e os condóminos, observando-se ainda as regras seguintes:

a) O depositário será escolhido pelo funcionário, que preferirá o administrador dos bens, se o houver, podendo, na falta deste, ser o próprio executado;

b) Obtidos os elementos indispensáveis junto do órgão de execução fiscal e da conservatória, será a penhora registada, se for caso disso, e, depois de passados o certificado de registo e a certidão de ónus, serão estes documentos juntos ao processo;

c) Efetuada a penhora no direito e ação a herança indivisa, e correndo inventário, o órgão da execução fiscal comunicará o facto ao respetivo tribunal e solicitar-lhe-á que oportunamente informe quais os bens adjudicados ao executado, podendo, neste caso, a execução ser suspensa por período não superior a um ano;

d) A penhora transfere-se, sem mais, para os bens que couberem ao executado na partilha.

Artigo 233º – Responsabilidade dos depositários

À responsabilidade dos depositários dos bens penhorados aplicar-se-ão as seguintes regras:

a) Para os efeitos da responsabilização do depositário pelo incumprimento do dever de apresentação de bens, aquele será executado pela importância respetiva, no próprio processo, sem prejuízo do procedimento criminal;

b) O depositário poderá ser oficiosamente removido pelo órgão da execução fiscal;

c) Na prestação de contas, o órgão da execução fiscal nomeará um perito, se for necessário, e decidirá segundo o seu prudente arbítrio.

Artigo 234º – Penhora de direitos

É subsidiariamente aplicável à penhora de direitos o disposto na lei para a penhora das coisas móveis e das coisas imóveis.

Artigo 235º – Levantamento da penhora

1. (*Revogado*).

2. A penhora não será levantada qualquer que seja o tempo por que se mantiver parada a execução, ainda que o motivo não seja imputável ao executado.

3. Quando a execução tiver sido paga por terceiro sub-rogado e o processo, por motivo que lhe seja imputável, se encontre parado há mais de seis meses, a penhora poderá ser levantada a requerimento do executado ou de qualquer credor.

Artigo 236º – Inexistência de bens penhoráveis

1. Se ao executado não forem encontrados bens penhoráveis, o funcionário competente lavrará auto de diligência perante duas testemunhas idóneas que ratifiquem o facto, devendo uma delas, sempre que possível, ser o presidente da junta de freguesia.

2. O auto será assinado pelas testemunhas, se souberem e puderem fazê-lo, e pelo funcionário competente.

3. O órgão da execução fiscal assegurar-se-á, por todos os meios ao seu alcance, incluindo a consulta dos arquivos informáticos da administração tributária, de que o executado não possui bens penhoráveis.

SUBSECÇÃO III – Dos embargos de terceiro

Artigo 237º – Função do incidente dos embargos de terceiro. Disposições aplicáveis

1. Quando o arresto, a penhora ou qualquer outro ato judicialmente ordenado de apreensão ou entrega de bens ofender a posse ou qualquer outro direito incompatível com a realização ou o âmbito da diligência de que seja titular um terceiro, pode este fazê-lo valer por meio de embargos de terceiro.

2. Os embargos são deduzidos junto do órgão da execução fiscal.

3. O prazo para dedução de embargos de terceiro é de 30 dias contados desde o dia em que foi praticado o ato ofensivo da posse ou direito ou daquele em que o embargante teve conhecimento da ofensa, mas nunca depois de os respetivos bens terem sido vendidos.

Artigo 238º – Eficácia do caso julgado

A decisão de mérito proferida nos embargos de terceiro constitui caso julgado no processo de execução fiscal quanto à existência e titularidade dos direitos invocados por embargante e embargado.

SECÇÃO VIII – Da convocação dos credores e da verificação dos créditos

Artigo 239º – Citação dos credores preferentes e do cônjuge

1. Feita a penhora e junta a certidão de ónus, serão citados os credores com garantia real, relativamente aos bens penhorados, e o cônjuge do executado no caso previsto no artigo 220º ou quando a penhora incida sobre bens imóveis ou bens móveis sujeitos a registo, sem o que a execução não prosseguirá.

2. Os credores desconhecidos, bem como os sucessores dos credores preferentes, são citados por éditos de 10 dias.

Artigo 240º – Convocação de credores

1. Podem reclamar os seus créditos, no prazo de 15 dias após a citação nos termos do artigo anterior, os credores que gozem de garantia real sobre os bens penhorados.

2. O crédito exequendo não carece de ser reclamado.

3. O órgão da execução fiscal só procede à convocação de credores quando dos autos conste a existência de qualquer direito real de garantia.

4. O disposto no número anterior não obsta a que o credor com garantia real reclame espontaneamente o seu crédito na execução, até à transmissão dos bens penhorados.

Artigo 241º – Citação do órgão da execução fiscal

1. Se não se verificarem as circunstâncias do nº 3 do artigo anterior, são citados os diretores dos órgãos periféricos regionais da área do domicílio fiscal da pessoa a quem foram penhorados os bens onde não corra o processo para, no prazo de 15 dias, apresentarem certidão das dívidas que devam ser reclamadas.

2. Se a certidão tiver de ser passada pelo órgão periférico regional da administração tributária onde correr o processo, será junto a este, sem mais formalidades, no prazo de 10 dias a contar da penhora.

3. Às certidões e à citação a que se refere este artigo é aplicável o disposto nos nºs 2, 3 e 4 do artigo 80º do presente Código.

Artigo 242º – Citação edital dos credores desconhecidos e sucessores não habilitados dos preferentes

Para a citação dos credores desconhecidos e sucessores não habilitados dos preferentes afixar-se-á um só edital no órgão da execução fiscal onde correr a execução.

Artigo 243º

(*Revogado*).

Artigo 244º – Realização da venda

1. A venda realiza-se após o termo do prazo de reclamação de créditos.

2. Não há lugar à realização da venda de imóvel destinado exclusivamente a habitação própria e permanente do devedor ou do seu agregado familiar, quando o mesmo esteja efetivamente afeto a esse fim.

3. O disposto no número anterior não é aplicável aos imóveis cujo valor tributável se enquadre, no momento da penhora, na taxa máxima prevista para a aquisição de prédio urbano ou de fração autónoma de prédio urbano destinado exclusivamente a habitação própria e permanente, em sede de imposto sobre as transmissões onerosas de imóveis.

4. Nos casos previstos no número anterior, a venda só pode ocorrer um ano após o termo do prazo de pagamento voluntário da dívida mais antiga.

5. A penhora do bem imóvel referido no nº 2 não releva para efeitos do disposto no artigo 217º, enquanto se mantiver o impedimento à realização da venda previsto no número anterior, e não impede a prossecução da penhora e venda dos demais bens do executado.

6. O impedimento legal à realização da venda de imóvel afeto a habitação própria e permanente previsto no nº 2 pode cessar a qualquer momento, a requerimento do executado.

Artigo 245º – Verificação e graduação de créditos

1. A verificação e graduação dos créditos tem efeito suspensivo quanto ao seu objeto, sem prejuízo do andamento da execução fiscal até à venda dos bens.

2. Havendo reclamações ou juntas as certidões referidas no artigo 241º, o órgão de execução fiscal procede à verificação e graduação de créditos, notificando dela todos os credores que reclamaram créditos.

3. Os credores referidos no número anterior podem reclamar da verificação e graduação de créditos nos termos e prazos previstos nos artigos 276º e seguintes.

4. A reclamação referida no número anterior tem efeitos suspensivos, procedendo-se à sua remessa imediata, por via eletrónica, ao tribunal tributário de 1ª instância, acompanhada do processo principal.

Artigo 246º – Disposições aplicáveis à reclamação de créditos

1. Na reclamação de créditos observam-se as disposições do Código de Processo Civil, exceto no que respeita à reclamação da decisão de verificação e graduação, que é efetuada exclusivamente nos termos dos artigos 276º a 278º deste código.

2. Na reclamação de créditos só é admissível prova documental.

Artigo 247º – Devolução do processo de reclamação de créditos ao órgão da execução fiscal

1. Os processos que tiverem subido ao tribunal tributário de 1ª instância, em virtude de reclamação da decisão do órgão de execução fiscal, para decisão da verificação e graduação de créditos, são devolvidos ao órgão da execução fiscal após o trânsito em julgado da decisão.

2. No caso de o tribunal tributário de 1ª instância não poder efetuar a liquidação por não dispor dos elementos necessários, solicitá-los-á ao órgão da execução fiscal para que lhes forneça no prazo que fixar.

SECÇÃO IX – Da venda dos bens penhorados

Artigo 248º – Regra geral

1. A venda é feita preferencialmente por meio de leilão eletrónico ou, na sua impossibilidade, de propostas em carta fechada, nos termos dos números seguintes, salvo quando o presente Código disponha de forma contrária.

2. A venda é realizada por leilão eletrónico, que decorre durante 15 dias, sendo o valor base o correspondente a 70% do determinado nos termos do artigo 250º.

3. Inexistindo propostas nos termos do número anterior, a venda passa imediatamente para a modalidade de proposta em carta fechada, que decorre durante 15 a 20 dias, baixando o valor base referido no número anterior para 50% do determinado nos termos do artigo 250º.

4. Não sendo apresentadas propostas nos termos fixados nos números anteriores, é aberto de novo leilão eletrónico, que decorre durante 15 dias, adjudicando-se o bem à proposta de valor mais elevado.

5. O órgão de execução fiscal pode determinar a venda em outra modalidade prevista no Código de Processo Civil.

6. Os procedimentos e especificações da realização da venda por leilão eletrónico são definidos por portaria do Ministro das Finanças.

Artigo 249º – Publicidade da venda

1. Determinada a venda, procede-se à respetiva publicitação, mediante divulgação através da Internet.

2. O disposto no número anterior não prejudica que, por iniciativa do órgão da execução fiscal ou por sugestão dos interessados na venda, sejam utilizados outros meios de divulgação.

3. (*Revogado*).

4. (*Revogado*).

5. Em todos os meios de publicitação da venda incluem-se, por forma que permita a sua fácil compreensão, as seguintes indicações:

a) Designação do órgão por onde corre o processo;

b) Nome ou firma dos executados;

c) Identificação sumária dos bens;

d) Local, prazo e horas em que os bens podem ser examinados;

e) Valor base da venda;

f) Designação e endereço do órgão a quem devem ser entregues ou enviadas as propostas;

g) Data e hora limites para receção das propostas;

h) Data, hora e local de abertura das propostas;

i) Qualquer condição prevista em lei especial para a aquisição, detenção ou comercialização dos bens.

6. Os bens devem estar patentes no local indicado pelo menos até ao dia e hora limites para receção das propostas, sendo o depositário obrigado a mostrá-los a quem pretenda examiná-los, durante as horas fixadas nos meios de publicitação da venda.

7. Os titulares do direito de preferência na alienação dos bens são notificados do dia e hora da entrega dos bens ao proponente, para poderem exercer o seu direito no ato da adjudicação.

8. A publicitação através da *Internet* faz-se nos termos definidos em portaria do Ministro das Finanças.

9. (*Revogado*).

Artigo 250º – Valor dos bens para a venda

1. O valor base para venda é determinado da seguinte forma:

a) Os imóveis urbanos, inscritos ou omissos na matriz, pelo valor patrimonial tributário apurado nos termos do Código do Imposto Municipal sobre Imóveis (CIMI);

b) Os imóveis rústicos, pelo valor patrimonial atualizado com base em fatores de correção monetária, nos termos do disposto na alínea *c*) do nº 1 do artigo 27º do Decreto-Lei nº 287/2003, de 12 de novembro;

c) Os móveis, pelo valor que lhes tenha sido atribuído no auto de penhora, salvo se outro for apurado pelo órgão da execução fiscal, podendo esse apuramento ser precedido de parecer técnico solicitado a perito com conhecimentos técnicos especializados.

2. O órgão da execução fiscal promove oficiosamente a avaliação dos prédios urbanos ainda não avaliados nos termos do CIMI, que estará concluída no prazo máximo de 20 dias e será efetuada por verificação direta, sem necessidade dos documentos previstos no artigo 37º do respetivo Código.

3. A avaliação efetuada nos termos do número anterior produz efeitos imediatos em sede do IMI.

4. O valor base a anunciar para venda é igual a 70% do determinado nos termos do nº 1.

Artigo 251º – Local de entrega das propostas e de realização da venda. Equiparação da concessão mineira a imóvel

1. A entrega de propostas far-se-á no local do órgão da execução fiscal onde vai ser efetuada a venda.

2. A proposta pode ser igualmente enviada por transmissão eletrónica de dados, nos termos definidos em portaria do Ministro das Finanças.

3. A concessão mineira é equiparada a imóvel, devendo, se abranger vários concelhos, a venda realizar-se no órgão da execução fiscal da área onde se processa a maior parte do processo de exploração.

4. A validade da venda da concessão mineira depende de autorização expressa do ministro competente, a requerimento do adquirente, a apresentar no prazo de 60 dias após a sua realização.

Artigo 252º – Outras modalidades de venda

1. A venda por outra das modalidades previstas no Código de Processo Civil só é efetuada nos seguintes casos:

a) Quando a modalidade de venda for a de propostas em carta fechada e no dia designado para a abertura de propostas se verificar a inexistência de proponentes ou a existência apenas de propostas de valor inferior ao valor base anunciado;

b) Quando os bens a vender forem valores mobiliários admitidos à cotação em bolsa;

c) Quando na mesma modalidade de venda, por suspeita de conluio, a praça tiver sido adiada;

d) Quando os bens a vender forem de créditos com cotação em bolsa.

2. Quando haja fundada urgência na venda de bens, ou estes sejam de valor não superior a 40 unidades de conta, pode o órgão de execução fiscal determinar a venda por negociação particular.

3. Quando tenha lugar a venda por negociação particular, são publicitados na Internet, nos termos definidos em portaria do Ministro das Finanças, o nome ou firma do executado, o órgão por onde corre o processo, a identificação sumária dos bens, o local, prazo e horas em que estes podem ser examinados, o valor base da venda e o nome ou firma do negociador, bem como a residência ou sede deste.

Artigo 253º – Adjudicação dos bens na venda por proposta em carta fechada

Na venda por meio de propostas em carta fechada observar-se-á o seguinte:

a) A abertura das propostas far-se-á no dia e hora designados, na presença do órgão da execução fiscal, podendo assistir à abertura os proponentes, os reclamantes citados nos termos do artigo 239º e quem puder exercer o direito de preferência ou remissão;

b) Se o preço mais elevado, com o limite mínimo previsto no nº 2 do artigo 250º, for oferecido por mais de um proponente, abre-se logo licitação entre eles, salvo se declararem que pretendem adquirir os bens em compropriedade;

c) Estando presente só um dos proponentes do maior preço, pode esse cobrir a proposta dos outros e, se nenhum deles estiver presente ou nenhum quiser cobrir a proposta dos outros, procede-se a sorteio para determinar a proposta que deve prevalecer.

Artigo 254º

(*Revogado*).

Artigo 255º – Inexistência de propostas

Quando não houver propostas que satisfaçam o valor base do artigo 248º, o órgão da execução fiscal pode adquirir os bens para a Fazenda Pública, com observância do seguinte:

a) Até ao valor da dívida exequenda e do acrescido, salvo se o valor real dos bens for inferior ao total da dívida, caso em que o preço não deverá exceder dois terços desse valor;

b) No caso de se tratar de prédio ou outro bem que esteja onerado com encargos mais privilegiados do que as dívidas ao Estado, o direito referido no presente artigo será exercido pelo dirigente máximo do serviço, quando o montante daqueles encargos for inferior a dois terços do valor real do prédio;

c) Efetuada a aquisição para a Fazenda Pública, o funcionário competente, quando for caso disso, promove o registo na conservatória, aplicando-se o disposto no nº 4 do artigo 195º, e envia todos os documentos ao imediato superior hierárquico;

d) O imediato superior hierárquico comunica a aquisição à Direção-Geral do Património.

Artigo 256º – Formalidades da venda

1. A venda obedece ainda aos seguintes requisitos:

a) Não podem ser adquirentes, por si, por interposta pessoa ou por entidade jurídica em que participem, os magistrados e os funcionários da administração tributária;

b) Não podem ser adquirentes entidades não residentes submetidas a um regime fiscal claramente mais favorável ou aquelas cujos regimes jurídicos não permitam identificar os titulares efetivos do capital;

c) Das vendas de bens móveis, efetuadas no mesmo dia e no mesmo processo, lavrar-se-á um único auto, mencionando-se o nome de cada adquirente, os objetos ou lotes vendidos e o preço;

d) Nas vendas de bens imóveis lavrar-se-á um auto por cada prédio;

e) O funcionário competente passa guia para o adquirente depositar a totalidade do preço à ordem do órgão da execução fiscal, no prazo de 15 dias a contar da decisão de adjudicação, sob pena das sanções previstas legalmente;

f) Nas aquisições de valor superior a 500 vezes a unidade de conta, mediante requerimento fundamentado do adquirente, entregue no prazo máximo de cinco dias a contar da decisão de adjudicação, pode ser autorizado o depósito, no prazo referido na alínea anterior, de apenas parte do preço, não inferior a um terço, obrigando-se à entrega da parte restante no prazo máximo de oito meses;

g) Efetuado o depósito, juntar-se-á ao processo um duplicado da guia;

h) O adquirente, ainda que demonstre a sua qualidade de credor, nunca será dispensado do depósito do preço;

i) O Estado, os institutos públicos e as instituições de segurança social não estão sujeitos à obrigação do depósito do preço, enquanto tal não for necessário para pagamento de credores mais graduados no processo de reclamação de créditos.

2. O adquirente pode, com base no título de transmissão, requerer ao órgão de execução fiscal, contra o detentor e no próprio processo, a entrega dos bens.

3. O órgão de execução fiscal pode solicitar o auxílio das autoridades policiais para a entrega do bem adjudicado ao adquirente.

4. Sem prejuízo de outras disposições legais, o não pagamento do preço devido, no prazo determinado legalmente, impede o adjudicatário faltoso de apresentar qualquer proposta em qualquer venda em execução fiscal, durante um período de dois anos.

Artigo 257º – Anulação da venda

1. A anulação da venda só poderá ser requerida dentro dos prazos seguintes:

a) De 90 dias, no caso de a anulação se fundar na existência de algum ónus real que não tenha sido tomado em consideração e não haja caducado ou em erro sobre o objeto transmitido ou sobre as qualidades por falta de conformidade com o que foi anunciado;

b) De 30 dias, quando for invocado fundamento de oposição à execução que o executado não tenha podido apresentar no prazo da alínea *a*) do nº 1 do artigo 203º;

c) De 15 dias, nos restantes casos previstos no Código de Processo Civil.

2. O prazo contar-se-á da data da venda ou da que o requerente tome conhecimento do facto que servir de fundamento à anulação, competindo-lhe provar a data desse conhecimento, ou do trânsito em julgado da ação referida no nº 3.

3. Se o motivo da anulação da venda couber nos fundamentos da oposição à execução, a anulação depende do reconhecimento do respetivo direito nos termos do presente Código, suspendendo-se o prazo referido na alínea *c*) do nº 1 no período entre a ação e a decisão.

4. O pedido de anulação da venda deve ser dirigido ao órgão periférico regional da administração tributária que, no prazo máximo de 45 dias, pode deferir ou indeferir o pedido, ouvidos todos os interessados na venda, no prazo previsto no artigo 60º da lei geral tributária.

5. Decorrido o prazo previsto no número anterior sem qualquer decisão expressa, o pedido de anulação da venda é considerado indeferido.

6. Havendo decisão expressa, deve esta ser notificada a todos os interessados no prazo de 10 dias.

7. Da decisão, expressa ou tácita, sobre o pedido de anulação da venda cabe reclamação nos termos do artigo 276º.

8. A anulação da venda não prejudica os direitos que possam assistir ao adquirente em virtude da aplicação das normas sobre enriquecimento sem causa.

Artigo 258º – Remição

O direito de remição é reconhecido nos termos previstos no Código de Processo Civil.

SECÇÃO X – Da extinção da execução

SUBSECÇÃO I – Da extinção por pagamento coercivo

Artigo 259º – Levantamento da quantia necessária para o pagamento

1. Se a penhora for de dinheiro, o levantamento da quantia necessária para o pagamento da dívida exequenda e do acrescido será feito por via de mandado passado a favor do órgão da execução fiscal.

2. Tratando-se de depósito obrigatório na instituição de crédito competente solicitar-se-á a esta a passagem de precatório cheque a favor do órgão da execução fiscal onde correr o processo.

Artigo 260º – Cancelamento de registos

O levantamento da penhora e o cancelamento dos registos dos direitos reais que caducam, nos termos do nº 2 do artigo 824º do Código Civil, serão ordenados pelo órgão da execução fiscal se anteriormente não tiverem sido requeridos pelo adquirente dos bens.

Artigo 261º – Extinção da execução pelo pagamento coercivo

1. Se, em virtude da penhora ou da venda, forem arrecadadas importâncias suficientes para solver a execução, e não houver lugar a verificação e graduação de créditos, será aquela declarada extinta depois de feitos os pagamentos.

2. No despacho, que não será notificado, o órgão da execução fiscal declarará se foram cumpridas as formalidades legais, designadamente as da conta e dos pagamentos.

Artigo 262º – Insuficiência da importância arrecadada. Pagamentos parciais

1. Sempre que seja ou possa ser reclamado no processo de execução fiscal um crédito tributário existente e o produto da venda dos bens penhorados não seja suficiente para o seu pagamento, o processo continuará seus termos até integral execução dos bens do executado e responsáveis solidários ou subsidiários, sendo entretanto sustados os processos de execução fiscal pendentes com o mesmo objeto.

2. Quando, em virtude de penhora ou de venda, forem arrecadadas importâncias insuficientes para solver a dívida exequenda e o acrescido, serão sucessivamente aplicadas, em primeiro lugar, na amortização dos juros de mora, de outros encargos legais e da dívida tributária mais antiga, incluindo juros compensatórios.

3. O montante aplicado no pagamento dos juros de mora não pode, em caso algum, ser superior ao de metade do capital da dívida a amortizar.

4. Se a execução não for por tributos ou outros rendimentos em dívida à Fazenda Pública, pagar-se-ão, sucessivamente, as custas, a dívida exequenda e os juros de mora.

5. Se a dívida exequenda abranger vários títulos de cobrança e a quantia arrecadada perfizer a importância de um deles, será satisfeito esse documento, que se juntará ao processo.

6. Se a quantia não chegar para pagar um título de cobrança ou se, pago um por inteiro, sobrar qualquer importância, dar-se-á pagamento por conta ao documento mais antigo; se forem da mesma data, imputar-se-á no documento de menor valor e, em igualdade de circunstâncias, em qualquer deles.

7. (*Revogado*).

8. Os juros de mora são devidos relativamente à parte que for paga até ao mês, inclusive, em que se tiver concluído a venda dos bens se a penhora for de dinheiro, até ao mês em que esta se efetuou.

Artigo 263º – Guia para pagamento coercivo

O pagamento coercivo é sempre feito através do documento único de cobrança.

SUBSECÇÃO II – Da extinção por pagamento voluntário

Artigo 264º – Pagamento voluntário. Pagamento por conta

1. A execução extinguir-se-á no estado em que se encontrar se o executado, ou outra pessoa por ele, pagar a dívida exequenda e o acrescido, salvo o que, na parte aplicável, se dispõe neste Código sobre a sub-rogação.

2. Sem prejuízo do andamento do processo, pode efetuar-se qualquer pagamento por conta do débito, desde que a entrega não seja inferior a 1 unidade de conta, observando-se, neste caso, o disposto nos nºs 2 a 6 do artigo 262º.

3. Na execução fiscal são admitidos, sem exceção, os meios de pagamento previstos na fase do pagamento voluntário das obrigações tributárias.

4. Sem prejuízo do disposto no nº 2, o pagamento de um valor mínimo de 20 % do valor da dívida instaurada suspende o procedimento de venda desse processo de execução fiscal, por um período de 15 dias.

Artigo 265º – Formalidades do pagamento voluntário

1. O pagamento pode ser efetuado a qualquer tempo, mediante a emissão do respetivo documento único de pagamento.

2. (*Revogado*).

3. O pagamento não susta o concurso de credores se for efetuado após a realização da venda.

Artigo 266º – Pagamento havendo carta precatória

Quando tiver sido expedida carta precatória, o pagamento poderá ser feito no órgão de execução fiscal deprecado ou no deprecante.

Artigo 267º – Pagamento no órgão da execução fiscal deprecante

1. Se o pagamento for requerido perante o órgão da execução fiscal deprecante, este mandará depositar à sua ordem, em operações de tesouraria, a quantia que repute suficiente para o pagamento da dívida e do acrescido.

2. Efetuado o depósito solicitar-se-á de imediato a devolução da carta precatória no estado em que se encontrar e, recebida esta, o funcionário, dentro de vinte e quatro horas, contará o processo e processará uma guia de operações de tesouraria, que remeterá à Direção-Geral do Tesouro, com cópia para o processo.

Artigo 268º – Pagamento no órgão da execução fiscal deprecada

Quando o pagamento tiver sido requerido no órgão da execução fiscal deprecado, após o pagamento integral do débito, este juntará à carta precatória o documento comprovativo do pagamento e devolvê-lo-á de imediato ao órgão da execução fiscal deprecante.

Artigo 269º – Extinção da execução pelo pagamento voluntário

1. O pagamento voluntário da quantia em dívida implica a extinção da execução fiscal, comunicando-se tal facto ao executado, por via eletrónica.

2. É ainda extinta a execução se, após o pagamento voluntário da totalidade da dívida exequenda e acrescido, em conformidade com o respetivo documento de pagamento integral, se verifique serem devidos juros de mora ou custas, desde que o seu valor total não seja superior a € 10.

3. A extinção da execução fiscal, nos termos do número anterior, determina, para todos os efeitos legais, a extinção da dívida de juros de mora ou custas.

Artigo 270º – Extinção da execução por anulação da dívida

1. O órgão da execução fiscal onde correr o processo deverá declarar extinta a execução, oficiosamente, quando se verifique a anulação da dívida exequenda.

2. Quando a anulação tiver de efetivar-se por nota de crédito, a extinção só se fará após a sua emissão.

Artigo 271º – Levantamento da penhora e cancelamento do registo

Extinta a execução por anulação da dívida, ordenar-se-á o levantamento da penhora e o cancelamento do seu registo, quando houver lugar a ele.

SUBSECÇÃO III – Da declaração em falhas

Artigo 272º – Declaração de falhas

Será declarada em falhas pelo órgão da execução fiscal a dívida exequenda e acrescido quando, em face de auto de diligência, se verifique um dos seguintes casos:

a) Demonstrar a falta de bens penhoráveis do executado, seus sucessores e responsáveis solidários ou subsidiários;

b) Ser desconhecido o executado e não ser possível identificar o prédio, quando a dívida exequenda for de tributo sobre a propriedade imobiliária;

c) Encontrar-se ausente em parte incerta o devedor do crédito penhorado e não ter o executado outros bens penhoráveis.

Artigo 273º – Eliminação do prédio da matriz

Se o fundamento da declaração em falhas for o da alínea *b*) do artigo anterior, o órgão competente eliminará na matriz o artigo referente ao prédio desconhecido.

Artigo 274º – Prosseguimento da execução da dívida declarada em falhas

A execução por dívida declarada em falhas prosseguirá, sem necessidade de nova citação e a todo o tempo, salvo prescrição, logo que haja conhecimento de que o executado, seus sucessores ou outros responsáveis possuem bens penhoráveis ou, no caso previsto na alínea *b*) do artigo 272º, logo que se identifique o executado ou o prédio.

Artigo 275º – Inscrição do prédio na matriz

Quando houver dívida declarada em falhas, inscrever-se-á na matriz o prédio cuja identificação se tornou possível.

SECÇÃO XI – Das reclamações e recursos das decisões do órgão da execução fiscal

Artigo 276º – Reclamações das decisões do órgão da execução fiscal

As decisões proferidas pelo órgão da execução fiscal e outras autoridades da administração tributária que no processo afetem os direitos e interesses legítimos do executado ou de terceiro são suscetíveis de reclamação para o tribunal tributário de 1ª instância.

Artigo 277º – Prazo e apresentação da reclamação

1. A reclamação será apresentada no prazo de 10 dias após a notificação da decisão e indicará expressamente os fundamentos e conclusões.

2. A reclamação é apresentada no órgão da execução fiscal, que, no prazo de 10 dias, poderá ou não revogar o ato reclamado.

3. Caso o ato reclamado tenha sido proferido por entidade diversa do órgão da execução fiscal, o prazo referido no número anterior é de 30 dias.

Artigo 278º – Regime da reclamação

1. O tribunal só conhecerá das reclamações quando, depois de realizadas a penhora e a venda, o processo lhe for remetido a final.

2. Antes do conhecimento das reclamações, será notificado o representante da Fazenda Pública para responder, no prazo de oito dias, ouvido o representante do Ministério Público, que se pronunciará no mesmo prazo.

3. O disposto no nº 1 não se aplica quando a reclamação se fundamentar em prejuízo irreparável causado por qualquer das seguintes ilegalidades:

a) Inadmissibilidade da penhora dos bens concretamente apreendidos ou da extensão com que foi realizada;

b) Imediata penhora dos bens que só subsidiariamente respondam pela dívida exequenda;

c) Incidência sobre bens que, não respondendo, nos termos de direito substantivo, pela dívida exequenda, não deviam ter sido abrangidos pela diligência;

d) Determinação da prestação de garantia indevida ou superior à devida;

e) Erro na verificação ou graduação de créditos

f) Falta de fundamentação da decisão relativa à apensação.

4. No caso previsto no número anterior, caso não se verificar a circunstância dos nºs 2 e 3 do artigo 277º, o órgão da execução fiscal fará subir a reclamação no prazo de oito dias.

5. Em caso de subida imediata, a administração tributária remete por via eletrónica a reclamação e o processo executivo que a acompanha.

6. A reclamação referida no nº 3 suspende os efeitos do ato reclamado e segue as regras dos processos urgentes.

7. Considera-se haver má-fé, para efeitos de tributação e sanção pecuniária por esse motivo, a apresentação do pedido referido no nº 3 do presente artigo sem qualquer fundamento razoável.

TÍTULO V – Dos recursos dos atos jurisdicionais

Artigo 279º – Âmbito

1. O presente título aplica-se:

a) Aos recursos dos atos jurisdicionais praticados no processo judicial tributário regulado pelo presente Código;

b) Aos recursos dos atos jurisdicionais no processo de execução fiscal, designadamente as decisões sobre incidentes, oposição, pressupostos da responsabilidade subsidiária, verificação e graduação definitiva de créditos, anulação da venda e recursos dos demais atos praticados pelo órgão da execução fiscal.

2. Os recursos dos atos jurisdicionais sobre meios processuais acessórios comuns à jurisdição administrativa e tributária são regulados pelas normas sobre processo nos tribunais administrativos.

Artigo 280º – Recursos das decisões proferidas em processos judiciais

1. Das decisões dos tribunais tributários de 1ª instância cabe recurso, a interpor pelo impugnante, recorrente, executado, oponente ou embargante, pelo Ministério Público, pelo representante da Fazenda Pública e por qualquer outro interveniente que no processo fique vencido, para o Tribunal Central Administrativo, salvo quando a decisão proferida for de mérito e o recurso se fundamente exclusivamente em matéria de direito, caso em que cabe recurso para a Secção do Contencioso Tributário do Supremo Tribunal Administrativo.

2. O recurso das decisões que, em primeiro grau de jurisdição, tenham conhecido do mérito da causa é admitido nos processos de valor superior à alçada do tribunal de que se recorre, quando a decisão impugnada seja desfavorável ao recorrente em valor superior a metade da alçada desse tribunal, atendendo-se somente, em caso de fundada dúvida acerca do valor da sucumbência, ao valor da causa.

3. Para além dos casos previstos na lei processual civil e administrativa, é sempre admissível recurso, independentemente do valor da causa e da sucumbência, de decisões que perfilhem solução oposta relativamente ao mesmo fundamento de direito e na ausência substancial de regulamentação jurídica, com mais de três sentenças do mesmo ou de outro tribunal tributário.

4. (*Revogado*).

5. (*Revogado*).

Artigo 281º – Interposição, processamento e julgamento dos recursos

Os recursos das decisões proferidas pelos tribunais tributários, ainda que interlocutórias, regem-se pelo disposto no Código de Processo Civil, salvo o disposto no presente título.

Artigo 282º – Interposição de recurso

1. O prazo para a interposição de recurso é de 30 dias e conta-se a partir da notificação da decisão recorrida.

2. O recurso é interposto mediante requerimento dirigido ao tribunal que proferiu a decisão, que inclui ou junta a respetiva alegação e no qual são enunciados os vícios imputados à decisão e formuladas conclusões.

3. Recebido o requerimento, a secretaria promove oficiosamente a notificação do recorrido e do Ministério Público, salvo se este for recorrente, para alegações no prazo de 30 dias.

4. Se o recurso tiver por objeto a reapreciação da prova gravada, ao prazo de interposição e de resposta acrescem 10 dias.

5. Findos os prazos concedidos aos recorrentes, o juiz ou relator aprecia os requerimentos apresentados e pronuncia-se sobre as nulidades arguidas e os pedidos de reforma, ordenando a subida do recurso se a tal nada obstar.

6. Do despacho do juiz ou relator que não admita o recurso pode o recorrente reclamar, segundo o disposto na lei processual civil, para o tribunal que seria competente para dele conhecer.

7. Do despacho do relator que não receba o recurso interposto de decisão da Secção de Contencioso Tributário do Supremo Tribunal Administrativo para o Pleno do mesmo Tribunal, ou o retenha, cabe reclamação para a conferência e da decisão desta não há recurso.

Artigo 283º – Prazo para interposição de recurso nos processos urgentes

Nos processos urgentes, os recursos são interpostos no prazo de 15 dias, mediante requerimento dirigido ao tribunal que proferiu a decisão, que inclui ou junta a respetiva alegação e no qual são enunciados os vícios imputados à decisão e formuladas conclusões.

Artigo 284º – Recurso para uniformização de jurisprudência

1. As partes e o Ministério Público podem dirigir ao Supremo Tribunal Administrativo, no prazo de 30 dias contado do trânsito em julgado do acórdão impugnado, pedido de admissão de recurso para uniformização de jurisprudência, quando, sobre a mesma questão fundamental de direito, exista contradição:

a) Entre um acórdão do Tribunal Central Administrativo, e outro acórdão anteriormente proferido pelo mesmo ou outro Tribunal Central Administrativo ou pelo Supremo Tribunal Administrativo;

b) Entre dois acórdãos do Supremo Tribunal Administrativo.

2. A petição de recurso é acompanhada de alegação na qual se identifiquem, de forma precisa e circunstanciada, os aspetos de identidade que determinam a contradição alegada e a infração imputada ao acórdão recorrido.

3. O recurso não é admitido se a orientação perfilhada no acórdão impugnado estiver de acordo com a jurisprudência mais recentemente consolidada do Supremo Tribunal Administrativo.

4. O recurso é julgado pelo pleno da secção e o acórdão é publicado na 1ª série do *Diário da República*.

5. A decisão de provimento emitida pelo tribunal superior não afeta qualquer decisão anterior àquela que tenha sido impugnada, nem as situações jurídicas ao seu abrigo constituídas.

6. A decisão que verifique a existência da contradição alegada anula o acórdão recorrido e substitui-o, decidindo a questão controvertida.

7. O recurso de uniformização de jurisprudência deve ser interposto pelo Ministério Público, mesmo quando não seja parte na causa, caso em que não tem qualquer influência na decisão desta, destinando-se unicamente à emissão de acórdão de uniformização sobre o conflito de jurisprudência.

Artigo 285º – Recurso de revista

1. Das decisões proferidas em segunda instância pelo Tribunal Central Administrativo pode haver, excecionalmente, revista para o Supremo Tribunal Administrativo, quando esteja em causa a apreciação de uma questão que, pela sua relevância jurídica ou social, se revista de importância fundamental ou quando a admissão do recurso seja claramente necessária para uma melhor aplicação do direito.

2. A revista só pode ter como fundamento a violação de lei substantiva ou processual.

3. Aos factos materiais fixados pelo tribunal recorrido, o tribunal de revista aplica definitivamente o regime jurídico que julgue adequado.

4. O erro na apreciação das provas e na fixação dos factos materiais da causa não pode ser objeto de revista, salvo havendo ofensa de uma disposição expressa de lei que exija certa espécie de prova para a existência do facto ou que fixe a força de determinado meio de prova.

5. Na revista de decisão de atribuição ou recusa de providência cautelar, o Supremo Tribunal Administrativo, quando não confirme a decisão recorrida, substitui-a por acórdão que decide a questão controvertida, aplicando os critérios de atribuição das providências cautelares por referência à matéria de facto fixada nas instâncias.

6. A decisão quanto à questão de saber se, no caso concreto, se preenchem os pressupostos do nº 1 compete ao Supremo Tribunal Administrativo, devendo ser objeto de apreciação preliminar sumária, a cargo de uma formação constituída por três juízes de entre os mais antigos da Secção de Contencioso Tributário.

Artigo 286º – Subida do recurso

1. Seguidamente, o processo subirá ao tribunal superior, mediante simples despacho do juiz ou, no caso do recurso, para uniformização de jurisprudência, do relator.

2. Os recursos têm efeito meramente devolutivo, salvo se for prestada garantia nos termos do presente Código ou o efeito devolutivo afetar o efeito útil dos recursos.

Artigo 287º – Distribuição do recurso

1. Recebido o processo no tribunal de recurso, proceder-se-á à sua distribuição, dentro de oito dias, por todos os juízes, salvo o presidente.

2. Quando não seja realizada por meios eletrónicos, a distribuição será feita pelo presidente ou, na sua falta, pelo vice-presidente, o juiz mais antigo ou o juiz de turno designado para o efeito.

Artigo 288º – Julgamento do recurso

1. Feita a distribuição, o processo vai com vista ao Ministério Público por 20 dias.

2. Com o parecer do Ministério Público ou decorrido o respetivo prazo, os autos são conclusos ao relator, a quem incumbe deferir todos os termos do recurso até final, nos termos prescritos no Código de Processo Civil.

3. Do despacho do relator referido no número anterior é admitida reclamação para a conferência.

Artigo 289º – Julgamento ampliado do recurso

1. O Presidente do Supremo Tribunal Administrativo ou o do Tribunal Central Administrativo podem determinar que no julgamento de um recurso intervenham todos os juízes da secção quando tal se revele necessário ou conveniente para assegurar a uniformidade da jurisprudência, sendo o quórum de dois terços.

2. O julgamento nas condições previstas no número anterior pode ser requerido pelas partes e deve ser proposto pelo relator ou pelos adjuntos, designadamente quando se verifique a possibilidade de vencimento de solução jurídica em oposição com jurisprudência anteriormente firmada no domínio da mesma legislação e sobre a mesma questão fundamental de direito.

3. Determinado o julgamento por todos os juízes da secção, nos termos previstos nos números anteriores, o relator determina a extração de cópia das peças processuais relevantes para o conhecimento do objeto do recurso, as quais são entregues a cada um dos juízes, permanecendo o processo, para consulta, na secretaria do tribunal.

4. O acórdão é publicado na 1ª ou na 2ª série do *Diário da República*, consoante seja proferido pelo Supremo Tribunal Administrativo ou pelo Tribunal Central Administrativo.

Artigo 290º

(*Revogado*).

Artigo 291º

(*Revogado*).

Artigo 292º – Elaboração da conta

A conta será elaborada no final do processo pelo tribunal que tiver julgado em 1ª instância.

Artigo 293º – Revisão da sentença

1. A decisão transitada em julgado pode ser objeto de revisão, com qualquer dos fundamentos previstos no Código de Processo Civil, no prazo de quatro anos, correndo o respetivo processo por apenso ao processo em que a decisão foi proferida.

2. (*Revogado*).

3. O requerimento da revisão é apresentado no tribunal que proferiu a decisão a rever, no prazo de 30 dias a contar dos factos referidos no número anterior, juntamente com a documentação necessária.

4. Se a revisão for requerida pelo Ministério Público, o prazo de apresentação do requerimento referido no número anterior é de três meses.

5. Salvo no que vem previsto no presente artigo, a revisão segue os termos do processo em que foi proferida a decisão revidenda.

Combate ao Planeamento Fiscal Abusivo

Decreto-Lei nº 29/2008, de 25 de Fevereiro

O presente decreto-lei, na sequência da autorização legislativa conferida pelo artigo 98º da Lei nº 53-A/2006, de 29 de Dezembro, visa concretizar uma orientação fundamental do Programa do XVII Governo Constitucional respeitante ao reforço da eficácia no combate à fraude e à evasão fiscais, designadamente mediante a adopção de medidas que estejam em linha com as melhores práticas europeias e internacionais.

Entre as medidas que têm vindo a ser desenvolvidas noutros sistemas jurídicos, designadamente nos Estados Unidos da América, no Reino Unido e no Canadá, com vista a reforçar o combate à evasão fiscal, bem como à própria fraude, destaca-se a consagração de obrigações de comunicação, informação e esclarecimento à administração fiscal sobre esquemas ou actuações de planeamento fiscal agressivo que são propostos, promovidos e comercializados por diversas entidades, genericamente apelidadas de intermediários fiscais.

Todos os sistemas fiscais modernos assentam na exigência do fornecimento de informações pelos sujeitos passivos, avultando desde logo a obrigação básica de apresentar declarações sobre os elementos fiscalmente relevantes. Verifica-se actualmente, porém, que as obrigações de prestação de informações sobre factos tributários e matérias conexas devem ultrapassar o estrito campo dos contribuintes e de certos terceiros delimitados para passarem a incidir igualmente sobre as entidades que prestam serviços de consultoria no campo fiscal, dada a sua importância crescente na definição da actuação dos sujeitos passivos de imposto.

A declaração de Seoul de Setembro de 2006, resultante de reunião de diversas administrações fiscais promovida pela OCDE, referiu-se expressamente ao desenvolvimento crescente e muito rápido de esquemas de planeamento fiscal agressivo e à ligação entre tais práticas inaceitáveis de minimização fiscal e a intervenção dos intermediários fiscais, como sejam consultores fiscais e entidades financeiras.

Os resultados provenientes do exercício da consultoria fiscal no que concerne à afectação do cumprimento pontual e exacto dos deveres fiscais assumiu já proporções absolutamente preocupantes, fruto da intensa concorrência entre as diversas entidades que prestam serviços neste domínio, com criação permanente de esquemas pré-fabricados de planeamento fiscal para oferta a clientes e demais interessados, com práticas de modelos de preços extraordinariamente lucrativos assentes na ligação entre a remuneração e o montante da vantagem fiscal proporcionada, bem como com recurso à configuração de instrumentos e produtos financeiros muito complexos e sofisticados.

Ora, o fenómeno do planeamento fiscal agressivo ou abusivo, promovido por estes intermediários fiscais, gera efeitos desfavoráveis muito significativos, pois corrói a integridade e a justiça dos sistemas fiscais, desencoraja o cumprimento por parte da generalidade dos contribuintes e aumenta injustificadamente os custos administrativos de fiscalização da máquina fiscal.

O exercício da consultoria no campo tributário tem, então, vindo a ser desenvolvido sem qualquer forma de regulação, não se encontrando muitas vezes sequer uma qualquer manifestação de preocupação com as fronteiras da actuação ilícita que podem estar a ser atravessadas ou com o princípio material fundamental da justiça na repartição efectiva dos encargos tributários. Muitos intervenientes neste sector de actividade concebem mesmo a sua missão, não como a promoção do cumprimento da lei fiscal e de erradicação do seu incumprimento, mas antes como a exploração sem limites nem peias das fragilidades da lei fiscal, mesmo que em desconformidade com o plano e o espírito legislativo.

Naturalmente, pelos proventos que assim têm obtido, estes promotores pretendem proteger ciosamente a actual e desregrada forma de desenvolver a sua actividade, bem como o *know how* entretanto adquirido, não obstante as graves repercussões económicas e sociais que para a comunidade no seu todo advêm da respectiva actuação.

Justamente, a consagração pelo presente decreto-lei em relação a esquemas ou actuações de planeamento fiscal, que possuam as características constantes dos artigos 3º e 4º, de obrigações de comunicação, informação e esclarecimento, tais como previstas nos artigos 7º, 8º e 9º, visa produzir um importante e significativo efeito de regulação das actuações com efeitos abusivos das entidades promotoras de tais esquemas (entidades essas que são objecto de caracterização pelo artigo 5º), porquanto possibilita a percepção social de que as lacunas legislativas serão preenchidas em conformidade com o programa do legislador e com o princípio da igualdade, e que as posições fiscais dúbias e abusivas dos contribuintes e demais sujeitos passivos serão devidamente expostas, prevenidas e combatidas, designadamente pelos procedimentos próprios anti-abusivos.

Trata-se, em suma, de consagrar um novo regime que assenta, fundamentalmente, na consagração de deveres de informação à administração fiscal tendo em conta que o funcionamento regular, eficaz, íntegro e justo do sistema fiscal também depende fortemente da informação que lhe seja reportada, em tempo oportuno.

De qualquer modo, em atenção à sua novidade, a disciplina instituída é muito prudente, o que se manifesta logo no facto de se dirigir unicamente ao conhecimento pela administração fiscal dos esquemas ou actuações de planeamento fiscal considerados em si mesmos e de modo abstracto (artigo 8º). Deste modo, as obrigações instituídas não se destinam a determinar a identificação dos utilizadores de esquemas ou actuações de planeamento fiscal (nº 2 do artigo 8º), o que apenas tem lugar quando o conhecimento desses esquemas ou actuações não pode ser obtido senão junto dos próprios utilizadores (artigo 10º).

A revelação dos esquemas ou actuações de planeamento fiscal prevista no presente decreto-lei possibilita, assim, melhorar a transparência e a justiça do sistema fiscal, assegurando-se ao mesmo tempo que os custos administrativos relacionados com estas obrigações não assumem significado relevante dado incidirem, fundamentalmente, apenas sobre as entidades que promovem junto de terceiros a utilização desses esquemas e que, portanto, têm deles perfeito conhecimento.

O presente decreto-lei visa, portanto, objectivos de promoção do interesse nacional em atenção ao papel fundamental que a liquidação e cobrança das receitas tributárias devidas nos termos da lei assume para o desenvolvimento económico e social.

Evidentemente, é fundamental que todos, particulares e empresas, na sua qualidade de contribuintes ou fora dela, tenham plena consciência e assumam na prática que representa um essencial dever de cidadania que cada um pague todos os impostos que são devidos nos termos da lei. Com a disciplina agora instituída dá-se igualmente mais um passo no sentido da plena radicação na comunidade nacional deste elementar princípio de justiça e solidariedade.

Foram promovidas as diligências necessárias à audição da Ordem dos Advogados, da Câmara dos Solicitadores, da Câmara dos Técnicos Oficiais de Contas, da Ordem dos Revisores Oficiais de Contas, da Associação Portuguesa de Bancos, da Associação Portuguesa de Seguradores, do Banco de Portugal, do Instituto de Seguros de Portugal e da Comissão do Mercado de Valores Mobiliários.

Foi ouvida a Comissão Nacional de Protecção de Dados.

Assim:

No uso da autorização legislativa concedida no artigo 98º da Lei nº 53-A/2006, de 29 de Dezembro, e nos termos das alíneas *a)* e *b)* do nº 1 do artigo 198º da Constituição, o Governo decreta o seguinte:

CAPÍTULO I – Objecto e âmbito

Artigo 1º – Objecto

O presente decreto-lei estabelece deveres de comunicação, informação e esclarecimento à administração tributária sobre esquemas propostos ou actuações adoptadas que tenham como finalidade, exclusiva ou predominante, a obtenção de vantagens fiscais, em ordem ao combate ao planeamento fiscal abusivo.

Artigo 2º – Âmbito de aplicação

1. O presente decreto-lei aplica-se aos esquemas ou actuações de planeamento fiscal em que estejam implicadas vantagens fiscais respeitantes, por qualquer modo, total ou parcialmente, aos impostos sobre o rendimento, sobre a despesa e sobre o património administrados pela Direcção-Geral dos Impostos.

2. Nos termos do número anterior, estão abrangidos pelo disposto no presente decreto-lei o imposto sobre o rendimento das pessoas singulares, o imposto sobre o rendimento das pessoas colectivas, o imposto sobre o valor acrescentado, o imposto municipal sobre imóveis, o imposto municipal sobre as transmissões onerosas de imóveis e o imposto do selo.

Artigo 3º – Planeamento fiscal

Para efeitos do disposto no presente decreto-lei, considera-se:

a) «Planeamento fiscal», qualquer esquema ou actuação que determine, ou se espere que determine, de modo exclusivo ou predominante, a obtenção de uma vantagem fiscal por sujeito passivo de imposto;

b) «Esquema», qualquer plano, projecto, proposta, conselho, instrução ou recomendação, exteriorizada expressa ou tacitamente, objecto ou não de concretização em acordo ou transacção;

c) «Actuação», qualquer contrato, negócio ou conjunto de negócios, promessa, compromisso, estrutura colectiva ou societária, com natureza vinculativa ou não, unilateral ou plurilateral bem como qualquer operação ou acto jurídico ou material, simples ou complexo, realizado, a realizar ou em curso de realização;

d) «Vantagem fiscal», a redução, eliminação ou diferimento temporal de imposto ou a obtenção de benefício fiscal, que não se alcançaria, no todo ou em parte, sem a utilização do esquema ou a actuação.

Artigo 4º – Esquemas ou actuações abrangidos

1. Estão sujeitos ao disposto no presente decreto-lei os esquemas ou actuações de planeamento fiscal, tal como definidos no artigo anterior, que se reconduzam a uma das situações seguintes:

a) Impliquem a participação de entidade sujeita a um regime fiscal privilegiado, considerando-se como tal a entidade cujo território de residência conste da lista aprovada por portaria do Ministro das Finanças ou quando aí não for tributada em imposto sobre o rendimento idêntico ou análogo ao IRS ou ao IRC ou ainda quando o imposto efectivamente pago seja igual ou inferior a 60% do imposto que seria devido se a referida entidade fosse considerada residente em território português;

b) Impliquem a participação de entidade total ou parcialmente isenta;

c) Envolvam operações financeiras ou sobre seguros que sejam susceptíveis de determinar a requalificação do rendimento ou a alteração do beneficiário, designadamente locação financeira, instrumentos financeiros híbridos, derivados ou contratos sobre instrumentos financeiros;

d) Impliquem a utilização de prejuízos fiscais.

2. Independentemente da correspondência com uma das situações referidas no número anterior, estão sempre sujeitos ao disposto no presente decreto-lei os esquemas de planeamento fiscal, tal como definidos no artigo anterior, que sejam propostos com cláusula de exclusão ou de limitação da responsabilidade em benefício do respectivo promotor.

Artigo 5º – Promotor

1. Para efeitos do presente decreto-lei, considera-se promotor qualquer entidade com ou sem personalidade jurídica, residente ou estabelecida em qualquer circunscrição do território nacional, que, no exercício da sua actividade económica, preste, a qualquer título, com ou sem remuneração, serviços de apoio, assessoria, aconselhamento, consultoria ou análogos no domínio tributário, relativos à determinação da situação tributária ou ao cumprimento de obrigações tributárias de clientes ou de terceiros.

2. Nos termos do número anterior, consideram-se promotores, designadamente:

a) As instituições de crédito e demais instituições financeiras;

b) Os revisores oficiais de contas e as sociedades de revisores oficiais de contas;

c) Os advogados, as sociedades de advogados, os solicitadores e as sociedades de solicitadores;

d) Os técnicos oficiais de contas e outras entidades que prestem serviços de contabilidade.

3. Um promotor, tal como definido no nº 1, fica vinculado às obrigações previstas no presente decreto-lei em relação a um esquema ou actuação de planeamento fiscal quando, por qualquer forma e em qualquer medida, tenha participado ou colaborado na respectiva concepção ou proposta ou acompanhado a sua preparação, adopção ou implementação.

Artigo 6º – Delimitação

1. Não envolve actuação como promotor, não se aplicando as obrigações previstas no presente decreto-lei, o aconselhamento sobre esquema ou actuação de planeamento fiscal por advogado ou solicitador ou por sociedade de advogados ou de solicitadores no contexto da avaliação da situação jurídica do cliente, no âmbito da consulta jurídica, no exercício da sua missão de defesa ou representação do cliente num processo judicial, ou a respeito de um processo judicial, incluindo o aconselhamento relativo à maneira de propor ou evitar um processo, quer as informações sejam obtidas antes, durante ou depois do processo, bem como no âmbito dos demais actos próprios dos advogados e solicitadores, tal como definidos na Lei nº 49/2004, de 24 de Agosto.

2. Não envolve, igualmente, actuação como promotor as recomendações sobre esquema ou actuação de planeamento fiscal feitas por revisor oficial de contas ou sociedade de revisores oficiais de contas no âmbito e para os efeitos das respectivas funções de interesse público de revisão legal das contas.

CAPÍTULO II – Deveres

Artigo 7º – Comunicação

1. Qualquer entidade que constitua um promotor, tal como definido no artigo 5º, deve comunicar ao director-geral dos Impostos os esquemas ou actuações de planeamento fiscal propostos a clientes ou outros interessados.

2. A comunicação deve ter lugar nos 20 dias subsequentes ao termo do mês em que o esquema ou actuação de planeamento fiscal tenha sido proposto pela primeira vez.

3. Sempre que o esquema ou actuação de planeamento fiscal tenha sido proposto por outra entidade, o promotor que participe ou colabore na respectiva implementação deve comunicar o esquema ou actuação ao director-geral dos Impostos nos vinte dias subsequentes ao termo do mês em que o esquema ou actuação tenha passado a ser acompanhado pelo promotor, excepto quando o proponente lhe comprove já ter efectuado a comunicação prevista no presente artigo.

Artigo 8º – Informações

1. As informações a comunicar nos termos do artigo antecedente compreendem os seguintes elementos:

a) Descrição pormenorizada do esquema ou da actuação de planeamento fiscal, incluindo designadamente a indicação e caracterização dos tipos negociais, das estruturas societárias e das operações ou transacções propostas ou utilizadas, bem como da espécie e configuração da vantagem fiscal pretendida;

b) Indicação da base legal relativamente à qual se afere, se repercute ou respeita a vantagem fiscal pretendida;

c) Nome ou denominação, endereço e número de identificação fiscal do promotor.

2. Não está compreendido no dever de comunicação previsto pelo presente decreto-lei a cargo dos promotores qualquer indicação nominativa ou identificativa dos clientes ou interessados relativamente aos quais tenha sido proposto o esquema de planeamento fiscal ou que o tenham adoptado.

Artigo 9º – Dever de esclarecimento

1. O director-geral dos Impostos pode solicitar aos promotores, apenas relativamente à informação referida na alínea *a*) do nº 1 do artigo 8º, os esclarecimentos sobre quaisquer aspectos ou elementos da descrição efectuada do esquema ou da actuação de planeamento fiscal, bem como a indicação do número de vezes em que foi proposto ou adoptado e do número de clientes abrangidos.

2. Os esclarecimentos são prestados no prazo de 30 dias após notificação para o efeito, aplicando-se o disposto no artigo 38º do Código de Procedimento e de Processo Tributário.

Artigo 10º – Utilizadores

1. Sempre que o esquema ou actuação de planeamento fiscal não tenha sido objecto de proposta ou acompanhamento por um promotor, ou o promotor não seja residente ou não esteja estabelecido em território português, compete ao próprio utilizador proceder à sua comunicação ao director-geral dos Impostos, o que deve ser realizado até ao fim do mês seguinte ao da respectiva adopção.

2. No caso do número anterior, para além do nome ou denominação, endereço e número de identificação fiscal do utilizador, são objecto de comunicação as informações referidas nas alíneas *a*) e *b*) do nº 1 do artigo 8º

3. Só estão abrangidos pelas obrigações previstas no presente artigo os seguintes utilizadores:

a) Pessoas colectivas ou entidades sem personalidade jurídica;

b) Pessoas singulares quando esteja em causa um dos esquemas incluídos nas alíneas *a*) ou *b*) do nº 1 do artigo 4º

Artigo 11º – Cessação do dever de segredo

O dever de sigilo a que estejam legal ou contratualmente sujeitas as entidades abrangidas por este decreto-lei não as desobriga do cumprimento das obrigações nele previstas.

Artigo 12º – Exclusão de responsabilidade

As informações prestadas no cumprimento dos deveres previstos neste decreto-lei não constituem violação de qualquer dever de confidencialidade, nem implicam para quem as preste responsabilidade de qualquer tipo.

CAPÍTULO III – Gestão

Artigo 13º – Competência

1. Compete ao director-geral dos Impostos receber e tratar todas as comunicações relativas a esquemas ou actuações de planeamento fiscal efectuadas ao abrigo do presente decreto-lei.

2. O director-geral dos Impostos determina o estudo, concepção e proposta de medidas legislativas e regulamentares sempre que o julgue necessário em face do tipo, natureza, relevo e utilização do esquema de planeamento fiscal.

3. O director-geral determina a inclusão na proposta de plano nacional de actividades da inspecção tributária de acções de inspecção dirigidas aos esquemas de planeamento fiscal que apresentem maior utilização ou relevância, podendo ainda decidir, em atenção às características desses esquemas, a realização de acções específicas de inspecção tributária.

Artigo 14º – Base de dados

É organizada, sob a responsabilidade do director-geral dos Impostos, uma base nacional de dados de esquemas de planeamento fiscal por imposto, a qual será disponibilizada aos serviços competentes para efeito do exercício da acção de inspecção tributária.

Artigo 15º – Divulgação

O director-geral dos Impostos, para efeitos de prevenção da fraude e evasão fiscais, procede à divulgação pública, através da página electrónica desta instituição na Internet, do entendimento da Direcção-Geral dos Impostos de que certo esquema ou actuação de planeamento fiscal, descrito em termos gerais e abstractos, é reputado abusivo e pode ser requalificado, objecto de correcções ou determinar a instauração de procedimento legalmente previsto de aplicação de disposições anti-abuso.

Artigo 16º – Confidencialidade

Sem prejuízo do estabelecido no artigo anterior, os elementos comunicados ao abrigo do presente decreto-lei estão sujeitos ao dever de sigilo fiscal, aplicando-se o disposto no artigo 64º da lei geral tributária.

CAPÍTULO IV – Ilícitos de mera ordenação social

Artigo 17º – Ilícitos em especial

1. É punível com coima de € 5000 a € 100 000 ou de € 1000 a € 50 000, consoante seja aplicada a ente colectivo ou a pessoa singular, a falta de comunicação ou a comunicação fora do prazo legal exigida nos artigos 7º e 8º

2. São puníveis com coima de € 1000 a € 50 000 ou de € 500 a € 25 000, consoante seja aplicada a ente colectivo ou a pessoa singular, a não prestação ou a prestação fora do prazo legal dos esclarecimentos a que se refere o artigo 9º

3. São puníveis com coima de € 500 a € 80 000 ou de € 250 a € 40 000, consoante seja aplicada a ente colectivo ou a pessoa singular, a falta de comunicação ou a comunicação fora do prazo legal, bem como omissões ou inexactidões relativas às informações exigidas, devidas pelos utilizadores nos termos do artigo 10º

4. A negligência é punível.

Artigo 18º – Cumprimento do dever omitido

Sempre que a infracção resulte da omissão de um dever, o pagamento da coima ou o cumprimento da sanção acessória não dispensam o infractor do cumprimento do dever, se este ainda for possível.

Artigo 19º – Competência para o processo

A competência para a instauração, instrução e decisão dos processos de contra-ordenação previstos no presente decreto-lei pertence ao director de finanças da área do domicílio fiscal do promotor ou do utilizador.

Artigo 20º – Regime aplicável às infracções ao presente decreto-lei

Às infracções previstas no presente decreto-lei é aplicável o regime geral das infracções tributárias, aprovado pela Lei nº 15/2001, de 5 de Junho, podendo haver lugar a sanções acessórias de acordo com o previsto no artigo 28º do mesmo diploma.

CAPÍTULO V – Disposições finais

Artigo 21º – Esquemas em curso de realização

1. Os promotores que prestem apoio, assessoria ou aconselhamento no âmbito fiscal quanto à implementação de esquemas de planeamento fiscal em curso de realização à data da entrada em vigor deste decreto-lei, ficam sujeitos às obrigações previstas nos artigo 7º e 8º

2. O cumprimento do disposto no número anterior é efectuado no prazo de dois meses a contar da data da entrada em vigor da portaria referida no artigo 22º

Artigo 22º – Declarações

São aprovados por portaria do Ministro das Finanças os modelos de declarações para o cumprimento dos deveres de comunicação previstos no presente decreto-lei, a qual define ainda as especificações dos modelos e os procedimentos para a respectiva entrega.

Artigo 23º – Revisão

O presente decreto-lei é revisto no prazo de três anos a contar da data da sua entrada em vigor, devendo ser recolhidos os elementos úteis resultantes da sua aplicação para introdução das alterações que se mostrem necessárias.

Artigo 24º – Entrada em vigor

O presente decreto-lei entra em vigor no dia 15 de Maio de 2008.

Visto e aprovado em Conselho de Ministros de 27 de Dezembro de 2007. – *José Sócrates Carvalho Pinto de Sousa – Fernando Teixeira dos Santos – Alberto Bernardes Costa.*

Promulgado em 12 de Fevereiro de 2008.

Publique-se.

O Presidente da República, ANÍBAL CAVACO SILVA.

Referendado em 13 de Fevereiro de 2008.

O Primeiro-Ministro, *José Sócrates Carvalho Pinto de Sousa.*

Regimes de Tributação Privilegiada

Portaria nº 150/2004, de 13 de Fevereiro

A luta contra a evasão e fraude internacionais passa também pela adopção de medidas defensivas, tradicionalmente designadas por medidas antiabuso, traduzidas em práticas restritivas no âmbito dos impostos sobre o rendimento e sobre o património, benefícios fiscais e imposto do selo, que têm como alvo operações realizadas com entidades localizadas em países, territórios ou regiões qualificados como «paraísos fiscais» ou sujeitos a regimes de tributação privilegiada.

Tendo em conta as dificuldades em definir «paraíso fiscal» ou «regime fiscal claramente mais favorável», o legislador nacional, na esteira das orientações seguidas por outros ordenamentos jurídico-fiscais, optou, nuns casos, por razões de segurança jurídica, pelo sistema de enumeração casuística e, noutros, por um sistema misto, estando, no entanto, ciente de que tais soluções obrigam a revisões periódicas dos países, territórios ou regiões que figuram na lista.

Assim:

Manda o Governo, pelo Secretário de Estado dos Assuntos Fiscais, nos termos do nº 2 do artigo 3º do Decreto-Lei nº 88/94, de 2 de Abril, o seguinte:

Para todos os efeitos previstos na lei, designadamente no nº 3 do artigo 16º do Código do IRS, no nº 2 do artigo 59º e no nº 3 e na alínea *c*) do nº 7 do artigo 60º do Código do IRC, na alínea *b*) do artigo 26º, no nº 7 do artigo 41º e no nº 8 do artigo 42º do EBF, no nº 3 do artigo 7º do Código do Imposto do Selo, no artigo 3º do Decreto-Lei nº 88/94, de 2 de Abril, no nº 4 do artigo 2º e no nº 3 do artigo 4º do Decreto-Lei nº 219/2001, de 4 de Agosto, no nº 7 do artigo 9º e no nº 3 do artigo 112º do Código do Imposto Municipal sobre Imóveis (CIMI) e no nº 4 do artigo 17º do Código do Imposto Municipal sobre as Transmissões Onerosas de Imóveis (CIMT), a lista dos países, territórios e regiões com regimes de tributação privilegiada, claramente mais favoráveis, é a seguinte:

1) Andorra;

2) Anguilha;
3) Antígua e Barbuda;
4) Antilhas Holandesas;
5) Aruba;
6) Ascensão;
7) Bahamas;
8) Bahrain;
9) Barbados;
10) Belize;
11) Ilhas Bermudas;
12) Bolívia;
13) Brunei;
14) Ilhas do Canal (Alderney, Guernesey, Great Stark, Herm, Little Sark, Brechou, Jethou e Lihou);
15) Ilhas Cayman;
16) Ilhas Cocos o Keeling;
17) (*Revogado.*)
18) Ilhas Cook;
19) Costa Rica;
20) Djibouti;
21) Dominica;
22) Emiratos Árabes Unidos;
23) Ilhas Falkland ou Malvinas;
24) Ilhas Fiji;
25) Gâmbia;
26) Grenada;
27) Gibraltar;
28) Ilha de Guam;
29) Guiana;
30) Honduras;
31) Hong Kong;
32) Jamaica;
33) Jordânia;
34) Ilhas de Queshm;
35) Ilha de Kiribati;
36) Koweit;
37) Labuán;
38) Líbano;
39) Libéria;
40) Liechtenstein;
41) (*Revogado.*)
42) Ilhas Maldivas;
43) (*Revogado.*)

44) Ilhas Marianas do Norte;
45) Ilhas Marshall;
46) Maurícias;
47) Mónaco;
48) Monserrate;
49) Nauru;
50) Ilhas Natal;
51) Ilha de Niue;
52) Ilha Norfolk;
53) Sultanato de Oman;
54) Ilhas do Pacífico não compreendidas nos restantes números;
55) Ilhas Palau;
56) Panamá;
57) Ilha de Pitcairn;
58) Polinésia Francesa;
59) Porto Rico;
60) Quatar;
61) Ilhas Salomão;
62) Samoa Americana;
63) Samoa Ocidental;
64) Ilha de Santa Helena;
65) Santa Lúcia;
66) São Cristóvão e Nevis;
67) São Marino;
68) Ilha de São Pedro e Miguelon;
69) São Vicente e Grenadinas;
70) Seychelles;
71) Suazilândia;
72) Ilhas Svalbard (arquipélago Spitsbergen e ilha Bjornoya);
73) Ilha de Tokelau;
74) Tonga;
75) Trinidad e Tobago;
76) Ilha Tristão da Cunha;
77) Ilhas Turks e Caicos;
78) Ilha Tuvalu;
79) (*Revogado.*)
80) República de Vanuatu;
81) Ilhas Virgens Britânicas;
82) Ilhas Virgens dos Estados Unidos da América;
83) República Árabe do Yémen

(Redação dada pela Portaria nº 345-A/2016, de 30-12)

O Secretário de Estado dos Assuntos Fiscais, *Vasco Jorge Valdez Ferreira Matias*, em 21 de Janeiro de 2004.

Regime Complementar do Procedimento de Inspeção Tributária e Aduaneira

Decreto-Lei nº 413/98, de 31 de Dezembro

É reconhecido o carácter fundamental do procedimento da inspecção tributária para a evolução e reforma do sistema fiscal português, nomeadamente no que respeita à luta contra a fraude fiscal com a consequente correcção das injustiças fiscais.

Actualmente a inspecção tributária, se bem que dotada de uma nova filosofia de acção e de algumas prerrogativas de actuação, vê a sua actividade dispersa por um conjunto de diplomas legislativos, o que não facilita a organização concreta das acções, o seu decurso e as suas conclusões. Por outro lado, na perspectiva dos sujeitos passivos, a dispersão dificulta a compreensão do procedimento e o conhecimento das suas garantias.

Naturalmente que, tendo em conta a natureza da actividade inspectiva, a Administração não poderá estar subordinada a uma sucessão imperativa e rígida de actos. Porém, esta circunstância não prejudica a consagração de regras gerais de actuação visando essencialmente a organização do sistema e, consequentemente, a garantia da proporcionalidade aos fins a atingir, da segurança dos sujeitos passivos e demais obrigados tributários e a própria participação destes na formação das decisões, evitando a proliferação de litígios inúteis.

No respeito por estes princípios, a Lei Geral Tributária acolheu uma concepção da inspecção tributária harmónica com o moderno procedimento administrativo e as garantias dos cidadãos.

Assim, a natureza do presente diploma é essencialmente regulamentadora, não se pretendendo alterar os actuais poderes e faculdades da inspecção tributária nem os deveres dos sujeitos passivos e demais obrigados tributários que se mantêm integralmente em vigor.

No entanto, a melhor sistematização da acção fiscalizadora incrementará a sua eficiência e eficácia, bem como a segurança do procedimento de inspecção, tendo sido diminuída a margem de discricionariedade.

Nos termos da alínea *a)* do nº 1 do artigo 198º e do nº 5 do artigo 112º da Constituição, o Governo decreta o seguinte:

Artigo 1º – Regime Complementar do Procedimento de Inspeção Tributária e Aduaneira

É aprovado o Regime Complementar do Procedimento de Inspeção Tributária e Aduaneira, em anexo ao presente diploma, do qual faz parte integrante.

(Redação dada pela Lei nº 75-A/2014, de 30-09)

Artigo 2º – Serviços regionais

(Revogado pela Lei nº 75-A/2014, de 30-09)

Artigo 3º – Aplicação à DGAIEC

(Revogado pela Lei nº 75-A/2014, de 30-09)

Artigo 4º – Entrada em vigor

O presente decreto-lei entra em vigor em 1 de Janeiro de 1999.

Visto e aprovado em Conselho de Ministros de 13 de Novembro de 1998. – *António Manuel de Oliveira Guterres – António Luciano Pacheco de Sousa Franco – Jorge Paulo Sacadura Almeida Coelho – João Cardona Gomes Cravinho – José Eduardo Vera Cruz Jardim.*

Promulgado em 14 de Dezembro de 1998.

Publique-se.

O Presidente da República, JORGE SAMPAIO.

Referendado em 16 de Dezembro de 1998.

O Primeiro-Ministro, *António Manuel de Oliveira Guterres.*

Regime Complementar do Procedimento de Inspeção Tributária e Aduaneira*

PARTE I – PROCEDIMENTO DE INSPECÇÃO TRIBUTÁRIA

TÍTULO I – Princípios e disposições gerais

CAPÍTULO I – Objecto e âmbito

Artigo 1º – Objecto

O presente diploma regula o procedimento de inspeção tributária e aduaneira, adiante designado por procedimento de inspeção tributária ou procedimento de inspeção, definindo, sem prejuízo de legislação especial, os princípios e as regras aplicáveis aos atos de inspeção.

(Redação dada pela Lei nº 75-A/2014, de 30-09)

Artigo 2º – Âmbito

1. O procedimento de inspecção tributária visa a observação das realidades tributárias, a verificação do cumprimento das obrigações tributárias e a prevenção das infracções tributárias.

2. Para efeitos do número anterior, a inspecção tributária compreende as seguintes actuações da administração tributária:

a) A confirmação dos elementos declarados pelos sujeitos passivos e demais obrigados tributários;

b) A indagação de factos tributários não declarados pelos sujeitos passivos e demais obrigados tributários;

c) A inventariação e avaliação de bens, móveis ou imóveis, para fins de controlo do cumprimento das obrigações tributárias;

* Texto de acordo com a republicação da Lei nº 50/2005, de 30 de Agosto.

d) A prestação de informações oficiais, em matéria de facto, nos processos de reclamação e impugnação judicial dos actos tributários ou de recurso contencioso de actos administrativos em questões tributárias;

e) O esclarecimento e a orientação dos sujeitos passivos e demais obrigados tributários sobre o cumprimento dos seus deveres perante a administração tributária;

f) A realização de estudos individuais, sectoriais ou territoriais sobre o comportamento dos sujeitos passivos e demais obrigados tributários e a evolução dos sectores económicos em que se insere a sua actividade;

g) A realização de perícias ou exames técnicos de qualquer natureza tendo em conta os fins referidos no nº 1;

h) A informação sobre os pressupostos de facto dos benefícios fiscais que dependam de concessão ou reconhecimento da administração tributária ou de direitos que o sujeito passivo, outros obrigados tributários e demais interessados invoquem perante aquela;

i) A promoção, nos termos da lei, do sancionamento das infracções tributárias;

j) A cooperação, nos termos das convenções internacionais ou regulamentos comunitários, no âmbito da prevenção e repressão da evasão e fraude;

l) Quaisquer outras acções de averiguação ou investigação de que a administração tributária seja legalmente incumbida.

3. O procedimento de inspecção pode abranger, em simultâneo com os sujeitos passivos e demais obrigados tributários cuja situação tributária se pretenda averiguar, os substitutos e responsáveis solidários ou subsidiários, as sociedades dominadas e integradas no regime especial de tributação dos grupos de sociedades, os sócios das sociedades transparentes ou quaisquer outras pessoas que tenham colaborado nas infracções fiscais a investigar.

4. No caso previsto no número anterior as entidades gozam dos mesmos direitos e estão sujeitas aos mesmos deveres dos sujeitos passivos e demais obrigados tributários.

5. Para efeitos do presente diploma, consideram-se obrigações tributárias as relacionadas com os tributos, compreendendo os impostos, os direitos aduaneiros, os impostos especiais e outras espécies tributárias criadas por lei, designadamente taxas e demais contribuições financeiras a favor de entidades públicas, cuja inspeção esteja cometida à Autoridade Tributária e Aduaneira.

6. Não se compreende no procedimento de inspeção tributária a mera confirmação de dados constantes de declaração entregue:

a) Que apenas apresente erros formais, de natureza aritmética ou exija a mera clarificação ou justificação de elementos declarados;

b) Cujos dados não coincidam com os constantes de outras declarações do sujeito passivo ou de um terceiro em poder da administração tributária, não relacionados com o exercício de uma atividade económica.

(Redação dada pela Lei nº 75-A/2014, de 30-09)

Artigo 3º – Contratação de outras entidades

A inspecção tributária pode, para a realização de estudos ou monografias, exames ou perícias de qualquer natureza, contratar, nos termos da lei, o serviço de quaisquer outras entidades e celebrar protocolos no âmbito das competências de inspecção que lhe estão atribuídas.

Artigo 4º – Direito subsidiário

Aos casos omissos no presente diploma aplicam-se, de acordo com a natureza das matérias:

a) A lei geral tributária;

b) O Código de Procedimento e de Processo Tributário;

c) Os demais códigos e leis tributárias, incluindo os regimes gerais das infracções tributárias e dos benefícios fiscais;

d) A Lei Orgânica da Autoridade Tributária e Aduaneira e respetivos diplomas regulamentares;

e) O Código do Procedimento Administrativo.

(Redação dada pela Lei nº 75-A/2014, de 30-09)

CAPÍTULO II – Princípios do procedimento de inspecção tributária

Artigo 5º – Princípios

O procedimento de inspecção tributária obedece aos princípios da verdade material, da proporcionalidade, do contraditório e da cooperação.

Artigo 6º – Princípio da verdade material

O procedimento de inspecção visa a descoberta da verdade material, devendo a administração tributária adoptar oficiosamente as iniciativas adequadas a esse objectivo.

Artigo 7º – Princípio da proporcionalidade

As acções integradas no procedimento de inspecção tributária devem ser adequadas e proporcionais aos objectivos de inspecção tributária.

Artigo 8º – Princípio do contraditório

1. O procedimento de inspecção tributária segue, nos termos do presente diploma, o princípio do contraditório.

2. O princípio do contraditório não pode pôr em causa os objectivos das acções de inspecção tributária nem afectar o rigor, operacionalidade e eficácia que se lhes exigem.

Artigo 9º – Princípio da cooperação

1. A inspecção tributária e os sujeitos passivos ou demais obrigados tributários estão sujeitos a um dever mútuo de cooperação.

2. Em especial, estão sujeitos a um dever de cooperação com a inspecção tributária os serviços, estabelecimentos e organismos, ainda que personalizados, do Estado, das Regiões Autónomas e das autarquias locais, as associações públicas, as empresas públicas ou de capital exclusivamente público, as instituições particulares de solidariedade social e as pessoas colectivas de utilidade pública.

Artigo 10º – Falta de cooperação

A falta de cooperação dos sujeitos passivos e demais obrigados tributários no procedimento de inspecção pode, quando ilegítima, constituir fundamento de aplicação de métodos indirectos de tributação, nos termos da lei.

Artigo 11º – Impugnabilidade dos actos

O procedimento de inspecção tributária tem um carácter meramente preparatório ou acessório dos actos tributários ou em matéria tributária, sem prejuízo do direito de impugnação das medidas cautelares adoptadas ou de quaisquer outros actos, nos termos da lei.

CAPÍTULO III – Classificações do procedimento de inspecção tributária

Artigo 12º – Fins do procedimento

1. O procedimento de inspecção classifica-se, quanto aos fins, em:

a) Procedimento de comprovação e verificação, visando a confirmação do cumprimento das obrigações dos sujeitos passivos e demais obrigados tributários;

b) Procedimento de informação, visando o cumprimento dos deveres legais de informação ou de parecer dos quais a inspecção tributária seja legalmente incumbida.

2. Sempre que os fins de prevenção tributária ou a assistência no cumprimento das obrigações acessórias ou de pagamento dos sujeitos passivos e demais obrigados tributários o justifiquem, deve ser assegurado o seu acompanhamento permanente de acordo com os critérios gerais definidos pela inspecção tributária.

3. O disposto nos números anteriores compreende, relativamente aos grandes contribuintes, a decisão antecipada, sobre a qualificação jurídico tributária de operações realizadas com contingência fiscal, decorrente de incerteza quanto ao seu enquadramento, para o cumprimento das obrigações declarativas e que respeitem a:

a) Operações a que possa ser aplicável qualquer norma antiabuso;

b) Operações que envolvam entidades não residentes em território português;

c) Quaisquer outras operações em que, para a sua qualificação, se revele necessária a apreciação de matéria de facto.

4. A qualificação referida no número anterior depende de pedido efetuado com uma antecedência mínima de 90 dias relativamente ao termo do prazo para o cumprimento das obrigações declarativas.

(Redação dada pelo Decreto-Lei nº 6/2013, de 17-01)

Artigo 13º – Lugar do procedimento de inspecção

Quanto ao lugar da realização, o procedimento pode classificar-se em:

a) Interno, quando os atos de inspeção se efetuem exclusivamente nos serviços da administração tributária através da análise formal e de coerência dos documentos por esta detidos ou obtidos no âmbito do referido procedimento;

b) Externo, quando os actos de inspecção se efectuem, total ou parcialmente, em instalações ou dependências dos sujeitos passivos ou demais obrigados tributários, de terceiros com quem mantenham relações económicas ou em qualquer outro local a que a administração tenha acesso.

(Redação dada pelo Decreto-Lei nº 36/2016, de 01-07)

Artigo 14º – Âmbito e extensão

1. Quanto ao âmbito, o procedimento de inspecção pode ser:

a) Geral ou polivalente, quando tiver por objecto a situação tributária global ou conjunto dos deveres tributários dos sujeitos passivos ou dos demais obrigados tributários;

b) Parcial ou univalente, quando abranja apenas algum ou alguns tributos ou algum ou alguns deveres dos sujeitos passivos ou dos demais obrigados tributários.

2. Considera-se ainda procedimento parcial o que se limite à consulta, recolha de documentos ou elementos determinados e à verificação de sistemas informáticos dos sujeitos passivos e demais obrigados tributários, ou ao controlo de bens em circulação.

3. Quanto à extensão, o procedimento pode englobar um ou mais períodos de tributação.

Artigo 15º – Alteração dos fins, âmbito e extensão do procedimento

1. Os fins, o âmbito e a extensão do procedimento de inspecção podem ser alterados durante a sua execução mediante despacho fundamentado da entidade que o tiver ordenado, devendo ser notificado à entidade inspeccionada.

2. O âmbito e extensão do procedimento de inspecção pode ser determinado a solicitação dos sujeitos passivos ou demais obrigados tributários, nos termos do Decreto-Lei nº 6/99, de 8 de Janeiro.

TÍTULO II – Competência e garantias de imparcialidade

CAPÍTULO I – Competência

Artigo 16º – Competência material e territorial

1. São competentes para a prática dos atos de inspeção tributária, nos termos da lei, os seguintes serviços da Autoridade Tributária e Aduaneira:

a) A Unidade dos Grandes Contribuintes, relativamente aos sujeitos passivos que de acordo com os critérios definidos sejam considerados como grandes contribuintes;

b) As direções de serviços de inspeção tributária que nos termos da orgânica da Autoridade Tributária e Aduaneira integram a área operativa da inspeção tributária, relativamente aos sujeitos passivos e demais obrigados tributários que sejam selecionados no âmbito das suas competências ou designados pelo diretor-geral da Autoridade Tributária e Aduaneira;

c) As unidades orgânicas desconcentradas, relativamente aos sujeitos passivos e demais obrigados tributários com domicílio ou sede fiscal na sua área territorial.

2. *(Revogado.)*

(Redação dada pela Lei nº 75-A/2014, de 30-09)

Artigo 17º – Extensão da competência

Os actos de inspecção podem estender-se a áreas territoriais diversas das previstas no artigo anterior ou ser efectuados por outro serviço, mediante decisão fundamentada da entidade que os tiver ordenado.

(Redação dada pela Lei nº 53-A/2006, de 29-12)

Artigo 18º – Uniformidade procedimental

1. Aos serviços centrais da inspeção tributária, com competências na área de planeamento e coordenação, cabe, por meio das ações adequadas, garantir o cumprimento dos objetivos definidos para a inspeção tributária, a necessária uniformidade procedimental da inspeção e a correção das deficiências reveladas.

2. Para o desenvolvimento uniforme dos atos de inspeção, podem ser aprovados, pelo diretor-geral da Autoridade Tributária e Aduaneira, manuais de procedimentos gerais ou setoriais.

(Redação dada pela Lei nº 75-A/2014, de 30-09)

Artigo 19º – Funções no âmbito do procedimento de inspecção

1. Exercem funções no âmbito do procedimento de inspecção tributária:

a) O pessoal técnico da área da inspeção tributária e aduaneira, bem como outros funcionários das carreiras de administração tributária, quando designados pelo dirigente do serviço;

b) Os funcionários de outras categorias técnicas da Autoridade Tributária e Aduaneira, designadamente especialistas em auditoria informática e engenheiros, quando prestem apoio especializado à atividade de inspeção tributária;

c) Outros funcionários designados pelo diretor-geral da Autoridade Tributária e Aduaneira, para realizarem ou participarem em ações de inspeção tributária.

2. Podem participar no procedimento de inspeção tributária, no âmbito de mecanismos de assistência mútua e cooperação administrativa intracomunitária, funcionários pertencentes a administrações fiscais ou aduaneiras estrangeiras que tenham sido autorizados pelo diretor-geral da Autoridade Tributária e Aduaneira.

(Redação dada pela Lei nº 42/2016, de 28-12)

CAPÍTULO II – Garantias de imparcialidade

Artigo 20º – Incompatibilidades específicas

1. Os funcionários da inspeção tributária, além das incompatibilidades aplicáveis aos funcionários da Autoridade Tributária e Aduaneira em geral, estão sujeitos às seguintes incompatibilidades específicas:

a) Realizar ou participar nos procedimentos de inspecção que visem a confirmação ou averiguação da situação tributária do seu cônjuge, parente ou afim em linha recta ou colateral até ao 3º grau, ou de qualquer pessoa com quem vivam ou tenham vivido em economia comum;

b) Realizar ou participar em procedimentos de inspecção que visem a confirmação ou averiguação da situação tributária de quaisquer entidades em quem as pessoas mencionadas na alínea anterior possuam participação social ou desempenhem funções como técnicos oficiais de contas ou responsáveis pela escrita, revisores oficiais de contas, gerentes, directores ou administradores;

c) Realizar ou participar em procedimentos de inspecção que visem a confirmação ou averiguação da situação tributária de sociedades em que detenham participação no capital social;

d) Realizar ou participar em procedimentos de inspecção que visem a confirmação ou averiguação da situação tributária de entidades a quem tenham prestado serviços nos cinco anos anteriores ao do início da acção de inspecção;

e) Realizar ou participar em procedimentos de inspecção que visem a confirmação ou averiguação da situação tributária de entidades que contra si tenham intentado acção judicial antes do início da inspecção;

f) Realizar ou participar em acções de inspecção visando a prestação de informações em matéria de facto em processos de reclamação, impugnação ou recurso de quaisquer actos da administração tributária em que tenham tido intervenção.

2. O funcionário deve comunicar o impedimento ao seu superior hierárquico no prazo de três dias úteis após a nomeação para o procedimento de inspecção.

(Redação dada pela Lei nº 75-A/2014, de 30-09)

Artigo 21º – Deveres acessórios

No decurso do procedimento de inspecção tributária devem os funcionários actuar com especial prudência, cortesia, serenidade e discrição.

Artigo 22º – Dever de sigilo

1. O procedimento da inspecção tributária é sigiloso, devendo os funcionários que nele intervenham guardar rigoroso sigilo sobre os factos relativos à situação tributária do sujeito passivo ou de quaisquer entidades e outros elementos de natureza pessoal ou confidencial de que tenham conhecimento no exercício ou por causa das suas funções.

2. O disposto no número anterior não prejudica os deveres legais de comunicação a outras entidades públicas dos factos apurados na inspecção tributária.

3. O dever especial de sigilo previsto no presente artigo não cessa com o termo das funções e transmite-se às entidades que tenham acesso, nos termos do número anterior, aos dados obtidos pela inspecção tributária.

TÍTULO III – Planeamento e selecção

CAPÍTULO I – Planeamento

Artigo 23º – Plano Nacional de Atividades da Inspeção Tributária e Aduaneira

1. Sem prejuízo da possibilidade de realização de outras ações de inspeção, a atuação da inspeção tributária obedece ao Plano Nacional de Atividades da Inspeção Tributária e Aduaneira (PNAITA).

2. A proposta do PNAITA é elaborada anualmente pela Direção de Serviços de Planeamento e Coordenação da Inspeção Tributária (DSPCIT), com participação das unidades orgânicas da inspeção tributária.

3. O PNAITA é aprovado pelo membro do Governo responsável pela área das finanças, sob proposta do diretor-geral da Autoridade Tributária e Aduaneira.

4. O PNAITA define os programas, critérios e ações a desenvolver que servem de base à seleção dos sujeitos passivos e demais obrigados tributários a inspecionar, fixando os objetivos a atingir por unidades orgânicas dos serviços centrais e dos serviços desconcentrados.

5. Sem prejuízo do disposto no número anterior, o PNAITA deve prever a afetação de uma parte dos recursos da inspeção tributária a ações de inspeção nele não expressamente previstas.

6. O PNAITA pode ser revisto durante a sua execução por proposta fundamentada da DSPCIT.

(Redação dada pela Lei nº 75-A/2014, de 30-09)

Artigo 24º – Relatório anual

1. O cumprimento do PNAITA é avaliado no relatório anual sobre a atividade da inspeção tributária.

2. O relatório fará menção, além dos meios utilizados e dos resultados obtidos, das dificuldades e limitações postas à actividade da inspecção tributária.

(Redação dada pela Lei nº 75-A/2014, de 30-09)

Artigo 25º – Planos regionais

Os serviços desconcentrados de âmbito regional, com base no PNAITA, devem elaborar planos regionais de atividade que servem de base à atuação dos funcionários e equipas de inspeção nas respetivas áreas territoriais.

(Redação dada pela Lei nº 75-A/2014, de 30-09)

Artigo 26º – Divulgação de critérios

Sem prejuízo do carácter reservado do PNAITA, a Autoridade Tributária e Aduaneira deve divulgar os critérios genéricos nele definidos para a seleção dos sujeitos passivos e demais obrigados tributários a inspecionar.

(Redação dada pela Lei nº 75-A/2014, de 30-09)

CAPÍTULO II – Selecção

Artigo 27º – Selecção

1. A identificação dos sujeitos passivos e demais obrigados tributários a inspeccionar no procedimento de inspecção tem por base:

a) A aplicação dos critérios objetivos definidos no PNAITA para a atividade de inspeção tributária;

b) A aplicação dos critérios que, embora não contidos no PNAITA, resultem de orientações a nível comunitário ou internacional, sejam definidos pelo diretor-geral da Autoridade Tributária e Aduaneira de acordo com necessidades conjunturais de prevenção e eficácia da inspeção tributária ou correspondam à aplicação justificada de métodos aleatórios;

c) A participação ou denúncia, quando sejam apresentadas nos termos legais;

d) A verificação de desvios significativos no comportamento fiscal dos sujeitos passivos ou demais obrigados tributários perante os parâmetros de normalidade que caracterizam a actividade ou situação patrimonial ou de quaisquer actos ou omissões que constituam indício de infracção tributária.

2. Os casos em que a iniciativa da inspecção tributária é do próprio sujeito passivo ou de terceiro que igualmente prove interesse legítimo estão sujeitos a regulamentação especial.

(Redação dada pela Lei nº 75-A/2014, de 30-09)

TÍTULO IV – Actos de inspecção

CAPÍTULO I – Garantias do exercício da função inspectiva

Artigo 28º – Garantias de eficácia

1. Cabe genericamente às autoridades públicas e às entidades inspeccionadas facultar à inspecção tributária, nos termos da lei, todas as condições necessárias à eficácia da sua acção.

2. Os funcionários em serviço de inspecção tributária têm direito, nos termos do número anterior:

a) Ao livre acesso às instalações e dependências da entidade inspeccionada pelo período de tempo necessário ao exercício das suas funções;

b) À disposição das instalações adequadas ao exercício das suas funções em condições de dignidade e eficácia;

c) Ao exame, requisição e reprodução de documentos, mesmo quando em suporte informático, em poder dos sujeitos passivos ou outros obrigados tributários, para consulta, apoio ou junção aos relatórios, processos ou autos;

d) À prestação de informações e ao exame dos documentos ou outros elementos em poder de quaisquer serviços, estabelecimentos e organismos, ainda que personalizados, do Estado, das Regiões Autónomas e autarquias locais, de associações públicas, de empresas públicas ou de capital exclusivamente público, de instituições particulares de solidariedade social e de pessoas colectivas de utilidade pública;

e) À troca de correspondência, em serviço, com quaisquer entidades públicas ou privadas sobre questões relacionadas com o desenvolvimento da sua actuação;

f) Ao esclarecimento, pelos técnicos oficiais de contas e revisores oficiais de contas, da situação tributária das entidades a quem prestem ou tenham prestado serviço;

g) À adopção, nos termos do presente diploma, das medidas cautelares adequadas à aquisição e conservação da prova;

h) À requisição às autoridades policiais e administrativas da colaboração necessária ao exercício das suas funções, no caso de ilegítima oposição do contribuinte à realização da inspecção.

Artigo 29º – Prerrogativas da inspecção tributária

1. O exercício das garantias de eficácia previstas no artigo anterior pode concretizar-se através das seguintes faculdades dos funcionários em serviço de inspecção tributária:

a) Examinar quaisquer elementos dos contribuintes que sejam susceptíveis de revelar a sua situação tributária, nomeadamente os relacionados com a sua actividade, ou de terceiros com quem mantenham relações económicas e solicitar ou efectuar, designadamente em suporte magnético, as cópias ou extractos considerados indispensáveis ou úteis;

b) Proceder à inventariação física, identificação e avaliação de quaisquer bens ou imóveis relacionados com a atividade dos contribuintes, incluindo a contagem física dos inventários, da caixa e do ativo fixo, e à realização de amostragens destinadas à documentação das ações de inspeção;

c) Aceder, consultar e testar os sistemas informáticos dos sujeitos passivos e, no caso de utilização de sistemas próprios de processamento de dados, examinar a documentação relativa à sua análise, programação e execução, mesmo que elaborados por terceiros;

d) Consultar ou obter dados sobre preços de transferência ou quaisquer outros elementos associados ao estabelecimento de condições contratuais entre sociedades ou empresas nacionais ou estrangeiras, quando se verifique a existência de relações especiais nos termos do nº 4 do artigo 63º do Código do Imposto sobre o Rendimento das Pessoas Coletivas;

e) Proceder ao exame de mercadorias e recolher amostras para análise laboratorial ou qualquer outro tipo de perícia técnica;

f) Copiar os dados em formato eletrónico dos registos e documentos relevantes para apuramento da situação tributária dos contribuintes ou efetuar uma imagem dos respetivos sistemas informáticos;

g) Tomar declarações dos sujeitos passivos, membros dos corpos sociais, técnicos oficiais de contas, revisores oficiais de contas ou de quaisquer outras pessoas, sempre que o seu depoimento interesse ao apuramento dos factos tributários;

h) Controlar, nos termos da lei, os bens em circulação;

i) Solicitar informações às administrações tributárias estrangeiras, no âmbito dos instrumentos de assistência mútua e cooperação administrativa europeia ou internacional;

j) Verificar o cumprimento das obrigações de comunicação de informações financeiras e de diligência devida por parte das instituições financeiras reportantes no âmbito da troca automática de informações para fins fiscais ou do regime de comunicação obrigatória previsto no artigo 10º-A do Decreto-Lei nº 64/2016, de 11 de outubro.

2. Para efeitos do disposto na alínea *a)* do número anterior, consideram-se susceptíveis de revelar a situação tributária dos contribuintes os seguintes elementos:

a) Os livros obrigatórios previstos na legislação comercial e fiscal;

b) Os registos contabilísticos e os documentos com eles relacionados, incluindo os programas e suportes magnéticos;

c) Os registos auxiliares da contabilidade;

d) Os documentos e registos relativos ao custeio dos inventários ou à contabilidade analítica;

e) Outra documentação interna ou externa relativa às operações económicas e financeiras efectuadas com clientes, fornecedores, instituições de crédito, sociedades e quaisquer outras entidades, incluindo os extractos processados pelas instituições de crédito e sociedades financeiras, os contratos celebrados, os orçamentos sobre trabalhos realizados ou encomendados a terceiros, os estudos realizados ou encomendados a terceiros e as tabelas de preços estabelecidos;

f) Os relatórios, pareceres e restante documentação emitida por técnicos oficiais de contas, revisores oficiais de contas, advogados, consultores fiscais e auditores externos;

g) A correspondência recebida e expedida relacionada com a actividade.

3. A inspecção tributária pode ainda, atendendo à sua necessidade e ao princípio da proporcionalidade, proceder às seguintes diligências prospectivas ou de informação:

a) Enviar aos contribuintes, bem como a quaisquer outras entidades públicas ou privadas, questionários quanto a dados e factos de carácter específico relevantes para a definição e controlo da sua situação tributária ou de terceiros, os quais deverão ser devolvidos depois de devidamente preenchidos e assinados;

b) Solicitar às entidades referidas na alínea anterior o envio de cópia de documentos e informações relevantes para o apuramento e controlo da sua situação ou de terceiro, designadamente facturas, documentos de transporte, registos contabilísticos e cópias ou extractos de actos e documentos de cartórios notariais, conservatórias e outros serviços oficiais.

4. Os pedidos e as requisições referidos no número anterior serão efectuados por carta registada com aviso de recepção, fixando-se para o seu cumprimento um prazo não inferior a 10 dias.

(Redação dada pela Lei nº 17/2019, de 14-02)

Artigo 30º – Medidas cautelares

1. Os funcionários da Autoridade Tributária e Aduaneira incumbidos da ação de inspeção tributária podem adotar, atendendo ao princípio da proporcionalidade, as seguintes medidas cautelares de aquisição e conservação da prova:

a) Apreender os elementos de escrituração ou quaisquer outros elementos, incluindo suportes informáticos, comprovativos da situação tributária do sujeito passivo ou de terceiros;

b) Selar quaisquer instalações, apreender bens, valores ou mercadorias, sempre que se mostre necessário à demonstração da existência de um ilícito tributário;

c) Visar, quando conveniente, os livros e demais documentos.

2. As medidas cautelares referidas nas alíneas *a)* e *b)* do número anterior devem ser fundamentadas com a justificação da sua adequação ao fim a que se destinam.

3. Sempre que se proceda à apreensão a que se refere a alínea *a)* do nº 1, será lavrado o respectivo termo e serão autenticadas as fotocópias ou duplicados dos elementos apreendidos.

4. As instalações seladas não deverão conter bens, documentos ou registos que sejam indispensáveis para o exercício da actividade normal da empresa, nomeadamente bens comercializáveis perecíveis no período em que presumivelmente a selagem se mantiver.

5. Sempre que for possível, os elementos com interesse para selar serão reunidos em local que não perturbe a actividade empresarial ou profissional, em divisão fixa ou em contentor, e fechados com dispositivo inviolável, designadamente através de fio ou fita envolvente lacrada nas extremidades com o selo do serviço que proceda à inspecção.

(Redação dada pela Lei nº 75-A/2014, de 30-09)

Artigo 31º – Providências cautelares de natureza judicial

1. Em caso de justo receio de frustração dos créditos fiscais, de extravio ou deterioração de documentos conexos com obrigações tributárias, a administração tributária deve propor as providências cautelares de arresto ou arrolamento previstas no Código de Procedimento e de Processo Tributário.

2. A propositura das providências cautelares previstas no número anterior tem por base informação contendo:

a) A descrição dos factos demonstrativos do tributo ou da sua provável existência;

b) A fundamentação do fundado receio de diminuição das garantias de cobrança do tributo;

c) A relação de bens suficientes para garantir a cobrança da dívida e acrescido, com a indicação do valor, localização e identificação de registo predial ou outras menções que permitam concretizar a descrição.

3. No caso de arrolamento de bens ou documentos que se pretendam conservar, evitando-se a sua perda ou extravio, destruição ou dissipação, a informação prevista no número anterior deve conter:

a) Prova sumária do direito relativo aos bens ou documentos que se pretendem arrolar;

b) Factos que fundamentem o receio de extravio ou destruição.

Artigo 32º – Violação do dever de cooperação

1. A recusa de colaboração e a oposição à acção da inspecção tributária, quando ilegítimas, fazem incorrer o infractor em responsabilidade disciplinar, quando for caso disso, contra-ordenacional e criminal, nos termos da lei.

2. Para efeitos do número anterior, devem os funcionários da inspecção tributária comunicar a recusa ou oposição ao dirigente máximo do serviço ou ao representante do Ministério Público competente, quando delas resultem respectivamente responsabilidade disciplinar, contra-ordenacional ou criminal.

Artigo 33º – Garantias dos funcionários

1. Os funcionários da inspecção tributária que sejam arguidos em processo judicial por actos cometidos ou ocorridos em exercício ou por causa das suas funções têm direito a ser assistidos por advogado, indicado pelo dirigente máximo do serviço, ouvido o interessado, retribuído a expensas do Estado, bem como a transporte e ajudas de custo, quando a localização do tribunal ou da entidade policial o justifiquem.

2. As importâncias eventualmente despendidas nos termos e para os efeitos referidos no número anterior devem ser reembolsadas pelos funcionários que deram origem à causa, no caso de condenação judicial.

CAPÍTULO II – Local, horário dos actos de inspecção e prazo do procedimento

Artigo 34º – Local dos actos de inspecção

1. Quando o procedimento de inspeção envolver a verificação de mercadorias, do processo de produção, da contabilidade, dos livros de escrituração ou de outros documentos relacionados com a atividade da entidade a inspecionar, os atos de inspeção realizam-se nas instalações ou dependências onde estejam ou devam legalmente estar localizados os elementos.

2. A solicitação dos sujeitos passivos ou demais obrigados tributários e em caso de motivo justificado que não prejudique o procedimento de inspecção, podem os actos de inspecção previstos no número anterior realizar-se noutro local.

3. Os actos de inspecção podem também realizar-se em locais do exercício da actividade da entidade inspeccionada que contenham elementos complementares ou adicionais dos previstos no nº 1.

4. Caso a entidade inspeccionada não disponha de instalações ou dependências para o exercício da actividade, os actos de inspecção podem realizar-se no serviço da administração tributária da área do seu domicílio ou sede, sem prejuízo do caso previsto no nº 2.

(Redação dada pela Lei nº 75-A/2014, de 30-09)

Artigo 35º – Horário dos actos de inspecção

1. Os actos de inspecção realizam-se no horário normal de funcionamento da actividade empresarial ou profissional, não devendo implicar prejuízo para esta.

2. Mediante acordo com os sujeitos passivos ou demais obrigados tributários e quando circunstâncias excepcionais o justifiquem, poderão os actos de inspecção ser praticados fora do horário normal de funcionamento da actividade.

3. A prática de actos de inspecção tributária fora do horário normal de funcionamento da actividade sem consentimento do sujeito passivo ou do obrigado tributário em causa depende de autorização do tribunal de comarca competente.

4. O disposto no presente artigo não se aplica ao controlo dos bens em circulação.

Artigo 36º – Início e prazo do procedimento de inspecção

1. O procedimento de inspecção tributária pode iniciar-se até ao termo do prazo de caducidade do direito de liquidação dos tributos ou do procedimento sancionatório, sem prejuízo do direito de exame de documentos relativos a situações tributárias já abrangidas por aquele prazo, que os sujeitos passivos e demais obrigados tributários tenham a obrigação de conservar.

2. O procedimento de inspecção é contínuo e deve ser concluído no prazo máximo de seis meses a contar da notificação do seu início.

3. O prazo referido no número anterior poderá ser ampliado por mais dois períodos de três meses, nas seguintes circunstâncias:

a) Situações tributárias de especial complexidade resultante, nomeadamente, do volume de operações, da dispersão geográfica ou da integração em grupos económicos nacionais ou internacionais das entidades inspeccionadas;

b) Quando, na acção de inspecção, se apure ocultação dolosa de factos ou rendimentos;

c) (Revogada);

d) Quando seja necessário realizar novas diligências em resultado de o sujeito passivo apresentar factos novos durante a audição prévia;

e) Outros motivos de natureza excecional, mediante autorização fundamentada do diretor-geral da Autoridade Tributária e Aduaneira.

4. A prorrogação do prazo do procedimento de inspeção deve ocorrer até ao seu termo, antes da emissão da nota de diligência, e é notificada à entidade inspecionada com a indicação da data previsível do termo do procedimento.

5. Independentemente do disposto nos números anteriores, o prazo para conclusão do procedimento de inspeção suspende-se quando:

a) Em processo especial de derrogação do segredo bancário, o familiar do contribuinte ou terceiro interponha recurso com efeito suspensivo da decisão da administração tributária que determine o acesso à informação bancária, mantendo-se a suspensão até ao trânsito em julgado da decisão em tribunal;

b) Em caso de oposição às diligências de inspeção pelo sujeito passivo com fundamento em segredo profissional ou qualquer outro dever de sigilo legalmente regulado, seja solicitada autorização judicial ao tribunal da comarca competente, mantendo-se a suspensão até ao trânsito em julgado da decisão;

c) Seja instaurado processo de inquérito criminal sem que seja feita a liquidação dos impostos em dívida, mantendo-se a suspensão até ao arquivamento ou trânsito em julgado da sentença;

d) A administração tributária tenha necessidade de recorrer aos instrumentos de assistência mútua e cooperação administrativa internacional, mantendo-se a suspensão pelo prazo de 12 meses.

6. Caso se verifique alguma das situações referidas no número anterior, deve o sujeito passivo ser notificado do início da data de suspensão.

7. O decurso do prazo do procedimento de inspeção determina o fim dos atos externos de inspeção, não afetando, porém, o direito à liquidação dos tributos.

(Redação dada pela Lei nº 114/2017, de 29-12)

CAPÍTULO III – Notificações e informações

Artigo 37º – Notificações e informações

1. A administração tributária notifica os sujeitos passivos e demais obrigados tributários nos termos e para os efeitos previstos na lei e ainda em virtude da sua colaboração no procedimento de inspecção.

2. As notificações devem indicar a identificação do funcionário, os elementos pretendidos no âmbito do procedimento de inspecção, a fixação do prazo, local e hora de realização dos actos de inspecção, nos termos do nº 3 do artigo 42º, e informação sobre as consequências da violação do dever de cooperação do notificado.

3. As disposições deste capítulo são aplicáveis, com as necessárias adaptações, à comunicação de informações pela administração tributária aos sujeitos passivos e demais obrigados tributários.

Artigo 38º – Notificação pessoal e postal

1. As notificações podem efetuar-se pessoalmente no local em que o notificando for encontrado, por via postal através de carta registada ou por carta registada com aviso de receção ou por transmissão eletrónica de dados, através do serviço público de notificações eletrónicas associado à morada única digital, da caixa postal eletrónica ou na respetiva área reservada do Portal das Finanças.

2. *[Revogado.]*

(Redação dada pela Lei nº 71/2018, de 31-12)

Artigo 39º – Notificação de pessoas singulares

A notificação de pessoas singulares obedece ao disposto no Código de Procedimento e de Processo Tributário, com as seguintes adaptações:

a) Em caso de notificação na pessoa de empregado ou colaborador, deve remeter-se carta registada com aviso de recepção para o domicílio fiscal do sujeito passivo ou obrigado tributário, dando-lhe conhecimento do conteúdo da notificação, do dia, da hora e da pessoa em que foi efectuada;

b) Nas situações tributárias comuns ao casal, notificar-se-á qualquer dos cônjuges;

c) Caso a actividade objecto de procedimento de inspecção seja exercida ou se relacione com apenas um dos cônjuges, a notificação deve ser feita, preferencialmente, na sua pessoa, ainda que ambos os cônjuges sejam sujeitos passivos de imposto sobre o rendimento das pessoas singulares (IRS).

Artigo 40º – Notificação de pessoas colectivas

1. A notificação de pessoa colectiva, ou entidade fiscalmente equiparada, na pessoa de empregado ou colaborador, far-se-á mediante a entrega do duplicado e a indicação que este deverá ser entregue a representante da pessoa colectiva.

2. Se o empregado, colaborador ou representante do sujeito passivo ou outro obrigado tributário se recusar a assinar a notificação, recorrerá o funcionário a duas testemunhas que com ele certifiquem a recusa, devendo todos em conjunto assinar a notificação, após o que se entregará duplicado desta à pessoa notificada.

Artigo 41º – Notificação de entidades residentes no estrangeiro

A notificação de residentes no estrangeiro obedecerá às regras estabelecidas na legislação processual civil, com as necessárias adaptações, observando-se o que estiver estipulado nos tratados e convenções internacionais e, na sua falta, recorrer-se-á a carta registada com aviso de recepção, nos termos do regulamento local dos serviços postais.

Artigo 42º – Momento das notificações

1. As notificações podem efectuar-se no momento da prática dos actos de inspecção ou em momento anterior.

2. As notificações para a prática dos actos previstos nos artigos 28º, 29º e 30º podem efectuar-se no momento em que os mesmos são praticados.

3. Nos casos não previstos no número anterior ou quando não seja possível a prática dos actos de inspecção no momento da notificação deve fixar-se prazo de 2 a 30 dias para entrega ou regularização dos elementos necessários ao procedimento de inspecção, sem prejuízo do disposto nos artigos 48º e seguintes ou de outros prazos estabelecidos na lei.

Artigo 43º – Presunção de notificação

1. Presumem-se notificados os sujeitos passivos e demais obrigados tributários contactados por carta registada e em que tenha havido devolução de carta remetida para o seu domicílio fiscal com indicação expressa na mesma, aposta pelos serviços postais de ter sido recusada, não ter sido reclamada, indicação de encerrado, endereço insuficiente, ou que o sujeito passivo em causa se mudou.

2. Para efeitos do disposto no número anterior, a comunicação dos serviços postais para levantamento de carta registada remetida pela administração fiscal deve sempre conter, de forma clara, a identificação do remetente.

3. A violação do disposto no número anterior só impede o funcionamento da presunção mediante exibição da comunicação dos serviços postais em causa.

4. O disposto no nº 1 não impede a realização de diligências pela administração tributária com vista ao conhecimento do paradeiro do sujeito passivo ou obrigado tributário.

5. A notificação efetuada para o domicílio fiscal eletrónico ou na área reservada no Portal das Finanças da pessoa a notificar, considera-se efetuada no quinto dia posterior ao registo de disponibilização daquela no sistema de suporte ao serviço público de notificações eletrónicas associado à morada única digital, na caixa postal eletrónica ou na respetiva área reservada do Portal das Finanças.

(Redação dada pela Lei nº 71/2018, de 31-12)

PARTE II – MARCHA DO PROCEDIMENTO DE INSPECÇÃO

TÍTULO I – Início do procedimento de inspecção

CAPÍTULO I – Preparação, programação e planeamento

Artigo 44º – Preparação, programação e planeamento do procedimento de inspecção

1. O procedimento de inspecção é previamente preparado, programado e planeado tendo em vista os objectivos a serem alcançados.

2. A preparação prévia consiste na recolha de toda a informação disponível sobre o sujeito passivo ou obrigado tributário em causa, incluindo o processo individual arquivado nos termos legais na Autoridade Tributária e Aduaneira, as informações prestadas ao abrigo dos deveres de cooperação e indicadores económicos e financeiros da atividade.

3. O disposto no número anterior é aplicável, com as necessárias adaptações, às pessoas previstas no nº 3 do artigo 2º quando as mesmas sejam incluídas no âmbito do procedimento de inspecção.

4. A programação e planeamento compreendem a sequência das diligências da inspecção tendo em conta o prazo para a sua realização previsto no presente diploma e a previsível evolução do procedimento.

(Redação dada pela Lei nº 75-A/2014, de 30-09)

Artigo 45º – Constituição de equipas

1. Os funcionários são enquadrados em equipas de inspecção, cujos número e composição são estabelecidos pelos serviços referidos no artigo 16º

2. Os actos de inspecção são realizados por um ou mais funcionários, consoante a sua complexidade, e orientados pelo coordenador da equipa.

Artigo 46º – Credenciação

1. O início do procedimento externo de inspecção depende da credenciação dos funcionários e do porte do cartão profissional ou outra identificação passada pelos serviços a que pertençam.

2. Consideram-se credenciados os funcionários da Autoridade Tributária e Aduaneira munidos de ordem de serviço emitida pelo serviço competente para o procedimento ou para a prática do ato de inspeção ou, no caso de não ser necessária ordem de serviço, de cópia do despacho do superior hierárquico que determinou a realização do procedimento ou a prática do ato.

3. A ordem de serviço deverá conter os seguintes elementos:

a) O número de ordem, data de emissão e identificação do serviço responsável pelo procedimento de inspecção;

b) A identificação do funcionário ou funcionários incumbidos da prática dos actos de inspecção, do respectivo chefe de equipa e da entidade a inspeccionar;

c) O âmbito e a extensão da acção de inspecção.

4. Não será emitida ordem de serviço quando as acções de inspecção tenham por objectivo:

a) A consulta, recolha e cruzamento de elementos;
b) O controlo de bens em circulação;
c) O controlo dos sujeitos passivos não registados;
d) A contagem e valorização de inventários.

5. O despacho que determina a prática do acto, quando não seja necessária a ordem de serviço, deve referir os seus objectivos e a identidade da entidade a inspeccionar e dos funcionários incumbidos da sua execução.

6. Nas acções de inspecção direccionadas a contribuintes não identificados previamente, nomeadamente nas situações previstas nas alíneas *b)* e *c)* do nº 4, o despacho conterá menção genérica dos contribuintes passíveis de controlo.

7. As acções de inspecção que visem a mera consulta, recolha e cruzamento de elementos junto de sujeito passivo, de qualquer área territorial, com quem o sujeito passivo inspeccionado mantenha relações económicas são efectuadas mediante entrega, por parte do funcionário, da nota de diligência que indica a tarefa executada.
(Redação dada pela Lei nº 75-A/2014, de 30-09)

Artigo 47º – Consequências da falta de credenciação
É legítima a oposição aos actos de inspecção com fundamento na falta de credenciação dos funcionários incumbidos da sua execução.

CAPÍTULO II – Cooperação e notificação para início do procedimento

Artigo 48º – Cooperação entre a administração e a entidade inspeccionada

1. Em obediência ao disposto no artigo 9º, a administração tributária procurará, sempre que possível, a cooperação da entidade inspeccionada para esclarecer as dúvidas suscitadas no âmbito do procedimento de inspecção.

2. Quando não estiver em causa o êxito da acção ou o dever de sigilo sobre a situação tributária de terceiros, a administração tributária deve facultar à entidade inspeccionada as informações ou outros elementos que esta lhe solicitar e sejam comprovadamente necessários ao cumprimento dos seus deveres tributários acessórios.

Artigo 49º – Notificação prévia para procedimento de inspecção

1. O procedimento externo de inspecção deve ser notificado ao sujeito passivo ou obrigado tributário com uma antecedência mínima de cinco dias relativamente ao seu início.

2. A notificação prevista no número anterior efetua-se por carta-aviso elaborada de acordo com o modelo aprovado pelo diretor-geral da Autoridade Tributária e Aduaneira, contendo os seguintes elementos:
a) Identificação do sujeito passivo ou obrigado tributário objecto da inspecção;
b) Âmbito e extensão da inspecção a realizar.

3. A carta-aviso conterá um anexo contendo os direitos, deveres e garantias dos sujeitos passivos e demais obrigados tributários no procedimento de inspecção.

4. A notificação prevista no nº 1 fixa a competência territorial determinada nos termos da alínea *c)* do nº 1 do artigo 16º

5. À notificação prevista nos números anteriores é aplicável o nº 10 do artigo 39º do Código de Procedimento e de Processo Tributário.

(Redação dada pela Lei nº 71/2018, de 31-12)

Artigo 50º – Dispensa de notificação prévia

1. Não há lugar a notificação prévia do procedimento de inspecção quando:

a) O procedimento vise apenas a consulta, recolha ou cruzamento de documentos destinados à confirmação da situação tributária do sujeito passivo ou obrigado tributário;

b) O fundamento do procedimento for participação ou denúncia efectuada nos termos legais e estas contiverem indícios de fraude fiscal;

c) O objeto do procedimento for a inventariação de bens ou valores em caixa, a recolha de amostras para perícia, o controlo de bens em regime aduaneiro económico ou suspensivo, a realização de testes por amostragem ou quaisquer atos necessários e urgentes para aquisição e conservação da prova;

d) O procedimento consistir no controlo dos bens em circulação e da posse dos respectivos documentos de transporte;

e) O procedimento se destine a averiguar o exercício de actividade por sujeitos passivos não registados;

f) A notificação antecipada do início do procedimento de inspecção for, por qualquer outro motivo excepcional devidamente fundamentado pela administração tributária, susceptível de comprometer o seu êxito;

g) O procedimento vise a avaliação do cumprimento de pressupostos de isenção que dependam do fim ou da utilização dada às mercadorias.

2. Nos casos referidos no número anterior, o anexo a que se refere o nº 3 do artigo 49º é entregue, conjuntamente com a cópia da ordem de serviço ou do despacho a que se refere o nº 1 do artigo 51º, no momento da prática dos actos de inspecção.

(Redação dada pela Lei nº 75-A/2014, de 30-09)

Artigo 51º – Data do início do procedimento de inspecção

1. Da ordem de serviço ou do despacho que determinou o procedimento de inspecção será, no início deste, entregue uma cópia ao sujeito passivo ou obrigado tributário, excepto nas situações previstas no nº 6 do artigo 46º

2. O sujeito passivo ou obrigado tributário ou o seu representante deve assinar a ordem de serviço indicando a data da notificação, a qual, para todos os efeitos, determina o início do procedimento externo de inspecção.

3. A ordem de serviço deve ser assinada pelo técnico oficial de contas ou qualquer empregado ou colaborador presente caso o sujeito passivo ou obrigado tributário ou o seu representante não se encontrem no local.

4. A recusa da assinatura da ordem de serviço não obsta ao início do procedimento de inspecção.

5. Se ocorrer recusa de assinatura da ordem de serviço ou despacho, será a mesma assinada por duas testemunhas, entregando-se cópia ao sujeito passivo ou obrigado tributário.

6. Na impossibilidade de se colherem assinaturas das testemunhas, o facto constará na ordem de serviço ou despacho, sendo entregue cópia ao sujeito passivo ou obrigado tributário.

Artigo 52º – Representante para as relações com a administração tributária

Sem prejuízo dos deveres que legalmente lhe incumbem, o sujeito passivo ou obrigado tributário devem designar, no início do procedimento externo de inspecção, uma pessoa que coordenará os seus contactos com a administração tributária e assegurará o cumprimento das obrigações legais nos termos do presente diploma.

TÍTULO II – Actos do procedimento de inspecção

Artigo 53º – Continuidade e suspensão dos actos

1. A prática dos actos de inspecção é contínua, só podendo suspender-se em caso de prioridades excepcionais e inadiáveis da administração tributária reconhecidas em despacho fundamentado do dirigente do serviço.

2. A suspensão não prejudica os prazos legais de conclusão do procedimento previstos no presente diploma.

3. Em caso de suspensão, deve ser notificado ao sujeito passivo ou obrigado tributário o reinício do procedimento.

Artigo 54º – Presença do sujeito passivo ou obrigado tributário

1. O sujeito passivo ou obrigado tributário, os seus representantes legais e técnicos e revisores oficiais de contas devem estar presentes no momento da prática de actos de inspecção externa quando esta se efectue nas instalações ou dependências de contribuinte e a sua presença for considerada indispensável à descoberta da verdade material.

2. O sujeito passivo ou obrigado tributário pode, sempre que o pretenda, assistir às diligências da inspecção externa desde que os actos se realizem nas suas instalações ou dependências.

3. O sujeito passivo ou obrigado tributário pode fazer-se acompanhar por um perito especializado.

Artigo 55º – Recolha de elementos

A recolha de elementos no âmbito do procedimento de inspecção deve obedecer a critérios objectivos e conter:

a) A menção e identificação dos documentos e respectivo registo contabilístico, com indicação, quando possível, do número e data do lançamento, classificação contabilística, valor e emitente;

b) A integral transcrição das declarações, com identificação das pessoas que as profiram e as respectivas funções, sendo as referidas declarações, quando prestadas oralmente, reduzidas a termo.

Artigo 56º – Procedimento de recolha de elementos

1. As fotocópias ou extractos serão efectuados nas instalações ou dependências onde se encontrarem os livros ou documentos.

2. Em caso de inconveniência ou impossibilidade de efetuar fotocópias ou extratos nos locais referidos no número anterior, os livros ou documentos só podem ser retirados para esse efeito por prazo não superior a três dias úteis, devendo ser entregue recibo ao sujeito passivo ou obrigado tributário.

3. Dos inventários e contagens físicas será lavrado o correspondente termo.

4. O termo referido no número anterior é assinado pelo sujeito passivo ou obrigado tributário ou seu representante, que declara ser ou não o mesmo conforme ao total dos inventários, e pode acrescentar as observações que entender convenientes.

5. Quando o sujeito passivo ou obrigado tributário ou seu representante se recusarem a assinar, será o termo assinado por duas testemunhas.

6. Na impossibilidade de os serviços de inspecção tributária colherem assinatura das testemunhas, constará o facto do termo, do qual será entregue uma cópia ao sujeito passivo ou obrigado tributário.

7. Sempre que os testes de amostragem não consistirem no mero confronto de documentos, será igualmente lavrado o respectivo termo, aplicando-se o disposto nos nºs 4 a 6 do presente artigo, com as necessárias adaptações.

(Redação dada pela Lei nº 75-A/2014, de 30-09)

Artigo 57º – Técnicas de auditoria contabilística

Nos actos de inspecção podem ser utilizadas, quando aplicáveis, técnicas de auditoria contabilística.

Artigo 58º – Cumprimento de obrigações tributárias

1. A entidade inspeccionada pode, no decurso do procedimento de inspecção, proceder à regularização da sua situação tributária, mesmo quando as infracções tenham sido apuradas no âmbito do mesmo procedimento.

2. A regularização, quando o sujeito passivo ou obrigado tributário a comunique à administração tributária, é obrigatoriamente mencionada no relatório final.

3. Para efeitos do disposto no presente artigo, a situação tributária considera-se regularizada com o cumprimento das obrigações declarativas em falta.

(Redação dada pela Lei nº 75-A/2014, de 30-09)

Artigo 58º-A – Declaração automática de rendimentos

1. Relativamente aos sujeitos passivos abrangidos pela declaração automática de rendimentos, a Autoridade Tributária e Aduaneira, tendo por base os elementos informativos relevantes de que disponha, disponibiliza no Portal das Finanças:

a) Uma declaração de rendimentos provisória por cada regime de tributação, separada e conjunta, quando aplicável;

b) A correspondente liquidação provisória do imposto; e

c) Os elementos que serviram de base ao cálculo das deduções à coleta.

2. Os sujeitos passivos, caso verifiquem que os elementos apurados pela Autoridade Tributária e Aduaneira correspondem aos rendimentos do ano a que o imposto respeita e a outros elementos relevantes para a determinação da sua concreta situação tributária, podem confirmar a declaração provisória, que se considera entregue pelo sujeito passivo nos termos legais.

3. A declaração de rendimentos provisória converte-se em declaração entregue pelo sujeito passivo nos termos legais quando, no fim do prazo a que se refere o nº 1 do artigo 60º, não se tenha verificado a confirmação nem a entrega de qualquer declaração de rendimentos, podendo o sujeito passivo entregar uma declaração de substituição nos 30 dias posteriores à liquidação sem qualquer penalidade.

4. A liquidação provisória prevista no nº 1 converte-se em definitiva:

a) No momento da confirmação da declaração provisória, observando-se o regime de tributação escolhido pelo sujeito passivo;

b) No termo do prazo legal de entrega a que se refere o nº 1 do artigo 60º, no caso previsto no número anterior, observando-se, no caso de sujeitos passivos casados ou unidos de facto, o regime de tributação separada.

5. Os sujeitos passivos consideram-se notificados da liquidação efetuada nos termos do nº 2 no momento da confirmação quando não haja lugar a cobrança de imposto, sendo notificados nos termos gerais nos restantes casos.

6. Para efeitos do disposto no nº 1, os sujeitos passivos podem, até 15 de fevereiro, indicar no Portal das Finanças os elementos pessoais relevantes, nomeadamente a composição do seu agregado familiar no último dia do ano a que o imposto respeite, mediante autenticação de todos os membros do agregado familiar.

7. Caso os sujeitos passivos não efetuem a comunicação prevista no número anterior, a declaração de rendimentos provisória disponibilizada pela Autoridade Tributária e Aduaneira tem por base os elementos pessoais declarados em relação ao período de tributação anterior e, na sua falta, considera-se que o sujeito passivo não é casado ou unido de facto e não tem dependentes.

8. O universo dos sujeitos passivos abrangidos pelo disposto no presente artigo é fixado por decreto regulamentar.

9. Os sujeitos passivos não abrangidos nos termos do número anterior, bem como os sujeitos passivos cuja declaração de rendimentos provisória não corresponde à sua concreta situação tributária, devem apresentar, dentro do prazo legal, a declaração de rendimentos a que se refere o artigo 57º, sem prejuízo do disposto no artigo anterior.

A declaração automática de rendimentos não dispensa os sujeitos passivos da obrigação prevista no artigo 128º

(Aditado pela Lei nº 42/2016, de 28-12)

Artigo 59º – Oposição

1. Em caso de oposição à realização de qualquer acto de inspecção, com fundamento em qualquer das circunstâncias referidas no nº 4 do artigo 63º da lei geral tributária, o funcionário comunicará o facto, no prazo de cinco dias, ao dirigente do serviço, se for caso disso, propondo fundamentadamente a solicitação ao tribunal de comarca competente de ordem para realização do acto.

2. O disposto no número anterior não prejudica, caso a oposição seja ilegítima, o procedimento sancionatório que ao caso couber.

TÍTULO III – Conclusão e efeitos do procedimento de inspecção

CAPÍTULO I – Conclusão do procedimento de inspecção

Artigo 60º – Audição prévia

1. Caso os atos de inspeção possam originar atos tributários ou em matéria tributária desfavoráveis à entidade inspecionada, esta deve ser notificada do projeto de conclusões do relatório, com a identificação desses atos e a sua fundamentação.

2. A notificação deve fixar um prazo entre 15 e 25 dias para a entidade inspecionada se pronunciar sobre o referido projeto de conclusões, devendo o prazo, no caso de incluir a aplicação da cláusula geral antiabuso constante do nº 2 do artigo 38º da Lei Geral Tributária, ser de 30 dias.

3. A entidade inspeccionada pode pronunciar-se por escrito ou oralmente, sendo neste caso as suas declarações reduzidas a termo.

4. No prazo de 10 dias após a prestação das declarações referidas no número anterior será elaborado o relatório definitivo.

(Redação dada pela Lei nº 114/2017, de 29-12)

Artigo 61º – Conclusão dos actos

1. Os actos de inspecção consideram-se concluídos na data de notificação da nota de diligência emitida pelo funcionário incumbido do procedimento.

2. Nos casos referidos nas alíneas *a)* e *c)* do nº 4 do artigo 46º, a nota de diligência indicará obrigatoriamente as tarefas realizadas.

3. Caso exista audição prévia nos termos do artigo 60º, a notificação da nota de diligência é efetuada após a análise e verificação dos factos invocados pelo sujeito passivo.

(Redação dada pela Lei nº 114/2017, de 29-12)

Artigo 62º – Conclusão do procedimento de inspecção

1. Para conclusão do procedimento de comprovação e verificação é elaborado um relatório final com vista à identificação e sistematização dos factos detetados e sua qualificação jurídico-tributária.

2. O relatório referido no número anterior deve ser notificado ao contribuinte por carta registada nos 10 dias posteriores ao termo do prazo referido no nº 4 do artigo 60º, considerando-se concluído o procedimento na data da notificação.

3. O relatório deve conter, tendo em atenção a dimensão e complexidade da entidade inspeccionada, os seguintes elementos:

a) Identificação da entidade inspeccionada, designadamente denominação social, número de identificação fiscal, local da sede e serviço local a que pertence;

b) Menção das alterações a efectuar aos dados constantes dos ficheiros da administração tributária;

c) Data do início e do fim dos actos de inspecção e das interrupções ou suspensões verificadas;

d) Âmbito e extensão do procedimento;

e) Descrição dos motivos que deram origem ao procedimento, com a indicação do número da ordem de serviço ou do despacho que o motivou;

f) Informações complementares, incluindo os principais devedores dos sujeitos passivos e dos responsáveis solidários ou subsidiários pelos tributos em falta;

g) Descrição dos factos susceptíveis de fundamentar qualquer tipo de responsabilidade solidária ou subsidiária;

h) Acréscimos patrimoniais injustificados ou despesas desproporcionadas efectuadas pelo sujeito passivo ou obrigado tributário no período a que se reporta a inspecção;

i) Descrição dos factos fiscalmente relevantes que alterem os valores declarados ou a declarar sujeitos a tributação, com menção e junção dos meios de prova e fundamentação legal de suporte das correcções efectuadas;

j) Indicação das infracções verificadas, dos autos de notícia levantados e dos documentos de correcção emitidos;

l) Descrição sucinta dos resultados dos actos de inspecção e propostas formuladas;

m) Identificação dos funcionários que o subscreveram, com menção do nome, categoria e número profissional;

n) Outros elementos relevantes.

4. No caso de o sujeito passivo ter apresentado pedido de redução de coima ou procedido à regularização da sua situação tributária durante o procedimento de inspecção, do facto far-se-á referência no relatório.

5. Poderão ser elaborados outros tipos de relatórios em caso de procedimentos de inspecção com objectivos específicos, os quais, no entanto, incluirão sempre a identidade das entidades inspeccionadas, os fins dos actos, as conclusões obtidas e a sua fundamentação.

6. O relatório de inspecção será assinado pelo funcionário ou funcionários intervenientes no procedimento e conterá o parecer do chefe de equipa que intervenha ou coordene, bem como o sancionamento superior das suas conclusões.

(Redação dada pela Lei nº 75-A/2014, de 30-09)

Artigo 63º – Fundamentação da decisão

1. Os actos tributários ou em matéria tributária que resultem do relatório poderão fundamentar-se nas suas conclusões, através da adesão ou concordância com estas, devendo em todos os casos a entidade competente para a sua prática fundamentar a divergência face às conclusões do relatório.

2. Aos serviços intervenientes no procedimento de inspecção serão obrigatoriamente comunicados os actos tributários ou em matéria tributária que resultem do relatório, bem como a sua revisão em virtude de petição, reclamação ou recurso de qualquer natureza.

Artigo 63º-A – Informação sobre operações realizadas com contingência fiscal

1. Para conclusão do procedimento de informação sobre operações realizadas com contingência fiscal a que se refere o nº 3 do artigo 12º, é igualmente elaborado um relatório final com a identificação das operações e a sua qualificação jurídico tributária.

2. O relatório referido no número anterior deve ser notificado ao contribuinte por carta registada, no prazo máximo de 90 dias a contar da data de entrada do pedido de informação.

3. Não pode ser efetuada qualquer correção da matéria tributável, liquidação de imposto ou aplicação de penalidade, com base no relatório.

4. O incumprimento do prazo previsto no nº 2, quando não seja por facto imputável ao contribuinte, ou a atuação em conformidade com a qualificação jurídico tributária notificada, limita a responsabilidade do contribuinte nos termos previstos para as informações vinculativas.

(Aditado pelo Decreto-Lei nº 6/2013, de 17-01)

CAPÍTULO II – Efeitos do procedimento de inspecção

Artigo 64º – Eficácia vinculativa do relatório

1. Sem prejuízo do regime especial de inspeção tributária por iniciativa dos sujeitos passivos ou obrigados tributários, estes podem, por razões de certeza e segurança, solicitar ao diretor-geral da Autoridade Tributária e Aduaneira que sancione:

a) As conclusões do relatório da inspeção relativas aos factos relatados;

b) A qualificação jurídico-tributária das operações realizadas com contingência fiscal a que se refere o nº 3 do artigo 12º, constante do correspondente relatório.

2. O pedido de sancionamento dos relatórios referidos no número anterior pode ser efetuado no prazo de 30 dias após a sua notificação e, no caso referido na alínea *a*), deve identificar as matérias sobre as quais o requerente pretenda que recaia sancionamento.

3. O pedido considera-se tacitamente deferido se a administração tributária não se pronunciar notificando o interessado no prazo de seis meses, a contar da data da entrada do pedido referido no nº 1.

4. Caso o pedido seja expressa ou tacitamente deferido, a administração tributária não pode proceder relativamente à entidade inspecionada em sentido diverso do teor das conclusões do relatório ou da qualificação jurídico tributária das operações realizadas com contingência fiscal a que se refere o nº 3 do artigo 12º, nos três anos seguintes ao da data da notificação, salvo se se apurar posteriormente simulação, falsificação, violação, ocultação ou destruição de quaisquer elementos fiscalmente relevantes relativos ao objeto do procedimento de inspeção.

(Redação dada pelo Decreto-Lei nº 6/2013, de 17-01)

2. O prazo referido no número anterior deve ser [illegible] de 90 dias [illegible] de informação.

3. Não pode [illegible] o prazo [illegible] da [illegible]

4. [illegible] contribuinte [illegible] responsabilidade de [illegible]

(Aditado pelo Decreto-Lei [illegible] 2007, de 12-07)

SECÇÃO [illegible] Efeitos do procedimento de inspecção

Artigo 64.º [illegible] Eficácia vinculativa do relatório [illegible]

1. [illegible]

a) [illegible]

b) [illegible] do artigo 12.º [illegible]

2. [illegible]

3. [illegible]

4. [illegible]

(Redacção [illegible] 2007 [illegible])

Sistema de Inspeção Tributária por Iniciativa do Sujeito Passivo ou de Terceiro

Decreto-Lei nº 6/99, de 8 de Janeiro

A inspecção tributária depende exclusivamente, no quadro da legislação actual, da iniciativa da própria administração tributária.

No entanto, a certeza e segurança jurídicas e a necessidade de viabilizar negócios jurídicos relevantes do ponto de vista da reestruturação empresarial e da dinamização da vida económica aconselham a flexibilização desse regime, posto que com a devida salvaguarda dos interesses da administração tributária.

É, assim, criado um regime especial de inspecção por iniciativa do sujeito passivo, com efeitos vinculativos para a administração tributária, cujo acesso depende da prova de interesse legítimo pelo sujeito passivo ou terceiro, devidamente autorizado por este.

Foram ouvidos os parceiros sociais.

Assim:

Nos termos da alínea *b*) do nº 1 do artigo 198º da Constituição, o Governo decreta o seguinte:

Artigo 1º – Objecto

1. O presente diploma regula o sistema de inspecção tributária por iniciativa do sujeito passivo ou de terceiro, estabelecendo o seu âmbito, condições de acesso e efeitos.

2. A inspecção tributária regulada pelo presente diploma visa a definição da situação tributária dos sujeitos passivos que disponham de contabilidade organizada, com o âmbito e extensão que forem solicitados à administração tributária.

3. Em tudo o que não estiver disposto no presente diploma, as acções de fiscalização nele reguladas seguem o regime geral.

Artigo 2º – Requerimento

1. A inspecção tributária pode ser requerida ao director-geral dos Impostos pelo sujeito passivo ou, com autorização expressa deste, por terceiro.

2. O requerente da inspecção tributária deve definir o seu âmbito e extensão, incluindo os tributos e os períodos temporais pretendidos.

3. Podem ser objecto de pedido autónomo de inspecção os sectores de actividades do sujeito passivo abrangidos por regime tributário especial.

4. O deferimento do requerimento, que será apreciado obrigatoriamente no prazo de 30 dias, depende da invocação e prova do interesse legítimo do requerente na realização da inspecção.

5. O terceiro que requeira a inspecção deve também esclarecer as relações negociais ou de outra natureza mantidas ou a manter com o sujeito passivo que justifiquem o pedido apresentado.

6. O interesse legítimo referido no presente artigo consiste em qualquer vantagem resultante do conhecimento da exacta situação tributária do sujeito passivo, proveniente, nomeadamente, de actos de reestruturação empresarial, de operações de recuperação económica ou do acesso a regimes legais a que o requerente pretenda ter direito.

Artigo 3º – Regime de inspecção

1. A inspecção inicia-se no prazo máximo de 60 dias após a notificação do requerimento.

2. O prazo referido no número anterior pode ser prorrogado por mais 60 dias mediante despacho do director-geral dos Impostos, com fundamento em prioridades relevantes da acção fiscalizadora que impossibilitem a imediata realização da inspecção.

3. O deferimento do requerimento poderá ser revogado até à sua conclusão em caso de obstrução ilegítima do sujeito passivo ou se, por motivo imputável a este, se revelar impossível o apuramento da matéria tributável real.

4. A administração tributária pode, até à conclusão da inspecção, condicionar a eficácia vinculativa do relatório prevista no presente diploma à revelação pelos sujeitos passivos dos dados incluídos no sigilo bancário.

5. A administração tributária pode, para a realização da inspecção, solicitar ou obter de outras entidades a colaboração necessária, nos termos da lei.

Artigo 4º – Taxa

1. É devida uma taxa pela realização das inspecções.

2. A taxa prevista no número anterior será fixada provisoriamente, antes do início da inspecção, por despacho fundamentado do director-geral dos Impostos, em função da sua previsível complexidade, dimensão e meios a utilizar.

3. Os montantes mínimo e máximo, bem como os critérios de graduação da taxa referida no número anterior, são definidos genericamente por portaria do Ministro das Finanças.

4. No prazo de cinco dias após a notificação do requerimento de inspecção, deve o requerente proceder ao pagamento da taxa a favor da Direcção-Geral dos Impostos, ficando o pedido sem efeito se o seu depósito não se efectuar, sem prejuízo do direito de a administração tributária poder iniciar ou prosseguir a inspecção requerida nos termos gerais.

5. A fixação definitiva da taxa dentro dos limites mínimo e máximo é efectuada no termo da acção de inspecção de acordo com os critérios referidos no nº 2, podendo ser reduzida ou agravada, mas não devendo o agravamento ser superior a 20% do montante inicialmente pago.

6. Em caso de revogação do deferimento do pedido de inspecção tributária com os fundamentos previstos na presente lei, a taxa devida é determinada com base nos actos inspectivos efectivamente realizados até à revogação.

7. Para todos os efeitos legais, a realização da inspecção prevista no presente diploma é considerada como serviço prestado pela Direcção-Geral dos Impostos ao requerente da inspecção.

Artigo 5º – Efeitos

1. As conclusões do relatório da inspecção vinculam a administração tributária, não podendo esta proceder a novas inspecções com o mesmo objecto ou a actos de liquidação respeitantes a factos tributários nela incluídos que não tenham por fundamento as conclusões do relatório de inspecção.

2. O efeito vinculativo previsto no número anterior não abrange a punição das infracções fiscais respeitantes aos factos e no período abrangidos pelo relatório dentro do prazo de prescrição do respectivo procedimento.

3. O efeito vinculativo da inspecção não aproveita aos autores do crime de fraude fiscal condenados com base em simulação, falsificação, viciação, ocultação, destruição, danificação ou inutilização de elementos fiscalmente relevantes em que se tenham baseado as conclusões do relatório, considerando-se, neste caso, para todos os efeitos legais, suspenso o prazo de caducidade do direito de liquidação no período entre a notificação das conclusões e o trânsito em julgado da decisão condenatória.

Artigo 6º – Garantias dos contribuintes

1. O contribuinte pode reclamar ou impugnar os actos de correcção da matéria tributável ou da liquidação do imposto com base no relatório da inspecção.

2. Caso se verifique a circunstância prevista no número anterior, o efeito vinculativo do relatório só se produz a partir da resolução definitiva da reclamação, impugnação ou recurso.

Artigo 7º – Entrada em vigor

O presente diploma entra em vigor no dia 1 de Janeiro de 1999.

Visto e aprovado em Conselho de Ministros de 13 de Novembro de 1998. – *António Manuel de Oliveira Guterres – António Luciano Pacheco de Sousa Franco.*

Promulgado em 21 de Dezembro de 1998.

Publique-se.

O Presidente da República, JORGE SAMPAIO.

Referendado em 23 de Dezembro de 1998.

O Primeiro-Ministro, *António Manuel de Oliveira Guterres.*

Regime Geral das Infrações Tributárias

Lei nº 15/2001, de 5 de Junho

Reforça as garantias do contribuinte e a simplificação processual, reformula a organização judiciária tributária e estabelece um novo regime geral para as infracções tributárias.

A Assembleia da República decreta, nos termos da alínea *c)* do artigo 161º da Constituição, para valer como lei geral da República, o seguinte:

CAPÍTULO I – Das infracções tributárias

Artigo 1º – Regime Geral das Infracções Tributárias

1. É aprovado o Regime Geral das Infracções Tributárias anexo à presente lei e que dela faz parte integrante.

2. O regime das contra-ordenações contra a segurança social consta de legislação especial.

Artigo 2º – Norma revogatória

São revogados:

a) O Regime Jurídico das Infracções Fiscais Aduaneiras, aprovado pelo Decreto-Lei nº 376-A/89, de 25 de Outubro, excepto as normas do seu capítulo IV, que se mantêm em vigor enquanto não for publicada legislação especial sobre a matéria;

b) O Regime Jurídico das Infracções Fiscais não Aduaneiras, aprovado pelo Decreto-Lei nº 20-A/90, de 15 de Janeiro, excepto o seu artigo 58º, que se mantém em vigor enquanto não for publicada legislação especial sobre a matéria;

c) O capítulo VIII do Código do Imposto sobre o Valor Acrescentado, aprovado pelo Decreto-Lei nº 394-B/84, de 26 de Dezembro;

d) O artigo 13º do Decreto-Lei nº 45/89, de 11 de Fevereiro;

e) Os artigos 13º, 14º e 16º do Decreto-Lei nº 463/79, de 30 de Novembro;

f) Os artigos 25º a 30º, 35º, 36º, 49º, nºs 1 e 2, e 180º a 232º do Código de Processo Tributário, aprovado pelo Decreto-Lei nº 154/91, de 23 de Abril, mantidos em vigor pelo diploma de aprovação do Código de Procedimento e de Processo Tributário;

g) O título V da lei geral tributária, aprovada pelo Decreto-Lei nº 398/98, de 17 de Dezembro.

CAPÍTULO II – Da organização judiciária tributária

Artigo 3º – Tribunais tributários

1. A organização administrativa dos tribunais tributários de 1ª instância depende do Ministério da Justiça.

2. O expediente e a movimentação dos processos dos tribunais tributários de 1ª instância são assegurados por secretarias judiciais.

3. Os quadros das secretarias dos tribunais tributários de 1ª instância são integrados por funcionários de justiça, subordinados ao regime jurídico do Estatuto dos Funcionários de Justiça, aprovado pelo Decreto-Lei nº 343/99, de 26 de Agosto, sendo fixados em diploma complementar.

Artigo 4º – Juízos dos Tribunais Tributários de 1ª Instância de Lisboa e do Porto

1. É revogado o nº 3 do artigo 59º do Estatuto dos Tribunais Administrativos e Fiscais, aprovado pelo Decreto-Lei nº 129/84, de 27 de Abril.

2. O artigo 26º do Decreto-Lei nº 374/84, de 29 de Novembro, passa a ter a seguinte redacção:*

Artigo 5º – Alteração da Lei das Finanças Locais

O artigo 30º da Lei nº 42/98, de 6 de Agosto (Lei das Finanças Locais), passa a ter a seguinte redacção:*

Artigo 6º – Regimes de transição

1. O Governo regulará, por decreto-lei, até ao fim do ano de 2001, os termos em que se processam as alterações previstas no artigo 3º, continuando a vigorar até à entrada em vigor daquele diploma as disposições legais que actualmente regem aquelas matérias.

2. Até à definição do novo regime, continuam afectos às secretarias dos tribunais tributários de 1ª instância os funcionários que aí actualmente prestam serviço, os quais só poderão ser desafectados por despacho do director-geral dos Impostos.

3. O disposto nos artigos 4º e 5º entra em vigor 90 dias após a publicação da presente lei.

* Não se transcrevem por não se inserirem no âmbito da presente publicação.

4. Após a entrada em vigor do disposto nos artigos 4º e 5º, continuam a correr nos Tribunais Tributários de 1ª Instância de Lisboa e do Porto as execuções para cobrança coerciva de taxas, encargos de mais-valias e outras receitas de natureza tributária cobradas pelas Câmaras Municipais de Lisboa e do Porto instauradas até essa data, devendo transitar para os municípios correspondentes as que ainda estiverem pendentes à data de 1 de Janeiro de 2002.

5. Durante o período em que aí continuarem a tramitar as execuções referidas no número anterior, a distribuição de processos ao 5º Juízo do Tribunal Tributário de 1ª Instância de Lisboa e ao 3º Juízo do Tribunal Tributário de 1ª Instância do Porto será objecto de redução, em termos a definir pelo Conselho Superior dos Tribunais Administrativos e Fiscais.

CAPÍTULO III – Do reforço das garantias do contribuinte e da simplificação processual

Artigo 7º – Alterações ao Código de Procedimento e de Processo Tributário

1. Os artigos 10º, 22º, 59º, 68º, 73º, 96º, 103º, 108º, 110º, 111º, 112º, 114º, 116º, 118º, 119º, 134º, 136º, 137º, 178º, 202º, 230º, 231º, 235º, 245º, 248º, 249º, 250º, 251º, 252º, 255º, 256º e 258º do Código de Procedimento e de Processo Tributário, aprovado pelo Decreto-Lei nº 433/99, de 26 de Outubro, passam a ter a seguinte redacção:*

2. As secções III e IV do capítulo II do título III do Código de Procedimento e de Processo Tributário passam a ter as seguintes designações:

a) Secção III: «Da contestação»;

b) Secção IV: «Do conhecimento inicial do pedido».

3. É aditado ao Código de Procedimento e de Processo Tributário o artigo 183º-A, com a seguinte redacção:*

4. É revogado o artigo 254º do Código de Procedimento e de Processo Tributário.

Artigo 8º – Alterações à lei geral tributária

Os artigos 45º, 46º e 53º da lei geral tributária passam a ter a seguinte redacção:*

Artigo 9º – Alteração ao Código do Imposto sobre o Rendimento das Pessoas Colectivas

O artigo 97º do Código do IRC passa a ter a seguinte redacção:*

Artigo 10º – Medidas especiais de recuperação de processos atrasados

1. Nos processos judiciais tributários sem decisão de 1ª instância há mais de três anos, o contribuinte pode, no prazo de seis meses após a entrada em vigor da presente lei, desistir do processo respectivo sem custas.

2. Por portaria conjunta dos Ministros das Finanças e da Justiça será criada uma comissão nacional, presidida por magistrado judicial designado pelo Conselho Supe-

* Alterações inseridas no local próprio.

rior dos Tribunais Administrativos e Fiscais, destinada a identificar as causas dos atrasos dos processos judiciais tributários que estão sem decisão na 1ª instância há mais de três anos, à qual caberá propor medidas destinadas a ultrapassar os problemas apurados.

3. A comissão referida no número anterior terá direito a obter toda a informação necessária dos tribunais ou serviços da administração tributária onde os processos estejam pendentes.

Artigo 11º – Regime de transição

Relativamente a processos pendentes, os prazos definidos no artigo 183º-A do Código de Procedimento e de Processo Tributário e no nº 5 do artigo 45º da lei geral tributária são contados a partir da entrada em vigor da presente lei.

Artigo 12º – Cessação da vigência do Código de Processo Tributário

Os procedimentos e processos pendentes regulados pelo Código de Processo Tributário, aprovado pelo Decreto-Lei nº 154/91, de 23 de Abril, passam a reger-se pelo Código de Procedimento e de Processo Tributário, sem prejuízo do aproveitamento dos actos já realizados.

Artigo 13º – Republicação

São republicados em anexo à presente lei, dela fazendo parte integrante, a lei geral tributária, aprovada pelo Decreto-Lei nº 398/98, de 17 de Dezembro, e o Código de Procedimento e de Processo Tributário, aprovado pelo Decreto-Lei nº 433/99, de 26 de Outubro.

Artigo 14º – Entrada em vigor

Sem prejuízo do disposto no nº 3 do artigo 6º, a presente lei entra em vigor 30 dias após a sua publicação.

Aprovada em 29 de Março de 2001.

O Presidente da Assembleia da República, *António de Almeida Santos.*

Promulgada em 23 de Maio de 2001.

Publique-se.

O Presidente da República, JORGE SAMPAIO.

Referendada em 25 de Maio de 2001.

O Primeiro-Ministro, *António Manuel de Oliveira Guterres.*

Regime Geral das Infrações Tributárias

PARTE I – PRINCÍPIOS GERAIS

CAPÍTULO I – Disposições comuns

Artigo 1º – Âmbito de aplicação

1. O Regime Geral das Infracções Tributárias aplica-se às infracções das normas reguladoras:

a) Das prestações tributárias;

b) Dos regimes tributários, aduaneiros e fiscais, independentemente de regulamentarem ou não prestações tributárias;

c) Dos benefícios fiscais e franquias aduaneiras;

d) Das contribuições e prestações relativas ao sistema de solidariedade e segurança social, sem prejuízo do regime das contra-ordenações que consta de legislação especial.

2. As disposições desta lei são aplicáveis aos factos de natureza tributária puníveis por legislação de carácter especial, salvo disposição em contrário.

Artigo 2º – Conceito e espécies de infracções tributárias

1. Constitui infracção tributária todo o facto típico, ilícito e culposo declarado punível por lei tributária anterior.

2. As infracções tributárias dividem-se em crimes e contra-ordenações.

3. Se o mesmo facto constituir simultaneamente crime e contra-ordenação, o agente será punido a título de crime, sem prejuízo da aplicação das sanções acessórias previstas para a contra-ordenação.

Artigo 3º – Direito subsidiário

São aplicáveis subsidiariamente:

a) Quanto aos crimes e seu processamento, as disposições do Código Penal, do Código de Processo Penal e respectiva legislação complementar;

b) Quanto às contra-ordenações e respectivo processamento, o regime geral do ilícito de mera ordenação social;

c) Quanto à responsabilidade civil, as disposições do Código Civil e legislação complementar;

d) Quanto à execução das coimas, as disposições do Código de Procedimento e de Processo Tributário.

Artigo 4º – Aplicação no espaço

Salvo tratado ou convenção internacional em contrário, o presente Regime Geral é aplicável, seja qual for a nacionalidade do agente, a factos praticados:

a) Em território português;

b) A bordo de navios ou aeronaves portugueses.

Artigo 5º – Lugar e momento da prática da infracção tributária

1. As infracções tributárias consideram-se praticadas no momento e no lugar em que, total ou parcialmente, e sob qualquer forma de comparticipação, o agente actuou, ou, no caso de omissão, devia ter actuado, ou naqueles em que o resultado típico se tiver produzido, sem prejuízo do disposto no nº 3.

2. As infracções tributárias omissivas consideram-se praticadas na data em que termine o prazo para o cumprimento dos respectivos deveres tributários.

3. Em caso de deveres tributários que possam ser cumpridos em qualquer serviço da administração tributária ou junto de outros organismos, a respectiva infracção considera-se praticada no serviço ou organismo do domicílio ou sede do agente.

Artigo 6º – Actuação em nome de outrem

1. Quem agir voluntariamente como titular de um órgão, membro ou representante de uma pessoa colectiva, sociedade, ainda que irregularmente constituída, ou de mera associação de facto, ou ainda em representação legal ou voluntária de outrem, será punido mesmo quando o tipo legal de crime exija:

a) Determinados elementos pessoais e estes só se verifiquem na pessoa do representado;

b) Que o agente pratique o facto no seu próprio interesse e o representante actue no interesse do representado.

2. O disposto no número anterior vale ainda que seja ineficaz o acto jurídico fonte dos respectivos poderes.

Artigo 7º – Responsabilidade das pessoas colectivas e equiparadas

1. As pessoas colectivas, sociedades, ainda que irregularmente constituídas, e outras entidades fiscalmente equiparadas são responsáveis pelas infracções previstas na presente lei quando cometidas pelos seus órgãos ou representantes, em seu nome e no interesse colectivo.

2. A responsabilidade das pessoas colectivas, sociedades, ainda que irregularmente constituídas, e outras entidades fiscalmente equiparadas é excluída quando o agente tiver actuado contra ordens ou instruções expressas de quem de direito.

3. A responsabilidade criminal das entidades referidas no nº 1 não exclui a responsabilidade individual dos respectivos agentes.

4. A responsabilidade contra-ordenacional das entidades referidas no nº 1 exclui a responsabilidade individual dos respectivos agentes.

5. Se a multa ou coima for aplicada a uma entidade sem personalidade jurídica, responde por ela o património comum e, na sua falta ou insuficiência, solidariamente, o património de cada um dos associados.

Artigo 8º – Responsabilidade civil pelas multas e coimas

1. Os administradores, gerentes e outras pessoas que exerçam, ainda que somente de facto, funções de administração em pessoas colectivas, sociedades, ainda que irregularmente constituídas, e outras entidades fiscalmente equiparadas são subsidiariamente responsáveis:

a) Pelas multas ou coimas aplicadas a infracções por factos praticados no período do exercício do seu cargo ou por factos anteriores quando tiver sido por culpa sua que o património da sociedade ou pessoa colectiva se tornou insuficiente para o seu pagamento;

b) Pelas multas ou coimas devidas por factos anteriores quando a decisão definitiva que as aplicar for notificada durante o período do exercício do seu cargo e lhes seja imputável a falta de pagamento.

2. A responsabilidade subsidiária prevista no número anterior é solidária se forem várias as pessoas a praticar os actos ou omissões culposos de que resulte a insuficiência do património das entidades em causa.

3. As pessoas referidas no nº 1, bem como os contabilistas certificados, são ainda subsidiariamente responsáveis, e solidariamente entre si, pelas coimas devidas pela falta ou atraso de quaisquer declarações que devam ser apresentadas no período de exercício de funções, quando não comuniquem, por via eletrónica, através do Portal das Finanças, até 30 dias após o termo do prazo de entrega da declaração, à Autoridade Tributária e Aduaneira as razões que impediram o cumprimento atempado da obrigação e o atraso ou a falta de entrega não lhes seja imputável a qualquer título.

4. As pessoas a quem se achem subordinados aqueles que, por conta delas, cometerem infracções fiscais são solidariamente responsáveis pelo pagamento das multas ou coimas àqueles aplicadas, salvo se tiverem tomado as providências necessárias para os fazer observar a lei.

5. O disposto no número anterior aplica-se aos pais e representantes legais dos menores ou incapazes, quanto às infracções por estes cometidas.

6. O disposto no nº 4 aplica-se às pessoas singulares, às pessoas colectivas, às sociedades, ainda que irregularmente constituídas, e a outras entidades fiscalmente equiparadas.

7. *(Revogado.)*

8. Sendo várias as pessoas responsáveis nos termos dos números anteriores, é solidária a sua responsabilidade.

(Redação dada pela Lei nº 114/2017, de 29-12)

Artigo 9º – Subsistência da prestação tributária

O cumprimento da sanção aplicada não exonera do pagamento da prestação tributária devida e acréscimos legais.

Artigo 10º – Especialidade das normas tributárias e concurso de infracções

Aos responsáveis pelas infracções previstas nesta lei são somente aplicáveis as sanções cominadas nas respectivas normas, desde que não tenham sido efectivamente cometidas infracções de outra natureza.

Artigo 11º – Definições

Para efeitos do disposto nesta lei consideram-se:

a) Prestação tributária: os impostos, incluindo os direitos aduaneiros e direitos niveladores agrícolas, as taxas e demais tributos fiscais ou parafiscais cuja cobrança caiba à administração tributária ou à administração da segurança social;

b) Serviço tributário: serviço da administração tributária ou da administração da segurança social com competência territorial para proceder à instauração dos processos tributários;

c) Órgãos da administração tributária: todas as entidades e agentes da administração a quem caiba levar a cabo quaisquer actos relativos à prestação tributária, tal como definida na alínea *a)*;

d) Valor elevado e valor consideravelmente elevado: os definidos nas alíneas *a)* e *b)* do artigo 202º do Código Penal;

e) Mercadorias em circulação: as mercadorias desde a entrada no País ou saída do local de produção até entrarem na posse do consumidor final, não se considerando na posse deste as existentes em explorações agrícolas, estabelecimentos comerciais ou industriais ou suas dependências, quando se destinem ao comércio;

f) Meios de transporte em circulação: os meios de transporte, terrestres, fluviais, marítimos e aéreos, sempre que não se encontrem, respectivamente, estacionados em garagens exclusivamente privadas, ancorados, atracados ou fundeados nos locais para o efeito designados pelas autoridades competentes e estacionados nos hangares dos aeroportos internacionais ou nacionais, quando devidamente autorizados.

CAPÍTULO II – Disposições aplicáveis aos crimes tributários

Artigo 12º – Penas aplicáveis aos crimes tributários

1. As penas principais aplicáveis aos crimes tributários cometidos por pessoas singulares são a prisão até oito anos ou a multa de 10 até 600 dias.

2. Aos crimes tributários cometidos por pessoas colectivas, sociedades, ainda que irregularmente constituídas, e outras entidades fiscalmente equiparadas é aplicável a pena de multa de 20 até 1920 dias.

3. Sem prejuízo dos limites estabelecidos no número anterior e salvo disposição em contrário, os limites mínimo e máximo das penas de multa previstas nos diferentes tipos legais de crimes são elevados para o dobro sempre que sejam aplicadas a uma pessoa colectiva, sociedade, ainda que irregularmente constituída, ou outra entidade fiscalmente equiparada.

Artigo 13º – Determinação da medida da pena

Na determinação da medida da pena atende-se, sempre que possível, ao prejuízo causado pelo crime.

Artigo 14º – Suspensão da execução da pena de prisão

1. A suspensão da execução da pena de prisão aplicada é sempre condicionada ao pagamento, em prazo a fixar até ao limite de cinco anos subsequentes à condenação, da prestação tributária e acréscimos legais, do montante dos benefícios indevidamente obtidos e, caso o juiz o entenda, ao pagamento de quantia até ao limite máximo estabelecido para a pena de multa.

2. Na falta do pagamento das quantias referidas no número anterior, o tribunal pode:

a) Exigir garantias de cumprimento;

b) Prorrogar o período de suspensão até metade do prazo inicialmente fixado, mas sem exceder o prazo máximo de suspensão admissível;

c) Revogar a suspensão da pena de prisão.

Artigo 15º – Pena de multa

1. Cada dia de multa corresponde a uma quantia entre € 1 e € 500, tratando-se de pessoas singulares, e entre € 5 e € 5000, tratando-se de pessoas colectivas ou entidades equiparadas, que o tribunal fixa em função da situação económica e financeira do condenado e dos seus encargos.

2. Sobre a pena de multa não incidem quaisquer adicionais.

Artigo 16º – Penas acessórias aplicáveis aos crimes tributários

São aplicáveis, cumulativamente, aos agentes dos crimes tributários as seguintes penas acessórias:

a) Interdição temporária do exercício de certas actividades ou profissões;

b) Privação do direito a receber subsídios ou subvenções concedidos por entidades ou serviços públicos;

c) Perda de benefícios fiscais concedidos, ainda que de forma automática, franquias aduaneiras e benefícios concedidos pela administração da segurança social ou inibição de os obter;

d) Privação temporária do direito de participar em feiras, mercados, leilões ou arrematações e concursos de obras públicas, de fornecimento de bens ou serviços e de concessão, promovidos por entidades ou serviços públicos ou por instituições particulares de solidariedade social comparticipadas pelo orçamento da segurança social;

e) Encerramento de estabelecimento ou de depósito;

f) Cassação de licenças ou concessões e suspensão de autorizações;

g) Publicação da sentença condenatória a expensas do agente da infracção;

h) Dissolução da pessoa colectiva;

i) Perda de mercadorias, meios de transporte e outros instrumentos do crime. *(Redação dada pelo Decreto-Lei nº 229/2002, de 31-10)*

Artigo 17º – Pressupostos de aplicação das penas acessórias

1. As penas a que se refere o artigo anterior são aplicáveis quando se verifiquem os pressupostos previstos no Código Penal, observando-se ainda o disposto nas alíneas seguintes:

a) A interdição temporária do exercício de certas actividades ou profissões poderá ser ordenada quando a infracção tiver sido cometida com flagrante abuso da profissão ou no exercício de uma actividade que dependa de um título público ou de uma autorização ou homologação da autoridade pública;

b) A condenação nas penas a que se referem as alíneas *b)* e *c)* deverá especificar os benefícios e subvenções afectados, só podendo, em qualquer caso, recair sobre atribuições patrimoniais concedidas ao condenado e directamente relacionadas com os deveres cuja violação foi criminalmente punida ou sobre incentivos fiscais que não sejam inerentes ao regime jurídico aplicável à coisa ou direito beneficiados;

c) O tribunal pode limitar a proibição estabelecida na alínea *d)* a determinadas feiras, mercados, leilões e arrematações ou a certas áreas territoriais;

d) Não obsta à aplicação da pena prevista na alínea *e)* a transmissão do estabelecimento ou depósito ou a cedência de direitos de qualquer natureza relacionados com a exploração daqueles, efectuada após a instauração do processo ou antes desta mas depois do cometimento do crime, salvo se, neste último caso, o adquirente tiver agido de boa fé;

e) O tribunal pode decretar a cassação de licenças ou concessões e suspender autorizações, nomeadamente as respeitantes à aprovação e outorga de regimes aduaneiros económicos ou suspensivos de que sejam titulares os condenados, desde que o crime tenha sido cometido no uso dessas licenças, concessões ou autorizações;

f) A publicação da sentença condenatória é efectuada mediante inserção em dois jornais periódicos, dentro dos 30 dias posteriores ao trânsito em julgado, de extracto organizado pelo tribunal, contendo a identificação do condenado, a natureza do crime, as circunstâncias fundamentais em que foi cometido e as sanções aplicadas;

g) A pena de dissolução de pessoa colectiva só é aplicável se esta tiver sido exclusiva ou predominantemente constituída para a prática de crimes tributários ou quando a prática reiterada de tais crimes mostre que a pessoa colectiva está a ser utilizada para esse efeito, quer pelos seus membros, quer por quem exerça a respectiva administração.

2. As penas previstas nas alíneas *a)*, *b)*, *d)*, *e)* e *f)* e a inibição de obtenção de benefícios fiscais, franquias aduaneiras e benefícios concedidos pela administração da segurança social, prevista na alínea *c)*, todas do artigo anterior, não podem ter duração superior a três anos, contados do trânsito em julgado da decisão condenatória.

(Redação dada pelo Decreto-Lei nº 229/2002, de 31-10)

Artigo 18º – Perda de mercadorias objecto do crime

1. As mercadorias que forem objecto dos crimes previstos nos artigos 92º, 93º, 94º, 95º e 96º desta lei serão declaradas perdidas a favor da Fazenda Nacional, salvo se pertencerem a pessoa a quem não possa ser atribuída responsabilidade na prática do crime.

2. No caso previsto na parte final do número anterior, o agente será condenado a pagar à Fazenda Nacional uma importância igual ao valor das mercadorias, sendo o seu proprietário responsável pelo pagamento dos direitos e demais imposições que forem devidos.

3. Quando as mercadorias pertencerem a pessoa desconhecida não deixarão de ser declaradas perdidas.

4. Se as mercadorias não tiverem sido apreendidas, o agente responderá pelo quantitativo equivalente ao seu valor de mercado, salvo quando o mesmo não se possa determinar, caso em que o agente pagará uma importância a fixar pelo tribunal entre € 15 e € 15 000.

5. Sem prejuízo dos casos em que por lei é vedada, os interessados poderão requerer a reversão das mercadorias sujeitas a perda a favor da Fazenda Nacional, desde que, satisfeitas a multa e demais quantias em dívida no processo, paguem uma importância igual ao seu valor.

6. As mercadorias perdidas a favor da Fazenda Nacional nos termos do presente artigo, quando se trate de equipamentos de telecomunicações e de informática ou outros com interesse para a instituição que procedeu à sua apreensão, ser-lhe-ão afectos sempre que esta reconheça interesse na afectação.

7. As mercadorias objecto do crime previsto no artigo 97º-A são sempre declaradas perdidas a favor da Fazenda Pública.

(Redação dada pela Lei nº 64-A/2008, de 31-12)

Artigo 19º – Perda dos meios de transporte

1. Os meios de transporte utilizados para a prática dos crimes previstos no nº 1 do artigo anterior serão declarados perdidos a favor da Fazenda Nacional, excepto se:

a) For provado que foi sem conhecimento e sem negligência dos seus proprietários que tais meios foram utilizados, caso em que o infractor pagará o respectivo valor;

b) O tribunal considerar a perda um efeito desproporcionado face à gravidade da infracção e, nomeadamente, ao valor das mercadorias objecto da mesma, caso em que fixará a perda da quantia que entender razoável.

2. À perda de meios de transporte é aplicável, com as necessárias adaptações, o disposto nos nºs 3 e 5 do artigo anterior.

3. Os meios de transporte perdidos a favor da Fazenda Nacional nos termos do presente artigo serão afectos à instituição que procedeu à sua apreensão, sempre que esta reconheça o interesse na afectação.

Artigo 20º – Perda de armas e outros instrumentos

1. As armas e demais instrumentos utilizados para a prática de quaisquer crimes aduaneiros, ou que estiverem destinadas a servir para esse efeito, serão declarados perdidos a favor da Fazenda Nacional, salvo se se provar que foi sem conhecimento e sem culpa dos seus proprietários que tais armas e instrumentos foram utilizados, caso em que o infractor pagará o respectivo valor.

2. É aplicável, com as necessárias adaptações, o disposto no nº 3 do artigo 18º e, quanto aos instrumentos que não sejam armas, é-lhes aplicável o disposto no nº 5 do mesmo artigo.

3. As armas, munições e outros instrumentos perdidos a favor da Fazenda Nacional, nos termos do presente artigo, serão afectos à Brigada Fiscal sempre que por despacho do comandante-geral da Guarda Nacional Republicana for reconhecido o seu interesse para a actividade policial.

Artigo 21º – Prescrição, interrupção e suspensão do procedimento criminal

1. O procedimento criminal por crime tributário extingue-se, por efeito de prescrição, logo que sobre a sua prática sejam decorridos cinco anos.

2. O disposto no número anterior não prejudica os prazos de prescrição estabelecidos no Código Penal quando o limite máximo da pena de prisão for igual ou superior a cinco anos.

3. O prazo de prescrição do procedimento criminal é reduzido ao prazo de caducidade do direito à liquidação da prestação tributária quando a infracção depender daquela liquidação.

4. O prazo de prescrição interrompe-se e suspende-se nos termos estabelecidos no Código Penal, mas a suspensão da prescrição verifica-se também por efeito da suspensão do processo, nos termos previstos no nº 2 do artigo 42º e no artigo 47º

Artigo 22º – Dispensa e atenuação especial da pena

1. Se o agente repuser a verdade sobre a situação tributária e o crime for punível com pena de prisão igual ou inferior a dois anos, a pena pode ser dispensada se:

a) A ilicitude do facto e a culpa do agente não forem muito graves;

b) A prestação tributária e demais acréscimos legais tiverem sido pagos, ou tiverem sido restituídos os benefícios injustificadamente obtidos, até à dedução da acusação;

c) À dispensa da pena se não opuserem razões de prevenção.

2. A pena será especialmente atenuada se o agente repuser a verdade fiscal e pagar a prestação tributária e demais acréscimos legais até à decisão final ou no prazo nela fixado.

(Redação dada pela Lei nº 83-C/2013, de 31-12)

CAPÍTULO III – Disposições aplicáveis às contra-ordenações

Artigo 23º – Classificação das contra-ordenações

1. As contra-ordenações tributárias qualificam-se como simples ou graves.

2. São contraordenações simples as puníveis com coima cujo limite máximo não exceda € 15 000.

3. São contraordenações graves as puníveis com coima cujo limite máximo seja superior a € 15 000 e aquelas que, independentemente da coima aplicável, a lei expressamente qualifique como tais.

4. Para efeitos do disposto nos números anteriores, atende-se à coima cominada em abstracto no tipo legal.

(Redação dada pela Lei nº 75-A/2014, de 30-09)

Artigo 24º – Punibilidade da negligência

1. Salvo disposição expressa da lei em contrário, as contra-ordenações tributárias são sempre puníveis a título de negligência.

2. Se a lei, relativamente ao montante máximo da coima, não distinguir o comportamento doloso do negligente, este só pode ser sancionado até metade daquele montante.

Artigo 25º – Concurso de contra-ordenações

As sanções aplicadas às contra-ordenações em concurso são sempre objecto de cúmulo material.

(Redação dada pela Lei nº 55-A/2010, de 31-12)

Artigo 26º – Montante das coimas

1. Se o contrário não resultar da lei, as coimas aplicáveis às pessoas colectivas, sociedades, ainda que irregularmente constituídas, ou outras entidades fiscalmente equiparadas podem elevar-se até ao valor máximo de:

a) € 165 000, em caso de dolo;

b) € 45 000, em caso de negligência.

2. Se o contrário não resultar da lei, as coimas aplicáveis às pessoas singulares não podem exceder metade dos limites estabelecidos no número anterior.

3. O montante mínimo da coima a pagar é de € 50, excepto em caso de redução da coima em que é de € 25.

4. Sem prejuízo do disposto nos números anteriores, os limites mínimo e máximo das coimas previstas nos diferentes tipos legais de contra-ordenação, são elevados para o dobro sempre que sejam aplicadas a uma pessoa colectiva, sociedade, ainda que irregularmente constituída, ou outra entidade fiscalmente equiparada.

(Redação dada pela Lei nº 64-B/2011, de 30-12)

Artigo 27º – Determinação da medida da coima

1. Sem prejuízo dos limites máximos fixados no artigo anterior, a coima deverá ser graduada em função da gravidade do facto, da culpa do agente, da sua situação económica e, sempre que possível, exceder o benefício económico que o agente retirou da prática da contra-ordenação.

2. Se a contra-ordenação consistir na omissão da prática de um acto devido, a coima deverá ser graduada em função do tempo decorrido desde a data em que o facto devia ter sido praticado.

3. No caso de a mercadoria objecto da contra-ordenação ser de importação ou de exportação proibida ou tabacos, gado, carne e produtos cárneos, álcool ou bebidas alcoólicas, tais circunstâncias são consideradas como agravantes para efeitos da determinação do montante da coima.

4. Os limites mínimo e máximo da coima aplicável à tentativa, só punível nos casos expressamente previstos na lei, são reduzidos para metade.

Artigo 28º – Sanções acessórias

1. São aplicáveis aos agentes das contra-ordenações tributárias graves as seguintes sanções acessórias:

a) Perda de objectos pertencentes ao agente;

b) Privação do direito a receber subsídios ou subvenções concedidos por entidades ou serviços públicos;

c) Perda de benefícios fiscais concedidos, ainda que de forma automática, franquias aduaneiras e benefícios concedidos pela administração da segurança social ou inibição de os obter;

d) Privação temporária do direito de participar em feiras, mercados, leilões ou arrematações e concursos de obras públicas, de fornecimento de bens ou serviços e de concessão, promovidos por entidades ou serviços públicos;

e) Encerramento de estabelecimento ou de depósito;

f) Cassação de licenças ou concessões e suspensão de autorizações;

g) Publicação da decisão condenatória a expensas do agente da infracção.

2. Sempre que a infração prevista no nº 6 do artigo 108º seja cometida a título de dolo e o montante de dinheiro líquido objeto da referida infração seja de valor superior a € 10 000, é decretada, a título de sanção acessória, a perda do montante total que exceda aquele quantitativo.

3. Os pressupostos da aplicação das sanções acessórias previstas nos números anteriores são os estabelecidos no regime geral do ilícito de mera ordenação social.

4. A sanção acessória de inibição de obter benefícios fiscais e franquias aduaneiras tem a duração máxima de dois anos e pode recair sobre quaisquer benefícios ou incentivos directa ou indirectamente ligados aos impostos sobre o rendimento, a despesa ou o património e às prestações tributárias a favor da segurança social.

5. As mercadorias de importação e exportação proibida são sempre declaradas perdidas.

(Redação dada pela Lei nº 42/2016, de 28-12)

Artigo 29º – Direito à redução das coimas

1. As coimas pagas a pedido do agente são reduzidas nos termos seguintes:

a) Se o pedido de pagamento for apresentado nos 30 dias posteriores ao da prática da infracção e não tiver sido levantado auto de notícia, recebida participação ou denúncia ou iniciado procedimento de inspecção tributária, para 12,5% do montante mínimo legal;

b) Se o pedido de pagamento for apresentado depois do prazo referido na alínea anterior, sem que tenha sido levantado auto de notícia, recebida participação ou iniciado procedimento de inspecção tributária, para 25% do montante mínimo legal;

c) Se o pedido de pagamento for apresentado até ao termo do procedimento de inspecção tributária e a infracção for meramente negligente, para 75% do montante mínimo legal.

2. Nos casos das alíneas *a)* e *b)* do número anterior, é considerado sempre montante mínimo da coima o estabelecido para os casos de negligência.

3. Para o fim da alínea *c)* do nº 1 deste artigo, o requerente deve dar conhecimento do pedido ao funcionário da inspecção tributária, que elabora relatório sucinto das faltas verificadas, com a sua qualificação, que será enviado à entidade competente para a instrução do pedido.

4. Nas situações a que se refere o nº 1, pode não ser aplicada coima quando o agente seja uma pessoa singular e desde que, nos cinco anos anteriores, o agente não tenha:

a) Sido condenado por decisão transitada em julgado, em processo de contraordenação ou de crime por infrações tributárias;

b) Beneficiado de pagamento de coima com redução nos termos deste artigo;

c) Beneficiado da dispensa prevista no artigo 32º

(Redação dada pela Lei nº 66-B/2012, de 31-12)

Artigo 30º – Requisitos do direito à redução da coima

1. O direito à redução das coimas previsto no artigo anterior depende:

a) Nos casos das alíneas *a)* e *b)*, do pagamento nos 15 dias posteriores ao da entrada nos serviços da administração tributária do pedido de redução;

b) No caso da alínea *c)*, bem como no do artigo 31º, do pagamento nos 15 dias posteriores à notificação da coima pela entidade competente;

c) Da regularização da situação tributária do infractor dentro do prazo previsto nas alíneas anteriores;

d) *(Revogada)*

2. Em caso de incumprimento do disposto no número anterior, é de imediato instaurado processo contra-ordenacional.

3. Entende-se por regularização da situação tributária, para efeitos deste artigo, o cumprimento das obrigações tributárias que deram origem à infracção.

4. Sempre que nos casos das alíneas *a)* e *b)* do nº 1 do artigo 29º a regularização da situação tributária do agente não dependa de tributo a liquidar pelos serviços, vale como pedido de redução a entrega da prestação tributária ou do documento ou declaração em falta.

5. Se, nas circunstâncias do número anterior, o pagamento das coimas com redução não for efectuado ao mesmo tempo que a entrega da prestação tributária ou do documento ou declaração em falta, o contribuinte é notificado para o efectuar no prazo de 15 dias, sob pena de ser levantado auto de notícia e instaurado processo contra-ordenacional.
(Redação dada pela Lei nº 55-B/2004, de 30-12)

Artigo 31º – Coima dependente de prestação tributária em falta ou a liquidar e correcção das coimas pagas

1. Sempre que a coima variar em função da prestação tributária, é considerado montante mínimo, para efeitos das alíneas *a)* e *b)* do nº 1 do artigo 29º, 10% ou 20% da prestação tributária devida, conforme a infracção tiver sido praticada, respectivamente, por pessoa singular ou colectiva.

2. Se o montante da coima depender de prestação tributária a liquidar, a sua aplicação aguardará a liquidação, sem prejuízo do benefício da redução, se for paga nos 15 dias posteriores à notificação.

3. No caso de se verificar a falta das condições estabelecidas para a redução das coimas, a liquidação destas é corrigida, levando-se em conta o montante já pago.
(Redação dada pela Lei nº 64-B/2011, de 30-12)

Artigo 32º – Dispensa e atenuação especial das coimas

1. Para além dos casos especialmente previstos na lei, pode não ser aplicada coima, desde que se verifiquem cumulativamente as seguintes circunstâncias:

a) A prática da infracção não ocasione prejuízo efectivo à receita tributária;

b) Estar regularizada a falta cometida;

c) A falta revelar um diminuto grau de culpa.

2. Independentemente do disposto no nº 1, a coima pode ser especialmente atenuada no caso de o infractor reconhecer a sua responsabilidade e regularizar a situação tributária até à decisão do processo.

Artigo 33º – Prescrição do procedimento

1. O procedimento por contra-ordenação extingue-se, por efeito da prescrição, logo que sobre a prática do facto sejam decorridos cinco anos.

2. O prazo de prescrição do procedimento por contra-ordenação é reduzido ao prazo de caducidade do direito à liquidação da prestação tributária quando a infracção depender daquela liquidação.

3. O prazo de prescrição interrompe-se e suspende-se nos termos estabelecidos na lei geral, mas a suspensão da prescrição verifica-se também por efeito da suspensão do processo, nos termos previstos no nº 2 do artigo 42º, no artigo 47º e no artigo 74º, e ainda no caso de pedido de pagamento da coima antes de instaurado o processo de contra-ordenação desde a apresentação do pedido até à notificação para o pagamento.

Artigo 34º – Prescrição das sanções contra-ordenacionais

As sanções por contra-ordenação tributária prescrevem no prazo de cinco anos a contar da data da sua aplicação, sem prejuízo das causas de interrupção e de suspensão previstas na lei geral.

PARTE II – DO PROCESSO

CAPÍTULO I – Processo penal tributário

Artigo 35º – Aquisição da notícia do crime

1. A notícia de crime tributário adquire-se por conhecimento próprio do Ministério Público ou dos órgãos da administração tributária com competência delegada para os actos de inquérito, por intermédio dos órgãos de polícia criminal ou dos agentes tributários e mediante denúncia.

2. A notícia do crime é sempre transmitida ao órgão da administração tributária com competência delegada para o inquérito.

3. Qualquer autoridade judiciária que no decurso de um processo por crime não tributário tome conhecimento de indícios de crime tributário dá deles conhecimento ao órgão da administração tributária competente.

4. O agente da administração tributária que adquira notícia de crime tributário transmite-a ao órgão da administração tributária competente.

5. A denúncia contém, na medida do possível, a indicação dos elementos referidos nas alíneas do nº 1 do artigo 243º do Código de Processo Penal.

6. Os agentes da administração tributária, os órgãos de polícia criminal e da marinha de guerra procedem de acordo com o disposto no artigo 243º do Código de Processo Penal sempre que presenciarem crime tributário, devendo o auto de notícia ser remetido, no mais curto prazo, ao órgão da administração tributária competente para o inquérito.

7. O disposto nos números anteriores é correspondentemente aplicável aos órgãos e agentes da administração da segurança social.

Artigo 36º – Detenção em flagrante delito

Em caso de flagrante delito por crime tributário punível com pena de prisão, as entidades referidas no nº 6 do artigo anterior procedem à detenção, nos termos do disposto no artigo 255º do Código de Processo Penal.

Artigo 37º – Providências cautelares quanto aos meios de prova

Independentemente do disposto no artigo seguinte, qualquer órgão de polícia criminal ou agente da administração tributária pratica, em caso de urgência ou de perigo de demora, os actos cautelares necessários e urgentes para assegurar os meios de prova, nos termos do disposto no artigo 249º do Código de Processo Penal.

Artigo 38º – Depósito de mercadorias e instrumentos do crime nas estâncias aduaneiras ou depósitos públicos e venda imediata

1. As mercadorias, meios de transporte, armas e outros instrumentos do crime apreendidos serão depositados nas estâncias aduaneiras ou depósitos públicos, a não ser que estes não possam recebê-los por falta de espaço.

2. Mediante despacho da autoridade judiciária competente, os objectos referidos no número anterior, apreendidos pela Brigada Fiscal, podem ser por esta utilizados provisoriamente até à declaração de perda ou de restituição, sempre que seja reconhecido interesse na sua utilização.

3. Se a apreensão respeitar a coisas perecíveis, perigosas ou deterioráveis, é aplicável, com as necessárias adaptações, o disposto no artigo 185º do Código de Processo Penal, devendo a decisão ser proferida no prazo de dois dias.

4. As operações de venda são realizadas pelos órgãos competentes da administração tributária, nos termos das leis aplicáveis, sendo o produto da venda depositado à ordem do processo respectivo.

5. Se a decisão final não decretar a perda, o produto da venda será entregue ao proprietário dos objectos apreendidos.

Artigo 39º – Outras formas de depósito

1. Quando não se torne possível o transporte imediato dos objectos apreendidos para as estâncias aduaneiras ou depósitos públicos, ou aqueles os não puderem receber, serão os mesmos relacionados e descritos em atenção à sua qualidade, quantidade e valor e confiados a depositário idóneo, com excepção das armas ou outros instrumentos da infracção, que ficarão sob a guarda de agentes da autoridade, lavrando-se do depósito o respectivo termo, assinado pelos apreensores, testemunhas, havendo-as, e depositário, ficando este com duplicado.

2. Não havendo no local da apreensão depositário idóneo, as mercadorias e demais bens apreendidos ficarão sob guarda de agentes da autoridade.

Artigo 40º – Inquérito

1. Adquirida a notícia de um crime tributário procede-se a inquérito, sob a direcção do Ministério Público, com as finalidades e nos termos do disposto no Código de Processo Penal.

2. Aos órgãos da administração tributária e aos da segurança social cabem, durante o inquérito, os poderes e funções que o Código de Processo Penal atribui aos órgãos e às autoridades de polícia criminal, presumindo-se-lhes delegada a prática de atos que o Ministério Público pode atribuir àquelas entidades, independentemente do valor da vantagem patrimonial ilegítima.

3. A instauração de inquérito pelos órgãos da administração tributária e da administração da segurança social ao abrigo da competência delegada deve ser de imediato comunicada ao Ministério Público.

(Redação dada pela Lei nº 66-B/2012, de 31-12)

Artigo 41º – Competência delegada para a investigação

1. Sem prejuízo de a todo o tempo o processo poder ser avocado pelo Ministério Público, a competência para os atos de inquérito a que se refere o nº 2 do artigo 40º presume-se delegada:

a) Relativamente aos crimes aduaneiros, no director da direcção de serviços antifraude, nos processos por crimes que venham a ser indiciados no exercício das suas atribuições ou no exercício das atribuições das alfândegas e na Brigada Fiscal da Guarda Nacional Republicana, nos processos por crimes que venham a ser indiciados por estes no exercício das suas atribuições;

b) Relativamente aos crimes fiscais, no diretor de finanças que exercer funções na área onde o crime tiver sido cometido ou no diretor da Unidade dos Grandes Contribuintes, ou no diretor da Direção de Serviços de Investigação da Fraude e de Ações Especiais nos processos por crimes que venham a ser indiciados por estas no exercício das suas atribuições;

c) Relativamente aos crimes contra a segurança social, nos presidentes das pessoas colectivas de direito público a quem estejam cometidas as atribuições nas áreas dos contribuintes e dos beneficiários.

2. Os actos de inquérito para cuja prática a competência é delegada nos termos do número anterior podem ser praticados pelos titulares dos órgãos e pelos funcionários e agentes dos respectivos serviços a quem tais funções sejam especialmente cometidas.

3. Os titulares dos cargos referidos no nº 1 exercem no inquérito as competências de autoridade de polícia criminal.

4. Se o mesmo facto constituir crime tributário e crime comum ou quando a investigação do crime tributário assuma especial complexidade, o Ministério Público pode determinar a constituição de equipas também integradas por elementos a designar por outros órgãos de polícia criminal para procederem aos actos de inquérito.

(Redação dada pelo Decreto-Lei nº 6/2013, de 17-01)

Artigo 42º – Duração do inquérito e seu encerramento

1. Os actos de inquérito delegados nos órgãos da administração tributária, da segurança social ou nos órgãos de polícia criminal devem estar concluídos no prazo máximo de oito meses contados da data em que foi adquirida a notícia do crime.

2. No caso de ser intentado procedimento ou processo tributário em que se discuta situação tributária de cuja definição dependa a qualificação criminal dos factos, não é encerrado o inquérito enquanto não for praticado ato definitivo ou proferida decisão final sobre a referida situação tributária, suspendendo-se, entretanto, o prazo a que se refere o número anterior.

3. Concluídas as investigações relativas ao inquérito, o órgão da administração tributária, da segurança social ou de polícia criminal competente emite parecer fundamentado que remete ao Ministério Público juntamente com o auto de inquérito.

4. Não serão concluídas as investigações enquanto não for apurada a situação tributária ou contributiva da qual dependa a qualificação criminal dos factos, cujo procedimento tem prioridade sobre outros da mesma natureza.

(Redação dada pela Lei nº 82-B/2014, de 31-12)

Artigo 43º – Decisão do Ministério Público

1. Recebido o auto de inquérito e respectivo parecer, o Ministério Público procede nos termos dos artigos 277º a 283º do Código de Processo Penal, tendo em conta o disposto no artigo seguinte.

2. O Ministério Público pratica os actos que considerar necessários à realização das finalidades do inquérito.

Artigo 44º – Arquivamento em caso de dispensa da pena

1. Se o processo for por crime relativamente ao qual se encontre expressamente prevista na lei a possibilidade de dispensa da pena, o Ministério Público, ouvida a administração tributária ou da segurança social e com a concordância do juiz de instrução, pode decidir-se pelo arquivamento do processo, se se verificarem os pressupostos daquela dispensa.

2. Se a acusação tiver sido já deduzida, o juiz de instrução, enquanto esta decorrer, pode, com a concordância do Ministério Público e do arguido, ouvida a administração tributária ou da segurança social, decidir-se pelo arquivamento do processo, se se verificarem os pressupostos da dispensa da pena.

Artigo 45º – Comunicação do arquivamento e não dedução da acusação

Sendo arquivado o inquérito ou não deduzida a acusação, a decisão é comunicada à administração tributária ou da segurança social para efeitos de procedimento por contra-ordenação, se for caso disso.

Artigo 46º – Competência por conexão

Para efeitos do presente diploma, as regras relativas à competência por conexão previstas no Código de Processo Penal valem exclusivamente para os processos por crimes tributários da mesma natureza.

Artigo 47º – Suspensão do processo penal tributário

1. Se estiver a correr processo de impugnação judicial ou tiver lugar oposição à execução, nos termos do Código de Procedimento e de Processo Tributário, em que se discuta situação tributária de cuja definição dependa a qualificação criminal dos factos imputados, o processo penal tributário suspende-se até que transitem em julgado as respectivas sentenças.

2. Se o processo penal tributário for suspenso, nos termos do número anterior, o processo que deu causa à suspensão tem prioridade sobre todos os outros da mesma espécie.

(Redação dada pela Lei nº 53-A/2006, de 29-12)

Artigo 48º – Caso julgado das sentenças de impugnação e de oposição

A sentença proferida em processo de impugnação judicial e a que tenha decidido da oposição de executado, nos termos do Código de Procedimento e de Processo Tributário, uma vez transitadas, constituem caso julgado para o processo penal tributário apenas relativamente às questões nelas decididas e nos precisos termos em que o foram.

Artigo 49º – Responsáveis civis

Os responsáveis civis pelo pagamento de multas, nos termos do artigo 8º desta lei, intervêm no processo e gozam dos direitos de defesa dos arguidos compatíveis com a defesa dos seus interesses.

Artigo 50º – Assistência ao Ministério Público e comunicação das decisões

1. A administração tributária ou da segurança social assiste tecnicamente o Ministério Público em todas as fases do processo, podendo designar para cada processo um agente da administração ou perito tributário, que tem sempre a faculdade de consultar o processo e ser informado sobre a sua tramitação.

2. Em qualquer fase do processo, as respetivas decisões finais e os factos apurados relevantes para liquidação dos impostos em dívida são sempre comunicados à Autoridade Tributária e Aduaneira ou à Segurança Social.

(Redação dada pela Lei nº 66-B/2012, de 31-12)

CAPÍTULO II – Processo de contra-ordenação tributária

SECÇÃO I – Disposições gerais

Artigo 51º – Âmbito

Ficam sujeitas ao processo de contra-ordenação tributário as infracções tributárias sem natureza criminal, salvo nos casos em que o conhecimento das contra-ordenações caiba aos tribunais comuns, caso em que é correspondentemente aplicável o disposto no capítulo I da parte II desta lei.

Artigo 52º – Competência das autoridades tributárias

A aplicação das coimas e sanções acessórias, ressalvadas as especialidades previstas na lei, compete às seguintes autoridades tributárias:

a) Tratando-se de contra-ordenação aduaneira ao director-geral das Alfândegas e dos Impostos Especiais sobre o Consumo, aos directores das alfândegas e aos chefes das delegações aduaneiras;

b) Tratando-se de contraordenação fiscal, a aplicação das coimas previstas nos artigos 114º e 116º a 126º, bem como das contraordenações autónomas, ao dirigente do serviço tributário local da área onde a infração teve lugar e a aplicação das coimas previstas nos artigos 114º, 118º, 119º e 126º, quando o imposto em falta seja superior a € 25 000, e nos artigos 113º, 115º, 127º, 128º e 129º ao diretor de finanças da área onde a infração teve lugar, ou ao diretor da Unidade dos Grandes Contribuintes, relativamente aos contribuintes cujo acompanhamento permanente seja sua atribuição, competindo-lhes, ainda, a aplicação de sanções acessórias.

(Redação dada pelo Decreto-Lei nº 6/2013, de 17-01)

Artigo 53º – Competência do tribunal

As decisões de aplicação de coimas e sanções acessórias podem ser objecto de recurso para o tribunal tributário de 1ª instância, salvo nos casos em que a contra-ordenação é julgada em 1ª instância pelo tribunal comum.

Artigo 54º – Instauração

O processo de contra-ordenação tributária será instaurado quando haja suspeita de prática de contra-ordenação tributária ou de outra natureza para a qual sejam competentes as autoridades tributárias.

Artigo 55º – Suspensão para liquidação do tributo

1. Sempre que uma contra-ordenação tributária implique a existência de facto pelo qual seja devido tributo ainda não liquidado, o processo de contra-ordenação será suspenso depois de instaurado ou finda a instrução, quando necessária, e até que ocorra uma das seguintes circunstâncias:

a) Ser o tributo pago no prazo previsto na lei ou no prazo fixado administrativamente;

b) Haver decorrido o referido prazo sem que o tributo tenha sido pago nem reclamada ou impugnada a liquidação;

c) Verificar-se o trânsito em julgado da decisão proferida em processo de impugnação ou o fim do processo de reclamação.

2. Dar-se-á prioridade ao processo de impugnação sempre que dele dependa o andamento do de contra-ordenação.

3. O processo de impugnação será, depois de findo, apensado ao processo de contra-ordenação.

4. Se durante o processo de contra-ordenação for deduzida oposição de executado em processo de execução fiscal de tributo de cuja existência dependa a graduação da coima, o processo de contra-ordenação tributário suspende-se até que a oposição seja decidida.

Artigo 56º – Base do processo de contra-ordenação tributária

Podem servir de base ao processo de contra-ordenação:

a) O auto de notícia levantado por funcionário competente;

b) A participação de entidade oficial;

c) A denúncia feita por qualquer pessoa;

d) A declaração do contribuinte ou obrigado tributário a pedir a regularização da situação tributária antes de instaurado o processo de contra-ordenação, caso não seja exercido o direito à redução da coima.

Artigo 57º – Auto de notícia – Requisitos

1. A autoridade ou agente de autoridade que verificar pessoalmente os factos constitutivos da contra-ordenação tributária levantará auto de notícia, se para isso for competente, e enviá-lo-á imediatamente à entidade que deva instruir o processo.

2. O auto de notícia deve conter, sempre que possível:

a) A identificação do autuante e do autuado, com menção do nome, número fiscal de contribuinte, profissão, morada e outros elementos necessários;

b) O lugar onde se praticou a infracção e aquele onde foi verificada;

c) O dia e hora da contra-ordenação e os da sua verificação;

d) A descrição dos factos constitutivos da infracção;

e) A indicação das circunstâncias respeitantes ao infractor e à contra-ordenação que possam influir na determinação da responsabilidade, nomeadamente a sua situação económica e o prejuízo causado ao credor tributário;

f) A menção das disposições legais que prevêem a contra-ordenação e cominam a respectiva sanção;

g) A indicação das testemunhas que possam depor sobre a contra-ordenação;

h) A assinatura do autuado e, na sua falta, a menção dos motivos desta;

i) A assinatura do autuante, que poderá ser efectuada por chancela ou outro meio de reprodução devidamente autorizado, podendo a autenticação ser efectuada por aposição de selo branco ou por qualquer forma idónea de assinatura e do serviço emitente.

Artigo 58º – Infracção verificada no decurso da acção de inspecção

1. No caso de a infracção ser verificada no decurso de procedimento de inspecção tributária e tiver sido requerida a redução da coima nos termos da alínea *c)* do nº 1 do artigo 29º, deve fazer-se menção no relatório da inspecção que o auto de notícia não é elaborado ficando-se a aguardar o decurso do prazo de pagamento pelo contribuinte ou obrigado tributário com esse direito.

2. Após o decurso do prazo de pagamento sem que o mesmo seja efectuado nos termos da alínea *b)* do nº 1 do artigo 30º, deve ser instaurado, pelo serviço tributário da área onde tiver sido cometida a infracção, um processo de contra-ordenação que tem por base a declaração do contribuinte ou obrigado tributário a pedir a regularização da situação tributária.

Artigo 59º – Competência para o levantamento do auto de notícia

Sem prejuízo do disposto em lei especial, são competentes para o levantamento do auto de notícia, em caso de contra-ordenação tributária, além dos órgãos de polícia criminal com competência para fiscalização tributária, as seguintes entidades:

a) Director-geral e subdirectores-gerais da Direcção-Geral dos Impostos e da Direcção-Geral das Alfândegas e dos Impostos Especiais sobre o Consumo;

b) Directores de serviços da Direcção-Geral dos Impostos e da Direcção-Geral das Alfândegas e dos Impostos Especiais sobre o Consumo;

c) Directores de finanças;

d) Directores de finanças-adjuntos;

e) *(Revogada.)*

f) Directores de Alfândega;

g) Chefes das delegações aduaneiras;

h) Coordenadores de postos aduaneiros;

i) Chefes de finanças;

j) Pessoal técnico superior e pessoal técnico da área da inspecção tributária da Direcção-Geral dos Impostos e da Direcção-Geral das Alfândegas e dos Impostos Especiais sobre o Consumo;

l) Outros funcionários da Direcção-Geral dos Impostos e da Direcção-Geral das Alfândegas e dos Impostos Especiais sobre o Consumo que exerçam funções de inspecção, quer atribuídas por lei quer por determinação de superiores hierárquicos mencionados nas alíneas anteriores.

(Redação dada pela Lei nº 67-A/2007, de 31-12)

Artigo 60º – Participação e denúncia

1. Se algum funcionário sem competência para levantar auto de notícia tiver conhecimento, no exercício ou por causa do exercício das suas funções, de qualquer contra-ordenação, participá-la-á, por escrito ou verbalmente, à autoridade competente para o seu processamento.

2. Qualquer pessoa pode denunciar contra-ordenação tributária junto dos serviços tributários competentes.

3. A participação e a denúncia verbais só terão seguimento depois de lavrado termo de identificação do participante ou denunciante.

4. A participação e a denúncia conterão, sempre que possível, os elementos exigidos para o auto de notícia.

5. O disposto neste artigo é também aplicável quando se trate de funcionário competente para levantar auto de notícia, desde que não tenha verificado pessoalmente a contra-ordenação.

Artigo 61º – Extinção do procedimento por contra-ordenação

O procedimento por contra-ordenação extingue-se nos seguintes casos:

a) Morte do arguido;

b) Prescrição ou amnistia, se a coima ainda não tiver sido paga;

c) Pagamento voluntário da coima no decurso do processo de contra-ordenação tributária;

d) Acusação recebida em procedimento criminal.

Artigo 62º – Extinção da coima

A obrigação de pagamento da coima e de cumprimento das sanções acessórias extingue-se com a morte do infractor.

Artigo 63º – Nulidades no processo de contra-ordenação tributário

1. Constituem nulidades insupríveis no processo de contra-ordenação tributário:

a) O levantamento do auto de notícia por funcionário sem competência;

b) A falta de assinatura do autuante e de menção de algum elemento essencial da infracção;

c) A falta de notificação do despacho para audição e apresentação de defesa;

d) A falta dos requisitos legais da decisão de aplicação das coimas, incluindo a notificação do arguido.

2. Não constitui nulidade o facto de o auto ser levantado contra um só agente e se verificar, no decurso do processo, que outra ou outras pessoas participaram na contra-ordenação ou por ela respondem.

3. As nulidades dos actos referidos no nº 1 têm por efeito a anulação dos termos subsequentes do processo que deles dependam absolutamente, devendo, porém, aproveitar-se as peças úteis ao apuramento dos factos.

4. Verificadas as nulidades constantes das alíneas *a)* e *b)* do nº 1, o auto de notícia vale como participação.

5. As nulidades mencionadas são de conhecimento oficioso e podem ser arguidas até a decisão se tornar definitiva.

Artigo 64º – Suspensão do processo e caso julgado das sentenças de impugnação e oposição

São aplicáveis ao processo de contra-ordenação, com as necessárias adaptações, o disposto nos artigos 42º, nº 2, 47º e 48º

Artigo 65º – Execução da coima

1. As coimas aplicadas em processo de contra-ordenação tributário são cobradas coercivamente em processo de execução fiscal.

2. Quando as coimas, sanções pecuniárias e custas processuais não sejam pagas nos prazos legais será extraída certidão de dívida ou certidão da conta ou liquidação feita de harmonia com o decidido, a qual servirá de base à execução fiscal.

3. Tratando-se de contra-ordenação aduaneira, se nem o arguido nem o responsável civil liquidarem a sua responsabilidade em processo de contra-ordenação dentro do prazo previsto para o efeito, proceder-se-á ao pagamento pela forma e ordem seguintes:

a) Pelas quantias e valores depositados no processo;

b) Pelo produto da arrematação das mercadorias apreendidas, quando estas últimas não devam ser declaradas perdidas;

c) Pelo produto da arrematação das mercadorias e bens que estiverem nas alfândegas ou em qualquer outro local sujeito à acção fiscal, ou de que sejam recebedores ou consignatários.

4. Se o resultado obtido nos termos do número anterior não atingir a importância das quantias devidas, feita a distribuição da quantia que se tiver executado, será o processo remetido ao órgão da execução fiscal competente, para cobrança coerciva do valor em falta.

Artigo 66º – Custas

Sem prejuízo da aplicação subsidiária do regime geral do ilícito de mera ordenação social, nomeadamente no que respeita às custas nos processos que corram nos tribunais comuns, as custas em processo de contra-ordenação tributário regem-se pelo Regulamento das Custas dos Processos Tributários.

SECÇÃO II - Processo de aplicação das coimas

SUBSECÇÃO I - Da fase administrativa

Artigo 67º - Competência para a instauração e instrução

1. O processo de contra-ordenação será instaurado no serviço tributário da área onde tiver sido cometida a contra-ordenação:

a) Por contra-ordenação fiscal, no serviço de finanças;

b) Por contra-ordenação aduaneira, na alfândega ou delegação aduaneira.

2. Serão instruídos pela Brigada Fiscal da Guarda Nacional Republicana os processos de contra-ordenação que resultem de autos de notícia levantados pelos seus agentes.

3. Os documentos que sirvam de base ao processo de contra-ordenação tributário serão remetidos ao serviço tributário competente pelos autuantes e participantes ou, no caso das denúncias, por quem as tiver recebido.

(Redação dada pela Lei nº 67-A/2007, de 31-12)

Artigo 68º - Registo e autuação dos documentos

1. Recebido qualquer dos documentos que sirva de base ao processo de contra-ordenação tributário, o serviço competente procede ao seu registo e autuação.

2. Do registo constará o número de ordem atribuído ao processo, a data de entrada e o nome do indiciado como infractor.

Artigo 69º - Investigação e instrução

1. A investigação e a instrução no processo de contra-ordenação são orientadas pelo dirigente do serviço tributário competente.

2. O auto de notícia, levantado nos termos dos artigos 57º a 59º, dispensa a investigação e instrução do processo de contra-ordenação, sem prejuízo da obtenção de outros elementos indispensáveis para a prova da culpabilidade do arguido ou para demonstrar a sua inocência.

Artigo 70º - Notificação do arguido

1. O dirigente do serviço tributário competente notifica o arguido do facto ou factos apurados no processo de contra-ordenação e da punição em que incorre, comunicando-lhe também que no prazo de 10 dias pode apresentar defesa e juntar ao processo os elementos probatórios que entender, bem como utilizar as possibilidades de pagamento antecipado da coima nos termos do artigo 75º ou, até à decisão do processo, de pagamento voluntário nos termos do artigo 78º

2. Às notificações no processo de contra-ordenação aplicam-se as disposições correspondentes do Código de Procedimento e de Processo Tributário.

3. No caso de processo instaurado com base em auto de notícia, a descrição dos factos a que se refere o nº 1 deste artigo pode ser substituída pela cópia do auto.

(Redação dada pela Lei nº 53-A/2006, de 29-12)

Artigo 71º – Defesa do arguido

1. A defesa do arguido pode ser produzida verbalmente no serviço tributário competente.

2. Após a apresentação da defesa, o dirigente do serviço tributário, caso considere necessário, pode ordenar novas diligências de investigação e instrução.

3. Durante a investigação e instrução o dirigente do serviço tributário pode solicitar a todas as entidades policiais e administrativas a cooperação necessária.

Artigo 72º – Meios de prova

1. O dirigente do serviço tributário juntará sempre ao processo os elementos oficiais de que disponha ou possa solicitar para esclarecimento dos factos, designadamente os respeitantes à situação tributária ou contributiva do arguido.

2. As testemunhas, no máximo de três por cada infracção, não são ajuramentadas, devendo a acta de inquirição ser por elas assinada ou indicar as razões da falta de assinatura.

3. As testemunhas e os peritos são obrigados a comparecer no serviço tributário da área da sua residência e a pronunciarem-se sobre a matéria do processo, sendo a falta ou recusa injustificada puníveis com sanção pecuniária a fixar entre um quinto e o dobro do salário mínimo nacional mensal mais elevado em vigor na data da não comparência ou da recusa.

Artigo 73º – Apreensão de bens

1. A apreensão de bens que tenham constituído objecto de contra-ordenação pode ser efectuada no momento do levantamento do auto de notícia ou no decurso do processo pela entidade competente para a aplicação da coima, sempre que seja necessária para efeitos de prova ou de garantia da prestação tributária, coima ou custas.

2. O disposto no número anterior vale também para os meios de transporte utilizados na prática das contra-ordenações previstas nos artigos 108º e 109º, quando a mercadoria objecto da infracção consista na parte de maior valor relativamente à restante mercadoria transportada e desde que esse valor líquido de imposto exceda € 3750, salvo se se provar que a utilização foi efectuada sem o conhecimento e sem a negligência dos seus proprietários.

3. As armas e demais instrumentos utilizados na prática das contra-ordenações referidas no número anterior, ou que estiverem destinados a servir para esse efeito, serão igualmente apreendidos, salvo se se provar que a utilização foi efectuada sem o conhecimento e sem a negligência dos seus proprietários.

4. São correspondentemente aplicáveis as disposições do nº 6 do artigo 18º, do nº 3 do artigo 19º, do nº 3 do artigo 20º, dos nºs 1 e 2 do artigo 38º e do artigo 39º

5. Tratando-se da apreensão de dinheiro líquido, na acepção da legislação comunitária e nacional sobre movimentos de dinheiro líquido à entrada e à saída do território nacional, os valores são depositados em instituição de crédito devidamente autorizada, à ordem das autoridades competentes.

6. Quando a apreensão tiver por objecto bens móveis sujeitos a registo, serão igualmente apreendidos os respectivos documentos identificativos.

7. O interessado pode requerer ao tribunal tributário competente a revogação da decisão que determinou a apreensão de bens com fundamento em ilegalidade.

8. Autuadas as infracções previstas no presente diploma em matéria de imposto sobre os veículos e de imposto único de circulação, há lugar à apreensão ou imobilização imediata do veículo, bem como à apreensão dos documentos que titulem a respectiva circulação, até ao cumprimento das obrigações tributárias em falta.

(Redação dada pela Lei nº 22-A/2007, de 29-06)

Artigo 74º – Indícios de crime tributário

1. Se até à decisão se revelarem indícios de crime tributário, é de imediato instaurado o respectivo processo criminal.

2. Se os indícios de crime tributário respeitarem ao facto objecto do processo de contra-ordenação, suspende-se o procedimento e o respectivo prazo de prescrição até decisão do processo crime.

Artigo 75º – Antecipação do pagamento da coima

1. Tratando-se de contraordenação simples, o arguido que pagar a coima no prazo para a defesa beneficia, por efeito da antecipação do pagamento, da redução da coima para um valor igual ao mínimo legal cominado para a contraordenação e da redução a metade das custas processuais.

2. O pagamento antecipado da coima não é aplicável às contra-ordenações aduaneiras em que o valor da prestação tributária em falta for superior a € 15 000 ou, não havendo lugar a prestação tributária, a mercadoria objecto de infracção for de valor aduaneiro superior a € 50 000 e, em qualquer caso, não afasta a aplicação das sanções acessórias previstas na lei.

3. Caso o arguido não proceda, no prazo legal ou no prazo que seja fixado, à regularização da situação tributária, perde o direito à redução previsto no nº 1 e o processo de contra-ordenação prossegue para fixação da coima e cobrança da diferença.

(Redação dada pela Lei nº 75-A/2014, de 30-09)

Artigo 76º – Aplicação da coima pelo dirigente do serviço tributário e outras entidades

1. Finda a produção de prova, o dirigente do serviço tributário aplicará a coima, se esta for da sua competência e não houver lugar à aplicação de sanções acessórias.

2. Se o conhecimento da contra-ordenação couber a outra entidade tributária, o dirigente do serviço tributário remete-lhe o processo para a aplicação da coima.

3. A entidade competente para conhecer da contra-ordenação pode delegar em funcionários qualificados a competência para a aplicação da coima ou para o arquivamento do respectivo processo.

4. Em caso de concurso de contra-ordenações cujo conhecimento caiba ao dirigente do serviço tributário e a outras entidades tributárias, cabe a esta aplicar a respectiva coima.

Artigo 77º – Arquivamento do processo

1. Ocorrendo causa extintiva do procedimento ou havendo dúvidas fundadas sobre os factos constitutivos da contra-ordenação que não seja possível suprir, a entidade competente para o seu conhecimento arquiva o processo.

2. (*Revogado.*)

(Redação dada pela Lei nº 66-B/2012, de 31-12)

Artigo 78º – Pagamento voluntário

1. O pagamento voluntário da coima determina a sua redução para 75% do montante fixado, não podendo, porém, a coima a pagar ser inferior ao montante mínimo respectivo, e sem prejuízo das custas processuais.

2. Fixada a coima pela entidade competente, o arguido é notificado para a pagar voluntariamente no prazo de 15 dias, sob pena de perder o direito à redução previsto no número anterior.

3. O pagamento voluntário da coima não afasta a aplicação das sanções acessórias previstas na lei.

4. Se o arguido, até à decisão, não regularizar a situação tributária, perde o direito à redução a que se refere o nº 1 e o processo prossegue para cobrança da parte da coima reduzida.

(Redação dada pela Lei nº 53-A/2006, de 29-12)

Artigo 79º – Requisitos da decisão que aplica a coima

1. A decisão que aplica a coima contém:

a) A identificação do infractor e eventuais comparticipantes;

b) A descrição sumária dos factos e indicação das normas violadas e punitivas;

c) A coima e sanções acessórias, com indicação dos elementos que contribuíram para a sua fixação;

d) A indicação de que vigora o princípio da proibição da *reformatio in pejus*, sem prejuízo da possibilidade de agravamento da coima, sempre que a situação económica e financeira do infractor tiver entretanto melhorado de forma sensível;

e) A indicação do destino das mercadorias apreendidas;

f) A condenação em custas.

2. A notificação da decisão que aplicou a coima contém, além dos termos da decisão e do montante das custas, a advertência expressa de que, no prazo de 20 dias, o infractor deve efectuar o pagamento ou recorrer judicialmente, sob pena de se proceder à sua cobrança coerciva.

3. A notificação referida no número anterior é sempre da competência do serviço tributário referido no artigo 67º

SUBSECÇÃO II – Da fase judicial

Artigo 80º – Recurso das decisões de aplicação das coimas

1. As decisões de aplicação das coimas e sanções acessórias podem ser objecto de recurso para o tribunal tributário de 1ª instância, no prazo de 20 dias após a sua notificação, a apresentar no serviço tributário onde tiver sido instaurado o processo de contra-ordenação.

2. O pedido contém alegações e a indicação dos meios de prova a produzir e é dirigido ao tribunal tributário de 1ª instância da área do serviço tributário referido no número anterior.

3. Até ao envio dos autos ao tribunal a autoridade recorrida pode revogar a decisão de aplicação da coima.

Artigo 81º – Remessa do processo ao tribunal competente

1. Recebida a petição, o dirigente do serviço tributário remete o processo, no prazo de 30 dias, ao tribunal tributário competente.

2. Sempre que o entender conveniente, o representante da Fazenda Pública pode oferecer qualquer prova complementar, arrolar testemunhas, quando ainda o não tenham sido, ou indicar os elementos ao dispor da administração tributária que repute conveniente obter.

Artigo 82º – Audiência de discussão e julgamento

1. O Ministério Público deve estar presente na audiência de julgamento.

2. O representante da Fazenda Pública pode participar na audiência.

3. O arguido não é obrigado a comparecer à audiência, salvo se o juiz considerar a sua presença como necessária ao esclarecimento dos factos, podendo sempre fazer-se representar por advogado.

Artigo 83º – Recurso da sentença

1. O arguido, o representante da Fazenda Pública e o Ministério Público podem recorrer da decisão do tribunal tributário de 1ª instância para o Tribunal Central Administrativo, exceto se o valor da coima aplicada não ultrapassar um quarto da alçada fixada para os tribunais judiciais de 1ª instância e não for aplicada sanção acessória.

2. Se o fundamento exclusivo do recurso for matéria de direito, é directamente interposto para a Secção de Contencioso Tributário do Supremo Tribunal Administrativo.

3. O recurso é interposto no prazo de 20 dias a contar da notificação do despacho, da audiência do julgamento ou, caso o arguido não tenha comparecido, da notificação da sentença.

(Redação dada pela Lei nº 66-B/2012, de 31-12)

Artigo 84º – Efeito suspensivo

O recurso só tem efeito suspensivo se o arguido prestar garantia no prazo de 20 dias, por qualquer das formas previstas nas leis tributárias, salvo se demonstrar em igual prazo que a não pode prestar, no todo ou em parte, por insuficiência de meios económicos.

Artigo 85º – Revisão das coimas e sanções acessórias – Competência

1. A revisão da decisão da autoridade administrativa cabe ao tribunal competente para o conhecimento do respectivo recurso judicial, dela cabendo recurso para a instância imediatamente superior.

2. Quando a coima tiver sido aplicada pelo tribunal, a revisão cabe à instância judicial imediatamente superior, excepto se a decisão tiver sido tomada pelo Supremo Tribunal Administrativo.

Artigo 86º – Recurso em processo de revisão

Da decisão proferida em processo judicial de revisão da coima aplicada pelo tribunal tributário de 1ª instância ou pelo Tribunal Central Administrativo só cabe recurso em matéria de direito para a Secção de Contencioso Tributário do Supremo Tribunal Administrativo.

PARTE III – DAS INFRACÇÕES TRIBUTÁRIAS EM ESPECIAL

TÍTULO I – Crimes tributários

CAPÍTULO I – Crimes tributários comuns

Artigo 87º – Burla tributária

1. Quem, por meio de falsas declarações, falsificação ou viciação de documento fiscalmente relevante ou outros meios fraudulentos, determinar a administração tributária ou a administração da segurança social a efectuar atribuições patrimoniais das quais resulte enriquecimento do agente ou de terceiro é punido com prisão até três anos ou multa até 360 dias.

2. Se a atribuição patrimonial for de valor elevado, a pena é a de prisão de 1 a 5 anos para as pessoas singulares e a de multa de 240 a 1200 dias para as pessoas colectivas.

3. Se a atribuição patrimonial for de valor consideravelmente elevado, a pena é a de prisão de dois a oito anos para as pessoas singulares e a de multa de 480 a 1920 dias para as pessoas colectivas.

4. As falsas declarações, a falsificação ou viciação de documento fiscalmente relevante ou a utilização de outros meios fraudulentos com o fim previsto no nº 1 não são puníveis autonomamente, salvo se pena mais grave lhes couber.

5. A tentativa é punível.

(Redação dada pela Lei nº 64-B/2011, de 30-12)

Artigo 88º – Frustração de créditos

1. Quem, sabendo que tem de entregar tributo já liquidado ou em processo de liquidação ou dívida às instituições de segurança social, alienar, danificar ou ocultar, fizer desaparecer ou onerar o seu património com intenção de, por essa forma, frustrar total ou parcialmente o crédito tributário é punido com pena de prisão de um a dois anos ou com pena de multa até 240 dias.

2. Quem outorgar em actos ou contratos que importem a transferência ou oneração de património com a intenção e os efeitos referidos no número anterior, sabendo que o tributo já está liquidado ou em processo de liquidação ou que tem dívida às instituições de segurança social, é punido com prisão até um ano ou multa até 120 dias.

(Redação dada pela Lei nº 82-B/2014, de 31-12)

Artigo 89º – Associação criminosa

1. Quem promover ou fundar grupo, organização ou associação cuja finalidade ou actividade seja dirigida à prática de crimes tributários é punido com pena de prisão de um a cinco anos, se pena mais grave não lhe couber, nos termos de outra lei penal.

2. Na mesma pena incorre quem apoiar tais grupos, organizações ou associações, nomeadamente fornecendo armas, munições, instrumentos de crime, armazenagem, guarda ou locais para as reuniões, ou qualquer auxílio para que se recrutem novos elementos.

3. Quem chefiar, dirigir ou fizer parte dos grupos, organizações ou associações referidos nos números anteriores é punido com pena de prisão de 2 a 8 anos, se pena mais grave não lhe couber, nos termos de outra lei penal.

4. As penas referidas podem ser especialmente atenuadas ou não ter lugar a punição se o agente impedir ou se esforçar seriamente para impedir a continuação dos grupos, organizações ou associações, ou comunicar à autoridade a sua existência, de modo a esta poder evitar a prática de crimes tributários.

(Redação dada pela Lei nº 64-B/2011, de 30-12)

Artigo 90º – Desobediência qualificada

A não obediência devida a ordem ou mandado legítimo regularmente comunicado e emanado do director-geral dos Impostos ou do director-geral das Alfândegas e dos Impostos Especiais sobre o Consumo ou seus substitutos legais ou de autoridade judicial competente em matéria de derrogação do sigilo bancário é punida como desobediência qualificada, com pena de prisão até dois anos ou de multa até 240 dias.

Artigo 91º – Violação de segredo

1. Quem, sem justa causa e sem consentimento de quem de direito, dolosamente revelar ou se aproveitar do conhecimento do segredo fiscal ou da situação contributiva perante a segurança social de que tenha conhecimento no exercício das suas funções ou por causa delas é punido com prisão até um ano ou multa até 240 dias.

2. O funcionário que, sem estar devidamente autorizado, revele segredo de que teve conhecimento ou que lhe foi confiado no exercício das suas funções ou por causa delas com a intenção de obter para si ou para outrem um benefício ilegítimo ou de causar prejuízo ao interesse público, ao sistema de segurança social ou a terceiros é punido com prisão até três anos ou multa até 360 dias.

3. A pena prevista no número anterior é aplicável ao funcionário que revele segredo de que teve conhecimento ou que lhe foi confiado no exercício das suas funções ou por causa delas, obtido através da derrogação do sigilo bancário ou outro dever legal de sigilo.

CAPÍTULO II – Crimes aduaneiros

Artigo 92º – Contrabando

1. Quem, por qualquer meio:

a) Importar ou exportar ou, por qualquer modo, introduzir ou retirar mercadorias do território nacional sem as apresentar às estâncias aduaneiras ou recintos directamente fiscalizados pela autoridade aduaneira para cumprimento das formalidades de despacho ou para pagamento da prestação tributária aduaneira legalmente devida;

b) Ocultar ou subtrair quaisquer mercadorias à ação da administração aduaneira no interior das estâncias aduaneiras ou recintos diretamente fiscalizados pela administração aduaneira ou sujeitos ao seu controlo;

c) Retirar do território nacional objectos de considerável interesse histórico ou artístico sem as autorizações impostas por lei;

d) Obtiver, mediante falsas declarações ou qualquer outro meio fraudulento, o despacho aduaneiro de quaisquer mercadorias ou um benefício ou vantagem fiscal;

e) Omitir, à entrada ou saída do território nacional, a declaração de dinheiro líquido, tal como definido na legislação comunitária e nacional, quando esse montante seja superior a € 300 000 e não seja, de imediato, justificada a sua origem e destino;

é punido com pena de prisão até três anos, ou com pena de multa até 360 dias, se o valor da prestação tributária em falta for superior a € 15 000 ou, não havendo lugar a prestação tributária, a mercadoria objeto da infração for de valor aduaneiro superior a € 50 000, se pena mais grave não lhe couber por força de outra disposição legal, ou ainda, quando inferiores a estes valores e com a intenção de os iludir, as condutas que lhe estão associadas sejam praticadas de forma organizada ou assumam dimensão internacional.

2. A tentativa é punível.

(Redação dada pela Lei nº 42/2016, de 28-12)

Artigo 93º – Contrabando de circulação

1. Quem, por qualquer meio, colocar ou detiver em circulação, no interior do território nacional, mercadorias em violação das leis aduaneiras relativas à circulação interna ou comunitária de mercadorias, sem o processamento das competentes guias ou outros documentos legalmente exigíveis ou sem a aplicação de selos, marcas ou outros sinais legalmente prescritos, é punido com pena de prisão até três anos ou com pena de multa até 360 dias, se o valor da prestação tributária em falta for superior a € 15 000 ou, não havendo lugar a prestação tributária, a mercadoria objeto da infração for de valor aduaneiro superior a € 50 000 ou ainda, quando inferiores a estes valores e com a intenção de os iludir, as condutas que lhe estão associadas sejam praticadas de forma organizada ou assumam dimensão internacional.

2. A tentativa é punível.

(Redação dada pela Lei nº 82-B/2014, de 31-12)

Artigo 94º – Contrabando de mercadorias de circulação condicionada em embarcações

Quem, a bordo de embarcações de arqueação não superior a 750 t, detiver mercadorias de circulação condicionada destinadas a comércio, com excepção de pescado, é punido com prisão até três anos ou com pena de multa até 360 dias.

Artigo 95º – Fraude no transporte de mercadorias em regime suspensivo

1. Quem, por qualquer meio, no decurso do transporte de mercadorias em regime suspensivo:

a) Subtrair ou substituir mercadorias transportadas em tal regime;

b) Alterar ou tornar ineficazes os meios de selagem, de segurança ou de identificação aduaneira, com o fim de subtrair ou de substituir mercadorias;

c) Não observar os itinerários fixados, com o fim de se furtar à fiscalização;

d) Não apresentar as mercadorias nas estâncias aduaneiras de destino;

é punido com pena de prisão até três anos ou com pena de multa até 360 dias, se o valor da prestação tributária em falta for superior a € 15 000 ou, não havendo lugar a prestação tributária, a mercadoria objeto da infração for de valor aduaneiro superior a € 50 000 ou ainda, quando inferiores a estes valores e com a intenção de os iludir, as condutas que lhe estão associadas sejam praticadas de forma organizada ou assumam dimensão internacional.

2. A tentativa é punível.

(Redação dada pela Lei nº 82-B/2014, de 31-12)

Artigo 96º – Introdução fraudulenta no consumo

1. Quem, com intenção de se subtrair ao pagamento dos impostos especiais sobre o álcool, as bebidas alcoólicas e as bebidas adicionadas de açúcar ou outros edulcorantes, produtos petrolíferos e energéticos ou tabaco:

a) Introduzir no consumo produtos tributáveis sem o cumprimento das formalidades legalmente exigidas;

b) Produzir, receber, armazenar, expedir, transportar, detiver ou consumir produtos tributáveis, em regime suspensivo, sem o cumprimento das formalidades legalmente exigidas;

c) Receber, armazenar, expedir, transportar, detiver ou consumir produtos tributáveis, já introduzidos no consumo noutro Estado membro, sem o cumprimento das formalidades legalmente exigidas;

d) Introduzir no consumo, comercializar, detiver ou consumir produtos tributáveis com violação das normas nacionais ou europeias aplicáveis em matéria de marcação, coloração, desnaturação ou selagem;

e) Introduzir no consumo, detiver ou consumir produtos tributáveis destinados a consumo noutra parcela do território nacional ou com fiscalidade diferenciada;

f) Obtiver, mediante falsas declarações ou qualquer outro meio fraudulento, um benefício ou vantagem fiscal,

é punido com pena de prisão até três anos ou com pena de multa até 360 dias, se o valor da prestação tributária em falta for superior a € 15 000 ou, não havendo lugar a prestação tributária, se os produtos objeto da infração forem de valor líquido de imposto superior a € 50 000 ou ainda, quando inferiores a estes valores e com a intenção de os iludir, as condutas que lhe estão associadas sejam praticadas de forma organizada ou assumam dimensão internacional.

2. Na mesma pena incorre quem, com intenção de se subtrair ao pagamento da prestação tributária devida, introduzir no consumo veículo tributável com obtenção de benefício ou vantagem fiscal mediante falsas declarações, ou qualquer outro meio fraudulento, se o valor da prestação tributária em falta for superior a € 15 000 ou ainda, quando inferior a este valor e com a intenção de o iludir, as condutas que lhe estão associadas sejam praticadas de forma organizada ou assumam dimensão internacional.

3. A tentativa é punível.

(Redação dada pela Lei nº 71/2018, de 31-12)

Artigo 97º – Qualificação

Os crimes previstos nos artigos anteriores, independentemente dos requisitos de valor neles previstos, são punidos com pena de prisão de um a cinco anos para as pessoas singulares e com pena de multa de 240 a 1200 dias para as pessoas coletivas, quando se verifique qualquer das seguintes circunstâncias:

a) A mercadoria objeto da infração for de importação ou de exportação proibida ou condicionada em cumprimento de medidas restritivas internacionais;

b) A mercadoria objecto da infracção tiver valor superior a € 100 000;

c) Tiverem sido cometidos com uso de armas, ou com o emprego de violência, ou por duas ou mais pessoas;

d) Tiverem sido praticados com corrupção de qualquer funcionário ou agente do Estado;

e) O autor ou cúmplice do crime for funcionário da administração tributária ou agente de órgão de polícia criminal;

f) Quando em águas territoriais tiver havido transbordo de mercadorias contrabandeadas;

g) Quando a mercadoria objecto da infracção estiver tipificada no anexo à I Convenção sobre o Comércio Internacional das Espécies da Fauna e da Flora Selvagens Ameaçadas de Extinção.

(Redação dada pela Lei nº 114/2017, de 29-12)

Artigo 97º-A – Contrabando de mercadorias susceptíveis de infligir a pena de morte ou tortura

1. Quem importar ou exportar, sem as correspondentes autorizações emitidas pelas autoridades competentes, ou, por qualquer modo, introduzir ou retirar do território nacional sem as apresentar às estâncias aduaneiras, as mercadorias que, na prática, só podem ser utilizadas para aplicar a pena de morte ou infligir tortura ou tratamentos cruéis, desumanos ou degradantes, tipificadas no anexo II do Regulamento (CE) nº 1236/2005, do Conselho, de 27 de Junho, é punido com pena de prisão de 1 a 5 anos para as pessoas singulares e de multa de 240 a 1200 dias para as pessoas colectivas.

2. Quem exportar, sem as correspondentes autorizações emitidas pelas autoridades competentes, ou, por qualquer modo, retirar do território nacional sem as apresentar às estâncias aduaneiras, as mercadorias susceptíveis de serem utilizadas para infligir tortura ou tratamentos cruéis, desumanos ou degradantes, previstas no anexo III do Regulamento (CE) nº 1236/2005, do Conselho, de 27 de Junho, é punido com pena de prisão até três anos ou pena de multa até 360 dias.

3. A tentativa é punível.

(Redação dada pela Lei nº 64-B/2011, de 30-12)

Artigo 98º – Violação das garantias aduaneiras

1. Quem sendo dono, depositário, transportador ou declarante aduaneiro de quaisquer mercadorias apreendidas nos termos da lei, as alienar ou onerar, destruir, danificar ou tornar inutilizáveis, no acto da apreensão ou posteriormente, é punido com prisão até três anos ou com pena de multa até 360 dias.

2. Na mesma pena incorre quem, depois de tomar conhecimento da instauração contra si ou contra um comparticipante de processo por crime ou contra-ordenação relativos a infracção prevista no presente diploma, destruir, alienar ou onerar bens apreendidos ou arrestados para garantia do pagamento da importância da condenação e prestação tributária, ainda que esta seja devida por outro comparticipante ou responsável.

(Redação dada pela Lei nº 64-A/2008, de 31-12)

Artigo 99º – Quebra de marcas e selos

1. Quem abrir, romper ou inutilizar, total ou parcialmente, marcas, selos e sinais prescritos nas leis aduaneiras, apostos por funcionário competente, para identificar, segurar ou manter inviolável mercadoria sujeita a fiscalização ou para certificar que sobre esta recaiu arresto, apreensão ou outra providência cautelar, é punido com prisão até três anos ou com pena de multa até 360 dias.

2. A tentativa é punível.

Artigo 100º – Receptação de mercadorias objecto de crime aduaneiro

1. Quem, com intenção de obter para si ou para terceiro vantagem patrimonial, dissimular mercadoria objecto de crime aduaneiro, a receber em penhor, a adquirir por qualquer título, a detiver, conservar, transmitir ou contribuir para transmitir, ou de qualquer forma assegurar a sua posse, é punido com prisão até três anos ou com pena de multa até 360 dias.

2. Se o agente fizer modo de vida da receptação, a pena é de prisão até cinco anos ou multa até 600 dias.

3. A pena pode ser livremente atenuada, ou ser decretada a isenção da pena, se o agente do crime, antes de iniciado o processo penal ou no seu decurso, entregar a mercadoria objecto de crime aduaneiro à autoridade competente e indicar, com verdade, de quem a recebeu.

4. O disposto no número anterior não é aplicável se no decurso do processo se provar que o arguido faz da receptação de mercadorias objecto de crime aduaneiro modo de vida, bem como se se verificar que já foi condenado pelo crime previsto no nº 1.

Artigo 101º – Auxílio material

Quem auxiliar materialmente outrem a aproveitar-se do benefício económico proporcionado por mercadoria objecto de crime aduaneiro é punido com prisão até dois anos ou com pena de multa até 240 dias.

Artigo 102º – Crimes de contrabando previstos em disposições especiais

Os factos expressamente qualificados em disposições especiais como crimes de contrabando são punidos, conforme as circunstâncias, com as penas previstas nos artigos anteriores, salvo se daquelas disposições resultar pena mais grave.

CAPÍTULO III – Crimes fiscais

Artigo 103º – Fraude

1. Constituem fraude fiscal, punível com pena de prisão até três anos ou multa até 360 dias, as condutas ilegítimas tipificadas no presente artigo que visem a não liquidação, entrega ou pagamento da prestação tributária ou a obtenção indevida de benefícios fiscais, reembolsos ou outras vantagens patrimoniais susceptíveis de causarem diminuição das receitas tributárias. A fraude fiscal pode ter lugar por:

a) Ocultação ou alteração de factos ou valores que devam constar dos livros de contabilidade ou escrituração, ou das declarações apresentadas ou prestadas a fim de que a administração fiscal especificamente fiscalize, determine, avalie ou controle a matéria colectável;

b) Ocultação de factos ou valores não declarados e que devam ser revelados à administração tributária;

c) Celebração de negócio simulado, quer quanto ao valor, quer quanto à natureza, quer por interposição, omissão ou substituição de pessoas.

2. Os factos previstos nos números anteriores não são puníveis se a vantagem patrimonial ilegítima for inferior a € 15 000.

3. Para efeitos do disposto nos números anteriores, os valores a considerar são os que, nos termos da legislação aplicável, devam constar de cada declaração a apresentar à administração tributária.

(Redação dada pela Lei nº 60-A/2005, de 30-12)

Artigo 104º – Fraude qualificada

1. Os factos previstos no artigo anterior são puníveis com prisão de um a cinco anos para as pessoas singulares e multa de 240 a 1200 dias para as pessoas colectivas quando se verificar a acumulação de mais de uma das seguintes circunstâncias:

a) O agente se tiver conluiado com terceiros que estejam sujeitos a obrigações acessórias para efeitos de fiscalização tributária;

b) O agente for funcionário público e tiver abusado gravemente das suas funções;

c) O agente se tiver socorrido do auxílio do funcionário público com grave abuso das suas funções;

d) O agente falsificar ou viciar, ocultar, destruir, inutilizar ou recusar entregar, exibir ou apresentar livros, programas ou ficheiros informáticos e quaisquer outros documentos ou elementos probatórios exigidos pela lei tributária;

e) O agente usar os livros ou quaisquer outros elementos referidos no número anterior sabendo-os falsificados ou viciados por terceiro;

f) Tiver sido utilizada a interposição de pessoas singulares ou colectivas residentes fora do território português e aí submetidas a um regime fiscal claramente mais favorável;

g) O agente se tiver conluiado com terceiros com os quais esteja em situação de relações especiais.

2. A mesma pena é aplicável quando:

a) A fraude tiver lugar mediante a utilização de facturas ou documentos equivalentes por operações inexistentes ou por valores diferentes ou ainda com a intervenção de pessoas ou entidades diversas das da operação subjacente; ou

b) A vantagem patrimonial for de valor superior a € 50 000.

3. Se a vantagem patrimonial for de valor superior a € 200 000, a pena é a de prisão de 2 a 8 anos para as pessoas singulares e a de multa de 480 a 1920 dias para as pessoas colectivas.

4. Os factos previstos nas alíneas *d)* e *e)* do nº 1 do presente preceito com o fim definido no nº 1 do artigo 103º não são puníveis autonomamente, salvo se pena mais grave lhes couber.

(Redação dada pela Lei nº 64-B/2011, de 30-12)

Artigo 105º – Abuso de confiança

1. Quem não entregar à administração tributária, total ou parcialmente, prestação tributária de valor superior a € 7500, deduzida nos termos da lei e que estava legalmente obrigado a entregar é punido com pena de prisão até três anos ou multa até 360 dias.

2. Para os efeitos do disposto no número anterior, considera-se também prestação tributária a que foi deduzida por conta daquela, bem como aquela que, tendo sido recebida, haja obrigação legal de a liquidar, nos casos em que a lei o preveja.

3. É aplicável o disposto no número anterior ainda que a prestação deduzida tenha natureza parafiscal e desde que possa ser entregue autonomamente.

4. Os factos descritos nos números anteriores só são puníveis se:

a) Tiverem decorrido mais de 90 dias sobre o termo do prazo legal de entrega da prestação;

b) A prestação comunicada à administração tributária através da correspondente declaração não for paga, acrescida dos juros respectivos e do valor da coima aplicável, no prazo de 30 dias após notificação para o efeito.

5. Nos casos previstos nos números anteriores, quando a entrega não efectuada for superior a € 50 000, a pena é a de prisão de um a cinco anos e de multa de 240 a 1200 dias para as pessoas colectivas.

6. *(Revogado.)*

7. Para efeitos do disposto nos números anteriores, os valores a considerar são os que, nos termos da legislação aplicável, devam constar de cada declaração a apresentar à administração tributária.

(Redação dada pela Lei nº 64-A/2008, de 31-12)

CAPÍTULO IV – Crimes contra a segurança social

Artigo 106º – Fraude contra a segurança social

1. Constituem fraude contra a segurança social as condutas das entidades empregadoras, dos trabalhadores independentes e dos beneficiários que visem a não liquidação, entrega ou pagamento, total ou parcial, ou o recebimento indevido, total ou parcial, de prestações de segurança social com intenção de obter para si ou para outrem vantagem ilegítima de valor superior a € 7 500.

2. É aplicável à fraude contra a segurança social a pena prevista no nº 1 do artigo 103º, bem como o disposto nas respetivas alíneas.

3. É igualmente aplicável às condutas previstas no nº 1 deste artigo o disposto no artigo 104º

4. Para efeito deste artigo também se consideram prestação da segurança social os benefícios previstos na legislação da segurança social.

(Redação dada pela Lei nº 71/2018, de 31-12)

Artigo 107º – Abuso de confiança contra a segurança social

1. As entidades empregadoras que, tendo deduzido do valor das remunerações devidas a trabalhadores e membros dos órgãos sociais o montante das contribuições por estes legalmente devidas, não o entreguem, total ou parcialmente, às instituições de segurança social, são punidas com as penas previstas nos nºs 1 e 5 do artigo 105º

2. É aplicável o disposto nos nºs 4 e 7 do artigo 105º

(Redação dada pela Lei nº 66-B/2012, de 31-12)

TÍTULO II – Contra-ordenações tributárias

CAPÍTULO I – Contra-ordenações aduaneiras

Artigo 108º – Descaminho

1. Os factos descritos nos artigos 92º, 93º e 95º da presente lei que não constituam crime em razão do valor da prestação tributária ou da mercadoria objecto da infracção, ou, independentemente destes valores, sempre que forem praticados a título de negligência, são puníveis com coima de € 250 a € 165 000.

2. Os meios de transporte utilizados na prática da contra-ordenação prevista no número anterior serão declarados perdidos a favor da Fazenda Nacional quando a mercadoria objecto da infracção consistir na parte de maior valor relativamente à restante mercadoria transportada e desde que esse valor exceda € 3750, valendo, também nesses casos, as excepções consagradas nas alíneas *a)* e *b)* do nº 1 do artigo 19º

3. A mesma coima é aplicável:

a) Quando for violada a disciplina legal dos regimes aduaneiros ou destinos aduaneiros;

b) Quando tenha havido desvio do fim pressuposto no regime aduaneiro aplicado à mercadoria;

c) Quando forem utilizadas ou modificadas ilicitamente mercadorias em regime de domiciliação antes do desembaraço aduaneiro ou as armazenar em locais diversos daqueles para os quais foi autorizada a descarga, de modo a impedir ou dificultar a acção aduaneira, sem prejuízo da suspensão do regime prevista nas leis aduaneiras;

d) Quando, através de diversos formulários de despacho, se proceder à importação de componentes separados de um determinado artefacto que, após montagem no País, formem um produto novo, desde que efectuado com a finalidade de iludir a percepção da prestação tributária devida pela importação do artefacto acabado ou se destine a subtrair o importador aos efeitos das normas sobre contingentação de mercadorias.

4. *(Revogado.)*

5. A mesma coima é aplicável a infracções praticadas no âmbito dos regimes especiais de admissão ou importação, com quaisquer isenções, de bens destinados a fins sociais, culturais ou filantrópicos, quando forem afectos ou cedidos a terceiros, ao comércio ou a outros fins, em violação do respectivo regime.

6. Incorre ainda na prática de descaminho, punível com coima de € 1 000 a € 165 000, quem, à entrada ou saída do território nacional, não cumprir o dever legal de declaração de montante de dinheiro líquido, como tal definido na legislação comunitária e nacional, igual ou superior a € 10 000, transportado por si e por viagem.

7. A mesma coima é aplicável a quem violar a obrigação de comunicar à Autoridade Tributária e Aduaneira as informações prévias legalmente exigíveis, à chegada ou à partida das mercadorias, em cumprimento de medidas restritivas internacionais, se outra infração mais grave lhe não couber.

8. Considera-se que esse dever não foi cumprido quando a informação constante do formulário não esteja correcta ou esteja incompleta, salvo quando os elementos incorrectos ou em falta possam ser supridos ou mandados suprir ao declarante, no acto de controlo, e as inexactidões ou omissões não sejam culposas.

9. A tentativa é punível.

(Redação dada pela Lei nº 114/2017, de 29-12)

Artigo 109º – Introdução irregular no consumo

1. Os factos descritos no artigo 96º, que não constituam crime em razão do valor da prestação tributária ou da mercadoria objeto da infração, ou, independentemente destes valores, sempre que forem praticados a título de negligência, são puníveis com coima de € 1 500 a € 165 000.

2. São puníveis com coima de € 250 a € 165 000 os seguintes factos:

a) Não apresentar os documentos de acompanhamento, as declarações de introdução no consumo ou documento equivalente e os resumos mensais de vendas, nos termos e prazos legalmente fixados;

b) Desviar os produtos tributáveis do fim pressuposto no regime fiscal que lhe é aplicável ou utilizá-los em equipamentos não autorizados ou sem a prévia autorização por parte da Autoridade Tributária e Aduaneira;

c) Não dispuser da contabilidade nos termos do Código dos Impostos Especiais sobre o Consumo ou nela não inscrever imediatamente as expedições, recepções e introduções no consumo de produtos tributáveis;

d) Expedir produtos tributáveis em regime suspensivo, sem prestação da garantia exigível ou quando o seu montante seja inferior ao do respectivo imposto;

e) Armazenar produtos tributáveis em entreposto fiscal diferente do especialmente autorizado em função da natureza do produto;

f) Misturar produtos tributáveis distintos sem prévia autorização da estância aduaneira competente;

g) (Revogada.)

h) Não cumprir as regras de funcionamento dos entrepostos fiscais previstas no Código dos Impostos Especiais de Consumo, na entrada e na saída de produtos tributáveis;

i) (Revogada.)

j) (Revogada.)

l) Não dispuser ou não actualizar os certificados de calibração e não mantiver em bom estado de operacionalidade os instrumentos de medida, tubagens, indicadores automáticos de nível e válvulas, tal como exigido por lei;

m) Alterar as características e valores metrológicos do equipamento de armazenagem, medição e movimentação dos entrepostos fiscais sem a comunicação prévia à estância aduaneira competente;

n) Introduzir no consumo ou comercializar produtos tributáveis a preço diferente do preço homologado de venda ao público, quando ele exista;

o) Recusar, obstruir ou impedir a fiscalização das condições do exercício da sua actividade, nomeadamente a não prestação de informação legalmente prevista ao serviço fiscalizador;

p) Introduzir no consumo, expedir, deter ou comercializar produtos com violação das regras de selagem, embalagem, detenção ou comercialização, designadamente os limites quantitativos, estabelecidas pelo Código dos Impostos Especiais sobre o Consumo e em legislação complementar;

q) Adquirir ou consumir gasóleo colorido e marcado sem ser titular de cartão com microcircuito;

r) Utilizar produtos que beneficiem de isenção, sem o reconhecimento prévio da autoridade aduaneira, nos casos em que esta for exigível pela legislação aplicável;

s) Não dispuser ou não cumprir as exigências legais de registo contabilístico, especialmente previstas para os beneficiários de isenções, na legislação aplicável.

3. A coima prevista no número anterior é igualmente aplicável a quem:

a) Introduzir no consumo, expedir, exportar, utilizar ou mantiver a posse de veículos tributáveis, sem o cumprimento das obrigações prescritas por lei;

b) Utilizar veículo tributável com documentos inválidos ou fora das condições prescritas por lei ou pela Direcção-Geral das Alfândegas e dos Impostos Especiais sobre o Consumo ou violar o prazo de apresentação à alfândega de veículos tributáveis que se destinem a ser introduzidos no consumo ou permanecer temporariamente em território nacional;

c) Utilizar veículo tributável em violação de condicinalismos ou ónus que acompanhem o reconhecimento de benefício fiscal, designadamente em matéria de alienação, aluguer, cedência a terceiros ou identificação exterior do veículo;

d) Transformar ou utilizar veículo tributável transformado, mudar chassis ou alterar o motor, desde que tais operações impliquem a sujeição a imposto ou a taxa de imposto mais elevada;

e) Obtiver benefício ou vantagem fiscal em veículos tributáveis por meio de falsas declarações ou por qualquer outro meio fraudulento.

4. A tentativa é punível.

5. O montante das coimas nos números anteriores é reduzido a metade no caso de os produtos objecto da infracção serem tributados à taxa zero.

6. O montante máximo da coima é agravado para o dobro nos casos previstos na alínea *p)* do nº 2.

(Redação dada pela Lei nº 114/2017, de 29-12)

Artigo 109º-A – Irregularidades no reembolso de imposto sobre produtos petrolíferos e energéticos

1. Quem, por qualquer meio:

a) Registar indevidamente abastecimentos nos sistemas eletrónicos de controlo previstos no artigo 93º-A do Código dos Impostos Especiais de Consumo (CIEC), introduzindo ou modificando erradamente a matricula da viatura, a respetiva quilometragem ou o montante abastecido;

b) Beneficiar do reembolso parcial previsto no artigo 93º-A do CIEC, não cumprindo os pressupostos estabelecidos naquele artigo, designadamente, através da utilização fraudulenta de cartão frota ou outro mecanismo de controlo, bem como de uma errada caracterização do veículo nas bases de dados da Autoridade Tributária e Aduaneira (AT) imputada ao beneficiário por ação ou omissão;

é punido com coima de € 3 000 até ao triplo dos abastecimentos declarados ou transferidos indevidamente, quando superior, quando dos factos resultar um reembolso indevido, em benefício próprio ou de terceiro.

2. A mesma coima é aplicável a quem:

a) Transferir combustível registado em sistema eletrónico de controlo de abastecimento para outro veículo;

b) Consumir combustível marcado para efeitos do artigo 93º-A do CIEC, não cumprindo os pressupostos estabelecidos naquele artigo.

3. A prática dos factos descritos na alínea *b)* do número anterior é punível a título de negligência.

4. Os meios de transporte utilizados na prática dos factos descritos nos nºs 1 e 2, através da utilização de combustível marcado para efeitos do artigo 93º-A do CIEC, não cumprindo os pressupostos estabelecidos naquele artigo, podem ser imobilizados pelo período de um a seis meses, através da apreensão dos respetivos documentos pela AT, mediante decisão fundamentada e após audiência prévia.

(Aditado pelo Lei nº 24/2016, de 22-08)

Artigo 110º – Recusa de entrega, exibição ou apresentação de documentos e mercadorias

1. A recusa de entrega, exibição ou apresentação de escrita, contabilidade, declarações e documentos ou a recusa de apresentação de mercadorias às entidades com competência para a investigação e instrução das infracções aduaneiras é punível com coima de € 150 a € 15 000.

2. A mesma coima é aplicável a quem, por qualquer meio, impedir ou embaraçar qualquer verificação, reverificação ou outra qualquer acção de fiscalização, ainda que preventiva, de mercadorias, livros ou documentos, ordenada por funcionário competente, em qualquer meio de transporte ou em qualquer estabelecimento, loja, armazém ou recinto fechado que não seja casa de habitação.

(Redação dada pela Lei nº 64-B/2011, de 30-12)

Artigo 110º-A – Falta ou atraso de entrega, exibição ou apresentação de documentos ou de declarações

A falta ou atraso na apresentação, ainda que por via electrónica, ou a não exibição imediata ou no prazo que a lei ou a administração aduaneira fixarem, de declarações ou documentos comprovativos dos factos, valores ou situações constantes das declarações, documentos de transporte ou outros que legalmente os possam substituir, comunicações, guias, registos, mesmo que magnéticos, ou outros documentos e a não prestação de informações ou esclarecimentos que autonomamente devam ser legal ou administrativamente exigidos são puníveis com coima de € 75 a € 3 750.

(Redação dada pela Lei nº 64-B/2011, de 30-12)

Artigo 111º – Violação do dever de cooperação

A violação dolosa do dever legal de cooperação, no sentido da correcta percepção da prestação tributária aduaneira, ou a prática de inexactidões, erros ou omissões nos documentos que aquele dever postula, quando estas não devam ser consideradas como infracções mais graves, é punível com coima de € 75 a € 7 500.

(Redação dada pela Lei nº 64-B/2011, de 30-12)

Artigo 111º-A – Omissões e inexactidões nas declarações ou em outros documentos tributariamente relevantes

As omissões ou inexactidões que não constituam a contra-ordenação prevista no artigo anterior, praticada nas declarações, bem como nos documentos comprovativos dos factos, valores ou situações delas constantes, incluindo as praticadas nos documentos de transporte ou outros que legalmente os possam substituir ou noutros documentos tributariamente relevantes que devam ser mantidos, apresentados ou exigidos são puníveis com coima de € 75 a € 5 750.

(Redação dada pela Lei nº 64-B/2011, de 30-12)

Artigo 112º – Aquisição de mercadorias objecto de infracção aduaneira

1. Quem, sem previamente se ter assegurado da sua legítima proveniência, adquirir ou receber, a qualquer título, coisa que, pela sua qualidade ou pela condição de quem lha oferece ou pelo montante do preço proposto, faça razoavelmente suspeitar de que se trata de mercadoria objecto de infracção aduaneira, quando ao facto não for aplicável sanção mais grave, é punido com coima de € 75 a € 7 500.

2. É aplicável, com as necessárias adaptações, o disposto nos nºs 3 e 4 do artigo 100º
(Redação dada pela Lei nº 64-B/2011, de 30-12)

CAPÍTULO II – Contra-ordenações fiscais

Artigo 113º – Recusa de entrega, exibição ou apresentação de escrita e de documentos fiscalmente relevantes

1. Quem dolosamente recusar a entrega, a exibição ou apresentação de escrita, de contabilidade ou de documentos fiscalmente relevantes a funcionário competente, quando os factos não constituam fraude fiscal, é punido com coima de € 375 a € 75 000.

2. Quando a administração tributária deva fixar previamente prazo para a entrega, exibição ou apresentação de escrita, de contabilidade e de documentos fiscalmente relevantes a funcionário competente, a infracção só se considera consumada no termo desse prazo.

3. Considera-se recusada a entrega, exibição ou apresentação de escrita, de contabilidade ou de documentos fiscalmente relevantes quando o agente não permita o livre acesso ou a utilização pelos funcionários competentes dos locais sujeitos a fiscalização de agentes da administração tributária, nos termos da lei.

4. Para efeitos dos números anteriores, consideram-se documentos fiscalmente relevantes os livros, demais documentos e respectivas versões electrónicas, indispensáveis ao apuramento e fiscalização da situação tributária do contribuinte.
(Redação dada pela Lei nº 64-B/2011, de 30-12)

Artigo 114º – Falta de entrega da prestação tributária

1. A não entrega, total ou parcial, pelo período até 90 dias, ou por período superior, desde que os factos não constituam crime, ao credor tributário, da prestação tributária deduzida nos termos da lei é punível com coima variável entre o valor da prestação em falta e o seu dobro, sem que possa ultrapassar o limite máximo abstractamente estabelecido.

2. Se a conduta prevista no número anterior for imputável a título de negligência, e ainda que o período da não entrega ultrapasse os 90 dias, será aplicável coima variável entre 15% e metade do imposto em falta, sem que possa ultrapassar o limite máximo abstractamente estabelecido.

3. Para os efeitos do disposto nos números anteriores considera-se também prestação tributária a que foi deduzida por conta daquela, bem como aquela que, tendo sido recebida, haja obrigação legal de liquidar nos casos em que a lei o preveja.

4. As coimas previstas nos números anteriores são também aplicáveis em qualquer caso de não entrega, dolosa ou negligente, da prestação tributária que, embora não tenha sido deduzida, o devesse ser nos termos da lei.

5. Para efeitos contra-ordenacionais são puníveis como falta de entrega da prestação tributária:

a) A falta de liquidação, liquidação inferior à devida ou liquidação indevida de imposto em factura ou documento equivalente, a falta de entrega, total ou parcial, ao credor tributário do imposto devido que tenha sido liquidado ou que devesse ter sido liquidado em factura ou documento equivalente, ou a sua menção, dedução ou rectificação sem observância dos termos legais;

b) A falta de pedido de liquidação do imposto que deva preceder a alienação ou aquisição de bens;

c) A falta de pedido de liquidação do imposto que deva ter lugar em prazo posterior à aquisição de bens;

d) A alienação de quaisquer bens ou o pedido de levantamento, registo, depósito ou pagamento de valores ou títulos que devam ser precedidos do pagamento de impostos;

e) A falta de liquidação, do pagamento ou da entrega nos cofres do Estado do imposto que recaia autonomamente sobre documentos, livros, papéis e actos;

f) A falta de pagamento, total ou parcial, da prestação tributária devida a título de pagamento por conta do imposto devido a final, incluindo as situações de pagamento especial por conta.

6. O pagamento do imposto por forma diferente da legalmente prevista é punível com coima de € 75 a € 2 000.

(Redação dada pela Lei nº 64-B/2011, de 30-12)

Artigo 115º – Violação de segredo fiscal

A revelação ou aproveitamento de segredo fiscal de que se tenha conhecimento no exercício das respectivas funções ou por causa delas, quando devidos a negligência, é punível com coima de € 75 a € 1 500.

(Redação dada pela Lei nº 64-B/2011, de 30-12)

Artigo 116º – Falta ou atraso de declarações

1. A falta de declarações que para efeitos fiscais devem ser apresentadas a fim de que a administração tributária especificamente determine, avalie ou comprove a matéria colectável, bem como a respectiva prestação fora do prazo legal, é punível com coima de € 150 a € 3 750.

2. Para efeitos deste artigo, são equiparadas às declarações referidas no número anterior as declarações que o contribuinte periodicamente deva efectuar para efeitos estatísticos ou similares.

3. O disposto no nº 1 não é aplicável quando o sujeito passivo, no ano a que respeita a declaração de rendimentos, esteja abrangido por uma das situações de dispensa de declaração previstas no artigo 58º do Código do IRS.

4. Quando a infração prevista no nº 1 diga respeito à falta de apresentação ou apresentação fora do prazo legal da declaração a que se referem os nºs 2, 4, 5, 6 e 7 do artigo 63º-A da Lei Geral Tributária é punível com coima de € 3000 a € 165 000.

5. Quando a infração prevista no nº 1 diga respeito a falta de apresentação ou apresentação fora do prazo legal do mapa plurianual das perdas por imparidade para risco específico de crédito a incluir no processo de documentação fiscal, a que se refere o artigo 130º do Código do IRC, é punível com coima de 375 € a 22 500 €.

(Redação dada pela Lei nº 119/2019, de 18-09)

Artigo 117º – Falta ou atraso na apresentação ou exibição de documentos ou de declarações e de comunicações

1. A falta ou atraso na apresentação ou a não exibição, imediata ou no prazo que a lei ou a administração tributária fixarem, de declarações ou documentos comprovativos dos factos, valores ou situações constantes das declarações, documentos de transporte ou outros que legalmente os possam substituir, comunicações, guias, registos, ainda que em formato digital, ou outros documentos e a não prestação de informações ou esclarecimentos que autonomamente devam ser legal ou administrativamente exigidos são puníveis com coima de € 150 a € 3750.

2. A falta de apresentação, ou a apresentação fora do prazo legal, das declarações de início, alteração ou cessação de actividade, das declarações autónomas de cessação ou alteração dos pressupostos de benefícios fiscais e das declarações para inscrição em registos que a administração fiscal deva possuir de valores patrimoniais é punível com coima de € 300 a € 7 500.

3. A falta de exibição pública dos dísticos ou outros elementos comprovativos do pagamento do imposto que seja exigido é punível com coima de € 35 a € 750.

4. A falta de apresentação ou apresentação fora do prazo legal das declarações ou fichas para inscrição ou actualização de elementos do número fiscal de contribuinte das pessoas singulares é punível com coima de € 75 a € 375.

5. *(Revogado.)*

6. A falta de apresentação da documentação respeitante à política adotada em matéria de preços de transferência, bem como a falta de apresentação, no prazo legalmente previsto, da declaração de comunicação da identificação da entidade declarante ou da declaração financeira e fiscal por país relativa às entidades de um grupo multinacional, é punível com coima de € 500 a € 10 000, acrescida de 5% por cada dia de atraso no cumprimento das presentes obrigações.

7. A falta de apresentação no prazo que a administração tributária fixar dos elementos referidos no nº 9 do artigo 66º do Código do IRC é punível com coima de € 500 a € 10 000.

8. A falta de apresentação ou a apresentação fora do prazo legal das declarações previstas nas alíneas *b*) e *d*) do nº 7 do artigo 69º do Código do IRC é punível com coima de € 500 a € 22 500.

9. Quando a infração prevista no nº 1 diga respeito às comunicações exigidas nos artigos 3º e 3º-A do Decreto-Lei nº 198/2012, de 24 de agosto, alterado pela Lei nº 66-B/2012, de 31 de dezembro, e pelo Decreto-Lei nº 71/2013, de 30 de maio, a mesma constitui contraordenação grave, punível com coima de € 200 a € 10 000.

10. A falta de apresentação ou apresentação fora do prazo legal da declaração de registo e da comunicação à administração tributária, da informação a que as instituições financeiras reportantes se encontram obrigadas a prestar por força do disposto no Decreto-Lei nº 61/2013, de 10 de maio, ou no regime de comunicação obrigatória previsto no artigo 10º-A do Decreto-Lei nº 64/2016, de 11 de outubro, ambos na sua redação atual, no prazo que legalmente seja fixado, é punível com coima de 500 € a 22 500 €.

(Redação dada pela Lei nº 119/2019, de 18-09)

Artigo 118º – Falsificação, viciação e alteração de documentos fiscalmente relevantes

1. Quem dolosamente falsificar, viciar, ocultar, destruir ou danificar elementos fiscalmente relevantes, quando não deva ser punido pelo crime de fraude fiscal, é punido com coima variável entre € 750 e o triplo do imposto que deixou de ser liquidado, até € 37 500.

2. Quem utilizar, alterar ou viciar programas, dados ou suportes informáticos, necessários ao apuramento e fiscalização da situação tributária do contribuinte, com o objectivo de obter vantagens patrimoniais susceptíveis de causarem diminuição das receitas tributárias, é punido com coima variável entre € 750 e o triplo do imposto que deixou de ser liquidado, até € 37 500.

3. No caso de não haver imposto a liquidar, os limites das coimas previstas nos números anteriores são reduzidos a metade.

(Redação dada pela Lei nº 64-B/2011, de 30-12)

Artigo 119º – Omissões e inexactidões nas declarações ou em outros documentos fiscalmente relevantes

1. As omissões ou inexatidões relativas à situação tributária que não constituam fraude fiscal nem contraordenação prevista no artigo anterior, praticadas nas declarações e comunicações, bem como nos documentos comprovativos dos factos, valores ou situações delas constantes, incluindo as praticadas nos livros de contabilidade e escrituração, nos documentos de transporte ou outros que legalmente os possam substituir, comunicações, guias, registos, ainda que em formato digital, ou noutros documentos fiscalmente relevantes que devam ser mantidos, apresentados ou exibidos, são puníveis com coima de € 375 a € 22 500.

2. No caso de não haver imposto a liquidar, os limites das coimas previstas no número anterior são reduzidos a um quarto.

3. Para efeitos do nº 1 são consideradas declarações as referidas no nº 1 do artigo

116º e no nº 2 do artigo 117º, e são consideradas comunicações as referidas no nº 9 do artigo 117º

4. As inexactidões ou omissões praticadas nas declarações ou fichas para inscrição ou actualização de elementos do número fiscal de contribuinte das pessoas singulares são puníveis com coima entre € 35 e € 750.

5. Às omissões ou inexatidões relativas à situação tributária nas declarações a que se referem os nºs 2 e 3 do artigo 58º-A do Código do IRS, que não constituam fraude fiscal nem contraordenação prevista no artigo anterior, é aplicável a coima prevista no nº 1 do artigo 117º.

6. Não é aplicada a coima prevista no número anterior se estiver regularizada a falta cometida e a mesma revelar um diminuto grau de culpa, o que se presume quando as inexatidões se refiram ao montante de rendimentos comunicados por substituto tributário.

7. As omissões ou inexatidões relativas à declaração a que se referem os nºs 2, 4, 5, 6 e 7 do artigo 63º-A da Lei Geral Tributária são puníveis com coima prevista no nº 4 do artigo 116º.

(Redação dada pela Lei nº 119/2019, de 18-09)

Artigo 119º-A – Omissões ou inexactidões nos pedidos de informação vinculativa

1. As omissões ou inexactidões relativas aos actos, factos ou documentos relevantes para a apreciação de pedidos de informação vinculativa, prestadas com carácter de urgência, apresentados nos termos do artigo 68º da Lei Geral Tributária, são puníveis com coima de € 375 a € 22 500.

2. Os limites previstos no número anterior são reduzidos para um quarto no caso de pedidos de informação vinculativa não previstos no número anterior.

(Aditado pela Lei nº 64-B/2011, de 30-12)

Artigo 119º-B – Incumprimento das regras de comunicação e diligência devida a aplicar pelas instituições financeiras

1. As omissões ou inexatidões nas informações comunicadas pelas instituições financeiras reportantes, nos termos do Decreto-Lei nº 61/2013, de 10 de maio, ou do regime de comunicação obrigatória previsto no artigo 10º-A do Decreto-Lei nº 64/2016, de 11 de outubro, ambos na sua redação atual, são puníveis com coima de 250 € a 11 250 €.

2. O incumprimento dos procedimentos de diligência devida, de registo e conservação dos documentos destinados a comprovar o respetivo cumprimento pelas instituições financeiras reportantes, nos termos do Decreto-Lei nº 61/2013, de 10 de maio, ou do regime de comunicação obrigatória previsto no artigo 10º-A do Decreto-Lei nº 64/2016, de 11 de outubro, ambos na sua redação atual são puníveis com coima de 250 € a 11 250 €.

(Redação dada pela Lei nº 17/2019, de 14-02)

Artigo 120º – Inexistência de contabilidade ou de livros fiscalmente relevantes

1. A inexistência de contabilidade organizada ou de livros de escrituração e do modelo de exportação de ficheiros, obrigatórios por força da lei, bem como de registos e documentos com eles relacionados, qualquer que seja a respetiva natureza, é punível com coima entre € 225 e € 22 500.

2. Verificada a inexistência de escrita, independentemente do procedimento para aplicação da coima prevista nos números anteriores, é notificado o contribuinte para proceder à sua organização num prazo a designar, que não pode ser superior a 30 dias, com a cominação de que, se o não fizer, fica sujeito à coima do artigo 113º

(Redação dada pela Lei nº 42/2016, de 28-12)

Artigo 121º – Não organização da contabilidade de harmonia com as regras de normalização contabilística e atrasos na sua execução

1. A não organização da contabilidade de harmonia com as regras de normalização contabilística, quando não seja punida como crime ou como contraordenação mais grave, é punível com coima de € 500 a € 10 000.

2. O atraso na execução da contabilidade, na escrituração de livros ou na elaboração de outros elementos de escrita, ou de registos, por período superior ao previsto na lei fiscal, quando não seja punida como crime ou como contraordenação mais grave, é punível com coima de € 250 a € 5 000.

3. A produção pelo sujeito passivo do ficheiro normalizado de exportação de dados sem observância do modelo de estrutura de dados legalmente previsto é punível com coima de € 250 a € 5 000.

4. Verificado o atraso, independentemente do procedimento para a aplicação da coima prevista nos números anteriores, o contribuinte é notificado para regularizar a escrita em prazo a designar, que não pode ser superior a 30 dias, com a cominação que, se não o fizer, é punido com a coima do artigo 113º

5. As infrações previstas nos nºs 1, 2 e 3 constituem contraordenações graves.

(Redação dada pela Lei nº 114/2017, de 29-12)

Artigo 122º – Falta de apresentação, antes da respectiva utilização, dos livros de escrituração

1. A falta de apresentação, no prazo legal e antes da respectiva utilização, de livros, registos ou outros documentos relacionados com a contabilidade ou exigidos na lei é punível com coima de € 75 a € 750.

2. A mesma sanção é aplicável à não conservação, pelo prazo estabelecido na lei fiscal, dos documentos mencionados no número anterior.

(Redação dada pela Lei nº 64-B/2011, de 30-12)

Artigo 123º – Violação do dever de emitir ou exigir recibos ou facturas

1. A não passagem de recibos ou facturas ou a sua emissão fora dos prazos legais, nos casos em que a lei o exija, é punível com coima de € 150 a € 3 750.

2. A não exigência, nos termos da lei, de passagem ou emissão de facturas ou recibos, ou a sua não conservação pelo período de tempo nela previsto, é punível com coima de € 75 a € 2 000.

(Redação dada pela Lei nº 64-B/2011, de 30-12)

Artigo 124º – Falta de designação de representantes

1. A falta de designação de uma pessoa com residência, sede ou direção efetiva em território nacional para representar, perante a administração tributária, as entidades não residentes neste território, bem como as que, embora residentes, se ausentem do território nacional por período superior a seis meses, no que respeita a obrigações emergentes da relação jurídico-tributária, quando obrigatória, bem como a designação que omita a aceitação expressa pelo representante, é punível com coima de € 75 a € 7 500.

2. O representante fiscal do não residente, quando pessoa diferente do gestor de bens ou direitos, que, sempre que solicitado, não obtiver ou não apresentar à administração tributária a identificação do gestor de bens ou direitos é punível com coima de € 75 a € 3 750.

(Redação dada pelo Decreto-Lei nº 93/2017, de 01-08)

Artigo 125º – Pagamento indevido de rendimentos

1. O pagamento ou colocação à disposição dos respectivos titulares de rendimentos sujeitos a imposto, com cobrança mediante o sistema de retenção na fonte, sem que aqueles façam a comprovação do seu número fiscal de contribuinte, é punível com coima entre € 35 e € 750.

2. A falta de retenção na fonte relativa a rendimentos sujeitos a esta obrigação, quando se verifiquem os pressupostos legais para a sua dispensa total ou parcial mas sem que, no prazo legalmente previsto, tenha sido apresentada a respectiva prova, é punível com coima de € 375 a € 3 750.

(Redação dada pela Lei nº 64-B/2011, de 30-12)

Artigo 125º-A – Pagamento ou colocação à disposição de rendimentos ou ganhos conferidos por ou associados a valor mobiliários

O pagamento ou colocação à disposição de rendimentos ou ganhos conferidos ou associados a valores mobiliários, quando a aquisição destes tenha sido realizada sem a intervenção das entidades referidas nos artigos 123º e 124º do Código do IRS, e previamente não tenha sido feita prova perante as entidades que intervenham no respectivo pagamento ou colocação à disposição da apresentação da declaração a que se refere o artigo 138º do Código do IRS, é punível com coima de € 375 a € 37 500.

(Redação dada pela Lei nº 64-B/2011, de 30-12)

Artigo 125º-B – Inexistência de prova da apresentação da declaração de aquisição e alienação de acções e outros valores mobiliários ou da intervenção de entidades relevantes

A inexistência de prova, de que foi apresentada a declaração a que se refere o artigo 138º do Código do IRS, perante as entidades referidas no nº 3 do mesmo artigo, ou que a aquisição das acções ou valores mobiliários foi realizada com a intervenção das entidades referidas nos artigos 123º e 124º desse Código, é punível com coima de € 375 a € 37 500.

(Redação dada pela Lei nº 64-B/2011, de 30-12)

Artigo 126º – Transferência para o estrangeiro de rendimentos sujeitos a tributação

A transferência para o estrangeiro de rendimentos sujeitos a imposto, obtidos em território português por entidades não residentes, sem que se mostre pago ou assegurado o imposto que for devido, é punível com coima de € 375 a € 37 500.

(Redação dada pela Lei nº 64-B/2011, de 30-12)

Artigo 127º – Impressão de documentos por tipografias não autorizadas

1. A impressão de documentos fiscalmente relevantes por pessoas ou entidades não autorizadas para o efeito, sempre que a lei o exija, bem como a sua aquisição, é punível com coima de € 750 a € 37 500.

2. O fornecimento de documentos fiscalmente relevantes por pessoas ou entidades autorizadas sem observância das formalidades legais, bem como a sua aquisição ou utilização, é punível com coima de € 750 a € 37 500.

(Redação dada pela Lei nº 64-B/2011, de 30-12)

Artigo 128º – Falsidade informática e software certificado

1. Quem criar, ceder ou transaccionar programas informáticos, concebidos com o objectivo de impedir ou alterar o apuramento da situação tributária do contribuinte, quando não deva ser punido como crime, é punido com coima variável entre € 3750 e € 37 500.

2. A falta de utilização de programas ou equipamentos informáticos de faturação certificados, nos termos do nº 9 do artigo 123º do Código do IRC, é punida com coima variável entre € 1 500 e € 18 750.

3. A transação ou a utilização de programas ou equipamentos informáticos de faturação que não observem os requisitos legalmente exigidos é punida com coima variável entre € 1 500 e € 18 750.

(Redação dada pela Lei nº 75-A/2014, de 30-09)

Artigo 129º – Violação da obrigação de possuir e movimentar contas bancárias e de transações em numerário

1. A falta de conta bancária nos casos legalmente previstos é punível com coima de € 270 a € 27 000.

2. A falta de realização através de conta bancária de movimentos nos casos legalmente previstos é punível com coima de € 180 a € 4 500.

3. A realização de transações em numerário que excedam os limites legalmente previstos é punível com coima de € 180 a € 4 500.

(Redação dada pela Lei nº 92/2017, de 22-08)

Dos Impostos em Especial

Código do IRS

Tabela de Atividades Exercidas pelos Sujeitos Passivos do IRS

Tabela de Atividades de Elevado Valor Acrescentado

Código do IRC

Regime das Depreciações e Amortizações para Efeitos de IRC

Estatuto dos Benefícios Fiscais

Código do IVA

Regime do IVA nas Transações Intracomunitárias

Reforma da Tributação do Património

Código do Imposto Municipal sobre Imóveis

Código do Imposto Municipal sobre as Transmissões Onerosas de Imóveis

Código do Imposto do Selo

Código dos Impostos Especiais de Consumo

Reforma da Tributação Automóvel

Código do Imposto sobre Veículos

Código do Imposto Único de Circulação

Código do Imposto sobre o Rendimento das Pessoas Singulares

Decreto-Lei nº 442-A/88, de 30 de Novembro

No uso da autorização legislativa concedida pela Lei nº 106/88, de 17 de Setembro, e nos termos das alíneas *a)* e *b)* do nº 1 do artigo 201º da Constituição, o Governo decreta o seguinte:

Artigo 1º – Aprovação do Código

É aprovado o Código do Imposto sobre o Rendimento das Pessoas Singulares (IRS), que faz parte integrante deste decreto-lei.

Artigo 2º – Entrada em vigor

O Código do IRS entra em vigor em 1 de Janeiro de 1989.

Artigo 3º – Impostos abolidos

1. Na data da entrada em vigor do Código são abolidos, relativamente aos sujeitos passivos deste imposto, o imposto profissional, o imposto de capitais, a contribuição industrial, a contribuição predial, o imposto sobre a indústria agrícola, o imposto complementar, o imposto de mais-valias e o imposto do selo constante da verba 134 da Tabela Geral do Imposto do Selo, sem prejuízo de continuar a aplicar-se o correspondente regime aos rendimentos auferidos até àquela data e às respectivas infracções.

2. Mantêm-se em vigor as disposições que actualmente regulam o registo e o depósito de títulos ao portador.

Artigo 3º-A – Regime transitório de enquadramento dos agentes desportivos

1. Os agentes desportivos que aufiram rendimentos provenientes da sua actividade desportiva, em virtude de contratos que tenham por objecto a sua prática, poderão optar, relativamente aos rendimentos auferidos em 2003, por um dos seguintes regimes:

a) Englobamento dos rendimentos auferidos exclusivamente na sua actividade desportiva, profissional ou amadora;

b) Tributação autónoma dos rendimentos ilíquidos auferidos exclusivamente na sua actividade desportiva mediante aplicação da taxa e parcela a abater correspondentes a 60% das taxas aplicáveis nos termos do artigo 68º do Código do IRS.

2. Não beneficiam do disposto no número anterior, nomeadamente, os rendimentos provenientes de publicidade nem os auferidos pelo cônjuge que não seja agente desportivo.

3. Somente é permitida a aplicação do regime instituído no Código do IRS para a dedução dos prémios de seguro no caso de ser feita a opção prevista na alínea *a)* do nº 1.

4. A retenção sobre rendimentos da categoria A será efectuada:

a) Mediante aplicação das tabelas de retenção previstas no Decreto-Lei nº 42/91, de 22 de Janeiro, se for feita a opção prevista na alínea *a)* do nº 1;

b) Mediante a aplicação de uma taxa de 22%, se for feita a opção prevista na alínea *b)* do nº 1.

5. Quando seja feita a opção prevista na alínea *b)* do nº 1, observar-se-á o seguinte:

a) Ao imposto devido, calculado nos termos gerais, quando exista, adicionar-se-á o imposto calculado nos termos nela previstos;

b) Ao imposto determinado nos termos da parte final da alínea anterior apenas serão deduzidos os pagamentos por conta e as importâncias retidas na fonte que tenham aquela natureza, respeitantes ao mesmo período de tributação.

6. Para os efeitos do disposto neste artigo, consideram-se agentes desportivos os praticantes e os árbitros que aufiram rendimentos directamente derivados de uma actividade desportiva, por força de contrato de trabalho, ou em regime de trabalho independente.

7. A percentagem a que se refere a alínea *b)* do nº 1 será incrementada anualmente em 10 pontos percentuais até se atingir o regime de tributação normal.

(Redação dada pela Lei nº 32-B/2002, de 30-12)

Artigo 4º – Regime transitório da categoria B

1. É aplicável ao IRS, com as necessárias adaptações, o disposto nos artigos 9º a 15º do Decreto-Lei nº 442-B/88, desta data (decreto-lei que aprovou o Código do IRC).

2. Os rendimentos da categoria C dos sujeitos passivos que exerçam predominantemente actividade pecuária intensiva serão considerados em 1989 apenas por 40%, em 1990 por 60% e em 1991 por 80% do seu valor.

3. Os rendimentos da categoria B, decorrentes de actividades agrícolas, silvícolas ou pecuárias, não excluídos de tributação, serão considerados, para efeitos de IRS, apenas por 60%, 70%, 80% e 90% do seu valor, respectivamente nos períodos de tributação que se iniciem em 2001, 2002, 2003 e 2004.

4. Não são considerados para efeitos de tributação os ganhos ou as perdas derivados da alienação onerosa de prédios rústicos afectos a uma actividade agrícola, silvícola ou pecuária, ou da sua transferência para o património particular do empresário, desde que os mesmos tenham sido adquiridos antes da entrada em vigor deste Código e aquela afectação tenha ocorrido antes de 1 de Janeiro de 2001.

(Redação dada pela Lei nº 109-B/2001, de 27-12)

Artigo 5º – Regime transitório da categoria G

1. Os ganhos que não eram sujeitos ao imposto de mais-valias, criado pelo Código aprovado pelo Decreto-Lei nº 46 673, de 9 de Junho de 1965, bem como os derivados da alienação a título oneroso de prédios rústicos afectos ao exercício de uma actividade agrícola ou da afectação destes a uma actividade comercial ou industrial, exercida pelo respectivo proprietário, só ficam sujeitos a IRS se a aquisição dos bens ou direitos a que respeitam tiver sido efectuada depois da entrada em vigor deste Código.

2. Cabe ao contribuinte a prova de que os bens ou valores foram adquiridos em data anterior à entrada em vigor deste Código, devendo a mesma ser efectuada, quanto aos valores mobiliários, mediante registo nos termos legalmente previstos, depósito em instituição financeira ou outra prova documental adequada e através de qualquer meio de prova legalmente aceite nos restantes casos.

3. Quando, nos termos dos nºs 8 e 10 do artigo 10º do Código do IRS, haja lugar à valorização das participações sociais recebidas pelo mesmo valor das antigas, considera-se, para efeitos do disposto no nº 1, data de aquisição das primeiras a que corresponder à das últimas.

(Redação dada pelo Decreto-Lei nº 6/93, de 09-01)

Artigo 6º – Reporte de rendimentos

O reporte de rendimentos, quando permitido nos termos do presente Código, só é susceptível de ser exercido relativamente aos anos de vigência do IRS.

Artigo 7º – Obrigação de contabilidade organizada

Para aplicação do disposto nas alíneas *a)* e *b)* do artigo 109º do presente Código, são considerados, para efeitos da respectiva média, os rendimentos ilíquidos anuais ou os volumes de negócios que, nos anos imediatamente anteriores ao da sua vigência, tenham sido determinados aos sujeitos passivos no imposto profissional e na contribuição industrial ou no imposto sobre a indústria agrícola, consoante os casos.

Artigo 8º – Modelos de impressos

Os modelos de impressos exigidos para dar cumprimento às obrigações impostas pelo Código serão aprovados por portaria do Ministro das Finanças.

Artigo 9º – Recibos e livros

Os recibos modelo nº 2 a que se refere a alínea *a)* do artigo 8º do Código do Imposto Profissional, bem como os livros de registo exigidos para as actividades sujeitas a imposto profissional, a contribuição industrial e a imposto sobre a indústria agrícola, substituem até final, quando devidamente adaptados, os referidos, respectivamente, nos artigos 107º, 111º e 112º do presente Código.

Artigo 10º – Regime transitório aplicável a Macau

Aos lucros obtidos por pessoas singulares residentes em território português imputáveis a estabelecimento estável situado em Macau é aplicável o regime geral previsto no nº 1 do artigo 15º do Código do IRS, havendo lugar, sendo caso disso, a crédito de imposto nos termos estabelecidos no nº 2 do artigo 5º do Decreto-Lei nº 442-B/88, de 30 de Novembro.

(Redação dada pela Lei nº 39-B/94, de 27-12)

Artigo 11º – Sociedades de simples administração de bens e de profissionais

1. Não obstante o regime de transparência fiscal estabelecido na alínea *c)* do nº 1 do artigo 5º do Código do IRC, os lucros das sociedades de simples administração de bens, nas condições aí mencionadas obtidos anteriormente à data da entrada em vigor do mesmo Código, que venham a ser posteriormente a esta colocados à disposição dos respectivos sócios serão considerados, para efeitos de tributação em IRS, rendimentos da categoria E.

2. O disposto no número anterior é aplicável às sociedades de profissionais cujos sócios estiverem sujeitos à tributação prevista no nº 1 do artigo 6º do Código do Imposto de Capitais.

Artigo 12º – Pagamento de impostos

1. A contribuição industrial e o imposto sobre a indústria agrícola relativos ao exercício de 1988, de quantitativo igual ou superior a 30000$00, devidos por sujeitos passivos de IRS serão pagos em três prestações iguais:

a) Tratando-se de contribuintes do grupo A daqueles impostos, com vencimento nos meses de Junho de 1989 e de Maio de 1990 e de 1991;

b) Tratando-se de contribuintes do grupo B daqueles impostos, com vencimento nos meses de Outubro de 1989 e de Setembro de 1990 e de 1991;

c) Tratando-se de contribuintes do grupo C da contribuição industrial, com vencimento nos meses de Agosto de 1989 e de Julho de 1990 e de 1991.

2. Para efeitos do disposto na alínea *a)* do número anterior, o pagamento da primeira prestação deverá ser efectuado no dia da apresentação da declaração modelo nº 2, mediante conhecimento modelo nº 10, processado em triplicado.

3. As prestações não referidas no número precedente serão debitadas, para cobrança, ao tesoureiro, até ao dia 15 do mês anterior ao do vencimento da primeira das prestações em dívida.

4. Aos contribuintes que não efectuem o pagamento referido no nº 2 ou que não apresentem a declaração é aplicável o disposto no artigo 85º do Código da Contribuição Industrial.

5. Não sendo paga qualquer das prestações ou a totalidade da contribuição ou imposto no mês do vencimento, começarão a correr juros de mora.

6. Passados 60 dias sobre o vencimento de qualquer prestação sem que se mostre efectuado o respectivo pagamento, haverá lugar a procedimento executivo para arrecadação da totalidade da contribuição ou imposto em dívida, considerando-se, para o efeito, vencidas as prestações ainda não pagas.

7. Os contribuintes poderão, porém, pagar integralmente a contribuição industrial ou o imposto sobre a indústria agrícola na data do vencimento da primeira prestação, beneficiando neste caso de um desconto de 20%, a que acresce o previsto na alínea *a)* do artigo 101º do Código da Contribuição Industrial, nos casos por ele abrangidos.

Artigo 13º – Pagamentos por conta

1. Durante o ano de 1989, sem prejuízo do disposto nos números seguintes, os pagamentos por conta referidos no artigo 95º do Código do IRS serão calculados com base na contribuição industrial e ou no imposto sobre a indústria agrícola que foram ou deveriam ter sido autoliquidados com referência ao exercício de 1988, sem a dedução do imposto de capitais – secção B, que tiver sido efectuada nos termos do artigo 89º do Código da Contribuição Industrial, por força do disposto no seu § 1º, e, bem assim, a do crédito fiscal por investimento estabelecido pelos Decretos-Leis nºs 197-C/86, de 18 de Julho, e 161/86, de 6 de Abril.

2. Os sujeitos passivos que eram tributados pelos grupos B e C da contribuição industrial e B do imposto sobre a indústria agrícola entregarão por conta a importância correspondente a 50% dos impostos referidos no número anterior, em duas prestações iguais, com vencimento nos meses de Outubro e Dezembro.

3. Os sujeitos passivos de IRS referidos no artigo 95º do Código que em 1988 apenas tenham auferido rendimentos sujeitos a imposto profissional não efectuarão em 1989 qualquer pagamento por conta.

(Cfr. Declaração publicada no Diário da República nº 49, Série I, 1º Sup., de 28-02-1989)

Artigo 14º – Declaração de inscrição no registo

1. Os sujeitos passivos de IRS titulares de rendimentos das categorias B, C ou D que, à data da entrada em vigor do presente Código, já constem dos registos da Direcção-Geral das Contribuições e Impostos, por terem apresentado declarações de início de actividade para efeitos de tributação, são dispensados da apresentação da declaração de inscrição a que se refere o artigo 105º daquele Código.

2. Os sujeitos passivos de IRS que, sendo titulares de rendimentos das categorias B, C ou D, não se encontrem nas condições previstas no número anterior deverão apresentar a declaração de inscrição aí referida até 31 de Março de 1989.

Artigo 15º – Regulamentação de cobrança e reembolsos

O Governo aprovará a legislação complementar necessária à regulamentação da cobrança e dos reembolsos do IRS.

Artigo 16º – As modificações do Código

As modificações que de futuro se fizerem sobre matéria contida no Código serão consideradas como fazendo parte dele e inseridas no lugar próprio, devendo essas modificações ser sempre efectuadas por meio de substituição dos artigos alterados, supressão dos artigos inúteis ou aditamento dos que forem necessários.

Visto e aprovado em Conselho de Ministros de 20 de Outubro de 1988. – O Primeiro-Ministro, *Aníbal António Cavaco Silva*. – O Ministro das Finanças, *Miguel José Ribeiro Cadilhe.*

Promulgado em 30 de Novembro de 1988.

Publique-se.

O Presidente da República, MÁRIO SOARES.

Referendado em 30 de Novembro de 1988.

O Primeiro-Ministro, *Aníbal António Cavaco Silva.*

Decreto-Lei nº 198/2001, de 3 de Julho

O Código do Imposto sobre o Rendimento das Pessoas Singulares, o Código do Imposto sobre o Rendimento das Pessoas Colectivas e o Estatuto dos Benefícios Fiscais foram aprovados, respectivamente, pelos Decretos-Leis nºs 442-A/88, de 30 de Novembro, 442-B/88, de 30 de Novembro, e 215/89, de 1 de Julho.

Ao longo de mais de uma década, cada um destes diplomas, estruturantes da tributação do rendimento, foi objecto de dezenas de alterações e aditamentos, o que dificulta o conhecimento e interpretação do quadro legal por parte dos sujeitos passivos de imposto, num ramo de direito em que a certeza e a segurança jurídicas se revelam essenciais ao correcto cumprimento das obrigações legais.

Por outro lado, a entrada em vigor da Lei nº 30-G/2000, de 29 de Dezembro, que reforma a tributação do rendimento e adopta medidas destinadas a combater a evasão e fraude fiscais, veio tornar não apenas útil, mas indispensável, a revisão daqueles diplomas, para os dotar de melhor sistematização e coerência interna.

A Lei nº 30-G/2000, no seu artigo 17º, autoriza o Governo a rever globalmente a redacção dos Códigos do IRS e do IRC, do Estatuto dos Benefícios Fiscais e da demais legislação que disponha sobre regimes de benefícios fiscais, tendo em conta as alterações decorrentes da execução daquela lei.

Com a presente revisão global dos articulados dos referidos Códigos e do Estatuto dos Benefícios Fiscais são assim criadas condições de maior clareza, segurança e estabilidade para o conhecimento das normas fiscais, seja do ponto de vista da administração fiscal, seja do ponto de vista dos sujeitos passivos de imposto.

Assim:

No uso da autorização legislativa concedida pelo artigo 17º da Lei nº 30-G/2000, de 29 de Dezembro, e nos termos das alíneas *a)* e *b)* do nº 1 do artigo 198º da Constituição, o Governo decreta o seguinte:

Artigo 1º – Objecto

É aprovada a revisão do Código do Imposto sobre o Rendimento das Pessoas Singulares, aprovado pelo Decreto-Lei nº 442-A/88, de 30 de Novembro, do Código do Imposto sobre o Rendimento das Pessoas Colectivas, aprovado pelo Decreto-Lei nº 442-B/88, de 30 de Novembro, e do Estatuto dos Benefícios Fiscais, aprovado pelo Decreto-Lei nº 215/89, de 1 de Julho, publicando-se em anexo ao presente decreto-lei os correspondentes articulados, que dele fazem parte integrante.

Artigo 2º – Remissões

Todas as remissões para preceitos do Código do Imposto sobre o Rendimento das Pessoas Singulares, do Código do Imposto sobre o Rendimento das Pessoas Colectivas e do Estatuto dos Benefícios Fiscais na redacção anterior à da revisão a que ora se procede consideram-se efectuadas para as disposições correspondentes resultantes da nova redacção, salvo se do contexto resultar interpretação diferente.

Artigo 3º – Disposição transitória

Até à entrada em vigor do regime de preços de transferência, tal como prevista no nº 1 do artigo 7º da Lei nº 30-G/2000, de 29 de Dezembro, mantêm-se em vigor as regras procedimentais anteriormente estipuladas para os casos de correcção da matéria colectável nas situações de relações especiais.

Artigo 4º – Revogação

São revogados os artigos 5º, 9º e 10º do Decreto-Lei nº 215/89, de 1 de Julho.

Visto e aprovado em Conselho de Ministros de 26 de Abril de 2001. – *António Manuel de Oliveira Guterres – Guilherme d'Oliveira Martins – Joaquim Augusto Nunes Pina Moura.*

Promulgado em 18 de Junho de 2001.

Publique-se.

O Presidente da República, JORGE SAMPAIO.

Referendado em 21 de Junho de 2001.

O Primeiro-Ministro, *António Manuel de Oliveira Guterres.*

Lei nº 82-E/2014, de 31 de Dezembro

Procede a uma reforma da tributação das pessoas singulares, orientada para a família, para a simplificação e para a mobilidade social, altera o Código do Imposto sobre o Rendimento das Pessoas Singulares, o Código do Imposto do Selo, o Estatuto dos Benefícios Fiscais, a lei geral tributária, o Código de Procedimento e de Processo Tributário, o Regime Geral das Infrações Tributárias e o Decreto-Lei nº 26/99, de 28 de janeiro, e revoga o Decreto-Lei nº 42/91, de 22 de janeiro

A Assembleia da República decreta, nos termos da alínea *c*) do artigo 161º da Constituição, o seguinte:

CAPÍTULO I – Objeto

Artigo 1º – Objeto

A presente lei procede à reforma da tributação das pessoas singulares, alterando o Código do Imposto sobre o Rendimento das Pessoas Singulares, aprovado pelo Decreto-Lei nº 442-A/88, de 30 de novembro, o Código do Imposto do Selo, aprovado pela Lei nº 150/99, de 11 de setembro, o Estatuto dos Benefícios Fiscais, aprovado pelo Decreto-Lei nº 215/89, de 1 de julho, a lei geral tributária, aprovada pelo Decreto-Lei nº 398/98, de 17 de dezembro, o Código de Procedimento e de Processo Tributário, aprovado pelo Decreto-Lei nº 433/99, de 26 de outubro, o Regime Geral das Infrações Tributárias, aprovado pela Lei nº 15/2001, de 5 de junho, e o Decreto-Lei nº 26/99, de 28 de janeiro, que estabelece as condições de emissão e atribuição com carácter geral de vales sociais destinados ao pagamento de creches, jardins de infância e lactários.

CAPÍTULO II – Imposto sobre o rendimento das pessoas singulares

Artigo 2º – Alteração ao Código do Imposto sobre o Rendimento das Pessoas Singulares

Os artigos 2º a 6º, 8º a 16º, 17º-A, 18º, 20º, 22º, 24º, 25º, 28º, 30º a 31º-A, 33º, 38º, 40º-A, 41º, 43º, 44º, 48º a 53º, 55º, 57º a 60º, 62º, 63º, 68º-A a 72º, 74º, 76º, 78º, 81º, 83º-A, 84º, 95º, 98º, 99º, 101º a 103º, 112º, 115º, 116º, 118º, 119º, 123º, 126º a 128º, 140º e 148º do Código do Imposto sobre o Rendimento das Pessoas Singulares, adiante designado por Código do IRS, aprovado pelo Decreto-Lei nº 442-A/88, de 30 de novembro, passam a ter a seguinte redação:

(Alterações inseridas no local próprio)

Artigo 3º – Aditamento ao Código do Imposto sobre o Rendimento das Pessoas Singulares

São aditados os artigos 2º-A, 10º-A, 32º-A, 39º-A, 56º-A, 78º-A a 78º-F, 99º-B a 99º-F, 101º-A a 101º-D, 102º-A a 102º-C e 130º-A ao Código do IRS, com a seguinte redação:

(Aditamentos inseridos no local próprio)

CAPÍTULO III – Imposto do selo

Artigo 4º – Alteração ao Código do Imposto do Selo

O artigo 1º do Código do Imposto do Selo, aprovado pela Lei nº 150/99, de 11 de setembro, passa a ter a seguinte redação:

(Alterações inseridas no local próprio)

CAPÍTULO IV – Benefícios fiscais

Artigo 5º – Alteração ao Estatuto dos Benefícios Fiscais

Os artigos 18º e 58º do Estatuto dos Benefícios Fiscais, aprovado pelo Decreto-Lei nº 215/89, de 1 de julho, abreviadamente designado por EBF, passam a ter a seguinte redação:

(Alterações inseridas no local próprio)

Artigo 6º – Aditamento ao Estatuto dos Benefícios Fiscais

São aditados os artigos 20º-A e 39º-A ao EBF, com a seguinte redação:

(Aditamentos inseridos no local próprio)

CAPÍTULO V – Lei geral tributária

Artigo 7º – Alteração à lei geral tributária

Os artigos 19º, 22º, 28º e 45º da lei geral tributária, aprovada pelo Decreto-Lei nº 398/98, de 17 de dezembro, abreviadamente designada por LGT, passam a ter a seguinte redação:

(Alterações inseridas no local próprio)

CAPÍTULO VI – Procedimento e processo tributário

Artigo 8º – Alteração ao Código de Procedimento e de Processo Tributário

Os artigos 131º e 133º-A do Código de Procedimento e de Processo Tributário, aprovado pelo Decreto-Lei nº 433/99, de 26 de outubro, abreviadamente designado por CPPT, passam a ter a seguinte redação:

(Alterações inseridas no local próprio)

CAPÍTULO VII – Infrações tributárias

Artigo 9º – Alteração ao Regime Geral das Infrações Tributárias

O artigo 116º do Regime Geral das Infrações Tributárias, aprovado pela Lei nº 15/ /2001, de 5 de junho, passa a ter a seguinte redação:

(Alterações inseridas no local próprio)

CAPÍTULO VIII – Vales sociais

Artigo 10º – Alteração ao Decreto-Lei nº 26/99, de 28 de janeiro

Os artigos 1º, 3º, 5º, 8º, 9º e 10º do Decreto-Lei nº 26/99, de 28 de janeiro, que estabelece as condições de emissão e atribuição com carácter geral de vales sociais destinados ao pagamento de creches, jardins-de-infância e lactários, passam a ter a seguinte redação:

(As alterações não se transcrevem por não se inserirem no âmbito da presente publicação)

CAPÍTULO IX – Disposições finais e transitórias

Artigo 11º – Regime especial aplicável às mais-valias imobiliárias

1. A exclusão de tributação prevista no nº 5 do artigo 10º do Código do IRS é extensível às situações em que o valor de realização seja aplicado na amortização de eventual empréstimo contraído para a aquisição do imóvel alienado.

2. Nas situações referidas no número anterior em que o valor de realização seja apenas parcialmente aplicado na finalidade aí prevista, a exclusão de tributação abrange somente a parte proporcional dos ganhos correspondentes àquela aplicação.

3. O regime previsto no nº 1 não é aplicável se, à data da alienação, o sujeito passivo for proprietário de outro imóvel habitacional.

4. O disposto nos números anteriores aplica-se às alienações de imóveis ocorridas nos anos de 2015 a 2020, em que os contratos de empréstimo tenham sido celebrados até 31 de dezembro de 2014.

Artigo 12º – Evolução do quociente familiar

(Revogado pela Lei nº 7-A/2016, de 30-03)

Artigo 13º – Evolução da sobretaxa em sede de IRS e da taxa adicional de solidariedade

Tendo em conta os resultados alcançados pela reforma da tributação do rendimento das pessoas singulares operada pela presente lei e em função da avaliação da evolução da situação económica e financeira do país, deve o Governo ponderar a eliminação progressiva da sobretaxa em sede de IRS e da taxa adicional de solidariedade.

Artigo 14º – Norma interpretativa

A alínea *a*) do nº 4 do artigo 2º, a alínea *h*) do nº 2 do artigo 5º, o nº 3 do artigo 43º e o nº 11 do artigo 101º do Código do IRS, na redação dada pela presente lei, têm natureza interpretativa.

Artigo 15º – Disposição transitória

1. A reforma aprovada pela presente lei visa a redução da tributação efetiva das famílias, designadamente das famílias com dependentes ou ascendentes a cargo, e o não agravamento da tributação para os restantes contribuintes face a 2014.

2. Até ao fim do mês de março de 2015, os sujeitos passivos do IRS enquadrados no regime simplificado da categoria B podem optar pelo regime da contabilidade organizada.

3. Tendo em conta os resultados alcançados pela reforma da tributação do rendimento das pessoas singulares operada pela presente lei e em função da avaliação da evolução da situação económica e financeira do país, deve o Governo ponderar aumentar a dedução relativa às despesas gerais familiares a partir de 2016 tendo, nomeadamente em consideração a evolução dos limites para a dedução dos encargos previstos nas alíneas *b*) a *d*) do nº 1 do artigo 78º-E do Código do IRS, na redação dada pela presente lei.

4. Quaisquer remissões efetuadas para o Decreto-Lei nº 42/91, de 22 de janeiro, consideram-se efetuadas para as disposições correspondentes do Código do IRS, na redação dada pela presente lei.

Artigo 16º – Norma revogatória

São revogados:

a) Os nºs 8 e 12 do artigo 2º, os nºs 7 e 9 do artigo 5º, a alínea *c*) do nº 6 do artigo 10º, o nº 1 do artigo 14º, os nºs 9, 11, 12 e 13 do artigo 28º, o nº 7 do artigo 31º, os nºs 7 e 8 do artigo 33º, o nº 5 do artigo 53º, os nºs 2, 3, 5 e 6 do artigo 55º, as alíneas *c*) e *d*) do nº 1 e os nºs 2, 13 e 14 do artigo 71º, os nºs 4 e 7 do artigo 72º, o nº 4 do artigo 78º, os artigos 79º, 82º, 83º, 85º e 88º, o nº 5 do artigo 98º, os nºs 2 e 3 do artigo 103º, os nºs 4 e 5 do artigo 119º, o nº 2 do artigo 127º, os artigos 132º a 134º e 137º, os nºs 4 e 5 do artigo 140º, os artigos 142º, 144º, 145º e 147º, os nºs 1 e 2 do artigo 148º e o artigo 149º do Código do IRS;

b) O artigo 66º-B e o artigo 74º do EBF;

c) O nº 3 do artigo 27º e o nº 2 do artigo 90º da LGT;

d) O nº 2 do artigo 102º, o nº 2 do artigo 131º e o nº 5 do artigo 132º do CPPT;

e) O artigo 7º da Lei nº 6/2001, de 11 de maio;

f) O Decreto-Lei nº 42/91, de 22 de janeiro.

Artigo 17º – Produção de efeitos

1. A presente lei produz efeitos a partir de 1 de janeiro de 2015.

2. O novo regime de determinação da residência é aplicável apenas a situações de alteração de residência que ocorram após a entrada em vigor da presente lei.

3. O regime de transição previsto no nº 7 do artigo 3º do Código do IRS, na redação dada pela presente lei, é aplicável, com as necessárias adaptações, às situações em que por força da entrada em vigor da presente lei os sujeitos passivos passem a estar sujeitos ao novo regime de reconhecimento do rendimento previsto no nº 6 do mesmo artigo.

4. O regime previsto no nº 10 do artigo 31º do Código do IRS, na redação dada pela presente lei, é aplicável apenas aos sujeitos passivos que procedam à abertura de atividade em ou após 1 de janeiro de 2015 e que reúnam os pressupostos para a sua aplicação.

5. O estabelecido no nº 7 do artigo 41º do Código do IRS, na redação dada pela presente lei, é aplicável apenas a gastos realizados após a entrada em vigor da presente lei.

6. O artigo 55º do Código do IRS, na redação dada pela presente lei, apenas é aplicável a perdas verificadas depois de 1 de janeiro de 2015.

7. Os nºs 5 e 6 do artigo 10º do Código do IRS, na redação dada pela presente lei, aplicam-se apenas às mais-valias apuradas a partir de 1 de janeiro de 2015.

8. Os novos prazos de cumprimento de obrigações declarativas constantes da presente lei produzem efeitos apenas a partir de 1 de janeiro de 2016.

9. As obrigações declarativas eliminadas pela presente lei dizem respeito a informação a remeter por referência ao ano de 2015, produzindo efeitos apenas para as declarações a submeter a partir de 1 de janeiro de 2016.

10. Sem prejuízo do disposto nos nºs 8 e 9, a alteração ao nº 3 e a revogação dos nºs 4 e 5, todos do artigo 119º do Código do IRS, efetuadas pela presente lei, aplicam-se às obrigações declarativas que devam ser cumpridas a partir de 1 de janeiro de 2015.

11. Sem prejuízo do disposto nos nºs 8 e 9, o artigo 115º do Código do IRS, na redação dada pela presente lei, produz efeitos a partir de 1 de janeiro de 2015, devendo os recibos de quitação referentes aos meses de janeiro a abril de 2015 ser passados conjuntamente com o recibo de quitação referente ao mês de maio daquele ano.

12. O disposto no número anterior não elimina a obrigação de entrega de recibos de quitação em papel aos inquilinos, nos termos e nos prazos definidos na lei civil, por referência aos meses de janeiro a abril de 2015.

Artigo 18º – Republicação

É republicado em anexo ao presente diploma, dele fazendo parte integrante, o Código do Imposto sobre o Rendimento das Pessoas Singulares, aprovado pelo Decreto-Lei nº 442-A/88, de 30 de novembro, com a redação atual e as necessárias correções materiais.

Artigo 19º – Entrada em vigor

A presente lei entra em vigor no dia seguinte ao da sua publicação.

Aprovada em 5 de dezembro de 2014.

A Presidente da Assembleia da República, *Maria da Assunção A. Esteves.*

Promulgada em 31 de dezembro de 2014.

Publique-se.

O Presidente da República, ANÍBAL CAVACO SILVA.

Referendada em 31 de dezembro de 2014.

O Primeiro-Ministro, *Pedro Passos Coelho.*

Código do Imposto sobre o Rendimento das Pessoas Singulares*

1. Objecto da última reestruturação global no início dos anos 60 – já lá vai o espaço de uma geração –, o nosso sistema de tributação do rendimento mostra-se manifestamente desajustado da realidade económico-social do País, tendo, desde aquela época, evoluído por forma desordenada, com a acentuação de características como a complexidade excessiva, a desigualdade de tratamento entre contribuintes com níveis comparáveis de rendimento, o estreitamento das bases de tributação, o agravamento crescente – só contrariado nos últimos anos – das taxas nominais, com efeitos de desencorajamento do esforço de poupança e da aplicação ao trabalho e de incentivo à evasão, a instabilidade e a falta de coerência interna do regime das diferentes categorias fiscais e a deficiente articulação entre umas e outras.

É a reforma da tributação do rendimento, que há muito se sabe constituir uma das traves mestras da indispensável modernização do País, que agora se empreende, pondo-se termo a uma série de iniciativas sem continuidade que, em certos períodos, chegaram a suscitar descrença quanto à capacidade de reestruturar esta matéria fundamental da organização económica do País, reforma que visa objectivos de eficiência económica e de realização da justiça social e que foi elaborada na perspectiva da simplificação no cumprimento dos deveres tributários.

2. Em Portugal, a tributação do rendimento, com carácter de generalidade, teve o seu início com a décima militar, criada em 1641 para fazer face às despesas da guerra da Restauração, cujo regime básico foi consolidado no Regimento de 1654.

Abrangendo, à taxa uniforme de 10%, os rendimentos de prédios, capitais, ofícios e rendas, a décima era dividida em categorias, nas quais se encontram as raízes de quase todos os impostos directos periódicos portugueses. Sem embargo das suas óbvias limitações, vistas à luz das exigências de uma fiscalidade moderna, a décima constituiu, pela sua globalidade, um antecedente histórico do imposto único que agora se institui.

* Texto de acordo com a republicação da Lei nº 82-E/2014, de 31 de Dezembro.

Na evolução do sistema fiscal ao longo do século XIX assistiu-se à decomposição do regime da décima e ao aparecimento dos principais impostos cedulares e reais que sobreviveram até aos nossos dias: as contribuições predial e industrial e a décima de juros, que, depois de reestruturada e ampliada na base da sua incidência, veio a dar o imposto de capitais.

Soçobraram, entretanto, as tentativas de criação de impostos visando realizar a tributação global do rendimento, designadamente as empreendidas em 1845 e 1880.

Foi a reforma fiscal de 1922 que, assente na preocupação de atingir rendimentos reais, criou o nosso primeiro imposto global verdadeiramente pessoal. Mas a categoria fiscal então instituída deparou com dificuldades intransponíveis de aplicação, suscitando-se uma situação geral de incumprimento que apressou a sua substituição pelo imposto complementar – substituição concretizada antes mesmo de introduzida a reforma tributária de 1929, orientada para a tributação de rendimentos normais. O imposto complementar, articulado com o novo quadro de impostos parcelares – incluindo o então criado imposto profissional –, passou a funcionar em relação a estes como tributo de sobreposição.

A reforma da tributação do rendimento realizada entre 1962 e 1965, cujas linhas gerais, ainda que muito adulteradas, foram mantidas até ao presente, não alterou a estrutura dualista do sistema: impostos cedulares ou de produto incidentes sobre as diferentes fontes de rendimento e prescindindo das circunstâncias pessoais dos contribuintes; imposto complementar sobrepondo-se ao conjunto global dos rendimentos já submetidos aos impostos reais e tendo em conta a situação pessoal dos contribuintes. Os esforços do reformador fiscal concentraram-se na tributação dos rendimentos reais e efectivos, especialmente na contribuição industrial e na predial urbana, autonomizando-se da contribuição predial rústica os lucros das explorações agrícolas, objecto do novo imposto sobre a indústria agrícola, o qual veio, no entanto, a manter-se quase sempre suspenso.

3. A presente remodelação do regime da tributação do rendimento, que se segue à já concretizada substituição do imposto de transacções pelo imposto sobre o valor acrescentado no plano da fiscalidade indirecta, decorre, em primeira linha, da necessidade de ajustar tal regime ao preceituado nesta matéria na lei fundamental, a qual refere o carácter único e progressivo do imposto sobre o rendimento pessoal e impõe a consideração das necessidades e rendimentos do agregado familiar, além de determinar que a tributação das empresas se deve basear no seu rendimento real.

Dentro do quadro assim definido, são agora criados, em substituição do imposto profissional, da contribuição predial, da contribuição industrial, do imposto sobre a indústria agrícola, do imposto de capitais, do imposto complementar e do imposto de mais-valias, o imposto sobre o rendimento das pessoas singulares (IRS) e o imposto sobre o rendimento das pessoas colectivas (IRC).

A inovação básica reside na substituição do actual sistema misto, com preponderância dos elementos cedulares, pela fórmula da tributação unitária, atingindo globalmente os rendimentos individuais, enformadora do modelo ora adoptado para a tributação das pessoas singulares.

À luz das modernas exigências de equidade, a solução unitária é inequivocamente superior quer ao puro sistema cedular, consistindo este em impostos separados e entre si não articulados, incidentes sobre as diferentes fontes de rendimento, quer ao próprio sistema compósito, resultante, em regra, de evolução operada a partir de uma estrutura originariamente cedular, em que a um esquema de impostos parcelares se sobrepõe uma tributação de segundo grau com carácter global.

Na verdade, só a perspectiva unitária permite a distribuição da carga fiscal segundo um esquema racional de progressividade, em consonância com a capacidade contributiva.

Tal esquema de progressividade tem sido justificado em nome da necessidade de, por via do sistema fiscal, se corrigir a distribuição primária do rendimento que decorre do processo produtivo, de modo a operar uma redistribuição secundária que concorra para definir um padrão de distribuição tido como social e politicamente mais aceitável. Serve, ao mesmo tempo, de factor compensador de aspectos de regressividade contidos em outras áreas do sistema fiscal.

Se é certo que a tomada de consciência dos efeitos de desincentivo das elevadas cargas fiscais associadas aos esquemas de tributação progressiva tem suscitado em numerosos países um movimento no sentido da inflexão da curva ascensional das taxas e da redução do nível da taxa marginal mais alta, não é menos certo que o princípio da tributação com intensidade crescente à medida que o rendimento se eleva continua a constituir o critério geralmente aceite de ajustamento da carga fiscal à capacidade contributiva.

A introdução da progressividade em estruturas cedulares representa uma tentativa de pessoalização que acarreta inevitáveis e sérias distorções.

Materializada apenas em uma das cédulas, suscita cargas fiscais diferentes para contribuintes com rendimento idêntico, consoante a respectiva fonte se concentre nessa cédula ou se localize em qualquer das demais; operada uma correcção por via da generalização de tabelas de taxas progressivas às diferentes cédulas (a admitir que tal fosse tecnicamente possível), ainda assim subsistiria uma injustificável diferença de tratamento entre os contribuintes cujo rendimento provém de uma só fonte e os titulares de rendimentos de origem múltipla.

Assim, a introdução de uma escala progressiva no imposto profissional, modificando a sua estrutura originária, pode ser apresentada como exemplo do efeito distorcivo referido em primeiro lugar. A verdade é que aos impostos cedulares, por sua natureza, devem corresponder taxas proporcionais, sem embargo de permitirem, pela adopção de taxas diferentes consoante as fontes de rendimento atingidas, uma clara discriminação qualitativa dos rendimentos.

As deduções personalizantes, que os modernos sistemas fiscais consagram em medida mais ou menos ampla, desde a dedução pessoal correspondente à porção do rendimento que se presume destinar-se a satisfazer as necessidades básicas da vida à dedução dos dependentes e às deduções por despesas pessoais especificadas, também não podem ser inseridas em impostos cedulares sem suscitarem graves distorções. Na verdade, só fazem sentido quando referidas ao rendimento total do contribuinte, porque constituem elemento inseparável da caracterização da sua situação global.

Mesmo nos sistemas de tributação global do rendimento persiste o tratamento diferenciado dos diferentes tipos de rendimento pessoal. Não pode, na verdade, dispensar-se, como operação prévia, a análise ou identificação dos rendimentos segundo as suas diferentes origens; só depois se procede à síntese dos rendimentos das várias categorias, sujeitando o seu valor agregado a uma única tabela de taxas.

O imposto global «único» comporta, assim, em maior ou menor medida, elementos analíticos que, na perspectiva da passagem dos sistemas cedulares para o do imposto «único», constituem reminiscência do tratamento separado, que no anterior sistema se fazia em cédulas diferenciadas até final.

Torna-se, assim, possível, sem prejuízo do carácter globalizante da tributação, manter acentuadas características analíticas, que vão desde a discriminação qualitativa dos rendimentos por intermédio de deduções específicas em determinada categoria até à consagração da retenção na fonte apenas nas categorias em que este método se mostra tecnicamente possível.

4. Na realização de reformas fiscais em geral, e de reformas de tributação do rendimento em particular, é usual recomendar-se uma orientação gradualista, invocando-se para tal factores como a grande complexidade dos sistemas, os constrangimentos orçamentais e o peso da possível reacção de grupos de contribuintes mais directamente afectados com as modificações previstas.

A presente reforma não deixa de atender, em numerosos pontos, àquela preocupação de gradualismo, mas rejeita-se sem hesitação que a mesma deva estender-se à implantação da própria morfologia básica do sistema.

Teria talvez sido lógico que à reforma do início dos anos 60, a qual manteve o sistema cedular misto e inovou sobretudo nos métodos de apuramento do rendimento colectável, se houvesse seguido, o mais tardar na década imediata, a passagem a um estádio intermédio, em que o imposto complementar assumisse já a posição de «imposto principal», gravitando, no entanto, ainda à sua volta os impostos parcelares, como formas de tributação «por conta» e operando por dedução colecta a colecta – porventura comportando-se inicialmente como tribulações definitivas, mais adiante tornadas passíveis de restituição caso ultrapassassem a quota resultante da incidência global. O sistema cedular misto passaria, nesta perspectiva, de uma fase com nítido ascendente do elemento cedular para uma outra em que o predomínio da tributação pessoalizante estaria consagrado, faltando, então, dar o último passo pelo apagamento, como categorias fiscais autónomas, dos tributos parcelares.

Não foi esta, porém, a linha de desenvolvimento da nossa estrutura fiscal. Observou-se, ao invés, um retrocesso no sentido da preponderância dos elementos cedulares, marcada pela introdução da progressividade no âmago das próprias cédulas, num arremedo de pessoalização que, pela forma descoordenada como foi executado, levou inclusivamente à anomalia de inverter a discriminação qualitativa dos rendimentos, visando na origem a protecção da fonte trabalho. E, enquanto os impostos cedulares eram desgarradamente promovidos a factores centrais de tributação, o imposto complementar afundava-se na zona das categorias mais débeis da tabela das receitas fiscais.

A involução para o protótipo cedular, a circunstância de Portugal, em plena fase de integração nas Comunidades Europeias, ser o único país da OCDE a manter a «compartimentação» como característica dominante do seu esquema de tributação do rendimento e as possibilidades que a difusão das modernas tecnologias vieram proporcionar quanto ao tratamento informático das operações e de administração de um sistema mais exigente aconselham a que se proceda, sem mais delongas, à instituição do sistema de tributação global, o qual é, aliás, o consagrado na Constituição de 1976.

Salta-se assim sobre o estádio intermédio do sistema misto com simples reforço da tributação pessoalizante e manutenção dos impostos parcelares «por conta» do principal, assumindo-se frontalmente a tributação unitária do rendimento.

O sistema unificado permite obviar a uma das injustiças mais gritantes a que conduz a fórmula dualista até aqui vigente em Portugal: a concentração nas camadas superiores de estrutura dos rendimentos (as atingidas pelo imposto complementar) de deduções pessoais que só fazem verdadeiramente sentido quando referidas ao rendimento global e da própria dedução especificamente destinada a assegurar o tratamento diferencial dos rendimentos do trabalho.

5. Na construção do conceito de rendimento tributável, contrapõe-se a concepção da fonte, que leva a tributar o fluxo regular de rendimentos ligados às categorias tradicionais da distribuição funcional (rendimento-produto) à concepção do acréscimo patrimonial, que alarga a base da incidência a todo o aumento do poder aquisitivo, incluindo nela as mais-valias e, de um modo geral, as receitas irregulares e ganhos fortuitos (rendimento-acréscimo).

Em termos práticos, a principal diferença entre as duas concepções reside precisamente no tratamento fiscal das mais-valias, que, não sendo ganhos decorrentes da participação na actividade produtiva, são pela primeira excluídas da incidência do imposto. Ora, razões de justiça recomendam a tributação das mais-valias, que constituem acréscimos de poderes aquisitivos obtidas sem esforço ou pelo acaso da sorte e que, aliás, tendem a concentrar-se nos escalões elevados de rendimento.

À luz dos modernos princípios fiscais, e em particular do princípio da capacidade contributiva, a concepção do acréscimo patrimonial, que conduz a uma definição compreensiva do rendimento tributável, mostra-se superior à visão mais restritiva baseada na fonte do rendimento. E, embora o conceito extensivo de rendimento não seja uma componente essencial do modelo unitário, o certo é que este apela para uma concepção de rendimento tão ampla quanto possível.

Acolheu-se, assim, com maior nitidez do que na anterior reforma (na qual as mais-valias, objecto de uma categoria fiscal autónoma, eram excluídas do âmbito da incidência do imposto complementar) uma concepção tendencialmente ampla de rendimento, incluindo, à semelhança do que sucede na maioria dos países da CEE, os aumentos inesperados no valor dos bens no quadro das categorias de rendimentos abrangidas pelo imposto único – sem embargo de se lhes conferir um tratamento específico e particularmente benévolo, em atenção à sua não recorrência e à circunstância de constituir novidade a sua inclusão na globalização.

Ainda que tenham sido atentamente examinadas propostas teóricas no sentido de substituir os impostos sobre o rendimento por um imposto sobre a despesa pessoal, cuja base seria o rendimento diminuído da poupança total (base mais restrita do que a admitida da perspectiva do rendimento-acréscimo), julgou-se de excluir tal posição, que não teve até hoje praticamente acolhimento nas legislações fiscais, suscitando, aliás, consideráveis dificuldades no quadro da administração e da coordenação internacional das fiscalidades, para além da sua discutível compatibilidade com o princípio constitucional português da tributação do rendimento e dos problemas de transição a partir de um sistema baseado na concepção tradicional de rendimento.

6. O imposto sobre o rendimento das pessoas singulares (IRS) comporta nove categorias de rendimentos: as seis primeiras correspondem a diferentes fontes ou origens do rendimento-produto, a sétima enquadra as mais-valias e as duas últimas são de natureza residual.

Esta divisão em categorias, aconselhada pela diversidade dos regimes de tributação, especialmente no campo da determinação do rendimento e dos métodos de percepção do imposto, não prejudica o tratamento unitário da matéria colectável, reflectido basicamente na aplicação de uma única tabela de taxas progressivas.

Assim se procura harmonizar a concepção da tributação pessoal, própria do sistema unitário, com a atenção que não pode deixar de prestar-se às particularidades relevantes das diferentes categorias de rendimentos. Por exemplo, nem os rendimentos do trabalho deverão ser tratados como os rendimentos de capitais nem os rendimentos de actividade comercial e industrial obedecem a regras idênticas às aplicáveis aos rendimentos prediais. Daí que seja inevitável, independentemente da unicidade tributária que ora se visa, a persistência de várias categorias de rendimentos.

7. As categorias A e B respeitam aos rendimentos do trabalho. Optou-se pela criação de duas categorias distintas para o trabalho dependente e independente, respectivamente, com regras próprias em matéria de incidência, determinação da matéria colectável e liquidação, prevendo-se uma dedução especial para os rendimentos da primeira destas categorias.

No que respeita à incidência, manteve-se a amplitude do conceito de rendimento do trabalho dependente, tal como resulta da legislação agora substituída.

Procedeu-se a uma formulação conceptual mais rigorosa do trabalho independente, em face da dificuldade da delimitação de fronteira dessa categoria de rendimentos, tendo-se elaborado uma lista de actividades susceptíveis de serem exercidas por conta própria, embora diferente da tabela anexa ao Código do Imposto Profissional.

Tributam-se como rendimentos imputáveis ao trabalho independente os direitos de autor sobre obras intelectuais e os rendimentos resultantes da concessão ou cedência temporária de patentes de invenção, licenças de exploração, modelos, marcas, etc., bem como os percebidos pela transferência de *know-how*, uns e outros quando auferidos pelos titulares originários.

Inevitavelmente ficará sempre uma margem de indefinição no que concerne à delimitação dos rendimentos do trabalho com os auferidos pelos empresários, e daí que se incluam em sede de rendimentos comerciais e industriais (categoria C) os obtidas em certas actividades situadas em zonas de confluência.

8. A ideia de que os rendimentos do trabalho deverão ser tributados menos pesadamente do que os provenientes do capital está na base da hierarquização das taxas aplicáveis aos diferentes impostos em sistemas cedulares.

O tradicional argumento em favor da discriminação qualitativa é o da necessidade de o trabalhador constituir um fundo de reserva a partir do seu rendimento corrente, por forma a prolongar, para além da sua vida activa, a duração do rendimento do trabalho.

O argumento perde força à medida que se instituem esquemas compreensivos de segurança social, já que os rendimentos do trabalho se tornam assim, até certo ponto, fundados; por outro lado, o avolumar da instabilidade e da incerteza das aplicações financeiras instila um factor de precariedade nos correspondentes rendimentos. Esbatem-se, pois, as diferenças entre rendimentos fundados e não fundados.

E não se julgam geralmente atendíveis, no plano analítico, para fundamentar a discriminação qualitativa, outras considerações, como sejam o contraste entre o esforço de ganhar a vida inerente ao trabalho e a «passividade» na obtenção dos rendimentos de capital, a perduração das reservas de valor que estão na base dos rendimentos fundados e a própria circunstância de os rendimentos do capital tenderem a concentrar-se nas camadas superiores da pirâmide dos rendimentos.

Apesar de todas estas dúvidas, crê-se, todavia, que não deve renunciar-se ao propósito, que, tudo indica, a Constituição consagra, de introduzir uma discriminação em proveito dos rendimentos do trabalho. Para isso, porém, não se torna necessário adoptar escalas específicas de taxas, em perspectiva cedular. A discriminação qualitativa é praticável no quadro de um sistema global por via da outorga de uma dedução especial, constituindo, aliás, uma forma sucedânea de um imposto sobre a riqueza (o qual visaria directamente a capacidade contributiva incorporada na riqueza), que, em muitos casos, não é politicamente realizável nem susceptível de ser aplicado com um mínimo de eficácia.

À semelhança do que sucede em numerosos sistemas fiscais estrangeiros, e na esteira da solução consagrada no actual imposto complementar, criou-se uma específica dedução no plano da categoria de rendimentos do trabalho dependente, fixada em termos percentuais, havendo uma limitação para o seu montante máximo – limitação que não atinge, porem, as contribuições obrigatórias para a Segurança Social, cuja dedução integral é permitida.

Análogas razões militam a favor da consagração de um tratamento mais favorável para as Pensões, que no sistema fiscal ora substituído se encontravam isentas de impostos parcelares, sofrendo unicamente a tributação global por via do imposto complementar – secção A.

9. A categoria C engloba os rendimentos das actividades de natureza comercial e industrial – naturalmente quando auferidos por pessoas singulares.

As regras de determinação da matéria colectável nesta categoria seguirão, no essencial, a regulamentação estabelecida no Código do Imposto sobre o Rendimento das Pessoas Colectivas para o apuramento do lucro tributável.

Os rendimentos agrícolas integram a categoria D, considerando-se como tais os respeitantes ao exercício de actividades agrícolas, silvícolas ou pecuárias.

A autonomia dessa categoria de rendimento deve-se à necessidade de regras próprias para a determinação da matéria colectável.

Assim, o cálculo dos resultados das explorações silvícolas, embora também feito, em princípio, de acordo com as regras que são aplicáveis à determinação dos resultados das empresas comerciais ou industriais, deverá, em alguns aspectos, obedecer a regras específicas, como é o caso dos rendimentos de carácter plurianual, que se revelam muitas vezes de forma irregular.

Deve referir-se ainda que, com vista a permitir uma aplicação gradual do novo sistema fiscal aos rendimentos das actividades agrícolas, se excluíram da tributação tais rendimentos quando auferidos por pequenos agricultores nos cinco primeiros anos de vigência do Código e se previu, quanto aos restantes, que sejam englobados, durante o mesmo período, apenas em 40% do seu valor.

10. Na tributação dos rendimentos de capitais (categoria E) têm particular relevância os juros e os lucros derivados de participações de capital. Mas a par desses rendimentos são incluídas nessa categoria as *royalties* derivadas da propriedade intelectual ou industrial e do *know-how*, desde que não sejam auferidas pelo titular originário, bem como os rendimentos da prestação de assistência técnica e da cedência do uso do equipamento agrícola, comercial, industrial e científico.

Tal consideração resultou não apenas da natureza dos rendimentos, mas também de exigências de ordem pragmática, associadas ao sentido predominante dos respectivos fluxos no domínio internacional.

Nesta categoria deixa de relevar a distinção baseada na aplicação ou não do regime de retenção na fonte, da qual decorria a existência de duas secções do imposto de capitais.

Ainda uma referência à orientação adoptada no que respeita aos rendimentos de títulos ao portador e aos juros de depósitos bancários, em face do regime de anonimato existente. Considerou-se conveniente prever, nestes casos, a aplicação de taxas liberatórias, com a possibilidade de opção pela globalização, caso o contribuinte se disponha a revelar os rendimentos auferidos.

A tributação processa-se por retenção na fonte, liberando da obrigação de imposto, à taxa de 20% para os juros de depósitos e à taxa de 25% para os rendimentos de títulos – solução que se uniformizou para os títulos ao portador e títulos nominativos.

11. No domínio dos rendimentos prediais (categoria F), incluem-se na base de incidência apenas os rendimentos efectivamente percebidos dos prédios arrendados, tanto urbanos como rústicos, e não já, como acontecia no sistema da contribuição predial, o valor locativo ou a renda fundiária dos prédios não arrendados, pois se visa tributar apenas os rendimentos realmente auferidos.

Tributam-se ainda os rendimentos decorrentes da cessão de exploração de estabelecimentos comerciais ou industriais.

Concomitantemente, é criada uma contribuição autárquica sobre o valor patrimonial dos prédios rústicos e urbanos devida pelos seus proprietárias, sendo a colecta desta deduzida à colecta do IRS, na parte proporcional aos rendimentos englobados de prédios e até ao montante desta.

Para além dessa dedução, também se prevê nesta categoria de rendimentos a dedução de todas as despesas referentes aos prédios e não apenas os encargos presumidos previstos no actual regime da contribuição predial.

12. Outra categoria – a categoria G – é constituída pelas mais-valias.

Houve que optar entre um enunciado taxativo das mais-valias tributáveis e uma definição genérica de ganhos de capital. A primeira solução, permitindo evitar dificuldades de aplicação e rupturas com o sistema actual, em que o imposto de mais-valias incide sobre situações tipificadas, foi considerada preferível, sem embargo de se inovar quanto ao âmbito de incidência.

Tratando-se de rendimentos excepcionais, foi ponderado o regime tributário adequado em face da excessiva gravosidade que a tributação englobada poderia gerar, prevendo-se, para esta categoria, um específico regime de tributação, envolvendo uma substancial dedução à matéria colectável.

Alarga-se a tributação a ganhos não sujeitos ao actual imposto de mais-valias, tais como os gerados pela transmissão onerosa de qualquer forma de propriedade imóvel. Também se consagra a tributação dos ganhos pela transmissão onerosa de partes sociais e outros valores mobiliários – solução que foi, no entanto, ajustada em função do objectivo da política de desenvolvimento do mercado financeiro, fixando-se, para este caso, uma taxa liberatória de 10%, mas com a possibilidade de o sujeito passivo optar pelo englobamento.

Mantém-se a tributação da cessão do arrendamento de locais afectos ao exercício de actividades profissionais independentes, mas alarga-se o seu âmbito tributando as mais-valias resultantes da cessão de bens afectos de forma duradoura aquele exercício.

Contrariamente, deixam de se enquadrar nesta categoria as mais-valias resultantes da alienação de bens do activo imobilizado das empresas, por se afigurar tecnicamente mais correcto tratá-las, para efeitos tributários, como rendimentos comerciais, industriais ou agrícolas.

13. A categoria H diz respeito às pensões e a categoria I a «outros rendimentos», integrando-se nesta os ganhos de jogo, lotarias e apostas mútuas, com a correspondente abolição da tributação em imposto do selo. Em ambas as categorias, embora por razões e em termos distintos, é consagrado um regime de tributação especial.

14. Foi ponderado o regime da comunicabilidade entre as categorias, no tocante às perdas eventualmente suportadas em cada uma delas.

A lógica pura do imposto único implicaria o apuramento da situação global do contribuinte, por soma algébrica dos rendimentos líquidos obtidos nas diferentes categorias, influindo neste apuramento as perdas eventualmente verificadas numa ou em várias.

Todavia, a comunicabilidade sem restrições entre as várias categorias poderia acarretar significativa baixa de receita.

Entendeu-se, por isso, prudente excluir a comunicabilidade das perdas suportadas nas categorias dos rendimentos do trabalho independente, dos comerciais, industriais e agrícolas e das mais-valias.

Tal incomunicabilidade não obsta, todavia, a que se haja previsto, naquelas categorias, o reporte das perdas a anos futuros.

15. Não deixou de ser considerado, em articulação com o regime do imposto sobre o rendimento das pessoas colectivas, o problema da «dupla tributação económica» dos lucros colocados à disposição dos sócios, adoptando-se uma orientação de atenuação daquela dupla tributação, em atenção à necessidade de desenvolvimento do mercado financeiro e de tornar mais eficiente a afectação dos recursos. Consagrou-se, assim, um sistema de integração parcial, sob a forma de um «crédito de imposto» atribuído aos titulares dos lucros distribuídos por pessoas colectivas, de valor igual a 20% do IRC correspondente.

16. Sem embargo de se reconhecer a necessidade de se atenuarem as distorções do sistema fiscal decorrentes da inflação, não se consagra o recurso, em geral, a esquemas de indexação automática, porquanto poderia suscitar acrescidas expectativas inflacionistas, particularmente indesejáveis no actual contexto de moderação do ritmo ascensional dos preços.

Não estando, naturalmente, excluída a prática de ajustamentos ocasionais, cabe ao legislador julgar em cada momento da oportunidade da introdução de tais ajustamentos. No respeitante às mais e menos-valias, porém, observados certos requisitos relativos ao período de detenção dos bens, a correcção monetária foi assegurada, aliás na linha de orientação que já vinha sendo seguida.

17. Sem embargo da observância dos preceitos constitucionais relativos ao sistema fiscal, e em particular do imperativo de equidade deles decorrente, a reestruturação da tributação do rendimento tem de nortear-se por preocupações de eficiência, de simplicidade e de estabilidade das categorias fiscais a instituir, preocupações que constituem, aliás, uma nota convergente dos esforços reformistas nesta matéria, a que tão grande importância se vem dando nas democracias industriais do nosso tempo.

A moderação das taxas conjugada com o alargamento das bases da tributação – já concretizado em parte através da generalização aos servidores do Estado da situação de contribuintes comuns e da reposição em vigor da tributação dos lucros da exploração agrícola – constituem elementos centrais da reforma da tributação do rendimento.

Anote-se que a tendência para o abrandamento da progressividade das escalas de taxas nominais do imposto sobre o rendimento é hoje mundial.

Dos meados dos anos 70 para cá a taxa marginal mais elevada desta categoria fiscal foi reduzida em grande número de países, num movimento que, nos últimos anos, tem vindo a generalizar-se e a sofrer visível aceleração.

A adopção de uma escala de taxas do imposto sobre o rendimento das pessoas singulares caracterizada por uma progressividade branda – a taxa marginal mais elevada é de 40%, precisamente metade da marca atingida há alguns anos atrás no plano do imposto complementar – vai ao encontro da preocupação de contrariar, quando possível, o efeito negativo do imposto sobre o esforço de trabalho e a formação de capital e a incitação ao desenvolvimento da economia subterrânea.

A solução adoptada não é alheia, porém, à finalidade redistributiva do sistema de tributação do rendimento: o quadro de taxas assegura com nitidez o critério da tributação progressiva, tornado ainda mais saliente mercê da consagração de abatimentos e deduções à colecta, que claramente beneficiam os titulares de baixos níveis de rendimentos.

A exigência de maior equidade inerente à natureza da própria tributação global, em um só grau, do rendimento individual implica que deixem de ser tributados alguns dos estratos de rendimentos mais baixos, até aqui isoladamente apurados nos impostos parcelares.

Por outro lado, o objectivo de simplificação tornou recomendável a adopção de um número reduzido de escalões no sistema do IRS: aos onze escalões do imposto complementar, secção A, desdobrados por duas tabelas distintas e já de si sobrepostos a um número variável de escalões dos impostos parcelares – por coincidência também onze, no caso do imposto profissional – sucede, assim, um sistema unitário comportando apenas cinco escalões.

18. A presente reforma é também inovadora no que respeita à tributação do agregado familiar.

A conjugação da progressividade das taxas com o apuramento do imposto em função do somatório dos rendimentos dos cônjuges origina uma situação discriminatória em relação à dos rendimentos separadamente imputados a cada contribuinte individual, suscitando a necessidade de introdução de dispositivos neutralizadores desse efeito, desde o estabelecimento de tabelas distintas de taxas para os contribuintes casados e para os contribuintes não casados, até aos métodos de fraccionamento ou divisão dos rendimentos («quociente conjugal» ou *splitting* e «quociente familiar») ou ao recurso a deduções ampliadas com vista a compensar o excesso de tributação.

No regime do imposto complementar, a penalização do agregado familiar assente no casamento, resultante do englobamento dos rendimentos auferidos pelos respectivos membros, foi atenuada (mas não eliminada), mercê da aplicação de uma tabela de taxas com progressividade menos acentuada do que a estabelecida para os contribuintes não casados.

Não se afigurou de admitir, em face do imperativo de simplificação já mencionado, a introdução no imposto único sobre o rendimento da dupla escala de taxas (para contribuintes casados e não separados e para contribuintes solteiros ou separados), sistema que, aliás, na prática, não proporciona solução adequada ao problema da discriminação contra a família e complicaria o funcionamento do regime de retenção na fonte, aplicado a amplas categorias de rendimentos.

Também o método de compensação por via da ampliação das deduções consentidas, pelas desigualdades que em certos casos pode produzir, não se apresenta como a melhor solução.

Há, assim, que pôr termo, de outro modo, à sobretributação do agregado familiar, que em tempos se aceitava com base em invocadas mas não quantificadas economias de escala, alinhando o sistema português pela tendência observada mundialmente, que aponta para regimes de tributação separada dos membros do agregado familiar ou para o englobamento com divisão.

A tributação conjunta foi posta de lado pela Dinamarca em 1970, pela Suécia em 1971, pela Áustria e pela Holanda em 1973, pela Itália e pela Finlândia em 1976. Em certos países proporcionaram-se regimes de opção pela tributação separada (casos do Reino Unido em 1972, da Bélgica em 1975 e da Irlanda em 1980), ou adoptou-se como sistema comum o da divisão do rendimento (tradicionalmente praticado na República Federal da Alemanha e nos Estados Unidos e, sob forma do «quociente familiar», em França e no Luxemburgo).

Embora possa admitir-se que a referência constitucional à consideração dos rendimentos do agregado familiar não é impeditiva da consagração da fórmula da tributação separada, reconhece-se existirem algumas dúvidas quanto à bondade da solução, a qual representaria, nas presentes circunstâncias, uma mudança demasiado radical, e suscitaria dificuldades em face de regimes matrimoniais resultantes de situações de comunhão de bens.

Sem se ignorar a importância da corrente, que se observa no plano mundial, no sentido da tributação separada, e a força do argumento da intimidade de cada um dos cônjuges nos seus assuntos fiscais, considerou-se conveniente manter a orientação, que mais de perto se afigura corresponder à caracterização do imposto único na lei fundamental, de tomar como critério de base a tributação do agregado familiar. Mas o reconhecimento de que, aplicado sem ajustamentos, este sistema conduziria à penalizarão da família – estrutura social que se pretende, ao invés, acalentar, como decorre do próprio imperativo constitucional levou à consagração de um dos métodos de correcção atrás considerados: o sistema de englobamento com divisão, não segundo a técnica do quociente familiar (que beneficia as famílias mais numerosas, em aplicação de critérios discutíveis sob o ponto de vista da justiça fiscal), mas segundo a técnica do quociente conjugal ou *splitting* (que restringe a divisão do total dos rendimentos familiares aos dois membros a quem incumbe a direcção do agregado).

Embora se reconheça que nenhuma das soluções possíveis é isenta de aspectos negativos, optou-se pelo sistema de *splitting*, por considerações de justiça fiscal (atenuação da progressividade resultante do englobamento dos rendimentos), de respeito por uma posição de igualdade dos cônjuges (que contribuem, qualquer que seja o regime matrimonial de bens, para a conservação e valorização do património familiar) e de aproximação no tratamento dos agregados familiares assentes no casamento e de uniões de facto, em que a tributação será naturalmente separada.

No caso especial de a totalidade ou quase totalidade do rendimento englobado ser auferido por um dos cônjuges, em lugar da divisão por 2, inerente à forma pura de *splitting*, foi fixado um factor ligeiramente inferior.

Atende-se ao número de componentes da família através do regime, já consagrado entre nós, das deduções correspondentes a cada membro do agregado familiar.

19. Como já foi referido, o aspecto central da reforma é a simplificação da tributação do rendimento, avultando aqui a preocupação de assegurar maior comodidade dos contribuintes no cumprimento das suas obrigações.

Só por si, a unicidade do imposto torna possível a cada contribuinte englobar numa única declaração anual os rendimentos de todas as categorias.

E, para além dos pontos ligados à vertente administrativa da reforma, como é o caso da utilização de meios informáticos destinados a facilitar a liquidação e pagamento, prevê o Código dispositivos que vêm ao encontro da necessidade de reduzir ao mínimo os contactos pessoais, não raro desgastantes, entre o contribuinte e a Administração, designadamente pela colaboração dos correios e do sistema bancário, quer na fase da entrega das declarações, quer na do pagamento do imposto.

Também é consagrada a ampliação do sistema de retenção na fonte, correntemente praticado entre nós para rendimentos do trabalho dependente e da aplicação de capitais.

Previu-se ainda a adopção de um esquema de pagamentos por conta com base em liquidações provisórias, permitindo uma maior aproximação com o momento da percepção dos rendimentos e consequente obtenção regular das receitas fiscais, e facilitando o desdobramento do pagamento em parcelas escalonadas no tempo.

Ainda no sentido de tornar mais fácil e cómodo cumprimento das obrigações fiscais dos contribuintes, instituiu-se a autoliquidação do imposto.

20. Tendo sido legalmente definido o princípio de que os benefícios fiscais, por representarem excepções às regras de equidade e suscitarem a erosão das bases de incidência, deverão ser outorgados apenas em casos excepcionais e rigorosamente justificados, afigurou-se conveniente consagrar a esta matéria um diploma independente, em que se contenham os princípios gerais a que deve obedecer a criação de benefícios e se definam as regras da sua atribuição e reconhecimento administrativo. O sistema do Código não comporta, assim, o capítulo tradicionalmente epigrafado «Isenções», compreendendo um capítulo inicial em que se contém a matéria da incidência, sete capítulos consagrados respectivamente à determinação do rendimento colectável, taxas, liquidação, pagamento, obrigações acessórias, fiscalização, garantias e um último contendo disposições diversas.

Também não se integrou no Código a matéria habitualmente tratada em capítulo próprio epigrafado «Penalidades», já que se afigurou conveniente consagrar um diploma autónomo à tipificação e sancionamento das infracções às normas reguladoras dos novos impostos sobre o rendimento, com extensão às outras categorias fiscais já existentes, feitas as necessárias adaptações.

21. No que respeita às garantias dos contribuintes, o Código representa um considerável alargamento das até agora existentes, pois, para além de, na decorrência do princípio expresso no nº 2 do artigo 268º da Constituição, assegurar que, sempre que a administração fiscal altere os rendimentos declarados ou, na falta de declaração, proceda à respectiva fixação, serão os interessados notificados dessa decisão, com indicação dos seus fundamentos, a fim de poderem requerer a revisão administrativa ou a impugnação judicial dessa mesma decisão, nos termos do Código de Processo das Contribuições e Impostos, que estabelece diversas outras regras fundamentais.

Assim, não só se limitou significativamente o recurso a presunções e se eliminou a possibilidade de a administração fiscal se servir de critérios de razoabilidade para definir o limite de deduções ou encargos, como se estabeleceu que a base da determinação do rendimento colectável é a declaração do contribuinte, só podendo proceder-se à fixação administrativa desse rendimento na falta de tal declaração, quando os rendimentos declarados não correspondam aos reais ou se afastem dos presumidos na lei ou haja necessidade de utilizar métodos indiciários.

Garantia de especial relevância é ainda a que decorre do alargamento de âmbito do recurso contencioso que agora se consagra, ao admitir-se expressamente que nele passe a poder ser invocada qualquer ilegalidade praticada na determinação do rendimento colectável, bem como a errónea quantificação deste.

22. Espera-se que o alargamento das bases de incidência, designadamente pela redução do campo dos incentivos fiscais, o melhor cumprimento dos deveres fiscais e sobretudo a aceleração da expansão económica, para que contribuirá a existência de um sistema fiscal dotado de coerência e credibilidade, proporcionem uma perspectiva de estabilidade do nível de receitas.

Não constitui, na verdade, específico objectivo da reforma da tributação do rendimento o aumento do nível da fiscalidade, medido em termos de relação entre as receitas dos impostos e o produto interno – nível que já atinge expressão apreciável em atenção ao grau de desenvolvimento económico do País.

Mas, se outras razões não existissem, designadamente a necessidade de salvaguardar a posição do erário, a própria desproporção existente entre o peso dos impostos indirectos e o dos impostos directos, com a imagem de regressividade do sistema que dela se extrai, desaconselharia a que, no âmbito da reforma, se visasse o decrescimento do nível da fiscalidade directa.

23. A publicação dos diplomas reguladores das novas categorias no domínio da tributação do rendimento e legislação complementar, incluindo a relativa à revisão do quadro das finanças locais, fica, sem dúvida, a marcar o ponto central da profunda remodelação da fiscalidade portuguesa empreendida na segunda metade da década de 80, num período em que, a par da abertura de novas perspectivas de desenvolvimento e de acesso da população a melhores condições de vida, se enfrenta o desafio da internacionalização da economia e, em particular, da participação no mercado interno para que aceleradamente caminha a Europa comunitária.

Está, assim, dado um passo importantíssimo na linha da modernização das nossas estruturas fiscais. Mas para além da fase da concepção dos novos modelos e da elaboração normativa, a prosseguir muito em breve com o ajustamento do regime dos impostos sobre transmissões patrimoniais, torna-se indispensável corresponder aos imperativos de aperfeiçoamento da administração e da justiça fiscais, de renovação das mentalidades quanto ao cumprimento dos deveres tributários e de melhoria do relacionamento entre o Estado e os contribuintes; e é da conjugação de todos estes factores que dependerá, em última análise, o êxito da reforma agora finalmente lançada.

(Preâmbulo constante do Código, tal como aprovado pelo Decreto-Lei nº 442-A/88, de 30-11)

Código do Imposto sobre o Rendimento das Pessoas Singulares

CAPÍTULO I – Incidência

SECÇÃO I – Incidência real

Artigo 1º – Base do imposto

1. O imposto sobre o rendimento das pessoas singulares (IRS) incide sobre o valor anual dos rendimentos das categorias seguintes, mesmo quando provenientes de atos ilícitos, depois de efetuadas as correspondentes deduções e abatimentos:

Categoria A – Rendimentos do trabalho dependente;
Categoria B – Rendimentos empresariais e profissionais;
Categoria E – Rendimentos de capitais;
Categoria F – Rendimentos prediais;
Categoria G – Incrementos patrimoniais;
Categoria H – Pensões.

2. Os rendimentos, quer em dinheiro quer em espécie, ficam sujeitos a tributação, seja qual for o local onde se obtenham, a moeda e a forma por que sejam auferidos.

Artigo 2º – Rendimentos da categoria A

1. Consideram-se rendimentos do trabalho dependente todas as remunerações pagas ou postas à disposição do seu titular provenientes de:

a) Trabalho por conta de outrem prestado ao abrigo de contrato individual de trabalho ou de outro a ele legalmente equiparado;

b) Trabalho prestado ao abrigo de contrato de aquisição de serviços ou outro de idêntica natureza, sob a autoridade e a direção da pessoa ou entidade que ocupa a posição de sujeito ativo na relação jurídica dele resultante;

c) Exercício de função, serviço ou cargo públicos;

d) Situações de pré-reforma, pré-aposentação ou reserva, com ou sem prestação de trabalho, bem como de prestações atribuídas, não importa a que título, antes de verificados os requisitos exigidos nos regimes obrigatórios de segurança social aplicáveis para a passagem à situação de reforma, ou, mesmo que não subsista o contrato de trabalho, se mostrem subordinadas à condição de serem devidas até que tais requisitos se verifiquem, ainda que, em qualquer dos casos anteriormente previstos, sejam devidas por fundos de pensões ou outras entidades, que se substituam à entidade originariamente devedora.

2. As remunerações referidas no número anterior compreendem, designadamente, ordenados, salários, vencimentos, gratificações, percentagens, comissões, participações, subsídios ou prémios, senhas de presença, emolumentos, participações em multas e outras remunerações acessórias, ainda que periódicas, fixas ou variáveis, de natureza contratual ou não.

3. Consideram-se ainda rendimentos do trabalho dependente:

a) As remunerações dos membros dos órgãos estatutários das pessoas coletivas e entidades equiparadas, com exceção dos que neles participem como revisores oficiais de contas;

b) As remunerações acessórias, nelas se compreendendo todos os direitos, benefícios ou regalias não incluídos na remuneração principal que sejam auferidos devido à prestação de trabalho ou em conexão com esta e constituam para o respetivo beneficiário uma vantagem económica, designadamente:

1) Os abonos de família e respetivas prestações complementares, exceto na parte em que não excedam os limites legais estabelecidos;

2) O subsídio de refeição na parte em que exceder o limite legal estabelecido ou em que o exceda em 60% sempre que o respetivo subsídio seja atribuído através de vales de refeição;

3) As importâncias despendidas, obrigatória ou facultativamente, pela entidade patronal:

i) Com seguros e operações do ramo «Vida», contribuições para fundos de pensões, fundos de poupança-reforma ou quaisquer regimes complementares de segurança social, desde que constituam direitos adquiridos e individualizados dos respetivos beneficiários;

ii) Para os fins previstos na subalínea anterior e que, não constituindo direitos adquiridos e individualizados dos respetivos beneficiários, sejam por estes objeto de resgate, adiantamento, remição ou qualquer outra forma de antecipação da correspondente disponibilidade;

4) Os subsídios de residência ou equivalentes ou a utilização de casa de habitação fornecida pela entidade patronal;

5) Os resultantes de empréstimos sem juros ou a taxa de juro inferior à de referência para o tipo de operação em causa, concedidos ou suportados pela entidade patronal, com exceção dos que se destinem à aquisição de habitação própria permanente de valor não superior a € 180 426,40 e cuja taxa não seja inferior a 70% da taxa mínima de proposta aplicável às operações principais de refinanciamento pelo Banco Central Europeu, ou de outra taxa legalmente fixada como equivalente;

6) As importâncias despendidas pela entidade patronal com viagens e estadas, de turismo e similares, não conexas com as funções exercidas pelo trabalhador ao serviço da mesma entidade;

7) Os ganhos derivados de planos de opções, de subscrição, de atribuição ou outros de efeito equivalente, sobre valores mobiliários ou direitos equiparados, ainda que de natureza ideal, criados em benefício de trabalhadores ou membros de órgãos sociais, incluindo os resultantes da alienação ou liquidação financeira das opções ou direitos ou de renúncia onerosa ao seu exercício, a favor da entidade patronal ou de terceiros, e, bem assim, os resultantes da recompra por essa entidade, mas, em qualquer caso, apenas na parte em que a mesma se revista de caráter remuneratório, dos valores mobiliários ou direitos equiparados, mesmo que os ganhos apenas se materializem após a cessação da relação de trabalho ou de mandato social;

8) Os rendimentos, em dinheiro ou em espécie, pagos ou colocados à disposição a título de direito a rendimento inerente a valores mobiliários ou direitos equiparados, ainda que estes se revistam de natureza ideal, e, bem assim, a título de valorização patrimonial daqueles valores ou direitos, independentemente do índice utilizado para a respetiva determinação, derivados de planos de subscrição, de atribuição ou outros de efeito equivalente, criados em benefício de trabalhadores ou membros de órgãos sociais, mesmo que o pagamento ou colocação à disposição ocorra apenas após a cessação da relação de trabalho ou de mandato social;

9) Os resultantes da utilização pessoal pelo trabalhador ou membro de órgão social de viatura automóvel que gere encargos para a entidade patronal, quando exista acordo escrito entre o trabalhador ou membro do órgão social e a entidade patronal sobre a imputação àquele da referida viatura automóvel;

10) Os resultantes da aquisição pelo trabalhador ou membro de órgão social, por preço inferior ao valor de mercado, de qualquer viatura que tenha originado encargos para a entidade patronal;

11) As contribuições referidas no nº 3) da presente alínea, não anteriormente sujeitas a tributação, quando ocorra recebimento em capital, mesmo que estejam reunidos os requisitos exigidos pelos sistemas de segurança social obrigatórios, aplicáveis para a passagem à situação de reforma ou esta se tiver verificado;

c) Os abonos para falhas devidos a quem, no seu trabalho, tenha de movimentar numerário, na parte em que excedam 5% da remuneração mensal fixa;

d) As ajudas de custo e as importâncias auferidas pela utilização de automóvel próprio em serviço da entidade patronal, na parte em que ambas excedam os limites legais ou quando não sejam observados os pressupostos da sua atribuição aos servidores do Estado e as verbas para despesas de deslocação, viagens ou representação de que não tenham sido prestadas contas até ao termo do exercício;

e) Quaisquer indemnizações resultantes da constituição, extinção ou modificação de relação juridica que origine rendimentos do trabalho dependente, incluindo as que respeitem ao incumprimento das condições contratuais ou sejam devidas pela mudança de local de trabalho, sem prejuízo do disposto no número seguinte e na alínea *f*) do nº 1 do artigo seguinte;

f) A quota-parte, acrescida dos descontos para a segurança social que constituam encargos do beneficiário, devida a título de participação nas companhas de pesca aos pescadores que limitem a sua atuação à prestação de trabalho;

g) As gratificações auferidas pela prestação ou em razão da prestação do trabalho, quando não atribuídas pela respetiva entidade patronal;

h) As indemnizações não previstas na alínea *e*) que visem compensar perdas de rendimentos desta categoria e que não correspondam a prestações sociais.

4. Quando, por qualquer forma, cessem os contratos subjacentes às situações referidas nas alíneas *a*), *b*) e *c*) do nº 1, mas sem prejuízo do disposto na alínea *d*) do mesmo número, quanto às prestações que continuem a ser devidas mesmo que o contrato de trabalho não subsista, ou se verifique a cessação das funções de gestor público, administrador ou gerente de pessoa coletiva, bem como de representante de estabelecimento estável de entidade não residente, as importâncias auferidas, a qualquer título, ficam sempre sujeitas a tributação:

a) Pela sua totalidade, na parte que corresponda ao exercício de funções de gestor público, administrador ou gerente de pessoa coletiva, bem como de representante de estabelecimento estável de entidade não residente;

b) Na parte que exceda o valor correspondente ao valor médio das remunerações regulares com carácter de retribuição sujeitas a imposto, auferidas nos últimos 12 meses, multiplicado pelo número de anos ou fração de antiguidade ou de exercício de funções na entidade devedora, nos demais casos, salvo quando nos 24 meses seguintes seja criado novo vínculo profissional ou empresarial, independentemente da sua natureza, com a mesma entidade, caso em que as importâncias serão tributadas pela totalidade.

5. Para efeitos do referido no número anterior, considera-se também criado um novo vínculo empresarial quando sejam estabelecidas com a entidade com a qual cessaram as relações laborais, comerciais ou de prestação de serviços, por sociedade ou outra entidade em que, pelo menos, 50% do seu capital seja detido, isoladamente ou em conjunto com algum dos elementos do respetivo agregado familiar, pelo beneficiário ou por uma pluralidade de beneficiários das importâncias recebidas, exceto se as referidas relações laborais, comerciais ou de prestação de serviços representarem menos de 50% das vendas ou prestações de serviços efetuadas no exercício.

6. O regime previsto no nº 4 não é aplicável às importâncias relativas aos direitos vencidos durante os referidos contratos ou situações, designadamente remunerações por trabalho prestado, férias, subsídios de férias e de Natal.

7. As importâncias referidas no nº 4 serão também tributadas pela totalidade quando o sujeito passivo tenha beneficiado, nos últimos cinco anos, da não tributação total ou parcial nele prevista.

8. *(Revogado.)*

9. Para efeitos do disposto no nº 3) da alínea *b*) do nº 3, consideram-se direitos adquiridos aqueles cujo exercício não depende da manutenção do vínculo laboral, ou como tal considerado para efeitos fiscais, do beneficiário com a respetiva entidade patronal.

10. Considera-se entidade patronal toda a que pague ou coloque à disposição remunerações que, nos termos deste artigo, constituam rendimentos de trabalho dependente, sendo a ela equiparada qualquer outra entidade que com ela esteja em relação de grupo, domínio ou simples participação, independentemente da respetiva localização geográfica.

11. Para efeitos da alínea *b*) do nº 3, consideram-se rendimentos do trabalho do sujeito passivo os benefícios ou regalias atribuídos pela respetiva entidade patronal a qualquer outra pessoa do seu agregado familiar ou que a ele esteja ligado por vínculo de parentesco ou afinidade até ao 3º grau da linha colateral, ao qual se equipara a relação de cada um dos unidos de facto com os parentes do outro.

12. *(Revogado.)*

13. Para efeitos do nº 10) da alínea *b*) do nº 3, presume-se que a viatura foi adquirida pelo trabalhador ou membro do órgão social, quando seja registada no seu nome, no de qualquer pessoa que integre o seu agregado familiar ou no de outrem por si indicada, no prazo de dois anos a contar do exercício em que a viatura deixou de originar encargos para a entidade patronal.

14. Os limites legais previstos neste artigo serão os anualmente fixados para os servidores do Estado.

15. Consideram-se incluídas na alínea *c*) do nº 1 as remunerações auferidas na qualidade de deputado ao Parlamento Europeu.

Artigo 2º-A – Delimitação negativa dos rendimentos da categoria A

1. Não se consideram rendimentos do trabalho dependente:

a) As prestações efetuadas pelas entidades patronais para regimes obrigatórios de segurança social, ainda que de natureza privada, que visem assegurar exclusivamente benefícios em caso de reforma, invalidez ou sobrevivência;

b) Os benefícios imputáveis à utilização e fruição de realizações de utilidade social e de lazer mantidas pela entidade patronal, desde que observados os critérios estabelecidos no artigo 43º do Código do IRC e os «vales infância» emitidos e atribuídos nas condições previstas no Decreto-Lei nº 26/99, de 28 de janeiro;

c) As prestações relacionadas exclusivamente com ações de formação profissional dos trabalhadores, quer estas sejam ministradas pela entidade patronal, quer por organismos de direito público ou entidade reconhecida como tendo competência nos domínios da formação e reabilitação profissionais pelos ministérios competentes;

d) As importâncias suportadas pelas entidades patronais com a aquisição de passes sociais a favor dos seus trabalhadores, desde que a atribuição dos mesmos tenha carácter geral;

e) As importâncias suportadas pelas entidades patronais com seguros de saúde ou doença em benefício dos seus trabalhadores ou respetivos familiares desde que a atribuição dos mesmos tenha caráter geral;

f) As importâncias suportadas pelas entidades patronais com encargos, indemnizações ou compensações, pagos no ano da deslocação, em dinheiro ou em espécie, devidos pela mudança do local de trabalho, quando este passe a situar-se a uma distância superior a 100 km do local de trabalho anterior, na parte que não exceda 10% da remuneração anual, com o limite de €4 200 por ano.

2. Não constituem rendimentos do trabalho dependente os auferidos após a extinção do contrato de trabalho, sempre que o titular seja colocado numa situação equivalente à de reforma, segundo o regime de segurança social que lhe seja aplicável.

3. Não constitui rendimento do trabalho dependente a percentagem dos rendimentos brutos da categoria A dos sujeitos passivos que se encontrem na situação prevista na alínea *d*) do nº 1 do artigo 16º, fixada por despacho dos membros do Governo responsáveis pelas áreas dos negócios estrangeiros e das finanças, determinada para cada país de exercício de funções e adequada a ter em conta a relação de paridade de poder de compra entre Portugal e esse país.

4. O disposto no número anterior é apenas aplicável aos sujeitos passivos que não aufiram de abono isento ou não sujeito a IRS que corresponda também àquela finalidade.

5. Cada sujeito passivo apenas pode aproveitar da exclusão prevista na alínea *f*) do nº 1 uma vez em cada período de três anos.

(Redação dada pela Lei nº 114/2017, de 29-12)

Artigo 3º – Rendimentos da categoria B

1. Consideram-se rendimentos empresariais e profissionais:

a) Os decorrentes do exercício de qualquer atividade comercial, industrial, agrícola, silvícola ou pecuária;

b) Os auferidos no exercício, por conta própria, de qualquer atividade de prestação de serviços, incluindo as de carácter científico, artístico ou técnico, qualquer que seja a sua natureza, ainda que conexa com atividades mencionadas na alínea anterior;

c) Os provenientes da propriedade intelectual ou industrial ou da prestação de informações respeitantes a uma experiência adquirida no setor industrial, comercial ou científico, quando auferidos pelo seu titular originário.

2. Consideram-se ainda rendimentos desta categoria:

a) Os rendimentos prediais imputáveis a atividades geradoras de rendimentos empresariais e profissionais;

b) Os rendimentos de capitais imputáveis a atividades geradoras de rendimentos empresariais e profissionais;

c) As mais-valias apuradas no âmbito das atividades geradoras de rendimentos empresariais e profissionais, definidas nos termos do artigo 46º do Código do IRC, designadamente as resultantes da transferência para o património particular dos empresários de quaisquer bens afetos ao ativo da empresa e, bem assim, os outros ganhos ou perdas que, não se encontrando nessas condições, decorram das operações referidas no nº 1 do artigo 10º, quando imputáveis a atividades geradoras de rendimentos empresariais e profissionais;

d) As importâncias auferidas, a título de indemnização, conexas com a atividade exercida, nomeadamente a sua redução, suspensão e cessação, assim como pela mudança do local do respetivo exercício;

e) As importâncias relativas à cessão temporária de exploração de estabelecimento;

f) Os subsídios ou subvenções no âmbito do exercício de atividade abrangida na alínea *a*) do nº 1;

g) Os subsídios ou subvenções no âmbito do exercício de atividade abrangida na alínea *b*) do nº 1;

h) Os provenientes da prática de atos isolados referentes a atividade abrangida na alínea *a*) do nº 1;

i) Os provenientes da prática de atos isolados referentes a atividade abrangida na alínea *b*) do nº 1.

3. Para efeitos do disposto nas alíneas *h*) e *i*) do número anterior, consideram-se rendimentos provenientes de atos isolados os que não resultem de uma prática previsível ou reiterada.

4. São excluídos de tributação os rendimentos resultantes de atividades agrícolas, silvícolas e pecuárias, quando o valor dos proveitos ou das receitas, isoladamente ou em cumulação com os rendimentos ilíquidos sujeitos, ainda que isentos, desta ou doutras categorias que devam ser ou tenham sido englobados, não exceda por agregado familiar quatro vezes e meia o valor anual do IAS.

5. Para efeitos deste imposto, consideram-se como provenientes da propriedade intelectual os direitos de autor e direitos conexos.

6. Os rendimentos referidos neste artigo ficam sujeitos a tributação desde o momento em que para efeitos de IVA seja obrigatória a emissão de fatura ou documento equivalente ou, não sendo obrigatória a sua emissão, desde o momento do pagamento ou colocação à disposição dos respetivos titulares, sem prejuízo da aplicação do disposto no artigo 18º do Código do IRC, sempre que o rendimento seja determinado com base na contabilidade.

7. Nos casos em que o rendimento não seja determinado com base na contabilidade deve ainda observar-se que as importâncias recebidas a título de provisão ou a qualquer outro título destinadas a custear despesas da responsabilidade dos clientes são consideradas como rendimento do ano posterior ao da sua receção sempre que até ao final desse ano não seja apresentada a conta final relativa ao trabalho prestado.

8. Sem prejuízo do disposto no número anterior, sempre que ocorra uma alteração do regime de tributação, no primeiro ano de aplicação do novo regime devem ser efetuados os necessários ajustamentos destinados a evitar qualquer duplicação de tributação dos rendimentos, bem como a sua não tributação.

9. Para efeitos da alínea *c*) do nº 2, não configura uma transferência para o património particular do empresário a afetação de bem imóvel habitacional à obtenção de rendimentos da categoria F.

(Redação dada pela Lei nº 42/2016, de 28-12)

Artigo 4º – Atividades comerciais e industriais, agrícolas, silvícolas e pecuárias

1. Consideram-se atividades comerciais e industriais, designadamente, as seguintes:

a) Compra e venda;

b) Fabricação;

c) Pesca;

d) Explorações mineiras e outras indústrias extrativas;

e) Transportes;

f) Construção civil;

g) Urbanísticas e exploração de loteamentos;

h) Atividades hoteleiras e similares, restauração e bebidas, bem como a venda ou exploração do direito real de habitação periódica;

i) Agências de viagens e de turismo;

j) Artesanato;

l) Atividades agrícolas e pecuárias não conexas com a exploração da terra ou em que esta tenha carácter manifestamente acessório;

m) Atividades agrícolas, silvícolas e pecuárias integradas noutras de natureza comercial ou industrial;

n) Arrendamento, quando haja opção pela tributação no âmbito da categoria B.

2. Considera-se que a exploração da terra tem carácter manifestamente acessório quando os respetivos custos diretos sejam inferiores a 25% dos custos diretos totais do conjunto da atividade exercida.

3. Para efeitos do disposto na alínea *m*) do nº 1, consideram-se integradas em atividades de natureza comercial ou industrial as agrícolas, silvícolas e pecuárias cujos produtos se destinem a ser utilizados ou consumidos em mais de 60% do seu valor naquelas atividades.

4. Consideram-se atividades agrícolas, silvícolas ou pecuárias, designadamente, as seguintes:

a) As comerciais ou industriais, meramente acessórias ou complementares daquelas, que utilizem, de forma exclusiva, os produtos das próprias explorações agrícolas, silvícolas ou pecuárias;

b) A caça e a exploração de pastos naturais, água e outros produtos espontâneos, explorados diretamente ou por terceiros;

c) As explorações de marinhas de sal;

d) As explorações apícolas;

e) A investigação e obtenção de novas variedades animais e vegetais, dependentes daquelas atividades.

5. A opção a que se refere a alínea *n*) do nº 1 deve ser exercida na declaração de início de atividade ou na declaração de alterações.

Artigo 5º – Rendimentos da categoria E

1. Consideram-se rendimentos de capitais os frutos e demais vantagens económicas, qualquer que seja a sua natureza ou denominação, sejam pecuniários ou em espécie, procedentes, direta ou indiretamente, de elementos patrimoniais, bens, direitos ou situações jurídicas, de natureza mobiliária, bem como da respetiva modificação, transmissão ou cessação, com exceção dos ganhos e outros rendimentos tributados noutras categorias.

2. Os frutos e vantagens económicas referidos no número anterior compreendem, designadamente:

a) Os juros e outras formas de remuneração decorrentes de contratos de mútuo, abertura de crédito, reporte e outros que proporcionem, a título oneroso, a disponibilidade temporária de dinheiro ou outras coisas fungíveis;

b) Os juros e outras formas de remuneração derivadas de depósitos à ordem ou a prazo em instituições financeiras, bem como de certificados de depósitos e de contas de títulos com garantia de preço ou de outras operações similares ou afins;

c) Os juros, os prémios de amortização ou de reembolso e as outras formas de remuneração de títulos da dívida pública, obrigações, títulos de participação, certificados de consignação, obrigações de caixa ou outros títulos análogos, emitidos por entidades públicas ou privadas, e demais instrumentos de aplicação financeira, designadamente letras, livranças e outros títulos de crédito negociáveis, enquanto utilizados como tais;

d) Os juros e outras formas de remuneração de suprimentos, abonos ou adiantamentos de capital feitos pelos sócios à sociedade;

e) Os juros e outras formas de remuneração devidos pelo facto de os sócios não levantarem os lucros ou remunerações colocados à sua disposição;

f) O saldo dos juros apurado em contrato de conta corrente;

g) Os juros ou quaisquer acréscimos de crédito pecuniário resultantes da dilação do respetivo vencimento ou de mora no seu pagamento, sejam legais sejam contratuais, com exceção dos juros devidos ao Estado ou a outros entes públicos por atraso na liquidação ou mora no pagamento de quaisquer contribuições, impostos ou taxas e dos juros atribuídos no âmbito de uma indemnização não sujeita a tributação nos termos do nº 1 do artigo 12º;

h) Os lucros e reservas colocados à disposição dos associados ou titulares e adiantamentos por conta de lucros, com exclusão daqueles a que se refere o artigo 20º;

i) O valor atribuído aos associados na amortização de partes sociais sem redução de capital;

j) Os rendimentos distribuídos das unidades de participação em fundos de investimento;

l) Os rendimentos auferidos pelo associado na associação em participação e na associação à quota, bem como, nesta última, os rendimentos referidos nas alíneas *h*) e *i*) auferidos pelo associante depois de descontada a prestação por si devida ao associado;

m) Os rendimentos provenientes de contratos que tenham por objeto a cessão ou utilização temporária de direitos da propriedade intelectual ou industrial ou a prestação de informações respeitantes a uma experiência adquirida no setor industrial, comercial ou científico, quando não auferidos pelo respetivo autor ou titular originário, bem como os derivados de assistência técnica;

n) Os rendimentos decorrentes do uso ou da concessão do uso de equipamento agrícola e industrial, comercial ou científico, quando não constituam rendimentos prediais, bem como os provenientes da cedência, esporádica ou continuada, de equipamentos e redes informáticas, incluindo transmissão de dados ou disponibilização de capacidade informática instalada em qualquer das suas formas possíveis;

o) Os juros que não se incluam em outras alíneas deste artigo lançados em quaisquer contas correntes;

p) Quaisquer outros rendimentos derivados da simples aplicação de capitais;

q) O ganho decorrente de operações de *swaps* de taxa de juro;

r) A remuneração decorrente de certificados que garantam ao titular o direito a receber um valor mínimo superior ao valor de subscrição;

s) As indemnizações que visem compensar perdas de rendimentos desta categoria;

t) Os montantes pagos ou colocados à disposição do sujeito passivo por estruturas fiduciárias, quando tais montantes não estejam associados à sua liquidação, revogação ou extinção, e não tenham sido já tributados nos termos do nº 3 do artigo 20º

3. Consideram-se ainda rendimentos de capitais a diferença positiva entre os montantes pagos a título de resgate, adiantamento ou vencimento de seguros e operações do ramo 'Vida' e os respetivos prémios pagos ou importâncias investidas, bem como a diferença positiva entre os montantes pagos a título de resgate, remição ou outra forma de antecipação de disponibilidade por fundos de pensões ou no âmbito de outros regimes complementares de segurança social, incluindo os disponibilizados por associações mutualistas, e as respetivas contribuições pagas, sem prejuízo do disposto nas alíneas seguintes, quando o montante dos prémios, importâncias ou contribuições pagos na primeira metade da vigência dos contratos representar pelo menos 35% da totalidade daqueles:

a) São excluídos da tributação um quinto do rendimento, se o resgate, adiantamento, remição ou outra forma de antecipação de disponibilidade, bem como o vencimento, ocorrerem após cinco e antes de oito anos de vigência do contrato;

b) São excluídos da tributação três quintos do rendimento, se o resgate, adiantamento, remição ou outra forma de antecipação de disponibilidade, bem como o vencimento, ocorrerem depois dos primeiros oito anos de vigência do contrato.

4. Para efeitos da alínea *b*) do nº 2, consideram-se remunerações derivadas de depósitos à ordem ou a prazo os ganhos, seja qual for a designação que as partes lhes atribuam, resultantes de contratos celebrados por instituições de crédito que titulam um depósito em numerário, a sua absoluta ou relativa indisponibilidade durante o prazo contratual e a garantia de rentabilidade assegurada, independentemente de esta se reportar ao câmbio da moeda.

5. Para efeitos da alínea *c*) do nº 2, compreendem-se nos rendimentos de capitais o quantitativo dos juros contáveis desde a data do último vencimento ou da emissão, primeira colocação ou endosso, se ainda não houver ocorrido qualquer vencimento, até à data em que ocorra alguma transmissão dos respetivos títulos, bem como a diferença, pela parte correspondente àqueles períodos, entre o valor de reembolso e o preço de emissão, no caso de títulos cuja remuneração seja constituída, total ou parcialmente, por essa diferença.

6. Sem prejuízo do disposto no nº 8, para efeitos da alínea *q*) do nº 2, o ganho sujeito a imposto é constituído pela diferença positiva entre os juros e, também, quando aplicável, pelos ganhos decorrentes dos pagamentos e recebimentos ocorridos em caso de cessão ou anulação do *swap*.

7. *(Revogado.)*

8. Estando em causa instrumentos financeiros derivados, o disposto no nº 10 do artigo 49º do Código do IRC é aplicável, com as necessárias adaptações, para efeitos de IRS.

9. *(Revogado.)*

10. *(Revogado.)*

Artigo 6º – Presunções relativas a rendimentos da categoria E

1. Presume-se que as letras e livranças resultam de contratos de mútuo quando não provenham de transações comerciais, entendendo-se que assim sucede quando o credor originário não for comerciante.

2. Presume-se que os mútuos e as aberturas de crédito referidos na alínea *a*) do nº 2 do artigo anterior são remunerados, entendendo-se que o juro começa a vencer-se nos mútuos a partir da data do contrato e nas aberturas de crédito desde a data da sua utilização.

3. Até prova em contrário, presumem-se mutuados os capitais entregues em depósito não incluídos na alínea *b*) do nº 2 do artigo anterior e cuja restituição seja garantida por qualquer forma.

4. Os lançamentos a seu favor, em quaisquer contas correntes dos sócios, escrituradas nas sociedades comerciais ou civis sob forma comercial, quando não resultem de mútuos, da prestação de trabalho ou do exercício de cargos sociais, presumem-se feitos a título de lucros ou adiantamento dos lucros.

5. As presunções estabelecidas no presente artigo podem ser ilididas com base em decisão judicial, ato administrativo, declaração do Banco de Portugal ou reconhecimento pela Autoridade Tributária e Aduaneira.

Artigo 7º – Momento a partir do qual ficam sujeitos a tributação os rendimentos da categoria E

1. Os rendimentos referidos no artigo 5º ficam sujeitos a tributação desde o momento em que se vencem, se presume o vencimento, são colocados à disposição do seu titular, são liquidados ou desde a data do apuramento do respetivo quantitativo, conforme os casos.

2. Tratando-se de mútuos, de depósitos e de aberturas de crédito, considera-se que os juros, incluindo os parcialmente presumidos, se vencem na data estipulada, ou, na sua ausência, na data do reembolso do capital, salvo quanto aos juros totalmente presumidos, cujo vencimento se considera ter lugar em 31 de dezembro de cada ano ou na data do reembolso, se anterior.

3. Para efeitos do disposto no nº 1, atende-se:

a) Quanto ao nº 2 do artigo 5º:

1) Ao vencimento, para os rendimentos referidos na alínea *a*), com exceção do reporte, na alínea *b*), com exceção dos reembolsos antecipados dos depósitos ou de certificados de depósitos, na alínea *c*), com exceção dos certificados de consignação, e nas alíneas *d*), *e*), *g*) e *q*), neste último caso relativamente a juros vencidos durante o decurso da operação;

2) A colocação à disposição, para os rendimentos referidos nas alíneas *h*), *i*), *j*), *l*) e *r*), assim como dos certificados de consignação;

3) Ao apuramento do respetivo quantitativo, para os rendimentos do contrato de reporte, dos juros, no caso de reembolso antecipado dos depósitos ou de certificados de depósitos, e dos referidos nas alíneas *f*), *m*), *n*), *o*) e *p*);

4) Sem prejuízo do disposto no nº 1) da presente alínea, ao momento da liquidação da operação para os rendimentos previstos na alínea *q*);

b) Quanto ao nº 3 do artigo 5º, à colocação dos rendimentos à disposição dos seus titulares ou ao apuramento do respetivo quantitativo quando o titular do direito aos rendimentos opte por recebê-los sob a forma de renda;

c) Quanto ao nº 5 do artigo 5º, à data da transmissão, exceto quando esta se realizar entre sujeitos passivos de IRS e não seja imputável ao exercício de uma atividade empresarial e profissional;

d) Quanto ao nº 7 do artigo 5º, ao apuramento do respetivo quantitativo.

4. As aberturas de crédito consideram-se utilizadas na totalidade sempre que, segundo as cláusulas do contrato, os levantamentos possam fazer-se independentemente de escritura ou instrumento notarial.

5. Os juros são contados dia a dia.

Artigo 8º – Rendimentos da categoria F

1. Consideram-se rendimentos prediais as rendas dos prédios rústicos, urbanos e mistos pagas ou colocadas à disposição dos respetivos titulares, quando estes não optarem pela sua tributação no âmbito da categoria B.

2. São havidas como rendas:

a) As importâncias relativas à cedência do uso do prédio ou de parte dele e aos serviços relacionados com aquela cedência;

b) As importâncias relativas ao aluguer de maquinismos e mobiliários instalados no imóvel locado;

c) A diferença, auferida pelo sublocador, entre a renda recebida do subarrendatário e a paga ao senhorio;

d) As importâncias relativas à cedência do uso, total ou parcial, de bens imóveis, para quaisquer fins especiais, designadamente publicidade;

e) As importâncias relativas à cedência do uso de partes comuns de prédios em regime de propriedade horizontal;

f) As importâncias relativas à constituição, a título oneroso, de direitos reais de gozo temporários, ainda que vitalícios, sobre prédios rústicos, urbanos ou mistos;

g) As indemnizações que visem compensar perdas de rendimentos desta categoria.

3. Para efeitos de IRS, considera-se prédio rústico uma parte delimitada do solo e as construções nele existentes que não tenham autonomia económica, prédio urbano qualquer edifício incorporado no solo e os terrenos que lhe sirvam de logradouro e prédio misto o que comporte parte rústica e parte urbana.

4. Para efeitos do número anterior, considera-se ainda construção todo o bem móvel assente no mesmo local por um período superior a 12 meses.

Artigo 9º – Rendimentos da categoria G

1. Constituem incrementos patrimoniais, desde que não considerados rendimentos de outras categorias:

a) As mais-valias, tal como definidas no artigo seguinte;

b) As indemnizações que visem a reparação de danos não patrimoniais, excetuadas as fixadas por decisão judicial ou arbitral ou resultantes de acordo homologado judicialmente, de danos emergentes não comprovados e de lucros cessantes, considerando-se neste último caso como tais apenas as que se destinem a ressarcir os benefícios líquidos deixados de obter em consequência da lesão;

c) As importâncias auferidas em virtude da assunção de obrigações de não concorrência, independentemente da respetiva fonte ou título;

d) Os acréscimos patrimoniais não justificados, determinados nos termos dos artigos 87º, 88º ou 89º-A da lei geral tributária;

e) As indemnizações devidas por renúncia onerosa a posições contratuais ou outros direitos inerentes a contratos relativos a bens imóveis, com exceção das indemnizações legalmente devidas pela denúncia de contratos de arrendamento sem termo, relativos a imóveis que constituam habitação permanente do sujeito passivo, nos casos previstos no artigo 1101º do Código Civil.

2. *(Revogado.)*

3. São igualmente considerados incrementos patrimoniais aqueles a que se refere o nº 5 do artigo 89º-A da lei geral tributária.

4. Os incrementos patrimoniais referidos nas alíneas *b*), *c*) e *e*) do nº 1 constituem rendimento do ano em que são pagos ou colocados à disposição.

(Redação dada pela Lei nº 119/2019, de 18-09)

Artigo 10º – Mais-valias

1. Constituem mais-valias os ganhos obtidos que, não sendo considerados rendimentos empresariais e profissionais, de capitais ou prediais, resultem de:

a) Alienação onerosa de direitos reais sobre bens imóveis e afetação de quaisquer bens do património particular a atividade empresarial e profissional exercida em nome individual pelo seu proprietário;

b) Alienação onerosa de partes sociais e de outros valores mobiliários, incluindo:

1) A remição e amortização com redução de capital de partes sociais;

2) A extinção ou entrega de partes sociais das sociedades fundidas, cindidas ou adquiridas no âmbito de operações de fusão, cisão ou permuta de partes sociais;

3) O valor atribuído em resultado da partilha, bem como em resultado da liquidação, revogação ou extinção de estruturas fiduciárias aos sujeitos passivos que as constituíram, nos termos dos artigos 81º e 82º do Código do IRC;

4) O reembolso de obrigações e outros títulos de dívida;

5) O resgate de unidades de participação em fundos de investimento e a liquidação destes fundos;

c) Alienação onerosa da propriedade intelectual ou industrial ou de experiência adquirida no setor comercial, industrial ou científico, quando o transmitente não seja o seu titular originário;

d) Cessão onerosa de posições contratuais ou outros direitos inerentes a contratos relativos a bens imóveis;

e) Operações relativas a instrumentos financeiros derivados, com exceção dos ganhos previstos na alínea *q*) do nº 2 do artigo 5º;

f) Operações relativas a *warrants* autónomos, quer o *warrant* seja objeto de negócio de disposição anteriormente ao exercício ou quer seja exercido, neste último caso independentemente da forma de liquidação;

g) Operações relativas a certificados que atribuam ao titular o direito a receber um valor de determinado ativo subjacente, com exceção das remunerações previstas na alínea *r*) do nº 2 do artigo 5º;

h) Cessão onerosa de créditos, prestações acessórias e prestações suplementares.

2. *(Revogado.)*

3. Os ganhos consideram-se obtidos no momento da prática dos atos previstos no nº 1, sem prejuízo do disposto nas alíneas seguintes:

a) Nos casos de promessa de compra e venda ou de troca, presume-se que o ganho é obtido logo que verificada a tradição ou posse dos bens ou direitos objeto do contrato;

b) Nos casos de afetação de quaisquer bens do património particular a atividade empresarial e profissional exercida pelo seu proprietário, o ganho só se considera obtido no momento da ulterior alienação onerosa dos bens em causa ou da ocorrência de outro facto que determine o apuramento de resultados em condições análogas, exceto no caso de restituição ao património particular de imóvel habitacional que seja afeto à obtenção de rendimentos da categoria F, mantendo-se o diferimento da tributação do ganho enquanto o imóvel mantiver aquela afetação;

c) Nos contratos de permuta de bens presentes por bens futuros, a tributação apenas ocorre no momento da celebração do contrato que formaliza a aquisição do bem futuro, ou no momento da sua tradição, se anterior.

4. O ganho sujeito a IRS é constituído:

a) Pela diferença entre o valor de realização e o valor de aquisição, líquidos da parte qualificada como rendimento de capitais, sendo caso disso, nos casos previstos nas alíneas *a*), *b*) e *c*) do nº 1;

b) Pela importância recebida pelo cedente, deduzida do preço por que eventualmente tenha obtido os direitos e bens objeto de cessão, no caso previsto na alínea *d*) do nº 1;

c) Pelos rendimentos líquidos, apurados em cada ano, provenientes das operações referidas nas alíneas *e*) e *g*) do nº 1;

d) Pelos rendimentos líquidos, apurados em cada ano, provenientes das operações referidas na alínea *f*) do nº 1, os quais correspondem:

1) No caso de *warrant* de compra, à diferença, na data do exercício, entre o preço de mercado do ativo subjacente e o preço de exercício corrigido nos termos da alínea seguinte;

2) No caso de *warrant* de venda, à diferença, na data do exercício, entre o preço de exercício, corrigido nos termos da alínea seguinte, e o preço de mercado do ativo subjacente; ou

3) No caso de transmissão do *warrant*, à diferença entre o valor de realização e o prémio na subscrição ou o valor de aquisição do *warrant*, consoante este tenha sido adquirido por subscrição ou por transmissão posterior àquela, respetivamente;

e) Para efeitos do disposto nos nºs 1) e 2) da alínea anterior, o preço de exercício é corrigido do valor do prémio de subscrição ou do valor de aquisição do *warrant*, consoante este tenha sido adquirido por subscrição ou por transmissão posterior àquela, respetivamente, nos seguintes termos:

1) No caso de *warrant* de compra, o valor antes referido é acrescido ao preço de exercício;

2) No caso de *warrant* de venda, o mesmo valor é deduzido ao preço de exercício;

f) Pela importância recebida pelo cedente deduzida do valor nominal na primeira transmissão, ou do valor de aquisição nos restantes casos, dos créditos, das prestações acessórias ou das prestações suplementares, no caso previsto na alínea *h*) do nº 1;

g) Para efeitos da parte final do nº 3) da alínea *b*) do nº 1, considera-se como valor de aquisição o montante dos ativos entregues pelo sujeito passivo aquando da constituição da estrutura fiduciária e como valor de realização o resultado da liquidação, revogação ou extinção da mesma, abatido dos valores imputados objeto de tributação nos termos do nº 3 do artigo 20º que não tenham sido distribuídos anteriormente.

5. São excluídos da tributação os ganhos provenientes da transmissão onerosa de imóveis destinados a habitação própria e permanente do sujeito passivo ou do seu agregado familiar, desde que verificadas, cumulativamente, as seguintes condições:

a) O valor de realização, deduzido da amortização de eventual empréstimo contraído para a aquisição do imóvel, seja reinvestido na aquisição da propriedade de outro imóvel, de terreno para construção de imóvel e ou respetiva construção, ou na ampliação ou melhoramento de outro imóvel exclusivamente com o mesmo destino situado em território português ou no território de outro Estado membro da União Europeia ou do Espaço Económico Europeu, desde que, neste último caso, exista intercâmbio de informações em matéria fiscal;

b) O reinvestimento previsto na alínea anterior seja efetuado entre os 24 meses anteriores e os 36 meses posteriores contados da data da realização;

c) O sujeito passivo manifeste a intenção de proceder ao reinvestimento, ainda que parcial, mencionando o respetivo montante na declaração de rendimentos respeitante ao ano da alienação;

d) *(Revogada.)*

6. Não haverá lugar ao benefício referido no número anterior quando:

a) Tratando-se de reinvestimento na aquisição de outro imóvel, o adquirente o não afete à sua habitação ou do seu agregado familiar, até decorridos doze meses após o reinvestimento;

b) Nos demais casos, o adquirente não requeira a inscrição na matriz do imóvel ou das alterações decorridos 48 meses desde a data da realização, devendo afetar o imóvel à sua habitação ou do seu agregado até ao fim do quinto ano seguinte ao da realização;

c) *(Revogada.)*

d) Os imóveis que tenham beneficiado de apoio não reembolsável concedido pelo Estado ou outras entidades públicas para a aquisição, construção, reconstrução ou realização de obras de conservação de valor superior a 30% do valor patrimonial tributário do imóvel para efeitos de IMI, sejam vendidos antes de decorridos 10 anos sobre a data da sua aquisição, da assinatura da declaração comprovativa da receção da obra ou do pagamento da última despesa relativa ao apoio público não reembolsável que, nos termos legais ou regulamentares, não estejam sujeitos a ónus ou regimes especiais que limitem ou condicionem a respetiva alienação.

7. Os ganhos previstos no nº 5 são igualmente excluídos de tributação, desde que verificadas, cumulativamente, as seguintes condições:

a) O valor de realização, deduzido da amortização de eventual empréstimo contraído para a aquisição do imóvel e, se aplicável, do reinvestimento previsto na alínea *a*) do nº 5, seja utilizado para a aquisição de um contrato de seguro ou de uma adesão individual a um fundo de pensões aberto, ou ainda para contribuição para o regime público de capitalização;

b) O sujeito passivo ou o respetivo cônjuge, na data da transmissão do imóvel, se encontre, comprovadamente, em situação de reforma, ou tenha, pelo menos, 65 anos de idade;

c) A aquisição do contrato de seguro, a adesão individual a um fundo de pensões aberto ou a contribuição para o regime público de capitalização seja efetuada nos seis meses posteriores contados da data de realização;

d) Sendo o investimento realizado por aquisição de contrato de seguro ou da adesão individual a um fundo de pensões aberto, estes visem, exclusivamente, proporcionar ao adquirente ou ao respetivo cônjuge, uma prestação regular periódica, de montante máximo anual igual a 7,5% do valor investido;

e) O sujeito passivo manifeste a intenção de proceder ao reinvestimento, ainda que parcial, mencionando o respetivo montante na declaração de rendimentos respeitante ao ano da alienação.

8. Não há lugar ao benefício referido no número anterior se o reinvestimento não for efetuado no prazo referido na alínea *c*), ou se, em qualquer ano, o valor das prestações recebidas ultrapassar o limite fixado na alínea *d*), sendo esse ganho objeto de tributação no ano em que se conclua o prazo para reinvestimento, ou que seja ultrapassado o referido limite, respetivamente.

9. No caso de reinvestimento parcial do valor de realização e verificadas as condições estabelecidas nos nºs 6 e 8, os benefícios a que se referem os nºs 5 e 7 respeitam apenas à parte proporcional dos ganhos correspondentes ao valor reinvestido.

10. No caso de se verificar uma permuta de partes sociais nas condições mencionadas no nº 5 do artigo 73º e nº 2 do artigo 77º do Código do IRC, a atribuição, em resultado dessa permuta, dos títulos representativos do capital social da sociedade adquirente aos sócios da sociedade adquirida não dá lugar a qualquer tributação destes últimos se os mesmos continuarem a valorizar, para efeitos fiscais, as novas partes sociais pelo valor das antigas, determinado de acordo com o estabelecido neste Código, sem prejuízo da tributação relativa às importâncias em dinheiro que lhes sejam eventualmente atribuídas.

11. Nos casos de fusão ou cisão de sociedades a que seja aplicável o artigo 74º do Código do IRC, não há lugar à tributação dos sócios das sociedades fundidas ou cindidas, desde que verificadas as seguintes condições:

a) Havendo lugar à atribuição àqueles sócios de partes de capital, sejam observadas, com as necessárias adaptações, as regras previstas nos nºs 1 e 3 do artigo 76º do Código do IRC, consoante se trate de fusão ou cisão, respetivamente;

b) Não havendo lugar à atribuição de partes de capital, seja dado cumprimento, com as necessárias adaptações, ao disposto nos nºs 4 e 5 do artigo 76º do Código do IRC, consoante se trate, respetivamente, de fusão ou cisão.

12. O disposto nos nºs 10 e 11 não prejudica a tributação dos sócios relativamente às importâncias em dinheiro que lhes sejam eventualmente atribuídas.

13. Nos casos previstos nos nºs 10 e 11 são ainda aplicáveis:

a) O disposto no nº 10 do artigo 73º do Código do IRC, com as necessárias adaptações;

b) A exigência dos elementos de prova previstos nos nºs 5 e 6 do artigo 78º do mesmo código.

14. Os sujeitos passivos devem declarar a alienação onerosa das ações, bem como a data das respetivas aquisições.

(Redação dada pela Lei nº 71/2018, de 31-12)

Artigo 10º-A – Perda da qualidade de residente em território português

1. Nos casos referidos nos nºs 8 e 9 do artigo anterior, e, bem assim, no artigo 38º, perdendo o sócio a qualidade de residente em território português, há lugar à consideração enquanto mais-valias, para efeitos da tributação respeitante ao ano em que se verificar aquela perda da qualidade de residente, do valor que, por virtude do disposto naqueles números e artigo, não foi tributado aquando da permuta de ações, da fusão ou da cisão ou de transmissão do património, o qual corresponde:

a) Nos casos previstos no nº 8 e na alínea *a*) do nº 9 do artigo anterior, à diferença entre o valor de mercado das partes de capital recebidas e o valor de aquisição das antigas, determinado de acordo com o estabelecido no presente Código;

b) Nos casos previstos na alínea *b*) do nº 9 do artigo anterior, à diferença entre o valor real das partes de capital e o respetivo valor de aquisição determinado nos termos estabelecidos na mesma alínea;

c) No caso previsto no artigo 38º, à diferença entre o valor real das partes de capital e o valor previsto na alínea *d*) do nº 1 daquele artigo.

2. O disposto no número anterior não prejudica a requalificação do rendimento efetuada nos termos previstos na primeira parte do nº 3 do artigo 38º nas situações em que a transferência de residência ocorra antes de decorrido o período de cinco anos aí previsto.

3. Nos casos em que a perda da qualidade de residente em território português decorra da transferência da residência para outro Estado membro da União Europeia ou do Espaço Económico Europeu, que esteja vinculado a cooperação administrativa no domínio da fiscalidade equivalente à estabelecida no âmbito da União Europeia, o imposto, na parte correspondente ao saldo positivo das diferenças referidas no número anterior, é pago de acordo com as seguintes modalidades:

a) Imediatamente, pela totalidade do imposto apurado na declaração de rendimentos apresentada, nos termos e prazos estabelecidos nos artigos 57º e 60º;

b) No ano seguinte àquele em que se verifique em relação a cada uma das partes de capital consideradas para efeitos do apuramento do imposto, a sua extinção ou transmissão, por qualquer título, pela parte do imposto que corresponda ao resultado fiscal de cada uma das partes individualmente identificada;

c) Em frações anuais de igual montante, correspondentes a um quinto do montante do imposto apurado no ano em que ocorre a transferência da residência.

4. O exercício da opção por uma das modalidades previstas nas alíneas *b*) e *c*) do número anterior determina o vencimento de juros, à mesma taxa prevista para os juros de mora, contados desde o dia seguinte à data prevista na alínea *a*) do nº 1 do artigo 97º até à data do pagamento efetivo.

5. A opção por uma das modalidades previstas nas alíneas *b*) e *c*) do nº 3 deve ser exercida na declaração de rendimentos correspondente ao ano em que ocorreu a perda da qualidade de residente em território português e determina a entrega, até 31 de agosto do ano seguinte ao da transferência da residência, de declaração oficial, aprovada por portaria do membro do Governo responsável pela área das finanças, que contenha a discriminação das partes de capital, podendo, em caso de fundado receio de frustração da cobrança do crédito tributário, ser subordinada à prestação de garantia bancária, que corresponda ao montante do imposto acrescido de 25%.

6. O sujeito passivo que tiver exercido a opção pela modalidade de pagamento do imposto prevista na alínea *b*) do nº 3 deve enviar, anualmente, por transmissão eletrónica de dados, no prazo fixado na alínea *b*) do nº 1 do artigo 60º, a declaração de modelo oficial referida no número anterior e, sendo devido, efetuar o pagamento do imposto dentro do mesmo prazo, acrescido dos juros vencidos, calculados nos termos do nº 4.

7. Sem prejuízo da responsabilidade contraordenacional que ao caso couber, a não entrega da declaração referida no número anterior determina a notificação para a sua apresentação e pagamento do imposto eventualmente devido no prazo de 30 dias, sob pena de instauração de processo de execução fiscal pela totalidade do montante em dívida.

8. O sujeito passivo que tiver exercido a opção pela modalidade de pagamento do imposto prevista na alínea *c*) do nº 3 deve efetuar o pagamento do imposto devido até ao final do mês de agosto do ano da entrega da declaração de rendimentos e de cada um dos quatro anos seguintes.

9. No caso referido no número anterior, a falta de pagamento de qualquer prestação implica o imediato vencimento das seguintes, instaurando-se processo de execução fiscal pela totalidade do montante em dívida.

10. O sujeito passivo que, na sequência da opção por uma das modalidades de pagamento do imposto previstas nas alíneas *b*) ou *c*) do nº 3, transfira a sua residência para um território ou país que não seja um Estado membro da União Europeia ou do Espaço Económico Europeu, neste último caso, desde que exista obrigação de troca de informações, deve efetuar, no prazo estabelecido na alínea *a*) do nº 1 do artigo 97º, o pagamento da totalidade ou da parte do imposto liquidado ou das prestações que se encontrem em falta, consoante os casos, acrescido dos respetivos juros calculados nos termos do nº 4.

11. Os termos para o cumprimento das obrigações declarativas e para prestação da garantia são definidos por portaria do membro do Governo responsável pela área das finanças.

(Redação dada pelo Decreto-Lei nº 41/2016, de 01-08)

Artigo 11º – Rendimentos da categoria H

1. Consideram-se pensões:

a) As prestações devidas a título de pensões de aposentação ou de reforma, velhice, invalidez ou sobrevivência, bem como outras de idêntica natureza, incluindo os rendimentos referidos no nº 2 do artigo 2º-A, e ainda as pensões de alimentos;

b) As prestações a cargo de companhias de seguros, fundos de pensões, ou quaisquer outras entidades, devidas no âmbito de regimes complementares de segurança social em razão de contribuições da entidade patronal, e que não sejam consideradas rendimentos do trabalho dependente;

c) As pensões e subvenções não compreendidas nas alíneas anteriores;

d) As rendas temporárias ou vitalícias;

e) As indemnizações que visem compensar perdas de rendimentos desta categoria.

2. A remição ou qualquer outra forma de antecipação de disponibilidade dos rendimentos previstos no número anterior não lhes modifica a natureza de pensões.

3. Os rendimentos referidos neste artigo ficam sujeitos a tributação desde que pagos ou colocados à disposição dos respetivos titulares.

Artigo 12º – Delimitação negativa de incidência

1. O IRS não incide, salvo quanto às prestações previstas no regime jurídico dos acidentes em serviço e das doenças profissionais no âmbito da Administração Pública, estabelecido pelo Decreto-Lei nº 503/99, de 20 de novembro, alterado pelas Leis nºs 59/2008, de 11 de setembro, 64-A/2008, de 31 de dezembro, e 11/2014, de 6 de março, sobre as indemnizações devidas em consequência de lesão corporal, doença ou morte, pagas ou atribuídas, nelas se incluindo as pensões e indemnizações auferidas em resultado do cumprimento do serviço militar, as atribuídas ao abrigo do artigo 127º do Estatuto da Aposentação, aprovado pelo Decreto-Lei nº 498/72, de 9 de dezembro, e as pensões de preço de sangue, bem como a transmissão ao cônjuge ou unido de facto sobrevivo de pensão de deficiente militar auferida ao abrigo do artigo 8º do Decreto-Lei nº 240/98, de 7 de agosto:

a) Pelo Estado, regiões autónomas ou autarquias locais, bem como qualquer dos seus serviços, estabelecimentos ou organismos, ainda que personalizados, incluindo os institutos públicos e os fundos públicos; ou

b) Ao abrigo de contrato de seguro, decisão judicial ou acordo homologado judicialmente;

c) *(Revogada);*

d) *(Revogada);*

e) Pelas associações mutualistas.

2. Excluem-se deste imposto os prémios literários, artísticos ou científicos, quando não envolvam a cedência, temporária ou definitiva, dos respetivos direitos de autor, desde que atribuídos em concurso, mediante anúncio público em que se definam as respetivas condições de atribuição, não podendo a participação no mesmo sofrer restrições que não se conexionem com a natureza do prémio.

3. O IRS não incide sobre os rendimentos provenientes do exercício da atividade de profissionais de espetáculos ou desportistas quando esses rendimentos sejam tributados em IRC nos termos da alínea *d*) do nº 3 do artigo 4º do Código do IRC.

4. O IRS não incide sobre os montantes respeitantes a subsídios para manutenção, nem sobre os montantes necessários à cobertura de despesas extraordinárias relativas à saúde e educação, pagos ou atribuídos pelos centros regionais de segurança social e pela Santa Casa da Misericórdia de Lisboa ou pelas instituições particulares de solidariedade social em articulação com aqueles, no âmbito da prestação de ação social de acolhimento familiar e de apoio a idosos, pessoas com deficiências, crianças e jovens, não sendo os correspondentes encargos considerados como custos para efeitos da categoria B.

5. O IRS não incide sobre:

a) As bolsas atribuídas aos praticantes de alto rendimento desportivo, e respetivos treinadores, pelo Comité Olímpico de Portugal ou pelo Comité Paralímpico de Portugal, no âmbito do contrato-programa de preparação para os Jogos Olímpicos, Paralímpicos ou Surdolímpicos, ou pela respetiva federação titular do estatuto de utilidade pública desportiva, nos termos do Decreto-Lei nº 273/2009, de 1 de outubro;

b) As bolsas de formação desportiva, como tal reconhecidas por despacho dos membros do Governo responsáveis pelas áreas das finanças e do desporto, atribuídas pela respetiva federação titular do estatuto de utilidade pública desportiva aos agentes desportivos não profissionais, nomeadamente praticantes, juízes e árbitros, até ao montante máximo anual correspondente a 2 375 €, bem como, com este mesmo limite, as compensações atribuídas pelas mesmas federações pelo desempenho não profissional das funções de juízes e árbitros

c) Os prémios em reconhecimento do valor e mérito de êxitos desportivos, nos termos do Decreto-Lei nº 272/2009, de 1 de outubro, e da Portaria nº 103/2014, de 15 de maio

6. O IRS não incide sobre os incrementos patrimoniais provenientes de transmissões gratuitas sujeitas ao imposto do selo, nem sobre os que se encontrem expressamente previstos em norma de delimitação negativa de incidência deste imposto.

7. O IRS não incide sobre as compensações e subsídios, referentes à atividade voluntária, postos à disposição dos bombeiros pela Autoridade Nacional de Proteção Civil, municípios e comunidades intermunicipais e pagos pelas respetivas entidades detentoras de corpos de bombeiros, no âmbito do dispositivo especial de combate a incêndios florestais e do dispositivo conjunto de proteção e socorro na Serra da Estrela, nos termos do respetivo enquadramento legal.

8. O IRS não incide sobre o valor atribuído em resultado da liquidação, revogação ou extinção de estruturas fiduciárias a sujeitos passivos beneficiários das referidas estruturas distintos daqueles que as constituíram.

(Redação dada pela Lei nº 71/2018, de 31-12)

Artigo 12º-A – Regime fiscal aplicável a ex-residentes

1. São excluídos de tributação 50% dos rendimentos do trabalho dependente e dos rendimentos empresariais e profissionais dos sujeitos passivos que, tornando-se fiscalmente residentes nos termos dos nºs 1 e 2 do artigo 16º em 2019 ou 2020:

b) Não tenham sido considerados residentes em território português em qualquer dos três anos anteriores;

b) Tenham sido residentes em território português antes de 31 de dezembro de 2015;

c) Tenham a sua situação tributária regularizada.

2. Não podem beneficiar do disposto no presente artigo os sujeitos passivos que tenham solicitado a sua inscrição como residente não habitual.

(Aditado pela Lei nº 71/2018, de 31-12)

SECÇÃO II – Incidência pessoal

Artigo 13º – Sujeito passivo

1. Ficam sujeitas a IRS as pessoas singulares que residam em território português e as que, nele não residindo, aqui obtenham rendimentos.

2. Quando exista agregado familiar, o imposto é apurado individualmente em relação a cada cônjuge ou unido de facto, sem prejuízo do disposto relativamente aos dependentes, a não ser que seja exercida a opção pela tributação conjunta.

3. No caso de opção por tributação conjunta, o imposto é devido pela soma dos rendimentos das pessoas que constituem o agregado familiar, considerando-se como sujeitos passivos aquelas a quem incumbe a sua direção.

4. O agregado familiar é constituído por:

a) Os cônjuges não separados judicialmente de pessoas e bens, ou os unidos de facto, e os respetivos dependentes;

b) Cada um dos cônjuges ou ex-cônjuges, respetivamente, nos casos de separação judicial de pessoas e bens ou de declaração de nulidade, anulação ou dissolução do casamento, e os dependentes a seu cargo;

c) O pai ou a mãe solteiros e os dependentes a seu cargo;

d) O adotante solteiro e os dependentes a seu cargo.

5. Para efeitos do disposto no número anterior, e desde que devidamente identificados pelo número fiscal de contribuinte na declaração de rendimentos, consideram-se dependentes:

a) Os filhos, adotados e enteados, menores não emancipados, bem como os menores sob tutela;

b) Os filhos, adotados e enteados, maiores, bem como aqueles que até à maioridade estiveram sujeitos à tutela de qualquer dos sujeitos a quem incumbe a direção do agregado familiar, que não tenham mais de 25 anos nem aufiram anualmente rendimentos superiores ao valor da retribuição mínima mensal garantida;

c) Os filhos, adotados, enteados e os sujeitos a tutela, maiores, inaptos para o trabalho e para angariar meios de subsistência;

d) Os afilhados civis.

6. O disposto no número anterior não prejudica a tributação autónoma das pessoas nele referidas, exceto se, tratando-se de filhos, adotados e enteados, menores não emancipados, bem como de menores sob tutela, a administração dos rendimentos por eles auferidos não lhes pertencer na totalidade.

7. Sem prejuízo do disposto no nº 8 do artigo 22º, no nº 1 do artigo 59º e nos nºs 9 e 10 do artigo 78º, as pessoas referidas nos números anteriores não podem, simultaneamente, fazer parte de mais de um agregado familiar nem, integrando um agregado familiar, ser consideradas sujeitos passivos autónomos.

8. A situação pessoal e familiar dos sujeitos passivos relevante para efeitos de tributação é aquela que se verificar no último dia do ano a que o imposto respeite.

9. Quando as responsabilidades parentais são exercidas em comum por mais do que um sujeito passivo, sem que estes estejam integrados no mesmo agregado familiar, nos termos do disposto no nº 4, os dependentes previstos no nº 5 são considerados como integrando:

a) O agregado do sujeito passivo a que corresponder a residência determinada no âmbito da regulação do exercício das responsabilidades parentais;

b) O agregado do sujeito passivo com o qual o dependente tenha identidade de domicílio fiscal no último dia do ano a que o imposto respeite, quando, no âmbito da regulação do exercício das responsabilidades parentais, não tiver sido determinada a sua residência ou não seja possível apurar a sua residência habitual.

10. Sem prejuízo do disposto no número anterior, os dependentes na situação aí prevista podem ser incluídos nas declarações de ambos os sujeitos passivos para efeitos de imputação de rendimentos e de deduções.

11. Para efeitos de concretização do disposto no número anterior devem ser disponibilizados a cada sujeito passivo os meios de acesso à área reservada dos respetivos dependentes no Portal das Finanças nos termos a definir pelo membro do Governo responsável pela área das finanças.

12. O domicílio fiscal faz presumir a habitação própria e permanente do sujeito passivo que pode, a todo o tempo, apresentar prova em contrário.

13. Para efeitos do disposto no número anterior, considera-se preenchido o requisito de prova aí previsto, designadamente quando o sujeito passivo:

a) Faça prova de que a sua habitação própria e permanente é localizada noutro imóvel; ou

b) Faça prova de que não dispõe de habitação própria e permanente.

14. A prova dos factos previstos no número anterior compete ao sujeito passivo, sendo admissíveis quaisquer meios de prova admitidos por lei.

15. Compete à Autoridade Tributária e Aduaneira demonstrar a falta de veracidade dos meios de prova mencionados no número anterior ou das informações neles constantes.

(Redação dada pela Lei nº 71/2018, de 31-12)

Artigo 14º – Uniões de facto

1. *(Revogado.)*

2. A existência de identidade de domicílio fiscal dos sujeitos passivos durante o período exigido pela lei para verificação dos pressupostos da união de facto, e durante o período de tributação, faz presumir a existência de união de facto quando esta seja invocada pelos sujeitos passivos.

3. Os sujeitos passivos não residentes em território português durante todo ou parte do período referido no número anterior podem apresentar prova documental da identidade de domicílio fiscal no Estado ou Estados onde residiram durante aquele período.

Artigo 15º – Âmbito da sujeição

1. Sendo as pessoas residentes em território português, o IRS incide sobre a totalidade dos seus rendimentos, incluindo os obtidos fora desse território.

2. Tratando-se de não residentes, o IRS incide unicamente sobre os rendimentos obtidos em território português.

3. O disposto nos números anteriores aplica-se aos casos de residência parcial previstos nos nºs 3 e 4 do artigo seguinte, relativamente a cada um dos estatutos de residência.

Artigo 16º – Residência

1. São residentes em território português as pessoas que, no ano a que respeitam os rendimentos:

a) Hajam nele permanecido mais de 183 dias, seguidos ou interpolados, em qualquer período de 12 meses com início ou fim no ano em causa;

b) Tendo permanecido por menos tempo, aí disponham, num qualquer dia do período referido na alínea anterior, de habitação em condições que façam supor intenção atual de a manter e ocupar como residência habitual;

c) Em 31 de dezembro, sejam tripulantes de navios ou aeronaves, desde que aqueles estejam ao serviço de entidades com residência, sede ou direção efetiva nesse território;

d) Desempenhem no estrangeiro funções ou comissões de carácter público, ao serviço do Estado Português.

2. Para efeitos do disposto no número anterior, considera-se como dia de presença em território português qualquer dia, completo ou parcial, que inclua dormida no mesmo.

3. As pessoas que preencham as condições previstas nas alíneas *a*) ou *b*) do nº 1 tornam-se residentes desde o primeiro dia do período de permanência em território português, salvo quando tenham aí sido residentes em qualquer dia do ano anterior, caso em que se consideram residentes neste território desde o primeiro dia do ano em que se verifique qualquer uma das condições previstas no nº 1.

4. A perda da qualidade de residente ocorre a partir do último dia de permanência em território português, salvo nos casos previstos nos nºs 14 e 16.

5. A residência fiscal é aferida em relação a cada sujeito passivo do agregado.

6. São ainda havidos como residentes em território português as pessoas de nacionalidade portuguesa que deslocalizem a sua residência fiscal para país, território ou região, sujeito a um regime fiscal claramente mais favorável constante de lista aprovada por portaria do membro do Governo responsável pela área das finanças, no ano em que se verifique aquela mudança e nos quatro anos subsequentes, salvo se o interessado provar que a mudança se deve a razões atendíveis, designadamente exercício naquele território de atividade temporária por conta de entidade patronal domiciliada em território português.

7. Sem prejuízo do período definido no número anterior, a condição de residente aí prevista subsiste apenas enquanto se mantiver a deslocação da residência fiscal do sujeito passivo para país, território ou região, sujeito a um regime fiscal claramente mais favorável constante de lista aprovada por portaria do membro do Governo responsável pela área das finanças, deixando de se aplicar no ano em que este se torne residente fiscal em país, território ou região distinto daqueles.

8. Consideram-se residentes não habituais em território português os sujeitos passivos que, tornando-se fiscalmente residentes nos termos dos nºs 1 ou 2, não tenham sido residentes em território português em qualquer dos cinco anos anteriores.

9. O sujeito passivo que seja considerado residente não habitual adquire o direito a ser tributado como tal pelo período de 10 anos consecutivos a partir do ano, inclusive, da sua inscrição como residente em território português.

10. O sujeito passivo deve solicitar a inscrição como residente não habitual, por via eletrónica, no Portal das Finanças, posteriormente ao ato da inscrição como residente em território português e até 31 de março, inclusive, do ano seguinte àquele em que se torne residente nesse território.

11. O direito a ser tributado como residente não habitual em cada ano do período referido no nº 9 depende de o sujeito passivo ser considerado residente em território português, em qualquer momento desse ano.

12. O sujeito passivo que não tenha gozado do direito referido no número anterior em um ou mais anos do período referido no nº 9 pode retomar o gozo do mesmo em qualquer dos anos remanescentes daquele período, a partir do ano, inclusive, em que volte a ser considerado residente em território português.

13. Enquadra-se no disposto na alínea *d*) do nº 1 o exercício de funções de deputado ao Parlamento Europeu.

14. Sem prejuízo do disposto no número seguinte, um sujeito passivo considera-se residente em território português durante a totalidade do ano no qual perca a qualidade de residente quando se verifiquem, cumulativamente, as seguintes condições:

a) Permaneça em território português mais de 183 dias, seguidos ou interpolados, nesse ano; e

b) Obtenha, no decorrer desse ano e após o último dia de permanência em território português, quaisquer rendimentos que fossem sujeitos e não isentos de IRS, caso o sujeito passivo mantivesse a sua qualidade de residente em território português.

15. O disposto no número anterior não é aplicável caso o sujeito passivo demonstre que os rendimentos a que se refere a alínea *b*) do mesmo número sejam tributados por um imposto sobre o rendimento idêntico ou substancialmente similar ao IRS aplicado devido ao domicílio ou residência:

a) Noutro Estado membro da União Europeia ou do Espaço Económico Europeu, desde que, neste último caso, exista intercâmbio de informações em matéria fiscal e que se preveja a cooperação administrativa no domínio da fiscalidade; ou

b) Noutro Estado, não abrangido na alínea anterior, em que a taxa de tributação aplicável àqueles rendimentos não seja inferior a 60% daquela que lhes seria aplicável caso o sujeito passivo mantivesse a sua residência em território português.

16. Um sujeito passivo considera-se, ainda, residente em território português durante a totalidade do ano sempre que volte a adquirir a qualidade de residente durante o ano subsequente àquele em que, nos termos do nº 4, perdeu aquela mesma qualidade.

(Redação dada pelo Decreto-Lei nº 41/2016, de 01-08)

Artigo 17º – Residência em região autónoma

1. Para efeitos deste Código, considera-se que no ano a que respeitam os rendimentos as pessoas residentes no território português são residentes numa região autónoma quando permaneçam no respetivo território por mais de 183 dias.

2. Para que se considere que um residente em território português permanece numa região autónoma, para efeitos do número anterior, é necessário que nesta se situe a sua residência habitual e aí esteja registado para efeitos fiscais.

3. Quando não for possível determinar a permanência a que se referem os números anteriores, são considerados residentes no território de uma região autónoma os residentes no território português que ali tenham o seu principal centro de interesses, considerando-se como tal o local onde se obtenha a maior parte da base tributável, determinada nos seguintes termos:

a) Os rendimentos do trabalho consideram-se obtidos no local onde é prestada a atividade;

b) Os rendimentos empresariais e profissionais consideram-se obtidos no local do estabelecimento ou do exercício habitual da profissão;

c) Os rendimentos de capitais consideram-se obtidos no local do estabelecimento a que deva imputar-se o pagamento;

d) Os rendimentos prediais e incrementos patrimoniais provenientes de imóveis consideram-se obtidos no local onde estes se situam;

e) Os rendimentos de pensões consideram-se obtidos no local onde são pagas ou colocadas à disposição.

4. São havidas como residentes no território de uma região autónoma as pessoas que constituem o agregado familiar, desde que aí se situe o principal centro de interesses, nos termos definidos no número anterior.

Artigo 17º-A – Regime opcional para os residentes noutro Estado membro da União Europeia ou do Espaço Económico Europeu

1. Os sujeitos passivos residentes noutro Estado membro da União Europeia ou do Espaço Económico Europeu com o qual exista intercâmbio de informações em matéria fiscal, quando sejam titulares de rendimentos obtidos em território português, que representem, pelo menos, 90% da totalidade dos seus rendimentos relativos ao ano em causa, incluindo os obtidos fora deste território, podem optar pela respetiva tributação de acordo com as regras aplicáveis aos sujeitos passivos não casados residentes em território português com as adaptações previstas nos números seguintes.

2. Os sujeitos passivos referidos no número anterior, na situação de casados e não separados de pessoas e bens ou que se encontrem em situação idêntica à prevista no artigo 14º, podem optar pelo regime da tributação conjunta dos rendimentos auferidos pelos membros do agregado familiar, aplicável aos sujeitos passivos residentes em território português casados e não separados judicialmente de pessoas e bens, desde que:

a) Ambos os sujeitos passivos sejam residentes noutro Estado membro da União Europeia ou do Espaço Económico Europeu, com o qual exista intercâmbio de informações em matéria fiscal;

b) Os rendimentos obtidos em território português pelos membros do agregado familiar correspondam a, pelo menos, 90% da totalidade dos rendimentos do agregado familiar;

c) A opção seja formulada por ambos os sujeitos passivos ou pelos respetivos representantes legais.

3. Exercida a opção prevista nos números anteriores, a taxa do imposto aplicável à totalidade dos rendimentos obtidos em território português que seriam sujeitos a englobamento caso fossem obtidos por sujeitos passivos residentes é:

a) No caso da opção prevista no nº 1, as taxas que, de acordo com a tabela prevista no nº 1 do artigo 68º, correspondem à totalidade do rendimento coletável determinado de acordo com as regras previstas no capítulo II do presente Código, sendo tomados em consideração todos os rendimentos do sujeito passivo, incluindo os obtidos fora do território português;

b) No caso da opção prevista no nº 2, as taxas que, de acordo com a tabela prevista no nº 1 do artigo 68º e o disposto no artigo 69º, correspondem à totalidade do rendimento coletável determinado de acordo com as regras previstas no capítulo II do presente Código, sendo tomados em consideração todos os rendimentos dos membros do agregado familiar, incluindo os obtidos fora do território português.

4. À coleta apurada e até à sua concorrência são deduzidos os montantes previstos no artigo 78º relativamente a despesas ou encargos que respeitem aos sujeitos passivos, a pessoas que estejam nas condições previstas no nº 5 do artigo 13º ou ainda aos ascendentes e colaterais até ao 3º grau que não possuam rendimentos superiores a € 475, desde que essas despesas ou encargos não possam ser tidos em consideração no Estado da residência.

5. Independentemente do exercício da opção prevista nos números anteriores, os rendimentos obtidos em território português estão sujeitos a retenção na fonte às taxas aplicáveis aos rendimentos auferidos por não residentes, sem prejuízo do disposto em convenção destinada a eliminar a dupla tributação ou de um outro acordo de direito internacional que vincule o Estado Português, com a natureza de pagamento por conta quando respeitem aos rendimentos englobados.

6. A opção referida nos números anteriores deve ser efetuada na declaração a que se refere o nº 1 do artigo 57º, a entregar nos prazos previstos na alínea *a*) do nº 1 do artigo 60º, acompanhada dos documentos que comprovem as condições de que depende a aplicação deste regime.

7. A Autoridade Tributária e Aduaneira pode solicitar aos sujeitos passivos ou aos seus representantes que apresentem, no prazo de 30 dias, os documentos que julgue necessários para assegurar a correta aplicação deste regime.

Artigo 18º – Rendimentos obtidos em território português

1. Consideram-se obtidos em território português:

a) Os rendimentos do trabalho dependente decorrentes de atividades nele exercidas, ou quando tais rendimentos sejam devidos por entidades que nele tenham residência, sede, direção efetiva ou estabelecimento estável a que deva imputar-se o pagamento;

b) As remunerações dos membros dos órgãos estatutários das pessoas coletivas e outras entidades, devidas por entidades que nele tenham residência, sede, direção efetiva ou estabelecimento estável a que deva imputar-se o pagamento;

c) Os rendimentos de trabalho prestado a bordo de navios e aeronaves, desde que os seus beneficiários estejam ao serviço de entidade com residência, sede ou direção efetiva nesse território;

d) Os rendimentos provenientes da propriedade intelectual ou industrial, da prestação de informações respeitantes a uma experiência adquirida no setor comercial, industrial ou científico, ou do uso ou concessão do uso de equipamento agrícola, comercial ou científico, quando não constituam rendimentos prediais, bem como os derivados de assistência técnica, devidos por entidades que nele tenham residência, sede, direção efetiva ou estabelecimento estável a que deva imputar-se o pagamento;

e) Os rendimentos de atividades empresariais e profissionais imputáveis a estabelecimento estável nele situado;

f) Os rendimentos que não se encontrem previstos na alínea anterior decorrentes de atividades profissionais e de outras prestações de serviços, incluindo as de carácter científico, artístico, técnico e de intermediação na celebração de quaisquer contratos, realizadas ou utilizadas em território português, com exceção das relativas a transportes, telecomunicações e atividades financeiras, desde que devidos por entidades que nele tenham residência, sede, direção efetiva ou estabelecimento estável a que deva imputar-se o pagamento;

g) Outros rendimentos de aplicação de capitais devidos por entidades que nele tenham residência, sede, direção efetiva ou estabelecimento estável a que deva imputar-se o pagamento;

h) Os rendimentos respeitantes a imóveis nele situados, incluindo as mais-valias resultantes da sua transmissão;

i) As mais-valias resultantes da transmissão onerosa de partes representativas do capital de entidades com sede ou direção efetiva em território português, incluindo a sua remição e amortização com redução de capital e, bem assim, o valor atribuído aos associados em resultado da partilha que, nos termos do artigo 81º do Código do IRC, seja considerado como mais-valia, ou de outros valores mobiliários emitidos por entidades que aí tenham sede ou direção efetiva, ou ainda de partes de capital ou outros valores mobiliários quando, não se verificando essas condições, o pagamento dos respetivos rendimentos seja imputável a estabelecimento estável situado no mesmo território;

j) As mais-valias resultantes da alienação dos bens referidos na alínea *c*) do nº 1 do artigo 10º, quando nele tenha sido feito o registo ou praticada formalidade equivalente;

l) As pensões devidas por entidade que nele tenha residência, sede, direção efetiva ou estabelecimento estável a que deva imputar-se o pagamento;

m) Os rendimentos de atos isolados nele praticados;

n) Os incrementos patrimoniais não compreendidos nas alíneas anteriores, quando nele se situem os bens, direitos ou situações jurídicas a que respeitam, incluindo, designadamente, os rendimentos provenientes de operações relativas a instrumentos financeiros derivados, devidos ou pagos por entidades que nele tenham residência, sede, direção efetiva ou estabelecimento estável a que deva imputar-se o pagamento;

o) Os rendimentos derivados do exercício, em território português, da atividade de profissionais de espetáculos ou desportistas, ainda que atribuídos a pessoa diferente;

p) As mais-valias resultantes da transmissão onerosa de partes de capital ou de direitos similares em sociedades ou outras entidades, não abrangidas pela alínea *i*), quando, em qualquer momento durante os 365 dias anteriores, o valor dessas partes de capital ou direitos resulte, direta ou indiretamente, em mais de 50%, de bens imóveis ou direitos reais sobre bens imóveis situados em território português, com exceção dos bens imóveis afetos a uma atividade de natureza agrícola, industrial ou comercial que não consista na compra e venda de bens imóveis.

2. Entende-se por estabelecimento estável qualquer instalação fixa ou representação permanente através da qual seja exercida uma das atividades previstas no artigo 3º.

3. É aplicável ao IRS o disposto nos nºs 4 e 5 do artigo 4º e nos nºs 2 a 9 do artigo 5º ambos do Código do IRC, com as necessárias adaptações.

(Redação dada pela Lei nº 114/2017, de 29-12)

Artigo 19º – Contitularidade de rendimentos

Os rendimentos que pertençam em comum a várias pessoas são imputados a estas na proporção das respetivas quotas, que se presumem iguais quando indeterminadas.

Artigo 20º – Imputação especial

1. Constitui rendimento dos sócios ou membros das entidades referidas no artigo 6º do Código do IRC, que sejam pessoas singulares, o resultante da imputação efetuada nos termos e condições dele constante ou, quando superior, as importâncias que, a título de adiantamento por conta de lucros, tenham sido pagas ou colocadas à disposição durante o ano em causa.

2. Para efeitos do disposto no número anterior, as respetivas importâncias integram-se como rendimento líquido na categoria B.

3. Constitui rendimento dos sujeitos passivos de IRS residentes em território português os lucros ou rendimentos obtidos por entidades não residentes em território português e aí submetidos a um regime fiscal claramente mais favorável, no caso em que, nos termos e condições do artigo 66º do Código do IRC, os mesmos detenham, direta ou indiretamente, mesmo que através de mandatário, fiduciário ou interposta pessoa, pelo menos, 25% ou 10% das partes de capital, dos direitos de voto ou dos direitos sobre os rendimentos ou os elementos patrimoniais dessas entidades, consoante os casos, aplicando-se para o efeito, com as necessárias adaptações, o regime aí estabelecido.

4. Para efeitos do disposto no número anterior, as respetivas importâncias integram-se como rendimento líquido na categoria B, nos casos em que as partes de capital ou os direitos estejam afetos a uma atividade empresarial ou profissional, ou na categoria E, nos restantes casos.

5. No caso previsto no nº 1, o resultado da imputação efetuada nos anos subsequentes deve ser objeto dos necessários ajustamentos destinados a eliminar qualquer duplicação de tributação dos rendimentos que possa vir a ocorrer.

6. O disposto no nº 2 não prejudica a possibilidade de dedução das contribuições obrigatórias para regimes de proteção social comprovadamente suportadas pelo sujeito passivo, nos casos em que este exerce a sua atividade profissional através de sociedade sujeita ao regime de transparência fiscal previsto no artigo 6º do Código do IRC, desde que as mesmas não tenham sido objeto de dedução a outro título.

Artigo 21º – Substituição tributária

Quando, através de substituição tributária, este Código exigir o pagamento total ou parcial do IRS a pessoa diversa daquela em relação à qual se verificam os respetivos pressupostos, considera-se a substituta, para todos os efeitos legais, como devedor principal do imposto, ressalvado o disposto no artigo 103º.

CAPÍTULO II – Determinação do rendimento coletável

SECÇÃO I – Regras gerais

Artigo 22º – Englobamento

1. O rendimento coletável em IRS é o que resulta do englobamento dos rendimentos das várias categorias auferidos em cada ano, depois de feitas as deduções e os abatimentos previstos nas secções seguintes.

2. Nas situações de contitularidade, o englobamento faz-se nos seguintes termos:

a) Tratando-se de rendimentos da categoria B, cada contitular engloba a parte do rendimento que lhe couber, na proporção das respetivas quotas;

b) Tratando-se de rendimentos das restantes categorias, cada contitular engloba os rendimentos ilíquidos e as deduções legalmente admitidas, na proporção das respetivas quotas.

3. Não são englobados para efeitos da sua tributação:

a) Os rendimentos auferidos por sujeitos passivos não residentes em território português, sem prejuízo do disposto nos nºs 12 e 13 do artigo 72º;

b) Os rendimentos referidos nos artigos 71º e 72º auferidos por residentes em território português, sem prejuízo da opção pelo englobamento neles previsto.

4. Ainda que não englobados para efeito da sua tributação, são sempre incluídos para efeito de determinação da taxa a aplicar aos restantes rendimentos, os rendimentos isentos, quando a lei imponha o respetivo englobamento.

5. Quando o sujeito passivo exerça a opção referida no nº 3, fica, por esse facto, obrigado a englobar a totalidade dos rendimentos da mesma categoria de rendimentos.

6. Quando o sujeito passivo aufira rendimentos que deem direito a crédito de imposto por dupla tributação internacional previsto no artigo 81º, os correspondentes rendimentos devem ser considerados pelas respetivas importâncias ilíquidas dos impostos sobre o rendimento pagos no estrangeiro.

7. Sempre que a lei imponha o englobamento de rendimentos isentos, observa-se o seguinte:

a) Os rendimentos isentos são considerados, sem deduções, para efeitos do disposto no artigo 69º, sendo caso disso, e para determinação das taxas a aplicar ao restante rendimento coletável;

b) Para efeitos da alínea anterior, quando seja de aplicar o disposto no artigo 69º, o quociente da divisão por 2 dos rendimentos isentos é imputado proporcionalmente à fração de rendimento a que corresponde a taxa média e a taxa normal.

8. Quando os dependentes, nas situações referidas no nº 9 do artigo 13º, tiverem obtido rendimentos devem os mesmos:

a) Ser incluídos na declaração do agregado em que se integram, salvo o disposto na alínea seguinte;

b) Ser divididos em partes iguais a incluir, respetivamente, em cada uma das declarações dos sujeitos passivos, em caso de residência alternada estabelecida em acordo de regulação do exercício das responsabilidades parentais em vigor no último dia do ano a que o imposto respeita.

9. Para efeitos do disposto na alínea *b*) do número anterior, devem os sujeitos passivos, comunicar no Portal das Finanças, até 15 de fevereiro do ano seguinte àquele a que o imposto respeita, a existência de residência alternada prevista no referido acordo.

(Redação dada pela Lei nº 119/2019, de 18-09)

Artigo 23º – Valores fixados em moeda sem curso legal em Portugal

1. A equivalência de rendimentos ou encargos expressos em moeda sem curso legal em Portugal é determinada pela cotação oficial da respetiva divisa, de acordo com as seguintes regras:

a) Tratando-se de rendimentos transferidos para o exterior, aplica-se o câmbio de venda da data da efetiva transferência ou da retenção na fonte, se a ela houver lugar;

b) Tratando-se de rendimentos provenientes do exterior, aplica-se o câmbio de compra da data em que aqueles foram pagos ou postos à disposição do sujeito passivo em Portugal;

c) Tratando-se de rendimentos obtidos e pagos no estrangeiro que não sejam transferidos para Portugal até ao fim do ano, aplica-se o câmbio de compra da data em que aqueles forem pagos ou postos à disposição do sujeito passivo;

d) Tratando-se de encargos, aplica-se a regra da alínea *a*).

2. Não sendo possível comprovar qualquer das datas referidas no número anterior, aplica-se o câmbio de 31 de dezembro do ano a que os rendimentos ou encargos respeitem.

3. Não existindo câmbio nas datas referidas no nº 1, aplica-se o da última cotação anterior a essas datas.

4. Quando a determinação do rendimento coletável se faça com base na contabilidade, seguem-se as regras legais a esta aplicáveis.

Artigo 24º – Rendimentos em espécie

1. A equivalência pecuniária dos rendimentos em espécie faz-se de acordo com as seguintes regras, de aplicação sucessiva:

a) Pelo preço tabelado oficialmente;

b) Pela cotação oficial de compra;

c) Tratando-se de géneros, pela cotação de compra na bolsa de mercadorias de Lisboa ou, não existindo essa cotação, pelo preço médio do respetivo ano ou do último determinado e que constem da estiva camarária;

d) Pelos preços de bens ou serviços homólogos publicados pelo Instituto Nacional de Estatística;

e) Pelo valor de mercado, em condições de concorrência.

2. Quando se tratar da utilização de habitação, o rendimento em espécie corresponde à diferença entre o valor do respetivo uso e a importância paga a esse título pelo beneficiário, observando-se na determinação daquele as regras seguintes:

a) O valor do uso é igual à renda suportada em substituição do beneficiário;

b) Não havendo renda, o valor do uso é igual ao valor da renda condicionada, determinada segundo os critérios legais, não devendo, porém, exceder um terço do total das remunerações auferidas pelo beneficiário;

c) Quando para a situação em causa estiver fixado por lei subsídio de residência ou equivalente quando não é fornecida casa de habitação, o valor do uso não pode exceder, em qualquer caso, esse montante.

3. Nos casos previstos no nº 5) da alínea *b*) do nº 3 do artigo 2º, o cálculo do rendimento é feito do modo seguinte:

a) No caso de empréstimos concedidos pela entidade patronal sem juros ou a taxa de juro reduzida, o rendimento é calculado subtraindo o resultado da aplicação ao respetivo capital da taxa de juro que eventualmente seja suportada pelo beneficiário, ao resultado do valor obtido por aplicação a esse capital da:

1) Taxa de juro de referência para o tipo de operação em causa, publicada anualmente por portaria do membro do Governo responsável pela área das finanças; ou

2) Na falta de publicação da portaria referida no número anterior da presente alínea, 70% da taxa mínima de proposta aplicável às operações principais de refinanciamento pelo Banco Central Europeu, ou de outra taxa legalmente fixada como equivalente, do primeiro dia útil do ano a que respeitam os rendimentos;

b) No caso de empréstimos concedidos ao trabalhador por outras entidades, o rendimento corresponde à parte dos juros suportada pela entidade patronal.

4. Os ganhos referidos no nº 7) da alínea *b*) do nº 3 do artigo 2º consideram-se obtidos, respetivamente:

a) No momento do exercício da opção ou de direito de efeito equivalente, correspondendo à diferença positiva entre o valor do bem ou direito nessa data e o preço de exercício da opção, ou do direito, acrescido este do que eventualmente haja sido pago pelo trabalhador ou membro de órgão social para aquisição da opção ou direito;

b) No momento da subscrição ou do exercício de direito de efeito equivalente, correspondendo à diferença positiva entre o preço de subscrição ou de exercício do direito de efeito equivalente para a generalidade dos subscritores ou dos titulares de tal direito, ou, na ausência de outros subscritores ou titulares, o valor de mercado, e aquele pelo qual o trabalhador ou membro de órgão social o exerce, acrescido do preço que eventualmente haja pago para aquisição do direito;

c) No momento da alienação, da liquidação financeira ou da renúncia ao exercício, a favor da entidade patronal ou de terceiros, de opções, direitos de subscrição ou outros de efeito equivalente, correspondendo à diferença positiva entre o preço ou o valor da vantagem económica recebidos e o que eventualmente haja sido pago pelo trabalhador ou membro de órgão social para aquisição das opções ou direitos;

d) No momento da recompra dos valores mobiliários ou direitos equiparados, pela entidade patronal, correspondendo à diferença positiva entre o preço ou o valor da vantagem económica recebidos e o respetivo valor de mercado, ou, caso aquele preço ou valor tenha sido previamente fixado, o quantitativo que tiver sido considerado como valor daqueles bens ou direitos, nos termos da alínea *a*), ou como preço de subscrição ou de exercício do direito para a generalidade dos subscritores ou dos titulares do direito, nos termos da alínea *b*), ou o valor de mercado, nos termos da alínea *e*);

e) Nos planos de atribuição de valores mobiliários ou direitos equiparados em que se verifiquem pela entidade patronal, como condições cumulativas, a não aquisição ou registo dos mesmos a favor dos trabalhadores ou membros de órgãos sociais, a impossibilidade de estes celebrarem negócios de disposição ou oneração sobre aqueles, a sujeição a um período de restrição que os exclua do plano em casos de cessação do vínculo ou mandato social, pelo menos nos casos de iniciativa com justa causa da entidade patronal, e ainda que se adquiram outros direitos inerentes à titularidade destes, como sejam o direito a rendimento ou de participação social, no momento em que os trabalhadores ou membros de órgãos sociais são plenamente investidos dos direitos inerentes àqueles valores ou direitos, em particular os de disposição ou oneração, sendo o ganho apurado pela diferença positiva entre o valor de mercado à data do final do período de restrição e o que eventualmente haja sido pago pelo trabalhador ou membro de órgão social para aquisição daqueles valores ou direitos.

5. Quando se tratar da atribuição do uso de viatura automóvel pela entidade patronal, o rendimento anual corresponde ao produto de 0,75% do seu valor de mercado, reportado a 1 de janeiro do ano em causa, pelo número de meses de utilização da mesma.

6. No caso de aquisição de viatura pelo trabalhador ou membro de órgão social, o rendimento corresponde à diferença positiva entre o respetivo valor de mercado e o somatório dos rendimentos anuais tributados como rendimentos decorrentes da atribuição do uso com a importância paga a título de preço de aquisição.

7. Na determinação dos rendimentos previstos nos nºs 5 e 6, considera-se valor de mercado o que corresponder à diferença entre o valor de aquisição e o produto desse valor pelo coeficiente de desvalorização acumulada constante de tabela a aprovar por portaria do membro do Governo responsável pela área das finanças.

SECÇÃO II – Rendimentos do trabalho

Artigo 25º – Rendimentos do trabalho dependente: deduções

1. Aos rendimentos brutos da categoria A deduzem-se, até à sua concorrência, e por cada titular que os tenha auferido, os seguintes montantes:

a) € 4 104;

b) As indemnizações pagas pelo trabalhador à sua entidade patronal por rescisão unilateral do contrato individual de trabalho sem aviso prévio em resultado de sentença judicial ou de acordo judicialmente homologado ou, nos restantes casos, a indemnização de valor não superior à remuneração de base correspondente ao aviso prévio;

c) As quotizações sindicais, na parte em que não constituam contrapartida de benefícios de saúde, educação, apoio à terceira idade, habitação, seguros ou segurança social e desde que não excedam, em relação a cada sujeito passivo, 1% do rendimento bruto desta categoria, sendo acrescidas de 50%.

2. Se, porém, as contribuições obrigatórias para regimes de proteção social e para subsistemas legais de saúde excederem o limite fixado na alínea *a*) do número anterior, aquela dedução é pelo montante total dessas contribuições.

3. *(Revogado.)*

4. A dedução prevista na alínea *a)* do nº 1 pode ser elevada até 75% de 12 vezes o valor do IAS desde que a diferença resulte de quotizações para ordens profissionais suportadas pelo próprio sujeito passivo e indispensáveis ao exercício da respetiva atividade desenvolvida exclusivamente por conta de outrem.

5. *(Revogado.)*

6. *(Revogado.)*

Artigo 26º – Contribuições para regimes complementares de segurança social

Quando nos rendimentos previstos no nº 3) da alínea *b)* do nº 3 do artigo 2º não puder ser discriminada a parte correspondente às contribuições efetuadas pela entidade patronal, considera-se rendimento do trabalho dependente a importância determinada com base em tabela aprovada por portaria do Ministro das Finanças.

Artigo 27º – Profissões de desgaste rápido: deduções

1. São dedutíveis ao rendimento, e até à sua concorrência, as importâncias despendidas pelos sujeitos passivos que desenvolvam profissões de desgaste rápido, na constituição de seguros de doença, de acidentes pessoais e de seguros de vida que garantam exclusivamente os riscos de morte, invalidez ou reforma por velhice, neste último caso desde que o benefício seja garantido após os 55 anos de idade, desde que os mesmos não garantam o pagamento e este se não verifique, nomeadamente, por resgate ou adiantamento, de qualquer capital em dívida durante os primeiros cinco anos, com o limite de cinco vezes o valor do IAS.

2. Para efeitos do disposto no número anterior, consideram-se como profissões de desgaste rápido as de praticantes desportivos, definidos como tal no competente diploma regulamentar, as de mineiros e as de pescadores.

3. No caso previsto no nº 1, sempre que se verifique o pagamento de qualquer capital em vida durante os primeiros cinco anos, observa-se o disposto no nº 2 do artigo 60º.

4. O disposto no nº 1 aplica-se, com as devidas adaptações, às contribuições pagas a associações mutualistas.

SECÇÃO III – Rendimentos empresariais e profissionais

Artigo 28º – Formas de determinação dos rendimentos empresariais e profissionais

1. A determinação dos rendimentos empresariais e profissionais, salvo no caso da imputação prevista no artigo 20º, faz-se:

a) Com base na aplicação das regras decorrentes do regime simplificado;

b) Com base na contabilidade.

2. Ficam abrangidos pelo regime simplificado os sujeitos passivos que, no exercício da sua atividade, não tenham ultrapassado no período de tributação imediatamente anterior um montante anual ilíquido de rendimentos desta categoria de € 200 000.

3. Os sujeitos passivos abrangidos pelo regime simplificado podem optar pela determinação dos rendimentos com base na contabilidade.

4. A opção a que se refere o número anterior deve ser formulada pelos sujeitos passivos:

a) Na declaração de início de atividade;

b) Até ao fim do mês de março do ano em que pretendem alterar a forma de determinação do rendimento, mediante a apresentação de declaração de alterações.

5. A opção referida no nº 3 mantém-se válida até que o sujeito passivo proceda à entrega de declaração de alterações, a qual produz efeitos a partir do próprio ano em que é entregue, desde que seja efetuada até ao final do mês de março.

6. A aplicação do regime simplificado cessa apenas quando o montante a que se refere o nº 2 seja ultrapassado em dois períodos de tributação consecutivos ou, quando o seja num único exercício, em montante superior a 25%, caso em que a tributação pelo regime de contabilidade organizada se faz a partir do período de tributação seguinte ao da verificação de qualquer desses factos.

7. Os valores de base necessários para o apuramento do rendimento tributável são passíveis de correção pela Autoridade Tributária e Aduaneira nos termos do artigo 39º, aplicando-se o disposto no número anterior quando se verifiquem os pressupostos ali referidos.

8. Se os rendimentos auferidos resultarem de serviços prestados a uma única entidade, exceto tratando-se de prestações de serviços efetuadas por um sócio a uma sociedade abrangida pelo regime de transparência fiscal, nos termos da alínea *b*) do nº 1 do artigo 6º do Código do IRC, o sujeito passivo pode, em cada ano, optar pela tributação de acordo com as regras estabelecidas para a categoria A.

9. *(Revogado.)*

10. No exercício de início de atividade, o enquadramento no regime simplificado faz-se, verificados os demais pressupostos, em conformidade com o valor anual de rendimentos estimado, constante da declaração de início de atividade, caso não seja exercida a opção a que se refere o nº 3.

11. *(Revogado.)*

12. *(Revogado.)*

13. *(Revogado.)*

14. Os titulares de rendimentos da exploração de estabelecimentos de alojamento local na modalidade de moradia ou apartamento podem, a cada ano, optar pela tributação de acordo com as regras estabelecidas para a categoria F.

(Redação dada pela Lei nº 42/2016, de 28-12)

Artigo 29º – Imputação

1. Na determinação do rendimento só são considerados proveitos e custos os relativos a bens ou valores que façam parte do ativo da empresa individual do sujeito passivo ou que estejam afetos às atividades empresariais e profissionais por ele desenvolvidas.

2. No caso de afetação de quaisquer bens do património particular do sujeito passivo à sua atividade empresarial e profissional, o valor de aquisição pelo qual esses bens são considerados corresponde ao valor de mercado à data da afetação.

3. No caso de transferência para o património particular do sujeito passivo de bens afetos à sua atividade empresarial e profissional, o valor dos bens corresponde ao valor de mercado dos mesmos à data da transferência.

4. O valor de mercado a que se referem os números anteriores, atribuído pelo sujeito passivo no momento da afetação ou da transferência dos bens, pode ser objeto de correção sempre que a Autoridade Tributária e Aduaneira considere, fundamentadamente, que o mesmo não corresponde ao que seria praticado entre pessoas independentes.

Artigo 30º – Atos isolados

1. Os sujeitos passivos que pratiquem atos isolados estão sempre dispensados de dispor de contabilidade organizada por referência a esses atos.

2. Na determinação do rendimento tributável dos atos isolados:

a) Aplicam-se os coeficientes previstos para o regime simplificado, quando o respetivo rendimento anual ilíquido seja inferior ou igual a € 200 000;

b) Sendo o rendimento anual ilíquido superior a € 200 000, aplicam-se, com as devidas adaptações, as regras aplicáveis aos sujeitos passivos com contabilidade organizada.

Artigo 31º – Regime simplificado

1. No âmbito do regime simplificado, a determinação do rendimento tributável obtém-se através da aplicação dos seguintes coeficientes:

a) 0,15 às vendas de mercadorias e produtos, bem como às prestações de serviços efetuadas no âmbito de atividades de restauração e bebidas e de atividades hoteleiras e similares, com exceção daquelas que se desenvolvam no âmbito da atividade de exploração de estabelecimentos de alojamento local na modalidade de moradia ou apartamento;

b) 0,75 aos rendimentos das atividades profissionais especificamente previstas na tabela a que se refere o artigo 151º;

c) 0,35 aos rendimentos de prestações de serviços não previstos nas alíneas anteriores;

d) 0,95 aos rendimentos provenientes de contratos que tenham por objeto a cessão ou utilização temporária da propriedade intelectual ou industrial ou a prestação de informações respeitantes a uma experiência adquirida no setor industrial, comercial ou científico, aos rendimentos de capitais imputáveis a atividades geradoras de rendimentos empresariais e profissionais, ao resultado positivo de rendimentos prediais, ao saldo positivo das mais e menos-valias e aos restantes incrementos patrimoniais;

e) 0,30 aos subsídios ou subvenções não destinados à exploração;

f) 0,10 aos subsídios destinados à exploração e restantes rendimentos da Categoria B não previstos nas alíneas anteriores;

g) 1 aos rendimentos decorrentes de prestações de serviços efetuadas a:

i) Sociedades abrangidas pelo regime da transparência fiscal, nos termos da alínea *b*) do nº 1 do artigo 6º do Código do IRC, de que o sujeito passivo seja sócio; ou,

ii) Sociedades nas quais, durante mais de 183 dias do período de tributação:

1) o sujeito passivo detenha, direta ou indiretamente, pelo menos 5% das respetivas partes de capital ou direitos de voto;

2) o sujeito passivo, o cônjuge ou unido de facto e os ascendentes e descendentes destes, detenham no seu conjunto, direta ou indiretamente, pelo menos 25% das respetivas partes de capital ou direitos de voto.

2. Os sujeitos passivos que obtenham os rendimentos previstos nas alíneas *b*) e *c*) do número anterior, após aplicação dos coeficientes aí previstos, podem deduzir, até à concorrência do rendimento líquido assim obtido, os montantes comprovadamente suportados com contribuições obrigatórias para regimes de proteção social, conexas com as atividades em causa, na parte em que excedam 10% dos rendimentos brutos, quando não tenham sido deduzidas a outro título.

3. O rendimento coletável é objeto de englobamento e tributado nos termos gerais.

4. O resultado positivo dos rendimentos prediais corresponde ao rendimento líquido da categoria F, determinado nos termos do artigo 41º

5. Os rendimentos previstos na alínea *e*) do nº 1 são considerados, depois de aplicado o coeficiente correspondente, em frações iguais, durante cinco exercícios, sendo o primeiro o do recebimento do subsídio.

6. Quando, por força da remissão do artigo 32º, o sujeito passivo tenha beneficiado da aplicação do regime previsto no artigo 48º do Código do IRC, não sendo concretizado o reinvestimento até ao fim do 2º período de tributação seguinte ao da realização, acresce ao rendimento tributável desse período de tributação a diferença ou a parte proporcional da diferença prevista no nº 1 daquele artigo não incluída no lucro tributável, majorada em 15%.

7. *(Revogado.)*

8. Cessando a aplicação do regime simplificado no decurso do período referido no nº 5, as frações de subsídios ainda não tributadas serão imputadas, para efeitos de tributação, ao último exercício de aplicação daquele regime.

9. Para efeitos do cálculo das mais-valias referidas na alínea *c*) do nº 2 do artigo 3º, são utilizadas as quotas mínimas de amortização, calculadas sobre o valor definitivo, se superior, considerado para efeitos de liquidação de imposto municipal sobre as transmissões onerosas de imóveis.

10. Os coeficientes previstos nas alíneas *b*), *c*) e *f*) do nº 1 são reduzidos em 50% e 25% no período de tributação do início da atividade e no período de tributação seguinte, respetivamente, desde que, nesses períodos, o sujeito passivo não aufira rendimentos das categorias A ou H.

11. O disposto no número anterior não é aplicável nos casos em que tenha ocorrido cessação de atividade há menos de cinco anos.

12. Os sujeitos passivos que obtenham rendimentos no âmbito do exercício de profissões de desgaste rápido podem deduzir, até à concorrência do rendimento líquido desta categoria, após aplicação do coeficiente estabelecido para esses rendimentos, as importâncias a que se refere o artigo 27º, nos termos e condições aí previstos, quando aquelas não tenham sido deduzidas a outro título.

13. A dedução ao rendimento que decorre da aplicação dos coeficientes previstos nas alíneas *b*) e *c*) do nº 1 está parcialmente condicionada à verificação de despesas e encargos efetivamente suportados, acrescendo ao rendimento tributável apurado nos termos dos números anteriores a diferença positiva entre 15% dos rendimentos brutos das prestações de serviços previstas naquelas alíneas e o somatório das seguintes importâncias:

a) Montante de dedução específica previsto na alínea *a*) do nº 1 do artigo 25º ou, quando superior, os montantes comprovadamente suportados com contribuições obrigatórias para regimes de proteção social, conexas com as atividades em causa, que não sejam dedutíveis nos termos do nº 2;

b) Despesas com pessoal e encargos a título de remunerações, ordenados ou salários, comunicados pelo sujeito passivo à Autoridade Tributária e Aduaneira nos termos previstos na alínea *c*) do nº 1 do artigo 119º;

c) Rendas de imóveis afetas à atividade empresarial ou profissional que constem de faturas e outros documentos, comunicados à Autoridade Tributária e Aduaneira, nos termos previstos no nº 2 do artigo 78º-E;

d) 1,5% do valor patrimonial tributário dos imóveis afetos à atividade empresarial ou profissional ou quanto aos imóveis afetos a atividades hoteleiras ou de alojamento local, 4% do respetivo valor patrimonial tributário, de que o sujeito passivo seja o proprietário, usufrutuário ou superficiário;

e) Outras despesas com a aquisição de bens e prestações de serviços relacionadas com a atividade, que constem de faturas comunicadas à Autoridade Tributária e Aduaneira nos termos do Decreto-Lei nº 198/2012, de 24 de agosto, ou emitidas no Portal das Finanças, nos termos da alínea *a*) do nº 1 do artigo 115º, designadamente despesas com materiais de consumo corrente, eletricidade, água, transportes e comunicações, rendas, contencioso, seguros, rendas de locação financeira, quotizações para ordens e outras organizações representativas de categorias profissionais respeitantes ao sujeito passivo, deslocações, viagens e estadas do sujeito passivo e dos seus empregados;

f) Importações ou aquisições intracomunitárias de bens e serviços relacionados com a atividade.

14. As despesas e encargos previstos nas alíneas *c*), *d*) e *e*) do número anterior quando apenas parcialmente afetos à atividade empresarial e profissional são considerados em apenas 25%.

15. Para efeitos da afetação à atividade empresarial ou profissional das despesas e encargos referidos no nº 13, o sujeito passivo deve identificar:

a) As faturas e outros documentos referidos nas alíneas *c*) e *e*) do nº 13, que titulam despesas e encargos relacionados exclusiva ou parcialmente com a sua atividade empresarial ou profissional, através do Portal das Finanças, sendo aplicável com as necessárias adaptações o disposto nos nºs 2 a 8 do artigo 78º-B;

b) Os imóveis afetos exclusiva ou parcialmente à sua atividade empresarial ou profissional e, de entre estas, a afetação a atividades hoteleiras ou de alojamento local, através do Portal das Finanças;

c) As importações e aquisições intracomunitárias de bens efetuadas, específica e exclusivamente, no âmbito da sua atividade empresarial ou profissional são indicadas na declaração de rendimentos prevista no artigo 57º

(Redação dada pela Lei nº 114/2017, de 29-12)

Artigo 31º-A – Valor definitivo considerado para efeitos de liquidação de imposto municipal sobre as transmissões onerosas de imóveis

1. Em caso de transmissão onerosa de direitos reais sobre bens imóveis, sempre que o valor constante do contrato seja inferior ao valor definitivo que servir de base à liquidação do imposto municipal sobre as transmissões onerosas de imóveis, ou que serviria no caso de não haver lugar a essa liquidação, é este o valor a considerar para efeitos da determinação do rendimento tributável.

2. Para execução do disposto no número anterior, se à data em que for conhecido o valor definitivo tiver decorrido o prazo para a entrega da declaração de rendimentos a que se refere o artigo 57º, deve o sujeito passivo proceder à entrega da declaração de substituição durante o mês de janeiro do ano seguinte.

3. O disposto no nº 1 não prejudica a consideração de valor superior ao aí referido quando a Autoridade Tributária e Aduaneira demonstre que esse é o valor efetivo da transação.

4. Para efeitos do disposto no nº 3 do artigo 3º, nos nºs 2 e 6 do artigo 28º e no nº 1 do artigo anterior, deve considerar-se o valor referido no nº 1 do presente artigo, sem prejuízo do disposto nos números seguintes.

5. O disposto nos nºs 1 e 4 não é aplicável se for feita prova de que o valor de realização foi inferior ao ali previsto.

6. A prova referida no número anterior deve ser efetuada de acordo com o procedimento previsto no artigo 139º do Código do IRC, com as necessárias adaptações.

Artigo 32º – Remissão

Na determinação dos rendimentos empresariais e profissionais não abrangidos pelo regime simplificado, aplicam-se as regras estabelecidas no Código do IRC, com exceção do previsto nos artigos 51º, 51º-A, 51º-B, 51º-C e 54º-A, com as adaptações resultantes do presente código.

Artigo 32º-A – Rendimentos derivados de profissões de desgaste rápido

Para efeitos de determinação do rendimento da categoria B decorrente do exercício de profissões de desgaste rápido são dedutíveis as despesas referidas no artigo 27º, nos termos e condições aí previstos, quando aquelas não tenham sido deduzidas a outro título.

Artigo 33º – Encargos não dedutíveis para efeitos fiscais

1. As remunerações dos titulares de rendimentos da categoria B, assim como outras prestações a título de ajudas de custo, utilização de viatura própria ao serviço da atividade, subsídios de refeição e outras prestações de natureza remuneratória, não são dedutíveis para efeitos de determinação do rendimento da referida categoria.

2. Por portaria do Ministro das Finanças podem ser fixados para efeitos do disposto neste artigo o número máximo de veículos e respetivo valor por sujeito passivo.

3. *(Revogado.)*

4. *(Revogado.)*

5. Quando o sujeito passivo afete à sua atividade empresarial e profissional parte do imóvel destinado à sua habitação, os encargos dedutíveis com ela conexos referentes a amortizações ou rendas, energia, água e telefone fixo não podem ultrapassar 25% das respetivas despesas devidamente comprovadas.

6. Se o sujeito passivo exercer a sua atividade em conjunto com outros profissionais, os encargos dedutíveis são rateados em função da respetiva utilização ou, na falta de elementos que permitam o rateio, proporcionalmente aos rendimentos brutos auferidos.

7. *(Revogado.)*
8. *(Revogado.)*
9. As importâncias pagas ou devidas, a qualquer título, a pessoas singulares ou coletivas residentes fora do território português, e aí submetidas a um regime fiscal a que se referem o nºs 1 ou 5 do artigo 63º-D da Lei Geral Tributária, ou cujo pagamento seja efetuado em contas abertas em instituições financeiras aí residentes ou domiciliadas, não são dedutíveis para efeitos de determinação do rendimento da categoria, salvo se o sujeito passivo provar que tais encargos correspondem a operações efetivamente realizadas e não têm um caráter anormal ou um montante exagerado.
(Redação dada pela Lei nº 42/2016, de 28-12)

Artigo 34º – Custos das explorações plurianuais
A parte dos encargos das explorações silvícolas plurianuais suportados durante o ciclo de produção, equivalente à percentagem que a extração efetuada no exercício represente na produção total do mesmo produto e ainda não considerada em exercício anterior, é atualizada pela aplicação dos coeficientes constantes da portaria a que se refere o artigo 50º.

Artigo 35º – Critérios valorimétricos
Na determinação do lucro das atividades agrícolas pode ser sempre utilizado o critério referido no nº 5 do artigo 26º do Código do IRC.

Artigo 36º – Subsídios à agricultura e pesca
Os subsídios de exploração atribuídos a sujeitos passivos no âmbito das atividades agrícolas, silvícolas, pecuárias ou de pesca exercidas, pagos numa só prestação sob a forma de prémios pelo abandono de atividade, arranque de plantações ou abate de efetivos, e na parte em que excedam custos ou perdas, podem ser incluídos no lucro tributável, em frações iguais, durante cinco exercícios, sendo o primeiro o do recebimento do subsídio.

Artigo 36º-A – Subsídios não destinados à exploração
Cessando a determinação do rendimento tributável com base na contabilidade no decurso do período estabelecido no artigo 22º do Código do IRC, a parte dos subsídios ainda não tributada será imputada, para efeitos de tributação, ao último exercício de aplicação daquele regime.

Artigo 36º-B – Mudança de regime de determinação do rendimento
Em caso de mudança de regime de determinação do rendimento tributável durante o período em que o bem seja amortizável, devem considerar-se no cálculo das mais-valias as quotas praticadas, tendo em conta as correções previstas no nº 2 do artigo 64º do Código do IRC, relativamente ao período em que o rendimento tributável seja determinado com base na contabilidade, e as quotas mínimas calculadas de acordo com o previsto no nº 9 do artigo 31º, relativamente ao período em que seja aplicado o regime simplificado.

Artigo 37º – Dedução de prejuízos fiscais

A dedução de prejuízos fiscais prevista no artigo 52º do Código do IRC só nos casos de sucessão por morte aproveita ao sujeito passivo que suceder àquele que suportou o prejuízo.

Artigo 38º – Entrada de património para realização do capital de sociedade

1. Não há lugar ao apuramento de qualquer resultado tributável por virtude da realização de capital social resultante da transmissão da totalidade do património afeto ao exercício de uma atividade empresarial e profissional por uma pessoa singular, desde que, cumulativamente, sejam observadas as seguintes condições:

a) A entidade para a qual é transmitido o património seja uma sociedade com sede e direção efetiva em território português ou, sendo residente noutro Estado membro da União Europeia ou do Espaço Económico Europeu, neste último caso desde que exista intercâmbio de informações em matéria fiscal, o património transmitido seja afeto a um estabelecimento estável situado em território português dessa mesma sociedade e concorra para a determinação do lucro tributável imputável a esse estabelecimento estável;

b) A pessoa singular transmitente fique a deter pelo menos 50% do capital da sociedade e a atividade exercida por esta seja substancialmente idêntica à que era exercida a título individual;

c) Os elementos ativos e passivos objeto da transmissão sejam tidos em conta para efeitos desta com os mesmos valores por que estavam registados na contabilidade ou nos livros de escrita da pessoa singular, ou seja, os que resultam da aplicação das disposições do presente Código ou de reavaliações feitas ao abrigo de legislação de carácter fiscal;

d) As partes de capital recebidas em contrapartida da transmissão sejam valorizadas, para efeito de tributação dos ganhos ou perdas relativos à sua ulterior transmissão, pelo valor líquido correspondente aos elementos do ativo e do passivo transferidos, valorizados nos termos da alínea anterior;

e) A sociedade referida na alínea *a*) se comprometa, através de declaração, a respeitar o disposto no artigo 86º do Código do IRC, a qual deve ser junta à declaração periódica de rendimentos da pessoa singular relativa ao exercício da transmissão.

2. O disposto no número anterior não é aplicável aos casos em que façam parte do património transmitido bens em relação aos quais tenha havido diferimento de tributação dos respetivos ganhos, nos termos da alínea *b*) do nº 3 do artigo 10º.

3. Os ganhos resultantes da transmissão onerosa, qualquer que seja o seu título, das partes de capital recebidas em contrapartida da transmissão referida no nº 1 são qualificados, antes de decorridos cinco anos a contar da data desta, como rendimentos empresariais e profissionais, e considerados como rendimentos líquidos da categoria B.

(Redação dada pelo Decreto-Lei nº 41/2016, de 01-08)

Artigo 39º – Aplicação de métodos indiretos

1. A determinação do rendimento por métodos indiretos verifica-se nos casos e condições previstos nos artigos 87º a 89º da lei geral tributária e segue os termos do artigo 90º da referida lei e do artigo 59º do Código do IRC, com as adaptações necessárias.

2. O atraso na execução da contabilidade ou na escrituração dos livros de registo, bem como a não exibição imediata daquela ou destes, só determinam a aplicação dos métodos indiretos após o decurso do prazo fixado para regularização ou apresentação, sem que se mostre cumprida a obrigação.

3. O prazo a que se refere o número anterior não deve ser inferior a 5 nem superior a 30 dias e não prejudica a sanção a aplicar pela eventual infração praticada.

Artigo 39º-A – Dupla tributação económica

O disposto no artigo 40º-A é aplicável, com as necessárias adaptações, aos rendimentos da categoria B auferidos por sujeitos passivos enquadrados na contabilidade organizada.

SECÇÃO IV – Rendimentos de capitais

Artigo 40º – Presunções e juros contáveis

1. Presume-se que os mútuos e aberturas de crédito referidos no nº 2 do artigo 6º são remunerados à taxa de juro legal, se outra mais elevada não constar do título constitutivo ou não houver sido declarada.

2. À presunção estabelecida no número anterior é aplicável o disposto no nº 5 do artigo 6º.

3. Tratando-se das situações tributáveis nos termos do nº 5 do artigo 5º, o rendimento sujeito a imposto é o quantitativo que corresponder, em função da respetiva remuneração, ao período decorrido desde a data do último vencimento ou da emissão, primeira colocação ou endosso, se ainda não tiver ocorrido qualquer vencimento, até à data da transmissão dos correspondentes títulos.

Artigo 40º-A – Dupla tributação económica

1. Os lucros devidos por pessoas coletivas sujeitas e não isentas do IRC são, no caso de opção pelo englobamento, considerados em apenas 50% do seu valor.

2. O disposto no número anterior é aplicável se a entidade devedora dos lucros ou que é liquidada tiver a sua sede ou direção efetiva em território português e os respetivos beneficiários residirem neste território.

3. Aplica-se o disposto no nº 1, nas condições do número anterior e com as necessárias adaptações, relativamente aos rendimentos que o associado aufira da associação à quota e da associação em participação, tendo os rendimentos distribuídos sido efetivamente tributados, bem como o valor atribuído aos associados na amortização de partes sociais sem redução de capital.

4. O disposto no nº 1 é igualmente aplicável aos lucros distribuídos por entidade residente noutro Estado membro da União Europeia ou num Estado membro do Espaço Económico Europeu que esteja vinculado a cooperação administrativa no domínio da fiscalidade equivalente à estabelecida no âmbito da União Europeia, desde que tal entidade preencha os requisitos e condições estabelecidos no artigo 2º da Diretiva nº 2011/96/UE, do Conselho, de 30 de novembro, relativa ao regime fiscal comum aplicável às sociedades-mães e sociedades afiliadas de Estados membros diferentes.

5. Para efeitos do disposto no número anterior, o sujeito passivo deve dispor de prova de que a entidade cumpre os requisitos e condições estabelecidos no artigo 2º da Diretiva nº 2011/96/UE, do Conselho, de 30 de novembro, efetuada através de declaração confirmada e autenticada pelas autoridades fiscais competentes do Estado membro da União Europeia ou do Espaço Económico Europeu de que é residente.

Artigo 40º-B – *Swaps* e operações cambiais a prazo

No cálculo do rendimento da cessão ou anulação de um *swap* ou de uma operação cambial a prazo, com pagamento e recebimento de valores de regularização, não é considerado:

a) Qualquer pagamento de compensação que exceda os pagamentos de regularização, ou terminais, previstos no contrato original, ou os preços de mercado aplicáveis a operações com idênticas características, designadamente de prazo remanescente;

b) O custo imputado à aquisição de uma posição contratual de um *swap* preexistente que exceda os pagamentos de regularização, ou terminais, previstos no contrato original, ou os preços de mercado aplicáveis a operações com idênticas características, designadamente de prazo remanescente.

SECÇÃO V – Rendimentos prediais

Artigo 41º – Deduções

1. Aos rendimentos brutos referidos no artigo 8º deduzem-se, relativamente a cada prédio ou parte de prédio, todos os gastos efetivamente suportados e pagos pelo sujeito passivo para obter ou garantir tais rendimentos, com exceção dos gastos de natureza financeira, dos relativos a depreciações e dos relativos a mobiliário, eletrodomésticos e artigos de conforto ou decoração, bem como do adicional ao imposto municipal sobre imóveis.

2. No caso de fração autónoma de prédio em regime de propriedade horizontal, são dedutíveis, relativamente a cada fração ou parte de fração, outros encargos que, nos termos da lei, o condómino deva obrigatoriamente suportar e que sejam efetivamente pagos pelo sujeito passivo.

3. Caso o sujeito passivo detenha mais do que uma fração autónoma do mesmo prédio em regime de propriedade horizontal, os encargos referidos no número anterior são imputados de acordo com a permilagem atribuída a cada fração ou parte de fração no título constitutivo da propriedade horizontal.

4. Caso o sujeito passivo arrende parte de prédio suscetível de utilização independente, os encargos referidos no número anterior são imputados de acordo com o respetivo valor patrimonial tributário ou, na falta deste, na proporção da área utilizável de tal parte na área total utilizável do prédio.

5. O imposto municipal sobre imóveis e o imposto do selo, pagos em determinado ano, apenas são dedutíveis quando respeitem a prédio ou parte de prédio cujo rendimento seja objeto de tributação nesse ano fiscal.

6. Na sublocação, a diferença entre a renda recebida pelo sublocador e a renda paga por este não beneficia de qualquer dedução.

7. Podem ainda ser deduzidos gastos suportados e pagos nos 24 meses anteriores ao início do arrendamento relativos a obras de conservação e manutenção do prédio, desde que entretanto o imóvel não tenha sido utilizado para outro fim que não o arrendamento.

8. Os gastos referidos nos números anteriores devem ser documentalmente comprovados.

(Redação dada pela Lei nº 42/2016, de 28-12)

SECÇÃO VI – Incrementos patrimoniais

Artigo 42º – Deduções

Sem prejuízo do disposto relativamente às mais-valias, não são feitas quaisquer deduções aos restantes rendimentos qualificados como incrementos patrimoniais.

Artigo 43º – Mais-valias

1. O valor dos rendimentos qualificados como mais-valias é o correspondente ao saldo apurado entre as mais-valias e as menos-valias realizadas no mesmo ano, determinadas nos termos dos artigos seguintes.

2. O saldo referido no número anterior, respeitante às transmissões efetuadas por residentes previstas nas alíneas *a*), *c*) e *d*) do nº 1 do artigo 10º, positivo ou negativo, é:

a) Integralmente considerado nas situações previstas na alínea *a*) do nº 1 do artigo 10º, quando os imóveis tenham beneficiado de apoio não reembolsável concedido pelo Estado ou outras entidades públicas, quando o valor total do apoio concedido para aquisição ou para realização de obras seja de valor superior a 30% do valor patrimonial tributário do imóvel para efeitos de IMI e estes sejam vendidos antes de decorridos 10 anos sobre a data da sua aquisição, da assinatura da declaração comprovativa da receção da obra ou do pagamento da última despesa relativa ao apoio não reembolsável que, nos termos legais ou regulamentares, não estejam sujeitos a ónus ou regimes especiais que limitem ou condicionem a respetiva alienação;

b) Apenas considerado em 50% do seu valor, nos restantes casos.

3. O saldo referido no nº 1, respeitante às operações previstas na alínea *b*) do nº 1 do artigo 10º, relativo a micro e pequenas empresas não cotadas nos mercados regulamentado ou não regulamentado da bolsa de valores, quando positivo, é igualmente considerado em 50% do seu valor.

4. Para efeitos do número anterior entende-se por micro e pequenas empresas as entidades definidas, nos termos do anexo ao Decreto-Lei nº 372/2007, de 6 de novembro.

5. Para apuramento do saldo positivo ou negativo referido no nº 1, respeitante às operações efetuadas por residentes previstas nas alíneas *b*), *e*), *f*) e *g*) do nº 1 do artigo 10º, não relevam as perdas apuradas quando a contraparte da operação estiver sujeita a um regime fiscal a que se referem o nº 1 ou 5 do artigo 63º-D da Lei Geral Tributária.

6. Para efeitos do número anterior, considera-se que:

a) A data de aquisição dos valores mobiliários cuja propriedade tenha sido adquirida pelo sujeito passivo por incorporação de reservas ou por substituição daqueles, designadamente por alteração do valor nominal ou modificação do objeto social da sociedade emitente, é a data de aquisição dos valores mobiliários que lhes deram origem;

b) A data de aquisição de ações resultantes da transformação de sociedade por quotas em sociedade anónima é a data de aquisição das quotas que lhes deram origem;

c) A data de aquisição das ações da sociedade oferente em oferta pública de aquisição lançada nos termos do Código dos Valores Mobiliários cuja contrapartida consista naquelas ações, dadas à troca, é a data da aquisição das ações das sociedades visadas na referida oferta pública de aquisição;

d) Tratando-se de valores mobiliários da mesma natureza e que confiram idênticos direitos, os alienados são os adquiridos há mais tempo;

e) Nas permutas de partes de capital nas condições mencionadas no nº 5 do artigo 73º e no nº 2 do artigo 77º do Código do IRC, o período de detenção corresponde ao somatório dos períodos em que foram detidas as partes de capital entregues e as recebidas em troca;

f) O regime da alínea anterior é aplicável, com as necessárias adaptações, à aquisição de partes sociais nos casos de fusão ou cisão a que seja aplicável o artigo 74º do Código do IRC.

(Redação dada pela Lei nº 71/2018, de 31-12)

Artigo 44º – Valor de realização

1. Para a determinação dos ganhos sujeitos a IRS, considera-se valor de realização:

a) No caso de troca, o valor atribuído no contrato aos bens ou direitos recebidos, ou o valor de mercado, quando aquele não exista ou este for superior, acrescidos ou diminuídos, um ou outro, da importância em dinheiro a receber ou a pagar;

b) No caso de expropriação, o valor da indemnização;

c) No caso de afetação de quaisquer bens do património particular do titular de rendimentos da categoria B a atividade empresarial e profissional, o valor de mercado à data da afetação;

d) No caso de valores mobiliários alienados pelo titular do direito de exercício de *warrants* autónomos de venda, e para efeitos da alínea *b*) do nº 1 do artigo 10º, o preço de mercado no momento do exercício;

e) Tratando-se de bens ou direitos referidos na alínea *d*) do nº 4 do artigo 24º, quando não exista um preço ou valor previamente fixado, o valor de mercado na data referida;

f) Nos demais casos, o valor da respetiva contraprestação.

2. Nos casos das alíneas *a*), *b*) e *f*) do número anterior, tratando-se de direitos reais sobre bens imóveis, prevalecerão, quando superiores, os valores por que os bens houverem sido considerados para efeitos de liquidação de imposto municipal sobre as transmissões onerosas de imóveis ou, não havendo lugar a esta liquidação, os que devessem ser, caso fosse devida.

3. No caso de troca por bens futuros, os valores referidos na alínea *a*) do nº 1 reportam-se à data da celebração do contrato.

4. No caso previsto na alínea *c*) do nº 1 prevalecerá, se o houver, o valor resultante da correção a que se refere o nº 4 do artigo 29º.

5. O disposto no nº 2 não é aplicável se for feita prova de que o valor de realização foi inferior ao ali previsto.

6. A prova referida no número anterior deve ser efetuada de acordo com o procedimento previsto no artigo 139º do Código do IRC, com as necessárias adaptações.

7. Nos casos em que são efetuados ajustamentos, positivos ou negativos, ao valor de realização, e se à data em que for conhecido o valor definitivo tiver decorrido o prazo para a entrega da declaração de rendimentos a que se refere o artigo 57º, deve o sujeito passivo proceder à entrega de declaração de substituição durante o mês de janeiro do ano seguinte.

Artigo 45º – Valor de aquisição a título gratuito

1. Para a determinação dos ganhos sujeitos a IRS considera-se o valor de aquisição, no caso de bens ou direitos adquiridos a título gratuito:

a) O valor que tenha sido considerado para efeitos de liquidação de imposto do selo;

b) O valor que serviria de base à liquidação de imposto do selo, caso este fosse devido.

2. *(Revogado.)*

3. No caso de direitos reais sobre bens imóveis adquiridos por doação isenta, nos termos da alínea *e*) do artigo 6º do Código do Imposto do Selo, considera-se valor de aquisição o valor patrimonial tributário constante da matriz até aos dois anos anteriores à doação.

Artigo 46º – Valor de aquisição a título oneroso de bens imóveis

1. No caso da alínea *a*) do nº 1 do artigo 10º, se o bem imóvel houver sido adquirido a título oneroso, considera-se valor de aquisição o que tiver servido para efeitos de liquidação do imposto municipal sobre as transações onerosas de imóveis (IMT).

2. Não havendo lugar à liquidação de IMT, considera-se o valor que lhe serviria de base, caso fosse devida, determinado de harmonia com as regras próprias daquele imposto.

3. O valor de aquisição de imóveis construídos pelos próprios sujeitos passivos corresponde ao valor patrimonial inscrito na matriz ou ao valor do terreno, acrescido dos custos de construção devidamente comprovados, se superior àquele.

4. Para efeitos do número anterior, o valor do terreno será determinado pelas regras constantes dos nºs 1 e 2 deste artigo.

5. Nos casos de bens imóveis adquiridos através do exercício do direito de opção de compra no termo da vigência do contrato de locação financeira, considera-se valor de aquisição o somatório do capital incluído nas rendas pagas durante a vigência do contrato e o valor pago para efeitos de exercício do direito de opção, com exclusão de quaisquer encargos.

Artigo 47º – Equiparação ao valor da aquisição

No caso de transferência para o património particular do titular de rendimentos da categoria B de quaisquer bens afetos à atividade empresarial e profissional, considera-se valor de aquisição o valor de mercado à data da transferência.

Artigo 48º – Valor de aquisição a título oneroso de partes sociais e de outros valores mobiliários

No caso da alínea *b*) do nº 1 do artigo 10º, o valor de aquisição, quando esta haja sido efetuada a título oneroso, é o seguinte:

a) Tratando-se de partes sociais, *warrants* autónomos, certificados referidos na alínea *g*) do nº 1 do artigo 10º ou de outros valores mobiliários cotados em mercado regulamentado, o custo documentalmente provado ou, na sua falta, o da menor cotação verificada nos dois anos anteriores à data da alienação, se outro menos elevado não for declarado;

b) Tratando-se de quotas, outras partes sociais, *warrants* autónomos, certificados referidos na alínea *g*) do nº 1 do artigo 10º ou de outros valores mobiliários não cotados em mercado regulamentado, o custo documentalmente provado ou, na sua falta, o respetivo valor nominal;

c) Tratando-se de bens ou direitos referidos na alínea *a*) do nº 4 do artigo 24º, o quantitativo que tiver sido considerado como valor do bem ou direito na data aí referida;

d) Tratando-se de bens ou direitos referidos na alínea *b*) do nº 4 do artigo 24º, o preço de subscrição ou de exercício do direito para a generalidade dos subscritores ou dos titulares do direito ou o valor de mercado;

e) Tratando-se de bens ou direitos referidos na alínea *e*) do nº 4 do artigo 24º, o valor de mercado na data referida;

f) Tratando-se de valores mobiliários adquiridos pelo titular do direito de exercício de *warrants* autónomos de compra, o preço de mercado no momento do exercício.

Artigo 49º – Valor de aquisição a título oneroso de outros bens e direitos

Nos casos previstos nas alíneas *c*), *e*) e *h*) do nº 1 do artigo 10º, o valor de aquisição, quando efetuada a título oneroso, é constituído pelo preço pago pelo alienante, documentalmente provado.

Artigo 50º – Correção monetária

1. O valor de aquisição ou equiparado de direitos reais sobre os bens referidos na alínea *a*) do nº 1 do artigo 10º, bem como de partes sociais no caso da alínea *b*) do referido número, é corrigido pela aplicação de coeficientes para o efeito aprovados por portaria do membro do Governo responsável pela área das finanças, sempre que tenham decorrido mais de 24 meses entre a data da aquisição e a data da alienação ou afetação.

2. A data de aquisição é a que constar do título aquisitivo, sem prejuízo do disposto nas alíneas seguintes:

a) Nos casos previstos no nº 3 do artigo 46º, é a data relevante para efeitos de inscrição na matriz;

b) No caso previsto no artigo 47º, é a data da transferência.

Artigo 51º – Despesas e encargos

1. Para a determinação das mais-valias sujeitas a imposto, ao valor de aquisição acrescem:

a) Os encargos com a valorização dos bens, comprovadamente realizados nos últimos 12 anos, e as despesas necessárias e efetivamente praticadas, inerentes à aquisição e alienação, bem como a indemnização comprovadamente paga pela renúncia onerosa a posições contratuais ou outros direitos inerentes a contratos relativos a esses bens, nas situações previstas na alínea *a*) do nº 1 do artigo 10º;

b) As despesas necessárias e efetivamente praticadas, inerentes à aquisição e alienação, nas situações previstas nas alíneas *b*) e *c*) do nº 1 do artigo 10º

2. Os encargos e as despesas referidos na alínea *a*) do número anterior relativos a imóveis que tenham beneficiado de apoio não reembolsável, concedido pelo Estado ou outras entidades públicas para a aquisição, construção, reconstrução ou realização de obras de conservação de valor superior a 30% do valor patrimonial tributário do imóvel para efeitos de IMI e sejam vendidos antes de decorridos 10 anos sobre a data da sua aquisição, da assinatura da declaração comprovativa da receção da obra ou do pagamento da última despesa relativa ao apoio público não reembolsável que, nos termos legais ou regulamentares, não estejam sujeitos a ónus ou regimes especiais que limitem ou condicionem a respetiva alienação, apenas são considerados na parte que exceda o valor do apoio não reembolsável recebido.

(Redação dada pela Lei nº 71/2018, de 31-12, cf. Declaração de Retificação nº 6/2019, de 01-03)

Artigo 52º – Divergência de valores

1. Quando a Autoridade Tributária e Aduaneira considere fundadamente que possa existir divergência entre o valor declarado e o valor real da transmissão, tem a faculdade de proceder à respetiva determinação.

2. Se a divergência referida no número anterior recair sobre o valor de alienação de ações ou outros valores mobiliários, presume-se que:

a) Estando cotados em bolsa de valores, o valor de alienação é o da respetiva cotação à data da transmissão ou, em caso de desconhecimento desta, o da maior cotação no ano a que a mesma se reporta;

b) Não estando cotados em bolsa de valores, o valor de alienação é o que lhe corresponder, apurado com base no último balanço.

3. Quando se trate de quotas, presume-se que o valor de alienação é o que àquelas corresponda, apurado com base no último balanço.

SECÇÃO VII – Pensões

Artigo 53º – Pensões

1. Aos rendimentos brutos da categoria H de valor anual igual ou inferior a € 4 104 deduz-se, até à sua concorrência, a totalidade do seu quantitativo por cada titular que os tenha auferido.

2. Se o rendimento anual, por titular, for superior ao valor referido no número anterior, a dedução é igual ao montante nele fixado.

3. *(Revogado.)*

4. Aos rendimentos brutos da categoria H são ainda deduzidas:

a) As quotizações sindicais, na parte em que não constituam contrapartida de benefícios relativos à saúde, educação, apoio à terceira idade, habitação, seguros ou segurança social e desde que não excedam, em relação a cada sujeito passivo, 1% do rendimento bruto desta categoria, sendo acrescidas de 50%;

b) As contribuições obrigatórias para regimes de proteção social e para subsistemas legais de saúde, na parte que exceda o montante da dedução prevista no nº 1.

5. *(Revogado.)*

6. *(Revogado.)*

7. Excluem-se do disposto no nº 1 as rendas temporárias e vitalícias que não se destinem ao pagamento de pensões enquadráveis nas alíneas *a)*, *b)* ou *c)* do nº 1 do artigo 11º.

Artigo 54º – Distinção entre capital e renda

1. Quando as rendas temporárias e vitalícias, bem como as prestações pagas no âmbito de regimes complementares de segurança social qualificadas como pensões, compreendam importâncias pagas a título de reembolso de capital, deduz-se, na determinação do valor tributável, a parte correspondente ao capital.

2. Quando a parte correspondente ao capital não puder ser discriminada, à totalidade da renda abate-se, para efeitos de determinação do valor tributável, uma importância igual a 85%.

3. Não é aplicável o disposto nos números anteriores relativamente às prestações devidas no âmbito de regimes complementares de segurança social, seja qual for a entidade devedora ou a sua designação, se as contribuições constitutivas do direito de que derivam tiverem sido suportadas por pessoa ou entidade diferente do respetivo beneficiário e neste não tiverem sido, comprovadamente, objeto de tributação.

4. Considera-se não terem sido objeto de tributação no respetivo beneficiário, designadamente, os prémios e as contribuições constitutivos de direitos adquiridos referidos no nº 3) da alínea *b)* do nº 3 do artigo 2º que beneficiarem de isenção.

SECÇÃO VIII – Dedução de perdas

Artigo 55º – Dedução de perdas

1. Relativamente a cada titular de rendimentos, o resultado líquido negativo apurado em qualquer categoria só é dedutível aos seus resultados líquidos positivos da mesma categoria, nos seguintes termos:

a) O resultado líquido negativo apurado na categoria B só pode ser reportado, de harmonia com a parte aplicável do artigo 52º do Código do IRC, aos 12 anos seguintes àquele a que respeita;

b) O resultado líquido negativo apurado em determinado ano na categoria F só pode ser reportado aos seis anos seguintes àquele a que respeita;

c) A percentagem do saldo negativo a que se refere o nº 2 do artigo 43º só pode ser reportada aos cinco anos seguintes àquele a que respeita;

d) O saldo negativo apurado num determinado ano, relativo às operações previstas nas alíneas *b*), *c*), *e*), *f*), *g*) e *h*) do nº 1 do artigo 10º, pode ser reportado para os cinco anos seguintes quando o sujeito passivo opte pelo englobamento.

2. *(Revogado.)*

3. *(Revogado.)*

4. Ao rendimento tributável, determinado no âmbito do regime simplificado, podem ser deduzidos os prejuízos fiscais apurados em períodos anteriores àquele em que se iniciar a aplicação do regime, nos termos da alínea *a*) do nº 1.

5. *(Revogado.)*

6. *(Revogado.)*

7. Quando a determinação do rendimento for efetuada nos termos dos artigos 87º, 88º ou 89º-A da lei geral tributária, não há lugar à dedução do resultado negativo apurado em qualquer categoria de rendimentos, sem prejuízo da sua dedução nos anos seguintes, dentro do período legalmente previsto.

8. O direito ao reporte do resultado líquido negativo previsto na alínea *b*) do nº 1 fica sem efeito quando os prédios a que os gastos digam respeito não gerem rendimentos da categoria F em pelo menos 36 meses, seguidos ou interpolados, dos cinco anos subsequentes àquele em que os gastos foram incorridos.

SECÇÃO IX – Abatimentos

Artigo 56º – Abatimentos ao rendimento líquido total

(Revogado.)

Artigo 56º-A – Sujeitos passivos com deficiência

1. Os rendimentos brutos de cada uma das categorias A, B e H auferidos por sujeitos passivos com deficiência são considerados, para efeitos de IRS:

a) Apenas por 85% nos casos das categorias A e B;

b) Apenas por 90% no caso da categoria H.

2. Sem prejuízo do disposto no número anterior, a parte do rendimento excluída de tributação não pode exceder, por categoria de rendimentos, € 2 500.

(Redação dada pela Lei nº 42/2016, de 28-12)

SECÇÃO X – Processo de determinação do rendimento coletável

Artigo 57º – Declaração de rendimentos

1. Os sujeitos passivos devem apresentar, anualmente, uma declaração de modelo oficial, relativa aos rendimentos do ano anterior e a outros elementos informativos relevantes para a sua concreta situação tributária, nomeadamente para os efeitos do artigo 89º-A da lei geral tributária, devendo ser-lhe juntos, fazendo dela parte integrante os anexos e outros documentos que para o efeito sejam mencionados no referido modelo.

2. Sem prejuízo do disposto no artigo 63º, no caso de falecimento do sujeito passivo, incumbe ao administrador da herança apresentar a declaração de rendimentos em nome daquele, relativa aos rendimentos correspondentes ao período decorrido de 1 de janeiro até à data do óbito.

3. Nas situações de contitularidade, tratando-se de rendimentos da categoria B, incumbe ao contitular a quem pertença a respetiva administração apresentar na sua declaração de rendimentos a totalidade dos elementos contabilísticos exigidos nos termos das secções precedentes para o apuramento do rendimento tributável, nela identificando os restantes contitulares e a parte que lhes couber.

4. Para efeitos do disposto nos nºs 5 a 9 do artigo 10º, devem os sujeitos passivos:

a) Mencionar a intenção de efetuar o reinvestimento na declaração do ano de realização, indicando na mesma e nas declarações dos três anos seguintes, os investimentos efetuados;

b) Comprovar, quando solicitado, a afetação do imóvel à sua habitação permanente ou do seu agregado familiar, quando o reinvestimento seja efetuado em imóvel situado no território de outro Estado membro da União Europeia ou do espaço económico europeu, através de declaração emitida por entidade oficial do outro Estado.

5. Sempre que as declarações não forem consideradas claras ou nelas se verifiquem faltas ou omissões, a Autoridade Tributária e Aduaneira notifica os sujeitos passivos ou os seus representantes para, por escrito, e no prazo que lhes for fixado, não inferior a 5 nem a superior a 15 dias, prestarem os esclarecimentos indispensáveis.

6. Sempre que, no mesmo ano, o sujeito passivo tenha, em Portugal, dois estatutos de residência, deve proceder à entrega de uma declaração de rendimentos relativa a cada um deles, sem prejuízo da possibilidade de dispensa, nos termos gerais.

(Redação dada pela Lei nº 119/2019, de 18-09)

Artigo 58º – Dispensa de apresentação de declaração

1. Ficam dispensados de apresentar a declaração a que se refere o artigo anterior os sujeitos passivos que, no ano a que o imposto respeita, apenas tenham auferido, isolada ou cumulativamente:

a) Rendimentos tributados pelas taxas previstas no artigo 71º e não optem, quando legalmente permitido, pelo seu englobamento;

b) Rendimentos de trabalho dependente ou pensões, desde que o montante total desses rendimentos seja igual ou inferior a € 8 500 e estes não tenham sido sujeitos a retenção na fonte, sem prejuízo do disposto na alínea *d*) do nº 3.

2. Ficam igualmente dispensados de apresentar a declaração a que se refere o artigo anterior os sujeitos passivos que, no ano a que o imposto respeita:

a) Aufiram subsídios ou subvenções no âmbito da Política Agrícola Comum (PAC) de montante anual inferior a quatro vezes o valor do IAS, desde que simultaneamente apenas aufiram outros rendimentos tributados pelas taxas previstas no artigo 71º e, bem assim, rendimentos do trabalho dependente ou pensões cujo montante não exceda, isolada ou cumulativamente, € 4 104; ou

b) Realizem atos isolados cujo montante anual seja inferior a quatro vezes o valor do IAS, desde que não aufiram outros rendimentos ou apenas aufiram rendimentos tributados pelas taxas previstas no artigo 71º.

3. As situações de dispensa de declaração previstas nos números anteriores não abrangem os sujeitos passivos que:

a) Optem pela tributação conjunta;

b) Aufiram rendas temporárias e vitalícias que não se destinam ao pagamento de pensões enquadráveis nas alíneas *a*), *b*) ou *c*) do nº 1 do artigo 11º;

c) Aufiram rendimentos em espécie;

d) Aufiram rendimentos de pensões de alimentos a que se refere o nº 9 do artigo 72º de valor superior a € 4104.

4. A dispensa de apresentação de declaração não impede os sujeitos passivos de, querendo, apresentarem declaração de rendimentos nos termos gerais.

5. Nos casos em que os sujeitos passivos optem pela não entrega da declaração por reunirem as condições enumeradas nos números anteriores, a Autoridade Tributária e Aduaneira certifica, a pedido do sujeito passivo, sem qualquer encargo para este, o montante e a natureza dos rendimentos que lhe foram comunicados em cada ano, bem como o valor do imposto suportado relativamente aos mesmos.

(Redação dada pela Lei nº 119/2019, de 18-09)

Artigo 58º-A – Declaração automática de rendimentos

1. Relativamente aos sujeitos passivos abrangidos pela declaração automática de rendimentos, a Autoridade Tributária e Aduaneira, tendo por base os elementos informativos relevantes de que disponha, disponibiliza no Portal das Finanças:

a) Uma declaração de rendimentos provisória por cada regime de tributação, separada e conjunta, quando aplicável;

b) A correspondente liquidação provisória do imposto; e

c) Os elementos que serviram de base ao cálculo das deduções à coleta.

2. Os sujeitos passivos, caso verifiquem que os elementos apurados pela Autoridade Tributária e Aduaneira correspondem aos rendimentos do ano a que o imposto respeita e a outros elementos relevantes para a determinação da sua concreta situação tributária, podem confirmar a declaração provisória, que se considera entregue pelo sujeito passivo nos termos legais.

3. A declaração de rendimentos provisória de sujeito passivo não dispensado da entrega de declaração nos termos do artigo anterior, converte-se em declaração entregue pelo sujeito passivo nos termos legais quando, no fim do prazo a que se refere o nº 1 do artigo 60º, não se tenha verificado a confirmação nem a entrega de qualquer declaração de rendimentos, podendo o sujeito passivo entregar uma declaração de substituição nos 30 dias posteriores à liquidação sem qualquer penalidade.

4. A liquidação provisória prevista no nº 1 converte-se em definitiva:

a) No momento da confirmação da declaração provisória, observando-se o regime de tributação escolhido pelo sujeito passivo;

b) No termo do prazo legal de entrega a que se refere o nº 1 do artigo 60º, no caso previsto no número anterior, observando-se, no caso de sujeitos passivos casados ou unidos de facto, o regime de tributação separada.

5. Os sujeitos passivos consideram-se notificados da liquidação efetuada nos termos do nº 2 no momento da confirmação quando não haja lugar a cobrança de imposto, sendo notificados nos termos gerais nos restantes casos, através de carta registada.

6. Para efeitos do disposto no nº 1, os sujeitos passivos podem, até 15 de fevereiro, indicar no Portal das Finanças os elementos pessoais relevantes, nomeadamente a composição do seu agregado familiar no último dia do ano a que o imposto respeite, mediante autenticação de todos os membros do agregado familiar.

7. Caso os sujeitos passivos não efetuem a comunicação prevista no número anterior, a declaração de rendimentos provisória disponibilizada pela Autoridade Tributária e Aduaneira tem por base os elementos pessoais declarados em relação ao período de tributação anterior e, na sua falta, considera-se que o sujeito passivo não é casado ou unido de facto e não tem dependentes.

8. O universo dos sujeitos passivos abrangidos pelo disposto no presente artigo é fixado por decreto regulamentar.

9. Os sujeitos passivos não abrangidos nos termos do número anterior, bem como os sujeitos passivos cuja declaração de rendimentos provisória não corresponde à sua concreta situação tributária, devem apresentar, dentro do prazo legal, a declaração de rendimentos a que se refere o artigo 57º, sem prejuízo do disposto no artigo anterior.

10. A declaração automática de rendimentos não dispensa os sujeitos passivos da obrigação prevista no artigo 128º.

11. Nos casos previstos no nº 3 não há lugar à audição prévia do sujeito passivo, sendo disponibilizados na área reservada do Portal das Finanças, os elementos informativos que serviram de base à liquidação

(Aditado pela Lei nº 42/2016, de 28-12)

Artigo 59º – Tributação de casados e de unidos de facto

1. Na tributação separada cada um dos cônjuges ou dos unidos de facto, caso não esteja de tal dispensado, apresenta uma declaração da qual constam os rendimentos de que é titular e 50% dos rendimentos dos dependentes que integram o agregado.

2. Na tributação conjunta:

a) Os cônjuges ou os unidos de facto apresentam uma declaração da qual consta a totalidade dos rendimentos obtidos por todos os membros que integram o agregado familiar;

b) Ambos os cônjuges ou unidos de facto devem exercer a opção na declaração de rendimentos;

c) A opção é válida apenas para o ano em questão;

d) *(Revogada).*

(Redação dada pela Lei nº 42/2016, de 28-12)

Artigo 60º – Prazo de entrega da declaração

1. A declaração a que se refere o nº 1 do artigo 57º é entregue, por transmissão eletrónica de dados, de 1 de abril a 30 de junho, independentemente de este dia ser útil ou não útil.

2. A declaração a que se refere o número anterior é ainda apresentada nos 30 dias imediatos à ocorrência de qualquer facto que determine alteração dos rendimentos já declarados ou implique, relativamente a anos anteriores obrigação de os declarar, salvo se outro prazo estiver previsto neste Código.

3. Nas situações em que o sujeito passivo aufira rendimentos de fonte estrangeira relativamente aos quais tenha direito a crédito de imposto por dupla tributação internacional, cujo montante não esteja determinado no Estado da fonte até ao termo do prazo previsto no nº 1, o prazo nele previsto é prorrogado até ao dia 31 de dezembro desse ano.

4. Para efeitos do disposto no número anterior, o sujeito passivo deve comunicar à Autoridade Tributária e Aduaneira que cumpre as condições aí previstas, devendo indicar a natureza dos rendimentos e o respetivo Estado da fonte, dentro dos prazos previstos no nº 1.

(Redação dada pela Lei nº 71/2018, de 31-12)

Artigo 61º – Local de entrega das declarações

1. As declarações e demais documentos podem ser entregues em qualquer serviço de finanças ou nos locais que vierem a ser fixados ou, ainda, ser remetidos pelo correio para o serviço de finanças ou direção de finanças da área do domicílio fiscal do sujeito passivo.

2. O cumprimento das obrigações declarativas estabelecidas neste Código pode ainda ser efetuado através dos meios disponibilizados no sistema de transmissão eletrónica de dados, para o efeito autorizado.

Artigo 62º – Rendimentos litigiosos

Se a determinação do titular ou do valor de quaisquer rendimentos depender de decisão judicial, o englobamento só se faz depois de transitada em julgado a decisão, e opera-se na declaração de rendimentos do ano em que transite, nos termos do artigo 74º

Artigo 63º – Agregado familiar

1. Se, durante o ano a que o imposto respeite, tiver falecido um dos cônjuges, o cônjuge sobrevivo, não separado de facto, deve proceder ao cumprimento das obrigações declarativas de cada um deles, podendo optar pela tributação conjunta, salvo se voltar a casar no mesmo ano, caso em que apenas pode optar pela tributação conjunta com o novo cônjuge.

2. Se durante o ano a que o imposto respeite se constituir o agregado familiar ou se dissolver por declaração de nulidade ou anulação do casamento, por divórcio ou por separação judicial de pessoas e bens, a tributação dos sujeitos passivos é feita de harmonia com o seu estado civil em 31 de dezembro, nos termos seguintes:

a) Se forem divorciados ou separados judicialmente de pessoas e bens, devem englobar os rendimentos próprios e a sua parte nos rendimentos comuns, se os houver, bem como os rendimentos dos dependentes a seu cargo;

b) Se forem casados, não separados judicialmente de pessoas e bens, e optarem pela tributação conjunta, devem ser englobados todos os rendimentos próprios de cada um dos cônjuges e os rendimentos comuns, havendo-os, bem como os rendimentos dos seus dependentes.

3. Se em 31 de dezembro se encontrar interrompida a sociedade conjugal por separação de facto, cada um dos cônjuges engloba os seus rendimentos próprios, a sua parte nos rendimentos comuns e os rendimentos dos dependentes a seu cargo.

Artigo 64º – Falecimento de titular de rendimentos

Ocorrendo o falecimento de qualquer pessoa, os rendimentos relativos aos bens transmitidos e correspondentes ao período posterior à data do óbito são considerados, a partir de então, nos englobamentos a efetuar em nome das pessoas que os passaram a auferir, procedendo-se, na falta de partilha até ao fim do ano a que os rendimentos respeitam, à sua imputação aos sucessores e ao cônjuge sobrevivo, segundo a sua quota ideal nos referidos bens.

Artigo 65º – Bases para o apuramento, fixação ou alteração dos rendimentos

1. O rendimento coletável de IRS apura-se de harmonia com as regras estabelecidas nas secções precedentes e com as regras relativas a benefícios fiscais a que os sujeitos passivos tenham direito, com base na declaração anual de rendimentos apresentada em prazo legal e noutros elementos de que a Autoridade Tributária e Aduaneira disponha.

2. A Autoridade Tributária e Aduaneira procede à fixação do conjunto dos rendimentos líquidos sujeitos a tributação quando ocorra alguma das situações ou factos previstos no nº 4 do artigo 29º, no artigo 39º ou no artigo 52º

3. *(Revogado.)*

4. A Autoridade Tributária e Aduaneira procede à alteração dos elementos declarados sempre que, não havendo lugar à fixação a que se refere o nº 2, devam ser efetuadas correções decorrentes de erros evidenciados nas próprias declarações, de omissões nelas praticadas ou correções decorrentes de divergência na qualificação dos atos, factos ou documentos com relevância para a liquidação do imposto.

5. A competência para a prática dos atos de apuramento, fixação ou alteração referidos no presente artigo é exercida pelo diretor de finanças em cuja área se situe o domicílio fiscal dos sujeitos passivos, podendo ser delegada noutros funcionários sempre que o elevado número daqueles o justifique.

Artigo 66º – Notificação e fundamentação dos atos

1. Os atos de fixação ou alteração previstos no artigo 65º são sempre notificados aos sujeitos passivos, com a respetiva fundamentação.

2. A fundamentação deve ser expressa através de exposição, ainda que sucinta, das razões de facto e de direito da decisão, equivalendo à falta de fundamentação a adoção de fundamentos que, por obscuridade, contradição ou insuficiência, não esclareçam concretamente a sua motivação.

Artigo 67º – Revisão dos atos de fixação

O sujeito passivo pode, salvo em caso de aplicação de regime simplificado de tributação em que não sejam efetuadas correções com base noutro método indireto, solicitar a revisão da matéria tributável fixada por métodos indiretos, nos termos do artigo 91º e seguintes da lei geral tributária.

CAPÍTULO III – Taxas

Artigo 68º – Taxas gerais

1. As taxas do imposto são as constantes da tabela seguinte:

Rendimento coletável (euros)	Taxas (percentagem)	
	Normal (A)	Média (B)
Até 7 091	14,50	14,500
De mais de 7 091 até 10 700	23,00	17,367
De mais de 10 700 até 20 261	28,50	22,621
De mais de 20 261 até 25 000	35,00	24,967
De mais de 25 000 até 36 856	37,00	28,838
De mais de 36 856 até 80 640	45,00	37,613
Superior a 80 640	48,00	–

2. O quantitativo do rendimento coletável, quando superior a € 7 091 é dividido em duas partes: uma, igual ao limite do maior dos escalões que nele couber, à qual se aplica a taxa da col. (B) correspondente a esse escalão; outra, igual ao excedente, a que se aplica a taxa da col. (A) respeitante ao escalão imediatamente superior.
(Redação dada pela Lei nº 114/2017, de 29-12)

Artigo 68º-A – Taxa adicional de solidariedade

1. Sem prejuízo do disposto no artigo 68º, ao quantitativo do rendimento coletável superior a € 80 000 incidem as taxas adicionais de solidariedade constantes da tabela seguinte:

Rendimento coletável (euros)	Taxa (percentagem)
De mais de 80 000 até 250 000	2,5
Superior a 250 000	5

2. O quantitativo da parte do rendimento coletável que exceda € 80 000, quando superior a € 250 000, é dividido em duas partes: uma, igual a € 170 000, à qual se aplica a taxa de 2,5%; outra, igual ao rendimento coletável que exceda € 250 000, à qual se aplica a taxa de 5%.

3. No caso de tributação conjunta, o procedimento referido nos números anteriores aplica-se a metade do rendimento coletável, sendo a coleta obtida pela multiplicação do resultado dessa operação por dois.

4. *(Revogado.)*

5. *(Revogado.)*

6. *(Revogado.)*
(Redação dada pela Lei nº 7-A/2016, de 30-03)

Artigo 69º – Quociente familiar

1. Tratando-se de sujeitos passivos casados e não separados judicialmente de pessoas e bens ou unidos de facto, nos casos em que haja opção pela tributação conjunta as taxas aplicáveis são as correspondentes ao rendimento coletável dividido por dois.

2. *(Revogado.)*

3. As taxas fixadas no artigo 68º aplicam-se ao quociente do rendimento coletável, multiplicando-se por dois o resultado obtido para se apurar a coleta do IRS.

4. *(Revogado.)*

5. *(Revogado.)*

(Redação dada pela Lei nº 7-A/2016, de 30-03)

Artigo 70º – Mínimo de existência

1. Da aplicação das taxas estabelecidas no artigo 68º não pode resultar, para os titulares de rendimentos predominantemente originados em trabalho dependente, em atividades previstas na tabela aprovada no anexo à Portaria nº 1011/2001, de 21 de agosto, com exceção do código 15, ou em pensões, a disponibilidade de um rendimento líquido de imposto inferior a 1,5 x 14 x (valor do IAS).

2. Não são aplicadas as taxas estabelecidas no artigo 68º:

a) Ao rendimento coletável do agregado familiar com três ou quatro dependentes cujo montante seja igual ou inferior a € 11 320;

b) Ao rendimento coletável do agregado familiar com cinco ou mais dependentes cujo montante seja igual ou inferior a € 15 560.

3. Nos casados e unidos de facto, caso não optem pela tributação conjunta, os valores referidos no número anterior são reduzidos para metade, por sujeito passivo.

4. O valor de rendimento líquido de imposto a que se refere o nº 1 não pode, por titular, ser inferior ao valor anual da retribuição mínima mensal.

(Redação dada pela Lei nº 114/2017, de 29-12)

Artigo 71º – Taxas liberatórias

1. Estão sujeitos a retenção na fonte a título definitivo, à taxa liberatória de 28%:

a) Os rendimentos de capitais obtidos em território português, por residentes ou não residentes, pagos por ou através de entidades que aqui tenham sede, direção efetiva ou estabelecimento estável a que deva imputar-se o pagamento e que disponham ou devam dispor de contabilidade organizada;

b) Os rendimentos de valores mobiliários pagos ou colocados à disposição dos respetivos titulares, residentes em território português, devidos por entidades que não tenham aqui domicílio a que possa imputar-se o pagamento, por intermédio de entidades que estejam mandatadas por devedores ou titulares ou ajam por conta de uns ou outros.

c) *(Revogada)*;

d) *(Revogada)*.

2. *(Revogado.)*

3. Excetuam-se do disposto na alínea *b*) do nº 1 os rendimentos pagos ou colocados à disposição de fundos de investimento constituídos de acordo com a legislação nacional, caso em que não há lugar a retenção na fonte.

4. Estão sujeitos a retenção na fonte a título definitivo, à taxa liberatória de 25%, os seguintes rendimentos obtidos em território português por não residentes:

a) Os rendimentos do trabalho dependente e todos os rendimentos empresariais e profissionais, ainda que decorrentes de atos isolados;

b) Os rendimentos de capitais referidos nas alíneas *m*) e *n*) do nº 2 do artigo 5º;

c) As pensões;

d) Os incrementos patrimoniais previstos nas alíneas *b*) e *c*) do nº 1 do artigo 9º.

5. Aos rendimentos referidos na alínea *a*) do número anterior mensalmente pagos ou colocados à disposição dos respetivos titulares não é aplicada qualquer retenção na fonte até ao valor da retribuição mínima mensal garantida, quando os mesmos resultem de trabalho ou serviços prestados a uma única entidade, aplicando-se a taxa aí prevista à parte que exceda esse valor.

6. Para efeitos do número anterior, o titular dos rendimentos deve comunicar à entidade devedora, através de declaração escrita, que não auferiu ou aufere o mesmo tipo de rendimentos de outras entidades residentes em território português ou de estabelecimentos estáveis de entidades não residentes neste território.

7. As taxas previstas nos números anteriores incidem sobre os rendimentos ilíquidos, exceto no que se refere às pensões, as quais beneficiam da dedução prevista no artigo 53º, sem prejuízo do que se disponha na lei, designadamente no Estatuto dos Benefícios Fiscais.

8. Os rendimentos a que se refere o nº 1 podem ser englobados para efeitos da sua tributação, por opção dos respetivos titulares, residentes em território nacional, desde que obtidos fora do âmbito do exercício de atividades empresariais e profissionais.

9. Feita a opção a que se refere o número anterior, a retenção que tiver sido efetuada tem a natureza de pagamento por conta do imposto devido a final.

10. Os titulares de rendimentos referidos nas alíneas *a*) a *d*), *f*), *m*) e *o*) do nº 1 do artigo 18º sujeitos a retenção na fonte nos termos do presente artigo que sejam residentes noutro Estado membro da União Europeia ou do espaço económico europeu, neste último caso desde que exista obrigação de cooperação administrativa em matéria fiscal equivalente à estabelecida na União Europeia, podem solicitar a devolução, total ou parcial, do imposto retido e pago na parte em que seja superior ao que resultaria da aplicação da tabela de taxas prevista no nº 1 do artigo 68º, tendo em consideração todos os rendimentos, incluindo os obtidos fora deste território, nas mesmas condições que são aplicáveis aos residentes.

11. Para os efeitos do disposto no número anterior, são dedutíveis até à concorrência dos rendimentos, os encargos devidamente comprovados necessários para a sua obtenção que estejam direta e exclusivamente relacionados com os rendimentos obtidos em território português ou, no caso dos rendimentos do trabalho dependente, as importâncias previstas no artigo 25º

12. A devolução do imposto retido e pago deve ser requerida aos serviços competentes da Autoridade Tributária e Aduaneira, no prazo de dois anos contados do final do ano civil seguinte em que se verificou o facto tributário, devendo a restituição ser efetuada até ao fim do 3º mês seguinte ao da apresentação dos elementos e informações indispensáveis à comprovação das condições e requisitos legalmente exigidos, acrescendo, em caso de incumprimento deste prazo, juros indemnizatórios a taxa idêntica à aplicável aos juros compensatórios a favor do Estado.

13. *(Revogado.)*
14. *(Revogado.)*
15. A apresentação do requerimento referido no nº 12 implica a comunicação espontânea ao Estado de residência do contribuinte do teor do pedido de devolução formulado e do respetivo montante.

16. Estão sujeitos a retenção na fonte a título definitivo, à taxa liberatória de 35%:

a) Todos os rendimentos referidos nos números anteriores sempre que sejam pagos ou colocados à disposição em contas abertas em nome de um ou mais titulares mas por conta de terceiros não identificados, exceto quando seja identificado o beneficiário efetivo, termos em que se aplicam as regras gerais;

b) Os rendimentos mencionados na alínea *a*) do nº 1, obtidos por entidades não residentes sem estabelecimento estável em território português, que sejam domiciliadas em país, território ou região sujeitos a um regime fiscal claramente mais favorável, constante de lista aprovada por portaria do membro do Governo responsável pela área das finanças;

c) Os rendimentos mencionados na alínea *b*) do nº 1, pagos ou colocados à disposição dos respetivos titulares, residentes em território português, devidos por entidades não residentes sem estabelecimento estável em território português e que sejam domiciliadas em país, território ou região sujeitos a um regime fiscal claramente mais favorável, constante de lista aprovada por portaria do membro do Governo responsável pela área das finanças, por intermédio de entidades que estejam mandatadas por devedores ou titulares ou ajam por conta de uns ou outros.

(Redação dada pela Lei nº 71/2018, de 31-12)

Artigo 72º – Taxas especiais

1. São tributados à taxa autónoma de 28%:

a) As mais-valias previstas nas alíneas *a*) e *d*) do nº 1 do artigo 10º auferidas por não residentes em território português que não sejam imputáveis a estabelecimento estável nele situado;

b) Outros rendimentos auferidos por não residentes em território português que não sejam imputáveis a estabelecimento estável nele situado e que não sejam sujeitos a retenção na fonte às taxas liberatórias;

c) O saldo positivo entre as mais-valias e menos-valias, resultante das operações previstas nas alíneas *b*), *c*), *e*), *f*), *g*) e *h*) do nº 1 do artigo 10º;

d) Os rendimentos de capitais, tal como são definidos no artigo 5º, quando não sujeitos a retenção na fonte, nos termos do artigo anterior;

e) Os rendimentos prediais.

2. Aos rendimentos prediais decorrentes de contratos de arrendamento para habitação permanente com duração igual ou superior a dois anos e inferior a cinco anos, é aplicada uma redução de dois pontos percentuais da respetiva taxa autónoma; e por cada renovação com igual duração, é aplicada uma redução de dois pontos percentuais até ao limite de catorze pontos percentuais.

3. Aos rendimentos prediais decorrentes de contratos de arrendamento para habitação permanente celebrados com duração igual ou superior a cinco anos e inferior a dez anos, é aplicada uma redução de cinco pontos percentuais da respetiva taxa autónoma; e por cada renovação com igual duração, é aplicada uma redução de cinco pontos percentuais até ao limite de catorze pontos percentuais.

4. Aos rendimentos prediais decorrentes de contratos de arrendamento para habitação permanente com duração igual ou superior a dez anos e inferior a vinte anos, é aplicada uma redução de catorze pontos percentuais da respetiva taxa autónoma.

5. Aos rendimentos prediais decorrentes de contratos de arrendamento para habitação permanente com duração igual ou superior a vinte anos, é aplicada uma redução de dezoito pontos percentuais da respetiva taxa autónoma.

6. São tributados autonomamente à taxa de 25%:

a) Os rendimentos auferidos por não residentes em território português que sejam imputáveis a estabelecimento estável aí situado; e

b) Não obstante o disposto no número anterior, os rendimentos previstos nas alíneas *a*) e *c*) do nº 4 do artigo anterior, obtidos em território português por não residentes, quando não sujeitos a retenção na fonte.

7. As gratificações auferidas pela prestação ou em razão da prestação de trabalho, quando não atribuídas pela entidade patronal nem por entidade que com esta mantenha relações de grupo, domínio ou simples participação, independentemente da respetiva localização geográfica, são tributadas autonomamente à taxa de 10%.

8. *(Revogado.)*

9. As pensões de alimentos, quando enquadráveis no artigo 83º-A, são tributadas autonomamente à taxa de 20%.

10. Os rendimentos líquidos das categorias A e B auferidos em atividades de elevado valor acrescentado, com carácter científico, artístico ou técnico, a definir em portaria do membro do Governo responsável pela área das finanças, por residentes não habituais em território português, são tributados à taxa de 20%.

11. *(Revogado.)*

12. Os rendimentos previstos nas alíneas *c*) a *e*) do nº 1 e nos nºs 2 a 5 e nos nºs 9 e 10 podem ser englobados por opção dos respetivos titulares residentes em território português.

13. Os residentes noutro Estado-Membro da União Europeia ou do Espaço Económico Europeu, desde que, neste último caso, exista intercâmbio de informações em matéria fiscal, podem optar, relativamente aos rendimentos referidos nas alíneas *a*), *b*) e *e*) do nº 1 e no nº 6, pela tributação desses rendimentos à taxa que, de acordo com a tabela prevista no nº 1 do artigo 68º, seria aplicável no caso de serem auferidos por residentes em território português.

14. Para efeitos de determinação da taxa referida no número anterior são tidos em consideração todos os rendimentos, incluindo os obtidos fora deste território, nas mesmas condições que são aplicáveis aos residentes.

15. Os acréscimos patrimoniais não justificados a que se refere a alínea *d*) do nº 1 do artigo 9º, de valor superior a € 100 000, são tributados à taxa especial de 60%.

16. São tributados autonomamente à taxa de 35%:

a) Os rendimentos de capitais, tal como são definidos no artigo 5º e mencionados nas alíneas *a*) e *b*) do nº 1 do artigo anterior, devidos por entidades não residentes sem estabelecimento estável em território português, que sejam domiciliadas em país, território ou região sujeitos a um regime fiscal claramente mais favorável, constante de lista aprovada por portaria do membro do Governo responsável pela área das finanças, quando não sujeitos a retenção na fonte nos termos da alínea *b*) do nº 12 do artigo anterior;

b) O saldo positivo entre as mais-valias e menos-valias, resultante das operações previstas nos nºs 4) e 5) da alínea *b*) do nº 1 do artigo 10º, quando respeitem a valores mobiliários cujo emitente seja entidade não residente sem estabelecimento estável em território português, que seja domiciliada em país, território ou região sujeitos a um regime fiscal claramente mais favorável, constante de lista aprovada por portaria do membro do Governo responsável pela área das finanças;

c) Os ganhos previstos no nº 3) da alínea *b*) do nº 1 do artigo 10º relativos a estruturas fiduciárias domiciliadas em país, território ou região sujeitos a um regime fiscal claramente mais favorável, constante de lista aprovada por portaria do membro do Governo responsável pela área das finanças;

d) As mais-valias previstas na alínea *a*) do nº 1 do artigo 10º auferidas por entidades não residentes sem estabelecimento estável em território português, que sejam domiciliadas em país, território ou região sujeitos a um regime fiscal claramente mais favorável, constante de lista aprovada por portaria do membro do Governo responsável pela área das finanças.

17. Para efeitos da aplicação da taxa prevista no nº 7, são equiparadas a gratificações auferidas pela prestação ou em razão da prestação de trabalho, quando não atribuídas pela entidade patronal, as compensações e subsídios, referentes à atividade voluntária, postos à disposição dos bombeiros, pelas associações humanitárias de bombeiros, até ao limite máximo anual, por bombeiro, de três vezes o indexante de apoios sociais.

18. Sempre que os contratos de arrendamento previstos nos nºs 2, 3, 4 e 5 cessem os seus efeitos antes de decorridos os prazos de duração dos mesmos ou das suas renovações, por motivo imputável ao senhorio, extingue-se o direito às reduções da taxa aí previstas, com efeitos desde o inicio do contrato ou renovação, devendo os titulares dos rendimentos, no ano da cessação do contrato, proceder à declaração desse facto para efeitos de regularização da diferença entre o montante do imposto que foi pago em cada ano e aquele que deveria ter sido pago, acrescida de juros compensatórios.

19. Para efeitos do disposto no número anterior, suspende-se o prazo de caducidade do direito à liquidação de imposto nos termos da alínea c) do nº 2 do artigo 46º da Lei Geral Tributária.

(Redação dada pela Lei nº 119/2019, de 18-09)

Artigo 72º-A [*cessou vigência*] – Sobretaxa extraordinária

1. *Sobre a parte do rendimento coletável de IRS que resulte do englobamento nos termos do artigo 22º, acrescido dos rendimentos sujeitos às taxas especiais constantes dos nºs 3, 4, 6 e 10 do artigo 72º, auferido por sujeitos passivos residentes em território português, que exceda, por sujeito passivo, o valor anual da retribuição mínima mensal garantida, incide a sobretaxa extraordinária de 3,5%.*

2. *À coleta da sobretaxa extraordinária são deduzidas apenas:*

a) 2,5% do valor da retribuição mínima mensal garantida por cada dependente ou afilhado civil que não seja sujeito passivo de IRS;

b) As importâncias retidas nos termos do artigo 99º-A, que, quando superiores à sobretaxa devida, conferem direito ao reembolso da diferença.

3. *Aplicam-se à sobretaxa extraordinária as regras de liquidação previstas nos artigos 75º a 77º e as regras de pagamento previstas no artigo 97º*

4. *Não se aplica à sobretaxa extraordinária o disposto no artigo 95º*

Artigo 73º – Taxas de tributação autónoma

1. As despesas não documentadas, efetuadas por sujeitos passivos que possuam ou devam possuir contabilidade organizada, no âmbito do exercício de atividades empresariais e profissionais, são tributadas autonomamente, à taxa de 50%.

2. São tributados autonomamente os seguintes encargos, suportados por sujeitos passivos que possuam ou devam possuir contabilidade organizada no âmbito do exercício de atividades empresariais ou profissionais, excluindo os veículos movidos exclusivamente a energia elétrica:

a) Os encargos dedutíveis relativos a despesas de representação e a viaturas ligeiras de passageiros ou mistas cujo custo de aquisição seja inferior a € 20 000, motos e motociclos, à taxa de 10%;

b) Os encargos dedutíveis relativos a automóveis ligeiros de passageiros ou mistos, cujo custo de aquisição seja igual ou superior a € 20 000, à taxa de 20%.

3. Excluem-se do disposto no número anterior os encargos relacionados com viaturas ligeiras de passageiros ou mistas, motos e motociclos, afetos à exploração do serviço público de transportes, destinados a serem alugados no exercício da atividade normal do sujeito passivo, bem como as reintegrações relacionadas com as viaturas relativamente às quais tenha sido celebrado o acordo previsto no nº 9) da alínea *b*) do nº 3 do artigo 2º.

4. Consideram-se despesas de representação, nomeadamente, os encargos suportados com receções, refeições, viagens, passeios e espetáculos oferecidos no país ou no estrangeiro a clientes ou a fornecedores ou ainda a quaisquer outras pessoas ou entidades.

5. Consideram-se encargos relacionados com viaturas ligeiras de passageiros, motos e motociclos, nomeadamente, as reintegrações, rendas ou alugueres, seguros, despesas com manutenção e conservação, combustíveis e impostos incidentes sobre a sua posse ou utilização.

6. São sujeitas ao regime do nº 1, sendo a taxa aplicável 35%, as despesas correspondentes a importâncias pagas ou devidas, a qualquer título, a pessoas singulares ou coletivas residentes fora do território português e aí submetidas a um regime fiscal claramente mais favorável a que se refere o nº 1 do artigo 63º-D da Lei Geral Tributária, ou cujo pagamento seja efetuado em contas abertas em instituições financeiras aí residentes ou domiciliadas, salvo se o sujeito passivo puder provar que tais encargos correspondem a operações efetivamente realizadas e não têm um caráter anormal ou um montante exagerado.

7. São tributados autonomamente, à taxa de 5%, os encargos dedutíveis relativos a despesas com ajudas de custo e com compensação pela deslocação em viatura própria do trabalhador, ao serviço da entidade patronal, não faturadas a clientes, escrituradas a qualquer título, exceto na parte em que haja lugar a tributação em sede de IRS na esfera do respetivo beneficiário, bem como os encargos da mesma natureza, que não sejam dedutíveis nos termos da alínea *f*) do nº 1 do artigo 42º do Código do IRC, suportados por sujeitos passivos que apresentem prejuízo fiscal no exercício a que os mesmos respeitam.

8. Excluem-se do disposto nos nºs 2, 7, 10 e 11 os sujeitos passivos a quem seja aplicado o regime simplificado de determinação do lucro tributável previsto nos artigos 28º e 31º

9. Nas situações de contitularidade de rendimentos abrangidas pelo artigo 19º o imposto apurado relativamente às despesas que, nos termos dos números anteriores, estão sujeitas a tributação autónoma é imputado a cada um dos contitulares na proporção das respetivas quotas.

10. No caso de viaturas ligeiras de passageiros ou mistas híbridas *plug-in*, as taxas referidas nas alíneas *a*) e *b*) do nº 2 são, respetivamente, de 5% e 10%.

11. No caso de viaturas ligeiras ou mistas de passageiros movidas a gases de petróleo liquefeito (GPL) ou gás natural veicular (GNV), as taxas referidas nas alíneas *a*) e *b*) do nº 2 são, respetivamente, de 7,5% e 15%.

(Redação dada pela Lei nº 42/2016, de 28-12)

Artigo 74º – Rendimentos produzidos em anos anteriores

1. Se forem englobados rendimentos que comprovadamente tenham sido produzidos em anos anteriores àquele em que foram pagos ou colocados à disposição do sujeito passivo e este fizer a correspondente imputação na declaração de rendimentos, o respetivo valor é dividido pela soma do número de anos ou fração a que respeitem, incluindo o ano do recebimento, aplicando-se à globalidade dos rendimentos a taxa correspondente à soma daquele quociente com os rendimentos produzidos no próprio ano.

2. A faculdade prevista no número anterior não pode ser exercida relativamente aos rendimentos previstos no nº 3) da alínea *b*) do nº 3 do artigo 2º.

3. Sempre que seja possível imputar os rendimentos a que se refere o nº 1 a anos anteriores em concreto, pode o sujeito passivo, em alternativa, proceder à entrega de declarações de substituição relativamente aos anos em causa, com o limite do quinto ano imediatamente anterior ao do pagamento ou colocação à disposição dos rendimentos, sem prejuízo da aplicação do disposto naquele número quanto aos restantes rendimentos, sendo caso disso.

4. A opção a que se refere o número anterior não é aplicável aos rendimentos previstos no artigo 62º.

5. Para efeitos do cumprimento do previsto no presente artigo, as entidades processadoras dos pagamentos devem efetuar a discriminação dos montantes respeitantes a cada um dos anos.

6. O exercício da opção prevista no nº 3 não prejudica que, para efeitos de contagem do prazo de caducidade previsto no artigo 45º da Lei Geral Tributária, o facto tributário se considere verificado no ano do pagamento ou colocação à disposição dos rendimentos.

(Redação dada pela Lei nº 119/2019, de 18-09)

CAPÍTULO IV – Liquidação

Artigo 75º – Competência para a liquidação

A liquidação do IRS compete à Autoridade Tributária e Aduaneira.

Artigo 76º – Procedimentos e formas de liquidação

1. A liquidação do IRS processa-se nos termos seguintes:

a) Tendo sido apresentada a declaração até 30 dias após o termo do prazo legal, a liquidação tem por objeto o rendimento coletável determinado com base nos elementos declarados, sem prejuízo do disposto no nº 4 do artigo 65º;

b) Não tendo sido apresentada declaração, a liquidação tem por base os elementos de que a Autoridade Tributária e Aduaneira disponha;

c) Sendo superior ao que resulta dos elementos a que se refere a alínea anterior, considera-se a totalidade do rendimento líquido da categoria B obtido pelo titular do rendimento no ano mais próximo que se encontre determinado, quando não tenha sido declarada a respetiva cessação de atividade.

2. Na situação referida na alínea *b*) do número anterior, o rendimento líquido da categoria B determina-se em conformidade com as regras do regime simplificado de tributação, com aplicação do coeficiente de 0,75, exceto quando estejam em causa rendimentos previstos nas alíneas *d*) ou *g*) do nº 1 do artigo 31º, caso em que se aplicam os coeficientes aí previstos.

3. Quando não seja apresentada declaração, o titular dos rendimentos é notificado por carta registada para cumprir a obrigação em falta no prazo de 30 dias, findo o qual a liquidação é efetuada, não se atendendo ao disposto no artigo 70º e sendo apenas efetuadas as deduções previstas no nº 3 do artigo 97º

4. Em todos os casos previstos no nº 1, a liquidação pode ser corrigida, se for caso disso, dentro dos prazos e nos termos previstos nos artigos 45º e 46º da lei geral tributária.

(Redação dada pela Lei nº 7-A/2016, de 30-03)

Artigo 77º – Prazo e fundamentação da liquidação

1. A liquidação do IRS deve ser efetuada no ano imediato àquele a que os rendimentos respeitam, nos seguintes prazos:

a) Até 31 de julho, com base na declaração apresentada nos prazos referidos no nº 1 do artigo 60º;

b) *(Revogada)*;

c) Até 30 de novembro, no caso previsto na alínea *b*) do nº 1 do artigo 76º

2. A fundamentação da liquidação é efetuada nos termos do nº 2 do artigo 77º da lei geral tributária, sem prejuízo do disposto no número seguinte.

3. A Autoridade Tributária e Aduaneira disponibiliza ainda, sem qualquer encargo para os sujeitos passivos, a informação relevante da liquidação, nomeadamente a relativa às deduções à coleta na mesma consideradas, a qual pode ser obtida no Portal das Finanças ou nos serviços de finanças.

4. A notificação da liquidação deve conter, obrigatoriamente, referência ao procedimento previsto no número anterior.

(Redação dada pela Lei nº 7-A/2016, de 30-03)

Artigo 78º – Deduções à coleta

1. À coleta são efetuadas, nos termos dos artigos subsequentes, as seguintes deduções relativas:

a) Aos dependentes do agregado familiar e aos ascendentes que vivam em comunhão de habitação com o sujeito passivo;

b) Às despesas gerais familiares;

c) Às despesas de saúde e com seguros de saúde;

d) Às despesas de educação e formação;

e) Aos encargos com imóveis;

f) Às importâncias respeitantes a pensões de alimentos;

g) À exigência de fatura;

h) Aos encargos com lares;

i) Às pessoas com deficiência;

j) À dupla tributação internacional;

k) Aos benefícios fiscais;

l) Ao adicional ao imposto municipal sobre imóveis, nos termos do artigo 135º-I do Código do Imposto Municipal sobre Imóveis.

2. São ainda deduzidos à coleta os pagamentos por conta do imposto e as importâncias retidas na fonte que tenham aquela natureza, respeitantes ao mesmo período de tributação, bem como as retenções efetuadas ao abrigo do artigo 11º da Diretiva nº 2003/48/CE, de 3 de junho.

3. As deduções referidas neste artigo são efetuadas pela ordem nele indicada e apenas as previstas no número anterior, quando superiores ao imposto devido, conferem direito ao reembolso da diferença.

4. *(Revogado.)*

5. As deduções previstas no nº 1 aplicam-se apenas aos sujeitos passivos residentes em território português.

6. As deduções referidas nas alíneas *a*) a *i*) e na alínea *k*) do nº 1 só podem ser realizadas:

a) Mediante a identificação fiscal dos dependentes, ascendentes, colaterais ou beneficiários a que se reportem, feita na declaração a que se refere o nº 1 do artigo 57º;

b) Nos casos de deduções que não sejam de montante fixo, as mesmas só podem ser realizadas se constarem de documentos comunicados pelos emitentes à Autoridade Tributária e Aduaneira, com identificação do sujeito passivo ou do membro do agregado a que se reportam através do número de identificação fiscal correspondente, salvo o disposto no nº 3 do artigo 78º-B, que sejam:

i) Fatura, fatura-recibo ou recibo, emitidos nos termos do Código do IVA ou da alínea *a*) do nº 1 do artigo 115º; ou

ii) Outro documento, quando o fornecedor dos bens ou prestador dos serviços esteja dispensado daquela obrigação.

7. A soma das deduções à coleta previstas nas alíneas *c*) a *h*) e *k*) do nº 1 não pode exceder, por agregado familiar, e, no caso de tributação conjunta, após aplicação do divisor previsto no artigo 69º, os limites constantes das seguintes alíneas:

a) Para contribuintes que tenham um rendimento coletável igual ou inferior ao valor do 1º escalão do nº 1 artigo 68º, sem limite;

b) Para contribuintes que tenham um rendimento coletável superior ao valor do

1º escalão e igual ou inferior ao valor do último escalão do nº 1 do artigo 68º, o limite resultante da aplicação da seguinte fórmula:

$$€\,1\,000 + \left[(€\,2\,500 - €\,1\,000) \times \left[\frac{\text{valor do último escalão - Rendimento Coletável}}{\text{valor do último escalão – valor do primeiro escalão}}\right]\right]$$

c) Para contribuintes que tenham um rendimento coletável superior ao valor do último escalão do nº 1 do artigo 68º, o montante de € 1 000.

8. Nos agregados com três ou mais dependentes a seu cargo, os limites previstos no número anterior são majorados em 5% por cada dependente ou afilhado civil que não seja sujeito passivo do IRS.

9. Sempre que o mesmo dependente ou ascendente conste de mais do que uma declaração de rendimentos, o valor das deduções à coleta previstas no presente código por referência a dependentes ou ascendentes é reduzido para metade, por sujeito passivo.

10. Sem prejuízo do disposto no número anterior, caso o acordo de regulação do exercício em comum das responsabilidades parentais estabeleça uma partilha de despesas que não seja igualitária e que fixe quantitativamente, para o dependente, a percentagem que respeita a cada sujeito passivo, o cálculo das deduções à coleta deverá considerar as devidas percentagens constantes do referido acordo, sem prejuízo do disposto nos dois números seguintes.

11. Para efeito do disposto no número anterior devem os sujeitos passivos indicar no Portal das Finanças, até 15 de fevereiro do ano seguinte àquele a que o imposto respeita, a percentagem que lhes corresponde na partilha de despesas.

12. Caso os sujeitos passivos não efetuem a comunicação prevista no número anterior ou, efetuando, a soma das percentagens comunicadas por ambos os sujeitos passivos não corresponda a 100%, o valor das deduções à coleta é dividido em partes iguais.

13. A dedução à coleta prevista no artigo 83º-A impede a consideração das demais deduções referentes ao dependente por referência ao qual o sujeito passivo efetua pagamentos de pensões de alimentos.

14. No caso do regime de tributação separada, quando o valor das deduções à coleta previstas no presente Código é determinado por referência ao agregado familiar, para cada um dos cônjuges ou unidos de facto:

a) Os limites dessas deduções são reduzidos para metade;

b) As percentagens de dedução à coleta são aplicadas à totalidade das despesas de que cada sujeito passivo seja titular acrescida de 50% das despesas de que sejam titulares os dependentes que integram o agregado.

(Redação dada pela Lei nº 106/2017, de 04-09)

Artigo 78º-A – Deduções dos descendentes e ascendentes

1. À coleta devida pelos sujeitos passivos residentes em território português e até ao seu montante são deduzidos:

a) Por cada dependente o montante fixo de € 600, salvo o disposto na alínea *b*);

b) Quando o acordo de regulação do exercício das responsabilidades parentais estabeleça a responsabilidade conjunta e a residência alternada do menor, é deduzido o montante fixo de € 300 à coleta de cada sujeito passivo com responsabilidades parentais sendo ainda de observar o disposto no nº 9 do artigo 22º;

c) Por cada ascendente que viva efetivamente em comunhão de habitação com o sujeito passivo, desde que aquele não aufira rendimento superior à pensão mínima do regime geral, o montante fixo de € 525.

2. Às deduções previstas no número anterior somam-se os seguintes montantes:

a) € 126 por cada dependente referido na alínea *a*) e € 63 a cada sujeito passivo referido na alínea *b*) do número anterior quando o dependente não ultrapasse três anos de idade até 31 de dezembro do ano a que respeita o imposto;

b) € 110 no caso de existir apenas um ascendente enquadrável na alínea *c*) nos termos previstos no número anterior.

(Redação dada pela Lei nº 106/2017, de 04-09)

Artigo 78º-B – Dedução das despesas gerais familiares

1. À coleta do IRS devido pelos sujeitos passivos é dedutível um montante correspondente a 35% do valor suportado por qualquer membro do agregado familiar, com o limite global de € 250 para cada sujeito passivo, que conste de faturas que titulem prestações de serviços e aquisições de bens comunicadas à Autoridade Tributária e Aduaneira nos termos do Decreto-Lei nº 198/2012, de 24 de agosto, ou emitidas no Portal das Finanças, enquadradas em qualquer setor de atividade, exceto os setores previstos nos artigos 78º-C a 78º-E.

2. A dedução à coleta prevista no número anterior opera no ano em que as faturas foram emitidas.

3. Os adquirentes que pretendam beneficiar da dedução à coleta devem exigir ao emitente a inclusão do seu número de identificação fiscal nas faturas, sem prejuízo da possibilidade de comunicarem as faturas sem número de identificação fiscal à Autoridade Tributária e Aduaneira, utilizando o respetivo código de barras bidimensional (código QR) ou o código único de documento.

4. As pessoas singulares que sejam sujeitos passivos de IVA apenas podem beneficiar das deduções à coleta relativamente às faturas que titulam aquisições efetuadas fora do âmbito da sua atividade empresarial ou profissional.

5. O valor das deduções à coleta é apurado pela Autoridade Tributária e Aduaneira com base nas faturas que lhe forem comunicadas, por via eletrónica, até ao dia 25 de fevereiro do ano seguinte ao da sua emissão, relativamente a cada adquirente nelas identificado.

6. A Autoridade Tributária e Aduaneira disponibiliza no Portal das Finanças o montante das deduções à coleta até ao dia 15 de março do ano seguinte ao da emissão das faturas.

7. Do cálculo do montante das deduções à coleta referido no número anterior, pode o adquirente reclamar, até ao dia 31 de março do ano seguinte ao da emissão, de acordo com as normas aplicáveis ao procedimento de reclamação graciosa, com as devidas adaptações.

8. À dedução prevista no presente artigo são aplicáveis, com as necessárias adaptações, os nºs 6 a 8 do artigo 3º do Decreto-Lei nº 198/2012, de 24 de agosto, alterado pela Lei nº 66-B/2012, de 31 de dezembro, pelo Decreto-Lei nº 71/2013, de 30 de maio, e pela Lei nº 83-C/2013, de 31 de dezembro.

9. No caso de famílias monoparentais, a dedução prevista no nº 1 é de 45% do valor suportado por qualquer membro do agregado familiar, com o limite global de € 335.

(Redação dada pelo Decreto-Lei nº 28/2019, de 15-02)

Artigo 78º-C – Dedução de despesas de saúde

1. À coleta do IRS devido pelos sujeitos passivos é dedutível um montante correspondente a 15% do valor suportado a título de despesas de saúde por qualquer membro do agregado familiar, com o limite global de € 1 000:

a) Que conste de faturas que titulem prestações de serviços e aquisições de bens, isentos do IVA ou tributados à taxa reduzida, comunicadas à Autoridade Tributária e Aduaneira nos termos do Decreto-Lei nº 198/2012, de 24 de agosto, ou emitidas no Portal das Finanças, nos termos da alínea *a*) do nº 1 do artigo 115º, pelos emitentes que estejam enquadrados, de acordo com a Classificação Portuguesa das Atividades Económicas, Revisão 3 (CAE – Rev. 3), aprovada pelo Decreto-Lei nº 381/2007, de 14 de novembro, nos seguintes setores de atividade:

i) Secção Q, classe 86 – Atividade de saúde humana;

ii) Secção G, classe 47730 – Comércio a retalho de produtos farmacêuticos, em estabelecimentos especializados;

iii) Secção G, classe 47740 – Comércio a retalho de produtos médicos e ortopédicos, em estabelecimentos especializados;

iv) Secção G, Classe 47782 – Comércio a retalho de material ótico em estabelecimentos especializados;

b) Que correspondam a prémios de seguros ou contribuições pagas a associações mutualistas ou a instituições sem fins lucrativos que tenham por objeto a prestação de cuidados de saúde que, em qualquer dos casos, cubram exclusivamente os riscos de saúde relativamente ao sujeito passivo ou aos seus dependentes, pagos por aquele ou por terceiros, desde que, neste caso, tenham sido comprovadamente tributados como rendimento do sujeito passivo;

c) Que tenham sido objeto de comunicação nos termos dos nºs 2 e 5;

d) Que conste de faturas que titulem prestações de serviços e aquisições de bens, tributados à taxa normal do IVA, comunicadas à Autoridade Tributária e Aduaneira nos termos do Decreto-Lei nº 198/2012, de 24 de agosto, ou emitidas no Portal das Finanças, nos termos da alínea *a*) do nº 1 do artigo 115º, pelos emitentes que estejam enquadrados nos setores de atividade referidos na alínea *a*), desde que devidamente justificados através de receita médica.

2. Os estabelecimentos públicos de saúde são obrigados a comunicar à Autoridade Tributária e Aduaneira, através de modelo a aprovar por portaria do membro do Governo responsável pela área das finanças, o valor das taxas moderadoras pagas pelos sujeitos passivos, cujos montantes são considerados para efeitos da dedução à coleta prevista no número anterior.

3. O disposto no número anterior é igualmente aplicável, com as necessárias adaptações, às prestações de serviços e transmissões de bens efetuadas pelas entidades a que se refere a subalínea *ii*) da alínea *b*) do nº 6 do artigo 78º, exceto quando emitam e comuniquem faturas.

4. Os nºs 2 a 8 do artigo anterior são aplicáveis, com as necessárias adaptações, à dedução prevista no presente artigo.

5. Caso as despesas de saúde tenham sido realizadas fora do território português, pode o sujeito passivo comunicá-las através do Portal das Finanças, inserindo os dados essenciais da fatura ou documento equivalente que as suporte, sendo ainda de observar o disposto no artigo 128º

6. A dedução prevista no nº 1 não abrange a parte das despesas no mesmo referida que tenha sido comparticipada por seguradoras, associações mutualistas ou instituições sem fins lucrativos que tenham por objeto a prestação de cuidados de saúde.

7. Para efeitos do disposto na alínea *d*) do nº 1 os sujeitos passivos estão obrigados a indicar no Portal das Finanças quais as faturas que titulam aquisições devidamente justificadas através de receita médica.

8. Nas atividades previstas na alínea *a*) do nº 1 consideram-se abrangidas as atividades equivalentes previstas na tabela a que se refere o artigo 151º.

(Redação dada pelo Decreto-Lei nº 41/2016, de 01-08)

Artigo 78º-D – Dedução de despesas de formação e educação

1. À coleta do IRS devido pelos sujeitos passivos é dedutível um montante correspondente a 30% do valor suportado a título de despesas de formação e educação por qualquer membro do agregado familiar, com o limite global de € 800:

a) Que conste de faturas que titulem prestações de serviços e aquisições de bens, isentos do IVA ou tributados à taxa reduzida, comunicadas à Autoridade Tributária e Aduaneira nos termos do Decreto-Lei nº 198/2012, de 24 de agosto, enquadradas, de acordo com a Classificação Portuguesa das Atividades Económicas, Revisão 3 (CAE – Rev. 3), aprovada pelo Decreto-Lei nº 381/2007, de 14 de novembro, nos seguintes setores de atividade:

i) Secção P, classe 85 – Educação;

ii) Secção G, classe 47610 – Comércio a retalho de livros, em estabelecimentos especializados;

iii) Secção G, Classe 88910 – Atividades de cuidados para crianças, sem alojamento;

b) Que tenham sido objeto de comunicação nos termos dos nºs 5 e 8;

c) Que conste de faturas que titulem prestações de serviços comunicadas à Autoridade Tributária e Aduaneira nos termos do Decreto-Lei nº 198/2012, de 24 de agosto, ou emitidas no Portal das Finanças, nos termos da alínea *a*) do nº 1 do artigo 115º, desde que as mesmas se refiram a refeições escolares e o número de identificação fiscal seja de um prestador de serviços de fornecimento de refeições escolares;

d) Relativas a arrendamento de imóvel ou de parte de imóvel, a membros do agregado familiar que não tenham mais de 25 anos e frequentem estabelecimentos de ensino previstos no nº 3, cuja localização se situe a uma distância superior a 50 Kms da residência permanente do agregado familiar:

i) Que conste de faturas comunicadas à Autoridade Tributária e Aduaneira nos termos do Decreto-Lei nº 198/2012, de 24 de agosto, enquadradas de acordo com a Classificação Portuguesa das Atividades Económicas, Revisão 3 (CAE – Rev. 3), aprovada pelo Decreto-Lei nº 381/2007, de 14 de novembro, no setor de atividade da secção L, classe 68200 – Arrendamento de bens imobiliários;

ii) Que tenham sido comunicadas utilizando os meios descritos no nº 5 do artigo 115º sempre que os senhorios sejam sujeitos passivos de IRS não abrangidos pela obrigação de emissão de fatura; ou

iii) Que constem de outros documentos, no caso de prestações de serviços e transmissões de bens efetuadas pelas entidades a que se refere a subalínea *ii*) da alínea *b*) do nº 6 do artigo 78º.

2. Para efeitos do disposto no presente artigo, consideram-se despesas de educação e formação os encargos com o pagamento de creches, jardins-de-infância, lactários, escolas, estabelecimentos de ensino e outros serviços de educação, bem como as despesas com manuais e livros escolares.

3. As despesas de educação e formação suportadas só são dedutíveis desde que prestadas, respetivamente, por estabelecimentos de ensino integrados no sistema nacional de educação ou reconhecidos como tendo fins análogos pelos ministérios competentes, ou por entidades reconhecidas pelos ministérios que tutelam a área da formação profissional e, relativamente às últimas, apenas na parte em que não tenham sido consideradas como encargo da categoria B.

4. Não são dedutíveis as despesas de formação e educação até ao montante que no ano em causa seja excluído de tributação nos termos da alínea *b*) do nº 1 do artigo 2º-A ou reembolsado no âmbito de um Plano Poupança-Educação, nos termos previstos na legislação aplicável.

5. Os estabelecimentos públicos comunicam à Autoridade Tributária e Aduaneira o valor das propinas e demais encargos considerados dedutíveis nos termos deste artigo, mediante a entrega de declaração de modelo oficial, a aprovar por portaria do membro do Governo responsável pela área das finanças, até ao final do mês de janeiro do ano seguinte àquele em que ocorreu o respetivo pagamento.

6. O disposto no número anterior é igualmente aplicável, com as necessárias adaptações, às prestações de serviços e transmissões de bens efetuadas pelas entidades a que se refere a subalínea *ii*) da alínea *b*) do nº 6 do artigo 78º, exceto quando emitam e comuniquem faturas.

7. Os nºs 2 a 8 do artigo 78º-B são aplicáveis, com as necessárias adaptações, à dedução prevista no presente artigo.

8. Caso as despesas de educação e formação tenham sido realizadas fora do território português, pode o sujeito passivo comunicá-las através do Portal das Finanças, inserindo os dados essenciais da fatura ou documento equivalente que as suporte, sendo ainda de observar o disposto no artigo 128º

9. Nas atividades previstas na alínea *a*) do nº 1 consideram-se abrangidas as atividades equivalentes previstas na tabela a que se refere o artigo 151º.

10. Para efeitos do disposto na alínea *c*) do nº 1:

a) Os sujeitos passivos devem indicar no Portal das Finanças quais as faturas que titulam as aquisições referentes a refeições escolares;

b) A identificação fiscal dos prestadores de serviços de fornecimento de refeições escolares é comunicada à Autoridade Tributária e Aduaneira nos termos a definir por portaria conjunta dos membros do Governo responsáveis pelas áreas das finanças e da educação.

11. Para efeitos da alínea *d*) do nº 1:

a) É dedutível a título de rendas um valor máximo de € 300 anuais, sendo o limite global de € 800 aumentado em € 200 quando a diferença seja relativa a rendas;

b) As faturas ou outro documento que, nos termos da lei, titule o arrendamento serão emitidos com a indicação de que este se destina ao arrendamento de estudante deslocado;

c) Para efeitos do disposto na alínea anterior, os sujeitos passivos devem, no caso de faturas comunicadas à Autoridade Tributária e Aduaneira nos termos do Decreto-Lei nº 198/2012, de 24 de agosto, indicar no Portal das Finanças que as mesmas titulam encargos com arrendamento de estudante deslocado;

d) A dedução em causa não é cumulável, em relação ao mesmo imóvel, com a dedução relativa a encargos com imóveis prevista no artigo 78º-E.

(Redação dada pela Lei nº 114/2017, de 29-12)

Artigo 78º-E – Dedução de encargos com imóveis

1. À coleta do IRS devido pelos sujeitos passivos é dedutível um montante correspondente a 15% do valor suportado por qualquer membro do agregado familiar:

a) Com as importâncias, líquidas de subsídios ou comparticipações oficiais, suportadas a título de renda pelo arrendatário de prédio urbano ou da sua fração autónoma para fins de habitação permanente, quando referentes a contratos de arrendamento celebrados ao abrigo do Regime do Arrendamento Urbano, aprovado pelo Decreto-Lei nº 321-B/90, de 15 de outubro, ou do Novo Regime do Arrendamento Urbano, aprovado pela Lei nº 6/2006, de 27 de fevereiro, até ao limite de € 502;

b) Com juros de dívidas, por contratos celebrados até 31 de dezembro de 2011, contraídas com a aquisição, construção ou beneficiação de imóveis para habitação própria e permanente ou arrendamento devidamente comprovado para habitação permanente do arrendatário, até ao limite de € 296;

c) Com prestações devidas em resultado de contratos celebrados até 31 de dezembro de 2011 com cooperativas de habitação ou no âmbito do regime de compras em grupo, para a aquisição de imóveis destinados a habitação própria e permanente ou arrendamento para habitação permanente do arrendatário, devidamente comprovadas, na parte que respeitem a juros das correspondentes dívidas, até ao limite de € 296; ou

d) Com importâncias pagas a título de rendas por contrato de locação financeira celebrado até 31 de dezembro de 2011 relativo a imóveis para habitação própria e permanente efetuadas ao abrigo deste regime, na parte que não constituam amortização de capital, até ao limite de € 296.

2. Para efeitos do disposto na alínea *a*) do número anterior, apenas são considerados os encargos:

a) Que constem de faturas que titulem prestações de serviços, isentos do IVA, comunicadas à Autoridade Tributária e Aduaneira nos termos do Decreto-Lei nº 198/ /2012, de 24 de agosto, enquadradas, de acordo com a Classificação Portuguesa das

Atividades Económicas, Revisão 3 (CAE – Rev. 3), aprovada pelo Decreto-Lei nº 381//2007, de 14 de novembro, no setor de atividade da secção L, classe 68200 – Arrendamento de bens imobiliários; ou

b) Que foram comunicados utilizando os meios descritos no nº 5 do artigo 115º sempre que os senhorios sejam sujeitos passivos de IRS não abrangidos pela obrigação de emissão de fatura;

c) Que constem de outros documentos, no caso de prestações de serviços e transmissões de bens efetuadas pelas entidades a que se refere a subalínea *ii*) da alínea *b*) do nº 6 do artigo 78º.

3. Os nºs 2 a 8 do artigo 78º-B são aplicáveis, com as necessárias adaptações, à dedução prevista no presente artigo.

4. Não obstante o disposto na alínea *a*) do nº 1, o limite da dedução à coleta aí previsto é elevado para os seguintes montantes, sendo o rendimento coletável, no caso de tributação conjunta, o que resultar da aplicação do divisor previsto no artigo 69º:

a) Para contribuintes que tenham um rendimento coletável igual ou inferior ao valor do primeiro escalão do nº 1 do artigo 68º, um montante de € 800;

b) Para contribuintes que tenham um rendimento coletável superior ao valor do primeiro escalão do nº 1 do artigo 68º e igual ou inferior a € 30 000, o limite resultante da aplicação da seguinte fórmula:

$$€\,502 + \left[(€\,800 - €\,502) \times \left[\frac{€\,30\,000 - \text{Rendimento Coletável}}{€\,30\,000 - \text{valor do primeiro escalão}}\right]\right]$$

5. Não obstante o disposto nas alíneas *b*) a *d*) do nº 1, os limites das deduções à coleta aí previstos são elevados para os seguintes montantes, sendo o rendimento coletável, no caso de tributação conjunta, o que resultar da aplicação do divisor previsto no artigo 69º:

a) Para contribuintes que tenham um rendimento coletável igual ou inferior ao valor do primeiro escalão do nº 1 do artigo 68º, um montante de € 450;

b) Para contribuintes que tenham um rendimento coletável superior ao valor do primeiro escalão do nº 1 do artigo 68º e igual ou inferior a € 30 000, o limite resultante da aplicação da seguinte fórmula:

$$€\,296 + \left[(€\,450 - €\,296) \times \left[\frac{€\,30\,000 - \text{Rendimento Coletável}}{€\,30\,000 - \text{valor do primeiro escalão}}\right]\right]$$

6. As deduções referidas no nº 1 não são cumulativas.

7. As entidades a que se refere a subalínea *ii*) da alínea *b*) do nº 6 do artigo 78º são obrigadas a comunicar as rendas recebidas através do meio previsto na alínea *b*) do nº 5 do artigo 115º, exceto quando emitam e comuniquem faturas.

8. Caso os encargos com imóveis tenham sido realizadas noutro Estado membro da União Europeia ou do Espaço Económico Europeu, neste último caso desde que exista intercâmbio de informações em matéria fiscal, pode o sujeito passivo comunicá-los através do Portal das Finanças, inserindo os dados essenciais da fatura ou documento equivalente que as suporte.

(Redação dada pela Lei nº 42/2016, de 28-12)

Artigo 78º-F – Dedução pela exigência de fatura

1. À coleta do IRS devido pelos sujeitos passivos é dedutível um montante correspondente a 15% do IVA suportado por qualquer membro do agregado familiar, com o limite global de € 250 por agregado familiar, que conste de faturas que titulem prestações de serviços comunicadas à Autoridade Tributária e Aduaneira nos termos do Decreto-Lei nº 198/2012, de 24 de agosto, ou emitidas no Portal das Finanças, nos termos da alínea *a*) do nº 1 do artigo 115º, pelos emitentes que estejam enquadrados, de acordo com a Classificação Portuguesa das Atividades Económicas, Revisão 3 (CAE – Rev. 3), aprovada pelo Decreto-Lei nº 381/2007, de 14 de novembro, nos seguintes setores de atividade:

a) Secção G, classe 4520 – Manutenção e reparação de veículos automóveis;

b) Secção G, classe 45402 – Manutenção e reparação de motociclos, de suas peças e acessórios;

c) Secção I – Alojamento, restauração e similares;

d) Secção S, classe 9602 – Atividades de salões de cabeleireiro e institutos de beleza;

e) Secção M, classe 75000 – atividades veterinárias;

f) Secção I – Alojamento, restauração e similares, salvo se a fatura já tiver sido considerada para efeitos de dedução como despesa de educação.

2. O valor do incentivo, calculado nos termos do presente artigo, pode ser atribuído:

a) À mesma igreja ou comunidade religiosa radicada em Portugal, à mesma pessoa coletiva de utilidade pública de fins de beneficência, de assistência ou humanitários ou à mesma instituição particular de solidariedade social constante da lista oficial de instituições, escolhida pelo sujeito passivo para receber a consignação de quota do IRS prevista na Lei da Liberdade Religiosa, aprovada pela Lei nº 16/2001, de 22 de junho;

b) À mesma organização não-governamental de ambiente e à mesma pessoa coletiva de utilidade pública de fins ambientais constante da lista oficial de instituições, escolhida pelo sujeito passivo para receber a consignação de quota do IRS prevista nos nºs 5 e 7 do artigo 14º da Lei nº 35/98, de 18 de julho, que define o estatuto das organizações não-governamentais de ambiente, alterada pela Lei nº 82-D/2014, de 31 de dezembro;

c) À mesma pessoa coletiva de utilidade pública que desenvolva atividades de natureza e interesse cultural, constante da lista oficial de instituições, escolhida pelo sujeito passivo para receber a consignação de quota do IRS prevista no artigo 152º deste Código.

3. É ainda dedutível à coleta, concorrendo para o limite referido no nº 1, um montante correspondente a 100% do IVA suportado por qualquer membro do agregado familiar, com a aquisição de passes mensais para utilização de transportes públicos coletivos, emitidos por operadores de transportes públicos de passageiros com o CAE classe 49310, 49391, 49392, 50102 e 50300, todos da secção H, que conste de faturas que titulem prestações de serviços comunicadas à Autoridade Tributária e Aduaneira nos termos das disposições indicadas no nº 1.

4. Os nºs 2 a 8 do artigo 78º-B são aplicáveis, com as necessárias adaptações, à dedução prevista no presente artigo.

5. Nas atividades previstas no nº 1 consideram-se abrangidas as atividades equivalentes previstas na tabela a que se refere o artigo 151º.

(Redação dada pela Lei nº 42/2016, de 28-12)

Artigo 79º – Deduções dos sujeitos passivos, descendentes e ascendentes

(*Revogado.*)

Artigo 80º – Crédito de imposto por dupla tributação económica

(*Revogado.*)

Artigo 81º – Eliminação da dupla tributação jurídica internacional

1. Os titulares de rendimentos das diferentes categorias obtidos no estrangeiro, incluindo os previstos nas alíneas *c*) a *e*) do nº 1 do artigo 72º, têm direito a um crédito de imposto por dupla tributação jurídica internacional, dedutível até ao limite das taxas especiais aplicáveis e, nos casos de englobamento, até à concorrência da parte da coleta proporcional a esses rendimentos líquidos, considerados nos termos do nº 6 do artigo 22º, que corresponde à menor das seguintes importâncias:

a) Imposto sobre o rendimento pago no estrangeiro;

b) Fração da coleta do IRS, calculada antes da dedução, correspondente aos rendimentos que no país em causa possam ser tributados, líquidos das deduções específicas previstas neste Código.

2. Quando existir convenção para eliminar a dupla tributação celebrada por Portugal, a dedução a efetuar nos termos do número anterior não pode ultrapassar o imposto pago no estrangeiro nos termos previstos pela convenção.

3. Sempre que não seja possível efetuar a dedução a que se refere o nº 1, por insuficiência de coleta no período de tributação em que os rendimentos obtidos no estrangeiro foram incluídos no rendimento coletável, o remanescente pode ser deduzido à coleta dos cinco períodos de tributação seguintes, com o limite previsto na alínea *b*) do nº 1 que corresponder aos rendimentos obtidos no estrangeiro incluídos no rendimento coletável e depois da dedução do próprio ano.

4. Aos residentes não habituais em território português que obtenham, no estrangeiro, rendimentos da categoria A aplica-se o método da isenção, bastando que se verifique qualquer das condições previstas nas alíneas seguintes:

a) Sejam tributados no outro Estado contratante, em conformidade com convenção para eliminar a dupla tributação celebrada por Portugal com esse Estado; ou

b) Sejam tributados no outro país, território ou região, nos casos em que não exista convenção para eliminar a dupla tributação celebrada por Portugal, desde que os rendimentos, pelos critérios previstos no nº 1 do artigo 18º, não sejam de considerar obtidos em território português.

5. Aos residentes não habituais em território português que obtenham, no estrangeiro, rendimentos da categoria B, auferidos em atividades de prestação de serviços de elevado valor acrescentado, com carácter científico, artístico ou técnico, a definir em portaria do membro do Governo responsável pela área das finanças, ou provenientes da propriedade intelectual ou industrial, ou ainda da prestação de informações respeitantes a uma experiência adquirida no setor industrial, comercial ou científico, bem como das categorias E, F e G, aplica-se o método da isenção, bastando que se verifique qualquer uma das condições previstas nas alíneas seguintes:

a) Possam ser tributados no outro Estado contratante, em conformidade com convenção para eliminar a dupla tributação celebrada por Portugal com esse Estado; ou *b*) Possam ser tributados no outro país, território ou região, em conformidade com o modelo de convenção fiscal sobre o rendimento e o património da OCDE, interpretado de acordo com as observações e reservas formuladas por Portugal, nos casos em que não exista convenção para eliminar a dupla tributação celebrada por Portugal, desde que aqueles não constem de lista aprovada por portaria do membro do Governo responsável pela área das finanças, relativa a regimes de tributação privilegiada, claramente mais favoráveis e, bem assim, desde que os rendimentos, pelos critérios previstos no artigo 18º, não sejam de considerar obtidos em território português.

6. Aos residentes não habituais em território português que obtenham, no estrangeiro, rendimentos da categoria H, na parte em que os mesmos, quando tenham origem em contribuições, não tenham gerado uma dedução para efeitos do nº 2 do artigo 25º, aplica-se o método da isenção, bastando que se verifique qualquer das condições previstas nas alíneas seguintes:

a) Sejam tributados no outro Estado contratante, em conformidade com convenção para eliminar a dupla tributação celebrada por Portugal com esse Estado; ou

b) Pelos critérios previstos no nº 1 do artigo 18º, não sejam de considerar obtidos em território português.

7. Os rendimentos isentos nos termos dos nºs 4, 5 e 6 são obrigatoriamente englobados para efeitos de determinação da taxa a aplicar aos restantes rendimentos, com exceção dos previstos nas alíneas *c*) a *e*) do nº 1 e no nº 10 do artigo 72º.

8. Os titulares dos rendimentos isentos nos termos nos nºs 4, 5 e 6 podem optar pela aplicação do método do crédito de imposto referido no nº 1, sendo neste caso os rendimentos obrigatoriamente englobados para efeitos da sua tributação, com exceção dos previstos nas alíneas *c*) a *e*) do nº 1 e nos nºs 7 e 10 do artigo 72º.

9. Os rendimentos obtidos no estrangeiro relativamente aos quais, por força de convenção para eliminar a dupla tributação celebrada por Portugal, seja aplicado o método da isenção com progressividade, são obrigatoriamente englobados para efeitos de determinação da taxa aplicável aos restantes rendimentos.

(Redação dada pela Lei nº 119/2019, de 18-09)

Artigo 82º – Despesas de saúde

(Revogado.)

Artigo 83º – Despesas de educação e formação

(Revogado.)

Artigo 83º-A – Importâncias respeitantes a pensões de alimentos

1. À coleta devida pelos sujeitos passivos são deduzidas 20% das importâncias comprovadamente suportadas e não reembolsadas respeitantes a encargos com pensões de alimentos a que o sujeito esteja obrigado por sentença judicial ou por acordo homologado nos termos da lei civil, salvo nos casos em que o seu beneficiário faça parte do mesmo agregado familiar para efeitos fiscais ou relativamente ao qual estejam previstas outras deduções à coleta ao abrigo do artigo 78º.

2. A dedução de encargos com pensões de alimentos atribuídas a favor de filhos, adotados, enteados e afilhados civis, maiores, bem como àqueles que até à maioridade estiveram sujeitos à tutela, depende da verificação dos requisitos estabelecidos na alínea *b*) do nº 5 do artigo 13º.

Artigo 84º – Encargos com lares

1. À coleta do IRS devido pelos sujeitos passivos é dedutível um montante correspondente a 25% do valor suportado a título de encargos com lares, nos termos do presente artigo, com o limite global de € 403,75:

a) Que conste de faturas que titulem prestações de serviços e aquisições de bens, isentos do IVA ou tributados à taxa reduzida, comunicadas à Autoridade Tributária e Aduaneira nos termos do Decreto-Lei nº 198/2012, de 24 de agosto, enquadradas, de acordo com a Classificação Portuguesa das Atividades Económicas, Revisão 3 (CAE – Rev. 3), aprovada pelo Decreto-Lei nº 381/2007, de 14 de novembro, nos seguintes setores de atividade:

i) Secção Q, classe 873 – Atividades de apoio social para pessoas idosas e com deficiência, com alojamento;

ii) Secção Q, classe 8810 – Atividades de apoio social para pessoas idosas e com deficiência, sem alojamento;

b) Que tenham sido objeto de comunicação nos termos do nº 3.

2. A dedução a que se refere o número anterior abrange encargos com apoio domiciliário, lares e instituições de apoio à terceira idade relativos aos sujeitos passivos, bem como dos encargos com lares e residências autónomas para pessoas com deficiência, seus dependentes, ascendentes e colaterais até ao 3º grau que não possuam rendimentos superiores à retribuição mínima mensal garantida.

3. Os estabelecimentos públicos comunicam à Autoridade Tributária e Aduaneira o valor dos encargos considerados dedutíveis nos termos deste artigo, mediante a entrega de declaração de modelo oficial, a aprovar por portaria do membro do Governo responsável pela área das finanças, até ao final do mês de janeiro do ano seguinte àquele em que ocorreu o respetivo pagamento.

4. O disposto no número anterior é igualmente aplicável, com as necessárias adaptações, às prestações de serviços e transmissões de bens efetuadas pelas entidades a que se refere a subalínea *ii*) da alínea *b*) do nº 6 do artigo 78º, exceto quando emitam e comuniquem faturas.

5. Os nºs 2 a 8 do artigo 78º-B são aplicáveis, com as necessárias adaptações, à dedução prevista no presente artigo.

(Redação dada pelo Decreto-Lei nº 41/2016, de 01-08)

Artigo 85º – Encargos com imóveis

(Revogado.)

Artigo 85º-A – Deduções ambientais

(Revogado.)

Artigo 86º – Prémios de seguros

(Revogado.)

Artigo 87º – Dedução relativa às pessoas com deficiência

1. São dedutíveis à coleta por cada sujeito passivo com deficiência uma importância correspondente a quatro vezes o valor do IAS e por cada dependente com deficiência, bem como por cada ascendente com deficiência que esteja nas condições da alínea *b*) do nº 1 do artigo 78º-A, uma importância igual a 2,5 vezes o valor do IAS.

2. São ainda dedutíveis à coleta 30% da totalidade das despesas efetuadas com a educação e a reabilitação do sujeito passivo ou dependentes com deficiência, bem como 25% da totalidade dos prémios de seguros de vida ou contribuições pagas a associações mutualistas que garantam exclusivamente os riscos de morte, invalidez ou reforma por velhice.

3. No caso de contribuições pagas para reforma por velhice a dedução depende de o benefício ser garantido, após os 55 anos de idade e cinco anos de a duração do contrato, ser pago por aquele ou por terceiros, e desde que, neste caso, tenham sido comprovadamente tributados como rendimento do sujeito passivo, com o limite de € 65, tratando-se de sujeitos passivos não casados ou separados judicialmente de pessoas e bens, ou de € 130, tratando-se de sujeitos passivos casados e não separados judicialmente de pessoas e bens.

4. A dedução dos prémios de seguros ou das contribuições pagas a associações mutualistas a que se refere o nº 2 não pode exceder 15% da coleta de IRS.

5. Considera-se pessoa com deficiência aquela que apresente um grau de incapacidade permanente, devidamente comprovado mediante atestado médico de incapacidade multiuso emitido nos termos da legislação aplicável, igual ou superior a 60%.

6. É dedutível à coleta, a título de despesa de acompanhamento, uma importância igual a quatro vezes o valor do IAS por cada sujeito passivo ou dependente, cujo grau de invalidez permanente, devidamente comprovado pela entidade competente, seja igual ou superior a 90%.

7. Por cada sujeito passivo com deficiência das Forças Armadas abrangido pelo Decreto-Lei nº 43/76, de 20 de janeiro, e pelo Decreto-Lei nº 314/90, de 13 de outubro, que beneficie da dedução prevista no nº 1 é, ainda, dedutível à coleta uma importância igual ao valor do IAS.

8. As deduções previstas nos nºs 1, 6 e 7 são cumulativas.

(Redação dada pela Lei nº 7-A/2016, de 30-03)

Artigo 88º – Benefícios fiscais

(Revogado.)

Artigo 89º – Liquidação adicional

1. Procede-se a liquidação adicional sempre que, depois de liquidado o imposto, se verifique ser de exigir em virtude de correções efetuadas nos termos do disposto no nº 2 do artigo 76º ou de fixação do rendimento tributável, nos casos previstos neste Código, imposto superior ao liquidado.

2. Procede-se ainda a liquidação adicional, sendo caso disso, em consequência de:

a) Exame à contabilidade do sujeito passivo;

b) Erros de facto ou de direito ou omissões verificadas em qualquer liquidação, de que haja resultado prejuízo para o Estado.

Artigo 90º – Reforma de liquidação

Sempre que, relativamente às entidades a que se aplique o regime definido no artigo 20º, haja lugar a correções que determinem alteração dos montantes imputados aos respetivos sócios ou membros, a Autoridade Tributária e Aduaneira procede à reforma da liquidação efetuada àqueles, cobrando-se ou anulando-se em consequência as diferenças apuradas.

Artigo 91º – Juros compensatórios

1. Sempre que, por facto imputável ao sujeito passivo, for retardada a liquidação de parte ou da totalidade do imposto devido ou a entrega de imposto a pagar antecipadamente, ou retido ou a reter no âmbito da substituição tributária, acrescem ao montante do imposto juros compensatórios nos termos do artigo 35º da lei geral tributária.

2. São igualmente devidos juros compensatórios nos termos referidos no nº 1 quando o sujeito passivo, por facto a si imputável, tenha recebido reembolso superior ao devido.

Artigo 92º – Prazo de caducidade

1. A liquidação do IRS, ainda que adicional, bem como a reforma da liquidação efetua-se no prazo e nos termos previstos nos artigos 45º e 46º da lei geral tributária.

2. Em caso de ter sido efetuado reporte de resultado líquido negativo, o prazo de caducidade é o do exercício desse direito.

3. Determina o início da contagem do prazo de caducidade, nos casos em que haja lugar a liquidação de imposto, a ocorrência de qualquer dos seguintes factos:

a) A não afetação do imóvel à habitação do sujeito passivo ou do seu agregado familiar no prazo referido nas alíneas *a*), *b*) e *c*) do nº 6 do artigo 10º;

b) O decurso do prazo de reinvestimento do valor de realização de imóvel destinado a habitação própria e permanente do sujeito passivo ou do seu agregado familiar sem que o mesmo tenha sido concretizado, total ou parcialmente, nos termos da alínea *a*) do nº 5 do artigo 10º;

c) O pagamento de qualquer capital em vida, antes de decorridos cinco anos, relativo a seguros ou produtos mutualistas cujos prémios ou contribuições tenham sido deduzidos nos termos e condições previstos no nº 1 do artigo 27º ou nos nºs 2, 3 e 4 do artigo 87º

Artigo 93º – Revisão oficiosa

1. Quando, por motivos imputáveis aos serviços, tenha sido liquidado imposto superior ao devido, procede-se a revisão oficiosa da liquidação nos termos do artigo 78º da lei geral tributária.

2. Revisto o ato de liquidação, é emitida a consequente nota de crédito.

3. O crédito ao reembolso de importâncias indevidamente cobradas pode ser satisfeito por ordem de pagamento ou por compensação nos termos previstos na lei.

Artigo 94º – Juros indemnizatórios

São devidos juros indemnizatórios nos termos do artigo 43º da lei geral tributária, a serem liquidados e pagos nos termos do artigo 61º do Código de Procedimento e de Processo Tributário.

Artigo 95º – Limites mínimos

Não há lugar a cobrança ou reembolso quando, em virtude de liquidação, ainda que adicional, reforma ou revogação de liquidação, a importância a cobrar seja inferior a € 25 ou a importância a restituir seja inferior a € 10.

Artigo 96º – Restituição oficiosa do imposto

1. A diferença entre o imposto devido a final e o que tiver sido entregue nos cofres do Estado em resultado de retenção na fonte ou de pagamentos por conta, favorável ao sujeito passivo, deve ser restituída até ao termo dos prazos previstos no nº 1 do artigo 97º.

2. Sobre a diferença favorável ao sujeito passivo entre o imposto devido a final liquidado com base em declaração apresentada dentro do prazo legal e o que tiver sido retido ou pago por conta é devida uma remuneração compensatória.

3. A remuneração referida no número anterior é líquida e não tem a natureza de rendimento de capitais.

CAPÍTULO V – Pagamento

Artigo 97º – Pagamento do imposto

1. O IRS deve ser pago no ano seguinte àquele a que respeitam os rendimentos nos seguintes prazos:

a) Até 31 de agosto, quando a liquidação seja efetuada no prazo previsto na alínea *a)* do artigo 77º;

b) *(Revogada)*;

c) Até 31 de dezembro, quando a liquidação seja efetuada no prazo previsto na alínea *c)* do artigo 77º.

2. Nos casos previstos na alínea *b)* do nº 1 do artigo 76º, ao imposto são acrescidos os juros compensatórios que se mostrarem devidos.

3. As importâncias efetivamente retidas ou pagas nos termos dos artigos 98º a 102º são deduzidas ao valor do imposto respeitante ao ano em que ocorreu a retenção ou pagamento.

Artigo 98º – Retenção na fonte – regras gerais

1. Nos casos previstos nos artigos 99º a 101º e noutros estabelecidos na lei, a entidade devedora dos rendimentos sujeitos a retenção na fonte, as entidades registadoras ou depositárias, consoante o caso, são obrigadas, no ato do pagamento, do vencimento, ainda que presumido, da sua colocação à disposição, da sua liquidação ou do apuramento do respetivo quantitativo, consoante os casos, a deduzir-lhes as importâncias correspondentes à aplicação das taxas neles previstas por conta do imposto respeitante ao ano em que esses atos ocorrem.

2. As quantias retidas devem ser entregues em qualquer dos locais a que se refere o artigo 105º, nos prazos indicados nos números seguintes.

3. As quantias retidas nos termos dos artigos 99º a 101º devem ser entregues até ao dia 20 do mês seguinte àquele em que foram deduzidas.

4. Sempre que se verifiquem incorreções, para mais ou para menos, nos montantes retidos, ainda que a título liberatório, devidas a erros imputáveis à entidade sobre a qual recai a obrigação de retenção, pode a sua retificação ser feita na primeira retenção a que deva proceder-se após a deteção do erro, ou nas seguintes se o montante em excesso ou em falta não se puder retificar numa só retenção, sem, porém, ultrapassar o último período de retenção anual.

5. *(Revogado.)*

6. Os titulares dos rendimentos das categorias A, B e H podem optar pela retenção do IRS mediante taxa inteira superior à que lhes é legalmente aplicável em declaração para o efeito a apresentar à entidade pagadora dos rendimentos.

7. Exceto no caso das retenções sobre rendimentos das categorias A e H, nas situações mencionadas no nº 4, a entidade sobre a qual recai a obrigação de retenção deve ter prova da restituição do montante do imposto que foi indevidamente retido, sendo responsável pelo imposto que por efeito da retificação deixou indevidamente de ser deduzido e entregue ao Estado.

Artigo 99º – Retenção sobre rendimentos das categorias A e H

1. São obrigadas a reter o imposto no momento do seu pagamento ou colocação à disposição dos respetivos titulares as entidades devedoras:

a) De rendimentos de trabalho dependente, com exceção dos rendimentos em espécie e dos previstos na alínea *g*) do nº 3 do artigo 2º; e

b) De pensões, com exceção das de alimentos.

2. As entidades devedoras e os titulares de rendimentos do trabalho dependente e de pensões são obrigados, respetivamente:

a) A solicitar ao sujeito passivo, no início do exercício de funções ou antes de ser efetuado o primeiro pagamento ou colocação à disposição, os dados indispensáveis relativos à sua situação pessoal e familiar;

b) A apresentar declaração à entidade devedora dos rendimentos contendo a informação a que se refere a alínea anterior, bem como qualquer outra informação fiscalmente relevante ocorrida posteriormente.

3. Nos casos previstos na alínea *d*) do nº 1 e na segunda parte do nº 3) da alínea *b*) do nº 3 do artigo 2º, bem como nas alíneas *a*) e *b*) do nº 1 do artigo 11º, considera-se, para todos os efeitos legais, como entidade devedora dos rendimentos aquela que os pagar ou colocar à disposição do respetivo beneficiário.

4. Para efeitos do disposto no artigo 54º, compete ao titular do direito aos rendimentos comprovar junto da entidade devedora que a prestação que lhe é devida comporta reembolso de capital por si pago ou que, tendo sido pago por terceiro, todavia foi total ou parcialmente tributado como rendimento seu.

5. Ficam dispensados da retenção na fonte a que se refere o nº 1, os rendimentos do trabalho obtidos por atividades exercidas no estrangeiro por pessoas singulares residentes em território português, sempre que tais rendimentos sejam sujeitos a tributação efetiva no país da fonte em imposto similar ou idêntico ao IRS.

6. No apuramento do IRS a reter sobre remunerações fixas ou fixas e variáveis do trabalho dependente, pagas ou colocadas à disposição dos respetivos titulares, ter-se-á em conta:

a) A situação familiar dos sujeitos passivos;

b) A dedução específica aos rendimentos da categoria A, prevista no artigo 25º;

c) As deduções à coleta previstas no artigo 78º.

7. No apuramento do IRS a reter sobre pensões ter-se-á em conta:

a) A situação familiar dos sujeitos passivos;

b) A dedução específica aos rendimentos da categoria H, prevista no artigo 53º;

c) As deduções à coleta previstas no artigo 78º.

8. No caso de remunerações mensalmente pagas ou postas à disposição de residentes não habituais em território português, tratando-se de rendimentos de categoria A auferidos em atividades de elevado valor acrescentado, com carácter científico, artístico ou técnico, definidas em portaria do membro do Governo responsável pela área das finanças, aplica-se a taxa de 20%.

Artigo 99º-A – Retenção na fonte – sobretaxa extraordinária [*cessou vigência*]

1. *As entidades devedoras de rendimentos de trabalho dependente e de pensões são, ainda, obrigadas a reter uma importância correspondente a 50% da parte do valor devido do subsídio de Natal ou da prestação adicional correspondente ao 13º mês que, depois de deduzidas as retenções previstas no artigo 99º e as contribuições obrigatórias para regimes de proteção social e para subsistemas legais de saúde, exceda o valor da retribuição mínima mensal garantida.*

2. *Encontra-se abrangido pela obrigação de retenção prevista no número anterior o valor devido do subsídio de Natal ou da prestação adicional correspondente ao 13º mês, cujo pagamento ou colocação à disposição do respetivo beneficiário incumba, por força da lei, à segurança social ou a outra entidade.*

3. *A retenção na fonte prevista nos números anteriores é efetuada no momento em que os rendimentos se tornam devidos nos termos da legislação aplicável ou, se anterior, no momento do seu pagamento ou colocação à disposição dos respetivos titulares.*

4. *Quando o valor devido do subsídio de Natal ou da prestação adicional correspondente ao 13º mês for pago fracionadamente, retém-se, em cada pagamento, a parte proporcional da sobretaxa extraordinária, calculada nos termos do nº 1.*

5. *As quantias retidas devem ser entregues no prazo de oito dias contados do momento em que foram deduzidas, e nunca depois de 23 de dezembro, nos locais indicados no artigo 105º.*

Artigo 99º-B – Situação familiar

1. Para efeitos da consideração da situação familiar do titular dos rendimentos, as tabelas de retenção atendem ao número de dependentes a cargo do sujeito passivo.

2. As taxas constantes das tabelas respeitantes a titulares com deficiência aplicam-se às remunerações totais do trabalho dependente ou à totalidade das pensões que mensalmente lhes forem pagas ou colocadas à disposição pela mesma entidade devedora.

3. Se o titular dos rendimentos não fornecer à entidade devedora os elementos respeitantes à sua situação familiar, deve aquela proceder à retenção do imposto no pressuposto de que o titular não tem dependentes.

4. As tabelas respeitantes a «casado, único titular» aplicam-se aos rendimentos auferidos por titulares casados e não separados judicialmente de pessoas e bens, quando apenas um dos cônjuges aufira rendimentos englobáveis, ou, auferindo-os ambos, o rendimento de um deles seja igual ou superior a 95% do rendimento englobado.

(Redação dada pela Lei nº 42/2016, de 28-12)

Artigo 99º-C – Aplicação da retenção na fonte à categoria A

1. Sem prejuízo do disposto na alínea *a)* do nº 1 e no nº 8 do artigo 99º, a retenção de IRS é efetuada sobre as remunerações mensalmente pagas ou postas à disposição dos seus titulares, mediante a aplicação das taxas que lhes correspondam, constantes da respetiva tabela.

2. Considera-se remuneração mensal o montante pago a título de remuneração fixa, acrescido de quaisquer outras importâncias que tenham a natureza de rendimentos de trabalho dependente, tal como são definidos no artigo 2º, sem prejuízo do disposto no número seguinte.

3. A pedido do titular, podem ainda ser sujeitas a retenção na fonte as gratificações auferidas pela prestação ou em razão da prestação do trabalho quando não atribuídas pela respetiva entidade patronal, pagas ou colocadas à disposição do seu titular no mesmo período, ainda que respeitantes a períodos anteriores, bem como os rendimentos pagos em espécie.

4. No caso de remunerações fixas relativas a períodos inferiores ao mês, considera-se como remuneração mensal a soma das importâncias atribuídas, pagas ou colocadas à disposição em cada mês.

5. Os subsídios de férias e de natal, a remuneração relativa a trabalho suplementar e as remunerações relativas a anos anteriores àquele em que são pagas ou colocadas à disposição do sujeito passivo, são sempre objeto de retenção autónoma, não podendo, para cálculo do imposto a reter, ser adicionados às remunerações dos meses em que são pagos ou colocados à disposição.

6. Quando os subsídios de férias e de Natal forem pagos fracionadamente, deve ser retido, em cada pagamento, a parte proporcional do imposto calculado nos termos do número anterior.

7. Quando forem pagos ou colocados à disposição subsídios de férias e de natal respeitantes a anos anteriores, o apuramento do imposto a reter, nos termos dos nºs 5 e 6, é efetuado autonomamente por cada ano a que aqueles respeitam.

8. Quando for paga remuneração relativa a trabalho suplementar, a taxa de retenção a aplicar é a que corresponder à remuneração mensal do trabalho dependente referente ao mês em que aquela é paga ou colocada à disposição.

9. No caso de remunerações de anos anteriores, para efeitos de determinação da taxa de retenção na fonte que lhes é aplicável, o respetivo valor é dividido pela soma do número de meses a que respeitam, aplicando-se a taxa assim determinada à totalidade dessas remunerações.

(Redação dada pela Lei nº 71/2018, de 31-12)

Artigo 99º-D – Aplicação da retenção na fonte à categoria H

1. A retenção de IRS é efetuada sobre o valor das pensões mensalmente pagas ou postas à disposição dos seus titulares, mediante a aplicação das taxas que lhes correspondam, constantes da respetiva tabela.

2. Para efeitos do disposto no número anterior, consideram-se pensões os rendimentos previstos no artigo 11º

3. Na retenção sobre complementos de pensões, pagos por entidade diferente da que está obrigada ao pagamento da respetiva pensão, pode ser tido em conta o montante desta, por solicitação expressa do respetivo titular.

4. As prestações adicionais correspondentes ao 13º e 14º meses e as pensões relativas a anos anteriores àquele em que são pagas ou colocadas à disposição do sujeito passivo, são sempre objeto de retenção autónoma, não podendo, para cálculo do imposto a reter, ser adicionadas às pensões dos meses em que são pagas ou colocadas à disposição.

5. Quando as prestações adicionais correspondentes ao 13º e 14º meses forem pagas fracionadamente, deve ser retido, em cada pagamento, a parte proporcional do imposto calculado nos termos do número anterior.

6. Quando forem pagas ou colocadas à disposição prestações adicionais correspondentes ao 13º e 14º meses referentes a anos anteriores, o apuramento do imposto a reter, nos termos dos números 4 e 5, é efetuado autonomamente por cada ano a que respeitam.

7. No caso de pensões de anos anteriores, para efeitos de determinação da taxa de retenção na fonte que lhes é aplicável, o respetivo valor é dividido pela soma do número de meses a que respeitam, aplicando-se a taxa assim determinada à totalidade dessas pensões.

(Redação dada pela Lei nº 119/2019, de 18-09)

Artigo 99º-E – Mecanismo de retenção nos rendimentos das categorias A e H

1. A importância apurada mediante aplicação das taxas de retenção é arredondada para a unidade de euros inferior.

2. Quando forem pagos ou colocados à disposição do respetivo titular rendimentos das categorias A ou H em mês, do mesmo ano, diferente daquele a que respeitam, recalcula-se o imposto e retém-se apenas a diferença entre a importância assim determinada e aquela que, com referência ao mesmo período, tenha eventualmente sido retida.

Artigo 99º-F – Tabelas de retenção na fonte

1. As tabelas de retenção na fonte aplicáveis aos rendimentos das categoria A e H são aprovadas por despacho do membro do Governo responsável pela área das finanças.

2. As tabelas de retenção na fonte a que se refere o número anterior aplicam-se aos rendimentos de trabalho dependente e de pensões pagos ou colocados à disposição após a entrada em vigor das mesmas.

3. A utilização indevida das tabelas aplicáveis a "casado, único titular", implica o pagamento de juros compensatórios por parte do sujeito passivo sobre a diferença entre a retenção na fonte devida e a retenção na fonte efetuada.

Artigo 100º – Retenção na fonte – Remunerações não fixas

1. As entidades que paguem ou coloquem à disposição remunerações do trabalho dependente que compreendam, exclusivamente, montantes variáveis devem, no momento do seu pagamento ou colocação à disposição, reter o imposto de harmonia com a seguinte tabela de taxas:

Escalões de remunerações anuais (em euros)	Taxas (percentagens)
Até 5 269	0
De 5 269 até 6 222	2
De 6 222 até 7 381	4
De 7 381 até 9 168	6
De 9 168 até 11 098	8
De 11 098 até 12 826	10
De 12 826 até 14 692	12
De 14 692 até 18 416	15
De 18 416 até 23 935	18
De 23 935 até 30 302	21
De 30 302 até 41 415	24
De 41 415 até 54 705	27
De 54 705 até 91 176	30
De 91 176 até 136 792	33
De 136 792 até 228 034	36
De 228 034 até 506 343	38
Superior a 506 343	40

2. A taxa a aplicar nos termos do nº 1 é a correspondente à remuneração anual estimada no início de cada ano ou no início da atividade profissional do sujeito passivo, ou a correspondente ao somatório das remunerações já recebidas ou colocadas à disposição, acrescido das resultantes de eventuais aumentos verificados no ano a que respeite o imposto.

3. Quando, não havendo possibilidade de determinar a remuneração anual estimada, sejam pagos ou colocados à disposição rendimentos que excedam o limite de € 5269, aplica-se o disposto no nº 1.

4. Sempre que o somatório das remunerações já recebidas e a receber implique mudança de escalão, deve efetuar-se a respetiva compensação no mês em que ocorra tal facto.

Artigo 101º – Retenção sobre rendimentos de outras categorias

1. As entidades que disponham ou devam dispor de contabilidade organizada são obrigadas a reter o imposto, mediante a aplicação, aos rendimentos ilíquidos de que sejam devedoras e sem prejuízo do disposto nos números seguintes, das seguintes taxas:

a) 16,5%, tratando-se de rendimentos da categoria B referidos na alínea *c*) do nº 1 do artigo 3º ou de incrementos patrimoniais previstos nas alíneas *b*) e *c*) do nº 1 do artigo 9º;

b) 25%, tratando-se de rendimentos decorrentes das atividades profissionais especificamente previstas na tabela a que se refere o artigo 151º;

c) 11,5%, tratando-se de rendimentos da categoria B referidos na alínea *b*) do nº 1 e nas alíneas *g*) e *i*) do nº 2 do artigo 3º, não compreendidos na alínea anterior;

d) 20%, tratando-se de rendimentos da categoria B auferidos em atividades de elevado valor acrescentado, com carácter científico, artístico ou técnico, definidas em portaria do membro do Governo responsável pela área das finanças, por residentes não habituais em território português;

e) 25%, tratando-se de rendimentos da categoria F.

2. Tratando-se de rendimentos referidos no artigo 71º, a retenção na fonte nele prevista cabe:

a) Às entidades devedoras dos rendimentos referidos nos nºs 1 e 4 e na alínea *c*) do nº 16 do artigo 71º;

b) Às entidades que paguem ou coloquem à disposição os rendimentos referidos na alínea *b*) do nº 1 e nas alíneas *a*) e *b*) do nº 16 do artigo 71º

3. Tratando-se de rendimentos de valores mobiliários sujeitos a registo ou depósito, emitidos por entidades residentes em território português, o disposto na alínea *a*) do nº 1 e na alínea *a*) do nº 2 é da responsabilidade das entidades registadoras ou depositárias.

4. A taxa é aplicada ao rendimento ilíquido sujeito a retenção, antes da liquidação do IVA a que, sendo caso disso, deva proceder-se.

5. *(Revogado.)*

6. *(Revogado.)*

7. *(Revogado)*

8. A retenção que incide sobre os rendimentos das categorias B e F referidos no nº 1 é efetuada no momento do respetivo pagamento ou colocação à disposição e a que incide sobre os rendimentos da categoria E em conformidade com o disposto no artigo 7º.

9. Estão sujeitos a retenção, nos termos do nº 1, os rendimentos de capitais e prediais auferidos no âmbito do exercício de atividades empresariais e profissionais, sem prejuízo do disposto no número seguinte.

10. Quando os rendimentos referidos no número anterior se encontrem sujeitos a retenção nos termos do disposto no artigo 71º, o seu englobamento é sempre obrigatório, o imposto retido tem a natureza de pagamento por conta e as entidades devedoras estão obrigadas, quanto aos mesmos, a dar cumprimento ao disposto nos artigos 119º e 120º.

11. Nos casos previstos no artigo 20º, o rendimento não é objeto de retenção na fonte.

12. As sociedades gestoras de património residentes em território português com conta aberta nos termos do nº 1 do artigo 5º do Decreto-Lei nº 163/94, de 4 de junho, alterado pelos Decretos-Leis nºs 17/97, de 21 de janeiro, e 99/98, de 21 de abril, junto de entidades registadoras ou depositárias, estão obrigadas ao cumprimento das obrigações previstas no presente Código para as entidades registadoras ou depositárias, designadamente as de retenção na fonte, de pagamento e declarativas.

13. Sempre que os rendimentos decorrentes do arrendamento se enquadrem na categoria B, o locador deve comunicar esse facto ao locatário.

(Redação dada pela Lei nº 71/2018, de 31-12)

Artigo 101º-A – Retenção sobre juros contáveis e diferenças entre valor de reembolso e preço de emissão

1. Os sujeitos passivos de IRC e de IRS, quando obrigados a efetuar retenção sobre os rendimentos sujeitos a imposto nos termos da alínea *c*) do nº 3 do artigo 7º, devem proceder ao registo individual, operação a operação, das transações efetuadas que tenham por objeto títulos de dívida emitidos por entidades com residência, domicílio, sede ou direção efetiva em território nacional ou que aqui possuam estabelecimento estável a que seja imputável o pagamento da respetiva remuneração, numa conta corrente com o Estado, em que releve:

a) A débito:

1) O imposto considerado no apuramento do valor líquido dos juros respeitantes a títulos alienados, contados desde a data do último vencimento ou da emissão, primeira colocação ou endosso, se ainda não houver ocorrido qualquer vencimento, até à data da alienação; e

2) As diferenças, pela parte correspondente àqueles períodos, entre o valor de reembolso e o preço de emissão, no caso de títulos cuja remuneração seja constituída, total ou parcialmente, por aquela diferença;

b) A crédito:

1) O imposto considerado no apuramento do valor líquido dos juros respeitantes a títulos adquiridos, contados desde a data do último vencimento ou da emissão, primeira colocação ou endosso, se ainda não houver ocorrido qualquer vencimento, até à data da alienação; e

2) As diferenças, pela parte correspondente àqueles períodos, entre o valor de reembolso e o preço de emissão, no caso de títulos cuja remuneração seja constituída, total ou parcialmente, por aquela diferença.

2. O disposto no número anterior é igualmente aplicável às transmissões de títulos de crédito sujeitos ao regime de capitalização automática, efetuadas antes do prazo da sua amortização.

3. O saldo da conta corrente a que se refere o nº 1 é regularizado trimestralmente, nos termos seguintes:

a) Sendo credor, a respetiva importância é entregue nos cofres do Estado até ao dia 20 do mês seguinte ao do trimestre em que foi apurado;

b) Sendo devedor, a respetiva importância pode ser compensada nas entregas de imposto retido pelas entidades credoras sobre rendimentos de capitais, a efetuar após o seu apuramento.

4. Se, apesar do disposto na alínea *b*) do número anterior, a compensação não tiver sido possível até ao fim do trimestre seguinte ao do apuramento do saldo devedor e este for igual ou superior a € 25 000, ou, qualquer que seja o seu montante, até à entrega do imposto respeitante ao último período de retenção anual, é concedida às entidades credoras a faculdade de pedirem o seu reembolso, observando-se o seguinte:

a) O pedido de reembolso do saldo devedor determina a impossibilidade de ser efetuada a respetiva compensação por alguma das formas previstas para o efeito;

b) Em caso algum o saldo devedor da conta corrente pode ser invocado como retenção com a natureza de pagamento por conta na declaração anual de rendimentos da entidade credora;

c) A restituição indevida de imposto mediante reembolso ou compensação das mesmas importâncias, por facto imputável à entidade credora, é equiparada, para todos os efeitos legais, à falta de entrega de imposto cobrado por retenção na fonte.

5. Não pode ser relevada na conta corrente a que se refere o nº 1 a retenção efetuada pelas entidades devedoras dos rendimentos no momento do seu vencimento ou na data da amortização ou reembolso dos correspondentes títulos, a qual tem, sendo caso disso, natureza de pagamento por conta do imposto devido a final pelas entidades que os auferirem.

6. Os montantes compensados nos termos da alínea *b*) do nº 3 são evidenciados na declaração a que se refere a alínea *c*) do nº 1 do artigo 119º

Artigo 101º-B – Dispensa de retenção na fonte

1. Estão dispensados de retenção na fonte, exceto quando esta deva ser efetuada mediante taxas liberatórias:

a) Os rendimentos da categoria B, com exceção das comissões por intermediação na celebração de quaisquer contratos, e da categoria F, quando o respetivo titular preveja auferir, em cada uma das categorias, um montante anual inferior ao fixado no nº 1 do artigo 53º do Código do IVA;

b) As importâncias que respeitem a reembolso de despesas efetuadas em nome e por conta do cliente ou a reembolso de despesas de deslocação e estada, no âmbito da categoria B, devidamente documentadas, correspondentes a serviços prestados por terceiros e que sejam, de forma inequívoca, direta e totalmente imputáveis a um cliente determinado;

c) Os rendimentos da categoria B referidos nas alíneas *c*), *d*), *e*), *f*) e *h*) do nº 2 do artigo 3º;

d) Os rendimentos da categoria E, sempre que o montante de cada retenção seja inferior a € 5;

e) Os rendimentos da categoria A, que respeitem a atividades exercidas no estrangeiro por pessoas singulares residentes em território português, sempre que tais rendimentos sejam sujeitos a tributação efetiva no país da fonte em imposto similar ou idêntico ao IRS.

2. A dispensa de retenção nos termos das alíneas *a*) e *b*) do número anterior é facultativa, devendo os titulares que dela queiram aproveitar exercer o direito mediante aposição, nos recibos de quitação das importâncias recebidas, da seguinte menção: «Sem retenção, nos termos do nº 1 do artigo 101º-B do Código do IRS»

3. A faculdade de dispensa de retenção relativa aos rendimentos previstos na alínea *a*) do nº 1:

a) Não pode ser exercida por titulares que, no ano anterior, tenham auferido rendimentos de montante igual ou superior ao limite ali estabelecido;

b) Cessa no mês seguinte àquele em que tiver sido atingido o limite nela fixado.

4. Não obstante o disposto na alínea *b*) do nº 1 do artigo 71º, nas situações previstas nos nºs 4 a 6 do artigo 81º, os rendimentos a que se aplicar o método de isenção estão dispensados de retenção na fonte.

Artigo 101º-C – Dispensa de retenção na fonte e reembolso de imposto relativo a rendimentos auferidos por não residentes

1. Não existe obrigação de efetuar a retenção na fonte de IRS, no todo ou em parte, consoante os casos, relativamente aos rendimentos referidos no artigo 71º quando, por força de uma convenção destinada a evitar a dupla tributação celebrada por Portugal, a competência para a tributação dos rendimentos auferidos por um residente do outro Estado contratante não seja atribuída ao Estado da fonte ou o seja apenas de forma limitada.

2. Nas situações referidas no número anterior, os beneficiários dos rendimentos devem fazer prova perante a entidade que se encontra obrigada a efetuar a retenção na fonte da verificação dos pressupostos que resultem de convenção para evitar a dupla tributação, de um outro acordo de direito internacional, ou ainda da legislação interna aplicável, através da apresentação de formulário de modelo a aprovar por despacho do membro do Governo responsável pela área das finanças, acompanhado de documento emitido pelas autoridades competentes do respetivo Estado de residência que ateste a sua residência para efeitos fiscais no período em causa e a sujeição a imposto sobre o rendimento nesse Estado.

3. A prova referida no número anterior deve ser efetuada até ao termo do prazo estabelecido para a entrega do imposto que deveria ter sido deduzido nos termos das normas legais aplicáveis.

4. O meio de prova a que se refere o nº 2 tem a validade de um ano a contar da data de certificação por parte da autoridade competente do Estado de residência da entidade beneficiária dos rendimentos ou da emissão do documento, devendo a entidade beneficiária informar imediatamente a entidade que se encontra obrigada a proceder à retenção na fonte das alterações verificadas relativamente aos pressupostos de que depende a dispensa total ou parcial de retenção.

5. Sem prejuízo do disposto no número seguinte, quando não seja efetuada a prova até ao termo do prazo estabelecido para a entrega do imposto, fica o substituto tributário obrigado a entregar a totalidade do imposto que deveria ter sido deduzido nos termos da lei.

6. Sem prejuízo da responsabilidade contraordenacional, a obrigação estabelecida no número anterior pode ser afastada sempre que o substituto tributário comprove com o documento a que se refere o nº 2 a verificação dos pressupostos para a dispensa total ou parcial de retenção.

7. Os beneficiários dos rendimentos, relativamente aos quais se verificam as condições referidas no nº 1, podem solicitar o reembolso total ou parcial do imposto que tenha sido retido na fonte, no prazo de dois anos a contar do termo do ano em que se verificou o facto gerador do imposto, mediante a apresentação de um formulário de modelo aprovado pelo membro do Governo responsável pela área das finanças, acompanhado de documento emitido pelas autoridades competentes do respetivo Estado de residência, que ateste a sua residência para efeitos fiscais no período em causa e a sujeição a imposto sobre o rendimento nesse Estado.

8. O formulário previsto no número anterior deve, quando necessário, ser acompanhado de outros elementos que permitam aferir da legitimidade do reembolso.

9. O reembolso do excesso do imposto retido na fonte deve ser efetuado no prazo de um ano contado da data da apresentação do pedido e dos elementos que constituem a prova da verificação dos pressupostos de que depende a concessão do benefício e, em caso de incumprimento desse prazo, acrescem à quantia a reembolsar juros indemnizatórios calculados a taxa idêntica à aplicável aos juros compensatórios a favor do Estado.

10. Para efeitos da contagem do prazo referido no número anterior, considera-se que o mesmo se suspende sempre que o procedimento estiver parado por motivo imputável ao requerente.

(Redação dada pela Lei nº 119/2019, de 18-09)

Artigo 101º-D – Sujeição parcial de rendimentos a retenção

1. A retenção que deva ser efetuada sobre rendimentos da categoria B apenas incide sobre 50% dos mesmos, nos seguintes casos:

a) Quando auferidos por médicos de patologia clínica, médicos radiologistas e farmacêuticos analistas clínicos, como tal reconhecidos pelas entidades competentes e inscritos nas respetivas associações de classe, quando a inscrição seja requisito para o exercício oficial da atividade profissional;

b) Quando beneficiem do regime previsto no artigo 58º do Estatuto dos Benefícios Fiscais;

c) Quando auferidos por titulares com deficiência com um grau de invalidez permanente igual ou superior a 60%.

2. A sujeição parcial de rendimentos à retenção prevista no número anterior é facultativa, devendo os titulares que dela queiram aproveitar exercer o direito mediante aposição, no recibo de modelo oficial de quitação das importâncias recebidas, da seguinte menção: «Retenção sobre 50%, nos termos do nº 1 do artigo 101º-D do Código do IRS».

3. Sendo os rendimentos previstos na alínea *b*) do nº 1 auferidos por sujeitos passivos deficientes com um grau de invalidez permanente igual ou superior a 60%, a retenção pode incidir apenas sobre 25% dos referidos rendimentos, devendo, no recibo de modelo oficial de quitação das importâncias recebidas, ser aposta a seguinte menção: «Retenção sobre 25%, nos termos do nº 3 do artigo 101º-D do Código do IRS».

4. Quando os rendimentos sujeitos a retenção, não expressamente previstos nos números anteriores, beneficiem de isenção total ou parcial nos termos do Estatuto dos Benefícios Fiscais, a retenção incide apenas sobre a parte do rendimento sujeita a tributação, devendo ser sempre aposta no recibo de quitação das importâncias recebidas a menção da norma que concede o benefício.

Artigo 102º – Pagamentos por conta

1. A titularidade de rendimentos da categoria B determina, para os respetivos sujeitos passivos, a obrigatoriedade de efetuarem três pagamentos por conta do imposto devido a final, até ao dia 20 de cada um dos meses de julho, setembro e dezembro.

2. A totalidade dos pagamentos por conta é igual a 76,5% do montante calculado com base na seguinte fórmula:

$$C \times \left(\frac{RLB}{RLT}\right) - R$$

em que as siglas utilizadas têm o seguinte significado:

C = coleta do penúltimo ano, líquida das deduções a que se refere o nº 1 do artigo 78º, com exceção da dedução constante da alínea *i*);

R = total das retenções efetuadas no penúltimo ano sobre os rendimentos da categoria B;

RLB = rendimento líquido positivo do penúltimo ano da categoria B;

RLT = rendimento líquido total do penúltimo ano.

3. O valor de cada pagamento por conta, resultante da aplicação do disposto no número anterior, arredondado por excesso para euros, é comunicado aos sujeitos passivos através de nota demonstrativa da liquidação do imposto respeitante ao penúltimo ano, sem prejuízo do envio do documento de pagamento, no mês anterior ao do termo do respetivo prazo, não sendo exigível se for inferior a € 50.

4. Cessa a obrigatoriedade de serem efetuados os pagamentos por conta quando:

a) Os sujeitos passivos verifiquem, pelos elementos de que disponham, que os montantes das retenções que lhes tenham sido efetuadas sobre os rendimentos da categoria B, acrescidos dos pagamentos por conta eventualmente já efetuados e relativos ao próprio ano, sejam iguais ou superiores ao imposto total que será devido;

b) Deixem de ser auferidos rendimentos da categoria B.

5. Os pagamentos por conta podem ser reduzidos pelos sujeitos passivos quando o pagamento por conta for superior à diferença entre o imposto total que os sujeitos passivos julgarem devido e os pagamentos já efetuados.

6. Verificando-se, pela declaração de rendimentos do ano a que respeita o imposto, que, em consequência da cessação ou redução dos pagamentos por conta, deixou de pagar-se uma importância superior a 20% da que, em condições normais, teria sido entregue, há lugar a juros compensatórios se a liquidação do imposto do penúltimo ano tiver sido efetuada até 31 de maio do ano em que os pagamentos por conta devam ser efetuados e os sujeitos passivos se mantiverem integrados no mesmo agregado, sendo para o efeito a importância considerada em falta imputada em partes iguais ao valor de cada um dos pagamentos devidos.

7. Os juros compensatórios referidos no número anterior são calculados nos termos e à taxa previstos no artigo 35º da lei geral tributária, contando-se dia a dia desde o termo do prazo fixado para cada pagamento até à data em que, por lei, a liquidação deva ser feita.

8. Os titulares de rendimentos das categorias A e H, cujas entidades devedoras dos rendimentos não se encontrem abrangidas pela obrigação de retenção na fonte prevista no artigo 99º, podem, querendo, efetuar pagamentos por conta do imposto devido a final, desde que o montante de cada entrega seja igual ou superior a € 50.

Artigo 102º-A – Direito à remuneração no reembolso

1. Verificando-se, na liquidação anual de IRS, que foi retido ou pago por conta imposto superior ao devido, determinado em função do rendimento líquido total e das deduções à coleta previstas no artigo 79º, os sujeitos passivos têm direito a uma remuneração sobre a diferença, que corresponde a 72% da taxa de referência EURIBOR a 12 meses, a 31 de dezembro do ano em que se efetuarem as retenções na fonte ou os pagamentos por conta.

2. Para apuramento da diferença suscetível de beneficiar da remuneração a que se refere o número anterior calcula-se o pagamento médio mensal efetivo e o imposto médio mensal apurado, por forma a determinar o mês em que o sujeito passivo passa a ficar numa situação de crédito, assumindo-se a distribuição regular do rendimento e dos pagamentos ao longo do ano.

3. A remuneração é devida desde o mês em que, nos termos do número anterior, se verifique a situação de crédito até ao mês anterior àquele em que a liquidação foi efetuada.

4. Quando a liquidação de que resulte o direito à remuneração tenha sido feita com base em declaração anual de rendimentos apresentada fora do prazo legal, a remuneração só é devida desde 1 de janeiro do ano seguinte àquele a que o imposto respeite até ao fim do mês anterior aquele em que a liquidação vier a ser efetuada, sem prejuízo do disposto no artigo seguinte.

5. Extingue-se o direito à remuneração sempre que:

a) A liquidação seja feita pela administração fiscal e os sujeitos passivos, não estando dispensados, não tenham apresentado a declaração anual de rendimentos;

b) A liquidação tenha por base declarações de rendimentos apresentadas fora dos prazos legais.

Artigo 102º-B – Direito à restituição

1. A diferença entre o imposto devido a final e o que tiver sido entregue nos cofres do Estado em resultado de retenção na fonte ou de pagamentos por conta, favorável ao sujeito passivo, deve ser restituída até ao termo dos prazos previstos no nº 1 do artigo 97º.

2. Se, por motivos imputáveis aos serviços, não for cumprido o prazo previsto no número anterior, são devidos juros indemnizatórios, contados dia a dia desde o termo do prazo previsto para o reembolso até à data em que for emitida a correspondente nota de crédito.

3. Se a diferença a que se refere o nº 1 for apurada em liquidação que deva ser efetuada em virtude do direito ao reporte legalmente permitido exercido em declaração anual de rendimentos apresentada nos prazos legais, são devidos juros nos termos do número anterior.

4. Se a diferença a que se refere o nº 1 for apurada em liquidação que deva ser efetuada com base em declaração de rendimentos apresentada dentro de prazo legal diferente dos previstos para a apresentação anual, os juros a que se refere o nº 2 são devidos a partir do fim do terceiro mês seguinte àquele em que a declaração tiver sido apresentada.

5. Se a diferença a que se refere o nº 1 for apurada em liquidação efetuada com base em declaração de rendimentos em que se tenha verificado erro, inexatidão ou omissão dos elementos declarados, os juros a que se refere o nº 2 são devidos a partir do fim do segundo mês seguinte àquele em que tiver ocorrido a regularização dos elementos declarados por iniciativa do contribuinte ou, não tendo havido essa regularização, a partir do terceiro mês seguinte àquele em que os serviços tenham apurado os factos e levantado o correspondente auto de notícia.

6. A remuneração prevista no artigo anterior não é cumulável com aquela a que se refere o nº 2.

7. A taxa dos juros indemnizatórios é equivalente à taxa dos juros legais fixados nos termos do nº 1 do artigo 559º do Código Civil.

Artigo 102º-C – Responsabilidade pelo pagamento

1. Sendo exercida a opção pela tributação conjunta, a responsabilidade dos sujeitos passivos pelo pagamento do imposto é solidária.

2. Na tributação separada, a responsabilidade dos cônjuges pelo pagamento do imposto é a que decorre da lei civil, presumindo-se o proveito comum do casal.

3. Cada dependente é subsidiariamente responsável, relativamente aos sujeitos passivos, pelo pagamento do imposto em falta, até à fração do imposto correspondente aos seus rendimentos líquidos, das deduções específicas previstas no presente código.

4. A responsabilidade do outro cônjuge e a responsabilidade subsidiária, previstas nos nºs 2 e 3, efetivam-se por reversão do processo de execução fiscal.

Artigo 103º – Responsabilidade em caso de substituição

1. Em caso de substituição tributária, é aplicável o artigo 28º da lei geral tributária, sem prejuízo do disposto nos números seguintes.

2. *(Revogado.)*

3. *(Revogado.)*

4. Tratando-se de rendimentos sujeitos a retenção que não tenham sido contabilizados nem comunicados como tal aos respetivos beneficiários, o substituto assume responsabilidade solidária pelo imposto não retido.

5. Em caso de não cumprimento do disposto no nº 3 do artigo 101º e no artigo 120º, as entidades emitentes de valores mobiliários são solidariamente responsáveis pelo pagamento do imposto em falta.

Artigo 104º – Pagamento fora do prazo normal

Quando, por qualquer razão, não se proceda à liquidação no prazo previsto no artigo 77º, o sujeito passivo é notificado para satisfazer o imposto devido no prazo de 30 dias a contar da notificação.

Artigo 105º – Local de pagamento

O IRS pode ser pago em qualquer tesouraria de finanças, nas instituições bancárias autorizadas, nos correios ou em qualquer outro local determinado por lei.

Artigo 106º – Como deve ser feito o pagamento

O pagamento do IRS deve ser integral e efetuado em moeda corrente, por cheque ou vale do correio, transferência conta a conta ou qualquer outro meio, nos termos autorizados por lei.

Artigo 107º – Impressos de pagamento

Os pagamentos previstos neste Código são efetuados mediante a apresentação dos impressos de modelo aprovado.

Artigo 108º – Cobrança coerciva

1. Findos os prazos de pagamento previstos neste Código sem que o mesmo se mostre efetuado, é extraída pela Autoridade Tributária e Aduaneira certidão de dívida com base nos elementos de que disponha para efeitos de cobrança coerciva.

2. Nos casos de substituição tributária, bem como nos casos em que o imposto deva ser autonomamente liquidado e entregue nos cofres do Estado, a Autoridade Tributária e Aduaneira, independentemente do procedimento contraordenacional ou criminal que no caso couber, notifica as entidades devedoras para efetuarem o pagamento do imposto e juros compensatórios devidos, no prazo de 30 dias a contar da notificação, com as consequências previstas no número anterior para a falta de pagamento.

Artigo 109º – Compensação

(Revogado.)

Artigo 110º – Juros de mora

Quando o imposto liquidado ou apurado pela Autoridade Tributária e Aduaneira, acrescido dos juros compensatórios eventualmente devidos, não for pago no prazo em que o deva ser, começam a contar-se juros de mora nos termos previstos no artigo 44º da lei geral tributária.

Artigo 111º – Privilégios creditórios

Para pagamento do IRS relativo aos três últimos anos, a Fazenda Pública goza de privilégio mobiliário geral e privilégio imobiliário sobre os bens existentes no património do sujeito passivo à data da penhora ou outro ato equivalente.

CAPÍTULO VI – Obrigações acessórias

Artigo 112º – Declaração de início de atividade, de alterações e de cessação

1. Antes de iniciar alguma atividade suscetível de produzir rendimentos da categoria B, deve o sujeito passivo apresentar a respetiva declaração de início num serviço de finanças, em impresso de modelo oficial.

2. Sempre que se verifiquem alterações de qualquer dos elementos constantes da declaração de início de atividade, deve o sujeito passivo entregar em qualquer serviço de finanças, no prazo de 15 dias a contar da alteração, se outro prazo não for previsto neste Código, a respetiva declaração de alterações, em impresso de modelo oficial.

3. No caso de cessação de atividade, deve o sujeito passivo, no prazo de 30 dias a contar da data da cessação, entregar a respetiva declaração num serviço de finanças, em impresso de modelo oficial.

4. Quando o serviço de finanças recetor disponha dos meios informáticos adequados, as declarações referidas nos números anteriores podem ser substituídas pela declaração verbal, efetuada pelo sujeito passivo, de todos os elementos necessários ao registo e início de atividade, à alteração de dados constantes daquele registo e à cessação de atividade, sendo estes imediatamente introduzidos no sistema informático e confirmados pelo declarante, após a sua impressão em documento tipificado.

5. O documento tipificado nas condições referidas no número anterior substitui, para todos os efeitos legais, as declarações referidas nos nºs 1 a 3.

6. O documento comprovativo do início de atividade, das alterações ou da cessação é o documento tipificado, consoante os casos, processado após a confirmação dos dados do declarante, autenticado com a assinatura do funcionário recetor e com aposição de vinheta do técnico oficial de contas que assume a responsabilidade fiscal do sujeito passivo a que respeitam as declarações, quando seja adotada contabilidade organizada.

7. As declarações referidas nos nºs 1 a 3 podem ser enviadas por transmissão eletrónica de dados.

8. Estão dispensados de apresentação da declaração de início de atividade os sujeitos passivos que apenas aufiram, na categoria B, subsídios ou subvenções no âmbito da PAC de montante anual inferior a quatro vezes o valor do IAS.

Artigo 113º – Declaração anual de informação contabilística e fiscal

1. Os sujeitos passivos de IRS devem entregar anualmente uma declaração de informação contabilística e fiscal, de modelo oficial, relativa ao ano anterior, quando possuam ou sejam obrigados a possuir contabilidade organizada ou quando estejam obrigados à apresentação de qualquer dos anexos que dela fazem parte integrante.

2. A declaração referida no número anterior deve ser enviada, por transmissão eletrónica de dados, até 15 de julho, independentemente de esse dia ser útil ou não.

Artigo 114º – Cessação de atividade

1. A cessação considera-se verificada quando:

a) Deixem de praticar-se habitualmente atos relacionados com a atividade empresarial e profissional, se não houver imóveis afetos ao exercício da atividade;

b) Termine a liquidação das existências e a venda dos equipamentos, se os imóveis afetos ao exercício da atividade pertencerem ao dono do estabelecimento;

c) Se extinga o direito ao uso e fruição dos imóveis afetos ao exercício da atividade ou lhe seja dado outro destino, quando tais imóveis não pertençam ao sujeito passivo;

d) Seja partilhada a herança indivisa de que o estabelecimento faça parte, mas sem prejuízo do disposto nas alíneas anteriores;

e) Se dê a transferência, a qualquer título, da propriedade do estabelecimento.

2. Quando, no âmbito da categoria B, existirem rendimentos de atividades agrícolas, silvícolas ou pecuárias e de pesca a cessação só se considera verificada quando deixe de ser exercida esta atividade e tenha terminado a liquidação das existências e a transmissão dos equipamentos ou a afetação destes a outras atividades, exceto quando for feita a opção prevista na última parte do artigo 36º, caso em que a cessação ocorre no final do período de diferimento de imputação do subsídio.

3. Independentemente dos factos previstos no nº 1, pode ainda a administração fiscal declarar oficiosamente a cessação da atividade quando for manifesto que esta não está a ser exercida nem há intenção de a exercer, ou sempre que o sujeito passivo tenha declarado o exercício de uma atividade sem que possua uma adequada estrutura empresarial em condições de a exercer.

4. A cessação oficiosa a que se refere o número anterior não desobriga o sujeito passivo do cumprimento das obrigações tributárias.

Artigo 115º – Emissão de recibos e faturas

1. Os titulares dos rendimentos da categoria B são obrigados:

a) A passar fatura, recibo ou fatura-recibo, em modelo oficial, de todas as importâncias recebidas dos seus clientes, pelas transmissões de bens ou prestações de serviços referidas nas alíneas *a*) e *b*) do nº 1 do artigo 3º, ainda que a título de provisão, adiantamento ou reembolso de despesas, bem como dos rendimentos indicados na alínea *c*) do nº 1 do mesmo artigo; ou

b) A emitir fatura nos termos da alínea *b*) do nº 1 do artigo 29º do Código do IVA por cada transmissão de bens, prestação de serviços ou outras operações efetuadas e a emitir documento de quitação de todas as importâncias recebidas.

2. *(Revogado.)*
3. *(Revogado.)*
4. As pessoas que paguem rendimentos previstos no artigo 3º são obrigadas a exigir os respetivos recibos ou faturas.
5. Os titulares dos rendimentos da categoria F são obrigados:
a) A passar recibo de quitação, em modelo oficial, de todas as importâncias recebidas dos seus inquilinos, pelo pagamento das rendas referidas nas alíneas *a*) a *e*) do nº 2 do artigo 8º, ainda que a título de caução, adiantamento ou reembolso de despesas; ou
b) A entregar à Autoridade Tributária e Aduaneira uma declaração de modelo oficial que descrimine os rendimentos mencionados na alínea anterior até ao fim do mês de janeiro de cada ano, por referência ao ano anterior.

Artigo 116º – Registos

1. Os titulares dos rendimentos da categoria B, quando não possuam contabilidade organizada, são obrigados a:
a) Efetuar os registos a que se referem as alíneas *a*), *b*) e *c*) do nº 1 do artigo 50º do Código do IVA; e
b) Registar em separado as importâncias respeitantes a reembolsos de despesas efetuadas em nome e por conta do cliente, as quais, quando devidamente documentadas, não influenciam a determinação do rendimento.
2. Sem prejuízo do disposto no número anterior, os sujeitos passivos que exerçam atividades agrícolas, silvícolas ou pecuárias devem ainda:
a) Registar o movimento de produtos, gado e materiais; e
b) Registar imobilizações.
3. Os registos referidos no número anterior podem ser substituídos pelos livros e demais elementos de escrita exigidos pelo sistema adotado na Rede de Informação de Contabilidades Agrícolas ou pelas listagens do Sistema Gestagro, independentemente de os sujeitos passivos estarem integrados na referida rede.
4. Os registos referidos na alínea *a*) do nº 1 obedecem às seguintes regras:
a) Os lançamentos devem ser efetuados no prazo máximo de 60 dias;
b) As importâncias recebidas a título de provisão ou a qualquer outro título destinadas a custear despesas da responsabilidade dos clientes devem ser registadas em conta corrente;
c) Os lançamentos devem ser sempre suportados por documentos comprovativos.
5. Os titulares dos rendimentos referidos nas alíneas *h*) e *i*) do nº 2 do artigo 3º ficam dispensados do cumprimento das obrigações previstas no nº 1.
6. Os titulares de rendimentos da categoria B que, não sendo obrigados a dispor de contabilidade organizada, possuam, no entanto, um sistema de contabilidade que satisfaça os requisitos adequados ao correto apuramento e fiscalização do imposto podem não efetuar os registos referidos no presente artigo.

Artigo 117º – Obrigações contabilísticas

1. Os titulares de rendimentos da categoria B que não estejam abrangidos pelo regime simplificado de tributação são obrigados a dispor de contabilidade organizada, nos termos da lei comercial e fiscal, que permita o controlo do rendimento apurado.

2. Aos sujeitos passivos referidos no número anterior é aplicável o disposto no artigo 123º do Código do IRC.

Artigo 118º – Faturação e arquivo

1. Sem prejuízo das obrigações previstas no presente Código, os sujeitos passivos titulares de rendimentos da categoria B estão sujeitos às obrigações de faturação, de emissão de recibo e de arquivo nos termos previstos no Código do IVA e no Decreto-Lei nº 28/2019, de 15 de fevereiro.

2. *(Revogado.)*

(Redação dada pelo Decreto-Lei nº 28/2019, de 15-02)

Artigo 119º – Comunicação de rendimentos e retenções

1. As entidades devedoras de rendimentos que estejam obrigadas a efetuar a retenção, total ou parcial, do imposto, bem como as entidades devedoras dos rendimentos previstos nos nºs 4), 5), 7), 9) e 10) da alínea *b)* do nº 3 do artigo 2º e dos rendimentos não sujeitos, total ou parcialmente, previstos nos artigos 2º e 2º-A e nos nºs 2, 4 e 5 do artigo 12º, e ainda as entidades através das quais sejam processados os rendimentos sujeitos ao regime especial de tributação previsto no nº 7 do artigo 72º, são obrigadas a:

a) Possuir registo atualizado das pessoas credoras desses rendimentos, ainda que não tenha havido lugar a retenção do imposto, do qual constem, nomeadamente, o nome, o número fiscal e respetivo código, bem como a data e valor de cada pagamento ou dos rendimentos em espécie que lhes tenham sido atribuídos;

b) Entregar ao sujeito passivo, até 20 de janeiro de cada ano, documento comprovativo das importâncias devidas no ano anterior, incluindo, quando for caso disso, as correspondentes aos rendimentos em espécie que lhes hajam sido atribuídos, do imposto retido na fonte e das deduções a que eventualmente haja lugar ou ainda, nos 15 dias imediatos à respetiva ocorrência, de qualquer facto que determine a alteração dos rendimentos ou a obrigação de os declarar;

c) Entregar à Autoridade Tributária e Aduaneira uma declaração de modelo oficial, referente aos rendimentos pagos ou colocados à disposição e respetivas retenções de imposto, de contribuições obrigatórias para regimes de proteção social e subsistemas legais de saúde, bem como de quotizações sindicais:

i) Até ao dia 10 do mês seguinte ao do pagamento ou colocação à disposição, caso se trate de rendimentos do trabalho dependente, ainda que isentos ou não sujeitos a tributação, sem prejuízo de poder ser estabelecido por portaria do Ministro das Finanças a sua entrega anual nos casos em que tal se justifique;

ii) Até ao dia 10 de fevereiro de cada ano, relativamente aos restantes rendimentos do ano anterior.

d) Apresentar a declaração a que se refere a alínea anterior nos 30 dias imediatos à ocorrência de qualquer facto que determine a alteração dos rendimentos já declarados ou que implique a obrigação de os declarar.

2. As entidades devedoras dos rendimentos a que se refere o artigo 71º, cujos titulares beneficiem de isenção, dispensa de retenção ou redução de taxa, são obrigadas a:

a) Entregar à Autoridade Tributária e Aduaneira, até ao fim do mês de julho de cada ano, uma declaração relativa àqueles rendimentos, de modelo oficial;

b) Possuir um registo atualizado dos titulares desses rendimentos com indicação do respetivo regime fiscal, bem como os documentos que justificam a isenção, a redução de taxa ou a dispensa de retenção na fonte.

3. Tratando-se de rendimentos de quaisquer títulos nominativos ou ao portador e de juros de depósitos à ordem ou a prazo, cujos titulares sejam residentes em território português, o documento referido na alínea b) do nº 1 apenas é emitido a solicitação expressa dos sujeitos passivos que pretendam optar pelo englobamento.

4. *(Revogado.)*

5. *(Revogado.)*

6. O registo, documento e declaração a que se referem as alíneas *a*) a *d*) do nº 1 devem individualizar os rendimentos devidos que, nos termos da lei, não foram objeto de retenção na fonte.

7. Tratando-se de rendimentos devidos a sujeitos passivos não residentes em território português as entidades devedoras são obrigadas a:

a) Entregar à Autoridade Tributária e Aduaneira, até ao fim do 2º mês seguinte àquele em que ocorre o ato do pagamento, do vencimento, ainda que presumido, da sua colocação à disposição, da sua liquidação ou do apuramento do respetivo quantitativo, consoante os casos, uma declaração de modelo oficial relativa àqueles rendimentos;

b) Cumprir as obrigações previstas nas alíneas *a*) e *b*) do nº 1 e *b*) do nº 2, consoante o caso.

8. Quando haja criação ou aplicação, em benefício de trabalhadores ou membros de órgãos sociais, de planos de opções, de subscrição, de atribuição ou outros de efeito equivalente, ainda que por entidade compreendida no âmbito de aplicação do nº 10 do artigo 2º, a entidade patronal é obrigada a declarar a existência dessa situação, cujo conhecimento se presume em todos os casos, através de modelo oficial, até 30 de junho do ano seguinte.

9. As entidades que suportem os encargos, preços ou vantagens económicas referidos no nº 4 do artigo 24º, ainda que em relação a planos de opções, de subscrição, de atribuição ou outros de efeito equivalente criados ou atribuídos por entidade compreendida no âmbito de aplicação do nº 10 do artigo 2º, são obrigadas a:

a) Possuir registo atualizado das pessoas que auferem os correspondentes rendimentos, do qual constem o número fiscal e respetivo código, bem como as datas de exercício das opções, direitos de subscrição ou direitos de efeito equivalente, da alienação ou renúncia ao exercício ou da recompra, os valores, preços ou vantagens económicas referidos no nº 4 do artigo 24º;

b) Entregar aos sujeitos passivos, até 20 de janeiro de cada ano, cópia do registo referido na alínea anterior, na parte que lhes respeita;

c) Incluir na declaração a que se referem as alíneas *c*) e *d*) do nº 1 informação relativa aos valores mencionados na alínea *a*).

10. *(Revogado.)*

11. Tratando-se de rendimentos de quaisquer valores mobiliários, o cumprimento das obrigações referidas no presente artigo é da responsabilidade das entidades registadoras ou depositárias previstas no artigo 125º.

12. Sem prejuízo do disposto no nº 2, as entidades devedoras ou as entidades que paguem ou coloquem à disposição dos respetivos titulares residentes os rendimentos a que se refere o artigo 71º ou quaisquer rendimentos sujeitos a retenção na fonte a título definitivo são obrigadas a:

a) Cumprir a obrigação prevista na alínea *a*) do nº 1;

b) Entregar à Autoridade Tributária e Aduaneira, até ao final do mês de fevereiro de cada ano, uma declaração, de modelo oficial, referente àqueles rendimentos e respetivas retenções de imposto, relativas ao ano anterior;

c) Emitir a declaração prevista na alínea *b*) do nº 1 nas condições previstas no nº 3.

13. *(Revogado.)*

(Redação dada pela Lei nº 119/2019, de 18-09)

Artigo 120º – Entidades emitentes de valores mobiliários

As entidades emitentes de valores mobiliários são obrigadas a comunicar à Autoridade Tributária e Aduaneira, até ao fim do mês de julho de cada ano, através de modelo oficial, os seguintes elementos:

a) Identificação das entidades registadoras ou depositárias previstas no artigo 125º;

b) Quantidade de valores mobiliários que integram a emissão, e tratando-se de emissão contínua, a quantidade atualizada dos valores mobiliários emitidos;

c) Quantidade de valores mobiliários registados ou depositados em cada uma das entidades referidas na alínea *a*).

Artigo 121º – Comunicação da atribuição de subsídios

As entidades que paguem subsídios ou subvenções não reembolsáveis no âmbito do exercício de uma atividade abrangida pelo artigo 3º devem entregar à Autoridade Tributária e Aduaneira, até ao final do mês de fevereiro de cada ano, uma declaração de modelo oficial, referente aos rendimentos atribuídos no ano anterior.

Artigo 122º – Empresas gestoras de fundos de poupança-reforma, poupança-educação e poupança-reforma/educação

(Revogado.)

Artigo 123º – Notários, conservadores, secretários judiciais, secretários técnicos de justiça e entidades e profissionais com competência para autenticar documentos particulares

Os notários, conservadores, secretários judiciais, secretários técnicos de justiça e entidades e profissionais com competência para autenticar documentos particulares que titulem atos ou contratos sujeitos a registo predial ou que intervenham nas operações previstas nas alíneas *b*), *e*), *f*) e *g*) do nº 1 do artigo 10º são obrigados a enviar à Autoridade Tributária e Aduaneira, por via eletrónica, até ao dia 15 de cada mês, relação dos atos por si praticados e das decisões transitadas em julgado no mês anterior dos processos a seu cargo que sejam suscetíveis de produzir rendimentos sujeitos a IRS, através de declaração de modelo oficial, aprovada por portaria do membro do Governo responsável pela área das finanças.

Artigo 124º – Operações com instrumentos financeiros

As instituições de crédito e sociedades financeiras devem comunicar à Autoridade Tributária e Aduaneira, até ao final do mês de março de cada ano, relativamente a cada sujeito passivo, através de modelo oficial:

a) As operações efetuadas com a sua intervenção, relativamente a valores mobiliários e *warrants* autónomos;

b) Os resultados apurados nas operações efetuadas com a sua intervenção relativamente a instrumentos financeiros derivados.

Artigo 125º – Registo ou depósito de valores mobiliários

1. As entidades registadoras ou depositárias a que se referem os artigos 61º e 99º do Código dos Valores Mobiliários, para além do cumprimento das obrigações constantes do artigo 119º, são, ainda, obrigadas a:

a) Comunicar à Autoridade Tributária e Aduaneira, até ao fim do mês de julho de cada ano, através de modelo oficial, os registos efetuados relativamente a valores mobiliários;

b) Entregar aos investidores, até 20 de janeiro de cada ano, uma declaração onde constem os movimentos de registo efetuados no ano anterior.

2. As entidades registadoras ou depositárias de quaisquer valores mobiliários que não sejam consideradas residentes em território português nem possuam estabelecimento estável aí situado, devem designar um representante com residência, sede ou direção efetiva nesse território para efeitos de cumprimento das obrigações legalmente previstas.

Artigo 126º – Entidades emitentes e utilizadoras de títulos de compensação extrassalarial

1. As entidades emitentes dos títulos de compensação extrassalarial devem emitir fatura ou fatura-recibo nos termos do Código do IVA de todas as importâncias recebidas das entidades adquirentes no âmbito da prestação de serviços, ou pelo valor facial dos títulos emitidos e possuir registo atualizado do qual conste, pelo menos, a identificação das entidades adquirentes bem como dos respetivos documentos de alienação e do correspondente valor facial.

2. As entidades emitentes dos títulos de compensação extrassalarial são obrigadas a enviar à Autoridade Tributária e Aduaneira, até ao final do mês de maio de cada ano, a identificação fiscal das entidades adquirentes de títulos de compensação extrassalarial, bem como o respetivo montante discriminado por tipo de compensação extrassalarial, em declaração de modelo oficial.

3. O disposto no número anterior não dispensa as entidades utilizadoras de títulos de compensação extrassalarial de cumprir o disposto no artigo 119º, relativamente às importâncias que excedam o valor excluído da tributação nos termos do nº 2 da alínea *b*) do nº 3 do artigo 2º ou que não cumpram outros requisitos de isenção ou exclusão tributária.

4. As entidades utilizadoras de títulos de compensação extrassalarial devem possuir registo atualizado, do qual conste, pelo menos, a identificação das entidades emitentes, bem como dos respetivos documentos de aquisição ou comprovativos do pré-carregamento ou crédito disponibilizado, mencionando os respetivos formatos, montantes atribuídos e tipos de título de compensação extrassalarial.

5. A diferença entre os montantes dos títulos de compensação extrassalarial adquiridos ou pré-carregados e dos atribuídos ou disponibilizados, deduzida do valor correspondente aos vales que se mantenham na posse da entidade adquirente, fica sujeita ao regime das despesas não documentadas.

6. Consideram-se títulos de compensação extrassalarial todos os títulos, independentemente do seu formato, designadamente em papel, em cartão eletrónico ou integralmente desmaterializados, que permitam aos seus detentores efetuar pagamentos, sempre que à utilização destas formas de compensação corresponda um desagravamento fiscal.

(Redação dada pela Lei nº 7-A/2016, de 30-03)

Artigo 127º – Comunicação de encargos

1. As instituições de crédito, as cooperativas de habitação, as empresas de locação financeira, as empresas de seguros e as empresas gestoras dos fundos e de outros regimes complementares referidos nos artigos 16º, 17º e 21º do Estatuto dos Benefícios Fiscais, incluindo as associações mutualistas e as instituições sem fins lucrativos que tenham por objeto a prestação de cuidados de saúde, e as demais entidades que possam comparticipar em despesas de saúde, comunicam à Autoridade Tributária e Aduaneira, até ao final do mês de janeiro de cada ano, em declaração de modelo oficial, relativamente ao ano anterior e a cada sujeito passivo:

a) Os juros suportados respeitantes a dívidas contraídas com a aquisição, construção ou beneficiação de imóveis para habitação própria e permanente ou arrendamento;

b) Os prémios pagos respeitantes a contratos de seguro que cubram exclusivamente riscos de saúde, que possam ser deduzidos à coleta nos termos deste Código e, bem assim, as contribuições efetuadas às associações mutualistas, às instituições sem fins lucrativos que tenham por objeto a prestação de cuidados de saúde;

c) O montante das despesas de saúde dedutíveis à coleta nos termos do artigo 78º-C na parte da despesa não comparticipada e na parte comparticipada;

d) As importâncias aplicadas em fundos de pensões e outros regimes complementares de segurança social, incluindo os disponibilizados por associações mutualistas, previstos nos artigos 16º, 17º e 21º do Estatuto dos Benefícios Fiscais;

e) As importâncias pagas aos beneficiários com inobservância das condições previstas no nº 2 do artigo 87º, bem como a título de resgate, adiantamento ou reembolso dos certificados nas condições previstas nos artigos 16º, 17º e 21º do Estatuto dos Benefícios Fiscais.

2. *(Revogado.)*

3. As entidades que recebam ou paguem importâncias suscetíveis de dedução à coleta devem entregar, a solicitação dos sujeitos passivos, documento comprovativo das mesmas.

(Redação dada pelo Decreto-Lei nº 41/2016, de 01-08)

Artigo 128º – Obrigação de comprovar os elementos das declarações

1. As pessoas sujeitas a IRS devem apresentar, no prazo de 15 dias, os documentos comprovativos dos rendimentos auferidos, das deduções e de outros factos ou situações mencionadas na respetiva declaração, quando a Autoridade Tributária e Aduaneira os exija.

2. O prazo previsto no número anterior é alargado para 25 dias quando o sujeito passivo invoque dificuldade na obtenção da documentação exigida.

3. A obrigação estabelecida no nº 1 mantém-se durante os quatro anos seguintes àquele a que respeitem os documentos.

4. O extravio dos documentos referidos no nº 1 por motivo não imputável ao sujeito passivo não o impede de utilizar outros elementos de prova daqueles factos.

Artigo 129º – Processo de documentação fiscal

1. Os sujeitos passivos de IRS que, nos termos deste Código, possuam ou sejam obrigados a possuir contabilidade organizada devem constituir, até ao termo do prazo para entrega da declaração a que se refere o artigo 113º, um processo de documento fiscal relativo a cada exercício, que deve conter os elementos a definir por portaria do Ministro das Finanças.

2. O referido processo deve ser centralizado e conservado de acordo com o disposto no artigo 118º.

Artigo 130º – Representantes

1. Os não residentes que obtenham rendimentos sujeitos a IRS, bem como os que, embora residentes em território nacional, se ausentem deste por um período superior a seis meses devem, para efeitos tributários, designar uma pessoa singular ou coletiva com residência ou sede em Portugal para os representar perante a Autoridade Tributária e Aduaneira e garantir o cumprimento dos seus deveres fiscais.

2. O disposto no número anterior não é aplicável, sendo a designação de representante meramente facultativa, em relação a não residentes de, ou a residentes que se ausentem para, Estados membros da União Europeia ou do Espaço Económico Europeu, neste último caso desde que esse Estado membro esteja vinculado a cooperação administrativa no domínio da fiscalidade equivalente à estabelecida no âmbito da União Europeia.

3. A designação a que se referem os números anteriores é feita na declaração de início de atividade, de alterações ou de registo de número de contribuinte, devendo nela constar expressamente a sua aceitação pelo representante.

4. Na falta de cumprimento do disposto no nº 1, e independentemente da sanção que ao caso couber, não há lugar às notificações previstas neste Código, sem prejuízo de os sujeitos passivos poderem tomar conhecimento das matérias a que as mesmas respeitariam junto do serviço que, para o efeito, seja competente.

Artigo 130º-A – Renúncia à representação

1. O representante pode renunciar à representação nos termos gerais, mediante comunicação escrita ao representado, enviada para a última morada conhecida deste.

2. A renúncia torna-se eficaz relativamente à Autoridade Tributária e Aduaneira quando lhe for comunicada, devendo esta, no prazo de 90 dias a contar dessa comunicação, proceder às necessárias alterações.

Artigo 131º – Pluralidade de obrigados

Se a obrigação acessória impender sobre várias pessoas, o cumprimento por uma delas exonera as restantes.

CAPÍTULO VII – Fiscalização

Artigo 132º – Entidades fiscalizadoras

(Revogado.)

Artigo 133º – Dever de colaboração

(Revogado.)

Artigo 134º – Dever de fiscalização em especial

(Revogado.)

Artigo 135º – Declarações e outros documentos

(Revogado.)

Artigo 136º – Assinatura das declarações

(Revogado.)

Artigo 137º – Garantia de observância de obrigações fiscais

(Revogado)

Artigo 138º – Aquisição e alienação de ações e outros valores mobiliários

1. Os alienantes e adquirentes de ações e outros valores mobiliários são obrigados a entregar declaração de modelo oficial à Autoridade Tributária e Aduaneira, quando a respetiva alienação ou a aquisição tenha sido realizada sem a intervenção das entidades referidas nos artigos 123º e 124º, nos 30 dias subsequentes à realização das operações.

2. As entidades que intervenham no pagamento ou colocação à disposição de rendimentos ou ganhos a que os valores confiram direito ou que a eles estejam associados não podem realizar o respetivo pagamento ou colocação à disposição sem que lhes seja feita prova da apresentação da declaração a que se refere o número anterior, quando esta se mostre devida, sendo solidariamente responsáveis pelo imposto não liquidado na esfera do respetivo titular do rendimento em virtude da inobservância da referida obrigação, sem prejuízo do disposto no Regime Geral das Infrações Tributárias, aprovado pela Lei nº 15/2001, de 5 de junho.

3. Os adquirentes de ações e outros valores mobiliários, para exercerem quaisquer direitos, diferentes dos referidos no número anterior, conferidos pela respetiva titularidade, diretamente ou por intermédio da instituição financeira, devem fazer prova, perante a entidade respetiva, que foi apresentada a declaração a que se refere o nº 1 ou que a aquisição foi realizada com a intervenção das entidades referidas nos artigos 123º e 124º deste Código, sendo o titular e aquela entidade ambos responsáveis quanto ao dever de comprovação, sem prejuízo de o Ministério Público poder promover a inibição do exercício daqueles direitos, e do disposto no Regime Geral das Infrações Tributárias, aprovado pela Lei nº 15/2001, de 5 de junho.

Artigo 139º – Pagamento de rendimentos a sujeitos passivos não residentes

Não se podem realizar transferências para o estrangeiro de rendimentos sujeitos a IRS obtidos em território português por sujeitos passivos não residentes sem que se mostre pago ou assegurado o imposto que for devido.

CAPÍTULO VIII – Garantias

Artigo 140º – Meios de garantia

1. Sem prejuízo do disposto nos números seguintes, os sujeitos passivos e outros legítimos interessados podem socorrer-se dos meios de garantia legalmente previstos, nomeadamente na lei geral tributária e no Código de Procedimento e de Processo Tributário.

2. Em caso de erro na declaração de rendimentos, a impugnação é obrigatoriamente precedida de reclamação graciosa a apresentar no prazo de dois anos a contar do termo do prazo legal para a entrega da declaração.

3. Nos casos de retenção de importâncias total ou parcialmente indevidas, sempre que se verifique a impossibilidade de ser efetuada a correção a que se refere o nº 4 do artigo 98º ou de o respetivo montante ser levado em conta na liquidação final do imposto, os prazos de reclamação e de impugnação pelo substituído contam-se a partir do dia 20 de janeiro do ano seguinte àquele a que a retenção disser respeito.

4. *(Revogado.)*

5. *(Revogado.)*

Artigo 141º – Classificação das atividades

(Revogado.)

Artigo 142º – Competência territorial

(Revogado.)

CAPÍTULO IX – Disposições diversas

Artigo 143º – Ano fiscal

Para efeitos do IRS, o ano fiscal coincide com o ano civil.

Artigo 144º – Modelos oficiais

(Revogado.)

Artigo 145º – Declarações e outros documentos

(Revogado.)

Artigo 146º – Assinatura das declarações

1. As declarações devem ser assinadas pelos sujeitos passivos ou pelos seus representantes, legais ou voluntários, ou por gestor de negócios, devidamente identificados.

2. São recusadas as declarações que não estiverem devidamente assinadas, sem prejuízo das sanções estabelecidas para a falta da sua apresentação.

3. Sempre que o cumprimento das obrigações declarativas se faça por meio de transmissão eletrónica de dados, a certificação da respetiva autenticidade é feita por aposição de assinatura eletrónica ou por procedimentos alternativos, consoante o que seja definido em portaria do Ministro das Finanças.

Artigo 147º – Recibo de documento

(Revogado.)

Artigo 148º – Prazo para envio pelo correio

1. *(Revogado.)*

2. *(Revogado.)*

3. Ocorrendo extravio, a Autoridade Tributária e Aduaneira pode exigir segunda via, que, para todos os efeitos, tem a data em que, comprovadamente, haja sido entregue ou expedida a declaração.

Artigo 149º – Notificações

(Revogado.)

Artigo 150º – Registo dos sujeitos passivos

1. Com base nas declarações de início de atividade, de alterações ou de outros elementos de que disponha, a Autoridade Tributária e Aduaneira organiza e mantém atualizado um registo de sujeitos passivos de IRS.

2. O cancelamento do registo respeitante a não residentes é feito em face da declaração da cessação de atividade em território português ou de declaração de alienação das suas fontes de rendimento tributável nesse território, as quais devem ser apresentadas até final do mês seguinte ao da verificação desses factos.

Artigo 151º – Classificação das atividades

As atividades exercidas pelos sujeitos passivos do IRS são classificadas, para efeitos deste imposto, de acordo com a Classificação das Atividades Económicas Portuguesas por Ramos de Atividade (CAE), do Instituto Nacional de Estatística, ou de acordo com os códigos mencionados em tabela de atividades aprovada por portaria do Ministro das Finanças.

Artigo 152º – Consignação a favor de instituições culturais com estatuto de utilidade pública

1. Uma quota equivalente a 0,5% do imposto sobre o rendimento das pessoas singulares, liquidado com base nas declarações anuais, pode ser destinada pelo contribuinte a uma pessoa coletiva de utilidade pública que desenvolva atividades de natureza e interesse cultural, por indicação na declaração de rendimentos.

2. As verbas destinadas a entregar às entidades referidas no nº 1 devem ser inscritas em rubrica própria no Orçamento do Estado.

3. A Autoridade Tributária e Aduaneira publica na página das declarações eletrónicas, até ao primeiro dia do prazo de entrega das declarações, previsto no artigo 60º, todas as entidades que se encontram em condições de beneficiar da consignação fiscal prevista no nº 1.

4. Da nota demonstrativa da liquidação de IRS deve constar a identificação da entidade beneficiada, bem como o montante consignado nos termos do nº 1.

5. As verbas referidas no nº 1, respeitantes a imposto sobre o rendimento das pessoas singulares liquidado com base nas declarações de rendimentos entregues dentro do prazo legal, devem ser transferidas para as entidades beneficiárias até 31 de março do ano seguinte ao da entrega da referida declaração.

6. A consignação fiscal prevista no presente artigo não é cumulável com a consignação fiscal prevista na Lei nº 16/2001, de 22 de junho, nem com a consignação fiscal prevista na Lei nº 35/98, de 18 de julho, sendo alternativa face a essas consignações.

(Aditado pela Lei nº 7-A/2016, de 30-03)

Artigo 153º – Consignações em sede de IRS

1. A escolha da entidade à qual o sujeito passivo pretende efetuar a consignação prevista no artigo anterior, bem como as consignações de IVA e IRS a que se referem os artigos 78º-F e 152º do CIRS, o artigo 32º da Lei nº 16/2001, de 22 de junho e o artigo 14º da Lei nº 35/98, de 18 de julho pode ser feita, previamente à entrega ou confirmação da declaração de rendimentos, no Portal das Finanças.

2. Caso o sujeito passivo não confirme nem proceda à entrega de uma declaração de rendimentos será considerada a consignação que tiver sido previamente comunicada no Portal das Finanças.

(Aditado pela Lei nº 42/2016, de 28-12)

Tabela de Atividades Exercidas pelos Sujeitos Passivos do IRS

Portaria nº 1011/2001, de 21 de Agosto

Com a alteração do artigo 3º do Código do IRS, introduzida pela Lei nº 30-G/ /2000, de 29 de Dezembro, foi revogada a lista de profissões a que se referia o nº 2 do mesmo artigo. A nova redacção do artigo 151º do CIRS impõe a obrigatoriedade de que as actividades exercidas pelos sujeitos passivos do IRS sejam classificadas, para efeitos deste imposto, de acordo com a Classificação das Actividades Económicas Portuguesas por Ramos de Actividade (CAE), do Instituto Nacional de Estatística, ou de acordo com os códigos mencionados em tabela de actividades aprovada por portaria do Ministro das Finanças.

Assim:

Manda o Governo, pelo Ministro das Finanças, que a tabela a que se refere o artigo 151º do Código do IRS seja a constante do anexo I, que faz parte integrante desta portaria.

O Ministro das Finanças, *Guilherme d'Oliveira Martins*, em 1 de Agosto de 2001.

ANEXO I
Tabela de actividades do artigo 151º do CIRS

1. Arquitectos, engenheiros e técnicos similares:
1000 Agentes técnicos de engenharia e arquitectura:
1001 Arquitectos;
1002 Desenhadores;
1003 Engenheiros;
1004 Engenheiros técnicos;

1005 Geólogos;
1006 Topógrafos.

2. Artistas plásticos e assimilados, actores e músicos:
2010 Artistas de teatro, bailado, cinema, rádio e televisão;
2011 Artistas de circo;
2019 Cantores;
2012 Escultores;
2013 Músicos;
2014 Pintores;
2015 Outros artistas.

3. Artistas tauromáquicos:
3010 Toureiros;
3019 Outros artistas tauromáquicos.

4. Economistas, contabilistas, actuários e técnicos similares:
4010 Actuários;
4011 Auditores;
4012 Consultores fiscais;
4013 Contabilistas;
4014 Economistas;
4015 Técnicos oficiais de contas;
4016 Técnicos similares.

5. Enfermeiros, parteiras e outros técnicos paramédicos:
5010 Enfermeiros;
5012 Fisioterapeutas;
5013 Nutricionistas;
5014 Parteiras;
5015 Terapeutas da fala;
5016 Terapeutas ocupacionais;
5019 Outros técnicos paramédicos.

6. Juristas e solicitadores:
6010 Advogados;
6011 Jurisconsultos;
6012 Solicitadores.

7. Médicos e dentistas:
7010 Dentistas;
7011 Médicos analistas;
7012 Médicos cirurgiões;

7013 Médicos de bordo em navios;
7014 Médicos de clínica geral;
7015 Médicos dentistas;
7016 Médicos estomatologistas;
7017 Médicos fisiatras;
7018 Médicos gastroenterologistas;
7019 Médicos oftalmologistas;
7020 Médicos ortopedistas;
7021 Médicos otorrinolaringologistas;
7022 Médicos pediatras;
7023 Médicos radiologistas;
7024 Médicos de outras especialidades.

8. Professores e técnicos similares:
8010 Explicadores;
8011 Formadores;
8012 Professores.

9. Profissionais dependentes de nomeação oficial:
9010 Revisores oficiais de contas;
9011 Notários.

10. Psicólogos e sociólogos:
1010 Psicólogos;
1011 Sociólogos.

11. Químicos:
1110 Analistas.

12. Sacerdotes:
1210 Sacerdotes de qualquer religião.

13. Outras pessoas exercendo profissões liberais, técnicos e assimilados:
1310 Administradores de bens;
1311 Ajudantes familiares;
1312 Amas;
1313 Analistas de sistemas;
1314 Arqueólogos;
1315 Assistentes sociais;
1316 Astrólogos;
1317 Parapsicólogos;
1318 Biólogos;
1319 Comissionistas;

1320 Consultores;
1321 Dactilógrafos;
1322 Decoradores;
1323 Desportistas;
1324 Engomadores;
1325 Esteticistas, manicuras e pedicuras;
1326 Guias-intérpretes;
1327 Jornalistas e repórteres;
1328 Louvados;
1329 Massagistas;
1330 Mediadores imobiliários;
1331 Peritos-avaliadores;
1332 Programadores informáticos;
1333 Publicitários;
1334 Tradutores;
1335 Farmacêuticos;
1336 Designers.

14. Veterinários:
1410 Veterinários.

15. Outras actividades exclusivamente de prestação de serviços:
1519 Outros prestadores de serviços.
(Redação dada pela Lei nº 53-A/2006, de 29-12)

Tabela de Atividades de Elevado Valor Acrescentado, com Caráter Científico, Artístico ou Técnico Exercidas por Residentes Não Habituais

Portaria nº 12/2010, de 7 de Janeiro

Aprova a tabela de actividades de elevado valor acrescentado para efeitos do disposto no nº 6 do artigo 72º e no nº 4 do artigo 81º do Código do IRS

Prevêem, quer o nº 6 do artigo 72º quer o nº 4 do artigo 81º do Código do Imposto do Rendimento das Pessoas Singulares, que deverão ser definidas, por portaria do membro do Governo responsável pela área das finanças, as actividades de elevado valor acrescentado, com carácter científico, artístico ou técnico que relevem para o novo regime fiscal do residente não habitual.

A inclusão dos rendimentos empresariais neste regime implica a necessidade de compatibilização com os regimes concorrentes do espaço europeu e a limitação dos rendimentos das categorias A e B do IRS a incluir no seu âmbito, concentrando-os sobre as actividades de prestação de serviços de elevado valor acrescentado ou da propriedade intelectual, industrial ou *know-how*. O catálogo de actividades que se recolhe na presente portaria representa, neste contexto, um catálogo que serve ao arranque deste inovador regime fiscal e que, uma vez testado pela prática, pode e deve vir a beneficiar dos aperfeiçoamentos que venham a revelar-se necessários.

Manda o Governo, pelo Ministro de Estado e das Finanças, ao abrigo do disposto no nº 6 do artigo 72º e no nº 4 do artigo 81º do Código do Imposto do Rendimento das Pessoas Singulares, na sequência da nova redacção dada pelo Decreto-Lei nº 249/ /2009, de 23 de Setembro, o seguinte:

Artigo único

1. É aprovada a tabela de atividades de elevado valor acrescentado para efeitos do disposto no nº 10 do artigo 72º e no nº 5 do artigo 81º do Código do IRS, constante do anexo, que faz parte integrante desta portaria.

2. Todas a dúvidas interpretativas respeitantes ao âmbito e ao alcance das atividades constantes da presente tabela devem ser enquadradas nos códigos da Classificação Portuguesa de Profissões (CPP) anexa à Deliberação nº 967/2010 correspondente à 14ª Deliberação da Secção Permanente de Coordenação Estatística do Conselho Superior de Estatística (CSE) de 5 de maio de 2010, publicada no Diário da República, 2ª série, nº 106, de 1 de junho de 2010, bem como das respetivas Notas explicativas vigentes.

3. Em função da avaliação da evolução da situação económica do país, a tabela de atividade de elevado valor acrescentado poderá ser revista no prazo de três anos.

(Redação dada pela Portaria nº 230/2019, de 23-07)

O Ministro de Estado e das Finanças, *Fernando Teixeira dos Santos*, em 2 de Dezembro de 2009.

ANEXO
Tabela de atividades de elevado valor acrescentado para efeitos do disposto no nº 10 do artigo 72º e no nº 5 do artigo 81º do Código do IRS

I – Atividades profissionais (códigos CPP):

112. Diretor-geral e gestor executivo, de empresas

12. Diretores de serviços administrativos e comerciais

13. Diretores de produção e de serviços especializados

14. Diretores de hotelaria, restauração, comércio e de outros serviços

21. Especialistas das ciências físicas, matemáticas, engenharias e técnicas afins

221. Médicos

2261. Médicos dentistas e estomatologistas

231. Professor dos ensinos universitário e superior

25. Especialistas em tecnologias de informação e comunicação (TIC)

264. Autores, jornalistas e linguistas

265. Artistas criativos e das artes do espetáculo

31. Técnicos e profissões das ciências e engenharia, de nível intermédio

35. Técnicos das tecnologias de informação e comunicação

61. Agricultores e trabalhadores qualificados da agricultura e produção animal, orientados para o mercado

62. Trabalhadores qualificados da floresta, pesca e caça, orientados para o mercado

7. Trabalhadores qualificados da indústria, construção e artífices, incluindo nomeadamente trabalhadores qualificados da metalurgia, da metalomecânica, da transformação de alimentos, da madeira, do vestuário, do artesanato, da impressão, do fabrico de instrumentos de precisão, joalheiros, artesãos, trabalhadores em eletricidade e em eletrónica.

8. Operadores de instalações e máquinas e trabalhadores da montagem, nomeadamente operadores de instalações fixas e máquinas

Os trabalhadores enquadrados nas atividades profissionais acima referidas devem ser possuidores, no mínimo, do nível 4 de qualificação do Quadro Europeu de Qualificações ou do nível 35 da Classificação Internacional Tipo da Educação ou serem detentores de cinco anos de experiência profissional devidamente comprovada.

II – Outras atividades profissionais:

Administradores e gestores de empresas promotoras de investimento produtivo, desde que afetos a projetos elegíveis e com contratos de concessão de benefícios fiscais celebrados ao abrigo do Código Fiscal do Investimento, aprovado pelo Decreto-Lei nº 162/2014, de 31 de outubro.

(Redação dada pela Portaria nº 230/2019, de 23-07)

Código do Imposto sobre o Rendimento das Pessoas Coletivas

Decreto-Lei nº 442-B/88, de 30 de Novembro

No uso da autorização legislativa concedida pela Lei nº 106/88, de 17 de Setembro, e nos termos das alíneas *a)* e *b)* do nº 1 do artigo 201º da Constituição, o Governo decreta o seguinte:

Artigo 1º – Aprovação do Código do IRC

É aprovado o Código do Imposto sobre o Rendimento das Pessoas Colectivas (IRC), que faz parte integrante do presente decreto-lei.

Artigo 2º – Entrada em vigor

O Código do IRC entra em vigor em 1 de Janeiro de 1989.

Artigo 3º – Impostos abolidos

1. Ficam abolidos, a partir da data da entrada em vigor do Código do IRC, relativamente aos sujeitos passivos deste imposto, a contribuição industrial, o imposto sobre a indústria agrícola, o imposto de mais-valias, a contribuição predial, o imposto de capitais, o imposto complementar e o imposto do selo constante da verba 134 da Tabela Geral do Imposto do Selo.

2. O disposto no número anterior não obsta a que a legislação respeitante aos impostos abolidos possa ser aplicada relativamente aos impostos respeitantes a rendimentos obtidos anteriormente à data aí indicada ou à punição das respectivas infracções, nos termos previstos nessa legislação.

3. Os impostos referidos na alínea *c)* do artigo 37º do Código da Contribuição Industrial que, nos termos do número anterior, sejam liquidados após a entrada em vigor do Código do IRC não serão dedutíveis para efeitos de determinação do lucro tributável neste imposto.

Artigo 4º – Imposto sobre o rendimento do petróleo

1. A partir da data da entrada em vigor do Código do IRC, o imposto sobre o rendimento do petróleo, nos termos em que é regulado pelo Decreto-Lei nº 625/71, de 31 de Dezembro, com as redacções que lhe foram dadas pelos Decretos-Leis nºs 256/81, de 1 de Setembro, e 440/83, de 24 de Dezembro, a que estivessem sujeitas pessoas colectivas ou outras entidades que sejam sujeitos passivos de IRC, fica substituído por este imposto.

2. Não obstante o disposto no número anterior, considera-se aplicável a legislação aí referida quanto ao imposto sobre o rendimento do petróleo relativo a rendimentos obtidos anteriormente à data no mesmo mencionada, bem como à punição das respectivas infracções, nos termos previstos nessa legislação.

3. Serão introduzidas no regime fiscal da indústria extractiva do petróleo, com as alterações decorrentes da entrada em vigor do Código do IRC, as adaptações consideradas necessárias.

Artigo 5º – Regime transitório aplicável a Macau

1. Enquanto o território de Macau se mantiver sob a administração portuguesa ficam isentos de IRC os lucros provenientes da exploração de navios ou aeronaves no tráfego interterritorial obtidos pelas entidades referidas no nº 2 do artigo 4º do Código do IRC.

2. Aos lucros obtidos pelas entidades referidas no nº 1 do artigo 4º do Código do IRC e imputáveis nos termos do mesmo a estabelecimento estável situado em Macau é aplicável o regime geral previsto nessa disposição, havendo lugar, com as necessárias adaptações, ao estabelecido na alínea *b)* do nº 2 do artigo 71º e no artigo 73º do mesmo Código.

(Redação dada pela Lei nº 39-B/94, de 27-12)

Artigo 6º – Sociedades de simples administração de bens

Não obstante o regime de transparência fiscal estabelecido na alínea *c)* do nº 1 do artigo 5º do Código do IRC, os lucros das sociedades de simples administração de bens, nas condições aí mencionadas, obtidos anteriormente à data da entrada em vigor do mesmo Código, que venham a ser posteriormente a esta colocados à disposição dos respectivos sócios, serão considerados rendimentos de aplicação de capitais e sujeitos a tributação em IRS ou IRC nos termos gerais.

(Cfr. Declaração publicada no Diário da República, nº 49, Série I, 1º Sup., de 28-02-1989)

Artigo 7º – Agrupamentos complementares de empresas

1. Ficam revogados os nºs 1, 2 e 3 da base VI da Lei nº 4/73, de 4 de Junho, na redacção que lhe foi dada pelo Decreto-Lei nº 157/81, de 11 de Junho, e o artigo 18º do Decreto-Lei nº 430/73, de 25 de Agosto.

2. Mantém-se em vigor o disposto no nº 1 do artigo 15º do Decreto-Lei nº 430/73, de 25 de Agosto.

Artigo 8º – Período de tributação

Os sujeitos passivos de IRC que, não tendo sede nem direcção efectiva em território português nele disponham, à data da entrada em vigor do Código, de estabelecimento estável, optem, nos termos do nº 2 do seu artigo 7º, por um período de tributação diferente do ano civil, deverão comunicar essa opção à Direcção-Geral das Contribuições e Impostos, no prazo de 60 dias a contar da data da entrada em vigor daquele Código, sendo aplicável, relativamente ao período decorrido desde 1 de Janeiro de 1989 até ao dia imediatamente anterior ao do início do novo período de tributação, o disposto no Código do IRC com referência ao período mencionado na alínea *d)* do nº 4 do citado artigo 7º

Artigo 9º – Obras de carácter plurianual

1. Os sujeitos passivos de IRC poderão, relativamente às obras cujo ciclo de produção ou tempo de construção seja superior a um ano, que se encontrem em curso à data de entrada em vigor do Código deste imposto, aplicar, com as necessárias adaptações, o disposto no seu artigo 19º, para efeitos de determinação da matéria colectável da contribuição industrial respeitante ao exercício de 1988.

2. Relativamente às obras plurianuais mencionadas na alínea *a)* do nº 2 do artigo 19º do Código do Imposto sobre o Rendimento das Pessoas Colectivas em curso à data da entrada em vigor do mesmo Código, pode continuar a aplicar-se, até à sua conclusão, ou durante os primeiros cinco anos de vigência do Código, se aquela conclusão ocorrer posteriormente, o critério do encerramento da obra, nos termos definidos naquele artigo.

(Redação dada pelo Decreto-Lei nº 192/90, de 09-06)

Artigo 10º – Mudança de critério valorimétrico

Tendo ocorrido, nos termos do artigo 40º do Código da Contribuição Industrial, anteriormente à entrada em vigor do Código do IRC, mudança de critério valorimétrico, o disposto na parte final do mesmo artigo é aplicável, sempre que for caso disso, para efeitos de determinação da matéria colectável de IRC.

Artigo 11º – Reintegrações resultantes de reavaliações

O regime de aceitação como custos, para efeitos de determinação da matéria colectável de IRC, das reintegrações resultantes das reavaliações efectuadas ao abrigo de legislação de carácter fiscal é, com as necessárias adaptações, o disposto nessa legislação, continuando a não ser considerado como custo, para aqueles efeitos, sempre que for caso disso, o produto de 0,4 pela importância do aumento das reintegrações anuais resultantes da reavaliação.

(Redação dada pelo Decreto-Lei nº 192/90, de 09-06)

Artigo 12º – Encargos com férias

1. Sendo, nos termos do Código do IRC, os encargos devidos por motivos de férias custos do exercício a que se reporta o direito às mesmas, os que se vençam no exercício da entrada em vigor do mesmo Código relativos a exercícios anteriores são considerados custos, para efeitos da determinação da matéria colectável do IRC, nos quatro primeiros exercícios de aplicação deste imposto numa importância igual a 25% do respectivo montante.

2. No caso de cessação da actividade anteriormente ao início do quarto exercício seguinte referido no número anterior, será considerado como custo do exercício da cessação a parte que não tiver sido ainda deduzida.

Artigo 13º – Provisões

1. Para efeitos de determinação da matéria colectável do IRC, continuará a aplicar-se o disposto na alínea *b)* do artigo 33º do Código da Contribuição Industrial aos sujeitos passivos daquele imposto que, em exercícios anteriores ao da entrada em vigor do Código do IRC, tenham constituído a provisão mencionada nessa alínea.

2. O saldo em 1 de Janeiro de 1989 das provisões a que se referem as alíneas *c)* e *d)* do artigo 33º do Código da Contribuição Industrial, aceites para efeitos fiscais com referência a exercícios anteriores, depois de deduzido o montante que delas tiver sido utilizado no exercício de 1989, nos termos que lhe eram aplicáveis, deve ser reposto nas contas de resultados dos exercícios encerrados posteriormente àquela data, para efeitos de determinação da matéria colectável de IRC, num montante até à concorrência do somatório dos seguintes valores:

a) Importância correspondente à parte dos encargos devidos por motivo de férias considerada como custo do exercício nos termos da parte final do nº 1 do artigo 12º;

b) Importância correspondente à constituição ou reforço no exercício em causa das provisões a que se referem as alíneas *a)* e *b)* do nº 1 do artigo 33º do Código do IRC.

3. O regime estabelecido no número anterior é igualmente aplicável aos saldos das provisões constituídas nos termos dos Decretos-Leis nºs 503-C/76, de 30 de Junho, e 216/78, de 2 de Agosto, que se consideram revogados.

4. Quando, ao abrigo da disciplina que vem sendo aplicada às provisões referidas no nº 2, sejam efectuadas correcções dos respectivos valores, os montantes das reposições a praticar nos termos do mesmo número serão corrigidos em conformidade.

5. O saldo referido no nº 2 será transferido para uma conta especial denominada «Provisões nos termos do Código da Contribuição Industrial», figurando a parte ainda não reposta nos termos do mesmo número no segundo membro de cada um dos balanços referentes aos exercícios encerrados posteriormente a 1 de Janeiro de 1989.

(Cfr. Declaração publicada no Diário da República, nº 49, Série I, 1º Sup., de 28-02-1989)

Artigo 14º – Reporte de prejuízos

Os prejuízos fiscais apurados para efeitos de contribuição industrial e de imposto sobre a indústria agrícola, e ainda não deduzidos, poderão sê-lo nas condições estabelecidas no artigo 43º do Código da Contribuição Industrial nos lucros tributáveis determinados para efeitos de IRC, observando-se, sempre que for caso disso, o disposto no § 3º do artigo 54º do mesmo Código e no artigo 46º do Código do IRC.

Artigo 15º – Deduções por reinvestimento ou investimento

1. Os lucros retidos e levados a reservas que tenham sido reinvestidos nos termos do artigo 44º do Código da Contribuição Industrial até ao fim do exercício imediatamente anterior ao do início de vigência do Código IRC poderão ser deduzidos, se ainda o não tiverem sido, nas condições estabelecidas no Código da Contribuição Industrial, para efeitos de determinação da matéria colectável de IRC.

2. Na determinação do limite temporal em que se deve concretizar a dedução ao lucro tributável, é aplicável, com as necessárias adaptações, o disposto no nº 5 do artigo 46º do Código do IRC, quer quanto ao período referido na alínea *d)* do nº 4 do artigo 7º do mesmo Código, quer no tocante ao período mencionado no artigo 8º deste diploma.

3. O disposto nos números anteriores é igualmente aplicável, com as necessárias adaptações, às deduções ao lucro tributável da contribuição industrial ou do imposto sobre a indústria agrícola por investimentos ou reinvestimentos efectuados até ao fim do exercício imediatamente anterior ao do início da vigência do Código do IRC, estabelecidas em legislação especial anterior a essa data, com observância do regime nela estabelecido.

Artigo 16º – Tributação pelo lucro consolidado

1. A autorização para a tributação pelo lucro consolidado nos termos do artigo 1º do Decreto-Lei nº 414/87, de 31 de Dezembro, é válida, para efeitos de IRC, pelo período restante por que tenha sido concedida e nos termos e condições em que o tenha sido.

2. Para efeitos de determinação da matéria colectável em IRC é aplicável, com as necessárias adaptações, o disposto no nº 2 do artigo 6º do Decreto-Lei nº 414/87, de 31 de Dezembro.

Artigo 17º – Liquidação de sociedades e outras entidades

Às sociedades e outras entidades que se tiverem dissolvido anteriormente à data da entrada em vigor do Código do IRC não é aplicável o disposto no seu artigo 65º, continuando sujeitas, para efeitos de IRC, com as necessárias adaptações, ao regime que lhes era aplicável no domínio dos impostos abolidos.

Artigo 18º – Tributação de rendimentos agrícolas

1. Os rendimentos dos sujeitos passivos de IRC que exerçam, a título predominante, actividades agrícolas, silvícolas ou pecuárias cujos lucros se encontravam sujeitos a imposto sobre a indústria agrícola, são tributados em IRC às seguintes taxas:

a) Rendimentos respeitantes ao exercício de 1989 – 12,5%;
b) Rendimentos respeitantes ao exercício de 1990 – 16%;
c) Rendimentos respeitantes ao exercício de 1991 – 20%;
d) Rendimentos respeitantes ao exercício de 1992 – 25%;
e) Rendimentos respeitantes ao exercício de 1993 – 31%.

2. Os rendimentos dos sujeitos passivos de IRC que exerçam a título predominante actividade pecuária intensiva serão tributados em IRC às seguintes taxas:

a) Rendimentos respeitantes ao exercício de 1989 – 20%;

b) Rendimentos respeitantes ao exercício de 1990 – 25%;

c) Rendimentos respeitantes ao exercício de 1991 – 31%.

3. Considera-se que um sujeito passivo de IRC exerce a título predominante actividades agrícolas, silvícolas ou pecuárias nas condições referidas nos números anteriores quando os proveitos respeitantes às mesmas representem, no exercício em causa, pelo menos 60% do total dos proveitos do sujeito passivo.

(Redação dada pelo Decreto-Lei nº 95/90, de 20-03)

Artigo 18º-A – Regime transitório das mais-valias e das menos-valias

1. Os ganhos ou perdas realizados por sujeitos passivos de IRC com a transmissão de acções ou partes sociais cuja aquisição tenha ocorrido antes da entrada em vigor do Código do IRC não concorrem para a formação do lucro tributável.

2. Para efeitos do número anterior, considera-se data da aquisição dos valores mobiliários cuja propriedade tenha sido adquirida pelo sujeito passivo em resultado de um processo de cisão, por incorporação de reservas ou por substituição daqueles, designadamente por alteração do valor nominal ou modificação do objecto social da sociedade emitente, a data da aquisição dos valores mobiliários que lhes deram origem.

3. Quando, nos termos do regime especial previsto no nº 9 do artigo 67º e nos artigos 70º e 71º do Código do IRC, haja lugar à valorização das participações sociais recebidas pelo mesmo valor pelo qual as antigas se encontravam registadas, considera-se, para efeitos do disposto no nº 1, data de aquisição das primeiras a que corresponder à das últimas.

(Redação dada pelo Decreto-Lei nº 221/2001, de 07-08)

Artigo 19º – Crédito fiscal por investimento

1. O desconto correspondente ao crédito fiscal por investimento estabelecido nos Decretos-Leis nºs 197-C/86, 18 de Julho, e 161/87, de 6 de Abril, que, por falta ou insuficiência da colecta da contribuição industrial, não tiver sido efectuado, poderá sê-lo na colecta do IRC nas condições temporais definidas no nº 3 do artigo 4º do Decreto-Lei nº 197-C/86, de 18 de Julho.

2. Para efeitos do disposto na parte final do número anterior, é aplicável, com as necessárias adaptações, o disposto no nº 5 do artigo 46º do Código do IRC, quer quanto ao período referido na alínea *d)* do nº 4 do artigo 7º do mesmo Código, quer no tocante ao período mencionado no artigo 8º deste diploma.

3. A dedução a que se refere o nº 1 é efectuada na ordem e nos termos indicados para as deduções estabelecidas na alínea *d)* do nº 2 do artigo 71º do Código do IRC.

Artigo 20º – Pagamento de impostos

1. A contribuição industrial e o imposto sobre a indústria agrícola relativos ao exercício de 1988, devidos por sujeitos passivos de IRC, autoliquidados no prazo legal, serão pagos em três prestações iguais, com vencimento em Junho de 1989, Maio de 1990 e Maio de 1991.

2. Para efeitos do disposto no número anterior, o pagamento da primeira prestação deverá ser efectuado no dia da apresentação da declaração modelo nº 2, mediante conhecimento modelo nº 10, processado em triplicado.

3. As prestações não referidas no número precedente serão debitadas, para cobrança, ao tesoureiro, até ao dia 15 do mês anterior ao do vencimento da primeira das prestações em dívida.

4. Aos contribuintes que não efectuem o pagamento referido no nº 2 ou que não apresentem a declaração, é aplicável o disposto no artigo 85º do Código da Contribuição Industrial.

5. Não sendo paga qualquer das prestações no mês do vencimento, começarão a correr juros de mora.

6. Passados 60 dias sobre o vencimento de qualquer prestação sem que se mostre efectuado o respectivo pagamento, haverá lugar a procedimento executivo para arrecadação da totalidade da contribuição ou imposto em dívida, considerando-se, para o efeito, vencidas as prestações ainda não pagas.

7. Os contribuintes poderão, porém, pagar integralmente a contribuição industrial ou imposto sobre a indústria agrícola na data do vencimento da primeira prestação, beneficiando neste caso de um desconto de 20%, a que acrescerá o previsto na alínea *a)* do artigo 101º do Código da Contribuição Industrial, quando for o caso.

8. O disposto nos números anteriores é aplicável, com as necessárias adaptações, ao pagamento do imposto complementar, secção B, referente ao exercício de 1988, sendo as prestações, em número de três, com vencimento em Dezembro de 1989, Novembro de 1990 e Novembro de 1991.

Artigo 21º – Pagamentos por conta

1. Durante o ano de 1989, os pagamentos por conta referidos no artigo 83º do Código do IRC serão calculadas com base na contribuição industrial e ou no imposto sobre a indústria agrícola que foram ou deveriam ter sido autoliquidados com referência ao exercício de 1988, sem a dedução do imposto de capitais – Secção B que tiver sido efectuada nos termos do artigo 89º do Código da Contribuição Industrial, por força do disposto no seu § 1º e, bem assim, da do crédito fiscal por investimento estabelecido pelos Decretos-Leis nºs 197-C/86, de 18 de Julho, e 161/86, de 6 de Abril.

2. Tratando-se de sociedades de um grupo a que seja aplicável, pela primeira vez no exercício de 1989, o regime de tributação pelo lucro consolidado, o disposto no número anterior é de observar em relação a cada uma delas, sendo o total das importâncias entregues por conta tomado em consideração para efeitos do cálculo da diferença a pagar pela sociedade dominante, ou a reembolsar-lhe nos termos do artigo 82º do Código do IRC.

Artigo 22º – Declaração de inscrição no registo

1. Os sujeitos passivos de IRC que, à data da entrada em vigor do respectivo Código, já constem dos registos da Direcção-Geral das Contribuições e Impostos, por virtude de tributação nos impostos agora abolidos, são dispensados da apresentação da declaração de inscrição no registo a que se refere o artigo 95º daquele Código.

2. Os sujeitos passivos de IRC que não se encontrem nas condições previstas no número anterior deverão apresentar a declaração de inscrição aí referida até 31 de Março de 1989.

Artigo 23º – Regulamentação da cobrança e dos reembolsos do imposto

O Governo publicará, mediante decreto-lei, a regulamentação da cobrança e dos reembolsos de IRC.

Artigo 24º – Modificações do Código do IRC

As modificações que de futuro se fizerem sobre matéria contida no Código do IRC serão consideradas como fazendo parte dele e inseridas no lugar próprio, devendo essas modificações ser sempre efectuadas por meio de substituição dos artigos alterados, supressão dos artigos inúteis ou pelo aditamento dos que forem necessários.

Visto e aprovado em Conselho de Ministros de 20 de Outubro de 1988. – *Aníbal António Cavaco Silva – Miguel José Ribeiro Cadilhe.*

Promulgado em 30 de Novembro de 1988.

Publique-se.

O Presidente da República, MÁRIO SOARES.

Referendado em 30 de Novembro de 1988.

O Primeiro-Ministro, *Aníbal António Cavaco Silva.*

Decreto-Lei nº 159/2009, de 13 de Julho

O Regulamento (CE) nº 1606/2002, do Parlamento Europeu e do Conselho, de 19 de Julho, veio introduzir a obrigação de, relativamente aos exercícios iniciados em ou após 1 de Janeiro de 2005, as sociedades com valores mobiliários cotados elaborarem as suas contas consolidadas em conformidade com as normas internacionais de contabilidade (NIC) tal como adoptadas pela União Europeia, e atribuir a cada Estado membro a opção de alargamento do âmbito de aplicação daquelas normas a outras situações, designadamente às contas anuais individuais de sociedades cotadas e às contas consolidadas e ou contas anuais individuais das restantes sociedades.

O Decreto-Lei nº 35/2005, de 17 de Fevereiro, veio consagrar a possibilidade de sociedades não cotadas sujeitas ao Plano Oficial de Contabilidade elaborarem as suas contas consolidadas em conformidade com as NIC e permitir que as entidades incluídas no âmbito da consolidação das entidades que estejam obrigadas ou que optem pela aplicação das NIC às suas contas consolidadas, desde que sejam objecto de certificação legal de contas, elaborem as suas contas anuais individuais em conformidade com aquelas normas.

Por outro lado, o Banco de Portugal veio obrigar a generalidade das entidades sujeitas à sua supervisão a elaborar as contas individuais em conformidade com as normas de contabilidade ajustadas (NCA), enquanto que o Instituto de Seguros de Portugal aprovou o novo Plano de Contas para as Empresas de Seguros (PCES), ambos convergentes com as NIC, tendo sido estabelecidos regimes transitórios, a vigorar enquanto não se introduzissem no Código do Imposto sobre o Rendimento das Pessoas Colectivas (Código do IRC) e na legislação complementar as necessárias adaptações às NIC.

Com a aprovação do Sistema de Normalização Contabilística pelo Decreto-Lei nº 158/2009, de 13 de Julho, cuja filosofia e estrutura são muito próximas das NIC, estão criadas as condições para alterar o Código do IRC e legislação complementar, por forma a adaptar as regras de determinação do lucro tributável dos sujeitos passivos às NIC.

Considerando que a estrutura actual do Código do IRC se mostra, em geral, adequada ao acolhimento do novo referencial contabilístico, manteve-se a estreita ligação entre contabilidade e fiscalidade, que se afigura como um elemento essencial para a minimização dos custos de contexto que impendem sobre os agentes económicos, procedendo-se apenas às alterações necessárias à adaptação do Código do IRC às regras emergentes do novo enquadramento contabilístico, bem como à terminologia que dele decorre.

A manutenção do modelo de dependência parcial determina, desde logo, que, sempre que não estejam estabelecidas regras fiscais próprias, se verifica o acolhimento do tratamento contabilístico decorrente das novas normas.

Ainda no domínio da aproximação entre contabilidade e fiscalidade, é aceite a aplicação do modelo do justo valor em instrumentos financeiros, cuja contrapartida seja reconhecida através de resultados, mas apenas nos casos em que a fiabilidade da determinação do justo valor esteja em princípio assegurada. Assim, excluem-se os instrumentos de capital próprio que não tenham um preço formado num mercado regulamentado. Além disso, manteve-se a aplicação do princípio da realização relativamente aos instrumentos financeiros mensurados ao justo valor cuja contrapartida seja reconhecida em capitais próprios, bem como às partes de capital que correspondam a mais de 5% do capital social, ainda que reconhecidas pelo justo valor através de resultados.

Aceita-se, igualmente, a aplicação desse modelo na valorização dos activos biológicos consumíveis que não respeitem a explorações silvícolas plurianuais, bem como nos produtos agrícolas colhidos de activos biológicos no momento da colheita.

Esta convergência entre contabilidade e fiscalidade é, ainda, evidente no acolhimento do método do custo amortizado para apuramento dos rendimentos ou gastos decorrentes da aplicação da taxa de juro efectiva, na aceitação do valor realizável líquido (embora obedecendo à definição que lhe é dada no próprio Código do IRC) para efeitos do cálculo do ajustamento dos inventários, no novo regime fiscal aplicável aos instrumentos financeiros derivados e às operações de cobertura, bem como no novo regime de contratos de construção, no âmbito do qual se prevê que o apuramento dos resultados se faça sempre segundo o método da percentagem de acabamento.

Noutros casos foi a própria alteração do referencial contabilístico que ditou a eliminação de normas próprias do sistema fiscal que se tornaram desnecessárias. É o que sucede, nomeadamente, quanto às despesas de investigação, as quais passaram a ser sempre contabilizadas como gastos no período em que sejam suportadas.

Existem, no entanto, áreas em que, para preservar os interesses e as perspectivas próprias da fiscalidade se mantêm diferentes graus de separação entre o tratamento contabilístico e o fiscal. Assim, mantêm-se as características essenciais do regime das depreciações e amortizações, adaptando-se apenas a definição do respectivo âmbito de aplicação à nova terminologia contabilística, incluindo-se nos elementos do activo sujeitos a deperecimento os activos fixos tangíveis, os activos intangíveis e as propriedades de investimento que sejam contabilizadas ao custo histórico.

No mesmo sentido, identificam-se como activos abrangidos pelo regime das mais-valias e menos-valias fiscais os activos fixos tangíveis, os activos intangíveis, as propriedades de investimento, os instrumentos financeiros, com excepção daqueles em que os ajustamentos decorrentes da aplicação do justo valor concorrem para a formação do lucro tributável no período de tributação, e ainda os activos biológicos que não sejam consumíveis. Foi, também, adaptado o regime do reinvestimento dos valores de realização, o qual abrange as propriedades de investimento.

Além disso, quanto às vendas e prestações de serviços, estabelece-se que o valor a incluir no lucro tributável é sempre o valor nominal da contraprestação recebida, evitando-se, assim, o diferimento inerente à consideração do efeito financeiro. E, no que respeita aos pagamentos com base em acções a trabalhadores e membros dos órgãos estatutários, o respectivo gasto apenas concorre para a formação do lucro tributável no período de tributação em que os respectivos direitos ou opções sejam exercidos, pelas quantias liquidadas ou pela diferença entre o valor dos instrumentos de capital próprio atribuídos e o respectivo preço de exercício pago.

Por outro lado, atendendo às dificuldades de controlo, quer da razoabilidade da decisão de reconhecimento da imparidade quer da respectiva quantificação, apenas são fiscalmente dedutíveis, anteriormente à efectiva realização, as perdas por imparidade em créditos, bem como as que consistam em desvalorizações excepcionais verificadas em activos fixos tangíveis, activos intangíveis, activos biológicos não consumíveis e propriedades de investimento provenientes de causas anormais devidamente comprovadas.

Destaque-se, ainda, a introdução da possibilidade de dedução fiscal das provisões para garantias a clientes, cujo limite é definido em função dos encargos com garantias a clientes efectivamente suportados nos três períodos de tributação anteriores, bem como de considerar como gastos os créditos incobráveis em resultado de procedimento extrajudicial de conciliação para viabilização de empresas em situação de insolvência ou em situação económica difícil mediado pelo Instituto de Apoio às Pequenas e Médias Empresas e ao Investimento (IAPMEI).

Houve, igualmente, a preocupação de eliminar os constrangimentos sobre a contabilidade decorrentes da legislação fiscal. Assim, e nomeadamente, a aplicação do regime especial de neutralidade fiscal aplicável às fusões, cisões e entradas de activos deixa de estar dependente de condições exigidas quanto à contabilização dos elementos patrimoniais transferidos e, no caso de haver correcções ao valor de transmissão de direitos reais sobre bens imóveis, deixa de ser exigido ao adquirente desses direitos a respectiva contabilização pelo valor patrimonial tributário definitivo para que o mesmo seja considerado para efeitos de determinação de qualquer resultado tributável em IRC.

Por razões de equidade, admite-se para a generalidade dos sujeitos passivos a dedução das contribuições suplementares para fundos de pensões e equiparáveis destinadas à cobertura de responsabilidades com benefícios de reforma que resultem da aplicação dos novos referenciais contabilísticos.

Foi promovida a audição da Comissão de Normalização Contabilística.

Assim:

No uso da autorização legislativa concedida pelo artigo 74º da Lei nº 64-A/2008, de 31 de Dezembro, e nos termos das alíneas *a*) e *b*) do nº 1 do artigo 198º da Constituição, o Governo decreta o seguinte:

(Cfr. Declaração de Rectificação nº 67-A/2009, de 11-09)

Artigo 1º – Objecto

O presente decreto-lei visa proceder à adaptação do Código do Imposto sobre o Rendimento das Pessoas Colectivas, doravante denominado Código do IRC, aprovado pelo Decreto-Lei nº 442-B/88, de 30 de Novembro, na redacção actual, às normas internacionais de contabilidade adoptadas pela União Europeia e ao Sistema de Normalização Contabilística (SNC), aprovado pelo Decreto-Lei nº 158/2009, de 13 de Julho.

Artigo 2º – Alterações ao Código do IRC

São alterados os artigos 18º, 19º, 20º, 21º, 22º, 23º, 24º, 25º, 26º, 28º, 29º, 31º, 32º, 33º, 34º, 35º-A, 36º, 39º, 40º, 42º, 43º, 44º, 45º, 58º-A, 68º, 70º, 71º, 72º e 113º do Código do IRC, aprovado pelo Decreto-Lei nº 442-B/88, de 30 de Novembro, que passam a ter a seguinte redacção:

(As alterações foram introduzidas no local próprio)

Artigo 3º – Aditamento ao Código do IRC

São aditados ao Código do IRC, aprovado pelo Decreto-Lei nº 442-B/88, de 30 de Novembro, os artigos 27º-A, 35º-B, 39º-A, 45º-A e 45º-B:

(Os aditamentos foram introduzidos no local próprio)

Artigo 4º – Alteração e aditamento de epígrafes ao Código do IRC

1. A subsecção II da secção II do capítulo III do Código do IRC, aprovado pelo Decreto-Lei nº 442-B/88, de 30 de Novembro, na sua redacção actual, passa a ter a epígrafe «Inventários».

2. A subsecção IV da secção II do capítulo III do Código do IRC, aprovado pelo Decreto-Lei nº 442-B/88, de 30 de Novembro, na sua redacção actual, passa a ter a epígrafe «Imparidades e provisões».

3. É aditada ao Código do Imposto sobre o Rendimento das Pessoas Colectivas, aprovado pelo Decreto-Lei nº 442-B/88, de 30 de Novembro na sua redacção actual, a subsecção VI-A, com a epígrafe «Instrumentos financeiros derivados», constituída pelo artigo 45º-A.

4. É aditada ao Código do Imposto sobre o Rendimento das Pessoas Colectivas, aprovado pelo Decreto-Lei nº 442-B/88, de 30 de Novembro, na sua redacção actual, a subsecção VI-B, com a epígrafe «Empresas de seguros», constituída pelo artigo 45º-B.

(Cfr. Declaração de Rectificação nº 67-A/2009, de 11-09)

Artigo 5º – Regime transitório

1. Os efeitos nos capitais próprios decorrentes da adopção, pela primeira vez, das normas internacionais de contabilidade adoptadas nos termos do artigo 3º do Regulamento nº 1606/2002, do Parlamento Europeu e do Conselho, de 19 de Julho, que sejam considerados fiscalmente relevantes nos termos do Código do IRC e respectiva legislação complementar, resultantes do reconhecimento ou do não reconhecimento de activos ou passivos, ou de alterações na respectiva mensuração, concorrem, em partes iguais, para a formação do lucro tributável do primeiro período de tributação em que se apliquem aquelas normas e dos quatro períodos de tributação seguintes.

2. No caso dos investimentos que, no momento da transição, estejam a representar provisões técnicas do seguro de vida com participação nos resultados, e dos investimentos relativos a seguros de vida em que o risco de investimento seja suportado pelo tomador de seguro, bem como daqueles que, em exercícios anteriores, tenham estado afectos a essas carteiras de investimento, considera-se que o seu custo de aquisição, para efeitos fiscais, é o que corresponda ao valor contabilístico no momento da transição, ou ao valor de mercado da data da transferência de ou para essas carteiras, respectivamente.

3. Os ajustamentos a que se referem os números anteriores devem ser devidamente evidenciados no processo de documentação fiscal previsto no artigo 130º do Código do IRC, de acordo com a renumeração introduzida.

4. Às mais-valias ou menos-valias de elementos do activo imobilizado que tenham beneficiado do regime de reinvestimento previsto no anterior artigo 45º do Código do IRC e cujos valores de realização ainda não tenham sido objecto de reinvestimento é aplicável o disposto na nova redacção deste artigo, mantendo-se, todavia, o prazo original para a concretização desse reinvestimento.

5. O regime transitório estabelecido nos números anteriores é igualmente aplicável à adopção, pela primeira vez, do Sistema de Normalização Contabilística, aprovado pelo Decreto-Lei nº 158/2009, de 13 de Julho, das Normas de Contabilidade Ajustadas, aprovadas pelo Aviso do Banco de Portugal nº 1/2005, ou do Plano de Contas para as Empresas de Seguros, aprovado pela Norma Regulamentar nº 4/2007-R, de 27 de Abril, do Instituto de Seguros de Portugal, sem prejuízo de, relativamente às entidades que já vinham aplicando estes novos referenciais contabilísticos, o período referido no nº 1 se contar a partir do período de tributação em que os mesmos tenham sido adoptados pela primeira vez.

6. Relativamente às entidades que tenham optado, nos termos do Decreto-Lei nº 35/2005, de 17 de Fevereiro, por elaborar as respectivas contas individuais em conformidade com as normas internacionais de contabilidade adoptadas nos termos do artigo 3º do Regulamento (CE) nº 1606/2002, do Parlamento Europeu e do Conselho, de 19 de Julho, os efeitos a que se refere o nº 1 deste artigo são apurados tomando por referência as contas individuais, organizadas de acordo com a normalização contabilística nacional, previstas no artigo 14º daquele decreto-lei.

Artigo 5º-A – Regime transitório nos contratos de concessão de sistemas multimunicipais

1. Para as entidades gestoras de sistemas multimunicipais de abastecimento de água, saneamento ou resíduos urbanos que beneficiaram da dedutibilidade fiscal das amortizações do investimento contratual não realizado até à entrada em vigor do presente decreto-lei, o prazo a que se refere o nº 1 do artigo anterior corresponde aos períodos de tributação remanescentes do contrato de concessão em vigor no final de cada exercício.

2. O disposto no número anterior tem natureza interpretativa.

(Aditado pela Lei nº 66-B/2012, de 31-12)

Artigo 6º – Revogação de disposições do Código do IRC, da Lei nº 53-A/2006, de 29 de Dezembro, e do Decreto-Lei nº 442-B/88, de 30 de Novembro

1. São revogados os nºs 4, 5 e 6 do artigo 19º, os nºs 3 e 4 e a alínea *c*) do nº 5 do artigo 23º, os nºs 2, 3, 4 e 5 do artigo 24º, o artigo 37º, o nº 4 do artigo 71º e os artigos 78º e 79º do Código do IRC, aprovado pelo Decreto-Lei nº 442-B/88, de 30 de Novembro, na redacção actual.

2. São também revogados os regimes transitórios previstos nos nºs 2 e 3 do artigo 57º da Lei nº 53-A/2006, de 29 de Dezembro, e no Decreto-Lei nº 237/2008, de 15 de Dezembro.

Artigo 7º – Renumeração e remissões

1. Os artigos do Código do IRC, aprovado pelo Decreto-Lei nº 442-B/88, de 30 de Novembro, na sua redacção actual, são renumerados de acordo com a tabela de correspondência constante do anexo I do presente decreto-lei e que dele faz parte integrante.

2. Com a renumeração a que se refere o número anterior são ainda eliminadas as disposições já revogadas por força desta e de anteriores alterações introduzidas ao Código do IRC.

3. Todas as remissões para preceitos do Código do IRC na redacção anterior à da revisão a que ora se procede consideram-se efectuadas para as disposições correspondentes resultantes da nova redacção.

Artigo 8º – Republicação e adaptação da terminologia fiscal à contabilística

1. É republicado, no anexo II ao presente decreto-lei, do qual faz parte integrante, o Código do IRC.

2. Na presente republicação são, em particular, adaptados os seguintes conceitos e terminologia fiscais, aproximando-os dos utilizados nas normas internacionais de contabilidade adoptadas pela União Europeia e no sistema de normalização contabilística:

a) As «existências» passam a designar-se «inventários» ou «activos biológicos»;

b) O «imobilizado incorpóreo» passa a designar-se «activo intangível»;

c) O «imobilizado corpóreo» passa a designar-se «activo fixo tangível»;

d) As «provisões (activo)» passam a designar-se «ajustamentos»;

e) A terminologia «reintegração e amortização» é substituída pela terminologia «depreciação e amortização»;

f) O conceito «custos e perdas» é substituído pelo conceito «gastos»;

g) O conceito «proveitos e ganhos» é substituído pelo conceito «rendimentos»;

h) A terminologia «reposições de provisões (activo)» é substituída pela terminologia «reversões de ajustamentos».

(Cfr. Declaração de Rectificação nº 67-A/2009, de 11-09)

Artigo 9º – Produção de efeitos

O presente decreto-lei aplica-se aos períodos de tributação que se iniciem em, ou após, 1 de Janeiro de 2010.

Visto e aprovado em Conselho de Ministros de 23 de Abril de 2009. – *José Sócrates Carvalho Pinto de Sousa – Fernando Teixeira dos Santos.*

Promulgado em 30 de Junho de 2009.

Publique-se.

O Presidente da República, ANÍBAL CAVACO SILVA.

Referendado em 1 de Julho de 2009.

O Primeiro-Ministro, *José Sócrates Carvalho Pinto de Sousa.*

Lei nº 2/2014, de 16 de Janeiro

Procede à reforma da tributação das sociedades, alterando o Código do Imposto sobre o Rendimento das Pessoas Coletivas, aprovado pelo Decreto-Lei nº 442-B/88, de 30 de novembro, o Decreto Regulamentar nº 25/2009, de 14 de setembro, e o Código do Imposto sobre o Rendimento das Pessoas Singulares, aprovado pelo Decreto-Lei nº 442-A/88, de 30 de novembro

A Assembleia da República decreta, nos termos da alínea *c)* do artigo 161º da Constituição, o seguinte:

Artigo 1º – Objeto

A presente lei procede à reforma da tributação das sociedades, alterando o Código do Imposto sobre o Rendimento das Pessoas Coletivas (Código do IRC), aprovado pelo Decreto-Lei nº 442-B/88, de 30 de novembro, o Decreto Regulamentar nº 25/ /2009, de 14 de setembro, alterado pela Lei nº 64-B/2011, de 30 de dezembro, e o Código do Imposto sobre o Rendimento das Pessoas Singulares, aprovado pelo Decreto-Lei nº 442-A/88, de 30 de novembro.

Artigo 2º – Alteração ao Código do Imposto sobre o Rendimento das Pessoas Coletivas

Os artigos 6º, 8º, 14º, 15º, 16º, 18º a 24º, 26º a 34º, 40º, 41º, 43º, 46º, 48º, 51º a 55º, 63º, 66º a 71º, 73º a 76º, 78º, 81º, 83º, 84º, 87º, 87º-A, 88º, 90º a 95º, 97º, 98º, 103º, 104º, 105º a 106º, 111º, 118º, 120º, 123º, 130º e 138º do Código do IRC, aprovado pelo Decreto-Lei nº 442-B/88, de 30 de novembro, passam a ter a seguinte redação:

(As alterações foram introduzidas no local próprio.)

Artigo 3º – Aditamento ao Código do Imposto sobre o Rendimento das Pessoas Coletivas

São aditados ao Código do IRC, aprovado pelo Decreto-Lei nº 442-B/88, de 30 de novembro, os artigos 23º-A, 28º-A, 28º-B, 28º-C, 31º-A, 31º-B, 45º-A, 47º-A,

50º-A, 51º-A, 51º-B, 51º-C, 51º-D, 54º-A, 75º-A, 86º-A, 86º-B e 91º-A, com a seguinte redação:

(Os aditamentos foram introduzidas no local próprio.)

Artigo 4º – Alteração ao Decreto Regulamentar nº 25/2009, de 14 de setembro

1. O artigo 2º do Decreto Regulamentar nº 25/2009, de 14 de setembro, alterado pela Lei nº 64-B/2011, de 30 de dezembro, passa a ter a seguinte redação:

(A alteração foi introduzida no local próprio.)

2. A percentagem da taxa específica respeitante a «Bosques e florestas» referida no «Grupo 1 – Agricultura, silvicultura e pecuária» da «Divisão I – Agricultura, silvicultura, pecuária e pesca» da «Tabela I – Taxas específicas» do Decreto Regulamentar nº 25/2009, de 14 de setembro, alterado pela Lei nº 64-B/2011, de 30 de dezembro, passa a ter a seguinte redação:

(A alteração foi introduzida no local próprio.)

Artigo 5º – Alteração ao Código do Imposto sobre o Rendimento das Pessoas Singulares

O artigo 32º do Código do Imposto sobre o Rendimento das Pessoas Singulares (Código do IRS) aprovado pelo Decreto-Lei nº 442-A/88, de 30 de novembro, passa a ter a seguinte redação:

(A alteração foi introduzida no local próprio.)

Artigo 6º – Alargamento do regime simplificado

Após uma primeira avaliação da aplicação do regime simplificado de determinação da matéria coletável em IRC, será ponderado o alargamento gradual deste regime às empresas que podem beneficiar do regime de IVA de caixa, tendo nomeadamente em conta as respetivas implicações no regime simplificado de IRS.

Artigo 7º – Regime de normalização contabilística aplicável às entidades do regime simplificado

Não obstante o disposto na alínea *c*) do nº 1 do artigo 2º do Decreto-Lei nº 36-A/2011, de 9 de março, as empresas que apliquem o regime simplificado de tributação previsto no artigo 86º-A do Código do IRC podem adotar o regime de normalização contabilística para microentidades previsto naquele diploma, independentemente do número de trabalhadores.

Artigo 8º – Evolução das taxas

1. Tendo em conta os resultados alcançados pela reforma da tributação do rendimento das pessoas coletivas operada pela presente lei e em função da avaliação da evolução da situação económica e financeira do país, a taxa prevista no nº 1 do artigo 87º do Código do IRC deve ser reduzida nos próximos anos, ponderando, simultaneamente, a reformulação dos regimes do IVA e do IRS, especialmente no que diz respeito à redução das taxas destes impostos.

2. A redução da taxa de IRC prevista no número anterior para 21% em 2015, bem como a sua fixação num intervalo entre 17% e 19% em 2016, será objeto de análise e ponderação por uma comissão de monitorização da reforma a constituir para o efeito.

Artigo 9º – Remuneração convencional do capital social
(Revogado pelo Decreto-Lei nº 162/2014, de 31-10)

Artigo 10º – Regime da interioridade

Tendo em conta os resultados alcançados pela reforma da tributação do rendimento das pessoas coletivas operada pela presente lei e em função de uma avaliação e da evolução da situação económica e financeira do país, o Governo deverá estudar a viabilidade de introduzir um regime de benefício fiscal, que reforce a coesão territorial e a criação de emprego, atribuível a empresas que exerçam, diretamente e a título principal, a sua atividade económica em áreas territoriais delimitadas de acordo com critérios que atendam, especialmente:

a) À baixa densidade populacional;
b) Ao índice de compensação ou carência fiscal; e
c) À desigualdade de oportunidades sociais, económicas e culturais.

Artigo 11º – Alterações sistemáticas

1. A subsecção II da secção II do capítulo III do Código do IRC, composta pelos artigos 26º a 28º-C, passa a ter por epígrafe «Mensuração e perdas por imparidades em ativos correntes».

2. A subsecção III da secção II do capítulo III do Código do IRC, composta pelos artigos 29º a 34º, passa a ter por epígrafe «Depreciações, amortizações e perdas por imparidades em ativos não correntes».

3. A subsecção IV da secção II do capítulo III do Código do IRC, composta pelos artigos 35º a 38º, passa a ter por epígrafe «Imparidades».

4. A subsecção IX da secção II do capítulo III do Código do IRC, composta pelos artigos 51º a 51º-D, passa a ter por epígrafe «Dedução de lucros e reservas distribuídos e de mais e menos-valias realizadas com a transmissão onerosa de partes sociais».

5. São aditadas à secção II do capítulo III a subsecção IV-A, composta pelos artigos 39º e 40º, com a epígrafe «Provisões», e a subsecção VIII-A, composta pelo artigo 50º-A, com a epígrafe «Rendimentos de patentes e outros direitos de propriedade industrial».

6. São aditadas ao capítulo III do Código do IRC a secção III-A, composta pelo artigo 54º-A, com a epígrafe «Estabelecimentos estáveis de entidades residentes», e a secção VII, composta pelos artigos 86º-A e 86º-B, com a epígrafe «Regime simplificado de determinação da matéria coletável».

Artigo 12º – Disposições finais e transitórias

1. O disposto no nº 1 do artigo 45º-A do Código do IRC, na redação dada pela presente lei, aplica-se apenas aos ativos adquiridos em ou após 1 de janeiro de 2014.

2. O disposto no artigo 50º-A do Código do IRC, na redação dada pela presente lei, aplica-se apenas às patentes e aos desenhos ou modelos industriais registados em ou após 1 de janeiro de 2014.

3. O disposto no artigo 51º-C do Código do IRC, na redação dada pela presente lei, é aplicável à parte da diferença positiva entre as mais-valias e as menos-valias, realizadas antes de 1 de janeiro de 2001, ainda não incluída no lucro tributável nos termos do disposto nas alíneas *a*) e *b*) do nº 7 do artigo 7º da Lei nº 30-G/2000, de 29 de dezembro, ou do nº 8 do artigo 32º da Lei nº 109-B/2001, de 27 de dezembro, quando o reinvestimento tenha sido concretizado, no respetivo prazo legal, na aquisição de partes sociais.

4. Os grupos de sociedades a que foi concedida autorização para aplicação do regime de tributação pelo lucro consolidado, cujo período de validade ainda estivesse em curso à data da entrada em vigor da Lei nº 30-G/2000, de 29 de dezembro, que tenham optado por passar a aplicar o regime especial de tributação dos grupos a partir do período de tributação que se iniciou no ano de 2001 e que, em virtude das alterações introduzidas ao artigo 69º do Código do IRC, a sociedade dominante passe a ser dominada por outra sociedade que reúna os requisitos para ser considerada sociedade dominante e que esta opte pela inclusão das sociedades no grupo do qual seja, ou passe a ser em virtude daquelas alterações, sociedade dominante, aos resultados internos ainda pendentes de incorporação no lucro tributável pode continuar a ser concedido o tratamento que vinha sendo adotado até ao fim do período de tributação que se iniciou em 2000.

5. A redação dada pela presente lei aos nºs 1 e 4 do artigo 52º do Código do IRC aplica-se aos prejuízos fiscais apurados em períodos de tributação que se iniciem em ou após 1 de janeiro de 2014.

6. O disposto no nº 2 do artigo 52º do Código do IRC é aplicável à dedução, aos lucros tributáveis dos períodos de tributação que se iniciem em ou após 1 de janeiro de 2014, dos prejuízos fiscais apurados em períodos de tributação anteriores a 1 de janeiro de 2014, ou em curso nesta data.

7. Nos períodos de tributação iniciados entre 2014 e 2017, o limite referido na alínea *b*) do nº 1 do artigo 67º do Código do IRC, sem prejuízo do limite máximo dedutível previsto no nº 3 do mesmo artigo, é de 60% em 2014, 50% em 2015, 40% em 2016 e 30% em 2017.

8. A redação dada pela presente lei aos nºs 3 a 6 do artigo 76º do Código do IRC aplica-se às operações que se realizem em ou após 1 de janeiro de 2014.

9. A redação conferida pela presente lei aos artigos 87º-A e 105º-A do Código do IRC aplica-se apenas aos lucros tributáveis referentes aos períodos de tributação que se iniciem em ou após 1 de janeiro de 2014.

10. A redação dada pela presente lei ao nº 3 do artigo 88º do Código do IRC aplica-se aos encargos efetuados ou suportados por sujeitos passivos relacionados com todas as viaturas ligeiras de passageiros, motos ou motociclos, excluindo os veículos movidos exclusivamente a energia elétrica, independentemente da respetiva data de aquisição ou locação.

11. A redação dada pela presente lei ao artigo 93º do Código do IRC aplica-se aos pagamentos especiais por conta relativos aos períodos de tributação que se iniciem em ou após 1 de janeiro de 2014.

12. Para efeitos do cálculo da percentagem a que se refere o nº 4 do artigo 51º-C do Código do IRC apenas se consideram os imóveis adquiridos em ou após 1 de janeiro de 2014.

13. Até ao final de 2014, o Governo deve aprovar os diplomas necessários à redução das obrigações declarativas das empresas que adiram ao regime simplificado, nomeadamente através da simplificação da Informação Empresarial Simplificada (IES) tendo em vista a sua adaptação à aplicação desse regime a estas empresas.

14. O novo prazo previsto nos artigos 14º, 51º, 51º-A, 51º-C e 91º-A do Código do IRC, na redação resultante da presente lei, aplica-se às participações detidas à data de entrada em vigor da presente lei, bem como às participações que venham a ser adquiridas em momento posterior, computando-se na contagem daquele prazo o período decorrido até aquela data.

Artigo 13º – Norma revogatória

São revogados os nºs 10 e 11 do artigo 14º, o nº 5 do artigo 23º, a alínea *e*) do nº 1 do artigo 26º, nºs 4 a 7 do artigo 30º, os artigos 35º, 36º, 37º e 38º, o nº 2 do artigo 41º, o artigo 45º, os nºs 4 e 7 do artigo 48º, os nºs 11 e 12 do artigo 51º, o artigo 65º, a alínea *f*) do nº 4 e as alíneas *d*) e *e*) do nº 8 e alínea *b*) do nº 9 do artigo 69º, o nº 8 do artigo 74º, o nº 2 do artigo 75º, o artigo 85º, o nº 4 do artigo 88º, o nº 7 do artigo 120º e o nº 3 do artigo 140º do Código do IRC, aprovado pelo Decreto-Lei nº 442-B/88, de 30 de novembro.

Artigo 14º – Produção de efeitos

Sem prejuízo do disposto no artigo 8º, a presente lei aplica-se aos períodos de tributação que se iniciem, ou aos factos tributários que ocorram, em ou após 1 de janeiro de 2014.

Artigo 15º – Republicação

1. É republicado, em anexo à presente lei, da qual faz parte integrante, o Código do IRC, aprovado pelo Decreto-Lei nº 442-B/88, de 30 de novembro, com a redação atual, e demais correções materiais.

2. Para efeitos de republicação onde se lê: «Ministro das Finanças» e «Direção-Geral dos Impostos» deve ler-se, respetivamente «membro do Governo responsável pela área das finanças» e «Autoridade Tributária e Aduaneira».

Aprovada em 20 de dezembro de 2013.

A Presidente da Assembleia da República, *Maria da Assunção A. Esteves.*

Promulgada em 7 de janeiro de 2014.

Publique-se.

O Presidente da República, ANÍBAL CAVACO SILVA.

Referendada em 9 de janeiro de 2014.

O Primeiro-Ministro, *Pedro Passos Coelho*.

Código do Imposto sobre o Rendimento das Pessoas Coletivas*

1. Na reforma dos anos 60 a tributação do rendimento das pessoas coletivas foi estabelecida em termos substancialmente análogos à das pessoas singulares, com diferenças significativas apenas no domínio da contribuição industrial e do imposto complementar.

Com efeito, apesar de a contribuição industrial ter sido concebida nos moldes tradicionais de imposto parcelar para a generalidade dos contribuintes, no domínio das sociedades e, especialmente, com a inclusão, em 1986, de todas elas no grupo A, pode dizer-se que esse imposto, pelo facto de incidir sobre o lucro global determinado com base na contabilidade, constituía já um embrião de um verdadeiro imposto de sociedades.

Por sua vez, ao contrário do que sucedia com o imposto complementar das demais pessoas coletivas, onde se processava a globalização dos rendimentos sujeitos a impostos parcelares, o imposto complementar sobre as sociedades, na última fase da sua vigência, apenas retoma o lucro que já tinha servido de base à contribuição industrial, pelo que só encontrava verdadeira justificação nos objetivos que desde o início o determinaram, ou seja, o preenchimento de lacunas de tributação ao nível dos sócios quanto aos lucros não distribuídos.

Com a recente reformulação do imposto sobre a indústria agrícola e sua efetiva aplicação, após o largo período de tempo em que se encontrou suspenso, ficaram criadas as condições para a introdução de um imposto sobre o rendimento das pessoas coletivas (IRC), ao lado de um imposto sobre o rendimento das pessoas singulares (IRS).

2. O IRC não representa, no entanto, apenas o culminar de uma tendência de evolução que se foi desenhando no domínio do sistema fiscal anterior. Com efeito, ao proceder-se a uma reformulação geral da tributação do rendimento, verteram-se para o IRC as suas linhas norteadoras, designadamente as referentes ao alargamento

* Texto de acordo com a republicação da Lei nº 2/2014, de 16 de Janeiro.

da base tributável, à moderação dos níveis de tributação e à necessária articulação entre IRS e IRC.

De resto, são esses os princípios que têm igualmente moldado as mais recentes reformas ao nível internacional, tendo-se acolhido no IRC, com as adaptações impostas pelos condicionalismos económico-financeiros do nosso país, algumas das soluções legislativas que vêm sendo consagradas em consequência dessas reformas.

Mereceu também especial atenção a necessidade de pela via de tributação não se criarem dificuldades à inserção de uma pequena economia aberta, como a portuguesa, no quadro de um mercado caraterizado por elevados níveis de concorrência, o que levou à consideração, em especial, dos sistemas de tributação vigentes nos países da CEE. Aliás, embora a harmonização fiscal comunitária no domínio dos impostos sobre o rendimento se encontre ainda em fase relativamente atrasada, não deixaram de se ter em conta os elementos que a esse propósito foram já objeto de algum consenso.

3. A designação o conferida a este imposto – imposto sobre o rendimento das pessoas coletivas – dá, desde logo, uma ideia sobre o respetivo âmbito de aplicação pessoal. O IRC incide sobre todas as pessoas coletivas de direito público ou privado com sede ou direção efetiva em território português. O ponto de partida para a definição da incidência subjetiva foi, assim, o atributo da personalidade jurídica.

No entanto, sujeitaram-se igualmente a IRC entidades com sede ou direção efetiva em território português que, embora desprovidas de personalidade jurídica, obtêm rendimentos que não se encontram sujeitos a pessoas singulares ou coletivas que as integram. Deste modo, consideram-se passíveis de imposto determinados entes de facto, quando razões de ordem técnica ou outras tornem particularmente difícil uma tributação individualizada, evitando-se que a existência de tributação ou o imposto aplicável fiquem dependentes da regularidade do processo de formação dos entes coletivos.

Aplica-se ainda o IRC às entidades, com ou sem personalidade jurídica, que não tenham sede ou direção efetiva em território português mas nele obtenham rendimentos, desde que não se encontrem sujeitas a IRS – o que igualmente impede a existência de soluções de vazio legal relativamente a entidades não residentes que obtenham rendimentos em Portugal.

Importa ainda sublinhar que, com objetivos de neutralidade, combate à evasão fiscal e eliminação da denominada dupla tributação económica dos lucros distribuídos aos sócios, se adotam em relação a certas sociedades um regime de transparência fiscal. O mesmo carateriza-se pela imputação aos sócios da parte do lucro que lhes corresponder, independentemente da sua distribuição.

Este regime é igualmente aplicável aos agrupamentos complementares de empresas e aos agrupamentos europeus de interesse económico.

4. Para efeitos da definição do rendimento que se encontra sujeito a IRC, houve, naturalmente, que tomar como ponto de partida o facto de ter de ser feita uma distinção fundamental, conforme se trate de entidades residentes e de entidades não residentes. É que, enquanto as primeiras estão sujeitas a imposto por obrigação pessoal – o que implica a inclusão na base tributável da totalidade dos seus rendimentos, independentemente do local onde foram obtidos –, já as segundas se encontram sujeitas por obrigação real – o que limita a inclusão na base tributável dos rendimentos obtidos em território português.

Num caso e noutro não era, porém, possível deixar de fazer outras distinções, sempre visando encontrar um recorte da incidência real e, consequentemente, da matéria coletável que melhor atendesse à especificidade de grandes grupos do vasto e multiforme universo de sujeitos passivos. Essa segmentação deveria, por outro lado, ajustar-se, na medida do possível, às diferenciações quanto ao nível de tributação que se desejasse concretizar através das taxas do IRC.

Assim, as entidades residentes são divididas em duas categorias, conforme exerçam ou não a título principal uma atividade de natureza comercial, industrial ou agrícola.

Quanto às que exerçam, a título principal, essas atividades (e considera-se que é sempre esse o caso das sociedades comerciais ou civis sob a forma comercial, das cooperativas e das empresas públicas), o IRC incide sobre o respetivo lucro. No que toca às restantes, o IRC incide sobre o rendimento global, correspondente à soma dos rendimentos das diversas categorias consideradas para efeitos de IRS.

Relativamente às entidades não residentes, distingue-se consoante as mesmas disponham ou não de estabelecimento estável em Portugal. No primeiro caso, o IRC incide sobre o lucro imputável ao estabelecimento estável. No segundo, o IRC incide sobre os rendimentos das diversas categorias consideradas para efeitos de IRS, o mesmo acontecendo quanto aos rendimentos de contribuintes que, embora possuindo estabelecimento estável em Portugal, não sejam imputáveis a esse estabelecimento.

O conceito de lucro tributável que se acolhe em IRC tem em conta a evolução que se tem registado em grande parte das legislações de outros países no sentido da adoção, para efeitos fiscais, de uma noção extensiva de rendimento, de acordo com a chamada teoria do incremento patrimonial.

5. Esse conceito – que está também em sintonia com os objetivos de alargamento da base tributável visados pela presente reforma – é explicitamente acolhido no Código, ao reportar-se o lucro à diferença entre o património líquido no fim e no início do período de tributação.

Deste modo, relativamente ao sistema anteriormente em vigor, o IRC funde, através da noção de lucro, a base de incidência da contribuição industrial, do imposto de mais-valias relativo à transmissão a título oneroso de elementos do ativo imobilizado, incluindo os terrenos para construção e as partes sociais que o integram. E vai mais longe na preocupação de dar um tratamento equitativo às diferentes situações, quer por automaticamente incluir na sua base tributável certos ganhos – como os subsídios não destinados à exploração ou as indemnizações – que, pelo menos em parte, não eram tributados, quer por alargá-las aos lucros imputáveis ao exercício da indústria extrativa do petróleo, até agora não abrangidos no regime geral de tributação.

Entre as consequências que este conceito alargado de lucro implica está a inclusão no mesmo das mais-valias e menos-valias, ainda que, por motivos de índole económica, limitada, às que tiverem sido realizadas. A realização é, porém, entendida em sentido lato, de modo a abranger quer os chamados ganhos de capital voluntários (v.g. derivados da venda ou troca), quer os denominados ganhos de capital involuntários (v.g. resultantes de expropriações ou indemnização por destruição ou roubo). No entanto, para assegurar a continuidade de exploração das empresas, prevê-se a exclusão da tributação de mais-valias relativas a ativo imobilizado corpóreo, sempre que o respetivo valor de realização seja investido, dentro de determinado prazo, na aquisição, fabrico ou construção de elementos do ativo imobilizado. Este esquema é, aliás similar ao usado em muitos países europeus.

6. Referiu-se já que a extensão da obrigação de imposto depende da localização da sede ou direção efetiva do sujeito passivo, o que obrigou a precisar, no caso destas se situarem no estrangeiro, quando é que os rendimentos se consideram obtidos em território português. Na escolha dos elementos de conexão relevantes para o efeito tiveram-se em conta não só a natureza dos rendimentos, como também a situação e interesses do País, enquanto território predominantemente fonte de rendimentos.

Por isso se adotou um conceito amplo de estabelecimento estável e ainda, embora de forma limitada, o denominado princípio da atração do estabelecimento estável.

7. Embora o rendimento das unidades económicas flua em continuidade e, por isso, exista sempre algo de convencional na sua segmentação temporal, há, geralmente, necessidade de proceder à divisão da vida das empresas em períodos e determinar em cada um deles um resultado que se toma para efeitos de tributação.

Considera-se que esses períodos devem ter, em princípio, a duração de um ano. Apenas em casos expressamente enumerados se admite, por força das circunstâncias, uma duração inferior, e somente num uma duração superior.

Este refere-se às sociedades e outras entidades em liquidação, em que não se encontram razões, desde que a liquidação se verifique em prazo conveniente, para não tomar em termos unitários para efeitos fiscais todo o período de liquidação.

Adotada a anualidade como regra para os períodos de imposto, a outra questão a resolver tem que ver com as datas de início e de termo de cada período. Também aqui se mantém a prática já há muito seguida entre nós de fazer corresponder cada período ao ano civil. Poderá justificar-se, porém, em alguns casos, a adoção de um período anual diferente, pelo que essa possibilidade é explicitamente admitida e regulada.

A periodização do lucro é origem de outros complexos problemas, estando o principal relacionado com o facto de cada exercício ser independente dos restantes para efeitos de tributação. Essa independência é, no entanto, atenuada mediante certas regras de determinação da matéria coletável, especialmente através do reporte de prejuízos.

Consagra-se, assim, a solidariedade dos exercícios, o que se faz em moldes idênticos aos que vigoravam no sistema anterior, ou seja, na modalidade de reporte para diante até um máximo de cinco anos.

8. Tendo-se optado por excluir da sujeição a IRC o Estado, as regiões autónomas e as autarquias locais, consagram-se no Código as isenções subjetivas que, pela sua natureza e estabilidade, se entendeu que nele deviam figurar.

Na delimitação das entidades abrangidas houve a preocupação de reduzir as isenções estabelecidas apenas aos casos de reconhecido interesse público, tendo-se condicionado algumas delas à verificação de determinados pressupostos objetivos, o que acentua o seu carácter excecional e permite a respetiva adequação aos objetivos de política económica e social prosseguidos. O critério adotado não impede que outros desagravamentos fiscais de natureza conjuntural venham a ser estabelecidos em legislação especial sobre benefícios fiscais.

9. Na determinação da matéria coletável concretiza-se operacionalmente o conceito de rendimento adotado, indicando a metodologia a seguir para o respetivo cálculo.

Daí que, tal como para a definição de rendimento, também a este propósito se tenha de fazer uma diferenciação, conforme os contribuintes de que se trate. São, no entanto, as regras relativas à determinação do lucro tributável das entidades residentes que exercem, a título principal, atividades de natureza comercial, industrial ou agrícola que constituem naturalmente o núcleo central do capítulo, cuja influência se projeta não só em outros contribuintes do IRC, mas também nas correspondentes categorias de rendimento do IRS.

Em qualquer caso, procura-se sempre tributar o rendimento real efetivo, que, para o caso das empresas, é mesmo um imperativo constitucional. Com corolário desse princípio, é a declaração do contribuinte, controlada pela administração fiscal, que constitui a base da determinação da matéria coletável.

A determinação do lucro tributável por métodos indiciários é consequentemente, circunscrita aos casos expressamente enumerados na lei, que são reduzidos ao mínimo possível, apenas se verificando quando tenha lugar em resultado de anomalias e incorreções da contabilidade, se não for de todo possível efetuar esse cálculo com base nesta. Por outro lado, enunciam-se os critérios técnicos que a administração fiscal deve, em princípio, seguir para efetuar a determinação do lucro tributável por métodos indiciários, garantindo-se ao contribuinte os adequados meios de defesa, que incluem – o que é um reconhecimento da maior importância – a própria impugnabilidade do quantitativo fixado.

10. Dado que a tributação incide sobre a realidade económica constituída pelo lucro, é natural que a contabilidade, como instrumento de medida e informação dessa realidade, desempenhe um papel essencial como suporte da determinação do lucro tributável.

As relações entre contabilidade e fiscalidade são, no entanto, um domínio que tem sido marcado por uma certa controvérsia e onde, por isso, são possíveis diferentes modos de conceber essas relações. Afastadas uma separação absoluta ou uma identificação total, continua a privilegiar-se uma solução marcada pelo realismo e que, no essencial, consiste em fazer reportar, na origem, o lucro tributável ao resultado contabilístico ao qual se introduzem, extra contabilisticamente, as correções – positivas ou negativas – enunciadas na lei para tomar em consideração os objetivos e condicionalismos próprios da fiscalidade.

Embora para concretizar a noção ampla de lucro tributável acolhida fosse possível adotar como ponto de referência o resultado apurado através da diferença entre os capitais próprios no fim e no início do exercício, mantém-se a metodologia tradicional de reportar o lucro tributável ao resultado líquido do exercício constante da demonstração de resultados líquidos, a que acrescem as variações patrimoniais positivas e negativas verificadas no mesmo e não refletidas naquele resultado.

Nas demais regras enunciadas a propósito dos aspetos que se entendeu dever regular refletiu-se, sempre que possível, a preocupação de aproximar a fiscalidade da contabilidade.

É assim que, quanto a reintegrações e amortizações, se dá uma maior flexibilidade ao respetivo regime, podendo o contribuinte, relativamente à maior parte do ativo imobilizado corpóreo, optar pelo método das quotas constantes ou pelo método das quotas degressivas, o que constituirá, por certo, um fator positivo para o crescimento do investimento.

No domínio particularmente sensível das provisões para créditos de cobrança duvidosa e para depreciação das existências acolhem-se as regras contabilísticas geralmente adotadas, o que permite um alinhamento da legislação fiscal portuguesa com as soluções dominantes ao nível internacional.

11. Uma reforma da tributação dos lucros não pode ignorar a evolução das estruturas empresariais, antes há-de encontrar o quadro normativo que, obedecendo a princípios de eficiência e equidade, melhor se ajuste a essas mutações.

A existência de grupos de sociedades que constituem uma unidade económica é uma das realidades atuais que deve merecer um adequado tratamento fiscal, na esteira, aliás, do que vem acontecendo noutras legislações. Os estudos preparatórios desenvolvidos a propósito do IRC permitiram já a publicação do Decreto-Lei nº 414/87, de 31 de dezembro, cuja disciplina geral, possibilitando a tributação do lucro consolidado, se reproduz neste Código e contém as virtualidades suficientes para poder ser desenvolvida à luz da experiência que for sendo retirada da sua aplicação.

Outra área onde se faz sentir a necessidade de a fiscalidade adotar uma postura de neutralidade é a que se relaciona com as fusões e cisões de empresas. É que a reorganização e o fortalecimento do tecido empresarial não devem ser dificultados, mas antes incentivados, pelo que, refletindo, em termos gerais, o consenso que, ao nível dos países da CEE, tem vindo a ganhar corpo neste domínio, criam-se condições para que aquelas operações não encontrem qualquer obstáculo fiscal à sua efetivação, desde que, pela forma como se processam, esteja garantido que apenas visam um adequado redimensionamento das unidades económicas.

12. Na fixação da taxa geral do IRC prevaleceu um critério de moderação, em que se teve particularmente em conta o elevado grau de abertura da economia portuguesa ao exterior e, por isso, a necessidade de a situar a um nível que se enquadrasse nos vigentes em países com grau de desenvolvimento semelhante ao nosso ou com os quais mantemos estreitas relações económicas.

Não podendo o Estado, nas circunstâncias atuais, prescindir de receitas fiscais, não se pôde levar o desagravamento da tributação dos lucros das empresas tão longe quanto seria desejável, mas isso não impediu que, mesmo tendo em conta a possibilidade de serem lançadas derramas sobre a coleta do IRC, se tenha atingido uma uniformização dessa tributação a um nível próximo do mais baixo que, no sistema anterior, incidia, em geral, sobre os lucros imputáveis a atividades de natureza comercial e industrial.

Relativamente às pessoas coletivas e outras entidades residentes que não exerçam, a título principal, uma atividade de natureza comercial, industrial ou agrícola, estabelece-se uma taxa de tributação substancialmente inferior, no que se tem em consideração a natureza das finalidades que as mesmas prosseguem.

Quanto às entidades não residentes, a tributação dos seus rendimentos não imputáveis a estabelecimento estável, que se fará quase sempre por retenção na fonte a título definitivo, situa-se em valores que têm em conta a natureza dos rendimentos e o facto de, em regra, as respetivas taxas incidirem sobre montantes brutos.

13. Na estrutura do IRC, uma das questões nucleares é a da dupla tributação económica dos lucros colocados à disposição dos sócios, que se relaciona com o problema, desde há muito discutido, de saber se entre o imposto de sociedades e o imposto pessoal de rendimento deve existir separação ou integração e, neste último caso, em que termos. A escolha do sistema a adotar depende de vários fatores e entronca na perspetiva que se tenha sobre a incidência económica do imposto que recai sobre as sociedades.

A solução geral acolhida consiste numa atenuação da referida dupla tributação, tendo-se principalmente em consideração a necessidade de desenvolvimento do mercado financeiro e a melhoria na afetação dos recursos.

Sendo várias as técnicas adotadas pelas legislações estrangeiras para concretizar essa solução, salienta-se, porém, a do «crédito de imposto», que é, aliás, a preconizada numa proposta de diretiva apresentada pela Comissão ao Conselho das Comunidades Europeias quanto à harmonização dos sistemas de imposto das sociedades e dos regimes de retenção na fonte sobre os dividendos. Foi nessa linha que se adotou um sistema de integração parcial.

Este sistema é também extensivo aos lucros distribuídos por sociedades a sujeitos passivos do IRC. No entanto, quanto aos lucros distribuídos por sociedades em que outra detenha uma participação importante, mas que ainda não permita a tributação pelo lucro consolidado, considerou-se insuficiente uma mera atenuação, adotando-se, na linha de orientação preconizada em algumas legislações e nos estudos em curso no âmbito comunitário, uma solução que elimina, nesses casos, a dupla tributação económica.

14. A liquidação do IRC é feita, em princípio, pelo próprio contribuinte, em sintonia com a importância que é conferida à sua declaração no processo de determinação da matéria coletável.

Trata-se, aliás, de sistema já aplicado no regime anteriormente em vigor.

Por outro lado, estabelecem-se em relação a certas categorias de rendimentos retenções na fonte, com todas as vantagens bem conhecidas, as quais, relativamente a residentes, têm sempre a natureza de imposto por conta.

A preocupação de aproximar as datas de pagamento e de obtenção dos rendimentos está também presente na adoção de um sistema de pagamentos por conta no próprio ano a que o lucro tributável respeita.

De realçar igualmente, pela sua importância para a simplificação do sistema e comodidade dos contribuintes, a possibilidade de o pagamento ser efetuado através do sistema bancário e dos correios.

15. Qualquer reforma fiscal comporta desafios de vária natureza.

Procurou-se, no delineamento do quadro normativo do IRC, ir tão longe quanto se julgou possível, atenta a situação do País e as grandes tarefas de modernização das suas estruturas económicas que o horizonte do mercado único europeu implica.

Tem-se, porém, consciência que será no teste diário da aplicação daquele quadro normativo às situações concretas que se julgará o êxito da reforma. Esse dependerá, sobretudo, do modo como a administração fiscal e contribuintes se enquadrarem no espírito que lhe está subjacente e que, se exige um funcionamento cada vez mais eficaz da primeira, importa igualmente uma franca e leal colaboração dos segundos.

Espera-se que esse novo relacionamento, a par de um sistema de tributação inspirado por princípios de equidade, eficiência e simplicidade, contribua para que a evasão e a fraude fiscais deixem de constituir preocupação relevante.

Desejável será, assim, que diminuam consideravelmente os casos em que há necessidade de recorrer à aplicação das penalidades que irão constar de diploma específico.

Definidas as linhas essenciais do IRC, será a referida aplicação às situações concretas que evidenciará os desenvolvimentos ou ajustamentos eventualmente necessários.

Deste modo se tornará a presente reforma uma realidade dinâmica.

CAPÍTULO I – Incidência

Artigo 1º – Pressuposto do imposto

O imposto sobre o rendimento das pessoas coletivas (IRC) incide sobre os rendimentos obtidos, mesmo quando provenientes de atos ilícitos, no período de tributação, pelos respetivos sujeitos passivos, nos termos deste Código.

Artigo 2º – Sujeitos passivos

1. São sujeitos passivos do IRC:

a) As sociedades comerciais ou civis sob forma comercial, as cooperativas, as empresas públicas e as demais pessoas coletivas de direito público ou privado, com sede ou direção efetiva em território português;

b) As entidades desprovidas de personalidade jurídica, com sede ou direção efetiva em território português, cujos rendimentos não sejam tributáveis em imposto sobre o rendimento das pessoas singulares (IRS) ou em IRC diretamente na titularidade de pessoas singulares ou coletivas;

c) As entidades, com ou sem personalidade jurídica, que não tenham sede nem direção efetiva em território português e cujos rendimentos nele obtidos não estejam sujeitos a IRS.

2. Consideram-se incluídas na alínea *b*) do nº 1, designadamente, as heranças jacentes, as pessoas coletivas em relação às quais seja declarada a invalidade, as associações e sociedades civis sem personalidade jurídica e as sociedades comerciais ou civis sob forma comercial, anteriormente ao registo definitivo.

3. Para efeitos deste Código, consideram-se residentes as pessoas coletivas e outras entidades que tenham sede ou direção efetiva em território português.

Artigo 3º – Base do imposto

1. O IRC incide sobre:

a) O lucro das sociedades comerciais ou civis sob forma comercial, das cooperativas e das empresas públicas e o das demais pessoas coletivas ou entidades referidas nas alíneas *a*) e *b*) do nº 1 do artigo anterior que exerçam, a título principal, uma atividade de natureza comercial, industrial ou agrícola;

b) O rendimento global, correspondente à soma algébrica dos rendimentos das diversas categorias consideradas para efeitos de IRS e, bem assim, dos incrementos patrimoniais obtidos a título gratuito, das pessoas coletivas ou entidades referidas nas alíneas *a*) e *b*) do nº 1 do artigo anterior que não exerçam, a título principal, uma atividade de natureza comercial, industrial ou agrícola;

c) O lucro imputável a estabelecimento estável situado em território português de entidades referidas na alínea *c*) do nº 1 do artigo anterior;

d) Os rendimentos das diversas categorias, consideradas para efeitos de IRS e, bem assim, os incrementos patrimoniais obtidos a título gratuito por entidades mencionadas na alínea *c*) do nº 1 do artigo anterior que não possuam estabelecimento estável ou que, possuindo-o, não lhe sejam imputáveis.

2. Para efeitos do disposto no número anterior, o lucro consiste na diferença entre os valores do património líquido no fim e no início do período de tributação, com as correções estabelecidas neste Código.

3. São componentes do lucro imputável ao estabelecimento estável, para efeitos da alínea *c*) do nº 1, os rendimentos de qualquer natureza obtidos por seu intermédio, assim como os demais rendimentos obtidos em território português, provenientes de atividades idênticas ou similares às realizadas através desse estabelecimento estável, de que sejam titulares as entidades aí referidas.

4. Para efeitos do disposto neste Código, são consideradas de natureza comercial, industrial ou agrícola todas as atividades que consistam na realização de operações económicas de carácter empresarial, incluindo as prestações de serviços.

Artigo 4º – Extensão da obrigação de imposto

1. Relativamente às pessoas coletivas e outras entidades com sede ou direção efetiva em território português, o IRC incide sobre a totalidade dos seus rendimentos, incluindo os obtidos fora desse território.

2. As pessoas coletivas e outras entidades que não tenham sede nem direção efetiva em território português ficam sujeitas a IRC apenas quanto aos rendimentos nele obtidos.

3. Para efeitos do disposto no número anterior, consideram-se obtidos em território português os rendimentos imputáveis a estabelecimento estável aí situado e, bem assim, os que, não se encontrando nessas condições, a seguir se indicam:

a) Rendimentos relativos a imóveis situados no território português, incluindo os ganhos resultantes da sua transmissão onerosa;

b) Ganhos resultantes da transmissão onerosa de partes representativas do capital de entidades com sede ou direção efetiva em território português, incluindo a sua remição e amortização com redução de capital e, bem assim, o valor atribuído aos associados em resultado da partilha que, nos termos do artigo 81º do Código do IRC, seja considerado como mais-valia, ou de outros valores mobiliários emitidos por entidades que aí tenham sede ou direção efetiva, ou ainda de partes de capital ou outros valores mobiliários quando, não se verificando essas condições, o pagamento dos respetivos rendimentos seja imputável a estabelecimento estável situado no mesmo território;

c) Rendimentos a seguir mencionados cujo devedor tenha residência, sede ou direção efetiva em território português ou cujo pagamento seja imputável a um estabelecimento estável nele situado:

1) Os provenientes da propriedade intelectual ou industrial e bem assim da prestação de informações respeitantes a uma experiência adquirida no sector industrial, comercial ou científico;
2) Os derivados do uso ou da concessão do uso de equipamento agrícola, industrial, comercial ou científico;
3) Outros rendimentos de aplicação de capitais;
4) Remunerações auferidas na qualidade de membros de órgãos estatutários de pessoas coletivas e outras entidades;
5) Prémios de jogo, lotarias, rifas, totoloto e apostas mútuas, bem como importâncias ou prémios atribuídos em quaisquer sorteios ou concursos;
6) Os provenientes da intermediação na celebração de quaisquer contratos;
7) Os derivados de outras prestações de serviços realizados ou utilizados em território português, com exceção dos relativos a transportes, comunicações e atividades financeiras;
8) Os provenientes de operações relativas a instrumentos financeiros derivados;

d) Rendimentos derivados do exercício em território português da atividade de profissionais de espetáculos ou desportistas.

e) Incrementos patrimoniais derivados de aquisições a título gratuito respeitantes a:

1) Direitos reais sobre bens imóveis situados em território português;

2) Bens móveis registados ou sujeitos a registo em Portugal;
3) Partes representativas do capital e outros valores mobiliários cuja entidade emitente tenha sede ou direção efetiva em território português;
4) Direitos de propriedade industrial, direitos de autor e direitos conexos registados ou sujeitos a registo em Portugal;
5) Direitos de crédito sobre entidades com residência, sede ou direção efetiva em território português;
6) Partes representativas do capital de sociedades que não tenham sede ou direção efetiva em território português e cujo ativo seja predominantemente constituído por direitos reais sobre imóveis situados no referido território;

f) Ganhos resultantes da transmissão onerosa de partes de capital ou de direitos similares em sociedades ou outras entidades, não abrangidas pela alínea *b*), quando, em qualquer momento durante os 365 dias anteriores, o valor dessas partes de capital ou direitos resulte, direta ou indiretamente, em mais de 50%, de bens imóveis ou direitos reais sobre bens imóveis situados em território português, com exceção dos bens imóveis afetos a uma atividade de natureza agrícola, industrial ou comercial que não consista na compra e venda de bens imóveis.

4. Não se consideram obtidos em território português os rendimentos enumerados na alínea *c*) do número anterior quando os mesmos constituam encargo de estabelecimento estável situado fora desse território relativo à atividade exercida por seu intermédio e, bem assim, quando não se verificarem essas condições, os rendimentos referidos no nº 7 da mesma alínea, quando os serviços de que derivam, sendo realizados integralmente fora do território português, não respeitem a bens situados nesse território nem estejam relacionados com estudos, projetos, apoio técnico ou à gestão, serviços de contabilidade ou auditoria e serviços de consultoria, organização, investigação e desenvolvimento em qualquer domínio.

5. Para efeitos do disposto neste Código, o território português compreende também as zonas onde, em conformidade com a legislação portuguesa e o direito internacional, a República Portuguesa tem direitos soberanos relativamente à prospeção, pesquisa e exploração dos recursos naturais do leito do mar, do seu subsolo e das águas sobrejacentes.

(Redação dada pela Lei nº 114/2017, de 29-12)

Artigo 5º – Estabelecimento estável

1. Considera-se estabelecimento estável qualquer instalação fixa através da qual seja exercida uma atividade de natureza comercial, industrial ou agrícola.

2. Incluem-se na noção de estabelecimento estável, desde que satisfeitas as condições estipuladas no número anterior:

a) Um local de direção;
b) Uma sucursal;
c) Um escritório;
d) Uma fábrica;
e) Uma oficina;
f) Uma mina, um poço de petróleo ou de gás, uma pedreira ou qualquer outro local de extração de recursos naturais situado em território português.

3. Um local ou um estaleiro de construção, de instalação ou de montagem, as atividades de coordenação, fiscalização e supervisão em conexão com os mesmos ou as instalações, plataformas ou barcos de perfuração utilizados para a prospeção ou exploração de recursos naturais só constituem um estabelecimento estável se a sua duração e a duração da obra ou da atividade exceder seis meses.

4. Para efeitos de contagem do prazo referido no número anterior, no caso dos estaleiros de construção, de instalação ou de montagem, o prazo aplica-se a cada estaleiro, individualmente, a partir da data de início de atividade, incluindo os trabalhos preparatórios, não sendo relevantes as interrupções temporárias, o facto de a empreitada ter sido encomendada por diversas pessoas ou as subempreitadas.

5. Em caso de subempreitada, considera-se que o subempreiteiro possui um estabelecimento estável no estaleiro se aí exercer a sua atividade por um período superior a seis meses.

6. Considera-se que também existe estabelecimento estável quando uma pessoa, que não seja um agente independente nos termos do nº 7, atue em território português por conta de uma empresa e tenha, e habitualmente exerça, poderes de intermediação e de conclusão de contratos que vinculem a empresa, no âmbito das atividades desta.

7. Não se considera que uma empresa tem um estabelecimento estável em território português pelo simples facto de aí exercer a sua atividade por intermédio de um comissionista ou de qualquer outro agente independente, desde que essas pessoas atuem no âmbito normal da sua atividade, suportando o risco empresarial da mesma.

8. Com a ressalva do disposto no nº 3, a expressão «estabelecimento estável» não compreende as atividades de carácter preparatório ou auxiliar a seguir exemplificadas:

a) As instalações utilizadas unicamente para armazenar, expor ou entregar mercadorias pertencentes à empresa;

b) Um depósito de mercadorias pertencentes à empresa mantido unicamente para as armazenar, expor ou entregar;

c) Um depósito de mercadorias pertencentes à empresa mantido unicamente para serem transformadas por outra empresa;

d) Uma instalação fixa mantida unicamente para comprar mercadorias ou reunir informações para a empresa;

e) Uma instalação fixa mantida unicamente para exercer, para a empresa, qualquer outra atividade de carácter preparatório ou auxiliar;

f) Uma instalação fixa mantida unicamente para o exercício de qualquer combinação das atividades referidas nas alíneas *a*) a *e*), desde que a atividade de conjunto da instalação fixa resultante desta combinação seja de carácter preparatório ou auxiliar.

9. Para efeitos da imputação prevista no artigo seguinte, considera-se que os sócios ou membros das entidades nele referidas que não tenham sede nem direção efetiva em território português obtêm esses rendimentos através de estabelecimento estável nele situado.

Artigo 6º – Transparência fiscal

1. É imputada aos sócios, integrando-se, nos termos da legislação que for aplicável, no seu rendimento tributável para efeitos de IRS ou IRC, consoante o caso, a matéria coletável, determinada nos termos deste Código, das sociedades a seguir indicadas, com sede ou direção efetiva em território português, ainda que não tenha havido distribuição de lucros:

a) Sociedades civis não constituídas sob forma comercial;

b) Sociedades de profissionais;

c) Sociedades de simples administração de bens, cuja maioria do capital social pertença, direta ou indiretamente, durante mais de 183 dias do exercício social, a um grupo familiar, ou cujo capital social pertença, em qualquer dia do exercício social, a um número de sócios não superior a cinco e nenhum deles seja pessoa coletiva de direito público.

2. Os lucros ou prejuízos do exercício, apurados nos termos deste Código, dos agrupamentos complementares de empresas e dos agrupamentos europeus de interesse económico, com sede ou direção efetiva em território português, que se constituam e funcionem nos termos legais, são também imputáveis diretamente aos respetivos membros, integrando-se no seu rendimento tributável.

3. A imputação a que se referem os números anteriores é feita aos sócios ou membros nos termos que resultarem do ato constitutivo das entidades aí mencionadas ou, na falta de elementos, em partes iguais.

4. Para efeitos do disposto no nº 1, considera-se:

a) Sociedade de profissionais:

1) A sociedade constituída para o exercício de uma atividade profissional especificamente prevista na lista de atividades a que se refere o artigo 151º do Código do IRS, na qual todos os sócios pessoas singulares sejam profissionais dessa atividade; ou,

2) A sociedade cujos rendimentos provenham, em mais de 75%, do exercício conjunto ou isolado de atividades profissionais especificamente previstas na lista a que se refere o artigo 151º do Código do IRS, desde que, cumulativamente, durante mais de 183 dias do período de tributação, o número de sócios não seja superior a cinco, nenhum deles seja pessoa coletiva de direito público e, pelo menos, 75% do capital social seja detido por profissionais que exercem as referidas atividades, total ou parcialmente, através da sociedade;

b) Sociedade de simples administração de bens – a sociedade que limita a sua atividade à administração de bens ou valores mantidos como reserva ou para fruição ou à compra de prédios para a habitação dos seus sócios, bem como aquela que conjuntamente exerça outras atividades e cujos rendimentos relativos a esses bens, valores ou prédios atinjam, na média dos últimos três anos, mais de 50% da média, durante o mesmo período, da totalidade dos seus rendimentos;

c) Grupo familiar – o grupo constituído por pessoas unidas por vínculo conjugal ou de adoção e bem assim de parentesco ou afinidade na linha reta ou colateral até ao 4º grau, inclusive.

5. Para efeitos da alínea *c*) do nº 1, não se consideram sociedades de simples administração de bens as que exerçam a atividade de gestão de participações sociais de outras sociedades e que detenham participações sociais que cumpram os requisitos previstos no nº 1 do artigo 51º

(Redação dada pela Lei nº 82-C/2014, de 31-12)

Artigo 7º – Rendimentos não sujeitos

Não estão sujeitos a IRC os rendimentos diretamente resultantes do exercício de atividade sujeita ao imposto especial de jogo.

Artigo 8º – Período de tributação

1. O IRC, salvo o disposto no nº 10, é devido por cada período de tributação, que coincide com o ano civil, sem prejuízo das exceções previstas neste artigo.

2. As pessoas coletivas com sede ou direção efetiva em território português, bem como as pessoas coletivas ou outras entidades sujeitas a IRC que não tenham sede nem direção efetiva neste território e nele disponham de estabelecimento estável, podem adotar um período anual de imposto diferente do estabelecido no número anterior, o qual deve coincidir com o período social de prestação de contas, devendo ser mantido durante, pelo menos, os cinco períodos de tributação imediatos.

3. A limitação prevista na parte final do número anterior não se aplica quando o sujeito passivo passe a integrar um grupo de sociedades obrigado a elaborar demonstrações financeiras consolidadas, em que a empresa mãe adote um período de tributação diferente daquele adotado pelo sujeito passivo.

4. O período de tributação pode, no entanto, ser inferior a um ano:

a) No ano do início de tributação, em que é constituído pelo período decorrido entre a data em que se inicia a atividade, a sede ou direção efetiva passa a situar-se em território português ou se começam a obter rendimentos que dão origem a sujeição a imposto, consoante o caso, e o fim do período de tributação;

b) No ano da cessação da atividade, em que é constituído pelo período decorrido entre o início do período de tributação e a data da cessação da atividade;

c) Quando as condições de sujeição a imposto ocorram e deixem de verificar-se no mesmo período de tributação, em que é constituído pelo período efetivamente decorrido;

d) No ano em que, de acordo com o nº 3, seja adotado um período de tributação diferente do que vinha sendo seguido nos termos gerais, em que é constituído pelo período decorrido entre o início do ano civil e o dia imediatamente anterior ao do início do novo período.

5. Para efeitos deste Código, a cessação da atividade ocorre:

a) Relativamente às entidades com sede ou direção efetiva em território português, na data do encerramento da liquidação, ou na data da fusão ou cisão, quanto às sociedades extintas em consequência destas, ou na data em que a sede e a direção efetiva deixem de se situar em território português, ou na data em que se verificar a aceitação da herança jacente ou em que tiver lugar a declaração de que esta se encontra vaga a favor do Estado, ou ainda na data em que deixarem de verificar-se as condições de sujeição a imposto;

b) Relativamente às entidades que não tenham sede nem direção efetiva em território português, na data em que cessarem totalmente o exercício da sua atividade através de estabelecimento estável ou deixarem de obter rendimentos em território português.

6. Independentemente dos factos previstos no número anterior, pode ainda a administração fiscal declarar oficiosamente a cessação de atividade quando for manifesto que esta não está a ser exercida nem há intenção de a continuar a exercer, ou sempre que o sujeito passivo tenha declarado o exercício de uma atividade sem que possua uma adequada estrutura empresarial em condições de a exercer.

7. A cessação oficiosa a que se refere o nº 6 não desobriga o sujeito passivo do cumprimento das obrigações tributárias.

8. O período de tributação pode ser superior a um ano relativamente a sociedades e outras entidades em liquidação, em que tem a duração correspondente à desta, nos termos estabelecidos neste Código.

9. O facto gerador do imposto considera-se verificado no último dia do período de tributação.

10. Excetuam-se do disposto no número anterior os seguintes rendimentos, obtidos por entidades não residentes, que não sejam imputáveis a estabelecimento estável situado em território português:

a) Ganhos resultantes da transmissão onerosa de imóveis, em que o facto gerador se considera verificado na data da transmissão;

b) Rendimentos objeto de retenção na fonte a título definitivo, em que o facto gerador se considera verificado na data em que ocorra a obrigação de efetuar aquela;

c) Incrementos patrimoniais referidos na alínea *e*) do nº 3 do artigo 4º, em que o facto gerador se considera verificado na data da aquisição.

11. Sempre que, no projeto de fusão ou cisão, seja fixada uma data a partir da qual as operações das sociedades a fundir ou a cindir são consideradas, do ponto de vista contabilístico, como efetuadas por conta da sociedade beneficiária, a mesma data é considerada relevante para efeitos fiscais desde que se situe num período de tributação coincidente com aquele em que ocorra a produção dos efeitos jurídicos da operação em causa.

12. Quando seja aplicável o disposto no número anterior, os resultados realizados pelas sociedades a fundir ou a cindir, durante o período decorrido entre a data fixada no projeto e a data da produção dos efeitos jurídicos da operação, são transferidos para efeitos de serem incluídos no lucro tributável da sociedade.

(Redação dada pela Lei nº 42/2016, de 28-12)

CAPÍTULO II – Isenções

Artigo 9º – Estado, regiões autónomas, autarquias locais, suas associações de direito público e federações e instituições de segurança social

1. Estão isentos de IRC:

a) O Estado, as regiões autónomas e as autarquias locais, bem como qualquer dos seus serviços, estabelecimentos e organismos, ainda que personalizados, compreendidos os institutos públicos, com exceção das entidades públicas com natureza empresarial;

b) As associações e federações de municípios e as associações de freguesia que não exerçam atividades comerciais, industriais ou agrícolas;

c) As instituições de segurança social e previdência a que se referem os artigos 115º e 126º da Lei nº 32/2002, de 20 de dezembro;

d) Os fundos de capitalização e os rendimentos de capitais administrados pelas instituições de segurança social.

2. Sem prejuízo do disposto no nº 4 do presente artigo, a isenção prevista nas alíneas *a*) a *c*) do número anterior não compreende os rendimentos de capitais tal como são definidos para efeitos de IRS.

3. Não são abrangidos pela isenção prevista no nº 1 os rendimentos dos estabelecimentos fabris das Forças Armadas provenientes de atividades não relacionadas com a defesa e segurança nacionais.

4. O Estado, atuando através da Agência de Gestão da Tesouraria e da Dívida Pública – IGCP, E.P.E., está isento de IRC no que respeita a rendimentos de capitais decorrentes de operações de *swap*, operações cambiais a prazo e operações de reporte de valores mobiliários, tal como são definidos para efeitos de IRS.

(Redação dada pela Lei nº 7-A/2016, de 30-03)

Artigo 10º – Pessoas coletivas de utilidade pública e de solidariedade social

1. Estão isentas de IRC:

a) As pessoas coletivas de utilidade pública administrativa;

b) As instituições particulares de solidariedade social, bem como as pessoas coletivas àquelas legalmente equiparadas;

c) As pessoas coletivas de mera utilidade pública que prossigam, exclusiva ou predominantemente, fins científicos ou culturais, de caridade, assistência, beneficência, solidariedade social, defesa do meio ambiente e interprofissionalismo agroalimentar.

2. A isenção prevista na alínea *c*) do número anterior carece de reconhecimento pelo membro do Governo responsável pela área das finanças, a requerimento dos interessados, mediante despacho publicado no *Diário da República*, que define a respetiva amplitude, de harmonia com os fins prosseguidos e as atividades desenvolvidas para a sua realização, pelas entidades em causa e as informações dos serviços competentes da Autoridade Tributária e Aduaneira e outras julgadas necessárias.

3. A isenção prevista no nº 1 não abrange os rendimentos empresariais derivados do exercício das atividades comerciais ou industriais desenvolvidas fora do âmbito dos fins estatutários, bem como os rendimentos de títulos ao portador, não registados nem depositados, nos termos da legislação em vigor, e é condicionada à observância continuada dos seguintes requisitos:

a) Exercício efetivo, a título exclusivo ou predominante, de atividades dirigidas à prossecução dos fins que justificaram o respetivo reconhecimento da qualidade de utilidade pública ou dos fins que justificaram a isenção consoante se trate, respetivamente, de entidades previstas nas alíneas *a*) e *b*) ou na alínea *c*) do nº 1;

b) Afetação aos fins referidos na alínea anterior de, pelo menos, 50% do rendimento global líquido que seria sujeito a tributação nos termos gerais, até ao fim do 4º período de tributação posterior àquele em que tenha sido obtido, salvo em caso de justo impedimento no cumprimento do prazo de afetação, notificado ao da Autoridade Tributária e Aduaneira, acompanhado da respetiva fundamentação escrita, até ao último dia útil do 1º mês subsequente ao termo do referido prazo;

c) Inexistência de qualquer interesse direto ou indireto dos membros dos órgãos estatutários, por si mesmos ou por interposta pessoa, nos resultados da exploração das atividades económicas por elas prosseguidas.

4. O não cumprimento dos requisitos referidos nas alíneas *a*) e *c*) do número anterior determina a perda da isenção, a partir do correspondente período de tributação, inclusive.

5. Em caso de incumprimento do requisito referido na alínea *b*) do nº 3, fica sujeita a tributação, no 4º período de tributação posterior ao da obtenção do rendimento global líquido, a parte desse rendimento que deveria ter sido afeta aos respetivos fins.

(Redação dada pela Lei nº 42/2016, de 28-12)

Artigo 11º – Atividades culturais, recreativas e desportivas

1. Estão isentos de IRC os rendimentos diretamente derivados do exercício de atividades culturais, recreativas e desportivas.

2. A isenção prevista no número anterior só pode beneficiar associações legalmente constituídas para o exercício dessas atividades e desde que se verifiquem cumulativamente as seguintes condições:

a) Em caso algum distribuam resultados e os membros dos seus órgãos sociais não tenham, por si ou interposta pessoa, algum interesse direto ou indireto nos resultados de exploração das atividades prosseguidas;

b) Disponham de contabilidade ou escrituração que abranja todas as suas atividades e a ponham à disposição dos serviços fiscais, designadamente para comprovação do referido na alínea anterior.

3. Não se consideram rendimentos diretamente derivados do exercício das atividades indicadas no nº 1, para efeitos da isenção aí prevista, os provenientes de qualquer atividade comercial, industrial ou agrícola exercida, ainda que a título acessório, em ligação com essas atividades e, nomeadamente, os provenientes de publicidade, direitos respeitantes a qualquer forma de transmissão, bens imóveis, aplicações financeiras e jogo do bingo.

Artigo 12º – Sociedades e outras entidades abrangidas pelo regime de transparência fiscal

As sociedades e outras entidades a que, nos termos do artigo 6º, seja aplicável o regime de transparência fiscal não são tributadas em IRC, salvo quanto às tributações autónomas.

Artigo 13º – Isenção de pessoas coletivas e outras entidades de navegação marítima ou aérea

São isentos de IRC os lucros realizados pelas pessoas coletivas e outras entidades de navegação marítima e aérea não residentes provenientes da exploração de navios ou aeronaves, desde que isenção recíproca e equivalente seja concedida às empresas residentes da mesma natureza e essa reciprocidade seja reconhecida pelo membro do Governo responsável pela área das finanças, em despacho publicado no *Diário da República*.

Artigo 14º – Outras isenções

1. As isenções resultantes de acordo celebrado pelo Estado mantêm-se no IRC, nos termos da legislação ao abrigo da qual foram concedidas, com as necessárias adaptações.

2. Estão ainda isentos de IRC os empreiteiros ou arrematantes, nacionais ou estrangeiros, relativamente aos lucros derivados de obras e trabalhos das infraestruturas comuns NATO a realizar em território português, de harmonia com o Decreto-Lei nº 41 561, de 17 de março de 1958.

3. Estão isentos os lucros e reservas que uma entidade residente em território português, sujeita e não isenta de IRC ou do imposto referido no artigo 7º e não abrangida pelo regime previsto no artigo 6º, coloque à disposição de uma entidade que:

a) Seja residente:

1) Noutro Estado membro da União Europeia;
2) Num Estado membro do Espaço Económico Europeu que esteja vinculado a cooperação administrativa no domínio da fiscalidade equivalente à estabelecida no âmbito da União Europeia;
3) Num Estado com o qual tenha sido celebrada e se encontre em vigor convenção para evitar a dupla tributação que preveja a troca de informações;

b) Esteja sujeita e não isenta de um imposto referido no artigo 2º da Diretiva nº 2011/96/UE, do Conselho, de 30 de novembro, ou de um imposto de natureza idêntica ou similar ao IRC desde que, nas situações previstas na subalínea 3) da alínea anterior, a taxa legal aplicável à entidade não seja inferior a 60% da taxa do IRC prevista no nº 1 do artigo 87º;

c) Detenha direta ou direta e indiretamente, nos termos do nº 6 do artigo 69º, uma participação não inferior a 10% do capital social ou dos direitos de voto da entidade que distribui os lucros ou reservas;

d) Detenha a participação referida na alínea anterior de modo ininterrupto, durante o ano anterior à colocação à disposição.

4. Para efeitos da aplicação do regime previsto no número anterior, deve ser feita prova do cumprimento das respetivas condições, perante a entidade que se encontra obrigada a efetuar a retenção na fonte, em momento anterior à data da colocação à disposição dos lucros e reservas distribuídos, devendo a prova relativa aos requisitos estabelecidos nas alíneas *a*) e *b*) do número anterior ser efetuada através de declaração confirmada e autenticada pelas autoridades fiscais competentes do Estado de que é residente esta entidade, sendo ainda de observar o previsto no artigo 119º do Código do IRS.

5. Para efeitos do disposto no nº 3, considera-se como entidade residente a que, como tal, seja qualificada pela legislação fiscal do respetivo Estado e que, ao abrigo das convenções destinadas a evitar a dupla tributação celebradas por este Estado, não seja considerada, para efeitos fiscais, residente noutro Estado.

6. O disposto nos nºs 3 e 4 é igualmente aplicável aos lucros e reservas distribuídos que uma entidade residente em território português coloque à disposição de um estabelecimento estável situado noutro Estado membro da União Europeia ou do Espaço Económico Europeu de uma entidade que cumpra os requisitos estabelecidos nas alíneas *a*) a *d*) do nº 3.

7. Para efeitos do disposto no número anterior, entende-se por estabelecimento estável qualquer instalação fixa através da qual uma sociedade exerce, no todo ou em parte, a sua atividade e esteja sujeita a imposto, ao abrigo da convenção para evitar a dupla tributação ou, na sua ausência, ao abrigo do direito nacional.

8. Sem prejuízo do disposto nos nºs 3, 4 e 5, estão ainda isentos de IRC os lucros que uma entidade residente em território português coloque à disposição de uma sociedade residente na Confederação Suíça, nos termos e condições referidos no artigo 15º do Acordo entre a Comunidade Europeia e a Confederação Suíça, que prevê medidas equivalentes às previstas na Diretiva nº 2003/48/CE, do Conselho, de 3 de junho, relativa à tributação dos rendimentos da poupança sob a forma de juros, sempre que:

a) A sociedade beneficiária dos lucros tenha uma participação mínima direta de 25% no capital da sociedade que distribui os lucros desde há pelo menos dois anos; e

b) Nos termos das convenções destinadas a evitar a dupla tributação celebradas por Portugal e pela Suíça com quaisquer Estados terceiros, nenhuma das entidades tenha residência fiscal nesse Estado terceiro; e

c) Ambas as entidades estejam sujeitas a imposto sobre o rendimento das sociedades sem beneficiarem de uma qualquer isenção e ambas revistam a forma de sociedade limitada.

9. A prova da verificação das condições e requisitos de que depende a aplicação do disposto no número anterior é efetuada nos termos previstos na parte final do nº 4, com as necessárias adaptações.

10. (*Revogado.*)

11. (*Revogado.*)

12. Estão isentos de IRC os juros e *royalties*, cujo beneficiário efetivo seja uma sociedade de outro Estado membro da União Europeia ou um estabelecimento estável situado noutro Estado membro de uma sociedade de um Estado membro, devidos ou pagos por sociedades comerciais ou civis sob forma comercial, cooperativas e empresas públicas residentes em território português ou por um estabelecimento estável aí situado de uma sociedade de outro Estado membro, desde que verificados os termos, requisitos e condições estabelecidos na Diretiva nº 2003/49/CE, do Conselho, de 3 de junho.

13. A isenção prevista no número anterior depende da verificação dos requisitos e condições seguintes:

a) As sociedades beneficiárias dos juros ou *royalties*:

i) Estejam sujeitas a um dos impostos sobre os lucros enumerados na subalínea *iii*) da alínea *a*) do artigo 3º da Diretiva nº 2003/49/CE, do Conselho, de 3 de junho, sem beneficiar de qualquer isenção;

ii) Assumam uma das formas jurídicas enunciadas na lista do anexo à Diretiva nº 2003/49/CE, do Conselho, de 3 de junho;

iii) Sejam consideradas residentes de um Estado membro da União Europeia e que, ao abrigo das convenções destinadas a evitar a dupla tributação, não sejam consideradas, para efeitos fiscais, como residentes fora da União Europeia;

b) A entidade residente em território português ou a sociedade de outro Estado membro com estabelecimento estável aí situado seja uma sociedade associada à sociedade que é o beneficiário efetivo ou cujo estabelecimento estável é considerado como beneficiário efetivo dos juros ou *royalties*, o que se verifica quando uma sociedade:

i) Detém uma participação direta de, pelo menos, 25% no capital de outra sociedade; ou

ii) A outra sociedade detém uma participação direta de, pelo menos, 25% no seu capital; ou

iii) Quando uma terceira sociedade detém uma participação direta de, pelo menos, 25% tanto no seu capital como no capital da outra sociedade e, em qualquer dos casos, a participação seja detida de modo ininterrupto durante um período mínimo de dois anos;

c) Quando o pagamento seja efetuado por um estabelecimento estável, os juros ou os *royalties* constituam encargos relativos à atividade exercida por seu intermédio e sejam dedutíveis para efeitos da determinação do lucro tributável que lhe for imputável;

d) A sociedade a quem são efetuados os pagamentos dos juros ou *royalties* seja o beneficiário efetivo desses rendimentos, considerando-se verificado esse requisito quando aufira os rendimentos por conta própria e não na qualidade de intermediária, seja como representante, gestor fiduciário ou signatário autorizado de terceiros e no caso de um estabelecimento estável ser considerado o beneficiário efetivo, o crédito, o direito ou a utilização de informações de que resultam os rendimentos estejam efetivamente relacionados com a atividade desenvolvida por seu intermédio e constituam rendimento tributável para efeitos da determinação do lucro que lhe for imputável no Estado membro em que esteja situado.

14. Para efeitos de aplicação do disposto no nº 12, entende-se por:

a) «Juros», os rendimentos de créditos de qualquer natureza, com ou sem garantia hipotecária e com direito ou não a participar nos lucros do devedor, e em particular os rendimentos de títulos e de obrigações que gozem ou não de garantia especial, incluindo os prémios associados a esses títulos e obrigações, com exceção das penalizações por mora no pagamento;

b) «*Royalties*», as remunerações de qualquer natureza recebidas em contrapartida da utilização, ou concessão do direito de utilização, de direitos de autor sobre obras literárias, artísticas ou científicas, incluindo filmes cinematográficos e suportes lógicos, patentes, marcas registadas, desenhos ou modelos, planos, fórmulas ou processos secretos, ou em contrapartida de informações relativas à experiência adquirida no domínio industrial, comercial ou científico e, bem assim, em contrapartida da utilização ou da concessão do direito de utilização de equipamento industrial, comercial ou científico;

c) «Estabelecimento estável», uma instalação fixa situada em território português ou noutro Estado membro através da qual uma sociedade de um Estado membro sujeita a um dos impostos sobre os lucros enumerados na subalínea *iii*) da alínea *a*) do artigo 3º da Diretiva nº 2003/49/CE, do Conselho, de 3 de junho, sem beneficiar de qualquer isenção e que cumpre os demais requisitos e condições referidos no número anterior exerce no todo ou em parte uma atividade de natureza comercial, industrial ou agrícola.

15. A isenção prevista no nº 12 não é aplicável:

a) Aos juros e *royalties* obtidos em território português por uma sociedade de outro Estado membro ou por um estabelecimento estável situado noutro Estado membro de uma sociedade de um Estado membro, quando a maioria do capital ou a maioria dos direitos de voto dessa sociedade são detidos, direta ou indiretamente, por um ou vários residentes de países terceiros, exceto quando seja feita prova de que a cadeia de participações não tem como objetivo principal ou como um dos objetivos principais beneficiar da redução da taxa de retenção na fonte;

b) Em caso de existência de relações especiais, nos termos do disposto no nº 4 do artigo 63º, entre o pagador ou o devedor e o beneficiário efetivo dos juros ou *royalties*, ou entre ambos e um terceiro, ao excesso sobre o montante dos juros ou *royalties* que, na ausência de tais relações, teria sido acordado entre o pagador e o beneficiário efetivo.

16. Estão ainda isentos de IRC os pagamentos de juros e *royalties* entre uma sociedade residente em território português, ou um estabelecimento estável aí localizado, e uma sociedade residente na Confederação Suíça, ou um estabelecimento estável aí localizado, nos termos e condições referidos no artigo 15º do Acordo entre a Comunidade Europeia e a Confederação Suíça, que prevê medidas equivalentes às previstas na Diretiva nº 2003/48/CE, do Conselho, de 3 de junho, relativa à tributação dos rendimentos da poupança sob a forma de juros, sempre que estejam verificados os requisitos e condições previstos nos nºs 13 a 15, com as necessárias adaptações.

17. O disposto nos nºs 3, 6 e 8 não é aplicável aos lucros e reservas distribuídos quando exista uma construção ou série de construções que, tendo sido realizada com a finalidade principal ou uma das finalidades principais de obter uma vantagem fiscal que fruste o objeto e finalidade de eliminar a dupla tributação sobre tais rendimentos, não seja considerada genuína, tendo em conta todos os factos e circunstâncias relevantes.

18. Para efeitos do número anterior, considera-se que uma construção ou série de construções não é genuína na medida em que não seja realizada por razões económicas válidas e não reflita substância económica.

19. O disposto nos nºs 3, 6 e 8 não é aplicável quando a entidade residente em território português que coloca os lucros e reservas à disposição não tenha cumprido as obrigações declarativas previstas no Regime Jurídico do Registo Central do Beneficiário Efetivo e, bem assim, nas situações em que o beneficiário efetivo declarado, ou algum dos beneficiários efetivos declarados nos termos daquele regime, tenham residência ou domicílio em país, território ou região sujeito a um regime fiscal claramente mais favorável constante de lista aprovada por portaria do membro do Governo responsável pela área das finanças, salvo quando, sem prejuízo dos demais requisitos previstos neste artigo, o sujeito passivo comprove que a sociedade beneficiária de tais rendimentos não integra uma construção ou série de construções abrangida pelo disposto nos nºs 17 e 18.

(Redação dada pela pela Lei nº 89/2017, de 21-08)

CAPÍTULO III – Determinação da matéria coletável

SECÇÃO I – Disposições gerais

Artigo 15º – Definição da matéria coletável

1. Para efeitos deste Código:

a) Relativamente às pessoas coletivas e entidades referidas na alínea *a*) do nº 1 do artigo 3º, a matéria coletável obtém-se pela dedução ao lucro tributável, determinado nos termos dos artigos 17º e seguintes, dos montantes correspondentes a:

1) Prejuízos fiscais, nos termos do artigo 52º;
2) Benefícios fiscais eventualmente existentes que consistam em deduções naquele lucro;

b) Relativamente às pessoas coletivas e entidades referidas na alínea *b*) do nº 1 do artigo 3º, a matéria coletável obtém-se pela dedução ao rendimento global, incluindo os incrementos patrimoniais obtidos a título gratuito, determinados nos termos do artigo 53º, dos seguintes montantes:

1) Gastos comuns e outros imputáveis aos rendimentos sujeitos a imposto e não isentos, nos termos do artigo 54º;
2) Benefícios fiscais eventualmente existentes que consistam em deduções naquele rendimento;

c) Relativamente às entidades não residentes com estabelecimento estável em território português, a matéria coletável obtém-se pela dedução ao lucro tributável imputável a esse estabelecimento, determinado nos termos do artigo 55º, dos montantes correspondentes a:

1) Prejuízos fiscais imputáveis a esse estabelecimento estável, nos termos do artigo 52º, com as necessárias adaptações, bem como os anteriores à cessação de atividade por virtude de deixarem de situar-se em território português a sede e a direção efetiva, na proporção do valor de mercado dos elementos patrimoniais afetos a esse estabelecimento estável;
2) Benefícios fiscais eventualmente existentes que consistam em deduções naquele lucro;

d) Relativamente às entidades não residentes que obtenham em território português rendimentos não imputáveis a estabelecimento estável aí situado, a matéria coletável é constituída pelos rendimentos das várias categorias e, bem assim, pelos incrementos patrimoniais obtidos a título gratuito, determinados nos termos do artigo 56º

2. Quando haja lugar à determinação do lucro tributável por métodos indiretos, nos termos dos artigos 57º e seguintes, o disposto nas alíneas *a*), *b*) e *c*) do número anterior é aplicável, com as necessárias adaptações.

3. O disposto nos artigos 63º e seguintes é aplicável, quando for caso disso, na determinação da matéria coletável das pessoas coletivas e outras entidades referidas nas alíneas *a*), *b*) e *c*) do nº 1.

Artigo 16º – Métodos e competência para a determinação da matéria coletável

1. A matéria coletável é, em regra, determinada com base em declaração do sujeito passivo, sem prejuízo do seu controlo pela administração fiscal.

2. Na falta de declaração, compete à Autoridade Tributária e Aduaneira, quando for caso disso, a determinação da matéria coletável.

3. A determinação da matéria coletável no âmbito da avaliação direta, quando seja efetuada ou objeto de correção pelos serviços da Autoridade Tributária e Aduaneira, é da competência do diretor de finanças da área da sede, direção efetiva ou estabelecimento estável do sujeito passivo, ou do diretor da Unidade dos Grandes Contribuintes nos casos que sejam objeto de correções efetuadas por esta no exercício das suas atribuições, ou por funcionário em que por qualquer deles seja delegada competência.

4. A determinação do lucro tributável por métodos indiretos só pode efetuar-se nos termos e condições referidos na secção V.

SECÇÃO II – Pessoas coletivas e outras entidades residentes que exerçam, a título principal, atividade comercial, industrial ou agrícola

SUBSECÇÃO I – Regras gerais

Artigo 17º – Determinação do lucro tributável

1. O lucro tributável das pessoas coletivas e outras entidades mencionadas na alínea *a*) do nº 1 do artigo 3º é constituído pela soma algébrica do resultado líquido do período e das variações patrimoniais positivas e negativas verificadas no mesmo período e não refletidas naquele resultado, determinados com base na contabilidade e eventualmente corrigidos nos termos deste Código.

2. Para efeitos do disposto no número anterior, os excedentes líquidos das cooperativas consideram-se como resultado líquido do período.

3. De modo a permitir o apuramento referido no nº 1, a contabilidade deve:

a) Estar organizada de acordo com a normalização contabilística e outras disposições legais em vigor para o respetivo sector de atividade, sem prejuízo da observância das disposições previstas neste Código;

b) Refletir todas as operações realizadas pelo sujeito passivo e ser organizada de modo que os resultados das operações e variações patrimoniais sujeitas ao regime geral do IRC possam claramente distinguir-se dos das restantes;

c) Estar organizada com recurso a meios informáticos.

(Redação dada pela Lei nº 114/2017, de 29-12)

Artigo 18º – Periodização do lucro tributável

1. Os rendimentos e os gastos, assim como as outras componentes positivas ou negativas do lucro tributável, são imputáveis ao período de tributação em que sejam obtidos ou suportados, independentemente do seu recebimento ou pagamento, de acordo com o regime de periodização económica.

2. As componentes positivas ou negativas consideradas como respeitando a períodos anteriores só são imputáveis ao período de tributação quando na data de encerramento das contas daquele a que deviam ser imputadas eram imprevisíveis ou manifestamente desconhecidas.

3. Para efeitos de aplicação do disposto no nº 1:

a) Os réditos relativos a vendas consideram-se em geral realizados, e os correspondentes gastos suportados, na data da entrega ou expedição dos bens correspondentes ou, se anterior, na data em que se opera a transferência de propriedade;

b) Os réditos relativos a prestações de serviços consideram-se em geral realizados, e os correspondentes gastos suportados, na data em que o serviço é concluído, exceto tratando-se de serviços que consistam na prestação de mais de um ato ou numa prestação continuada ou sucessiva, que são imputáveis proporcionalmente à sua execução;

c) Os réditos e os gastos de contratos de construção devem ser periodizados tendo em consideração o disposto no artigo 19º

4. Para efeitos do disposto na alínea *a*) do número anterior, não se tomam em consideração eventuais cláusulas de reserva de propriedade, sendo assimilada a venda com reserva de propriedade a locação em que exista uma cláusula de transferência de propriedade vinculativa para ambas as partes.

5. Os réditos relativos a vendas e a prestações de serviços, bem como os gastos referentes a inventários e a fornecimentos e serviços externos, são imputáveis ao período de tributação a que respeitam pela quantia nominal da contraprestação.

6. A determinação de resultados nas obras efetuadas por conta própria vendidas fracionadamente é efetuada à medida que forem sendo concluídas e entregues aos adquirentes, ainda que não sejam conhecidos exatamente os custos totais das mesmas.

7. Os gastos das explorações silvícolas plurianuais podem ser imputados ao lucro tributável tendo em consideração o ciclo de produção, caso em que a quota parte desses gastos, equivalente à percentagem que a extração efetuada no período de tributação represente na produção total do mesmo produto, e ainda não considerada em período de tributação anterior, é atualizada pela aplicação dos coeficientes constantes da portaria a que se refere o artigo 47º

8. Os rendimentos e gastos, assim como quaisquer outras variações patrimoniais, relevados em consequência da utilização do método da equivalência patrimonial ou, no caso de empreendimentos conjuntos que sejam sujeitos passivos de IRC, do método de consolidação proporcional, não concorrem para a determinação do lucro tributável, devendo os rendimentos provenientes dos lucros distribuídos ser imputados ao período de tributação em que se adquire o direito aos mesmos.

9. Os ajustamentos decorrentes da aplicação do justo valor não concorrem para a formação do lucro tributável, sendo imputados como rendimentos ou gastos no período de tributação em que os elementos ou direitos que lhes deram origem sejam alienados, exercidos, extintos ou liquidados, exceto quando:

a) Respeitem a instrumentos financeiros reconhecidos pelo justo valor através de resultados, desde que, quando se trate de instrumentos de capital próprio, tenham um preço formado num mercado regulamentado e o sujeito passivo não detenha, direta ou indiretamente, uma participação no capital igual ou superior a 5% do respetivo capital social; ou

b) Tal se encontre expressamente previsto neste Código.

10. Para efeitos do cálculo do nível percentual de participação indireta no capital a que se refere o número anterior são aplicáveis os critérios previstos no nº 2 do artigo 483º do Código das Sociedades Comerciais.

11. Os pagamentos com base em ações, efetuados aos trabalhadores e membros dos órgãos estatutários, em razão da prestação de trabalho ou de exercício de cargo ou função, concorrem para a formação do lucro tributável do período de tributação em que os respetivos direitos ou opções sejam exercidos, pelas quantias liquidadas ou, se aplicável, pela diferença entre o valor dos instrumentos de capital próprio atribuídos e o respetivo preço de exercício pago.

12. Exceto quando estejam abrangidos pelo disposto no artigo 43º, os gastos relativos a benefícios de cessação de emprego, benefícios de reforma e outros benefícios pós emprego ou a longo prazo dos empregados que não sejam considerados rendimentos de trabalho dependente, nos termos da primeira parte do nº 3) da alínea *b)* do nº 3 do artigo 2º do Código do IRS, são imputáveis ao período de tributação em que as importâncias sejam pagas ou colocadas à disposição dos respetivos beneficiários.

(Cfr. Declaração de Retificação nº 18/2014, de 13-03)

Artigo 19º – Contratos de construção

1. A determinação dos resultados de contratos de construção é efetuada segundo o critério da percentagem de acabamento.

2. Para efeitos do disposto no número anterior, a percentagem de acabamento no final de cada período de tributação corresponde à proporção entre os gastos suportados até essa data e a soma desses gastos com os estimados para a conclusão do contrato.

3. Quando, de acordo com a normalização contabilística, o desfecho de um contrato de construção não possa ser estimado de forma fiável, considera-se que o rédito do contrato corresponde aos gastos totais do contrato.

4. Não são dedutíveis as perdas esperadas relativas a contratos de construção correspondentes a gastos ainda não suportados.

5. *(Revogado.)*

6. *(Revogado.)*

Artigo 20º – Rendimentos e ganhos

1. Consideram-se rendimentos e ganhos os resultantes de operações de qualquer natureza, em consequência de uma ação normal ou ocasional, básica ou meramente acessória, nomeadamente:

a) Os relativos a vendas ou prestações de serviços, descontos, bónus e abatimentos, comissões e corretagens;

b) Rendimentos de imóveis;

c) De natureza financeira, tais como juros, dividendos, descontos, ágios, transferências, diferenças de câmbio, prémios de emissão de obrigações e os resultantes da aplicação do método do juro efetivo aos instrumentos financeiros valorizados pelo custo amortizado;

d) Rendimentos da propriedade industrial ou outros análogos;

e) Prestações de serviços de carácter científico ou técnico;

f) Ganhos por aumentos de justo valor em instrumentos financeiros;

g) Ganhos por aumentos de justo valor em ativos biológicos consumíveis que não sejam explorações silvícolas plurianuais;

h) Mais-valias realizadas;

i) Indemnizações auferidas, seja a que título for;

j) Subsídios à exploração.

2. É ainda considerado como rendimento o valor correspondente aos produtos entregues a título de pagamento do imposto sobre a produção do petróleo que for devido nos termos da legislação aplicável.

3. Não concorre para a formação do lucro tributável do associante, na associação à quota, o rendimento auferido da sua participação social correspondente ao valor da prestação por si devida ao associado.

4. É ainda considerada como rendimento a diferença positiva entre o montante entregue aos sócios em resultado da redução do capital social e o valor de aquisição das respetivas partes de capital.

5. É ainda considerado como rendimento o montante da redução, total ou parcial, irrevogável do valor do capital em dívida de obrigações subordinadas ou outros títulos subordinados em que se verifiquem os requisitos previstos no nº 2 do artigo 24º

(Redação dada pela Lei nº 119/2019, de 18-09)

Artigo 21º – Variações patrimoniais positivas

1. Concorrem ainda para a formação do lucro tributável as variações patrimoniais positivas não refletidas no resultado líquido do período de tributação, exceto:

a) As entradas de capital, incluindo os prémios de emissão de ações ou quotas, as coberturas de prejuízos, a qualquer título, feitas pelos titulares do capital, bem como outras variações patrimoniais positivas que decorram de operações sobre ações, quotas e outros instrumentos de capital próprio da entidade emitente, incluindo as que resultem da atribuição de instrumentos financeiros derivados que devam ser reconhecidos como instrumentos de capital próprio;

b) As mais-valias potenciais ou latentes, ainda que expressas na contabilidade, incluindo as reservas de reavaliação ao abrigo de legislação de carácter fiscal;

c) As contribuições, incluindo a participação nas perdas do associado ao associante, no âmbito da associação em participação e da associação à quota;

d) As relativas a impostos sobre o rendimento;

e) O aumento do capital próprio da sociedade beneficiária decorrente de operações de fusão, cisão, entrada de ativos ou permuta de partes sociais, com exclusão da componente que corresponder à anulação das partes de capital detidas por esta nas sociedades fundidas ou cindidas.

2. Para efeitos da determinação do lucro tributável, considera-se como valor de aquisição dos incrementos patrimoniais obtidos a título gratuito o seu valor de mercado, não podendo ser inferior ao que resultar da aplicação das regras de determinação do valor tributável previstas no Código do Imposto do Selo.

Artigo 22º – Subsídios relacionados com ativos não correntes

1. A inclusão no lucro tributável dos subsídios relacionados com ativos não correntes obedece às seguintes regras:

a) Quando os subsídios respeitem a ativos depreciáveis ou amortizáveis, deve ser incluída no lucro tributável uma parte do subsídio atribuído, independentemente do recebimento, na mesma proporção da depreciação ou amortização calculada sobre o custo de aquisição ou de produção, sem prejuízo do disposto no nº 2;

b) Quando os subsídios respeitem a ativos intangíveis sem vida útil definida, deve ser incluída no lucro tributável uma parte do subsídio atribuído, independentemente do recebimento, na proporção prevista no artigo 45º-A;

c) Quando os subsídios respeitem a propriedades de investimento e a ativos biológicos não consumíveis, mensurados pelo modelo do justo valor, deve ser incluída no lucro tributável uma parte do subsídio atribuído, independentemente do recebimento, na proporção prevista no artigo 45º-A;

d) Quando os subsídios não respeitem aos ativos referidos nas alíneas anteriores, devem ser incluídos no lucro tributável, em frações iguais, durante os períodos de tributação em que os elementos a que respeitam sejam inalienáveis, nos termos da lei ou do contrato ao abrigo dos quais os mesmos foram concedidos, ou, nos restantes casos, durante 10 anos, sendo o primeiro o do recebimento do subsídio.

2. Nos casos em que a inclusão no lucro tributável dos subsídios se efetue, nos termos da alínea *a*) do número anterior, na proporção da depreciação ou amortização calculada sobre o custo de aquisição, tem como limite mínimo a que proporcionalmente corresponder à quota mínima de depreciação ou amortização nos termos do nº 4 do artigo 31º-A.

Artigo 23º – Gastos e perdas

1. Para a determinação do lucro tributável, são dedutíveis todos os gastos e perdas incorridos ou suportados pelo sujeito passivo para obter ou garantir os rendimentos sujeitos a IRC.

2. Consideram-se abrangidos pelo número anterior, nomeadamente, os seguintes gastos e perdas:

a) Os relativos à produção ou aquisição de quaisquer bens ou serviços, tais como matérias utilizadas, mão-de-obra, energia e outros gastos gerais de produção, conservação e reparação;

b) Os relativos à distribuição e venda, abrangendo os de transportes, publicidade e colocação de mercadorias e produtos;

c) De natureza financeira, tais como juros de capitais alheios aplicados na exploração, descontos, ágios, transferências, diferenças de câmbio, gastos com operações de crédito, cobrança de dívidas e emissão de obrigações e outros títulos, prémios de reembolso e os resultantes da aplicação do método do juro efetivo aos instrumentos financeiros valorizados pelo custo amortizado;

d) De natureza administrativa, tais como remunerações, incluindo as atribuídas a título de participação nos lucros, ajudas de custo, material de consumo corrente, transportes e comunicações, rendas, contencioso, seguros, incluindo os de vida, doença ou saúde, e operações do ramo «Vida», contribuições para fundos de poupança-reforma, contribuições para fundos de pensões e para quaisquer regimes complementares da segurança social, bem como gastos com benefícios de cessação de emprego e outros benefícios pós-emprego ou a longo prazo dos empregados;

e) Os relativos a análises, racionalização, investigação, consulta e projetos de desenvolvimento;

f) De natureza fiscal e parafiscal;

g) Depreciações e amortizações;

h) Perdas por imparidade;

i) Provisões;

j) Perdas por reduções de justo valor em instrumentos financeiros;

k) Perdas por reduções de justo valor em ativos biológicos consumíveis que não sejam explorações silvícolas plurianuais;

l) Menos-valias realizadas;

m) Indemnizações resultantes de eventos cujo risco não seja segurável.

3. Os gastos dedutíveis nos termos dos números anteriores devem estar comprovados documentalmente, independentemente da natureza ou suporte dos documentos utilizados para esse efeito.

4. No caso de gastos incorridos ou suportados pelo sujeito passivo com a aquisição de bens ou serviços, o documento comprovativo a que se refere o número anterior deve conter, pelo menos, os seguintes elementos:

a) Nome ou denominação social do fornecedor dos bens ou prestador dos serviços e do adquirente ou destinatário;

b) Números de identificação fiscal do fornecedor dos bens ou prestador dos serviços e do adquirente ou destinatário, sempre que se tratem de entidades com residência ou estabelecimento estável no território nacional;

c) Quantidade e denominação usual dos bens adquiridos ou dos serviços prestados;

d) Valor da contraprestação, designadamente o preço;

e) Data em que os bens foram adquiridos ou em que os serviços foram realizados.

5. (*Revogado.*)

6. Quando o fornecedor dos bens ou prestador dos serviços esteja obrigado à emissão de fatura ou documento legalmente equiparado nos termos do Código do IVA, o documento comprovativo das aquisições de bens ou serviços previsto no nº 4 deve obrigatoriamente assumir essa forma.

7. Os gastos respeitantes a ações preferenciais sem voto classificadas como passivo financeiro de acordo com a normalização contabilística em vigor, incluindo os gastos com a emissão destes títulos, são dedutíveis para efeitos da determinação do lucro tributável da entidade emitente.

(Redação dada pela Lei nº 82-C/2014, de 31-12)

Artigo 23º-A – Encargos não dedutíveis para efeitos fiscais

1. Não são dedutíveis para efeitos da determinação do lucro tributável os seguintes encargos, mesmo quando contabilizados como gastos do período de tributação:

a) O IRC, incluindo as tributações autónomas, e quaisquer outros impostos que direta ou indiretamente incidam sobre os lucros;

b) As despesas não documentadas;

c) Os encargos cuja documentação não cumpra o disposto nos nºs 3 e 4 do artigo 23º, bem como os encargos evidenciados em documentos emitidos por sujeitos passivos com número de identificação fiscal inexistente ou inválido ou por sujeitos passivos cuja cessação de atividade tenha sido declarada oficiosamente nos termos do nº 6 do artigo 8º;

d) As despesas ilícitas, designadamente as que decorram de comportamentos que fundadamente indiciem a violação da legislação penal portuguesa, mesmo que ocorridos fora do alcance territorial da sua aplicação;

e) As multas, coimas e demais encargos, incluindo os juros compensatórios e moratórios, pela prática de infrações de qualquer natureza que não tenham origem contratual, bem como por comportamentos contrários a qualquer regulamentação sobre o exercício da atividade;

f) Os impostos, taxas e outros tributos que incidam sobre terceiros que o sujeito passivo não esteja legalmente obrigado a suportar;

g) As indemnizações pela verificação de eventos cujo risco seja segurável;

h) As ajudas de custo e os encargos com compensação pela deslocação em viatura própria do trabalhador, ao serviço da entidade patronal, não faturados a clientes, escriturados a qualquer título, sempre que a entidade patronal não possua, por cada pagamento efetuado, um mapa através do qual seja possível efetuar o controlo das deslocações a que se referem aqueles encargos, designadamente os respetivos locais, tempo de permanência, objetivo e, no caso de deslocação em viatura própria do trabalhador, identificação da viatura e do respetivo proprietário, bem como o número de quilómetros percorridos, exceto na parte em que haja lugar a tributação em sede de IRS na esfera do respetivo beneficiário;

i) Os encargos com o aluguer sem condutor de viaturas ligeiras de passageiros ou mistas, na parte correspondente ao valor das depreciações dessas viaturas que, nos termos das alíneas *c*) e *e*) do nº 1 do artigo 34º, não sejam aceites como gastos;

j) Os encargos com combustíveis na parte em que o sujeito passivo não faça prova de que os mesmos respeitam a bens pertencentes ao seu ativo ou por ele utilizados em regime de locação e de que não são ultrapassados os consumos normais;

k) Os encargos relativos a barcos de recreio e aeronaves de passageiros que não estejam afetos à exploração do serviço público de transportes nem se destinem a ser alugados no exercício da atividade normal do sujeito passivo;

l) As menos-valias realizadas relativas a barcos de recreio, aviões de turismo e viaturas ligeiras de passageiros ou mistas, que não estejam afetos à exploração de serviço público de transportes nem se destinem a ser alugados no exercício da atividade normal do sujeito passivo, exceto na parte em que correspondam ao valor fiscalmente depreciável nos termos da alínea *e*) do nº 1 do artigo 34º ainda não aceite como gasto;

m) Os juros e outras formas de remuneração de suprimentos e empréstimos feitos pelos sócios à sociedade, na parte em que excedam a taxa definida por portaria do membro do Governo responsável pela área das finanças, salvo no caso de se aplicar o regime estabelecido no artigo 63º;

n) Os gastos relativos à participação nos lucros por membros de órgãos sociais e trabalhadores da empresa, quando as respetivas importâncias não sejam pagas ou colocadas à disposição dos beneficiários até ao fim do período de tributação seguinte;

o) Sem prejuízo do disposto na alínea anterior, os gastos relativos à participação nos lucros por membros de órgãos sociais, quando os beneficiários sejam titulares, direta ou indiretamente, de partes representativas de, pelo menos, 1% do capital social, na parte em que exceda o dobro da remuneração mensal auferida no período de tributação a que respeita o resultado em que participam;

p) A contribuição sobre o setor bancário;

q) A contribuição extraordinária sobre o setor energético;

r) As importâncias pagas ou devidas, a qualquer título, a pessoas singulares ou coletivas residentes fora do território português e aí submetidas a um regime fiscal a que se referem os nºs 1 ou 5 do artigo 63º-D da Lei Geral Tributária, ou cujo pagamento seja efetuado em contas abertas em instituições financeiras aí residentes ou domiciliadas, salvo se o sujeito passivo provar que tais encargos correspondem a operações efetivamente realizadas e não têm um caráter anormal ou um montante exagerado;

s) A contribuição extraordinária sobre a indústria farmacêutica.

2. Não concorrem para a formação do lucro tributável as menos-valias e outras perdas relativas a instrumentos de capital próprio, na parte do valor que corresponda aos lucros ou reservas distribuídos ou às mais-valias realizadas com a transmissão onerosa de partes sociais da mesma entidade que tenham beneficiado, no próprio período de tributação ou nos quatro períodos anteriores, da dedução prevista no artigo 51º, do crédito por dupla tributação económica internacional prevista no artigo 91º-A ou da dedução prevista no artigo 51º-C.

3. Não são aceites como gastos do período de tributação os suportados com a transmissão onerosa de instrumentos de capital próprio, qualquer que seja o título por que se opere, de entidades com residência ou domicílio em país, território ou região sujeito a um regime fiscal claramente mais favorável constante de lista aprovada por portaria do membro do Governo responsável pela área das finanças.

4. A Autoridade Tributária e Aduaneira deve disponibilizar a informação relativa à situação cadastral dos sujeitos passivos, que seja considerada relevante para efeitos do disposto na segunda parte da alínea *c*) do nº 1.

5. No caso de não se verificar o requisito enunciado na alínea *n*) do nº 1, ao valor do IRC liquidado relativamente ao período de tributação seguinte adiciona-se o IRC que deixou de ser liquidado em resultado da dedução das importâncias que não tenham sido pagas ou colocadas à disposição dos interessados no prazo indicado, acrescido dos juros compensatórios correspondentes.

6. Para efeitos da verificação da percentagem fixada na alínea *o*) do nº 1, considera-se que o beneficiário detém indiretamente as partes do capital da sociedade quando as mesmas sejam da titularidade do cônjuge, respetivos ascendentes ou descendentes até ao 2º grau, sendo igualmente aplicáveis, com as necessárias adaptações, as regras sobre a equiparação da titularidade estabelecidas no Código das Sociedades Comerciais.

7. O disposto na alínea *r*) do nº 1 aplica-se igualmente às importâncias indiretamente pagas ou devidas, a qualquer título, às pessoas singulares ou coletivas residentes fora do território português e aí submetidas a um regime fiscal claramente mais favorável a que se referem os nºs 1 ou 5 do artigo 63º-D da Lei Geral Tributária, quando o sujeito passivo tenha ou devesse ter conhecimento do seu destino, presumindo-se esse conhecimento quando existam relações especiais, nos termos do nº 4 do artigo 63º, entre o sujeito passivo e as referidas pessoas singulares ou coletivas, ou entre o sujeito passivo e o mandatário, fiduciário ou interposta pessoa que procede ao pagamento às pessoas singulares ou coletivas.

8. A Autoridade Tributária e Aduaneira notifica o sujeito passivo para produção da prova referida na alínea *r*) do nº 1, devendo, para o efeito, ser fixado um prazo não inferior a 30 dias.

9. Tratando-se de sociedades de profissionais sujeitas ao regime de transparência fiscal, pode ser fixado por portaria do membro do Governo responsável pela área das finanças o número máximo de veículos e o respetivo valor para efeitos de dedução dos correspondentes encargos.

(Redação dada pela Lei nº 114/2017, de 29-12)

Artigo 24º – Variações patrimoniais negativas

1. Nas mesmas condições referidas para os gastos e perdas, concorrem ainda para a formação do lucro tributável as variações patrimoniais negativas não refletidas no resultado líquido do período de tributação, exceto:

a) As que consistam em liberalidades ou não estejam relacionadas com a atividade do contribuinte sujeita a IRC;

b) As menos-valias potenciais ou latentes, ainda que expressas na contabilidade;

c) As saídas, em dinheiro ou em espécie, em favor dos titulares do capital, a título de remuneração ou de redução do mesmo, ou de partilha do património, bem como outras variações patrimoniais negativas que decorram de operações sobre ações, quotas e outros instrumentos de capital próprio da entidade emitente ou da sua reclassificação;

d) As prestações do associante ao associado, no âmbito da associação em participação;

e) As relativas a impostos sobre o rendimento;

f) A diminuição do capital próprio da sociedade beneficiária decorrente de operações de fusão, cisão ou entrada de ativos, com exclusão da componente que corresponder à anulação das partes de capital detidas por esta nas sociedades fundidas ou cindidas.

2. Não obstante o disposto na alínea c) do número anterior, concorrem, ainda, para a determinação do lucro tributável, nas mesmas condições referidas para os gastos e perdas, as variações patrimoniais negativas não refletidas no resultado líquido do período de tributação relativas à distribuição de rendimentos de obrigações subordinadas ou outros títulos subordinados, desde que não atribuam ao respetivo titular o direito a receber dividendos nem direito de voto em assembleia geral de acionistas e não sejam convertíveis em partes sociais.

(Redação dada pela Lei nº 119/2019, de 18-09)

Artigo 25º – Relocação financeira e venda com locação de retoma

1. No caso de entrega de um bem objeto de locação financeira ao locador seguida de relocação desse bem ao mesmo locatário, não há lugar ao apuramento de qualquer resultado para efeitos fiscais em consequência dessa entrega, continuando o bem a ser depreciado ou amortizado para efeitos fiscais pelo locatário, de acordo com o regime que vinha sendo seguido até então.

2. No caso de venda de bens seguida de locação financeira, pelo vendedor, desses mesmos bens, observa-se o seguinte:

a) Se os bens integravam os inventários do vendedor, não há lugar ao apuramento de qualquer resultado fiscal em consequência dessa venda e os mesmos são valorizados para efeitos fiscais ao custo inicial de aquisição ou de produção, sendo este o valor a considerar para efeitos da respetiva depreciação;

b) Nos restantes casos, é aplicável o disposto no nº 1, com as necessárias adaptações.

SUBSECÇÃO II – Mensuração e perdas por imparidades em ativos correntes

Artigo 26º – Inventários

1. Para efeitos da determinação do lucro tributável, os rendimentos e gastos dos inventários são os que resultam da aplicação dos critérios de mensuração previstos na normalização contabilística em vigor que utilizem:

a) Custos de aquisição ou de produção;

b) Custos padrões apurados de acordo com técnicas contabilísticas adequadas;

c) Preços de venda deduzidos da margem normal de lucro;

d) Preços de venda dos produtos colhidos de ativos biológicos no momento da colheita, deduzidos dos custos estimados no ponto de venda, excluindo os de transporte e outros necessários para colocar os produtos no mercado;

e) (*Revogada.*)

2. Podem ser incluídos no custo de aquisição ou de produção os custos de empréstimos obtidos, bem como outros gastos que lhes sejam diretamente atribuíveis de acordo com a normalização contabilística especificamente aplicável.

3. Sempre que a utilização de custos padrões conduza a desvios significativos, a Autoridade Tributária e Aduaneira pode efetuar as correções adequadas, tendo em conta o campo de aplicação dos mesmos, o montante das vendas e dos inventários finais e o grau de rotação dos inventários.

4. Consideram-se preços de venda os constantes de elementos oficiais ou os últimos que em condições normais tenham sido praticados pelo sujeito passivo ou ainda os que, no termo do período de tributação, forem correntes no mercado, desde que sejam considerados idóneos ou de controlo inequívoco.

5. O método referido na alínea *c*) do nº 1 só é aceite nos sectores de atividade em que o cálculo do custo de aquisição ou de produção se torne excessivamente oneroso ou não possa ser apurado com razoável rigor, podendo a margem normal de lucro, nos casos de não ser facilmente determinável, ser substituída por uma dedução não superior a 20% do preço de venda.

6. A utilização de critérios de mensuração diferentes dos previstos no nº 1 depende de autorização da Autoridade Tributária e Aduaneira, a qual deve ser solicitada até ao termo do período de tributação, através de requerimento em que se indiquem os critérios a adotar e as razões que os justificam.

Artigo 27º – Mudança de critérios de mensuração

1. Os critérios adotados para a mensuração dos inventários devem ser uniformemente seguidos nos sucessivos períodos de tributação.

2. Podem, no entanto, verificar-se mudanças dos referidos critérios sempre que as mesmas se justifiquem por razões de natureza económica ou técnica e sejam aceites pela Autoridade Tributária e Aduaneira.

Artigo 28º – Perdas por imparidade em inventários

1. São dedutíveis no apuramento do lucro tributável as perdas por imparidade em inventários, reconhecidas no mesmo período de tributação ou em períodos de tributação anteriores, até ao limite da diferença entre o custo de aquisição ou de produção dos inventários e o respetivo valor realizável líquido referido à data do balanço, quando este for inferior àquele.

2. Para efeitos do disposto no número anterior, entende-se por valor realizável líquido o preço de venda estimado no decurso normal da atividade do sujeito passivo nos termos do nº 4 do artigo 26º, deduzido dos custos necessários de acabamento e venda.

3. A reversão, parcial ou total, das perdas por imparidade previstas no nº 1 concorre para a formação do lucro tributável.

4. Para os sujeitos passivos que exerçam a atividade editorial, o montante anual acumulado das perdas por imparidade corresponde à perda de valor dos fundos editoriais constituídos por obras e elementos complementares, desde que tenham decorrido dois anos após a data da respetiva publicação, que para este efeito se considera coincidente com a data do depósito legal de cada edição.

5. A desvalorização dos fundos editoriais deve ser avaliada com base nos elementos constantes dos registos que evidenciem o movimento das obras incluídas nos fundos.

Artigo 28º-A – Perdas por imparidade em dívidas a receber

1. Podem ser deduzidas para efeitos fiscais as seguintes perdas por imparidade, quando contabilizadas no mesmo período de tributação ou em períodos de tributação anteriores:

a) As relacionadas com créditos resultantes da atividade normal, incluindo os juros pelo atraso no cumprimento de obrigação, que, no fim do período de tributação, possam ser considerados de cobrança duvidosa e sejam evidenciados como tal na contabilidade;

b) As relativas a recibos por cobrar reconhecidas pelas empresas de seguros.

2. Podem também ser deduzidas, para efeitos de determinação do lucro tributável, as perdas por imparidade para risco de crédito, em títulos e em outras aplicações, contabilizadas de acordo com as normas contabilísticas e regulamentares aplicáveis, no mesmo período de tributação ou em períodos de tributação anteriores, pelas entidades sujeitas à supervisão do Banco de Portugal e pelas sucursais em Portugal de instituições de crédito e outras instituições financeiras com sede noutro Estado-Membro da União Europeia ou do Espaço Económico Europeu, nos termos e com os limites previstos no artigo 28º-C.

3. As perdas por imparidade e outras correções de valor referidas nos números anteriores que não devam subsistir, por deixarem de se verificar as condições objetivas que as determinaram, consideram-se componentes positivas do lucro tributável do respetivo período de tributação.

(Redação dada pela Lei nº 119/2019, de 18-09)

Artigo 28º-B – Perdas por imparidade em créditos

1. Para efeitos da determinação das perdas por imparidade previstas na alínea *a)* do nº 1 do artigo anterior, consideram-se créditos de cobrança duvidosa aqueles em que o risco de incobrabilidade esteja devidamente justificado, o que se verifica nos seguintes casos:

a) O devedor tenha pendente processo de execução, processo de insolvência, processo especial de revitalização ou procedimento de recuperação de empresas por via extrajudicial ao abrigo do Sistema de Recuperação de Empresas por Via Extrajudicial (SIREVE), aprovado pelo Decreto-Lei nº 178/2012, de 3 de agosto;

b) Os créditos tenham sido reclamados judicialmente ou em tribunal arbitral;

c) Os créditos estejam em mora há mais de seis meses desde a data do respetivo vencimento e existam provas objetivas de imparidade e de terem sido efetuadas diligências para o seu recebimento.

2. O montante anual acumulado da perda por imparidade de créditos referidos na alínea *c)* do número anterior não pode ser superior às seguintes percentagens dos créditos em mora:

a) 25% para créditos em mora há mais de 6 meses e até 12 meses;

b) 50% para créditos em mora há mais de 12 meses e até 18 meses;

c) 75% para créditos em mora há mais de 18 meses e até 24 meses;

d) 100% para créditos em mora há mais de 24 meses.

3. Não são considerados de cobrança duvidosa:

a) Os créditos sobre o Estado, regiões autónomas e autarquias locais ou aqueles em que estas entidades tenham prestado aval;

b) Os créditos cobertos por seguro, com exceção da importância correspondente à percentagem de descoberto obrigatório, ou por qualquer espécie de garantia real;

c) Os créditos sobre pessoas singulares ou coletivas que detenham, direta ou indiretamente, nos termos do nº 6 do artigo 69º, mais de 10% do capital da empresa ou sobre membros dos seus órgãos sociais, salvo nos casos previstos nas alíneas *a)* e *b)* do nº 1;

d) Os créditos sobre empresas participadas, direta ou indiretamente, nos termos do nº 6 do artigo 69º, em mais de 10% do capital, salvo nos casos previstos nas alíneas *a)* e *b)* do nº 1;

e) Os créditos entre empresas detidas, direta ou indiretamente, nos termos do nº 6 do artigo 69º, em mais de 10% do capital pela mesma pessoa singular ou coletiva, salvo nos casos previstos nas alíneas *a)* e *b)* do nº 1.

4. As percentagens previstas no nº 2 aplicam-se, igualmente, aos juros pelo atraso no cumprimento das obrigações, em função da mora dos créditos a que correspondam.

(Redação dada pela Lei nº 71/2018, de 31-12)

Artigo 28º-C – Instituições de crédito e outras instituições financeiras

1. São dedutíveis, para efeitos de determinação do lucro tributável, as perdas por imparidade para risco de crédito a que se refere o nº 2 do artigo 28º-A relativas a exposições analisadas em base individual ou em base coletiva, reconhecidas nos termos das normas contabilísticas e regulamentares aplicáveis.

2. As perdas por imparidade para risco de crédito referidas no nº 2 do artigo 28º-A apenas são dedutíveis para efeitos da determinação do lucro tributável quando relacionadas com exposições resultantes da atividade normal do sujeito passivo.

3. As perdas por imparidade em títulos, dedutíveis nos termos do nº 2 do artigo 28º-A, são determinadas de acordo com as normas contabilísticas e regulamentares aplicáveis.

4. *(Revogado.)*

5. As perdas por imparidade em outras aplicações, dedutíveis nos termos do nº 2 do artigo 28º-A, não podem ultrapassar o montante que corresponder ao total da diferença entre a quantia escriturada das aplicações decorrentes da recuperação de créditos resultantes da atividade normal do sujeito passivo e a respetiva quantia recuperável, quando esta for inferior àquela.

6. Quando se verifique a anulação de provisões para riscos gerais de crédito, bem como de perdas por imparidade e outras correções de valor não previstas no nº 2 do artigo 28º-A, são consideradas rendimentos do período de tributação, em 1º lugar, aquelas que tenham sido aceites como gasto fiscal no período de tributação da respetiva constituição.

7. O disposto nos números anteriores não abrange:

a) Os créditos e outros direitos sobre pessoas singulares ou coletivas que detenham, direta ou indiretamente, nos termos do nº 6 do artigo 69º, mais de 10% do capital do sujeito passivo ou sobre membros dos seus órgãos sociais, salvo nos casos previstos nas alíneas *a*) e *b*) do nº 1 do artigo anterior;

b) Os créditos e outros direitos sobre sociedades nas quais o sujeito passivo detenha, direta ou indiretamente, nos termos do nº 6 do artigo 69º, mais de 10 % do capital ou sobre entidades com as quais o sujeito passivo se encontre numa situação de relações especiais nos termos das alíneas *a*) a *b*) do nº 4 do artigo 63º, que tenham sido concedidos em momento posterior ao da aquisição da participação ou verificação da condição da qual resulta a situação de relações especiais, salvo nos casos previstos nas alíneas *a*) e *b*) do nº 1 do artigo anterior.

(Redação dada pela Lei nº 98/2019, 04-09)

SUBSECÇÃO III – Depreciações, amortizações e perdas por imparidades em ativos não correntes

Artigo 29º – Elementos depreciáveis ou amortizáveis

1. São aceites como gastos as depreciações e amortizações de elementos do ativo sujeitos a deperecimento, considerando-se como tais:

a) Os ativos fixos tangíveis e os ativos intangíveis;

b) Os ativos biológicos não consumíveis e as propriedades de investimento contabilizados ao custo de aquisição.

2. Para efeitos do disposto no número anterior consideram-se sujeitos a deperecimento os ativos que, com caráter sistemático, sofram perdas de valor resultantes da sua utilização ou do decurso do tempo.

3. As meras flutuações que afetem os valores patrimoniais não relevam para a qualificação dos respetivos elementos como sujeitos a deperecimento.

4. Salvo razões devidamente justificadas e aceites pela Autoridade Tributária e Aduaneira, os elementos do ativo só se consideram sujeitos a deperecimento depois de entrarem em funcionamento ou utilização.

5. São igualmente depreciáveis, nos termos dos números anteriores, os componentes, as grandes reparações e beneficiações e as benfeitorias reconhecidos como elementos do ativo sujeitos a deperecimento nos termos do nº 1.

(Cfr. Declaração de Retificação nº 18/2014, de 13-03)

Artigo 30º – Métodos de cálculo das depreciações e amortizações

1. O cálculo das depreciações e amortizações dos ativos referidos no artigo anterior faz-se, em regra, pelo método da linha reta, atendendo ao seu período de vida útil.

2. Os sujeitos passivos podem, no entanto, optar pelo método das quotas decrescentes relativamente aos ativos fixos tangíveis que:

a) Não tenham sido adquiridos em estado de uso;

b) Não sejam edifícios, viaturas ligeiras de passageiros ou mistas, exceto quando afetas à exploração de serviço público de transportes ou destinadas a ser alugadas no exercício da atividade normal do sujeito passivo, mobiliário e equipamentos sociais.

3. A adoção pelo sujeito passivo de métodos de depreciação e amortização diferentes dos referidos nos números anteriores, de que resulte a aplicação de quotas de depreciação ou amortização superiores às previstas no artigo seguinte depende de autorização da Autoridade Tributária e Aduaneira, a qual deve ser solicitada até ao termo do período de tributação, através de requerimento em que se indiquem os métodos a adotar e as razões que os justificam.

4. (*Revogado.*)

5. (*Revogado.*)

6. (*Revogado.*)

7. (*Revogado.*)

Artigo 31º – Quotas de depreciação ou amortização

1. No método da linha reta, a quota anual de depreciação ou amortização que pode ser aceite como gasto do período de tributação determina-se aplicando as taxas de depreciação ou amortização definidas no decreto regulamentar que estabelece o respetivo regime aos seguintes valores:

a) Custo de aquisição ou de produção;

b) Valor resultante de reavaliação ao abrigo de legislação de carácter fiscal;

c) Valor de mercado, à data do reconhecimento inicial, para os bens objeto de avaliação para esse efeito, quando não seja conhecido o custo de aquisição ou de produção.

2. Para efeitos da determinação do valor depreciável ou amortizável, previsto no número anterior:

a) Não são consideradas as despesas de desmantelamento; e

b) Deduz-se o valor residual.

3. Relativamente aos elementos para que não se encontrem fixadas taxas de depreciação ou amortização, são aceites as que pela Autoridade Tributária e Aduaneira sejam consideradas razoáveis, tendo em conta o período de vida útil esperada daqueles elementos.

4. Quando se aplique o método das quotas decrescentes, a quota anual de depreciação que pode ser aceite como gasto do período de tributação determina-se multiplicando os valores mencionados no nº 1, que ainda não tenham sido depreciados, pelas taxas de depreciação referidas nos nºs 1 e 2, corrigidas pelos seguintes coeficientes máximos:

a) 1,5, se o período de vida útil do elemento é inferior a cinco anos;

b) 2, se o período de vida útil do elemento é de cinco ou seis anos;

c) 2,5, se o período de vida útil do elemento é superior a seis anos.

5. O período de vida útil do elemento do ativo é o que se deduz das taxas de depreciação ou amortização referidas nos nºs 1 e 2.

6. As taxas de depreciação de bens adquiridos em estado de uso, de componentes, de grandes reparações e beneficiações ou de benfeitorias de elementos dos ativos sujeitos a deperecimento são calculadas com base no respetivo período de vida útil esperada.

7. Os sujeitos passivos podem optar no ano de início de funcionamento ou utilização dos elementos por uma taxa de depreciação ou amortização deduzida da taxa anual, em conformidade com os números anteriores, e correspondente ao número de meses contados desde o mês de entrada em funcionamento ou utilização dos elementos.

8. No caso referido no número anterior, no ano em que se verificar a transmissão, a inutilização ou o termo de vida útil dos mesmos elementos só são aceites depreciações e amortizações correspondentes ao número de meses decorridos até ao mês anterior ao da verificação desses eventos.

Artigo 31º-A – Mudança de métodos de depreciação e amortização e alterações na vida útil dos ativos não correntes

1. Os métodos de depreciação e amortização devem ser uniformemente seguidos nos sucessivos períodos de tributação.

2. Podem, no entanto, verificar-se mudanças dos referidos métodos e na vida útil dos ativos sempre que as mesmas se justifiquem por razões de natureza económica ou técnica e sejam aceites pela Autoridade Tributária e Aduaneira.

3. O disposto nos números anteriores não prejudica a variação das quotas de depreciação ou amortização de acordo com o regime mais ou menos intensivo ou com outras condições de utilização dos elementos a que respeitam não podendo, no entanto, as quotas mínimas imputáveis ao período de tributação ser deduzidas para efeitos de determinação do lucro de outros períodos de tributação.

4. Para efeitos do número anterior, as quotas mínimas de depreciação ou amortização são calculadas com base em taxas iguais a metade das fixadas segundo o método da linha reta, sem prejuízo do disposto no número seguinte.

5. A utilização de quotas de depreciação ou amortização inferiores às mencionadas no número anterior depende de comunicação à Autoridade Tributária e Aduaneira, efetuada até ao termo do período de tributação, na qual se identifiquem as quotas a praticar e as razões que justificam a respetiva utilização.

6. O disposto na parte final do nº 3 e no nº 5 não é aplicável aos elementos do ativo que sejam reclassificados como ativos não correntes detidos para venda.

Artigo 31º-B – Perdas por imparidade em ativos não correntes

1. Podem ser aceites como gastos fiscais as perdas por imparidade em ativos não correntes provenientes de causas anormais comprovadas, designadamente desastres, fenómenos naturais, inovações técnicas excecionalmente rápidas ou alterações significativas, com efeito adverso, no contexto legal.

2. Para efeitos do disposto no número anterior, o sujeito passivo deve obter a aceitação da Autoridade Tributária e Aduaneira, mediante exposição devidamente fundamentada, a apresentar até ao fim do 1º mês do período de tributação seguinte ao da ocorrência dos factos que determinaram as desvalorizações excecionais, acompanhada de documentação comprovativa dos mesmos, designadamente da decisão do competente órgão de gestão que confirme aqueles factos, de justificação do respetivo montante, bem como da indicação do destino a dar aos ativos, quando o abate físico, o desmantelamento, o abandono ou a inutilização destes não ocorram no mesmo período de tributação.

3. Quando os factos que determinaram as desvalorizações excecionais dos ativos e o abate físico, o desmantelamento, o abandono ou a inutilização ocorram no mesmo período de tributação, o valor líquido fiscal dos ativos, corrigido de eventuais valores recuperáveis pode ser aceite como gasto do período, desde que:

a) Seja comprovado o abate físico, desmantelamento, abandono ou inutilização dos ativos, através do respetivo auto, assinado por duas testemunhas, e identificados e comprovados os factos que originaram as desvalorizações excecionais;

b) O auto seja acompanhado de relação discriminativa dos elementos em causa, contendo, relativamente a cada ativo, a descrição, o ano e o custo de aquisição, bem como o valor líquido contabilístico e o valor líquido fiscal;

c) Seja comunicado ao serviço de finanças da área do local onde aqueles ativos se encontrem, com a antecedência mínima de 15 dias, o local, a data e a hora do abate físico, o desmantelamento, o abandono ou a inutilização e o total do valor líquido fiscal dos mesmos;

4. O disposto nas alíneas *a*) a *c*) do número anterior deve igualmente observar-se nas situações previstas no nº 2, no período de tributação em que venha a efetuar-se o abate físico, o desmantelamento, o abandono ou a inutilização dos ativos.

5. A aceitação referida no nº 2 é da competência do diretor de finanças da área da sede, direção efetiva ou estabelecimento estável do sujeito passivo ou do diretor da Unidade dos Grandes Contribuintes, tratando-se de empresas incluídas no âmbito das suas atribuições.

6. A documentação a que se refere o nº 3 deve integrar o processo de documentação fiscal, nos termos do artigo 130º

7. As perdas por imparidade de ativos depreciáveis ou amortizáveis que não sejam aceites fiscalmente nos termos dos números anteriores são consideradas como gastos, em partes iguais, durante o período de vida útil restante desse ativo ou, sem prejuízo do disposto no artigo 46º, até ao período anterior àquele em que se verificar o abate físico, o desmantelamento, o abandono, a inutilização ou a transmissão do mesmo.

(Cfr. Declaração de Retificação nº 18/2014, de 13-03)

Artigo 32º – Projetos de desenvolvimento

1. As despesas com projetos de desenvolvimento podem ser consideradas como gasto fiscal no período de tributação em que sejam suportadas, ainda que os elementos deles resultantes venham a ser reconhecidos como ativos intangíveis nas demonstrações financeiras dos sujeitos passivos.

2. Para efeitos do disposto no número anterior, consideram-se despesas com projetos de desenvolvimento as realizadas pelo sujeito passivo através da exploração de resultados de trabalhos da investigação ou de outros conhecimentos científicos ou técnicos com vista à descoberta ou à melhoria substancial de matérias-primas, produtos, serviços ou processos de produção.

3. O preceituado no nº 1 não é aplicável aos projetos de desenvolvimento efetuados para outrem mediante contrato.

Artigo 33º – Elementos de reduzido valor

Nos casos em que o custo unitário de aquisição ou produção de elementos do ativo sujeitos a deperecimento não ultrapasse € 1 000 é aceite a sua dedução integral no período de tributação em que seja reconhecido, exceto quando tais elementos façam parte integrante de um conjunto que deva ser depreciado ou amortizado como um todo.

Artigo 34º – Depreciações e amortizações não dedutíveis para efeitos fiscais

1. Não são aceites como gastos:

a) As depreciações e amortizações de elementos do ativo não sujeitos a deperecimento;

b) As depreciações de imóveis na parte correspondente ao valor dos terrenos ou não sujeita a deperecimento;

c) As depreciações e amortizações que excedam os limites estabelecidos nos artigos anteriores;

d) As depreciações e amortizações praticadas para além do período máximo de vida útil, ressalvando-se os casos especiais devidamente justificados e aceites pela Autoridade Tributária e Aduaneira;

e) As depreciações das viaturas ligeiras de passageiros ou mistas, incluindo os veículos elétricos, na parte correspondente ao custo de aquisição ou ao valor revalorizado excedente ao montante a definir por portaria do membro do Governo responsável pela área das finanças, bem como dos barcos de recreio e aviões de turismo, desde que tais bens não estejam afetos ao serviço público de transportes nem se destinem a ser alugados no exercício da atividade normal do sujeito passivo.

2. Para efeitos do disposto na alínea *d*) do número anterior, o período máximo de vida útil é o que se deduz das quotas mínimas de depreciação ou amortização, nos termos do nº 4 do artigo 31º-A, contado a partir do ano de entrada em funcionamento ou utilização dos elementos a que respeitem.

SUBSECÇÃO IV – Imparidades

Artigo 35º – Perdas por imparidade fiscalmente dedutíveis

(Revogado.)

Artigo 36º – Perdas por imparidade em créditos

(Revogado.)

Artigo 37º – Empresas do sector bancário

(Revogado.)

Artigo 38º – Desvalorizações excecionais

(Revogado.)

SUBSECÇÃO IV-A – Provisões

Artigo 39º – Provisões fiscalmente dedutíveis

1. Podem ser deduzidas para efeitos fiscais as seguintes provisões:

a) As que se destinem a fazer face a obrigações e encargos derivados de processos judiciais em curso por factos que determinariam a inclusão daqueles entre os gastos do período de tributação;

b) As que se destinem a fazer face a encargos com garantias a clientes previstas em contratos de venda e de prestação de serviços;

c) As provisões técnicas constituídas obrigatoriamente, por força de normas emanadas pelo Instituto de Seguros de Portugal, de carácter genérico e abstrato, pelas empresas de seguros sujeitas à sua supervisão e pelas sucursais em Portugal de empresas seguradoras com sede em outro Estado membro da União Europeia;

d) As constituídas com o objetivo de fazer face aos encargos com a reparação dos danos de carácter ambiental dos locais afetos à exploração, sempre que tal seja obrigatório nos termos da legislação aplicável e após a cessação desta.

2. A determinação das provisões referidas no número anterior deve ter por base as condições existentes no final do período de tributação.

3. Quando a provisão for reconhecida pelo valor presente, os gastos resultantes do respetivo desconto ficam igualmente sujeitos a este regime.

4. As provisões a que se referem as alíneas *a*) a *c*) do nº 1 que não devam subsistir por não se terem verificado os eventos a que se reportam e as que forem utilizadas para fins diversos dos expressamente previstos neste artigo consideram-se rendimentos do respetivo período de tributação.

5. O montante anual da provisão para garantias a clientes a que refere a alínea *b*) do nº 1 é determinado pela aplicação às vendas e prestações de serviços sujeitas a garantia efetuadas no período de tributação de uma percentagem que não pode ser superior à que resulta da proporção entre a soma dos encargos derivados de garantias a clientes efetivamente suportados nos últimos três períodos de tributação e a soma das vendas e prestações de serviços sujeitas a garantia efetuadas nos mesmos períodos.

6. O montante anual acumulado das provisões técnicas, referidas na alínea *c*) do nº 1, não deve ultrapassar os valores mínimos que resultem da aplicação das normas emanadas da entidade de supervisão.

(Redação dada pela Lei nº 82-D/2014, de 31-12)

Artigo 40º – Provisão para a reparação de danos de carácter ambiental

1. A dotação anual da provisão a que se refere a alínea *d*) do nº 1 do artigo 39º corresponde ao valor que resulta da divisão dos encargos estimados com a reparação de danos de carácter ambiental dos locais afetos à exploração, nos termos da alínea *a*) do nº 3, pelo número de anos de exploração previsto em relação aos mesmos.

2. Quando se preveja um nível de exploração irregular ao longo do tempo, pode deduzir-se um montante anual diferente do referido no número anterior, devendo, nesse caso, o sujeito passivo comunicar à Autoridade Tributária e Aduaneira um plano de constituição da provisão que tenha em conta aquele nível de exploração, até ao termo do 1º período de tributação em que sejam reconhecidos gastos com a sua constituição ou reforço.

3. A constituição da provisão fica subordinada à observância das seguintes condições:

a) Apresentação de um plano previsional de encerramento da exploração, com indicação detalhada dos trabalhos a realizar com a reparação dos danos de carácter ambiental e a estimativa dos encargos inerentes, e a referência ao número de anos de exploração previsto e eventual irregularidade ao longo do tempo do nível previsto de atividade, sujeito a aprovação pelos organismos competentes;

b) Constituição de um fundo, representado por investimentos financeiros, cuja gestão pode caber ao próprio sujeito passivo, de montante equivalente ao do saldo acumulado da provisão no final de cada período de tributação.

4. Sempre que da revisão do plano previsional referido na alínea *a*) do número anterior resultar uma alteração da estimativa dos encargos inerentes à recuperação ambiental dos locais afetos à exploração, ou se verificar uma alteração no número de anos de exploração previsto, deve proceder-se do seguinte modo:

a) Tratando-se de acréscimo dos encargos estimados ou de redução do número de anos de exploração, passa a efetuar-se o cálculo da dotação anual considerando o total dos encargos ainda não provisionado e o número de anos de atividade que ainda restem à exploração, incluindo o do próprio período de tributação da revisão;

b) Tratando-se de diminuição dos encargos estimados ou de aumento do número de anos de exploração, a parte da provisão em excesso correspondente ao número de anos já decorridos deve ser objeto de reposição no período de tributação da revisão.

5. A constituição do fundo a que se refere a alínea *b*) do nº 3 é dispensada quando seja exigida a prestação de caução a favor da entidade que aprova o Plano Ambiental e de Recuperação Paisagística, de acordo com o regime jurídico de exploração da respetiva atividade.

6. A provisão deve ser aplicada na cobertura dos encargos a que se destina até ao fim do terceiro período de tributação seguinte ao do encerramento da exploração, podendo este período ser prorrogado, até ao máximo de cinco períodos de tributação, mediante comunicação prévia à Autoridade Tributária e Aduaneira, devendo as razões que o justificam integrar o processo de documentação fiscal a que se refere o artigo 130º.

7. A parte da provisão não aplicada nos fins para que a provisão foi constituída é considerada como rendimento do terceiro período de tributação seguinte ao do encerramento da exploração ou do último período de tributação em que seja comunicada a utilização da provisão nos termos do número anterior.

(Redação dada pela Lei nº 71/2018, de 31-12, cf. Declaração de Retificação nº 6/2019, de 01-03)

SUBSECÇÃO V – Regime de outros encargos

Artigo 41º – Créditos incobráveis

1. Os créditos incobráveis podem ser diretamente considerados gastos ou perdas do período de tributação, ainda que o respetivo reconhecimento contabilístico já tenha ocorrido em períodos de tributação anteriores, em qualquer das seguintes situações, desde que não tenha sido admitida perda por imparidade ou esta se mostre insuficiente:

a) Em processo de execução, após o registo a que se refere a alínea *b*) do nº 2 do artigo 717º do Código de Processo Civil;

b) Em processo de insolvência, quando a mesma for decretada de caráter limitado ou quando for determinado o encerramento do processo por insuficiência de bens, ao abrigo da alínea *d*) do nº 1 do artigo 230º e do artigo 232º, ambos do Código da Insolvência e da Recuperação de Empresas, ou após a realização do rateio final, do qual resulte o não pagamento definitivo do crédito;

c) Em processo de insolvência ou em processo especial de revitalização, quando seja proferida sentença de homologação do plano de insolvência ou do plano de recuperação que preveja o não pagamento definitivo do crédito;

d) *(Revogada.)*

e) No âmbito de litígios emergentes da prestação de serviços públicos essenciais, após decisão arbitral;

f) Nos termos do regime jurídico da prestação de serviços públicos essenciais, os créditos se encontrem prescritos e o seu valor não ultrapasse o montante de € 750;

g) Quando for celebrado e depositado na Conservatória do Registo Comercial acordo sujeito ao Regime Extrajudicial de Recuperação de Empresas (RERE) que cumpra com o disposto no nº 3 do artigo 27º do RERE e do qual resulte o não pagamento definitivo do crédito.

2. (*Revogado.*)

(Redação dada pela Lei nº 8/2018, de 02-03)

Artigo 42º – Reconstituição de jazidas

1. Os sujeitos passivos que exerçam a indústria extrativa de petróleo podem deduzir, para efeitos da determinação do lucro tributável, o menor dos seguintes valores, desde que seja investido em prospeção ou pesquisa de petróleo em território português dentro dos três períodos de tributação seguintes:

a) 30% do valor bruto das vendas do petróleo produzido nas áreas de concessão efetuadas no período de tributação a que respeita a dedução;

b) 45% da matéria coletável que se apuraria sem consideração desta dedução.

2. No caso de não se terem verificado os requisitos enunciados no nº 1, deve efetuar-se a correção fiscal ao resultado líquido do período de tributação em que se verificou o incumprimento.

3. A dedução referida no nº 1 fica condicionada à não distribuição de lucros por um montante equivalente ao valor ainda não investido nos termos aí previstos.

Artigo 43º – Realizações de utilidade social

1. São também dedutíveis os gastos do período de tributação, incluindo depreciações ou amortizações e rendas de imóveis, relativos à manutenção facultativa de creches, latários, jardins-de-infância, cantinas, bibliotecas e escolas, bem como outras realizações de utilidade social como tal reconhecidas pela Autoridade Tributária e Aduaneira, feitas em benefício do pessoal ou dos reformados da empresa e respetivos familiares, desde que tenham carácter geral e não revistam a natureza de rendimentos do trabalho dependente ou, revestindo-o, sejam de difícil ou complexa individualização relativamente a cada um dos beneficiários.

2. São igualmente considerados gastos do período de tributação, até ao limite de 15% das despesas com o pessoal contabilizadas a título de remunerações, ordenados ou salários respeitantes ao período de tributação, os suportados com:

a) Contratos de seguros de acidentes pessoais, bem como com contratos de seguros de vida, de doença ou saúde, contribuições para fundos de pensões e equiparáveis ou para quaisquer regimes complementares de segurança social, que garantam, exclusivamente, o benefício de reforma, pré reforma, complemento de reforma, benefícios de saúde pós emprego, invalidez ou sobrevivência a favor dos trabalhadores da empresa;

b) Contratos de seguros de doença ou saúde em benefício dos trabalhadores, reformados ou respetivos familiares.

3. O limite estabelecido no número anterior é elevado para 25%, se os trabalhadores não tiverem direito a pensões da segurança social.

4. Aplica-se o disposto nos nºs 2 e 3 desde que se verifiquem, cumulativamente, as seguintes condições, à exceção das alíneas *d*) e *e*), quando se trate de seguros de doença ou saúde, de acidentes pessoais ou de seguros de vida que garantam exclusivamente os riscos de morte ou invalidez:

a) Os benefícios devem ser estabelecidos para a generalidade dos trabalhadores permanentes da empresa ou no âmbito de instrumento de regulamentação coletiva de trabalho para as classes profissionais onde os trabalhadores se inserem;

b) Os benefícios devem ser estabelecidos segundo um critério objetivo e idêntico para todos os trabalhadores ainda que não pertencentes à mesma classe profissional, salvo em cumprimento de instrumentos de regulamentação coletiva de trabalho;

c) Sem prejuízo do disposto no nº 6, a totalidade dos prémios e contribuições previstos nos nºs 2 e 3 deste artigo em conjunto com os rendimentos da categoria A isentos nos termos do nº 1 do artigo 18º do Estatuto dos Benefícios Fiscais não devem exceder, anualmente, os limites naqueles estabelecidos ao caso aplicáveis, não sendo o excedente considerado gasto do período de tributação;

d) Sejam efetivamente pagos sob a forma de prestação pecuniária mensal vitalícia pelo menos dois terços dos benefícios em caso de reforma, invalidez ou sobrevivência, sem prejuízo da remição de rendas vitalícias em pagamento que não tenham sido fixadas judicialmente, nos termos e condições estabelecidos em norma regulamentar emitida pela respetiva entidade de supervisão, e desde que seja apresentada prova dos respetivos pressupostos pelo sujeito passivo;

e) As disposições de regime legal da pré-reforma e do regime geral de segurança social sejam acompanhadas, no que se refere à idade e aos titulares do direito às correspondentes prestações, sem prejuízo de regime especial de segurança social, de regime previsto em instrumento de regulamentação coletiva de trabalho ou de outro regime legal especial, ao caso aplicáveis;

f) A gestão e disposição das importâncias despendidas não pertençam à própria empresa, os contratos de seguros sejam celebrados com empresas de seguros que possuam sede, direção efetiva ou estabelecimento estável em território português, ou com empresas de seguros que estejam autorizadas a operar neste território em livre prestação de serviços, e os fundos de pensões ou equiparáveis sejam constituídos de acordo com a legislação nacional ou geridos por instituições de realização de planos de pensões profissionais às quais seja aplicável a Diretiva nº 2003/41/CE, do Parlamento Europeu e do Conselho, de 3 de junho, que estejam autorizadas a aceitar contribuições para planos de pensões de empresas situadas em território português;

g) Não sejam considerados rendimentos do trabalho dependente, nos termos da primeira parte do nº 3) da alínea *b*) do nº 3 do artigo 2º do Código do IRS.

5. Para os efeitos dos limites estabelecidos nos nºs 2 e 3, não são considerados os valores atuais dos encargos com pensionistas já existentes na empresa à data da celebração do contrato de seguro ou da integração em esquemas complementares de prestações de segurança social previstos na respetiva legislação, devendo esse valor, calculado atuarialmente, ser certificado pelas seguradoras ou outras entidades competentes.

6. As contribuições destinadas à cobertura de responsabilidades com os benefícios previstos no nº 2 do pessoal no ativo em 31 de dezembro do ano anterior ao da celebração dos contratos de seguro ou das entradas para fundos de pensões correspondentes aos benefícios por tempo de serviço anterior a essa data, são igualmente aceites como gastos nos termos e condições estabelecidos nos nºs 2, 3 e 4, podendo, no caso de aquelas responsabilidades ultrapassarem os limites estabelecidos naqueles dois primeiros números, mas não o dobro dos mesmos, o montante do excesso ser também aceite como gasto, anualmente, por uma importância correspondente, no máximo, a um sétimo daquele excesso, sem prejuízo da consideração deste naqueles limites, devendo o valor atual daquelas responsabilidades ser certificado por seguradoras, sociedades gestoras de fundos de pensões ou outras entidades competentes.

7. As contribuições suplementares destinadas à cobertura de responsabilidades por encargos com benefícios previstos no nº 2, quando efetuadas em consequência de alteração dos pressupostos atuariais em que se basearam os cálculos iniciais daquelas responsabilidades, reportados à data da celebração do contrato de seguro ou da constituição do fundo de pensões ou à data em que as responsabilidades foram transferidas, e desde que devidamente certificadas pelas entidades competentes, podem também ser aceites como gastos nos seguintes termos:

a) No período de tributação em que sejam efetuadas, num prazo máximo de cinco, contado daquele em que se verificou a alteração dos pressupostos atuariais ou a transferência de responsabilidades;

b) Na parte em que não excedam o montante acumulado das diferenças entre os valores dos limites previstos nos nºs 2 ou 3 relativos ao período constituído pelos 10 períodos de tributação imediatamente anteriores ou, se inferior, ao período contado desde o período de tributação da transferência das responsabilidades ou da última alteração dos pressupostos atuariais e os valores das contribuições efetuadas e aceites como gastos em cada um desses períodos de tributação.

8. Para efeitos do disposto na alínea *b*) do número anterior, não são consideradas as contribuições suplementares destinadas à cobertura de responsabilidades com pensionistas, não devendo igualmente ser tidas em conta para o cálculo daquelas diferenças as eventuais contribuições efetuadas para a cobertura de responsabilidades passadas nos termos do nº 6.

9. Os gastos referidos no nº 1, quando respeitem a creches, latários e jardins-de-infância em benefício do pessoal da empresa, seus familiares ou outros, são considerados, para efeitos da determinação do lucro tributável, em valor correspondente a 140%.

10. No caso de incumprimento das condições estabelecidas nos nºs 2, 3 e 4, à exceção das referidas nas alíneas *c*) e g) deste último número, ao valor do IRC liquidado relativamente a esse período de tributação deve ser adicionado o IRC correspondente aos prémios e contribuições considerados como gasto em cada um dos períodos de tributação anteriores, nos termos deste artigo, agravado de uma importância que resulta da aplicação ao IRC correspondente a cada um daqueles períodos de tributação do produto de 10% pelo número de anos decorridos desde a data em que cada um daqueles prémios e contribuições foram considerados como gastos, não sendo, em caso de resgate em benefício da entidade patronal, considerado como rendimento do período de tributação a parte do valor do resgate correspondente ao capital aplicado.

11. No caso de resgate em benefício da entidade patronal, não se aplica o disposto no número anterior se, para a transferência de responsabilidades, forem celebrados contratos de seguro de vida com outros seguradores, que possuam sede, direção efetiva ou estabelecimento estável em território português, ou com empresas de seguros que estejam autorizadas a operar neste território em livre prestação de serviços, ou se forem efetuadas contribuições para fundos de pensões constituídos de acordo com a legislação nacional, ou geridos por instituições de realização de planos de pensões profissionais às quais seja aplicável a Diretiva nº 2003/41/CE, do Parlamento Europeu e do Conselho, de 3 de junho, que estejam autorizadas a aceitar contribuições para planos de pensões de empresas situadas em território português, em que, simultaneamente, seja aplicada a totalidade do valor do resgate e se continuem a observar as condições estabelecidas neste artigo.

12. No caso de resgate em benefício da entidade patronal, o disposto no nº 10 pode igualmente não se aplicar, se for demonstrada a existência de excesso de fundos originada por cessação de contratos de trabalho.

13. Não concorrem para os limites estabelecidos nos nºs 2 e 3 as contribuições suplementares para fundos de pensões e equiparáveis destinadas à cobertura de responsabilidades com benefícios de reforma que resultem da aplicação:

a) Das normas internacionais de contabilidade por determinação do Banco de Portugal às entidades sujeitas à sua supervisão, sendo consideradas como gastos durante o período transitório fixado por esta instituição;

b) Do Plano de Contas para as Empresas de Seguros em vigor, aprovado pelo Instituto de Seguros de Portugal, sendo consideradas como gastos, de acordo com um plano de amortização de prestações uniformes anuais, por um período transitório de cinco anos contado a partir do exercício de 2008;

c) Das normas internacionais de contabilidade adotadas pela União Europeia ou do SNC, consoante os casos, sendo consideradas como gastos, em partes iguais, no período de tributação em que se aplique pela primeira vez um destes novos referenciais contabilísticos e nos quatro períodos de tributação subsequentes.

14. A condição a que se refere a alínea *b*) do nº 4 pode deixar de se verificar desde que seja demonstrado que a diferenciação introduzida tem por base critérios objetivos, designadamente em caso de entidades sujeitas a processos de reestruturação empresarial, devendo esta alteração ser comunicada à Autoridade Tributária e Aduaneira até ao termo do período de tributação em que ocorra.

15. Consideram-se incluídos no nº 1 os gastos suportados com a aquisição de passes sociais em benefício do pessoal do sujeito passivo, verificados os requisitos aí exigidos.

Artigo 44º – Quotizações a favor de associações empresariais

1. É considerado gasto do período de tributação, para efeitos da determinação do lucro tributável, o valor correspondente a 150% do total das quotizações pagas pelos associados a favor das associações empresariais em conformidade com os estatutos.

2. O montante referido no número anterior não pode, contudo, exceder o equivalente a 2‰ do volume de negócios respetivo.

Artigo 45º – Encargos não dedutíveis para efeitos fiscais

(Revogado.)

Artigo 45º-A – Ativos intangíveis, propriedades de investimento e ativos biológicos não consumíveis

1. É aceite como gasto fiscal, em partes iguais, durante os primeiros 20 períodos de tributação após o reconhecimento inicial, o custo de aquisição dos seguintes ativos intangíveis quando reconhecidos autonomamente, nos termos da normalização contabilística, nas contas individuais do sujeito passivo:

a) Elementos da propriedade industrial tais como marcas, alvarás, processos de produção, modelos ou outros direitos assimilados, adquiridos a título oneroso e que não tenham vigência temporal limitada;

b) O *goodwill* adquirido numa concentração de atividades empresariais.

2. O custo de aquisição, as grandes reparações e beneficiações e as benfeitorias das propriedades de investimento que sejam subsequentemente mensuradas ao justo valor é aceite como gasto para efeitos fiscais, em partes iguais, durante o período de vida útil que se deduz da quota mínima de depreciação que seria fiscalmente aceite caso esse ativo permanecesse reconhecido ao custo de aquisição.

3. O custo de aquisição dos ativos biológicos não consumíveis, que sejam subsequentemente mensurados ao justo valor, é aceite como gasto para efeitos fiscais, em partes iguais, durante o período de vida útil que se deduz da quota mínima de depreciação que seria fiscalmente aceite caso esse ativo permanecesse reconhecido ao custo de aquisição.

4. O disposto no nº 1 não é aplicável:

a) Aos ativos intangíveis adquiridos no âmbito de operações de fusão, cisão ou entrada de ativos, quando seja aplicado o regime especial previsto no artigo 74º;

b) Ao *goodwill* respeitante a participações sociais;

c) Aos ativos intangíveis adquiridos a entidades residentes em país, território ou região sujeito a um regime fiscal claramente mais favorável constante de lista aprovada por portaria do membro do Governo responsável pela área das finanças;

d) Aos ativos intangíveis adquiridos a entidades com as quais existam relações especiais nos termos do nº 4 do artigo 63º.

(Redação dada pela Lei nº 71/2018, de 31-12)

SUBSECÇÃO VI – Regime das mais-valias e menos-valias realizadas

Artigo 46º – Conceito de mais-valias e de menos-valias

1. Consideram-se mais-valias ou menos-valias realizadas os ganhos obtidos ou as perdas sofridas mediante transmissão onerosa, qualquer que seja o título por que se opere e, bem assim, os decorrentes de sinistros ou os resultantes da afetação permanente a fins alheios à atividade exercida, respeitantes a:

a) Ativos fixos tangíveis, ativos intangíveis, ativos biológicos não consumíveis e propriedades de investimento, ainda que qualquer destes ativos tenha sido reclassificado como ativo não corrente detido para venda;

b) Instrumentos financeiros, com exceção dos reconhecidos pelo justo valor nos termos das alíneas *a*) e *b*) do nº 9 do artigo 18º

2. As mais-valias e as menos-valias são dadas pela diferença entre o valor de realização, líquido dos encargos que lhe sejam inerentes, e o valor de aquisição, deduzido das depreciações e amortizações aceites fiscalmente, das perdas por imparidade e outras correções de valor previstas nos artigos 28º-A, 31º-B e ainda dos valores reconhecidos como gasto fiscal nos termos do artigo 45º-A, sem prejuízo do disposto na parte final do nº 3 do artigo 31º-A.

3. Considera-se valor de realização:

a) No caso de troca, o valor de mercado dos bens ou direitos recebidos, acrescido ou diminuído, consoante o caso, da importância em dinheiro conjuntamente recebida ou paga;

b) No caso de expropriações ou de bens sinistrados, o valor da correspondente indemnização;

c) No caso de bens afetos permanentemente a fins alheios à atividade exercida, o seu valor de mercado;

d) Nos casos de fusão, cisão, entrada de ativos ou permuta de partes sociais, o valor de mercado dos elementos transmitidos em consequência daquelas operações;

e) No caso de alienação de títulos de dívida, o valor da transação, líquido dos juros contáveis desde a data do último vencimento ou da emissão, primeira colocação ou endosso, se ainda não houver ocorrido qualquer vencimento, até à data da transmissão, bem como da diferença pela parte correspondente àqueles períodos, entre o valor de reembolso e o preço da emissão, nos casos de títulos cuja remuneração seja constituída, total ou parcialmente, por aquela diferença;

f) No caso de afetação dos elementos patrimoniais referidos no nº 1 a um estabelecimento estável situado fora do território português relativamente ao qual tenha sido exercida a opção pelo regime previsto no nº 1 do artigo 54º-A, o valor de mercado à data da afetação;

g) Nos demais casos, o valor da respetiva contraprestação.

4. No caso de troca por bens futuros, o valor de mercado destes é o que lhes corresponderia à data da troca.

5. Consideram-se transmissões onerosas, designadamente:

a) A promessa de compra e venda ou de troca, logo que verificada a tradição dos bens;

b) As mudanças no modelo de valorização relevantes para efeitos fiscais, nos termos do nº 9 do artigo 18º, que decorram, designadamente, de reclassificação contabilística ou de alterações nos pressupostos referidos na alínea *a*) do nº 9 deste mesmo artigo;

c) A transferência de elementos patrimoniais no âmbito de operações de fusão, cisão ou entrada de ativos, realizadas pelas sociedades fundidas, cindidas ou contribuidoras;

d) A extinção ou entrega pelos sócios das partes representativas do capital social das sociedades fundidas, cindidas ou adquiridas no âmbito de operações de fusão, cisão ou permuta de partes sociais;

e) A anulação das partes de capital detidas pela sociedade beneficiária nas sociedades fundidas ou cindidas em consequência de operações de fusão ou cisão;

f) A remição e amortização de participações sociais com redução de capital;

g) A anulação das partes de capital por redução de capital social destinada à cobertura de prejuízos de uma sociedade quando o respetivo sócio, em consequência da anulação, deixe de nela deter qualquer participação;

h) A afetação dos elementos patrimoniais previstos no nº 1 de uma entidade residente a um seu estabelecimento estável situado fora do território português relativamente ao qual tenha sido exercida a opção pelo regime previsto no nº 1 do artigo 54º-A.

6. Não se consideram mais-valias ou menos-valias:

a) Os resultados obtidos em consequência da entrega pelo locatário ao locador dos bens objeto de locação financeira;

b) Os resultados obtidos na transmissão onerosa, ou na afetação permanente nos termos referidos no nº 1, de títulos de dívida cuja remuneração seja constituída, total ou parcialmente, pela diferença entre o valor de reembolso ou de amortização e o preço de emissão, primeira colocação ou endosso.

7. No caso de transmissões onerosas no âmbito de operações de cisão consideram-se mais-valias ou menos-valias de partes sociais a diferença positiva ou negativa, respetivamente, entre o valor de mercado das partes de capital da sociedade beneficiária atribuídas aos sócios da sociedade cindida, ou dos elementos patrimoniais destacados, e a parte do valor de aquisição das partes de capital detidas pelos sócios da sociedade cindida correspondente aos elementos patrimoniais destacados, determinada nos termos dos nºs 3, 5 ou 6 do artigo 76º consoante os casos.

8. Para efeitos do presente Código, no valor de aquisição das partes de capital devem considerar-se, consoante os casos, positiva ou negativamente:

a) O montante das entregas dos sócios para cobertura de prejuízos, o qual é imputado proporcionalmente a cada uma das partes de capital detidas; e

b) O montante entregue aos sócios por redução do capital social até ao montante do valor de aquisição, o qual é imputado proporcionalmente a cada uma das partes de capital detidas.

9. Em caso de mudança do regime de determinação da matéria coletável durante o período em que os ativos sejam depreciáveis ou amortizáveis, devem considerar-se no cálculo das mais-valias ou menos-valias, relativamente ao período em que seja aplicado o regime simplificado de determinação da matéria coletável, as quotas mínimas de depreciação ou amortização.

10. Na equivalência dos valores de realização ou de aquisição de operações efetuadas em moeda sem curso legal em Portugal, aplica-se a taxa de câmbio da data da realização ou aquisição ou, não existindo, a da última cotação anterior.

11. Na transmissão onerosa de partes de capital da mesma natureza e que confiram idênticos direitos, considera-se que as partes de capital transmitidas são as adquiridas há mais tempo.

12. O sujeito passivo pode optar pela aplicação do custo médio ponderado na determinação do custo de aquisição de partes de capital da mesma natureza e que confiram idênticos direitos, caso em que:

a) Não é aplicável a correção monetária prevista no artigo seguinte;

b) A opção deve ser aplicada a todas as partes de capital que pertençam à mesma carteira e ser mantida por um período mínimo de três anos.

13. No caso de transmissões onerosas realizadas no âmbito de operações de fusão, quando não sejam atribuídas partes sociais ao sócio da sociedade fundida, considera-se mais-valia ou menos-valia de partes sociais a diferença positiva ou negativa, respetivamente, entre o valor de mercado das partes de capital da sociedade fundida na data da operação e o valor de aquisição das partes de capital detidas pelos sócios da sociedade fundida.

14. Verificando-se a desafetação de elementos do ativo de um estabelecimento estável situado fora do território português, considera-se como custo de aquisição, para efeitos fiscais, o respetivo valor líquido contabilístico, desde que este não exceda o valor de mercado nessa data.

15. No caso de entidades que transfiram a respetiva sede ou direção efetiva para território português, considera-se que o custo de aquisição, para efeitos fiscais, dos elementos do ativo detidos pela entidade à data dessa transferência, e que não se encontrassem nessa data afetos a estabelecimento estável situado em território português, corresponde ao respetivo valor líquido contabilístico, desde que, no caso de elementos do ativo, este não exceda o valor de mercado à data da transferência.

16. O disposto no número anterior não é aplicável às entidades que:

a) Anteriormente à transferência da sede ou direção efetiva já tinham sede ou direção efetiva em território português e não fossem consideradas como residentes noutro Estado, nos termos de convenção para evitar a dupla tributação; ou

b) Nos termos de convenção para evitar a dupla tributação sejam consideradas como:

i) Residentes em território português anteriormente à transferência da sua sede ou direção efetiva; ou

ii) Residentes noutro Estado após a transferência da sede ou direção efetiva.

17. O disposto nos nºs 14 a 16 é aplicável aos ativos correntes e não correntes, bem como aos passivos correntes e não correntes:

a) Que sejam afetos a um estabelecimento estável situado fora do território português;

b) De entidades que transfiram a respetiva sede ou direção efetiva para território português que não fossem anteriormente imputáveis um estabelecimento estável situado em território português.

18. Para efeitos do apuramento dos resultados respeitantes a elementos do passivo referidos nas alíneas *a*) e *b*) do número anterior considera-se o respetivo valor líquido contabilístico à data da transferência.

19. Não obstante o disposto nos nºs 14 a 18, caso os elementos patrimoniais ou as entidades provenham de outro Estado membro da União Europeia, o sujeito passivo pode optar por considerar, para efeitos fiscais, o valor considerado nesse outro Estado membro para efeitos da determinação do lucro aí sujeito ao imposto sobre as sociedades, desde que esse valor reflita o valor de mercado à data da transferência.

(Redação dada pela Lei nº 32/2019, de 03-05)

Artigo 47º – Correção monetária das mais-valias e das menos-valias

1. O valor de aquisição corrigido nos termos do nº 2 do artigo anterior é atualizado mediante aplicação dos coeficientes de desvalorização da moeda para o efeito publicados em portaria do membro do Governo responsável pela área das finanças, sempre que, à data da realização, tenham decorrido pelo menos dois anos desde a data da aquisição, sendo o valor dessa atualização deduzido para efeitos da determinação do lucro tributável.

2. A correção monetária a que se refere o número anterior não é aplicável aos instrumentos financeiros, salvo quanto às partes de capital.

3. Quando, nos termos do regime especial previsto nos artigos 76º a 78º, haja lugar à valorização das participações sociais recebidas pelo mesmo valor pelo qual as antigas se encontravam registadas, considera-se, para efeitos do disposto no nº 1, data de aquisição das primeiras a que corresponder à das últimas.

Artigo 47º-A – Data de aquisição das partes de capital

Para efeitos do presente Código, considera-se que:

a) A data de aquisição das partes de capital adquiridas ou atribuídas ao sujeito passivo por incorporação de reservas ou substituição, designadamente por alteração do respetivo valor nominal ou transformação da sociedade emitente, é a data de aquisição das partes de capital que lhes deram origem;

b) A data de aquisição das partes de capital adquiridas ou atribuídas ao sujeito passivo no âmbito de operações de fusão, cisão ou permuta de partes sociais quando se aplique o regime especial previsto no artigo 74º ou no artigo 77º, consoante os casos, e sejam valorizadas, para efeitos fiscais, pelo valor que tinham as partes de capital entregues pelos sócios, é a data de aquisição destas últimas;

c) A data de aquisição das partes de capital adquiridas pela sociedade beneficiária no âmbito de operações de fusão, cisão ou entrada de ativos quando se aplique o regime especial previsto no artigo 74º, e sejam valorizadas, para efeitos fiscais, pelo valor que tinham as partes de capital na sociedade fundida, cindida ou contribuidora, é a data de aquisição das partes de capital nestas últimas sociedades.

(Redação dada pela Lei nº 82-C/2014, de 31-12)

Artigo 48º – Reinvestimento dos valores de realização

1. Para efeitos da determinação do lucro tributável, a diferença positiva entre as mais-valias e as menos-valias, calculadas nos termos dos artigos anteriores, realizadas mediante a transmissão onerosa de ativos fixos tangíveis, ativos intangíveis e ativos biológicos não consumíveis, detidos por um período não inferior a um ano, ainda que qualquer destes ativos tenha sido reclassificado como ativo não corrente detido para venda, ou em consequência de indemnizações por sinistros ocorridos nestes elementos, é considerada em metade do seu valor, quando:

a) O valor de realização correspondente à totalidade dos referidos ativos seja reinvestido na aquisição, produção ou construção de ativos fixos tangíveis, de ativos intangíveis ou, de ativos biológicos não consumíveis, no período de tributação anterior ao da realização, no próprio período de tributação ou até ao fim do 2º período de tributação seguinte;

b) Os bens em que seja reinvestido o valor de realização:

1) Não sejam bens adquiridos em estado de uso a sujeito passivo de IRS ou IRC com o qual existam relações especiais nos termos definidos no nº 4 do artigo 63º;

2) Sejam detidos por um período não inferior a um ano contado do final do período de tributação em que ocorra o reinvestimento ou, se posterior, a realização.

2. No caso de se verificar apenas o reinvestimento parcial do valor de realização, o disposto no número anterior é aplicado à parte proporcional da diferença entre as mais-valias e as menos-valias a que o mesmo se refere.

3. Não é suscetível de beneficiar do regime previsto nos números anteriores o investimento em que tiverem sido deduzidos os valores referidos nos artigos 40º e 42º

4. (*Revogado.*)

5. Para efeitos do disposto nos nºs 1 e 2, os sujeitos passivos devem mencionar a intenção de efetuar o reinvestimento na declaração a que se refere a alínea *c*) do nº 1 do artigo 117º do período de tributação em que a realização ocorre, comprovando na mesma e nas declarações dos dois períodos de tributação seguintes os reinvestimentos efetuados.

6. Não sendo concretizado, total ou parcialmente, o reinvestimento até ao fim do 2º período de tributação seguinte ao da realização, considera-se como rendimento desse período de tributação, respetivamente, a diferença ou a parte proporcional da diferença prevista no nº 1 não incluída no lucro tributável, majorada em 15%.

7. (*Revogado.*)

8. O disposto nos nºs 1 e 2 não é aplicável aos ativos intangíveis adquiridos ou alienados a entidades com as quais existam relações especiais nos termos do nº 4 do artigo 63º.

9. O disposto nos nºs 1 e 2 não é aplicável às mais e menos-valias realizadas pelas sociedades fundidas, cindidas ou contribuidoras no âmbito de operações de fusão, cisão ou entrada de ativos, bem como às mais e menos-valias realizadas na afetação permanente de bens a fins alheios à atividade exercida pelo sujeito passivo ou realizadas pelas sociedades em liquidação.

10. Não são suscetíveis de beneficiar deste regime as propriedades de investimento, ainda que reconhecidas na contabilidade como ativo fixo tangível.

(Redação dada pela Lei nº 42/2016, de 28-12)

SUBSECÇÃO VII – Instrumentos financeiros derivados

Artigo 49º – Instrumentos financeiros derivados

1. Concorrem para a formação do lucro tributável, salvo os previstos no nº 3, os rendimentos ou gastos resultantes da aplicação do justo valor a instrumentos financeiros derivados, ou a qualquer outro ativo ou passivo financeiro utilizado como instrumento de cobertura restrito à cobertura do risco cambial.

2. Relativamente às operações cujo objetivo exclusivo seja o de cobertura de justo valor, quando o elemento coberto esteja subordinado a outros modelos de valorização, são aceites fiscalmente os rendimentos ou gastos do elemento coberto reconhecidos em resultados, ainda que não realizados, na exata medida da quantia igualmente refletida em resultados, de sinal contrário, gerada pelo instrumento de cobertura.

3. Relativamente às operações cujo objetivo exclusivo seja o de cobertura de fluxos de caixa ou de cobertura do investimento líquido numa unidade operacional estrangeira, são diferidos os rendimentos ou gastos gerados pelo instrumento de cobertura, na parte considerada eficaz, até ao momento em que os gastos ou rendimentos do elemento coberto concorram para a formação do lucro tributável.

4. Sem prejuízo do disposto no nº 6, e desde que se verifique uma relação económica incontestável entre o elemento coberto e o instrumento de cobertura, por forma a que da operação de cobertura se deva esperar, pela elevada eficácia da cobertura do risco em causa, a neutralização dos eventuais rendimentos ou gastos no elemento coberto com uma posição simétrica dos gastos ou rendimentos no instrumento de cobertura, são consideradas operações de cobertura as que justificadamente contribuam para a eliminação ou redução de um risco real de:

a) Um ativo, passivo, compromisso firme, transação prevista com uma elevada probabilidade ou investimento líquido numa unidade operacional estrangeira; ou

b) Um grupo de ativos, passivos, compromissos firmes, transações previstas com uma elevada probabilidade ou investimentos líquidos numa unidade operacional estrangeira com caraterísticas de risco semelhantes; ou

c) Taxa de juro da totalidade ou parte de uma carteira de ativos ou passivos financeiros que partilhem o risco que esteja a ser coberto.

5. Para efeitos do disposto no número anterior, só é considerada de cobertura a operação na qual o instrumento de cobertura utilizado seja um derivado ou, no caso de cobertura de risco cambial, um qualquer ativo ou passivo financeiro.

6. Não são consideradas como operações de cobertura:

a) As operações efetuadas com vista à cobertura de riscos a incorrer por outras entidades, ou por estabelecimentos da entidade que realiza as operações cujos rendimentos não sejam tributados pelo regime geral de tributação;

b) As operações que não sejam devidamente identificadas e documentalmente suportadas no processo de documentação fiscal previsto no artigo 130º, no que se refere ao relacionamento da cobertura, ao objetivo e à estratégia da gestão de risco da entidade para levar a efeito a referida cobertura.

7. A não verificação dos requisitos referidos no nº 4 determina, a partir dessa data, a desqualificação da operação como operação de cobertura.

8. Não sendo efetuada a operação coberta, ao valor do imposto relativo ao período de tributação em que a mesma se efetuaria deve adicionar-se o imposto que deixou de ser liquidado por virtude do disposto nos nºs 2 e 3, ou, não havendo lugar à liquidação do imposto, deve corrigir-se em conformidade o prejuízo fiscal declarado.

9. À correção do imposto referida no número anterior são acrescidos juros compensatórios, exceto quando, tratando-se de uma cobertura prevista no nº 3, a operação coberta seja efetuada em, pelo menos, 80% do respetivo montante.

10. Se a substância de uma operação ou conjunto de operações diferir da sua forma, o momento, a fonte e a natureza dos pagamentos e recebimentos, rendimentos e gastos, decorrentes dessa operação, podem ser requalificados pela administração tributária de modo a ter em conta essa substância.

SUBSECÇÃO VIII – Empresas de seguros

Artigo 50º – Empresas de seguros

1. Concorrem para a formação do lucro tributável os rendimentos ou gastos resultantes da aplicação do justo valor aos ativos que estejam a representar provisões técnicas do seguro de vida com participação nos resultados, ou afetos a contratos em que o risco de seguro é suportado pelo tomador de seguro.

2. As transferências dos ativos referidos no número anterior de, ou para, outras carteiras de investimento, são assimiladas a transmissões onerosas efetuadas ao preço de mercado da data da operação.

SUBSECÇÃO VIII-A – Rendimentos de patentes e outros direitos de propriedade industrial

Artigo 50º-A – Rendimentos de patentes e outros direitos de propriedade industrial

1. Concorrem para a determinação do lucro tributável em apenas metade do seu valor os rendimentos provenientes de contratos que tenham por objeto a cessão ou a utilização temporária dos seguintes direitos de propriedade industrial sujeitos a registo:

a) Patentes;

b) Desenhos ou modelos industriais.

2. O disposto no número anterior é igualmente aplicável aos rendimentos decorrentes da violação dos direitos de propriedade industrial aí referidos.

3. O disposto no nº 1 depende da verificação cumulativa das seguintes condições:

a) *(Revogada.)*

b) O cessionário utilize os direitos de propriedade industrial na prossecução de uma atividade de natureza comercial, industrial ou agrícola;

c) Os resultados da utilização dos direitos de propriedade industrial pelo cessionário não se materializem na entrega de bens ou prestações de serviços que originem gastos fiscalmente dedutíveis na entidade cedente, ou em sociedade que com esta esteja integrada num grupo de sociedades ao qual se aplique o regime especial previsto no artigo 69º, sempre que entre uma ou outra e o cessionário existam relações especiais nos termos do nº 4 do artigo 63º;

d) O cessionário não seja uma entidade residente em país, território ou região onde se encontre sujeita a um regime fiscal claramente mais favorável constante de lista aprovada por portaria do membro do Governo responsável pela área das finanças;

e) O sujeito passivo a cujos rendimentos seja aplicável o disposto no nº 1 disponha de registos contabilísticos que permitam identificar os gastos e perdas incorridos ou suportados para a realização das atividades de investigação e desenvolvimento diretamente imputáveis ao direito de propriedade industrial objeto de cessão ou utilização temporária, e se encontrem organizados de modo a que esses rendimentos possam claramente distinguir-se dos restantes.

4. O disposto no presente artigo não se aplica aos rendimentos decorrentes de prestações acessórias de serviços incluídas nos contratos referidos no nº 1, os quais, para o efeito, devem ser autonomizados dos rendimentos provenientes da cessão ou da utilização temporária de direitos de propriedade industrial.

5. Os rendimentos a que se aplique o disposto no nº 1 são também considerados em apenas metade do seu valor para efeitos do cálculo da fração prevista na alínea *b)* do nº 1 do artigo 91º

6. Para efeitos do presente artigo, considera-se rendimento proveniente de contratos que tenham por objeto a cessão ou a utilização temporária de direitos de propriedade industrial, o saldo positivo entre os rendimentos e ganhos auferidos no período de tributação em causa e os gastos ou perdas incorridos ou suportados, nesse mesmo período de tributação, pelo sujeito passivo para a realização das atividades de investigação e desenvolvimento de que tenha resultado, ou que tenham beneficiado, o direito de propriedade industrial ao qual é imputável o rendimento.

7. O disposto nos nºs 1 e 2 apenas é aplicável à parte do rendimento, calculado nos termos do número anterior, que exceda o saldo negativo acumulado entre os rendimentos e ganhos relativos a cada direito de propriedade industrial e os gastos e perdas incorridos com a realização das atividades de investigação para o respetivo desenvolvimento, registados nos períodos de tributação anteriores.

8. A dedução ao lucro tributável a que se referem os números anteriores não pode exceder o montante que resulte da aplicação da seguinte fórmula:

$$\frac{DQ}{DT} \times RT \times 50\%$$

em que:

DQ = «Despesas qualificáveis incorridas para desenvolver o ativo protegido pela Propriedade Industrial», as quais correspondem aos gastos e perdas incorridos ou suportados pelo sujeito passivo com atividades de investigação e desenvolvimento por si realizadas de que tenha resultado, ou que tenham beneficiado, o direito de propriedade industrial em causa, bem como os relativos à contratação de tais atividades com qualquer outra entidade com a qual não esteja em situação de relações especiais nos termos do nº 4 do artigo 63º;

DT = «Despesas totais incorridas para desenvolver o ativo protegido pela Propriedade Industrial», as quais correspondem a todos os gastos ou perdas incorridos ou suportados pelo sujeito passivo para a realização das atividades de investigação e desenvolvimento de que tenha resultado, ou que tenham beneficiado, o direito de propriedade industrial em causa, incluindo os contratados com entidades com as quais esteja em situação de relações especiais nos termos do nº 4 do artigo 63º, bem como, quando aplicável, as despesas com a aquisição do direito de propriedade industrial;

RT = «Rendimento total derivado do ativo IP», o qual corresponde ao montante apurado nos termos dos nºs 6 e 7.

9. Para efeitos da aplicação da fórmula prevista no número anterior:

a) Apenas são considerados os gastos ou perdas incorridos ou suportados que estejam diretamente relacionados com as atividades de investigação e desenvolvimento, tal como definidas no artigo 36º do Código Fiscal ao Investimento, aprovado pelo Decreto-Lei nº 162/2014, de 31 de outubro, alterado pela Lei nº 7-A/2016, de 30 de março, ficando excluídos, nomeadamente, os gastos e perdas de natureza financeira tais como juros, bem como os relativos à aquisição, construção ou depreciação de imóveis;

b) O montante total das «Despesas qualificáveis incorridas para desenvolver o ativo protegido pela propriedade industrial» é majorado em 30%, tendo como limite o montante das «Despesas totais incorridas para desenvolver o ativo protegido pela propriedade industrial».

(Redação dada pelo Decreto-Lei nº 47/2016, de 22-08)

SUBSECÇÃO IX – Dedução de lucros e reservas distribuídos e de mais e menos-valias realizadas com a transmissão onerosa de partes sociais

Artigo 51º – Eliminação da dupla tributação económica de lucros e reservas distribuídos

1. Os lucros e reservas distribuídos a sujeitos passivos de IRC com sede ou direção efetiva em território português não concorrem para a determinação do lucro tributável, desde que se verifiquem cumulativamente os seguintes requisitos:

a) O sujeito passivo detenha direta ou direta e indiretamente, nos termos do nº 6 do artigo 69º, uma participação não inferior a 10% do capital social ou dos direitos de voto da entidade que distribui os lucros ou reservas;

b) A participação referida no número anterior tenha sido detida, de modo ininterrupto, durante o ano anterior à distribuição ou, se detida há menos tempo, seja mantida durante o tempo necessário para completar aquele período;

c) O sujeito passivo não seja abrangido pelo regime da transparência fiscal previsto no artigo 6º;

d) A entidade que distribui os lucros ou reservas esteja sujeita e não isenta de IRC, do imposto referido no artigo 7º, de um imposto referido no artigo 2º da Diretiva nº 2011/96/UE, do Conselho, de 30 de novembro, ou de um imposto de natureza idêntica ou similar ao IRC e a taxa legal aplicável à entidade não seja inferior a 60% da taxa do IRC prevista no nº 1 do artigo 87º;

e) A entidade que distribui os lucros ou reservas não tenha residência ou domicílio em país, território ou região sujeito a um regime fiscal claramente mais favorável constante de lista aprovada por portaria do membro do Governo responsável pela área das finanças.

2. O requisito previsto na alínea *d*) do número anterior é dispensado quando se verifique o cumprimento cumulativo das condições previstas no nº 6 do artigo 66º

3. O disposto no presente artigo é igualmente aplicável à matéria coletável imputada, ao abrigo do artigo 6º, ao sujeito passivo com sede ou direção efetiva em território português que cumpra o requisito previsto na alínea *c*) do nº 1, na parte correspondente a lucros e reservas distribuídos a uma sociedade sua participada que esteja sujeita ao regime da transparência fiscal, desde que a participação desta última na entidade que distribui os lucros ou reservas cumpra os requisitos estabelecidos nos números anteriores.

4. O disposto nos nºs 1 e 2 é ainda aplicável ao valor atribuído na associação em participação ao associado que seja sujeito passivo de IRC, com sede ou direção efetiva em território português, independentemente do valor da sua contribuição, relativamente aos rendimentos que tenham sido efetivamente tributados, distribuídos por associantes residentes no mesmo território.

5. O disposto nos nºs 1 e 2 é ainda aplicável ao reembolso efetuado aos sócios em consequência da amortização de participações sociais sem redução de capital.

6. O disposto nos nºs 1 e 2 é aplicável, independentemente da percentagem de participação e do prazo em que esta tenha permanecido na sua titularidade, à parte dos rendimentos de participações sociais que, estando afetas às provisões técnicas das sociedades de seguros e das mútuas de seguros, não sejam, direta ou indiretamente, imputáveis aos tomadores de seguros e, bem assim, aos rendimentos das seguintes sociedades:

a) Sociedades de desenvolvimento regional;

b) Sociedades de investimento;

c) Sociedades financeiras de corretagem.

7. Não obstante o disposto nos nºs 1 e 2, o regime aí consagrado é aplicável, nos termos descritos no número anterior, às agências gerais de seguradoras estrangeiras, bem como aos estabelecimentos estáveis de sociedades residentes noutro Estado membro da União Europeia e do Espaço Económico Europeu que sejam equiparáveis às referidas no número anterior.

8. (*Revogado.*)

9. Nos casos em que os requisitos previstos nos números anteriores não se encontrem preenchidos, os lucros e reservas distribuídos ao sujeito passivo podem ainda beneficiar de crédito de imposto por dupla tributação internacional, nos termos do disposto nos artigos 91º e 91º-A.

10. O disposto nos nºs 1 e 6 não é aplicável aos lucros e reservas distribuídos, que:

a) Correspondam a gastos dedutíveis pela entidade que os distribui para efeitos do imposto mencionado na alínea *d*) do nº 1; ou

b) Não obstante o disposto no nº 2, sejam distribuídos por entidades não sujeitas ou sujeitas e isentas de imposto sobre o rendimento, salvo quando provenham de rendimentos sujeitos e não isentos a imposto sobre o rendimento nas entidades subafiliadas, sempre que a entidade que distribui os lucros ou reservas não seja residente num Estado membro da União Europeia ou do Espaço Económico Europeu que esteja vinculado a cooperação administrativa no domínio da fiscalidade equivalente à estabelecida no âmbito da União Europeia.

11. (*Revogado.*)

12. (*Revogado.*)

13. O disposto no nº 1 não é aplicável aos lucros e reservas distribuídos quando exista uma construção ou série de construções que, tendo sido realizada com a finalidade principal ou uma das finalidades principais de obter uma vantagem fiscal que fruste o objeto e finalidade de eliminar a dupla tributação sobre tais rendimentos, não seja considerada genuína, tendo em conta todos os factos e circunstâncias relevantes.

14. Para efeitos do número anterior, considera-se que uma construção ou série de construções não é genuína na medida em que não seja realizada por razões económicas válidas e não reflita substância económica.

(Redação dada pela Lei nº 7-A/2016, de 30-03)

Artigo 51º-A – Período de detenção da participação

1. Para efeitos da verificação do requisito constante da alínea *b*) do nº 1 do artigo anterior, é aplicável o disposto no artigo 47º-A.

2. Se a detenção da participação mínima referida no nº 1 do artigo anterior deixar de se verificar antes de completado o período de um ano, deve corrigir-se a dedução que tenha sido efetuada, sem prejuízo da consideração do crédito de imposto por dupla tributação internacional a que houver lugar, nos termos do disposto no artigo 91º

3. Nos casos em que o sujeito passivo transfira a sua sede ou direção efetiva para o território português, a contagem do período de um ano mencionado na alínea *b*) do nº 1 do artigo anterior ou no nº 1 do artigo 51º-C inicia-se no momento em que essa transferência ocorra.

(Redação dada pela Lei nº 7-A/2016, de 30-03)

Artigo 51º-B – Prova dos requisitos de aplicação do regime de eliminação da dupla tributação económica de lucros e reservas distribuídos

1. A prova do cumprimento dos requisitos previstos no artigo 51º deve ser efetuada através de declarações ou documentos confirmados e autenticados pelas autoridades públicas competentes do Estado, país ou território onde a entidade que distribui os lucros ou reservas tenha a sua sede ou direção efetiva.

2. Compete à Autoridade Tributária e Aduaneira demonstrar a falta de veracidade das declarações ou documentos mencionados no número anterior ou das informações neles constantes, quando a entidade que distribui os lucros ou reservas tenha a sua sede ou direção efetiva em:

a) Estado membro da União Europeia;

b) Estado membro do Espaço Económico Europeu que esteja vinculado a cooperação administrativa no domínio da fiscalidade equivalente à estabelecida no âmbito da União Europeia;

c) Estado, país ou território com o qual Portugal disponha de uma convenção para evitar a dupla tributação internacional ou de um acordo sobre troca de informação em matéria fiscal.

3. Nos restantes casos, havendo fundados indícios da falta de veracidade das declarações ou documentos referidos no nº 1, ou das informações neles constantes, cabe ao sujeito passivo demonstrar o cumprimento dos requisitos previstos no artigo 51º através de quaisquer outros meios de prova.

4. Na ausência das declarações e documentos mencionados no nº 1, o cumprimento dos requisitos previstos no artigo 51º pode ser demonstrado através de quaisquer outros meios de prova.

5. As declarações e documentos referidos nos números anteriores devem integrar o processo de documentação fiscal a que se refere o artigo 130º

Artigo 51º-C – Mais-valias e menos-valias realizadas com a transmissão de instrumentos de capital próprio

1. Não concorrem para a determinação do lucro tributável dos sujeitos passivos de IRC com sede ou direção efetiva em território português as mais-valias e menos-valias realizadas mediante transmissão onerosa, qualquer que seja o título por que se opere e independentemente da percentagem da participação transmitida, de partes sociais detidas ininterruptamente por um período não inferior a um ano, desde que, na data da respetiva transmissão, se mostrem cumpridos os requisitos previstos nas alíneas *a*), *c*) e *e*) do nº 1 do artigo 51º, bem como o requisito previsto na alínea *d*) do nº 1 ou no nº 2 do mesmo artigo.

2. O disposto no número anterior é igualmente aplicável às mais e menos-valias realizadas com a transmissão de outros instrumentos de capital próprio associados às partes sociais aí referidas, designadamente prestações suplementares.

3. O disposto nos números anteriores é igualmente aplicável às mais-valias e às menos-valias resultantes da transmissão onerosa de partes sociais e de outros instrumentos de capital próprio no âmbito de operações de fusão, cisão, entrada de ativos ou permuta de partes sociais não abrangidas pelo regime especial previsto nos artigos 73º e seguintes, quando realizadas pelas sociedades fundidas, cindidas ou contribuidoras, ou pelos sócios das sociedades fundidas, cindidas ou adquiridas, incluindo as obtidas pela sociedade beneficiária em resultado da anulação das partes de capital detidas por esta no capital das sociedades fundidas ou cindidas, desde que os sócios sejam sujeitos passivos de IRC com sede ou direção efetiva em território português.

4. O disposto no nº 1 não é aplicável às mais-valias e menos-valias realizadas mediante transmissão onerosa de partes sociais, bem como à transmissão de outros instrumentos de capital próprio associados às partes sociais, designadamente prestações suplementares, quando o valor dos bens imóveis ou dos direitos reais sobre bens imóveis situados em território português, com exceção dos bens imóveis afetos a uma atividade de natureza agrícola, industrial ou comercial que não consista na compra e venda de bens imóveis, represente, direta ou indiretamente, mais de 50% do ativo.

5. Para efeitos da prova do cumprimento dos requisitos previstos no presente artigo, é aplicável, com as necessárias adaptações, o disposto no artigo anterior.

6. As perdas por imparidade e outras correções de valor de partes sociais ou de outros instrumentos de capital próprio, que tenham concorrido para a formação do lucro tributável, ao abrigo do estabelecido no nº 2 do artigo 28º-A, consideram-se componentes positivas do lucro tributável no período de tributação em que ocorra a respetiva transmissão onerosa, sempre que seja aplicado o disposto nos nºs 1 a 3 do presente artigo.

(Redação dada pela Lei nº 42/2016, de 28-12)

Artigo 51º-D – Estabelecimento estável

1. O disposto na presente subsecção é aplicável aos lucros e reservas distribuídos, bem como às mais-valias e às menos-valias realizadas nos termos do artigo 51º-C, que sejam imputáveis a um estabelecimento estável situado em território português de uma entidade residente num Estado membro da União Europeia, desde que esta preencha os requisitos e condições estabelecidos no artigo 2º da Diretiva nº 2011/ /96/UE, do Conselho, de 30 de novembro.

2. O disposto na presente subsecção é ainda aplicável aos lucros e reservas distribuídos, bem como às mais-valias e às menos-valias realizadas nos termos do artigo 51º-C, que sejam imputáveis a um estabelecimento estável situado em território português de uma entidade residente num Estado membro do Espaço Económico Europeu sujeita a obrigações de cooperação administrativa no domínio da fiscalidade equivalentes às estabelecidas no âmbito da União Europeia, desde que esta entidade preencha os requisitos e condições equiparáveis aos estabelecidos no artigo 2º da Diretiva nº 2011/96/UE, do Conselho, de 30 de novembro.

3. O disposto na presente subsecção é ainda aplicável aos lucros e reservas distribuídos, bem como às mais-valias e menos-valias realizadas nos termos do artigo 51º-C, que sejam imputáveis a um estabelecimento estável situado em território português de uma entidade residente num Estado, que não conste da lista de países, territórios ou regiões sujeitos a um regime fiscal claramente mais favorável, aprovada por portaria do membro do Governo responsável pela área das finanças, com o qual tenha sido celebrada e se encontre em vigor convenção para evitar a dupla tributação que preveja a troca das informações e que nesse Estado esteja sujeita e não isenta de um imposto de natureza idêntica ou similar ao IRC.

4. Para efeitos da prova do cumprimento dos requisitos previstos no presente artigo, é aplicável, com as necessárias adaptações, o disposto no artigo 51º-B.

(Redação dada pela Lei nº 82-C/2014, de 31-12)

SUBSECÇÃO X – Dedução de prejuízos

Artigo 52º – Dedução de prejuízos fiscais

1. Sem prejuízo do disposto no número seguinte, os prejuízos fiscais apurados em determinado período de tributação, nos termos das disposições anteriores, são deduzidos aos lucros tributáveis, havendo-os, de um ou mais dos cinco períodos de tributação posteriores, à exceção dos sujeitos passivos que exerçam, diretamente e a título principal, uma atividade económica de natureza agrícola, comercial ou industrial e que estejam abrangidos pelo Decreto-Lei nº 372/2007, de 6 de novembro, os quais podem fazê-lo em um ou mais dos doze períodos de tributação posteriores.

2. A dedução a efetuar em cada um dos períodos de tributação não pode exceder o montante correspondente a 70% do respetivo lucro tributável, não ficando, porém, prejudicada a dedução da parte desses prejuízos que não tenham sido deduzidos, nas mesmas condições e até ao final do respetivo período de dedução.

3. Nos períodos de tributação em que tiver lugar o apuramento do lucro tributável com base em métodos indiretos, os prejuízos fiscais não são dedutíveis, ainda que se encontrem dentro do período referido no nº 1, não ficando, porém, prejudicada a dedução, dentro daquele período, dos prejuízos que não tenham sido anteriormente deduzidos.

4. Quando se efetuarem correções aos prejuízos fiscais declarados pelo sujeito passivo, devem alterar-se, em conformidade, as deduções efetuadas, não se procedendo, porém, a qualquer anulação ou liquidação de IRC, ainda que adicional, se tiverem decorrido mais de quatro anos relativamente àquele a que o lucro tributável respeite.

5. No caso de o contribuinte beneficiar de isenção parcial e ou de redução de IRC, os prejuízos fiscais sofridos nas respetivas explorações ou atividades não podem ser deduzidos, em cada período de tributação, dos lucros tributáveis das restantes.

6. O período mencionado na alínea *d*) do nº 4 do artigo 8º, quando inferior a seis meses, não conta para efeitos da limitação temporal estabelecida no nº 1.

7. Os prejuízos fiscais respeitantes às sociedades mencionadas no nº 1 do artigo 6º são deduzidos unicamente dos lucros tributáveis das mesmas sociedades.

8. O previsto no nº 1 deixa de ser aplicável quando se verificar, à data do termo do período de tributação em que é efetuada a dedução, que, em relação àquele a que respeitam os prejuízos, se verificou a alteração da titularidade de mais de 50% do capital social ou da maioria dos direitos de voto.

9. Para efeitos do número anterior, não são consideradas as alterações:

a) Das quais resulte a passagem da titularidade do capital social ou dos direitos de voto de direta para indireta, de indireta para direta, bem como das quais resulte a transmissão daquela titularidade entre sociedades cuja maioria do capital social ou dos direitos de voto seja detida direta ou indiretamente, nos termos do nº 6 do artigo 69º, por uma mesma entidade;

b) Decorrentes de operações efetuadas ao abrigo do regime especial previsto nos artigos 73º e seguintes;

c) Decorrentes de sucessões por morte;

d) Quando o adquirente detenha ininterruptamente, direta ou indiretamente, mais de 20% do capital social ou da maioria dos direitos de voto da sociedade desde o início do período de tributação a que respeitam os prejuízos; ou

e) Quando o adquirente seja trabalhador ou membro dos órgãos sociais da sociedade, pelo menos desde o início do período de tributação a que respeitam os prejuízos.

10. O disposto nas alíneas *d*) e *e*) do número anterior não dispensa a autorização a que se refere o nº 12 relativamente à parte dos prejuízos fiscais respeitantes ao período de tributação em que o adquirente tenha passado a deter, direta ou indiretamente, mais de 20% do capital social ou da maioria dos direitos de voto ou tenha iniciado funções na sociedade, respetivamente, bem como aos períodos anteriores àquele.

11. (*Revogado.*)

12. O membro do Governo responsável pela área das finanças pode autorizar, em casos de reconhecido interesse económico e mediante requerimento a apresentar à Autoridade Tributária e Aduaneira, que não seja aplicada a limitação prevista no nº 8.

13. Os elementos que devem instruir o requerimento de pedido de autorização previsto no número anterior, a apresentar pela sociedade no prazo de 30 dias a contar da data da ocorrência da alteração referida no nº 8, são definidos por portaria do membro do Governo responsável pela área das finanças.

14. Sempre que estejam em causa prejuízos fiscais relativos ao período imediatamente anterior ao da ocorrência de alguma das alterações previstas no nº 8 e esta ocorra antes do termo do prazo de entrega da respetiva declaração de rendimentos, o requerimento referido no nº 12 pode ser apresentado no prazo de 30 dias contados do termo do prazo de entrega dessa declaração.

15. *(Revogado.)*

(Redação dada pela Lei nº 42/2016, de 28-12)

SECÇÃO III – Pessoas coletivas e outras entidades residentes que não exerçam, a título principal, atividade comercial, industrial ou agrícola

Artigo 53º – Determinação do rendimento global

1. O rendimento global sujeito a imposto das pessoas coletivas e entidades mencionadas na alínea *b*) do nº 1 do artigo 3º é formado pela soma algébrica dos rendimentos líquidos das várias categorias determinados nos termos do IRS, incluindo os incrementos patrimoniais obtidos a título gratuito, aplicando-se à determinação do lucro tributável as disposições deste Código.

2. Para efeitos de determinação do rendimento global:

a) Os prejuízos fiscais apurados relativamente ao exercício de atividades comerciais, industriais ou agrícolas só podem ser deduzidos, nos termos e condições da parte aplicável do artigo 52º, aos rendimentos da mesma categoria num ou mais dos cinco períodos de tributação posteriores;

b) As menos-valias só podem ser deduzidas aos rendimentos da mesma categoria num ou mais dos cinco períodos de tributação posteriores.

3. É aplicável às pessoas coletivas e entidades mencionadas na alínea *b*) do nº 1 do artigo 3º uma dedução correspondente a 50% dos rendimentos incluídos na base tributável correspondentes a lucros distribuídos por entidades residentes em território português, sujeitas e não isentas de IRC, bem como relativamente aos rendimentos que, na qualidade de associado, aufiram da associação em participação, tendo aqueles rendimentos sido efetivamente tributados.

4. Para efeitos da determinação do valor dos incrementos patrimoniais a que se refere o nº 1, é aplicável o disposto no nº 2 do artigo 21º

5. O disposto no nº 3 é igualmente aplicável aos lucros distribuídos por entidade residente noutro Estado membro da União Europeia que preencha os requisitos e condições estabelecidos no artigo 2º da Diretiva nº 90/435/CEE, de 23 de julho.

6. Para efeitos do disposto no número anterior, o sujeito passivo deverá dispor de prova de que a entidade cumpre os requisitos e condições estabelecidos no artigo 2º da Diretiva nº 90/435/CEE, de 23 de julho, efetuada através de declaração confirmada e autenticada pelas autoridades fiscais competentes do Estado membro da União Europeia de que é residente.

7. Ao rendimento global apurado nos termos dos números anteriores são dedutíveis, até à respetiva concorrência, os gastos comprovadamente relacionados com a realização dos fins de natureza social, cultural, ambiental, desportiva ou educacional prosseguidos por essas pessoas coletivas ou entidades, desde que não exista qualquer interesse direto ou indireto dos membros de órgãos estatutários, por si mesmos ou por interposta pessoa, nos resultados da exploração das atividades económicas por elas prosseguidas.

(Redação dada pela Lei nº 7-A/2016, de 30-03)

Artigo 54º – Gastos comuns e outros

1. Os gastos comprovadamente indispensáveis à obtenção dos rendimentos que não tenham sido considerados na determinação do rendimento global nos termos do artigo anterior e que não estejam especificamente ligados à obtenção dos rendimentos não sujeitos ou isentos de IRC são deduzidos, no todo ou em parte, a esse rendimento global, para efeitos de determinação da matéria coletável, de acordo com as seguintes regras:

a) Se estiverem apenas ligados à obtenção de rendimentos sujeitos e não isentos, são deduzidos na totalidade ao rendimento global;

b) Se estiverem ligados à obtenção de rendimentos sujeitos e não isentos, bem como à de rendimentos não sujeitos ou isentos, deduz-se ao rendimento global a parte dos gastos comuns que for imputável aos rendimentos sujeitos e não isentos.

2. Para efeitos do disposto na alínea *b*) do número anterior, a parte dos gastos comuns a imputar é determinada através da repartição proporcional daqueles ao total dos rendimentos brutos sujeitos e não isentos e dos rendimentos não sujeitos ou isentos, ou de acordo com outro critério considerado mais adequado aceite pela Autoridade Tributária e Aduaneira.

3. Consideram-se rendimentos não sujeitos a IRC as quotas pagas pelos associados em conformidade com os estatutos, bem como os subsídios destinados a financiar a realização dos fins estatutários.

4. Consideram-se rendimentos isentos os incrementos patrimoniais obtidos a título gratuito destinados à direta e imediata realização dos fins estatutários.

SECÇÃO III-A – Estabelecimentos estáveis de entidades residentes

Artigo 54º-A – Lucros e prejuízos de estabelecimento estável situado fora do território português

1. O sujeito passivo com sede ou direção efetiva em território português pode optar pela não concorrência para a determinação do seu lucro tributável dos lucros e dos prejuízos imputáveis a estabelecimento estável situado fora do território português, desde que se verifiquem cumulativamente os seguintes requisitos:

a) Os lucros imputáveis a esse estabelecimento estável estejam sujeitos e não isentos de um imposto referido no artigo 2º da Diretiva nº 2011/96/UE, do Conselho, de 30 de novembro, ou de um imposto de natureza idêntica ou similar ao IRC cuja taxa legal aplicável a esses lucros não seja inferior a 60% da taxa do IRC prevista no nº 1 do artigo 87º;

b) Esse estabelecimento estável não esteja localizado em país, território ou região sujeito a um regime fiscal claramente mais favorável constante de lista aprovada por portaria do membro do Governo responsável pela área das finanças;

c) O imposto sobre os lucros efetivamente pago não seja inferior a 50% do imposto que seria devido nos termos deste Código, exceto quando se verifique a condição prevista no nº 7 do artigo 66º

2. Para efeitos do disposto no presente artigo, o conceito de estabelecimento estável é o que resulta da aplicação de convenção para evitar a dupla tributação celebrada por Portugal ou, na sua ausência, da aplicação do disposto no artigo 5º

3. No caso do exercício da opção prevista no nº 1, o lucro tributável do sujeito passivo deve refletir as operações com os respetivos estabelecimentos estáveis situados fora do território português e ser corrigido dos gastos correspondentes aos rendimentos imputáveis a esses estabelecimentos estáveis ou aos ativos a estes afetos, por forma a corresponder ao que seria obtido caso estes fossem empresas separadas e independentes.

4. O disposto no nº 1 não é aplicável aos lucros imputáveis ao estabelecimento estável, incluindo os derivados da alienação ou da afetação a outros fins dos ativos afetos a esse estabelecimento, até ao montante dos prejuízos imputáveis ao estabelecimento estável que concorreram para a determinação do lucro tributável do sujeito passivo nos cinco períodos de tributação anteriores ou nos 12 períodos de tributação anteriores, no caso de sujeitos passivos abrangidos pelo Decreto-Lei nº 372/2007, de 6 de novembro.

5. Em caso de transformação do estabelecimento estável em sociedade, o disposto nos artigos 51º e 51º-C e no nº 3 do artigo 81º não é aplicável aos lucros e reservas distribuídos ao sujeito passivo por esta sociedade, nem às mais-valias decorrentes da transmissão onerosa das partes de capital ou da liquidação dessa sociedade, até ao montante dos prejuízos imputáveis ao estabelecimento estável que concorreram para a determinação do lucro tributável do sujeito passivo nos cinco períodos de tributação anteriores, ou nos 12 períodos de tributação anteriores no caso de sujeitos passivos abrangidos pelo Decreto-Lei nº 372/2007, de 6 de novembro.

6. A opção prevista no nº 1 deve abranger, pelo menos, todos os estabelecimentos estáveis situados na mesma jurisdição e ser mantida por um período mínimo de três anos, a contar da data em que se inicia a sua aplicação.

7. *(Revogado.)*

8. No caso de exercício da opção prevista no nº 1, não é aplicável aos lucros e prejuízos imputáveis a estabelecimento estável situado fora do território português o disposto no nº 2 do artigo 74º e no artigo 91º ou outro método de eliminação da dupla tributação internacional ao abrigo de convenção para evitar a dupla tributação celebrada por Portugal.

9. No caso de aos lucros e prejuízos imputáveis a estabelecimento estável situado fora do território português deixar de ser aplicável o disposto no nº 1:

a) Não concorrem para a determinação do lucro tributável do sujeito passivo os prejuízos imputáveis ao estabelecimento estável, incluindo os derivados da alienação ou da afetação a outros fins dos ativos afetos a esse estabelecimento, até ao montante dos lucros imputáveis ao estabelecimento estável que não concorreram para a determinação do lucro tributável do sujeito passivo nos cinco períodos de tributação anteriores, ou nos 12 períodos de tributação anteriores no caso de sujeitos passivos abrangidos pelo Decreto-Lei nº 372/2007, de 6 de novembro, nos termos previstos no nº 1;

b) Em caso de transformação do estabelecimento estável em sociedade, não é aplicável o disposto nos artigos 51º e 51º-C e no nº 3 do artigo 81º aos lucros e reservas distribuídos, nem às mais-valias decorrentes da transmissão onerosa das partes de capital e da liquidação dessa sociedade, respetivamente, até ao montante dos lucros imputáveis ao estabelecimento estável que não concorreram para a determinação do lucro tributável do sujeito passivo nos cinco períodos de tributação anteriores, ou nos 12 períodos de tributação anteriores no caso de sujeitos passivos abrangidos pelo Decreto-Lei nº 372/2007, de 6 de novembro, nos termos previstos no nº 1.

10. A opção e a renúncia à aplicação do disposto no nº 1 deve ser comunicada à Autoridade Tributária e Aduaneira através do envio, por transmissão eletrónica de dados, da declaração prevista no artigo 118º, até ao fim do 3º mês do período de tributação em que se pretende iniciar ou cessar a respetiva aplicação.

11. Em caso de afetação de elementos patrimoniais de uma entidade residente a um seu estabelecimento estável situado noutro Estado membro da União Europeia ou do Espaço Económico Europeu que esteja vinculado a cooperação administrativa no domínio do intercâmbio de informações e da assistência à cobrança equivalente à estabelecida na União Europeia, relativamente ao qual tenha sido exercida a opção prevista no nº 1, é aplicável, com as necessárias adaptações, o disposto nos nºs 2 a 9 do artigo 83º

12. Para efeitos da determinação do lucro tributável imputável a cada estabelecimento estável, o sujeito passivo deve adotar critérios de imputação proporcional adequados e devidamente justificados para a repartição dos gastos, perdas ou variações patrimoniais negativas que estejam relacionados quer com operações imputáveis, ou elementos patrimoniais afetos, a um estabelecimento estável, quer com outras operações ou elementos patrimoniais do sujeito passivo.

(Redação dada pela Lei nº 32/2019, de 03-05)

SECÇÃO IV – Entidades não residentes

Artigo 55º – Lucro tributável de estabelecimento estável

1. O lucro tributável imputável a estabelecimento estável de sociedades e outras entidades não residentes é determinado aplicando, com as necessárias adaptações, o disposto na secção II.

2. Podem ser deduzidos como gastos para a determinação do lucro tributável os encargos gerais de administração que sejam imputáveis ao estabelecimento estável, nos termos ou condições substancialmente idênticos aos que normalmente seriam contratados, aceites e praticados entre entidades independentes em operações, devendo esses critérios ser uniformemente seguidos nos vários períodos de tributação.

3. Sem prejuízo do disposto no número anterior, nos casos em que não seja possível efetuar uma imputação com base na utilização pelo estabelecimento estável dos bens e serviços a que respeitam os encargos gerais, são admissíveis como critérios de repartição nomeadamente os seguintes:

a) Volume de negócios;

b) Gastos diretos;

c) Ativo fixo tangível.

(Cfr. Declaração de Retificação nº 18/2014, de 13-03)

Artigo 56º – Rendimentos não imputáveis a estabelecimento estável

1. Os rendimentos não imputáveis a estabelecimento estável situado em território português, obtidos por sociedades e outras entidades não residentes, são determinados de acordo com as regras estabelecidas para as categorias correspondentes para efeitos de IRS.

2. No caso de prédios urbanos não arrendados ou não afetos a uma atividade económica que sejam detidos por entidades com domicílio em país, território ou região sujeito a um regime fiscal claramente mais favorável constante de lista aprovada por portaria do membro do Governo responsável pela área das finanças, considera-se como rendimento predial bruto relativamente ao respetivo período de tributação, para efeitos do número anterior, o montante correspondente a 1/15 do respetivo valor patrimonial.

3. O disposto no número anterior não é aplicável quando a entidade não residente detentora do prédio demonstre que este não é fruído por entidade com domicílio em território português e que o prédio se encontra devoluto.

4. Para efeitos da determinação da matéria coletável, nos termos da alínea *d*) do nº 1 do artigo 15º, o valor dos incrementos patrimoniais obtidos a título gratuito é calculado de acordo com as regras constantes do nº 2 do artigo 21º

SECÇÃO V – Determinação do lucro tributável por métodos indiretos

Artigo 57º – Aplicação de métodos indiretos

1. A aplicação de métodos indiretos efetua-se nos casos e condições previstos nos artigos 87º a 89º da Lei Geral Tributária.

2. O atraso na execução dos livros e registos contabilísticos, bem como a sua não exibição imediata, a que se refere o artigo 88º da Lei Geral Tributária, só dá lugar à aplicação de métodos indiretos após o decurso do prazo fixado para a sua regularização ou apresentação sem que se mostre cumprida a obrigação.

3. O prazo a que se refere o número anterior não deve ser inferior a 5 nem superior a 30 dias e não prejudica a aplicação da sanção que corresponder à infração eventualmente praticada.

Artigo 58º – Regime simplificado de determinação do lucro tributável
(Revogado.)

Artigo 59º – Métodos indiretos

A determinação do lucro tributável por métodos indiretos é efetuada pelo diretor de finanças da área da sede, direção efetiva ou estabelecimento estável do sujeito passivo ou por funcionário em que este delegue e baseia-se em todos os elementos de que a administração tributária disponha, de acordo com o artigo 90º da Lei Geral Tributária e demais normas legais aplicáveis.

Artigo 60º – Notificação do sujeito passivo

1. Os sujeitos passivos são notificados do lucro tributável fixado por métodos indiretos, com indicação dos factos que lhe estiveram na origem e, bem assim, dos critérios e cálculos que lhe estão subjacentes.

2. A notificação a que se refere o número anterior deve ser efetuada por carta registada com aviso de receção, nos termos previstos no Código de Procedimento e de Processo Tributário.

Artigo 61º – Pedido de revisão do lucro tributável

Os sujeitos passivos podem solicitar a revisão do lucro tributável fixado por métodos indiretos nos termos previstos nos artigos 91º e seguintes da Lei Geral Tributária.

Artigo 62º – Revisão excecional do lucro tributável

1. O lucro tributável determinado por métodos indiretos pode ser revisto nos três anos posteriores ao do correspondente ato tributário, quando, em face de elementos concretos conhecidos posteriormente, se verifique ter havido injustiça grave ou notória em prejuízo do Estado ou do sujeito passivo e a revisão seja autorizada pelo diretor-geral da Autoridade Tributária e Aduaneira.

2. São aplicáveis no caso previsto no número anterior as disposições dos artigos 60º e 61º

SECÇÃO VI – Disposições comuns e diversas

SUBSECÇÃO I – Correções para efeitos da determinação da matéria coletável

Artigo 63º – Preços de transferência

1. Nas operações efetuadas entre um sujeito passivo e qualquer outra entidade, sujeita ou não a IRC, com a qual esteja em situação de relações especiais, devem ser contratados, aceites e praticados termos ou condições substancialmente idênticos aos que normalmente seriam contratados, aceites e praticados entre entidades independentes em operações comparáveis.

2. As operações a que se refere o número anterior abrangem operações comerciais, incluindo qualquer operação ou série de operações que tenha por objeto bens tangíveis ou intangíveis, direitos ou serviços, ainda que realizadas no âmbito de um qualquer acordo, designadamente de partilha de custos e de prestação de serviços intragrupo, bem como operações financeiras e operações de reestruturação ou de reorganização empresariais, que envolvam alterações da estruturas de negócio, a cessação ou renegociação substancial dos contratos existentes, em especial quando impliquem a transferência de bens tangíveis, intangíveis, direitos sobre intangíveis, ou compensações por danos emergentes ou lucros cessantes.

3. Para a determinação dos termos e condições que seriam normalmente acordados, aceites ou praticados entre entidades independentes, o sujeito passivo deve adotar qualquer dos métodos seguintes, tendo em conta, entre outros aspetos, a natureza da operação, a disponibilidade de informações fiáveis e o grau de comparabilidade entre as operações ou séries de operações que efetua e outras substancialmente idênticas, efetuadas entre entidades independentes:

a) O método do preço comparável de mercado, o método do preço de revenda minorado, o método do custo majorado, o método do fracionamento do lucro ou o método da margem líquida da operação;

b) Outro método, técnica ou modelo de avaliação económica de ativos geralmente aceites, sempre que os métodos previstos na alínea anterior não possam ser utilizados devido ao carácter único ou singular das operações ou à falta ou escassez de informações e dados comparáveis fiáveis relativos a operações similares entre entidades independentes, em especial quando as operações tenham por objeto direitos reais sobre bens imóveis, partes de capital de sociedades não cotadas, direitos de crédito e intangíveis.

4. Considera-se que existem relações especiais entre duas entidades nas situações em que uma tem o poder de exercer, direta ou indiretamente, uma influência significativa nas decisões de gestão da outra, o que se considera verificado, designadamente, entre:

a) Uma entidade e os titulares do respetivo capital, ou os cônjuges, ascendentes ou descendentes destes, que detenham, direta ou indiretamente, uma participação não inferior a 20% do capital ou dos direitos de voto;

b) Entidades em que os mesmos titulares do capital, respetivos cônjuges, ascendentes ou descendentes detenham, direta ou indiretamente, uma participação não inferior a 20% do capital ou dos direitos de voto;

c) Uma entidade e os membros dos seus órgãos sociais, ou de quaisquer órgãos de administração, direção, gerência ou fiscalização, e respetivos cônjuges, ascendentes e descendentes;

d) Entidades em que a maioria dos membros dos órgãos sociais, ou dos membros de quaisquer órgãos de administração, direção, gerência ou fiscalização, sejam as mesmas pessoas ou, sendo pessoas diferentes, estejam ligadas entre si por casamento, união de facto legalmente reconhecida ou parentesco em linha reta;

e) Entidades ligadas por contrato de subordinação, de grupo paritário ou outro de efeito equivalente;

f) Empresas que se encontrem em relação de domínio, nos termos do artigo 486.º do Código das Sociedades Comerciais;

g) Entidades cujo relacionamento jurídico possibilita, pelos seus termos e condições, que uma condicione as decisões de gestão da outra, em função de factos ou circunstâncias alheios à própria relação comercial ou profissional;

h) Uma entidade residente ou não residente com estabelecimento estável situado em território português e uma entidade sujeita a um regime fiscal claramente mais favorável residente em país, território ou região constante da lista aprovada por portaria do membro do Governo responsável pela área das finanças.

5. Para efeitos do cálculo do nível percentual de participação indireta no capital ou nos direitos de voto a que se refere o número anterior, nas situações em que não haja regras especiais definidas, são aplicáveis os critérios previstos no nº 2 do artigo 483º do Código das Sociedades Comerciais.

6. Para efeitos de justificar que os termos e condições das operações efetuadas entre entidades com relações especiais são estabelecidos com observância do princípio enunciado no nº 1, os sujeitos passivos devem manter organizada, nos termos estatuídos para o processo de documentação fiscal a que se refere o artigo 130º, a documentação respeitante à política adotada em matéria de preços de transferência.

7. Os sujeitos passivos devem indicar, na declaração anual de informação contabilística e fiscal a que se refere o artigo 121º, a existência ou inexistência, no período de tributação a que aquela respeita, de operações com entidades com as quais está em situação de relações especiais, devendo ainda, no caso de declarar a sua existência, designadamente:

a) Identificar as entidades em causa;

b) Identificar e declarar o montante e a tipologia das operações realizadas com cada uma;

c) Identificar as metodologias de determinação dos preços de transferência utilizadas e as alterações ocorridas às metodologias adotadas;

d) Indicar o valor das correções efetuadas na determinação do lucro tributável pela não observância do princípio da plena concorrência na fixação dos termos e condições das operações;

e) Declarar se organizou, ao tempo em que as operações tiveram lugar, e mantém, a documentação relativa aos preços de transferência praticados.

8. Sempre que as regras enunciadas no nº 1 não sejam observadas, relativamente a operações com entidades não residentes, deve o sujeito passivo efetuar, na declaração a que se refere o artigo 120º, as necessárias correções positivas na determinação do lucro tributável, pelo montante correspondente aos efeitos fiscais imputáveis a essa inobservância.

9. Sempre que as regras enunciadas no nº 1 não sejam observadas, a Autoridade Tributária e Aduaneira pode efetuar as correções na determinação do lucro tributável, pelo montante correspondente ao que teria sido obtido se as operações se tivessem efetuado numa situação normal de mercado.

10. As correções a que se referem os nºs 8 e 9, devem ser imputadas ao período ou períodos de tributação em que os efeitos das operações se tornem relevantes para efeitos da determinação do lucro ou do rendimento tributável dos sujeitos passivos de IRC ou de IRS.

11. As regras previstas no presente artigo são igualmente aplicáveis nas relações entre:

a) Uma entidade não residente e um seu estabelecimento estável situado em território português, ou entre este e outros estabelecimentos estáveis situados fora deste território;

b) Uma entidade residente e os seus estabelecimentos estáveis situados fora do território português ou entre estes.

12. O disposto nos números anteriores aplica-se igualmente às pessoas que exerçam simultaneamente atividades sujeitas e não sujeitas ao regime geral de IRC.

13. Quando a Autoridade Tributária e Aduaneira proceda às correções necessárias para a determinação do lucro tributável por virtude de relações especiais com outro sujeito passivo de IRC ou do IRS, na determinação do lucro tributável ou do rendimento tributável deste último, devem ser efetuados os ajustamentos adequados que sejam reflexo daquelas correções.

14. Pode a Autoridade Tributária e Aduaneira proceder igualmente ao ajustamento correlativo referido no número anterior quando tal resulte de convenções internacionais celebradas por Portugal e nos termos e condições nas mesmas previstos.

15. São objeto de regulamentação por portaria do membro do Governo responsável pela área das finanças:

a) A definição das regras para a aplicação dos métodos de determinação dos preços de transferência;

b) A avaliação do grau de comparabilidade;

c) As regras para a aplicação do princípio referido no nº 1 aos acordos de repartição de custos, às prestações de serviços intragrupo e às operações de reestruturação;

d) Os procedimentos aplicáveis em caso de ajustamentos nos termos dos nºs 9, 13 e 14;

e) O tipo, a natureza e o conteúdo da documentação referida no nº 6, bem como as situações em que é dispensado o cumprimento desta obrigação.

(Redação dada pela Lei nº 119/2019, de 18-09)

Artigo 64º – Correções ao valor de transmissão de direitos reais sobre bens imóveis

1. Os alienantes e adquirentes de direitos reais sobre bens imóveis devem adotar, para efeitos da determinação do lucro tributável nos termos do presente Código, valores normais de mercado que não podem ser inferiores aos valores patrimoniais tributários definitivos que serviram de base à liquidação do imposto municipal sobre as transmissões onerosas de imóveis (IMT) ou que serviriam no caso de não haver lugar à liquidação deste imposto.

2. Sempre que, nas transmissões onerosas previstas no número anterior, o valor constante do contrato seja inferior ao valor patrimonial tributário definitivo do imóvel, é este o valor a considerar pelo alienante e adquirente, para determinação do lucro tributável.

3. Para aplicação do disposto no número anterior:

a) O sujeito passivo alienante deve efetuar uma correção, na declaração de rendimentos do período de tributação a que é imputável o rendimento obtido com a operação de transmissão, correspondente à diferença positiva entre o valor patrimonial tributário definitivo do imóvel e o valor constante do contrato;

b) O sujeito passivo adquirente adota o valor patrimonial tributário definitivo para a determinação de qualquer resultado tributável em IRC relativamente ao imóvel.

4. Se o valor patrimonial tributário definitivo do imóvel não estiver determinado até ao final do prazo estabelecido para a entrega da declaração do período de tributação a que respeita a transmissão, os sujeitos passivos devem entregar a declaração de substituição durante o mês de janeiro do ano seguinte àquele em que os valores patrimoniais tributários se tornaram definitivos.

5. No caso de existir uma diferença positiva entre o valor patrimonial tributário definitivo e o custo de aquisição ou de construção, o sujeito passivo adquirente deve comprovar no processo de documentação fiscal previsto no artigo 130º, para efeitos do disposto na alínea *b*) do nº 3, o tratamento contabilístico e fiscal dado ao imóvel.

6. O disposto no presente artigo não afasta a possibilidade de a Autoridade Tributária e Aduaneira proceder, nos termos previstos na lei, a correções ao lucro tributável sempre que disponha de elementos que comprovem que o preço efetivamente praticado na transmissão foi superior ao valor considerado.

Artigo 65º – Pagamentos a entidades não residentes sujeitas a um regime fiscal privilegiado

(Revogado.)

Artigo 66º – Imputação de rendimentos de entidades não residentes sujeitas a um regime fiscal privilegiado

1. Os lucros ou rendimentos obtidos por entidades não residentes em território português e submetidos a um regime fiscal claramente mais favorável são imputados aos sujeitos passivos de IRC residentes em território português que detenham, direta ou indiretamente, mesmo que através de mandatário, fiduciário ou interposta pessoa, pelo menos 25% das partes de capital, dos direitos de voto ou dos direitos sobre os rendimentos ou os elementos patrimoniais dessas entidades.

2. *(Revogado.)*

3. A imputação a que se refere o nº 1 é feita na base tributável relativa ao período de tributação do sujeito passivo que integrar o termo do período de tributação da entidade, pelo montante do lucro ou rendimentos por esta obtidos, consoante o caso, determinados nos termos deste Código, e de acordo com a proporção do capital, ou dos direitos sobre os rendimentos ou os elementos patrimoniais detidos, direta ou indiretamente, mesmo que através de mandatário, fiduciário ou interposta pessoa, por esse sujeito passivo.

4. Os prejuízos fiscais, apurados pela entidade nos termos deste Código, são dedutíveis, na parte em que corresponderem à proporção do capital, ou dos direitos sobre os rendimentos ou os elementos patrimoniais detidos, direta ou indiretamente, pelo sujeito passivo, aos rendimentos imputáveis nos termos do número anterior, até à respetiva concorrência, em um ou mais dos cinco períodos de tributação seguintes.

5. Para efeitos do nº 3, aos lucros ou aos rendimentos sujeitos a imputação é deduzido o imposto sobre o rendimento incidente sobre esses lucros ou rendimentos, a que houver lugar de acordo com o regime fiscal aplicável no Estado de residência dessa entidade.

6. Para efeitos do disposto no nº 1, considera-se que uma entidade está submetida a um regime fiscal claramente mais favorável quando:

a) O território da mesma constar da lista aprovada por portaria do membro do Governo responsável pela área das finanças; ou

b) O imposto sobre os lucros efetivamente pago seja inferior a 50% do imposto que seria devido nos termos deste Código.

7. Excluem-se do disposto no nº 1 as entidades não residentes em território português desde que a soma dos rendimentos que sejam provenientes de uma ou mais das seguintes categorias não exceda 25% do total dos seus rendimentos:

a) *Royalties* ou outros rendimentos provenientes de direitos da propriedade intelectual, direitos de imagem ou direitos similares;

b) Dividendos e rendimentos provenientes da alienação de partes de capital;

c) Rendimentos provenientes de locação financeira;

d) Rendimentos provenientes de operações próprias da atividade bancária, mesmo que não exercida por instituições de crédito, da atividade seguradora ou de outras atividades financeiras, realizadas com entidades com as quais existam relações especiais, nos termos do nº 4 do artigo 63º;

e) Rendimentos provenientes de empresas de faturação que obtenham rendimentos de comércio e serviços provenientes de bens e serviços comprados e vendidos a entidades com as quais existam relações especiais, nos termos do nº 4 do artigo 63º, e que acrescentem pouco ou nenhum valor económico;

f) Juros ou outros rendimentos de capitais;

8. Quando ao sujeito passivo residente sejam distribuídos lucros ou rendimentos provenientes de uma entidade não residente a que tenha sido aplicável o disposto no nº 1, são deduzidos na base tributável relativa ao período de tributação em que esses rendimentos sejam obtidos, até à sua concorrência, os valores que o sujeito passivo prove que já foram imputados para efeitos de determinação do lucro tributável de períodos de tributação anteriores, sem prejuízo de aplicação nesse período de tributação do crédito de imposto por dupla tributação internacional a que houver lugar, nos termos da alínea *a)* do nº 2 do artigo 90º e do artigo 91º

9. A dedução que se refere na parte final do número anterior é feita até à concorrência do montante de IRC apurado no período de tributação de imputação dos lucros ou rendimentos, após as deduções mencionadas nas alíneas *a*) e *b*) do nº 2 do artigo 90º

10. *(Revogado.)*

11. Em caso de transmissão onerosa de partes sociais de uma entidade não residente a que tenha sido aplicável o disposto no nº 1 são dedutíveis ao valor de realização os valores que o sujeito passivo prove terem sido imputados para efeitos de determinação do lucro tributável de períodos de tributação anteriores, na parte em que os mesmos não tenham sido ainda considerados nos termos do nº 8.

12. Para efeitos do disposto no nº 1, o sujeito passivo residente deve integrar no processo de documentação fiscal a que se refere o artigo 130º os seguintes elementos:

a) As contas devidamente aprovadas pelos órgãos competentes das entidades não residentes a que respeitam o lucro ou os rendimentos a imputar;

b) A cadeia de participações diretas e indiretas existentes entre entidades residentes e a entidade não residente, bem como todos os instrumentos jurídicos que respeitem aos direitos de voto ou aos direitos sobre os rendimentos ou os elementos patrimoniais;

c) A demonstração do imposto pago pela entidade não residente e dos cálculos efetuados para a determinação do IRC que seria devido se a entidade fosse residente em território português, nos casos em que o território de residência da mesma não conste da lista aprovada por portaria do membro do Governo responsável pela área das finanças.

13. Para efeitos da determinação da percentagem prevista no nº 1, considera-se a soma das partes de capital e dos direitos detidos pelo sujeito passivo e por quaisquer entidades com as quais o sujeito passivo tenha relações especiais nos termos das alíneas *a*) a *e*) do nº 4 do artigo 63º

14. O disposto neste artigo não se aplica quando a entidade não residente em território português seja residente ou esteja estabelecida noutro Estado membro da União Europeia ou num Estado membro do Espaço Económico Europeu, neste último caso desde que esse Estado membro esteja vinculado a cooperação administrativa no domínio da fiscalidade equivalente à estabelecida no âmbito da União Europeia, e o sujeito passivo demonstre que a constituição e funcionamento da entidade correspondem a razões económicas válidas e que esta desenvolve uma atividade económica de natureza agrícola, comercial, industrial ou de prestação de serviços, com recurso a pessoal, equipamento, ativos e instalações.

(Redação dada pela Lei nº 32/2019, de 03-05)

Artigo 67º – Limitação à dedutibilidade de gastos de financiamento

1. Os gastos de financiamento líquidos concorrem para a determinação do lucro tributável até ao maior dos seguintes limites:

a) € 1 000 000; ou

b) 30% do resultado antes de depreciações, amortizações, gastos de financiamento líquidos e impostos.

2. Os gastos de financiamento líquidos não dedutíveis nos termos do número anterior podem ainda ser considerados na determinação do lucro tributável de um ou mais dos cinco períodos de tributação posteriores, após os gastos de financiamento líquidos desse mesmo período, observando-se as limitações previstas no número anterior.

3. Sempre que o montante dos gastos de financiamento deduzidos seja inferior a 30% do resultado antes de depreciações, amortizações, gastos de financiamento líquidos e impostos, a parte não utilizada deste limite acresce ao montante máximo dedutível, nos termos da alínea *b*) do nº 1, até ao quinto período de tributação posterior.

4. Para efeito do disposto nos nºs 2 e 3, consideram-se em 1º lugar os gastos de financiamento líquidos não dedutíveis e a parte não utilizada do limite referido no número anterior que tenham sido apurados há mais tempo.

5. Nos casos em que exista um grupo de sociedades sujeito ao regime especial previsto no artigo 69º, a sociedade dominante pode optar, para efeitos da determinação do lucro tributável do grupo, pela aplicação do disposto no presente artigo aos gastos de financiamento líquidos do grupo nos seguintes termos:

a) O limite para a dedutibilidade ao lucro tributável do grupo corresponde ao valor previsto na alínea *a*) do nº 1, independentemente do número de sociedades pertencentes ao grupo ou, quando superior, ao previsto na alínea *b*) do mesmo número, calculado com base na soma algébrica dos resultados antes de depreciações, amortizações, gastos de financiamento líquidos e impostos apurados nos termos deste artigo pelas sociedades que o compõem;

b) Os gastos de financiamento líquidos de sociedades do grupo relativos aos períodos de tributação anteriores à aplicação do regime e ainda não deduzidos apenas podem ser considerados, nos termos do nº 2, até ao limite previsto no nº 1 correspondente à sociedade a que respeitem, calculado individualmente;

c) A parte do limite não utilizado, a que se refere o nº 3, por sociedades do grupo em períodos de tributação anteriores à aplicação do regime apenas pode ser acrescido nos termos daquele número ao montante máximo dedutível dos gastos de financiamento líquidos da sociedade a que respeitem, calculado individualmente;

d) Os gastos de financiamento líquidos de sociedades do grupo, bem como a parte do limite não utilizado a que se refere o nº 3, relativos aos períodos de tributação em que seja aplicável o regime, só podem ser utilizados pelo grupo, independentemente da saída de uma ou mais sociedades do grupo.

6. A opção da sociedade dominante prevista no número anterior deve ser mantida por um período mínimo de três anos, a contar da data em que se inicia a sua aplicação, o qual é automaticamente prorrogável por períodos de um ano exceto no caso de renúncia.

7. A opção e a renúncia mencionadas nos nºs 5 e 6, respetivamente, devem ser comunicadas à Autoridade Tributária e Aduaneira através do envio, por transmissão eletrónica de dados, da declaração prevista no artigo 118º, até ao fim do 3º mês do período de tributação em que se pretende iniciar a respetiva aplicação ou dela renunciar.

8. O previsto nos nºs 2 e 3 deixa de ser aplicável quando se verificar, à data do termo do período de tributação em que é efetuada a dedução ou acrescido o limite, que, em relação àquele a que respeitam os gastos de financiamento líquidos ou a parte do limite não utilizada, se verificou a alteração da titularidade de mais de 50% do capital social ou da maioria dos direitos de voto do sujeito passivo, salvo no caso de ser aplicável o disposto no nº 9 do artigo 52º ou de ser obtida autorização do membro do Governo responsável pela área das finanças em caso de reconhecido interesse económico, mediante requerimento a apresentar na Autoridade Tributária e Aduaneira, nos prazos previstos nos nºs 13 e 14 do artigo 52º, consoante os casos.

9. O disposto no presente artigo aplica-se aos estabelecimentos estáveis de entidades não residentes, com as necessárias adaptações.

10. Sempre que o período de tributação tenha duração inferior a um ano, o limite previsto na alínea *a*) do nº 1 é determinado proporcionalmente ao número de meses desse período de tributação.

11. O disposto no presente artigo não se aplica às entidades sujeitas à supervisão do Banco de Portugal e do Instituto de Seguros de Portugal, às sucursais em Portugal de instituições de crédito e outras instituições financeiras ou empresas de seguros, e às sociedades de titularização de créditos constituídas nos termos do Decreto-Lei nº 453/99, de 5 de novembro.

12. Para efeitos do presente artigo, consideram-se:

a) Gastos de financiamento, os juros de descobertos bancários e de empréstimos obtidos a curto e longo prazos ou quaisquer importâncias devidas ou imputadas à remuneração de capitais alheios, abrangendo, designadamente, pagamentos no âmbito de empréstimos participativos e montantes pagos ao abrigo de mecanismos de financiamento alternativos, incluindo instrumentos financeiros islâmicos, juros de obrigações, abrangendo obrigações convertíveis, obrigações subordinadas e obrigações de cupão zero, e outros títulos assimilados, amortizações de descontos ou de prémios relacionados com empréstimos obtidos, amortizações de custos acessórios incorridos em ligação com a obtenção de empréstimos, encargos financeiros relativos a locações financeiras, depreciações ou amortizações de custos de empréstimos obtidos capitalizados no custo de aquisição de elementos do ativo, montantes calculados por referência ao retorno de um financiamento no âmbito das regras em matéria de preços de transferência, montantes de juros nocionais no âmbito de instrumentos derivados ou de mecanismos de cobertura do risco relacionados com empréstimos obtidos, ganhos e perdas cambiais relativos a empréstimos obtidos e instrumentos associados à obtenção de financiamento, bem como comissões de garantia para acordos de financiamento, taxas de negociação e gastos similares relacionados com a obtenção de empréstimos;

b) Gastos de financiamento líquidos, os gastos de financiamento que concorram para a formação do lucro tributável após a dedução, até à respetiva concorrência, do montante dos juros e outros rendimentos de idêntica natureza, sujeitos e não isentos.

13. Para efeitos do presente artigo, o resultado antes de depreciações, amortizações, gastos de financiamento líquidos e impostos corresponde ao lucro tributável ou prejuízo fiscal sujeito e não isento, adicionado dos gastos de financiamento líquidos e das depreciações e amortizações que sejam fiscalmente dedutíveis.

(Redação dada pela Lei nº 32/2019, de 03-05)

Artigo 68º – Correções nos casos de crédito de imposto e retenção na fonte

1. Na determinação da matéria coletável sujeita a imposto, quando houver rendimentos obtidos no estrangeiro que deem lugar a crédito de imposto por dupla tributação jurídica internacional, nos termos do artigo 91º, esses rendimentos devem ser considerados, para efeitos de tributação, pelas respetivas importâncias ilíquidas dos impostos sobre o rendimento pagos no estrangeiro.

2. Sempre que tenha havido lugar a retenção na fonte de IRC relativamente a rendimentos englobados para efeitos de tributação, o montante a considerar na determinação da matéria coletável é a respetiva importância ilíquida do imposto retido na fonte.

3. Quando seja exercida a opção prevista no artigo 91º-A, devem ser acrescidos à matéria coletável do sujeito passivo os impostos sobre os lucros pagos pelas entidades por este detidas direta ou indiretamente, nos Estados em que sejam residentes, correspondentes aos lucros e reservas que lhe tenham sido distribuídos.

SUBSECÇÃO II – Regime especial de tributação dos grupos de sociedades

Artigo 69º – Âmbito e condições de aplicação

1. Existindo um grupo de sociedades, a sociedade dominante pode optar pela aplicação do regime especial de determinação da matéria coletável em relação a todas as sociedades do grupo.

2. Existe um grupo de sociedades quando uma sociedade, dita dominante, detém, direta ou indiretamente, pelo menos, 75% do capital de outra ou outras sociedades ditas dominadas, desde que tal participação lhe confira mais de 50% dos direitos de voto.

3. A opção pela aplicação do regime especial de tributação dos grupos de sociedades só pode ser formulada quando se verifiquem cumulativamente os seguintes requisitos:

a) As sociedades pertencentes ao grupo têm todas sede e direção efetiva em território português e a totalidade dos seus rendimentos está sujeita ao regime geral de tributação em IRC, à taxa normal mais elevada;

b) A sociedade dominante detém a participação na sociedade dominada há mais de um ano, com referência à data em que se inicia a aplicação do regime;

c) A sociedade dominante não é considerada dominada de nenhuma outra sociedade residente em território português que reúna os requisitos para ser qualificada como dominante.

d) A sociedade dominante não tenha renunciado à aplicação do regime nos três anos anteriores, com referência à data em que se inicia a aplicação do regime.

4. Não podem fazer parte do grupo as sociedades que, no início ou durante a aplicação do regime, se encontrem nas situações seguintes:

a) Estejam inativas há mais de um ano ou tenham sido dissolvidas;

b) Tenha sido contra elas instaurado processo especial de recuperação ou de falência em que haja sido proferido despacho de prosseguimento da ação;

c) Registem prejuízos fiscais nos três exercícios anteriores ao do início da aplicação do regime, salvo, no caso das sociedades dominadas, se a participação já for detida pela sociedade dominante há mais de dois anos;

d) Estejam sujeitas a uma taxa de IRC inferior à taxa normal mais elevada e não renunciem à sua aplicação;

e) Adotem um período de tributação não coincidente com o da sociedade dominante;

f) (*Revogada.*);

g) Não assumam a forma jurídica de sociedade por quotas, sociedade anónima ou sociedade em comandita por ações, salvo o disposto no nº 11.

5. Para a determinação do nível de participação exigido de, pelo menos, 75%, consideram-se as participações detidas diretamente ou indiretamente através de:

a) Sociedades residentes em território português que reúnam os requisitos legalmente exigidos para fazer parte do grupo;

b) Sociedades residentes noutro Estado membro da União Europeia ou do Espaço Económico Europeu, neste caso desde que exista obrigação de cooperação administrativa no domínio da fiscalidade equivalente à estabelecida no âmbito da União Europeia, que sejam detidas, direta ou indiretamente, em, pelo menos, 75% pela sociedade dominante através de sociedades referidas na alínea anterior ou na primeira parte desta alínea.

6. Quando a participação ou os direitos de voto são detidos de forma indireta, a percentagem efetiva da participação ou de direitos de voto é obtida pelo processo da multiplicação sucessiva das percentagens de participação e dos direitos de voto em cada um dos níveis e, havendo participações ou direitos de voto numa sociedade detidos de forma direta e indireta, a percentagem efetiva de participação ou de direitos de voto resulta da soma das percentagens das participações ou dos direitos de voto.

7. A opção mencionada no nº 1, as alterações na composição do grupo e a renúncia ou a cessação da aplicação no presente regime devem ser comunicadas à Autoridade Tributária e Aduaneira pela sociedade dominante através do envio, por transmissão eletrónica de dados, da competente declaração prevista no artigo 118º, nos seguintes prazos:

a) No caso de opção pela aplicação no presente regime, até ao fim do 3º mês do período de tributação em que se pretende iniciar a aplicação;

b) No caso de alterações na composição do grupo:

1) Até ao fim do 3º mês do período de tributação em que deva ser efetuada a inclusão de novas sociedades que satisfaçam os requisitos legalmente exigidos;
2) Até ao fim do 3º mês do período de tributação seguinte àquele em que ocorra a saída de sociedades do grupo por alienação da participação ou por incumprimento das demais condições, ou outras alterações na composição do grupo motivadas nomeadamente por fusões ou cisões, exceto se a alteração ocorrer por cessação da atividade de sociedade do grupo, caso em que a comunicação só tem lugar se não se verificar a dispensa prevista no nº 7 do artigo 118º, devendo ser feita no prazo previsto no nº 6 do mesmo artigo;

c) No caso de renúncia, até ao fim do 3º mês do período de tributação em que se pretende renunciar à aplicação do regime;

d) No caso de cessação, até ao fim do 3º mês do período de tributação seguinte àquele em que deixem de se verificar as condições de aplicação do regime a que se referem as alíneas *a*) e *b*) do número seguinte.

8. O regime especial de tributação dos grupos de sociedades cessa a sua aplicação nos seguintes casos:

a) Deixe de se verificar algum dos requisitos referidos no nº 3 relativamente à sociedade dominante, sem prejuízo dos casos em que seja exercida a opção prevista no nº 10;

b) Se verifique alguma das situações referidas nas alíneas *a*), *b*), *d*) ou *g*) do nº 4 relativamente à sociedade dominante;

c) O lucro tributável de qualquer das sociedades do grupo seja determinado com recurso à aplicação de métodos indiretos;

d) (*Revogada.*);

e) (*Revogada.*)

9. Os efeitos da renúncia ou da cessação no presente regime reportam-se:

a) Ao final do período de tributação anterior àquele em que foi comunicada a renúncia à aplicação no presente regime nos termos e prazo previstos no nº 7;

b) (*Revogada.*);

c) Ao final do período de tributação anterior ao da verificação de qualquer dos factos previstos no nº 8.

10. Nos casos em que a sociedade dominante passe a ser considerada dominada de uma outra sociedade residente em território português que reúna os requisitos, com exceção do previsto na alínea *c*) do nº 4, para ser qualificada como dominante, esta última pode optar pela continuidade da aplicação do regime especial de tributação dos grupos de sociedades através de comunicação à Autoridade Tributária e Aduaneira, efetuada até ao fim do 3º mês do período de tributação seguinte à data em que se verifique esse facto, passando aquele grupo a incluir a nova sociedade dominante.

11. As entidades públicas empresariais, que satisfaçam os requisitos relativos à qualidade de sociedade dominante exigidos pelo presente artigo, podem optar pela aplicação deste regime ao respetivo grupo.

12. Compete à sociedade dominante fazer a prova do preenchimento das condições de aplicação do regime especial de tributação de grupos de sociedades.

13. O requisito temporal referido na alínea *b*) do nº 3 não é aplicável quando se trate de sociedades constituídas há menos de um ano pela sociedade dominante ou por outra sociedade que integre o grupo, desde que o nível de participação exigido nos termos do nº 2 seja detido desde a data da constituição.

14. Para efeitos da contagem dos prazos previstos na alínea *b*) do nº 3, bem como do previsto na alínea *c*) do nº 4, nos casos em que a participação tiver sido adquirida no âmbito de processo de fusão, cisão ou entrada de ativos, considera-se o período durante o qual a participação tiver permanecido na titularidade das sociedades fundidas, cindidas ou da sociedade contribuidora, respetivamente.

15. A renúncia à taxa referida na alínea *d*) do nº 4 deve ser mantida por um período mínimo de três anos.

(Redação dada pela Lei nº 7-A/2016, de 30-03)

Artigo 69º-A – Sociedade dominante com sede ou direção efetiva noutro Estado membro da União Europeia ou do Espaço Económico Europeu

1. Pode igualmente optar pela aplicação do regime especial de tributação dos grupos de sociedades previsto na presente subsecção a sociedade dominante, como tal qualificada nos termos do nº 2 do artigo anterior que, não tendo sede ou direção efetiva em território português, preencha cumulativamente as seguintes condições:

a) Seja residente de um Estado membro da União Europeia ou do Espaço Económico Europeu que esteja vinculado a cooperação administrativa no domínio da fiscalidade equivalente à estabelecida no âmbito da União Europeia;

b) Detenha a participação nas sociedades dominadas há mais de um ano, com referência à data em que se inicia a aplicação do regime;

c) Não seja detida, direta ou indiretamente, pelo menos, em 75% do capital, por uma sociedade residente em território português que reúna os requisitos previstos no artigo anterior para ser qualificada como dominante, desde que tal participação lhe confira mais de 50% dos direitos de voto, nos termos do nº 6 do artigo anterior;

d) Não tenha renunciado à aplicação do regime nos três anos anteriores, com referência à data em que se inicia a aplicação do regime;

e) Esteja sujeita e não isenta de um imposto referido no artigo 2º da Diretiva nº 2011/ /96/UE, do Conselho, de 30 de novembro, ou de um imposto de natureza idêntica ou similar ao IRC;

f) Revista a forma de sociedade de responsabilidade limitada;

g) Quando detenha um estabelecimento estável em território português através do qual sejam detidas as participações nas sociedades dominadas e não se verifique relativamente a este qualquer das situações previstas nas alíneas *a*), *c*), *d*) ou *e*) do nº 4 do artigo anterior, com as necessárias adaptações.

2. A opção prevista no número anterior determina a aplicação do regime especial de tributação dos grupos de sociedades relativamente a todas as sociedades dominadas com sede e direção efetiva em território português relativamente às quais se verifiquem as condições estabelecidas nos nºs 3 e 4 do artigo anterior, bem como ao estabelecimento estável da sociedade dominante situado neste território através do qual sejam detidas as participações.

3. A opção pelo regime nos termos do presente artigo depende da comunicação à Autoridade Tributária e Aduaneira, na declaração a que se refere o nº 7 do artigo anterior, de qual a sociedade com sede e direção efetiva neste território pertencente ao grupo designada para assumir a responsabilidade pelo cumprimento de todas as obrigações que incumbem à sociedade dominante nos termos do presente Código, sem prejuízo da responsabilidade solidária da sociedade dominante e das demais sociedades pertencentes ao grupo pelo pagamento do imposto, nos termos do artigo 115º

4. Nos casos em que a sociedade dominante possua um estabelecimento estável em território português através do qual sejam detidas as participações nas sociedades dominadas, o disposto no número anterior é obrigatoriamente observado por este.

5. Em tudo o que não estiver previsto no presente artigo é aplicável, com as necessárias adaptações, o disposto no artigo anterior.

(Aditado pela Lei nº 82-C/2014, de 31-12)

Artigo 70º – Determinação do lucro tributável do grupo

1. Relativamente a cada um dos períodos de tributação abrangidos pela aplicação do regime especial, o lucro tributável do grupo é calculado pela sociedade dominante, através da soma algébrica dos lucros tributáveis e dos prejuízos fiscais apurados nas declarações periódicas individuais de cada uma das sociedades pertencentes ao grupo, corrigido, sendo caso disso, do efeito da aplicação da opção prevista no nº 5 do artigo 67º

2. (*Revogado.*)

Artigo 71º – Regime específico de dedução de prejuízos fiscais

1. Quando seja aplicável o regime estabelecido no artigo 69º, na dedução de prejuízos fiscais prevista no artigo 52º, observa-se ainda o seguinte:

a) Os prejuízos das sociedades do grupo verificados em períodos de tributação anteriores ao do início de aplicação do regime só podem ser deduzidos ao lucro tributável do grupo, nos termos e condições previstos no nº 2 do artigo 52º, até ao limite do lucro tributável da sociedade a que respeitam;

b) Os prejuízos fiscais do grupo apurados em cada período de tributação em que seja aplicado o regime só podem ser deduzidos aos lucros tributáveis do grupo, nos termos e condições previstos no nº 2 do artigo 52º;

c) Terminada a aplicação do regime relativamente a uma sociedade do grupo, não são dedutíveis aos respetivos lucros tributáveis os prejuízos fiscais verificados durante os períodos de tributação em que o regime se aplicou, podendo, porém, ainda ser deduzidos, nos termos e condições do nº 1 do artigo 52º, os prejuízos a que se refere a alínea *a*) que não tenham sido totalmente deduzidos ao lucro tributável do grupo;

d) Quando houver continuidade de aplicação do regime após a saída de uma ou mais sociedades do grupo, extingue-se o direito à dedução da quota-parte dos prejuízos fiscais respeitantes àquelas sociedades.

2. Quando, durante a aplicação do regime, haja lugar a operações de fusão entre sociedades do grupo ou uma sociedade incorpore uma ou mais sociedades não pertencentes ao grupo, os prejuízos das sociedades fundidas verificados em períodos de tributação anteriores ao do início do regime podem ser deduzidos ao lucro tributável do grupo até ao limite do lucro tributável da nova sociedade ou da sociedade incorporante, desde que a essas operações seja aplicado o regime especial estabelecido no artigo 74º e nos termos e condições previstos no artigo 75º

3. Quando a nova sociedade dominante opte pela continuidade da aplicação do regime especial de tributação dos grupos nos termos do nº 10 do artigo 69º, os prejuízos fiscais do grupo verificados durante os períodos de tributação anteriores em que o regime se aplicou podem, em casos de reconhecido interesse económico e mediante requerimento a apresentar à Autoridade Tributária e Aduaneira com aquela comunicação, ser dedutíveis ao lucro tributável do novo grupo, desde que seja obtida autorização do membro do Governo responsável pela área das finanças.

4. No caso em que a sociedade dominante de um grupo de sociedades (nova sociedade dominante) adquire o domínio de uma sociedade dominante de um outro grupo de sociedades (anterior sociedade dominante) e a nova sociedade dominante opte pela continuidade da aplicação do regime especial de tributação dos grupos nos termos do nº 10 do artigo 69º, as quotas-partes dos prejuízos fiscais do grupo imputáveis às sociedades do grupo da nova sociedade dominante e que integrem o grupo da anterior sociedade dominante, são dedutíveis nos termos da alínea *a*) do nº 1, desde que, em casos de reconhecido interesse económico e mediante requerimento a apresentar à Autoridade Tributária e Aduaneira com aquela comunicação, seja obtida autorização do membro do Governo responsável pela área das finanças.

5. Sem prejuízo do disposto no artigo 52º, no caso em que a sociedade dominante de um grupo de sociedades (nova sociedade dominante) adquire o domínio de uma sociedade dominante de um outro grupo de sociedades (anterior sociedade dominante) e a nova sociedade dominante opte pela inclusão das sociedades pertencentes ao grupo da anterior sociedade dominante nos termos da subalínea 1) da alínea *b*) do nº 7 do artigo 69º, que preencham os requisitos previstos nos nºs 2, 3 e nas alíneas *a*), *b*) e *d*) a *g*) do nº 4 do artigo 69º, as quotas-partes dos prejuízos fiscais do grupo da anterior sociedade dominante imputáveis às sociedades que integrem o grupo da nova sociedade dominante são dedutíveis nos termos da alínea *a*) do nº 1.

6. *(Revogado.)*

(Redação dada pela Lei nº 42/2016, de 28-12)

SUBSECÇÃO III – Transformação de sociedades

Artigo 72º – Regime aplicável

1. A transformação de sociedades, mesmo quando ocorra dissolução da anterior, não implica alteração do regime fiscal que vinha sendo aplicado nem determina, por si só, quaisquer consequências em matéria de IRC, salvo o disposto nos números seguintes.

2. No caso de transformação de sociedade civil não constituída sob forma comercial em sociedade sob qualquer dos tipos previstos no Código das Sociedades Comerciais, ao lucro tributável correspondente ao período decorrido desde o início do período de tributação em que se verificou a transformação até à data desta é aplicável o regime previsto no nº 1 do artigo 6º

3. Para efeitos do disposto no número anterior, no exercício em que ocorre a transformação deve determinar-se separadamente o lucro correspondente aos períodos anterior e posterior a esta, podendo os prejuízos anteriores à transformação, apurados nos termos deste Código, ser deduzidos nos lucros tributáveis da sociedade resultante da transformação até ao fim do período referido no nº 1 do artigo 52º, contado do exercício a que os mesmos se reportam.

4. A data de aquisição das partes sociais resultantes da transformação de sociedade em sociedade de outro tipo é a data de aquisição das partes sociais que lhes deram origem.

(Cfr. Declaração de Retificação nº 18/2014, de 13-03)

SUBSECÇÃO IV – Regime especial aplicável às fusões, cisões, entradas de ativos e permutas de partes sociais

Artigo 73º – Definições e âmbito de aplicação

1. Considera-se fusão a operação pela qual se realiza:

a) A transferência global do património de uma ou mais sociedades (sociedades fundidas) para outra sociedade já existente (sociedade beneficiária) e a atribuição aos sócios daquelas de partes representativas do capital social da beneficiária e, eventualmente, de quantias em dinheiro que não excedam 10% do valor nominal ou, na falta de valor nominal, do valor contabilístico equivalente ao nominal das participações que lhes forem atribuídas;

b) A constituição de uma nova sociedade (sociedade beneficiária), para a qual se transferem globalmente os patrimónios de duas ou mais sociedades (sociedades fundidas), sendo aos sócios destas atribuídas partes representativas do capital social da nova sociedade e, eventualmente, de quantias em dinheiro que não excedam 10% do valor nominal ou, na falta de valor nominal, do valor contabilístico equivalente ao nominal das participações que lhes forem atribuídas;

c) A transferência global do património de uma sociedade (sociedade fundida) para a sociedade detentora da totalidade das partes representativas do seu capital social (sociedade beneficiária);

d) A transferência global do património de uma sociedade (sociedade fundida) para outra sociedade já existente (sociedade beneficiária), quando a totalidade das partes representativas do capital social de ambas seja detida pelo mesmo sócio;

e) A transferência global do património de uma sociedade (sociedade fundida) para outra sociedade (sociedade beneficiária), quando a totalidade das partes representativas do capital social desta seja detida pela sociedade fundida.

2. Considera-se cisão a operação pela qual:

a) Uma sociedade (sociedade cindida) destaca um ou mais ramos da sua atividade, mantendo pelo menos um dos ramos de atividade, para com eles constituir outras sociedades (sociedades beneficiárias) ou para os fundir com sociedades já existentes, mediante a atribuição aos seus sócios de partes representativas do capital social destas últimas sociedades e, eventualmente, de uma quantia em dinheiro que não exceda 10% do valor nominal ou, na falta de valor nominal, do valor contabilístico equivalente ao nominal das participações que lhes sejam atribuídas;

b) Uma sociedade (sociedade cindida) é dissolvida e dividido o seu património em duas ou mais partes, sendo cada uma delas destinada a constituir uma nova sociedade (sociedade beneficiária) ou a ser fundida com sociedades já existentes ou com partes do património de outras sociedades, separadas por idênticos processos e com igual finalidade, mediante a atribuição aos seus sócios de partes representativas do capital social destas últimas sociedades e, eventualmente, de uma quantia em dinheiro que não exceda 10% do valor nominal ou, na falta de valor nominal, do valor contabilístico equivalente ao nominal das participações que lhes forem atribuídas;

c) Uma sociedade (sociedade cindida) destaca um ou mais ramos da sua atividade, mantendo pelo menos um dos ramos de atividade, para os fundir com a sociedade (sociedade beneficiária) detentora da totalidade das partes representativas do seu capital social;

d) Uma sociedade (sociedade cindida) destaca um ou mais ramos da sua atividade, mantendo pelo menos um dos ramos de atividade, para os fundir com outra sociedade já existente (sociedade beneficiária), quando a totalidade das partes representativas do capital social de ambas seja detida pelo mesmo sócio;

e) Uma sociedade (sociedade cindida) destaca um ou mais ramos da sua atividade, mantendo pelo menos um dos ramos de atividade, para os fundir com outra sociedade já existente (sociedade beneficiária), quando a totalidade das partes representativas do capital social desta seja detida pela sociedade cindida.

3. Considera-se entrada de ativos a operação pela qual uma sociedade (sociedade contribuidora) transfere, sem que seja dissolvida, o conjunto ou um ou mais ramos da sua atividade para outra sociedade (sociedade beneficiária), tendo como contrapartida partes do capital social da sociedade beneficiária.

4. Para efeitos do número anterior e das alíneas *a*), *c*), *d*) e *e*) do nº 2, considera-se ramo de atividade o conjunto de elementos que constituem, do ponto de vista organizacional, uma unidade económica autónoma, ou seja, um conjunto capaz de funcionar pelos seus próprios meios, o qual pode compreender as dívidas contraídas para a sua organização ou funcionamento.

5. Considera-se permuta de partes sociais a operação pela qual uma sociedade (sociedade adquirente) adquire uma participação no capital social de outra (sociedade adquirida), que tem por efeito conferir-lhe a maioria dos direitos de voto desta última, ou pela qual uma sociedade, já detentora de tal participação maioritária, adquire nova participação na sociedade adquirida, mediante a atribuição aos sócios desta, em troca dos seus títulos, de partes representativas do capital social da primeira sociedade e, eventualmente, de uma quantia em dinheiro não superior a 10% do valor nominal ou, na falta de valor nominal, do valor contabilístico equivalente ao nominal dos títulos entregues em troca.

6. Para efeitos da aplicação dos artigos 74º e 76º, na parte respeitante às fusões e cisões de sociedades de diferentes Estados membros da União Europeia, o termo «sociedade» tem o significado que resulta do anexo à Diretiva nº 2009/133/CE, do Conselho, de 19 de outubro.

7. O regime especial estatuído na presente subsecção aplica-se às operações de fusão e cisão de sociedades e de entrada de ativos, tal como são definidas nos nºs 1 a 3, em que intervenham:

a) Sociedades com sede ou direção efetiva em território português sujeitas e não isentas de IRC;

b) Sociedade ou sociedades de outros Estados membros da União Europeia, desde que todas as sociedades se encontrem nas condições estabelecidas no artigo 3º da Diretiva nº 2009/133/CE, do Conselho, de 19 de outubro.

8. O regime especial não se aplica sempre que, por virtude das operações referidas no número anterior, sejam transmitidos navios ou aeronaves, ou bens móveis afetos à sua exploração, para uma entidade de navegação marítima ou aérea internacional não residente em território português.

9. Às fusões e cisões, efetuadas nos termos legais, de sujeitos passivos do IRC residentes em território português que não sejam sociedades e aos respetivos membros, bem como às entradas de ativos e permutas de partes sociais em que intervenha pessoa coletiva que não seja sociedade, é aplicável, com as necessárias adaptações, o regime da presente subsecção, na parte respetiva.

10. O regime especial estabelecido na presente subsecção não se aplica, total ou parcialmente, quando se conclua que as operações abrangidas pelo mesmo tiveram como principal objetivo ou como um dos principais objetivos a evasão fiscal, o que pode considerar-se verificado, nomeadamente, nos casos em que as sociedades intervenientes não tenham a totalidade dos seus rendimentos sujeitos ao mesmo regime de tributação em IRC ou quando as operações não tenham sido realizadas por razões económicas válidas, tais como a reestruturação ou a racionalização das atividades das sociedades que nelas participam, procedendo-se então, se for caso disso, às correspondentes liquidações adicionais de imposto.

Artigo 74º – Regime especial aplicável às fusões, cisões e entradas de ativos

1. Na determinação do lucro tributável das sociedades fundidas ou cindidas ou da sociedade contribuidora, no caso de entrada de ativos, não é considerado qualquer resultado derivado da transferência dos elementos patrimoniais em consequência da fusão, cisão ou entrada de ativos, nem são considerados como rendimentos, nos termos do nº 3 do artigo 28º e do nº 3 do artigo 28º-A, os ajustamentos em inventários e as perdas por imparidade e outras correções de valor que respeitem a créditos, inventários e, bem assim, nos termos do nº 4 do artigo 39º, as provisões relativas a obrigações e encargos objeto de transferência, aceites para efeitos fiscais, com exceção dos que respeitem a estabelecimentos estáveis situados fora do território português quando estes são objeto de transferência para entidades não residentes, desde que se trate de:

a) Transferência efetuada por sociedade residente em território português e a sociedade beneficiária seja igualmente residente nesse território ou, sendo residente de um Estado membro da União Europeia, esses elementos sejam efetivamente afetos a um estabelecimento estável situado em território português dessa mesma sociedade e concorram para a determinação do lucro tributável imputável a esse estabelecimento estável;

b) Transferência para uma sociedade residente em território português de estabelecimento estável situado neste território de uma sociedade residente noutro Estado membro da União Europeia, verificando-se, em consequência dessa operação, a extinção do estabelecimento estável;

c) Transferência de estabelecimento estável situado em território português de uma sociedade residente noutro Estado membro da União Europeia para sociedade residente do mesmo ou noutro Estado membro, desde que os elementos patrimoniais afetos a esse estabelecimento continuem afetos a estabelecimento estável situado naquele território e concorram para a determinação do lucro que lhe seja imputável;

d) Transferência de estabelecimentos estáveis situados no território de outros Estados membros da União Europeia realizada por sociedades residentes em território português em favor de sociedades residentes neste território.

2. Sempre que, por motivo de fusão, cisão ou entrada de ativos, nas condições referidas nos números anteriores, seja transferido para uma sociedade residente de outro Estado membro um estabelecimento estável situado fora do território português de uma sociedade aqui residente, não se aplica em relação a esse estabelecimento estável o regime especial previsto no presente artigo, mas a sociedade residente pode deduzir o imposto que, na falta das disposições da Diretiva nº 2009/133/CE, do Conselho, de 19 de outubro, seria aplicável no Estado em que está situado esse estabelecimento estável, sendo essa dedução feita do mesmo modo e pelo mesmo montante a que haveria lugar se aquele imposto tivesse sido efetivamente liquidado e pago.

3. A aplicação do regime especial determina que a sociedade beneficiária mantenha, para efeitos fiscais, os elementos patrimoniais objeto de transferência pelos mesmos valores que tinham nas sociedades fundidas, cindidas ou na sociedade contribuidora antes da realização das operações, considerando-se que tais valores são os que resultam da aplicação das disposições deste Código ou de reavaliações efetuadas ao abrigo de legislação de carácter fiscal.

4. Na determinação do lucro tributável da sociedade beneficiária deve ter-se em conta o seguinte:

a) O apuramento dos resultados respeitantes aos elementos patrimoniais transferidos é feito como se não tivesse havido fusão, cisão ou entrada de ativos;

b) As depreciações ou amortizações sobre os elementos do ativo fixo tangível, do ativo intangível e das propriedades de investimento contabilizadas ao custo histórico transferidos são efetuadas de acordo com o regime que vinha sendo seguido nas sociedades fundidas, cindidas ou na sociedade contribuidora;

c) Os ajustamentos em inventários, as perdas por imparidade e as provisões que foram transferidos têm, para efeitos fiscais, o regime que lhes era aplicável nas sociedades fundidas, cindidas ou na sociedade contribuidora.

5. Para efeitos da determinação do lucro tributável da sociedade contribuidora, as mais-valias ou menos-valias realizadas respeitantes às partes de capital social recebidas em contrapartida da entrada de ativos são calculadas considerando como valor de aquisição destas partes de capital o valor líquido contabilístico aceite para efeitos fiscais que os elementos do ativo e do passivo transferidos tinham nessa sociedade antes da realização da operação.

6. Quando a sociedade beneficiária detém uma participação no capital das sociedades fundidas ou cindidas, não concorre para a formação do lucro tributável a mais-valia ou a menos-valia eventualmente resultante da anulação das partes de capital detidas naquelas sociedades em consequência da fusão ou cisão.

7. Quando a sociedade fundida detém uma participação no capital da sociedade beneficiária, não concorre para a formação do lucro tributável a mais-valia ou a menos-valia eventualmente resultante da anulação das partes de capital detidas nesta sociedade em consequência da fusão ou da atribuição aos sócios da sociedade fundida das partes sociais da sociedade beneficiária.

8. (*Revogado.*)

Artigo 75º – Transmissibilidade dos prejuízos fiscais

1. Os prejuízos fiscais das sociedades fundidas podem ser deduzidos dos lucros tributáveis da nova sociedade ou da sociedade incorporante, nos termos e condições estabelecidos no artigo 52º e até ao fim do período referido no nº 1 do mesmo artigo, contado do período de tributação a que os mesmos se reportam.

2. (*Revogado.*)

3. O disposto no nº 1 pode igualmente aplicar-se, com as necessárias adaptações, às seguintes operações:

a) Na cisão em que se verifique a extinção da sociedade cindida, sendo os prejuízos fiscais transmitidos para as sociedades beneficiárias na proporção do valor de mercado dos patrimónios destacados para cada uma destas sociedades;

b) Na fusão, cisão ou entrada de ativos, em que é transferido para uma sociedade residente em território português um estabelecimento estável nele situado de uma sociedade residente num Estado membro da União Europeia, que preencha as condições estabelecidas no artigo 3º da Diretiva nº 2009/133/CE, do Conselho, de 19 de outubro, verificando-se, em consequência dessa operação, a extinção do estabelecimento estável;

c) Na transferência de estabelecimentos estáveis situados em território português de sociedades residentes em Estados membros da União Europeia que estejam nas condições da Diretiva nº 2009/133/CE, do Conselho, de 19 de outubro, em favor de sociedades também residentes noutros Estados membros e em idênticas condições, no âmbito de operação de fusão, cisão ou entrada de ativos, desde que os elementos patrimoniais transferidos continuem afetos a estabelecimento estável aqui situado e concorram para a determinação do lucro tributável que lhe seja imputável;

d) *(Revogada.)*

4. A dedução dos prejuízos fiscais transmitidos nos termos do nº 1 e da alínea *b*) do número anterior tem como limite, em cada período de tributação, o valor correspondente à proporção entre o valor positivo do património líquido da sociedade fundida, ou dos estabelecimentos estáveis da sociedade fundida ou da sociedade contribuidora, e o valor do património líquido de todas as sociedades ou estabelecimentos estáveis envolvidos na operação de fusão ou entrada de ativos, determinados com base no último balanço anterior à operação.

5. Relativamente às operações referidas nas alíneas *a*) e *c*) do nº 1 do artigo 74º, a dedução dos prejuízos é efetuada no lucro tributável do estabelecimento estável situado em território português e respeita apenas aos prejuízos que lhe sejam imputáveis.

6. Sempre que, durante o período de aplicação do regime especial de tributação dos grupos de sociedades previsto no artigo 69º ou imediatamente após o seu termo, e em resultado de uma operação de fusão envolvendo a totalidade das sociedades abrangidas por aquele regime, uma das sociedades pertencentes ao grupo incorpore as restantes ou haja lugar à constituição de uma nova sociedade, pode o membro do Governo responsável pela área das finanças, a requerimento da sociedade dominante apresentado no prazo de 90 dias após o pedido do registo da fusão na conservatória do registo comercial, autorizar que os prejuízos fiscais do grupo ainda por deduzir possam ser deduzidos do lucro tributável da sociedade incorporante ou da nova sociedade resultante da fusão.

(Redação dada pela Lei nº 82-C/2014, de 31-12)

Artigo 75º-A – Transmissão dos benefícios fiscais e da dedutibilidade de gastos de financiamento

1. Os benefícios fiscais das sociedades fundidas são transmitidos para a sociedade beneficiária, desde que nesta se verifiquem os respetivos pressupostos e seja aplicado o regime especial estabelecido no artigo 74º

2. Os gastos de financiamento líquidos das sociedades fundidas por estas não deduzidos, bem como a parte não utilizada do limite a que se refere o nº 3 do artigo 67º, podem ser considerados na determinação do lucro tributável da sociedade beneficiária numa operação de fusão a que seja aplicado o regime especial estabelecido no artigo 74º, até ao termo do prazo de que dispunham as sociedades fundidas, de acordo com o disposto nos nºs 2 e 3 do referido artigo 67º

3. O disposto nos números anteriores é igualmente aplicável, nos termos de portaria do membro do Governo responsável pela área das finanças que defina os critérios e os procedimentos de controlo a adotar, nos casos de operações de cisão ou de entrada de ativos a que seja aplicado o regime especial estabelecido no artigo 74º, desde que seja obtida autorização do membro do Governo responsável pela área das finanças, mediante requerimento a apresentar na Autoridade Tributária e Aduaneira no prazo de 30 dias a contar do pedido de registo daquelas operações na Conservatória do Registo Comercial.

Artigo 76º – Regime aplicável aos sócios das sociedades fundidas ou cindidas

1. Nos casos em que seja aplicado o regime especial estabelecido no artigo 74º às operações de fusão previstas nas alíneas *a*) e *b*) do nº 1 do artigo 73º, bem como às operações de fusão em que, nos termos das alíneas *d*) e *e*) do mesmo número, sejam atribuídas partes de capital aos sócios das sociedades fundidas, não são considerados para efeitos de tributação os ganhos ou perdas eventualmente apurados, desde que as partes de capital recebidas pelos sócios das sociedades fundidas sejam valorizadas, para efeitos fiscais, pelo valor que tinham as partes de capital entregues ou extintas, determinado de acordo com o estabelecido no presente Código.

2. O disposto no número anterior não obsta à tributação dos sócios das sociedades fundidas relativamente às importâncias em dinheiro que eventualmente lhes sejam atribuídas em resultado da fusão.

3. O preceituado nos números anteriores é aplicável aos sócios de sociedades objeto das cisões, a que se aplique o regime especial estabelecido no artigo 74º, previstas nas alíneas *a*) e *b*) do nº 2 do artigo 73º, e ainda nas alíneas *c*), *d*) e *e*) do mesmo número quando sejam atribuídas partes de capital aos sócios das sociedades cindidas, devendo, nestes casos, o valor para efeitos fiscais da participação detida ser repartido pelas partes de capital recebidas e pelas que continuem a ser detidas na sociedade cindida, com base na proporção entre o valor de mercado dos patrimónios destacados para cada uma das sociedades beneficiárias e o valor de mercado do património da sociedade cindida.

4. Nos casos em que se aplique o regime especial estabelecido no artigo 74º às operações mencionadas na alínea *d*) do nº 1 do artigo 73º, quando não sejam atribuídas partes de capital ao sócio da sociedade fundida, o valor para efeitos fiscais da participação que este detenha na sociedade fundida acresce ao valor para efeitos fiscais da participação que o sócio detenha na sociedade beneficiária.

5. Nos casos em que se aplique o regime especial estabelecido no artigo 74º às operações mencionadas nas alíneas *c*) e *d*) do nº 2 do artigo 73º quando não sejam atribuídas partes de capital ao sócio da sociedade cindida, o valor para efeitos fiscais da participação que detenha na sociedade cindida é reduzido na proporção do valor de mercado dos patrimónios destacados, acrescendo ainda, no caso da alínea *d*) do nº 2 do artigo 73º, o montante daquela redução ao valor para efeitos fiscais da participação que detenha na sociedade beneficiária.

6. Nos casos em que se aplique o regime especial estabelecido no artigo 74º às operações mencionadas na alínea *e*) do nº 2 do artigo 73º, quando não sejam atribuídas partes de capital à sociedade cindida, o valor para efeitos fiscais da participação que esta detenha na sociedade beneficiária é acrescido do valor para efeitos fiscais dos patrimónios destacados.

7. O disposto nos números anteriores é igualmente aplicável aos sócios de sociedades que sejam objeto das demais operações de fusão ou cisão abrangidas pela Diretiva nº 2009/133/CE, do Conselho, de 19 de outubro.

Artigo 77º – Regime especial aplicável à permuta de partes sociais

1. A atribuição, em resultado de uma permuta de partes sociais, tal como esta operação é definida no artigo 73º, dos títulos representativos do capital social da sociedade adquirente, aos sócios da sociedade adquirida, não dá lugar a qualquer tributação destes últimos se os mesmos continuarem a valorizar, para efeitos fiscais, as novas partes sociais pelo valor atribuído às antigas, determinado de acordo com o estabelecido neste Código.

2. O disposto no número anterior apenas é aplicável desde que se verifiquem cumulativamente as seguintes condições:

a) A sociedade adquirente e a sociedade adquirida sejam residentes em território português ou noutro Estado membro da União Europeia e preencham as condições estabelecidas na Diretiva nº 2009/133/CE, do Conselho, de 19 de outubro;

b) Os sócios da sociedade adquirida sejam pessoas ou entidades residentes nos Estados membros da União Europeia ou em terceiros Estados, quando os títulos recebidos sejam representativos do capital social de uma entidade residente em território português.

3. O disposto no nº 1 não obsta à tributação dos sócios relativamente às quantias em dinheiro que lhes sejam eventualmente atribuídas nos termos do nº 5 do artigo 73º

Artigo 78º – Obrigações acessórias

1. A opção pela aplicação do regime especial estabelecido na presente subsecção deve ser comunicada à Autoridade Tributária e Aduaneira na declaração anual de informação contabilística e fiscal, a que se refere o artigo 121º, relativa ao período de tributação em que a operação é realizada:

a) Pela sociedade ou sociedades beneficiárias, no caso de fusão ou cisão, exceto quando estas sociedades e, bem assim, a sociedade ou sociedades transmitentes, não sejam residentes em território português nem disponham de estabelecimento estável aí situado, casos em que a obrigação de comunicação deve ser cumprida pelos sócios residentes;

b) Pela sociedade beneficiária, no caso de entrada de ativos, exceto quando não seja residente em território português nem disponha de estabelecimento estável aí situado, caso em que a obrigação deve ser cumprida pela sociedade contribuidora;

c) Pela sociedade adquirida quando seja residente em território português e pelos respetivos sócios residentes, nas operações de permuta de partes sociais.

2. Para efeitos do disposto no nº 1 do artigo 74º, a sociedade fundida, cindida ou contribuidora deve integrar no processo de documentação fiscal a que se refere o artigo 130º os seguintes elementos:

a) Declaração da sociedade beneficiária de que obedece ao disposto no nº 3 do artigo 74º;

b) Declarações comprovativas, confirmadas e autenticadas pelas autoridades fiscais do outro Estado membro da União Europeia de que são residentes as outras sociedades intervenientes na operação, de que estas se encontram nas condições estabelecidas no artigo 3º da Diretiva nº 2009/133/CE, do Conselho, de 19 de outubro, sempre que nas operações não participem apenas sociedades residentes em território português.

3. No caso referido no nº 2 do artigo 74º, além das declarações mencionadas na alínea *b*) do número anterior, deve a sociedade residente integrar no processo de documentação fiscal a que se refere o artigo 130º documento passado pelas autoridades fiscais do Estado membro da União Europeia onde se situa o estabelecimento estável em que se declare o imposto que aí seria devido na falta das disposições da Diretiva nº 2009/133/CE, do Conselho, de 19 de outubro.

4. A sociedade beneficiária deve integrar, no processo de documentação fiscal previsto no artigo 130º:

a) As demonstrações financeiras da sociedade fundida, cindida ou contribuidora, antes da operação;

b) A relação dos elementos patrimoniais adquiridos que tenham sido incorporados na contabilidade por valores diferentes dos aceites para efeitos fiscais na sociedade fundida, cindida ou contribuidora, evidenciando ambos os valores, bem como as depreciações e amortizações, provisões, perdas por imparidade e outras correções de valor registados antes da realização das operações, fazendo ainda o respetivo acompanhamento enquanto não forem alienados, transferidos ou extintos, e ainda os benefícios fiscais ou gastos de financiamento líquidos cuja transmissão ocorra nos termos do artigo 75º-A.

5. Para efeitos do artigo 76º, os sócios das sociedades fundidas ou cindidas devem integrar, no processo de documentação fiscal a que se refere o artigo 130º, uma declaração que contenha a data e identificação da operação realizada, a identificação das entidades intervenientes, o número e valor nominal das partes sociais entregues e recebidas, o valor fiscal das partes sociais entregues e respetivas datas de aquisição, a quantia em dinheiro eventualmente recebida, o nível percentual da participação detida antes e após a operação de fusão ou cisão e, ainda, as correções a que se refere o nº 4 do artigo 76º

6. Para efeitos do disposto no artigo 77º, os sócios da sociedade adquirida devem integrar, no processo de documentação fiscal a que se refere o artigo 130º, os seguintes elementos:

a) Declaração que contenha a descrição da operação de permuta de partes sociais, data em que se realizou, identificação das sociedades intervenientes, número e valor nominal das partes sociais entregues e das partes sociais recebidas, valor fiscal das partes sociais entregues e respetivas datas de aquisição, quantia em dinheiro eventualmente recebida, resultado que seria integrado na base tributável se não fosse aplicado o regime previsto no artigo 77º e demonstração do seu cálculo;

b) Declaração da sociedade adquirente de que já detinha, ou ficou a deter em resultado da operação de permuta de partes sociais, a maioria dos direitos de voto da sociedade adquirida;

c) Nos casos em que a sociedade adquirida ou adquirente seja residente noutros Estados membros da União Europeia, declaração comprovativa, confirmada e autenticada pelas respetivas autoridades fiscais de que se encontram verificados os requisitos para a aplicação da Diretiva nº 2009/133/CE, do Conselho, de 19 de outubro.

SUBSECÇÃO V – Liquidação de sociedades e outras entidades

Artigo 79º – Sociedades em liquidação

1. Relativamente às sociedades em liquidação, o lucro tributável é determinado com referência a todo o período de liquidação.

2. Para efeitos do disposto no número anterior, deve observar-se o seguinte:

a) As sociedades que se dissolvam devem encerrar as suas contas com referência à data da dissolução, com vista à determinação do lucro tributável correspondente ao período decorrido desde o início do período de tributação em que se verificou a dissolução até à data desta;

b) Durante o período em que decorre a liquidação e até ao fim do período de tributação imediatamente anterior ao encerramento desta, há lugar, anualmente, à determinação do lucro tributável respetivo, que tem natureza provisória e é corrigido face à determinação do lucro tributável correspondente a todo o período de liquidação;

c) No período de tributação em que ocorre a dissolução deve determinar-se separadamente o lucro referido na alínea *a*) e o lucro mencionado na primeira parte da alínea *b*).

3. Quando o período de liquidação ultrapasse dois anos, o lucro tributável determinado anualmente, nos termos da alínea *b)* do número anterior, deixa de ter natureza provisória.

4. Os prejuízos anteriores à dissolução que na data desta ainda sejam dedutíveis nos termos do artigo 52º podem ser deduzidos ao lucro tributável correspondente a todo o período de liquidação, se este não ultrapassar dois anos.

5. À liquidação de sociedades decorrente da declaração de nulidade ou da anulação do respetivo contrato é aplicável, com as necessárias adaptações, o disposto nos números anteriores.

Artigo 80º – Resultado de liquidação

Na determinação do resultado de liquidação, havendo partilha dos bens patrimoniais pelos sócios, considera-se como valor de realização daqueles o respetivo valor de mercado.

Artigo 81º – Resultado da partilha

1. É englobado para efeitos de tributação dos sócios, no período de tributação em que for posto à sua disposição, o valor que for atribuído a cada um deles em resultado da partilha, abatido do valor de aquisição das correspondentes partes sociais e de outros instrumentos de capital próprio.

2. No englobamento, para efeitos de tributação da diferença referida no número anterior, deve observar-se o seguinte:

a) Essa diferença, quando positiva, é considerada como mais-valia;

b) Essa diferença, quando negativa, é considerada como menos-valia dedutível pelo montante que exceder a soma dos prejuízos fiscais deduzidos no âmbito da aplicação do regime especial de tributação dos grupos de sociedades e dos lucros e reservas distribuídos pela sociedade liquidada que tenham beneficiado do disposto no artigo 51º.

3. À diferença a que se refere a alínea *a*) do número anterior é aplicável o disposto no nº 1 do artigo 51º-C, desde que verificados os requisitos aí referidos.

4. A menos-valia referida na alínea *b*) do nº 2 não é dedutível nos casos em que a entidade liquidada seja residente em país, território ou região com regime fiscal claramente mais favorável que conste de lista aprovada por portaria do membro do Governo responsável pela área das finanças ou quando as partes sociais tenham permanecido na titularidade do sujeito passivo por período inferior a quatro anos.

5. Relativamente aos sócios de sociedades abrangidas pelo regime de transparência fiscal, nos termos do artigo 6º, ao valor que lhes for atribuído em virtude da partilha é ainda abatida a parte do resultado de liquidação que, para efeitos de tributação, lhes tenha sido já imputada, assim como a parte que lhes corresponder nos lucros retidos na sociedade nos períodos de tributação em que esta tenha estado sujeita àquele regime.

6. Sempre que, num dos quatro períodos de tributação posteriores à liquidação de uma sociedade, a atividade prosseguida por esta passe a ser exercida por qualquer sócio da sociedade liquidada, ou por pessoa ou entidade que com aquele ou com esta se encontre numa situação de relações especiais, nos termos previstos no nº 4 do artigo 63º, deve ser adicionado ao lucro tributável do referido sócio, nesse período de tributação, o valor da menos-valia que tiver sido deduzida nos termos da alínea *b)* do nº 2, majorado em 15%.

Artigo 82º – Liquidação de pessoas coletivas que não sejam sociedades

O disposto nos artigos anteriores é aplicável, com as necessárias adaptações, à liquidação de pessoas coletivas que não sejam sociedades.

SUBSECÇÃO VI – Transferência de residência de uma sociedade para o estrangeiro e cessação de atividade de entidades não residentes

Artigo 83º – Transferência de residência

1. Para a determinação do lucro tributável do período de tributação em que ocorra a cessação de atividade de entidade com sede ou direção efetiva em território português, incluindo a Sociedade Europeia e a Sociedade Cooperativa Europeia, em resultado da transferência da respetiva residência para fora desse território, constituem componentes positivas ou negativas as diferenças, à data da cessação, entre os valores de mercado e os valores fiscalmente relevantes dos elementos patrimoniais dessa entidade, ainda que não expressos na contabilidade.

2. No caso de transferência da residência de uma sociedade com sede ou direção efetiva em território português para outro Estado membro da União Europeia ou para um país terceiro que seja parte do Acordo sobre o Espaço Económico Europeu com o qual esteja em vigor um acordo sobre assistência mútua em matéria de cobrança de créditos fiscais, equivalente à assistência mútua prevista na Diretiva 2010/24/UE, do Conselho, de 16 de março de 2010, o imposto, na parte correspondente ao saldo positivo das componentes positivas e negativas referidas no número anterior, pode ser pago de acordo com uma das seguintes modalidades:

a) Imediatamente, pela totalidade do imposto apurado na declaração de rendimentos apresentada nos termos e prazo estabelecidos no nº 3 do artigo 120º; ou

b) *(Revogada.)*

c) Em frações anuais de igual montante, correspondentes a um quinto do montante do imposto apurado com início no período de tributação em que ocorre a transferência da residência.

3. O exercício da opção pela modalidade de pagamento do imposto prevista na alínea *c*) do número anterior determina que sejam devidos juros, à mesma taxa prevista para os juros de mora, contados desde o dia seguinte à data prevista na alínea *b*) do nº 1 do artigo 104º até à data do pagamento efetivo.

4. A opção pela modalidade de pagamento do imposto prevista na alínea *c*) do nº 2 deve ser exercida na declaração de rendimentos correspondente ao período de tributação em que se verificou a cessação e determina a entrega, no prazo fixado no nº 3 do artigo 120º, de declaração de modelo oficial, aprovada por portaria do membro do Governo responsável pela área das finanças, que contenha a discriminação dos elementos patrimoniais, podendo, em caso de fundado receio de frustração da cobrança do crédito tributário, ser subordinada à prestação de garantia bancária, que corresponda ao montante do imposto acrescido de 25%.

5. *(Revogado.)*

6. *(Revogado.)*

7. O sujeito passivo que tiver exercido a opção pela modalidade de pagamento do imposto prevista na alínea *c*) do nº 2, deve efetuar o pagamento do imposto devido:

a) Até ao termo do prazo para entrega da declaração de rendimentos mencionada no nº 4, relativamente à primeira fração anual; e

b) Até ao último dia do mês de maio de cada ano, independentemente desse dia ser útil ou não, acrescido dos juros vencidos calculados nos termos do nº 3, relativamente às restantes frações de pagamento.

8. No caso referido no número anterior, a falta do pagamento de qualquer prestação implica o imediato vencimento das seguintes, instaurando-se processo de execução fiscal pela totalidade do montante em dívida.

9. O sujeito passivo que, na sequência da opção pela modalidade de pagamento do imposto prevista na alínea *c*) do nº 2, opere a transferência da sua residência para um território ou país que não seja um Estado membro da União Europeia ou para um país terceiro que seja parte do Acordo sobre o Espaço Económico Europeu com o qual esteja em vigor um acordo sobre assistência mútua em matéria de cobrança de créditos fiscais, equivalente à assistência mútua prevista na Diretiva 2010/24 UE, do Conselho, de 16 de março de 2010, deve efetuar, no prazo estabelecido na alínea *b*) do nº 1 do artigo 104º, o pagamento do imposto liquidado ou das prestações que se encontrem em falta, consoante os casos, acrescido dos respetivos juros calculados nos termos do nº 3.

10. O disposto nos números anteriores não se aplica aos elementos patrimoniais que permaneçam efetivamente afetos a um estabelecimento estável da mesma entidade situado em território português e contribuam para o respetivo lucro tributável, desde que sejam observadas, relativamente a esses elementos, as condições estabelecidas pelo nº 3 do artigo 74º, com as necessárias adaptações.

11. É aplicável à determinação do lucro tributável do estabelecimento estável, com as necessárias adaptações, o disposto no nº 4 do artigo 74º

12. Na situação referida no nº 10, os prejuízos fiscais anteriores à cessação de atividade podem ser deduzidos ao lucro tributável imputável ao estabelecimento estável da entidade não residente, nos termos e condições do artigo 15º

13. O regime estabelecido nos nºs 10, 11 e 12 não se aplica nos casos abrangidos pelo nº 10 do artigo 73º

14. Os termos para o cumprimento das obrigações declarativas e para prestação da garantia são definidos por portaria do membro do Governo responsável pela área das finanças.

15. No caso de transferência da residência de uma sociedade com sede ou direção efetiva em território português para outro Estado membro da União Europeia ou para um país terceiro que seja parte do Acordo sobre o Espaço Económico Europeu com o qual esteja em vigor um acordo sobre assistência mútua em matéria de cobrança de créditos fiscais, equivalente à assistência mútua prevista na Diretiva 2010/24/UE, do Conselho, de 16 de março de 2010, às componentes positivas ou negativas, apuradas nos termos deste artigo, relativas a partes sociais, é aplicável o disposto no artigo 51º-C, desde que, à data da cessação de atividade, se verifiquem os requisitos aí referidos.

16. Sem prejuízo do disposto no nº 7, a aplicação da opção pela modalidade de pagamento do imposto prevista na alínea *c*) do nº 2 cessa quando se verifique qualquer das seguintes situações:

a) Os elementos patrimoniais sejam extintos, transmitidos ou deixem de estar afetos à atividade da entidade, na parte do imposto que corresponder a esses elementos nos termos definidos por portaria do membro do Governo responsável pela área das finanças;

b) Os elementos patrimoniais sejam subsequentemente transferidos, por qualquer título, material ou jurídico, para um território ou país que não seja um Estado membro da União Europeia nem um país terceiro que seja parte do Acordo sobre o Espaço Económico Europeu com o qual esteja em vigor um acordo sobre assistência mútua em matéria de cobrança de créditos fiscais, equivalente à assistência mútua prevista na Diretiva 2010/24/UE, do Conselho, de 16 de março de 2010, na parte do imposto que corresponder a esses elementos nos termos definidos por portaria do membro do Governo responsável pela área das finanças;

c) A residência fiscal da entidade seja transferida para um país terceiro que não seja parte do Acordo sobre o Espaço Económico Europeu ou com o qual não esteja em vigor um acordo sobre assistência mútua em matéria de cobrança de créditos fiscais, equivalente à assistência mútua prevista na Diretiva 2010/24/UE, do Conselho, de 16 de março de 2010;

d) A entidade entre em processo de insolvência ou liquidação.

17. Verificando-se alguma das situações referidas nas alíneas *a*) a *c*) do número anterior, o sujeito passivo deve:

a) Nas situações previstas nas alíneas *a*) e *b*) do número anterior, proceder, até ao último dia do mês de maio do ano seguinte, ao pagamento do imposto remanescente, na parte que corresponder aos elementos patrimoniais que tenham sido extintos, transmitidos, deixado de estar afetos à atividade da entidade ou sido transferidos para um território ou país que não seja um Estado membro da União Europeia nem um país terceiro que seja parte do Acordo sobre o Espaço Económico Europeu com o qual esteja em vigor um acordo sobre assistência mútua em matéria de cobrança de créditos fiscais, equivalente à assistência mútua prevista na Diretiva 2010/24/UE, do Conselho, de 16 de março de 2010, acrescido dos juros calculados nos termos do nº 3;

b) Na situação prevista na alínea *c*) do número anterior, proceder ao pagamento do imposto remanescente, acrescido dos juros calculados nos termos do nº 3, até à data da transferência da residência fiscal.

18. Nos casos referidos nas alíneas *a*) e *b*) do número anterior, a falta de pagamento implica:

a) Nas situações previstas na alínea *a*) do número anterior, o imediato vencimento de todas as prestações, instaurando-se processo de execução fiscal pela totalidade do montante em dívida;

b) Nas situações previstas na alínea *b*) do número anterior, a instauração do processo de execução fiscal pelo montante em dívida.

19. As situações referidas na alínea *d*) do nº 16 implicam o vencimento de todas as prestações, instaurando-se, na falta do respetivo pagamento, processo de execução fiscal pela totalidade do montante em dívida, incluindo os juros calculados nos termos do nº 3.

(Redação dada pela Lei nº 32/2019, de 03-05)

Artigo 84º – Cessação da atividade de estabelecimento estável

1. O disposto no artigo anterior é aplicável, com as necessárias adaptações, na determinação do lucro tributável imputável a um estabelecimento estável de entidade não residente situado em território português, quando ocorra:

a) A cessação da atividade em território português;

b) A transferência, por qualquer título material ou jurídico, para fora do território português, dos elementos patrimoniais que se encontrem afetos ao estabelecimento estável.

2. Quando os factos a que se refere o número anterior impliquem a transferência de elementos patrimoniais para outro Estado membro da União Europeia ou para um país terceiro que seja parte do Acordo sobre o Espaço Económico Europeu com o qual esteja em vigor um acordo sobre assistência mútua em matéria de cobrança de créditos fiscais, equivalente à assistência mútua prevista na Diretiva 2010/24/UE, do Conselho, de 16 de março de 2010, do Espaço Económico Europeu, é aplicável com as necessárias adaptações o disposto nos nºs 2 a 9 e 16 a 18 do artigo anterior.

(Redação dada pela Lei nº 32/2019, de 03-05)

Artigo 85º – Regime aplicável aos sócios

(Revogado.)

SUBSECÇÃO VII – Realização de capital de sociedades por entrada de património de pessoa singular

Artigo 86º – Regime especial de neutralidade fiscal

1. Quando seja aplicável o regime estabelecido no nº 1 do artigo 38º do Código do IRS, os bens que constituem o ativo e o passivo do património objeto de transmissão devem continuar, para efeitos fiscais, a ser valorizados pela sociedade para a qual se transmitem pelos valores mencionados na alínea *c)* do referido nº 1 e na determinação do lucro tributável desta sociedade deve atender-se ao seguinte:

a) O apuramento dos resultados respeitantes aos bens que constituem o património transmitido é calculado como se não tivesse havido essa transmissão;

b) As depreciações ou amortizações sobre os elementos do ativo depreciáveis ou amortizáveis são efetuadas de acordo com o regime que vinha a ser seguido para efeito de determinação do lucro tributável da pessoa singular;

c) Os ajustamentos em inventários, as perdas por imparidade e as provisões que tiverem sido transferidos têm, para efeitos fiscais, o regime que lhes era aplicável para efeito de determinação do lucro tributável da pessoa singular.

2. Quando seja aplicável o regime estabelecido no nº 1 do artigo 38º do Código do IRS, os prejuízos fiscais relativos ao exercício pela pessoa singular de atividade empresarial ou profissional e ainda não deduzidos ao lucro tributável podem ser deduzidos nos lucros tributáveis da nova sociedade até ao fim do período referido no artigo 52º, contado do período de tributação a que os mesmos se reportam, até à concorrência de 50% de cada um desses lucros tributáveis.

SECÇÃO VII – Regime simplificado de determinação da matéria coletável

Artigo 86º-A – Âmbito de aplicação

1. Podem optar pelo regime simplificado de determinação da matéria coletável, os sujeitos passivos residentes, não isentos nem sujeitos a um regime especial de tributação, que exerçam a título principal uma atividade de natureza comercial, industrial ou agrícola e que verifiquem, cumulativamente, as seguintes condições:

a) Tenham obtido, no período de tributação imediatamente anterior, um montante anual ilíquido de rendimentos não superior a € 200 000;

b) O total do seu balanço relativo ao período de tributação imediatamente anterior não exceda € 500 000;

c) Não estejam legalmente obrigados à revisão legal das contas;

d) O respetivo capital social não seja detido em mais de 20%, direta ou indiretamente, nos termos do nº 6 do artigo 69º, por entidades que não preencham alguma das condições previstas nas alíneas anteriores, exceto quando sejam sociedades de capital de risco ou investidores de capital de risco;

e) Adotem o regime de normalização contabilística para microentidades aprovado pelo Decreto-Lei nº 36-A/2011, de 9 de março;

f) Não tenham renunciado à aplicação do regime nos três anos anteriores, com referência à data em que se inicia a aplicação do regime.

2. No período do início de atividade, o enquadramento no regime simplificado de determinação da matéria coletável faz-se, verificados os demais requisitos, em conformidade com o valor anualizado dos rendimentos estimado, constante da declaração de início de atividade.

3. A opção pela aplicação do regime simplificado de determinação da matéria coletável deve ser formalizada pelos sujeitos passivos:

a) Na declaração de início de atividade;

b) Na declaração de alterações a que se refere o artigo 118º, a apresentar até ao fim do 2º mês do período de tributação no qual pretendam iniciar a aplicação do regime simplificado de determinação da matéria coletável.

4. O regime simplificado de determinação da matéria coletável cessa quando deixem de se verificar os respetivos requisitos ou o sujeito passivo renuncie à sua aplicação.

5. O regime simplificado de determinação da matéria coletável cessa ainda quando o sujeito passivo não cumpra as obrigações de emissão e comunicação das faturas previstas, respetivamente, no Código do IVA e no nº 1 do artigo 3º do Decreto-Lei nº 198/2012, de 24 de agosto, sem prejuízo das demais sanções aplicáveis.

6. Os efeitos da cessação ou da renúncia do regime simplificado de determinação da matéria coletável reportam-se ao 1º dia do período de tributação em que:

a) Deixe de se verificar algum dos requisitos referidos nas alíneas *a*) a *e*) do nº 1 ou se verifique a causa de cessação prevista no número anterior;

b) Seja comunicada a renúncia à aplicação do regime simplificado de determinação da matéria coletável, nos termos e prazos previstos na alínea *b*) do nº 3.

(Cfr. Declaração de Retificação nº 18/2014, de 13-03)

Artigo 86º-B – Determinação da matéria coletável

1. A matéria coletável relevante para efeitos da aplicação do presente regime simplificado obtém-se através da aplicação dos seguintes coeficientes:

a) 0,04 das vendas de mercadorias e produtos, bem como das prestações de serviços efetuadas no âmbito de atividades de restauração e bebidas e de atividades hoteleiras e similares, com exceção daquelas que se desenvolvam no âmbito da atividade de exploração de estabelecimentos de alojamento local na modalidade de moradia ou apartamento;

b) 0,75 dos rendimentos das atividades profissionais especificamente previstas na tabela a que se refere o artigo 151º do Código do IRS;

c) 0,10 dos restantes rendimentos de prestações de serviços e subsídios destinados à exploração;

d) 0,30 dos subsídios não destinados à exploração;

e) 0,95 dos rendimentos provenientes de contratos que tenham por objeto a cessão ou utilização temporária da propriedade intelectual ou industrial ou a prestação de informações respeitantes a uma experiência adquirida no setor industrial, comercial ou científico, dos outros rendimentos de capitais, do resultado positivo de rendimentos prediais, do saldo positivo das mais e menos-valias e dos restantes incrementos patrimoniais;

f) 1,00 do valor de aquisição dos incrementos patrimoniais obtidos a título gratuito determinado nos termos do nº 2 do artigo 21º;

g) 0,35 dos rendimentos da exploração de estabelecimentos de alojamento local na modalidade de moradia ou apartamento.

2. *(Revogado.)*

3. Nos setores de revenda de combustíveis, de tabacos, de veículos sujeitos ao imposto sobre os veículos e de álcool e bebidas alcoólicas não se consideram, para efeitos da determinação da matéria coletável nos termos do nº 1, os montantes correspondentes aos impostos especiais sobre o consumo e ao imposto sobre os veículos.

4. O disposto no artigo 64º é aplicável, com as necessárias adaptações, na determinação da matéria coletável nos termos do nº 1.

5. Os coeficientes previstos nas alíneas *a)* e *c)* do nº 1 e o limite previsto no nº 2 são reduzidos em 50% e 25% no período de tributação do início da atividade e no período de tributação seguinte, respetivamente.

6. As mais-valias e as menos-valias correspondem à diferença entre o valor de realização, líquido dos encargos que lhe sejam inerentes, e o valor de aquisição deduzido das perdas por imparidade e outras correções de valor, das depreciações ou amortizações que tenham sido fiscalmente aceites e, no que respeita a ativos depreciáveis ou amortizáveis, das quotas mínimas de depreciação ou amortização relativamente ao período em que seja aplicado este regime simplificado de determinação da matéria coletável.

7. O valor de aquisição corrigido nos termos do número anterior é atualizado mediante a aplicação dos coeficientes de desvalorização da moeda publicados por portaria do membro do Governo responsável pela área das finanças, nos termos e condições estabelecidos no artigo 47º

8. Os subsídios relacionados com ativos não correntes são, quando respeitem a ativos depreciáveis ou amortizáveis, considerados, após a aplicação do coeficiente previsto na alínea *d)* do nº 1, pelo montante que proporcionalmente corresponder à quota mínima de depreciação ou amortização ou, nos restantes casos, nos termos estabelecidos no artigo 22º

9. O resultado positivo de rendimentos prediais obtém-se deduzindo ao montante dos rendimentos prediais ilíquidos, até à sua concorrência, as despesas de manutenção e de conservação dos imóveis que os geraram, o imposto municipal sobre imóveis, o imposto do selo que incide sobre o valor dos prédios ou parte de prédios, os prémios dos seguros obrigatórios e as respetivas taxas municipais.

10. Em caso de correção aos valores de base contabilística utilizados para o apuramento da matéria coletável nos termos do nº 1 por recurso a métodos indiretos, de acordo com o artigo 90º da Lei Geral Tributária, é aplicável, com as necessárias adaptações, o disposto nos artigos 57º a 62º

11. Quando o sujeito passivo tenha beneficiado da aplicação do regime previsto no artigo 48º, não sendo concretizado o reinvestimento até ao fim do 2º período de tributação seguinte ao da realização, acresce à matéria coletável desse período de tributação a diferença ou a parte proporcional da diferença prevista no nº 1 daquele artigo não incluída no lucro tributável majorada em 15%.

(Redação dada pela Lei nº 71/2018, de 31-12)

CAPÍTULO IV – Taxas

Artigo 87º – Taxas

1. A taxa do IRC é de 21%, exceto nos casos previstos nos números seguintes.

2. No caso de sujeitos passivos que exerçam, diretamente e a título principal, uma atividade económica de natureza agrícola, comercial ou industrial que sejam qualificados como pequena ou média empresa, nos termos previstos no anexo ao Decreto-Lei nº 372/2007, de 6 de novembro, a taxa de IRC aplicável aos primeiros € 15 000 de matéria coletável é de 17%, aplicando-se a taxa prevista no número anterior ao excedente.

3. A aplicação da taxa prevista no número anterior está sujeita às regras europeias aplicáveis em matéria de auxílios *de minimis.*

4. Tratando-se de rendimentos de entidades que não tenham sede nem direção efetiva em território português e aí não possuam estabelecimento estável ao qual os mesmos sejam imputáveis, a taxa do IRC é de 25%, exceto relativamente aos seguintes rendimentos:

a) (*Revogada.*);

b) (*Revogada.*);

c) (*Revogada.*);

d) Prémios de rifas, totoloto, jogo de loto, bem como importâncias ou prémios atribuídos em quaisquer sorteios ou concursos, em que a taxa é de 35%;

e) (*Revogada.*);

f) (*Revogada.*);

g) (*Revogada.*);

h) Rendimentos de capitais sempre que sejam pagos ou colocados à disposição em contas abertas em nome de um ou mais titulares mas por conta de terceiros não identificados, em que a taxa é de 35%, exceto quando seja identificado o beneficiário efetivo, termos em que se aplicam as regras gerais;

i) Rendimentos de capitais, tal como definidos no artigo 5º do Código do IRS, obtidos por entidades não residentes em território português, que sejam domiciliadas em país, território ou região sujeitas a um regime fiscal claramente mais favorável, constante de lista aprovada por portaria do membro do Governo responsável pela área das finanças, em que a taxa é de 35%.

5. Relativamente ao rendimento global de entidades com sede ou direção efetiva em território português que não exerçam, a título principal, atividades de natureza comercial, industrial ou agrícola, a taxa é de 21%.

6. (*Revogado.*)

7. (*Revogado.*)

(Redação dada pela Lei nº 7-A/2016, de 30-03)

Artigo 87º-A – Derrama estadual

1. Sobre a parte do lucro tributável superior a € 1 500 000 sujeito e não isento de imposto sobre o rendimento das pessoas coletivas apurado por sujeitos passivos residentes em território português que exerçam, a título principal, uma atividade de natureza comercial, industrial ou agrícola e por não residentes com estabelecimento estável em território português, incidem as taxas adicionais constantes da tabela seguinte:

Rendimento tributável (euros)	Taxa (percentagem)
De mais de 1 500 000 até 7 500 000	3
De mais de 7 500 000 até 35 000 000	5
Superior a 35 000 000	9

2. O quantitativo da parte do lucro tributável que exceda € 1 500 000:

a) Quando superior a € 7 500 000 e até € 35 000 000, é dividido em duas partes: uma, igual a € 6 000 000, à qual se aplica a taxa de 3%; outra, igual ao lucro tributável que exceda € 7 500 000, à qual se aplica a taxa de 5%;

b) Quando superior a € 35 000 000, é dividido em três partes: uma, igual a € 6 000 000, à qual se aplica a taxa de 3%; outra, igual a € 27 500 000, à qual se aplica a taxa de 5%, e outra igual ao lucro tributável que exceda € 35 000 000, à qual se aplica a taxa de 9%.

3. Quando seja aplicável o regime especial de tributação dos grupos de sociedades, as taxas a que se refere o nº 1 incidem sobre o lucro tributável apurado na declaração periódica individual de cada uma das sociedades do grupo, incluindo a da sociedade dominante.

4. Os sujeitos passivos referidos nos números anteriores devem proceder à liquidação da derrama adicional na declaração periódica de rendimentos a que se refere o artigo 120º

(Redação dada pela Lei nº 114/2017, de 29-12)

Artigo 88º – Taxas de tributação autónoma

1. As despesas não documentadas são tributadas autonomamente, à taxa de 50%, sem prejuízo da sua não consideração como gastos nos termos da alínea *b*) do nº 1 do artigo 23º-A.

2. A taxa referida no número anterior é elevada para 70% nos casos em que tais despesas sejam efetuadas por sujeitos passivos total ou parcialmente isentos, ou que não exerçam, a título principal, atividades de natureza comercial, industrial ou agrícola e ainda por sujeitos passivos que aufiram rendimentos enquadráveis no artigo 7º

3. São tributados autonomamente os encargos efetuados ou suportados por sujeitos passivos que não beneficiem de isenções subjetivas e que exerçam, a título principal, atividade de natureza comercial, industrial ou agrícola, relacionados com viaturas ligeiras de passageiros, viaturas ligeiras de mercadorias referidas na alínea *b*) do nº 1 do artigo 7º do Código do Imposto Sobre Veículos, motos ou motociclos, excluindo os veículos movidos exclusivamente a energia elétrica, às seguintes taxas:

a) 10% no caso de viaturas com um custo de aquisição inferior a € 25 000;

b) 27,5% no caso de viaturas com um custo de aquisição igual ou superior a € 25 000, e inferior a € 35 000;

c) 35% no caso de viaturas com um custo de aquisição igual ou superior a € 35 000.

4. (*Revogado.*)

5. Consideram-se encargos relacionados com viaturas ligeiras de passageiros, motos e motociclos, nomeadamente, depreciações, rendas ou alugueres, seguros, manutenção e conservação, combustíveis e impostos incidentes sobre a sua posse ou utilização.

6. Excluem-se do disposto no nº 3 os encargos relacionados com:

a) Viaturas ligeiras de passageiros, motos e motociclos, afetos à exploração de serviço público de transportes, destinados a serem alugados no exercício da atividade normal do sujeito passivo; e

b) Viaturas automóveis relativamente às quais tenha sido celebrado o acordo previsto no nº 9) da alínea *b*) do nº 3 do artigo 2º do Código do IRS.

7. São tributados autonomamente à taxa de 10% os encargos efetuados ou suportados relativos a despesas de representação, considerando-se como tal, nomeadamente, as despesas suportadas com receções, refeições, viagens, passeios e espetáculos oferecidos no País ou no estrangeiro a clientes ou fornecedores ou ainda a quaisquer outras pessoas ou entidades.

8. São sujeitas ao regime dos nºs 1 ou 2, consoante os casos, sendo as taxas aplicáveis, respetivamente, 35% ou 55%, as despesas correspondentes a importâncias pagas ou devidas, a qualquer título, a pessoas singulares ou coletivas residentes fora do território português e aí submetidas a um regime fiscal claramente mais favorável a que se refere o nº 1 do artigo 63º-D da Lei Geral Tributária, ou cujo pagamento seja efetuado em contas abertas em instituições financeiras aí residentes ou domiciliadas, salvo se o sujeito passivo puder provar que correspondem a operações efetivamente realizadas e não têm um caráter anormal ou um montante exagerado.

9. São ainda tributados autonomamente, à taxa de 5%, os encargos efetuados ou suportados relativos a ajudas de custo e à compensação pela deslocação em viatura própria do trabalhador, ao serviço da entidade patronal, não faturados a clientes, escriturados a qualquer título, exceto na parte em que haja lugar a tributação em sede de IRS na esfera do respetivo beneficiário.

10. (*Revogado.*)

11. São tributados autonomamente, à taxa de 23%, os lucros distribuídos por entidades sujeitas a IRC a sujeitos passivos que beneficiam de isenção total ou parcial, abrangendo, neste caso, os rendimentos de capitais, quando as partes sociais a que respeitam os lucros não tenham permanecido na titularidade do mesmo sujeito passivo, de modo ininterrupto, durante o ano anterior à data da sua colocação à disposição e não venham a ser mantidas durante o tempo necessário para completar esse período.

12. Ao montante do imposto determinado, de acordo com o disposto no número anterior, é deduzido o imposto que eventualmente tenha sido retido na fonte, não podendo nesse caso o imposto retido ser deduzido ao abrigo do nº 2 do artigo 90º

13. São tributados autonomamente, à taxa de 35%:

a) Os gastos ou encargos relativos a indemnizações ou quaisquer compensações devidas não relacionadas com a concretização de objetivos de produtividade previamente definidos na relação contratual, quando se verifique a cessação de funções de gestor, administrador ou gerente, bem como os gastos relativos à parte que exceda o valor das remunerações que seriam auferidas pelo exercício daqueles cargos até ao final do contrato, quando se trate de rescisão de um contrato antes do termo, qualquer que seja a modalidade de pagamento, quer este seja efetuado diretamente pelo sujeito passivo quer haja transferência das responsabilidades inerentes para uma outra entidade;

b) Os gastos ou encargos relativos a bónus e outras remunerações variáveis pagas a gestores, administradores ou gerentes quando estas representem uma parcela superior a 25% da remuneração anual e possuam valor superior a € 27 500, salvo se o seu pagamento estiver subordinado ao diferimento de uma parte não inferior a 50% por um período mínimo de três anos e condicionado ao desempenho positivo da sociedade ao longo desse período.

14. As taxas de tributação autónoma previstas no presente artigo são elevadas em 10 pontos percentuais quanto aos sujeitos passivos que apresentem prejuízo fiscal no período a que respeitem quaisquer dos factos tributários referidos nos números anteriores relacionados com o exercício de uma atividade de natureza comercial, industrial ou agrícola não isenta de IRC.

15. As taxas de tributação autónoma previstas nos nºs 7, 9, 11 e 13, bem como o disposto no número anterior, não são aplicáveis aos sujeitos passivos a que se aplique o regime simplificado de determinação da matéria coletável.

16. O disposto no presente artigo não é aplicável relativamente às despesas ou encargos de estabelecimento estável situado fora do território português e relativos à atividade exercida por seu intermédio.

17. No caso de viaturas ligeiras de passageiros híbridas *plug-in*, as taxas referidas nas alíneas *a*), *b*) e *c*) do nº 3 são, respetivamente, de 5%, 10% e 17,5%.

18. No caso de viaturas ligeiras de passageiros movidas a GPL ou GNV, as taxas referidas nas alíneas *a*), *b*) e *c*) do nº 3 são, respetivamente, de 7,5%, 15% e 27,5%.

19. No caso de se verificar o incumprimento de qualquer das condições previstas na parte final da alínea *b*) do nº 13, o montante correspondente à tributação autónoma que deveria ter sido liquidada é adicionado ao valor do IRC liquidado relativo ao período de tributação em que se verifique aquele incumprimento.

20. Para efeitos do disposto no nº 14, quando seja aplicável o regime especial de tributação dos grupos de sociedades estabelecido no artigo 69º, é considerado o prejuízo fiscal apurado nos termos do artigo 70º.

21. A liquidação das tributações autónomas em IRC é efetuada nos termos previstos no artigo 89º e tem por base os valores e as taxas que resultem do disposto nos números anteriores, não sendo efetuadas quaisquer deduções ao montante global apurado, ainda que essas deduções resultem de legislação especial.

(Redação dada pela Lei nº 114/2017, de 29-12)

CAPÍTULO V – Liquidação

Artigo 89º – Competência para a liquidação

A liquidação do IRC é efetuada:

a) Pelo próprio sujeito passivo, nas declarações a que se referem os artigos 120º e 122º;

b) Pela Autoridade Tributária e Aduaneira, nos restantes casos.

Artigo 90º – Procedimento e forma de liquidação

1. A liquidação do IRC processa-se nos termos seguintes:

a) Quando a liquidação deva ser feita pelo sujeito passivo nas declarações a que se referem os artigos 120º e 122º, tem por base a matéria coletável que delas conste;

b) Na falta de apresentação da declaração a que se refere o artigo 120º, a liquidação é efetuada até 30 de novembro do ano seguinte àquele a que respeita ou, no caso previsto no nº 2 do referido artigo, até ao fim do 6º mês seguinte ao do termo do prazo para apresentação da declaração aí mencionada e tem por base o maior dos seguintes montantes:

1) A matéria coletável determinada, com base nos elementos de que a administração tributária e aduaneira disponha, de acordo com as regras do regime simplificado, com aplicação do coeficiente de 0,75;
2) A totalidade da matéria coletável do período de tributação mais próximo que se encontre determinada;
3) O valor anual da retribuição mínima mensal.

c) *(Revogada).*

2. Ao montante apurado nos termos do número anterior são efetuadas as seguintes deduções, pela ordem indicada:

a) A correspondente à dupla tributação jurídica internacional;

b) A correspondente à dupla tributação económica internacional;

c) A relativa a benefícios fiscais;

d) A relativa ao pagamento especial por conta a que se refere o artigo 106º;

e) A relativa a retenções na fonte não suscetíveis de compensação ou reembolso nos termos da legislação aplicável.

3. (*Revogado.*)

4. Ao montante apurado nos termos do nº 1, relativamente às entidades mencionadas no nº 4 do artigo 120º, apenas é de efetuar a dedução relativa às retenções na fonte quando estas tenham a natureza de imposto por conta do IRC.

5. As deduções referidas no nº 2 respeitantes a entidades a que seja aplicável o regime de transparência fiscal estabelecido no artigo 6º são imputadas aos respetivos sócios ou membros nos termos estabelecidos no nº 3 desse artigo e deduzidas ao montante apurado com base na matéria coletável que tenha tido em consideração a imputação prevista no mesmo artigo.

6. Quando seja aplicável o regime especial de tributação dos grupos de sociedades, as deduções referidas no nº 2 relativas a cada uma das sociedades são efetuadas no montante apurado relativamente ao grupo, nos termos do nº 1.

7. *(Revogado.)*

8. Relativamente aos sujeitos passivos abrangidos pelo regime simplificado de determinação da matéria coletável, ao montante apurado nos termos do nº 1 apenas são de efetuar as deduções previstas nas alíneas *a*) e *e*) do nº 2.

9. Das deduções efetuadas nos termos das alíneas *a*) a *d*) do nº 2 não pode resultar valor negativo.

10. Ao montante apurado nos termos das alíneas *b*) e *c*) do nº 1 apenas são feitas as deduções de que a administração fiscal tenha conhecimento e que possam ser efetuadas nos termos dos nºs 2 a 4.

11. Nos casos em que seja aplicável o disposto na alínea *b*) do nº 2 do artigo 79º, são efetuadas anualmente liquidações com base na matéria coletável determinada com carácter provisório, devendo, face à liquidação correspondente à matéria coletável respeitante a todo o período de liquidação, cobrar-se ou anular-se a diferença apurada.

12. A liquidação prevista no nº 1 pode ser corrigida, se for caso disso, dentro do prazo a que se refere o artigo 101º, cobrando-se ou anulando-se então as diferenças apuradas. *(Redação dada pela Lei nº 114/2017, de 29-12)*

Artigo 91º – Crédito de imposto por dupla tributação jurídica internacional

1. A dedução a que se refere a alínea *a*) do nº 2 do artigo 90º é apenas aplicável quando na matéria coletável tenham sido incluídos rendimentos obtidos no estrangeiro e corresponde à menor das seguintes importâncias:

a) Imposto sobre o rendimento pago no estrangeiro;

b) Fração do IRC, calculado antes da dedução, correspondente aos rendimentos que no país em causa possam ser tributados, acrescidos da correção prevista no nº 1 do artigo 68º, líquidos dos gastos direta ou indiretamente suportados para a sua obtenção.

2. Quando existir convenção para eliminar a dupla tributação celebrada por Portugal, a dedução a efetuar nos termos do número anterior não pode ultrapassar o imposto pago no estrangeiro nos termos previstos pela convenção.

3. A dedução prevista no nº 1 determina-se por país considerando a totalidade dos rendimentos provenientes de cada país, com exceção dos rendimentos imputáveis a estabelecimento estável de entidades residentes situados fora do território português cuja dedução é calculada isoladamente.

4. Sem prejuízo da limitação prevista no número anterior, sempre que não seja possível efetuar a dedução a que se refere o nº 1, por insuficiência de coleta no período de tributação em que os rendimentos obtidos no estrangeiro foram incluídos na matéria coletável, o remanescente pode ser deduzido à coleta dos cinco períodos de tributação seguintes, com o limite previsto na alínea *b*) do nº 1 que corresponder aos rendimentos obtidos no país em causa incluídos na matéria coletável e depois da dedução prevista nos números anteriores.

Artigo 91º-A – Crédito de imposto por dupla tributação económica internacional

1. A dedução a que se refere a alínea *b*) do nº 2 do artigo 90º é aplicável, por opção do sujeito passivo, quando na matéria coletável deste tenham sido incluídos lucros e reservas, distribuídos por entidade residente fora do território português, que preencham os requisitos previstos no presente artigo e aos quais não seja aplicável o disposto no artigo 51º

2. A dedução prevista no número anterior corresponde à menor das seguintes importâncias:

a) Fração do imposto sobre o rendimento pago no estrangeiro pela entidade residente fora do território português e por entidades por esta detidas direta e indiretamente, correspondente aos lucros e reservas distribuídos ao sujeito passivo, nos termos previstos nos nºs 3 e 4;

b) Fração do IRC, calculado antes da dedução prevista no presente artigo, correspondente aos lucros e reservas distribuídos, acrescidos das correções previstas nos nºs 1 e 3 do artigo 68º, líquidos dos gastos direta ou indiretamente suportados para a sua obtenção, e deduzida do crédito previsto no artigo 91º

3. A dedução prevista no nº 1 é apenas aplicável ao imposto sobre o rendimento pago no estrangeiro por entidades nas quais o sujeito passivo de IRC com sede ou direção efetiva em território português:

a) Detenha direta ou indiretamente, nos termos do nº 6 do artigo 69º, uma participação não inferior a 10% do capital social ou dos direitos de voto; e

b) Desde que essa participação tenha permanecido na sua titularidade, de modo ininterrupto, durante o ano anterior à distribuição ou seja mantida durante o tempo necessário para completar aquele período.

4. A dedução prevista no presente artigo não é aplicável ao imposto sobre o rendimento pago no estrangeiro por entidades com residência ou domicílio em país, território ou região sujeito a um regime fiscal claramente mais favorável constante de lista aprovada por portaria do membro do Governo responsável pela área das finanças, ou por entidades detidas indiretamente pelo sujeito passivo de IRC com sede ou direção efetiva em território português através daquelas.

5. A prova do cumprimento dos requisitos previstos nos números anteriores e do montante de imposto efetivamente pago sobre os lucros e reservas incluídos na matéria coletável deve ser efetuada pelo sujeito passivo através de declarações ou documentos confirmados e autenticados pelas autoridades públicas competentes do Estado, país ou território onde a entidade que distribui os lucros ou reservas, e as entidades detidas por esta nos termos do número anterior, tenham a sua sede ou direção efetiva.

6. As declarações e documentos referidos no número anterior devem integrar o processo de documentação fiscal a que se refere o artigo 130º

7. A opção mencionada no nº 1 é exercida na declaração periódica de rendimentos. *(Redação dada pela Lei nº 7-A/2016, de 30-03)*

Artigo 92º – Resultado da liquidação

1. Para as entidades que exerçam, a título principal, uma atividade de natureza comercial, industrial ou agrícola, bem como as não residentes com estabelecimento estável em território português, o imposto liquidado nos termos do nº 1 do artigo 90º, líquido das deduções previstas nas alíneas *a*) a *c*) do nº 2 do mesmo artigo, não pode ser inferior a 90% do montante que seria apurado se o sujeito passivo não usufruísse de benefícios fiscais e do regime previsto no nº 13 do artigo 43º

2. Excluem-se do disposto no número anterior os seguintes benefícios fiscais:

a) Os que revistam caráter contratual;

b) O sistema de incentivos fiscais em investigação e desenvolvimento empresarial II (SIFIDE II), previsto no Código Fiscal do Investimento;

c) Os benefícios fiscais às zonas francas previstos nos artigos 33º e seguintes do Estatuto dos Benefícios Fiscais e os que operem por redução de taxa;

d) Os previstos nos artigos 19º e 32º-A do Estatuto dos Benefícios Fiscais.

e) O regime fiscal de apoio ao investimento (RFAI), previsto no Código Fiscal do Investimento.

f) O regime de dedução por lucros retidos e reinvestidos (DLRR), previsto no Código Fiscal do Investimento;

g) O regime de remuneração convencional do capital social previsto no artigo 41º-A do Estatuto dos Benefícios Fiscais.

h) (*Revogada*).

(Redação dada pelo Decreto-Lei nº 45/2018, de 19-06)

Artigo 93º – Pagamento especial por conta

1. A dedução a que se refere a alínea *d*) do nº 2 do artigo 90º é efetuada ao montante apurado na declaração a que se refere o artigo 120º do próprio período de tributação a que respeita ou, se insuficiente, até ao 6º período de tributação seguinte, depois de efetuadas as deduções referidas nas alíneas *a*) a *c*) do nº 2 e com observância do nº 9, ambos do artigo 90º

2. Em caso de cessação de atividade no próprio período de tributação ou até ao 6º período de tributação posterior àquele a que o pagamento especial por conta respeita, a parte que não possa ter sido deduzida nos termos do número anterior, quando existir, é reembolsada mediante requerimento do sujeito passivo, dirigido ao chefe do serviço de finanças da área da sede, direção efetiva ou estabelecimento estável em que estiver centralizada a contabilidade, apresentado no prazo de 90 dias a contar da data da cessação da atividade.

3. Os sujeitos passivos podem ainda, sem prejuízo do disposto no nº 1, ser reembolsados da parte que não foi deduzida ao abrigo do mesmo preceito no final do período aí estabelecido, mediante requerimento do sujeito passivo, dirigido ao chefe do serviço de finanças da área da sede, direção efetiva ou estabelecimento estável em que estiver centralizada a contabilidade, apresentado no prazo de 90 dias a contar do termo daquele período.

Artigo 94º – Retenção na fonte

1. O IRC é objeto de retenção na fonte relativamente aos seguintes rendimentos obtidos em território português:

a) Rendimentos provenientes da propriedade intelectual ou industrial e bem assim da prestação de informações respeitantes a uma experiência adquirida no sector industrial, comercial ou científico;

b) Rendimentos derivados do uso ou da concessão do uso de equipamento agrícola, industrial, comercial ou científico;

c) Rendimentos de aplicação de capitais não abrangidos nas alíneas anteriores e rendimentos prediais, tal como são definidos para efeitos de IRS, quando o seu devedor seja sujeito passivo de IRC ou quando os mesmos constituam encargo relativo à atividade empresarial ou profissional de sujeitos passivos de IRS que possuam ou devam possuir contabilidade;

d) Remunerações auferidas na qualidade de membro de órgãos estatutários de pessoas coletivas e outras entidades;

e) Prémios de jogo, lotarias, rifas e apostas mútuas, bem como importâncias ou prémios atribuídos em quaisquer sorteios ou concursos;

f) Rendimentos referidos na alínea *d*) do nº 3 do artigo 4º obtidos por entidades não residentes em território português, quando o devedor dos mesmos seja sujeito passivo de IRC ou quando os mesmos constituam encargo relativo à atividade empresarial ou profissional de sujeitos passivos de IRS que possuam ou devam possuir contabilidade;

g) Rendimentos provenientes da intermediação na celebração de quaisquer contratos e rendimentos de outras prestações de serviços realizados ou utilizados em território português, com exceção dos relativos a transportes, comunicações e atividades financeiras.

2. Para efeitos do disposto no número anterior, consideram-se obtidos em território português os rendimentos mencionados no nº 3 do artigo 4º, excetuados os referidos no nº 4 do mesmo artigo.

3. As retenções na fonte têm a natureza de imposto por conta, exceto nos seguintes casos em que têm carácter definitivo:

a) Quando, nos termos dos artigos 9º e 10º, ou nas situações previstas no Estatuto dos Benefícios Fiscais, se excluam da isenção de IRC todos ou parte dos rendimentos de capitais;

b) Quando, não se tratando de rendimentos prediais, o titular dos rendimentos seja entidade não residente que não tenha estabelecimento estável em território português ou que, tendo-o, esses rendimentos não lhe sejam imputáveis;

c) Quando se trate de rendimentos de capitais que sejam pagos ou colocados à disposição em contas abertas em nome de um ou mais titulares mas por conta de terceiros não identificados, exceto quando seja identificado o beneficiário efetivo, termos em que se aplicam as regras gerais.

4. As retenções na fonte de IRC são efetuadas à taxa de 25%, aplicando-se aos rendimentos referidos na alínea *d*) do nº 1 a taxa de 21,5%.

5. Excetuam-se do disposto no número anterior as retenções que, nos termos do nº 3, tenham carácter definitivo, em que são aplicáveis as correspondentes taxas previstas no artigo 87º.

6. A obrigação de efetuar a retenção na fonte de IRC ocorre na data que estiver estabelecida para obrigação idêntica no Código do IRS ou, na sua falta, na data da colocação à disposição dos rendimentos, devendo as importâncias retidas ser entregues ao Estado até ao dia 20 do mês seguinte àquele em que foram deduzidas e essa entrega ser feita nos termos estabelecidos no Código do IRS ou em legislação complementar.

7. Salvo o disposto no nº 9, tratando-se de rendimentos de valores mobiliários sujeitos a registo ou depósito, emitidos por entidades residentes em território português, a obrigação de efetuar a retenção na fonte é da responsabilidade das entidades registadoras ou depositárias.

8. É aplicável, com as devidas adaptações, o disposto nos nºs 8, 9, 10 e 11 do artigo 71º do Código do IRS.

9. Tratando-se de rendimentos pagos ou colocados à disposição por sociedades gestoras de património residentes em território português com conta aberta nos termos do nº 1 do artigo 5º do Decreto-Lei nº 163/94, de 4 de junho, junto de entidades registadoras ou depositárias, a obrigação de efetuar a retenção na fonte é da sua responsabilidade.

10. No caso de rendimentos em espécie, a retenção na fonte incide sobre o montante correspondente à soma do valor de mercado dos bens ou direitos na data a que respeita essa obrigação e do montante da retenção devida.

Artigo 95º – Retenção na fonte – Direito comunitário

1. Sempre que, relativamente aos lucros referidos nos nºs 3, 6 e 8 do artigo 14º, tenha sido efetuada a retenção na fonte por não se verificar o requisito temporal de detenção da participação mínima neles previsto, pode haver lugar à devolução do imposto que tenha sido retido na fonte até à data em que se complete o período de um ano de detenção ininterrupta da participação, por solicitação da entidade beneficiária dos rendimentos, dirigida aos serviços competentes da Autoridade Tributária e Aduaneira, a apresentar no prazo de dois anos contados daquela data, devendo ser feita a prova exigida nos nºs 4 ou 9 do mesmo artigo, consoante o caso.

2. No caso dos lucros que uma sociedade residente em território português e sujeita e não isenta de IRC, ou sujeita ao imposto referido no artigo 7º, pague ou coloque à disposição de entidades residentes noutro Estado membro da União Europeia ou do Espaço Económico Europeu, neste último caso desde que exista obrigação de cooperação administrativa em matéria fiscal equivalente à estabelecida na União Europeia, pode haver lugar à devolução do imposto retido e pago na parte em que seja superior ao que resultaria da aplicação das taxas previstas no nº 1 do artigo 87º e no nº 1 do artigo 87º-A.

3. A aplicação do disposto no número anterior tem em consideração todos os rendimentos, incluindo os obtidos em território português, e depende de requerimento da entidade beneficiária dos rendimentos, dirigido aos serviços competentes da Autoridade Tributária e Aduaneira, a apresentar no prazo de dois anos contados do final do ano civil seguinte àquele em que se verificou o facto tributário, devendo ser feita prova de que a entidade beneficiária preenche as condições estabelecidas no artigo 2º da Diretiva nº 2011/96/CE, do Conselho, de 30 de novembro.

4. Nas situações previstas nos números anteriores, a restituição deve ser efetuada até ao fim do terceiro mês seguinte ao da apresentação dos elementos e informações indispensáveis à comprovação das condições e requisitos legalmente exigidos.

5. Em caso de incumprimento do prazo referido no número anterior, acrescem à quantia a restituir juros indemnizatórios a taxa idêntica à aplicável aos juros compensatórios a favor do Estado.

(Redação dada pela Lei nº 7-A/2016, de 30-03)

Artigo 96º – Retenção na fonte – Diretiva nº 2003/49/CE, do Conselho, de 3 de junho

1. (*Revogado.*)

2. (*Revogado.*)

3. A isenção prevista nos nºs 12 e 16 do artigo 14º não é aplicável sempre que, mesmo estando verificadas as condições e requisitos enunciados no nº 13 do mesmo artigo, a participação mínima aí mencionada não tenha sido detida, de modo ininterrupto, durante os dois anos anteriores à data em que se verifica a obrigação de retenção na fonte.

4. Sempre que relativamente aos juros e *royalties* referidos nos nºs 12 e 16 do artigo 14º tenha sido efetuada retenção na fonte por não se verificar o requisito temporal de detenção da participação mínima nele previsto, pode haver lugar à restituição do imposto retido na fonte até à data em que se complete o período de dois anos de detenção ininterrupta da participação, por solicitação da entidade beneficiária, dirigida aos serviços competentes da Autoridade Tributária e Aduaneira, apresentada no prazo de dois anos contados da data da verificação dos pressupostos, desde que seja feita prova da observância das condições e requisitos estabelecidos para o efeito.

5. A restituição deve ser efetuada no prazo de um ano contado da data da apresentação do pedido e do certificado com as informações indispensáveis à comprovação das condições e requisitos legalmente exigidos e, em caso de incumprimento desse prazo, acrescem à quantia a restituir juros indemnizatórios calculados a taxa idêntica à aplicável aos juros compensatórios a favor do Estado.

6. Para efeitos da contagem do prazo referido no número anterior, considera-se que o mesmo se suspende sempre que o procedimento estiver parado por motivo imputável ao requerente

Artigo 97º – Dispensa de retenção na fonte sobre rendimentos auferidos por residentes

1. Não existe obrigação de efetuar a retenção na fonte de IRC, quando este tenha a natureza de imposto por conta, nos seguintes casos:

a) Juros e quaisquer outros rendimentos de capitais, com exceção de lucros e reservas distribuídos, de que sejam titulares instituições financeiras sujeitas, em relação aos mesmos, a IRC, embora dele isentas;

b) Juros ou quaisquer acréscimos de crédito pecuniário, resultantes da dilação do respetivo vencimento ou de mora no seu pagamento, quando aqueles créditos sejam consequência de vendas ou prestações de serviços de pessoas coletivas ou outras entidades sujeitas, em relação aos mesmos, a IRC, embora dele isentas;

c) Lucros e reservas distribuídos a que seja aplicável o regime estabelecido no nº 1 do artigo 51º, desde que a participação no capital tenha permanecido na titularidade da mesma entidade, de modo ininterrupto, durante o ano anterior à data da sua colocação à disposição;

d) Rendimentos referidos nas alíneas *b*) e *g*) do nº 1 do artigo 94º, quando obtidos por pessoas coletivas ou outras entidades sujeitas, relativamente aos mesmos, a IRC, embora dele isentas;

e) Rendimentos obtidos por sociedades tributadas segundo o regime definido no artigo 69º, de que seja devedora sociedade do mesmo grupo abrangida por esse regime, desde que esses rendimentos respeitem a períodos a que o mesmo seja aplicado e, quando se trate de lucros distribuídos, estes sejam referentes a resultados obtidos em períodos em que tenha sido aplicado aquele regime;

f) Remunerações referidas na alínea *d*) do nº 1 do artigo 94º, quando auferidas por sociedades de revisores oficiais de contas que participem nos órgãos aí indicados;

g) Rendimentos prediais referidos na alínea *c*) do nº 1 do artigo 94º, quando obtidos por sociedades que tenham por objeto a gestão de imóveis próprios e não se encontrem sujeitas ao regime de transparência fiscal, nos termos da alínea *c*) do nº 1 do artigo 6º, e, bem assim, quando obtidos por fundos de investimento imobiliários;

h) Juros e outros rendimentos resultantes de contratos de suprimento, de papel comercial ou obrigações, de que seja devedora sociedade cujo capital social com direito de voto seja detido pelo sujeito passivo em mais de 10%, diretamente, ou indiretamente através de outras sociedades em que o sujeito passivo seja dominante, desde que a participação no capital social tenha permanecido na sua titularidade, de modo ininterrupto, durante o ano anterior à data da sua colocação à disposição.

2. Não existe ainda obrigação de efetuar a retenção na fonte de IRC, no todo ou em parte, consoante os casos, quando os sujeitos passivos beneficiem de isenção, total ou parcial, relativa a rendimentos que seriam sujeitos a essa retenção na fonte, feita que seja a prova, perante a entidade pagadora, da isenção de que aproveitam, até ao termo do prazo estabelecido para a entrega do imposto que deveria ter sido deduzido.

3. Quando não seja efetuada a prova a que se refere o número anterior, fica o substituto tributário obrigado a entregar a totalidade do imposto que deveria ter sido deduzido nos termos da lei.

4. Sem prejuízo da responsabilidade contraordenacional, a responsabilidade estabelecida no número anterior pode ser afastada sempre que o substituto tributário comprove a verificação dos pressupostos para a dispensa total ou parcial de retenção.

(Redação dada pela Lei nº 7-A/2016, de 30-03)

Artigo 98º – Dispensa total ou parcial de retenção na fonte sobre rendimentos auferidos por entidades não residentes

1. Não existe obrigação de efetuar a retenção na fonte de IRC, no todo ou em parte, consoante os casos, relativamente aos rendimentos referidos no nº 1 do artigo 94º do Código do IRC quando, por força de uma convenção destinada a eliminar a dupla tributação ou de um outro acordo de direito internacional que vincule o Estado Português ou de legislação interna, a competência para a tributação dos rendimentos auferidos por uma entidade que não tenha a sede nem direção efetiva em território português e aí não possua estabelecimento estável ao qual os mesmos sejam imputáveis não seja atribuída ao Estado da fonte ou o seja apenas de forma limitada.

2. Nas situações referidas no número anterior, bem como nos nºs 12 e 16 do artigo 14.º, os beneficiários dos rendimentos devem fazer prova perante a entidade que se encontra obrigada a efetuar a retenção na fonte, até ao termo do prazo estabelecido para a entrega do imposto que deveria ter sido deduzido nos termos das normas legais aplicáveis:

a) Da verificação dos pressupostos que resultem de convenção para evitar a dupla tributação ou de um outro acordo de direito internacional ou ainda da legislação interna aplicável, através da apresentação de formulário de modelo a aprovar por despacho do membro do Governo responsável pela área das finanças, acompanhado de documento emitido pelas autoridades competentes do respetivo Estado de residência que ateste a sua residência para efeitos fiscais no período em causa e a sujeição a imposto sobre o rendimento nesse Estado;

1) Certificado pelas autoridades competentes do respetivo Estado de residência; ou
2) Acompanhado de documento emitido pelas autoridades competentes do respetivo Estado de residência que ateste a sua residência para efeitos fiscais no período em causa e a sujeição a imposto sobre o rendimento nesse Estado;

b) Da verificação das condições e do cumprimento dos requisitos estabelecidos no nº 13 do artigo 14º, através de formulário de modelo a aprovar pelo membro do Governo responsável pela área das finanças que contenha os seguintes elementos:

1) Residência fiscal da sociedade beneficiária dos rendimentos e, quando for o caso, da existência do estabelecimento estável, certificada pelas autoridades fiscais competentes do Estado membro da União Europeia de que a sociedade beneficiária é residente ou em que se situa o estabelecimento estável;
2) Cumprimento pela entidade beneficiária dos requisitos referidos nas subalíneas *i*) e *ii*) da alínea *a*) do nº 13 do artigo 14º;

3) Qualidade de beneficiário efetivo, nos termos da alínea *d*) do nº 13 do artigo 14º, a fornecer pela sociedade beneficiária dos juros ou *royalties*;

4) Quando um estabelecimento estável for considerado como beneficiário dos juros ou *royalties*, além dos elementos referidos na subalínea anterior, deve ainda fazer prova de que a sociedade a que pertence preenche os requisitos referidos nas alíneas *a*) e *b*) do nº 13 do artigo 14º;

5) Verificação da percentagem de participação e do período de detenção da participação, nos termos referidos na alínea *b*) do nº 13 do artigo 14º;

6) Justificação dos pagamentos de juros ou *royalties*.

3. Os formulários a que se refere o número anterior, devidamente certificados, são válidos por um período máximo de:

a) Dois anos, na situação prevista na alínea *b*) do nº 2 e no respeitante a cada contrato relativo a pagamentos de juros ou *royalties*, devendo a sociedade ou o estabelecimento estável beneficiários dos juros ou *royalties* informar imediatamente a entidade ou o estabelecimento estável considerado como devedor ou pagador quando deixarem de ser verificadas as condições ou preenchidos os requisitos estabelecidos no nº 13 do artigo 14º;

b) Um ano, nas demais situações, devendo a entidade beneficiária dos rendimentos informar imediatamente a entidade devedora ou pagadora das alterações verificadas nos pressupostos de que depende a dispensa total ou parcial de retenção na fonte.

4. Não obstante o disposto no número anterior, quando a entidade beneficiária dos rendimentos seja um banco central ou uma agência de natureza governamental domiciliado em país com o qual Portugal tenha celebrado convenção para evitar a dupla tributação internacional, a prova a que se refere o nº 2 é feita uma única vez, sendo dispensada a sua renovação periódica, devendo a entidade beneficiária dos rendimentos informar imediatamente a entidade devedora ou pagadora das alterações verificadas nos pressupostos de que depende a dispensa total ou parcial de retenção na fonte.

5. Sem prejuízo do disposto no número seguinte, quando não seja efetuada a prova até ao termo do prazo estabelecido para a entrega do imposto, e, bem assim, nos casos previstos nos nºs 3 e seguintes do artigo 14º, fica o substituto tributário obrigado a entregar a totalidade do imposto que deveria ter sido deduzido nos termos da lei.

6. Sem prejuízo da responsabilidade contraordenacional, a responsabilidade estabelecida no número anterior pode ser afastada sempre que o substituto tributário comprove com o documento a que se refere o nº 2 do presente artigo e os nºs 3 e seguintes do artigo 14º, consoante o caso, a verificação dos pressupostos para a dispensa total ou parcial de retenção.

7. As entidades beneficiárias dos rendimentos que verifiquem as condições referidas nos nºs 1 e 2 do presente artigo e nos nºs 3 e seguintes do artigo 14º, quando não tenha sido efetuada a prova nos prazos e nas condições estabelecidas, podem solicitar o reembolso total ou parcial do imposto que tenha sido retido na fonte, no prazo de dois anos contados a partir do termo do ano em que se verificou o facto gerador do imposto, mediante a apresentação de um formulário de modelo a aprovar por despacho do membro do Governo responsável pela área das finanças, que seja acompanhado de documento emitido pelas autoridades competentes do respetivo Estado de residência, que ateste a sua residência para efeitos fiscais no período em causa e a sujeição a imposto sobre o rendimento nesse Estado.

8. O formulário previsto no número anterior deve, quando necessário, ser acompanhado de outros elementos que permitam aferir da legitimidade do reembolso.

9. O reembolso do excesso do imposto retido na fonte deve ser efetuado no prazo de um ano contado da data da apresentação do pedido e dos elementos que constituem a prova da verificação dos pressupostos de que depende a concessão do benefício e, em caso de incumprimento desse prazo, acrescem à quantia a reembolsar juros indemnizatórios calculados a taxa idêntica à aplicável aos juros compensatórios a favor do Estado.

10. Para efeitos da contagem do prazo referido no número anterior, considera-se que o mesmo se suspende sempre que o procedimento estiver parado por motivo imputável ao requerente.

11. O disposto nos nºs 2 a 9 é aplicável aos casos previstos no nº 16 do artigo 14º, com as necessárias adaptações.

(Redação dada pela Lei nº 119/2019, de 18-09)

Artigo 99º – Liquidação adicional

1. A Autoridade Tributária e Aduaneira procede à liquidação adicional quando, depois de liquidado o imposto, seja de exigir, em virtude de correção efetuada nos termos do nº 10 do artigo 90º ou de fixação do lucro tributável por métodos indiretos, imposto superior ao liquidado.

2. A Autoridade Tributária e Aduaneira procede ainda à liquidação adicional, sendo caso disso, em consequência de:

a) Revisão do lucro tributável nos termos do artigo 62º;

b) Exame à contabilidade efetuado posteriormente à liquidação corretiva referida no nº 1;

c) Erros de facto ou de direito ou omissões verificados em qualquer liquidação.

Artigo 100º – Liquidações corretivas no regime de transparência fiscal

Sempre que, relativamente às entidades a que se aplique o regime de transparência fiscal definido no artigo 6º, haja lugar a correções que determinem alteração dos montantes imputados aos respetivos sócios ou membros, a Autoridade Tributária e Aduaneira promove as correspondentes modificações na liquidação efetuada àqueles, cobrando-se ou anulando-se em consequência as diferenças apuradas.

Artigo 101º – Caducidade do direito à liquidação

A liquidação de IRC, ainda que adicional, só pode efetuar-se nos prazos e nos termos previstos nos artigos 45º e 46º da Lei Geral Tributária.

Artigo 102º – Juros compensatórios

1. Sempre que, por facto imputável ao sujeito passivo, for retardada a liquidação de parte ou da totalidade do imposto devido ou a entrega do imposto a pagar antecipadamente ou a reter no âmbito da substituição tributária ou obtido reembolso indevido, acrescem ao montante do imposto juros compensatórios à taxa e nos termos previstos no artigo 35º da Lei Geral Tributária.

2. São igualmente devidos juros compensatórios nos termos do número anterior pela entrega fora do prazo ou pela falta de entrega, total ou parcial, do pagamento especial por conta.

3. Os juros compensatórios contam-se dia a dia nos seguintes termos:

a) Desde o termo do prazo para a apresentação da declaração até ao suprimento, correção ou deteção da falta que motivou o retardamento da liquidação;

b) Se não tiver sido efetuado, total ou parcialmente, o pagamento especial por conta a que se refere o artigo 106º, desde o dia imediato ao termo do respetivo prazo até ao termo do prazo para a entrega da declaração de rendimentos ou até à data da autoliquidação, se anterior, devendo os juros vencidos ser pagos conjuntamente;

c) Se houver atraso no pagamento especial por conta, desde o dia imediato ao do termo do respetivo prazo até à data em que se efetuou, devendo ser pagos conjuntamente;

d) Desde o recebimento do reembolso indevido até à data do suprimento ou correção da falta que o motivou.

4. Entende-se haver retardamento da liquidação sempre que a declaração periódica de rendimentos a que se refere a alínea *b*) do nº 1 do artigo 117º seja apresentada ou enviada fora do prazo estabelecido sem que o imposto devido se encontre totalmente pago no prazo legal.

Artigo 103º – Anulações

1. A Autoridade Tributária e Aduaneira procede oficiosamente à anulação, total ou parcial, do imposto que tenha sido liquidado, sempre que este se mostre superior ao devido, nos seguintes casos:

a) Em consequência de correção da liquidação nos termos dos nºs 9 e 10 do artigo 90º ou do artigo 100º;

b) Em resultado de exame à contabilidade;

c) Devido à determinação da matéria coletável por métodos indiretos;

d) Por motivos imputáveis aos serviços;

e) Por duplicação de coleta.

2. Não se procede à anulação quando o seu quantitativo seja inferior a € 25 ou, no caso de o imposto já ter sido pago, tenha decorrido o prazo de revisão oficiosa do ato tributário previsto no artigo 78º da Lei Geral Tributária.

CAPÍTULO VI – Pagamento

SECÇÃO I – Entidades que exerçam, a título principal, atividade comercial, industrial ou agrícola

Artigo 104º – Regras de pagamento

1. As entidades que exerçam, a título principal, atividade de natureza comercial, industrial ou agrícola, bem como as não residentes com estabelecimento estável em território português, devem proceder ao pagamento do imposto nos termos seguintes:

a) Em três pagamentos por conta, com vencimento em julho, setembro e 15 de dezembro do próprio ano a que respeita o lucro tributável ou, nos casos dos nºs 2 e 3 do artigo 8º, no 7º mês, no 9º mês e no dia 15 do 12º mês do respetivo período de tributação;

b) Até ao último dia do prazo fixado para o envio da declaração periódica de rendimentos, pela diferença que existir entre o imposto total aí calculado e as importâncias entregues por conta;

c) Até ao dia do envio da declaração de substituição a que se refere o artigo 122º, pela diferença que existir entre o imposto total aí calculado e as importâncias já pagas.

2. Há lugar a reembolso ao sujeito passivo quando:

a) O valor apurado na declaração, líquido das deduções a que se referem os nºs 2 e 4 do artigo 90º, for negativo, pela importância resultante da soma do correspondente valor absoluto com o montante dos pagamentos por conta;

b) O valor apurado na declaração, líquido das deduções a que se referem os nºs 2 e 4 do artigo 90º, não sendo negativo, for inferior ao valor dos pagamentos por conta, pela respetiva diferença.

3. O reembolso é efetuado, quando a declaração periódica de rendimentos for enviada no prazo legal e desde que a mesma não contenha erros de preenchimento, até ao fim do 3º mês seguinte ao do seu envio.

4. Os sujeitos passivos são dispensados de efetuar pagamentos por conta quando o imposto do período de tributação de referência para o respetivo cálculo for inferior a € 200.

5. Se o pagamento a que se refere a alínea *a*) do nº 1 não for efetuado nos prazos aí mencionados, começam a correr imediatamente juros compensatórios, que são contados até ao termo do prazo para envio da declaração ou até à data do pagamento da autoliquidação, se anterior, ou, em caso de mero atraso, até à data da entrega por conta, devendo, neste caso, ser pagos simultaneamente.

6. Não sendo efetuado o reembolso no prazo referido no nº 3, acrescem à quantia a restituir juros indemnizatórios a taxa idêntica à aplicável aos juros compensatórios a favor do Estado.

7. Não há lugar ao pagamento a que se referem as alíneas *b*) e *c*) do nº 1 nem ao reembolso a que se refere o nº 2 quando o seu montante for inferior a € 25.

Artigo 104º-A – Pagamento da derrama estadual

1. As entidades que exerçam, a título principal, uma atividade de natureza comercial, industrial ou agrícola e os não residentes com estabelecimento estável devem proceder ao pagamento da derrama estadual nos termos seguintes:

a) Em três pagamentos adicionais por conta, de acordo com as regras estabelecidas na alínea *a*) do nº 1 do artigo 104º;

b) Até ao último dia do prazo fixado para o envio da declaração periódica de rendimentos a que se refere o artigo 120º, pela diferença que existir entre o valor total da derrama estadual aí calculado e as importâncias entregues por conta nos termos do artigo 105º-A;

c) Até ao dia do envio da declaração de substituição a que se refere o artigo 122º, pela diferença que existir entre o valor total da derrama estadual aí calculado e as importâncias já pagas.

2. Há lugar a reembolso ao sujeito passivo, pela respetiva diferença, quando o valor da derrama estadual apurado na declaração for inferior ao valor dos pagamentos adicionais por conta.

3. São aplicáveis às regras de pagamento da derrama estadual não referidas no presente artigo as regras de pagamento de imposto sobre o rendimento das pessoas coletivas, com as necessárias adaptações.

Artigo 105º – Cálculo dos pagamentos por conta

1. Os pagamentos por conta são calculados com base no imposto liquidado nos termos do nº 1 do artigo 90º relativamente ao período de tributação imediatamente anterior àquele em que se devam efetuar esses pagamentos, líquidos da dedução a que se refere a alínea *e*) do nº 2 desse artigo.

2. Os pagamentos por conta dos sujeitos passivos cujo volume de negócios do período de tributação imediatamente anterior àquele em que se devam efetuar esses pagamentos seja igual ou inferior a € 500 000 correspondem a 80% do montante do imposto referido no número anterior, repartido por três montantes iguais, arredondados, por excesso, para euros.

3. Os pagamentos por conta dos sujeitos passivos cujo volume de negócios do período de tributação imediatamente anterior àquele em que se devam efetuar esses pagamentos seja superior a € 500 000 correspondem a 95% do montante do imposto referido no nº 1, repartido por três montantes iguais, arredondados, por excesso, para euros.

4. No caso referido na alínea *d*) do nº 4 do artigo 8º, o imposto a ter em conta para efeitos do disposto no nº 1 é o que corresponderia a um período de 12 meses, calculado proporcionalmente ao imposto relativo ao período aí mencionado.

5. Tratando-se de sociedades de um grupo a que seja aplicável pela primeira vez o regime especial de tributação dos grupos de sociedades, os pagamentos por conta relativos ao primeiro período de tributação são efetuados por cada uma dessas sociedades e calculados nos termos do nº 1, sendo o total das importâncias por elas entregue tomado e consideração para efeito do cálculo da diferença a pagar pela sociedade dominante ou a reembolsar-lhe, nos termos do artigo 104º

6. No período de tributação seguinte àquele em que terminar a aplicação do regime previsto no artigo 69º, os pagamentos por conta a efetuar por cada uma das sociedades do grupo são calculados nos termos do nº 1 com base no imposto que lhes teria sido liquidado relativamente ao período de tributação anterior se não estivessem abrangidas pelo regime.

7. No período de tributação em que deixe de haver tributação pelo regime especial de tributação dos grupos de sociedades, observa-se o seguinte:

a) Os pagamentos por conta a efetuar após a ocorrência do facto determinante da cessação do regime são efetuados por cada uma das sociedades do grupo e calculados da forma indicada no número anterior;

b) Os pagamentos por conta já efetuados pela sociedade dominante à data da ocorrência da cessação do regime são tomados em consideração para efeito do cálculo da diferença que tiver a pagar ou que deva ser-lhe reembolsada nos termos do artigo 104º

8. No caso em que uma sociedade (nova sociedade dominante) adquira o domínio de uma sociedade dominante de um grupo de sociedades (anterior sociedade dominante), os pagamentos por conta relativos ao primeiro período de tributação em que as sociedades do grupo da anterior sociedade dominante sejam incluídas no grupo da nova sociedade dominante são calculados nos termos do nº 1 com base na soma do imposto liquidado à nova sociedade dominante, ou ao respetivo grupo, e ao grupo da anterior sociedade dominante, relativamente ao período de tributação imediatamente anterior.

(Redação dada pela Lei nº 82-C/2014, de 31-12)

Artigo 105º-A – Cálculo do pagamento adicional por conta

1. As entidades obrigadas a efetuar pagamentos por conta e pagamentos especiais por conta devem efetuar o pagamento adicional por conta nos casos em que no período de tributação anterior fosse devida derrama estadual nos termos referidos no artigo 87º-A.

2. O valor dos pagamentos adicionais por conta devidos nos termos da alínea *a*) do nº 1 do artigo 104º-A é igual ao montante resultante da aplicação das taxas previstas na tabela seguinte sobre a parte do lucro tributável superior a € 1 500 000 relativo ao período de tributação anterior:

Lucro tributável (euros)	Taxa (percentagem)
De mais de 1 500 000 até 7 500 000	2,5
De mais de 7 500 000 até 35 000 000	4,5
Superior a 35 000 000	8,5

3. O quantitativo da parte do lucro tributável que exceda € 1 500 000:

a) Quando superior a € 7 500 000 e até € 35 000 000, é dividido em duas partes: uma, igual a € 6 000 000, à qual se aplica a taxa de 2,5%; outra, igual ao lucro tributável que exceda € 7 500 000, à qual se aplica a taxa de 4,5%;

b) Quando superior a € 35 000 000, é dividido em três partes: uma, igual a € 6 000 000, à qual se aplica a taxa de 2,5%; outra, igual a € 27 500 000, à qual se aplica a taxa de 4,5, e outra igual ao lucro tributável que exceda € 35 000 000, à qual se aplica a taxa de 8,5%.

4. Quando seja aplicável o regime especial de tributação dos grupos de sociedades, é devido pagamento adicional por conta por cada uma das sociedades do grupo, incluindo a sociedade dominante.

(Redação dada pela Lei nº 114/2017, de 29-12)

Artigo 106º – Pagamento especial por conta

1. Sem prejuízo do disposto na alínea *a*) do nº 1 do artigo 104º, os sujeitos aí mencionados ficam sujeitos a um pagamento especial por conta, a efetuar durante o mês de março ou em duas prestações, durante os meses de março e outubro do ano a que respeita, ou, no caso de adotarem um período de tributação não coincidente com o ano civil, nos 3º e 10º meses do período de tributação respetivo.

2. O montante do pagamento especial por conta é igual a 1% do volume de negócios relativo ao período de tributação anterior, com o limite mínimo de € 850, e, quando superior, é igual a este limite acrescido de 20% da parte excedente, com o limite máximo de € 70 000.

3. Ao montante apurado nos termos do número anterior deduzem-se os pagamentos por conta calculados nos termos do artigo 105º, efetuados no período de tributação anterior.

4. *(Revogado)*.

5. *(Revogado)*.

6. Nos sectores de revenda de combustíveis, de tabacos, de veículos sujeitos ao imposto automóvel e de álcool e bebidas alcoólicas podem não ser considerados, no cálculo do pagamento especial por conta, os impostos abaixo indicados, quando incluídos nos rendimentos:

a) Impostos especiais sobre o consumo (IEC);

b) Imposto sobre veículos (ISV).

7. Para efeitos do disposto na alínea *a*) do número anterior, quando não for possível determinar os impostos efetivamente incluídos nos rendimentos podem ser deduzidas as seguintes percentagens:

a) 50% nos rendimentos relativos à venda de gasolina;

b) 40% nos rendimentos relativos à venda de gasóleo;

c) 60% nos rendimentos relativos à venda de cigarros;

d) 10% nos rendimentos relativos à venda de cigarrilhas e charutos;

e) 30% nos rendimentos relativos à venda de tabacos de corte fino destinados a cigarros de enrolar;

f) 30% nos rendimentos relativos à venda dos restantes tabacos de fumar.

8. Para efeitos do disposto do nº 2, em relação às organizações de produtores e aos agrupamentos de produtores do sector agrícola que tenham sido reconhecidos ao abrigo de regulamentos comunitários, os rendimentos das atividades para as quais foi concedido o reconhecimento são excluídos do cálculo do pagamento especial por conta.

9. (*Revogado.*)

10. O disposto no nº 1 não é aplicável no período de tributação de início de atividade e no seguinte.

11. Ficam dispensados de efetuar o pagamento especial por conta:

a) Os sujeitos passivos totalmente isentos de IRC, ainda que a isenção não inclua rendimentos que sejam sujeitos a tributação por retenção na fonte com caráter definitivo, bem como os sujeitos passivos que apenas aufiram rendimentos não sujeitos ou isentos;

b) Os sujeitos passivos que se encontrem com processos no âmbito do Código da Insolvência e da Recuperação de Empresas, a partir da data de instauração desse processo;

c) Os sujeitos passivos que tenham deixado de efetuar vendas ou prestações de serviços e tenham entregue a correspondente declaração de cessação de atividade a que se refere o artigo 33º do Código do IVA;

d) Os sujeitos passivos a que seja aplicado o regime simplificado de determinação da matéria coletável;

e) Os sujeitos passivos que não efetuem o pagamento até ao final do terceiro mês do respetivo período de tributação, desde que as obrigações declarativas previstas nos artigos 120º e 121º, relativas aos dois períodos de tributação anteriores, tenham sido cumpridas nos termos neles previstos.

12. Quando seja aplicável o regime especial de tributação dos grupos de sociedades, é devido um pagamento especial por conta por cada uma das sociedades do grupo, incluindo a sociedade dominante, cabendo a esta última as obrigações de determinar o valor global do pagamento especial por conta e de proceder à sua entrega.

13. O montante do pagamento especial por conta a que se refere o número anterior é calculado para cada uma das sociedades do grupo, incluindo a sociedade dominante, nos termos do nº 2, deduzindo, nos termos do nº 3, o montante dos pagamentos por conta que seria obtido a partir dos dados resultantes da declaração periódica de rendimentos de cada uma das sociedades do grupo.

14. Nos casos em que ocorra a cessação do regime simplificado de determinação da matéria coletável nos termos do nº 6 do artigo 86º-A por não verificação dos requisitos previstos nas alíneas *a*) ou *b*) do nº 1 daquele artigo o sujeito passivo deve efetuar o pagamento especial por conta previsto nos nºs 1 e 2 até ao fim do 3º mês do período de tributação seguinte.

15. A dispensa a que se refere a alínea *e*) do nº 11 é válida por cada período de tributação, verificados os requisitos aí previstos, cabendo à Autoridade Tributária e Aduaneira a verificação da situação tributária do sujeito passivo.

(Redação dada pela Lei nº 119/2019, de 18-09)

Artigo 107º – Limitações aos pagamentos por conta

1. Se o sujeito passivo verificar, pelos elementos de que disponha, que o montante do pagamento por conta já efetuado é igual ou superior ao imposto que será devido com base na matéria coletável do período de tributação, pode deixar de efetuar o terceiro pagamento por conta.

2. Verificando-se, face à declaração periódica de rendimentos do exercício a que respeita o imposto, que, em consequência da suspensão da terceira entrega por conta prevista no número anterior, deixou de ser paga uma importância superior a 20% da que, em condições normais, teria sido entregue, há lugar a juros compensatórios desde o termo do prazo em que a entrega deveria ter sido efetuada até ao termo do prazo para o envio da declaração ou até à data do pagamento da autoliquidação, se anterior.

3. Se a terceira entrega por conta a efetuar for superior à diferença entre o imposto total que o sujeito passivo julgar devido e as entregas já efetuadas, pode aquele limitar o terceiro pagamento a essa diferença, sendo de aplicar o disposto nos números anteriores, com as necessárias adaptações.

SECÇÃO II – Entidades que não exerçam, a título principal, atividade comercial, industrial ou agrícola

Artigo 108º – Pagamento do imposto

1. O imposto devido pelas entidades não referidas no nº 1 do artigo 104º e que sejam obrigadas a enviar a declaração periódica de rendimentos é pago até ao último dia do prazo estabelecido para o envio daquela ou, em caso de declaração de substituição, até ao dia do seu envio.

2. Havendo lugar a reembolso de imposto, o mesmo efetua-se nos termos dos nºs 3 e 6 do artigo 104º

SECÇÃO III – Disposições comuns

Artigo 109º – Falta de pagamento de imposto autoliquidado

Havendo lugar a autoliquidação de imposto e não sendo efetuado o pagamento deste até ao termo do respetivo prazo, começam a correr imediatamente juros de mora e a cobrança da dívida é promovida pela Autoridade Tributária e Aduaneira nos termos previstos no artigo seguinte.

Artigo 110º – Pagamento do imposto liquidado pelos serviços

1. Nos casos de liquidação efetuada pela Autoridade Tributária e Aduaneira, o sujeito passivo é notificado para pagar o imposto e juros que se mostrem devidos, no prazo de 30 dias a contar da notificação.

2. A notificação a que se refere o número anterior é feita nos termos do Código de Procedimento e de Processo Tributário.

3. Não sendo pago o imposto no prazo estabelecido no nº 1, começam a correr imediatamente juros de mora sobre o valor da dívida.

4. Decorrido o prazo no nº 1 sem que se mostre efetuado o respetivo pagamento, há lugar a procedimento executivo.

5. Se a liquidação referida no nº 1 der lugar a reembolso de imposto, o mesmo é efetuado nos termos dos nºs 3 e 6 do artigo 104º

Artigo 111º – Limite mínimo

Não há lugar a cobrança quando, em virtude de liquidação efetuada, a importância liquidada for inferior a € 25.

Artigo 112º – Modalidades de pagamento

1. O pagamento de IRC é efetuado nos termos previstos no nº 1 do artigo 40º da Lei Geral Tributária.

2. Se o pagamento for efetuado por meio de cheque, a extinção da obrigação de imposto só se verifica com o recebimento efetivo da respetiva importância, não sendo, porém, devidos juros de mora pelo tempo que mediar entre a entrega ou expedição do cheque e aquele recebimento, salvo se não for possível fazer a cobrança integral da dívida por falta de provisão.

3. Tratando-se de vale postal, a obrigação do imposto considera-se extinta com a sua entrega ou expedição.

Artigo 113º – Local de pagamento

1. O pagamento do IRC, quando efetuado no prazo de cobrança voluntária, pode ser feito nos bancos, correios e tesourarias de finanças.

2. No caso de cobrança coerciva, o pagamento é efetuado nas tesourarias de finanças que funcionem junto dos serviços de finanças ou do tribunal tributário onde correr a execução.

Artigo 114º – Juros e responsabilidade pelo pagamento nos casos de retenção na fonte

1. Quando a retenção na fonte tenha a natureza de imposto por conta e a entidade que a deva efetuar a não tenha feito, total ou parcialmente, ou, tendo-a feito, não tenha entregue o imposto ou o tenha entregue fora do prazo, são por ela devidos juros compensatórios sobre as respetivas importâncias, contados, no último caso, desde o dia imediato àquele em que deviam ter sido entregues até à data do pagamento ou da liquidação e, no primeiro caso, desde aquela mesma data até ao termo do prazo para entrega da declaração periódica de rendimentos pelo sujeito passivo, sem prejuízo da responsabilidade que ao caso couber.

2. Sempre que a retenção na fonte tenha carácter definitivo, são devidos juros compensatórios pela entidade a quem incumbe efetuá-la, sobre as importâncias não retidas, ou retidas mas não entregues dentro do prazo legal, contados desde o dia imediato àquele em que deviam ter sido entregues até à data do pagamento ou da liquidação.

3. Aos juros compensatórios referidos nos números anteriores aplica-se o disposto no artigo 35º da Lei Geral Tributária.

4. No caso das retenções na fonte contempladas no nº 1, a entidade devedora dos rendimentos é subsidiariamente responsável pelo pagamento do imposto que vier a revelar-se devido pelo sujeito passivo titular dos rendimentos, até à concorrência da diferença entre o imposto que tenha sido deduzido e o que deveria tê-lo sido.

5. Quando a retenção na fonte tenha carácter definitivo, os titulares dos rendimentos são subsidiariamente responsáveis pelo pagamento do imposto, pela diferença mencionada no número anterior.

6. Os juros compensatórios devem ser pagos:

a) Conjuntamente com as importâncias retidas, quando estas sejam entregues fora do prazo legalmente estabelecido;

b) Autonomamente, no prazo de 30 dias a contar do termo do período em que são devidos, quando, tratando-se de retenção com a natureza de imposto por conta, esta não tenha sido efetuada.

Artigo 115º – Responsabilidade pelo pagamento no regime especial de tributação dos grupos de sociedades

Quando seja aplicável o disposto no artigo 69º, o pagamento do IRC incumbe à sociedade dominante, sendo qualquer das outras sociedades do grupo solidariamente responsável pelo pagamento daquele imposto, sem prejuízo do direito de regresso pela parte do imposto que a cada uma delas efetivamente respeite.

Artigo 116º – Privilégios creditórios

Para pagamento do IRC relativo aos três últimos anos, a Fazenda Pública goza de privilégio mobiliário geral e privilégio imobiliário sobre os bens existentes no património do sujeito passivo à data da penhora ou outro ato equivalente.

CAPÍTULO VII – Obrigações acessórias e fiscalização

SECÇÃO I – Obrigações acessórias dos sujeitos passivos

Artigo 117º – Obrigações declarativas

1. Os sujeitos passivos de IRC, ou os seus representantes, são obrigados a apresentar:

a) Declaração de inscrição, de alterações ou de cessação, nos termos dos artigos 118º e 119º;

b) Declaração periódica de rendimentos, nos termos do artigo 120º;

c) Declaração anual de informação contabilística e fiscal, nos termos do artigo 121º;

d) Declaração financeira e fiscal por país, nos termos do artigo 121º-A.

2. As declarações a que se refere o número anterior são de modelo oficial, aprovado por despacho do membro do Governo responsável pela área das finanças, devendo ser-lhes juntos, fazendo delas parte integrante, os documentos e os anexos que para o efeito sejam mencionados no referido modelo oficial.

3. São regulamentados por portaria do membro do Governo responsável pela área das finanças o âmbito de obrigatoriedade, os suportes, o início de vigência e os procedimentos do regime de envio de declarações por transmissão eletrónica de dados.

4. São recusadas as declarações apresentadas que não se mostrem completas, devidamente preenchidas e assinadas, bem como as que sendo enviadas por via eletrónica de dados se mostrem desconformes com a regulamentação estabelecida na portaria referida no número anterior, sem prejuízo das sanções estabelecidas para a falta da sua apresentação ou envio.

5. Quando as declarações não forem consideradas suficientemente claras, a Autoridade Tributária e Aduaneira notifica os sujeitos passivos para prestarem por escrito, no prazo que lhes for fixado, nunca inferior a cinco dias, os esclarecimentos indispensáveis.

6. A obrigação a que se refere a alínea *b*) do nº 1 não abrange:

a) As entidades isentas ao abrigo do artigo 9º, exceto quando estejam sujeitas a uma qualquer tributação autónoma ou quando obtenham rendimentos de capitais que não tenham sido objeto de retenção na fonte com caráter definitivo;

b) As entidades que apenas aufiram rendimentos não sujeitos a IRC, exceto quando estejam sujeitas a uma qualquer tributação autónoma.

7. (*Revogado.*)

8. A obrigação referida na alínea *b*) do nº 1 também não abrange as entidades não residentes sem estabelecimento estável em território português e que neste território apenas aufiram rendimentos isentos ou sujeitos a retenção na fonte a título definitivo.

9. A não tributação em IRC das entidades abrangidas pelo regime de transparência fiscal nos termos do artigo 6º não as desobriga de apresentação ou envio das declarações referidas no nº 1.

10. Relativamente às sociedades ou outras entidades em liquidação, as obrigações declarativas que ocorram posteriormente à dissolução são da responsabilidade dos respetivos liquidatários ou do administrador da falência.

(Redação dada pela Lei nº 114/2017, de 29-12)

Artigo 118º – Declaração de inscrição, de alterações ou de cessação

1. A declaração de inscrição no registo a que se refere a alínea *a*) do nº 1 do artigo anterior deve ser apresentada pelos sujeitos passivos, em qualquer serviço de finanças ou noutro local legalmente autorizado, no prazo de 90 dias a partir da data de inscrição no Registo Nacional de Pessoas Coletivas, sempre que esta seja legalmente exigida, ou, caso o sujeito passivo esteja sujeito a registo comercial, no prazo de 15 dias a partir da data de apresentação a registo na Conservatória do Registo Comercial.

2. Sempre que a declaração de início de atividade a que se refere o artigo 31º do Código do IVA deva ser apresentada até ao termo do prazo previsto no número anterior, esta declaração considera-se, para todos os efeitos, como a declaração de inscrição no registo.

3. Os sujeitos passivos não residentes e que obtenham rendimentos não imputáveis a estabelecimento estável situado em território português relativamente aos quais haja lugar à obrigação de apresentar a declaração a que se refere o artigo 120º são igualmente obrigados a apresentar a declaração de inscrição no registo, em qualquer serviço de finanças ou noutro local legalmente autorizado, até ao termo do prazo para entrega da declaração periódica de rendimentos prevista no artigo 120º

4. Da declaração de inscrição no registo deve constar, relativamente às pessoas coletivas e outras entidades mencionadas nos nºs 2 e 3 do artigo 8º, o período anual de imposto que desejam adotar.

5. Sempre que se verifiquem alterações de qualquer dos elementos constantes da declaração de inscrição no registo, deve o sujeito passivo entregar a respetiva declaração de alterações, salvo se outro prazo estiver expressamente previsto, no prazo de:

a) 15 dias, a contar da data de alteração, quando o sujeito passivo exerça uma atividade sujeita a imposto sobre o valor acrescentado;

b) 30 dias a contar da data da alteração, nos restantes casos.

6. Os sujeitos passivos de IRC devem apresentar a declaração de cessação no prazo de 30 dias a contar da data da cessação da atividade.

7. Os sujeitos passivos ficam dispensados da entrega da declaração mencionada no nº 5 sempre que as alterações em causa respeitem a factos sujeitos a registo na Conservatória do Registo Comercial ou a entidades inscritas no Ficheiro Central de Pessoas Coletivas que não estejam sujeitas a registo comercial.

8. Os sujeitos passivos registados na Conservatória do Registo Comercial ou inscritos no Ficheiro Central das Pessoas Coletivas ficam dispensados da apresentação da declaração de cessação.

(Redação dada pela Lei nº 82-C/2014, de 31-12)

Artigo 119º – Declaração verbal de inscrição, de alterações ou de cessação

1. Quando o serviço de finanças ou outro local legalmente autorizado a receber as declarações referidas na alínea *a*) do nº 1 do artigo 117º disponha de meios informáticos adequados, essas declarações são substituídas pela declaração verbal, efetuada pelo sujeito passivo, de todos os elementos necessários à inscrição no registo, à alteração dos dados constantes daquele registo e ao seu cancelamento, sendo estes imediatamente introduzidos no sistema informático e confirmados pelo declarante, após a sua impressão em documento tipificado.

2. O documento tipificado nas condições referidas no número anterior substitui, para todos os efeitos legais, as declarações a que se refere a alínea *a*) do nº 1 do artigo 117º

3. O documento comprovativo da inscrição das alterações ou do cancelamento no registo de sujeitos passivos de IRC é o documento tipificado, consoante os casos, processado após a confirmação dos dados pelo declarante, autenticado com a assinatura do funcionário recetor e com aposição da vinheta do técnico oficial de contas que assume a responsabilidade fiscal do sujeito passivo a que respeitam as declarações.

Artigo 120º – Declaração periódica de rendimentos

1. A declaração periódica de rendimentos a que se refere a alínea *b*) do nº 1 do artigo 117º deve ser enviada, anualmente, por transmissão eletrónica de dados, até ao último dia do mês de Maio, independentemente de esse dia ser útil ou não útil.

2. Relativamente aos sujeitos passivos que, nos termos dos nºs 2 e 3 do artigo 8º, adotem um período de tributação diferente do ano civil, a declaração deve ser enviada até ao último dia do 5º mês seguinte à data do termo desse período, independentemente de esse dia ser útil ou não útil, prazo que é igualmente aplicável relativamente ao período mencionado na alínea *d*) do nº 4 do artigo 8º

3. No caso de cessação de atividade nos termos do nº 5 do artigo 8º, a declaração de rendimentos relativa ao período de tributação em que a mesma se verificou deve ser enviada até ao último dia do terceiro mês seguinte ao da data da cessação, independentemente de esse dia ser útil ou não útil, aplicando-se igualmente este prazo ao envio da declaração relativa ao período de tributação imediatamente anterior, quando ainda não tenham decorrido os prazos mencionados nos nºs 1 e 2.

4. As entidades que não tenham sede nem direção efetiva em território português, e que neste obtenham rendimentos não imputáveis a estabelecimento estável aí situado, são igualmente obrigadas a enviar a declaração mencionada no nº 1, desde que relativamente aos mesmos não haja lugar a retenção na fonte a título definitivo.

5. Nos casos previstos no número anterior, a declaração deve ser enviada:

a) Relativamente a rendimentos derivados de imóveis, excetuados os ganhos resultantes da sua transmissão onerosa, a ganhos mencionados nas alíneas *b*) e *f*) do nº 3 do artigo 4º e a rendimentos mencionados nos nºs 3) e 8) da alínea *c*) do nº 3 do artigo 4º, até ao último dia do mês de maio do ano seguinte àquele a que os mesmos respeitam;

b) Relativamente a ganhos resultantes da transmissão onerosa de imóveis, até ao 30º dia posterior à data da transmissão, independentemente de esse dia ser útil ou não útil;

c) Relativamente a incrementos patrimoniais derivados de aquisições a título gratuito, até ao 30º dia posterior à data da aquisição, independentemente de esse dia ser útil ou não útil.

6. Quando for aplicável o regime especial de tributação dos grupos de sociedades:

a) A sociedade dominante deve enviar a declaração periódica de rendimentos relativa ao lucro tributável do grupo apurado nos termos do artigo 70º;

b) Cada uma das sociedades do grupo, incluindo a sociedade dominante, deve enviar a sua declaração periódica de rendimentos na qual seja determinado o imposto como se aquele regime não fosse aplicável.

7. (*Revogado.*)

8. A correção a que se refere o nº 2 do artigo 51º-A deve ser efetuada através do envio de declaração de substituição, no prazo de 60 dias a contar da data de verificação do facto que a determinou, independentemente de esse dia ser útil ou não útil, relativa a cada um dos períodos de tributação em que já tenha decorrido o prazo de envio da declaração periódica de rendimentos.

9. Sempre que não se verifique o requisito temporal estabelecido na parte final do nº 11 do artigo 88º, para efeitos da tributação autónoma aí prevista, o sujeito passivo deve enviar a declaração de rendimentos no prazo de 60 dias a contar da data da verificação do facto que a determinou, independentemente de esse dia ser útil ou não útil.

10. Os elementos constantes das declarações periódicas devem, sempre que for caso disso, concordar exatamente com os obtidos na contabilidade ou nos registos de escrituração, consoante o caso.

11. Sem prejuízo do disposto no nº 3, para efeitos do disposto na alínea *c*) do nº 2 do artigo 79º, no período de tributação em que ocorre a dissolução devem ser enviadas:

a) Até ao último dia do 5º mês seguinte ao da dissolução, independentemente de esse dia ser útil ou não útil, a declaração relativa ao período decorrido desde o início do período de tributação em que se verificou a dissolução até à data desta;

b) Até ao último dia do 5º mês seguinte à data do termo do período de tributação, independentemente de esse dia ser útil ou não útil, a declaração relativa ao período decorrido entre o dia seguinte ao da dissolução e o termo do período de tributação em que esta se verificou.

(Redação dada pela Lei nº 71/2018, de 31-12)

Artigo 121º – Declaração anual de informação contabilística e fiscal

1. A declaração anual de informação contabilística e fiscal a que se refere a alínea *c*) do nº 1 do artigo 117º deve ser enviada nos termos e com os anexos que para o efeito sejam mencionados no respetivo modelo.

2. A declaração deve ser enviada, por transmissão eletrónica de dados, até ao dia 15 de julho, independentemente de esse dia ser útil ou não útil.

3. Relativamente aos sujeitos passivos que, nos termos dos nºs 2 e 3 do artigo 8º, adotem um período de tributação diferente do ano civil, a declaração deve ser enviada até ao 15º dia do 7º mês posterior à data do termo desse período, independentemente de esse dia ser útil ou não útil, reportando-se a informação, consoante o caso, ao período de tributação ou ao ano civil cujo termo naquele se inclua.

4. No caso de cessação de atividade, nos termos do nº 5 do artigo 8º, a declaração relativa ao período de tributação em que a mesma se verificou deve ser enviada no prazo referido no nº 3 do artigo 120º, aplicando-se igualmente esse prazo para o envio da declaração relativa ao período de tributação imediatamente anterior, quando ainda não tenham decorrido os prazos mencionados nos nºs 2 e 3.

5. Os elementos constantes das declarações devem, sempre que se justificar, concordar exatamente com os obtidos na contabilidade ou registos de escrituração, consoante o caso.

Artigo 121º-A – Declaração financeira e fiscal por país

1. A entidade-mãe final, ou a entidade-mãe de substituição, de um grupo de empresas multinacionais cujo total de rendimentos consolidados, tal como refletido nas suas demonstrações financeiras consolidadas, seja, no período imediatamente anterior, igual ou superior a € 750 000 000 deve apresentar uma declaração de informação financeira e fiscal por país ou jurisdição fiscal relativa às entidades constituintes desse grupo.

2. É igualmente obrigada à apresentação de uma declaração por país ou jurisdição fiscal, relativamente a cada período de tributação, a entidade constituinte residente em território português, que não seja a entidade-mãe final de um grupo de empresas multinacionais, caso se verifique uma das seguintes condições:

a) Sejam detidas ou controladas, direta ou indiretamente, por entidades não residentes que não estejam obrigadas à apresentação de idêntica declaração;

b) Vigore na jurisdição em que a entidade-mãe final é residente um acordo internacional com Portugal, mas na data prevista no nº 8, para apresentação da declaração por país correspondente ao período de relato, não esteja em vigor um acordo qualificado entre as autoridades competentes;

c) Verifique-se a existência de uma falha sistémica da jurisdição de residência fiscal da entidade-mãe final que foi notificada pela Autoridade Tributária e Aduaneira à entidade constituinte.

3. A entidade-mãe final de um grupo de empresas multinacionais que seja residente em território português, ou qualquer outra entidade declarante, nos termos do presente artigo, deve apresentar uma declaração por país no que diz respeito ao seu período contabilístico anual no prazo de 12 meses a contar do último dia do período de relato do grupo multinacional de empresas.

4. Qualquer entidade, residente ou com estabelecimento estável, em território português, que integre um grupo no qual alguma das entidades esteja sujeita à apresentação de uma declaração de informação financeira e fiscal por país ou por jurisdição fiscal, nos termos dos números anteriores, deve comunicar eletronicamente, até ao final do prazo estabelecido nos nºs 1 e 2 do artigo 120º, informando se é ela a entidade declarante ou, caso não seja, a identificação da entidade declarante do grupo e o país ou jurisdição em que esta é residente para efeitos fiscais.

5. A declaração de informação financeira e fiscal inclui de forma agregada, por cada país ou jurisdição fiscal, os seguintes elementos:

a) Rendimentos brutos, distinguindo entre os obtidos nas operações realizadas com entidades relacionadas e com entidades independentes;

b) Resultados antes do IRC e de impostos sobre os lucros, de natureza idêntica ou análoga ao IRC;

c) Montante devido em IRC ou impostos sobre os lucros, de natureza idêntica ou análoga ao IRC, incluindo as retenções na fonte;

d) Montante pago em IRC ou impostos sobre os lucros, de natureza idêntica ou análoga ao IRC, incluindo as retenções na fonte;

e) Capital social, resultados transitados e outras rubricas do capital próprio, à data do final do período de tributação;

f) *(Revogada.)*

g) Número de trabalhadores a tempo inteiro, ou equivalente, no final do período de tributação;

h) Valor líquido dos ativos tangíveis, exceto valores de caixa ou seus equivalentes;

i) A identificação de cada entidade constituinte do grupo de empresas multinacionais, indicando a jurisdição da residência fiscal dessa entidade constituinte e, caso seja diferente da jurisdição da residência para efeitos fiscais, a jurisdição por cujo ordenamento jurídico se rege a organização dessa entidade constituinte, bem como a natureza da atividade empresarial principal ou atividades empresariais principais dessa entidade constituinte;

j) Outros elementos considerados relevantes e, se for o caso, uma explicação dos dados incluídos nas informações.

6. *(Revogado.)*

7. *(Revogado.)*

8. Caso exista mais do que uma entidade constituinte do mesmo grupo de empresas multinacionais que sejam residentes para efeitos fiscais na União Europeia e sejam aplicáveis uma ou mais das condições previstas no nº 2, o grupo de empresas multinacionais pode designar uma dessas entidades constituintes para apresentar a declaração por país, em relação a qualquer período de relato no prazo previsto no nº 4, e comunica a Autoridade Tributária e Aduaneira que essa apresentação se destina a satisfazer o requisito de apresentação de todas as entidades constituintes desse grupo de empresas multinacionais que sejam residentes para efeitos fiscais na União Europeia.

9. Quando seja aplicável pelo menos uma das condições previstas no nº 2, a entidade constituinte é dispensada da obrigação de apresentar uma declaração por país quando o grupo de empresas multinacionais tiver apresentado, no prazo referido no nº 3, uma declaração por país, em relação a esse período de tributação, através de uma entidade-mãe de substituição junto da administração tributária do país ou jurisdição em que esta seja residente para efeitos fiscais, desde que, no caso da entidade-mãe de substituição ser residente fiscal fora da União Europeia, se verifiquem as seguintes condições:

a) O país ou jurisdição em que a entidade-mãe de substituição é residente para efeitos fiscal exija a apresentação de declarações por país conformes aos requisitos previstos no nº 5;

b) Exista em vigor, com o país ou jurisdição em que a entidade-mãe é residente para efeitos fiscais, um acordo qualificado entre autoridades competentes para apresentação da declaração por país correspondente ao período de tributação de relato;

c) O país ou jurisdição em que a entidade-mãe de substituição é residente para efeitos fiscais não tenha notificado Portugal de uma falha sistemática;

d) O país ou jurisdição tenha sido notificado pela entidade constituinte que aí é residente para efeitos fiscais, o mais tardar até ao último dia do período de tributação do grupo multinacional de empresas, de que é a entidade-mãe de substituição;

e) Tenha sido efetuada a comunicação prevista no nº 4.

10. Para efeitos deste artigo, considera-se:

a) «Grupo de empresas multinacionais», um conjunto de empresas associadas através da propriedade ou do controlo que obrigue à elaboração de demonstrações financeiras consolidadas para efeitos de relato financeiro, de acordo com os princípios contabilísticos aplicáveis, ou que implicaria tal obrigação no caso de as participações representativas do capital de qualquer das suas empresas serem negociadas num mercado público de valores mobiliários, que inclua duas ou mais empresas com residência fiscal em jurisdições diferentes, ou que inclua uma empresa residente para efeitos fiscais numa jurisdição e sujeita a imposto noutra jurisdição relativamente à atividade exercida através de um estabelecimento estável;

b) «Entidade constituinte», qualquer uma das seguintes:

i) Uma unidade empresarial separada de um grupo de empresas multinacionais que seja incluída nas demonstrações financeiras consolidadas do grupo de empresas multinacionais para efeitos de relato financeiro, ou que pudesse ser incluída se as participações representativas do capital dessa unidade empresarial de um grupo de empresas multinacionais fossem negociadas num mercado público de valores mobiliários;

ii) Uma unidade empresarial que seja excluída das demonstrações financeiras consolidadas do grupo de empresas multinacionais apenas por razões de dimensão ou de importância relativa;

iii) Um estabelecimento estável de qualquer unidade empresarial separada do grupo de empresas multinacionais incluída nas subalíneas *i*) e *ii*), desde que a unidade empresarial elabore uma demonstração financeira separada para esse estabelecimento estável para efeitos regulamentares, de relato financeiro, de relato fiscal ou de controlo da gestão interna;

c) «Empresa», qualquer forma de exercício de uma atividade empresarial por:

i) Uma pessoa coletiva;

ii) Uma associação de pessoas à qual tenha sido reconhecida capacidade para a prática de atos jurídicos, mas que não possua o estatuto de pessoa coletiva; ou

iii) Qualquer outra estrutura jurídica, seja qual for a sua natureza ou forma, dotada ou não de personalidade jurídica, cujos ativos de que seja proprietária ou gestora e rendimentos deles derivados estejam sujeitos a qualquer um dos impostos abrangidos pelo presente Código;

d) «Demonstrações financeiras consolidadas», as demonstrações financeiras de um grupo de empresas multinacionais em que os ativos, passivos, rendimentos, gastos e fluxos de caixa da entidade-mãe final e das entidades constituintes sejam apresentados como se se tratasse de uma entidade económica única;

e) «Entidade-mãe final», uma entidade constituinte de um grupo de empresas multinacionais que satisfaça os seguintes critérios:

i) Detenha, direta ou indiretamente, uma participação suficiente numa ou em várias outras entidades constituintes desse grupo de empresas multinacionais que obrigue à elaboração de demonstrações financeiras consolidadas de acordo com os princípios contabilísticos geralmente aplicados na sua jurisdição de residência fiscal, ou que implicaria tal obrigação se as suas participações representativas do capital fossem negociadas num mercado público de valores mobiliários;

ii) Não exista outra entidade constituinte desse grupo de empresas multinacionais que detenha, direta ou indiretamente, uma participação descrita na alínea *i*) na primeira entidade constituinte mencionada.

f) «Entidade-mãe de substituição», uma entidade constituinte do grupo de empresas multinacionais que tenha sido designada por esse grupo como única substituta da entidade-mãe final para apresentar a declaração por país na jurisdição da residência fiscal dessa entidade constituinte, em nome daquele grupo de empresas multinacionais, quando forem aplicáveis uma ou mais das condições estabelecidas no nº 2;

g) «Acordo internacional», a Convenção relativa à Assistência Administrativa Mútua em Matéria Fiscal, adotada em Estrasburgo, em 25 de janeiro de 1988, conforme revista pelo Protocolo de Revisão à Convenção relativa à Assistência Mútua em Matéria Fiscal, adotado em Paris, em 27 de maio de 2010, ou qualquer convenção fiscal, bilateral ou multilateral, ou qualquer acordo de troca de informações em matéria fiscal de que Portugal seja parte e cujos termos constituam a base jurídica para a troca de informações fiscais entre jurisdições, incluindo a troca automática de tais informações;

h) «Acordo qualificado entre autoridades competentes», um acordo com uma jurisdição ou país terceiro que exija a troca automática de declarações por país;

i) «Falha sistémica», no que respeita a uma jurisdição, o facto de nela vigorar um acordo qualificado com as autoridades competentes, mas de aí ter sido suspensa a troca automática por razões diferentes das previstas nos termos desse acordo, ou de a jurisdição ter de outro modo deixado de fornecer automaticamente, de forma persistente, declarações por país na sua posse relativas a grupos de empresas multinacionais com entidades constituintes residentes em território português ou que exerçam atividades através de estabelecimentos estáveis situados neste território.

(Redação dada pela Lei nº 98/2017, de 24-08)

Artigo 121º-B – Requisitos gerais de relato

1. A entidade constituinte residente em Portugal, para efeitos do nº 2 do artigo anterior, deve solicitar à respetiva entidade-mãe final que lhe forneça todas as informações necessárias para que possa cumprir as suas obrigações de apresentação de uma declaração por país.

2. Não obstante o disposto no número anterior, caso a entidade constituinte não tenha obtido nem adquirido todas as informações necessárias à apresentação da declaração relativa ao grupo de empresas multinacionais, deve apresentar uma declaração por país que contenha todas as informações na sua posse, obtidas ou adquiridas, e deve informar a Autoridade Tributária e Aduaneira de que a entidade-mãe final se recusou a disponibilizar as informações necessárias, sem prejuízo da aplicação das sanções legalmente previstas.

3. Caso uma entidade constituinte não disponha nem possa obter todas as informações necessárias à apresentação de uma declaração por país, essa entidade não é elegível para ser designada entidade declarante do grupo de empresas multinacionais nos termos do nº 8 do artigo anterior.

4. O disposto no número anterior não prejudica a obrigação de a entidade constituinte informar a Autoridade Tributária e Aduaneira, nos termos do nº 2, de que a entidade-mãe final se recusou a disponibilizar as informações necessárias.

(Aditado pela Lei nº 98/2017, de 24-08)

Artigo 122º – Declaração de substituição

1. Quando tenha sido liquidado imposto inferior ao devido ou declarado prejuízo fiscal superior ao efetivo, pode ser apresentada declaração de substituição, ainda que fora do prazo legalmente estabelecido, e efetuado o pagamento do imposto em falta.

2. A autoliquidação de que tenha resultado imposto superior ao devido ou prejuízo fiscal inferior ao efetivo pode ser corrigida por meio de declaração de substituição a apresentar no prazo de um ano a contar do termo do prazo legal.

3. Em caso de decisão administrativa ou sentença superveniente, o prazo previsto no número anterior conta-se a partir da data em que o declarante tome conhecimento da decisão ou sentença.

4. Sempre que seja aplicado o disposto no número anterior, o prazo de caducidade é alargado até ao termo do prazo aí previsto, acrescido de um ano.

5. Quando for aplicável o regime especial de tributação dos grupos de sociedades e alguma das sociedades do grupo apresente declaração de substituição da declaração prevista na alínea *b*) do nº 6 do artigo 120º, a sociedade dominante procede à substituição da declaração periódica de rendimentos do grupo prevista na alínea *a*) do referido nº 6 do artigo 120º

(Redação dada pelo Decreto-Lei nº 41/2016, de 01-08)

Artigo 123º – Obrigações contabilísticas das empresas

1. As sociedades comerciais ou civis sob forma comercial, as cooperativas, as empresas públicas e as demais entidades que exerçam, a título principal, uma atividade comercial, industrial ou agrícola, com sede ou direção efetiva em território português, bem como as entidades que, embora não tendo sede nem direção efetiva naquele território, aí possuam estabelecimento estável, são obrigadas a dispor de contabilidade organizada nos termos da lei que, além dos requisitos indicados no nº 3 do artigo 17º, permita o controlo do lucro tributável.

2. Na execução da contabilidade deve observar-se em especial o seguinte:

a) Todos os lançamentos devem estar apoiados em documentos justificativos, datados e suscetíveis de serem apresentados sempre que necessário;

b) As operações devem ser registadas cronologicamente, sem emendas ou rasuras, devendo quaisquer erros ser objeto de regularização contabilística logo que descobertos.

3. Não são permitidos atrasos na execução da contabilidade superiores a 90 dias, contados do último dia do mês a que as operações respeitam.

4. *(Revogado.)*

5. *(Revogado.)*

6. *(Revogado.)*

7. *(Revogado.)*

8. As entidades referidas no nº 1 devem dispor de capacidade de exportação de ficheiros nos termos e formatos a definir por portaria do Ministro das Finanças.

9. *(Revogado.)*

(Redação dada pelo Decreto-Lei nº 28/2019, de 15-02)

Artigo 124º – Regime simplificado de escrituração

1. As entidades com sede ou direção efetiva em território português que não exerçam, a título principal, uma atividade comercial, industrial ou agrícola devem possuir obrigatoriamente os seguintes registos:

a) Registo de rendimentos, organizado segundo as várias categorias de rendimentos considerados para efeitos de IRS;

b) Registo de encargos, organizado de modo a distinguirem-se os encargos específicos de cada categoria de rendimentos sujeitos a imposto e os demais encargos a deduzir, no todo ou em parte, ao rendimento global;

c) Registo de inventário, em 31 de dezembro, dos bens suscetíveis de gerarem ganhos tributáveis na categoria de mais-valias.

2. Os registos referidos no número anterior não abrangem os rendimentos das atividades comerciais, industriais ou agrícolas eventualmente exercidas a título acessório, pelas entidades aí mencionadas, devendo, caso existam esses rendimentos, ser também organizada uma contabilidade que, nos termos do artigo anterior, permita o controlo do lucro apurado nessas atividades.

3. O disposto no número anterior não se aplica quando os rendimentos totais obtidos em cada um dos dois exercícios anteriores não excedam € 150 000, e o sujeito passivo não opte por organizar uma contabilidade que, nos termos do artigo anterior, permita o controlo do lucro apurado nessas atividades.

4. (*Revogado.*)

5. É aplicável à escrituração referida no nº 1 e, bem assim, à contabilidade organizada nos termos do nº 2 o disposto nos nºs 2 e 3 do artigo anterior e no Decreto-Lei nº 28/2019, de 15 de fevereiro.

(Redação dada pelo Decreto-Lei nº 28/2019, de 15-02)

Artigo 125º – Faturação e arquivo

1. Os sujeitos passivos com sede ou direção efetiva em território nacional, bem como aqueles que aí possuam estabelecimento estável, estão sujeitos às obrigações de faturação e de conservação de livros, registos e respetivos documentos de suporte nos termos previstos no Código do IVA e no Decreto-Lei nº 28/2019, de 15 de fevereiro.

2. (*Revogado.*)

(Redação dada pelo Decreto-Lei nº 28/2019, de 15-02)

Artigo 126º – Representação de entidades não residentes

1. As entidades que, não tendo sede nem direção efetiva em território português, não possuam estabelecimento estável aí situado mas nele obtenham rendimentos, assim como os sócios ou membros referidos no nº 9 do artigo 5º, são obrigadas a designar uma pessoa singular ou coletiva com residência, sede ou direção efetiva naquele território para as representar perante a administração fiscal quanto às suas obrigações referentes a IRC.

2. O disposto no número anterior não é aplicável, sendo a designação de representante meramente facultativa, em relação às entidades que sejam consideradas, para efeitos fiscais, como residentes noutro Estados membros da União Europeia ou do Espaço Económico Europeu, neste último caso desde que esse Estado membro esteja vinculado a cooperação administrativa no domínio da fiscalidade equivalente à estabelecida no âmbito da União Europeia.

3. A designação a que se referem os números anteriores é feita na declaração de início de atividade ou de alterações, devendo dela constar expressamente a sua aceitação pelo representante.

4. Na falta de cumprimento do disposto no nº 1, e independentemente da penalidade que ao caso couber, não há lugar às notificações previstas neste Código, sem prejuízo de os sujeitos passivos poderem tomar conhecimento das matérias a que as mesmas respeitariam junto da Autoridade Tributária e Aduaneira.

SECÇÃO II – Outras obrigações acessórias de entidades públicas e privadas

Artigo 127º – Deveres de cooperação dos organismos oficiais e de outras entidades

1. Os serviços, estabelecimentos e organismos do Estado, das regiões autónomas e das autarquias locais, incluindo os dotados de autonomia administrativa ou financeira e ainda que personalizados, as associações e federações de municípios, bem como outras pessoas coletivas de direito público, as pessoas coletivas de utilidade pública, as instituições particulares de solidariedade social e as empresas públicas devem, por força do dever público de cooperação com a administração fiscal, apresentar anualmente o mapa recapitulativo previsto na alínea *f)* do nº 1 do artigo 29º do Código do IVA.

2. As entidades que paguem subsídios ou subvenções não reembolsáveis a sujeitos passivos de IRC devem entregar à AT, até ao final do mês de fevereiro de cada ano, uma declaração de modelo oficial, referente aos rendimentos atribuídos no ano anterior.

Artigo 128º – Obrigações das entidades que devam efetuar retenções na fonte

O disposto nos artigos 119º e 120º do Código do IRS é aplicável com as necessárias adaptações às entidades que sejam obrigadas a efetuar retenções na fonte de IRC.

Artigo 129º – Obrigações acessórias relativas a valores mobiliários

O disposto nos artigos 125º e 138º do Código do IRS é aplicável com as necessárias adaptações às entidades intervenientes no mercado de valores mobiliários quando se trate de titulares que sejam sujeitos passivos de IRC.

Artigo 130º – Processo de documentação fiscal

1. Os sujeitos passivos de IRC, com exceção dos isentos nos termos do artigo 9º, são obrigados a manter em boa ordem, durante o prazo de 10 anos, um processo de documentação fiscal relativo a cada período de tributação, que deve estar constituído até ao termo do prazo para entrega da declaração a que se refere a alínea *c)* do nº 1 do artigo 117º, com os elementos contabilísticos e fiscais a definir por portaria do membro do Governo responsável pela área das finanças.

2. O referido processo deve estar centralizado em estabelecimento ou instalação situada em território português nos termos do artigo 125º ou nas instalações do representante fiscal, quando o sujeito passivo não tenha a sede ou direção efetiva em território português e não possua estabelecimento estável aí situado.

3. Os sujeitos passivos cuja situação tributária deve ser acompanhada pela Unidade dos Grandes Contribuintes, de acordo com os critérios fixados na portaria do membro do Governo responsável pela área das finanças prevista no nº 3 do artigo 68º-B da Lei Geral Tributária, são obrigados a proceder à entrega do processo de documentação fiscal e do processo de documentação respeitante à política adotada em matéria de preços de transferência, no prazo previsto para a entrega da declaração anual referida na alínea *c)* do nº 1 do artigo 117º.

4. As entidades a que seja aplicado o regime especial de tributação dos grupos de sociedades são obrigados a proceder à entrega do processo de documentação fiscal no prazo previsto para a entrega da declaração anual referida na alínea *c)* do nº 1 do artigo 117º.

5. Os sujeitos passivos, sempre que notificados para o efeito, deverão fazer a entrega do processo de documentação fiscal referido no nº 1 e da documentação respeitante à política adotada em matéria de preços de transferência prevista no nº 6 do artigo 63º *(Redação dada pela Lei nº 119/2019, de 18-09)*

Artigo 131º – Garantia de observância de obrigações fiscais

1. Sem prejuízo das regras especiais do Código de Processo Civil, as petições relativas a rendimentos sujeitos a IRC, ou relacionadas com o exercício de atividades comerciais, industriais ou agrícolas por sujeitos passivos deste imposto, não podem ter seguimento ou ser atendidas perante qualquer autoridade, repartição pública ou pessoas coletivas de utilidade pública sem que seja feita prova de apresentação da declaração a que se refere o artigo 120º, cujo prazo de apresentação já tenha decorrido, ou de que não há lugar ao cumprimento dessa obrigação.

2. A prova referida na parte final do número anterior é feita através de certidão passada pelo serviço fiscal competente.

3. A apresentação dos documentos referidos no número anterior é averbada no requerimento, processo ou registo da petição, devendo o averbamento ser datado e rubricado pelo funcionário competente, que restitui os documentos ao apresentante.

Artigo 132º – Pagamento de rendimentos

1. Não podem realizar-se transferências para o estrangeiro de rendimentos sujeitos a IRC, obtidos em território português por entidades não residentes, sem que se mostre pago ou assegurado o imposto que for devido.

2. O disposto no nº 4 do artigo 115º do Código do IRS é aplicável com as necessárias adaptações aos rendimentos sujeitos a IRC.

SECÇÃO III – Fiscalização

Artigo 133º – Dever de fiscalização em geral

O cumprimento das obrigações impostas por este diploma é fiscalizado, em geral, e dentro dos limites da respetiva competência, por todas as autoridades, corpos administrativos, repartições públicas, pessoas coletivas de utilidade pública e, em especial, pela Autoridade Tributária e Aduaneira.

Artigo 134º – Dever de fiscalização em especial

A fiscalização em especial das disposições do presente Código rege-se pelo disposto no artigo 63º da Lei Geral Tributária, aprovada pelo Decreto-Lei nº 398/98, de 17 de dezembro, e no Regime Complementar do Procedimento de Inspeção Tributária, aprovado pelo artigo 1º do Decreto-Lei nº 413/98, de 31 de dezembro.

Artigo 135º – Registo de sujeitos passivos

1. Com base nas declarações para inscrição no registo e de outros elementos de que disponha, a Autoridade Tributária e Aduaneira organiza um registo dos sujeitos passivos de IRC.

2. O registo a que se refere o número anterior é atualizado tendo em conta as alterações verificadas em relação aos elementos anteriormente declarados, as quais devem ser mencionadas na declaração de alterações no registo.

3. O cancelamento da inscrição no registo verifica-se face à respetiva declaração de cessação ou em consequência de outros elementos de que a Autoridade Tributária e Aduaneira disponha.

Artigo 136º – Processo individual

1. O serviço fiscal competente deve organizar em relação a cada sujeito passivo um processo, com carácter sigiloso, em que se incorporem as declarações e outros elementos que se relacionem com o mesmo.

2. Os sujeitos passivos, através de representante devidamente credenciado, podem examinar no respetivo serviço fiscal o seu processo individual.

CAPÍTULO VIII – Garantias dos contribuintes

Artigo 137º – Reclamações e impugnações

1. Os sujeitos passivos de IRC, os seus representantes e as pessoas solidária ou subsidiariamente responsáveis pelo pagamento do imposto podem reclamar ou impugnar a respetiva liquidação, efetuada pelos serviços da administração fiscal, com os fundamentos e nos termos estabelecidos no Código de Procedimento e de Processo Tributário.

2. A faculdade referida no número anterior é igualmente conferida relativamente à autoliquidação, à retenção na fonte e aos pagamentos por conta, nos termos e prazos previstos nos artigos 131º a 133º do Código de Procedimento e de Processo Tributário, sem prejuízo do disposto nos números seguintes.

3. A reclamação, pelo titular dos rendimentos ou seu representante, da retenção na fonte de importâncias total ou parcialmente indevidas só tem lugar quando essa retenção tenha carácter definitivo e deve ser apresentada no prazo de dois anos a contar do termo do prazo de entrega, pelo substituto, do imposto retido à fonte ou da data do pagamento ou colocação à disposição dos rendimentos, se posterior.

4. A impugnação dos atos mencionados no nº 2 é obrigatoriamente precedida de reclamação para o diretor de finanças competente, nos casos previstos no Código de Procedimento e de Processo Tributário.

5. As entidades referidas no nº 1 podem ainda reclamar e impugnar a matéria coletável que for determinada e que não dê origem a liquidação de IRC, com os fundamentos e nos termos estabelecidos no Código de Procedimento e de Processo Tributário para a reclamação e impugnação dos atos tributários.

6. Sempre que, estando pago o imposto, se determine, em processo gracioso ou judicial, que na liquidação houve erro imputável aos serviços, são liquidados juros indemnizatórios nos termos do artigo 43º da Lei Geral Tributária.

7. A faculdade referida no nº 1 é igualmente aplicável ao pagamento especial por conta previsto no artigo 106º, nos termos e com os fundamentos estabelecidos no artigo 133º do Código de Procedimento e de Processo Tributário.

Artigo 138º – Acordos prévios sobre preços de transferência

1. Os sujeitos passivos podem solicitar à Autoridade Tributária e Aduaneira, para efeitos do disposto no artigo 63º do Código do IRC, a celebração de um acordo que tenha por objeto estabelecer, com carácter prévio, o método ou métodos suscetíveis de assegurar a determinação dos termos e condições que seriam normalmente acordados, aceites ou praticados entre entidades independentes nas operações comerciais e financeiras, incluindo as prestações de serviços intragrupo e os acordos de partilha de custos, efetuadas com entidades com as quais estejam em situação de relações especiais ou em operações realizadas entre a sede e os estabelecimentos estáveis.

2. Sempre que o sujeito passivo pretenda incluir no âmbito do acordo operações com entidades com as quais existam relações especiais residentes em país com o qual tenha sido celebrada uma convenção para evitar a dupla tributação, e pretenda que o acordo tenha caráter bilateral ou multilateral, deve solicitar que o pedido, a que se refere o número anterior, seja submetido às respetivas autoridades competentes no quadro do procedimento amigável a instaurar para o efeito.

3. O pedido é dirigido ao diretor-geral da Autoridade Tributária e Aduaneira e deve:

a) Apresentar uma proposta sobre os métodos de determinação dos preços de transferência devidamente fundamentada e instruída com a documentação relevante;

b) Identificar as operações abrangidas e o período de duração;

c) Ser subscrito por todas as entidades intervenientes nas operações que se pretende incluir no acordo;

d) Conter uma declaração do sujeito passivo sobre o cumprimento do dever de colaboração com a administração tributária na prestação de informações e o fornecimento da documentação necessária sem que possa ser oposta qualquer regra de sigilo profissional ou comercial;

e) Fornecer os elementos necessários, nos termos do disposto no nº 12 do artigo 6º do Decreto-Lei nº 61/2013, de 10 maio, na sua redação atual, para, sendo esse o caso, a Autoridade Tributária e Aduaneira assegurar a troca obrigatória e automática de informações ao abrigo da cooperação administrativa entre autoridades competentes dos Estados-Membros da União Europeia ou com outras jurisdições.

4. O acordo alcançado entre a Autoridade Tributária e Aduaneira e as autoridades competentes de outros países, quando for o caso, é reduzido a escrito e os respetivos termos são comunicados ao sujeito passivo, para efeito de manifestar, por escrito, a sua aceitação.

5. O acordo é confidencial e as informações transmitidas pelo sujeito passivo no processo de negociação estão protegidas pelo dever de sigilo fiscal, sem prejuízo das obrigações em matéria de troca de informação para efeitos fiscais a que o Estado português se encontre vinculado.

6. O acordo deve conter, designadamente o método ou os métodos adotados, as operações abrangidas, os pressupostos de base, as condições de revisão, revogação e de prorrogação e o prazo de vigência, que não pode ultrapassar quatro anos.

7. Não havendo alterações na legislação aplicável nem variações significativas das circunstâncias económicas e operacionais e demais pressupostos de base que fundamentam os métodos, a Autoridade Tributária e Aduaneira fica vinculada a atuar em conformidade com os termos estabelecidos no acordo.

8. Os sujeitos passivos não podem reclamar ou interpor recurso do conteúdo do acordo.

9. Os sujeitos passivos que tenham requerido a celebração de acordos prévios sobre preços de transferência ficam obrigados a comunicar à Autoridade Tributária e Aduaneira qualquer alteração aos elementos transmitidos no pedido inicial que seja relevante para efeitos da troca obrigatória e automática de informações ao abrigo da cooperação administrativa.

10. Os requisitos e condições para a formulação do pedido, bem como os procedimentos, informações e documentação ligados à celebração dos acordos, são regulamentados por portaria do membro do Governo responsável pela área das finanças.

(Redação dada pela Lei nº 119/2019, de 18-09)

Artigo 139º – Prova do preço efetivo na transmissão de imóveis

1. O disposto no nº 2 do artigo 64º não é aplicável se o sujeito passivo fizer prova de que o preço efetivamente praticado nas transmissões de direitos reais sobre bens imóveis foi inferior ao valor patrimonial tributário que serviu de base à liquidação do imposto municipal sobre as transmissões onerosas de imóveis.

2. Para efeitos do disposto no número anterior, o sujeito passivo pode, designadamente, demonstrar que os custos de construção foram inferiores aos fixados na portaria a que se refere o nº 3 do artigo 62º do Código do Imposto Municipal sobre Imóveis, caso em que ao montante dos custos de construção deverão acrescer os demais indicadores objetivos previstos no referido Código para determinação do valor patrimonial tributário.

3. A prova referida no nº 1 deve ser efetuada em procedimento instaurado mediante requerimento dirigido ao diretor de finanças competente e apresentado em Janeiro do ano seguinte àquele em que ocorreram as transmissões, caso o valor patrimonial tributário já se encontre definitivamente fixado, ou nos 30 dias posteriores à data em que a avaliação se tornou definitiva, nos restantes casos.

4. O pedido referido no número anterior tem efeito suspensivo da liquidação, na parte correspondente ao valor da diferença positiva prevista no nº 2 do artigo 64º, a qual, no caso de indeferimento total ou parcial do pedido, é da competência da Autoridade Tributária e Aduaneira.

5. O procedimento previsto no nº 3 rege-se pelo disposto nos artigos 91º e 92º da Lei Geral Tributária, com as necessárias adaptações, sendo igualmente aplicável o disposto no nº 4 do artigo 86º da mesma lei.

6. Em caso de apresentação do pedido de demonstração previsto no presente artigo, a administração fiscal pode aceder à informação bancária do requerente e dos respetivos administradores ou gerentes referente ao período de tributação em que ocorreu a transmissão e ao período de tributação anterior, devendo para o efeito ser anexados os correspondentes documentos de autorização.

7. A impugnação judicial da liquidação do imposto que resultar de correções efetuadas por aplicação do disposto no nº 2 do artigo 64º, ou, se não houver lugar a liquidação, das correções ao lucro tributável ao abrigo do mesmo preceito, depende de prévia apresentação do pedido previsto no nº 3, não havendo lugar a reclamação graciosa.

8. A impugnação do ato de fixação do valor patrimonial tributário, prevista no artigo 77º do Código do Imposto Municipal sobre Imóveis e no artigo 134º do Código de Procedimento e de Processo Tributário, não tem efeito suspensivo quanto à liquidação do IRC nem suspende o prazo para dedução do pedido de demonstração previsto no presente artigo.

CAPÍTULO IX – Disposições finais

Artigo 140º – Recibo de documentos

1. Quando neste Código se determine a entrega de declarações ou outros documentos em mais de um exemplar, um deles deve ser devolvido ao apresentante, com menção de recibo.

2. Nos casos em que a lei estabeleça a apresentação de declaração ou outro documento num único exemplar, pode o obrigado entregar cópia do mesmo, para efeitos do disposto no número anterior.

3. (*Revogado.*)

Artigo 141º – Envio de documentos

1. As declarações e outros documentos que, nos termos deste Código, devam ser apresentados em qualquer serviço da administração fiscal, podem ser remetidos pelo correio, sob registo postal, ou por telefax, desde que, sendo necessário, possa confirmar-se o conteúdo da mensagem e o momento em que foi enviada.

2. No caso de remessa pelo correio, a mesma pode ser efetuada até ao último dia do prazo fixado, considerando-se que foi efetuada na data constante do carimbo dos CTT ou na data do registo.

3. Ocorrendo extravio, a administração fiscal pode exigir segunda via, que, para todos os efeitos, se considera como remetida na data em que, comprovadamente, o tiver sido o original.

Artigo 142º – Classificação das atividades

As atividades exercidas pelos sujeitos passivos de IRC são classificadas, para efeitos deste imposto, de acordo com a Classificação Portuguesa de Atividades Económicas – CAE, do Instituto Nacional de Estatística.

Artigo 143º – Volume de negócios

1. Para efeitos do presente Código e da legislação respeitante a quaisquer outros impostos que direta ou indiretamente incidam sobre os lucros, o volume de negócios corresponde ao valor das vendas e dos serviços prestados, sem prejuízo do disposto dos números seguintes.

2. Incluem-se, ainda, no volume de negócios as rendas relativas a propriedades de investimento tal como se encontram definidas na normalização contabilística especificamente aplicável, ainda que estejam reconhecidas como ativos fixos tangíveis, quando obtidas no âmbito de uma atividade que integre o objeto social do sujeito passivo.

3. No caso dos bancos, empresas de seguros e outras entidades do setor financeiro para as quais esteja prevista a aplicação de planos de contabilidade específicos, o volume de negócios é substituído pelos juros e rendimentos similares e comissões ou pelos prémios brutos emitidos e comissões de contratos de seguro e operações consideradas como contratos de investimento ou contratos de prestação de serviços, consoante a natureza da atividade exercida pelo sujeito passivo.

(Aditado pela Lei nº 119/2019, de 18-09)

Regime das Depreciações e Amortizações para Efeitos de IRC

Decreto Regulamentar nº 25/2009, de 14 de Setembro

Na sequência da alteração do Código do Imposto sobre o Rendimento das Pessoas Colectivas (abreviadamente designado por Código do IRC), destinada a adaptar as regras de determinação do lucro tributável ao enquadramento contabilístico resultante da adopção das normas internacionais de contabilidade (NIC), nos termos do artigo 3º do Regulamento nº 1606/2002, do Parlamento Europeu e do Conselho, de 19 de Julho, bem como da aprovação do Novo Sistema de Normalização Contabilística (SNC), que adaptou as NIC na ordem jurídica interna, importa rever o regime regulamentar das depreciações e amortizações, adaptando-o a este novo contexto.

O Código do IRC continua a definir de forma bastante desenvolvida os elementos essenciais do regime de depreciações e amortizações, nomeadamente os elementos depreciáveis e amortizáveis, a respectiva base de cálculo e os métodos aceites para efeitos fiscais, permitindo uma grande flexibilidade aos agentes económicos. Definido este quadro de referência, o Código do IRC revisto continua a remeter para diploma regulamentar o desenvolvimento deste regime, que agora se apresenta.

Embora a nova regulamentação mantenha a estrutura e os elementos essenciais já constantes do regime aprovado pelo Decreto Regulamentar nº 2/90, de 12 de Janeiro, entendeu-se ser adequado proceder à revogação daquele decreto regulamentar, aprovando-se um novo enquadramento jurídico em matéria de depreciações e amortizações. Assim se dá cumprimento, por um lado, à preocupação de aproximação entre fiscalidade e contabilidade e à necessidade de evitar constrangimentos à plena adopção das NIC, e, por outro, ao intuito reformador que presidiu à alteração do quadro jurídico nacional em matéria contabilística.

No entanto, entendeu-se ser adequado que os bens que ainda estavam a ser amortizados à data de entrada em vigor deste novo regime continuassem a beneficiar do regime que têm vindo a seguir – o que se acautela através das normas de direito transitório.

Não obstante a grande proximidade entre o regime que agora se adopta e o constante do Decreto Regulamentar nº 2/90, de 12 de Janeiro, cabe salientar, de entre as principais alterações face ao regime anterior, as seguintes:

A dedutibilidade fiscal das depreciações e amortizações deixa de estar dependente da respectiva contabilização como gasto no mesmo período de tributação, passando a permitir-se que as mesmas sejam também aceites quando tenham sido contabilizadas como gastos nos períodos de tributação anteriores, desde que, naturalmente, não fossem dedutíveis por excederem as quotas máximas admitidas;

No mesmo sentido, prevê-se a inclusão, no custo de aquisição ou de produção dos elementos depreciáveis ou amortizáveis, de acordo com a normalização contabilística especificamente aplicável, dos custos de empréstimos obtidos, incluindo diferenças de câmbio a eles associados, quando respeitarem ao período anterior à sua entrada em funcionamento ou utilização, desde que este seja superior a um ano, e elimina-se a exigência de diferimento, durante um período mínimo de três anos, das diferenças de câmbio desfavoráveis relacionadas com os activos e correspondentes ao período anterior à sua entrada em funcionamento, dos encargos com campanhas publicitárias e das despesas com emissão de obrigações;

Elimina-se, igualmente, a exigência de evidenciar separadamente na contabilidade a parte do valor dos imóveis correspondente ao terreno, transferindo-se essa exigência para o processo de documentação fiscal;

Passa ainda a prever-se expressamente a possibilidade de, mediante autorização da Direcção-Geral dos Impostos, serem praticadas e aceites para efeitos fiscais depreciações ou amortizações inferiores às quotas mínimas que decorrem da aplicação das taxas das tabelas anexas ao presente decreto regulamentar;

Finalmente, houve a preocupação de se atender às especificidades dos activos não correntes detidos para venda e das propriedades de investimento.

Assim:

Ao abrigo do disposto no nº 1 do artigo 31º do Código do IRC, aprovado pelo Decreto-Lei nº 442-B/88, de 30 de Novembro, na redacção dada pelo Decreto-Lei nº 159/2009, de 13 de Julho, e nos termos da alínea *c*) do artigo 199º da Constituição, o Governo decreta o seguinte:

Artigo 1º – Condições gerais de aceitação das depreciações e amortizações

1. Podem ser objecto de depreciação ou amortização os elementos do activo sujeitos a deperecimento, considerando-se como tais os activos fixos tangíveis, os activos intangíveis, os activos biológicos que não sejam consumíveis e as propriedades de investimento contabilizados ao custo histórico que, com carácter sistemático, sofrerem perdas de valor resultantes da sua utilização ou do decurso do tempo.

2. Salvo razões devidamente justificadas e aceites pela Autoridade Tributária e Aduaneira, as depreciações e amortizações só são consideradas:

a) Relativamente a activos fixos tangíveis e a propriedades de investimento, a partir da sua entrada em funcionamento ou utilização;

b) Relativamente aos activos biológicos que não sejam consumíveis e aos activos intangíveis, a partir da sua aquisição ou do início de actividade, se posterior, ou ainda, no que se refere aos activos intangíveis, quando se trate de elementos especificamente associados à obtenção de rendimentos, a partir da sua utilização com esse fim.

3. As depreciações e amortizações só são aceites para efeitos fiscais desde que contabilizadas como gastos no mesmo período de tributação ou em períodos de tributação anteriores.

(Redação dada pelo Decreto Regulamentar nº 4/2015, de 22-04)

Artigo 2º – Valorimetria dos elementos depreciáveis ou amortizáveis

1. Para efeitos de cálculo das quotas máximas de depreciação ou amortização, os elementos do activo devem ser valorizados do seguinte modo:

a) Custo de aquisição ou de produção, consoante se trate, respectivamente, de elementos adquiridos a terceiros a título oneroso ou de elementos construídos ou produzidos pela própria empresa;

b) Valor resultante de reavaliação ao abrigo de legislação de carácter fiscal;

c) Valor de mercado, à data do reconhecimento inicial, para os bens objeto de avaliação para este efeito, quando não seja conhecido o custo de aquisição ou de produção, podendo esse valor ser objeto de correção, para efeitos fiscais, quando se considere excedido.

2. O custo de aquisição de um elemento do ativo é o respetivo preço de compra, acrescido:

a) Dos gastos acessórios suportados até à sua entrada em funcionamento ou utilização;

b) Das benfeitorias necessárias ou úteis realizadas, de acordo com a normalização contabilística aplicável.

3. O custo de produção de um elemento do activo obtém-se adicionando ao custo de aquisição das matérias-primas e de consumo e da mão-de-obra directa, os outros custos directamente imputáveis ao produto considerado, assim como a parte dos custos indirectos respeitantes ao período de construção ou produção que, de acordo com o sistema de custeio utilizado, lhe seja atribuível.

4. No custo de aquisição ou de produção inclui-se o imposto sobre o valor acrescentado (IVA) que, nos termos legais, não for dedutível, designadamente em consequência de exclusão do direito à dedução, não sendo, porém, esses custos influenciados por eventuais regularizações ou liquidações efectuadas em períodos de tributação posteriores ao da entrada em funcionamento ou utilização.

5. Para efeitos da determinação do valor depreciável ou amortizável, previsto nos números anteriores:

a) Não são consideradas as despesas de desmantelamento; e

b) Deduz-se o valor residual.

6. São, ainda, incluídos no custo de aquisição ou de produção, de acordo com a normalização contabilística especificamente aplicável, os custos de empréstimos obtidos que sejam directamente atribuíveis à aquisição ou produção de elementos referidos no nº 1 do artigo anterior, na medida em que respeitem ao período anterior à sua entrada em funcionamento ou utilização, desde que este seja superior a um ano.

7. Sem prejuízo do referido no número anterior, não se consideram no custo de aquisição ou de produção as diferenças de câmbio relacionadas com os activos resultantes quer de pagamentos efectivos, quer de actualizações à data do balanço.

(Redação dada pelo Decreto Regulamentar nº 4/2015, de 22-04)

Artigo 3º – Período de vida útil

1. A vida útil de um elemento do activo depreciável ou amortizável é, para efeitos fiscais, o período durante o qual se deprecia ou amortiza totalmente o seu valor, excluído, quando for caso disso, o respectivo valor residual.

2. Qualquer que seja o método de depreciação ou amortização aplicado, considera-se:

a) Período mínimo de vida útil de um elemento do activo, o que se deduz da quota de depreciação ou amortização que seja fiscalmente aceite nos termos dos nºs 1 e 2 do artigo 5º;

b) Período máximo de vida útil de um elemento, o que se deduz de quota igual a metade da referida na alínea anterior.

3. Exceptuam-se do disposto na alínea *b*) do número anterior as despesas com projectos de desenvolvimento, cujo período máximo de vida útil é de cinco anos.

4. Os períodos mínimo e máximo de vida útil contam-se a partir da ocorrência dos factos mencionados no nº 2 do artigo 1º

5. Não são aceites como gastos para efeitos fiscais as depreciações ou amortizações praticadas para além do período máximo de vida útil, ressalvando-se os casos devidamente justificados e aceites pela Autoridade Tributária e Aduaneira.

(Redação dada pelo Decreto Regulamentar nº 4/2015, de 22-04)

Artigo 4º – Métodos de cálculo das depreciações e amortizações

1. O cálculo das depreciações e amortizações faz-se, em regra, pelo método da linha reta.

2. Pode, no entanto, optar-se pelo cálculo das depreciações pelo método das quotas decrescentes, relativamente aos activos fixos tangíveis novos, adquiridos a terceiros ou construídos ou produzidos pela própria empresa, e que não sejam:

a) Edifícios;

b) Viaturas ligeiras de passageiros ou mistas, excepto quando afectas à exploração de serviço público de transportes ou destinadas a ser alugadas no exercício da actividade normal do sujeito passivo;

c) Mobiliário e equipamentos sociais.

3. A adoção pelo sujeito passivo de métodos de depreciação e amortização diferentes dos referidos nos números anteriores, de que resulte a aplicação de quotas de depreciação ou amortização superiores às previstas no presente decreto regulamentar, depende de autorização da Autoridade Tributária e Aduaneira, a qual deve ser solicitada até ao termo do período de tributação no qual o sujeito passivo pretenda iniciar a aplicação de tais métodos, através de requerimento em que se indiquem as razões que os justificam.

(Redação dada pelo Decreto Regulamentar nº 4/2015, de 22-04)

Artigo 5º – Método da linha reta

1. No método da linha reta, a quota anual de depreciação ou amortização que pode ser aceite como gasto do período de tributação é determinada aplicando-se aos valores mencionados no nº 1 do artigo 2º as taxas de depreciação ou amortização específicas fixadas na tabela I anexa ao presente decreto regulamentar, e que dele faz parte integrante, para os elementos do ativo dos correspondentes ramos de atividade ou, quando estas não estejam fixadas, as taxas genéricas fixadas na tabela II anexa ao presente decreto regulamentar, e que dele faz parte integrante.

2. Exceptuam-se do disposto no número anterior os seguintes casos, em que as taxas de depreciação ou amortização são calculadas com base no correspondente período de utilidade esperada, o qual pode ser corrigido quando se considere que é inferior ao que objectivamente deveria ter sido estimado:

a) Bens adquiridos em estado de uso;

b) Bens avaliados para efeitos de abertura de escrita;

c) Grandes reparações e beneficiações;

d) Obras em edifícios e em outras construções de propriedade alheia.

3. Relativamente aos elementos para os quais não se encontrem fixadas, nas tabelas referidas no nº 1, taxas de depreciação ou amortização são aceites as que pela Autoridade Tributária e Aduaneira sejam consideradas razoáveis, tendo em conta o período de vida útil esperada daqueles elementos.

4. Quando, em relação aos elementos mencionados nas alíneas *a*) e *b*) do nº 2, for conhecido o ano em que pela primeira vez tiverem entrado em funcionamento ou utilização, o período de utilidade esperada não pode ser inferior à diferença entre o período mínimo de vida útil do mesmo elemento em estado de novo e o número de anos de utilização já decorrido.

5. Para efeitos de depreciação ou amortização, consideram-se:

a) «Grandes reparações e beneficiações» as que aumentem o valor ou a duração provável dos elementos a que respeitem;

b) «Obras em edifícios e em outras construções de propriedade alheia» as que, tendo sido realizadas em edifícios e em outras construções de propriedade alheia, e não sendo de manutenção, reparação ou conservação, ainda que de carácter plurianual, não dêem origem a elementos removíveis ou, dando-o, estes percam então a sua função instrumental.

(Redação dada pelo Decreto Regulamentar nº 4/2015, de 22-04)

Artigo 6º – Método das quotas decrescentes

1. No método das quotas decrescentes, a quota anual de depreciação que pode ser aceite como gasto do período de tributação determina-se aplicando aos valores mencionados no nº 1 do artigo 2º, que ainda não tenham sido depreciados, as taxas referidas no nº 1 do artigo anterior, corrigidas pelos seguintes coeficientes máximos:

a) 1,5, quando o período de vida útil do elemento seja inferior a cinco anos;

b) 2, quando o período de vida útil do elemento seja de cinco ou seis anos;

c) 2,5, quando o período de vida útil do elemento seja superior a seis anos.

2. Nos casos em que, nos períodos de tributação já decorridos de vida útil do elemento do activo, não tenha sido praticada uma quota de depreciação inferior à referida no nº 1 do artigo anterior, quando a quota anual de depreciação determinada de acordo com o disposto no número anterior for inferior, num dado período de tributação, à que resulta da divisão do valor pendente de depreciação pelo número de anos de vida útil que restam ao elemento a contar do início desse período de tributação, pode ser aceite como gasto, até ao termo dessa vida útil, uma depreciação de valor correspondente ao quociente daquela divisão.

3. Para efeitos do disposto no número anterior, a vida útil de um elemento do activo reporta-se ao período mínimo de vida útil segundo o disposto na alínea *a*) do nº 2 do artigo 3º

4. O disposto no nº 2 não prejudica a aplicação do que se estabelece no artigo 18º relativamente a quotas mínimas de depreciação.

Artigo 7º – Depreciações e amortizações por duodécimos

1. No ano da entrada em funcionamento ou utilização dos activos, pode ser praticada a quota anual de depreciação ou amortização em conformidade com o disposto nos artigos anteriores, ou uma quota de depreciação ou amortização, determinada a partir dessa quota anual, correspondente ao número de meses contados desde o mês da entrada em funcionamento ou utilização desses activos.

2. No caso referido no número anterior, no ano em que se verificar a transmissão, a inutilização ou o termo de vida útil dos mesmos activos nas condições do nº 2 do artigo 3º, só são aceites depreciações ou amortizações correspondentes ao número de meses decorridos até ao mês anterior ao da verificação desses eventos.

3. A quota de depreciação ou amortização que pode ser aceite como gasto do período de tributação é também determinada tendo em conta o número de meses em que os elementos estiveram em funcionamento ou utilização nos seguintes casos:

a) Relativamente ao período de tributação em que se verifique a cessação da actividade, motivada pelo facto de a sede e a direcção efectiva deixarem de se situar em território português, continuando, no entanto, os activos afectos ao exercício da mesma actividade, através de estabelecimento estável aí situado;

b) Relativamente ao período de tributação referido na alínea *d*) do nº 4 do artigo 8º do Código do IRC;

c) Quando seja aplicável o disposto no nº 3 do artigo 74º do Código do IRC, relativamente ao número de meses em que, no período de tributação da transmissão, os activos estiveram em funcionamento ou utilização nas sociedades fundidas ou cindidas ou na sociedade contribuidora e na sociedade para a qual se transmitem em consequência da fusão ou cisão ou entrada de activos;

d) Relativamente ao período de tributação em que se verifique a dissolução da sociedade para efeitos do disposto na alínea *c*) do nº 2 do artigo 79º do Código do IRC.

Artigo 8º – Aplicação uniforme dos métodos de depreciação e amortização

Salvo razões devidamente justificadas, para efeitos de cálculo do limite máximo das quotas de depreciação ou amortização que podem ser aceites, em cada período de tributação, deve ser aplicado, em relação a cada elemento do activo, o mesmo método de depreciação e amortização desde a sua entrada em funcionamento ou utilização até à sua depreciação ou amortização total, transmissão ou inutilização.

Artigo 9º – Regime intensivo de utilização dos activos depreciáveis

1. Quando os activos fixos tangíveis estiverem sujeitos a desgaste mais rápido do que o normal, em consequência de laboração em mais do que um turno, pode ser aceite como gasto do período de tributação:

a) Se a laboração for em dois turnos, uma quota de depreciação correspondente à que puder ser praticada pelo método que estiver a ser aplicado, acrescida até 25%;

b) Se a laboração for superior a dois turnos, uma quota de depreciação correspondente à que puder ser praticada pelo método que estiver a ser aplicado, acrescida até 50%.

2. No caso do método das quotas decrescentes, o disposto no número anterior não pode ser aplicado relativamente ao primeiro período de depreciação, nem dele pode decorrer, nos períodos seguintes, uma quota de depreciação superior à que puder ser praticada nesse primeiro período.

3. A aplicação do regime mencionado no nº 1 a ativos fixos tangíveis que estejam sujeitos a um desgaste mais rápido do que o normal em consequência de causas diferentes das previstas no referido número, desde que devidamente justificadas e respeitado o limiar máximo estabelecido na alínea *b*) do nº 1 e as limitações mencionadas no número anterior, depende de autorização da Autoridade Tributária e Aduaneira, a qual deve ser solicitada até ao termo do primeiro período de tributação no qual o sujeito passivo pretenda aplicar aquele regime, através de requerimento em que se indiquem as quotas de depreciação a praticar e as razões que as justificam.

4. O disposto nos números anteriores não é aplicável, em regra, relativamente a:

a) Edifícios e outras construções;

b) Bens que, pela sua natureza ou tendo em conta a actividade económica em que especificamente são utilizados, estão normalmente sujeitos a condições intensivas de exploração.

(Redação dada pelo Decreto Regulamentar nº 4/2015, de 22-04)

Artigo 10º – Depreciações de imóveis

1. No caso de imóveis, do valor a considerar nos termos do artigo 2º, para efeitos do cálculo das respectivas quotas de depreciação, é excluído o valor do terreno ou, tratando-se de terrenos de exploração, a parte do respectivo valor não sujeita a deperecimento.

2. De modo a permitir o tratamento referido no número anterior, devem ser evidenciados separadamente, no processo de documentação fiscal previsto no artigo 130º do Código do IRC:

a) O valor do terreno e o valor da construção, sendo o valor do primeiro apenas o subjacente à construção e o que lhe serve de logradouro;

b) A parte do valor do terreno de exploração não sujeita a deperecimento e a parte desse valor a ele sujeita.

3. Em relação aos imóveis adquiridos sem indicação expressa do valor do terreno referido na alínea *a)* do número anterior, o valor a atribuir a este, para efeitos fiscais, é fixado em 25% do valor global, a menos que o sujeito passivo estime outro valor com base em cálculos devidamente fundamentados e aceites pela Autoridade Tributária e Aduaneira.

4. O valor a atribuir ao terreno, para efeitos fiscais, nunca pode, porém, ser inferior ao determinado nos termos do Código do Imposto Municipal sobre Imóveis, aprovado pelo Decreto-Lei nº 287/2003, de 12 de Novembro.

5. O valor depreciável de um imóvel corresponde ao seu valor de construção ou, tratando-se de terrenos para exploração, à parte do respectivo valor sujeita a deperecimento.

(Redação dada pelo Decreto Regulamentar nº 4/2015, de 22-04)

Artigo 11º – Depreciações de viaturas ligeiras, barcos de recreio e aviões de turismo

1. Não são aceites como gastos as depreciações das viaturas ligeiras de passageiros ou mistas, incluindo os veículos elétricos, na parte correspondente ao custo de aquisição ou ao valor revalorizado excedente ao montante a definir por portaria do membro do Governo responsável pela área das finanças, bem como dos barcos de recreio e aviões de turismo.

2. O disposto no número anterior não é aplicável aos bens aí referidos que estejam afetos à exploração de serviço público de transportes ou que se destinem a ser alugados no exercício da atividade normal do sujeito passivo.

(Redação dada pelo Decreto Regulamentar nº 4/2015, de 22-04)

Artigo 12º – Activos revertíveis

1. Os elementos depreciáveis ou amortizáveis adquiridos ou produzidos por entidades concessionárias que, nos termos das regras de normalização contabilística aplicáveis, sejam reconhecidos como elementos do seu ativo fixo tangível ou intangível e que, nos termos das cláusulas do contrato de concessão, sejam revertíveis no final desta, podem ser depreciados ou amortizados em função do número de anos que restem do período de concessão, quando aquele for inferior ao seu período mínimo de vida útil.

2. Para efeitos do disposto no número anterior, a quota anual de depreciação ou amortização que pode ser aceite como gasto do período de tributação determina-se dividindo o custo de aquisição ou de produção dos elementos, deduzido, se for caso disso, da eventual contrapartida da entidade concedente, pelo número de anos que decorrer desde a sua entrada em funcionamento ou utilização até à data estabelecida para a reversão.

3. Na determinação da quota anual de depreciação ou amortização deve ser tido em consideração, com a limitação mencionada na parte final do nº 1, o novo período que resultar de eventual prorrogação ou prolongamento do período de concessão, a partir do período de tributação em que esse facto se verifique.

(Redação dada pelo Decreto Regulamentar nº 4/2015, de 22-04)

Artigo 13º – Locação financeira

1. As depreciações ou amortizações dos bens objecto de locação financeira são gastos do período de tributação dos respectivos locatários, sendo-lhes aplicável o regime geral constante do Código do IRC e do presente decreto regulamentar.

2. A transmissão dos bens locados, para o locatário, no termo dos respectivos contratos de locação financeira, bem como na relocação financeira prevista no artigo 25º do Código do IRC, não determinam qualquer alteração do regime de depreciações ou amortizações que vinha sendo seguido em relação aos mesmos pelo locatário.

Artigo 14º – Peças e componentes de substituição ou de reserva

1. As peças e componentes de substituição ou de reserva, que sejam perfeitamente identificáveis e de utilização exclusiva em activos fixos tangíveis, podem ser excepcionalmente depreciadas, a partir da data da entrada em funcionamento ou utilização destes activos ou da data da sua aquisição, se posterior, durante o mesmo período da vida útil dos elementos a que se destinam ou, no caso de ser menor, no decurso do respectivo período de vida útil calculado em função do número de anos de utilidade esperada.

2. O regime referido no número anterior não se aplica às peças e componentes que aumentem o valor ou a duração esperada dos elementos em que são aplicados.

Artigo 15º – Depreciações de bens reavaliados

1. O regime de aceitação como gastos das depreciações de bens reavaliados ao abrigo de legislação de carácter fiscal é o mencionado na mesma, com as adaptações resultantes do presente decreto regulamentar, aplicando-se aos bens reavaliados nos termos da Portaria nº 20 258, de 28 de Dezembro de 1963, o regime previsto no nº 2 do artigo 5º

2. Relativamente às reavaliações ao abrigo de diplomas de carácter fiscal, é de observar o seguinte:

a) Não é aceite como gasto, para efeitos fiscais, o produto de 0,4 pela importância do aumento das depreciações resultantes dessas reavaliações;

b) Não é aceite como gasto, para efeitos fiscais, a parte do valor depreciável ou amortizável dos elementos do ativo que tenham sofrido perdas por imparidade nos termos do artigo 31º-B do Código do IRC que corresponda à reavaliação efetuada.

3. Exceptuam-se do disposto no número anterior as reavaliações efectuadas ao abrigo da Portaria nº 20 258, de 28 de Dezembro de 1963, e do Decreto-Lei nº 126/77, de 2 de Abril, desde que efectuadas nos termos previstos nessa legislação e, na parte aplicável, com observância das disposições do presente decreto regulamentar, caso em que o aumento das depreciações resultante da reavaliação é aceite na totalidade como gasto para efeitos fiscais.

(Redação dada pelo Decreto Regulamentar nº 4/2015, de 22-04)

Artigo 16º – Activos intangíveis

1. Os activos intangíveis são amortizáveis quando sujeitos a deperecimento, designadamente por terem uma vigência temporal limitada.

2. São amortizáveis os seguintes activos intangíveis:

a) Despesas com projectos de desenvolvimento;

b) Elementos da propriedade industrial, tais como patentes, marcas, alvarás, processos de produção, modelos ou outros direitos assimilados, adquiridos a título oneroso e cuja utilização exclusiva seja reconhecida por um período limitado de tempo.

3. Exceto em caso de deperecimento efetivo, devidamente comprovado e reconhecido pela Autoridade Tributária e Aduaneira, não são amortizáveis:

a) Trespasses de estabelecimentos comerciais, industriais ou agrícolas;

b) Elementos mencionados na alínea *b)* do número anterior quando não se verifiquem as condições aí referidas.

(Redação dada pelo Decreto Regulamentar nº 4/2015, de 22-04)

Artigo 17º – Projectos de desenvolvimento

1. As despesas com projectos de desenvolvimento podem ser consideradas como gasto fiscal no período de tributação em que sejam suportadas.

2. Para efeitos do disposto no presente decreto regulamentar, consideram-se despesas com projectos de desenvolvimento, as realizadas através da exploração de resultados de trabalhos de investigação ou de outros conhecimentos científicos ou técnicos, com vista à descoberta ou à melhoria substancial de matérias-primas, produtos, serviços ou processos de produção.

3. Não é aplicável o disposto no nº 1, nem o referido na alínea *a)* do nº 2 do artigo anterior, aos projectos de desenvolvimento efectuados para outrem mediante contrato.

Artigo 18º – Quotas mínimas de depreciação ou amortização

1. As quotas mínimas de depreciação ou amortização que não tiverem sido contabilizadas como gastos do período de tributação a que respeitam, não podem ser deduzidas dos rendimentos de qualquer outro período de tributação.

2. Para efeitos do disposto no número anterior, as quotas mínimas de depreciação ou amortização são determinadas através da aplicação, aos valores mencionados no artigo 2º, das taxas iguais a metade das fixadas nos termos do artigo 5º, dependendo a utilização de quotas inferiores de comunicação à Autoridade Tributária e Aduaneira, efetuada até ao termo do primeiro período de tributação em que o sujeito passivo pretenda iniciar a aplicação de tais quotas, na qual se indiquem as quotas a praticar e as razões que justificam a respetiva utilização.

3. O disposto nos números anteriores não é aplicável aos activos não correntes detidos para venda.

(Redação dada pelo Decreto Regulamentar nº 4/2015, de 22-04)

Artigo 19º – Elementos de reduzido valor

1. Os elementos do activo sujeitos a deperecimento, cujos custos unitários de aquisição ou de produção não ultrapassem € 1000, podem ser totalmente depreciados ou amortizados num só período de tributação, excepto quando façam parte integrante de um conjunto de elementos que deva ser depreciado ou amortizado como um todo.

2. Considera-se sempre verificado o condicionalismo da parte final do número anterior quando os mencionados elementos não possam ser avaliados e utilizados individualmente.

3. Os activos depreciados ou amortizados nos termos do nº 1 devem constar dos mapas das depreciações e amortizações pelo seu valor global, numa linha própria para os elementos adquiridos ou produzidos em cada período de tributação, com a designação «Elementos de custo unitário inferior a € 1000», elementos estes cujo período máximo de vida útil se considera, para efeitos fiscais, de um ano.

Artigo 20º – Depreciações e amortizações tributadas

As depreciações e amortizações que não sejam consideradas como gastos fiscais no período de tributação em que foram contabilizadas, por excederem as importâncias máximas admitidas, são aceites como gastos fiscais nos períodos seguintes, na medida em que não se excedam as quotas máximas de depreciação ou amortização fixadas no presente decreto regulamentar.

Artigo 21º – Mapas de depreciações e amortizações

1. Os sujeitos passivos devem incluir, no processo de documentação fiscal previsto nos artigos 130º do Código do IRC e 129º do Código do IRS, os mapas de depreciações e amortizações de modelo oficial, apresentando separadamente:

a) Os elementos que entraram em funcionamento até 31 de Dezembro de 1988;

b) Os elementos que entraram em funcionamento a partir 1 de Janeiro de 1989;

c) Os elementos que foram objecto de reavaliação ao abrigo de diploma de carácter fiscal.

2. Os mapas a que se refere o número anterior devem ser preenchidos de acordo com a codificação expressa nas tabelas anexas ao presente decreto regulamentar, e que dele fazem parte integrante.

3. A contabilidade organizada nos termos do artigo 123º do Código do IRC e do artigo 117º do Código do IRS deve permitir o controlo dos valores constantes dos mapas referidos no nº 1, em conformidade com o disposto no presente decreto regulamentar e na demais legislação aplicável.

Artigo 22º – Disposição transitória

Na aplicação do disposto no presente decreto regulamentar deve ter-se em conta o seguinte:

a) O método das quotas degressivas é aplicável apenas relativamente aos elementos cuja entrada em funcionamento se tenha verificado a partir de 1 de Janeiro de 1989;

b) O disposto no nº 3 do artigo 7º é aplicável às situações ocorridas a partir de 1 de Janeiro de 1989, incluindo igualmente as situações mencionadas na parte final do artigo 8º do Decreto-Lei nº 442-B/88, de 30 de Novembro;

c) Relativamente aos imóveis de que não tenha sido ainda determinado o respectivo valor nos termos da legislação mencionada no nº 4 do artigo 10º, o limite mínimo aí referido é constituído por 25% do respectivo valor patrimonial constante da matriz à data da aquisição do imóvel;

d) No tocante aos contratos de locação financeira celebrados antes de 1 de Janeiro de 1990, aplica-se, com as necessárias adaptações, para efeitos do cálculo das quotas de depreciação, nos termos do nº 1 do artigo 13º, o disposto no nº 1 do artigo 1º do Decreto-Lei nº 311/82, de 4 de Agosto;

e) As taxas de depreciação e amortização constantes das tabelas anexas ao presente decreto regulamentar, e que dele fazem parte integrante, são aplicáveis apenas aos elementos cuja entrada em funcionamento se tenha verificado a partir de 1 de Janeiro de 1989, aplicando-se aos que entraram em funcionamento anteriormente as constantes das tabelas anexas à Portaria nº 737/81, de 29 de Agosto, com as alterações que lhe foram introduzidas pelas Portarias nºs 990/84, de 29 de Dezembro, e 85/88, de 9 de Fevereiro;

f) As despesas com a emissão de obrigações, os encargos financeiros com a aquisição ou produção de elementos do imobilizado, as diferenças de câmbio desfavoráveis relacionadas com o imobilizado e os encargos com campanhas publicitárias, reconhecidos como gastos e ainda não aceites fiscalmente, concorrem igualmente para a formação do lucro tributável de acordo com o regime que vinha sendo adoptado.

Artigo 23º – Norma revogatória

É revogado o Decreto Regulamentar nº 2/90, de 12 de Janeiro.

Artigo 24º – Entrada em vigor e produção de efeitos

O presente decreto regulamentar entra em vigor em 1 de Janeiro de 2010, aplicando-se, para efeitos de IRC e de IRS, relativamente aos períodos de tributação que se iniciem em, ou após, 1 de Janeiro de 2010.

Visto e aprovado em Conselho de Ministros de 1 de Julho de 2009. – *José Sócrates Carvalho Pinto de Sousa – Fernando Teixeira dos Santos.*

Promulgado em 31 de Agosto de 2009.

Publique-se.

O Presidente da República, ANÍBAL CAVACO SILVA.

Referendado em 1 de Setembro de 2009.

O Primeiro-Ministro, *José Sócrates Carvalho Pinto de Sousa.*

TABELA I
Taxas Específicas

Código		Percentagens
	DIVISÃO I	
	Agricultura, silvicultura, pecuária e pesca	
	Grupo 1 — Agricultura, silvicultura e pecuária	
	Construções:	
0005	Construções de tijolo, pedra ou betão	5
0010	Construções de madeira com fundações de alvenaria	6,66
	Estufas:	
0015	De estrutura metálica ou de betão ou similares	10
0020	De estrutura de madeira	20
0025	Silos	8,33
0030	Nitreiras e fossas	5
0035	Construções ligeiras (em fibrocimento, madeira, zinco, etc.)	10
	Plantações:	
0040	Bosques e florestas	(*a*)
0045	Oliveiras	4
0050	Vinhas	5
0055	Amendoeiras, citrinos, figueiras e nogueiras	5
0060	Amoreiras, framboesas, groselheiras e pessegueiros	14,28
0065	Outros pomares	10
0070	Flores e outras plantações	(*b*)
	Equipamentos motorizados:	
0075	Tractores, ceifeiras — debulhadoras, motocultivadores, etc.	16,66
	Equipamentos não motorizados:	
0090	Arrancadora — carregadora, desbastador, ensiladora e semeador mecânico de precisão	14,28
0095	Outros equipamentos	12,5
	Equipamentos especializados:	
	Equipamento de rega por aspersão:	
0100	Barragens e rede primária	3,33
0105	Rede secundária e canalizações enterradas	5
0110	Restante equipamento	12,5
0115	Equipamento de ordenha	12,5
0120	Equipamento de vinificação	12,5
	Melhoramentos fundiários:	
0125	Subsolagens de efeito duradouro	33,33
0130	Ripagens e correcções de solos de efeito duradouro	20
0135	Barragens de terra batida e charcas	5
0140	Surribas profundas, trabalhos de enxugo ou drenagens, obras de defesa contra inundações, etc.	14,28
0145	Poços e furos	10
0150	Cercas	10
	Animais:	
0155	De trabalho	12,5
	Reprodutores:	
0160	Suínos	33,33
0165	Outros	10

Código		Percentagens
	Grupo 2 — Pesca	
	Barcos de pesca:	
0170	Costeiros (traineiras e outras embarcações cuja arqueação bruta ou calado as caracterize como costeiras)	12,5
	De alto mar:	
0175	De ferro	7,14
0180	De madeira	10
0185	Navios — fábricas e navios — frigoríficos	10
0190	Instalações de congelação e conservação	12,5
0195	Aparelhos localizadores, de telefonia, de radiogoniometria e de radar	20
0200	Apresto de pesca	33,33
	DIVISÃO II	
	Indústrias extractivas	
0210	Terrenos de exploração	(*c*)
0215	Terrenos destinados a entulheiras	(*d*)
0220	Fornos de ustulação e fundição	20
	Equipamento mineiro fixo:	
0225	De superfície	12,5
0230	De subsolo	20
0235	Vias férreas e respectivo material rolante	12,5
0240	Equipamento móvel sobre rodas ou lagartas	20
0245	Ferramentas e utensílios de uso específico	33,33
	DIVISÃO III	
	Indústrias transformadoras	
	Grupo 1 — De alimentação, bebidas e tabaco	
	***A*) Indústria de panificação**	
0250	Fornos mecânicos, eléctricos, a vapor, etc.	12,5
0255	Fornos a caruma ou a lenha	8,33
0260	Equipamento mecânico e específico	12,5
0265	Instalações frigoríficas e de ventilação	12,5
0270	Silos (tecido)	25
	***B*) Outras indústrias de alimentação**	
0275	Silos	5
	Depósitos:	
0280	De cimento	6,66
0285	De metal	7,14
	Fornos fixos:	
0290	Eléctricos e de combustíveis líquidos ou gasosos	12,5
0295	A lenha ou a carvão	8,33
0300	Fornos móveis	14,28
0305	Prensas	6,25
	Torradores:	
0310	Fixos	12,5
0315	Móveis	14,28
	Maquinaria e instalações industriais de uso específico:	
0320	De moagem, descasque e polimento de arroz e refinação de óleos vegetais	10
0325	Conservas de carne, cacau e gelados	14,28
0330	Outras indústrias	12,5

Código		Percentagens
	C) Bebidas não alcoólicas	
0345	Instalações de captação, poços e depósitos de água	5
	Depósitos e tanques para a preparação de misturas e armazenagem:	
0350	De aço inoxidável	5
0355	De outros materiais	8,33
	Maquinaria para filtragem, esterilização, engarrafamento e rotulagem:	
0360	Automáticas e semiautomáticas	12,5
0365	Não automáticas	10
	Maquinaria e instalações de selecção, lavagem, trituração, prensagem e concentração de frutos:	
0370	Automáticas e semiautomáticas	14,28
0375	Não automáticas	12,5
0380	Instalações frigoríficas	12,5
	D) Bebidas alcoólicas	
	Tanques, cubas e depósitos de fermentação, repouso e armazenagem:	
0390	De madeira	7,14
0395	Metálicos	6,66
0400	De betão e similares	5
0405	Caldeiras e alambiques	6,66
0410	Maquinaria e instalações de uso específico	12,5
	E) Tabaco	
	Câmaras de secagem de tabaco:	
0420	De betão ou alvenaria	5
0425	Construções ligeiras	12,5
0430	Máquinas e instalações de uso específico	12,5
	Grupo 2 — Têxteis	
0440	Maquinaria para o fabrico de malhas	20
0445	Maquinaria para o fabrico de cordas, cabos e redes	12,5
0450	Teares para a indústria de tapeçaria	14,28
	Outras máquinas e instalações de uso específico:	
0455	Para uso em ambiente normal	12,5
0460	Para uso em ambiente corrosivo	20
	Grupo 3 — Calçado, vestuário e têxteis em obra	
0470	Máquinas e instalações industriais de uso específico	12,5
0475	Caldeiras para a produção de vapor	20
0480	Moldes e formas para calçado	50
	Grupo 4 — Madeira e cortiça	
	A) Madeiras	
0490	Instalação industriais de uso específico	12,5
	Maquinaria:	
0495	De serração e fabrico de móveis e alfaias de madeira	14,28
0500	Para o fabrico de folheados, contraplacados e aglomerados de partículas e fibras de madeira	12,5
	B) Preparação e transformação de cortiças, aglomerados e granulados	
0510	Caldeiras a vapor	20
0515	Autoclaves de cocção	14,28
0520	Fornos de fogo semidirecto	12,5
0525	Instalações de uso específico	8,33
0530	Máquinas de uso específico	10
	Grupo 5 — Indústrias do papel e de artigos de papel	
0540	Geradores de vapor	6,66
0545	Lixiviadores	14,28
	Máquinas de uso específico para:	
0550	Fabricação de pasta	10

Código		Percentagens
0555	Formação de folha de papel	8,33
0560	Preparação e acabamento de papel	12,5
0565	Transformação de papel	14,28
	Grupo 6 — Tipografia, editoriais e indústrias conexas	
0575	Máquinas de composição de jornais diários	20
0580	Máquinas de impressão	14,28
0585	Aparelhagem electrónica para comando, reprodução, iluminação e corte	20
0590	Outras máquinas e apetrechos de uso específico	12,5
0595	Tipos e cortantes	33,33
	Grupo 7 — Indústrias de curtumes e de artigos de couro e pele (excepto calçado e artigos de vestuário)	
0605	Instalações industriais de uso específico	12,5
0610	Máquinas de uso específico	14,28
	Grupo 8 — Indústria de borracha	
0620	Máquinas e instalações industriais de uso específico	14,28
0625	Moldes e formas	33,33
	Grupo 9 — Indústrias químicas	
	***A*) Derivados do petróleo bruto e carvão**	
0640	Máquinas e instalações industriais de uso específico	12,5
0645	Máquinas e instalações industriais de uso específico sujeitas a ambiente corrosivo	16,66
0650	Oleodutos, reservatórios e instalações de distribuição	10
0655	Bombas de gás (petróleo)	14,28
	***B*) Produções de gases comprimidos**	
0665	Instalações industriais de uso específico	10
0670	Máquinas de uso específico	14,28
0680	Material de distribuição de gases (embalagens)	12,5
	***C*) Fabricação de explosivos e pirotecnia**	
0690	Máquinas e instalações industriais de uso específico	12,5
0695	Máquinas e instalações industriais de uso específico em ambiente corrosivo	20
0700	Ferramentas e utensílios de uso específico	33,33
	***D*) Sabões, detergentes e óleos e gorduras animais ou vegetais não alimentares**	
0710	Máquinas e instalações industriais de uso específico	12,5
0715	Máquinas e instalações industriais de uso específico em ambiente corrosivo	20
0720	Aparelhos e utensílios de laboratório	20
0725	Ferramentas e utensílios de uso específico	33,33
	***E*) Fabricação de fibras artificiais e sintéticas, resinas sintéticas e outras matérias plásticas**	
0730	Máquinas e instalações industriais de uso específico	14,28
0735	Prensas	6,25
0740	Moldes e formas	33,33
0745	Material de laboratório	20
	***F*) Outras indústrias químicas**	
0760	Fornos reactores para sínteses	20
0765	Fornos reactores para fusão	20
0770	Instalações de electrólise e de electrossíntese	20
0775	Instalações de fabricação de ácidos	20
0780	Máquinas e outras instalações industriais de uso específico	12,5
0785	Máquinas e outras instalações industriais de uso específico em ambiente corrosivo	16,66
	Grupo 10 — Indústrias dos produtos minerais não metálicos	
	***A*) Cerâmica de construção**	
0800	Terrenos de exploração	(*e*)
0805	Fornos e muflas intermitentes	14,28
0810	Fornos e muflas contínuos	16,66
0815	Máquinas e outras instalações industriais de uso específico	14,28
0825	Moldes (gesso ou madeira)	33,33

Código		Percentagens
	B) Porcelanas e faianças	
0835	Fornos	14,28
0840	Máquinas e outras instalações industriais de uso específico	14,28
0845	Ferramentas e utensílios de uso específico	33,33
	C) Vidros e artigos de vidro	
0850	Fornos	14,28
0855	Máquinas e instalações de uso específico	12,5
0865	Ferramentas e utensílios de uso específico	33,33
	D) Cimento	
0875	Fornos	14,28
0880	Máquinas e instalações industriais de uso específico	14,28
	E) Artefactos de cimento	
0890	Máquinas e instalações industriais de uso específico	12,5
	F) Cal e gesso	
0910	Fornos	12,5
0915	Máquinas e instalações industriais de uso específico	12,5
	Grupo 11 — Indústrias metalúrgicas, metalomecânicas e de material eléctrico	
	A) Básicas do ferro e do aço	
0930	Fornos	12,5
0935	Máquinas e outros instrumentos industriais de uso específico	14,28
	B) Básicas de metais não ferrosos	
0950	Fornos	14,28
0955	Células electrolíticas e outras instalações para reagentes químicos	16,66
0960	Máquinas e outras instalações industriais de uso específico	14,28
0965	Ferramentas e utensílios de uso específico	33,33
	C) Construção e reparação naval	
0970	Docas flutuantes	8,33
0975	Docas secas, cais e pontes-cais	5
	Embarcações para navegação fluvial:	
0980	De ferro	7,14
0985	De madeira	10
0990	Fornos	14,28
0995	Outras instalações industriais de uso específico	10
1000	Máquinas de uso específico	16,66
	D) Outras indústrias metalúrgicas, metalomecânicas e de material eléctrico	
1010	Fornos de secagem	20
1015	Outros fornos e estufas	14,28
1020	Instalações de vácuo	20
1025	Células electrolíticas e instalações para reagentes químicos	14,28
1030	Equipamento de soldadura	20
1035	Outras instalações industriais de uso específico	10
	Prensas:	
1040	De tipo ligeiro	14,28
1045	De tipo pesado	10
1050	Máquinas de bobinar	25
1055	Máquinas para corte de chapa magnética	20
1060	Outras máquinas de uso específico	14,28
1065	Moldes	33,33
1070	Ferramentas e utensílios de uso específico	33,33
	Grupo 12 — Indústrias transformadoras diversas	
	A) Fabricação de aparelhos e instrumentos de medida e verificação	
1075	Instalações industriais de uso específico	10
1080	Máquinas de uso específico	14,28
1085	Fornos	12,5
1090	Ferramentas e utensílios de uso específico	33,33

Código		Percentagens
	***B*) Fabricação de jóias e de artigos de ourivesaria**	
1095	Instalações industriais de uso específico	10
1100	Máquinas de uso específico	14,28
1105	Ferramentas e utensílios de uso específico	33,33
	***C*) Fabricação de artigos de matérias plásticas**	
1110	Instalações industriais de uso específico	10
1115	Máquinas de uso específico	20
1120	Moldes	33,33
1125	Ferramentas e utensílios de uso específico	33,33
	DIVISÃO IV	
	Construção civil e obras públicas	
1130	Construções ligeiras não afectas a obras em curso	12,5
1135	Material de desenho, de topografia e de ensaio e medida	16,66
	Materiais auxiliares de construção:	
	De madeira:	
1140	Andaimes	100
1145	Cofragem	100
	Metálicos:	
1150	Andaimes	14,28
1155	Cofragem	25
1160	Diversos	20
	Equipamentos:	
1165	De transporte geral	25
	De oficinas:	
1170	Carpintaria	16,66
1175	Serralharia	14,28
1180	Produção e distribuição de energia eléctrica	14,28
1185	Para movimentação e armazenagem de materiais	14,28
1190	Para trabalhos de ar comprimido	25
1195	Para trabalhos de escavação e terraplenagem	20
1200	De sondagens e fundações	20
1205	Para exploração de pedreiras, fabricação e aplicação de betões e argamassas	20
1210	Para construção de estradas	20
1215	Para obras hidráulicas	6,25
1220	Ferramentas e equipamentos individuais	33,33
	DIVISÃO V	
	Electricidade, gás e água	
	Grupo 1 — Produção, transporte e distribuição de energia eléctrica	
1225	Obras hidráulicas fixas	3,33
	Equipamentos de centrais:	
1230	Hidroeléctricas	6,25
1235	Termoeléctricas	8,33
1240	Subestações e postos de transformação	5
1245	Linhas de AT e suportes	5
1250	Linhas de BT e suportes	7,14
1255	Aparelhos de medida e controlo	12,5
	Grupo 2 — Produção e distribuição de gás	
1265	Instalações de destilação de carvões minerais	6,25
1270	Gasómetros e depósitos para armazenagem de gás	6,25
1275	Subestações redutoras e rede de distribuição	6,25
1280	Máquinas e outras instalações de uso específico	12,5
1285	Aparelhos de medida e controlo	12,5

Código		Percentagens
	Grupo 3 — Captação e distribuição de águas	
1295	Obras hidráulicas fixas	3,33
1300	Comportas	5
	Reservatórios:	
1305	De torre ou de superfície	4
1310	Subterrâneos	2,5
1315	Condutas	4
	Redes de distribuição:	
1320	De ferro	5
1325	De fibrocimento ou similares	6,25
1330	Outras instalações e máquinas de uso específico	12,5
1335	Aparelhos de medida e controlo	12,5
	DIVISÃO VI	
	Transportes e comunicações	
	Grupo 1 — Transportes	
	***A*) Transportes ferroviários**	
1345	Túneis e obras de arte	2
1350	Vias-férreas	6,25
1355	Subestações de electricidade e postos de transformação	5
1360	Linhas eléctricas e respectivas instalações	5
1365	Instalações de sinalização e controlo	14,28
1370	Locomotivas	7,14
	Automotoras:	
1375	Ligeiras	7,14
1380	Pesadas	6,25
	Vagões:	
1385	Cubas, cisternas e frigoríficos	6,25
1390	Não especificadas	5
1395	Carruagens e outro material rolante	5
1400	Material de carga e descarga	8,33
1405	Outras máquinas e instalações de uso específico	12,5
	***B*) Outros transportes terrestres**	
1415	Linhas eléctricas e respectivas instalações	5
1420	Carros eléctricos	6,25
1425	*Trolley-cars*	10
	Veículos automóveis de serviço público:	
1430	Pesados, para passageiros	25
1435	Pesados e reboques, para mercadorias	25
1440	Ligeiros e mistos	25
1445	Outras instalações de uso específico	10
	***C*) Transportes marítimos, fluviais e lacustres**	
1455	Navios de carga geral convencionais e navios mistos de passageiros e de carga	10
1460	Navios de passageiros, ferries, graneleiros, porta-contentores, navios -tanques, navios — frigoríficos e outros navios especializados	12,5
1465	Dragas, gruas flutuantes, barcaças, etc., de ferro	8,33
1470	Fragatas, barcaças e outras embarcações de madeira	12,5
1475	Embarcações de borracha	10
1476	Embarcações de fibra de vidro	25
1480	Máquinas e instalações portuárias	14,28
1485	Outras máquinas e instalações de uso específico	12,5
	***D*) Transportes aéreos**	
	Aviões:	
1495	Com motores de reacção	16,66
1500	Com motores a turbo — hélice	16,66
1505	Com motores convencionais	25

Código		Percentagens
1510	Frota terrestre	20
1515	Instalações auxiliares, nos aeroportos, para carga, embarque, etc.	10
1520	Máquinas e instalações de oficinas de reparação e revisão	12,5
	Grupo 2 — Comunicações telefónicas, telegráficas e radiotelegráficas	
1530	Centrais de transmissão e de recepção	12,5
1535	Redes aéreas, suportes e cabos subterrâneos	5
1540	Instalações de sincronização e de controlo	14,28
1545	Instalações de registo de rádio	20
1550	Postos públicos e particulares	10
	DIVISÃO VII	
	Serviços	
	Grupo 1 — Serviços de saúde com ou sem internamento	
1560	Decorações interiores, incluindo tapeçarias	25
1565	Mobiliário	12,5
1570	Colchoaria e cobertores	25
1575	Roupas brancas e atoalhados	50
1580	Louças e objectos de vidro, excepto decorativos	33,33
1585	Talheres e utensílios de cozinha	25
1590	Aparelhagem e material médico-cirúrgico de rápida evolução técnica	33,33
1595	Outro material, aparelhos, utensílios e instalações de uso específico	14,28
	Grupo 2 — Serviços recreativos	
	***A*) Casas de espectáculos**	
1600	Máquinas de projecção e instalação sonora	14,28
1605	Cortinas metálicas contra incêndios	5
1610	Decorações interiores, incluindo tapeçarias (*f*)	20
1615	Aparelhagem e mobiliário de uso específico	12,5
	***B*) Estações de radiodifusão e televisão**	
1620	Instalações radiofónicas	12,5
1625	Instalações de teledifusão e televisão	16,66
1630	Instalações de sincronização e controlo	14,28
1635	Instalações de gravação e registo	25
1640	Equipamento móvel para serviço no exterior	20
	Grupo 3 — Hotéis, restaurantes, cafés e actividades similares	
1650	Decorações de interiores, incluindo tapeçarias (*f*)	25
1655	Mobiliário (*f*)	12,5
1660	Colchoaria e cobertores	20
1665	Roupas brancas e atoalhados	50
1670	Louças e objectos de vidro, excepto decorativos	33,33
1675	Talheres e utensílios de cozinha	25
1680	Máquinas, aparelhos, utensílios e instalações de uso específico	14,28
	Grupo 4 — Serviços de higiene e de estética	
	***A*) Lavandarias e tinturarias**	
1685	Maquinaria de uso específico	14,28
1690	Instalações industriais de uso específico	10
	***B*) Barbearias, salões de cabeleireiro e institutos de beleza**	
1700	Aparelhos e instrumentos para massagens, depilação, secagem e trabalhos similares	20
1705	Instalações de uso específico	10
1710	Roupas brancas	50

(*a*) De acordo com o regime de exploração ou, por opção do sujeito passivo, à taxa específica de 4%.
(*b*) De acordo com o regime de exploração.
(*c*) Em função do esgotamento.
(*d*) Em função da superfície degradada.
(*e*) Em função do esgotamento.
(*f*) Excluem-se os móveis e objectos de arte e antiguidades.

(Redação dada pela Lei nº 2/2014, de 16-01)

TABELA II
Taxas Genéricas

Código		Percentagens
	DIVISÃO I	
	Activos fixos tangíveis e propriedades de investimento	
	Grupo 1 — Imóveis	
2005	Edificações ligeiras (fibrocimento, madeira, zinco, etc.)	10
	Edifícios (*a*):	
2010	Habitacionais	2
2015	Comerciais e administrativos	2
2020	Industriais ou edificações integradas em conjuntos industriais	5
2025	Afectos a hotéis, restaurantes e similares, a garagens e estações de serviço, a serviços de saúde e de ens no e a serviços recreativos e culturais	5
2035	Fornos	10
2040	Obras hidráulicas, incluindo poços de água	5
2045	Obras de pavimentação de pedra, cimento, betão, etc.	5
	Pontes e aquedutos:	
2050	De betão ou alvenaria	3,33
2055	De madeira	20
2060	Metálicos	8,33
	Reservatórios de água:	
2065	De torre ou de superfície	5
2070	Subterrâneos	3,33
2075	Silos	5
	Vedações e arranjos urbanísticos:	
2080	Arranjos urbanísticos	10
2085	Vedações ligeiras	8,33
2090	Muros	5
	Grupo 2 — Instalações	
2095	De água, electricidade, ar comprimido, refrigeração e telefónicas (instalações interiores)	10
2100	De aquecimento central	6,66
2105	Ascensores, monta-cargas e escadas mecânicas	10
2110	De cabos aéreos e suportes	10
2115	De caldeiras e alambiques	7,14
2120	De captação e distribuição de água (instalações privativas)	5
2125	De carga, descarga e embarque (instalações privativas)	7,14
2130	Centrais telefónicas privativas	10
2135	De distribuição de combustíveis líquidos (instalações privativas)	10
2140	De embalagem	10
	Instalações de armazenagem e de depósito:	
2145	De betão	5
2150	De madeira	6,66
2155	Metálicos	8,33
2160	De lagares e prensas	7,14
2165	Postos de transformação	5
2170	Radiofónicas, radiotelegráficas e de televisão (instalações privativas)	12,5
2175	Refeitórios e cozinhas privativas	10
2180	Reservatórios para combustíveis líquidos	6,66
2185	Vitrinas e estantes fixas	12,5
2186	Espaços expositivos de carácter itinerante	25
2190	Instalações de centros de formação profissional	16,66
2195	Não especificadas	10
	Grupo 3 — Máquinas, aparelhos e ferramentas	
2200	Aparelhagem e máquinas electrónicas	20
2205	Aparelhagem de reprodução de som	20
2210	Aparelhos de ar condicionado	12,5
2215	Aparelhos de aquecimento (irradiadores e outros)	12,5
2220	Aparelhos de laboratório e precisão	14,28
2225	Aparelhos de ventilação (ventoinhas e outros)	12,5
2230	Balanças	12,5
2235	Compressores	25
2240	Computadores	33,33
2245	Equipamento de centros de formação profissional	16,66
	Máquinas, aparelhos e ferramentas:	

Código		Percentagens
2250	Equipamentos de energia solar, incluindo nomeadamente equipamentos de energia solar fotovoltaica, ou equipamentos de energia eólica	8
2251	Aparelhos telemóveis	20
	Equipamento de oficinas privativas:	
2255	De carpintaria	12,5
2260	De serralharia e mecânica	14,28
2265	Ferramentas e utensílios	25
2270	Guindastes	12,5
2275	Máquinas de escrever, de calcular, de contabilidade e de fotocopiar	20
	Máquinas — ferramentas:	
2280	Ligeiras	20
2285	Pesadas	12,5
2290	Máquinas de lavagem automática de veículos	20
2295	Máquinas não especificadas	12,5
2300	Material de incêndio (extintores e outros)	25
2305	Material de queima	14,28
2310	Motores	12,5
2315	Televisores	14,28
	Grupo 4 — Material rolante ou de transporte	
2320	Aeronaves	20
	Barcos:	
2325	De ferro	7,14
2330	De madeira	10
2335	De borracha	12,5
2340	Bicicletas, triciclos e motociclos	25
2345	Tractores e atrelados, empilhadores e carros com caixa basculante *(dumpers)*	16,66
2350	Vagões	4
2355	Veículos de tracção animal, compreendendo animais de tiro	12,5
2360	Vias-férreas normais	4
2365	Vias-férreas (sistema Decauville) e respectivo material rolante	10
	Veículos automóveis:	
2370	Funerários	12,5
2375	Ligeiros e mistos	25
2380	Pesados de passageiros	14,28
2385	Pesados e reboques, de mercadorias	20
2390	Pesados e reboques de mercadorias, quando utilizados normalmente em vias que provoquem forte desgaste de material	25
2395	Tanques	16,66
	Grupo 5 — Elementos diversos	
	Artigos de conforto e decoração (*b*):	
2400	Alcatifas	25
2405	Outros	12,5
2410	Encerados	50
2415	Equipamento publicitário colocado na via pública	12,5
2420	Filmes, discos e *cassettes*	25
2425	Material de desenho e topografia	12,5
2430	Mobiliário (*b*) (*c*)	12,5
2435	Moldes, matrizes, formas e cunhos	25
2440	Programas de computadores	33,33
	Taras e vasilhame:	
2445	De madeira	20
2450	De metal	14,28
2455	De outros materiais	33,33
	DIVISÃO II	
	Activos intangíveis	
2470	Projectos de desenvolvimento	33,33
2475	Elementos da propriedade industrial, tais como patentes, marcas, alvarás, processos de produção, moldes ou outros direitos assimilados, adquiridos a título oneroso e cuja utilização exclusiva seja reconhecida por um período limitado de tempo	(*d*)

(*a*) Tratando-se de edifícios onde se exerçam actividades enquadráveis em mais de uma das rubricas, o regime de depreciação será determinado pela classificação que lhes couber face à característica neles predominante.

(*b*) Excluem-se os móveis e objectos de arte e antiguidades.

(*c*) O mobiliário e outros elementos afectos a centros de formação profissional são depreciados à taxa máxima anual de 16,66% se taxa mais elevada não estiver fixada na presente tabela.

(*d*) A taxa de amortização é determinada em função do período de tempo em que tiver lugar a utilização exclusiva.

(Redação dada pela Lei nº 82-D/2014, de 31-12)

Estatuto dos Benefícios Fiscais

Decreto-Lei nº 215/89, de 1 de Julho

A multiplicidade e dispersão dos benefícios fiscais, abolidos com a entrada em vigor dos novos impostos sobre o rendimento, constituía um dos aspectos mais criticáveis do sistema tributário português, dada a sua manifesta falta de coerência, as consequências negativas de que era causa no plano da equidade e a receita cessante que implicava.

Na revisão do regime que agora se concretiza com a aprovação do Estatuto dos Benefícios Fiscais, respeitante sobretudo aos impostos sobre o rendimento, entendeu o Governo acolher princípios que passam pela atribuição aos benefícios fiscais de um carácter obrigatoriamente excepcional, só devendo ser concedidos em casos de reconhecido interesse público; pela estabilidade, de modo a garantir aos contribuintes uma situação clara e segura; pela moderação, dado que as receitas são postas em causa com a concessão de benefício, quando o País tem de reduzir o peso do défice público e, simultaneamente, realizar investimentos em infra-estruturas e serviços públicos.

Nessa linha, introduzidos que foram nos Códigos do IRS, do IRC e da CA os desagravamentos caracterizados por uma máxima permanência e estabilidade, são incluídos no Estatuto dos Benefícios Fiscais aqueles que se caracterizam por um carácter menos estrutural, mas que revestem, ainda assim, relativa estabilidade. Os benefícios com finalidades marcadamente conjunturais ou requerendo uma regulação relativamente frequente serão, por sua vez, incluídos nos futuros Orçamentos do Estado.

O Estatuto dos Benefícios Fiscais contém os princípios gerais a que deve obedecer a criação das situações de benefício, as regras da sua atribuição e reconhecimento administrativo e o elenco desses mesmos benefícios, com o duplo objectivo de, por um lado, garantir maior estabilidade aos diplomas reguladores das novas espécies tributárias e, por outro, conferir um carácter mais sistemático ao conjunto dos benefícios fiscais.

Quanto aos benefícios, em especial, importa salientar a preocupação havida com a garantia da continuação dos benefícios fiscais existentes à data de entrada em vigor dos novos impostos sobre o rendimento, prevendo-se para o efeito mecanismos adequados, cujo objectivo é o de fazer reflectir nos novos impostos os benefícios que se reportavam aos impostos extintos.

Os benefícios fiscais respeitantes a investimentos efectuados até 31 de Dezembro de 1988 e que, nos termos da legislação anterior, se iriam concretizar em deduções à matéria colectável ou à colecta nos anos seguintes são devidamente salvaguardados em sede de IRS e IRC.

Além disso, de modo a assegurar que projectos de investimento em curso na data de entrada em vigor dos novos impostos não vejam as suas expectativas diminuídas em termos de crédito fiscal por investimento, prevê-se que poderão ser deduzidos na colecta do IRS ou do IRC, relativa ao período em que os bens entrem em funcionamento, 4% do investimento concluído até 31 de Dezembro de 1988 ou iniciado até esta data e concluído em 1989, bem como 4% do valor das imobilizações em curso em 31 de Dezembro de 1989, relativamente a investimentos iniciados antes de 1 de Janeiro de 1989.

Quanto às obrigações em circulação em 31 de Dezembro de 1988 – com o objectivo de contemplar as expectativas dos obrigacionistas no que respeita à sua remuneração líquida –, aplicar-se-á aos respectivos juros o regime de tributação em vigor à data da sua emissão. E isto será assim até ao fim da vida dessas obrigações.

Para efeitos de tributação em IRS e IRC, prevê-se que seja considerada só uma parte dos juros de obrigações emitidas por empresas em 1989. Essa redução é de 20% daqueles juros.

Trata-se de um benefício de carácter conjuntural que deverá ser ponderado, anualmente, no âmbito do Orçamento do Estado. No entanto, define-se desde já que as obrigações emitidas durante os anos de 1989 a 1992, inclusive, ficam isentas de imposto sobre as sucessões e doações.

A tributação dos dividendos de acções cotadas em bolsa é desagravada. Assim, o IRS e o IRC incidirão apenas sobre 80% dos seus dividendos, ou seja, é-lhes concedido tratamento fiscal análogo ao dos juros da dívida pública a emitir após 1 de Maio de 1989.

De modo a privilegiar fiscalmente as acções adquiridas na sequência do processo de privatizações, prevê-se que, até ao limite de cinco anos, o IRS e o IRC incidam apenas sobre 60% dos seus dividendos.

O artigo 44º do Código do IRC prevê que as mais-valias obtidas através da transmissão onerosa de activo corpóreo possam ser excluídas da tributação desde que o respectivo valor de realização seja reinvestido, total ou parcialmente, até ao fim do 2º exercício posterior, na aquisição de outros bens do activo corpóreo.

O Estatuto permite o alargamento desse regime às mais-valias realizadas através da transmissão onerosa de imobilizações financeiras, desde que o correspondente valor de realização seja reinvestido em activo corpóreo ou em quotas, acções ou títulos do Estado Português.

Procurando evitar-se situações de dupla tributação para os participantes dos fundos de investimento mobiliário, imobiliário e de pensões, fica consagrada a isenção do IRC dos seus rendimentos por se reconhecer o importante papel regulador que os mesmos assumem no mercado de capitais e como fomentadores da poupança. Relativamente aos fundos de pensões, deve ainda sublinhar-se que:

a) No Código do IRC (artigo 38º) está prevista a consideração como custo, em geral até ao limite de 15% da respectiva massa salarial, das contribuições das empresas para fundos de pensões em benefício do seu pessoal;

b) No Código do IRS (artigo 55º) está prevista a possibilidade de abatimento ao rendimento líquido total, dentro dos limites aí mencionados, das contribuições para fundos de pensões relativas ao sujeito passivo ou aos seus dependentes.

Os fundos de investimento afectos a planos pessoais de reforma (PPR) ficam igualmente isentos de IRC.

Por sua vez, o valor investido, em cada ano, no PPR é dedutível para efeitos de IRS, com o limite máximo do menor dos seguintes valores: 20% do rendimento total bruto englobado e 500 contos.

Os beneficiários da «reforma» serão, a seu tempo, tributados em IRS, mas em condições favoráveis.

O Estatuto prevê a isenção de IRC, no ano da sua constituição e nos quatro anos seguintes, relativamente às sociedades de capital de risco e de desenvolvimento regional, e no ano da constituição e nos sete anos seguintes, para as sociedades de fomento empresarial. Quanto às sociedades de gestão e investimento imobiliário, prevê-se, até um máximo de dez anos, a redução para 25% da taxa de IRC e o aumento para o dobro do crédito de imposto relativo à chamada «dupla tributação económica» de lucros distribuídos (que assim passa de 20% para 40%), com reflexo em IRS ou IRC, conforme os sócios sejam pessoas singulares ou colectivas.

Tendo em conta que relativamente aos rendimentos de actividades agrícolas, silvícolas ou pecuárias se prevê, no artigo 18º do Decreto-Lei nº 442-B/88, de 30 de Novembro, que aprovou o Código do IRC, um regime de aproximação gradual das suas taxas de tributação ao respectivo regime geral, o Estatuto estabelece que um regime semelhante se aplique aos rendimentos das caixas de crédito agrícola mútuo.

O Código do IRC prevê, no seu artigo 45º, que a chamada «dupla tributação económica» possa ser eliminada relativamente aos lucros atribuídos a participações quando estas ultrapassem certa percentagem (25%) e sejam detidas com características de estabilidade (isto é, por um prazo mínimo de dois anos consecutivos).

Dadas as particularidades das participações detidas por bancos de investimento, sociedades de investimento e sociedades financeiras de corretagem, estas quanto aos seus rendimentos decorrentes da actividade por conta própria, permitese que aquele regime possa ser aplicado a essas participações independentemente da percentagem de participação e do prazo.

Nos termos do Código do IRC, os rendimentos dos clubes e associações desportivas directamente derivados do exercício de actividades desportivas, recreativas e culturais estão isentos. Os rendimentos que não se encontram nessas condições são tributados à taxa de 20%. Note-se que a taxa geral aplicável às entidades que exerçam a título principal uma actividade comercial, industrial ou agrícola é de 36,5%.

Não obstante aquela taxa reduzida, prevê-se que os rendimentos dos pequenos clubes e associações que não sejam directamente derivados da actividade desportiva (até ao máximo de rendimento bruto total de 800 contos) fiquem também isentos de IRC. Além disso, estabelece-se, com carácter geral, que os clubes e associações desportivas fiquem isentos de contribuição autárquica relativamente aos prédios ou partes de prédios destinados directamente à realização dos seus fins.

No sentido de incentivar a criação artística ou literária, prevê-se que os rendimentos auferidos por pintores, escultores ou escritores, residentes em Portugal, relativos à sua produção artística ou literária, sejam apenas englobados por 50% para efeitos de IRS.

Os prédios destinados a habitação própria (a que, como é sabido, não é imputado qualquer rendimento para efeitos de IRS – contrariamente ao que acontecia em contribuição predial e imposto complementar) poderão beneficiar de um regime de isenção em contribuição autárquica por um período de dez anos se o respectivo valor tributável for igual ou inferior a 10 000 contos, aplicando-se um período de isenção menor quanto aos prédios de valor superior, mas inferior a 15 000 contos.

Por outro lado, prevê-se a isenção total dos juros das «contas poupança-habitação» que se destinem a financiar a compra, construção ou obras em habitação própria permanente.

Quanto às casas destinadas a arrendamento para habitação, as de renda condicionada ficam isentas de contribuição autárquica por um período até quinze anos, sendo aplicável às restantes, quanto a esta contribuição, um regime de isenção por um período até dez anos, tanto maior quanto menor for o respectivo valor tributável.

Ficam ainda isentos de contribuição autárquica os prédios pertencentes a famílias cujo rendimento bruto total para efeitos de IRS não seja superior ao dobro do salário mínimo nacional.

Os deficientes cujo grau de invalidez permanente seja igual ou superior a 60% terão um regime fiscal mais favorável, traduzido em:

a) Englobamento, para efeitos de tributação em IRS, de apenas 50% dos seus rendimentos de trabalho dependente e independente;

b) Abatimento na totalidade das despesas efectuadas com educação e reabilitação e, bem assim, dos prémios de seguros em que o deficiente figure como primeiro beneficiário;

c) Extensão aos deficientes do regime das «contas poupança-reformados».

Assim:

No uso da autorização legislativa concedida pela Lei nº 8/89, de 22 de Abril, e nos termos da alínea *b)* do nº 1 do artigo 201º da Constituição, o Governo decreta o seguinte:

(Cfr. Declaração publicada no Diário da República nº 251, Série I, 2º Sup., de 31-10-1989)

Artigo 1º – Aprovação e entrada em vigor

1. É aprovado o Estatuto dos Benefícios Fiscais, anexo ao presente diploma e que dele faz parte integrante.

2. O Estatuto dos Benefícios Fiscais produz efeitos desde 1 de Janeiro de 1989.

Artigo 2º – Regime transitório geral

1. São mantidos nos termos em que foram concedidos, com as necessárias adaptações, os benefícios fiscais cujo direito tenha sido adquirido até 31 de Dezembro de 1988 ou aqueles que, tendo sido objecto de decisão em data posterior, forem reportados a 31 de Dezembro de 1988, nos termos do nº 5, sendo de observar o seguinte:

a) Os benefícios fiscais que se traduziam em aumento de custos, designadamente aceleração de reintegrações e amortizações ou em deduções ao lucro tributável, efectivam-se em sede de IRS ou de IRC nos termos da legislação que lhes era aplicável;

b) Os benefícios fiscais que se traduziam em isenções dos impostos parcelares e do imposto complementar correspondente convertem-se em isenção dos respectivos rendimentos em sede de IRS ou de IRC;

c) As isenções de imposto de mais-valias convertem-se em exclusão dos respectivos ganhos para apuramento do rendimento ou lucro tributável em IRS ou em IRC;

d) As isenções de contribuição predial concedidas às entidades referidas no artigo 50º do Estatuto dos Benefícios Fiscais anteriormente à data da entrada em vigor do presente diploma são convertidas em isenções da contribuição autárquica, com as necessárias adaptações;

e) Os benefícios fiscais não compreendidos nas alíneas anteriores são substituídos por benefícios fiscais equivalentes mediante a aplicação de tabelas de conversão anexas ao Estatuto dos Benefícios Fiscais e que dele fazem parte integrante.

2. Para efeitos do disposto no número anterior, são direitos adquiridos os benefícios fiscais de fonte internacional e contratual e os benefícios temporários e condicionados, sem prejuízo do disposto nos Códigos do IRS, do IRC e da CA.

3. Para efeitos do disposto no artigo 74º do Código do IRS e dos artigos 69º e 75º do Código do IRC, o regime de tributação aplicável aos juros das obrigações em circulação em 31 de Dezembro de 1988 é o que lhes corresponderia em sede de imposto de capitais nos termos da legislação em vigor à data da sua emissão.

4. No quadro do regime de equivalências dos benefícios fiscais, o disposto no número anterior não prejudica a consideração dos juros aí mencionados para efeitos de determinação da matéria colectável de IRC, aplicando-se então as tabelas de conversão a que se refere a alínea *e)* do nº 1.

5. Os benefícios fiscais requeridos nos serviços competentes até 31 de Dezembro de 1988, cuja decisão se encontre pendente de instrução dos respectivos processos, reger-se-ão pelas disposições ao abrigo das quais foram solicitados, devendo a decisão que sobre eles vier a recair reportar-se a 31 de Dezembro de 1988 para efeitos do disposto no nº 1.

Artigo 3º – Procedimentos no regime transitório

1. Para as situações que ocorreram entre 1 de Janeiro de 1989 e a data de entrada em vigor do presente diploma deverão os interessados, no prazo de 60 dias a contar desta última data, requerer, sendo caso disso, a concessão dos benefícios estabelecidos no Estatuto aprovado por este decreto-lei.

2. No caso de os pedidos de concessão serem apresentados para além do prazo previsto no número anterior, o respectivo benefício iniciar-se-á a partir da data da apresentação do pedido, cessando, todavia, na data que lhe corresponderia caso o pedido tivesse sido apresentado dentro do referido prazo.

3. Aos imóveis adquiridos até 31 de Dezembro de 1988 ao abrigo do sistema «poupança-emigrante», para os quais não tenha sido requerida a isenção de contribuição predial, poderá esta ainda ser concedida, com efeitos a partir da data do respectivo título aquisitivo, desde que solicitada no prazo de 180 dias a contar da data da entrada em vigor do presente diploma, aplicando-se a partir de 1 de Janeiro de 1989 o disposto no artigo 3º do Decreto-Lei nº 442-C/88, de 30 de Novembro.

Artigo 4º – Obrigações emitidas em 1989

As obrigações de qualquer tipo, que não sejam de dívida pública, e os títulos de participação e certificados de consignação que venham a ser emitidos durante o ano de 1989 beneficiam da redução de 20% do respectivo rendimento para efeitos de IRS ou de IRC.

Artigo 5º – Obrigações – imposto sobre as sucessões e doações por avença

(Revogado pelo Decreto-Lei nº 198/2001, de 03-07)

Artigo 6º – Crédito fiscal por investimento nos casos de falta ou insuficiência de colecta

1. O desconto correspondente ao crédito fiscal por investimento (CFI) estabelecido nos Decretos-Leis nºs 197-C/86, de 18 de Julho, e 161/87, de 6 de Abril, que, por falta ou insuficiência de colecta da contribuição industrial ou do imposto sobre a indústria agrícola, não tiver sido efectuado, poderá sê-lo, nos termos previstos naqueles diplomas, à colecta do IRS, de acordo com o disposto nos números seguintes, depois de efectuadas as deduções previstas nos nºs 1, 2 e 3 do artigo 80º do respectivo Código, não podendo da dedução resultar valor negativo.

2. Para efeitos do disposto no número anterior, a colecta do IRS em que se efectua a dedução será a que resultar da aplicação do coeficiente determinado pela relação entre os rendimentos líquidos das categorias C e ou D e o rendimento líquido total.

3. A dedução do CFI a que se referem os números anteriores deverá efectuar-se nas condições temporais definidas no nº 3 do artigo 4º do Decreto-Lei nº 197-C/86, de 18 de Julho.

4. O disposto no artigo 19º do Decreto-Lei nº 442-B/88, de 30 de Novembro, é igualmente aplicável ao CFI que não tiver sido efectuado por falta ou insuficiência da colecta do imposto sobre a indústria agrícola.

Artigo 7º – Crédito fiscal por investimento – investimento concluído em 1988 ou iniciado até 31 de Dezembro de 1988 e concluído em 1989

1. Poderão ser deduzidos, nos termos previstos nos Decretos-Leis nºs 197-C/86, de 18 de Julho, e 161/87, de 6 de Abril, nas colectas do IRS ou do IRC relativas ao período da entrada em funcionamento dos bens, 4% do valor do investimento, contemplado naquela legislação, concluído em 1988 ou iniciado até 31 de Dezembro de 1988 e concluído em 1989.

2. Para efeitos da aplicação do disposto no número anterior, a data da conclusão do investimento será referenciada à data em que esta ocorrer.

3. Para efeitos da dedução prevista no nº 1, aplicar-se-á, com as necessárias adaptações, o disposto no artigo 19º do Decreto-Lei nº 442-B/88, de 30 de Novembro, e no artigo 6º do presente diploma.

(Cfr. Declaração publicada no Diário da República nº 251, Série I, 2º Sup., de 31-10-89)

Artigo 8º – Crédito fiscal por investimento – investimento iniciado até 31 de Dezembro de 1988 e em curso em 31 de Dezembro de 1989

1. Poderão ainda ser deduzidos, nos termos previstos nos Decretos-Leis nºs 197-C/86, de 18 de Julho, e 161/87, de 6 de Abril, nas colectas do IRS ou do IRC relativas ao período da entrada em funcionamento dos bens, 4% do valor das imobilizações em curso em 31 de Dezembro de 1989, relativas a investimentos iniciados até 31 de Dezembro de 1988 e susceptíveis de beneficiarem do disposto naquela legislação.

2. Para efeitos da dedução prevista no número anterior, aplicar-se-á, com as necessárias adaptações, o disposto no artigo 19º do Decreto-Lei nº 442-B/88, de 30 de Novembro, e no artigo 6º do presente diploma.

(Cfr. Declaração publicada no Diário da República nº 251, Série I, 2º Sup., de 31-10-89)

Artigo 9º – Retenção na fonte em casos de isenção total ou parcial

(Revogado pelo Decreto-Lei nº 198/2001, de 03-07)

Artigo 10º – Dispensa de retenção na fonte e retenção a título definitivo

(Revogado pelo Decreto-Lei nº 198/2001, de 03-07)

Artigo 11º – Alterações ao Código do IRS

1. Os artigos 2º e 21º do Código do IRS, aprovado pelo Decreto-Lei nº 442-A/88, de 30 de Novembro, passam a ter a seguinte redacção:*

* Alterações inseridas no local próprio.

2. As alterações introduzidas pelo número anterior produzem efeitos desde 1 de Janeiro de 1989.

Artigo 12º – Alterações ao Código do IRC

Os artigos 2º e 8º do Código do IRC, aprovado pelo Decreto-Lei nº 442-B/88, de 30 de Novembro, passam a ter a seguinte redacção:*

Artigo 13º – Regulamentação do Estatuto

O Governo aprovará as normas regulamentares necessárias à aplicação do Estatuto dos Benefícios Fiscais.

Visto e aprovado em Conselho de Ministros, 27 de Abril de 1989. – *Aníbal António Cavaco Silva – Miguel José Ribeiro Cadilhe.*

Promulgado em 21 de Junho de 1989.

Publique-se.

O Presidente da República, MÁRIO SOARES.

Referendado em 23 de Junho de 1989.

O Primeiro-Ministro, *Aníbal António Cavaco Silva.*

* Alterações inseridas no local próprio.

Estatuto dos Benefícios Fiscais*

PARTE I – PRINCÍPIOS GERAIS

Artigo 1º – Âmbito de aplicação

As disposições da parte I do presente Estatuto aplicam-se aos benefícios fiscais nele previstos, sendo extensivas aos restantes benefícios fiscais, com as necessárias adaptações, sendo caso disso.

Artigo 2º – Conceito de benefício fiscal e de despesa fiscal e respectivo controlo

1. Consideram-se benefícios fiscais as medidas de carácter excepcional instituídas para tutela de interesses públicos extrafiscais relevantes que sejam superiores aos da própria tributação que impedem.

2. São benefícios fiscais as isenções, as reduções de taxas, as deduções à matéria colectável e à colecta, as amortizações e reintegrações aceleradas e outras medidas fiscais que obedeçam às características enunciadas no número anterior.

3. Os benefícios fiscais são considerados despesas fiscais, as quais podem ser previstas no Orçamento do Estado ou em documento anexo e, sendo caso disso, nos orçamentos das Regiões Autónomas e das autarquias locais.

4. Para efeitos de controlo da despesa fiscal inerente aos benefícios fiscais concedidos, pode ser exigida aos interessados a declaração dos rendimentos isentos auferidos, salvo tratando-se de benefícios fiscais genéricos e automáticos, casos em que podem os serviços fiscais obter os elementos necessários ao cálculo global do imposto que seria devido.

Artigo 3º – Caducidade dos benefícios fiscais

1. As normas que consagram os benefícios fiscais constantes das partes II e III do presente Estatuto vigoram durante um período de cinco anos, salvo quando disponham em contrário.

* Texto de acordo com a republicação do Decreto-Lei nº 108/2008, de 26 de Junho.

2. São mantidos os benefícios fiscais cujo direito tenha sido adquirido durante a vigência das normas que os consagram, sem prejuízo de disposição legal em contrário.

3. O disposto no nº 1 não se aplica aos benefícios fiscais constantes dos artigos 16º, 17º, 18º, 21º, 22º, 23º, 24º, 32º, 44º, 60º e 66º-A, bem como ao capítulo V da parte II do presente Estatuto.

(Redação dada pela Lei nº 64-B/2011, de 30-12)

Artigo 4º – Desagravamentos fiscais que não são benefícios fiscais

1. Não são benefícios fiscais as situações de não sujeição tributária.

2. Para efeitos do disposto no número anterior, consideram-se, genericamente, não sujeições tributárias as medidas fiscais estruturais de carácter normativo que estabeleçam delimitações negativas expressas da incidência.

3. Sempre que o julgar necessário, pode a administração fiscal exigir dos interessados os elementos necessários para o cálculo da receita que deixa de cobrar-se por efeito das situações de não sujeição tributária.

Artigo 5º – Benefícios fiscais automáticos e dependentes de reconhecimento

1. Os benefícios fiscais são automáticos ou dependentes de reconhecimento; os primeiros resultam directa e imediatamente da lei, os segundos pressupõem um ou mais actos posteriores de reconhecimento.

2. O reconhecimento dos benefícios fiscais pode ter lugar por acto administrativo ou por acordo entre a Administração e os interessados, tendo, em ambos os casos, efeito meramente declarativo, salvo quando a lei dispuser em contrário.

3. O procedimento de reconhecimento dos benefícios fiscais regula-se pelo disposto na lei geral tributária e no Código de Procedimento e de Processo Tributário.

Artigo 6º – Carácter genérico dos benefícios fiscais; Respeito pela livre concorrência

1. A definição dos pressupostos objectivos e subjectivos dos benefícios fiscais deve ser feita em termos genéricos, e tendo em vista a tutela de interesses públicos relevantes, só se admitindo benefícios de natureza individual por razões excepcionais, devidamente justificadas no diploma que os instituir.

2. A formulação genérica dos benefícios fiscais deve obedecer ao princípio da igualdade, de modo a não falsear ou ameaçar falsear a concorrência.

Artigo 7º – Fiscalização

1. Todas as pessoas, singulares ou coletivas, de direito público ou de direito privado, a quem sejam concedidos benefícios fiscais, automáticos ou dependentes de reconhecimento, ficam sujeitas a fiscalização da Autoridade Tributária e Aduaneira, da Direção Regional dos Assuntos Fiscais e das demais entidades competentes, para controlo da verificação dos pressupostos dos benefícios fiscais respetivos e do cumprimento das obrigações impostas aos titulares do direito aos benefícios.

2. As entidades licenciadas para operar na Zona Franca da Madeira que beneficiem dos regimes previstos nos artigos 36º e 36º-A são fiscalizadas nos termos do número anterior.

(Redação dada pela Lei nº 64/2015, de 01-07)

Artigo 8º – Medidas impeditivas, suspensivas ou extintivas de benefícios fiscais

As sanções impeditivas, suspensivas ou extintivas de benefícios fiscais podem ser aplicadas sempre que seja cometida uma infracção fiscal relacionada com os impostos sobre o rendimento, a despesa ou o património ou, às normas do sistema de segurança social, independentemente da sua relação com o benefício concedido.

Artigo 9º – Declaração pelos interessados da cessação dos pressupostos dos benefícios fiscais

As pessoas titulares do direito aos benefícios fiscais são obrigadas a declarar, no prazo de 30 dias, que cessou a situação de facto ou de direito em que se baseava o benefício, salvo quando essa cessação for de conhecimento oficioso.

Artigo 10º – Interpretação e integração das lacunas da lei

As normas que estabeleçam benefícios fiscais não são susceptíveis de integração analógica, mas admitem interpretação extensiva.

Artigo 11º – Aplicação no tempo das normas sobre benefícios fiscais

1. As normas que alterem benefícios fiscais convencionais, condicionados ou temporários, não são aplicáveis aos contribuintes que já aproveitem do direito ao benefício fiscal respectivo, em tudo que os prejudique, salvo quando a lei dispuser em contrário.

2. É aplicável o disposto no número anterior quando o fundamento do benefício fiscal for um regime jurídico de direito comum que limite os direitos do contribuinte, especialmente quando restrinja os poderes de fruição ou de disposição dos seus bens, designadamente nos casos previstos no nº 2 do artigo 15º que revistam essa natureza.

3. O disposto nos números anteriores não prejudica o estabelecido no artigo 2º do Decreto-Lei nº 215/89, de 1 de Julho.

Artigo 12º – Constituição do direito aos benefícios fiscais

O direito aos benefícios fiscais deve reportar-se à data da verificação dos respectivos pressupostos, ainda que esteja dependente de reconhecimento declarativo pela administração fiscal ou de acordo entre esta e a pessoa beneficiada, salvo quando a lei dispuser de outro modo.

Artigo 13º – Impedimento de reconhecimento do direito a benefícios fiscais

1. Os benefícios fiscais dependentes de reconhecimento não podem ser concedidos quando:

a) No final do ano civil anterior ao pedido, o sujeito passivo tenha deixado de efetuar o pagamento de qualquer imposto sobre o rendimento, a despesa ou o património, e a situação se mantenha no termo do prazo para o exercício do direito de audição no âmbito do procedimento de concessão do benefício;

b) O sujeito passivo tenha deixado de efetuar o pagamento de contribuições relativas ao sistema da segurança social, se, no momento em que ocorre a consulta, a situação contributiva não se encontrar regularizada.

2. Para efeitos do disposto no número anterior, tal situação só é impeditiva do reconhecimento dos benefícios fiscais se a dívida tributária em causa, sendo exigível, não tenha sido objeto de reclamação, impugnação ou oposição e prestada garantia idónea, quando devida.

(Redação dada pela Lei nº 114/2017, de 29-12)

Artigo 14º – Extinção dos benefícios fiscais

1. A extinção dos benefícios fiscais tem por consequência a reposição automática da tributação-regra.

2. Os benefícios fiscais, quando temporários, caducam pelo decurso do prazo por que foram concedidos e, quando condicionados, pela verificação dos pressupostos da respectiva condição resolutiva ou pela inobservância das obrigações impostas, imputável ao beneficiário.

3. Quando o benefício fiscal respeite a aquisição de bens destinados à directa realização dos fins dos adquirentes, fica sem efeito se aqueles forem alienados ou lhes for dado outro destino sem autorização do Ministro das Finanças, sem prejuízo das restantes sanções ou de regimes diferentes estabelecidos por lei.

4. O acto administrativo que conceda um benefício fiscal não é revogável, nem pode rescindir-se o respectivo acordo de concessão, ou ainda diminuir-se, por acto unilateral da administração tributária, os direitos adquiridos, salvo se houver inobservância imputável ao beneficiário das obrigações impostas, ou se o benefício tiver sido indevidamente concedido, caso em que aquele acto pode ser revogado.

5. No caso de benefícios fiscais permanentes ou temporários dependentes de reconhecimento da administração tributária, o acto administrativo que os concedeu cessa os seus efeitos nas seguintes situações:

a) O sujeito passivo tenha deixado de efectuar o pagamento de qualquer imposto sobre o rendimento, a despesa ou o património e das contribuições relativas ao sistema da segurança social, e se mantiver a situação de incumprimento;

b) A dívida tributária não tenha sido objecto de reclamação, impugnação ou oposição, com a prestação de garantia idónea, quando exigível.

6. Verificando-se as situações previstas nas alíneas *a*) e *b*) do número anterior, os benefícios automáticos não produzem os seus efeitos no ano ou período de tributação em que ocorram os seus pressupostos.

7. O disposto nos números anteriores aplica-se sempre que as situações previstas no nº 5 ocorram:

a) Relativamente aos impostos sobre o rendimento, no final do ano ou período de tributação em que se verificou o facto tributário e se mantenham no termo do prazo para o exercício do direito de audição no âmbito do procedimento de liquidação do imposto a que o benefício respeita;

b) Relativamente aos impostos periódicos sobre o património, no momento em que se verificou o facto tributário e se mantenham no termo do prazo para o pagamento voluntário do imposto ou da primeira prestação, quando aplicável;

c) Nos impostos de obrigação única, na data em que o facto tributário ocorreu;

d) Quanto às contribuições relativas ao sistema da segurança social, se, no momento em que ocorre a consulta, a situação contributiva não se encontrar regularizada.

8. É proibida a renúncia aos benefícios fiscais automáticos e dependentes de reconhecimento oficioso, sendo, porém, permitida aos benefícios fiscais dependentes de requerimento do interessado, bem como aos constantes de acordo, desde que aceite pela administração tributária.

(Redação dada pela Lei nº 114/2017, de 29-12)

Artigo 15º – Transmissão dos benefícios fiscais

1. O direito aos benefícios fiscais, sem prejuízo do disposto nos números seguintes, é intransmissível *inter vivos,* sendo, porém, transmissível *mortis causa* se se verificarem no transmissário os pressupostos do benefício, salvo se este for de natureza estritamente pessoal.

2. É transmissível *inter vivos* o direito aos benefícios fiscais objectivos que sejam indissociáveis do regime jurídico aplicável a certos bens, designadamente os que beneficiem os rendimentos de obrigações, títulos de dívida pública e os prédios sujeitos ao regime de renda limitada.

3. É igualmente transmissível *inter vivos,* mediante autorização do Ministro das Finanças, o direito aos benefícios fiscais concedidos, por acto ou contrato fiscal, a pessoas singulares ou colectivas, desde que no transmissário se verifiquem os pressupostos do benefício e fique assegurada a tutela dos interesses públicos com ele prosseguidos.

Artigo 15º-A – Divulgação da utilização de benefícios fiscais

1. O Governo elabora anualmente um relatório quantitativo de todos os benefícios fiscais concedidos, incluindo uma análise com a identificação e avaliação discriminada dos custos e dos resultados efetivamente obtidos face aos objetivos inerentes à sua criação.

2. O relatório a que se refere o número anterior é remetido à Assembleia da República durante o primeiro semestre do ano subsequente àquele a que respeita.

3. A Autoridade Tributária e Aduaneira divulga, até ao fim do mês de setembro de cada ano, os sujeitos passivos de IRC que utilizaram benefícios fiscais, individualizando o tipo e o montante do benefício utilizado.

(Redação dada pela Lei nº 43/2018, de 09-08)

PARTE II – BENEFÍCIOS FISCAIS COM CARÁCTER ESTRUTURAL

CAPÍTULO I – Benefícios fiscais de natureza social

Artigo 16º – Fundos de pensões e equiparáveis

1. São isentos de IRC os rendimentos dos fundos de pensões e equiparáveis, que se constituam e operem de acordo com a legislação nacional.

2. São isentos de imposto municipal sobre as transmissões onerosas de imóveis os fundos de pensões e equiparáveis, constituídos de acordo com a legislação nacional.

3. Às contribuições individuais dos participantes e aos reembolsos pagos por fundos de pensões e outros regimes complementares de segurança social, incluindo os disponibilizados por associações mutualistas, que garantam exclusivamente o benefício de reforma, complemento de reforma, invalidez ou sobrevivência, incapacidade para o trabalho, desemprego e doença grave são aplicáveis as regras previstas no artigo 21º, com as necessárias adaptações.

4. Em caso de inobservância dos requisitos estabelecidos no nº 1, a fruição do benefício aí previsto fica, no respectivo exercício, sem efeito, sendo as sociedades gestoras dos fundos de pensões e equiparáveis, incluindo as associações mutualistas, responsáveis originariamente pelas dívidas de imposto dos fundos ou patrimónios cuja gestão lhes caiba, devendo efectuar o pagamento do imposto em dívida no prazo previsto no nº 1 do artigo 120º do Código do IRC.

5. Os benefícios fiscais previstos no nº 3 deste artigo e no nº 2 do artigo 21º são cumuláveis, não podendo, no seu conjunto, exceder os limites fixados no nº 2 do artigo 21º

6. As contribuições para fundos de pensões e outros regimes complementares de segurança social referidas no nº 3, incluindo os disponibilizados por associações mutualistas, são dedutíveis à colecta do IRS, nos termos aí estabelecidos, desde que:

a) Quando pagas e suportadas por terceiros, tenham sido, comprovadamente, tributadas como rendimentos do sujeito passivo;

b) Quando pagas e suportadas pelo sujeito passivo, não constituam encargos inerentes à obtenção de rendimentos da categoria B.

7. São isentos de IRC os rendimentos dos fundos de pensões que se constituam, operem de acordo com a legislação e estejam estabelecidos noutro Estado membro da União Europeia ou do Espaço Económico Europeu, neste último caso desde que esse Estado membro esteja vinculado a cooperação administrativa no domínio da fiscalidade equivalente à estabelecida no âmbito da União Europeia, não imputáveis a estabelecimento estável situado em território português, desde que se verifiquem cumulativamente os seguintes requisitos:

a) Garantam exclusivamente o pagamento de prestações de reforma por velhice ou invalidez, sobrevivência, pré-reforma ou reforma antecipada, benefícios de saúde pós-emprego e, quando complementares e acessórios destas prestações, a atribuição de subsídios por morte;

b) Sejam geridos por instituições de realização de planos de pensões profissionais às quais seja aplicável a Directiva nº 2003/41/CE do Parlamento Europeu e do Conselho, de 3 de Junho de 2003;

c) O fundo de pensões seja o beneficiário efectivo dos rendimentos;

d) Tratando-se de lucros distribuídos, as correspondentes partes sociais sejam detidas, de modo ininterrupto, há pelo menos um ano.

8. Sem prejuízo do disposto no artigo 98º do Código do IRC, para que seja imediatamente aplicável o disposto no número anterior, deve ser feita prova perante a entidade que se encontra obrigada a efectuar a retenção na fonte, anteriormente à data de colocação à disposição dos rendimentos, da verificação dos requisitos previstos nas alíneas *a*), *b*) e *c*) mediante declaração confirmada e autenticada pelas autoridades do Estado membro da União Europeia ou do Espaço Económico Europeu a quem compete a respectiva supervisão.

(Redação dada pela Lei nº 64-B/2011, de 30-12)

Artigo 17º – Regime público de capitalização

1. São dedutíveis à coleta de IRS, nos termos e condições previstos no artigo 78º do respetivo Código, 20% dos valores aplicados, por sujeito passivo não casado, ou por cada um dos cônjuges não separados judicialmente de pessoas e bens, em contas individuais geridas em regime público de capitalização, tendo como limite máximo:

a) € 400 por sujeito passivo com idade inferior a 35 anos;

b) € 350 por sujeito passivo com idade superior a 35 anos.

2. Às importâncias pagas, sob a forma de renda vitalícia ou resgate de capital acumulado, no âmbito do regime público de capitalização é aplicável o regime previsto nos nºs 3 a 5 do artigo 21º.

3. Os benefícios previstos no presente artigo são aplicáveis às entregas efetuadas pelas entidades empregadoras em nome e a favor dos seus trabalhadores.

(Redação dada pela Lei nº 71/2018, de 31-12)

Artigo 18º – Contribuições das entidades patronais para regimes de segurança social

1. São isentos de IRS, no ano em que as correspondentes importâncias são despendidas, os rendimentos a que se refere a subalínea *i*) do nº 3) da alínea *b*) do nº 3 do artigo 2º do Código do IRS, quando respeitem a contratos que garantam exclusivamente o benefício de reforma, complemento de reforma, invalidez ou sobrevivência, desde que sejam observadas, cumulativamente, as condições previstas nas alíneas *a*), *b*), *d*), *e*) e *f*) do nº 4 do artigo 43º do Código do IRC, na parte em que não excedam os limites previstos nos nºs 2 e 3 do mesmo artigo, e sem prejuízo do disposto nos seus nºs 5 e 6.

2. A inobservância de qualquer das condições previstas no número anterior determina:

a) Para o trabalhador ou trabalhadores beneficiados pelo incumprimento, a perda da isenção e o englobamento como rendimento da categoria A de IRS, no ano em que ocorrer o facto extintivo, da totalidade das importâncias que beneficiaram da isenção, acrescidas de 10%, por cada ano ou fracção, decorrido desde a data em que as respectivas contribuições tiverem sido efectuadas;

b) Para a empresa, a tributação autónoma, à taxa de 40%, no exercício do incumprimento das contribuições que nesse exercício, bem como nos dois exercícios anteriores, beneficiaram do regime de isenção previsto no nº 1.

3. Verificando-se o disposto na subalínea *ii*) do nº 3) da alínea *b*) do nº 3 do artigo 2º do Código do IRS, beneficia de isenção o montante correspondente a um terço das importâncias pagas ou colocadas à disposição com o limite de € 11 704,70.

4. A isenção a que se refere o número anterior não prejudica o englobamento dos rendimentos isentos, para efeitos do disposto no nº 4 do artigo 22º do Código do IRS, bem como a determinação da taxa aplicável ao restante rendimento colectável.

(Redação dada pela Lei nº 82-E/2014, de 31-12)

Artigo 19º – Criação de emprego

(Revogado pela Lei nº 43/2018, de 09-08)

Artigo 19º-A – Deduções no âmbito de parcerias de títulos de impacto social

1. São considerados gastos e perdas do período de tributação, em valor correspondente a 130% do respetivo total e até ao limite de 8/1000 do volume de vendas ou de serviços prestados, os fluxos financeiros prestados por investidores sociais, reconhecidos por estes como gastos, no âmbito de parcerias de títulos de impacto social.

2. Os títulos de impacto social devem ser entendidos na aceção prevista na Resolução do Conselho de Ministros nº 73-A/2014, de 16 de dezembro, alterada e republicada pela Resolução do Conselho de Ministros nº 157/2017, de 19 de outubro.

3. Constituem investidores sociais as entidade privadas, públicas ou da economia social, com objetivos filantrópicos ou comerciais, que contribuem com recursos financeiros para o desenvolvimento de uma iniciativa de inovação e empreendedorismo social, com o objetivo de obtenção de impacto social.

(Redação dada pela Lei nº 43/2018, de 09-08)

CAPÍTULO II – Benefícios fiscais à poupança

Artigo 20º – Conta poupança-reformados

1. Beneficiam de isenção de IRS os juros das contas poupança-reformados, constituídas nos termos legais, na parte cujo saldo não ultrapasse € 10 500.

2. O benefício fiscal previsto no número anterior apenas pode ser utilizado por sujeito passivo relativamente a uma única conta de que seja titular.

(Redação dada pela Lei nº 43/2018, de 09-08)

Nota: Nos termos do nº 2 do art. 2º da Lei nº 43/2018, de 09-08, a vigência do artigo 20º é prorrogada até 31 de dezembro de 2019, sendo a mesma avaliada anualmente após essa data.

Artigo 20º-A – Incentivo à poupança de longo prazo

1. Os rendimentos obtidos por sujeitos passivos de IRS e derivados da remuneração de depósitos ou de quaisquer aplicações em instituições financeiras ou de títulos de dívida pública podem beneficiar do regime previsto no nº 3 do artigo 5º do Código do IRS, desde que tenha sido contratualmente fixado que:

a) O capital investido deve ficar imobilizado por um período mínimo de cinco anos; e

b) O vencimento da remuneração ocorra no final do período contratualizado.

2. A fruição do benefício previsto no número anterior fica sem efeito caso o reembolso do capital investido ocorra em violação das condições aí previstas.

(Aditado pela Lei nº 82-E/2014, de 31-12)

Artigo 21º – Fundos de poupança-reforma e planos de poupança-reforma

1. Ficam isentos de IRC os rendimentos dos fundos de poupança-reforma, poupança-educação e poupança-reforma/educação, que se constituam e operem nos termos da legislação nacional.

2. São dedutíveis à colecta do IRS, nos termos e condições previstos no artigo 78º do respectivo Código, 20% dos valores aplicados no respectivo ano por sujeito passivo não casado, ou por cada um dos cônjuges não separados judicialmente de pessoas e bens, em planos de poupança-reforma, tendo como limite máximo:

a) € 400 por sujeito passivo com idade inferior a 35 anos;

b) € 350 por sujeito passivo com idade compreendida entre os 35 e os 50 anos;

c) € 300 por sujeito passivo com idade superior a 50 anos.

3. As importâncias pagas pelos fundos de poupança-reforma, mesmo nos casos de reembolso por morte do participante, ficam sujeitas a tributação nos seguintes termos:

a) De acordo com as regras aplicáveis aos rendimentos da categoria H de IRS, incluindo as relativas a retenções na fonte, quando a sua perceção ocorra sob a forma de prestações regulares e periódicas não referidas na alínea *b*);

b) De acordo com as regras aplicáveis aos rendimentos da categoria E de IRS, incluindo as relativas a retenções na fonte, em caso de reembolso total ou parcial, incluindo os que sejam efetuados com natureza prestacional, durante um período não superior a dez anos, devendo, todavia, observa-se o seguinte:

1) A matéria colectável é constituída por dois quintos do rendimento;

2) A tributação é autónoma, sendo efectuada à taxa de 20%;

c) De acordo com as regras estabelecidas nas alíneas anteriores, nos casos em que se verifiquem, simultaneamente, as modalidades nelas referidas.

4. A fruição do benefício previsto no nº 2 fica sem efeito, devendo as importâncias deduzidas, majoradas em 10%, por cada ano ou fracção, decorrido desde aquele em que foi exercido o direito à dedução, ser acrescidas à colecta do IRS do ano da verificação dos factos, se aos participantes for atribuído qualquer rendimento ou for concedido o reembolso dos certificados, salvo em caso de morte do subscritor ou quando tenham decorrido, pelo menos, cinco anos a contar da respectiva entrega e ocorra qualquer uma das situações definidas na lei.

5. A fruição do benefício previsto no nº 3 fica sem efeito quando o reembolso dos certificados ocorrer fora de qualquer uma das situações definidas na lei, devendo o rendimento ser tributado, autonomamente, à taxa de 21,5%, de acordo com as regras aplicáveis aos rendimentos da categoria E de IRS, incluindo as relativas a retenções na fonte, sem prejuízo da eventual aplicação das alíneas *a*) e *b*) do nº 3 do artigo 5º do Código do IRS, quando o montante das entregas pagas na primeira metade de vigência do plano representar, pelo menos, 35% da totalidade daquelas.

6. Em caso de inobservância do estabelecido no nº 1, a fruição do benefício fica, no respectivo exercício, sem efeito, devendo a sociedade gestora pagar o imposto em dívida no prazo previsto no nº 1 do artigo 112º do Código do IRC.

7. As sociedades gestoras dos fundos de poupança-reforma são solidariamente responsáveis pelas dívidas de imposto dos fundos cuja gestão lhes caiba.

8. Os benefícios previstos nos nºs 2 e 3 são aplicáveis às entregas efectuadas pelas entidades empregadoras em nome e a favor dos seus trabalhadores.

9. Para efeitos do nº 2, considera-se a idade do sujeito passivo à data de 1 de Janeiro do ano em que efectue a aplicação.

10. Não são dedutíveis à colecta do IRS, nos termos do nº 2, os valores aplicados pelos sujeitos passivos após a data da passagem à reforma.

(Redação dada pela Lei nº 71/2018, de 31-12)

CAPÍTULO III – Benefícios fiscais ao sistema financeiro e mercado de capitais

Artigo 22º – Organismos de Investimento Coletivo

1. São tributados em IRC, nos termos previstos neste artigo, os fundos de investimento mobiliário, fundos de investimento imobiliário, sociedades de investimento mobiliário e sociedades de investimento imobiliário que se constituam e operem de acordo com a legislação nacional.

2. O lucro tributável dos sujeitos passivos de IRC referidos no número anterior corresponde ao resultado líquido do exercício, apurado de acordo com as normas contabilísticas legalmente aplicáveis às entidades referidas no número anterior, sem prejuízo do disposto no número seguinte.

3. Para efeitos do apuramento do lucro tributável, não são considerados os rendimentos referidos nos artigos 5º, 8º e 10º do Código do IRS, exceto quando tais rendimentos provenham de entidades com residência ou domicílio em país, território ou região sujeito a um regime fiscal claramente mais favorável constante de lista aprovada em portaria do membro do Governo responsável pela área das finanças, os gastos ligados àqueles rendimentos ou previstos no artigo 23º-A do Código do IRC, bem como os rendimentos, incluindo os descontos, e gastos relativos a comissões de gestão e outras comissões que revertam para as entidades referidas no nº 1.

4. Os prejuízos fiscais apurados nos termos do disposto nos números anteriores são deduzidos aos lucros tributáveis nos termos do disposto nos nºs 1 e 2 do artigo 52º do Código do IRC.

5. Sobre a matéria coletável correspondente ao lucro tributável deduzido dos prejuízos fiscais, tal como apurado nos termos dos números anteriores, aplica-se a taxa geral prevista no nº 1 do artigo 87º do Código do IRC.

6. As entidades referidas no nº 1 estão isentas de derrama municipal e derrama estadual.

7. Às fusões, cisões ou subscrições em espécie entre as entidades referidas no nº 1, incluindo as que não sejam dotadas de personalidade jurídica, é aplicável, com as necessárias adaptações, o disposto nos artigos 73º, 74º, 76º e 78º do Código do IRC, sendo aplicável às subscrições em espécie o regime das entradas de ativos previsto no nº 3 do artigo 73º do referido Código.

8. As taxas de tributação autónoma previstas no artigo 88º do Código do IRC têm aplicação, com as necessárias adaptações, no presente regime.

9. O IRC incidente sobre os rendimentos das entidades a que se aplique o presente regime é devido por cada período de tributação, o qual coincide com o ano civil, podendo no entanto ser inferior a um ano civil:

a) No ano do início da atividade, em que é constituído pelo período decorrido entre a data em que se inicia a atividade e o fim do ano civil;

b) No ano da cessação da atividade, em que é constituído pelo período decorrido entre o início do ano civil e a data da cessação da atividade.

10. Não existe obrigação de efetuar a retenção na fonte de IRC relativamente aos rendimentos obtidos pelos sujeitos passivos referidos no nº 1.

11. A liquidação de IRC é efetuada através da declaração de rendimentos a que se refere o artigo 120º do Código do IRC, aplicando-se, com as necessárias adaptações, o disposto no artigo 89º, no nº 1 do artigo 90º, no artigo 99º e nos artigos 101º a 103º do referido Código.

12. O pagamento do imposto deve ser efetuado até ao último dia do prazo fixado para o envio da declaração de rendimentos, aplicando-se, com as necessárias adaptações, o disposto nos artigos 109º a 113º e 116º do Código do IRC.

13. As entidades referidas no nº 1 estão ainda sujeitas, com as necessárias adaptações, às obrigações previstas nos artigos 117º a 123º, 125º e 128º a 130º do Código do IRC.

14. O disposto no nº 7 aplica-se às operações aí mencionadas que envolvam entidades com sede, direção efetiva ou domicílio em território português, noutro Estado membro da União Europeia ou, ainda, no Espaço Económico Europeu, neste último caso desde que exista obrigação de cooperação administrativa no domínio do intercâmbio de informações e da assistência à cobrança equivalente à estabelecida na União Europeia.

15. As entidades gestoras de sociedades ou fundos referidos no nº 1 são solidariamente responsáveis pelas dívidas de imposto das sociedades ou fundos cuja gestão lhes caiba.

16. No caso de entidades referidas no nº 1 divididas em compartimentos patrimoniais autónomos, as regras previstas no presente artigo são aplicáveis, com as necessárias adaptações, a cada um dos referidos compartimentos, sendo-lhes ainda aplicável o disposto no Decreto-Lei nº 14/2013, de 28 de janeiro.

(Redação dada pela Lei nº 42/2016, de 28-12)

Artigo 22º-A – Rendimentos pagos por organismos de investimento coletivo aos seus participantes

1. Sem prejuízo do disposto no nº 3, os rendimentos de unidades de participação ou participações sociais em entidades a que se aplique o regime previsto no artigo anterior, são tributados em IRS ou IRC, nos seguintes termos:

a) No caso de rendimentos distribuídos a titulares residentes em território português, ou que sejam imputáveis a um estabelecimento estável situado neste território, por retenção na fonte:

i) À taxa prevista no nº 1 do artigo 71º do Código do IRS, quando os titulares sejam sujeitos passivos de IRS, tendo a retenção na fonte caráter definitivo quando os rendimentos sejam obtidos fora do âmbito de uma atividade comercial, industrial ou agrícola;

ii) À taxa prevista no nº 4 do artigo 94º do Código do IRC, quando os titulares sejam sujeitos passivos deste imposto, tendo a retenção na fonte a natureza de imposto por conta, exceto quando o titular beneficie de isenção de IRC que exclua os rendimentos de capitais, caso em que tem caráter definitivo;

b) No caso de rendimentos decorrentes do resgate de unidades de participação auferidos por sujeitos passivos de IRS residentes em território português fora do âmbito de uma atividade comercial, industrial ou agrícola, ou que sejam imputáveis a um estabelecimento estável situado neste território, por retenção na fonte a título definitivo à taxa prevista no nº 1 do artigo 72º do Código do IRS;

c) No caso de rendimentos de unidades de participação em fundos de investimento imobiliário e de participações sociais em sociedades de investimento imobiliário de que sejam titulares sujeitos passivos não residentes, que não possuam um estabelecimento estável em território português ao qual estes rendimentos sejam imputáveis, por retenção na fonte a título definitivo à taxa de 10%, quando se trate de rendimentos distribuídos ou decorrentes de operações de resgate de unidades de participação ou autonomamente à taxa de 10%, nas restantes situações;

d) No caso de rendimentos de unidades de participação em fundos de investimento mobiliário ou de participações sociais em sociedades de investimento mobiliário a que se aplique o regime previsto no artigo anterior, incluindo as mais-valias que resultem do respetivo resgate ou liquidação, cujos titulares sejam não residentes em território português sem estabelecimento estável aí situado ao qual estes rendimentos sejam imputáveis, os mesmos estão isentos de IRS ou de IRC;

e) Nos restantes casos, nos termos previstos no Código do IRS ou no Código do IRC.

2. O disposto na subalínea *i*) da alínea *a*) e na alínea *b*) do número anterior não prejudica a opção pelo englobamento quando os rendimentos sejam obtidos por sujeitos passivos de IRS fora do âmbito de uma atividade comercial, industrial ou agrícola, caso em que o imposto retido tem a natureza de imposto por conta, nos termos do artigo 78º do Código do IRS.

3. O disposto nas alíneas *c*) e *d*) do nº 1 não é aplicável quando:

a) Os titulares sejam residentes em país, território ou região sujeito a um regime fiscal claramente mais favorável constante de lista aprovada por portaria do membro do Governo responsável pela área das finanças, caso em que os rendimentos são tributados:

i) Por retenção na fonte a título definitivo à taxa prevista no nº 12 do artigo 71º do Código do IRS ou na alínea *i*) do nº 4 do artigo 87º do Código do IRC, consoante o caso, tratando-se de rendimentos distribuídos ou decorrentes do resgate de unidades de participação;

ii) Nos termos da alínea *e*) do nº 1, nos restantes casos.

b) Os rendimentos sejam pagos ou colocados à disposição em contas abertas em nome de um ou mais titulares mas por conta de terceiros não identificados, caso em que, exceto quando seja identificado o beneficiário efetivo, os rendimentos são tributados, por retenção na fonte a título definitivo à taxa prevista no nº 12 do artigo 71º do Código do IRS ou na alínea *h*) do nº 4 do artigo 87º do Código do IRC, consoante o caso;

c) Os titulares sejam entidades não residentes que sejam detidas, direta ou indiretamente, em mais de 25% por entidades ou pessoas singulares residentes em território nacional, exceto quando essa entidade seja residente noutro Estado membro da União Europeia, num Estado membro do Espaço Económico Europeu que esteja vinculado a cooperação administrativa no domínio da fiscalidade equivalente à estabelecida no âmbito da União Europeia ou num Estado com o qual tenha sido celebrada e se encontre em vigor convenção para evitar a dupla tributação que preveja a troca de informações, caso em que os rendimentos são tributados nos termos da alínea *e*) do nº 1.

4. Nas situações referidas nas alíneas *c*) e *d*) do nº 1, os titulares dos rendimentos devem fazer prova da qualidade de não residente em território português perante a entidade que se encontra obrigada a efetuar a retenção na fonte, até ao termo do prazo estabelecido para a entrega do imposto, devendo observar-se, com as necessárias adaptações, o disposto nos artigos 15º, 16º e 18º do Decreto-Lei nº 193/2005, de 7 de novembro.

5. Quando não seja efetuada a prova prevista no número anterior, o substituto tributário fica obrigado a entregar a totalidade do imposto que deveria ter sido deduzido nos termos das alíneas *a*) ou *b*) do nº 1.

6. Os titulares dos rendimentos que verifiquem as condições referidas na alínea *c*) e *d*) do nº 1, quando não tenha sido efetuada a prova nos prazos e nas condições estabelecidas, podem solicitar o reembolso total ou parcial do imposto que tenha sido retido na fonte, no prazo de dois anos contados a partir do termo do ano em que se verificou o facto gerador do imposto, mediante a apresentação de um formulário de modelo a aprovar por despacho do membro do Governo responsável pela área das finanças, que seja:

a) Certificado pelas autoridades competentes do respetivo Estado de residência; ou *b*) Acompanhado de documento emitido pelas autoridades competentes do respetivo Estado de residência, que ateste a sua residência para efeitos fiscais no período em causa e a sujeição a imposto sobre o rendimento nesse Estado.

7. O formulário previsto no número anterior deve, quando necessário, ser acompanhado de outros elementos que permitam aferir da legitimidade do reembolso.

8. O reembolso do excesso do imposto retido na fonte deve ser efetuado no prazo de um ano contado da data da apresentação do pedido e dos elementos que constituem a prova da verificação dos pressupostos de que depende a concessão do benefício acrescendo, em caso de incumprimento desse prazo, à quantia a reembolsar, juros indemnizatórios calculados a taxa idêntica à aplicável aos juros compensatórios a favor do Estado.

9. Para efeitos da contagem do prazo referido no número anterior, considera-se que o mesmo se suspende sempre que o procedimento estiver parado por motivo imputável ao requerente.

10. No caso de rendimentos decorrentes de unidades de participação adquiridas em mercado secundário, o adquirente deve comunicar à entidade registadora ou depositária, ou, na ausência destas, à entidade responsável pela gestão ou ao organismo de investimento coletivo sob a forma societária, a data e o valor de aquisição.

11. Em caso de incumprimento da obrigação prevista no número anterior, a retenção na fonte sobre os rendimentos decorrentes de resgate das unidades de participação é efetuada sobre o montante bruto do resgate.

12. As entidades responsáveis pela gestão do fundo ou sociedade, ou os próprios quando autogeridos, são responsáveis pelo cumprimento das obrigações declarativas que, nos termos dos artigos 119º e 125º do Código do IRS, impendem sobre as entidades registadoras ou depositárias de unidades de participação e de participações sociais, sempre que não existam estas últimas entidades.

13. Para efeitos da aplicação deste regime, os rendimentos de unidades de participação em fundos de investimento imobiliário e as participações sociais em sociedades de investimento imobiliário, incluindo as mais-valias que resultem da respetiva transmissão onerosa, resgate ou liquidação, são considerados rendimentos de bens imóveis.

(Redação dada pela Lei nº 7-A/2016, de 30-03)

Artigo 23º – Fundos de capital de risco

1. Ficam isentos de IRC os rendimentos de qualquer natureza, obtidos pelos fundos de capital de risco, que se constituam e operem de acordo com a legislação nacional.

2. Os rendimentos respeitantes a unidades de participação nos fundos de capital de risco, pagos ou colocados à disposição dos respectivos titulares, quer seja por distribuição ou mediante operação de resgate, são sujeitos a retenção na fonte de IRS ou de IRC, à taxa de 10%, excepto quando os titulares dos rendimentos sejam entidades isentas quanto aos rendimentos de capitais ou entidades não residentes sem estabelecimento estável em território português, ao qual os rendimentos sejam imputáveis, excluindo:

a) As entidades que sejam residentes em países, territórios ou regiões, sujeitos a um regime fiscal claramente mais favorável, constantes de lista aprovada por portaria do Ministro das Finanças;

b) As entidades não residentes detidas, directa ou indirectamente, em mais de 25%, por entidades residentes.

3. A retenção na fonte a que se refere o número anterior tem carácter definitivo sempre que os titulares sejam entidades não residentes sem estabelecimento estável em território português ou sujeitos passivos de IRS residentes que obtenham os rendimentos fora do âmbito de uma actividade comercial, industrial ou agrícola, podendo estes, porém, optar pelo englobamento para efeitos deste imposto, caso em que o imposto retido tem a natureza de imposto por conta, nos termos do artigo 78º do Código do IRS.

4. A dispensa de retenção na fonte nos casos previstos no nº 2 só se verifica quando os beneficiários dos rendimentos fizerem prova, perante a entidade pagadora, da isenção de que aproveitam ou da qualidade de não residente em território português, até à data em que deve ser efectuada a retenção na fonte, ficando, em caso de omissão da prova, o substituto tributário obrigado a entregar a totalidade do imposto que deveria ter sido deduzido nos termos da lei, sendo aplicáveis as normas gerais previstas nos competentes códigos relativas à responsabilidade pelo eventual imposto em falta.

5. A prova da qualidade de não residente em território português é feita nos termos previstos nos artigos 15º, 16º e 18º do Decreto-Lei nº 193/2005, de 7 de Novembro.

6. Os titulares de rendimentos respeitantes a unidades de participação em fundos de capital de risco, quando englobem os rendimentos que lhes sejam distribuídos, têm direito a deduzir 50% dos rendimentos relativos a dividendos, nos termos e condições previstos no artigo 40º-A do Código do IRS.

7. O saldo positivo entre as mais-valias e as menos-valias resultantes da alienação de unidades de participação em fundos de capital de risco é tributado à taxa de 10%, quando os titulares sejam entidades não residentes a que não seja aplicável a isenção prevista no artigo 27º deste Estatuto ou sujeitos passivos de IRS residentes em território português que obtenham os rendimentos fora do âmbito de uma actividade comercial, industrial ou agrícola e não optem pelo respectivo englobamento.

8. As obrigações previstas no artigo 119º e no nº 1 do artigo 125º do Código do IRS devem ser cumpridas pelas entidades gestoras ou registadoras.

9. As sociedades gestoras dos fundos de capital de risco são solidariamente responsáveis pelas dívidas de imposto dos fundos cuja gestão lhes caiba.

(Redação dada pela Lei nº 75-A/2014, de 30-09)

Artigo 24º – Organismos de investimento coletivo em recursos florestais

1. Ficam isentos de IRC os rendimentos de qualquer natureza obtidos por fundos de investimento imobiliário ou sociedades de investimento imobiliário que se constituam e operem de acordo com a legislação nacional, desde que pelo menos 75% dos seus ativos estejam afetos à exploração de recursos florestais e desde que a mesma esteja submetida a planos de gestão florestal, aprovados e executados de acordo com a regulamentação em vigor, ou seja objeto de certificação florestal realizada por entidade legalmente acreditada.

2. Os rendimentos de unidades de participação ou participações sociais em entidades a que se aplique o número anterior, pagos ou colocados à disposição dos respetivos titulares, quer seja por distribuição ou mediante operação de resgate ou liquidação, são sujeitos a retenção na fonte de IRS ou de IRC, à taxa de 10%, exceto quando os titulares dos rendimentos sejam entidades isentas quanto aos rendimentos de capitais ou entidades não residentes sem estabelecimento estável em território português ao qual os rendimentos sejam imputáveis, excluindo:

a) As entidades que sejam residentes em países, territórios ou regiões, sujeitos a um regime fiscal claramente mais favorável, constantes de lista aprovada por portaria do Ministro das Finanças;

b) As entidades não residentes detidas, directa ou indirectamente, em mais de 25% por entidades residentes.

3. A retenção na fonte a que se refere o nº 2 tem carácter definitivo sempre que os titulares sejam entidades não residentes sem estabelecimento estável em território português ou sujeitos passivos de IRS residentes que obtenham os rendimentos fora do âmbito de uma actividade comercial, industrial ou agrícola, podendo estes, porém, optar pelo englobamento para efeitos desse imposto, caso em que o imposto retido tem a natureza de imposto por conta, nos termos do artigo 78º do Código do IRS.

4. A dispensa de retenção na fonte nos casos previstos no nº 2 só se verifica quando os beneficiários dos rendimentos fizerem prova, perante a entidade pagadora, da isenção de que aproveitam ou da qualidade de não residente em território português, até à data em que deve ser efectuada a retenção na fonte, ficando, em caso de omissão da prova, o substituto tributário obrigado a entregar a totalidade do imposto que deveria ter sido deduzido nos termos da lei, sendo aplicáveis as normas gerais previstas nos competentes códigos relativas à responsabilidade pelo eventual imposto em falta.

5. A prova da qualidade de não residente em território português é feita nos termos previstos nos artigos 15º, 16º e 18º do Decreto-Lei nº 193/2005, de 7 de Novembro.

6. Os titulares de rendimentos de unidades de participação ou participações sociais em entidades a que se aplique o nº 1, quando englobem os rendimentos que lhes sejam distribuídos, têm direito a deduzir 50% dos rendimentos relativos a dividendos, nos termos e condições previstos no artigo 40º-A do Código do IRS.

7. O saldo positivo entre as mais-valias e as menos-valias resultantes da alienação de unidades de participação ou participações sociais em entidades a que se aplique o nº 1 é tributado à taxa de 10%, quando os titulares sejam entidades não residentes a que não seja aplicável a isenção prevista no artigo 27º ou sujeitos passivos de IRS residentes em território português que obtenham os rendimentos fora do âmbito de uma atividade comercial, industrial ou agrícola e não optem pelo respetivo englobamento.

8. Ficam isentas de imposto do selo as aquisições onerosas do direito de propriedade ou de figuras parcelares desse direito relativas a prédios rústicos destinados à exploração florestal pelas entidades a que se aplique o nº 1.

9. As obrigações previstas no artigo 119º e no nº 1 do artigo 125º do Código do IRS devem ser cumpridas pelas entidades gestoras ou registadoras ou pelas sociedades de investimento imobiliário, consoante os casos.

10. As entidades gestoras dos fundos de investimento e as sociedades de investimento imobiliário a que se aplique o nº 1 são obrigadas a publicar o valor do rendimento distribuído, o valor do imposto retido aos titulares das unidades de participação ou participações sociais, bem como a dedução que lhes corresponder, para efeitos do disposto no nº 6.

11. Caso os requisitos referidos no nº 1 deixem de se verificar, cessa nessa data a aplicação do regime previsto no presente artigo, passando a aplicar-se às entidades a que se aplique o nº 1 o regime previsto no artigo 22º, considerando-se, para este efeito, como um período de tributação, o tempo decorrido entre a data de cessação e o final do ano civil em que esta ocorreu.

12. Cessando a aplicação do regime previsto no presente artigo nos termos do número anterior, os rendimentos de unidades de participação ou participações sociais em entidades a que se aplique o nº 1 que sejam pagos ou colocados à disposição dos participantes após a data daquela cessação, bem como as mais-valias realizadas após essa data que resultem da transmissão onerosa, resgate ou liquidação dessas unidades de participação ou participações sociais, são tributados nos termos previstos no artigo 22º-A.

13. As entidades gestoras dos fundos de investimento referidos no nº 1 são solidariamente responsáveis pelas dívidas de imposto dos fundos cuja gestão lhes caiba.

14. A isenção prevista no nº 8 fica sem efeito caso os prédios rústicos destinados à exploração florestal sejam transmitidos, a qualquer título, nos dois anos subsequentes, não podendo concretizar-se a respetiva transmissão sem que se encontre assegurada a liquidação do imposto devido, acrescido dos respetivos juros compensatórios.

15. Quando se efetuem entradas em espécie na subscrição de unidades de participação ou participações sociais em entidades a que se aplique o nº 1, realizadas por pessoas singulares residentes ou não residentes, não é apurado rendimento derivado da transferência dos prédios rústicos destinados à exploração florestal, sendo considerado como valor de aquisição daquelas entradas, para efeitos fiscais, o valor de aquisição desses prédios.

(Redação dada pela Lei nº 71/2018, de 31-12)

Artigo 25º – Aplicações a prazo

(Revogado pela Lei nº 64-B/2011, de 30-12)

Artigo 26º – Planos de poupança em acções

(Revogado pela Lei nº 43/2018, de 09-08)

Artigo 27º – Mais-valias realizadas por não residentes

1. Ficam isentas de IRS e de IRC as mais-valias realizadas com a transmissão onerosa de partes sociais, outros valores mobiliários, *warrants* autónomos emitidos por entidades residentes em território português e negociados em mercados regulamentados de bolsa e instrumentos financeiros derivados celebrados em mercados regulamentados de bolsa, por entidades ou pessoas singulares que não tenham domicílio em território português e aí não possuam estabelecimento estável ao qual as mesmas sejam imputáveis.

2. O disposto no número anterior não é aplicável:

a) A entidades não residentes e sem estabelecimento estável em território português que sejam detidas, direta ou indiretamente, em mais de 25%, por entidades residentes, exceto quando se verifiquem cumulativamente os seguintes requisitos e condições relativamente à sociedade alienante:

i) Seja residente noutro Estado membro da União Europeia, num Estado membro do Espaço Económico Europeu que esteja vinculado a cooperação administrativa no domínio da fiscalidade equivalente à estabelecida no âmbito da União Europeia ou num Estado com o qual tenha sido celebrada e se encontre em vigor convenção para evitar a dupla tributação que preveja a troca de informações;

ii) Esteja sujeita e não isenta de um imposto referido no artigo 2º da Diretiva 2011/96/UE, do Conselho, de 30 de novembro, ou de um imposto de natureza idêntica ou similar ao IRC desde que a taxa legal aplicável à entidade não seja inferior a 60% da taxa prevista no nº 1 do artigo 87º do CIRC;

iii) Detenha direta ou direta e indiretamente, nos termos do nº 6 do artigo 69º do CIRC, uma participação não inferior a 10% do capital social ou dos direitos de voto da entidade objeto de alienação;

iv) Detenha a referida participação de modo ininterrupto, durante o ano anterior à alienação;

v) Não seja parte de uma construção, ou série de construções, artificial ou artificiais, com o principal objetivo, ou com um dos principais objetivos, de obtenção de uma vantagem fiscal.

b) A entidades não residentes e sem estabelecimento estável em território português que sejam domiciliadas em país, território ou região sujeitas a um regime fiscal claramente mais favorável, constante de lista aprovada por portaria do Ministro das Finanças;

c) Às mais-valias realizadas por entidades não residentes com a transmissão onerosa de partes sociais em sociedades residentes em território português cujo activo seja constituído, em mais de 50%, por bens imóveis aí situados ou que, sendo sociedades gestoras ou detentoras de participações sociais, se encontrem em relação de domínio, tal como esta é definida no artigo 13º do Regime Geral das Instituições de Crédito e Sociedades Financeiras, aprovado pelo Decreto-Lei nº 298/92, de 31 de Dezembro, a título de dominantes, com sociedades dominadas, igualmente residentes em território português, cujo activo seja constituído, em mais de 50%, por bens imóveis aí situados;

d) Às mais-valias resultantes da transmissão onerosa de partes de capital ou de direitos similares em sociedades ou outras entidades que não tenham sede nem direção efetiva em território português, quando, em qualquer momento durante os 365 dias anteriores, o valor dessas partes de capital ou direitos resulte, direta ou indiretamente, em mais de 50% de bens imóveis ou direitos reais sobre bens imóveis situados em território português, com exceção dos bens imóveis afetos a uma atividade de natureza agrícola, industrial ou comercial que não consista na compra e venda de bens imóveis.

3. O disposto no nº 1 não é ainda aplicável:

a) A pessoas singulares não residentes e sem estabelecimento estável em território português que sejam domiciliadas em país, território ou região sujeitas a um regime fiscal claramente mais favorável, constante de lista aprovada por portaria do Ministro das Finanças;

b) Às mais-valias realizadas por pessoas singulares com a transmissão onerosa de partes sociais em sociedades residentes em território português cujo activo seja constituído, em mais de 50%, por bens imóveis aí situados ou que, sendo sociedades gestoras ou detentoras de participações sociais, se encontrem em relação de domínio, tal como esta é definida no artigo 13º do Regime Geral das Instituições de Crédito e Sociedades Financeiras, aprovado pelo Decreto-Lei nº 298/92, de 31 de Dezembro, a título de dominantes, com sociedades dominadas, igualmente residentes em território português, cujo activo seja constituído, em mais de 50%, por bens imóveis aí situados.

(Redação dada pela Lei nº 71/2018, de 31-12)

Artigo 28º – Empréstimos externos e rendas de locação de equipamentos importados

O Ministro das Finanças pode, a requerimento e com base em parecer fundamentado da Direcção-Geral dos Impostos, conceder isenção total ou parcial de IRS ou de IRC, relativamente a juros de capitais provenientes do estrangeiro, representativos de empréstimos e rendas de locação de equipamentos importados, de que sejam devedores o Estado, as Regiões Autónomas, as autarquias locais e as suas federações ou uniões, ou qualquer dos seus serviços, estabelecimentos e organismos, ainda que personalizados, compreendidos os institutos públicos, e as empresas que prestem serviços públicos, desde que os credores tenham o domicílio no estrangeiro, e não disponham em território português de estabelecimento estável ao qual o empréstimo seja imputado.

Artigo 29º – Serviços financeiros de entidades públicas

1. As entidades referidas no artigo 9º do Código do IRC que realizem operações de financiamento a empresas, com recurso a fundos obtidos de empréstimo, com essa finalidade específica, junto de instituições de crédito, são sujeitas a tributação, nos termos gerais do IRC, relativamente a estes rendimentos, pela diferença, verificada em cada exercício, entre os juros e outros rendimentos de capitais de que sejam titulares relativamente a essas operações e os juros devidos a essas instituições, com dispensa de retenção na fonte de IRC, sendo o imposto liquidado na declaração periódica de rendimentos.

2. O Estado, atuando através da Direção-Geral do Tesouro e Finanças, é sujeito a tributação, nos termos gerais do IRC, relativamente aos rendimentos de capitais provenientes das aplicações financeiras que realize, pela diferença, verificada em cada exercício, entre aqueles rendimentos de capitais e os juros devidos pela remuneração de contas, no âmbito da prestação de serviços equiparados aos da atividade bancária, ao abrigo do artigo 2º do regime da tesouraria do Estado, aprovado pelo Decreto-Lei nº 191/99, de 5 de junho, na sua redação atual.

3. No caso do número anterior, a tributação faz-se autonomamente, com dispensa de retenção na fonte de IRC, sendo o imposto entregue até 15 de Janeiro do ano seguinte, sem prejuízo da tributação dos juros devidos pela remuneração das contas referidas na parte final do número anterior, por retenção na fonte, nos termos gerais.

(Redação dada pela Lei nº 43/2018, de 09-08)

Artigo 30º – *Swaps* e empréstimos de instituições financeiras não residentes

1. Ficam isentos de IRC os juros decorrentes de empréstimos concedidos por instituições financeiras não residentes a instituições de crédito residentes, bem como os ganhos obtidos por aquelas instituições, decorrentes de operações de *swap,* efectuadas com instituições de crédito residentes, desde que esses juros ou ganhos não

Nota: Nos termos do art. 2º da Lei nº 43/2018, de 09-08, a vigência dos artigos 28º, 29º e 30º é prorrogada até 31 de dezembro de 2019, sendo a mesma avaliada anualmente após essa data.

sejam imputáveis a estabelecimento estável daquelas instituições situado em território português.

2. Ficam igualmente isentos de IRC os ganhos e os juros obtidos por instituições financeiras não residentes, decorrentes de operações de swap e forwards e das operações com estas conexas, efetuadas com o Estado, atuando através da Agência de Gestão da Tesouraria e da Dívida Pública – IGCP, E. P. E., bem como efetuadas com o Instituto de Gestão de Fundos de Capitalização da Segurança Social, I. P., em nome próprio ou em representação dos fundos sob sua gestão, desde que esses ganhos não sejam imputáveis a estabelecimento estável daquelas instituições situado no território português.

3. Os benefícios fiscais previstos nos números anteriores não são aplicáveis nas seguintes situações:

a) Quando os titulares dos rendimentos obtidos sejam entidades com residência ou domicílio em país, território ou região a que se referem o nº 1 do artigo 63º-D da Lei Geral Tributária, aprovada pelo Decreto-Lei nº 398/98, de 17 de dezembro, na sua redação atual;

b) Quando as entidades não residentes e sem estabelecimento estável em território português sejam detidas, direta ou indiretamente, em mais de 25%, por entidades residentes, exceto quando essa entidade seja residente noutro Estado-Membro da União Europeia, num Estado signatário do Acordo sobre Espaço Económico Europeu que esteja vinculado a cooperação administrativa no domínio da fiscalidade equivalente à estabelecida no âmbito da União Europeia ou num Estado com o qual tenha sido celebrada e se encontre em vigor convenção para evitar a dupla tributação que preveja a troca de informações.

(Redação dada pela Lei nº 43/2018, de 09-08)

Artigo 31º – Depósitos de instituições de crédito não residentes

1. Ficam isentos de IRC os juros de depósitos a prazo efectuados em estabelecimentos legalmente autorizados a recebê-los por instituições de crédito não residentes.

2. O benefício fiscal previsto no número anterior não é aplicável:

a) Quando os titulares dos rendimentos obtidos sejam entidades com residência ou domicílio em país, território ou região a que se referem o nº 1 do artigo 63º-D da Lei Geral Tributária, aprovada pelo Decreto-Lei nº 398/98, de 17 de dezembro, na sua redação atual;

b) Quando as entidades não residentes e sem estabelecimento estável em território português sejam detidas, direta ou indiretamente, em mais de 25%, por entidades residentes, exceto quando essa entidade seja residente noutro Estado-Membro da União Europeia, num Estado signatário do Acordo sobre Espaço Económico Europeu que esteja vinculado a cooperação administrativa no domínio da fiscalidade equivalente à estabelecida no âmbito da União Europeia ou num Estado com o qual tenha sido celebrada e se encontre em vigor convenção para evitar a dupla tributação que preveja a troca de informações.

(Redação dada pela Lei nº 43/2018, de 09-08)

Artigo 32º – Sociedades gestoras de participações sociais (SGPS)

(Revogado pela Lei nº 83-C/2013, de 31-12)

Nota: Nos termos do nº 2 do art. 2º da Lei nº 43/2018, de 09-08, a vigência dos artigo 31º é prorrogada até 31 de dezembro de 2019, sendo a mesma avaliada anualmente após essa data.

Artigo 32º-A – Sociedades de capital de risco (SCR) e investidores de capital de risco (ICR)

1. (*Revogado.*)

2. (*Revogado.*)

3. As SCR podem deduzir ao montante apurado nos termos da alínea *a*) do nº 1 do artigo 90º do Código do IRC, e até à sua concorrência, uma importância correspondente ao limite da soma das colectas de IRC dos cinco exercícios anteriores àquele a que respeita o benefício, desde que seja utilizada na realização de investimentos em sociedades com potencial de crescimento e valorização.

4. A dedução a que se refere o número anterior é feita nos termos da alínea *b*) do nº 2 do artigo 90º do Código do IRC, na liquidação do IRC respeitante ao exercício em que foram realizados os investimentos ou, quando o não possa ser integralmente, a importância ainda não deduzida poderá sê-lo, nas mesmas condições, na liquidação dos cinco exercícios seguintes.

5. Os sócios das sociedades por quotas unipessoais ICR, os investidores informais das sociedades veículo de investimento em empresas com potencial de crescimento, certificadas no âmbito do Programa COMPETE, e os investidores informais em capital de risco a título individual certificados pelo IAPMEI, no âmbito do Programa FINICIA, podem deduzir à sua colecta em IRS do próprio ano, até ao limite de 15% desta, um montante correspondente a 20% do valor investido por si ou pela sociedade por quotas unipessoais ICR de que sejam sócios.

6. A dedução à colecta referida no número anterior não se aplica aos seguintes casos:

a) Investimentos em sociedades cotadas em bolsa de valores e em sociedades cujo capital seja controlado maioritariamente por outras sociedades, exceptuados os investimentos efectuados em SCR e em fundos de capital de risco;

b) Investimentos em sociedades sujeitas a regulação pelo Banco de Portugal ou pelo Instituto dos Seguros de Portugal.

7. Por valor investido entende-se a entrada de capitais em dinheiro destinados à subscrição ou aquisição de quotas ou acções ou à realização de prestações acessórias ou suplementares de capital em sociedades que usem efectivamente essas entradas de capital na realização de investimentos com potencial de crescimento e valorização.

(Redação dada pela Lei nº 83-C/2013, de 31-12)

Artigo 32º-B – Regime fiscal dos empréstimos externos

1. Ficam isentos de IRS ou de IRC os juros de capitais provenientes do estrangeiro representativos de contratos de empréstimo *Schuldscheindarlehen* celebrados pelo IGCP, E.P.E., em nome e em representação da República Portuguesa, desde que o credor seja um não residente sem estabelecimento estável em território português ao qual o empréstimo seja imputado.

2. A isenção fiscal prevista no número anterior fica subordinada à verificação, pelo IGCP, E.P.E., da não residência dos credores em Portugal e da não existência de estabelecimento estável em território português ao qual o empréstimo seja imputado, até à data de pagamento do rendimento ou, caso o IGCP, E.P.E., não conheça nessa data o beneficiário efetivo, nos 60 dias posteriores ao respetivo conhecimento.

(Aditado pela Lei nº 7-A/2016, de 30-03)

Artigo 32º-C – Operações de reporte com instituições financeiras não residentes

Ficam isentos de IRC os ganhos obtidos por instituições financeiras não residentes na realização de operações de reporte de valores mobiliários efetuadas com instituições de crédito residentes, desde que os ganhos não sejam imputáveis a estabelecimento estável daquelas instituições situado em território português.

(Aditado pela Lei nº 7-A/2016, de 30-03)

Artigo 32º-D – Operações de reporte

Beneficiam de isenção de imposto do selo as operações de reporte de valores mobiliários ou direitos equiparados realizadas em bolsa de valores, bem como o reporte e a alienação fiduciária em garantia realizados pelas instituições financeiras, designadamente por instituições de crédito e sociedades financeiras, com interposição de contrapartes centrais.

(Aditado pela Lei nº 7-A/2016, de 30-03)

CAPÍTULO IV – Benefícios fiscais às zonas francas

Artigo 33º – Zona Franca da Madeira e Zona Franca da ilha de Santa Maria

1. (*Revogado.*)

2. (*Revogado.*)

3. (*Revogado.*)

4. São isentos de IRC os juros de empréstimos contraídos por entidades instaladas nas zonas francas, desde que o produto desses empréstimos se destine à realização de investimentos e ao normal funcionamento das mutuárias, no âmbito da zona franca, e desde que os mutuantes sejam não residentes no restante território português, exceptuados os respectivos estabelecimentos estáveis nele situados.

5. São isentos de IRS ou de IRC:

a) Os rendimentos resultantes da concessão ou cedência temporária, por entidades não residentes em território português, exceptuados os estabelecimentos estáveis aí situados e fora das zonas francas, de patentes de invenção, licenças de exploração, modelos de utilidade, desenhos e modelos industriais, marcas, nomes e insígnias de estabelecimentos, processos de fabrico ou conservação de produtos e direitos análogos, bem como os derivados da assistência técnica e da prestação de informações relativas a uma dada experiência no sector industrial, comercial ou científico, desde que respeitantes a actividade desenvolvida pelas empresas no âmbito da zona franca;

b) Os rendimentos das prestações de serviços auferidos por entidades não residentes e não imputáveis a estabelecimento estável situado em território português fora das zonas francas, desde que devidos por entidades instaladas na mesma e respeitem à actividade aí desenvolvida.

6. (*Revogado.*)

7. São isentos de IRS ou de IRC os rendimentos pagos pelas sociedades e sucursais de *trust off-shore* instaladas nas zonas francas a utentes dos seus serviços, desde que estes sejam entidades instaladas nas zonas francas ou não residentes no território português.

8. São isentos de IRS os tripulantes dos navios registados no registo internacional de navios, criado e regulamentado no âmbito da Zona Franca da Madeira, ou no registo internacional de navios, a criar e regulamentar, nos mesmos termos, no âmbito da Zona Franca da ilha de Santa Maria, relativamente às remunerações auferidas nessa qualidade, e enquanto tais registos se mantiverem válidos.

9. O disposto no número anterior não prejudica o englobamento dos rendimentos isentos, para efeitos do disposto no nº 4 do artigo 22º do Código do IRS.

10. São excluídos das isenções de IRS e de IRC estabelecidas nos números anteriores os rendimentos obtidos em território português, exceptuadas as zonas francas, considerando-se como tais:

a) Os rendimentos previstos, respectivamente, no artigo 18º do Código do IRS e nos nºs 3 e seguintes do artigo 4º do Código do IRC, os resulantes de valores mobiliários representativos da dívida pública nacional e de valores mobiliários emitidos pelas Regiões Autónomas, pelas autarquias locais, por institutos ou fundos públicos e, bem assim, os resultantes de quaisquer outros valores mobiliários que venham a ser classificados como fundos públicos;

b) Todos os rendimentos decorrentes da prestação de serviços a pessoas singulares ou colectivas residentes em território português, bem como a estabelecimentos estáveis de entidades não residentes, localizados nesse território, excepto tratando-se de entidades instaladas nas zonas francas.

11. São isentos de imposto do selo os documentos, livros, papéis, contratos, operações, actos e produtos previstos na tabela geral do imposto do selo respeitantes a entidades licenciadas nas Zonas Francas da Madeira e da ilha de Santa Maria, bem como às empresas concessionárias de exploração das mesmas Zonas Francas, salvo quando tenham por intervenientes ou destinatários entidades residentes no território nacional, exceptuadas as zonas francas, ou estabelecimentos estáveis de entidades não residentes que naquele se situem.

12. Às empresas concessionárias das zonas francas, aos respectivos sócios ou titulares e aos actos e operações por elas praticados conexos com o seu objecto aplica-se o regime fiscal previsto nos nºs 2, 4 e 5, beneficiando, ainda, as primeiras de isenção de IRC até 31 de Dezembro de 2017.

13. Para os efeitos do disposto nos números anteriores, consideram-se residentes em território português as entidades como tal qualificadas nos termos dos Códigos do IRS e do IRC, e que não sejam consideradas residentes noutro Estado, por força de convenção destinada a eliminar a dupla tributação de que o Estado Português seja parte.

14. Para efeitos do disposto nos números anteriores, sempre que a qualidade de não residente seja condição necessária à verificação dos pressupostos da isenção, deve aquela ser comprovada da seguinte forma:

a) Quando forem bancos centrais, instituições de direito público ou organismos internacionais, bem como quando forem instituições de crédito, sociedades financeiras, fundos de investimento mobiliário ou imobiliário, fundos de pensões ou empresas de seguros, domiciliados em qualquer país da OCDE ou em país com o qual Portugal tenha celebrado convenção para evitar a dupla tributação internacional, e estejam submetidos a um regime especial de supervisão ou de registo administrativo, de acordo com as seguintes regras:

1) A respectiva identificação fiscal, sempre que o titular dela disponha;

2) Certidão, da entidade responsável pelo registo ou pela supervisão, que ateste a existência jurídica do titular e o seu domicílio;

3) Declaração do próprio titular, devidamente assinada e autenticada, se se tratar de bancos centrais, instituições de direito público que integrem a administração pública central, regional ou a demais administração periférica, estadual indirecta ou autónoma do Estado da residência fiscalmente relevante, ou organismos internacionais;

4) Comprovação da qualidade de não residente, nos termos da alínea *c*), caso o titular opte pelos meios de prova aí previstos;

b) Quando forem emigrantes no activo, através dos documentos previstos para a comprovação desta qualidade em portaria do Ministro das Finanças, que regulamente o sistema poupança-emigrante;

c) Nos restantes casos, de acordo com as seguintes regras:

1) A comprovação deve ser realizada mediante a apresentação de certificado de residência ou documento equivalente emitido pelas autoridades fiscais, de documento emitido por consulado português, comprovativo da residência no estrangeiro, ou de documento especificamente emitido com o objectivo de certificar a residência por entidade oficial do respectivo Estado, que integre a sua administração pública central, regional ou a demais admi nistração periférica, estadual indirecta ou autónoma do mesmo, não sendo designadamente admissível para o efeito documento de identificação como passaporte ou bilhete de identidade, ou documento de que apenas indirectamente se possa presumir uma eventual residência fiscalmente relevante, como uma autorização de trabalho ou permanência;

2) O documento referido na subalínea anterior é necessariamente o original ou cópia devidamente autenticada, e tem de possuir data de emissão não anterior a três anos, nem posterior a três meses, em relação à data de realização das operações, salvo o disposto nas subalíneas seguintes;

3) Se o prazo de validade do documento for inferior ou se este indicar um ano de referência, o mesmo é válido para o ano referido e para o ano subsequente, quando este último coincida com o da emissão do documento;

4) O documento que, à data da contratação de uma operação, comprove validamente a qualidade de não residente, nos termos das subalíneas anteriores, permanece eficaz até ao termo inicialmente previsto para aquela, desde que este não seja superior a um ano.

15. As entidades referidas nas alíneas *g*) e *h*) do nº 1 estão dispensadas da comprovação, pelos meios e nos termos previstos no nº 14, da qualidade de não residente das entidades com quem se relacionem, quer nas operações de pagamento que lhes sejam dirigidas, quer nos pagamentos por si efectuados relativos a aquisições de bens e serviços, sendo admissível, para estes casos, qualquer meio que constitua prova bastante, salvo quanto aos pagamentos a qualquer entidade dos tipos de rendimentos referidos na alínea *d*) do nº 2 e nos nºs 3 e 4 do artigo 71º do Código do IRS, aos quais se continua a aplicar o disposto no nº 14.

16. Compete às entidades a que se refere o nº 1 a prova, nos termos dos nºs 14 e 15, da qualidade de não residente das entidades com as quais estabeleçam relações, a qual é extensível, nas situações de contitularidade, nomeadamente aquando da constituição de contas de depósito de numerário ou de valores mobiliários com mais de um titular, a todos os titulares, devendo os meios de prova ser conservados durante um período não inferior a cinco anos e exibidos ou facultados à administração tributária sempre que solicitados.

17. As entidades responsáveis pela administração e exploração das Zonas Francas da Madeira e da ilha de Santa Maria devem comunicar, anualmente, até ao último dia do mês de Fevereiro, com referência ao exercício anterior, a identificação das entidades que, naquele exercício ou em parte dele, estiveram autorizadas a exercer actividades no âmbito institucional da respectiva zona franca.

18. A falta de apresentação das provas de não residente, pelas entidades instaladas nas zonas francas que a tal estejam respectivamente obrigadas, nos termos dos nºs 14 e 15, tem, no período de tributação a que respeita, as consequências seguintes:

a) Ficam sem efeito os benefícios concedidos às entidades beneficiárias que pressuponham a referida qualidade ou a ausência daquelas condições;

b) São aplicáveis as normas gerais previstas nos competentes códigos relativas à responsabilidade pelo pagamento do imposto em falta;

c) Presume-se que as operações foram realizadas com entidades residentes em território português, para efeitos do disposto neste preceito, sem prejuízo de se poder ilidir a presunção, de acordo com o artigo 73º da lei geral tributária, e nos termos do artigo 64º do Código de Procedimento e de Processo Tributário.

19. (*Revogado.*)

20. Para efeitos do disposto no nº 1, não se consideram compreendidas no âmbito institucional da zona franca as actividades de intermediação na celebração de quaisquer contratos em que o alienante dos bens ou o prestador de serviços ou, bem assim, o adquirente ou o utilizador dos mesmos, seja entidade residente no restante território português, fora das zonas francas, ou seja estabelecimento estável de não residente aqui situado, mesmo que os rendimentos auferidos pela entidade instalada na zona franca sejam pagos por não residentes em território português.

(Redação dada pela Lei nº 20/2012, de 14-05)

Artigos 34º e 35º

(Revogados pela Lei nº 64-B/2011, de 30-12)

Artigo 36º – Regime especial aplicável às entidades licenciadas na Zona Franca da Madeira a partir de 1 de Janeiro de 2007

1. Os rendimentos das entidades licenciadas a partir de 1 de janeiro de 2007 e até 31 de dezembro de 2014 para o exercício de atividades industriais, comerciais, de transportes marítimos e de outros serviços não excluídos do presente regime, que observem os respetivos condicionalismos previstos no nº 1 do artigo 33º*, são tributados em IRC, até 31 de dezembro de 2020, nos seguintes termos:

* A remissão para o nº 1 do art. 33º considera-se efectuada pela redacção em vigor em 31 de Dezembro de 2011, cfr. nº 4 do art. 146º da Lei nº 64-B/2011, de 30-12.

a) Nos anos de 2007 a 2009, à taxa de 3%;

b) Nos anos de 2010 a 2012, à taxa de 4%;

c) Nos anos de 2013 a 2020, à taxa de 5%.

2. As entidades referidas no número anterior que pretendam beneficiar do presente regime devem iniciar as suas actividades no prazo de seis meses, no caso de serviços internacionais, e de um ano, no caso de actividades industriais ou de registo marítimo, contado da data de licenciamento e devem ainda observar um dos seguintes requisitos de elegibilidade:

a) Criação de um a cinco postos de trabalho, nos seis primeiros meses de actividade e realização de um investimento mínimo de € 75 000 na aquisição de activos fixos corpóreos ou incorpóreos, nos dois primeiros anos de actividade;

b) Criação de seis ou mais postos de trabalho, nos seis primeiros meses de actividade.

3. As entidades referidas nos números anteriores ficam sujeitas à limitação do benefício a conceder, através da aplicação de *plafonds* máximos à matéria colectável a que é aplicável a taxa reduzida prevista, nos termos seguintes:

a) 2,73 milhões de euros pela criação de 1 até 2 postos de trabalho;

b) 3,55 milhões de euros pela criação de 3 a 5 postos de trabalho;

c) 21,87 milhões de euros pela criação de 6 a 30 postos de trabalho;

d) 35,54 milhões de euros pela criação de 31 a 50 postos de trabalho;

e) 54,68 milhões de euros pela criação de 51 a 100 postos de trabalho;

f) 205,50 milhões de euros pela criação de mais de 100 postos de trabalho.

4. Os limites máximos da matéria colectável previstos no número anterior são determinados em função do número de postos de trabalho que as entidades beneficiárias mantêm em cada exercício.

5. As entidades referidas no nº 1 que prossigam actividades industriais beneficiam ainda de uma dedução de 50% à colecta do IRC desde que preencham, pelo menos, duas das seguintes condições:

a) Contribuam para a modernização da economia regional, nomeadamente através da inovação tecnológica de produtos e de processos de fabrico ou de modelos de negócio;

b) Contribuam para a diversificação da economia regional, nomeadamente através do exercício de novas actividades de elevado valor acrescentado;

c) Promovam a contratação de recursos humanos altamente qualificados;

d) Contribuam para a melhoria das condições ambientais;

e) Criem, pelo menos, 15 postos de trabalho, que devem ser mantidos durante um período mínimo de cinco anos.

6. As entidades licenciadas na Zona Franca da Madeira a partir de 1 de janeiro de 2007 e até 31 de dezembro de 2014 podem, designadamente, exercer as seguintes atividades económicas relacionadas com:

a) Agricultura e com a produção animal (NACE Rev. 1.1, secção A, códigos 01.4 e 02.02);

b) Pesca, aquicultura e serviços relacionados (NACE Rev. 1.1, secção B, código 05);

c) Indústrias transformadoras (NACE Rev. 1.1, secção D);

d) Produção e distribuição de electricidade, gás e água (NACE Rev. 1.1, secção E, código 40);

e) Comércio por grosso (NACE Rev. 1.1, secção G, códigos 50 e 51);

f) Transportes e comunicações (NACE Rev. 1.1, secção I, códigos 60, 61, 62, 63 e 64);

g) Actividades imobiliárias, alugueres e serviços prestados às empresas (NACE Rev. 1.1, secção K, códigos 70, 71, 72, 73 e 74);

h) Ensino superior, ensino para adultos e outras actividades educativas (NACE Rev. 1.1, secção M, códigos 80.3 e 80.4);

i) Outras actividades de serviços colectivos (NACE Rev. 1.1, secção O, códigos 90, 92 e 93.01).

7. Da lista de actividades prevista no número anterior encontram-se excluídas as actividades de intermediação financeira, de seguros e das instituições auxiliares de intermediação financeira e de seguros (NACE Rev. 1.1, secção J, 65, 66 e 67) bem como as actividades do tipo «serviços intragrupo», designadamente centros de coordenação, de tesouraria e de distribuição (NACE Rev. 1.1, secção K, código 74).

8. Os rendimentos das sociedades gestoras de participações sociais licenciadas a partir de 1 de janeiro de 2007 e até 31 de dezembro de 2014 são tributados em IRC nos termos referidos no nº 1, salvo os obtidos no território português, excetuadas as zonas francas, ou em outros Estados membros da União Europeia, que são tributados nos termos gerais.

9. Às restantes situações não referidas nos números anteriores são aplicáveis, nos termos da legislação respectiva e relativamente às actividades industriais, comerciais, de transportes marítimos e de outros serviços não excluídos do presente regime, os demais benefícios fiscais e condicionalismos actualmente vigentes na Zona Franca da Madeira.

10. As entidades que estejam licenciadas ao abrigo dos regimes previstos nos artigos 33º e 34º do presente Estatuto podem beneficiar do novo regime, a partir de 1 de Janeiro de 2012.

(Redação dada pela Lei nº 75-A/2014, de 30-09)

Artigo 36º-A – Regime aplicável às entidades licenciadas na Zona Franca da Madeira a partir de 1 de janeiro de 2015

1. Os rendimentos das entidades licenciadas para operar na Zona Franca da Madeira a partir de 1 de janeiro de 2015 e até 31 de dezembro de 2020 são tributados em IRC, até 31 de dezembro de 2027, à taxa de 5%, nos seguintes termos:

a) As entidades licenciadas no âmbito da zona franca industrial relativamente aos rendimentos derivados do exercício das atividades de natureza industrial, previstas no nº 1 e qualificadas nos termos dos nºs 2 e 3 do artigo 4º do Decreto Regulamentar nº 53/82, de 23 de agosto, e, bem assim, das atividades acessórias ou complementares daquela;

b) As entidades devidamente licenciadas que prossigam a atividade de transportes marítimos e aéreos, relativamente aos rendimentos derivados do exercício da atividade licenciada, excetuados os rendimentos derivados do transporte de passageiros ou de carga entre portos nacionais;

c) As entidades referidas na alínea *a*), relativamente aos rendimentos derivados das atividades exercidas na zona franca industrial não abrangidas por aquela alínea, e as restantes entidades não mencionadas nas alíneas anteriores, relativamente aos rendimentos derivados das suas atividades compreendidas no âmbito institucional da zona franca, desde que, em ambos os casos, respeitem a operações realizadas com entidades instaladas na zona franca ou com não residentes em território português, excetuados os estabelecimentos estáveis aí situados e fora da zona franca.

2. As entidades referidas no número anterior que pretendam beneficiar do presente regime devem iniciar as suas atividades no prazo de seis meses, exceto quanto às atividades industriais ou de transportes marítimos e aéreos que devem iniciar as suas atividades no prazo de um ano, contado da data de licenciamento, devendo ainda observar um dos seguintes requisitos de elegibilidade:

a) Criação de um a cinco postos de trabalho, nos seis primeiros meses de atividade e realização de um investimento mínimo de € 75 000 na aquisição de ativos fixos tangíveis ou intangíveis nos dois primeiros anos de atividade;

b) Criação de seis ou mais postos de trabalho, nos seis primeiros meses de atividade.

3. As entidades referidas no nº 1 ficam sujeitas a um dos seguintes limites máximos anuais aplicáveis aos benefícios fiscais previstos no presente regime:

a) 20,1% do valor acrescentado bruto obtido anualmente, ou

b) 30,1% dos custos anuais de mão de obra incorridos, ou

c) 15,1% do volume anual de negócios.

4. As entidades referidas nos números anteriores ficam sujeitas à limitação do benefício a conceder, através da aplicação de *plafonds* máximos à matéria coletável a que é aplicável a taxa reduzida prevista, nos termos seguintes:

a) 2,73 milhões de euros pela criação de um a dois postos de trabalho;

b) 3,55 milhões de euros pela criação de três a cinco postos de trabalho;

c) 21,87 milhões de euros pela criação de seis a 30 postos de trabalho;

d) 35,54 milhões de euros pela criação de 31 a 50 postos de trabalho;

e) 54,68 milhões de euros pela criação de 51 a 100 postos de trabalho;

f) 205,50 milhões de euros pela criação de mais de 100 postos de trabalho.

5. Os limites máximos da matéria coletável previstos no número anterior são determinados em função do número de postos de trabalho que as entidades beneficiárias mantêm em cada exercício.

6. As entidades referidas no nº 1 licenciadas para operar na zona franca industrial beneficiam ainda de uma dedução de 50% à coleta do IRC desde que preencham, pelo menos, duas das seguintes condições:

a) Contribuam para a modernização da economia regional, nomeadamente através da inovação tecnológica de produtos e de processos de fabrico ou de modelos de negócio;

b) Contribuam para a diversificação da economia regional, nomeadamente através do exercício de novas atividades de elevado valor acrescentado;

c) Promovam a contratação de recursos humanos altamente qualificados;

d) Contribuam para a melhoria das condições ambientais;

e) Criem, pelo menos, 15 postos de trabalho, que devem ser mantidos durante um período mínimo de cinco anos.

7. As entidades licenciadas na Zona Franca da Madeira, a partir de 1 de janeiro de 2015 e até 31 de dezembro de 2020, podem, designadamente, exercer as seguintes atividades económicas relacionadas com:

a) Indústrias transformadoras (NACE Rev. 2, secção C);

b) Produção e distribuição de eletricidade, gás e água (NACE Rev. 2, secção D, divisão 35; NACE Rev. 2, secção E, divisões 36, 37, 38 e 39);

c) Comércio por grosso (NACE Rev. 2, secção G, divisões 45 e 46);

d) Transportes e comunicações (NACE Rev. 2, secção H, divisões 49, 50, 51, 52 e 53; NACE Rev. 2, secção N, divisão 79; NACE Rev. 2, secção J, divisão 61);

e) Atividades imobiliárias, alugueres e serviços prestados às empresas [NACE Rev. 2, secção L, divisão 68 (Atividades imobiliárias); NACE Rev. 2, secção N, divisão 77 (Atividades de aluguer); NACE Rev. 2, secção J, divisões 58, 59, 60, 62 e 63; NACE Rev. 2, secção C, divisão 33; NACE Rev. 2, secção S, divisão 95; NACE Rev. 2, secção M, divisões 69, 70, 71, 72, 73 e 74; NACE Rev. 2, secção N, divisão 77, grupo 77.4; NACE Rev. 2, secção N, divisões 78, 80, 81 e 82; NACE Rev. 2, secção P, divisão 85, grupo 85.6, classe 8560; NACE Rev. 2, secção K, divisão 64, grupo 64.2, classe 64.20 (Atividades das sociedades gestoras de participações sociais não financeiras)];

f) Ensino superior, ensino para adultos e outras atividades educativas (NACE Rev. 2, secção P, divisão 85, grupo 85.3, classe 85.32; NACE Rev. 2, secção P, divisão 85, grupos 85.4, 85.5 e 85.6);

g) Outras atividades de serviços coletivos (NACE Rev.2, secção E, divisão 37; NACE Rev.2, secção J, divisões 59, 60 e 63; NACE Rev.2, secção R, divisões 90, 91, 92 e 93; NACE Rev.2, secção P, divisão 85, grupo 85.5, classe 85.51; NACE Rev.2, secção N, divisões 78 e 79; NACE Rev.2, secção S, divisão 96; NACE Rev.2, secção R, divisão 91, classe 91.04; NACE Rev.2, secção J, divisão 94, grupo 94.9, classe 94.99).

8. Estão excluídas do presente regime:

a) As entidades que exerçam atividades intragrupo e cuja atividade principal se insira nas subdivisões 70.10 «Atividades das sedes sociais» ou 70.22 «Atividades de consultoria para os negócios e outra consultoria para a gestão» da secção M da NACE Rev.2, bem como as entidades cuja atividade principal se insira na secção K «Atividades financeiras e de seguros» da NACE Rev.2, sem prejuízo do disposto na parte final da alínea *e*) do número anterior;

b) As entidades que exerçam atividade nos setores siderúrgico e das fibras sintéticas, tal como definidos nos parágrafos 43 e 44 do artigo 2º do Regulamento (UE) nº 651/2014, da Comissão, de 16 de junho de 2014, bem como nos setores do carvão e da construção naval, nos termos da alínea *a*) do artigo 13º do mesmo Regulamento;

c) As entidades que exerçam atividade nos setores da agricultura, da silvicultura, da pesca, da aquicultura e da indústria extrativa, nos termos das subalíneas *i*) e *ii*) da alínea *c*) do artigo 13º do Regulamento (UE) nº 651/2014, da Comissão, de 16 de junho de 2014;

d) As entidades consideradas empresas em dificuldade nos termos do disposto no parágrafo 18 do artigo 2º do Regulamento (UE) nº 651/2014, da Comissão, de 16 de junho de 2014;

e) As entidades sujeitas a uma injunção de recuperação, ainda pendente, na sequência de uma decisão da Comissão Europeia que declare um auxílio ilegal e incompatível com o mercado interno.

9. Os rendimentos das entidades licenciadas na Zona Franca da Madeira cuja atividade principal consista na gestão de participações sociais de natureza não financeira, são tributados nos termos do nº 1, sendo-lhes igualmente aplicáveis os limites previstos no nº 3.

10. Os sócios ou acionistas das sociedades licenciadas para operar na Zona Franca da Madeira que beneficiem do presente regime, gozam de isenção de IRS ou de IRC, até 31 de dezembro de 2027, relativamente:

a) Aos lucros colocados à sua disposição por essas sociedades, incluindo a amortização de partes sociais sem redução de capital, na proporção da soma da parte do resultado líquido do período correspondente, acrescido do valor líquido das variações patrimoniais não refletidas nesse resultado, determinado para efeitos de IRC, que beneficie da aplicação da taxa reduzida prevista no nº 1 e da parte daquele resultado que, não beneficiando daquela taxa, derive de rendimentos obtidos fora do território português, com exceção dos resultantes de operações realizadas com entidades que tenham residência ou domicílio em países, territórios ou regiões com regimes de tributação privilegiada, claramente mais favoráveis, constantes da lista aprovada pelo Estado português para esse efeito, de acordo com as melhores práticas internacionais;

b) Aos rendimentos provenientes de juros e outras formas de remuneração de suprimentos, abonos ou adiantamentos de capital por si feitos à sociedade ou devidos pelo facto de não levantarem os lucros ou remunerações colocados à sua disposição.

11. Para efeitos da aplicação do disposto no número anterior, observa-se o seguinte:

a) Se o montante dos lucros colocados à disposição dos sócios ou acionistas incluir a distribuição de reservas, considera-se, para efeitos do cálculo da proporção a que se refere a alínea *a*) do número anterior, que as reservas mais antigas são as primeiramente distribuídas;

b) Não gozam da isenção prevista no número anterior os sócios ou acionistas residentes em território português, com exceção dos sócios ou acionistas das sociedades referidas nas alíneas *a*) e *b*) do nº 1, nem os sócios ou acionistas que tenham residência ou domicílio em países, territórios, ou regiões com regimes de tributação privilegiada, claramente mais favoráveis, constantes da lista aprovada pelo Estado português para esse efeito, de acordo com as melhores práticas internacionais.

12. Os benefícios concedidos às entidades referidas nos números anteriores em imposto do selo, imposto municipal sobre imóveis, imposto municipal sobre as transmissões onerosas de imóveis, derramas regional e municipal e taxas, ficam sujeitos à limitação de 80% relativamente a cada um destes tributos e a cada ato ou período a eles sujeitos.

13. Às restantes situações não referidas nos números anteriores são aplicáveis, nos termos da legislação respetiva, os demais benefícios fiscais e condicionalismos atualmente vigentes na Zona Franca da Madeira.

14. As entidades licenciadas na Zona Franca da Madeira ficam sujeitas ao pagamento especial por conta de IRC e às tributações autónomas apenas na proporção da taxa de IRC aplicável, exceto quanto às tributações autónomas previstas nos nºs 1 e 8 do artigo 88º do Código do IRC.

15. Os benefícios previstos no presente regime não são cumuláveis com outros benefícios da mesma natureza previstos no âmbito de quaisquer regimes locais, regionais ou nacionais.

16. As entidades que estejam licenciadas ao abrigo do regime previsto no artigo anterior podem beneficiar do novo regime a partir de 1 de janeiro de 2015, desde que preencham os requisitos previstos neste regime.

(Redação dada pela Lei nº 64/2015, de 01-07)

CAPÍTULO V – Benefícios fiscais relativos a relações internacionais

Artigo 37º – Isenção do pessoal das missões diplomáticas e consulares e das organizações estrangeiras ou internacionais

1. Fica isento de IRS, nos termos do direito internacional aplicável, ou desde que haja reciprocidade:

a) O pessoal das missões diplomáticas e consulares, quanto às remunerações auferidas nessa qualidade;

b) O pessoal ao serviço de organizações estrangeiras ou internacionais, quanto às remunerações auferidas nessa qualidade.

2. As isenções previstas no número anterior não abrangem, designadamente, os membros do pessoal administrativo, técnico, de serviço e equiparados, das missões diplomáticas e consulares, quando sejam residentes em território português e não se verifique a existência de reciprocidade.

3. Os rendimentos isentos nos termos do nº 1 são obrigatoriamente englobados para efeito de determinação da taxa a aplicar aos restantes rendimentos.

4. O reconhecimento relativo ao preenchimento dos requisitos de isenção, quando necessário, é da competência do Ministro das Finanças.

Artigo 38º – Isenção do pessoal em missões de salvaguarda de paz

1. Ficam isentos de IRS os militares e elementos das forças de segurança quanto às remunerações auferidas no desempenho de funções integradas em missões de carácter militar, efectuadas no estrangeiro, com objectivos humanitários ou destinadas ao estabelecimento, consolidação ou manutenção da paz, ao serviço das Nações Unidas ou de outras organizações internacionais, independentemente da entidade que suporta as respectivas importâncias.

2. O disposto no número anterior não prejudica o englobamento dos rendimentos isentos, para efeitos do disposto no nº 4 do artigo 22º do Código do IRS e determinação da taxa aplicável ao restante rendimento colectável.

3. O reconhecimento relativo ao preenchimento dos requisitos de isenção, quando necessário, é da competência do Ministro das Finanças.

Artigo 39º – Acordos e relações de cooperação

1. Ficam isentas de IRS as pessoas deslocadas no estrangeiro, ao abrigo de acordos de cooperação, relativamente aos rendimentos auferidos no âmbito do respectivo acordo.

2. Ficam igualmente isentos de IRS os militares e elementos das forças de segurança deslocados no estrangeiro, ao abrigo de acordos de cooperação técnico-militar celebrados pelo Estado Português e ao serviço deste, relativamente aos rendimentos auferidos no âmbito do respectivo acordo.

3. O Ministro das Finanças pode, a requerimento das entidades interessadas, conceder isenção de IRS relativamente aos rendimentos auferidos por pessoas deslocadas no estrangeiro ao serviço daquelas, ao abrigo de contratos celebrados com entidades estrangeiras, desde que sejam demonstradas as vantagens desses contratos para o interesse nacional.

4. O disposto nos números anteriores não prejudica o englobamento dos rendimentos isentos, para efeitos do disposto no nº 4 do artigo 22º do Código do IRS, e determinação da taxa aplicável ao restante rendimento colectável.

5. A isenção a que se refere o nº 3 é extensível, nas mesmas condições, a rendimentos auferidos por pessoas deslocadas no estrangeiro, desde que exerçam a sua actividade no âmbito das profissões constantes da lista referida no artigo 151º do Código do IRS, líquidos dos encargos dedutíveis nos termos do mesmo Código.

Artigo 39º-A – Trabalhadores deslocados no estrangeiro

1. Ficam isentos de IRS os rendimentos do trabalho dependente referidos no artigo 18º do Código do IRS auferidos por sujeitos passivos que, no ano a que respeitam os rendimentos, tendo sido deslocados do seu normal local de trabalho para o estrangeiro por período não inferior a 90 dias, dos quais 60 necessariamente seguidos, sejam considerados residentes em território português, na parte relativa à remuneração paga ou colocada à disposição do trabalhador exclusivamente a título de compensação pela deslocação e permanência no estrangeiro que exceda os limites legais previstos no Código do IRS.

2. O montante anual da compensação isenta nos termos do número anterior, por sujeito passivo, não pode exceder o valor correspondente à diferença entre o montante anual da remuneração do trabalhador sujeita a imposto, incluindo a compensação, e o montante global das remunerações regulares com carácter de retribuição sujeitas a imposto auferidas pelo trabalhador no período de tributação anterior, excluindo qualquer compensação que haja sido paga, durante esse período, em virtude dessa ou outras deslocações ao abrigo deste regime, e não pode, em qualquer caso, exceder o valor de € 10 000.

3. Em caso de ausência de remuneração auferida em território português ou no estrangeiro, devida por qualquer entidade a título de trabalho dependente por período superior a seis meses no período de tributação anterior àquele a que respeitam os rendimentos, o montante global das remunerações regulares com caráter de retribuição sujeitas a imposto auferidas no ano anterior deve ser apurado, relativamente aos meses em que não tenha havido remuneração, por referência à retribuição mínima mensal garantida.

4. Podem optar pela tributação prevista nos números anteriores, nos termos aplicáveis aos sujeitos passivos residentes em território português, os sujeitos passivos que, tendo sido deslocados para o estrangeiro nos termos estabelecidos no nº 1, não sejam considerados residentes em território português, com o limite de três anos após a data do deslocamento.

5. Exercida a opção prevista no número anterior, é aplicável aos rendimentos abrangidos pelo nº 1 o disposto nos nºs 3 e seguintes do artigo 17º-A do Código do IRS, com as devidas adaptações.

6. O disposto no nº 1 determina o englobamento dos rendimentos isentos, para efeitos do disposto no nº 4 do artigo 22º do Código do IRS.

7. A isenção prevista no nº 1 não é cumulável com quaisquer outros benefícios fiscais aplicáveis aos rendimentos da categoria A, automáticos ou de reconhecimento prévio, previstos neste ou noutros diplomas legais e com o regime previsto para os residentes não habituais.

8. A isenção prevista no presente artigo fica dependente de acordo escrito celebrado entre o sujeito passivo e a entidade empregadora, no qual expressamente se identifique o destino e o período da deslocação, bem como a remuneração total a pagar ou a colocar à disposição do sujeito passivo e a compensação a que se refere o nº 1, devendo o sujeito passivo ficar na posse de uma cópia do documento.

(Aditado pela Lei nº 82-E/2014, de 31-12)

Artigo 40º – Empreiteiros e arrematantes de obras e trabalhos das infra-estruturas comuns NATO

1. Ficam isentos de IRS os empreiteiros ou arrematantes, nacionais ou estrangeiros, relativamente aos lucros derivados de obras ou trabalhos das infra-estruturas comuns NATO, a realizar em território português, nos termos do Decreto-Lei nº 41 561, de 17 de Março de 1958.

2. O disposto no número anterior não prejudica o englobamento dos rendimentos isentos, para efeitos do disposto no nº 4 do artigo 22º do Código do IRS, e determinação da taxa aplicável ao restante rendimento colectável.

Artigo 40º-A – Regime especial de tributação de valores mobiliários representativos de dívida emitida por entidades não residentes

1. Beneficiam de isenção de IRS e de IRC os rendimentos dos valores mobiliários representativos de dívida pública e não pública emitida por entidades não residentes, que sejam considerados obtidos em território português nos termos dos Códigos do IRS e do IRC, quando venham a ser pagos pelo Estado Português enquanto garante de obrigações assumidas por sociedades das quais é acionista em conjunto com outros Estados membros da União Europeia.

2. A isenção a que se refere o número anterior aplica-se exclusivamente aos beneficiários efetivos que cumpram os requisitos previstos no artigo 5º do regime especial de tributação de valores mobiliários representativos de dívida, aprovado em anexo ao Decreto-Lei nº 193/2005, de 7 de novembro, alterado pelo Decretos-Leis nºs 25/2006, de 8 de fevereiro, e 29-A/2011, de 1 de março, e pela Lei nº 83/2013, de 9 de dezembro.
(Aditado pela Lei nº 7-A/2016, de 30-03)

CAPÍTULO VI – Benefícios fiscais à capitalização das empresas

Artigo 41º – Benefícios fiscais ao investimento de natureza contratual

(Revogado pelo Decreto-Lei nº 162/2014, de 31-10)

Artigo 41º-A – Remuneração convencional do capital social

1. Na determinação do lucro tributável das sociedades comerciais ou civis sob forma comercial, cooperativas, empresas públicas, e demais pessoas coletivas de direito público ou privado com sede ou direção efetiva em território português, pode ser deduzida uma importância correspondente à remuneração convencional do capital social, calculada mediante a aplicação, limitada a cada exercício, da taxa de 7% ao montante das entradas realizadas até € 2 000 000, por entregas em dinheiro ou através da conversão de créditos, ou do recurso aos lucros do próprio exercício no âmbito da constituição de sociedade ou do aumento do capital social, desde que:

a) *(Revogada)*;

b) *(Revogada)*;

c) O seu lucro tributável não seja determinado por métodos indiretos;

d) A sociedade beneficiaria não reduza o seu capital social com restituição aos sócios, quer no período de tributação em que sejam realizadas as entradas relevantes para efeitos da remuneração convencional do capital social, quer nos cinco períodos de tributação seguintes.

2. A dedução a que se refere o número anterior:

a) Aplica-se exclusivamente às entradas efetivamente realizadas em dinheiro, no âmbito da constituição de sociedades ou do aumento do capital social da sociedade beneficiária, às entradas em espécie realizadas no âmbito de aumento do capital social que correspondam à conversão de créditos em capital, e ao aumento de capital com recurso aos lucros gerados no próprio exercício, desde que, neste último caso, o registo do aumento de capital se realize até à entrega da declaração de rendimentos relativa ao exercício em causa;

b) É efetuada no apuramento do lucro tributável relativo ao período de tributação em que sejam realizadas as entradas mencionadas na alínea anterior e nos cinco períodos de tributação seguintes;

c) Apenas considera as entradas em espécie correspondentes à conversão de suprimentos ou de empréstimos de sócios realizadas a partir de 1 de janeiro de 2017 ou a partir do primeiro dia do período de tributação que se inicie após essa data, quando este não coincida com o ano civil;

d) Apenas considera as entradas em espécie correspondentes à conversão de créditos de terceiros realizadas a partir de 1 de janeiro de 2018 ou a partir do primeiro dia do período de tributação que se inicie após essa data, quando este não coincida com o ano civil.

3. *(Revogado.)*

4. O incumprimento do disposto na alínea *d*) do nº 1 implica a consideração, como rendimento do período de tributação em que ocorra a redução do capital com restituição aos sócios, do somatório das importâncias deduzidas a título de remuneração convencional do capital social, majorado em 15%.

5. É reduzido a 25% o limite previsto na alínea *b*) do nº 1 do artigo 67º do Código do IRC quando os sujeitos passivos beneficiem da dedução prevista no nº 1.

6. O regime previsto no presente artigo não se aplica quando, no mesmo período de tributação ou num dos cinco períodos de tributação anteriores, o mesmo seja ou haja sido aplicado a sociedades que detenham direta ou indiretamente uma participação no capital social da empresa beneficiária, ou sejam participadas, direta ou indiretamente, pela mesma sociedade, na parte referente ao montante das entradas realizadas no capital social daquelas sociedades que haja beneficiado do presente regime.

(Redação dada pela Lei nº 114/2017, de 29-12)

Artigo 41º-B – Benefícios fiscais aplicáveis aos territórios do interior e às regiões autónomas

1. Às empresas que exerçam, diretamente e a título principal, uma atividade económica de natureza agrícola, comercial, industrial ou de prestação de serviços em territórios do interior, que sejam qualificados como micro, pequena ou média empresa, nos termos previstos no anexo ao Decreto-Lei nº 372/2007, de 6 de novembro, alterado pelo Decreto-Lei nº 143/2009, de 16 de junho, é aplicável a taxa de IRC de 12,5% aos primeiros € 15 000 de matéria coletável.

2. São condições para usufruir dos benefícios fiscais previstos no número anterior:

a) Exercer a atividade e ter direção efetiva nas áreas beneficiárias;

b) Não ter salários em atraso;

c) A empresa não resultar de cisão efetuada nos dois anos anteriores à usufruição dos benefícios;

d) A determinação do lucro tributável ser efetuada com recurso a métodos diretos de avaliação ou no âmbito do regime simplificado de determinação da matéria coletável.

3. O benefício fiscal previsto no presente artigo não é cumulativo com outros benefícios de idêntica natureza, não prejudicando a opção por outro mais favorável.

4. Aos sujeitos passivos abrangidos pelo nº 1 é aplicável uma majoração de 20% à dedução máxima prevista no nº 1 do artigo 29º do Código Fiscal do Investimento quando estejam em causa investimentos elegíveis realizados em territórios do interior.

5. O benefício fiscal previsto nos números anteriores está sujeito às regras europeias aplicáveis em matéria de auxílios de *minimis*, não podendo o montante do benefício exceder o limiar de *minimis*.

6. A delimitação das áreas territoriais beneficiárias é estabelecida por portaria dos membros do Governo responsáveis pelas áreas das finanças, das autarquias locais e do planeamento e das infraestruturas, e obedece a critérios como a emigração e envelhecimento, a atividade económica e o emprego, o empreendedorismo e a infraestruturação do território.

7. No caso de estudantes que frequentem estabelecimentos de ensino situados em território do interior identificado na portaria a que se refere o nº 6, ou em estabelecimentos de ensino situados nas regiões autónomas, é aplicável uma majoração de 10 pontos percentuais ao valor suportado a título de despesas de educação e formação a que se refere o nº 1 do artigo 78º-D do Código do IRS, sendo o limite global aí estabelecido elevado para 1 000 € quando a diferença seja relativa a estas despesas.

8. A dedução à coleta do IRS a que se refere a alínea *a*) do nº 1 do artigo 78º-E do Código do IRS tem o limite de 1 000 € durante três anos, sendo o primeiro o da celebração do contrato, no caso de os encargos aí previstos resultarem da transferência da residência permanente para um território do interior identificado na portaria a que se refere o nº 6.

9. Para efeitos do disposto nos nºs 7 e 8, os sujeitos passivos devem indicar no Portal das Finanças:

a) No prazo previsto no nº 6 do artigo 58º-A do Código do IRS, os membros do agregado familiar que frequentam estabelecimentos de ensino situados em território do interior ou das regiões autónomas e o valor total das respetivas despesas suportadas;

b) As faturas ou outro documento que sejam relativas a arrendamento de que resulte a transferência da residência permanente para um território do interior.

(Redação dada pela Lei nº 71/2018, de 31-12)

Artigo 42º – Eliminação da dupla tributação económica dos lucros distribuídos por sociedades residentes nos países africanos de língua oficial portuguesa e na República Democrática de Timor-Leste

(Revogado pela Lei nº 83-C/2013, de 31-12)

Artigo 43º – Benefícios fiscais relativos à interioridade

(Revogado pela Lei nº 64-B/2011, de 30-12)

Artigo 43º-A – Programa Semente

1. Os sujeitos passivos de Imposto sobre o Rendimento das Pessoas Singulares (IRS) que efetuem investimentos elegíveis no âmbito do Programa Semente, fora do âmbito de atividades geradoras de rendimentos empresariais e profissionais, podem deduzir à coleta do IRS, até ao limite de 40% desta, um montante correspondente a 25% do montante dos investimentos elegíveis efetuados em cada ano.

2. Para efeitos da dedução prevista no número anterior, o montante anual dos investimentos elegíveis, por sujeito passivo, não pode ser superior a € 100 000.

3. A importância que não possa ser deduzida nos termos dos números anteriores por exceder o limite referido no nº 1 pode sê-lo, nas mesmas condições, nos dois períodos de tributação subsequentes.

4. Para efeitos do nº 1, consideram-se como investimentos elegíveis no âmbito do Programa Semente as entradas em dinheiro efetivamente pagas em razão da subscrição de participações sociais, desde que:

a) A sociedade participada seja uma micro ou pequena empresa que não tenha sido formalmente constituída há mais de cinco anos;

b) Sejam de montante superior a € 10 000, por sociedade;

c) A participação social detida pelo subscritor, após a subscrição e durante os três anos subsequentes, não corresponda a mais de 30% do capital ou dos direitos de voto da sociedade;

d) A participação social subscrita seja mantida durante, pelo menos, 48 meses;

e) A percentagem do capital e dos direitos de voto detida por sociedades e outras pessoas coletivas, quer na data da subscrição quer nos três anos anteriores, seja inferior a 50%; e

f) As entradas sejam efetivamente utilizadas, até ao fim do terceiro período de tributação posterior ao da subscrição, em despesas de investigação ou desenvolvimento, na aquisição de ativos intangíveis ou na aquisição de ativos fixos tangíveis, com exceção de terrenos, edifícios, viaturas ligeiras de passageiros ou mistas, mobiliário e equipamentos sociais.

5. São elegíveis, para efeitos do benefício fiscal previsto neste artigo, os investimentos realizados em empresas que cumulativamente reúnam os seguintes requisitos:

a) Sejam qualificadas como micro ou pequena empresa, de acordo com os critérios previstos no anexo ao Decreto-Lei nº 372/2007, de 6 de novembro, alterado pelo Decreto-Lei nº 143/2009, de 16 de junho;

b) Não tenham mais do que 20 trabalhadores e não detenham bens e direitos sobre bens imóveis cujo valor global exceda € 200 000;

c) Não estejam cotadas em mercado regulamentado ou não regulamentado de bolsa de valores;

d) Tenham a sua situação fiscal e contributiva regularizada;

e) Sejam certificadas pela Rede Nacional de Incubadoras.

6. As mais-valias que resultem da alienação onerosa das participações sociais correspondentes a investimentos elegíveis que tenham beneficiado da dedução prevista no nº 1, desde que detidas durante, pelo menos, 48 meses, não são consideradas no saldo a que se refere o nº 1 do artigo 43º do Código do IRS caso o sujeito passivo reinvista, no ano da realização ou no ano subsequente, a totalidade dos respetivos valores de realização em investimentos elegíveis nos termos do nº 4.

7. No caso de se verificar apenas o reinvestimento parcial do valor de realização, o disposto no número anterior aplica-se à parte da mais-valia realizada proporcionalmente correspondente ao valor reinvestido.

8. Para efeitos do disposto nos nºs 6 e 7, os sujeitos passivos devem mencionar a intenção de efetuar o reinvestimento na declaração do ano de realização, indicando na mesma e na declaração do ano seguinte, os investimentos efetuados.

9. No caso de incumprimento do disposto na alínea *f*) do nº 4 é adicionado ao IRC da sociedade participada relativo 3º período de tributação posterior ao da subscrição uma importância correspondente a 30% do montante das entradas que não tenham sido utilizadas para os fins previstos naquela alínea.

10. O benefício fiscal previsto no nº 1 está sujeito às regras europeias aplicáveis em matéria de auxílios *de minimis*, não podendo o montante dos investimentos elegíveis exceder o limiar *de minimis*.

11. Não são aplicáveis ao benefício fiscal previsto no presente artigo os limites previstos no nº 7 do artigo 78º do Código do IRS.

(Aditado pela Lei nº 42/2016, de 28-12)

Artigo 43º-B – Incentivos à recapitalização das empresas

1. O sujeito passivo de IRS que realize entradas de capital em dinheiro a favor de uma sociedade na qual detenha uma participação social e que se encontre na condição prevista no artigo 35º do Código das Sociedades Comerciais poderá deduzir até 20% dessas entradas ao montante bruto dos lucros colocados à disposição por essa sociedade ou, no caso de alienação dessa participação, ao saldo apurado entre as mais-valias e menos-valias realizadas nos termos da alínea *b)* do nº 1 do artigo 10º do Código do IRS.

2. A dedução a que se refere o número anterior verificar-se-á no apuramento do rendimento tributável relativo ao ano em que sejam realizadas as entradas mencionadas e nos cinco anos seguintes.

(Aditado pela Lei nº 114/2017, de 29-12)

Artigo 43º-C – Incentivo fiscal à aquisição de participações sociais pelos trabalhadores

1. Ficam isentos de IRS, até ao limite de € 40 000, os ganhos previstos no nº 7 da alínea *b)* do nº 3 do artigo 2º do Código do IRS auferidos por trabalhadores de entidades empregadoras relativamente às quais se verifiquem, cumulativamente, as seguintes condições:

a) Sejam qualificadas como micro ou pequena empresa, de acordo com os critérios previstos no anexo ao Decreto-Lei nº 372/2007, de 6 de novembro, na sua redação atual;

b) Tenham sido constituídas há menos de seis anos;

c) Desenvolvam a sua atividade no âmbito do setor da tecnologia, nos termos a definir por portaria dos membros do Governo responsáveis pelas áreas das finanças e da economia e, bem assim, mediante certificação pela Agência Nacional de Inovação, S.A..

2. A isenção prevista no número anterior depende da manutenção, na esfera do trabalhador, dos direitos subjacentes aos títulos geradores dos ganhos isentos por um período mínimo de dois anos.

3. Estão excluídos da isenção de IRS prevista no nº 1 do presente artigo os membros dos órgãos sociais e os titulares de participações sociais superiores a 5%.

(Aditado pela Lei nº 114/2017, de 29-12)

CAPÍTULO VII – Benefícios fiscais relativos a bens imóveis

Artigo 44º – Isenções

1. Estão isentos de imposto municipal sobre imóveis:

a) Os Estados estrangeiros, quanto aos prédios destinados às respectivas representações diplomáticas ou consulares, quando haja reciprocidade;

b) As instituições de segurança social e de previdência, a que se referem artigos 115º e 126º da Lei nº 32/2002, de 20 de Dezembro, quanto aos prédios ou partes de prédios destinados directamente à realização dos seus fins;

c) As associações ou organizações de qualquer religião ou culto às quais seja reconhecida personalidade jurídica, quanto aos templos ou edifícios exclusivamente destinados ao culto ou à realização de fins não económicos com este directamente relacionados;

d) As associações sindicais e as associações de agricultores, de comerciantes, de industriais e de profissionais independentes, quanto aos prédios ou parte de prédios destinados directamente à realização dos seus fins;

e) As pessoas colectivas de utilidade pública administrativa e as de mera utilidade pública, quanto aos prédios ou parte de prédios destinados directamente à realização dos seus fins;

f) As instituições particulares de solidariedade social e as pessoas colectivas a elas legalmente equiparadas, quanto aos prédios ou parte de prédios destinados directamente à realização dos seus fins, salvo no que respeita às misericórdias, caso em que o benefício abrange quaisquer imóveis de que sejam proprietárias;

g) As entidades licenciadas ou que venham a ser licenciadas para operar no âmbito institucional da Zona Franca da Madeira e da Zona Franca da ilha de Santa Maria, quanto aos prédios ou parte de prédios destinados directamente à realização dos seus fins;

h) Os estabelecimentos de ensino particular integrados no sistema educativo, quanto aos prédios ou parte de prédios destinados directamente à realização dos seus fins;

i) As associações desportivas e as associações juvenis legalmente constituídas, quanto aos prédios ou parte de prédios destinados directamente à realização dos seus fins;

j) Os prédios ou parte de prédios cedidos gratuitamente pelos respectivos proprietários, usufrutuários ou superficiários a entidades públicas isentas de imposto municipal sobre imóveis enumeradas no artigo 11º do respectivo Código, ou a entidades referidas nas alíneas anteriores, para o prosseguimento directo dos respectivos fins;

l) As sociedades de capitais exclusivamente públicos, quanto aos prédios cedidos a qualquer título ao Estado ou a outras entidades públicas, no exercício de uma actividade de interesse público;

m) As colectividades de cultura e recreio, as organizações não governamentais e outro tipo de associações não lucrativas, a quem tenha sido reconhecida utilidade pública, relativamente aos prédios utilizados como sedes destas entidades, e mediante deliberação da assembleia municipal da autarquia onde os mesmos se situem, nos termos previstos pelo nº 2 do artigo 12º da Lei nº 2/2007, de 15 de Janeiro;

n) Os prédios classificados como monumentos nacionais e os prédios individualmente classificados como de interesse público ou de interesse municipal, nos termos da legislação aplicável;

o) As entidades públicas empresariais responsáveis pela rede pública de escolas, quanto aos prédios ou parte de prédios destinados directamente ou indirectamente à realização dos seus fins;

p) Os prédios exclusivamente afetos à atividade de abastecimento público de água às populações, de saneamento de águas residuais urbanas e de sistemas municipais de gestão de resíduos urbanos;

q) Os prédios ou parte de prédios afetos a lojas com história, reconhecidos pelo município como estabelecimentos de interesse histórico e cultural ou social local e que integrem o inventário nacional dos estabelecimentos e entidades de interesse histórico e cultural ou social local, nos termos previstos na Lei nº 42/2017, de 14 de junho.

2. As isenções a que se refere o número anterior iniciam-se:

a) Relativamente às situações previstas nas alíneas *a*) a *d*), *g*) a *i*), *m*) e *p*), no ano, inclusive, em que o prédio ou parte do prédio for destinado aos fins nelas referidos;

b) Relativamente às situações previstas nas alíneas *e*) e *f*), a partir do ano, inclusive, em que se constitua o direito de propriedade;

c) Nos casos previstos nas alíneas *j*) e *l*), no ano, inclusive, em que se verifique a cedência;

d) Relativamente às situações previstas na alínea *n*), no ano, inclusive, em que ocorra a classificação;

e) Relativamente às situações previstas na alínea *q*) no ano em que se verifique o reconhecimento pelo município e a integração no inventário nacional dos estabelecimentos e entidades de interesse histórico e cultural ou social local.

3. A isenção a que se refere a alínea *a*) do nº 1 é reconhecida por despacho do Ministro das Finanças, a requerimento das entidades interessadas.

4. As isenções a que se refere a alínea *b*) do nº 2 são reconhecidas oficiosamente, desde que se verifique a inscrição na matriz em nome das entidades beneficiárias, que os prédios se destinem directamente à realização dos seus fins e que seja feita prova da respectiva natureza jurídica.

5. As isenções a que se referem as alíneas *n*) e *q*) do nº 1 são de caráter automático, operando mediante comunicação da classificação como monumentos nacionais ou da classificação individualizada como imóveis de interesse público ou de interesse municipal, do reconhecimento pelo município como estabelecimentos de interesse histórico e cultural ou social local e de que integram o inventário nacional dos estabelecimentos e entidades de interesse histórico e cultural ou social local, respetivamente, a efetuar pela Direção-Geral do Património Cultural ou pelas câmaras municipais, conforme o caso, vigorando enquanto os prédios estiverem classificados ou reconhecidos e integrados, mesmo que estes venham a ser transmitidos.

6. Para os efeitos previstos no número anterior, os serviços do Instituto de Gestão do Património Arquitectónico e Arqueológico, I. P., e as câmaras municipais procedem à referida comunicação, relativamente aos imóveis já classificados à data da entrada em vigor da presente lei:

a) Oficiosamente, no prazo de 60 dias; ou

b) A requerimento dos proprietários dos imóveis, no prazo de 30 dias a contar da data de entrada do requerimento nos respectivos serviços.

7. A isenção a que se refere a alínea *g*) do nº 1 é reconhecida pelo director-geral dos Impostos, em requerimento devidamente documentado, que deve ser apresentado pelos sujeitos passivos no serviço de finanças da área da situação do prédio, no prazo de 60 dias contados da verificação do facto determinante da isenção.

8. Nos restantes casos previstos no presente artigo, a isenção é reconhecida pelo chefe do serviço de finanças da área da situação do prédio, em requerimento devidamente documentado, que deve ser apresentado pelos sujeitos passivos da área da situação do prédio, no prazo de 60 dias contados da verificação do facto determinante da isenção ou, quando aplicável, da entrada em vigor da isenção, que, no caso da alínea *p*) do nº 1, deve ser uma declaração emitida pelas entidades gestoras daqueles serviços.

9. Nas situações abrangidas nos nºs 7 e 8, se o pedido for apresentado para além do prazo aí referido, a isenção inicia-se a partir do ano imediato, inclusive, ao da sua apresentação.

10. Os benefícios constantes das alíneas *b*) a *m*), *o*) e *p*) do nº 1 cessam logo que deixem de verificar-se os pressupostos que os determinaram, devendo os proprietários, usufrutuários ou superficiários dar cumprimento ao disposto na alínea *g*) do nº 1 do artigo 13º do Código do Imposto Municipal sobre Imóveis, e os constantes da alínea *n*) e *q*) do nº 1 cessam no ano, inclusive, em que os prédios venham a ser desclassificados ou deixem de estar reconhecidos pelo município e integrados no inventário nacional de estabelecimentos e entidades com interesse histórico e cultural ou social local, respetivamente, ou sejam considerados devolutos ou em ruínas, nos termos do nº 3 do artigo 112º do Código do Imposto Municipal sobre Imóveis.

11. As isenções resultantes de acordo entre o Estado e quaisquer pessoas, de direito público ou privado, são mantidas na forma da respectiva lei.

12. O benefício previsto na alínea *g*) do nº 1 não é aplicável às entidades que exerçam atividades de intermediação financeira, de seguros e às instituições auxiliares de intermediação financeira e de seguros (NACE Rev. 1.1, secção J, códigos 65, 66 e 67) e do tipo «serviços intragrupo», designadamente centros de coordenação, de tesouraria e de distribuição (NACE Rev. 1.1, secção K, código 74).
(Redação dada pela Lei nº 114/2017, de 29-12)

Artigo 44º-A – Prédios urbanos destinados à produção de energia a partir de fontes renováveis

1. Ficam sujeitos a uma redução de 50% da taxa de imposto municipal sobre imóveis os prédios previstos na alínea *d*) do nº 1 do artigo 6º do Código do Imposto Municipal sobre Imóveis que sejam exclusivamente afetos à produção de energia a partir de fontes renováveis.

2. A redução de taxa a que se refere o número anterior inicia-se no ano, inclusive, em que se verifique a afetação prevista para efeitos da redução da coleta.

3. A redução de taxa prevista no nº 1 é reconhecida pelo chefe do serviço de finanças da situação do prédio, em requerimento devidamente documentado, que deve ser apresentado pelos sujeitos passivos no serviço de finanças da área do prédio, no prazo de 60 dias contados da verificação do facto determinante da redução à coleta.

4. Na situação abrangida pelo número anterior, se o pedido for apresentado para além do prazo referido, o benefício inicia-se a partir do ano imediato, inclusive, ao da sua apresentação.

5. A redução de taxa prevista no nº 1 vigora enquanto a afetação à produção de energia a partir de fontes renováveis se mantiver, ficando o sujeito passivo obrigado a comunicar ao serviço de finanças da área do prédio, no prazo de 30 dias contados do facto relevante, o termo dessa afetação.

6. O benefício previsto no presente artigo vigora pelo período de cinco anos.
(Aditado pela Lei nº 82-D/2014, de 31-12)

Artigo 44º-B – Outros benefícios com caráter ambiental atribuídos a imóveis

1. Os municípios, mediante deliberação da assembleia municipal, podem fixar uma redução até 25% da taxa do imposto municipal sobre imóveis a vigorar no ano a que respeita o imposto, a aplicar aos prédios urbanos com eficiência energética.

2. Considera-se haver eficiência energética, para os efeitos do número anterior, nos seguintes casos:

a) Quando tenha sido atribuída ao prédio uma classe energética igual ou superior a A, nos termos do disposto no Decreto-Lei nº 118/2013, de 20 de agosto;

b) Quando, em resultado da execução de obras de construção, reconstrução, alteração, ampliação e conservação de edifícios, a classe energética atribuída ao prédio seja superior, em pelo menos duas classes, face à classe energética anteriormente certificada; ou

c) Quando o prédio aproveite águas residuais tratadas ou águas pluviais, nos termos a definir por portaria dos membros do Governo responsáveis pelas áreas das finanças e do ambiente.

3. Os municípios, mediante deliberação da assembleia municipal, podem fixar uma redução, até 50%, da taxa de imposto municipal sobre imóveis que vigorar no ano a que respeita o imposto, a aplicar aos prédios rústicos integrados em áreas classificadas que proporcionem serviços de ecossistema não apropriáveis pelo mercado, desde que sejam reconhecidos como tal pelo Instituto da Conservação da Natureza e das Florestas, I.P.

4. Os benefícios previstos no nº 1 e no número anterior iniciam-se no ano, inclusive, da verificação do facto determinante da redução da taxa.

5. Os benefícios previstos nos nºs 1 e 3 dependem de reconhecimento do chefe do serviço de finanças da área da situação do prédio, em requerimento devidamente documentado, que deve ser apresentado pelos sujeitos passivos no prazo de 60 dias contados da verificação do facto determinante do referido benefício.

6. Nas situações abrangidas pelo número anterior, se o pedido for apresentado para além do prazo referido, o benefício inicia-se a partir do ano imediato, inclusive, ao da sua apresentação.

7. Os benefícios previstos no presente artigo vigoram pelo período de cinco anos. *(Redação dada pela Lei nº 42/2016, de 28-12)*

Artigo 45º – Prédios urbanos objecto de reabilitação

1. Os prédios urbanos ou frações autónomas concluídos há mais de 30 anos ou localizados em áreas de reabilitação urbana beneficiam dos incentivos previstos no presente artigo, desde que preencham cumulativamente as seguintes condições:

a) Sejam objeto de intervenções de reabilitação de edifícios promovidas nos termos do Regime Jurídico da Reabilitação Urbana, aprovado pelo Decreto-Lei nº 307/2009, de 23 de outubro, ou do regime excecional do Decreto-Lei nº 53/2014, de 8 de abril;

b) Em consequência da intervenção prevista na alínea anterior, o respetivo estado de conservação esteja dois níveis acima do anteriormente atribuído e tenha, no mínimo, um nível bom nos termos do disposto no Decreto-Lei nº 266-B/2012, de 31 de dezembro, e sejam cumpridos os requisitos de eficiência energética e de qualidade térmica aplicáveis aos edifícios a que se refere o artigo 30º do Decreto-Lei nº 118/ /2013, de 20 de agosto, alterado pelo Decreto-Lei nº 194/2015, de 14 de setembro, sem prejuízo do disposto no artigo 6º do Decreto-Lei nº 53/2014, de 8 de abril.

2. Aos imóveis que preencham os requisitos a que se refere o número anterior são aplicáveis os seguintes benefícios fiscais:

a) Isenção do imposto municipal sobre imóveis por um período de três anos, a contar do ano, inclusive, da conclusão das obras de reabilitação, podendo ser renovado, a requerimento do proprietário, por mais cinco anos no caso de imóveis afetos a arrendamento para habitação permanente ou a habitação própria e permanente;

b) Isenção do imposto municipal sobre as transmissões onerosas de imóveis nas aquisições de imóveis destinados a intervenções de reabilitação, desde que o adquirente inicie as respetivas obras no prazo máximo de três anos a contar da data de aquisição;

c) Isenção do imposto municipal sobre as transmissões onerosas de imóveis na primeira transmissão, subsequente à intervenção de reabilitação, a afetar a arrendamento para habitação permanente ou, quando localizado em área de reabilitação urbana, também à habitação própria e permanente;

d) Redução a metade das taxas devidas pela avaliação do estado de conservação a que se refere a alínea *b*) do nº 1.

3. Os benefícios referidos nas alíneas *a*), *b*) e *c*) do número anterior não prejudicam a liquidação e cobrança dos respetivos impostos, nos termos gerais.

4. O reconhecimento da intervenção de reabilitação para efeito de aplicação do disposto no presente artigo deve ser requerido conjuntamente com a comunicação prévia ou com o pedido de licença da operação urbanística, cabendo à câmara municipal competente ou, se for o caso, à entidade gestora da reabilitação urbana, comunicar esse reconhecimento ao serviço de finanças da área da situação do edifício ou fração, no prazo máximo de 20 dias a contar da data da determinação do estado de conservação resultante das obras ou da emissão da respetiva certificação energética, se esta for posterior.

5. A anulação das liquidações de imposto municipal sobre imóveis e de imposto municipal sobre as transmissões onerosas de imóveis e as correspondentes restituições são efetuadas pelo serviço de finanças no prazo máximo de 15 dias a contar da comunicação prevista na parte final do número anterior.

6. A prorrogação da isenção prevista na alínea *a*) do nº 2 está dependente de deliberação da assembleia municipal, sob proposta da câmara municipal, nos termos do nº 2 do artigo 16º do Regime Financeiro das Autarquias Locais e das Entidades Intermunicipais, sendo o respetivo reconhecimento efetuado pela câmara municipal nos termos do nº 4 do presente artigo.

7. O regime previsto no presente artigo não é cumulativo com outros benefícios fiscais de idêntica natureza, não prejudicando, porém, a opção por outro mais favorável.

(Redação dada pela Lei nº 114/2017, de 29-12)

Artigo 46º – Prédios urbanos construídos, ampliados, melhorados ou adquiridos a título oneroso, destinados a habitação

1. Ficam isentos de imposto municipal sobre imóveis, nos termos do nº 5, os prédios ou parte de prédios urbanos habitacionais construídos, ampliados, melhorados ou adquiridos a título oneroso, destinados à habitação própria e permanente do sujeito passivo ou do seu agregado familiar, cujo rendimento colectável, para efeitos de IRS, no ano anterior, não seja superior a € 153 300, e que sejam efectivamente afectos a tal fim, no prazo de seis meses após a aquisição ou a conclusão da construção, da ampliação ou dos melhoramentos, salvo por motivo não imputável ao beneficiário, devendo o pedido de isenção ser apresentado pelos sujeitos passivos até ao termo dos 60 dias subsequentes àquele prazo.

2. A isenção a que se refere o número anterior abrange os arrumos, despensas e garagens, ainda que fisicamente separados, mas integrando o mesmo edifício ou conjunto habitacional, desde que utilizados exclusivamente pelo proprietário, inquilino ou seu agregado familiar, como complemento da habitação isenta.

3. Ficam igualmente isentos, nos termos do nº 5, os prédios ou parte de prédios construídos de novo, ampliados, melhorados ou adquiridos a título oneroso, quando se trate da primeira transmissão, na parte destinada a arrendamento para habitação, desde que reunidas as condições referidas na parte final do nº 1, iniciando-se o período de isenção a partir da data da celebração do primeiro contrato de arrendamento.

4. Tratando-se de prédios ampliados ou melhorados nos casos previstos nos nºs 1 e 3, a isenção aproveita apenas ao valor patrimonial tributário correspondente ao acréscimo resultante das ampliações ou melhoramentos efectuados, tendo em conta, para a determinação dos respectivos limite e período de isenção, a totalidade do valor patrimonial tributário do prédio após o aumento derivado de tais ampliações ou melhoramentos.

5. Para efeitos do disposto nos nºs 1 e 3, o período de isenção a conceder é de três anos, aplicável a prédios urbanos cujo valor patrimonial tributário não exceda € 125 000.

6. Nos casos previstos no presente artigo, a isenção é:

a) Automática, nas situações de aquisição onerosa a que se refere o nº 1, com base nos elementos de que a Autoridade Tributária e Aduaneira disponha;

b) Reconhecida, nos demais casos, pelo chefe do serviço de finanças da área da situação do prédio, em requerimento devidamente documentado.

7. Se a afetação a habitação própria e permanente do sujeito passivo ou do seu agregado familiar ocorrer após o decurso do prazo previsto no nº 1 e, nas situações dependentes de reconhecimento, se o pedido for apresentado fora do prazo, a isenção inicia-se no ano da afetação ou do pedido, respetivamente, cessando, todavia, no ano em que findaria se os prazos tivessem sido cumpridos.

8. Os benefícios fiscais a que se refere este artigo cessam logo que deixem de verificar-se os pressupostos que os determinaram, devendo os proprietários, usufrutuários ou superficiários dar cumprimento ao disposto no nº 1 do artigo 13º do Código do Imposto Municipal sobre Imóveis.

9. Para efeitos do disposto no presente artigo, considera-se ter havido afectação dos prédios ou partes de prédios à habitação própria e permanente do sujeito passivo ou do seu agregado familiar se aí se fixar o respectivo domicílio fiscal.

10. O disposto nos nºs 1 e 3 não é aplicável quando os prédios ou parte de prédios tiverem sido construídos de novo, ampliados, melhorados ou adquiridos a título oneroso por entidades que tenham o domicílio em países, territórios ou regiões sujeito a um regime fiscal claramente mais favorável, constantes de lista aprovada por portaria do Ministro das Finanças.

11. A isenção prevista nos nºs 1 e 2 só pode ser reconhecida duas vezes ao mesmo sujeito passivo ou agregado familiar.

12. A isenção prevista no nº 3 pode ser reconhecida ao mesmo sujeito passivo por cada prédio ou fracção autónoma destinada ao fim nele prevista.

13. Podem beneficiar da isenção prevista neste artigo os emigrantes, na definição que lhes é dada pelo artigo 3º do Decreto-Lei nº 323/95, de 29 de Novembro, desde que verificados os condicionalismos previstos, salvo quanto ao prazo para a respectiva afectação do imóvel a sua habitação própria e permanente ou do respectivo agregado familiar.

(Redação dada pela Lei nº 42/2016, de 28-12)

Artigo 47º – Prédios integrados em empreendimentos a que tenha sido atribuída a utilidade turística

(Revogado pela Lei nº 43/2018, de 09-08)

Artigo 48º – Prédios de reduzido valor patrimonial de sujeitos passivos de baixos rendimentos

(Revogado pela Lei nº 7-A/2016, de 30-03)

Artigo 49º – Fundos de investimento imobiliário, fundos de pensões e fundos de poupança-reforma

(Revogado pela Lei nº 7-A/2016, de 30-03)

Artigo 50º – Parques de estacionamento subterrâneos

(Revogado pela Lei nº 43/2018, de 09-08)

CAPÍTULO VIII – Outros benefícios fiscais

Artigo 51º – Empresas armadoras da marinha mercante nacional

Às empresas armadoras da marinha mercante nacional são concedidos os seguintes benefícios fiscais:

a) Tributação dos lucros, resultantes exclusivamente da actividade de transporte marítimo, incidindo apenas sobre 30% dos mesmos;

b) Isenção de imposto do selo nas operações de financiamento externo para aquisição de navios, contentores e outro equipamento para navios, contratados por empresas armadoras da marinha mercante, ainda que essa contratação seja feita através de instituições financeiras nacionais.

Nota: Nos termos do art. 2º da Lei nº 43/2018, de 09-08, a vigência da alínea *b*) do art. 51º é prorrogada até 31 de dezembro de 2019, sendo a mesma avaliada anualmente após essa data. Por sua vez, a vigência da alínea *a*) do mesmo art. 51º, é prorrogada até à entrada em vigor do regime especial de determinação da matéria coletável com base na tonelagem de navios e do regime fiscal e contributivo específico para a atividade de transporte marítimo.

Artigo 52º – Comissões vitivinícolas regionais

Ficam isentas de IRC, excepto quanto aos rendimentos de capitais tal como definidos para efeitos de IRS, as comissões vitivinícolas regionais, reguladas nos termos do Decreto-Lei nº 212/2004, de 23 de Agosto, e legislação complementar.

(Redação dada pela Lei nº 64-B/2011, de 30-12)

Artigo 53º – Entidades gestoras de sistemas integrados de gestão de fluxos específicos de resíduos

Ficam isentas de IRC, excepto quanto aos rendimentos de capitais, tal como são definidos para efeitos de IRS, as entidades gestoras de sistemas integrados de gestão de fluxos específicos de resíduos, devidamente licenciadas nos termos legais, durante todo o período correspondente ao licenciamento, relativamente aos resultados que, durante esse período, sejam reinvestidos ou utilizados para a realização dos fins que lhes sejam legalmente atribuídos.

Artigo 54º – Colectividades desportivas, de cultura e recreio

1. Ficam isentos de IRC os rendimentos das colectividades desportivas, de cultura e recreio, abrangidas pelo artigo 11º do Código do IRC, desde que a totalidade dos seus rendimentos brutos sujeitos a tributação, e não isentos nos termos do mesmo Código, não exceda o montante de € 7 500.

2. As importâncias investidas pelos clubes desportivos em novas infra-estruturas, não provenientes de subsídios, podem ser deduzidas à matéria colectável até ao limite de 50% da mesma, sendo o eventual excesso deduzido até ao final do segundo exercício seguinte ao do investimento.

(Redação dada pela Lei nº 64-B/2011, de 30-12)

Artigo 55º – Associações e confederações

1. Ficam isentos de IRC, excepto no que respeita a rendimentos de capitais e a rendimentos comerciais, industriais ou agrícolas, tal como são definidos para efeitos de IRS, e sem prejuízo do disposto no número seguinte:

a) As pessoas colectivas públicas, de tipo associativo, criadas por lei para assegurar a disciplina e representação do exercício de profissões liberais;

b) As confederações e associações patronais e sindicais.

2. Ficam isentos de IRC os rendimentos das associações sindicais e das pessoas colectivas públicas, de tipo associativo, criadas por lei para assegurar a disciplina e representação do exercício de profissões liberais, derivados de acções de formação prestadas aos respectivos associados no âmbito dos seus fins estatutários.

3. Ficam isentos de IRC os rendimentos obtidos por associações de pais derivados da exploração de cantinas escolares.

4. Sem prejuízo do disposto no número anterior, ficam ainda isentos de IRC os rendimentos obtidos por associações de pais, exceto no que respeita a rendimentos

Nota: Nos termos do art. 2º da Lei nº 43/2018, de 09-08, a vigência dos artigos 52º a 54º é prorrogada até 31 de dezembro de 2019, sendo a mesma avaliada anualmente após essa data.

de capitais tal como são definidos para efeitos de IRS, desde que a totalidade dos seus rendimentos brutos sujeitos e não isentos não exceda o montante de € 7500.

(Redação dada pela Lei nº 7-A/2016, de 30-03)

Artigos 56º e 57º

(Revogados pela Lei nº 64-B/2011, de 30-12)

Artigo 58º – Propriedade intelectual

1. Os rendimentos provenientes da propriedade literária, artística e científica, incluindo os provenientes da alienação de obras de arte de exemplar único e os provenientes das obras de divulgação pedagógica e científica, quando auferidos por titulares de direitos de autor ou conexos residentes em território português, desde que sejam os titulares originários, são considerados no englobamento, para efeitos do IRS, apenas por 50% do seu valor, líquido de outros benefícios.

2. Excluem-se do disposto no número anterior os rendimentos provenientes de obras escritas sem carácter literário, artístico ou científico, obras de arquitectura e obras publicitárias.

3. A importância a excluir do englobamento nos termos do nº 1 não pode exceder € 10 000.

4. *(Revogado.)*

(Redação dada pela Lei nº 82-E/2014, de 31-12)

Artigo 59º – Baldios

1. Estão isentos de IRC os baldios, enquadráveis nos termos da alínea *b*) do nº 1 do artigo 2º do Código do IRC, quanto aos rendimentos derivados dos terrenos baldios, incluindo os resultantes de cessão de exploração ou de arrendamento, bem como os da transmissão de bens ou da prestação de serviços comuns aos compartes, quando, em qualquer caso, aqueles rendimentos sejam afetos, de acordo com o plano de utilização aprovado, com os usos ou costumes locais, ou com as deliberações dos órgãos competentes dos compartes, em investimento florestal ou outras benfeitorias nos próprios baldios ou, bem assim, em melhoramentos junto da comunidade que os possui e gere, até ao fim do quarto exercício posterior ao da sua obtenção, salvo em caso de justo impedimento no cumprimento do prazo de afetação, notificado à Autoridade Tributária e Aduaneira, acompanhado da respetiva fundamentação escrita, até ao último dia útil do 1º mês subsequente ao termo do referido prazo.

2. Não são abrangidos pelas isenções previstas no número anterior os rendimentos de capitais, tal como são definidos para efeitos de IRS, e as mais-valias resultantes da alienação, a título oneroso, de partes de baldios.

3. Aos rendimentos dos baldios, administrados, em regime de delegação ou de utilização direta, pelas juntas de freguesia em cuja área o baldio se localize ou pelo serviço da Administração Pública que superintenda na modalidade ou modalidades de aproveitamento a que a delegação se reporte, que revertam a favor da autarquia ou serviço em causa, aplica-se o disposto no artigo 9º do Código do IRC.

4. Os rendimentos dos baldios que sejam diretamente distribuídos aos compartes, em dinheiro ou em espécie, neste último caso quando não enquadráveis nas situações previstas no nº 1, são considerados rendimentos de capitais em sede de IRS, estando sujeitos a retenção na fonte à taxa de 28%.

5. A retenção na fonte a que se refere o número anterior tem caráter definitivo, podendo os sujeitos passivos optar pelo englobamento para efeitos de IRS, caso em que o imposto retido tem a natureza de imposto por conta, seguindo os termos previstos no artigo 78º do Código do IRS.

6. Os terrenos baldios estão isentos de IMI, sendo esta isenção reconhecida oficiosamente, desde que:

a) Se verifique a inscrição dos prédios na matriz em nome do baldio; e

b) Os prédios não sejam explorados por terceiro fora de uma atividade agrícola, silvícola ou silvopastoril.

(Redação dada pela Lei nº 72/2014 de 02-09)

Artigo 59º-A – Medidas de apoio ao transporte rodoviário de passageiros e de mercadorias

Os gastos suportados com a aquisição, em território português, de eletricidade, gás natural veicular (GNV) e gases de petróleo liquefeito (GPL) para abastecimento de veículos são dedutíveis em valor correspondente a 130%, no caso de eletricidade, e a 120%, no caso de GNV e GPL, do respetivo montante, para efeitos da determinação do lucro tributável em sede de IRC e da categoria B do IRS, neste último caso havendo opção pelo regime da contabilidade organizada, quando se trate de:

a) Veículos afetos ao transporte público de passageiros, com lotação igual ou superior a 22 lugares que estejam registados como elementos do ativo fixo tangível de sujeitos passivos de IRC que estejam licenciados pelo Instituto da Mobilidade e dos Transportes, I.P. (IMT, I.P.);

b) Veículos afetos ao transporte rodoviário de mercadorias, público ou por conta de outrem, com peso bruto igual ou superior a 3,5 t, registados como elementos do ativo fixo tangível de sujeitos passivos de IRC e que estejam licenciados pelo IMT, I.P.;

c) Veículos afetos ao transporte em táxi, registados como elementos do ativo fixo tangível dos sujeitos passivos de IRS ou de IRC, com contabilidade organizada e que estejam devidamente licenciados.

(Aditado pela Lei nº 82-D/2014, de 31-12)

Artigo 59º-B – Despesas com sistemas de *car-sharing* e *bike-sharing*

1. É considerado gasto do período de tributação para efeitos de determinação do lucro tributável o valor correspondente a 110% ou 140%, respetivamente, das despesas com sistemas de *car-sharing* e *bike-sharing* incorridas por sujeitos passivos de IRC e de IRS, com contabilidade organizada.

2. Para efeitos do disposto no número anterior, consideram-se despesas com sistemas de *car-sharing* e *bike-sharing* as realizadas pelo sujeito passivo, mediante contrato celebrado com empresas que tenham por objeto a gestão de sistemas de *car-sharing* e *bike-sharing*, com vista a suprir as suas necessidades de mobilidade e logística ou para promover a opção por soluções de mobilidade sustentável entre o seu pessoal nas deslocações casa trabalho e desde que, em qualquer caso, o sujeito passivo não esteja em relação de grupo, domínio, ou simples participação com a empresa com quem celebra o contrato de *car-sharing* ou *bike-sharing* e o referido benefício tenha caráter geral.

3. O benefício previsto no nº 1, relativo à promoção da opção por soluções de mobilidade sustentável pelo pessoal do sujeito passivo, é cumulável com o benefício previsto no nº 15 do artigo 43º do Código do IRC relativo à aquisição de passes sociais, com o limite, em qualquer caso, de € 6 250 por trabalhador dependente.

(Aditado pela Lei nº 82-D/2014, de 31-12)

Artigo 59º-C – Despesas com frotas de velocípedes

É considerado gasto do período de tributação, para efeitos de determinação do lucro tributável, o valor correspondente a 120% das despesas com a aquisição de frotas de velocípedes em benefício do pessoal do sujeito passivo, a definir por portaria dos membros do Governo responsáveis pelas áreas das finanças e do ambiente, que se mantenham no património do mesmo durante, pelo menos, 18 meses, bem como os custos suportados com a reparação e manutenção dos velocípedes pertencentes a essas frotas, a definir na mesma portaria, desde que o referido benefício tenha caráter geral.

(Aditado pela Lei nº 82-D/2014, de 31-12)

Artigo 59º-D – Incentivos fiscais à atividade silvícola

1. Para efeitos de determinação da taxa de IRS a aplicar a rendimentos da categoria B decorrentes de explorações silvícolas plurianuais, o respetivo valor é dividido:

a) Por 12, para os rendimentos que sejam determinados com base na aplicação das regras decorrentes do regime simplificado, incluindo o ato isolado;

b) Pela soma do número de anos ou fração a que respeitem os gastos imputados ao respetivo lucro tributável, nos termos do nº 7 do artigo 18º do Código do IRC, para os rendimentos que sejam determinados com base na contabilidade, incluindo o ato isolado.

2. Ficam isentas de imposto municipal sobre as transmissões onerosas de imóveis e de imposto do selo, no que se refere à verba 1.1 da tabela geral do imposto do selo, as aquisições onerosas de prédios ou parte de prédios rústicos que correspondam a áreas florestais abrangidas por zona de intervenção florestal (ZIF), nos termos do disposto no Decreto-Lei nº 127/2005, de 5 de agosto, alterado pelos Decretos-Leis nºs 15/2009, de 14 de janeiro, 2/2011, de 6 de janeiro, e 27/2014, de 18 de fevereiro, ou de prédios contíguos aos mesmos, na condição de estes últimos serem abrangidos por uma ZIF num período de três anos contados a partir da data de aquisição.

3. Ficam isentas de imposto municipal sobre as transmissões onerosas de imóveis e de imposto do selo, no que se refere à verba 1.1 da tabela geral do imposto do selo, as aquisições onerosas de prédios ou parte de prédios rústicos destinados à exploração florestal que sejam confinantes com prédios rústicos submetidos a plano de gestão florestal elaborado, aprovado e executado nos termos do Decreto-Lei nº 16/2009, de 14 de janeiro, alterado pelos Decretos-Leis nºs 114/2010, de 22 de outubro, e 27/2014, de 18 de fevereiro, desde que o adquirente seja proprietário do prédio rústico confinante.

4. As isenções previstas nos nºs 2 e 3 são reconhecidas pelo chefe do serviço de finanças da situação dos prédios, mediante requerimento apresentado pelos sujeitos passivos nesse serviço, acompanhado de documento comprovativo da inclusão do prédio na ZIF ou de que o prédio é contíguo a prédio abrangido por ZIF, nas situações previstas no nº 2, e do documento comprovativo da aprovação do plano de gestão florestal e da situação de contiguidade do prédio, nas situações previstas no número anterior, a apresentar, em qualquer caso, antes do ato ou contrato que originou a transmissão.

5. O pedido a que se refere o número anterior deve conter a identificação e descrição dos prédios, o fim a que se destinam, bem como cópia da decisão de criação ou de alteração da ZIF e da relação dos proprietários e produtores florestais aderentes, nas situações previstas no nº 2.

6. A aquisição a que se refere a parte final do nº 2, relativa aos prédios contíguos a prédios abrangidos por ZIF, deixa de beneficiar da isenção quando, após o período de três anos previsto no referido número, tal prédio não esteja abrangido por ZIF.

7. Ficam isentos de Imposto Municipal sobre Imóveis os prédios rústicos que correspondam a áreas florestais aderentes a ZIF, nos termos do disposto no Decreto-Lei nº 127/2005, de 5 de agosto, alterado pelos Decretos-Leis nºs 15/2009, de 14 de janeiro, 2/2011, de 6 de janeiro, e 27/2014, de 18 de fevereiro, e os prédios rústicos destinados à exploração florestal submetidos a plano de gestão florestal elaborado, aprovado e executado nos termos do Decreto-Lei nº 16/2009, de 14 de janeiro, alterado pelos Decretos-Leis nºs 114/2010, de 22 de outubro, e 27/2014, de 18 de fevereiro.

8. A isenção a que se refere o número anterior inicia-se no ano, inclusive, em que o prédio seja abrangido por zona de intervenção florestal ou a partir do ano em que o prédio seja submetido a plano de gestão florestal elaborado, aprovado e executado nos termos do Decreto-Lei nº 16/2009, de 14 de janeiro, alterado pelos Decretos-Leis nºs 114/2010, de 22 de outubro, e 27/2014, de 18 de fevereiro, consoante aplicável.

9. A isenção prevista no nº 7 é reconhecida pelo chefe do serviço de finanças da situação do prédio, em requerimento devidamente documentado, que deve ser apresentado pelos sujeitos passivos no serviço de finanças da área do prédio, no prazo de 60 dias contados da verificação do facto determinante da isenção.

10. Na situação abrangida pelo nº 7, se o pedido for apresentado para além do prazo aí referido, a isenção inicia-se a partir do ano imediato, inclusive, ao da sua apresentação.

11. A isenção prevista no nº 7 cessa quando o prédio deixe de estar abrangido por zona de intervenção florestal ou com o termo da vigência do plano de gestão florestal.

12. Para efeitos de determinação do lucro tributável dos sujeitos passivos de IRC e dos sujeitos passivos de IRS com contabilidade organizada que exerçam diretamente uma atividade económica de natureza silvícola ou florestal, as contribuições financeiras dos proprietários e produtores florestais aderentes a uma zona de intervenção florestal destinadas ao fundo comum constituído pela respetiva entidade gestora nos termos do artigo 18º do Decreto-Lei nº 127/2005, de 5 de agosto, alterado pelos Decretos-Leis nºs 15/2009, de 14 de janeiro, 2/2011, de 6 de janeiro, 27/2014, de 18 de fevereiro, e 67/2017, de 12 de junho, bem como os encargos suportados com despesas com operações de defesa da floresta contra incêndios, com a elaboração de planos de gestão florestal, com despesas de certificação florestal e de mitigação ou adaptação florestal às alterações climáticas, conforme definidas por portaria conjunta dos membros do Governo responsáveis pelas finanças e pelas florestas, são consideradas em 140 % do respetivo montante, contabilizado como gasto do exercício.

13. O montante máximo da majoração prevista no número anterior não pode exceder o equivalente a 8/1000 do volume de negócios referente ao exercício em que são realizadas as contribuições.

14. Aos sujeitos passivos de IRS ou IRC abrangidos pelas regras decorrentes do regime simplificado é igualmente aplicável uma dedução ao rendimento tributável ou à matéria coletável, respetivamente, obtidos após a aplicação dos respetivos coeficientes e até à sua concorrência, de um montante equivalente à majoração prevista nos nºs 12 e 13.

15. O disposto nos nºs 12, 13 e 14 é aplicável aos sujeitos de IRS e de IRC que preencham, cumulativamente, as seguintes condições:

a) O seu lucro tributável não seja determinado por métodos indiretos;

b) A respetiva produção silvícola ou florestal esteja submetida a um plano de gestão florestal elaborado, aprovado e executado nos termos do Decreto-Lei nº 16/2009, de 14 de janeiro, alterado pelos Decretos-Leis nºs 114/2010, de 22 de outubro, e 27/2014, de 18 de fevereiro.

(Redação dada pela Lei nº 71/2018, de 31-12)

Artigo 59º-E – Despesas com certificação biológica de explorações

É considerado gasto do período de tributação para efeitos de determinação do lucro tributável, o valor correspondente a 140% das despesas de certificação biológica de explorações com produção em modo biológico, incorridas por sujeitos passivos de IRC e IRS, com contabilidade organizada.

(Aditado pela Lei nº 42/2016, de 28-12)

Artigo 59º-F – Incentivo fiscal à produção cinematográfica e audiovisual

(Revogado pelo Decreto-Lei nº 45/2018, de 19-06)

Artigo 59º-G – Entidades de gestão florestal e unidades de gestão florestal

1. Ficam isentos de IRC os rendimentos obtidos no âmbito da gestão de recursos florestais por entidades de gestão florestal (EGF) reconhecidas, que se constituam e operem de acordo com a legislação nacional, desde que as mesmas estejam submetidas a planos de gestão florestal, aprovados e executados de acordo com a regulamentação em vigor.

2. Os rendimentos respeitantes a participações sociais em EGF, pagos ou colocados à disposição dos respetivos titulares, são sujeitos a retenção na fonte de IRS ou de IRC, à taxa de 10%, exceto quando os titulares dos rendimentos sejam pessoas singulares não residentes, entidades isentas quanto aos rendimentos de capitais ou entidades não residentes sem estabelecimento estável em território português ao qual os rendimentos sejam imputáveis, excluindo:

a) As entidades que sejam residentes em países, territórios ou regiões, com regime fiscal claramente mais favorável, constantes de lista aprovada por portaria do membro do Governo responsável pela área das finanças;

b) As entidades não residentes que sejam detidas, direta ou indiretamente, em mais de 25% por entidades ou pessoas singulares residentes em território nacional, exceto quando essa entidade seja residente noutro Estado-Membro da União Europeia, num Estado-Membro do Espaço Económico Europeu que esteja vinculado a cooperação administrativa no domínio da fiscalidade equivalente à estabelecida no âmbito da União Europeia ou num Estado com o qual tenha sido celebrada e se encontre em vigor convenção para evitar a dupla tributação que preveja a troca de informações.

3. A retenção na fonte a que se refere o número anterior tem caráter definitivo sempre que os titulares sejam pessoas singulares não residentes em território português ou entidades não residentes sem estabelecimento estável neste território, bem como sujeitos passivos de IRS residentes que obtenham os rendimentos fora do âmbito de uma atividade comercial, industrial ou agrícola, podendo estes, porém, optar pelo englobamento para efeitos desse imposto, caso em que o imposto retido tem a natureza de imposto por conta, nos termos do artigo 78º do Código do IRS.

4. A dispensa de retenção na fonte nos casos previstos no nº 2 só se verifica quando os beneficiários dos rendimentos fizerem prova, perante a entidade pagadora, da isenção de que aproveitam ou da qualidade de não residente em território português, até à data em que deve ser efetuada a retenção na fonte, ficando, em caso de omissão da prova, o substituto tributário obrigado a entregar a totalidade do imposto que deveria ter sido deduzido nos termos da lei, sendo aplicáveis as normas gerais previstas nos competentes códigos relativas à responsabilidade pelo eventual imposto em falta.

5. A prova da qualidade de não residente em território português é feita nos termos previstos nos artigos 15º, 16º e 18º do Decreto-Lei nº 193/2005, de 7 de novembro, alterado pelos Decretos-Leis n.os 25/2006, de 8 de fevereiro, e 29-A/2011, de 1 de março, e pelas Leis nº 83/2013, de 9 de dezembro, e 42/2016, de 28 de dezembro.

6. O saldo positivo entre as mais-valias e as menos-valias resultantes da alienação de participações sociais em EGF reconhecidas e abrangidas pelo nº 1 é tributado à taxa de 10%, quando os titulares sejam pessoas singulares não residentes ou entidades não residentes a que não seja aplicável a isenção prevista no artigo 27º ou sujeitos passivos de IRS residentes em território português que obtenham os rendimentos fora do âmbito de uma atividade comercial, industrial ou agrícola e não optem pelo respetivo englobamento.

7. Ficam isentas de imposto do selo as aquisições onerosas do direito de propriedade ou de figuras parcelares desse direito relativas a prédios rústicos destinados à exploração florestal, por EGF reconhecidas e abrangidas pelo nº 1, bem como a afetação desses prédios pelos associados à gestão da EGF, desde que realizada no prazo de seis meses contados da respetiva associação à EGF.

8. Cabe ao órgão periférico regional da Autoridade Tributária e Aduaneira da área da situação dos prédios, mediante requerimento prévio dos interessados comprovando os respetivos requisitos, reconhecer a isenção prevista no número anterior relativa à afetação dos prédios rústicos destinados à exploração florestal, no prazo de 30 dias.

9. As EGF reconhecidas e abrangidas pelo nº 1 ficam isentas de imposto do selo nas operações de crédito que lhes seja concedido e por estas utilizado, bem como nos juros decorrentes dessas operações, quando este imposto constitua seu encargo.

10. A isenção prevista no nº 7 fica sem efeito caso se verifique alguma das seguintes circunstâncias:

a) Os prédios rústicos destinados à exploração florestal sejam transmitidos, a qualquer título, nos dois anos subsequentes, não podendo concretizar-se a respetiva transmissão sem que se encontre assegurada a liquidação do imposto devido, acrescido dos respetivos juros compensatórios;

b) Seja revogado o reconhecimento como EGF, nos termos previstos no artigo 12º do Decreto-Lei nº 66/2017, de 12 de junho.

11. Os rendimentos prediais auferidos por sujeitos passivos de IRS, quando decorrentes de arrendamentos a EGF, reconhecidas e abrangidas pelo nº 1, são considerados em 50% do seu valor, sem prejuízo da opção de englobamento.

12. Os rendimentos auferidos por sujeitos passivos de IRS, residentes ou não residentes, ainda que obtidos no âmbito de atividade comercial, industrial, agrícola, silvícola ou pecuária, respeitantes ao saldo apurado entre as mais-valias e as menos-valias derivadas da alienação a EGF, reconhecidas e abrangidas pelo nº 1, de prédios rústicos destinados à exploração florestal, são considerados em 50% do seu valor, sem prejuízo do disposto no nº 2 do artigo 43º do Código do IRS.

13. Não obstante o disposto no número anterior, no caso de entradas em espécie no capital das EGF realizadas por pessoas singulares residentes ou não residentes, não é apurado rendimento derivado da transferência dos prédios rústicos destinados à exploração florestal, sendo considerado como valor de aquisição daquelas entradas, para efeitos fiscais, o valor de aquisição desses prédios.

14. O regime previsto nos nºs 11, 12 e 13 é aplicável às transmissões e arrendamentos efetuados até 31 de dezembro de 2020 e, no caso dos rendimentos referidos no nº 11, tem a duração de 12 anos, contados desde o ano da celebração do contrato.

15. O disposto no presente artigo é também aplicável às unidades de gestão florestal (UGF) reconhecidas, que se constituam e operem de acordo com a legislação nacional, desde que as mesmas estejam submetidas a planos de gestão florestal, aprovados e executados de acordo com a regulamentação em vigor.

16. O reconhecimento previsto no artigo 7º do Decreto-Lei nº 66/2017, de 12 de junho, bem como a revogação desse reconhecimento, devem ser comunicados à Autoridade Tributária e Aduaneira pelo Instituto da Conservação da Natureza e das Florestas, I.P., por transmissão eletrónica de dados, em termos e condições a estabelecer através de protocolo entre as partes, no prazo de 30 dias a contar da respetiva decisão.

(Redação dada pela Lei nº 71/2018, de 31-12)

Artigo 59º-H – Produção cinematográfica e audiovisual*

São excluídos do disposto no nº 3 do artigo 88º do Código do IRC relativamente aos encargos que suportem com viaturas ligeiras de passageiros, viaturas ligeiras de mercadorias referidas na alínea *b*) do nº 1 do artigo 7º do Código do Imposto sobre Veículos, motos e motociclos, os sujeitos passivos no exercício da atividade de produção cinematográfica e audiovisual desenvolvida com o apoio do Fundo de Apoio ao Turismo e ao Cinema.

(Redação dada pela Lei nº 71/2018, de 31-12)

Artigo 59º-I – Prédios ou parte de prédios afetos a lojas com história

1. Na determinação do lucro tributável dos sujeitos passivos de IRC que exerçam a título principal uma atividade comercial, industrial ou agrícola, bem como na determinação dos rendimentos empresariais e profissionais não abrangidos pelo regime simplificado dos sujeitos passivos de IRS, são considerados em 110% do respetivo montante os gastos e perdas do período relativo a obras de conservação e manutenção dos prédios ou parte de prédios afetos a lojas com história, reconhecidas pelo município como estabelecimentos de interesse histórico e cultural ou social local e que integrem o inventário nacional dos estabelecimentos e entidades de interesse histórico e cultural ou social, nos termos previstos na Lei nº 42/2017, de 14 de junho.

2. Os gastos previstos no nº 7 do artigo 41º do Código do IRS são considerados em 110% quando respeitem a prédios ou parte de prédios afetos a lojas com história, reconhecidas pelo município como estabelecimentos de interesse histórico e cultural ou social local e que integrem o inventário nacional dos estabelecimentos e entidades de interesse histórico e cultural ou social, nos termos previstos na Lei nº 42/2017, de 14 de junho.

3. Sem prejuízo das demais obrigações acessórias aplicáveis, os documentos comprovativos dos gastos e perdas referidos nos números anteriores devem conter expressamente a morada da fração autónoma que beneficiou das obras de manutenção e conservação, bem como os dados identificativos do sujeito passivo ao qual está afeta a fração autónoma.

(Aditado pela Lei nº 114/2017, de 29-12)

Artigo 59º-J – Embarcações eletro-solares ou exclusivamente elétricas

Na determinação do lucro tributável dos sujeitos passivos de IRC que exerçam a título principal uma atividade comercial, industrial ou agrícola, bem como na determinação dos rendimentos empresariais e profissionais dos sujeitos passivos de IRS com contabilidade organizada, são considerados em 120% do respetivo montante os gastos e perdas do período de tributação relativos a depreciações fiscalmente aceites de elementos do ativo fixo tangível correspondentes a embarcações eletro-solares ou exclusivamente elétricas.

(Aditado pela Lei nº 71/2018, de 31-12)

* Cf. Declaração de Retificação nº 6/2018, de 26-02.

CAPÍTULO IX – Benefícios fiscais à reestruturação empresarial

Artigo 60º – Reorganização de empresas em resultado de operações de reestruturação ou de acordos de cooperação

1. Às empresas que exerçam, diretamente e a título principal, uma atividade económica de natureza agrícola, comercial, industrial ou de prestação de serviços, e que se reorganizem, em resultado de operações de reestruturação ou acordos de cooperação, são aplicáveis os seguintes benefícios:

a) Isenção do imposto municipal sobre transmissões onerosas de imóveis, relativamente aos imóveis não habitacionais e, quando afetos à atividade exercida a título principal, aos imóveis habitacionais, necessárias às operações de reestruturação ou aos acordos de cooperação;

b) Isenção de imposto do selo, relativamente à transmissão dos imóveis referidos na alínea anterior, ou à constituição, aumento de capital ou do ativo de uma sociedade de capitais necessários às operações de reestruturação ou aos acordos de cooperação;

c) Isenção dos emolumentos e de outros encargos legais que se mostrem devidos pela prática dos atos inseridos nos processos de reestruturação ou de cooperação.

2. O regime previsto no presente artigo é aplicável às operações de reestruturação ou aos acordos de cooperação que envolvam empresas com sede, direção efetiva ou domicílio em território português, noutro Estado membro da União Europeia ou, ainda, no Estado em relação ao qual vigore uma convenção para evitar a dupla tributação sobre o rendimento e o capital celebrada com Portugal, com exceção das entidades domiciliadas em países, territórios ou regiões com regimes de tributação privilegiada, claramente mais favoráveis, constantes de lista aprovada por portaria do membro do Governo responsável pela área das finanças.

3. Para efeitos do presente artigo, consideram-se «operações de reestruturação» apenas as seguintes:

a) A fusão de sociedades, empresas públicas ou cooperativas;

b) A incorporação por uma sociedade do conjunto ou de um ou mais ramos de atividade de outra sociedade;

c) A cisão de sociedade, através da qual:

i) Uma sociedade destaque um ou mais ramos da sua atividade para com eles constituir outras sociedades ou para os fundir com sociedades já existentes, mantendo, pelo menos, um dos ramos de atividade; ou

ii) Uma sociedade se dissolva, dividindo o seu património em duas ou mais partes que constituam, cada uma delas, pelo menos, um ramo de atividade, sendo cada uma delas destinada a constituir uma nova sociedade ou a ser fundida com sociedades já existentes ou com partes do património de outras sociedades, separadas por idênticos processos e com igual finalidade.

4. Para efeitos do presente artigo, entende-se por:

a) 'Acordos de cooperação':

i) A constituição de agrupamentos complementares de empresas ou de agrupamentos europeus de interesse económico, nos termos da legislação em vigor, que se proponham a prestação de serviços comuns, a compra ou venda em comum ou em colaboração, a especialização ou racionalização produtivas, o estudo de mercados, a promoção de vendas, a aquisição e transmissão de conhecimentos técnicos ou de organização aplicada, o desenvolvimento de novas técnicas e produtos, a formação e aperfeiçoamento do pessoal, a execução de obras ou serviços específicos e quaisquer outros objectivos comuns, de natureza relevante;

ii) A constituição de pessoas colectivas de direito privado sem fim lucrativo, mediante a associação de empresas públicas, sociedades de capitais públicos ou de maioria de capitais públicos, de sociedades e de outras pessoas de direito privado, com a finalidade de, relativamente ao sector a que respeitam, manter um serviço de assistência técnica, organizar um sistema de informação, promover a normalização e a qualidade dos produtos e a conveniente tecnologia dos processos de fabrico, bem como, de um modo geral, estudar as perspectivas de evolução do sector;

iii) A celebração de contratos de consórcio e de associação em participação, nos termos da legislação em vigor, sempre que as contribuições realizadas no âmbito dos mesmos visem o desenvolvimento directo de actividades produtivas, com excepção de actividades de natureza imobiliária.

b) 'Ramo de atividade', o conjunto de elementos que constituem, do ponto de vista organizacional, uma unidade económica autónoma, ou seja, um conjunto capaz de funcionar pelos seus próprios meios, o qual pode compreender as dívidas contraídas para a sua organização ou funcionamento.

5. Nos casos em que a operação esteja sujeita a notificação nos termos da Lei nº 19/2012, de 8 de maio, os benefícios previstos no nº 1 só podem ser aplicados quando seja emitida decisão favorável pela Autoridade da Concorrência.

6. O disposto no presente artigo não é aplicável quando se conclua que as operações abrangidas pelo mesmo tiveram como principal objetivo ou como um dos principais objetivos obter uma vantagem fiscal, o que pode considerar-se verificado designadamente, quando as operações não tenham sido realizadas por razões económicas válidas e não reflitam substância económica, tais como o reforço da competitividade das empresas ou da respetiva estrutura produtiva, procedendo-se então, se for caso disso, às correspondentes liquidações adicionais de imposto, majoradas em 15%.

7. *(Revogado.)*

8. Para efeitos de justificação e comprovação dos pressupostos das isenções previstas no presente artigo, devem constar do processo de documentação fiscal, previsto no artigo 130º do Código do IRC, os seguintes elementos:

a) Descrição das operações de reestruturação ou dos acordos de cooperação realizados;

b) Projeto de fusão ou cisão quando exigido pelo Código das Sociedades Comerciais;

c) Estudo demonstrativo das vantagens económicas da operação;

d) Decisão da Autoridade da Concorrência, quando a operação esteja sujeita a notificação nos termos da Lei nº 19/2012, de 8 de maio.

9. *(Revogado.)*

10. *(Revogado.)*

11. *(Revogado.)*

12. *(Revogado.)*

13. *(Revogado.)*

14. O regime previsto no n.º 1 é igualmente aplicável às operações de fusão e cisão de confederações e associações patronais e sindicais, bem como associações de cariz empresarial ou setorial, com as necessárias adaptações.

15. Para efeitos do número anterior, consideram-se associações de cariz empresarial ou setorial, as associações que tenham como objeto principal representar, promover, fomentar e apoiar as empresas de determinada zona geográfica ou atividade económica. *(Redação dada pela Lei nº 71/2018, de 31-12)*

CAPÍTULO X – Benefícios fiscais relativos ao mecenato

Artigo 61º – Noção de donativo

Para efeitos fiscais, os donativos constituem entregas em dinheiro ou em espécie, concedidos, sem contrapartidas que configurem obrigações de carácter pecuniário ou comercial, às entidades públicas ou privadas, previstas nos artigos seguintes, cuja actividade consista predominantemente na realização de iniciativas nas áreas social, cultural, ambiental, desportiva ou educacional.

Artigo 62º – Dedução para efeitos da determinação do lucro tributável das empresas

1. São considerados custos ou perdas do exercício, na sua totalidade, os donativos concedidos às seguintes entidades:

a) Estado, Regiões Autónomas e autarquias locais e qualquer dos seus serviços, estabelecimentos e organismos, ainda que personalizados;

b) Associações de municípios e de freguesias;

c) Fundações em que o Estado, as Regiões Autónomas ou as autarquias locais participem no património inicial;

d) Fundações de iniciativa exclusivamente privada que prossigam fins de natureza predominantemente social, relativamente à sua dotação inicial, nas condições previstas no nº 9.

2. Os donativos referidos no número anterior são considerados custos em valor correspondente a 140% do respetivo total, quando se destinarem exclusivamente à prossecução de fins de carácter social, a 120%, se destinados exclusivamente a fins de carácter ambiental, desportivo e educacional, ou a 130% do respetivo total, quando forem atribuídos ao abrigo de contratos plurianuais celebrados para fins específicos, que fixem os objetivos a prosseguir pelas entidades beneficiárias, e os montantes a atribuir pelos sujeitos passivos.

3. São considerados custos ou perdas do exercício, até ao limite de 8/1000 do volume de vendas ou dos serviços prestados, os donativos atribuídos às seguintes entidades:

a) Instituições particulares de solidariedade social, bem como pessoas colectivas legalmente equiparadas;

b) Pessoas colectivas de utilidade pública administrativa e de mera utilidade pública que prossigam fins de caridade, assistência, beneficência e solidariedade social e cooperativas de solidariedade social;

c) Centros de desporto organizados nos termos dos Estatutos do Instituto Nacional de Aproveitamento dos Tempos Livres dos Trabalhadores (INATEL), desde que destinados ao desenvolvimento de atividades de natureza social no âmbito daquelas entidades;

d) Organizações não governamentais cujo objecto estatutário se destine essencialmente à promoção dos valores da cidadania, da defesa dos direitos humanos, dos direitos das mulheres e da igualdade de género, nos termos legais aplicáveis;

e) Organizações não governamentais para o desenvolvimento;

f) Outras entidades promotoras de iniciativas de auxílio a populações carecidas de ajuda humanitária, em consequência de catástrofes naturais ou de outras situações de calamidade internacional, reconhecidas pelo Estado Português, mediante despacho conjunto do Ministro das Finanças e do Ministro dos Negócios Estrangeiros.

4. Os donativos referidos no número anterior são levados a custos em valor correspondente a 130% do respectivo total ou a 140% no caso de se destinarem a custear as seguintes medidas:

a) Apoio à infância ou à terceira idade;

b) Apoio e tratamento de toxicodependentes ou de doentes com sida, com cancro ou diabéticos;

c) Promoção de iniciativas dirigidas à criação de oportunidades de trabalho e de reinserção social de pessoas, famílias ou grupos em situações de exclusão ou risco de exclusão social, designadamente no âmbito do rendimento social de inserção, de programas de luta contra a pobreza ou de programas e medidas adoptadas no contexto do mercado social de emprego.

5. São considerados custos ou perdas do exercício, até ao limite de 8/1000 do volume de vendas ou de serviços prestados, em valor correspondente a 150% do respectivo total, os donativos concedidos às entidades referidas nos números anteriores, que se destinem a custear as seguintes medidas:

a) Apoio pré-natal a adolescentes e a mulheres em situação de risco e à promoção de iniciativas com esse fim;

b) Apoio a meios de informação, de aconselhamento, de encaminhamento e de ajuda a mulheres grávidas em situação social, psicológica ou economicamente difícil;

c) Apoio, acolhimento e ajuda humana e social a mães solteiras;

d) Apoio, acolhimento, ajuda social e encaminhamento de crianças nascidas em situações de risco ou vítimas de abandono;

e) Ajuda à instalação de centros de apoio à vida para adolescentes e mulheres grávidas cuja situação sócio-económica ou familiar as impeça de assegurar as condições de nascimento e educação da criança;

f) Apoio à criação de infra-estruturas e serviços destinados a facilitar a conciliação da maternidade com a actividade profissional dos pais.

6. São considerados custos ou perdas do exercício, até ao limite de 6/1000 do volume de vendas ou dos serviços prestados, os donativos atribuídos às seguintes entidades:

a) Institutos, fundações e associações que prossigam atividades de investigação, exceto as de natureza científica e de defesa do património histórico-cultural e do ambiente;

b) Museus, bibliotecas e arquivos históricos e documentais;

c) Organizações não governamentais de ambiente (ONGA);

d) Comité Olímpico de Portugal, Confederação do Desporto de Portugal e pessoas colectivas titulares do estatuto de utilidade pública desportiva;

e) Associações promotoras do desporto e associações dotadas do estatuto de utilidade pública que tenham como objecto o fomento e a prática de actividades desportivas, com excepção das secções participantes em competições desportivas de natureza profissional;

f) Centros de cultura e desporto organizados nos termos dos Estatutos do Instituto Nacional de Aproveitamento dos Tempos Livres dos Trabalhadores (INATEL), com excepção dos donativos abrangidos pela alínea *c*) do nº 3;

g) Estabelecimentos de ensino, escolas profissionais, escolas artísticas, creches, lactários e jardins-de-infância legalmente reconhecidos pelo ministério competente;

h) Instituições responsáveis pela organização de feiras universais ou mundiais, nos termos a definir por resolução do Conselho de Ministros;

i) *(Revogada.)*

7. Os donativos previstos no número anterior são levados a custos, em valor correspondente a:

a) 120% ou, no caso das alíneas *d*) e *e*) do número anterior, 130% do respetivo total;

b) 130% ou, no caso das alíneas *d*) e *e*) do número anterior, 140%, quando atribuídos ao abrigo de contratos plurianuais celebrados para fins específicos que fixem objetivos a prosseguir pelas entidades beneficiárias e os montantes a atribuir pelos sujeitos passivos;

c) 140%, quando atribuídos às creches, lactários e jardins-de-infância previstos na alínea *g*) e para as entidades referidas na alínea *i*) do número anterior.

8. São considerados custos ou perdas do exercício, até ao limite de 1/1000 do volume de vendas ou dos serviços prestados no exercício da actividade comercial, industrial ou agrícola, as importâncias atribuídas pelos associados aos respectivos organismos associativos a que pertençam, com vista à satisfação dos seus fins estatutários.

9. Estão sujeitos a reconhecimento, a efetuar por despacho do membro do Governo responsável pelas áreas das finanças e da tutela, os donativos concedidos para a dotação inicial de fundações de iniciativa exclusivamente privada, desde que prossigam fins de natureza predominantemente social, e os respetivos estatutos prevejam que, no caso de extinção, os bens revertam para o Estado ou, em alternativa, sejam cedidos às entidades abrangidas pelo artigo 10º do Código do IRC.

10. As entidades a que se referem as alíneas *a*), *e*) e *g*) do nº 6 devem obter junto do membro do Governo da tutela, previamente à obtenção dos donativos, a declaração do seu enquadramento no presente capítulo e do interesse ambiental, desportivo ou educacional das atividades prosseguidas ou das ações a desenvolver.

11. No caso de donativos em espécie, incluindo bens alimentares, o valor a considerar, para efeitos do cálculo da dedução ao lucro tributável, é o valor fiscal que os bens tiverem no exercício em que forem doados, deduzido, quando for caso disso, das depreciações ou provisões efetivamente praticadas e aceites como custo fiscal ao abrigo da legislação aplicável.

12. A dedução a efetuar nos termos dos nºs 3 a 8 não pode ultrapassar na sua globalidade 8/1000 do volume de vendas ou dos serviços prestados realizados pela empresa no exercício.

(Redação dada pela Lei nº 114/2017, de 29-12)

Artigo 62º-A – Mecenato científico

1. São consideradas entidades beneficiárias as destinatárias directas dos donativos, nomeadamente, fundações, associações e institutos públicos ou privados, instituições do ensino superior, bibliotecas, mediatecas, centros de documentação, laboratórios do Estado, laboratórios associados, unidades de investigação e desenvolvimento, centros de transferência e centros tecnológicos, órgãos de comunicação social que se dediquem à divulgação científica e empresas que desenvolvam acções de demonstração de resultados de investigação e desenvolvimento tecnológico, sempre que a respectiva actividade assuma, predominantemente, carácter científico.

2. São considerados gastos ou perdas do exercício, em valor correspondente a 130% do respectivo total, para efeitos de IRC ou da categoria B do IRS, os donativos atribuídos às entidades referidas no número anterior, pertencentes:

a) Ao Estado, às regiões autónomas e autarquias locais e a qualquer dos seus serviços, estabelecimentos e organismos, ainda que personalizados;

b) Associações de municípios e freguesias;

c) Fundações em que o Estado, as regiões autónomas ou as autarquias locais participem no património inicial.

3. São considerados gastos ou perdas do exercício, até ao limite de 8/1000 do volume de vendas ou de serviços prestados, em valor correspondente a 130% para efeitos do IRC ou da categoria B do IRS, os donativos atribuídos às entidades de natureza privada, previstas no nº 1.

4. Os donativos previstos nos nºs 2 e 3 anteriores são considerados gastos em valor correspondente a 140% do seu valor quando atribuídos ao abrigo de contratos plurianuais que fixem objectivos a atingir pelas entidades beneficiárias e os montantes a atribuir pelos sujeitos passivos.

5. No caso de donativos em espécie efectuados por sujeitos passivos de IRC ou por sujeitos passivos de IRS que exerçam actividades empresariais e profissionais, considera-se, para efeitos do presente artigo, que o valor dos bens é o valor fiscal que os mesmos tiverem no exercício em que forem doados, ou seja;

a) No caso de bens do activo fixo tangível, o custo de aquisição ou de produção deduzido das depreciações efectivamente praticadas e aceites para efeitos fiscais, sem prejuízo do disposto na parte final da alínea *a*) do nº 5 do artigo 29º do Código do IRC;

b) No caso de bens com a natureza de inventários, o custo de aquisição ou de produção eventualmente deduzido das perdas por imparidade que devam ser constituídas de acordo com o respectivo regime fiscal.

6. No caso de mecenato de recursos humanos, considera-se, para efeitos do presente artigo, que o valor da cedência de um investigador ou especialista é o valor correspondente aos encargos despendidos pela entidade patronal com a sua remuneração, incluindo os suportados para regimes obrigatórios de segurança social, durante o período da respectiva cedência.

7. A usufruição de qualquer dos incentivos previstos neste artigo depende de acreditação, por uma entidade acreditadora designada por despacho do Ministro da Educação e Ciência, que comprove a afectação do donativo a uma actividade de natureza científica.

8. Sem prejuízo do disposto no número anterior, nos casos em que a entidade beneficiária seja de natureza privada, a acreditação depende de prévio reconhecimento, através de despacho conjunto dos Ministros das Finanças e da Educação e Ciência.

9. A entidade beneficiária privada deve requerer, fundamentadamente, junta da entidade acreditadora, o reconhecimento de natureza científica da actividade por si desenvolvida, competindo à entidade acreditadora emitir parecer sobre o mesmo e remeter o pedido à tutela.

10. Do despacho conjunto referido no nº 8, consta necessariamente a fixação do prazo de validade de tal reconhecimento.

(Repristinado pela Lei nº 85/2017, de 18-08)

Artigo 62º-B – Mecenato cultural

1. São consideradas entidades beneficiárias do mecenato cultural:

a) As pessoas previstas no nº 1 do artigo 62º e as pessoas coletivas de direito público;

b) Outras entidades sem fins lucrativos que desenvolvam ações no âmbito do teatro, da ópera, do bailado, música, organização de festivais e outras manifestações artísticas e da produção cinematográfica, audiovisual e literária;

c) As cooperativas culturais, institutos, fundações e associações que prossigam atividades de natureza ou interesse cultural, nomeadamente de defesa do património histórico-cultural material e imaterial;

d) Entidades detentoras ou responsáveis por museus, bibliotecas, e arquivos históricos e documentais;

e) Os centros de cultura organizados nos termos dos Estatutos do INATEL, com exceção dos donativos abrangidos pela alínea *c)* do nº 3 do artigo 62º;

f) Organismos públicos de produção artística responsáveis pela promoção de projetos relevantes de serviço público, nas áreas do teatro, música, ópera e bailado.

2. São consideradas entidades promotoras as pessoas singulares e coletivas, públicas ou privadas, que efetuam donativos às entidades referidas no número anterior, nos termos do artigo 61º.

3. As entidades beneficiárias devem obter junto do membro do Governo responsável pela área da cultura, previamente à obtenção dos donativos, a declaração do seu enquadramento no regime do mecenato cultural e do interesse cultural das atividades ou das ações desenvolvidas, salvo se forem enquadráveis no artigo 10º do Código do IRC ou o projeto ou a atividade a beneficiar do donativo seja, comprovadamente, objeto de apoios públicos atribuídos por organismos sob a tutela do membro do Governo responsável pela área da cultura.

4. São considerados gastos ou perdas do exercício, em valor correspondente a 130% do respetivo total, para efeitos de IRC ou de categoria B do IRS, os donativos atribuídos às entidades referidas no nº 1, pertencentes:

a) Ao Estado, às regiões autónomas e autarquias locais e a qualquer dos seus serviços, estabelecimentos e organismos, ainda que personalizados;

b) A associações de municípios e freguesias;

c) A fundações em que o Estado, as regiões autónomas ou as autarquias locais participem no património inicial.

5. São considerados gastos ou perdas do exercício, até ao limite de 8/1000 do volume de vendas ou de serviços prestados, em valor correspondente a 130% para efeitos do IRC ou da categoria B do IRS, os donativos atribuídos às entidades de natureza privada, previstas no nº 1.

6. Os donativos previstos nos nºs 4 e 5 são considerados gastos em valor correspondente a 140% do seu valor quando atribuídos ao abrigo de contratos plurianuais que fixem objetivos a atingir pelas entidades beneficiárias e os montantes a atribuir pelos sujeitos passivos.

7. No caso de donativos em espécie efetuados por sujeitos passivos de IRC ou por sujeitos passivos de IRS, aplica-se o disposto no nº 11 do artigo 62º.

8. No caso de mecenato de recursos humanos, considera-se, para efeitos do presente artigo, que o valor da cedência de um técnico especialista é o valor correspondente aos encargos despendidos pela entidade patronal com a sua remuneração, incluindo os suportados para regimes obrigatórios de segurança social, durante o período da respetiva cedência.

(Aditado pela Lei nº 82-B/2014, de 31-12)

Artigo 63º – Deduções à colecta do imposto sobre o rendimento das pessoas singulares

1. Os donativos em dinheiro atribuídos pelas pessoas singulares residentes em território nacional, nos termos e condições previstos nos artigos anteriores, são dedutíveis à colecta do IRS do ano a que digam respeito, com as seguintes especificidades:

a) Em valor correspondente a 25% das importâncias atribuídas, nos casos em que não estejam sujeitos a qualquer limitação;

b) Em valor correspondente a 25% das importâncias atribuídas, até ao limite de 15% da colecta, nos restantes casos;

c) As deduções só são efectuadas no caso de não terem sido contabilizadas como custos.

2. São ainda dedutíveis à colecta, nos termos e limites fixados nas alíneas *b*) e *c*) do número anterior, os donativos concedidos a igrejas, instituições religiosas, pessoas colectivas de fins não lucrativos pertencentes a confissões religiosas ou por elas instituídas, sendo a sua importância considerada em 130% do seu quantitativo.

Artigo 64º – Imposto sobre o valor acrescentado – Transmissões de bens e prestações de serviços a título gratuito

Não estão sujeitas a IVA as transmissões de bens e as prestações de serviços efetuadas, a título gratuito, pelas entidades a quem sejam concedidos donativos abrangidos pelo presente Estatuto, em benefício direto das pessoas singulares ou coletivas que os atribuam, quando o correspondente valor não ultrapassar, no seu conjunto, 10% do montante do donativo recebido.

(Redação dada pela Lei nº 71/2018, de 31-12)

Nota: Nos termos do nº 1 do art. 2º da Lei nº 43/2018, de 09-08, a vigência dos artigos 63º e 64º é prorrogada até 31 de dezembro de 2019, sendo a mesma avaliada anualmente após essa data.

Artigo 65º – Mecenato para a sociedade de informação
(Revogado pela Lei nº 64-B/2011, de 30-12)

Artigo 66º – Obrigações acessórias das entidades beneficiárias

1. As entidades beneficiárias dos donativos são obrigadas a:

a) Emitir documento comprovativo dos montantes dos donativos recebidos dos seus mecenas, com a indicação do seu enquadramento no âmbito do presente capítulo e, bem assim, com a menção de que o donativo é concedido sem contrapartidas, de acordo com o previsto no artigo 60º;

b) Possuir registo actualizado das entidades mecenas, do qual constem, nomeadamente, o nome, o número de identificação fiscal, bem como a data e o valor de cada donativo que lhes tenha sido atribuído, nos termos do presente capítulo;

c) Entregar à Direcção-Geral dos Impostos, até ao final do mês de Fevereiro de cada ano, uma declaração de modelo oficial referente aos donativos recebidos no ano anterior.

2. Para efeitos da alínea *a*) do número anterior, o documento comprovativo deve conter:

a) A qualidade jurídica da entidade beneficiária;

b) O normativo legal onde se enquadra, bem como, se for caso disso, a identificação do despacho necessário ao reconhecimento;

c) O montante do donativo em dinheiro, quando este seja de natureza monetária;

d) A identificação dos bens, no caso de donativos em espécie.

3. Os donativos em dinheiro de valor superior a € 200 devem ser efectuados através de meio de pagamento que permita a identificação do mecenas, designadamente transferência bancária, cheque nominativo ou débito directo.

CAPÍTULO XI – Benefícios às cooperativas

Artigo 66º-A – Cooperativas

1. Estão isentas de IRC, com excepção dos resultados provenientes de operações com terceiros e de actividades alheias aos próprios fins:

a) As cooperativas agrícolas;

b) As cooperativas culturais;

c) As cooperativas de consumo;

d) As cooperativas de habitação e construção;

e) As cooperativas de solidariedade social.

2. Estão ainda isentas de IRC as cooperativas, dos demais ramos do sector cooperativo, desde que, cumulativamente:

a) 75% das pessoas que nelas aufiram rendimentos do trabalho dependente sejam membros da cooperativa;

b) 75% dos membros da cooperativa nela prestem serviço efectivo.

3. Nas cooperativas mistas do ramo do ensino não entram para o cômputo previsto na alínea *b*) do número anterior os alunos e respectivos encarregados de educação.

4. A isenção prevista no nº 1 não abrange os rendimentos sujeitos a IRC por retenção na fonte, a qual tem carácter definitivo no caso de a cooperativa não ter outros rendimentos sujeitos a imposto, aplicando-se as taxas que lhe correspondam.

5. As cooperativas isentas nos termos dos números anteriores podem renunciar à isenção, com efeitos a partir do período de tributação seguinte àquele a que respeita a declaração periódica de rendimentos em que manifestarem essa intenção, aplicando-se então o regime geral de tributação em IRC durante, pelo menos, cinco períodos de tributação.

6. São isentos de IRC:

a) Os apoios e subsídios financeiros ou de qualquer outra natureza atribuídos pelo Estado, nos termos da lei às cooperativas de primeiro grau, de grau superior ou às régies cooperativas como compensação pelo exercício de funções de interesse e utilidade públicas delegados pelo Estado;

b) Os rendimentos resultantes das quotas pagas pelas cooperativas associadas e cooperativas de grau superior.

7. As despesas realizadas em aplicação da reserva para educação e formação cooperativas, prevista no artigo 70º e com observância do disposto no artigo 3º – 5º princípio, ambos do Código Cooperativo, podem ser consideradas como gasto para efeitos da determinação do lucro tributável em IRC, no período de tributação em que sejam suportadas, em valor correspondente a 120% do respectivo total.

8. As cooperativas estão isentas de imposto municipal sobre as transmissões onerosas de imóveis na aquisição de quaisquer direitos sobre imóveis destinados à sede e ao exercício das actividades que constituam o respectivo objecto social.

9. As cooperativas estão igualmente isentas de imposto municipal sobre imóveis relativamente aos imóveis referidos no número anterior.

10. Aos prédios urbanos habitacionais, propriedade de cooperativas de habitação e construção ou associações de moradores e por estas cedidas aos seus membros em regime de propriedade coletiva, qualquer que seja a respetiva modalidade desde que destinados à habitação própria e permanente destes, aplicam-se as isenções previstas nos artigos 11º-A do Código do Imposto Municipal sobre Imóveis e no artigo 46º do presente diploma, nos termos e condições aí estabelecidos.

11. As isenções previstas no número anterior dependem de requerimento, a apresentar anualmente à Autoridade Tributária e Aduaneira, durante o mês de janeiro, pelas cooperativas de habitação e construção ou as associações de moradores, que identifique os cooperantes ou associados a quem os prédios estavam cedidos em 31 de dezembro do ano anterior.

12. A usufruição dos benefícios previstos nos nºs 8 e 9 só pode ser revogada, ou a sua medida alterada, por deliberação das assembleias municipais em cuja circunscrição estejam situados os respectivos prédios.

13. As cooperativas estão isentas de imposto do selo sobre os actos, contratos, documentos, títulos e outros factos, incluindo as transmissões gratuitas de bens, quando este imposto constitua seu encargo.

14. As isenções e demais benefícios previstos neste artigo aplicam-se às cooperativas de primeiro grau, de grau superior e às régies cooperativas, desde que constituídas, registadas e funcionando nos termos do Código Cooperativo e demais legislação aplicável.

15. *(Revogado.)*
(Redação dada pela Lei nº 114/2017, de 29-12)

CAPÍTULO XII – Benefícios pela exigência de fatura

Artigo 66º-B – Dedução em sede de IRS de IVA suportado em fatura
(Revogado pela Lei nº 82-E/2014, de 31-12)

CAPÍTULO XIII – Benefício ao reinvestimento de lucros e reservas

Artigos 66º-C a 66º-L
(Revogados pelo Decreto-Lei nº 162/2014, de 31-10)

PARTE III – BENEFÍCIOS FISCAIS COM CARÁCTER TEMPORÁRIO

Artigo 67º – Acções adquiridas no âmbito das privatizações
(Revogado pela Lei nº 55-A/2010, de 31-12)

Artigo 68º – Aquisição de computadores
(Revogado pela Lei nº 3-B/2010, de 28-04)

Artigo 69º – Prédios situados nas áreas de localização empresarial (ALE)

1. São isentas de imposto municipal sobre as transmissões onerosas de imóveis as aquisições de imóveis situados nas áreas de localização empresarial, efectuadas pelas respectivas sociedades gestoras e pelas empresas que nelas se instalarem.

2. São isentos de imposto municipal sobre imóveis, pelo período de 10 anos, os prédios situados nas áreas de localização empresarial, adquiridos ou construídos pelas respectivas sociedades gestoras e pelas empresas que neles se instalarem.

3. As isenções previstas nos nºs 1 e 2 ficam dependentes de reconhecimento prévio do interesse municipal pelo órgão competente do município.

4. A isenção referida no nº 2 é reconhecida pelo chefe do serviço de finanças da área da situação dos prédios, mediante requerimento devidamente fundamentado, e instruído com o documento comprovativo do interesse municipal, a apresentar pelo sujeito passivo no prazo de 90 dias contados da data da aquisição ou conclusão das obras.

5. Se o pedido de isenção for apresentado para além do prazo referido, a isenção inicia-se a partir do ano imediato, inclusive, ao da sua apresentação, cessando no ano em que findaria, caso o pedido tivesse sido apresentado em tempo.

6. O regime referido nos nºs 1 e 2 vigora para os imóveis adquiridos ou concluídos até 31 de dezembro de 2016.

7. O presente regime aplica-se igualmente aos parques empresariais da Região Autónoma da Madeira, criados e regulados pelo Decreto Legislativo Regional nº 28//2001/M, de 28 de Agosto, com as alterações introduzidas pelo Decreto Legislativo Regional nº 12/2002/M, de 17 de Julho.

(Redação dada pela Lei nº 7-A/2016, de 30-03)

Artigo 70º – Medidas de apoio ao transporte rodoviário de passageiros e de mercadorias

1. *(Revogado.)*

2. *(Revogado.)*

3. *(Revogado.)*

4. Os gastos suportados com a aquisição, em território português, de combustíveis para abastecimento de veículos são dedutíveis, em valor correspondente a 120% do respectivo montante, para efeitos da determinação do lucro tributável, quando se trate de:

a) Veículos afetos ao transporte público de passageiros e estejam registados como elementos do ativo fixo tangível de sujeitos passivos de IRC que estejam licenciados pelo IMT, I.P.;

b) Veículos afetos ao transporte rodoviário de mercadorias público ou por conta de outrem, com peso bruto igual ou superior a 3,5 t, registados como elementos do ativo fixo tangível de sujeitos passivos IRC ou alugados sem condutor por estes e que estejam licenciados pelo IMT, I.P.;

c) Veículos afectos ao transporte em táxi, registados como elementos do activo fixo tangível dos sujeitos passivos de IRS ou de IRC, com contabilidade organizada e que estejam devidamente licenciados.

5. O benefício previsto no número anterior encontra-se excluído do âmbito de aplicação do nº 1 do artigo 92º do Código do IRC.

6. Os benefícios fiscais previstos no presente artigo são aplicáveis durante o período de tributação que se inicie em ou após 1 de janeiro de 2016 e seguintes.

7. O benefício fiscal previsto no presente artigo não é aplicável, nos períodos de tributação que se iniciem em ou após 1 de janeiro de 2017, aos gastos suportados com a aquisição de combustíveis que tenham beneficiado do regime de reembolso parcial para gasóleo profissional.

(Redação dada pela Lei nº 42/2016, de 28-12)

Artigo 71º – Incentivos à reabilitação urbana

1. Ficam isentos de IRC os rendimentos de qualquer natureza obtidos por fundos de investimento imobiliário que operem de acordo com a legislação nacional, desde que constituídos entre 1 de janeiro de 2008 e 31 de dezembro de 2013 e pelo menos 75% dos seus ativos sejam bens imóveis sujeitos a ações de reabilitação realizadas nas áreas de reabilitação urbana.

2. Os rendimentos respeitantes a unidades de participação nos fundos de investimento referidos no número anterior, pagos ou colocados à disposição dos respectivos titulares, quer seja por distribuição ou mediante operação de resgate, são sujeitos a retenção na fonte de IRS ou de IRC, à taxa de 10%, excepto quando os titulares dos rendimentos sejam entidades isentas quanto aos rendimentos de capitais ou entidades não residentes sem estabelecimento estável em território português ao qual os rendimentos sejam imputáveis, excluindo:

a) As entidades que sejam residentes em país, território ou região sujeito a um regime fiscal claramente mais favorável, constante de lista aprovada por portaria do Ministro das Finanças;

b) As entidades não residentes detidas, directa ou indirectamente, em mais de 25% por entidades residentes.

3. O saldo positivo entre as mais-valias e as menos-valias resultantes da alienação de unidades de participação nos fundos de investimento referidos no nº 1 é tributado à taxa de 10% quando os titulares sejam entidades não residentes a que não seja aplicável a isenção prevista no artigo 27º do Estatuto dos Benefícios Fiscais ou sujeitos passivos de IRS residentes em território português que obtenham os rendimentos fora do âmbito de uma actividade comercial, industrial ou agrícola e não optem pelo respectivo englobamento.

4. São dedutíveis à colecta, em sede de IRS, até ao limite de € 500, 30% dos encargos suportados pelo proprietário relacionados com a reabilitação de:

a) Imóveis, localizados em 'áreas de reabilitação urbana' e recuperados nos termos das respectivas estratégias de reabilitação; ou

b) Imóveis arrendados passíveis de actualização faseada das rendas nos termos dos artigos 27º e seguintes do Novo Regime de Arrendamento Urbano (NRAU), aprovado pela Lei nº 6/2006, de 27 de Fevereiro, que sejam objecto de acções de reabilitação.

5. As mais-valias auferidas por sujeitos passivos de IRS residentes em território português decorrentes da primeira alienação, subsequente à intervenção, de imóvel localizado em área de reabilitação urbana, são tributadas à taxa autónoma de 5%, sem prejuízo da opção pelo englobamento.

6. É aplicável ao Fundo Nacional de Reabilitação do Edificado o regime tributário previsto no artigo 8º do Regime Jurídico dos Fundos e Sociedades de Investimento Imobiliário para Arrendamento Habitacional, aprovado pelo artigo 102º da Lei nº 64-A/2008, de 31 de dezembro, com as necessárias adaptações, compreendendo as finalidades previstas na alínea *b*) do nº 3 da Resolução do Conselho de Ministros nº 48/2016, de 1 de setembro, com a alteração introduzida pela Resolução do Conselho de Ministros nº 50-A/2018, de 2 de maio.

7. Os rendimentos prediais auferidos por sujeitos passivos de IRS residentes em território português são tributadas à taxa de 5%, sem prejuízo da opção pelo englobamento, quando sejam inteiramente decorrentes do arrendamento de:

a) Imóveis situados em 'área de reabilitação urbana', recuperados nos termos das respectivas estratégias de reabilitação;

b) Imóveis arrendados passíveis de actualização faseada das rendas nos termos dos artigos 27º e seguintes do NRAU, que sejam objecto de acções de reabilitação.

8. *(Revogado.)*

9. A retenção na fonte a que se refere o nº 2 tem carácter definitivo sempre que os titulares sejam entidades não residentes sem estabelecimento estável em território português ou sujeitos passivos de IRS residentes que obtenham os rendimentos fora do âmbito de uma actividade comercial, industrial ou agrícola, podendo estes, porém, optar pelo englobamento para efeitos desse imposto, caso em que o imposto retido tem a natureza de imposto por conta, nos termos do artigo 78º do Código do IRS.

10. A dispensa de retenção na fonte nos casos previstos no nº 2 só se verifica quando os beneficiários dos rendimentos fizerem prova, perante a entidade pagadora, da isenção de que aproveitam ou da qualidade de não residente em território português, até à data em que deve ser efectuada a retenção na fonte, ficando, em caso de omissão da prova, o substituto tributário obrigado a entregar a totalidade do imposto que deveria ter sido deduzido nos termos da lei, sendo aplicáveis as normas gerais previstas nos competentes códigos relativas à responsabilidade pelo eventual imposto em falta.

11. A prova da qualidade de não residente em território português é feita nos termos previstos nos artigos 15º, 16º e 18º do Decreto-Lei nº 193/2005, de 7 de Novembro.

12. Os titulares de rendimentos respeitantes a unidades de participação nos fundos de investimento referidos no nº 1, quando englobem os rendimentos que lhes sejam distribuídos, têm direito a deduzir 50% dos rendimentos relativos a dividendos, nos termos e condições previstos no artigo 40º-A do Código do IRS.

13. As obrigações previstas no artigo 119º e no nº 1 do artigo 125º do Código do IRS devem ser cumpridas pelas entidades gestoras ou registadoras.

14. As entidades gestoras dos fundos de investimento referidos no nº 1 são obrigadas a publicar o valor do rendimento distribuído, o valor do imposto retido aos titulares das unidades de participação, bem como a dedução que lhes corresponder para efeitos do disposto no nº 6.

15. Caso os requisitos referidos no nº 1 deixem de verificar-se, cessa nessa data a aplicação do regime previsto no presente artigo, passando a aplicar-se aos fundos referidos no nº 1 o regime previsto no artigo 22º, considerando-se, para este efeito, como um período de tributação, o período decorrido entre a data de cessação e o final do ano civil em que esta ocorreu.

16. Cessando a aplicação do regime previsto no presente artigo nos termos do número anterior, os rendimentos de unidades de participação nos fundos de investimento referidos no nº 1 que sejam pagos ou colocados à disposição dos participantes após a data daquela cessação, bem como as mais-valias realizadas após essa data que resultem da transmissão onerosa, resgate ou liquidação dessas unidades de participação, são tributados nos termos previstos no artigo 22º-A.

17. As entidades gestoras dos fundos de investimento referidos no nº 1 são solidariamente responsáveis pelas dívidas de imposto dos fundos cuja gestão lhes caiba.

18. Os encargos a que se refere o nº 4 devem ser devidamente comprovados e dependem de certificação prévia por parte do órgão de gestão da área de reabilitação ou da comissão arbitral municipal, consoante os casos.

19. As entidades mencionadas no número anterior devem remeter à administração tributária as certificações referidas no número anterior.

20. *(Revogado.)*

21. Os incentivos fiscais consagrados nos nºs 1, 2 e 3 são aplicáveis aos imóveis objeto de ações de reabilitação iniciadas após 1 de janeiro de 2008 e que se encontrem concluídas até 31 de dezembro de 2020.

22. *(Revogado.)*

23. Para efeitos do presente artigo, considera-se:

a) 'Ações de reabilitação' as intervenções de reabilitação de edifícios, tal como definidas no Regime Jurídico da Reabilitação Urbana, estabelecido pelo Decreto-Lei nº 307/2009, de 23 de outubro, em imóveis que cumpram uma das seguintes condições:

i) Da intervenção resultar um estado de conservação de, pelo menos, dois níveis acima do verificado antes do seu início;

ii) Um nível de conservação mínimo 'bom' em resultado de obras realizadas nos dois anos anteriores à data do requerimento para a correspondente avaliação, desde que o custo das obras, incluindo imposto sobre valor acrescentado, corresponda, pelo menos, a 25% do valor patrimonial tributário do imóvel e este se destine a arrendamento para habitação permanente;

b) 'Área de reabilitação urbana' a área territorialmente delimitada nos termos do Regime Jurídico da Reabilitação Urbana, estabelecido pelo Decreto-Lei nº 307/2009, de 23 de outubro;

c) 'Estado de conservação' o estado do edifício ou da habitação determinado nos termos do disposto no Decreto-Lei nº 266-B/2012, de 31 de dezembro.

24. A comprovação do início e da conclusão das ações de reabilitação é da competência da câmara municipal ou de outra entidade legalmente habilitada para gerir um programa de reabilitação urbana para a área da localização do imóvel, incumbindo-lhes certificar o estado dos imóveis, antes e após as obras compreendidas na ação de reabilitação, sem prejuízo do disposto na subalínea *ii*) da alínea *a*) do número anterior.

25. *(Revogado.)*

26. *(Revogado.)*

(Redação dada pela Lei nº 71/2018, de 31-12, cf. Declaração de Retificação nº 6/2019, de 01-03)

Artigo 72º – Pequenos investidores

(Revogado pela Lei nº 66-B/2012, de 31-12)

Artigo 73º – Equipamentos de energias renováveis

(Revogado pela Lei nº 64-B/2011, de 30-12)

Artigo 74º – Seguros de saúde

(Revogado pela Lei nº 82-E/2014, de 31-12)

Código do Imposto Sobre o Valor Acrescentado

Decreto-Lei nº 394-B/84, de 26 de Dezembro

No uso da autorização legislativa conferida pelo artigo 22º da Lei nº 42/83, de 31 de Dezembro, o Governo decreta, nos termos da alínea *b)* do nº 1 do artigo 201º da Constituição, o seguinte:

Artigo 1º
É aprovado o Código do Imposto sobre o Valor Acrescentado, que faz parte do presente decreto-lei.

Artigo 2º
1. São revogados, a partir da data da entrada em vigor do Código do Imposto sobre o Valor Acrescentado, o Código do Imposto de Transacções, o Decreto-Lei nº 374-D/79, de 10 de Setembro, e respectiva legislação complementar.
2. São abolidos, a partir da data da entrada em vigor do mesmo Código:
a) O imposto ferroviário, criado pelo Decreto-Lei nº 38245, de 5 de Maio de 1951;
b) O imposto de turismo, regulamentado pelo Decreto-Lei nº 134/83, de 19 de Março;
c) As percentagens cobradas a favor do Fundo de Socorro Social, nos termos dos nºs 3 e 4 do artigo 2º do Decreto-Lei nº 47500, de 18 de Janeiro de 1967;
d) Os seguintes artigos da Tabela Geral do Imposto do Selo: 5, 12, nº 2, 27, 29 (excepto no que se refere ao imposto incidente sobre bilhetes de passagens aéreas internacionais e sobre o preço de aluguer ou afretamento de aviões), 49-A, 50, nº 1, alínea *a)*, 55, 106, 114-A, 140 e 141 (desde que, nestes dois últimos casos, os documentos aí referidos comprovem o pagamento de operações sujeitas a imposto sobre o valor acrescentado, ainda que dele isentas);
e) O imposto do selo sobre especialidades farmacêuticas, regulamentado pelo Decreto-Lei nº 147/81, de 4 de Junho.

3. A revogação prevista nos nºs 1 e 2 não prejudica a punição das infracções cometidas até à data da entrada em vigor do Código do Imposto sobre o Valor Acrescentado, continuando a aplicar-se as normas relativas a penalidades contidas nos diplomas reguladores dos impostos abolidos.
(Redação dada pela Lei nº 3/86, de 07-02)

Artigo 3º
O Governo determinará, mediante legislação especial, as medidas que se revelem necessárias à compensação, em futuras entregas do imposto sobre o valor acrescentado, do montante de imposto de transacções.

Artigo 4º
O Governo publicará legislação especial para a aplicação do imposto às transmissões de bens e prestações de serviços cujos preços sejam fixados pelas autoridades públicas, designadamente os tabacos e os derivados do petróleo.

Artigo 5º
O Governo publicará legislação especial para a aplicação do imposto às prestações de serviços das agências de viagens.

Artigo 6º
O Governo publicará a legislação necessária à regulamentação da cobrança e dos reembolsos do imposto sobre o valor acrescentado, tendo em conta, respectivamente, o disposto nos artigos 26º e 27º e no artigo 22º do Código aprovado pelo presente diploma.

Artigo 7º
1. As isenções do imposto de transacções previstas em acordos internacionais aplicar-se-ão ao imposto sobre o valor acrescentado.
2. As isenções do imposto sobre a venda de veículos automóveis (IVVA) previstas em acordos internacionais aplicar-se-ão ao imposto sobre o valor acrescentado que incidir sobre os mesmos veículos.
(Redação dada pelo Decreto-Lei nº 92/86, de 10-05)

Artigo 8º
Fica autorizado o Ministro das Finanças e do Plano a criar ou alterar, por despacho, os modelos de livros e impressos que se tornem necessários à execução das obrigações e serviços decorrentes do Código aprovado por este decreto-lei.

Artigo 9º
1. O levantamento de autos de notícia por infracções ao disposto no Código durante o ano de 1986 depende de prévia autorização do director-geral das Contribuições e Impostos, que a concederá quando tenha havido culpa grave.

2. Exceptua-se do disposto no número anterior a infracção resultante da falta de entrega da declaração de início de actividade.
(Redação dada por Lei nº 42/85, de 22-08)

Artigo 10º
O Código entrará em vigor em 1 de Janeiro de 1986, sem prejuízo da aplicação, para efeitos de registo de contribuintes, das normas nele contidas, que são referidas no Decreto-Lei nº 394-A/84, de 26 de Dezembro.
(Redação dada pela Lei nº 42/85, de 22-08)

Visto e aprovado em Conselho de Ministros de 22 de Novembro de 1984. – O Primeiro-Ministro, em exercício, *Carlos Alberto da Mota Pinto – Ernâni Rodrigues Lopes.*

Promulgado em 18 de Dezembro de 1984.

Publique-se.

O Presidente da República, ANTÓNIO RAMALHO EANES.

Referendado em 19 de Dezembro de 1984.

O Primeiro-Ministro, *Mário Soares.*

Decreto-Lei nº 102/2008, de 20 de Junho

O Código do IVA tem sido, por diversas vezes, objecto de alterações substanciais ao longo dos mais de 20 anos da sua vigência, consubstanciadas em mais de 60 leis e decretos-leis. Este acervo legislativo teve as mais variadas proveniências, o que originou, desde logo, que a redacção dos preceitos fosse perdendo identidade, fruto das evoluções linguísticas. Acresce que ao longo dos tempos se foram introduzindo alterações a nível orgânico, quer da estrutura do governo quer da própria administração tributária, bem como novas práticas e procedimentos administrativos, nem sempre devidamente reflectidos no corpo da lei. Embora em menor escala, também o regime do IVA nas transacções comunitárias tem sofrido ajustamentos, o que requer igual atenção no que concerne à revisão e adaptação dos respectivos preceitos.

Por outro lado, desde a republicação operada pelo Decreto-Lei nº 166/94, de 9 de Junho, que os diplomas a serem revistos e republicados não haviam sofrido qualquer tipo de harmonização nem actualização linguística, tendo em vista a sua coerência interna.

Neste contexto, a autorização legislativa constante do artigo 91º da Lei nº 67-A/2007, de 31 de Dezembro (Orçamento do Estado para 2008), previu a revisão e republicação do Código do IVA e do Regime do IVA nas Transacções Intracomunitárias, de modo que fiquem integradas todas as alterações que lhe tenham sido introduzidas e que, sem alteração do sen tido substancial dos preceitos vigentes, sejam efectuados os ajustamentos necessários a estes diplomas legais, em termos de coerência sistemática, remissiva e terminológica.

É neste enquadramento, assumindo que a republicação e consolidação de normativos legais constitui uma medida de simplificação indispensável à prossecução do objectivo estratégico deste Governo de «Legislar melhor», que se procede agora a revisões pontuais ao Código do IVA e do Regime do IVA nas Transacções Intracomunitárias, disponibilizando-se as respectivas versões consolidadas e actualizadas.

Por fim e visando o aprofundamento da qualidade dos actos normativos, aproveita-se o presente decreto-lei para atribuir epígrafes a cada um dos artigos que integram o Código do IVA e o Regime do IVA nas Transacções Intracomunitárias, explicitando, de forma sintética, o respectivo conteúdo normativo. A introdução de epígrafes permitirá ainda uma melhor compreensão sistemática do regime disposto no Código do IVA e no Regime do IVA nas Transacções Intracomunitárias. Pelas mesmas razões invocadas, são renumeradas todas as disposições. Consequentemente, são ainda eliminadas as disposições já revogadas por força de anteriores alterações introduzidas ao Código do IVA e ao Regime do IVA nas Transacções Intracomunitárias. De igual modo se garante que todas as remissões para preceitos do Código do IVA e do Regime do IVA nas Transacções Intracomunitárias na redacção anterior à da revisão a que ora se procede consideram-se efectuadas para as disposições correspondentes resultantes da nova redacção.

Assim:

No uso da autorização legislativa concedida pelas alíneas *a*) e *b*) do nº 1 do artigo 91º da Lei nº 67-A/2007, de 31 de Dezembro, e nos termos das alíneas *a*) e *b*) do nº 1 do artigo 198º da Constituição, o Governo decreta o seguinte:

Artigo 1º – Objecto

O presente decreto-lei introduz alterações ao Código do IVA, aprovado pelo Decreto-Lei nº 394-B/84, de 26 de Dezembro, e ao Regime do IVA nas Transacções Intracomunitárias, aprovado pelo Decreto-Lei nº 290/92, de 28 de Dezembro, procedendo à respectiva republicação.

Artigo 2º – Alteração ao Código do Imposto sobre o Valor Acrescentado

Os artigos 1º, 2º, 3º, 4º, 5º, 6º, 10º, 11º, 12º, 13º, 14º, 15º, 16º, 17º, 18º, 19º, 20º, 21º, 22º, 23º, 24º, 24º-A, 25º, 26º, 27º, 28º, 29º, 31º, 32º, 34º, 35º, 36º, 37º, 39º, 40º, 44º, 45º, 46º, 47º, 48º, 49º, 50º, 51º, 52º, 53º, 54º, 55º, 56º, 57º, 58º, 60º, 61º, 63º, 64º, 65º, 67º, 68º-B, 68º-C, 68º-D, 68º-F, 69º, 70º, 71º, 72º, 72º-A, 73º, 74º, 75º, 76º 80º, 82º, 83º, 83º-A, 84º, 85º, 87º, 87º-A, 88º, 88º-A, 89º, 90º, 91º, 92º, 124º e 125º do Código do IVA, aprovado pelo Decreto-Lei nº 394-B/84, de 26 de Dezembro, com as sucessivas alterações, passam a ter a seguinte redacção:*

Artigo 3º – Alteração ao Regime do IVA nas Transacções Intracomunitárias

1. Os artigos 4º, 5º, 6º, 8º, 9º, 10º, 11º, 13º, 16º, 17º, 18º, 19º, 20º, 21º, 22º, 24º, 25º, 26º, 28º, 29º, 30º, 31º, 32º, 33º e 34º do Regime do IVA nas Transacções Intracomunitárias, aprovado pelo Decreto-Lei nº 290/92, de 28 de Dezembro, com as sucessivas alterações, passam a ter a seguinte redacção:*

2. A epígrafe do capítulo VI do Regime do IVA nas Transacções Intracomunitárias é alterada para «Outras obrigações dos sujeitos passivos».

Artigo 4º – Norma revogatória

São revogados o artigo 34º-A do Código do IVA, aprovado pelo Decreto-Lei nº 394--B/84, de 26 de Dezembro, o artigo 27º e os nºs 2 e 4 do artigo 31º do Regime do IVA nas Transacções Intracomunitárias, aprovado pelo Decreto-Lei nº 290/92, de 28 de Dezembro.

* Alterações inseridas no local próprio.

Artigo 5º – Epígrafes

1. São atribuídas epígrafes aos artigos do Código do Imposto sobre o Valor Acrescentado de acordo com a seguinte tabela:*

2. São atribuídas epígrafes ao Regime do IVA nas Transacções Intracomunitárias de acordo com a seguinte tabela:*

3. A epígrafe do capítulo VII do Código do IVA é alterada para "Garantias dos sujeitos passivos".

(Cfr. Declaração de Rectificação nº 44-A/2008, de 13-08)

Artigo 6º – Renumeração e remissões

1. Os artigos do Código do IVA, aprovado pelo Decreto-Lei nº 394-B/84, de 26 de Dezembro, e do Regime do IVA nas Transacções Intracomunitárias, aprovado pelo Decreto-Lei nº 290/92, de 28 de Dezembro, são renumerados de acordo com as tabelas de correspondência, constantes, respectivamente, dos anexos I e III ao presente decreto-lei e que dele fazem parte integrante.

2. A lista I anexa ao Código do IVA, aprovado pelo Decreto-Lei nº 394-B/84, de 26 de Dezembro, é renumerada de acordo com a tabela de correspondência, constante do anexo II ao presente decreto-lei e que dele faz parte integrante.

3. Com a renumeração a que se refere os números anteriores são ainda eliminadas as disposições já revogadas por força de anteriores alterações introduzidas ao Código do IVA e ao Regime do IVA nas Transacções Intracomunitárias.

4. Todas as remissões para preceitos do Código do IVA e do Regime do IVA nas Transacções Intracomunitárias, na redacção anterior à da revisão a que ora se procede consideram-se efectuadas para as disposições correspondentes resultantes da nova redacção.

Artigo 7º – Republicação

1. É republicado no anexo IV ao presente decreto-lei, do qual faz parte integrante, o Código do Imposto sobre o Valor Acrescentado e respectivos anexos, aprovado pelo Decreto-Lei nº 394-B/84, de 26 de Dezembro, com a sua redacção actual.

2. É republicado no anexo V ao presente decreto-lei, do qual faz parte integrante, o Regime do IVA nas Transacções Intracomunitárias, aprovado pelo Decreto-Lei nº 290/92, de 28 de Dezembro, com a redacção actual.

Visto e aprovado em Conselho de Ministros de 27 de Março de 2008. – *José Sócrates Carvalho Pinto de Sousa – Fernando Teixeira dos Santos.*

Promulgado em 3 de Junho de 2008.

Publique-se.

O Presidente da República, ANÍBAL CAVACO SILVA.

Referendado em 5 de Junho de 2008.

O Primeiro-Ministro, *José Sócrates Carvalho Pinto de Sousa.*

* Alterações inseridas no local próprio.

Código do Imposto sobre o Valor Acrescentado*

CAPÍTULO I – Incidência

Artigo 1º – Incidência objectiva

1. Estão sujeitas a imposto sobre o valor acrescentado:

a) As transmissões de bens e as prestações de serviços efectuadas no território nacional, a título oneroso, por um sujeito passivo agindo como tal;

b) As importações de bens;

c) As operações intracomunitárias efectuadas no território nacional, tal como são definidas e reguladas no Regime do IVA nas Transacções Intracomunitárias.

2. Para efeitos das disposições relativas ao IVA, entende-se por:

a) «Território nacional» o território português, tal como é definido pelo artigo 5º da Constituição da República Portuguesa;

b) «Comunidade e território da Comunidade» o conjunto dos territórios nacionais dos Estados membros, tal como são definidos no artigo 299º do Tratado que institui a Comunidade Europeia, com excepção dos territórios mencionados nas alíneas *c*) e *d*);

c) «País terceiro» um país não pertencente à Comunidade, incluindo os seguintes territórios de Estados membros da Comunidade: ilha de Helgoland e território de Busingen, da República Federal da Alemanha, Ceuta e Melilha, do Reino de Espanha, Livigno, Campione d'Italia e águas nacionais do lago de Lugano, da República Italiana;

d) «Território terceiro» os seguintes territórios de Estados membros da Comunidade, os quais, salvo disposição especial, são tratados como países terceiros: ilhas Canárias, do Reino de Espanha, os territórios da República Francesa referidos no artigo 349º e no nº 1 artigo 355º do Tratado sobre o Funcionamento da União Europeia, Monte Atos, da República Helénica, ilhas Anglo-Normandas do Reino Unido da Grã-Bretanha e Irlanda do Norte e ilhas Aland, da República da Finlândia;

* Texto de acordo com a republicação do Decreto-Lei nº 102/2008, de 20 de Junho.

e) «Transporte intracomunitário de bens» o transporte de bens cujos lugares de partida e de chegada se situem no território de Estados membros diferentes;

f) «Lugar de partida» o lugar onde se inicia efectivamente o transporte, não considerando os trajectos efectuados para chegar ao lugar onde se encontram os bens;

g) «Lugar de chegada» o lugar onde termina efectivamente o transporte dos bens;

h) «Serviços de telecomunicações» os que possibilitem a transmissão, a emissão ou a recepção de sinais, texto, imagem e som ou de informações de todo o tipo através de fios, da rádio, de meios ópticos ou de outros meios electromagnéticos, incluindo a cessão ou a concessão com elas correlacionadas de direitos de utilização de instalações de transmissão, emissão ou recepção e a disponibilização do acesso a redes de informação mundiais;

i) «Sujeito passivo revendedor de gás, de electricidade, de calor ou de frio» a pessoa singular ou colectiva cuja actividade consista na aquisição, para revenda, de gás, de electricidade, de calor ou de frio, e cujo consumo próprio desses bens não seja significativo;

j) «Locação de curta duração de um meio de transporte», a locação de um meio de transporte por um período não superior a 30 dias ou, tratando-se de uma embarcação, por um período não superior a 90 dias;

l) «Vale», um instrumento que, nos termos e condições nele especificados ou em informação contratual relacionada, independentemente da sua designação e do seu suporte físico ou eletrónico, confere ao titular o direito de obter, junto de transmitentes de bens ou de prestadores de serviços identificados, o fornecimento de uma ou de várias categorias de bens ou serviços previamente determinadas ou determináveis, e de o utilizar, total ou parcialmente, como contraprestação desse fornecimento, não abrangendo, designadamente, os meros instrumentos ou meios de pagamento e os vales de descontos que não conferem ao respetivo titular o direito de exigir em troca a transmissão de um bem ou a prestação de um serviço;

m) «Vale de finalidade única», um vale em relação ao qual todos os elementos necessários para a determinação do imposto devido, independentemente do bem que venha a ser transmitido ou do serviço que venha a ser prestado, são conhecidos no momento da sua emissão ou cessão;

n) «Vale de finalidade múltipla», um vale em relação ao qual, no momento da sua emissão ou cessão, não são conhecidos todos os elementos necessários para a determinação do imposto devido.

3. Para efeitos das regras aplicáveis às transmissões de bens e às prestações de serviços efectuadas a bordo de um navio, de uma aeronave ou de um comboio, durante um transporte intracomunitário de passageiros, entende-se por:

a) «Transporte intracomunitário de passageiros» o transporte de passageiros cujo lugar de partida e de chegada se situa no território da Comunidade sem escala em país terceiro, bem como a parte de um transporte de passageiros efectuada no território da Comunidade, sem que haja escala em país terceiro entre o lugar de partida e o lugar de chegada;

b) «Lugar de partida de um transporte» o primeiro lugar previsto para o embarque dos passageiros no território da Comunidade, eventualmente após início ou escala fora da Comunidade;

c) «Lugar de chegada de um transporte» o último lugar previsto de desembarque no território da Comunidade dos passageiros que tiverem embarcado no território da Comunidade, eventualmente antes de uma escala ou destino fora da Comunidade;

d) «Transporte de ida e volta» dois transportes distintos, um para o trajecto de ida, outro para o trajecto de volta.

4. As operações efectuadas a partir de, ou com destino a, Principado do Mónaco, Ilha de Man e zonas de soberania do Reino Unido de Akrotiri e Dhekelia consideram-se como efectuadas a partir de, ou com destino, respectivamente, à República Francesa, ao Reino Unido da Grã-Bretanha e da Irlanda do Norte e à República do Chipre.

5. É equiparado a um transporte intracomunitário de bens qualquer transporte de bens cujos lugares de partida e de chegada se situem no território nacional ou no interior de um outro Estado membro, sempre que esse transporte se encontre directamente ligado a um transporte intracomunitário dos mesmos bens.

(Redação dada pela Lei nº 71/2018, de 31-12)

Artigo 2º – Incidência subjectiva

1. São sujeitos passivos do imposto:

a) As pessoas singulares ou colectivas que, de um modo independente e com carácter de habitualidade, exerçam actividades de produção, comércio ou prestação de serviços, incluindo as actividades extractivas, agrícolas e as das profissões livres, e, bem assim, as que, do mesmo modo independente, pratiquem uma só operação tributável, desde que essa operação seja conexa com o exercício das referidas actividades, onde quer que este ocorra, ou quando, independentemente dessa conexão, tal operação preencha os pressupostos de incidência real do imposto sobre o rendimento das pessoas singulares (IRS) ou do imposto sobre o rendimento das pessoas colectivas (IRC);

As pessoas singulares ou colectivas referidas nesta alínea são também sujeitos passivos do imposto pela aquisição de qualquer dos serviços indicados no nº 8 do artigo 6º, nas condições nele previstas;

b) As pessoas singulares ou colectivas que, segundo a legislação aduaneira, realizem importações de bens;

c) As pessoas singulares ou coletivas que mencionem indevidamente IVA em fatura;

d) As pessoas singulares ou colectivas que efectuem operações intracomunitárias, nos termos do Regime do IVA nas Transacções Intracomunitárias;

e) As pessoas singulares ou colectivas referidas na alínea *a*), pela aquisição dos serviços abrangidos pela alínea *a*) do nº 6 do artigo 6º, quando os respectivos prestadores não tenham, no território nacional, sede, estabelecimento estável ou, na sua falta, o domicílio, a partir do qual os serviços são prestados;

f) *(Revogada)*

g) As pessoas singulares ou colectivas referidas na alínea *a*), que sejam adquirentes em transmissões de bens ou prestações de serviços efectuadas no território nacional por sujeitos passivos que aqui não tenham sede, estabelecimento estável ou domicílio nem disponham de representante nos termos do artigo 30º;

h) As pessoas singulares ou colectivas referidas na alínea *a*), que sejam adquirentes dos bens indicados no nº 4 do artigo 6º, nas condições aí previstas, desde que os respectivos transmitentes não tenham, no território nacional, sede, estabelecimento estável ou, na sua falta, o domicílio, a partir do qual as transmissões são efectuadas;

i) As pessoas singulares ou colectivas referidas na alínea *a*) que, no território nacional, sejam adquirentes dos bens ou dos serviços mencionados no anexo E ao presente Código e tenham direito à dedução total ou parcial do imposto, desde que os respectivos transmitentes ou prestadores sejam sujeitos passivos do imposto;

j) As pessoas singulares ou colectivas referidas na alínea *a*) que disponham de sede, estabelecimento estável ou domicílio em território nacional e que pratiquem operações que confiram o direito à dedução total ou parcial do imposto, quando sejam adquirentes de serviços de construção civil, incluindo a remodelação, reparação, manutenção, conservação e demolição de bens imóveis, em regime de empreitada ou subempreitada;

l) As pessoas singulares ou colectivas referidas na alínea *a*) que disponham de sede, estabelecimento estável ou domicílio em território nacional e que pratiquem operações que confiram o direito à dedução total ou parcial do imposto, quando sejam adquirentes de prestações de serviços que tenham por objecto direitos de emissão, reduções certificadas de emissões ou unidades de redução de emissões de gases com efeito de estufa, aos quais se refere o Decreto-Lei nº 233/2004, de 14 de Dezembro.

2. O Estado e demais pessoas colectivas de direito público não são, no entanto, sujeitos passivos do imposto quando realizem operações no exercício dos seus poderes de autoridade, mesmo que por elas recebam taxas ou quaisquer outras contraprestações, desde que a sua não sujeição não origine distorções de concorrência.

3. O Estado e as demais pessoas colectivas de direito público referidas no número anterior são, em qualquer caso, sujeitos passivos do imposto quando exerçam algumas das seguintes actividades e pelas operações tributáveis delas decorrentes, salvo quando se verifique que as exercem de forma não significativa:

a) Telecomunicações;

b) Distribuição de água, gás e electricidade;

c) Transporte de bens;

d) Prestação de serviços portuários e aeroportuários;

e) Transporte de pessoas;

f) Transmissão de bens novos cuja produção se destina a venda;

g) Operações de organismos agrícolas;

h) Exploração de feiras e de exposições de carácter comercial;

i) Armazenagem;

j) Cantinas;

l) Radiodifusão e radiotelevisão.

4. Para efeitos dos nºs 2 e 3 do presente artigo, o Ministro das Finanças define, caso a caso, as actividades susceptíveis de originar distorções de concorrência ou aquelas que são exercidas de forma não significativa.

5. Para efeitos das alíneas *e*) e *g*) do nº 1, consideram-se sujeitos passivos do imposto, relativamente a todos os serviços que lhes sejam prestados no âmbito da sua actividade, as pessoas singulares ou colectivas referidas na alínea *a*) do nº 1, bem como quaisquer outras pessoas colectivas que devam estar registadas para efeitos do artigo 25º do Regime do IVA nas Transacções Intracomunitárias.

(Redação dada pelo Decreto-Lei nº 197/2012, de 24-08)

Artigo 3º – Conceito de transmissão de bens

1. Considera-se, em geral, transmissão de bens a transferência onerosa de bens corpóreos por forma correspondente ao exercício do direito de propriedade.

2. Para esse efeito, a energia eléctrica, o gás, o calor, o frio e similares são considerados bens corpóreos.

3. Consideram-se ainda transmissões de bens, nos termos do nº 1 deste artigo:

a) A entrega material de bens em execução de um contrato de locação com cláusula, vinculante para ambas as partes, de transferência de propriedade;

b) A entrega material de bens móveis decorrente da execução de um contrato de compra e venda em que se preveja a reserva de propriedade até ao momento do pagamento total ou parcial do preço;

c) As transferências de bens entre comitente e comissário, efectuadas em execução de um contrato de comissão definido no Código Comercial, incluindo as transferências entre consignante e consignatário de mercadorias enviadas à consignação. Na comissão de venda considera-se comprador o comissário; na comissão de compra é considerado comprador o comitente;

d) A não devolução, no prazo de um ano a contar da data da entrega ao destinatário, das mercadorias enviadas à consignação;

e) A entrega de bens móveis produzidos ou montados sob encomenda, quando a totalidade dos materiais seja fornecida pelo sujeito passivo que os produziu ou montou;

f) Ressalvado o disposto no artigo 26º, a afectação permanente de bens da empresa, a uso próprio do seu titular, do pessoal, ou em geral a fins alheios à mesma, bem como a sua transmissão gratuita, quando, relativamente a esses bens ou aos elementos que os constituem, tenha havido dedução total ou parcial do imposto;

g) A afectação de bens por um sujeito passivo a um sector de actividade isento e, bem assim, a afectação ao uso da empresa de bens referidos no nº 1 do artigo 21º, quando, relativamente a esses bens ou aos elementos que os constituem, tenha havido dedução total ou parcial do imposto.

4. Não são consideradas transmissões as cessões a título oneroso ou gratuito do estabelecimento comercial, da totalidade de um património ou de uma parte dele, que seja susceptível de constituir um ramo de actividade independente, quando, em qualquer dos casos, o adquirente seja, ou venha a ser, pelo facto da aquisição, um sujeito passivo do imposto de entre os referidos na alínea *a*) do nº 1 do artigo 2º

5. Para os efeitos do número anterior, a administração fiscal adopta as medidas regulamentares adequadas, nomeadamente a limitação do direito à dedução, quando o adquirente não seja um sujeito passivo que pratique exclusivamente operações tributadas.

6. Não são também consideradas transmissões as cedências devidamente documentadas feitas por cooperativas agrícolas aos seus sócios, de bens, não embalados para fins comerciais, resultantes da primeira transformação de matérias-primas por eles entregues, na medida em que não excedam as necessidades do seu consumo familiar, segundo limites e condições a definir por portaria do Ministro das Finanças.

7. Excluem-se do regime estabelecido na alínea *f)* do nº 3, nos termos definidos por portaria do Ministro das Finanças, os bens não destinados a posterior comercialização que, pelas suas características, ou pelo tamanho ou formato diferentes do produto que constitua a unidade de venda, visem, sob a forma de amostra, apresentar ou promover bens produzidos ou comercializados pelo próprio sujeito passivo, assim como as ofertas de valor unitário igual ou inferior a € 50 e cujo valor global anual não exceda cinco por mil do volume de negócios do sujeito passivo no ano civil anterior, em conformidade com os usos comerciais.

8. No caso de início de actividade, a permilagem referida no número anterior aplica-se aos valores esperados, sem prejuízo de rectificação a efectuar na última declaração periódica a apresentar no ano de início de actividade, se os valores definitivos forem inferiores aos valores esperados.

Artigo 4º – Conceito de prestação de serviços

1. São consideradas como prestações de serviços as operações efectuadas a título oneroso que não constituem transmissões, aquisições intracomunitárias ou importações de bens.

2. Consideram-se ainda prestações de serviços a título oneroso:

a) Ressalvado o disposto no nº 1 do artigo 26º, a utilização de bens da empresa para uso próprio do seu titular, do pessoal, ou em geral para fins alheios à mesma e ainda em sectores de actividade isentos quando, relativamente a esses bens ou aos elementos que os constituem, tenha havido dedução total ou parcial do imposto;

b) As prestações de serviços a título gratuito efectuadas pela própria empresa com vista às necessidades particulares do seu titular, do pessoal ou, em geral, a fins alheios à mesma;

c) A entrega de bens móveis produzidos ou montados sob encomenda com materiais que o dono da obra tenha fornecido para o efeito, quer o empreiteiro tenha fornecido, ou não, uma parte dos produtos utilizados.

3. São equiparadas a prestações de serviços a cedência temporária ou definitiva de um jogador, acordada entre os clubes com o consentimento do desportista, durante a vigência do contrato com o clube de origem e as indemnizações de promoção e valorização, previstas no nº 2 do artigo 18º do regime jurídico do contrato de trabalho do praticante desportivo, aprovado pela Lei nº 28/98, de 26 de Junho, devidas após a cessação do contrato.

4. Quando a prestação de serviços for efectuada por intervenção de um mandatário agindo em nome próprio, este é, sucessivamente, adquirente e prestador do serviço.

5. O disposto nos nºs 4 e 5 do artigo 3º é aplicável, em idênticas condições, às prestações de serviços.

6. No que se refere ao disposto na alínea *c)* do nº 2, a Direcção-Geral dos Impostos pode excluir do conceito de prestação de serviços as operações em que o fornecimento de materiais pelo dono da obra seja considerado insignificante.

Artigo 5º – Conceito de importação de bens

1. Considera-se importação a entrada em território nacional de:

a) Bens originários ou procedentes de países terceiros e que não se encontrem em livre prática ou que tenham sido colocados em livre prática no âmbito de acordos de união aduaneira;

b) Bens procedentes de territórios terceiros e que se encontrem em livre prática.

2. Todavia, sempre que os bens sejam colocados, desde a sua entrada em território nacional, sob um dos regimes previstos nos nºs *i*) a *iv*) da alínea *b*) do nº 1 do artigo 15º, sob o regime de importação temporária com isenção total de direitos, sob o regime de trânsito externo ou sob o procedimento de trânsito comunitário interno, a importação só se verifica quando forem introduzidos no consumo.

Artigo 6º – Localização das operações

1. São tributáveis as transmissões de bens que estejam situados no território nacional no momento em que se inicia o transporte ou expedição para o adquirente ou, no caso de não haver expedição ou transporte, no momento em que são postos à disposição do adquirente.

2. Não obstante o disposto no número anterior, são também tributáveis a transmissão feita pelo importador e as eventuais transmissões subsequentes de bens transportados ou expedidos de um país terceiro, quando as referidas transmissões ocorrerem antes da importação.

3. As transmissões de bens efectuadas a bordo de um navio, de uma aeronave ou de um comboio, durante um transporte intracomunitário de passageiros, só são tributáveis se o lugar de partida se situar no território nacional e o lugar de chegada no território de outro Estado membro, tendo em conta as definições constantes do nº 3 do artigo 1º.

4. Não obstante o disposto nos nºs 1 e 2, as transmissões de gás, através de uma rede de gás natural ou de qualquer rede a ela ligada, de electricidade, de calor ou de frio, através de redes de aquecimento ou de arrefecimento, são tributáveis:

a) Quando o adquirente seja um sujeito passivo revendedor de gás, de electricidade, de calor ou de frio, cuja sede, estabelecimento estável ao qual são fornecidos os bens ou, na sua falta, o domicílio se situe em território nacional;

b) Quando o adquirente seja um dos sujeitos passivos referidos na alínea *a*) do nº 1 do artigo 2º, que não seja revendedor de gás, de electricidade, de calor ou de frio, que disponha de sede, estabelecimento estável ao qual são fornecidos os bens ou, na sua falta, o domicílio em território nacional, na parte que não se destine a utilização e consumo próprios;

c) Quando a utilização e consumo efectivos desses bens, por parte do adquirente, ocorram no território nacional e este não seja um sujeito passivo revendedor de gás, de electricidade, de calor ou de frio, que disponha de sede, estabelecimento estável ao qual são fornecidos os bens ou, na sua falta, o domicílio fora do território nacional.

5. Não obstante o disposto nos nºs 1 e 2, as transmissões de gás, através de uma rede de gás natural ou de qualquer rede a ela ligada, de electricidade, de calor ou de frio, através de redes de aquecimento ou de arrefecimento, não são tributáveis:

a) Quando o adquirente seja um sujeito passivo revendedor de gás, de electricidade, de calor ou de frio, cuja sede, estabelecimento estável ao qual são fornecidos os bens ou, na sua falta, o domicílio se situe fora do território nacional;

b) Quando a utilização e consumo efectivos desses bens, por parte do adquirente, ocorram fora do território nacional e este não seja um sujeito passivo revendedor de gás, de electricidade, de calor ou de frio, que disponha de sede, estabelecimento estável ao qual são fornecidos os bens ou, na sua falta, o domicílio no território nacional.

6. São tributáveis as prestações de serviços efectuadas a:

a) Um sujeito passivo dos referidos no nº 5 do artigo 2º, cuja sede, estabelecimento estável ou, na sua falta, o domicílio, para o qual os serviços são prestados, se situe no território nacional, onde quer que se situe a sede, estabelecimento estável ou, na sua falta, o domicílio do prestador;

b) Uma pessoa que não seja sujeito passivo, quando o prestador tenha no território nacional a sede da sua actividade, um estabelecimento estável ou, na sua falta, o domicílio, a partir do qual os serviços são prestados.

7. O disposto no número anterior não tem aplicação relativamente às seguintes operações:

a) Prestações de serviços relacionadas com um imóvel sito fora do território nacional, incluindo os serviços prestados por arquitectos, por empresas de fiscalização de obras, por peritos e agentes imobiliários, e os que tenham por objecto preparar ou coordenar a execução de trabalhos imobiliários, assim como a concessão de direitos de utilização de bens imóveis e a prestação de serviços de alojamento efectuadas no âmbito da actividade hoteleira ou de outras com funções análogas, tais como parques de campismo;

b) Prestações de serviços de transporte de passageiros, pela distância percorrida fora do território nacional;

c) Prestações de serviços de alimentação e bebidas, que não as referidas na alínea *d*), que sejam executadas fora do território nacional;

d) Prestações de serviços de alimentação e bebidas, executadas a bordo de uma embarcação, de uma aeronave ou de um comboio, durante um transporte intracomunitário de passageiros, quando o lugar de partida do transporte ocorra fora do território nacional;

e) Prestações de serviços relativas ao acesso a manifestações de carácter cultural, artístico, científico, desportivo, recreativo, de ensino e similares, incluindo o acesso a feiras e exposições, assim como as prestações de serviços acessórias relacionadas com o acesso, que não tenham lugar no território nacional;

f) Locação de curta duração de um meio de transporte, quando o lugar da colocação à disposição do destinatário se situe fora do território nacional.

8. Não obstante o disposto no nº 6, são tributáveis as seguintes operações:

a) Prestações de serviços relacionadas com um imóvel sito no território nacional, incluindo os serviços prestados por arquitectos, por empresas de fiscalização de obras, por peritos e agentes imobiliários, e os que tenham por objecto preparar ou coordenar a execução de trabalhos imobiliários, assim como a concessão de direitos de utilização de bens imóveis e a prestação de serviços de alojamento efectuadas no âmbito da actividade hoteleira ou de outras com funções análogas, tais como parques de campismo;

b) Prestações de serviços de transporte de passageiros, pela distância percorrida no território nacional;

c) Prestações de serviços de alimentação e bebidas, que não as referidas na alínea *d*), que sejam executadas no território nacional;

d) Prestações de serviços de alimentação e bebidas, executadas a bordo de uma embarcação, de uma aeronave ou de um comboio durante um transporte intracomunitário de passageiros, quando o lugar de partida do transporte ocorra no território nacional;

e) Prestações de serviços relativas ao acesso a manifestações de carácter cultural, artístico, científico, desportivo, recreativo, de ensino e similares, incluindo o acesso a feiras e exposições, assim como as prestações de serviços acessórias relacionadas com o acesso, que tenham lugar no território nacional;

f) Locação de curta duração de um meio de transporte, quando o lugar da colocação à disposição do destinatário se situe no território nacional.

9. O disposto na alínea *b*) do nº 6 não tem aplicação relativamente às seguintes operações:

a) Prestações de serviços de transporte de bens, com excepção do transporte intracomunitário de bens, pela distância percorrida fora do território nacional;

b) Prestações de serviços de transporte intracomunitário de bens, quando o lugar de partida ocorra fora do território nacional;

c) Prestações de serviços acessórias do transporte, que sejam materialmente executadas fora do território nacional;

d) Prestações de serviços que consistam em trabalhos efectuados sobre bens móveis corpóreos e peritagens a eles referentes, quando executadas total ou essencialmente fora do território nacional;

e) Prestações de serviços efectuadas por intermediários agindo em nome e por conta de outrem, quando a operação a que se refere a intermediação tenha lugar fora do território nacional;

f) Prestações de serviços de carácter cultural, artístico, científico, desportivo, recreativo, de ensino e similares, incluindo feiras e exposições, não abrangidas pela alínea *e*) do nº 7, compreendendo as dos organizadores daquelas actividades e as prestações de serviços que lhes sejam acessórias, que não tenham lugar no território nacional;

g) Locação de um meio de transporte, que não seja de curta duração, quando o destinatário for uma pessoa estabelecida ou domiciliada fora do território nacional;

h) Prestações de serviços de telecomunicações, de radiodifusão ou televisão e serviços por via eletrónica, nomeadamente os descritos no anexo D, quando o destinatário for uma pessoa estabelecida ou domiciliada fora do território nacional.

10. Não obstante o disposto na alínea *b*) do nº 6, são tributáveis as seguintes operações:

a) Prestações de serviços de transporte de bens, com excepção do transporte intracomunitário de bens, pela distância percorrida no território nacional;

b) Prestações de serviços de transporte intracomunitário de bens, quando o lugar de partida ocorra no território nacional;

c) Prestações de serviços acessórias do transporte, que sejam materialmente executadas no território nacional;

d) Prestações de serviços que consistam em trabalhos efectuados sobre bens móveis corpóreos e peritagens a eles referentes, quando executadas total ou essencialmente no território nacional;

e) Prestações de serviços efectuadas por intermediários agindo em nome e por conta de outrem, quando a operação a que se refere a intermediação tenha lugar no território nacional;

f) Prestações de serviços de carácter cultural, artístico, científico, desportivo, recreativo, de ensino e similares, incluindo feiras e exposições, não abrangidas pela alínea *e*) do nº 8, compreendendo as dos organizadores daquelas actividades e as prestações de serviços que lhes sejam acessórias, que tenham lugar no território nacional;

g) Locação de um meio de transporte, que não seja de curta duração, quando o destinatário for uma pessoa estabelecida ou domiciliada no território nacional;

h) Prestações de serviços de telecomunicações, de radiodifusão ou televisão e serviços por via eletrónica, nomeadamente os descritos no anexo D, quando o destinatário for uma pessoa estabelecida ou domiciliada no território nacional.

11. Não obstante o disposto na alínea *b*) do nº 6, não são tributáveis as prestações de serviços adiante enumeradas, quando o adquirente for uma pessoa estabelecida ou domiciliada fora da Comunidade:

a) Cessão ou concessão de direitos de autor, brevets, licenças, marcas de fabrico e de comércio e outros direitos análogos;

b) Prestações de serviços de publicidade;

c) Prestações de serviços de consultores, engenheiros, advogados, economistas e contabilistas, e de gabinetes de estudo em todos os domínios, compreendendo os de organização, investigação e desenvolvimento;

d) Tratamento de dados e fornecimento de informações;

e) Operações bancárias, financeiras e de seguro ou resseguro, com excepção da locação de cofres-fortes;

f) Colocação de pessoal à disposição;

g) Locação de bens móveis corpóreos, com excepção de meios de transporte;

h) Cessão ou concessão do acesso a uma rede de gás natural ou a qualquer rede a ela ligada, à rede de electricidade, ou às redes de aquecimento e arrefecimento, bem como prestações de serviços de transporte ou envio através dessas redes e prestações de serviços directamente conexas;

i) *(Revogada.)*

j) *(Revogada.)*

l) *(Revogada.)*

m) Obrigação de não exercer, mesmo a título parcial, uma actividade profissional ou um direito mencionado no presente número.

12. Não obstante o disposto nos nºs 6 a 11, são tributáveis as prestações de serviços a seguir enumeradas:

a) Locação de bens móveis corpóreos, com excepção de meios de transporte, efectuada a pessoa estabelecida ou domiciliada fora do território da Comunidade, quando a utilização ou exploração efectivas desses bens ocorram no território nacional;

b) Locação de curta duração de um meio de transporte, efectuada a pessoa que não seja um sujeito passivo, quando a respectiva colocação à disposição do destinatário tenha ocorrido fora da Comunidade e a utilização ou exploração efectivas do meio de transporte ocorram no território nacional;

c) Locação de um meio de transporte, que não seja de curta duração, efetuada a pessoa que não seja um sujeito passivo, quando este esteja estabelecido ou domiciliado fora da Comunidade e a utilização ou exploração efetivas do meio de transporte ocorram no território nacional;

d) Prestações de serviços de telecomunicações, de radiodifusão ou televisão e serviços por via eletrónica, nomeadamente os descritos no anexo D, cujo destinatário seja uma pessoa estabelecida ou domiciliada fora da Comunidade, quando o prestador tenha no território nacional a sede da sua atividade, um estabelecimento estável ou, na sua falta, o domicílio, a partir do qual os serviços sejam prestados, e a utilização e exploração efetivas desses serviços tenham lugar no território nacional;

e) Locação de uma embarcação de recreio, que não seja de curta duração, efetuada a pessoa que não seja um sujeito passivo, quando o locador tenha no território nacional sede, estabelecimento estável ou, na sua falta, domicílio, a partir do qual os serviços são prestados, e a efetiva colocação da embarcação à disposição do destinatário ocorra no território nacional.

13. O disposto na alínea *g*) do nº 10 não tem aplicação relativamente à locação de uma embarcação de recreio, que não seja de curta duração, quando o locador tenha sede, estabelecimento estável ou, na sua falta, domicílio fora do território nacional, a partir do qual os serviços são prestados, e a efetiva colocação da embarcação à disposição do destinatário ocorra no mesmo território.

14. Para efeitos da alínea *d*) do nº 12, considera-se que a utilização e exploração efetivas ocorrem no território nacional em situações em que a presença física neste território do destinatário direto dos serviços seja necessária para a prestação dos mesmos, nomeadamente, quando os mesmos sejam prestados em locais como cabines ou quiosques telefónicos, lojas abertas ao público, átrios de hotel, restaurantes, cibercafés, áreas de acesso a uma rede local sem fios e locais similares.

15. Sendo o destinatário dos serviços uma pessoa que não seja um sujeito passivo dos referidos no nº 5 do artigo 2º, para além das situações abrangidas pelo número anterior, considera-se que a utilização e exploração efetivas ocorrem no território nacional quando se situar neste território o local em que aquele disponha de uma linha fixa instalada, o local a que pertença o indicativo da rede móvel de um módulo de identificação de assinante (cartão SIM), ou o local em que esteja situado um descodificador ou dispositivo similar ou, sendo este local desconhecido, para onde tenha sido remetido um cartão de visualização, através dos quais os serviços de telecomunicações, de radiodifusão ou televisão ou os serviços por via eletrónica sejam prestados.

(Redação dada pelo Decreto-Lei nº 158/2014, de 24-10)

Artigo 6º-A – Derrogação à regra de localização no Estado-Membro do adquirente

1. Não obstante o disposto na alínea *h*) do nº 9 e na alínea *h*) do nº 10 do artigo 6º, as prestações de serviços de telecomunicações, de radiodifusão ou televisão e serviços por via eletrónica, nomeadamente os descritos no anexo D, efetuadas a uma pessoa que não seja sujeito passivo, são tributáveis nos termos da alínea *b*) do nº 6 daquele artigo, quando estejam reunidas as seguintes condições:

a) O prestador tenha sede, estabelecimento estável ou, na sua falta, o domicílio em território nacional e não esteja sedeado, estabelecido ou domiciliado noutro Estado-Membro;

b) As prestações de serviços sejam efetuadas a destinatários estabelecidos ou domiciliados em outros Estados-Membros; e

c) O valor total, líquido de IVA, das prestações de serviços referidas na alínea anterior não seja superior, no ano civil anterior ou no ano civil em curso, a 10 000 €.

2. Não obstante o disposto na alínea *h*) do nº 9 e na alínea *h*) do nº 10 do artigo 6º, as prestações de serviços de telecomunicações, de radiodifusão ou televisão e serviços por via eletrónica, nomeadamente os descritos no anexo D, efetuadas a uma pessoa que não seja sujeito passivo, não são tributáveis em território nacional quando estejam reunidas as seguintes condições:

a) O prestador tenha sede, estabelecimento estável ou, na sua falta, o domicílio apenas no território de um outro Estado-Membro;

b) As prestações de serviços sejam efetuadas a destinatários estabelecidos ou domiciliados em território nacional ou em outros Estados-Membros que não o referido na alínea anterior; e

c) O valor total, líquido de IVA, das prestações de serviços referidas na alínea anterior não seja superior, no ano civil anterior ou no ano civil em curso, a 10 000 €.

3. O disposto nos números anteriores não é aplicável a partir da data em que, no decurso de um ano civil, seja excedido o limiar aí referido.

4. Os sujeitos passivos abrangidos pelo disposto no nº 1, cujas prestações de serviços não tenham excedido o montante mencionado na alínea *c*) desse número, podem optar pela sujeição a tributação desses serviços no Estado-Membro em que o adquirente estiver estabelecido ou domiciliado, devendo manter esse regime por um período mínimo de dois anos civis.

5. O disposto na alínea *h*) do nº 10 do artigo 6º é aplicável, quando os sujeitos passivos abrangidos pelo disposto no nº 2 tenham exercido a opção de sujeitar esses serviços a tributação no Estado-Membro em que o adquirente estiver estabelecido ou domiciliado.

(Aditado pela Lei nº 71/2018, de 31-12)

Artigo 7º – Facto gerador e exigibilidade do imposto

1. Sem prejuízo do disposto nos números seguintes, o imposto é devido e torna-se exigível:

a) Nas transmissões de bens, no momento em que os bens são postos à disposição do adquirente;

b) Nas prestações de serviços, no momento da sua realização;

c) Nas importações, no momento determinado pelas disposições aplicáveis aos direitos aduaneiros, sejam ou não devidos estes direitos ou outras imposições comunitárias estabelecidas no âmbito de uma política comum.

2. Se a transmissão de bens implicar obrigação de instalação ou montagem por parte do fornecedor, considera-se que os bens são postos à disposição do adquirente no momento em que essa instalação ou montagem estiver concluída.

3. Nas transmissões de bens e prestações de serviços de carácter continuado, resultantes de contratos que dêem lugar a pagamentos sucessivos, considera-se que os bens são postos à disposição e as prestações de serviços são realizadas no termo do período a que se refere cada pagamento, sendo o imposto devido e exigível pelo respectivo montante.

4. Nas transmissões de bens e prestações de serviços referidas, respectivamente, nas alíneas *f)* e *g)* do nº 3 do artigo 3º e nas alíneas *a)* e *b)* do nº 2 do artigo 4º, o imposto é devido e exigível no momento em que as afectações de bens ou as prestações de serviços nelas previstas tiverem lugar.

5. Nas transmissões de bens entre comitente e comissário referidas na alínea *c)* do nº 3 do artigo 3º, o imposto é devido e exigível no momento em que o comissário os puser à disposição do seu adquirente.

6. No caso previsto na alínea *d)* do nº 3 do artigo 3º, o imposto é devido e exigível no termo do prazo aí referido.

7. Quando os bens forem postos à disposição de um contratante antes de se terem produzido os efeitos translativos do contrato, o imposto é devido e exigível no momento em que esses efeitos se produzirem, salvo se se tratar das transmissões de bens referidas nas alíneas *a)* e *b)* do nº 3 do artigo 3º

8. Sempre que os bens sejam colocados sob um dos regimes ou procedimento referidos no nº 2 do artigo 5º, o facto gerador e a exigibilidade do imposto só se verificam no momento em que deixem de estar sujeitos a esses regimes ou procedimentos.

9. No caso das transmissões de bens e prestações de serviços referidas no nº 3, em que não seja fixada periodicidade de pagamento ou esta seja superior a 12 meses, o imposto é devido e torna-se exigível no final de cada período de 12 meses, pelo montante correspondente.

10. Sempre que, em momento posterior à transmissão, aquisição intracomunitária ou importação de veículos automóveis, se mostre devido imposto sobre veículos pela sua transformação, alteração de cilindrada ou de chassis, o imposto é devido e exigível no momento em que ocorra essa transformação ou alteração.

11. Nas transmissões de combustíveis à consignação efectuadas por distribuidores, o imposto é devido e exigível na data da leitura dos contadores de bombas, a efectuar pelo consignatário, pelo menos uma vez por semana.

12. Nas transmissões de bens isentas nos termos do artigo 14º do Regime do IVA nas Transações Intracomunitárias, efetuadas de forma continuada por um período superior a um mês, o imposto é devido e torna-se exigível no final de cada mês, pelo montante correspondente.

13. Nas cessões de vales de finalidade única, o imposto é devido e exigível no momento em que ocorre cada cessão, considerando-se que a transmissão de bens ou prestação de serviços a que o vale diz respeito é efetuada nesse momento, pelo sujeito passivo em nome de quem a cessão do vale é realizada.

14. Em relação a vales de finalidade múltipla, independentemente de quaisquer cessões dos mesmos previamente ocorridas, o imposto é devido e exigível no momento em que o sujeito passivo efetua a transmissão dos bens ou a prestação dos serviços a que o vale diz respeito, em conformidade com as alíneas *a*) e *b*) do nº 1.

15. Não obstante o disposto no número anterior, o imposto é devido e exigível nas seguintes circunstâncias:

a) Se se verificar a realização, pelo sujeito passivo que procede à cessão do vale de finalidade múltipla, de operações tributáveis distintas da própria cessão, ainda que efetuadas, designadamente, a título da respetiva promoção ou distribuição, o imposto é devido e exigível no momento da sua realização, pela contraprestação que lhe seja devida a esse título;

b) Se se verificar a caducidade do direito de o respetivo titular obter a transmissão de bens ou a prestação de serviços a que o vale de finalidade múltipla diz respeito, sem que o sujeito passivo que procedeu à cessão lhe restitua a contraprestação paga, o imposto relativo à prestação de serviços de colocação à disposição, a título oneroso, do referido direito é devido e exigível no momento em que o mesmo caducar.

(Redação dada pela Lei nº 71/2018, de 31-12)

Artigo 8º – Exigibilidade do imposto em caso de obrigação de emitir factura

1. Não obstante o disposto no artigo anterior e sem prejuízo do previsto no artigo 2º do regime de IVA de caixa, sempre que a transmissão de bens ou a prestação de serviços dê lugar à obrigação de emitir uma fatura nos termos do artigo 29º, o imposto torna-se exigível:

a) Se o prazo previsto para a emissão da fatura for respeitado, no momento da sua emissão;

b) Se o prazo previsto para a emissão não for respeitado, no momento em que termina;

c) Se a transmissão de bens ou a prestação de serviços derem lugar ao pagamento, ainda que parcial, anteriormente à emissão da fatura, no momento do recebimento desse pagamento, pelo montante recebido, sem prejuízo do disposto na alínea anterior.

2. O disposto no número anterior é ainda aplicável aos casos em que se verifique emissão de fatura ou pagamento, precedendo o momento da realização das operações tributáveis, tal como este é definido no artigo anterior.

3. Nas prestações intracomunitárias de serviços, cujo imposto seja devido no território de outro Estado membro em resultado da aplicação do disposto na alínea *a*) do nº 6 do artigo 6º, a exigibilidade ocorre nos termos do artigo 7º

4. Nas transmissões de bens isentas nos termos do artigo 14º do Regime do IVA nas Transações Intracomunitárias o imposto torna-se exigível no momento da emissão

da fatura ou, quando esta não tenha sido emitida dentro do prazo previsto no nº 2 do artigo 27º daquele Regime, no momento em que aquele prazo termina.
(Redação dada pela Lei nº 83-C/2013, de 31-12)

CAPÍTULO II – Isenções

SECÇÃO I – Isenções nas operações internas

Artigo 9º – Isenções nas operações internas

Estão isentas do imposto:

1) As prestações de serviços efectuadas no exercício das profissões de médico, odontologista, parteiro, enfermeiro e outras profissões paramédicas;

2) As prestações de serviços médicos e sanitários e as operações com elas estreitamente conexas efectuadas por estabelecimentos hospitalares, clínicas, dispensários e similares;

3) As prestações de serviços efetuadas no exercício da sua atividade por protésicos dentários bem como as transmissões de próteses dentárias efetuadas por dentistas e protésicos dentários;

4) As transmissões de órgãos, sangue e leite humanos;

5) O transporte de doentes ou feridos em ambulâncias ou outros veículos apropriados efectuado por organismos devidamente autorizados;

6) As transmissões de bens e as prestações de serviços ligadas à segurança e assistência sociais e as transmissões de bens com elas conexas, efectuadas pelo sistema de segurança social, incluindo as instituições particulares de solidariedade social. Da mesma isenção beneficiam as pessoas físicas ou jurídicas que efectuem prestações de segurança ou assistência social por conta do respectivo sistema nacional, desde que não recebam em troca das mesmas qualquer contraprestação dos adquirentes dos bens ou destinatários dos serviços;

7) As prestações de serviços e as transmissões de bens estreitamente conexas, efetuadas no exercício da sua atividade habitual por creches, jardins-de-infância, centros de atividade de tempos livres, estabelecimentos para crianças e jovens desprovidos de meio familiar normal, lares residenciais, casas de trabalho, estabelecimentos para crianças e jovens deficientes, centros de reabilitação de inválidos, lares de idosos, centros de dia e centros de convívio para idosos, colónias de férias, albergues de juventude ou outros equipamentos sociais pertencentes a pessoas coletivas de direito público ou instituições particulares de solidariedade social ou cuja utilidade social seja, em qualquer caso, reconhecida pelas autoridades competentes, ainda que os serviços sejam prestados fora das suas instalações;

8) As prestações de serviços efectuadas por organismos sem finalidade lucrativa que explorem estabelecimentos ou instalações destinados à prática de actividades artísticas, desportivas, recreativas e de educação física a pessoas que pratiquem essas actividades;

9) As prestações de serviços que tenham por objecto o ensino, bem como as transmissões de bens e prestações de serviços conexas, como sejam o fornecimento de alojamento e alimentação, efectuadas por estabelecimentos integrados no Sis-

tema Nacional de Educação ou reconhecidos como tendo fins análogos pelos ministérios competentes;

10) As prestações de serviços que tenham por objecto a formação profissional, bem como as transmissões de bens e prestações de serviços conexas, como sejam o fornecimento de alojamento, alimentação e material didáctico, efectuadas por organismos de direito público ou por entidades reconhecidas como tendo competência nos domínios da formação e reabilitação profissionais pelos ministérios competentes;

11) As prestações de serviços que consistam em lições ministradas a título pessoal sobre matérias do ensino escolar ou superior;

12) As locações de livros e outras publicações, partituras musicais, discos, bandas magnéticas e outros suportes de cultura e, em geral, as prestações de serviços e transmissões de bens com aquelas estreitamente conexas, desde que efectuadas por organismos sem finalidade lucrativa;

13) As prestações de serviços que consistam em proporcionar a visita, guiada ou não, a bibliotecas, arquivos, museus, galerias de arte, castelos, palácios, monumentos, parques, perímetros florestais, jardins botânicos, zoológicos e semelhantes, pertencentes ao Estado, outras pessoas coletivas de direito público ou organismos sem finalidade lucrativa, desde que efetuadas única e exclusivamente por intermédio dos seus próprios agentes. A presente isenção abrange também as transmissões de bens estreitamente conexas com as prestações de serviços referidas;

14) As prestações de serviços e as transmissões de bens com elas conexas, efectuadas por pessoas colectivas de direito público e organismos sem finalidade lucrativa, relativas a congressos, colóquios, conferências, seminários, cursos e manifestações análogas de natureza científica, cultural, educativa ou técnica;

15) As prestações de serviços efectuadas aos respectivos promotores:

a) Por actores, chefes de orquestra, músicos e outros artistas, actuando quer individualmente quer integrados em conjuntos, para a execução de espectáculos teatrais, cinematográficos, coreográficos, musicais, de *music-hall*, de circo e outros, para a realização de filmes, e para a edição de discos e de outros suportes de som ou imagem;

b) Por desportistas e artistas tauromáquicos, actuando quer individualmente quer integrados em grupos, em competições desportivas e espectáculos tauromáquicos;

16) A transmissão do direito de autor ou de direitos conexos e a autorização para a utilização da obra intelectual ou prestação, definidas no Código dos Direitos de Autor e dos Direitos Conexos, quando efetuadas pelos próprios titulares, seus herdeiros ou legatários, ou ainda por terceiros, por conta deles, ainda que o titular do direito seja pessoa coletiva, incluindo a consignação ou afetação, imposta por lei, dos montantes recebidos pelas respetivas entidades de gestão coletiva, a fins sociais, culturais e de investigação e divulgação dos direitos de autor e direitos conexos;

17) A transmissão de exemplares de qualquer obra literária, científica, técnica ou artística editada sob forma bibliográfica pelo autor, quando efectuada por este, seus herdeiros ou legatários, ou ainda por terceiros, por conta deles, salvo quando o autor for pessoa colectiva;

18) A cedência de pessoal por instituições religiosas ou filosóficas para a realização de actividades isentas nos termos deste diploma ou para fins de assistência espiritual;

19) As prestações de serviços e as transmissões de bens com elas conexas efectuadas no interesse colectivo dos seus associados por organismos sem finalidade lucrativa, desde que esses organismos prossigam objectivos de natureza política, sindical, religiosa, humanitária, filantrópica, recreativa, desportiva, cultural, cívica ou de representação de interesses económicos e a única contraprestação seja uma quota fixada nos termos dos estatutos;

20) As transmissões de bens e as prestações de serviços efectuadas por entidades cujas actividades habituais se encontram isentas nos termos dos nºs 2), 6), 7), 8), 9), 10), 12), 13), 14) e 19) deste artigo, aquando de manifestações ocasionais destinadas à angariação de fundos em seu proveito exclusivo, desde que esta isenção não provoque distorções de concorrência;

21) As prestações de serviços fornecidas aos seus membros por grupos autónomos de pessoas que exerçam uma actividade isenta, desde que tais serviços sejam directamente necessários ao exercício da actividade e os grupos se limitem a exigir dos seus membros o reembolso exacto da parte que lhes incumbe nas despesas comuns, desde que, porém, esta isenção não seja susceptível de provocar distorções de concorrência;

22) Para efeitos do disposto no número anterior considera-se que os membros do grupo autónomo ainda exercem uma actividade isenta, desde que a percentagem de dedução determinada nos termos do artigo 23º não seja superior a 10%;

23) As prestações de serviços e as transmissões de bens conexas efectuadas pelos serviços públicos postais, com excepção das telecomunicações;

24) As transmissões, pelo seu valor facial, de selos do correio em circulação ou de valores selados, e bem assim as respectivas comissões de venda;

25) *(Revogado.)*

26) As prestações de serviços efectuadas por empresas funerárias e de cremação, bem como as transmissões de bens acessórias aos mesmos serviços;

27) As operações seguintes:

a) A concessão e a negociação de créditos, sob qualquer forma, compreendendo operações de desconto e redesconto, bem como a sua administração ou gestão efectuada por quem os concedeu;

b) A negociação e a prestação de fianças, avales, cauções e outras garantias, bem como a administração ou gestão de garantias de créditos efectuada por quem os concedeu;

c) As operações, compreendendo a negociação, relativas a depósitos de fundos, contas correntes, pagamentos, transferências, recebimentos, cheques, efeitos de comércio e afins, com excepção das operações de simples cobrança de dívidas;

d) As operações, incluindo a negociação, que tenham por objecto divisas, notas bancárias e moedas, que sejam meios legais de pagamento, com excepção das moedas e notas que não sejam normalmente utilizadas como tal, ou que tenham interesse numismático;

e) As operações e serviços, incluindo a negociação, mas com exclusão da simples guarda e administração ou gestão, relativos a acções, outras participações em sociedades ou associações, obrigações e demais títulos, com exclusão dos títulos representativos de mercadorias e dos títulos representativos de operações sobre bens imóveis quando efectuadas por um prazo inferior a 20 anos;

f) Os serviços e operações relativos à colocação, tomada e compra firmes de emissões de títulos públicos ou privados;

g) A administração ou gestão de fundos de investimento;

28) As operações de seguro e resseguro, bem como as prestações de serviços conexas efectuadas pelos corretores e intermediários de seguro;

29) A locação de bens imóveis. Esta isenção não abrange:

a) As prestações de serviços de alojamento, efectuadas no âmbito da actividade hoteleira ou de outras com funções análogas, incluindo parques de campismo;

b) A locação de áreas para recolha ou estacionamento colectivo de veículos;

c) A locação de máquinas e outros equipamentos de instalação fixa, bem como qualquer outra locação de bens imóveis de que resulte a transferência onerosa da exploração de estabelecimento comercial ou industrial;

d) A locação de cofres-fortes;

e) A locação de espaços para exposições ou publicidade;

30) As operações sujeitas a imposto municipal sobre as transmissões onerosas de imóveis;

31) A lotaria da Santa Casa da Misericórdia, as apostas mútuas, o bingo, os sorteios e as lotarias instantâneas devidamente autorizados, bem como as respectivas comissões e todas as actividades sujeitas a impostos especiais sobre o jogo;

32) As transmissões de bens afectos exclusivamente a uma actividade isenta, quando não tenham sido objecto do direito à dedução e bem assim as transmissões de bens cuja aquisição ou afectação tenha sido feita com exclusão do direito à dedução nos termos do nº 1 do artigo 21º;

33) (*Revogada*);

34) As prestações de serviços efectuadas por cooperativas que, não sendo de produção agrícola, desenvolvam uma actividade de prestação de serviços aos seus associados agricultores;

35) As prestações de serviços a seguir indicadas quando levadas a cabo por organismos sem finalidade lucrativa que sejam associações de cultura e recreio:

a) Cedência de bandas de música;

b) Sessões de teatro;

c) Ensino de *ballet* e de música;

36) Os serviços de alimentação e bebidas fornecidos pelas entidades patronais aos seus empregados;

37) As actividades das empresas públicas de rádio e televisão que não tenham carácter comercial.

(Redação dada pela Lei nº 42/2016, de 28-12)

Artigo 10º – Conceito de organismos sem finalidade lucrativa

Para efeitos de isenção, apenas são considerados como organismos sem finalidade lucrativa os que, simultaneamente:

a) Em caso algum distribuam lucros e os seus corpos gerentes não tenham, por si ou interposta pessoa, algum interesse directo ou indirecto nos resultados da exploração;

b) Disponham de escrituração que abranja todas as suas actividades e a ponham à disposição dos serviços fiscais, designadamente para comprovação do referido na alínea anterior;

c) Pratiquem preços homologados pelas autoridades públicas ou, para as operações não susceptíveis de homologação, preços inferiores aos exigidos para análogas operações pelas empresas comerciais sujeitas de imposto;

d) Não entrem em concorrência directa com sujeitos passivos do imposto.

Artigo 11º – Sujeição a imposto em caso de distorções da concorrência

O Ministro das Finanças pode determinar a sujeição a imposto de algumas das prestações de serviços referidas na alínea 34) do artigo 9º quando a isenção ocasione distorções significativas de concorrência.

(Redação dada pela Lei nº 66-B/2012, de 31-12)

Artigo 12º – Renúncia à isenção

1. Podem renunciar à isenção, optando pela aplicação do imposto às suas operações:

a) Os sujeitos passivos que efectuem as prestações de serviços referidas nos nºs 10) e 36) do artigo 9º;

b) Os sujeitos passivos referidos no nº 2) do artigo 9º, que não sejam pessoas coletivas de direito público, relativamente às prestações de serviços médicos e sanitários e operações com elas estreitamente conexas, que não decorram de acordos com o Estado, no âmbito do sistema de saúde, nos termos da respetiva lei de bases;

c) Os sujeitos passivos que efetuem prestações de serviços referidas na alínea 34) do artigo 9º

2. O direito de opção é exercido mediante a entrega, em qualquer serviço de finanças ou noutro local legalmente autorizado, da declaração de início ou de alterações, consoante os casos, produzindo efeitos a partir da data da sua apresentação.

3. Tendo exercido o direito de opção nos termos dos números anteriores, o sujeito passivo é obrigado a permanecer no regime por que optou durante um período de, pelo menos, cinco anos, devendo, findo tal prazo, no caso de desejar voltar ao regime de isenção:

a) Apresentar, durante o mês de Janeiro de um dos anos seguintes àquele em que se tiver completado o prazo do regime de opção, a declaração a que se refere o artigo 32º, a qual produz efeitos a partir de 1 de Janeiro do ano da sua apresentação;

b) Sujeitar a tributação as existências remanescentes e proceder, nos termos do nº 5 do artigo 24º, à regularização da dedução quanto a bens do activo imobilizado.

4. Os sujeitos passivos que procedam à locação de prédios urbanos ou fracções autónomas destes a outros sujeitos passivos, que os utilizem, total ou predominantemente, em actividades que conferem direito à dedução, podem renunciar à isenção prevista no nº 29) do artigo 9º

5. Os sujeitos passivos que efectuem a transmissão do direito de propriedade de prédios urbanos, fracções autónomas destes ou terrenos para construção a favor de outros sujeitos passivos, que os utilizem, total ou predominantemente, em actividades que conferem direito à dedução, podem renunciar à isenção prevista no nº 30) do artigo 9º

6. Os termos e as condições para a renúncia à isenção prevista nos nºs 4 e 5 são estabelecidos em legislação especial.

7. O direito à dedução do imposto, nestes casos, obedece às regras constantes dos artigos 19º e seguintes, salvo o disposto em normas regulamentares especiais.

(Redação dada pela Lei nº 7-A/2016, de 30-03)

SECÇÃO II – Isenções na importação

Artigo 13º – Isenções nas importações

1. Estão isentas do imposto:

a) As importações definitivas de bens cuja transmissão no território nacional seja isenta do imposto;

b) As importações das embarcações referidas na alínea *f)* do nº 1 do artigo 14º e dos objectos, incluindo o equipamento de pesca, nelas incorporados ou que sejam utilizados para a sua exploração;

c) As importações definitivas das aeronaves referidas na alínea *g)* do nº 1 do artigo 14º e dos objectos nelas incorporados ou que sejam utilizados para a sua exploração;

d) As importações de bens de abastecimento que, desde a entrada em território nacional até à chegada ao porto ou aeroporto nacionais de destino e durante a permanência nos mesmos pelo período normal necessário ao cumprimento das suas tarefas, sejam consumidos ou se encontrem a bordo das embarcações que efectuem navegação marítima internacional ou de aviões que efectuem navegação aérea internacional;

e) As importações, efectuadas por armadores de navios, do produto da pesca resultante das capturas por eles efectuadas que não tenha sido objecto de operações de transformação, não sendo consideradas como tais as destinadas a conservar os produtos para comercialização, se efectuadas antes da primeira transmissão dos mesmos;

f) As prestações de serviços conexas com a importação cujo valor esteja incluído no valor tributável das importações de bens a que se refiram, conforme o estabelecido na alínea *b)* do nº 2 do artigo 17º;

g) A reimportação de bens no estado em que foram exportados, por parte de quem os exportou, e que beneficiem de franquia aduaneira;

h) As importações de ouro efectuadas pelo Banco de Portugal;

i) As importações de gás, através de uma rede de gás natural ou de qualquer rede a ela ligada ou introduzidas por navio transportador de gás numa rede de gás natural ou numa rede de gasodutos a montante, de electricidade, e de calor ou de frio, através de redes de aquecimento ou de arrefecimento;

j) As importações de triciclos, cadeiras de rodas, com ou sem motor, automóveis ligeiros de passageiros ou mistos para uso próprio das pessoas com deficiência, de acordo com os condicionalismos previstos no Código do Imposto sobre Veículos, devendo o benefício ser requerido nos termos estabelecidos naquele Código.

2. Estão isentas do imposto as importações de bens efectuadas:

a) No âmbito de acordos e convénios internacionais de que Portugal seja parte, nas condições e limites acordados;

b) No âmbito das relações diplomáticas e consulares que beneficiem de franquia aduaneira;

c) Por organizações internacionais reconhecidas por Portugal, e pelos membros dessas organizações, nos limites e nas condições fixados nas convenções internacionais que instituíram as referidas organizações ou nos acordos de sede, incluindo os organismos aos quais seja aplicável o Protocolo de 8 de Abril de 1965, relativo aos Privilégios e Imunidades das Comunidades Europeias, nos limites e nas condições desse Protocolo, dos acordos relativos à sua aplicação ou dos acordos de sede, desde que daí não resultem distorções de concorrência;

d) No âmbito do Tratado do Atlântico Norte, pelas forças armadas dos outros Estados que são Partes no referido Tratado, para uso dessas forças armadas ou do elemento civil que as acompanha ou para o aprovisionamento das suas messes ou cantinas, quando as referidas forças se encontrem afectas ao esforço comum de defesa.

3. A isenção referida na alínea *d*) do nº 1 não é aplicável a:

a) Provisões de bordo que se encontrem nas seguintes embarcações:

I) As que estejam a ser desmanteladas ou utilizadas em fins diferentes da realização dos que são próprios da navegação marítima internacional, enquanto durarem tais circunstâncias;

II) As utilizadas como hotéis, restaurantes ou casinos flutuantes ou para fins semelhantes, durante a sua permanência num porto ou em águas territoriais ou interiores do território nacional;

III) As de recreio, durante a sua permanência num porto ou em águas territoriais ou interiores do território nacional;

IV) As de pesca costeira;

V) As de guerra com pavilhão português;

b) Combustíveis e carburantes que não sejam os contidos nos depósitos normais.

(Redação dada pelo Decreto-Lei nº 134/2010, de 27-12)

SECÇÃO III – Isenções na exportação, operações assimiladas a exportações e transportes internacionais

Artigo 14º – Isenções nas exportações, operações assimiladas e transportes internacionais

1. Estão isentas do imposto:

a) As transmissões de bens expedidos ou transportados para fora da Comunidade pelo vendedor ou por um terceiro por conta deste;

b) As transmissões de bens expedidos ou transportados para fora da Comunidade por um adquirente sem residência ou estabelecimento em território nacional ou por um terceiro por conta deste, ainda que, antes da sua expedição ou transporte, sofram no interior do País uma reparação, uma transformação, uma adaptação ou qualquer outro trabalho, efectuado por terceiros agindo por conta do adquirente, com excepção dos bens destinados ao equipamento ou abastecimento de barcos desportivos e de recreio, de aviões de turismo ou de qualquer outro meio de transporte de uso privado e dos bens transportados nas bagagens pessoais dos viajantes com domicílio ou residência habitual em outro Estado membro;

c) As prestações de serviços que consistam em trabalhos realizados sobre bens móveis, adquiridos ou importados para serem objecto de tais trabalhos em território nacional e em seguida expedidos ou transportados para fora da Comunidade por quem os prestou, pelo seu destinatário não estabelecido em território nacional ou por um terceiro por conta destes;

d) As transmissões de bens de abastecimento postos a bordo das embarcações afectas à navegação marítima em alto mar e que assegurem o transporte remunerado de passageiros ou o exercício de uma actividade comercial, industrial ou de pesca;

e) As transmissões de bens de abastecimento postos a bordo das embarcações de salvamento, assistência marítima e pesca costeira, com excepção, em relação a estas últimas, das provisões de bordo;

f) As transmissões, transformações, reparações, operações de manutenção, construção, frete e aluguer de embarcações afectas às actividades a que se referem as alíneas *d*) e *e*), assim como as transmissões, aluguer, reparação e conservação dos objectos, incluindo o equipamento de pesca, incorporados nas referidas embarcações ou que sejam utilizados para a sua exploração;

g) As transmissões, transformações, reparações e operações de manutenção, frete e aluguer de aeronaves utilizadas pelas companhias de navegação aérea que se dediquem principalmente ao tráfego internacional, assim como as transmissões, reparações, operações de manutenção e aluguer dos objectos incorporados nas mesmas aeronaves ou que sejam utilizados para a sua exploração;

h) As transmissões de bens de abastecimento postos a bordo das aeronaves referidas na alínea anterior;

i) As transmissões de bens de abastecimento postos a bordo das embarcações de guerra classificadas pelo código 8906 00 10 da Nomenclatura Combinada, quando deixem o país com destino a um porto ou ancoradouro situado no estrangeiro;

j) As prestações de serviços não mencionadas nas alíneas *f*) e *g*) do presente número, efectuadas com vista às necessidades directas das embarcações e aeronaves ali referidas e da respectiva carga;

l) As transmissões de bens e as prestações de serviços efectuadas no âmbito de relações diplomáticas e consulares, cuja isenção resulte de acordos e convénios internacionais celebrados por Portugal;

m) As transmissões de bens e as prestações de serviços destinadas a organizações internacionais reconhecidas por Portugal ou por qualquer outro Estado membro da

Comunidade Europeia, ou a membros dessas organizações, nos limites e nas condições fixados nas convenções internacionais que instituíram as referidas organizações ou nos acordos de sede, incluindo os organismos aos quais seja aplicável o Protocolo de 8 de Abril de 1965, relativo aos Privilégios e Imunidades das Comunidades Europeias, nos limites e nas condições desse Protocolo, dos acordos relativos à sua aplicação ou dos acordos de sede, desde que daí não resultem distorções de concorrência;

n) As transmissões de bens e as prestações de serviços efectuadas no âmbito do Tratado do Atlântico Norte às forças armadas dos outros Estados que são Partes no referido Tratado, para uso dessas forças armadas ou do elemento civil que as acompanha ou para o aprovisionamento das suas messes ou cantinas, quando as referidas forças se encontrem afectas ao esforço comum de defesa;

o) As transmissões de bens para organismos devidamente reconhecidos que os exportem para fora da Comunidade no âmbito das suas actividades humanitárias, caritativas ou educativas, mediante prévio reconhecimento do direito à isenção;

p) As prestações de serviços, incluindo os transportes e as operações acessórias, com excepção das referidas no artigo 9º deste diploma, que estejam directamente relacionadas com o regime de trânsito comunitário externo, o procedimento de trânsito comunitário interno, a exportação de bens para fora da Comunidade, a importação temporária com isenção total de direitos e a importação de bens destinados a um dos regimes ou locais a que se refere o nº 1 do artigo 15º;

q) As prestações de serviços, com excepção das referidas no artigo 9º deste diploma, que se relacionem com a expedição ou transporte de bens destinados a outros Estados membros, quando o adquirente dos serviços seja um sujeito passivo do imposto, dos referidos na alínea *a*) do nº 1 do artigo 2º, registado em imposto sobre o valor acrescentado e que tenha utilizado o respectivo número de identificação para efectuar a aquisição;

r) O transporte de pessoas provenientes ou com destino ao estrangeiro, bem como o das provenientes ou com destino às Regiões Autónomas, e ainda o transporte de pessoas efectuado entre as ilhas naquelas Regiões;

s) As prestações de serviços realizadas por intermediários que actuam em nome e por conta de outrem, quando intervenham em operações descritas no presente artigo ou em operações realizadas fora da Comunidade;

t) O transporte de mercadorias entre as ilhas que compõem as Regiões Autónomas dos Açores e da Madeira, bem como o transporte de mercadorias entre estas regiões e o continente, ou qualquer outro Estado membro, e vice-versa;

u) As transmissões para o Banco de Portugal de ouro em barra ou em outras formas não trabalhadas;

v) As transmissões de bens e as prestações de serviços destinadas às forças armadas de qualquer outro Estado que seja parte no Tratado do Atlântico Norte, que não seja o Estado membro da Comunidade Europeia para o qual os bens são expedidos ou os serviços prestados, para uso dessas forças armadas ou do elemento civil que as acompanham, ou para o aprovisionamento das respectivas messes ou cantinas, quando as referidas forças se encontrem afectas ao esforço comum de defesa.

2. As isenções referidas nas alíneas *d*), *e*) e *h*) do número anterior, no que se refere às transmissões de bebidas, efectivam-se através do exercício do direito à dedução ou da restituição do imposto, não se considerando, para o efeito, o disposto na alínea *d*) do nº 1 do artigo 21º

3. Para efeitos do estabelecido neste Código, entende-se por bens de abastecimento:

a) As provisões de bordo, sendo considerados como tais os produtos destinados exclusivamente ao consumo da tripulação e dos passageiros;

b) Os combustíveis, carburantes, lubrificantes e outros produtos destinados ao funcionamento das máquinas de propulsão e de outros aparelhos de uso técnico instalados a bordo;

c) Os produtos acessórios destinados à preparação, tratamento e conservação das mercadorias transportadas a bordo.

4. Para efeitos do presente artigo, é assimilado ao transporte de pessoas provenientes ou com destino ao estrangeiro o de pessoas com proveniência ou com destino às Regiões Autónomas e ainda o transporte de pessoas entre as ilhas das mesmas Regiões.

5. As isenções das alíneas *d*) e *f*) do nº 1 não se aplicam às operações aí referidas quando se destinem ou respeitem a barcos desportivos ou de recreio.

(Redação dada pelo Decreto-Lei nº 134/2010, de 27-12)

SECÇÃO IV – Outras isenções

Artigo 15º – Isenções nas operações relacionadas com regimes suspensivos

1. Estão isentas do imposto as operações a seguir indicadas, desde que os bens a que se referem não se destinem a utilização definitiva ou consumo final e enquanto estes se mantiverem nas respectivas situações:

a) As importações de bens que se destinem a ser colocados em regime de entreposto não aduaneiro;

b) As transmissões de bens que se destinem a ser:

i) Apresentados na alfândega e colocados eventualmente em depósito provisório;

ii) Colocados numa zona franca ou entreposto franco;

iii) Colocados em regime de entreposto aduaneiro ou de aperfeiçoamento activo;

iv) Incorporados para efeitos de construção, reparação, manutenção, transformação, equipamento ou abastecimento das plataformas de perfuração ou de exploração situadas em águas territoriais ou em trabalhos de ligação dessas plataformas ao continente;

v) Colocados em regime de entreposto não aduaneiro;

c) As prestações de serviços conexas com as transmissões a que se refere a alínea anterior;

d) As transmissões de bens e as prestações de serviços a eles directamente ligadas, efectuadas nos locais ou sob os regimes referidos na alínea *b*), enquanto se mantiverem numa das situações ali mencionadas;

e) As transmissões de bens efectuadas enquanto se mantiverem os regimes de importação temporária com isenção total de direitos ou de trânsito externo, ou o procedimento de trânsito comunitário interno, bem como as prestações de serviços conexas com tais transmissões.

2. As situações referidas nos nºs *i*), *ii*), *iii*) e *iv*) da alínea *b*) do nº 1 do presente artigo são as definidas nas disposições aduaneiras em vigor.

3. Para efeitos do disposto no nº *v*) da alínea *b*) do nº 1, consideram-se entrepostos não aduaneiros:

a) Os locais autorizados nos termos do artigo 21º do Código dos Impostos Especiais sobre o Consumo, relativamente aos bens sujeitos a impostos especiais de consumo;

b) Os locais autorizados de acordo com a legislação aplicável, relativamente aos bens não abrangidos pelo disposto na alínea anterior.

4. Tratando-se de bens não sujeitos a impostos especiais de consumo, previstos no Código dos Impostos Especiais sobre o Consumo, só pode ser concedida autorização para a colocação em regime de entreposto não aduaneiro a bens mencionados no anexo C ao presente Código que não se destinem a ser transmitidos no estádio do comércio a retalho e desde que o mesmo tipo de bens beneficie já do regime de entreposto aduaneiro, nos termos da legislação aplicável.

5. Não obstante o disposto no número anterior, podem beneficiar do regime de entreposto não aduaneiro os bens cuja transmissão se destine a ser efectuada:

a) Em balcões de venda situados no interior do aeroporto ou de uma gare marítima, a viajantes que se dirijam para outro Estado membro ou para um país terceiro;

b) A bordo de uma aeronave ou de um navio, durante um voo ou uma travessia marítima cujo local de chegada se situe noutro Estado membro ou fora do território da Comunidade;

c) Por um sujeito passivo, nos termos previstos nas alíneas *l*), *m*) e *n*) do nº 1 do artigo 14º

6. O imposto é devido e exigível à saída dos bens do regime de entreposto não aduaneiro a quem os faça sair, devendo o valor tributável incluir o valor das operações isentas, eventualmente realizadas enquanto os bens se mantiverem naquele regime.

7. O disposto nos números anteriores é igualmente aplicável às aquisições intracomunitárias de bens, efectuadas nos termos do Regime do IVA nas Transacções Intracomunitárias, quando os bens se destinem a ser colocados num dos regimes ou das situações referidos na alínea *b*) do nº 1.

8. São também isentas de imposto as transmissões de triciclos, cadeiras de rodas, com ou sem motor, automóveis ligeiros de passageiros ou mistos para uso próprio de pessoas com deficiência, de acordo com os condicionalismos previstos no Código do Imposto sobre Veículos, devendo o benefício ser requerido nos termos estabelecidos naquele Código.

9. Se os proprietários dos veículos adquiridos com a isenção conferida pelo número anterior ou importados com isenção ao abrigo da alínea *j*) do nº 1 do artigo 13º pretenderem proceder à sua alienação antes de decorridos cinco anos sobre a data de aquisição ou de importação, devem pagar, junto das entidades competentes para a cobrança do imposto sobre veículos, o imposto sobre o valor acrescentado correspondente ao preço de venda, que não pode ser inferior ao que resulta da aplicação ao preço do veículo novo à data de venda, com exclusão do IVA, das percentagens referidas no nº 2 do artigo 3º-A do Decreto-Lei nº 143/86, de 16 de Junho.

10. Estão isentas de imposto:

a) As transmissões de bens a título gratuito, para posterior distribuição a pessoas carenciadas, efetuadas ao Estado, a instituições particulares de solidariedade social e a organizações não-governamentais sem fins lucrativos;

b) As transmissões de livros a título gratuito efetuadas aos departamentos governamentais nas áreas da cultura e da educação, a instituições de caráter cultural e educativo, a centros educativos de reinserção social e a estabelecimentos prisionais;

c) As transmissões de bens a título gratuito efetuadas a entidades integradas na Rede Portuguesa de Museus e destinadas a integrar as respetivas coleções.

(Redação dada pela Lei nº 36/2016, de 21-11)

CAPÍTULO III – Valor tributável

SECÇÃO I – Valor tributável nas transacções internas

Artigo 16º – Valor tributável nas operações internas

1. Sem prejuízo do disposto nos nºs 2 e 10, o valor tributável das transmissões de bens e das prestações de serviços sujeitas a imposto é o valor da contraprestação obtida ou a obter do adquirente, do destinatário ou de um terceiro.

2. Nos casos das transmissões de bens e das prestações de serviços a seguir enumeradas, o valor tributável é:

a) Para as operações referidas na alínea *d*) do nº 3 do artigo 3º, o valor constante da factura a emitir nos termos da alínea *a*) do nº 1 do artigo 38º;

b) Para as operações referidas nas alíneas *f*) e *g*) do nº 3 do artigo 3º, o preço de aquisição dos bens ou de bens similares, ou, na sua falta, o preço de custo, reportados ao momento da realização das operações;

c) Para as operações referidas nas alíneas *a*) e *b*) do nº 2 do artigo 4º, o valor normal do serviço, definido no nº 4 do presente artigo;

d) Para as transmissões de bens e prestações de serviços resultantes de actos de autoridades públicas, a indemnização ou qualquer outra forma de compensação;

e) Para as transmissões de bens entre o comitente e o comissário ou entre o comissário e o comitente, respectivamente, o preço de venda acordado pelo comissário, diminuído da comissão, e o preço de compra acordado pelo comissário, aumentado da comissão;

f) Para as transmissões de bens em segunda mão, de objectos de arte, de colecção ou antiguidades, efectuadas de acordo com o disposto em legislação especial, a diferença, devidamente justificada, entre o preço de venda e o preço de compra;

g) Para as transmissões de bens resultantes de actos de arrematação ou venda judicial ou administrativa, de conciliação ou de contratos de transacção, o valor por que as arrematações ou vendas tiverem sido efectuadas ou, se for caso disso, o valor normal dos bens transmitidos;

h) Para as operações resultantes de um contrato de locação financeira, o valor da renda recebida ou a receber do locatário.

3. Nos casos em que a contraprestação não seja definida, no todo ou em parte, em dinheiro, o valor tributável é o montante recebido ou a receber, acrescido do valor normal dos bens ou serviços dados em troca.

4. Para efeitos do imposto sobre o valor acrescentado, entende-se por valor normal de um bem ou serviço:

a) O preço, aumentado dos elementos referidos no nº 5, na medida em que nele não estejam incluídos, que um adquirente ou destinatário, no estádio de comercialização em que é efectuada a operação e em condições normais de concorrência, teria de pagar a um fornecedor ou prestador independente, no tempo e lugar em que é efectuada a operação ou no tempo e lugar mais próximos, para obter o bem ou o serviço ou um bem ou serviço similar;

b) Na falta de bem similar, o valor normal não pode ser inferior ao preço de aquisição do bem ou, na sua falta, ao preço de custo, reportados ao momento em que a transmissão de bens se realiza;

c) Na falta de serviço similar, o valor normal não pode ser inferior ao custo suportado pelo sujeito passivo na execução da prestação de serviços.

5. O valor tributável das transmissões de bens e das prestações de serviços sujeitas a imposto, inclui:

a) Os impostos, direitos, taxas e outras imposições, com excepção do próprio imposto sobre o valor acrescentado;

b) As despesas acessórias debitadas, como sejam as respeitantes a comissões, embalagem, transporte, seguros e publicidade efectuadas por conta do cliente;

c) As subvenções directamente conexas com o preço de cada operação, considerando como tais as que são estabelecidas em função do número de unidades transmitidas ou do volume dos serviços prestados e sejam fixadas anteriormente à realização das operações.

6. Do valor tributável referido no número anterior são excluídos:

a) Os juros pelo pagamento diferido da contraprestação e as quantias recebidas a título de indemnização declarada judicialmente, por incumprimento total ou parcial de obrigações;

b) Os descontos, abatimentos e bónus concedidos;

c) As quantias pagas em nome e por conta do adquirente dos bens ou do destinatário dos serviços, registadas pelo sujeito passivo em contas de terceiros apropriadas;

d) As quantias respeitantes a embalagens, desde que as mesmas não tenham sido efetivamente transacionadas e da fatura constem os elementos referidos na parte final da alínea *b*) do nº 5 do artigo 36º

7. Em legislação especial é regulamentado o apuramento do imposto quando o valor tributável for determinado de harmonia com o disposto na alínea *f*) do nº 2.

8. Quando os elementos necessários à determinação do valor tributável sejam expressos em moeda diferente da moeda nacional, a taxa de câmbio a utilizar é a última divulgada pelo Banco Central Europeu ou a de venda praticada por qualquer banco estabelecido no território nacional.

9. Para os efeitos previstos no número anterior, os sujeitos passivos podem ainda optar entre considerar a taxa do dia em que se verificou a exigibilidade do imposto ou a do 1º dia útil do respectivo mês.

10. O disposto no nº 1 não tem aplicação nas transmissões de bens ou prestações de serviços efectuadas por sujeitos passivos que tenham relações especiais, nos termos do nº 4 do artigo 63º do Código do IRC, com os respectivos adquirentes ou destinatários, independentemente de estes serem ou não sujeitos passivos, caso em que o valor tributável é o valor normal determinado nos termos do nº 4, quando se verifique qualquer uma das seguintes situações:

a) A contraprestação seja inferior ao valor normal e o adquirente ou destinatário não tenha direito a deduzir integralmente o imposto;

b) A contraprestação seja inferior ao valor normal e o transmitente dos bens ou o prestador dos serviços não tenha direito a deduzir integralmente o imposto e a operação esteja isenta ao abrigo do artigo 9º;

c) A contraprestação seja superior ao valor normal e o transmitente dos bens ou o prestador dos serviços não tenha direito a deduzir integralmente o IVA.

11. A derrogação prevista no número anterior não será aplicada sempre que seja feita prova de que a diferença entre a contraprestação e o valor normal não se deve à existência de uma relação especial entre o sujeito passivo e o adquirente dos bens ou serviços.

12. Para efeitos do nº 10, consideram-se ainda relações especiais as relações estabelecidas entre um empregador e um empregado, a família deste ou qualquer pessoa com ele estreitamente relacionada.

13. Em relação a vales de finalidade múltipla, sem prejuízo do disposto no nº 1, o valor tributável da transmissão de bens ou prestação de serviços a que o vale diz respeito é constituído pela contraprestação paga, quando da cessão do vale, pelo adquirente, pelo destinatário ou por um terceiro em seu lugar, deduzido do montante do imposto devido por essa transmissão de bens ou prestação de serviços.

14. Quando o transmitente dos bens ou prestador dos serviços não tenha sido o próprio cedente do vale de finalidade múltipla e não lhe seja possível aceder a informação segura acerca da contraprestação referida no número anterior, sem prejuízo do disposto no nº 1, o valor tributável da transmissão de bens ou prestação de serviços a que o vale diz respeito é constituído pelo valor monetário indicado no próprio vale ou resultante de informação contratual relacionada, deduzido do montante do imposto devido por essa transmissão de bens ou prestação de serviços.

15. No caso previsto no número anterior, não havendo indicação no próprio vale do respetivo valor monetário, nem resultando este de informação contratual relacionada, o valor tributável da transmissão de bens ou prestação de serviços a que o vale diz respeito é determinado nos termos do nº 4.

(Redação dada pela Lei nº 71/2018, de 31-12)

SECÇÃO II – Valor tributável na importação de bens

Artigo 17º – Valor tributável nas importações

1. O valor tributável dos bens importados é constituído pelo valor aduaneiro, determinado de harmonia com as disposições comunitárias em vigor.

2. O valor tributável dos bens importados inclui, na medida em que nele não estejam compreendidos:

a) Os impostos, direitos aduaneiros, taxas e demais encargos devidos antes ou em virtude da própria importação, com exclusão do imposto sobre o valor acrescentado;

b) As despesas acessórias, tais como despesas de comissões, embalagem, transportes e seguros, verificadas até ao primeiro lugar de destino dos bens em território nacional, ou outro lugar de destino no território da Comunidade se este for conhecido no momento em que ocorre o facto gerador na importação, com exclusão das despesas de transporte a que se refere a alínea *t*) do nº 1 do artigo 14º;

c) O valor das operações referidas na alínea *p*) do nº 1 do artigo 14º e nas alíneas *b*) a *e*) do nº 1 do artigo 15º

3. Considera-se lugar de destino aquele que se encontre documentalmente comprovado perante os serviços aduaneiros ou, na falta dessa indicação, o lugar em que ocorra a primeira ruptura de carga, se esta se efectuar no interior do país, ou, caso tal não se verifique, o lugar da importação.

4. Do valor tributável dos bens importados são excluídas as reduções de preço resultantes do desconto por pagamento antecipado e os descontos concedidos ao adquirente ou ao destinatário no momento em que a operação se realiza e que figurem separadamente na factura.

5. Nos casos de reimportação de bens exportados temporariamente para fora do território da Comunidade e que aí tenham sido objecto de trabalhos de reparação, transformação ou complemento de fabrico, o valor tributável é o que corresponder à operação efectuada, determinado de harmonia com o disposto nos números anteriores.

6. Sempre que os elementos utilizados na determinação do valor tributável na importação não sejam expressos em moeda nacional, a taxa de câmbio é determinada de harmonia com as disposições comunitárias em vigor para o cálculo do valor aduaneiro.

CAPÍTULO IV – Taxas

Artigo 18º – Taxas do imposto

1. As taxas do imposto são as seguintes:

a) Para as importações, transmissões de bens e prestações de serviços constantes da lista I anexa a este diploma, a taxa de 6%;

b) Para as importações, transmissões de bens e prestações de serviços constantes da lista II anexa a este diploma, a taxa de 13%;

c) Para as restantes importações, transmissões de bens e prestações de serviços, a taxa de 23%.

2. Estão sujeitas à taxa a que se refere a alínea *a*) do nº 1 as importações e transmissões de objectos de arte previstas em legislação especial.

3. As taxas a que se referem as alíneas *a*), *b*) e *c*) do nº 1 são, respetivamente, de:

a) 4%, 9% e 18%, relativamente às operações que, de acordo com a legislação especial, se considerem efetuadas na Região Autónoma dos Açores;

b) 5%, 12% e 22%, relativamente às operações que, de acordo com a legislação especial, se considerem efetuadas na Região Autónoma da Madeira.

4. Nas transmissões de bens constituídos pelo agrupamento de várias mercadorias, formando um produto comercial distinto, aplicam-se as seguintes taxas:

a) Quando as mercadorias que compõem a unidade de venda não sofram alterações da sua natureza nem percam a sua individualidade, a taxa aplicável ao valor global das mercadorias é a que lhes corresponder ou, se lhes couberem taxas diferentes, a mais elevada;

b) Quando as mercadorias que compõem a unidade de venda sofram alterações da sua natureza e qualidade ou percam a sua individualidade, a taxa aplicável ao conjunto é a que, como tal, lhe corresponder.

5. Nas prestações de serviços respeitantes a contratos de locação financeira, o imposto é aplicado com a mesma taxa que seria aplicável no caso de transmissão dos bens dados em locação financeira.

6. A taxa aplicável às prestações de serviços a que se refere a alínea *c*) do nº 2 do artigo 4º é a mesma que seria aplicável no caso de transmissão de bens obtidos após a execução da empreitada.

7. Sem prejuízo do disposto na verba 2.1. da Lista I anexa ao presente Código, às prestações de serviços por via eletrónica, nomeadamente as descritas no anexo D, aplica-se a taxa referida na alínea *c*) do nº 1.

8. Quando não isentas, ao abrigo do artigo 13º ou de outros diplomas, às importações de mercadorias que sejam objecto de pequenas remessas enviadas a particulares ou que sejam contidas nas bagagens pessoais dos viajantes, sujeitas ao direito aduaneiro forfetário previsto nas disposições preliminares da Pauta Aduaneira Comum, aplica-se a taxa referida na alínea *c*) do nº 1, independentemente da sua natureza.

9. A taxa aplicável é a que vigora no momento em que o imposto se torna exigível. *(Redação dada pela Lei nº 71/2018, de 31-12)*

CAPÍTULO V – Liquidação e pagamento do imposto

SECÇÃO I – Deduções

Artigo 19º – Direito à dedução

1. Para apuramento do imposto devido, os sujeitos passivos deduzem, nos termos dos artigos seguintes, ao imposto incidente sobre as operações tributáveis que efectuaram:

a) O imposto devido ou pago pela aquisição de bens e serviços a outros sujeitos passivos;

b) O imposto devido pela importação de bens;

c) O imposto pago pelas aquisições de bens ou serviços abrangidas pelas alíneas *e*), *h*), *i*), *j*) e *l*) do nº 1 do artigo 2º;

d) O imposto pago como destinatário de operações tributáveis efectuadas por sujeitos passivos estabelecidos no estrangeiro, quando estes não tenham no território nacional um representante legalmente acreditado e não tenham facturado o imposto;

e) O imposto pago pelo sujeito passivo à saída dos bens de um regime de entreposto não aduaneiro, de acordo com o nº 6 do artigo 15º

2. Só confere direito a dedução o imposto mencionado nos seguintes documentos, em nome e na posse do sujeito passivo:

a) Em faturas passadas na forma legal;

b) No recibo de pagamento do IVA que faz parte das declarações de importação, bem como em documentos emitidos por via eletrónica pela Autoridade Tributária e Aduaneira, nos cuais constem o número e a data do movimento de caixa;

c) Nos recibos emitidos a sujeitos passivos enquadrados no «regime de IVA de caixa», passados na forma legal prevista neste regime.

3. Não pode deduzir-se imposto que resulte de operação simulada ou em que seja simulado o preço constante da fatura.

4. Não pode igualmente deduzir-se o imposto que resulte de operações em que o transmitente dos bens ou prestador dos serviços não entregar nos cofres do Estado o imposto liquidado, quando o sujeito passivo tenha ou devesse ter conhecimento de que o transmitente dos bens ou prestador de serviços não dispõe de adequada estrutura empresarial susceptível de exercer a actividade declarada.

5. No caso de faturas emitidas pelos próprios adquirentes dos bens ou serviços, o exercício do direito à dedução fica condicionado à verificação das condições previstas no nº 11 do artigo 36º

6. Para efeitos do exercício do direito à dedução, consideram-se passadas na forma legal as faturas que contenham os elementos previstos nos artigos 36º ou 40º, consoante os casos.

7. Não pode deduzir-se o imposto relativo a bens imóveis afectos à empresa, na parte em que esses bens sejam destinados a uso próprio do titular da empresa, do seu pessoal ou, em geral, a fins alheios à mesma.

8. Nos casos em que a obrigação de liquidação e pagamento do imposto compete ao adquirente dos bens e serviços, apenas confere direito a dedução o imposto que for liquidado por força dessa obrigação.

(Redação dada pelo Decreto-Lei nº 71/2013, de 30-05)

Artigo 20º – Operações que conferem o direito à dedução

1. Só pode deduzir-se o imposto que tenha incidido sobre bens ou serviços adquiridos, importados ou utilizados pelo sujeito passivo para a realização das operações seguintes:

a) Transmissões de bens e prestações de serviços sujeitas a imposto e dele não isentas;

b) Transmissões de bens e prestações de serviços que consistam em:

I) Exportações e operações isentas nos termos do artigo 14º;

II) Operações efectuadas no estrangeiro que seriam tributáveis se fossem efectuadas no território nacional;

III) Prestações de serviços cujo valor esteja incluído na base tributável de bens importados, nos termos da alínea *b*) do nº 2 do artigo 17º;

IV) Transmissões de bens e prestações de serviços abrangidas pelas alíneas *b*), *c*), *d*) e *e*) do nº 1 e pelos nºs 8 e 10 do artigo 15º;

V) Operações isentas nos termos dos nºs 27) e 28) do artigo 9º, quando o destinatário esteja estabelecido ou domiciliado fora da Comunidade Europeia ou que estejam directamente ligadas a bens, que se destinam a ser exportados para países não pertencentes à mesma Comunidade;

VI) Operações isentas nos termos do artigo 7º do Decreto-Lei nº 394-B/84, de 26 de Dezembro.

2. Não confere, porém, direito à dedução o imposto respeitante a operações que dêem lugar aos pagamentos referidos na alínea *c*) do nº 6 do artigo 16º

Artigo 21º – Exclusões do direito à dedução

1. Exclui-se, todavia, do direito à dedução o imposto contido nas seguintes despesas:

a) Despesas relativas à aquisição, fabrico ou importação, à locação, à utilização, à transformação e reparação de viaturas de turismo, de barcos de recreio, helicópteros, aviões, motos e motociclos. É considerado viatura de turismo qualquer veículo automóvel, com inclusão do reboque, que, pelo seu tipo de construção e equipamento, não seja destinado unicamente ao transporte de mercadorias ou a uma utilização com carácter agrícola, comercial ou industrial ou que, sendo misto ou de transporte de passageiros, não tenha mais de nove lugares, com inclusão do condutor;

b) Despesas respeitantes a combustíveis normalmente utilizáveis em viaturas automóveis, com excepção das aquisições de gasóleo, de gases de petróleo liquefeitos (GPL), gás natural e biocombustíveis, cujo imposto é dedutível na proporção de 50%, a menos que se trate dos bens a seguir indicados, caso em que o imposto relativo aos consumos de gasóleo, GPL, gás natural e biocombustíveis é totalmente dedutível:

i) Veículos pesados de passageiros;

ii) Veículos licenciados para transportes públicos, exceptuando-se os *rent-a-car*;

iii) Máquinas consumidoras de gasóleo, GPL, gás natural ou biocombustíveis, bem como as máquinas que possuam matrícula atribuída pelas autoridades competentes, desde que, em qualquer dos casos, não sejam veículos matriculados;

iv) Tractores com emprego exclusivo ou predominante na realização de operações culturais inerentes à actividade agrícola;

v) Veículos de transporte de mercadorias com peso superior a 3500 kg;

c) Despesas de transportes e viagens de negócios do sujeito passivo do imposto e do seu pessoal, incluindo as portagens;

d) Despesas respeitantes a alojamento, alimentação, bebidas e tabacos e despesas de recepção, incluindo as relativas ao acolhimento de pessoas estranhas à empresa e as despesas relativas a imóveis ou parte de imóveis e seu equipamento, destinados principalmente a tais recepções;

e) Despesas de divertimento e de luxo, sendo consideradas como tal as que, pela sua natureza ou pelo seu montante, não constituam despesas normais de exploração.

2. Não se verifica, contudo, a exclusão do direito à dedução nos seguintes casos:

a) Despesas mencionadas na alínea *a*) do número anterior, quando respeitem a bens cuja venda ou exploração constitua objecto de actividade do sujeito passivo, sem prejuízo do disposto na alínea *b*) do mesmo número, relativamente a combustíveis que não sejam adquiridos para revenda;

b) Despesas relativas a fornecimento ao pessoal da empresa, pelo próprio sujeito passivo, de alojamento, refeições, alimentação e bebidas, em cantinas, economatos, dormitórios e similares;

c) Despesas mencionadas nas alíneas *a*) a *d*) do número anterior, quando efectuadas por um sujeito passivo do imposto agindo em nome próprio mas por conta de um terceiro, desde que a este sejam debitadas com vista a obter o respectivo reembolso;

d) Despesas mencionadas nas alíneas *c*) e *d*), com excepção de tabacos, ambas do número anterior, efectuadas para as necessidades directas dos participantes, relativas à organização de congressos, feiras, exposições, seminários, conferências e similares, quando resultem de contratos celebrados directamente com o prestador de serviços ou através de entidades legalmente habilitadas para o efeito e comprovadamente contribuam para a realização de operações tributáveis, cujo imposto é dedutível na proporção de 50%;

e) Despesas mencionadas na alínea *c*) e despesas de alojamento, alimentação e bebidas previstas na alínea *d*), ambas do número anterior, relativas à participação em congressos, feiras, exposições, seminários, conferências e similares, quando resultem de contratos celebrados directamente com as entidades organizadoras dos eventos e comprovadamente contribuam para a realização de operações tributáveis, cujo imposto é dedutível na proporção de 25%;

f) Despesas relativas à aquisição, fabrico ou importação, à locação e à transformação em viaturas elétricas ou híbridas *plug-in*, de viaturas ligeiras de passageiros ou mistas elétricas ou híbridas *plug-in*, quando consideradas viaturas de turismo, cujo custo de aquisição não exceda o definido na portaria a que se refere a alínea *e*) do nº 1 do artigo 34º do Código do IRC;

g) Despesas relativas à aquisição, fabrico ou importação, à locação e à transformação em viaturas movidas a GPL ou a GNV, de viaturas ligeiras de passageiros ou mistas movidas a GPL ou a GNV, quando consideradas viaturas de turismo, cujo custo de aquisição não exceda o definido na portaria a que se refere a alínea *e*) do nº 1 do artigo 34º do Código do IRC, na proporção de 50%.

3. Não conferem também direito à dedução do imposto as aquisições de bens referidos na alínea *f*) do nº 2 do artigo 16º, quando o valor da sua transmissão posterior, de acordo com legislação especial, for a diferença entre o preço de venda e o preço de compra.

(Redação dada pela Lei nº 82-D/2014, de 31-12)

Artigo 22º – Momento e modalidades do exercício do direito à dedução

1. O direito à dedução nasce no momento em que o imposto dedutível se torna exigível, de acordo com o estabelecido pelos artigos 7º e 8º, efectuando-se mediante subtracção ao montante global do imposto devido pelas operações tributáveis do sujeito passivo, durante um período de declaração, do montante do imposto dedutível, exigível durante o mesmo período.

2. Sem prejuízo do disposto no artigo 78º, a dedução deve ser efetuada na declaração do período ou de período posterior àquele em que se tiver verificado a receção das faturas ou de recibo de pagamento do IVA que fizer parte das declarações de importação.

3. Se a recepção dos documentos referidos no número anterior tiver lugar em período de declaração diferente do da respectiva emissão, pode a dedução efectuar-se, se ainda for possível, no período de declaração em que aquela emissão teve lugar.

4. Sempre que a dedução de imposto a que haja lugar supere o montante devido pelas operações tributáveis, no período correspondente, o excesso é deduzido nos períodos de imposto seguintes.

5. Se, passados 12 meses relativos ao período em que se iniciou o excesso, persistir crédito a favor do sujeito passivo superior a € 250, este pode solicitar o seu reembolso.

6. Não obstante o disposto no número anterior, o sujeito passivo pode solicitar o reembolso antes do fim do período de 12 meses quando se verifique a cessação de actividade ou passe a enquadrar-se no disposto nos nºs 3 e 4 do artigo 29º, 1 do artigo 54º ou 1 do artigo 61º, desde que o valor do reembolso seja igual ou superior a € 25, bem como quando o crédito a seu favor exceder € 3000.

7. Em qualquer caso, a Autoridade Tributária e Aduaneira pode exigir, quando a quantia a reembolsar exceder € 30 000, caução, fiança bancária ou outra garantia adequada, que determina a suspensão do prazo de contagem dos juros indemnizatórios referidos no número seguinte, até à prestação da mesma, a qual deve ser mantida pelo prazo de seis meses.

8. Os reembolsos de imposto, quando devidos, devem ser efetuados pela Autoridade Tributária e Aduaneira até ao fim do 2º mês seguinte ao da apresentação do pedido ou, no caso de sujeitos passivos que estejam inscritos no regime de reembolso mensal, até aos 30 dias posteriores ao da apresentação do referido pedido, findo os quais podem os sujeitos passivos solicitar a liquidação de juros indemnizatórios nos termos do artigo 43º da lei geral tributária.

9. O Ministro das Finanças pode autorizar a Autoridade Tributária e Aduaneira a efetuar reembolsos em condições diferentes das estabelecidas nos números anteriores relativamente a sectores de atividade cujo volume de negócios seja constituído essencialmente por operações previstas na alínea *b*) do nº 1 do artigo 20º ou relativamente às quais a obrigação de liquidação do imposto seja de responsabilidade do adquirente.

10. O Ministro das Finanças pode estabelecer, por despacho, de acordo com os critérios previstos no artigo 85º, a obrigatoriedade de os sujeitos passivos apresentarem, juntamente com o pedido de reembolso, documentos ou informações relativos às operações que determinaram aquele pedido, sob pena de o reembolso não se considerar devido para efeitos do nº 8.

11. Os pedidos de reembolso são indeferidos quando não forem facultados pelo sujeito passivo elementos que permitam aferir da legitimidade do reembolso, bem como quando o imposto dedutível for referente a um sujeito passivo com número de identificação fiscal inexistente ou inválido ou que tenha suspenso ou cessado a sua actividade no período a que se refere o reembolso.

12. A não apresentação da garantia, quando solicitada, determina a suspensão do prazo estabelecido no nº 1 do artigo 45º da lei geral tributária.

13. Da decisão referida no nº 11 cabe recurso hierárquico, reclamação ou impugnação judicial, nos termos previstos no artigo 93º

14. A inscrição no regime de reembolso mensal a que se refere o nº 8 é efetuada a pedido do sujeito passivo, por transmissão eletrónica de dados através do sítio eletrónico da Autoridade Tributária e Aduaneira, até ao final do mês de novembro do ano anterior àquele em que se destina a produzir efeitos, devendo os termos e as condições de acesso ser definidos por despacho normativo do Ministro das Finanças.

15. Os sujeitos passivos inscritos no registo de reembolso mensal ficam abrangidos pelo regime de periodicidade mensal nos termos previstos no artigo 41º, estando obrigados a permanecer neste registo durante um ano.

16. O incumprimento de algum dos requisitos estabelecidos no despacho normativo do Ministro das Finanças ou a constatação da inexactidão ou falsidade da informação prestada para efeitos da inscrição no registo constitui causa de não aceitação da referida inscrição ou de exclusão do registo caso o sujeito passivo não supra o incumprimento no prazo de oito dias após a interpelação da administração tributária para o efeito.

17. A exclusão do registo produz efeitos desde o 1º dia do período de imposto em que a mesma se verificar e determina a não admissibilidade de inscrição durante os três anos seguintes.

(Redação dada pelo Decreto-Lei nº 197/2012, de 24-08)

Artigo 23º – Métodos de dedução relativa a bens de utilização mista

1. Quando o sujeito passivo, no exercício da sua actividade, efectuar operações que conferem direito a dedução e operações que não conferem esse direito, nos termos do artigo 20º, a dedução do imposto suportado na aquisição de bens e serviços que sejam utilizados na realização de ambos os tipos de operações é determinada do seguinte modo:

a) Tratando-se de um bem ou serviço parcialmente afecto à realização de operações não decorrentes do exercício de uma actividade económica prevista na alínea *a)* do nº 1 do artigo 2º, o imposto não dedutível em resultado dessa afectação parcial é determinado nos termos do nº 2;

b) Sem prejuízo do disposto na alínea anterior, tratando-se de um bem ou serviço afecto à realização de operações decorrentes do exercício de uma actividade económica prevista na alínea *a)* do nº 1 do artigo 2º, parte das quais não confira direito à dedução, o imposto é dedutível na percentagem correspondente ao montante anual das operações que dêem lugar a dedução.

2. Não obstante o disposto da alínea *b)* do número anterior, pode o sujeito passivo efectuar a dedução segundo a afectação real de todos ou parte dos bens e serviços utilizados, com base em critérios objectivos que permitam determinar o grau de utilização desses bens e serviços em operações que conferem direito a dedução e em operações que não conferem esse direito, sem prejuízo de a Direcção-Geral dos Impostos lhe vir a impor condições especiais ou a fazer cessar esse procedimento no caso de se verificar que provocam ou que podem provocar distorções significativas na tributação.

3. A administração fiscal pode obrigar o sujeito passivo a proceder de acordo com o disposto no número anterior:

a) Quando o sujeito passivo exerça actividades económicas distintas;

b) Quando a aplicação do processo referido no nº 1 conduza a distorções significativas na tributação.

4. A percentagem de dedução referida na alínea *b*) do nº 1 resulta de uma fracção que comporta, no numerador, o montante anual, imposto excluído, das operações que dão lugar a dedução nos termos do nº 1 do artigo 20º e, no denominador, o montante anual, imposto excluído, de todas as operações efectuadas pelo sujeito passivo decorrentes do exercício de uma actividade económica prevista na alínea *a*) do nº 1 do artigo 2º, bem como as subvenções não tributadas que não sejam subsídios ao equipamento.

5. No cálculo referido no número anterior não são, no entanto, incluídas as transmissões de bens do activo imobilizado que tenham sido utilizadas na actividade da empresa nem as operações imobiliárias ou financeiras que tenham um carácter acessório em relação à actividade exercida pelo sujeito passivo.

6. A percentagem de dedução referida na alínea *b*) do nº 1, calculada provisoriamente com base no montante das operações realizadas no ano anterior, assim como a dedução efectuada nos termos do nº 2, calculada provisoriamente com base nos critérios objectivos inicialmente utilizados para aplicação do método da afectação real, são corrigidas de acordo com os valores definitivos referentes ao ano a que se reportam, originando a correspondente regularização das deduções efectuadas, a qual deve constar da declaração do último período do ano a que respeita.

7. Os sujeitos passivos que iniciem a actividade ou a alterem substancialmente podem praticar a dedução do imposto com base numa percentagem provisória estimada, a inscrever nas declarações a que se referem os artigos 31º e 32º

8. Para determinação da percentagem de dedução, o quociente da fracção é arredondado para a centésima imediatamente superior.

9. Para efeitos do disposto neste artigo, pode o Ministro das Finanças, relativamente a determinadas actividades, considerar como inexistentes as operações que dêem lugar à dedução ou as que não confiram esse direito, sempre que as mesmas constituam uma parte insignificante do total do volume de negócios e não se mostre viável o procedimento previsto nos nºs 2 e 3.

Artigo 24º – Regularizações das deduções relativas a bens do activo imobilizado

1. São regularizadas anualmente as deduções efectuadas quanto a bens não imóveis do activo imobilizado se entre a percentagem definitiva a que se refere o artigo anterior aplicável no ano do início da utilização do bem e em cada um dos quatro anos civis posteriores e a que tiver sido apurada no ano de aquisição houver uma diferença, para mais ou para menos, igual ou superior a cinco pontos percentuais.

2. São também regularizadas anualmente as deduções efectuadas quanto às despesas de investimento em bens imóveis se entre a percentagem definitiva a que se refere o artigo anterior aplicável no ano de ocupação do bem e em cada um dos 19

anos civis posteriores e a que tiver sido apurada no ano da aquisição ou da conclusão das obras houver uma diferença, para mais ou para menos, igual ou superior a cinco pontos percentuais.

3. Para a regularização das deduções relativas a bens do activo imobilizado, a que se referem os números anteriores, procede-se do seguinte modo:

a) No final do ano em que se iniciou a utilização ou ocupação e de cada um dos 4 ou 19 anos civis seguintes àquele, consoante o caso, calcula-se o montante da dedução que teria lugar na hipótese de a aquisição ou conclusão das obras em bens imóveis se ter verificado no ano em consideração, de acordo com a percentagem definitiva desse mesmo ano;

b) O montante assim obtido é subtraído à dedução efectuada no ano em que teve lugar a aquisição ou ao somatório das deduções efectuadas até ao ano da conclusão das obras em bens imóveis;

c) A diferença positiva ou negativa divide-se por 5 ou por 20, conforme o caso, sendo o resultado a quantia a pagar ou a dedução complementar a efectuar no respectivo ano.

4. No caso de sujeitos passivos que determinem o direito à dedução nos termos do nº 2 do artigo 23º, a regularização das deduções relativas aos bens referidos nos nºs 1 e 2 tem lugar quando a diferença entre a afectação real do bem no ano do início da sua utilização e em cada um dos 4 ou 19 anos civis posteriores, respectivamente, representar uma alteração do IVA dedutível, para mais ou para menos, igual ou superior a € 250, sendo aplicável o método de cálculo previsto no número anterior, com as devidas adaptações.

5. Nos casos de transmissões de bens do activo imobilizado durante o período de regularização, esta é efectuada de uma só vez, pelo período ainda não decorrido, considerando-se que tais bens estão afectos a uma actividade totalmente tributada no ano em que se verifica a transmissão e nos restantes até ao esgotamento do prazo de regularização. Se, porém, a transmissão for isenta de imposto, nos termos dos nºs 30) ou 32) do artigo 9º, considera-se que os bens estão afectos a uma actividade não tributada, devendo no primeiro caso efectuar-se a regularização respectiva.

6. A regularização prevista no número anterior é também aplicável, considerando-se que os bens estão afectos a uma actividade não tributada, no caso de bens imóveis relativamente aos quais houve inicialmente lugar à dedução total ou parcial do imposto que onerou a respectiva construção, aquisição ou outras despesas de investimento com eles relacionadas, quando:

a) O sujeito passivo, devido a alteração da actividade exercida ou por imposição legal, passe a realizar exclusivamente operações isentas sem direito à dedução;

b) O sujeito passivo passe a realizar exclusivamente operações isentas sem direito à dedução, em virtude do disposto no nº 3 do artigo 12º ou nos nºs 3 e 4 do artigo 55º;

c) O imóvel passe a ser objecto de uma locação isenta nos termos do nº 29) do artigo 9º

7. As regularizações previstas nos nºs 3 e 4 não são aplicáveis aos bens do activo imobilizado de valor unitário inferior a € 2500 nem aos que, nos termos do Decreto Regulamentar nº 2/90, de 12 de Janeiro, tenham um período de vida útil inferior a cinco anos.

8. As regularizações previstas nos números anteriores deve constar da declaração do último período do ano a que respeita.

Artigo 25º – Regularizações relativas a bens do activo imobilizado por motivo de alteração da actividade ou imposição legal

1. Se, por motivo de alteração da actividade ou por imposição legal, os sujeitos passivos passarem a praticar operações sujeitas que conferem direito à dedução, podem ainda deduzir o imposto relativo aos bens do activo imobilizado, do seguinte modo:

a) Quando se trate de bens não imóveis adquiridos no ano da alteração do regime de tributação e nos quatro anos civis anteriores, o imposto dedutível é proporcional ao número de anos que faltem para completar o período de cinco anos a partir do ano em que iniciou a utilização dos bens;

b) No caso de bens imóveis adquiridos ou concluídos no ano da alteração do regime de tributação e nos 19 anos civis anteriores, o imposto dedutível é proporcional ao número de anos que faltem para completar o período de 20 anos a partir do ano da ocupação dos bens;

c) A dedução pode ser efectuada no período de imposto em que se verificar a alteração.

2. A dedução prevista no número anterior não é aplicável aos bens do activo imobilizado abrangidos pelo nº 7 do artigo 24º

3. O disposto nos números anteriores é igualmente aplicável aos sujeitos passivos que, utilizando o método de afectação real, afectem um bem do sector isento a um sector tributado, podendo a dedução ser efectuada no período em que ocorre essa afectação.

4. A regularização prevista na alínea *b*) do nº 1 é também aplicável quando, após uma locação isenta abrangida pela alínea *c*) do nº 6 do artigo 24º, o imóvel seja objecto de utilização pelo sujeito passivo exclusivamente no âmbito de operações que conferem direito à dedução.

5. A dedução a que se refere o presente artigo não é aplicável aos sujeitos passivos que, à data da alteração, se encontrassem no regime especial de isenção do artigo 53º

Artigo 26º – Regularizações das deduções relativas a imóveis não utilizados em fins empresariais

1. A não utilização em fins da empresa de bens imóveis relativamente aos quais houve dedução do imposto durante 1 ou mais anos civis completos após o início do período de 19 anos referido no nº 2 do artigo 24º dá lugar à regularização anual de 1/20 da dedução efectuada, que deve constar da declaração do último período do ano a que respeita.

2. A regularização anual prevista no número anterior é também aplicável no caso de bens imóveis relativamente aos quais houve inicialmente lugar à dedução total ou parcial do imposto que onerou a respectiva construção, aquisição ou outras despesas de investimento com eles relacionadas, quando tais bens sejam afectos a uma das utilizações referidas na alínea *d*) do nº 1 do artigo 21º

3. No caso de cessação da actividade durante o período de regularização, esta é efectuada nos termos do nº 5 do artigo 24º

SECÇÃO II – Pagamento do imposto

Artigo 27º – Pagamento do imposto apurado pelo sujeito passivo

1. Sem prejuízo do disposto no regime especial referido nos artigos 60º e seguintes, os sujeitos passivos são obrigados a entregar o montante do imposto exigível, apurado nos termos dos artigos 19º a 26º e 78º, nos locais de cobrança legalmente autorizados, nos seguintes prazos:

a) Até ao dia 15 do 2º mês seguinte àquele a que respeitam as operações, no caso de sujeitos passivos abrangidos pela alínea *a*) do nº 1 do artigo 41º;

b) Até ao dia 20 do 2º mês seguinte ao trimestre do ano civil a que respeitam as operações, no caso de sujeitos passivos abrangidos pela alínea *b*) do nº 1 do artigo 41º.

2. As pessoas referidas na alínea *c*) do nº 1 do artigo 2º, bem como as que pratiquem uma só operação tributável nas condições referidas na alínea *a*) da mesma disposição, devem entregar nos locais de cobrança legalmente autorizados o correspondente imposto nos prazos de, respetivamente, 15 dias a contar da emissão da fatura e até ao final do mês seguinte ao da conclusão da operação.

3. Os sujeitos passivos abrangidos pelas alíneas *e*), *g*) e *h*) do nº 1 do artigo 2º, que não estejam obrigados à apresentação da declaração periódica nos termos do artigo 41º, devem enviar, por transmissão electrónica de dados, a declaração correspondente às operações tributáveis realizadas e efectuar o pagamento do respectivo imposto, nos locais de cobrança legalmente autorizados, até ao final do mês seguinte àquele em que se torna exigível.

4. *(Revogado.)*

5. A obrigação a que se refere o nº 3 só se verifica relativamente aos períodos em que haja operações tributáveis.

6. Quando o valor do imposto apurado pelo sujeito passivo na declaração periódica apresentada nos termos do nº 1 do artigo 41º for superior ao montante do respetivo meio de pagamento, é extraída, pela Autoridade Tributária e Aduaneira, certidão de dívida, pela diferença entre o valor apurado e o valor do respetivo meio de pagamento, ou pela totalidade do valor declarado no caso da falta do meio de pagamento, nos termos e para os efeitos do disposto no artigo 88º do Código de Procedimento e de Processo Tributário.

7. Quando a saída dos bens do regime de entreposto não aduaneiro, a que se refere o nº 6 do artigo 15º, for efectuada por uma pessoa que não esteja obrigada à apresentação da declaração prevista no artigo 41º, o imposto deve ser entregue em qualquer serviço de finanças, no prazo previsto no nº 3.

8. Os sujeitos passivos podem optar pelo pagamento do imposto devido pelas importações de bens nos termos do nº 1, desde que:

a) Se encontrem abrangidos pelo regime de periodicidade mensal previsto na alínea *a*) do nº 1 do artigo 41º;

b) Tenham a situação fiscal regularizada;

c) Pratiquem exclusivamente operações sujeitas e não isentas ou isentas com direito à dedução, sem prejuízo da realização de operações imobiliárias ou financeiras que tenham caráter meramente acessório;

d) *(Revogada.)*

9. A forma e prazo de exercício da opção prevista no número anterior são reguladas por portaria do membro do Governo responsável pela área das finanças.

(Redação dada pela Lei nº 119/2019, de 18-09)

Artigo 28º – Pagamento do imposto liquidado pela administração

1. Sempre que se proceda à liquidação do imposto ou de juros compensatórios por iniciativa dos serviços, sem prejuízo do disposto no artigo 88º, é o sujeito passivo notificado para efectuar o respectivo pagamento nos locais de cobrança legalmente autorizados, no prazo referido na notificação, não podendo este ser inferior a 30 dias a contar dessa notificação.

2. No caso previsto no número anterior e na falta do pagamento no prazo aí estabelecido, é extraída, pela Direcção-Geral dos Impostos, certidão de dívida nos termos e para os efeitos do disposto no artigo 88º do Código de Procedimento e de Processo Tributário.

3. Sem prejuízo do disposto no nº 8 do artigo anterior, o pagamento do imposto devido pelas importações de bens é efetuado junto dos serviços aduaneiros competentes, de acordo com as regras previstas na regulamentação comunitária aplicável aos direitos de importação, salvo nas situações em que, mediante a prestação de garantia, seja concedido o diferimento do pagamento, caso em que este é efetuado:

a) No prazo de 60 dias contados da data do registo de liquidação, quando o diferimento for concedido isoladamente para cada montante de imposto objecto daquele registo;

b) Até ao 15º dia do 2º mês seguinte aos períodos de globalização do registo de liquidação ou do pagamento previstos na regulamentação aduaneira aplicável.

4. Sem prejuízo do disposto no número anterior e pelos prazos nele previstos, é concedido o diferimento do pagamento do IVA, mediante a prestação de uma garantia específica de montante correspondente a 20% do imposto devido, nos termos da legislação aplicável.

5. O imposto relativo às transmissões de bens resultantes de actos de arrematação, venda judicial ou administrativa, conciliação ou de contratos de transacção é liquidado no momento em que for efectuado o pagamento ou, se este for parcial, no do primeiro pagamento das custas, emolumentos ou outros encargos devidos. A liquidação é efectuada mediante aplicação da respectiva taxa ao valor tributável, determinado nos termos da alínea *g*) do nº 2 do artigo 16º

6. O imposto devido nos termos do nº 10 do artigo 7º é pago, simultaneamente com o imposto sobre veículos, junto das entidades competentes para a respectiva cobrança.

7. O imposto calculado nos termos dos nºs 3 a 5 é incluído, pelos serviços respectivos, com a correspondente classificação orçamental, nas primeiras guias de receita que forem processadas, quer para pagamento dos direitos de importação, quando devidos, ou do imposto sobre veículos, quer para pagamento do preço da arrematação, venda ou adjudicação, ou para pagamento das custas, emolumentos ou outros encargos devidos, quando não houver preço.

8. A prestação e utilização da garantia prevista no nº 4 obedece às regras a estabelecer em portaria do membro do Governo responsável pela área das finanças.

9. Em caso de incumprimento, e independentemente da instauração de processo de execução fiscal nos termos da lei, é retirada ao devedor a faculdade de utilização da garantia referida no nº 4, durante o período de um ano, sem prejuízo da possibilidade de recorrer às garantias previstas no nº 3.

(Redação dada pela Lei nº 42/2016, de 28-12)

SECÇÃO III – Outras obrigações dos contribuintes

Artigo 29º – Obrigações em geral

1. Para além da obrigação do pagamento do imposto, os sujeitos passivos referidos na alínea *a*) do nº 1 do artigo 2º devem, sem prejuízo do previsto em disposições especiais:

a) Entregar, segundo as modalidades e formas prescritas na lei, uma declaração de início, de alteração ou de cessação da sua actividade;

b) Emitir obrigatoriamente uma fatura por cada transmissão de bens ou prestação de serviços, tal como vêm definidas nos artigos 3º e 4º, independentemente da qualidade do adquirente dos bens ou destinatário dos serviços, ainda que estes não a solicitem, bem como pelos pagamentos que lhes sejam efetuados antes da data da transmissão de bens ou da prestação de serviços;

c) Enviar mensalmente uma declaração relativa às operações efectuadas no exercício da sua actividade no decurso do segundo mês precedente, com a indicação do imposto devido ou do crédito existente e dos elementos que serviram de base ao respectivo cálculo;

d) Entregar uma declaração de informação contabilística e fiscal e anexos respeitantes à aplicação do Decreto-Lei nº 347/85, de 23 de Agosto, e dos regimes especiais previstos em legislação complementar a este diploma, relativos às operações efectuadas no ano anterior, os quais fazem parte integrante da declaração anual a que se referem os Códigos do IRC e do IRS;

e) Entregar um mapa recapitulativo com identificação dos sujeitos passivos seus clientes, donde conste o montante total das operações internas realizadas com cada um deles no ano anterior, desde que superior a € 25 000, o qual é parte integrante da declaração anual a que se referem os Códigos do IRS e do IRC;

f) Entregar um mapa recapitulativo com a identificação dos sujeitos passivos seus fornecedores, donde conste o montante total das operações internas realizadas com cada um deles no ano anterior, desde que superior a € 25 000, o qual é parte integrante da declaração anual a que se referem os Códigos do IRS e do IRC;

g) Dispor de contabilidade adequada ao apuramento e fiscalização do imposto;

h) Enviar, por transmissão electrónica de dados, a declaração, os anexos e os mapas recapitulativos a que se referem as alíneas *d*), *e*) e *f*) até ao dia 15 de Julho ou, em caso de adopção de um período de tributação em sede de IRC diferente do ano civil, até ao 15º dia do 7º mês posterior à data do termo desse período, independentemente de esse dia ser útil ou não útil;

i) Indicar na declaração recapitulativa a que se refere a alínea *c*) do nº 1 do artigo 23º do Regime do IVA nas Transacções Intracomunitárias, nos prazos e nas condições previstos no artigo 30º desse Regime, as prestações de serviços efectuadas a sujeitos passivos que tenham noutro Estado membro da Comunidade a sede, um estabelecimento estável ou, na sua falta, o domicílio, para o qual os serviços são prestados, quando tais operações não sejam tributáveis em território nacional em resultado da aplicação do disposto na alínea *a*) do nº 6 do artigo 6º

2. A obrigação de declaração periódica prevista no número anterior subsiste mesmo que não haja, no período correspondente, operações tributáveis.

3. Não obstante o disposto no nº 1, estão dispensados do cumprimento:

a) Da obrigação referida na sua alínea *b*), as pessoas coletivas de direito público, organismos sem finalidade lucrativa e instituições particulares de solidariedade social que pratiquem exclusivamente operações isentas de imposto e que tenham obtido para efeitos de IRC, no período de tributação imediatamente anterior, um montante anual ilíquido de rendimentos não superior a € 200 000;

b) Da obrigação referida na sua alínea *b*), os sujeitos passivos relativamente às operações isentas ao abrigo das alíneas 27) e 28) do artigo 9º, quando o destinatário esteja estabelecido ou domiciliado noutro Estado membro da União Europeia e seja um sujeito passivo de IVA;

c) Das obrigações referidas nas suas alíneas *c*), *d*) e *g*), os sujeitos passivos que pratiquem exclusivamente operações isentas de imposto, exceto quando estas operações conferem direito à dedução nos termos da alínea *b*) do nº 1 do artigo 20º;

d) Da obrigação referida na alínea *e*), os sujeitos passivos com sede, estabelecimento estável ou domicílio em território nacional.

4. Se, por motivos de alteração da actividade, o sujeito passivo passar a praticar exclusivamente operações isentas que não conferem direito à dedução, a dispensa do envio da declaração referida na alínea *c*) do nº 1 produz efeitos a partir de 1 de Janeiro do ano civil seguinte àquele em que é apresentada a respectiva declaração.

5. O disposto no nº 3 não se aplica aos sujeitos passivos que, embora passando a praticar exclusivamente operações isentas que não conferem o direito à dedução, tenham de efectuar as regularizações previstas nos artigos 24º e 26º, os quais, no entanto, só ficam obrigados à apresentação de uma declaração com referência ao último período de imposto anual.

6. Quando o julgue conveniente, o sujeito passivo pode recorrer ao processamento de facturas globais, respeitantes a cada mês ou a períodos inferiores, desde que por cada transacção seja emitida guia ou nota de remessa e do conjunto dos dois documentos resultem os elementos referidos no nº 5 do artigo 36º

7. Quando o valor tributável de uma operação ou o imposto correspondente sejam alterados por qualquer motivo, incluindo inexatidão, deve ser emitido documento retificativo de fatura.

8. As transmissões de bens e as prestações de serviços isentas ao abrigo das alíneas *a*) a *j*), *p*) e *q*) do nº 1 do artigo 14º e das alíneas *b*), *c*), *d*) e *e*) do nº 1 do artigo 15º devem ser comprovadas através dos documentos alfandegários apropriados ou, não havendo obrigação legal de intervenção dos serviços aduaneiros, de declarações emitidas pelo adquirente dos bens ou utilizador dos serviços, indicando o destino que lhes irá ser dado.

9. A falta dos documentos comprovativos referidos no número anterior determina a obrigação para o transmitente dos bens ou prestador dos serviços de liquidar o imposto correspondente.

10. O mapa recapitulativo a que se refere a alínea *e*) do nº 1 não inclui, em qualquer caso, os clientes que efectuem despesas com bens e serviços previstos nas alíneas *b*), *c*), *d*) e *e*) do nº 1 do artigo 21º

11. O Ministro das Finanças pode dispensar a obrigação da apresentação dos mapas recapitulativos referidos nas alíneas *e*) e *f*) do nº 1 relativamente a operações em que seja especialmente difícil o seu cumprimento.

12. São regulamentados por portaria do Ministro das Finanças o âmbito de obrigatoriedade, os suportes, o início de vigência e os procedimentos do envio de declarações por transmissão electrónica de dados.

13. *(Revogado.)*

14. Para cumprimento do disposto na alínea *b*) do nº 1, as faturas podem ser elaboradas pelo próprio adquirente dos bens ou serviços ou por um terceiro, em nome e por conta do sujeito passivo.

15. Os sujeitos passivos referidos na alínea *i*) do nº 1 do artigo 2º são obrigados a emitir uma factura por cada aquisição de bens ou de serviços aí mencionados quando o respectivo transmitente ou prestador não seja um sujeito passivo, não se aplicando, nesse caso, os condicionalismos previstos no nº 11 do artigo 36º

16. Ficam dispensados de apresentar a declaração de informação contabilística e fiscal, os anexos e os mapas recapitulativos a que se referem as alíneas *d*), *e*) e *f*) do nº 1, os sujeitos passivos que reúnam qualquer das seguintes condições:

a) Não possuam nem sejam obrigados a possuir contabilidade organizada para efeitos de IRS;

b) A que seja aplicável o regime de normalização contabilística para microentidades;

c) Exerçam a atividade económica de diversão itinerante e estejam enquadrados nas subclasses 93211 e 93295 da Classificação Portuguesa das Atividades Económicas, Revisão 3 (CAE-Rev 3), aprovada em anexo ao Decreto-Lei nº 381/2007, de 14 de novembro, na sua redação atual.

17. No preenchimento da declaração recapitulativa a que se refere a alínea *i*) do nº 1 deve atender-se ao seguinte:

a) A obrigação declarativa só se verifica relativamente aos períodos em que sejam realizadas as prestações de serviços aí referidas;

b) As prestações de serviços a declarar são as efectuadas no período a que diz respeito a declaração, em conformidade com as regras previstas no artigo 7º;

c) Podem não ser incluídas as prestações de serviços que sejam isentas do imposto no Estado membro em que as operações são tributáveis.

18. *(Revogado.)*

19. Não é permitida aos sujeitos passivos a emissão e entrega de documentos de natureza diferente da fatura para titular a transmissão de bens ou prestação de serviços aos respetivos adquirentes ou destinatários, sob pena de aplicação das penalidades legalmente previstas.

20. A obrigação referida na alínea *b*) do nº 1 pode ser cumprida mediante a emissão de outros documentos pelas pessoas coletivas de direito público, organismos sem finalidade lucrativa e instituições particulares de solidariedade social, relativamente às transmissões de bens e prestações de serviços isentas ao abrigo do artigo 9º

21. *(Revogado.)*

(Redação dada pelo Decreto-Lei nº 28/2019, de 15-02)

Artigo 30º – Representante fiscal

1. Os sujeitos passivos não residentes, sem estabelecimento estável em território nacional, que aqui pratiquem operações tributáveis e que disponham de sede, estabelecimento estável ou domicílio noutro Estado membro podem proceder à nomeação de um representante, sujeito passivo do imposto sobre o valor acrescentado no território nacional, munido de procuração com poderes bastantes.

2. Os sujeitos passivos não residentes, sem estabelecimento estável em território nacional, que aqui pratiquem operações tributáveis e que não disponham de sede, estabelecimento estável ou domicílio noutro Estado membro estão obrigados a nomear um representante, sujeito passivo do imposto sobre o valor acrescentado no território nacional, munido de procuração com poderes bastantes.

3. O representante a que se referem os números anteriores deve cumprir todas as obrigações decorrentes da aplicação do presente diploma, incluindo a do registo, e é devedor do imposto que se mostre devido pelas operações realizadas pelo representado.

4. A nomeação do representante deve ser comunicada à parte contratante antes de ser efectuada a operação.

5. O sujeito passivo não estabelecido em território nacional é solidariamente responsável com o representante pelo pagamento do imposto.

6. Os sujeitos passivos referidos nos nºs 1 e 2 são dispensados de registo e de nomeação de representante quando efectuem apenas transmissões de bens mencionados no anexo C e isentas ao abrigo da alínea *d*) do nº 1 do artigo 15º

7. Os sujeitos passivos indicados no número anterior que façam sair os bens dos locais ou dos regimes referidos na alínea *b*) do nº 1 do artigo 15º devem cumprir as obrigações previstas neste diploma.

Artigo 31º – Declaração de início de actividade

1. As pessoas singulares ou coletivas que exerçam uma atividade sujeita a IVA devem apresentar, em qualquer serviço de finanças ou noutro local legalmente autorizado, antes de iniciado o exercício da atividade, a respetiva declaração.

2. *(Revogado.)*

3. Não há lugar à entrega da declaração referida no nº 1 quando se trate de pessoas sujeitas a IVA pela prática de uma só operação tributável nos termos da alínea *a*) do nº 1 do artigo 2º, exceto se a mesma exceder o limite previsto nas alíneas *e*) e *f*) do nº 1 do artigo 29º

(Redação dada pelo Decreto-Lei nº 41/2016, de 01-08)

Artigo 32º – Declaração de alterações

1. Sempre que se verifiquem alterações de qualquer dos elementos constantes da declaração relativa ao início de actividade, deve o sujeito passivo entregar a respectiva declaração de alterações.

2. A declaração prevista no nº 1 é entregue em qualquer serviço de finanças ou noutro local legalmente autorizado, no prazo de 15 dias a contar da data da alteração, se outro prazo não for expressamente previsto neste diploma.

3. O sujeito passivo fica dispensado da entrega da declaração mencionada no nº 1 sempre que as alterações em causa sejam de factos sujeitos a registo na conservatória do registo comercial e a entidades inscritas no ficheiro central de pessoas colectivas que não estejam sujeitas a registo comercial.

(Redação dada pela Lei nº 64-B/2011, de 30-12)

Artigo 33º – Declaração de cessação de actividade

No caso de cessação de actividade, deve o sujeito passivo, no prazo de 30 dias a contar da data da cessação, entregar a respectiva declaração.

Artigo 34º – Conceito de cessação de actividade

1. Para efeitos do disposto no artigo anterior, considera-se verificada a cessação da actividade exercida pelo sujeito passivo no momento em que ocorra qualquer dos seguintes factos:

a) Deixem de praticar-se actos relacionados com actividades determinantes da tributação durante um período de dois anos consecutivos, caso em que se presumem transmitidos, nos termos da alínea *f*) do nº 3 do artigo 3º, os bens a essa data existentes no activo da empresa;

b) Se esgote o activo da empresa, pela venda dos bens que o constituem ou pela sua afectação a uso próprio do titular, do pessoal ou, em geral, a fins alheios à mesma, bem como pela sua transmissão gratuita;

c) Seja partilhada a herança indivisa de que façam parte o estabelecimento ou os bens afectos ao exercício da actividade;

d) Se dê a transferência, a qualquer outro título, da propriedade do estabelecimento.

2. Independentemente dos factos previstos no número anterior, pode ainda a administração fiscal declarar oficiosamente a cessação de actividade quando for manifesto que esta não está a ser exercida nem há a intenção de a continuar a exercer, ou sempre que o sujeito passivo tenha declarado o exercício de uma actividade sem que possua uma adequada estrutura empresarial susceptível de a exercer.

3. A cessação de atividade é também declarada oficiosamente, pela administração fiscal, após comunicação do tribunal, nos termos do nº 3 do artigo 65º do Código da Insolvência e da Recuperação de Empresas, sem prejuízo do cumprimento das obrigações fiscais nos períodos de imposto em que se verifique a ocorrência de operações tributáveis, em que devam ser efetuadas regularizações ou em que haja lugar ao exercício do direito à dedução.

(Redação dada pela Lei nº 82-B/2014, de 31-12)

Artigo 35º – Apresentação das declarações

1. As declarações referidas nos artigos 31º a 33º são enviadas por transmissão electrónica de dados ou apresentadas em qualquer serviço de finanças ou noutro local legalmente autorizado, por declaração verbal efectuada pelo sujeito passivo, de todos os elementos necessários ao registo e início da actividade, à alteração dos dados constantes daquele registo e à cessação da actividade, sendo estes imediatamente introduzidos no sistema informático e confirmados pelo declarante, após a sua impressão em documento tipificado.

2. O documento comprovativo referente às declarações mencionadas no número anterior, apresentadas nos serviços de finanças ou noutros locais autorizados, é entregue ao sujeito passivo, após autenticação pelo funcionário receptor e aposição da vinheta do técnico oficial de contas, se for o caso, que assume a responsabilidade fiscal do sujeito passivo a que respeitam as declarações.

3. As declarações são informadas no prazo de 30 dias pela Autoridade Tributária e Aduaneira, que se pronuncia sobre os elementos declarados e quaisquer outros com interesse para a apreciação da situação.

4. No caso de a Autoridade Tributária e Aduaneira discordar dos elementos declarados, fixa os que entender adequados, disso notificando o sujeito passivo.

5. As declarações referidas nos artigos 32º e 33º produzem efeitos a partir da data da sua apresentação no respeitante às operações referidas nas alíneas *d*) e *e*) do nº 1 do artigo 2º, bem como às operações que devam ser mencionadas na declaração recapitulativa a que se refere a alínea *c*) do nº 1 do artigo 23º do Regime do IVA nas Transações Intracomunitárias.

6. A Autoridade Tributária e Aduaneira pode, disso notificando o sujeito passivo, alterar oficiosamente os elementos relativos à atividade quando verifique alguma das seguintes situações:

a) Qualquer dos factos enunciados no nº 2 do artigo 34º;

b) A falsidade dos elementos declarados;

c) A existência de fundados indícios de fraude nas operações referidas;

d) Não terem sido apresentadas as declarações a que se refere o artigo 41º, bem como aquelas a que se refere a alínea *c*) do nº 1 do artigo 23º do Regime do IVA nas Transações Intracomunitárias, por um período de, pelo menos, um ano ou, tendo sido apresentadas não evidenciem qualquer atividade, por igual período.

7. As alterações oficiosas com fundamento na aplicação das alíneas *a*), *b*) ou *c*) do número anterior produzem efeitos imediatos, devendo as mesmas, em todo o caso, ser posteriormente notificadas ao sujeito passivo no prazo de 10 dias.

(Redação dada pela Lei nº 83-C/2013, de 31-12)

Artigo 35º-A – Delimitação de competências em matéria de faturação

1. A emissão de fatura pelas transmissões de bens e prestações de serviços efetuadas no território nacional está sujeita às regras estabelecidas no presente Código.

2. A emissão de fatura fica ainda sujeita às regras previstas no presente Código quando o sujeito passivo tenha no território nacional a sua sede, estabelecimento estável ou, na sua falta, o domicílio a partir do qual a transmissão de bens ou prestação de serviços é efetuada e, de acordo com as regras de localização:

a) A operação se considere localizada noutro Estado membro e a obrigação de liquidação do imposto recair sobre o sujeito passivo a quem os bens foram transmitidos ou os serviços prestados;

b) A operação não se considere efetuada na União Europeia.

3. Não obstante o disposto no nº 1, a emissão de fatura por sujeito passivo que não possua no território nacional a sua sede, estabelecimento estável ou, na sua falta, o domicílio a partir do qual a transmissão de bens ou prestação de serviços é efetuada, não está sujeita às regras estabelecidas no presente Código quando a obrigação de liquidação do imposto recai sobre o sujeito passivo adquirente dos bens ou destinatário dos serviços.

4. As regras previstas no presente Código são ainda aplicáveis à fatura elaborada pelo sujeito passivo adquirente dos bens ou destinatário dos serviços que tenha sede, estabelecimento estável ou, na sua falta, o domicílio em território nacional, quando as operações aqui se considerem efetuadas e a obrigação de liquidação do imposto recair sobre ele.

5. Não obstante o disposto no nº 1, a emissão de fatura pelas operações efetuadas por sujeitos passivos que utilizem Portugal como Estado membro de identificação para efeitos do regime especial aprovado pelo Decreto-Lei nº 158/2014, de 24 de outubro, está sujeita às regras estabelecidas no presente Código.

(Aditado pelo Decreto-Lei nº 28/2019, de 15-02)

Artigo 36º – Prazo de emissão e formalidades das faturas

1. A fatura referida na alínea *b*) do nº 1 do artigo 29º deve ser emitida:

a) O mais tardar no 5º dia útil seguinte ao do momento em que o imposto é devido nos termos do artigo 7º;

b) O mais tardar no 15º dia do mês seguinte àquele em que o imposto é devido nos termos do artigo 7º, no caso das prestações intracomunitárias de serviços que sejam tributáveis no território de outro Estado membro em resultado da aplicação do disposto na alínea *a*) do nº 6 do artigo 6º;

c) Na data do recebimento, no caso de pagamentos relativos a uma transmissão de bens ou prestação de serviços ainda não efetuada, bem como no caso em que o pagamento coincide com o momento em que o imposto é devido nos termos do artigo 7º

2. Nos casos em que seja utilizada a emissão de facturas globais, o seu processamento não pode ir além de cinco dias úteis do termo do período a que respeitam.

3. As faturas são substituídas por guias ou notas de devolução, quando se trate de devoluções de mercadorias anteriormente transacionadas entre as mesmas pessoas, devendo a sua emissão processar-se o mais tardar no 5º dia útil seguinte à data da devolução.

4. Os documentos referidos nos números anteriores devem ser processados em duplicado, destinando-se o original ao cliente e a cópia ao arquivo do fornecedor.

5. As faturas devem ser datadas, numeradas sequencialmente e conter os seguintes elementos:

a) Os nomes, firmas ou denominações sociais e a sede ou domicílio do fornecedor de bens ou prestador de serviços e do destinatário ou adquirente sujeito passivo do imposto, bem como os correspondentes números de identificação fiscal;

b) A quantidade e denominação usual dos bens transmitidos ou dos serviços prestados, com especificação dos elementos necessários à determinação da taxa aplicável; as embalagens não efectivamente transaccionadas devem ser objecto de indicação separada e com menção expressa de que foi acordada a sua devolução;

c) O preço, líquido de imposto, e os outros elementos incluídos no valor tributável;

d) As taxas aplicáveis e o montante de imposto devido;

e) O motivo justificativo da não aplicação do imposto, se for caso disso;

f) A data em que os bens foram colocados à disposição do adquirente, em que os serviços foram realizados ou em que foram efectuados pagamentos anteriores à realização das operações, se essa data não coincidir com a da emissão da factura.

No caso de a operação ou operações às quais se reporta a factura compreenderem bens ou serviços sujeitos a taxas diferentes de imposto, os elementos mencionados nas alíneas *b*), *c*) e *d*) devem ser indicados separadamente, segundo a taxa aplicável.

6. As guias ou notas de devolução e outros documentos retificativos de faturas devem conter, além da data e numeração sequencial, os elementos a que se refere a alínea *a*) do número anterior, bem como a referência à fatura a que respeitam e as menções desta que são objeto de alterações.

7. Os documentos emitidos pelas operações assimiladas a transmissões de bens pelas alíneas *f*) e *g*) do nº 3 do artigo 3º e a prestações de serviços pelas alíneas *a*) e *b*) do nº 2 do artigo 4º devem mencionar apenas a data, natureza da operação, valor tributável, taxa de imposto aplicável e montante do mesmo.

8. Pode o Ministro das Finanças, relativamente a sujeitos passivos que transmitam bens ou prestem serviços que, pela sua natureza, impeçam o cumprimento do prazo previsto no nº 1, determinar prazos mais dilatados de facturação.

9. No caso de sujeitos passivos que não disponham de sede, estabelecimento estável ou domicílio em território nacional, que tenham nomeado representante nos termos do artigo 30º, as faturas emitidas, além dos elementos previstos no nº 5, devem conter ainda o nome ou denominação social e a sede, estabelecimento estável ou domicílio do representante, bem como o respetivo número de identificação fiscal.

10. As faturas podem, sob reserva de aceitação pelo destinatário, ser emitidas por via eletrónica.

11. A elaboração de faturas por parte do adquirente dos bens ou dos serviços fica sujeita às seguintes condições:

a) A existência de um acordo prévio, na forma escrita, entre o sujeito passivo transmitente dos bens ou prestador dos serviços e o adquirente ou destinatário dos mesmos;

b) O adquirente provar que o transmitente dos bens ou prestador dos serviços tomou conhecimento da emissão da factura e aceitou o seu conteúdo;

c) Conter a menção 'autofaturação'.

12. *(Revogado.)*

13. Nas situações previstas nas alíneas *i*), *j*) e *l*) do nº 1 do artigo 2º, bem como nas demais situações em que o destinatário ou adquirente for o devedor do imposto, as faturas emitidas pelo transmitente dos bens ou prestador dos serviços devem conter a expressão 'IVA – autoliquidação'.

14. *(Revogado.)*

15. *(Revogado.)*

16. A indicação na fatura do número de identificação fiscal do adquirente ou destinatário não sujeito passivo é sempre obrigatória quando este o solicite.

17. A regulamentação do processamento e arquivo das faturas e documentos retificativos de faturas consta de legislação especial.

(Redação dada pelo Decreto-Lei nº 28/2019, de 15-02)

Artigo 37º – Repercussão do imposto

1. A importância do imposto liquidado deve ser adicionada ao valor da fatura, para efeitos da sua exigência aos adquirentes dos bens ou destinatários dos serviços.

2. Nas operações pelas quais seja emitida uma fatura nos termos do artigo 40º, o imposto pode ser incluído no preço, para efeitos do disposto no número anterior.

3. A repercussão do imposto não é obrigatória nas operações referidas na alínea *f*) do nº 3 do artigo 3º e nas alíneas *a*) e *b*) do nº 2 do artigo 4º

(Redação dada pelo Decreto-Lei nº 197/2012, de 24-08)

Artigo 38º – Facturação de mercadorias enviadas à consignação

1. No caso de entrega de mercadorias à consignação, procede-se à emissão de faturas no prazo de cinco dias úteis a contar:

a) Do momento do envio das mercadorias à consignação;

b) Do momento em que, relativamente a tais mercadorias, o imposto é devido e exigível nos termos dos nºs 5 e 6 do artigo 7º

2. A fatura, processada de acordo com a alínea *b*) do número anterior, deve fazer sempre apelo à documentação emitida aquando da situação referida na alínea *a*) do referido número.

(Redação dada pelo Decreto-Lei nº 197/2012, de 24-08)

Artigo 39º – Facturas emitidas por retalhistas e prestadores de serviços

Nas facturas emitidas por retalhistas e prestadores de serviços pode indicar-se apenas o preço com inclusão do imposto e a taxa ou taxas aplicáveis, em substituição dos elementos previstos nas alíneas *c*) e *d*) do nº 5 do artigo 36º

Artigo 40º – Faturas simplificadas

1. A obrigatoriedade de emissão de fatura prevista na alínea *b*) do nº 1 do artigo 29º pode ser cumprida através da emissão de uma fatura simplificada em transmissões de bens e prestações de serviços cujo imposto seja devido em território nacional, nas seguintes situações:

a) Transmissões de bens efetuadas por retalhistas ou vendedores ambulantes a não sujeitos passivos, quando o valor da fatura não for superior a € 1 000;

b) Outras transmissões de bens e prestações de serviços em que o montante da fatura não seja superior a € 100.

2. As faturas referidas no número anterior devem ser datadas, numeradas sequencialmente e conter os seguintes elementos:

a) Nome ou denominação social e número de identificação fiscal do fornecedor dos bens ou prestador dos serviços;

b) Quantidade e denominação usual dos bens transmitidos ou dos serviços prestados;

c) O preço líquido de imposto, as taxas aplicáveis e o montante de imposto devido, ou o preço com a inclusão do imposto e a taxa ou taxas aplicáveis;

d) Número de identificação fiscal do adquirente ou destinatário, quando for sujeito passivo;

e) O motivo justificativo da não aplicação do imposto, se for caso disso.

3. As faturas referidas nos números anteriores devem ainda conter o número de identificação fiscal do adquirente ou destinatário que não seja sujeito passivo quando este o solicite.

4. *(Revogado.)*

5. Sem prejuízo da obrigação de registo das transmissões de bens e das prestações de serviços efetuadas, a obrigação referida na alínea *b*) do nº 1 do artigo 29º pode ser cumprida mediante a emissão de documentos ou do registo das operações, respetivamente, nas seguintes operações:

a) Prestações de serviços de transporte, de estacionamento, portagens, entradas em espetáculos, bibliotecas, arquivos, museus, galerias de arte, castelos, palácios, monumentos, parques, perímetros florestais, jardins botânicos, zoológicos e serviços prestados por sujeitos passivos que exerçam a atividade económica de diversão itinerante enquadrados nas subclasses 93211 e 93295 da Classificação Portuguesa das Atividades Económicas, Revisão 3 (CAE - Rev 3), aprovada em anexo ao Decreto-Lei nº 381/2007, de 14 de novembro, na sua redação atual, quando seja emitido um bilhete de transporte, ingresso ou documento comprovativo do pagamento;

b) Transmissões de bens efetuadas através de aparelhos de distribuição automática que não permitam a emissão de fatura.

6. A faculdade referida no número anterior pode ser declarada aplicável pelo Ministro das Finanças a outras categorias de sujeitos passivos que forneçam a consumidores finais serviços caracterizados pela sua uniformidade, frequência e valor limitado.

7. O Ministro das Finanças pode, nos casos em que julgue conveniente, e para os fins previstos neste Código, equiparar certos documentos de uso comercial a faturas. *(Redação dada pelo Decreto-Lei nº 28/2019, de 15-02)*

Artigo 41º – Prazo de entrega das declarações periódicas

1. Para efeitos do disposto na alínea *c*) do nº 1 do artigo 29º, a declaração periódica deve ser enviada por transmissão electrónica de dados, nos seguintes prazos:

a) Até ao dia 10 do 2º mês seguinte àquele a que respeitam as operações, no caso de sujeitos passivos com um volume de negócios igual ou superior a € 650 000 no ano civil anterior;

b) Até ao dia 15 do 2º mês seguinte ao trimestre do ano civil a que respeitam as operações, no caso de sujeitos passivos com um volume de negócios inferior a € 650 000 no ano civil anterior.

2. Os sujeitos passivos abrangidos pela alínea *b*) do número anterior podem, através de menção expressa nas declarações referidas nos artigos 31º ou 32º, conforme os casos, optar pelo envio da declaração periódica mensal prevista na alínea *a*) do mesmo número, devendo manter-se neste regime por um período mínimo de três anos.

3. Para o exercício da opção referida no nº 2 observa-se o seguinte:

a) Nos casos de início de actividade, a opção é feita através da declaração referida no artigo 31º, a qual produz efeitos a partir da data da sua apresentação;

b) Nos casos de sujeitos passivos já registados e abrangidos pelo regime normal, a declaração referida no artigo 32º só pode ser apresentada durante o mês de Janeiro, produzindo efeitos a partir de 1 de Janeiro do ano da sua apresentação.

4. Se, findo o prazo referido no nº 2, o sujeito passivo desejar voltar ao regime normal de periodicidade trimestral, deve apresentar a declaração a que se refere o artigo 32º durante o mês de Janeiro de um dos anos seguintes àquele em que se tiver completado o prazo do regime de opção, produzindo efeitos a partir de 1 de Janeiro do ano da sua apresentação.

5. Para efeitos do nº 1, sempre que o volume de negócios respeitar a uma fracção do ano, é convertido num volume de negócios anual correspondente.

6. Para os sujeitos passivos que iniciem a actividade ou deixem de enquadrar-se no disposto no nº 3 do artigo 29º, o volume de negócios para os fins previstos no nº 1 é estabelecido de acordo com a sua previsão para o ano civil corrente, após confirmação pela Direcção-Geral dos Impostos.

7. Sem prejuízo do disposto no nº 2, a mudança de periodicidade só se verifica por iniciativa da Direcção-Geral dos Impostos, que, para o efeito, notifica o sujeito passivo da data a partir da qual a referida mudança de periodicidade produz efeitos.

8. Para efeitos do disposto no nº 1, consideram-se cumpridos os prazos aí previstos desde que a data da sua transmissão tenha ocorrido até ao termo desses prazos.

Artigo 42º – Conceito de volume de negócios

O volume de negócios previsto no artigo anterior é constituído pelo valor, com exclusão do imposto, das transmissões de bens e prestações de serviços efectuadas pelo sujeito passivo, com excepção:

a) Das operações referidas nos nºs 27) e 28) do artigo 9º, quando constituam operações acessórias;

b) Das operações referidas nos nºs 29) e 30) do artigo 9º, quando relativamente a elas se não tenha verificado renúncia à isenção e constituam operações acessórias;

c) Das operações sobre bens de investimento corpóreos ou incorpóreos.

Artigo 43º – Entrega da declaração por sujeitos passivos que pratiquem uma só operação tributável

(Revogado pela Lei nº 66-B/2012, de 31-12)

Artigo 44º – Requisitos da contabilidade

1. A contabilidade deve ser organizada de forma a possibilitar o conhecimento claro e inequívoco dos elementos necessários ao cálculo do imposto, bem como a permitir o seu controlo, comportando todos os dados necessários ao preenchimento da declaração periódica do imposto.

2. Para cumprimento do disposto no nº 1, devem ser objecto de registo, nomeadamente:

a) As transmissões de bens e prestações de serviços efectuadas pelo sujeito passivo;

b) As importações de bens efectuadas pelo sujeito passivo e destinadas às necessidades da sua empresa;

c) As transmissões de bens e prestações de serviços efectuadas ao sujeito passivo no quadro da sua actividade empresarial.

3. As operações mencionadas na alínea *a*) do número anterior devem ser registadas de forma a evidenciar:

a) O valor das operações não isentas, líquidas de imposto, segundo a taxa aplicável;

b) O valor das operações isentas sem direito à dedução;

c) O valor das operações isentas com direito à dedução;

d) O valor do imposto liquidado, segundo a taxa aplicável, com relevação distinta do respeitante às operações referidas nas alíneas *f*) e *g*) do nº 3 do artigo 3º e nas alíneas *a*) e *b*) do nº 2 do artigo 4º, bem como dos casos em que a respectiva liquidação compete, nos termos da lei, ao adquirente.

4. As operações mencionadas nas alíneas *b*) e *c*) do nº 2 devem ser registadas de forma a evidenciar:

a) O valor das operações cujo imposto é total ou parcialmente dedutível, líquido deste imposto;

b) O valor das operações cujo imposto é totalmente excluído do direito à dedução;

c) O valor das aquisições de gasóleo, gases de petróleo liquefeitos (GPL), gás natural e biocombustíveis;

d) O valor do imposto dedutível, segundo a taxa aplicável.

Artigo 45º – Registo das operações em caso de emissão de facturas

1. O registo das operações mencionadas na alínea *a*) do nº 2 do artigo anterior deve ser efectuado após a emissão das correspondentes facturas, até à apresentação das declarações a que se referem os artigos 41º ou 43º, se enviadas dentro do prazo legal, ou até ao fim desse prazo, se essa obrigação não tiver sido cumprida.

2. Para tal efeito, as faturas, guias ou notas de devolução e outros documentos retificativos de faturas, incluindo os emitidos, em nome e por conta do sujeito passivo, pelo próprio adquirente dos bens ou por um terceiro, são identificados através das referidas designações e numerados sequencialmente, em uma ou mais séries convenientemente referenciadas, devendo conservar-se na respetiva ordem os seus duplicados e, bem assim, todos os exemplares dos que tiverem sido anulados ou inutilizados, com os averbamentos indispensáveis à identificação daqueles que os substituíram, se for caso disso.

(Redação dada pelo Decreto-Lei nº 197/2012, de 24-08)

Artigo 46º – Registo das operações em caso de emissão de faturas simplificadas

1. Os sujeitos passivos que emitam faturas nos termos do artigo 40º e não utilizem sistemas informáticos integrados de faturação e contabilidade podem efetuar o registo das operações, realizadas diariamente com não sujeitos passivos, pelo montante global das contraprestações recebidas pelas transmissões de bens e prestações de serviços tributáveis, imposto incluído, assim como pelo montante das contraprestações relativas às operações não tributáveis ou isentas.

2. O registo referido no número anterior deve ser efetuado, o mais tardar, no 1º dia útil seguinte ao da realização das operações, com base em duplicados das faturas emitidas, em extratos diários produzidos pelos equipamentos eletrónicos relativos a todas as operações realizadas ou em folhas de caixa, que podem substituir o mesmo registo desde que contenham a indicação inequívoca de um único total diário.

3. Os registos diários a que se referem os números anteriores devem ser objecto de relevação contabilística ou de inscrição nos livros referidos no artigo 50º, conforme os casos, no prazo previsto no artigo 45º

4. *(Revogado.)*

5. A opção pela elaboração de folhas de caixa a que se refere o nº 2 não dispensa a obrigatoriedade de conservação dos duplicados das faturas e dos demais documentos ali referidos nas condições e prazo previstos no artigo 52º

(Redação dada pelo Decreto-Lei nº 197/2012, de 24-08)

Artigo 47º – Registo das transmissões de bens efectuadas por retalhistas

(Revogado pelo Decreto-Lei nº 197/2012, de 24-08)

Artigo 48º – Registo das operações efectuadas ao sujeito passivo

1. O registo das operações mencionadas nas alíneas *b)* e *c)* do nº 2 do artigo 44º deve ser efetuado após a receção das correspondentes faturas e guias ou notas de devolução, até à apresentação das declarações a que se referem os artigos 41º ou 43º, se enviadas dentro do prazo legal, ou até ao fim desse prazo, se essa obrigação não tiver sido cumprida.

2. Para tal efeito, as faturas, guias ou notas de devolução e outros documentos retificativos de faturas, incluindo os que sejam emitidos na qualidade de adquirente ao abrigo dos nºs 14 e 15 do artigo 29º, são numerados seguidamente, em uma ou mais séries convenientemente referenciadas, devendo conservar-se na respetiva ordem os seus originais e, bem assim, todos os exemplares dos que tiverem sido anulados, com os averbamentos indispensáveis à identificação daqueles que os substituíram, se for caso disso.

(Redação dada pelo Decreto-Lei nº 197/2012, de 24-08)

Artigo 49º – Apuramento da base tributável nas facturas com imposto incluído

Nos casos em que a facturação ou o seu registo sejam processados por valores, com imposto incluído, nos termos dos artigos anteriores, o apuramento da base tributável correspondente é obtido através da divisão daqueles valores por 106 quando a taxa do imposto for 6%, por 113 quando a taxa do imposto for 13% e por 123 quando a taxa do imposto for 23%, multiplicando o quociente por 100 e arredondando o resultado, por defeito ou por excesso, para a unidade mais próxima, sem prejuízo da adopção de qualquer outro método conducente a idêntico resultado.

(Redação dada pela Lei nº 55-A/2010, de 31-12)

Artigo 50º – Livros de registo

1. Os sujeitos passivos não enquadrados nos regimes especiais previstos na secção IV do presente capítulo ou que não possuam contabilidade organizada nos termos do Código do IRS ou do IRC utilizam, para cumprimento das exigências constantes dos nºs 1 dos artigos 45º e 48º, os seguintes livros de registo:

a) Livro de registo de compras de mercadorias e ou livro de registo de matérias-primas e de consumo;

b) Livro de registo de vendas de mercadorias e ou livro de registo de produtos fabricados;

c) Livro de registo de serviços prestados;

d) Livro de registo de despesas e de operações ligadas a bens de investimento;

e) Livro de registo de mercadorias, matérias-primas e de consumo, de produtos fabricados e outras existências à data de 31 de Dezembro de cada ano.

2. Os sujeitos passivos que, não sendo obrigados a possuir contabilidade organizada para efeitos do IRS ou IRC, possuam, no entanto, um sistema de contabilidade que satisfaça os requisitos adequados ao correcto apuramento e fiscalização do imposto podem não utilizar os livros referidos no nº 1, aplicando-se aos referidos sujeitos passivos todas as normas constantes do presente Código relativas àqueles que possuam contabilidade organizada para efeitos dos impostos sobre o rendimento, sem prejuízo de poderem beneficiar do regime especial de isenção, desde que preenchidas as demais condições previstas no artigo 53º

3. Os sujeitos passivos ou as suas associações representativas podem adoptar livros de registo de modelo diferente do aprovado, adaptados à especificidade das suas actividades, desde que adequados ao correcto apuramento e fiscalização do imposto.

4. A Direcção-Geral dos Impostos pode em qualquer altura obrigar os sujeitos passivos referidos nos nºs 2 e 3 a adoptar os livros mencionados no nº 1.

5. Os livros a que se referem os nºs 2 e 3 do artigo 116º do Código do IRS substituem os livros referidos no presente artigo.

Artigo 51º – Registo dos bens de investimento

1. Os sujeitos passivos que possuam contabilidade organizada para efeitos do IRS ou IRC ou nos termos do nº 2 do artigo 50º são obrigados a efectuar registo dos seus bens de investimento, de forma a permitir o controle das deduções efectuadas e das regularizações processadas.

2. O registo a que se refere o nº 1 deve comportar, para cada um dos bens, os seguintes elementos:

a) Data da aquisição ou da conclusão das obras em bens imóveis e do início da utilização ou ocupação;

b) Valor do imposto suportado;

c) Percentagem de dedução em vigor no momento da aquisição;

d) Somatório das deduções efectuadas até ao ano da conclusão das obras em bens imóveis;

e) Percentagem definitiva de dedução do ano da aquisição ou da conclusão das obras em bens imóveis;

f) Percentagem definitiva de dedução de cada um dos anos do período de regularização.

3. O registo a que se referem os números anteriores deve ser efectuado no prazo constante dos artigos 45º e 48º, contado a partir:

a) Da data da receção da fatura que certifique a aquisição;

b) Da data da conclusão das obras em bens imóveis;

c) Da data em que devam ser processadas as regularizações.

(Redação dada pelo Decreto-Lei nº 197/2012, de 24-08)

Artigo 52º – Prazo de arquivo e conservação de livros, registos e documentos de suporte

1. Os sujeitos passivos são obrigados a arquivar e conservar em boa ordem durante os 10 anos civis subsequentes todos os livros, registos e respectivos documentos de suporte, incluindo, quando a contabilidade é estabelecida por meios informáticos, os relativos à análise, programação e execução dos tratamentos.

2. Para os registos previstos na alínea *d*) do nº 1 do artigo 50º e no artigo 51º e documentos anexos, o prazo de 10 anos referido no número anterior deve ser contado a partir da data em que for efectuada a última das regularizações previstas nos artigos 24º e 25º

3. A regulamentação do arquivo dos livros, registos e documentos de suporte consta de legislação especial.

4. *(Revogado.)*

5. *(Revogado.)*

6. *(Revogado.)*

7. *(Revogado.)*

(Redação dada pelo Decreto-Lei nº 28/2019, de 15-02)

SECÇÃO IV – Regimes especiais

SUBSECÇÃO I – Regime de isenção

Artigo 53º – Âmbito de aplicação

1. Beneficiam da isenção do imposto os sujeitos passivos que, não possuindo nem sendo obrigados a possuir contabilidade organizada para efeitos do IRS ou IRC, nem praticando operações de importação, exportação ou actividades conexas, nem exercendo actividade que consista na transmissão dos bens ou prestação dos serviços mencionados no anexo E do presente Código, não tenham atingido, no ano civil anterior, um volume de negócios superior a € 10 000.

2. Não obstante o disposto no número anterior, são ainda isentos do imposto os sujeitos passivos com um volume de negócios superior a € 10 000, mas inferior a € 12 500, que, se tributados, preencheriam as condições de inclusão no regime dos pequenos retalhistas.

3. No caso de sujeitos passivos que iniciem a sua actividade, o volume de negócios a tomar em consideração é estabelecido de acordo com a previsão efectuada relativa ao ano civil corrente, após confirmação pela Direcção-Geral dos Impostos.

4. Quando o período em referência, para efeitos dos números anteriores, for inferior ao ano civil, deve converter-se o volume de negócios relativo a esse período num volume de negócios anual correspondente.

5. O volume de negócios previsto nos números anteriores é o definido nos termos do artigo 42º

Artigo 54º – Passagem dos regimes de tributação ao regime especial de isenção

1. Se, verificados os condicionalismos previstos no artigo anterior, os sujeitos passivos não isentos pretenderem a aplicação do regime nele estabelecido, devem apresentar a declaração a que se refere o artigo 32º

2. A declaração referida no número anterior só pode ser apresentada durante o mês de Janeiro do ano seguinte àquele em que se verifiquem os condicionalismos referidos no artigo anterior, produzindo efeitos a partir de 1 de Janeiro do ano da apresentação.

3. Os sujeitos passivos que beneficiem da isenção do imposto nos termos do artigo anterior estão excluídos do direito à dedução previsto no artigo 19º

4. Os sujeitos passivos que utilizem a possibilidade prevista no nº 1 devem proceder, nos termos do nº 5 do artigo 24º, à regularização da dedução efectuada quanto a bens do activo imobilizado e, quando anteriormente abrangidos pelo regime normal, devem também efectuar a regularização do imposto deduzido e respeitante às existências remanescentes no fim do ano, devendo, em qualquer dos casos, as referidas regularizações ser incluídas na declaração ou guia referente ao último período de tributação.

Artigo 55º – Renúncia

1. Os sujeitos passivos susceptíveis de beneficiar da isenção do imposto nos termos do artigo 53º podem a ela renunciar e optar pela aplicação normal do imposto às suas operações tributáveis ou, no caso de serem retalhistas, pelo regime especial previsto no artigo 60º

2. O direito de opção é exercido mediante a entrega da declaração de início ou de alterações, consoante os casos, produzindo efeitos a partir da data da sua apresentação.

3. Tendo exercido o direito de opção nos termos dos números anteriores, o sujeito passivo é obrigado a permanecer no regime por que optou durante um período de, pelo menos, cinco anos, devendo, findo tal prazo, apresentar a declaração de alterações a que se refere o artigo 32º no caso de desejar voltar ao regime de isenção.

4. A declaração referida no número anterior só pode ser apresentada durante o mês de Janeiro de um dos anos seguintes àquele em que se tiver completado o prazo do regime de opção, produzindo efeitos a partir de 1 de Janeiro do ano da sua apresentação.

5. No caso de modificação essencial das condições de exercício da actividade económica, pode o sujeito passivo, independentemente do prazo previsto no número anterior, solicitar, mediante requerimento a entregar no serviço de finanças competente, a passagem ao regime de isenção, com efeitos a partir da data para o efeito mencionada na notificação do deferimento do pedido.

Artigo 56º – Mudança de regime

1. Nos casos de passagem de regime de isenção a um regime de tributação, ou inversamente, a Direcção-Geral dos Impostos pode tomar as medidas que julgue necessárias a fim de evitar que o sujeito passivo em questão usufrua vantagens injustificadas ou sofra prejuízos igualmente injustificados, podendo, designadamente, não atender a modificações do volume de negócios pouco significativas ou devidas a circunstâncias excepcionais.

2. Não podem beneficiar do regime de isenção:

a) Nos 12 meses seguintes ao da cessação, os sujeitos passivos que, estando enquadrados num regime de tributação à data de cessação de actividade, reiniciem essa ou outra actividade;

b) No ano seguinte ao da cessação, os sujeitos passivos que reiniciem essa ou outra actividade e que, se não tivessem declarado a cessação, seriam enquadrados, por força da alínea *a*) do nº 2 do artigo 58º, no regime normal.

Artigo 57º – Facturação

As faturas emitidas pelos sujeitos passivos referidos no artigo 53º no exercício da sua atividade devem sempre conter a menção «IVA – regime de isenção».

(Redação dada pela Lei nº 51/2013, de 24-07)

Artigo 58º – Obrigações de faturação, declarativas e período em que passa a ser devido o imposto

1. Sem prejuízo do disposto nos números seguintes, os sujeitos passivos isentos nos termos do artigo 53º devem cumprir o disposto nas alíneas *b*) e *i*) do nº 1 do artigo 29º e nos artigos 31º, 32º e 33º

2. Quando se deixarem de verificar as condições de aplicação do regime de isenção do artigo 53º, os sujeitos passivos são obrigados a apresentar a declaração de alterações prevista no artigo 32º, nos seguintes prazos:

a) Durante o mês de Janeiro do ano seguinte àquele em que tenha sido atingido um volume de negócios superior aos limites de isenção previstos no artigo 53º;

b) No prazo de 15 dias a contar da fixação definitiva de um rendimento tributável do IRS ou IRC baseado em volumes de negócios superiores àqueles limites;

c) No prazo de 15 dias a contar do momento em que se deixar de verificar qualquer das demais circunstâncias referidas no nº 1 do artigo 53º

3. *(Revogado.)*

4. Sempre que a Direcção-Geral dos Impostos disponha de indícios seguros para supor que um sujeito passivo isento ultrapassou em determinado ano o limite de isenção, procede à sua notificação para apresentar a declaração a que se refere o artigo 31º ou artigo 32º, conforme os casos, no prazo de 15 dias, com base no volume de negócios que considerou realizado.

5. É devido imposto com referência às operações efectuadas pelos sujeitos passivos a partir do mês seguinte àquele em que se torne obrigatória a entrega das declarações a que se referem os nºs 2 ou 4.

6. Não obstante o disposto no número anterior, nos casos em que se deixam de verificar as circunstâncias a que se refere a alínea *c*) do nº 2, a aplicação do regime normal de tributação produz efeitos a partir desse momento.

(Redação dada pela Lei nº 51/2013, de 24-07)

Artigo 59º – Dispensa de obrigações

Sem prejuízo do disposto no artigo anterior, os sujeitos passivos isentos nos termos do artigo 53º estão dispensados das demais obrigações previstas no presente diploma.

SUBSECÇÃO II – Regime forfetário dos produtores agrícolas

Artigo 59º-A – Âmbito de aplicação

1. Podem beneficiar do presente regime os produtores agrícolas que, reunindo as condições de inclusão no regime de isenção previsto no artigo 53º, efetuem transmissões de produtos agrícolas, e, bem assim, prestações de serviços agrícolas de acordo com as disposições seguintes.

2. Para efeitos do presente regime, consideram-se:

a) «Produtos agrícolas», os bens provenientes diretamente da exploração do produtor agrícola, resultantes do exercício das atividades enumeradas no anexo F;

b) «Serviços agrícolas», as prestações de serviços definidas no anexo G, quando efetuadas com caráter acessório pelo produtor agrícola que utiliza os seus próprios recursos de mão-de-obra e equipamento normal da respetiva exploração.

(Aditado pela Lei nº 82-B/2014, de 31-12)

Artigo 59º-B – Compensação forfetária

1. Os sujeitos passivos que optem pelo presente regime beneficiam da isenção de imposto prevista no artigo 53º, podendo ainda solicitar à Autoridade Tributária e Aduaneira uma compensação calculada sobre o preço, determinado de acordo com as regras previstas no artigo 16º, dos seguintes bens e serviços:

a) Produtos agrícolas transmitidos a outros sujeitos passivos que não beneficiem do presente regime ou de regime idêntico no Estado membro onde se encontrem estabelecidos;

b) Produtos agrícolas expedidos ou transportados com destino a outro Estado membro, cujo adquirente seja uma pessoa coletiva não sujeito passivo, mas que realize no Estado membro de destino ou chegada dos bens aquisições intracomunitárias sujeitas a IVA;

c) Serviços agrícolas prestados a outros sujeitos passivos que não beneficiem do presente regime ou de regime idêntico no Estado membro onde se localizem as operações.

2. O montante da compensação é calculado mediante a aplicação de uma taxa de 6% sobre o total das transmissões de bens e das prestações de serviços mencionadas no número anterior, realizadas em cada ano.

3. Para efeitos do disposto nos números anteriores, o sujeito passivo submete à Autoridade Tributária e Aduaneira, até ao último dia de março de cada ano, um pedido no qual conste o valor das transmissões de bens e das prestações de serviços realizadas no ano anterior, que conferem o direito a receber a compensação, acompanhado de uma relação dos números de identificação fiscal dos adquirentes ou destinatários das referidas operações.

4. O pedido a que se refere o número anterior é apresentado através de modelo a aprovar por portaria do membro do Governo responsável pela área das finanças.

5. Após a análise do pedido, a Autoridade Tributária e Aduaneira procede ao pagamento da compensação devida, no prazo de 45 dias contados a partir da data de apresentação do pedido.

6. Não há lugar ao pagamento da compensação quando o montante calculado seja inferior a € 10.

(Redação dada pelo Decreto-Lei nº 41/2016, de 01-08)

Artigo 59º-C – Opção pelo regime

1. Os sujeitos passivos enquadrados no regime normal que, reunindo as condições para beneficiar do regime especial de isenção, optem pela aplicação do presente regime devem, observando o disposto no nº 4 do artigo 54º, apresentar a declaração referida no artigo 32º.

2. A declaração referida no número anterior só pode ser apresentada durante o mês de janeiro do ano seguinte àquele em que se verifiquem os condicionalismos referidos no artigo 59º-A, produzindo efeitos a partir de 1 de janeiro do ano da apresentação.

3. Os sujeitos passivos enquadrados no regime especial de isenção que optem pela aplicação do presente regime devem apresentar a declaração referida no artigo 32º, a qual produz efeitos no momento da sua apresentação.

4. Tendo exercido o direito de opção nos termos dos números anteriores, os sujeitos passivos que renunciem ao presente regime são obrigados a permanecer no regime escolhido durante um período de, pelo menos, cinco anos.

(Aditado pela Lei nº 82-B/2014, de 31-12)

Artigo 59º-D – Obrigações de faturação, obrigações declarativas e período em que passa a ser devido o imposto

1. Sem prejuízo do disposto nos números seguintes, os sujeitos passivos enquadrados no presente regime estão sujeitos às obrigações aplicáveis aos beneficiários do regime de isenção previsto no artigo 53º.

2. As faturas emitidas pela realização das operações referidas no nº 1 do artigo 59º-B devem conter a menção «IVA – regime forfetário».

3. Quando deixarem de se verificar as condições de aplicação do regime, os sujeitos passivos são obrigados a apresentar a declaração de alterações prevista no artigo 32º, nos seguintes prazos:

a) Durante o mês de janeiro do ano seguinte àquele em que tenha sido atingido um volume de negócios relativo ao conjunto das suas operações tributáveis superior a € 10 000;

b) No prazo de 15 dias a contar da fixação definitiva de um rendimento tributável em sede de IRS ou IRC baseado em volume de negócios superior ao limite referido na alínea anterior;

c) No prazo de 15 dias a contar do momento em que se deixar de verificar qualquer das demais circunstâncias referidas no nº 1 do artigo 59º-A.

4. Sempre que a Autoridade Tributária e Aduaneira disponha de indícios seguros de que um sujeito passivo deixou de reunir as condições previstas no artigo 59º-A, procede à sua notificação para apresentar a declaração prevista no artigo 32º, no prazo de 15 dias, com base nos elementos verificados.

5. Quando em virtude do cumprimento da obrigação a que se referem os nºs 3 e 4, o sujeito passivo ficar enquadrado no regime normal de tributação, é devido imposto com referência às operações por si efetuadas a partir do mês seguinte àquele em que se torne obrigatória a entrega da declaração de alterações.

6. Nos casos em que deixem de se verificar as circunstâncias a que se refere a alínea *c)* do nº 3, a aplicação do regime forfetário cessa a partir desse momento.

(Aditado pela Lei nº 82-B/2014, de 31-12)

Artigo 59º-E – Regime subsidiário

Em tudo o que não se mostre contrário ao presente regime, aplicam-se, com as devidas adaptações, as disposições dos artigos 53º a 59º.

(Aditado pela Lei nº 82-B/2014, de 31-12)

SUBSECÇÃO III – Regime dos pequenos retalhistas

Artigo 60º – Âmbito de aplicação

1. Sem prejuízo do disposto no nº 2 do artigo 53º, os retalhistas que sejam pessoas singulares, não possuam nem sejam obrigados a possuir contabilidade organizada para efeitos do IRS e não tenham tido no ano civil anterior um volume de compras superior a € 50 000, para apurar o imposto devido ao Estado, aplicam um coeficiente de 25% ao valor do imposto suportado nas aquisições de bens destinados a vendas sem transformação.

2. Ao imposto determinado nos termos do número anterior é deduzido o valor do imposto suportado na aquisição ou locação de bens de investimento e outros bens para uso da própria empresa, salvo tratando-se dos que estejam excluídos do direito à dedução nos termos do nº 1 do artigo 21º

3. O volume de compras a que se refere o nº 1 é o valor definitivamente tomado em conta para efeitos de tributação em IRS.

4. No caso de retalhistas que iniciem a sua actividade, o volume de compras é estabelecido de acordo com a previsão efectuada relativa ao ano civil corrente, após confirmação pela Direcção-Geral dos Impostos.

5. Quando o período de referência, para efeitos dos nºs 1, 3 e 4, seja inferior ao ano civil, deve converter-se o volume de compras relativo a esse período num volume de compras anual correspondente.

6. Para efeitos do disposto no nº 1, consideram-se retalhistas aqueles cujo volume de compras de bens destinados a venda sem transformação atinja pelo menos 90% do volume de compras, tal como se encontra definido no nº 3.

7. No caso de aquisição de materiais para transformação dentro do limite previsto no número anterior, ao montante de imposto calculado nos termos do nº 1 acrescem 25% do imposto suportado nessa aquisição.

8. Não podem beneficiar do regime especial previsto no nº 1 os retalhistas que pratiquem operações de importação, exportação ou actividades com elas conexas, operações intracomunitárias referidas na alínea *c*) do nº 1 do artigo 1º ou prestações de serviços não isentas de valor anual superior a € 250 nem aqueles cuja actividade consista na transmissão dos bens ou prestação dos serviços mencionados no anexo E do presente Código.

9. São excluídas do regime especial, ficando sujeitas à disciplina particular ou geral do IVA, consoante o caso, as transmissões de bens e as prestações de serviços mencionados no anexo E do presente Código efectuadas a título ocasional, bem como as transmissões de bens do activo imobilizado dos retalhistas sujeitos ao regime previsto no presente artigo, os quais devem adicionar, se for caso disso, o respectivo imposto ao apurado nos termos do nº 1, para efeitos da sua entrega nos cofres do Estado.

Artigo 61º – Passagem do regime normal ao regime especial

1. Se, verificados os condicionalismos previstos no artigo anterior, os sujeitos passivos incluídos no regime normal pretenderem a aplicação do regime especial dos pequenos retalhistas, devem apresentar a declaração a que se refere o artigo 32º

2. A declaração referida no número anterior só pode ser apresentada durante o mês de Janeiro do ano seguinte àquele em que se verifiquem os condicionalismos referidos no artigo anterior, produzindo efeitos a partir de 1 de Janeiro do ano da apresentação.

3. Os sujeitos passivos enquadrados no regime de tributação previsto nesta subsecção não beneficiam do direito à dedução constante da secção I do capítulo V do presente diploma, salvo no que respeita às aquisições dos bens referidos no nº 2 do artigo anterior.

4. Os sujeitos passivos que utilizem a possibilidade prevista no nº 1 aplicam um coeficiente de 25% ao valor do imposto deduzido e respeitante às existências remanescentes no fim do ano, devendo o valor resultante, adicionado do próprio imposto, ser incluído na declaração ou guia referente ao primeiro período de tributação no regime dos pequenos retalhistas.

Artigo 62º – Facturação

Salvo no caso das vendas referidas no nº 9 do artigo 60º, as faturas emitidas por sujeitos passivos enquadrados no regime dos pequenos retalhistas devem conter:

a) O preço, em substituição dos elementos previstos nas alíneas *c*) e *d*) do nº 5 do artigo 36º e na alínea *c*) do nº 2 do artigo 40º;

b) A menção 'IVA – não confere direito à dedução'.

(Redação dada pelo Decreto-Lei nº 41/2016, de 01-08)

Artigo 63º – Renúncia

1. Os sujeitos passivos susceptíveis de usufruírem do regime especial de tributação previsto no artigo 60º podem renunciar a tal regime e optar pela aplicação normal do imposto às suas operações tributáveis.

2. O direito de opção é exercido mediante a entrega da declaração de início ou de alterações, consoante os casos, produzindo efeitos, respectivamente, a partir da apresentação da declaração de início ou do período de imposto seguinte ao da apresentação da declaração de alterações.

3. Tendo exercido o direito de opção nos termos dos números anteriores, o sujeito passivo é obrigado a permanecer no regime por que optou durante um período de, pelo menos, cinco anos, devendo, findo tal prazo, apresentar a declaração de alterações a que se refere o artigo 32º no caso de desejar voltar ao regime especial dos pequenos retalhistas.

4. A declaração referida no número anterior só pode ser apresentada durante o mês de Janeiro de um dos anos seguintes àquele em que se tiver completado o prazo do regime de opção, produzindo efeitos a partir de 1 de Janeiro do ano da sua apresentação.

5. No caso de modificação essencial das condições de exercício da actividade económica, pode o sujeito passivo, independentemente do prazo previsto no número anterior, solicitar mediante requerimento a entregar no serviço de finanças competente, a passagem ao regime especial com efeitos a partir da data para o efeito mencionada na notificação do deferimento do pedido.

Artigo 64º – Mudança de regime

1. Nos casos de passagem do regime normal de tributação ao regime especial referido no artigo 60º, ou inversamente, a Direcção-Geral dos Impostos pode tomar as medidas que julgue necessárias a fim de evitar que o retalhista usufrua vantagens injustificadas ou sofra prejuízos igualmente injustificados, podendo, designadamente, não atender a modificações do volume de compras pouco significativas ou devidas a circunstâncias excepcionais.

2. Não podem beneficiar do regime dos pequenos retalhistas os sujeitos passivos que, estando enquadrados no regime normal à data de cessação de actividade, reiniciem essa ou outra actividade nos 12 meses seguintes ao da cessação.

Artigo 65º – Registo das operações e livros obrigatórios

1. Os retalhistas sujeitos ao regime especial de tributação previsto no artigo 60º são obrigados a registar no prazo de 30 dias a contar da respetiva receção as faturas e guias ou notas de devolução relativas aos bens ou serviços adquiridos e a conservá-las com observância do disposto no nº 2 do artigo 48º

2. Para cumprimento do mencionado no nº 1, devem os retalhistas possuir os seguintes elementos de escrita:

a) Livro de registo de compras, vendas e serviços prestados;

b) Livro de registo de despesas gerais e operações ligadas a bens de investimento.

(Redação dada pelo Decreto-Lei nº 197/2012, de 24-08)

Artigo 66º – Passagem compulsiva ao regime normal de tributação

Nos casos em que haja fundados motivos para supor que o regime especial de tributação previsto no artigo 60º concede ao retalhista vantagens injustificadas ou provoca sérias distorções de concorrência, a administração fiscal pode, em qualquer altura, obrigá-lo ao regime normal de tributação.

Artigo 67º – Obrigações declarativas e de pagamento do imposto

1. Os retalhistas sujeitos ao regime especial de tributação previsto no artigo 60º são obrigados a:

a) Declarar o início, a alteração e a cessação da sua actividade nos termos dos artigos 31º, 32º e 33º;

b) Pagar nos locais de cobrança legalmente autorizados, por meio de guia de modelo aprovado, e até ao dia 20 do 2º mês seguinte a cada trimestre do ano civil, o imposto que se mostre devido; nos casos em que não haja imposto a pagar, deve ser apresentada, no serviço de finanças competente e no mesmo prazo, declaração adequada;

c) Apresentar, no serviço de finanças competente, em triplicado e até ao último dia do mês de Março de cada ano, uma declaração relativa às aquisições efectuadas no ano civil anterior.

2. No caso de alteração dos volumes de compras que obrigue o sujeito passivo à aplicação do regime normal do imposto, a declaração de alterações a que se refere o artigo 32º deve ser apresentada durante o mês de Janeiro do ano civil seguinte àquele a que respeitam tais volumes de compras.

3. Sempre que tenha sido fixado definitivamente um rendimento tributável em IRS baseado em volumes de compras superiores aos limites estabelecidos no artigo 60º, o sujeito passivo deve apresentar a declaração a que se refere o artigo 32º no prazo de 15 dias a contar daquela fixação.

4. A aplicação do regime normal produz efeitos a partir do período de imposto seguinte àquele em que se torna obrigatória a entrega da declaração de alterações a que se referem os números anteriores.

5. Sempre que o sujeito passivo passe a efectuar operações referidas no nº 8 do artigo 60º, ou passe a dispor, ou esteja obrigado a dispor, de contabilidade organizada para efeitos do IRS, deve proceder à entrega da declaração a que se refere o artigo 32º, no prazo de 15 dias, ficando enquadrado no regime normal de tributação a partir do momento em que se verifique qualquer daquelas situações.

6. No caso de cessação de actividade, o pagamento do imposto ou a apresentação da declaração a que se referem as alíneas *b*) e *c*) do nº 1 devem ser efectuados no prazo de 30 dias a contar da data da cessação.

7. No caso de passagem do regime especial de tributação prevista no artigo 60º para o regime normal, a declaração a que se refere a alínea *c*) do nº 1 deve ser apresentada no prazo previsto na alínea *b*) do mesmo número e reporta-se à parte do período anual em que o sujeito passivo esteve enquadrado no regime especial dos pequenos retalhistas.

Artigo 68º – Prazo de conservação dos livros, registos e documentos de suporte

O prazo de conservação dos livros, registos e respectiva documentação de suporte exigidos nos termos do artigo 65º é o fixado no nº 1 do artigo 52º

SUBSECÇÃO IV – Regime de tributação dos combustíveis líquidos aplicável aos revendedores

Artigo 69º – Âmbito de aplicação

O imposto devido pelas transmissões de gasolina, gasóleo e petróleo carburante efectuadas por revendedores é liquidado por estes com base na margem efectiva de vendas.

Artigo 70º – Valor tributável

1. Para efeitos do disposto no artigo anterior, o valor tributável das transmissões abrangidas pelo presente regime corresponde à diferença, verificada em cada período de tributação, entre o valor das transmissões de combustíveis realizadas, IVA excluído, e o valor de aquisição dos mesmos combustíveis, IVA excluído.

2. Sobre a margem, apurada nos termos do número anterior, devem os revendedores fazer incidir a respectiva taxa do imposto.

3. Na determinação do valor das transmissões, não são tomadas em consideração as entregas de combustíveis efectuadas por conta do distribuidor.

Artigo 71º – Direito a dedução dos revendedores

1. Os revendedores dos combustíveis referidos no artigo 69º não podem deduzir o imposto devido ou pago nas aquisições no mercado nacional, aquisições intracomunitárias e importações desses bens.

2. O imposto suportado em investimentos e demais despesas de comercialização é dedutível nos termos gerais dos artigos 19º e seguintes.

Artigo 72º – Direito a dedução dos adquirentes

1. Quando os combustíveis adquiridos a revendedores originarem direito a dedução nos termos gerais, esta tem como base o imposto contido no preço de venda.

2. O direito à dedução referido no número anterior só pode ser exercido com base em faturas passadas na forma legal, podendo, porém, os elementos relativos à identificação do adquirente, com exceção do número de identificação fiscal, ser substituídos pela simples indicação da matrícula do veículo abastecido.

3. As faturas emitidas pelos revendedores devem conter a indicação do preço líquido, da taxa aplicável e do montante de imposto correspondente ou, em alternativa, a indicação do preço com inclusão do imposto e da taxa aplicável.

4. No caso de entregas efetuadas por revendedores por conta dos distribuidores, as faturas emitidas pelos revendedores devem conter a menção 'IVA – não confere direito à dedução' ou expressão similar.

(Redação dada pelo Decreto-Lei nº 197/2012, de 24-08)

Artigo 73º – Registos das aquisições e vendas

Os revendedores devem manter registos separados das aquisições e vendas dos combustíveis abrangidos por este regime.

Artigo 74º – Aquisições intracomunitárias

Os sujeitos passivos abrangidos pelo presente regime devem, sempre que efectuem aquisições intracomunitárias dos combustíveis referidos no artigo 69º, obedecer às regras estabelecidas no Regime do IVA nas Transacções Intracomunitárias.

Artigo 75º – Exclusão dos regimes especiais

Os sujeitos passivos abrangidos pelo presente regime não podem beneficiar do regime especial de isenção do artigo 53º nem do regime especial dos pequenos retalhistas do artigo 60º

SECÇÃO V – Disposições comuns

Artigo 76º – Centralização da escrita

1. Os sujeitos passivos que distribuam a sua actividade por mais de um estabelecimento devem centralizar num deles a escrituração relativa às operações realizadas em todos.

2. No caso previsto no nº 1, a escrituração das operações realizadas deve obedecer aos seguintes princípios:

a) No estabelecimento escolhido para a centralização devem manter-se os registos da centralização, bem como os respectivos documentos de suporte;

b) Devem existir registos dos movimentos de cada estabelecimento, incluindo os efectuados entre si.

3. *(Revogado.)*

(Redação dada pelo Decreto-Lei nº 28/2019, de 15-02)

Artigo 77º – Serviço de finanças competente

1. Para efeitos do cumprimento das obrigações do presente diploma, considera-se serviço de finanças competente o da área fiscal onde o sujeito passivo tiver a sua sede, estabelecimento principal ou, na falta deste, o domicílio.

2. Tratando-se de sujeitos passivos titulares de rendimentos sujeitos a IRS, considera-se serviço de finanças competente o da área do respectivo domicílio fiscal.

3. Para os sujeitos passivos, pessoas singulares ou colectivas, com domicílio ou sede fora do território nacional, o serviço de finanças competente é a da área fiscal onde estiver situado o estabelecimento estável ou, na falta deste, o da área fiscal da sede, estabelecimento principal ou domicílio do representante.

4. Para os sujeitos passivos não residentes, sem estabelecimento estável em território nacional, que não tenham representante, considera-se competente o serviço de finanças de Lisboa 3.

5. Não obstante o disposto nos números anteriores, para efeitos de cumprimento das obrigações previstas nos artigos 31º, 32º e 33º, a entrega das declarações aí previstas é efectuada nos termos do artigo 35º

Artigo 78º – Regularizações

1. As disposições dos artigos 36º e seguintes devem ser observadas sempre que, emitida a fatura, o valor tributável de uma operação ou o respetivo imposto venham a sofrer retificação por qualquer motivo.

2. Se, depois de efectuado o registo referido no artigo 45º, for anulada a operação ou reduzido o seu valor tributável em consequência de invalidade, resolução, rescisão ou redução do contrato, pela devolução de mercadorias ou pela concessão de abatimentos ou descontos, o fornecedor do bem ou prestador do serviço pode efectuar a dedução do correspondente imposto até ao final do período de imposto seguinte àquele em que se verificarem as circunstâncias que determinaram a anulação da liquidação ou a redução do seu valor tributável.

3. Nos casos de facturas inexactas que já tenham dado lugar ao registo referido no artigo 45º, a rectificação é obrigatória quando houver imposto liquidado a menos, podendo ser efectuada sem qualquer penalidade até ao final do período seguinte àquele a que respeita a factura a rectificar, e é facultativa, quando houver imposto liquidado a mais, mas apenas pode ser efectuada no prazo de dois anos.

4. O adquirente do bem ou destinatário do serviço que seja um sujeito passivo do imposto, se tiver efectuado já o registo de uma operação relativamente à qual o seu fornecedor ou prestador de serviço procedeu a anulação, redução do seu valor tributável ou rectificação para menos do valor facturado, corrige, até ao fim do período de imposto seguinte ao da recepção do documento rectificativo, a dedução efectuada.

5. Quando o valor tributável de uma operação ou o respectivo imposto sofrerem rectificação para menos, a regularização a favor do sujeito passivo só pode ser efectuada quando este tiver na sua posse prova de que o adquirente tomou conhecimento da rectificação ou de que foi reembolsado do imposto, sem o que se considera indevida a respectiva dedução.

6. A correcção de erros materiais ou de cálculo no registo a que se referem os artigos 44º a 51º e 65º, nas declarações mencionadas no artigo 41º e nas guias ou declarações mencionadas nas alíneas *b*) e *c*) do nº 1 do artigo 67º é facultativa quando resultar imposto a favor do sujeito passivo, mas só pode ser efectuada no prazo de dois anos, que, no caso do exercício do direito à dedução, é contado a partir do nascimento do respectivo direito nos termos do nº 1 do artigo 22º, sendo obrigatória quando resulte imposto a favor do Estado.

7. Os sujeitos passivos podem deduzir ainda o imposto respeitante a créditos considerados incobráveis:

a) Em processo de execução, após o registo a que se refere a alínea *b*) do nº 2 do artigo 717º do Código do Processo Civil;

b) Em processo de insolvência, quando a mesma for decretada de caráter limitado, após o trânsito em julgado da sentença de verificação e graduação de créditos prevista no Código da Insolvência e da Recuperação de Empresas ou, quando exista, a homologação do plano objeto da deliberação prevista no artigo 156º do mesmo Código;

c) Em processo especial de revitalização, após homologação do plano de recuperação pelo juíz, previsto no artigo 17º-F do Código da Insolvência e da Recuperação de Empresas;

d) Nos termos previstos no Sistema de Recuperação de Empresas por Via Extrajudicial (SIREVE), após celebração do acordo previsto no artigo 12º do Decreto-Lei nº 178/2012, de 3 de agosto.

8. Os sujeitos passivos podem igualmente deduzir o imposto respeitante a outros créditos desde que se verifique qualquer das seguintes condições:

a) O valor do crédito não seja superior a € 750, IVA incluído, a mora do pagamento se prolongue para além de seis meses e o devedor seja particular ou sujeito passivo que realize exclusivamente operações isentas que não confiram direito a dedução;

b) Os créditos sejam superiores a € 750 e inferiores a € 8000, IVA incluído, quando o devedor, sendo um particular ou um sujeito passivo que realize exclusivamente operações isentas que não conferem o direito à dedução, conste no registo informático de execuções como executado contra quem foi movido processo de execução anterior entretanto suspenso ou extinto por não terem sido encontrados bens penhoráveis;

c) Os créditos sejam superiores a € 750 e inferiores a € 8000, IVA incluído, tenha havido aposição de fórmula executória em processo de injunção ou reconhecimento em acção de condenação e o devedor seja particular ou sujeito passivo que realize exclusivamente operações isentas que não confiram direito a dedução;

d) Os créditos sejam inferiores a € 6000, IVA incluído, deles sendo devedor sujeito passivo com direito à dedução e tenham sido reconhecidos em acção de condenação ou reclamados em processo de execução e o devedor tenha sido citado editalmente.

e) Os créditos sejam superiores a € 750 e inferiores a € 8000, IVA incluído, quando o devedor, sendo um particular ou um sujeito passivo que realize exclusivamente operações isentas que não conferem direito a dedução, conste da lista de acesso público de execuções extintas com pagamento parcial ou por não terem sido encontrados bens penhoráveis no momento da dedução.

9. O valor global dos créditos referidos no número anterior, o valor global do imposto a deduzir, a realização de diligências de cobrança por parte do credor e o insucesso, total ou parcial, de tais diligências, devem encontrar-se documentalmente comprovados e ser certificados por revisor oficial de contas, devendo este certificar, ainda, que se encontram verificados os requisitos legais para a dedução do imposto respeitante a créditos considerados incobráveis nos termos do nº 7 deste artigo.

10. A certificação por revisor oficial de contas a que se refere o número anterior deve ser efectuada por cada um dos períodos em que foi feita a regularização e até ao termo do prazo estabelecido para a entrega da declaração periódica ou até à data de entrega da mesma, quando esta ocorra fora do prazo.

11. No caso previsto no nº 7 e na alínea *d*) do nº 8 é comunicada ao adquirente do bem ou serviço, que seja um sujeito passivo do imposto, a anulação total ou parcial do imposto, para efeitos de retificação da dedução inicialmente efetuada, devendo esta comunicação identificar as faturas, o montante do crédito e do imposto a ser regularizado, o processo ou acordo em causa, bem como o período em que a regularização é efetuada.

12. Nos casos em que se verificar a recuperação dos créditos, total ou parcialmente, os sujeitos passivos são obrigados a proceder à entrega do imposto, no período em que se verificar o seu recebimento, sem observância, neste caso, do prazo previsto no nº 1 do artigo 94º

13. Quando o valor tributável for objecto de redução, o montante deste deve ser repartido entre contraprestação e imposto, aquando da emissão do respectivo documento, se se pretender igualmente a rectificação do imposto.

14. Nos casos em que a obrigação de liquidação e pagamento do imposto compete ao adquirente dos bens e serviços e os correspondentes montantes não tenham sido incluídos na declaração periódica, originando a respectiva liquidação e dedução ou o tenham sido fora do prazo legalmente estabelecido, a liquidação e a dedução são aceites sem quaisquer consequências desde que o sujeito passivo entregue a declaração de substituição, sem prejuízo da penalidade que ao caso couber.

15. O disposto no número anterior é igualmente aplicável aos sujeitos passivos que tenham o direito à dedução parcial do imposto, nos termos do disposto no artigo 23º, sem prejuízo da liquidação adicional e pagamento do imposto e dos juros compensatórios que se mostrem devidos pela diferença.

16. Os documentos, certificados e comunicações a que se referem os nºs 7 a 11 devem integrar o processo de documentação fiscal previsto nos artigos 130º do Código do IRC e 129º do Código do IRS.

17. O disposto no nº 8 não é aplicável quando estejam em causa transmissões de bens ou prestações de serviços cujo adquirente ou destinatário constasse, no momento da realização da operação, da lista de acesso público de execuções extintas com pagamento parcial ou por não terem sido encontrados bens penhoráveis.

(Redação daaa pela Lei nº 82-B/2014, de 31-12)

Artigo 78º-A – Créditos de cobrança duvidosa ou incobráveis – Regularização a favor do sujeito passivo

1. Os sujeitos passivos podem deduzir o imposto respeitante a créditos considerados de cobrança duvidosa, evidenciados como tal na contabilidade, sem prejuízo do disposto no artigo 78º-D, bem como o respeitante a créditos considerados incobráveis.

2. Para efeitos do disposto no número anterior, consideram-se créditos de cobrança duvidosa aqueles que apresentem um risco de incobrabilidade devidamente justificado, o que se verifica nos seguintes casos:

a) O crédito esteja em mora há mais de 24 meses desde a data do respetivo vencimento e existam provas objetivas de imparidade e de terem sido efetuadas diligências para o seu recebimento;

b) O crédito esteja em mora há mais de seis meses desde a data do respetivo vencimento, o valor do mesmo não seja superior a € 750, IVA incluído, e o devedor seja particular ou sujeito passivo que realize exclusivamente operações isentas que não confiram direito à dedução.

3. Para efeitos do disposto no número anterior, considera-se que o vencimento do crédito ocorre na data prevista no contrato celebrado entre o sujeito passivo e o adquirente ou, na ausência de prazo certo, após a interpelação prevista no artigo 805º do Código Civil, não sendo oponível pelo adquirente à Autoridade Tributária e Aduaneira o incumprimento dos termos e demais condições acordadas com o sujeito passivo.

4. Os sujeitos passivos podem, ainda, deduzir o imposto relativo a créditos considerados incobráveis em qualquer das seguintes situações, sempre que o facto relevante ocorra em momento anterior ao referido no nº 2:

a) Em processo de execução, após o registo a que se refere a alínea *b*) do nº 2 do artigo 717º do Código do Processo Civil;

b) Em processo de insolvência, quando a mesma for decretada de caráter limitado ou quando for determinado o encerramento do processo por insuficiência de bens, ao abrigo da alínea *d*) do nº 1 do artigo 230º e do artigo 232º, ambos do Código da Insolvência e da Recuperação de Empresas, ou após a realização do rateio final, do qual resulte o não pagamento definitivo do crédito;

c) Em processo de insolvência ou em processo especial de revitalização, quando seja proferida sentença de homologação do plano de insolvência ou do plano de recuperação que preveja o não pagamento definitivo do crédito;

d) *(Revogada.)*

e) Quando for celebrado e depositado na Conservatória do Registo Comercial acordo sujeito ao Regime Extrajudicial de Recuperação de Empresas (RERE) que cumpra com o disposto no nº 3 do artigo 27º do RERE e do qual resulte o não pagamento definitivo do crédito.

5. A dedução do imposto nos termos do número anterior exclui a possibilidade de dedução nos termos do nº 2.

6. Não são considerados créditos incobráveis ou de cobrança duvidosa:

a) Os créditos cobertos por seguro, com exceção da importância correspondente à percentagem de descoberto obrigatório, ou por qualquer espécie de garantia real;

b) Os créditos sobre pessoas singulares ou coletivas com as quais o sujeito passivo esteja em situação de relações especiais, nos termos do nº 4 do artigo 63º do Código do IRC;

c) Os créditos em que, no momento da realização da operação, o adquirente ou destinatário conste da lista de acesso público de execuções extintas com pagamento parcial ou por não terem sido encontrados bens penhoráveis e, bem assim, sempre que o adquirente ou destinatário tenha sido declarado falido ou insolvente em processo judicial anterior;

d) Os créditos sobre o Estado, regiões autónomas e autarquias locais ou aqueles em que estas entidades tenham prestado aval.

7. Os sujeitos passivos perdem o direito à dedução do imposto respeitante a créditos considerados de cobrança duvidosa ou incobráveis, sempre que ocorra a transmissão da titularidade dos créditos subjacentes.

8. Nas situações previstas no número anterior, caso a transmissão da titularidade dos créditos ocorra após ter sido efetuada a dedução do imposto respeitante aos créditos considerados de cobrança duvidosa ou incobráveis, devem os sujeitos passivos observar, com as necessárias adaptações, o disposto no nº 3 do artigo 78º-C.

(Redação dada pela Lei nº 8/2018, de 02-03)

Artigo 78º-B – Procedimento de regularização

1. A dedução do imposto associado a créditos considerados de cobrança duvidosa, nos termos da alínea *a*) do nº 2 do artigo anterior, é efetuada mediante pedido de autorização prévia a apresentar, por via eletrónica, no prazo de seis meses, contados a partir da data em que os créditos sejam considerados de cobrança duvidosa, nos termos do referido número.

2. Sem prejuízo do disposto no nº 4, o pedido de autorização prévia deve ser apreciado pela Autoridade Tributária e Aduaneira no prazo máximo de oito meses, findo o qual se considera indeferido.

3. No caso de créditos abrangidos pela alínea *b*) do nº 2 e pelo nº 4 do artigo anterior, a dedução é efetuada pelo sujeito passivo sem necessidade de pedido de autorização prévia, no prazo de dois anos, a contar do primeiro dia do ano civil seguinte, reservando-se a Autoridade Tributária e Aduaneira a faculdade de controlar posteriormente a legalidade da pretensão do sujeito passivo.

4. No caso de créditos não abrangidos pelo número anterior que sejam inferiores a € 150 000, IVA incluído, por fatura, decorrido o prazo previsto no nº 2, o pedido de autorização prévia é considerado deferido, reservando-se a Autoridade Tributária e Aduaneira a faculdade de controlar posteriormente a legalidade da pretensão do sujeito passivo.

5. A apresentação de um pedido de autorização prévia pelo sujeito passivo para a dedução do imposto associado a créditos de cobrança duvidosa nos termos da alínea *a*) do nº 2 do artigo anterior determina a notificação do adquirente pela Autoridade Tributária e Aduaneira, por via eletrónica, para que efetue a correspondente retificação, a favor do Estado, da dedução inicialmente efetuada, nos termos previstos no nº 1 do artigo seguinte.

6. Até ao final do prazo para a entrega da declaração periódica mencionada no nº 1 do artigo seguinte, o adquirente pode identificar, por via eletrónica, no Portal das Finanças, as faturas que já se encontram pagas ou em relação às quais não se encontra em mora, devendo fazer prova documental dos factos que alega.

7. Sempre que o adquirente faça prova dos factos previstos no número anterior, a Autoridade Tributária e Aduaneira notifica o sujeito passivo, por via eletrónica, do indeferimento do pedido de autorização prévia.

8. A dedução do imposto a favor do sujeito passivo deve ser efetuada na respetiva declaração periódica, até ao final do período seguinte àquele em que se verificar o deferimento do pedido de autorização prévia pela Autoridade Tributária e Aduaneira.

9. No caso previsto no nº 4 do artigo anterior, é comunicado ao adquirente do bem ou serviço, que seja um sujeito passivo do imposto, a anulação total ou parcial do imposto, para efeitos de retificação da dedução inicialmente efetuada, devendo esta comunicação identificar as faturas, o montante do crédito e do imposto a ser regularizado, o processo ou acordo em causa, bem como o período em que a regularização é efetuada.

10. Os procedimentos para apresentação do pedido de autorização prévia e os modelos a utilizar são aprovados por portaria do membro do Governo responsável pela área das finanças.

(Redação dada pela Lei nº 82-B/2014, de 31-12)

Artigo 78º-C – Retificação a favor do Estado de dedução anteriormente efetuada

1. Nos casos em que haja lugar à retificação pelo adquirente da dedução prevista no nº 5 do artigo anterior, esta deverá ser efetuada na declaração periódica relativa ao período de imposto em que ocorreu a respetiva notificação, identificando, em anexo, as correspondentes faturas, incluindo a identificação do emitente o valor da fatura e o imposto nela liquidado.

2. Sempre que o adquirente não efetue a retificação da dedução prevista no número anterior ou não proceda nos termos referidos no nº 6 do artigo anterior, a Autoridade Tributária e Aduaneira emite liquidação adicional, nos termos do artigo 87º, correspondente ao imposto não retificado pelo devedor, notificando em simultâneo o sujeito passivo do deferimento do pedido referido no nº 1 do artigo anterior, sem prejuízo do disposto no nº 4 do mesmo artigo.

3. Em caso de recuperação, total ou parcial, dos créditos, os sujeitos passivos que hajam procedido anteriormente à dedução do imposto associado a créditos de cobrança duvidosa ou incobráveis devem entregar o imposto correspondente ao montante recuperado com a declaração periódica a apresentar no período do recebimento, sem observância do prazo previsto no nº 1 do artigo 94º, ficando a dedução do imposto pelo adquirente dependente da apresentação de pedido de autorização prévia, aplicando-se, com as necessárias adaptações, o disposto no artigo anterior.

(Redação dada pela Lei nº 82-B/2014, de 31-12)

Artigo 78º-D – Documentação de suporte

1. A identificação da fatura relativa a cada crédito de cobrança duvidosa, a identificação do adquirente, o valor da fatura e o imposto liquidado, a realização de diligências de cobrança por parte do credor e o insucesso, total ou parcial, de tais diligências, bem como outros elementos que evidenciem a realização das operações em causa, devem encontrar-se documentalmente comprovados e ser certificados por revisor oficial de contas.

2. A certificação por revisor oficial de contas prevista no número anterior é efetuada para cada um dos documentos e períodos a que se refere a regularização e até à entrega do correspondente pedido, sob pena de o pedido de autorização prévia não se considerar apresentado, devendo a certificação ser feita, no caso da regularização dos créditos não depender de pedido de autorização prévia, até ao termo do prazo estabelecido para a entrega da declaração periódica ou até à data de entrega da mesma, quando esta ocorra fora do prazo.

3. O revisor oficial de contas deverá, ainda, certificar que se encontram verificados os requisitos legais para a dedução do imposto respeitante a créditos considerados incobráveis, atento o disposto no nº 4 do artigo 78º-A.

(Redação dada pela Lei nº 82-B/2014, de 31-12)

Artigo 79º – Responsabilidade solidária do adquirente

1. O adquirente dos bens ou serviços tributáveis que seja um sujeito passivo dos referidos na alínea *a*) do nº 1 do artigo 2º, agindo como tal, e não isento, é solidariamente responsável com o fornecedor pelo pagamento do imposto quando a fatura obrigatória não tenha sido passada, contenha uma indicação inexata quanto ao nome ou endereço das partes intervenientes, à natureza ou à quantidade dos bens transmitidos ou serviços fornecidos, ao preço ou ao montante de imposto devido.

2. O adquirente ou destinatário que prove ter pago ao seu fornecedor, devidamente identificado, todo ou parte do imposto devido é liberto da responsabilidade solidária prevista no número anterior, pelo montante correspondente ao pagamento efectuado, salvo no caso de má fé.

3. Sem prejuízo da responsabilidade solidária pelo pagamento prevista nos números anteriores, a responsabilidade pela emissão das faturas, pela veracidade do seu conteúdo e pelo pagamento do respetivo imposto, nos casos previstos no nº 14 do artigo 29º, cabe ao sujeito passivo transmitente dos bens ou prestador dos serviços.

4. Não obstante o disposto nos números anteriores, nos casos em que o imposto resulte de operação simulada ou em que seja simulado o preço constante da fatura, o adquirente dos bens ou serviços que seja um sujeito passivo dos referidos na alínea *a*) do nº 1 do artigo 2º, agindo como tal, e ainda que isento de imposto, é solidariamente responsável, pelo pagamento do imposto, com o sujeito passivo que na fatura figura como fornecedor dos bens ou prestador dos serviços.

5. A responsabilidade solidária prevista no número anterior é aplicável ainda que o adquirente dos bens ou serviços prove ter pago a totalidade ou parte do imposto ao sujeito passivo que na fatura figura como fornecedor dos bens ou prestador dos serviços.

(Redação dada pelo Decreto-Lei nº 197/2012, de 24-08)

Artigo 80º – Responsabilidade solidária dos sujeitos passivos

1. Nas transmissões de bens ou prestações de serviços realizadas ou declaradas com a intenção de não entregar nos cofres do Estado o imposto correspondente são também responsáveis solidários pelo pagamento do imposto os sujeitos passivos abrangidos pela alínea *a*) do nº 1 do artigo 2º que tenham intervindo ou venham a intervir, em qualquer fase do circuito económico, em operações relacionadas com esses bens ou com esses serviços desde que aqueles tivessem ou devessem ter conhecimento dessas circunstâncias.

2. O disposto no número anterior é aplicável às transmissões de bens e prestações de serviços a definir por despacho do Ministro das Finanças quando estejam em causa operações relacionadas com actividades em que as práticas descritas no nº 1 ocorram de forma reiterada.

3. Para efeitos do disposto neste artigo, presume-se que o sujeito passivo tem conhecimento de que o imposto relativo às transmissões de bens ou prestações dos serviços referidos no número anterior não foi ou não venha a ser integralmente entregue nos cofres do Estado sempre que o preço por ele devido pelos bens ou serviços em causa seja inferior ao preço mais baixo que seria razoável pagar em situação de livre concorrência ou seja inferior ao preço relativo a esses bens ou serviços em fases anteriores de circuito económico.

4. A presunção referida no número anterior é ilidida se for demonstrado que o preço praticado, numa das fases do circuito económico, se deveu a circunstâncias não relacionadas com a intenção de não pagamento do imposto.

Artigo 81º – Volume de negócios dos sujeitos passivos isentos com actividade acessória tributável

Os sujeitos passivos que pratiquem operações isentas, sem direito a dedução, e desenvolvam simultaneamente uma actividade acessória tributável podem calcular o seu volume de negócios, para efeitos do disposto nos artigos 42º e 53º, tomando em conta apenas os resultados relativos à actividade acessória.

Artigo 82º – Notificações

As notificações referidas nos nºs 1 do artigo 28º, 4 e 6 do artigo 35º, 7 do artigo 41º, 5 do artigo 55º, 4 do artigo 58º, e 5 do artigo 63º, no artigo 91º e no nº 3 do artigo 94º, bem como as decisões a que se referem os nºs 3 do artigo 53º e 4 do artigo 60º, são efetuadas nos termos do Código de Procedimento e de Processo Tributário.

(Redação dada pela Lei nº 66-B/2012, de 31-12)

Artigo 83º – Recurso hierárquico

1. Das decisões a que se referem os nºs 3 do artigo 35º, 7 do artigo 41º, 3 do artigo 53º, e 5 do artigo 55º, o artigo 56º e os nºs 4 do artigo 58º, 4 do artigo 60º e 5 do artigo 63º pode o sujeito passivo recorrer hierarquicamente, nos termos do Código de Procedimento e de Processo Tributário.

2. Aos recursos hierárquicos referidos no número anterior aplica-se o disposto na lei geral tributária, tendo sempre efeito suspensivo quando respeitarem às decisões referidas no artigo 56º e no nº 4 do artigo 58º

3. Para efeitos do disposto nos artigos 53º e 58º, não se conhece das reclamações, impugnações e recursos hierárquicos, na parte em que tenham por fundamento a discussão dos volumes de negócios, quando fixados definitivamente para efeitos do IRS ou IRC ou cujo processo de fixação esteja em curso no âmbito destes impostos.

(Cfr. Declaração de Rectificação nº 44-A/2008, de 13-08)

CAPÍTULO VI – Fiscalização e determinação oficiosa do imposto

Artigo 84º – Entidades fiscalizadoras

O cumprimento das obrigações impostas por este diploma é fiscalizado, em geral, e dentro dos limites da respectiva competência, por todas as autoridades, corpos administrativos, repartições públicas e pessoas colectivas de utilidade pública e, em especial, pela Direcção-Geral dos Impostos.

Artigo 85º – Dever de colaboração

1. A fiscalização em especial das disposições do presente Código rege-se pelo disposto no artigo 63º da lei geral tributária, aprovada pelo Decreto-Lei nº 398/98, de

17 de Dezembro, e no Regime Complementar do Procedimento de Inspecção Tributária, aprovado pelo artigo 1º do Decreto-Lei nº 413/98, de 31 de Dezembro.

2. Os serviços, estabelecimentos e organismos do Estado, das Regiões Autónomas e das autarquias locais, incluindo os dotados de autonomia administrativa ou financeira, ainda que personalizados, as associações e federações de municípios, bem como outras pessoas colectivas de direito público, as instituições particulares de solidariedade social e as empresas públicas devem entregar o mapa recapitulativo previsto na alínea *f)* do nº 1 do artigo 29º

Artigo 86º – Presunção de aquisição e de transmissão de bens

Salvo prova em contrário, presumem-se adquiridos os bens que se encontrem em qualquer dos locais em que o sujeito passivo exerce a sua actividade e presumem-se transmitidos os bens adquiridos, importados ou produzidos que se não encontrem em qualquer desses locais.

Artigo 87º – Rectificação das declarações e liquidações adicionais

1. Sem prejuízo do disposto no artigo 90º, a Direcção-Geral dos Impostos procede à rectificação das declarações dos sujeitos passivos quando fundamentadamente considere que nelas figure um imposto inferior ou uma dedução superior aos devidos, liquidando adicionalmente a diferença.

2. As inexactidões ou omissões praticadas nas declarações podem resultar directamente do seu conteúdo, do confronto com declarações de substituição apresentadas para o mesmo período ou respeitantes a períodos de imposto anteriores, ou ainda com outros elementos de que se disponha, designadamente os relativos a IRS, IRC ou informações recebidas no âmbito da cooperação administrativa comunitária e da assistência mútua.

3. As inexactidões ou omissões podem igualmente ser constatadas em visita de fiscalização efectuada nas instalações do sujeito passivo, através de exame dos seus elementos de escrita, bem como da verificação das existências físicas do estabelecimento.

4. Se for demonstrado, sem margem para dúvidas, que foram praticadas omissões ou inexactidões no registo e na declaração a que se referem, respectivamente, as alíneas *a)* do nº 2 do artigo 65º e *c)* do nº 1 do artigo 67º, procede-se à tributação do ano em causa com base nas operações que o sujeito passivo presumivelmente efectuou, sem ter em conta o disposto no nº 1 do artigo 60º

5. Quando as liquidações adicionais respeitem a aquisições intracomunitárias de bens não mencionadas pelo sujeito passivo nas suas declarações periódicas de imposto ou a transmissões de bens que os sujeitos passivos considerem indevidamente como transmissões intracomunitárias isentas ao abrigo do artigo 14º do Regime do IVA nas Transacções Intracomunitárias, considera-se, na falta de elementos que permitam determinar a taxa aplicável, que as operações são sujeitas à taxa prevista na alínea *c)* do nº 1 do artigo 18º, sem prejuízo de a liquidação ficar sem efeito se o sujeito passivo proceder à regularização da sua situação tributária, ilidir a presunção ou demonstrar que a falta não lhe é imputável.

6. A adopção por parte do sujeito passivo, no prazo de 30 dias a contar da data da notificação a que se refere o artigo 28º, de um dos procedimentos previstos na parte final do número anterior tem efeitos suspensivos.

Artigo 88º – Liquidação oficiosa do imposto pelos serviços centrais

1. Se a declaração periódica prevista no artigo 41º não for apresentada, a Direcção-Geral dos Impostos, com base nos elementos de que disponha, relativos ao sujeito passivo ou ao respectivo sector de actividade, procede à liquidação oficiosa do imposto, a qual tem por limite mínimo um valor anual igual a 6 ou 3 vezes a retribuição mínima mensal garantida, respectivamente, para os sujeitos passivos a que se referem as alíneas *a*) e *b*) do nº 1 daquele artigo.

2. O imposto liquidado nos termos do número anterior deve ser pago nos locais de cobrança legalmente autorizados, no prazo mencionado na notificação, efectuada nos termos do Código de Procedimento e de Processo Tributário, o qual não pode ser inferior a 90 dias contados a partir da data da notificação.

3. Na falta de pagamento no prazo referido no número anterior, é extraída pela Direcção-Geral dos Impostos certidão de dívida, nos termos e para efeitos do disposto no artigo 88º do Código de Procedimento e de Processo Tributário.

4. A liquidação referida no nº 1 fica sem efeito nos seguintes casos:

a) Se o sujeito passivo, dentro do prazo referido no nº 2, apresentar a declaração em falta, sem prejuízo da penalidade que ao caso couber;

b) Se a liquidação vier a ser corrigida com base nos elementos recolhidos em procedimento de inspecção tributária ou outros ao dispor dos serviços;

c) Se for declarada a cessação oficiosa referida no nº 2 do artigo 34º e a liquidação disser respeito ao período decorrido desde o momento em que a cessação deveria ter ocorrido.

5. Se o imposto apurado nos termos do nº 1 ou constante de certidão de dívida a que se refere o nº 3 tiver sido pago, a respectiva importância é tomada em conta no pagamento das liquidações previstas nas alíneas *a*) e *b*) do número anterior.

6. Relativamente à diferença que resultar da compensação prevista no número anterior, é extraída certidão de dívida nos termos do nº 6 do artigo 27º ou creditada a importância correspondente se essa diferença for a favor do sujeito passivo.

(Redação dada pela Lei nº 66-B/2012, de 31-12)

Artigo 89º – Liquidação oficiosa pelo chefe do serviço de finanças

1. O chefe do serviço de finanças competente procede à liquidação oficiosa do imposto quando o sujeito passivo não cumpra as obrigações previstas na alínea *b*) do nº 1 do artigo 67º

2. A liquidação referida no número anterior tem como base os elementos recolhidos em visita de fiscalização ou outros ao dispor dos serviços.

(Redação dada pela Lei nº 3-B/2010, de 28-04)

Artigo 90º – Liquidação com base em presunções e métodos indirectos

1. Sem prejuízo do disposto no presente Código, a liquidação do imposto com base em presunções ou métodos indirectos efectua-se nos casos e condições previstos nos artigos 87º e 89º da lei geral tributária, seguindo os termos do artigo 90º da referida lei.

2. A aplicação de métodos indirectos nos termos do número anterior cabe ao director de finanças da área do domicílio, sede, direcção efectiva ou estabelecimento estável do sujeito passivo ou ao funcionário em quem ele tiver delegado essa competência.

Artigo 91º – Liquidação do imposto

Concluído o procedimento de revisão previsto na lei geral tributária, considera-se efectuada a liquidação do imposto, notificando-se o sujeito passivo nos termos e para os efeitos do artigo 28º

Artigo 92º – Notificação de liquidações adicionais e de juros compensatórios

Nos casos previstos no artigo 87º, a Direcção-Geral dos Impostos, quando disponha de todos os elementos necessários ao apuramento do imposto ou dos juros compensatórios, procede à notificação dos sujeitos passivos, nos termos do Código de Procedimento e de Processo Tributário.

(Redação dada pela Lei nº 3-B/2010, de 28-04)

Artigo 93º – Notificação da compensação

1. Nos casos em que o imposto em dívida tenha sido liquidado pelos serviços competentes da Direcção-Geral dos Impostos e haja sido efectuada a compensação prevista nos artigos 89º ou 90º do Código de Procedimento e de Processo Tributário com reembolso do IVA, é o sujeito passivo notificado nos termos daquele diploma.

2. O prazo para o recurso hierárquico, para a reclamação e para a impugnação judicial conta-se a partir do dia imediato ao da recepção da notificação a que se refere o número anterior, atribuindo-se a competência a que se refere o nº 1 do artigo 75º e o artigo 112º do Código de Procedimento e de Processo Tributário ao director de serviços de reembolsos.

3. As petições a que se refere o nº 2 podem ser entregues na direcção de serviços de reembolsos ou no serviço de finanças competente, caso em que, uma vez informadas com os elementos ao seu dispor, são de imediato remetidas àquela direcção de serviços.

Artigo 94º – Caducidade

1. Só pode ser liquidado imposto nos prazos e nos termos previstos nos artigos 45º e 46º da lei geral tributária, com exceção do disposto no número seguinte.

2. Quando se trate de liquidação adicional emitida nos termos do artigo 78º-C, o prazo de caducidade conta-se a partir da notificação do adquirente referida no nº 5 do artigo 78º-B.

3. Até ao final dos prazos referidos no nº 1, as retificações e as tributações oficiosas podem ser integradas ou modificadas com base no conhecimento ulterior de novos elementos, nos termos legais.

4. A notificação do apuramento do imposto nos termos do número anterior deve indicar, sob pena de nulidade, os novos elementos e os actos ou factos através dos quais chegaram ao conhecimento da administração fiscal

5. A Autoridade Tributária e Aduaneira não procede a qualquer liquidação, ainda que adicional, quando o seu quantitativo for inferior a € 25, devendo o mesmo limite ser observado na extração das certidões de dívida previstas no nº 6 do artigo 27º, no nº 2 do artigo 28º e nos nºs 3 e 6 do artigo 88º

6. Quando a notificação for feita nos termos do artigo 95º, o limite referido no número anterior aplica-se ao valor anual da liquidação.

(Redação dada pela Lei nº 114/2017, de 29-12)

Artigo 95º – Anualização das liquidações

As liquidações referidas nos artigos 87º e 88º podem ser agregadas por anos civis num único documento de cobrança.

Artigo 96º – Juros compensatórios e de mora

1. Sempre que, por facto imputável ao sujeito passivo, for retardada a liquidação ou tenha sido recebido reembolso superior ao devido, acrescem ao montante do imposto juros compensatórios nos termos do artigo 35º da lei geral tributária.

2. Sempre que o imposto liquidado pelos serviços ou pelo sujeito passivo não seja pago até ao termo dos prazos legais estabelecidos, são devidos juros de mora nos termos do artigo 44º da lei geral tributária.

CAPÍTULO VII – Garantias dos sujeitos passivos

Artigo 97º – Recurso hierárquico, reclamação e impugnação

1. Os sujeitos passivos e as pessoas solidária ou subsidiariamente responsáveis pelo pagamento do imposto podem recorrer hierarquicamente nos casos previstos neste Código, reclamar contra a respectiva liquidação ou impugná-la, com os fundamentos e nos termos estabelecidos no Código de Procedimento e de Processo Tributário.

2. Os recursos hierárquicos, as reclamações e as impugnações não são admitidos se as liquidações forem ainda susceptíveis de correcção nos termos do artigo 78º ou se não tiver sido entregue a declaração periódica cuja falta originou a liquidação prevista no artigo 88º

3. As liquidações só podem ser anuladas quando esteja provado que o imposto não foi incluído na fatura passada ao adquirente nos termos do artigo 37º

4. As notificações efectuadas nos termos dos artigos 91º, 92º e 93º, nº 1, devem indicar as razões de facto e de direito da determinação da dívida de imposto, bem como os critérios e cálculos subjacentes aos montantes apurados.

5. Os prazos para as reclamações ou impugnações previstas no nº 2 contam-se a partir do dia imediato ao final do período referido nos nºs 3 e 6 do artigo 78º

(Redação dada pelo Decreto-Lei nº 197/2012, de 24-08)

Artigo 98º – Revisão oficiosa e prazo do exercício do direito à dedução

1. Quando, por motivos imputáveis aos serviços, tenha sido liquidado imposto superior ao devido, procede-se à revisão oficiosa nos termos do artigo 78º da lei geral tributária.

2. Sem prejuízo de disposições especiais, o direito à dedução ou ao reembolso do imposto entregue em excesso só pode ser exercido até ao decurso de quatro anos após o nascimento do direito à dedução ou pagamento em excesso do imposto, respectivamente.

3. Não se procede à anulação de qualquer liquidação quando o seu valor seja inferior ao limite previsto no nº 4 do artigo 94º

Artigo 99º – Anulação da liquidação

1. Anulada a liquidação, quer oficiosamente quer por decisão da entidade ou tribunal competente, com trânsito em julgado, restitui-se a respectiva importância, mediante o processamento do correspondente título de crédito.

2. No caso de pagamento do imposto em montante superior ao legalmente devido resultante de erro imputável aos serviços, são devidos juros indemnizatórios nos termos do artigo 43º da lei geral tributária, a liquidar e pagar nos termos do Código de Procedimento e de Processo Tributário.

CAPÍTULO VIII – Disposições finais

Artigo 100º – Recibo da entrega de declarações

Quando a lei mande efectuar a entrega de declarações ou outros documentos em mais de um exemplar, um deles deve ser devolvido ao apresentante, com menção de recibo.

Artigo 101º – Remessa de declarações e documentos pelo correio e por transmissão electrónica

As declarações que, segundo a lei, devam ser apresentadas num serviço de finanças ou noutro local legalmente autorizado, bem como os documentos de qualquer outra natureza exigidos pela Direcção-Geral dos Impostos, com excepção dos que devem ser enviados por via electrónica, podem ser remetidos pelo correio, sob registo postal, acompanhados de um sobrescrito, devidamente endereçado e franquiado, para a devolução imediata, também sob registo, dos duplicados ou dos documentos, quando for caso disso.

Artigo 102º – Procedimento a aplicar a bens provenientes ou com destino a territórios terceiros

Sem prejuízo do disposto em legislação especial, aos bens que sejam provenientes ou se destinem a territórios terceiros, mas que preencham as condições previstas nos artigos 9º e 10º do Tratado que institui a Comunidade Europeia, aplica-se o procedimento de trânsito comunitário interno e as disposições aduaneiras em vigor para as mercadorias provenientes ou com destino a países terceiros.

LISTA I
Bens e serviços sujeitos a taxa reduzida

1 – Produtos alimentares:

1.1 – Cereais e preparados à base de cereais:

1.1.1 – Cereais;

1.1.2 – Arroz (em película, branqueado, polido, glaciado, estufado, convertido em trincas);

1.1.3 – Farinhas, incluindo as lácteas e não lácteas;

1.1.4 – Massas alimentícias e pastas secas similares, excluindo-se as massas recheadas;

1.1.5 – Pão;

1.1.6 – Seitan, tofu, tempeh e soja texturizada.

1.2 – Carnes e miudezas comestíveis, frescas ou congeladas de:

1.2.1 – Espécie bovina;

1.2.2 – Espécie suína;

1.2.3 – Espécie ovina e caprina;

1.2.4 – Espécie equídea;

1.2.5 – Aves de capoeira;

1.2.6 – Coelhos domésticos.

1.3 – Peixes e moluscos:

1.3.1 – Peixe fresco (vivo ou morto), refrigerado, congelado, seco, salgado ou em salmoura, com exclusão do peixe fumado, do espadarte, do esturjão e do salmão, quando secos, salgados ou em conserva e preparados de ovas (caviar);

1.3.2 – Conservas de peixes (inteiros, em pedaços, filetes ou pasta), com excepção do peixe fumado, do espadarte, do esturjão e do salmão, quando secos, salgados ou em conserva e preparados de ovas (caviar);

1.3.3 – Moluscos, ainda que secos ou congelados.

1.4 – Leite e lacticínios, ovos de aves:

1.4.1 – Leite em natureza, concentrado, esterilizado, evaporado, pasteurizado, ultrapasteurizado, condensado, fermentado, em blocos, em pó ou granulado e natas;

1.4.2 – Leites dietéticos;

1.4.3 – Manteiga, com ou sem adição de outros produtos;

1.4.4 – Queijos;

1.4.5 – Iogurtes, incluindo os iogurtes pasteurizados;

1.4.6 – Ovos de aves, frescos, secos ou conservados;

1.4.7 – Leites chocolatados, aromatizados, vitaminados ou enriquecidos;

1.4.8 – *(Revogado.)*

1.4.9 – Bebidas e iogurtes de soja, incluindo tofu;

1.5 – Gorduras e óleos gordos:

1.5.1 – Azeite;

1.5.2 – Banha e outras gorduras de porco.

1.6 – Frutas, legumes, produtos hortícolas e algas:

1.6.1 – Legumes e produtos hortícolas, frescos ou refrigerados, secos ou desidratados;

1.6.2 – Legumes e produtos hortícolas congelados, ainda que previamente cozidos;

1.6.3 – Legumes de vagem secos, em grão, ainda que em película, ou partidos;

1.6.4 – Frutas no estado natural ou desidratadas;

1.6.5 – Algas vivas, frescas ou secas.

1.7 – Água, com excepção das águas de nascente, minerais, medicinais e de mesa, águas gaseificadas ou adicionadas de gás carbónico ou de outras substâncias.

1.7.1 – *(Revogado.)*

1.7.2 – *(Revogado.)*

1.8 – Mel de abelhas e mel de cana tradicional.

1.9 – Sal (cloreto de sódio):

1.9.1 – Sal-gema;

1.9.2 – Sal marinho.

1.10 – *(Revogado.)*

1.11 – Sumos e néctares de frutos e de algas ou de produtos hortícolas e bebidas de cereais, amêndoa, caju e avelã sem teor alcoólico.

1.12 – Produtos dietéticos destinados à nutrição entérica e produtos sem glúten para doentes celíacos.

2 – Outros:

2.1 – Livros, jornais, revistas de informação geral e outras publicações periódicas que se ocupem predominantemente de matérias de carácter científico, educativo, literário, artístico, cultural, recreativo ou desportivo, em todos os suportes físicos ou por via eletrónica, ou em ambos, com exceção das publicações que consistam total ou predominantemente em conteúdos vídeo ou música. Excetuam-se igualmente as publicações ou livros de carácter obsceno ou pornográfico, como tal considerados na legislação sobre a matéria, e as obras encadernadas em peles, tecidos de seda, ou semelhante.

2.2 – Contribuição para o áudio-visual cobrada para financiamento do serviço público de radiodifusão e de televisão.

2.3 – Papel de jornal, referido na subposição 48.01 do sistema harmonizado.

2.4 – *(Revogado.)*

2.5 – Produtos farmacêuticos e similares e respectivas substâncias activas a seguir indicados:

a) Medicamentos, especialidades farmacêuticas e outros produtos farmacêuticos destinados exclusivamente a fins terapêuticos e profilácticos;

b) Preservativos;

c) Pastas, gazes, algodão hidrófilo, tiras e pensos adesivos e outros suportes análogos, mesmo impregnados ou revestidos de quaisquer substâncias, para usos higiénicos, medicinais ou cirúrgicos;

d) Plantas, raízes e tubérculos medicinais no estado natural;

e) Medidores e tiras de glicemia, de glicosúria e acetonúria, outros dispositivos para medição análogos, agulhas, seringas e canetas para administração de insulina, utilizados na prevenção e tratamento da Diabetes *mellitus*»;

f) Copos menstruais.

Compreendem-se nesta verba os resguardos e fraldas.

2.6 – Aparelhos ortopédicos, cintas médico-cirúrgicas e meias medicinais, cadeiras de rodas e veículos semelhantes, acionados manualmente ou por motor, para deficientes, aparelhos, artefactos e demais material de prótese ou compensação destinados a substituir, no todo ou em parte, qualquer membro ou órgão do corpo humano ou a tratamento de fraturas e as lentes para correção de vista, bem como calçado ortopédico, desde que prescrito por receita médica, nos termos regulamentados pelo Governo.

2.7 – As prestações de serviços médicos e sanitários e operações com elas estreitamente conexas feitas por estabelecimentos hospitalares, clínicas, dispensários e similares, que tenham renunciado à isenção, nos termos da alínea *b*) do nº 1 do artigo 12º do Código do IVA.

2.8 – Soutiens, fatos de banho ou outras peças de vestuário de uso medicinal, constituídas por bolsas interiores, destinadas à colocação de próteses utilizadas por mastectomizadas, bem como próteses capilares destinadas a doentes oncológicos, desde que prescritas por receita médica.

2.9 – Utensílios e quaisquer aparelhos ou objectos especificamente concebidos para utilização por pessoas com deficiência, desde que constem de uma lista aprovada por despacho conjunto dos Ministros das Finanças, da Solidariedade e Segurança Social e da Saúde.

2.10 – Utensílios e outros equipamentos exclusiva ou principalmente destinados a operações de socorro e salvamento adquiridos por associações humanitárias e corporações de bombeiros, bem como pelo Instituto de Socorros a Náufragos, pelo SANAS – Corpo Voluntário de Salvadores Náuticos e pelo Instituto Nacional de Emergência Médica, I.P..

2.11 – Prestações de serviços, efectuadas no exercício das profissões de jurisconsulto, advogado e solicitador a desempregados e trabalhadores no âmbito de processos judiciais de natureza laboral e a pessoas que beneficiem de assistência judiciária.

2.12 – *(Revogado.)*

2.13 – *(Revogado.)*

2.14 – Transporte de passageiros, incluindo aluguer de veículos com condutor. Compreende-se nesta verba o serviço de transporte e o suplemento de preço exigido pelas bagagens e reservas de lugar, bem como o transporte de pessoas no âmbito de atividades marítimo-turísticas.

2.15 – *(Revogado.)*

2.16 – *(Revogado.)*

2.17 – Alojamento em estabelecimentos do tipo hoteleiro. A taxa reduzida aplica-se exclusivamente ao preço do alojamento, incluindo o pequeno-almoço, se não for objecto de facturação separada, sendo equivalente a metade do preço da pensão completa e a três quartos do preço da meia pensão.

2.18 – As empreitadas de construção de imóveis de habitações económicas ou de habitações de custos controlados, independentemente do promotor, desde que tal classificação esteja certificada por autoridade competente do ministério da tutela.

2.19 – As empreitadas de bens imóveis em que são donos da obra autarquias locais, empresas municipais cujo objecto consista na reabilitação e gestão urbanas detidas integralmente por organismos públicos, associações de municípios, empresas públicas responsáveis pela rede pública de escolas secundárias ou associações e corporações de bombeiros, desde que, em qualquer caso, as referidas obras sejam directamente contratadas com o empreiteiro.

2.20 – Locação de áreas reservadas em parques de campismo e caravanismo, incluindo os serviços com ela estreitamente ligados.

2.21 – Portagens nas travessias rodoviárias do Tejo, em Lisboa.

2.22 – Prestações de serviços relacionadas com a limpeza das vias públicas, bem como a recolha, armazenamento, transporte, valorização e eliminação de resíduos.

2.23 – Empreitadas de reabilitação urbana, tal como definida em diploma específico, realizadas em imóveis ou em espaços públicos localizados em áreas de reabilitação urbana (áreas críticas de recuperação e reconversão urbanística, zonas de intervenção das sociedades de reabilitação urbana e outras) delimitadas nos termos legais, ou no âmbito de operações de requalificação e reabilitação de reconhecido interesse público nacional.

2.24 – As empreitadas de reabilitação de imóveis que, independentemente da localização, sejam contratadas diretamente para o Fundo Nacional de Reabilitação do Edificado pela sua sociedade gestora, ou pelo Instituto da Habitação e da Reabilitação Urbana, I. P. (IHRU, I. P.), bem como as que sejam realizadas no âmbito de regimes especiais de apoio financeiro ou fiscal à reabilitação de edifícios ou ao abrigo de programas apoiados financeiramente pelo IHRU, I. P.

2.25 – As empreitadas de construção de imóveis e os contratos de prestações de serviços com ela conexas cujos promotores sejam cooperativas de habitação e construção, incluindo as realizadas pelas uniões de cooperativas de habitação e construção económica às cooperativas suas associadas no âmbito do exercício das suas actividades estatutárias, desde que as habitações se integrem no âmbito da política social de habitação, designadamente quando respeitem o conceito e os parâmetros de habitação de custos controlados, majorados em 20%, desde que certificadas pelo Instituto Nacional de Habitação.

2.26 – As empreitadas de conservação, reparação e beneficiação dos prédios ou parte dos prédios urbanos habitacionais, propriedade de cooperativas de habitação e construção cedidos aos seus membros em regime de propriedade colectiva, qualquer que seja a respectiva modalidade.

2.27 – As empreitadas de beneficiação, remodelação, renovação, restauro, reparação ou conservação de imóveis ou partes autónomas destes afectos à habitação, com excepção dos trabalhos de limpeza, de manutenção dos espaços verdes e das empreitadas sobre bens imóveis que abranjam a totalidade ou uma parte dos elementos constitutivos de piscinas, saunas, campos de ténis, golfe ou minigolfe ou instalações similares.

A taxa reduzida não abrange os materiais incorporados, salvo se o respectivo valor não exceder 20% do valor global da prestação de serviços.

2.28 – As prestações de serviços de assistência domiciliária a crianças, idosos, toxicodependentes, doentes ou deficientes.

2.29 – Cadeiras e assentos próprios para o transporte de crianças em veículos automóveis, bem como outros equipamentos de retenção para o mesmo fim.

2.30 – Prestações de serviços de locação, manutenção ou reparação de próteses, equipamentos, aparelhos, artefactos e outros bens referidos nas verbas 2.6, 2.8 e 2.9.

2.31 – Serviços de reparação de velocípedes.

2.32 – Entradas em espetáculos de canto, dança, música, teatro, cinema, tauromaquia e circo. Excetuam-se as entradas em espetáculos de carácter pornográfico ou obsceno, como tal considerados na legislação sobre a matéria.

2.33 – Componente fixa das tarifas de acesso às redes nos fornecimentos de eletricidade, correspondentes a uma potência contratada que não ultrapasse 3,45 kVA, e nos fornecimentos de gás natural, correspondentes a consumos em baixa pressão que não ultrapassem os 10.000 m^3 anuais.

3 – Bens utilizados normalmente no âmbito das atividades de produção agrícola e aquícola:

3.1 – Adubos, fertilizantes e correctivos de solos.

3.2 – Animais vivos, exclusiva ou principalmente destinados ao trabalho agrícola, ao abate ou à reprodução.

3.3 – Farinhas, cereais e sementes, incluindo misturas, resíduos e desperdícios das indústrias alimentares e quaisquer outros produtos próprios para alimentação de gado, de aves e outros animais, referenciados no *Codex Alimentarius*, independentemente da raça e funcionalidade em vida, incluindo os peixes de viveiro, destinados à alimentação humana.

3.4 – Produtos fitofarmacêuticos.

3.5 – Sementes, bolbos e propágulos.

3.6 – Forragens e palha.

3.7 – Plantas vivas de espécies florestais, frutíferas e algas.

3.8 – Bagaço de azeitona e de outras sementes oleaginosas, grainha e folhelho de uvas.

3.9 – Sulfato cúprico, sulfato férrico e sulfato duplo de cobre e de ferro.

3.10 – Enxofre sublimado.

3.11 – *(Revogado.)*

4 – Prestações de serviços normalmente utilizados no âmbito das atividades de produção agrícola e aquícola listados na verba 5:

4.1 – Prestações de serviços de limpeza e de intervenção cultural nos povoamentos e *habitats*, realizadas no âmbito da agricultura, da gestão da floresta e da prevenção de incêndios.

4.2 – Prestações de serviços que contribuem para a produção agrícola e aquícola, designadamente as seguintes:

a) As operações de sementeira, plantio, colheita, debulha, enfardação, ceifa, recolha e transporte;

b) As operações de embalagem e de acondicionamento, tais como a secagem, limpeza, trituração, desinfeção e ensilagem de produtos agrícolas;

c) O armazenamento de produtos agrícolas;

d) A guarda, criação e engorda de animais;

e) A locação, para fins agrícolas, dos meios normalmente utilizados nas explorações agrícolas e silvícolas;

f) A assistência técnica;

g) A destruição de plantas e animais nocivos e o tratamento de plantas e de terrenos por pulverização;

h) A exploração de instalações de irrigação e de drenagem;

i) A poda de árvores, corte de madeira e outras operações silvícolas.

5 – As transmissões de bens e prestações de serviços efetuadas no âmbito das seguintes atividades de produção agrícola:

5.1 – Cultura propriamente dita:

5.1.1 – Agricultura em geral, incluindo a viticultura;

5.1.2 – Fruticultura (incluindo a oleicultura) e horticultura floral e ornamental, mesmo em estufas;

5.1.3 – Produção de cogumelos, de especiarias, de sementes e de material de propagação vegetativa; exploração de viveiros.

5.2 – Criação de animais conexa com a exploração do solo ou em que este tenha caráter essencial:

5.2.1 – Criação de animais;

5.2.2 – Avicultura;

5.2.3 – Cunicultura;

5.2.4 – Sericicultura;

5.2.5 – Helicicultura;

5.2.6 – Culturas aquícolas e piscícolas;

5.2.7 – Canicultura;

5.2.8 – *(Revogada.)*

5.2.9 – Criação de animais para experiências de laboratório.

5.3 – Apicultura;

5.4 – Silvicultura;

5.5 – São igualmente consideradas atividades de produção agrícola as atividades de transformação efetuadas por um produtor agrícola sobre os produtos provenientes, essencialmente, da respetiva produção agrícola com os meios normalmente utilizados nas explorações agrícolas e silvícolas.

(Redação dada pelo Decreto-Lei nº 60/2019, de 13-05)

LISTA II
Bens e serviços sujeitos a taxa intermédia

1 – Produtos para alimentação humana:

1.1 – *(Revogado.)*

1.2 – Conservas de peixes e de moluscos:

1.2.1 – Conservas de moluscos.

1.3 – *(Revogado.)*

1.4 – *(Revogado.)*

1.5 – *(Revogado.)*

1.6 – *(Revogado.)*

1.7 – *(Revogado.)*

1.8 – Refeições prontas a consumir, nos regimes de pronto a comer e levar ou com entrega ao domicílio.

1.9 – *(Revogado.)*

1.10 – Vinhos comuns.

1.11 – Águas de nascente, minerais, medicinais e de mesa, águas gaseificadas ou adicionadas de gás carbónico, com excepção das águas adicionadas de outras substâncias.

1.12 – Flocos prensados simples de cereais e leguminosas sem adições de açúcar.

2 – Outros:

2.1 – *(Revogada.)*

2.2 – *(Revogada.)*

2.3 – Petróleo e gasóleo, coloridos e marcados, comercializados nas condições e para as finalidades legalmente definidas, e fuelóleo e respetivas misturas.

2.4 – *(Revogado.)*

2.5 – Utensílios e alfaias agrícolas, silos móveis, motocultivadores, motobombas, electrobombas, tractores agrícolas, como tal classificados nos respectivos livretes, e outras máquinas e aparelhos exclusiva ou principalmente destinados à agricultura, pecuária ou silvicultura.

2.6 – *(Revogada.)*

2.7 – Instrumentos musicais.

3 – Prestações de serviços:

3.1 – Prestações de serviços de alimentação e bebidas, com exclusão das bebidas alcoólicas, refrigerantes, sumos, néctares e águas gaseificadas ou adicionadas de gás carbónico ou outras substâncias.

Quando o serviço incorpore elementos sujeitos a taxas distintas para o qual é fixado um preço único, o valor tributável deve ser repartido pelas várias taxas, tendo por base a relação proporcional entre o preço de cada elemento da operação e o preço total que seria aplicado de acordo com a tabela de preços ou proporcionalmente ao valor normal dos serviços que compõem a operação. Não sendo efetuada aquela repartição, é aplicável a taxa mais elevada à totalidade do serviço.

(Redação dada pela Lei nº 71/2018, de 31-12, cf. Declaração de Retificação n.º 6/2019, de 01-03)

ANEXO A
Lista das actividades de produção agrícola

(Revogado pela Lei nº 66-B/2012, de 31-12)

ANEXO B
Lista das prestações de serviços agrícolas

(Revogado pela Lei nº 66-B/2012, de 31-12)

ANEXO C
Lista dos bens a que se refere o artigo 15º, nº 4, do CIVA

Descrição dos bens	Código NC
Estanho	8001
Cobre	7402 7403 7405 7408
Zinco	7901
Níquel	7502
Alumínio	7601
Chumbo	7801
Índio	ex: 811291 ex: 811299
Cereais	1001 a 1005 1006: Unicamente arroz com casca 1007 a 1008
Sementes e frutos oleaginosos	1201 a 1207
Cocos, castanha do Brasil e castanha de caju	0801
Outros frutos de casca rija	0802
Azeitonas	071120
Sementes (incluindo sementes de soja)	1201 a 1207
Café não torrado	0901 11 00 0901 12 00
Chá	0902
Cacau inteiro ou partido, em bruto ou torrado	1801
Açúcar em bruto	1701 11 1701 12
Borracha em formas primárias ou em chapas, folhas ou tiras	4001 4002
Lã	5101
Produtos químicos, a granel	Capítulos 28 e 29

Descrição dos bens	Código NC
Óleos minerais (incluindo gás propano e butano, bem como óleos em rama derivados do petróleo)	2709 2710 2711 12 2711 13
Prata	7106
Platina (paládio, ródio)	7110 11 00 7110 21 00 7110 31 00
Batatas	0701
Gorduras e óleos vegetais e respectivas fracções, em bruto, refinados, mas não quimicamente modificados	1507 a 1515

ANEXO D
Lista exemplificativa de prestações de serviços por via electrónica

1. Fornecimento de sítios informáticos, domiciliação de páginas *web*, manutenção à distância de programas e equipamentos.
2. Fornecimento de programas e respectiva actualização.
3. Fornecimento de imagens, textos e informações e disponibilização de bases de dados.
4. Fornecimento de música, filmes e jogos, incluindo jogos de azar e a dinheiro, e de emissões ou manifestações políticas, culturais, artísticas, desportivas, científicas ou de lazer.
5. Prestação de serviços de ensino à distância.

Quando o prestador de serviços e o seu cliente comunicam por correio electrónico, esse facto não significa, por si só, que o serviço seja prestado por via electrónica.

(Redação dada pelo Decreto-Lei nº 186/2009, de 12-08)

ANEXO E
Lista dos bens e serviços do sector de desperdícios, resíduos e sucatas recicláveis a que se refere a alínea i) do nº 1 do artigo 2º

a) Transmissões de resíduos ferrosos e não ferrosos, sucata e materiais usados, nomeadamente de produtos semiacabados resultantes do processamento, manufactura ou fusão de metais ferrosos e não ferrosos e suas ligas.

b) Transmissões de produtos ferrosos e não ferrosos semitransformados e prestações de certos serviços de transformação associados.

c) Transmissões de resíduos e outros materiais recicláveis constituídos por metais ferrosos e não ferrosos, suas ligas, escórias, cinzas, escamas e resíduos industriais que contenham metais ou as suas ligas, bem como prestações de serviços que consistam na triagem, corte, fragmentação ou prensagem desses produtos.

d) Transmissões, assim como prestações de certos serviços de transformação conexos, de resíduos ferrosos e não ferrosos, bem como de aparas, sucata, resíduos e materiais usados e recicláveis que consistam em pó de vidro, vidro, papel, cartão, trapos, ossos, couro, couro artificial, pergaminho, peles em bruto, tendões e nervos, cordéis, cordas, cabos, borracha e plástico.

e) Transmissões dos materiais referidos no presente anexo após transformação sob a forma de limpeza, polimento, triagem, corte, fragmentação, prensagem ou fundição em lingotes.

f) Transmissões de sucata e resíduos resultantes da transformação de materiais de base.

ANEXO F
Lista das atividades de produção agrícola

I. Cultura propriamente dita:

1. Agricultura em geral, incluindo a viticultura;

2. Fruticultura (incluindo a oleicultura) e horticultura floral e ornamental, mesmo em estufas;

3. Produção de cogumelos, de especiarias, de sementes, de material de propagação vegetativa e exploração de viveiros.

II. Criação de animais conexa com a exploração do solo ou em que este tenha carácter essencial:

1. Criação de animais;

2. Avicultura;

3. Cunicultura;

4. Sericicultura;

5. Helicicultura;

6. Apicultura.

III. Culturas aquícolas e piscícolas.

IV. Silvicultura.

V. São igualmente consideradas atividades de produção agrícola as atividades de transformação efetuadas por um produtor agrícola sobre os produtos provenientes, essencialmente, da respetiva produção agrícola com os meios normalmente utilizados nas explorações agrícolas e silvícolas.

(Aditado pela Lei nº 82-B/2014, de 31-12)

ANEXO G
Lista das prestações de serviços agrícolas

As prestações de serviços que contribuem normalmente para a realização da produção agrícola, designadamente as seguintes:

a) As operações de sementeira, plantio, colheita, debulha, enfardação, ceifa e recolha;

b) As operações de embalagem e de acondicionamento, tais como a secagem, limpeza, trituração, desinfecção e ensilagem de produtos agrícolas;

c) O armazenamento de produtos agrícolas;

d) A guarda, criação e engorda de animais;

e) A locação, para fins agrícolas, dos meios normalmente utilizados nas explorações agrícolas e silvícolas;

f) A assistência técnica;

g) A destruição de plantas e animais nocivos e o tratamento de plantas e de terrenos por pulverização;

h) A exploração de instalações de irrigação e de drenagem;

i) A poda de árvores, corte de madeira e outras operações silvícolas.

(Aditado pela Lei nº 82-B/2014, de 31-12)

Regime do IVA nas Transacções Intracomunitárias

Decreto-Lei nº 290/92, de 28 de Dezembro

1. Com o presente diploma procede-se à adaptação do regime jurídico do imposto sobre o valor acrescentado (IVA) à Directiva do Conselho nº 91/680/CEE, de 16 de Dezembro.

Neste acto comunitário – integrado no conjunto de medidas necessárias para a realização do mercado interno europeu de 1993 – altera-se e complementa-se a Directiva nº 77/388/CEE, de 17 de Maio, conhecida por 6ª Directiva, a qual constitui o texto normativo básico do sistema comum comunitário de imposto sobre o valor acrescentado.

As alterações e acrescentos introduzidos na 6ª Directiva são profundos e complexos e visam, entre outros fins secundários, eliminar, nas transacções entre países membros da CEE, todos os controlos associados à passagem das mercadorias pelas fronteiras interiores da Comunidade, garantindo, todavia, que, salvo casos excepcionais – de que se destaca a generalidade das compras dos particulares –, o imposto continue a ser pago à taxa do país de destino das mercadorias e a favor do respectivo Tesouro.

Foi este o compromisso a que se chegou, em regime transitório, verificada a impossibilidade de atingir consenso, necessariamente unânime, na aplicação do IVA na origem, como a Comissão Europeia inicialmente previra e é requerido pela própria noção de mercado único europeu. Este passo, apesar de não ter sido possível em Janeiro de 1993, não deixa, por isso, de ser a meta da harmonização comunitária em matéria de tributação geral do consumo: a própria directiva aponta para esse objectivo, a conseguir, na melhor das hipóteses, em 1996, após o exame do funcionamento do regime transitório agora estabelecido.

2. A transposição da directiva vai fazer-se principalmente através de um texto legislativo autónomo, que o presente decreto-lei aprova e faz entrar em vigor – o Regime do IVA nas Transacções Intracomunitárias.

Entendeu-se que esta solução de acantonar num diploma autónomo a maior parte das normas que passarão a reger o imposto nas transacções intracomunitárias de mercadorias era superior à alternativa de fazê-las parte do Código do Imposto sobre o Valor Acrescentado (CIVA), operando neste as necessárias modificações, que conduziriam, no caso, à abertura de um novo capítulo, destinado a reger aquelas transacções. As alterações de numeração dos artigos do Código e da sua própria sistematização que esta alternativa originaria conduziriam por certo a complicar mais uma legislação que se tem de reconhecer como já muito complexa. Por outro lado, a relativa homogeneidade das normas que constituem o cerne do regime transitório estabelecido na directiva, e até dos destinatários respectivos – que são, fundamentalmente (mas não exclusivamente), os agentes económicos que transaccionam bens com parceiros de outros países da Comunidade –, tornam o regime transitório do IVA nas transacções intracomunitárias um corpo normativo com suficiente autonomia para constituir um texto separado.

Posto que a solução inversa tenha sido seguida pela maioria dos países europeus, os quais procederam assim a alterações profundas dos seus textos legislativos sobre IVA, pareceu que um corpo autónomo de normas, embora com as inevitáveis remissões para o CIVA, servia melhor o objectivo de dificultar ao mínimo a acção dos agentes económicos implicados, que são quem, em última análise, vai aplicar o novo regime.

3. As novas regras de aplicação do IVA nas transacções intracomunitárias, todavia, têm também incidência em princípios gerais estabelecidos no CIVA, pelo que não é possível evitar alterações do articulado do Código que o presente diploma também introduz, especialmente em matéria de regras gerais de incidência, objectiva e subjectiva, e de isenções. Trata-se de matérias que, posto que modificadas em razão da criação do regime transitório de IVA, não teriam sede adequada senão no Código, onde as regras gerais têm natural assento.

Um exemplo nítido de princípio geral que foi alterado pela criação do novo regime está logo na definição de um dos factos geradores do imposto ou operações tributáveis. Na verdade, o factor gerador «importação de bens», anteriormente definido como a entrada de bens no território nacional, passou a abranger apenas a entrada neste território de bens oriundos do exterior da Comunidade.

As trocas intracomunitárias deixam de traduzir-se, no destino, na operação tributável «importação de bens», definida como a entrada dos bens no território nacional, para gerarem um novo evento tributável designado «aquisição intracomunitária de bens».

Fica assim alterado o elenco das operações tributáveis em IVA, tal como resultava do artigo 1º do respectivo Código.

De igual modo, o novo regime tem também incidências significativas na definição de sujeitos passivos de impostos, que passará a incluir categorias de pessoas, singulares e colectivas, até agora não abrangidas pelas normas de incidência subjectiva. É o caso de qualquer pessoa, sem restrições, que adquira um «meio de transporte novo» noutro país da Comunidade, como é o caso de qualquer pessoa colectiva, incluindo o Estado, quando efectue aquisições intracomunitárias de bens que ultrapassem determinado limite quantitativo.

As regras de incidência, objectiva e subjectiva, do CIVA foram, pois, alteradas em conformidade.

Merecem também referência alterações do CIVA em matéria de localização das operações, especialmente pelo que toca às prestações de serviços.

Trata-se, para além de ajustamentos de pormenor impostos pela directiva, de adaptar as regras de localização do CIVA à redefinição das operações tributáveis.

Saliente-se, de entre o vasto conjunto de modificações de regras neste domínio, a nova regulamentação da localização das prestações de serviços de transportes intracomunitários de bens (e respectivas prestações acessórias).

O princípio é, então, o de considerar tributáveis tais operações apenas quando o lugar de partida do transporte ocorra no território nacional.

Todavia, quando o transporte intracomunitário se enquadra numa transacção que seja qualificável como aquisição intracomunitária de bens, torna-se tributável se o adquirente dos serviços de transporte for um sujeito passivo que tenha utilizado o número de identificação fiscal para efectuar a aquisição, nos termos das normas que regem a aquisição intracomunitária de bens. Paralelamente, a mesma operação de transporte não será tributável, ainda que ocorra em Portugal o início do transporte, sempre que o adquirente for um sujeito passivo de IVA sediado em outro Estado membro da Comunidade que tenha utilizado o número de identificação fiscal para efectuar a aquisição.

Regras correspondentes valem também para as prestações de serviços acessórios do transporte e para as operações de intermediação em serviços de transporte ou prestações acessórias.

Esta técnica visa, afinal, obter, para as prestações de transporte intracomunitário de bens, solução equivalente à que vigorou até 1993 e que continuará a reger idênticas operações com o exterior da Comunidade. Na verdade, num sistema com fronteiras fiscais ostensivas, de tipo alfandegário, o valor daquelas prestações de serviços fará parte, em princípio, do valor aduaneiro dos bens, pelo que tais operações são atingidas pelo imposto que agrava as importações.

Por seu turno, no sistema que a Directiva nº 91/680/CEE excogitou, as prestações de serviços em causa vão, em princípio, seguir igualmente a sorte das transacções de bens com que se conexionam – ou seja, o imposto respectivo vai ser posto a cargo do adquirente dos serviços, a mesma pessoa, afinal, que, nestas hipóteses, fica sujeita ao pagamento do IVA pela aquisição dos bens objecto da aquisição intracomunitária.

Quer dizer, à cobrança do imposto sobre estas prestações, por parte das autoridades alfandegárias, vigente até 1993 corresponderão agora regras próprias de localização dessas operações, conduzindo, em princípio, ao mesmo resultado.

Refira-se, por último, que foram também objecto de alteração significativa as normas do CIVA que regulamentam as isenções nas operações internacionais, quer na importação quer na exportação, o que resulta, obviamente, da separação, operada pela directiva, entre as transacções intracomunitárias e transacções com terceiros países.

4. É no Regime do IVA nas Transacções Intracomunitárias que se concentram as normas específicas sobre o tratamento das transacções intracomunitárias de mercadorias, quer as respeitantes à incidência, às isenções e ao valor tributável quer as que versam sobre obrigações dos sujeitos passivos, em especial de liquidação e de pagamento, e as obrigações acessórias, na parte em que acrescem ou modificam as constantes do CIVA.

O texto normativo segue o título XVI-A da 6ª Directiva, aditado pela Directiva nº 91/680/CEE. E segue-o de perto, já que é muito restrita a margem de manobra deixada nestes domínios aos legisladores nacionais pelo referido acto comunitário.

No fundamental, o objectivo do regime transitório IVA para as transacções intracomunitárias de bens é, como já se disse, a eliminação, nas relações entre os países membros da CEE, dos controlos associados à passagem das mercadorias pelas fronteiras interiores da Comunidade, mantendo o princípio de que o imposto, nas transacções entre os sujeitos passivos, continua a afluir ao país de destino e a ser determinado de acordo com a taxa nele vigente.

Concilia-se assim a tributação no destino com a ausência de fronteiras fiscais ostensivas e dos controlos das mercadorias em postos fronteiriços.

O efeito é conseguido através da eliminação do facto gerador «importação» nas trocas de mercadorias entre os Estados membros e sua substituição por um novo facto gerador – a «aquisição intracomunitária de bens».

Assim, e referindo só o princípio geral aplicável nas transacções entre sujeitos passivos, dir-se-á que estes, sempre que adquiram bens a sujeitos passivos de outros Estados membros, realizam uma «aquisição intracomunitária de bens», tributável nos termos do Regime do IVA nas Transacções Intracomunitárias, e que deverá ser levada à declaração periódica de IVA, conjuntamente com as demais operações do sujeito passivo. Em casos normais, o imposto liquidado e aí declarado será dedutível imediata e integralmente, pelo que o sujeito passivo não suportará qualquer ónus fiscal na operação de aquisição.

Paralelamente, os sujeitos passivos que efectuarem vendas para clientes estabelecidos noutros Estados membros que aí tenham a qualidade de sujeitos passivos do IVA do sistema comum não liquidarão imposto, por estar isenta de IVA tal transmissão de bens, nos termos do Regime do IVA nas Transacções Intracomunitárias.

5. Se a regra para as transacções entre sujeitos passivos é a aplicação do imposto ao adquirente a título de «aquisição intracomunitária de bens», praticando-se assim tributação no destino, o princípio, no que respeita às transacções em que intervenham não sujeitos passivos, é o da tributação na origem, isto é, da aplicação do imposto pelo vendedor, à taxa do país onde estiver estabelecido.

A tributação na origem para todas as transacções é o princípio natural num mercado único – é para aí que há-de tender a harmonização comunitária do IVA, quando estiver realizado em pleno o mercado comum europeu.

Merece, pois, que se saliente que, apesar de não ter sido possível atingir em 1993 esse objectivo, tendo-se ficado aquém dele no regime, designado transitório, da Directiva nº 91/680/CEE, se deu, todavia, um importante passo nessa direcção no que respeita às transacções que não as que se processam entre sujeitos passivos.

Especialmente os particulares (no nosso caso, os residentes em Portugal), enquanto consumidores finais, passarão a poder adquirir, em qualquer país da Comunidade, as mercadorias que quiserem, suportando o imposto da origem. Paralelamente, os residentes nos outros países da CEE, sempre que adquiram bens em Portugal, suportarão o IVA português. Desaparece assim o sistema de franquias até agora existente, não havendo, pois, limites, quantitativos ou de valor, à aquisição com o imposto da origem.

6. A regra da aplicação do IVA na origem para as transacções intracomunitárias com particulares não é, contudo, absoluta, antes conhece importantes excepções, justificadas pelas graves distorções fiscais que resultariam da sua aplicação, num período em que, por motivos vários, não foi possível proceder à aproximação significativa das taxas de imposição vigentes nos 12 Estados membros.

Assim, não haverá cobrança do IVA na origem nas transacções de «meios de transporte novos» – noção que é objecto, no diploma, de definição precisa. Neste caso, o imposto será sempre pago no destino, considerando-se que a respectiva aquisição por um residente em Portugal – seja este quem for, pessoa singular ou colectiva, sujeito passivo ou não de imposto sobre o valor acrescentado – constitui «aquisição intracomunitária de bens», a declarar à administração fiscal e originando imposto nos termos gerais aplicáveis a esse facto gerador.

7. Também originam «aquisição intracomunitária de bens», tributável no destino de acordo com as regras do Regime do IVA nas Transacções Intracomunitárias, as compras efectuadas pelo Estado e demais pessoas colectivas de direito público, ainda que no uso dos seus poderes de autoridade, ou por qualquer pessoa colectiva não sujeita a IVA pelas regras gerais de sujeição, e ainda pelos sujeitos passivos isentos, quando o vendedor for um sujeito passivo de IVA noutro Estado membro. O objectivo desta excepção é anular, nas aquisições destas entidades, qualquer tentativa de exploração das diferenças de taxas de imposição entre os países, o que originaria distorções acentuadas no funcionamento dos mercados.

O regime, todavia, não terá aplicação (salvo opção em contrário) senão quando as referidas compras ultrapassarem o montante de 1 800 000$00, o que corresponde ao contravalor em moeda nacional (após arredondamento) do limiar de 10 000 ECU previsto na directiva. Aquém desse limite, aquelas entidades comprarão no interior da Comunidade com o imposto da origem.

8. Nas chamadas «vendas à distância», em que um sujeito passivo sediado num Estado membro vende mercadorias (que não sejam meios de transporte novos nem bens sujeitos a impostos especiais de consumo) a não sujeitos passivos de outro Estado – no caso que nos interessa a não sujeitos passivos residentes em Portugal, sendo o transporte efectuado pelo vendedor ou por sua conta –, a solução é também a tributação no destino, realizada, porém, através de uma técnica diferente, qual seja a da ficção de que tal operação se localiza no país onde ocorre a chegada dos bens com destino ao adquirente. O vendedor ficará assim obrigado ao pagamento do imposto em Portugal, que é, na hipótese, o país a que se destinam as mercadorias.

Temeu-se, novamente, que a aplicação do imposto na origem conduzisse à «escolha fiscal» do estabelecimento do vendedor, o qual, a haver tributação na origem, seria tentado a estabelecer-se num país em que a taxa do IVA fosse relativamente baixa.

A solução, todavia, não se justifica quando o volume de vendas do vendedor à distância é pouco significativo, pelo que a directiva impõe aos Estados a concessão de limites abaixo dos quais as vendas à distância deixam de ser tributadas no país de destino das mercadorias. Não existindo um limite único – antes permitindo-se a escolha entre os valores de 35 000 ECU e 100 000 ECU –, pareceu prudente, atendendo à dimensão do mercado nacional, optar pelo limite mais baixo – opção que foi, aliás, declarada pelo Governo Português na acta de aprovação da directiva –, pelo que se estabeleceu que são tributáveis as vendas à distância desde que o valor das operações efectuadas exceda o montante de 6 300 000$00 no ano civil anterior ou no ano civil em curso.

9. A abolição das fronteiras fiscais ostensivas, que ocorrerá em 1993, com a entrada em vigor deste diploma, constituindo um importante passo na construção do grande mercado interno europeu, não poderia significar enfraquecimento da segurança fiscal dos Estados membros, ou seja, não poderia resultar num risco de incremento da evasão e fraude ligadas às transacções intracomunitárias.

O sistema estabelecido pela Directiva nº 91/680/CEE comporta assim a previsão de medidas de controlo do funcionamento do regime transitório. Medidas que se pensa substituirão, sem dano da segurança e com vantagem de menores custos administrativos, os actuais controlos fronteiriços efectuados pelas autoridades alfandegárias.

Uma peça importante do sistema de controlo do regime transitório são as novas obrigações acessórias dos sujeitos passivos, previstas na directiva e vertidas para o Regime do IVA nas Transacções Intracomunitárias.

Entre estas, destaca-se, pela sua importância decisiva no controlo fiscal, a obrigação, para os sujeitos passivos que efectuem transmissões de bens para outros países da CEE, de recolher o número de identificação fiscal dos adquirentes, para efeitos de IVA, nos países de destino das mercadorias e a de juntar à declaração periódica um «anexo recapitulativo» contendo o valor das transmissões efectuadas e os números de identificação dos adquirentes.

A recolha destes dados servirá de base da intensa cooperação que se irá processar, a partir de 1993, entre as administrações fiscais dos Doze, cooperação tendente a garantir a correcta aplicação, em todo o território da Comunidade, do regime transitório do IVA, cuja disciplina se encontra contida no Regulamento (CEE) nº 218/92, de 27 de Janeiro.

A interconexão dos sistemas informáticos dos Estados membros assegurará que cada Estado possa aceder, em algumas situações de modo imediato e automático, à informação, constante dos computadores de outros Estados, com relevo para controlar as declarações dos seus próprios sujeitos passivos, designadamente para aferir da veracidade dos números fiscais constantes dos anexos recapitulativos ou das facturas e documentos equivalentes relativos a transacções intracomunitárias.

A cooperação entre as administrações fiscais será certamente o factor decisivo para garantir que a abolição dos controlos alfandegários – com ganhos importantes no custo administrativo das transacções – se não vai traduzir em aumento da evasão e da fraude, conseguindo-se antes uma melhor exploração das potencialidades do mercado alargado.

A construção de uma rede intereuropeia de informações sobre IVA culminará um sistema de controlo fiável e moderno, capaz de explorar as sinergias resultantes da cooperação e interligação dos diferentes sistema nacionais, até hoje voltados quase exclusivamente para a fiscalização do cumprimento de lei fiscal no interior das fronteiras de cada Estado. É um novo campo de cooperação comunitária que está a nascer e é nele que está o futuro da segurança fiscal dos Estados europeus.

Assim:

No uso da autorização legislativa concedida pelas alíneas *c)* e *d)* do artigo 40º da Lei nº 2/92, de 9 de Março, e nos termos das alíneas *a)* e *b)* do nº 1 do artigo 201º da Constituição, o Governo decreta o seguinte:

Artigo 1º

O presente diploma transpõe para a ordem jurídica nacional a Directiva nº 91/ /680/CEE, do Conselho, de 16 de Dezembro de 1991, que completa o sistema comum do imposto sobre o valor acrescentado e altera, tendo em vista a abolição das fronteiras fiscais, a Directiva nº 77/388/CEE, do Conselho, de 17 de Maio de 1977.

Artigo 2º

Os artigos 1º, 2º, 5º, 6º, 7º, 13º, 14º, 15º, 16º, 17º, 18º, 19º, 20º, 26º, 28º e 60º do Código do Imposto sobre o Valor Acrescentado (CIVA), aprovado pelo Decreto-Lei nº 394-B/84, de 26 de Dezembro, passam a ter a seguinte redacção:*

Artigo 3º

É aditado ao Código do IVA o seguinte artigo:*

Artigo 4º

É aprovado o Regime do IVA nas Transacções Intracomunitárias, que faz parte do presente decreto-lei.

Artigo 5º

São revogados os seguintes diplomas:

a) Decreto-Lei nº 42/87, de 28 de Janeiro;

b) Decreto-Lei nº 467/88, de 16 de Dezembro;

c) Decreto-Lei nº 129/90, de 18 de Abril.

* Alterações inseridas no local próprio.

Artigo 6º

É abolido o imposto sobre o café, criado pelo Decreto-Lei nº 82/86, de 6 de Maio.

Artigo 7º

1. São revogados os artigos 2º, 5º, 6º e 7º, sendo eliminada a coluna II do mapa I bem como o mapa II anexos ao Decreto-Lei nº 179/88, de 19 de Maio.

2. Os artigos 3º e 4º do decreto-lei referido no número anterior passam a ter a seguinte redacção:*

Artigo 8º

São revogados os nºs 2 e 3 do artigo 25º, os artigos 29º a 34º, a alínea *b), i)*, do nº 1 do artigo 35º, a alínea *s)* do artigo 79º, a alínea *b)* do artigo 83º, o artigo 84º, a alínea *b)* do artigo 91º e o artigo 93º do Decreto-Lei nº 31/89, de 25 de Janeiro, e o artigo 1º do mesmo diploma passa a ter a seguinte redacção:*

Artigo 9º

O Decreto-Lei nº 295/87, de 31 de Julho, passa a ter a seguinte redacção:*

Artigo 10º

1. São revogados os artigos 3º e 4º e o nº 2 e as alíneas *b)* e *c)* do nº 3 do artigo 7º do Decreto-Lei nº 135/90, de 24 de Abril.

2. O artigo 6º do decreto-lei referido no número anterior passa a ter a seguinte redacção:*

Artigo 11º

Fica o Ministro das Finanças autorizado a criar ou a alterar, por despacho, os modelos de livros e impressos que se tornem necessários à execução das obrigações decorrentes do presente decreto-lei.

Artigo 12º

O presente diploma entra em vigor em 1 de Janeiro de 1993.

Visto e aprovado em Conselho de Ministros de 5 de Novembro de 1992. – *Aníbal António Cavaco Silva – Jorge Braga de Macedo.*

Promulgado em 10 de Dezembro de 1992.

Publique-se.

O Presidente da República, MÁRIO SOARES.

Referendado em 15 de Dezembro de 1992.

O Primeiro-Ministro, *Aníbal António Cavaco Silva.*

(Cfr. Declaração de Rectificação nº 1/93, de 30-01)

* As alterações não se transcrevem por não se inserirem no âmbito da presente publicação.

Regime do IVA nas Transacções Intracomunitárias*

CAPÍTULO I – Incidência

Artigo 1º – Incidência objectiva

Estão sujeitas a imposto sobre o valor acrescentado (IVA):

a) As aquisições intracomunitárias de bens efectuadas no território nacional, a título oneroso, por um sujeito passivo dos referidos no nº 1 do artigo 2º, agindo como tal, quando o vendedor for um sujeito passivo, agindo como tal, registado para efeitos do IVA noutro Estado membro que não esteja aí abrangido por um qualquer regime particular de isenção de pequenas empresas, não efectue no território nacional a instalação ou montagem dos bens nos termos do nº 2 do artigo 9º nem os transmita nas condições previstas nos nºs 1 e 2 do artigo 11º;

b) As aquisições intracomunitárias de meios de transporte novos efectuadas no território nacional, a título oneroso, por um sujeito passivo, ainda que se encontre abrangido pelo disposto no nº 1 do artigo 5º, ou por um particular;

c) As aquisições intracomunitárias de bens sujeitos a impostos especiais de consumo, exigíveis em conformidade com o disposto no Código dos Impostos Especiais sobre o Consumo, efectuadas no território nacional, a título oneroso, por um sujeito passivo que se encontre abrangido pelo disposto no nº 1 do artigo 5º;

d) As operações assimiladas a aquisições intracomunitárias de bens previstas no nº 1 do artigo 4º;

e) As transmissões de meios de transporte novos efectuadas a título oneroso, por qualquer pessoa, expedidos ou transportados pelo vendedor, pelo adquirente ou por conta destes, a partir do território nacional, com destino a um adquirente estabelecido ou domiciliado noutro Estado membro.

* Texto de acordo com a republicação do Decreto-Lei nº 102/2008, de 20 de Junho.

Artigo 2º – Incidência subjectiva

1. São considerados sujeitos passivos do imposto pela aquisição intracomunitária de bens:

a) As pessoas singulares ou colectivas mencionadas na alínea *a*) do nº 1 do artigo 2º do Código do IVA que realizem transmissões de bens ou prestações de serviços que conferem direito à dedução total ou parcial do imposto;

b) As pessoas singulares ou colectivas mencionadas na alínea *a*) do nº 1 do artigo 2º do Código do IVA que realizem exclusivamente transmissões de bens ou prestações de serviços que não conferem qualquer direito à dedução;

c) O Estado e as demais pessoas colectivas de direito público abrangidas pelo disposto no nº 2 do artigo 2º do Código do IVA ou qualquer outra pessoa colectiva não compreendida nas alíneas anteriores.

2. São ainda considerados sujeitos passivos do imposto:

a) Os particulares que efectuem aquisições intracomunitárias de meios de transporte novos;

b) As pessoas singulares ou colectivas que ocasionalmente efectuem transmissões de meios de transporte novos, expedidos ou transportados a partir do território nacional, com destino a um adquirente estabelecido ou domiciliado noutro Estado membro.

Artigo 3º – Conceito de aquisição intracomunitária de bens

Considera-se, em geral, aquisição intracomunitária a obtenção do poder de dispor, por forma correspondente ao exercício do direito de propriedade, de um bem móvel corpóreo cuja expedição ou transporte para território nacional, pelo vendedor, pelo adquirente ou por conta destes, com destino ao adquirente, tenha tido início noutro Estado membro.

Artigo 4º – Operações assimiladas a aquisições intracomunitárias de bens

1. Consideram-se assimiladas a aquisições intracomunitárias de bens, efectuadas a título oneroso, as seguintes operações:

a) A afectação por um sujeito passivo às necessidades da sua empresa, no território nacional, de um bem expedido ou transportado, por si ou por sua conta, a partir de outro Estado membro no qual o bem tenha sido produzido, extraído, transformado, adquirido ou importado pelo sujeito passivo, no âmbito da sua actividade;

b) A aquisição de bens expedidos ou transportados a partir de um país terceiro e importados noutro Estado membro, quando ambas as operações forem efectuadas por uma pessoa colectiva das referidas na alínea *c*) do nº 1 do artigo 2º

2. Sem prejuízo do disposto neste diploma, são consideradas como aquisições intracomunitárias as operações que, se efectuadas no território nacional por um sujeito passivo agindo como tal, seriam consideradas transmissões, nos termos do artigo 3º do Código do IVA.

3. Não é considerada aquisição intracomunitária a afectação de bens a que se refere a alínea *a*) do nº 1 quando a transferência desses bens tiver por objecto a realização, no território nacional, de operações mencionadas no nº 2 do artigo 7º

Artigo 5º – Regime de derrogação

1. Não obstante o disposto nas alíneas *a*) e *d*) do artigo 1º, não estão sujeitas a imposto as aquisições intracomunitárias de bens quando se verifiquem simultaneamente, as seguintes condições:

a) Sejam efectuadas por um sujeito passivo dos referidos nas alíneas *b*) e *c*) do nº 1 do artigo 2º;

b) Os bens não sejam meios de transporte novos nem bens sujeitos a impostos especiais de consumo;

c) O valor global das aquisições, líquido do IVA, devido ou pago nos Estados membros onde se inicia a expedição ou transporte dos bens, não tenha excedido no ano civil anterior ou no ano civil em curso o montante de € 10 000 ou, tratando-se de uma única aquisição, não exceda esse montante.

2. Para efeitos do disposto na alínea *c*) do número anterior, o valor global das aquisições é determinado com exclusão do valor das aquisições de meios de transporte novos e de bens sujeitos a impostos especiais de consumo.

3. Os sujeitos passivos abrangidos pelo disposto no nº 1 podem optar pela aplicação do regime de tributação previsto no artigo 1º, devendo permanecer no regime de sujeição durante um período de dois anos.

4. Não obstante o disposto no artigo 1º, não estão sujeitas a imposto as aquisições intracomunitárias de bens cuja transmissão no território nacional seja isenta de imposto nos termos das alíneas *d*) a *m*) e *v*) do nº 1 do artigo 14º do Código do IVA.

Artigo 6º – Conceito de impostos especiais de consumo e de meios de transporte

1. Para efeitos deste diploma, entende-se por:

a) «Bens sujeitos a impostos especiais de consumo» o álcool e as bebidas alcoólicas, o tabaco e os produtos petrolíferos e energéticos, com excepção do gás fornecido através de uma rede de gás natural ou de qualquer rede a ela ligada e da electricidade;

b) «Meios de transporte» as embarcações com comprimento superior a 7,5 m, as aeronaves com peso total na descolagem superior a 1550 kg e os veículos terrestres a motor com cilindrada superior a 48 cc ou potência superior a 7,2 kW, destinados ao transporte de pessoas ou de mercadorias, que sejam sujeitos a registo, licença ou matrícula no território nacional, com excepção das embarcações e aeronaves mencionados nas alíneas *d*), *e*) e *g*) do nº 1 do artigo 14º do Código do IVA.

2. Não são considerados novos os meios de transporte mencionados na alínea *b*) do número anterior desde que se verifiquem simultaneamente as seguintes condições:

a) A transmissão seja efectuada mais de três ou seis meses após a data da primeira utilização, tratando-se, respectivamente, de embarcações e aeronaves ou de veículos terrestres;

b) O meio de transporte tenha percorrido mais de 6000 km, tratando-se de um veículo terrestre, navegado mais de cem horas, tratando-se de uma embarcação, ou voado mais de quarenta horas, tratando-se de uma aeronave.

3. Para efeitos do disposto na alínea *a*) do número anterior, a data da primeira utilização é a constante do título de registo de propriedade ou documento equivalente quando se trate de bens sujeitos a registo, licença ou matrícula, ou, na sua falta, a da fatura emitida aquando da aquisição pelo primeiro proprietário.

(Redação dada pelo Decreto-Lei nº 197/2012, de 24-08)

Artigo 7º – Operações assimiladas a transmissão de bens a título oneroso

1. Considera-se transmissão de bens efectuada a título oneroso, para além das previstas no artigo 3º do Código do IVA, a transferência de bens móveis corpóreos expedidos ou transportados pelo sujeito passivo ou por sua conta, com destino a outro Estado membro, para as necessidades da sua empresa.

2. Não são, no entanto, consideradas transmissões de bens, nos termos do número anterior, as seguintes operações:

a) Transferência de bens para serem objecto de instalação ou montagem noutro Estado membro nos termos do nº 1 do artigo 9º ou de bens cuja transmissão não é tributável no território nacional nos termos dos nºs 1 a 3 do artigo 10º;

b) Transferência de bens para serem objecto de transmissão a bordo de um navio, de um avião ou de um comboio, durante um transporte em que os lugares de partida e de chegada se situem na Comunidade;

c) Transferência de bens que consista em operações de exportação e operações assimiladas previstas no artigo 14º do Código do IVA ou em transmissões isentas nos termos do artigo 14º;

d) Transferência de gás, através de uma rede de gás natural ou de qualquer rede a ela ligada, e transferência de electricidade, de calor ou de frio através de redes de aquecimento ou arrefecimento;

e) Transferência de bens para serem objecto de peritagens ou quaisquer trabalhos que consistam em prestações de serviços a efectuar ao sujeito passivo, materialmente executadas no Estado membro de chegada da expedição ou transporte dos bens, desde que, após a execução dos referidos trabalhos, os bens sejam reexpedidos para o território nacional com destino ao sujeito passivo;

f) Transferência de bens para serem temporariamente utilizados em prestações de serviços a efectuar pelo sujeito passivo no Estado membro de chegada da expedição ou transporte dos bens;

g) Transferência de bens para serem temporariamente utilizados pelo sujeito passivo, por um período que não exceda 24 meses, no território de outro Estado membro no interior do qual a importação do mesmo bem proveniente de um país terceiro, com vista a uma utilização temporária, beneficiaria do regime de importação temporária com isenção total de direitos.

3. Sempre que se deixe de verificar alguma das condições necessárias para poder beneficiar do disposto no número anterior, considera-se que os bens são transferidos para outro Estado membro nos termos do nº 1 no momento em que a condição deixar de ser preenchida.

(Redação dada pelo Decreto-Lei nº 134/2010, de 27-12)

Artigo 8º – Localização das aquisições intracomunitárias de bens

1. São tributáveis as aquisições intracomunitárias de bens quando o lugar de chegada da expedição ou transporte com destino ao adquirente se situe no território nacional.

2. Não obstante o disposto no número anterior, são tributáveis as aquisições intracomunitárias de bens cujo lugar de chegada da expedição ou transporte se situe noutro Estado membro, desde que o adquirente seja um sujeito passivo dos referidos no nº 1 do artigo 2º, agindo como tal, que tenha utilizado o respectivo número de identificação para efectuar a aquisição e não prove que esta foi sujeita a imposto nesse outro Estado membro.

3. Para efeitos do disposto no número anterior, considera-se que a aquisição intracomunitária foi sujeita a imposto no Estado membro de chegada da expedição ou transporte dos bens, desde que se verifiquem, simultaneamente, as seguintes condições:

a) O sujeito passivo tenha adquirido os bens para proceder à sua transmissão subsequente nesse Estado membro e inclua essa operação na declaração recapitulativa a que se refere o nº 1 do artigo 30º;

b) O adquirente dos bens transmitidos nesse Estado membro seja um sujeito passivo aí registado para efeitos do imposto sobre o valor acrescentado;

c) O adquirente seja expressamente designado, na factura emitida pelo sujeito passivo, como devedor do imposto pela transmissão dos bens efectuada nesse Estado membro.

4. São tributáveis as aquisições intracomunitárias de meios de transporte novos sujeitos a registo, licença ou matrícula no território nacional.

(Redação dada pelo Decreto-Lei nº 186/2009, de 12-08)

Artigo 9º – Localização das transmissões de bens com instalação ou montagem

1. O disposto no nº 1 do artigo 6º do Código do IVA não tem aplicação relativamente às transmissões de bens expedidos ou transportados pelo sujeito passivo ou por sua conta para fora do território nacional quando os bens sejam instalados ou montados no território de outro Estado membro.

2. São, no entanto, tributáveis as transmissões de bens expedidos ou transportados a partir de outro Estado membro quando os bens sejam instalados ou montados em território nacional, pelo fornecedor, sujeito passivo nesse outro Estado membro, ou por sua conta.

Artigo 10º – Vendas à distância localizadas fora do território nacional

1. O disposto nos nºs 1 e 2 do artigo 6º do Código do IVA não tem aplicação relativamente à transmissão de bens expedidos ou transportados pelo sujeito passivo ou por sua conta, a partir do território nacional, com destino a um adquirente estabelecido ou domiciliado noutro Estado membro quando se verifiquem, simultaneamente, as seguintes condições:

a) O adquirente não se encontre abrangido por um regime de tributação das aquisições intracomunitárias no Estado membro de chegada da expedição ou transporte dos bens ou seja um particular;

b) Os bens não sejam meios de transporte novos, bens a instalar ou montar nos termos do nº 1 do artigo 9º nem bens sujeitos a impostos especiais de consumo;

c) O valor global, líquido do imposto sobre o valor acrescentado, das transmissões de bens efectuadas no ano civil anterior ou no ano civil em curso tenha excedido o montante a partir do qual são sujeitas a tributação no Estado membro de destino.

2. Não obstante o disposto nas alíneas *b*) e *c*) do número anterior, não são igualmente tributáveis as transmissões de bens sujeitos a impostos especiais de consumo, expedidos ou transportados pelo sujeito passivo ou por sua conta, a partir do território nacional, com destino a um particular domiciliado noutro Estado membro.

3. Os sujeitos passivos referidos no nº 1 cujas transmissões de bens não tenham excedido o montante aí mencionado podem optar pela sujeição a tributação no Estado membro de destino, devendo permanecer no regime por que optaram durante um período de dois anos.

4. Se os bens a que se referem as transmissões previstas nos números anteriores forem expedidos ou transportados a partir de um país terceiro e importados pelo sujeito passivo nos termos do artigo 5º do Código do IVA, considera-se que foram expedidos ou transportados a partir do território nacional.

Artigo 11º – Vendas à distância localizadas no território nacional

1. São tributáveis as transmissões de bens expedidos ou transportados pelo fornecedor, sujeito passivo noutro Estado membro, ou por sua conta, a partir desse Estado membro, quando o lugar de chegada dos bens com destino ao adquirente se situe no território nacional e desde que se verifiquem, simultaneamente, as seguintes condições:

a) O adquirente seja um sujeito passivo que se encontre abrangido pelo disposto no nº 1 do artigo 5º ou um particular;

b) Os bens não sejam meios de transporte novos, bens a instalar ou montar nos termos do nº 2 do artigo 9º nem bens sujeitos a impostos especiais de consumo;

c) O valor global, líquido do imposto sobre o valor acrescentado, das transmissões de bens efectuadas por cada fornecedor, no ano civil anterior ou no ano civil em curso, exceda o montante de € 35 000.

2. Não obstante o disposto no número anterior, são ainda tributáveis:

a) As transmissões de bens sujeitos a impostos especiais de consumo expedidos ou transportados pelo fornecedor ou por sua conta a partir de outro Estado membro quando o lugar de chegada dos bens com destino ao adquirente se situe no território nacional e este seja um particular;

b) As transmissões de bens cujo valor global não tenha excedido o limite de € 35 000 quando os sujeitos passivos tenham optado, nesse outro Estado membro, por um regime de tributação idêntico ao previsto no nº 3 do artigo 10º

3. Se os bens a que se referem as transmissões previstas nos números anteriores forem expedidos ou transportados a partir de um país terceiro, considera-se que foram expedidos ou transportados a partir do Estado membro em que o fornecedor procedeu à respectiva importação.

4. Para efeitos do disposto na alínea *c*) do nº 1, o valor global das transmissões é determinado com exclusão do valor das transmissões de meios de transporte novos e de bens sujeitos a impostos especiais de consumo.

Artigo 12º – Facto gerador

1. Nas aquisições intracomunitárias de bens, o imposto é devido no momento em que os bens são colocados à disposição do adquirente, sendo aplicável, em idênticas condições, o previsto no artigo 7º do Código do IVA para as transmissões de bens.

2. Relativamente à afectação de bens que tiver por objecto a realização no território nacional de operações mencionadas no nº 2 do artigo 7º, quando deixe de se verificar alguma das condições necessárias para poder beneficiar do disposto no nº 3 do artigo 4º, o imposto é devido no momento em que a condição deixar de ser preenchida.

Artigo 13º – Exigibilidade

1. Nas aquisições intracomunitárias de bens, o imposto torna-se exigível:

a) No 15º dia do mês seguinte àquele em que o imposto é devido;

b) Na data da emissão da fatura, se tiver sido emitida antes do prazo previsto na alínea *a*).

2. O disposto na alínea *b*) do número anterior não é aplicável quando a fatura respeitar a pagamentos parciais que precedam o momento em que os bens são colocados à disposição do adquirente.

(Redação dada pelo Decreto-Lei nº 197/2012, de 24-08)

CAPÍTULO II - Isenções

Artigo 14º – Isenções nas transmissões

Estão isentas do imposto:

a) As transmissões de bens, efectuadas por um sujeito passivo dos referidos na alínea *a*) do nº 1 do artigo 2º, expedidos ou transportados pelo vendedor, pelo adquirente ou por conta destes, a partir do território nacional para outro Estado membro com destino ao adquirente, quando este seja uma pessoa singular ou colectiva registada para efeitos do imposto sobre o valor acrescentado em outro Estado membro, que tenha utilizado o respectivo número de identificação para efectuar a aquisição e aí se encontre abrangido por um regime de tributação das aquisições intracomunitárias de bens;

b) As transmissões de meios de transporte novos previstas na alínea *e*) do artigo 1º;

c) As transmissões de bens referidas no nº 1 do artigo 7º que beneficiariam da isenção prevista na alínea *a*) deste artigo se fossem efectuadas para outro sujeito passivo;

d) As transmissões de bens sujeitos a impostos especiais de consumo, efectuadas por um sujeito passivo dos referidos na alínea *a*) do nº 1 do artigo 2º, expedidos ou transportados pelo vendedor, pelo adquirente ou por conta destes a partir do território nacional para outro Estado membro, com destino ao adquirente, quando este seja um sujeito passivo isento ou uma pessoa colectiva estabelecida ou domiciliada em outro Estado membro que não se encontre registada para efeitos do IVA, quando a expedição ou transporte dos bens seja efectuado em conformidade com o disposto no Código dos Impostos Especiais sobre o Consumo.

Artigo 15º – Isenções nas aquisições intracomunitárias de bens

1. Estão isentas do imposto:

a) As aquisições intracomunitárias de bens cuja transmissão no território nacional seja isenta do imposto;

b) As aquisições intracomunitárias de bens cuja importação seja isenta do imposto nos termos do artigo 13º do Código do IVA;

c) As aquisições intracomunitárias de bens efectuadas por um sujeito passivo que se encontre em condições de beneficiar do reembolso de imposto previsto no regime do reembolso do IVA a sujeitos passivos não estabelecidos no Estado membro de reembolso, em aplicação do disposto na alínea *b*) do nº 1 do artigo 20º do Código do IVA e no nº 2 do artigo 19º

2. Estão ainda isentas do imposto as aquisições intracomunitárias de bens cujo lugar de chegada da expedição ou transporte se situe no território nacional, quando se verifiquem, simultaneamente, as seguintes condições:

a) Sejam efectuadas por um sujeito passivo não residente, sem estabelecimento estável no território nacional e que não se encontre registado para efeitos do imposto sobre o valor acrescentado em Portugal;

b) Os bens tenham sido directamente expedidos ou transportados a partir de um Estado membro diferente daquele que emitiu o número de identificação fiscal ao abrigo do qual o sujeito passivo efectuou a aquisição intracomunitária de bens;

c) Os bens tenham sido adquiridos para serem objecto de uma transmissão subsequente a efectuar no território nacional, por esse sujeito passivo;

d) A transmissão dos bens seja efectuada para um sujeito passivo registado para efeitos do imposto sobre o valor acrescentado no território nacional;

e) O sujeito passivo adquirente seja expressamente designado, na factura emitida pelo vendedor, como devedor do imposto pela transmissão de bens efectuada no território nacional.

(Redação dada pelo Decreto-Lei nº 134/2010, de 27-12)

Artigo 16º – Isenções nas importações

1. Estão isentas do imposto as importações de bens efectuadas por um sujeito passivo, agindo como tal, quando esses bens tenham como destino um outro Estado membro e a respectiva transmissão, efectuada pelo importador, seja isenta do imposto nos termos do artigo 14º

2. A isenção prevista no número anterior só é aplicável se a expedição ou transporte dos bens para um adquirente situado noutro Estado membro for consecutiva à importação e o sujeito passivo:

a) Indicar o seu número de identificação para efeitos de IVA, ou o do seu representante fiscal na acepção do artigo 30º do Código do IVA, emitido em território nacional;

b) Indicar o número de identificação para efeitos de IVA do adquirente atribuído noutro Estado membro ou, no caso de os bens serem objecto de transmissão nos termos da alínea *c*) do artigo 14º, o seu próprio número de identificação para efeitos de IVA no Estado membro de chegada da expedição ou transporte dos bens;

c) Fizer prova de que os bens importados se destinam a ser transportados ou expedidos com destino a outro Estado membro.

3. Os sujeitos passivos não residentes, sem estabelecimento estável em território nacional, que aqui não se encontrem registados para efeitos do IVA mas que disponham de um registo para efeitos desse imposto noutro Estado membro e utilizem o respectivo número de identificação para efectuar a importação, podem também beneficiar da isenção prevista no nº 1 desde que a importação seja efectuada através de um representante indirecto devidamente habilitado para apresentar declarações aduaneiras, nos termos da legislação aplicável, que seja um sujeito passivo dos referidos na alínea *a*) do nº 1 do artigo 2º do Código do IVA, com sede, estabelecimento principal ou domicílio em território nacional.

4. Para efeitos do número anterior, o representante indirecto devidamente habilitado para apresentar declarações aduaneiras é devedor do imposto que se mostre devido e fica obrigado a comprovar os requisitos referidos no nº 2, bem como a incluir, na respectiva declaração periódica de imposto e na declaração recapitulativa a que se refere a alínea *c*) do nº 1 do artigo 23º, a subsequente transmissão isenta nos termos do artigo 14º

5. Sempre que não sejam prestadas as informações ou efectuada a prova referidas no nº 2, a Direcção-Geral das Alfândegas e dos Impostos Especiais sobre o Consumo exige uma garantia, que é mantida pelo prazo máximo de 30 dias.

6. Se até ao final do prazo referido no número anterior não forem prestadas as informações ou feita a prova aí mencionada, é exigido imposto pela importação.

(Redação dada pelo Decreto-Lei nº 134/2010, de 27-12)

CAPÍTULO III – Valor tributável

Artigo 17º – Determinação do valor tributável

1. Na determinação do valor tributável das aquisições intracomunitárias de bens é aplicável, em idênticas condições, o previsto no artigo 16º do Código do IVA para as transmissões de bens.

2. Nas transmissões referidas na alínea *c*) do artigo 14º e nas aquisições intracomunitárias de bens mencionadas na alínea *a*) do nº 1 do artigo 4º, o valor tributável é determinado nos termos da alínea *b*) do nº 2 e do nº 5 do artigo 16º do Código do IVA.

3. Nas aquisições intracomunitárias de bens sujeitos a impostos especiais de consumo ou a imposto sobre veículos, o valor tributável é determinado com inclusão destes impostos, ainda que não liquidados simultaneamente.

4. Sempre que o adquirente dos bens a que se refere o número anterior obtiver o reembolso dos impostos especiais de consumo pagos no Estado membro de início da expedição ou transporte, o valor tributável é regularizado nos termos do artigo 78º do Código do IVA, até ao limite do montante que tiver sido reembolsado.

CAPÍTULO IV – Taxas

Artigo 18º – Taxas

1. As taxas do imposto aplicáveis às aquisições intracomunitárias de bens são as previstas no artigo 18º do Código do IVA para as transmissões dos mesmos bens.

2. As taxas aplicáveis são as que vigoram para as transmissões desses bens no momento em que o imposto se torne exigível, de acordo com o estabelecido no artigo 13º

CAPÍTULO V – Liquidação e pagamento do imposto

SECÇÃO I – Deduções

Artigo 19º – Direito à dedução

1. Para efeitos da aplicação do disposto no artigo 19º do Código do IVA, pode deduzir-se ao imposto incidente sobre as operações tributáveis o imposto pago nas aquisições intracomunitárias de bens.

2. Pode igualmente deduzir-se, para efeitos do disposto na alínea *b*) do nº 1 do artigo 20º do Código do IVA, o imposto que tenha incidido sobre os bens ou serviços adquiridos, importados ou utilizados pelo sujeito passivo para a realização de transmissões de bens isentas nos termos do artigo 14º

3. Quando não se verifiquem as condições previstas no nº 3 do artigo 8º, o imposto liquidado em aplicação do disposto no nº 2 do mesmo artigo só pode ser deduzido por anulação da operação, nos termos do nº 2 do artigo 78º do Código do IVA, devendo para esse efeito o sujeito passivo provar que os bens foram sujeitos a imposto no Estado membro de chegada da expedição ou transporte.

Artigo 20º – Exercício do direito à dedução

1. O direito à dedução do imposto devido pelas aquisições intracomunitárias de bens nasce no momento em que o mesmo se torne exigível, de acordo com o estabelecido no artigo 13º

2. A dedução pode ser efectuada na declaração do período em que o imposto exigível seja considerado a favor do Estado, ainda que não tenha sido emitida a respectiva factura pelo vendedor.

3. Nas transmissões de meios de transporte novos para outros Estados membros, efectuadas por um sujeito passivo dos referidos nas alíneas *b*) e *c*) do nº 1 do artigo 2º ou por um particular, o direito à dedução do imposto suportado na respectiva aquisição nasce apenas no momento em que o meio de transporte for colocado à disposição do adquirente.

4. A dedução a que se refere o número anterior não pode exceder o montante do imposto que seria devido e exigível, nos termos da alínea *a*) do nº 1 do artigo 7º do Código do IVA, se a transmissão não estivesse isenta.

SECÇÃO II – Reembolsos

Artigo 21º – Reembolso

1. O imposto dedutível nos termos dos nºs 3 e 4 do artigo anterior é reembolsado ao sujeito passivo mediante requerimento, dirigido ao director-geral dos Impostos, que deve ser acompanhado de todos os elementos indispensáveis à respectiva apreciação.

2. O imposto pago numa importação de bens tributada nos termos do artigo 5º do Código do IVA é reembolsado quando o importador seja uma pessoa colectiva de outro Estado membro que não seja aí sujeito passivo e prove que os bens foram expedidos ou transportados para esse outro Estado membro e aí sujeitos a imposto.

3. O reembolso do imposto a que se refere o número anterior é efectuado nas condições previstas no Regime de reembolso do IVA a sujeitos passivos não estabelecidos no Estado membro de reembolso.

(Redação dada pelo Decreto-Lei nº 186/2009, de 12-08)

SECÇÃO III – Pagamento do imposto

Artigo 22º – Pagamento

1. Sem prejuízo do disposto nos números seguintes, o montante do imposto exigível, a entregar nos termos do nº 1 do artigo 27º do Código do IVA, deve ser apurado tendo igualmente em consideração o disposto no artigo 19º e nos nºs 1 e 2 do artigo 20º

2. Os sujeitos passivos mencionados nas alíneas *b*) e *c*) do nº 1 do artigo 2º devem pagar nos locais de cobrança legalmente autorizados o imposto que se mostre devido pelas aquisições intracomunitárias de bens que não sejam meios de transporte novos nem bens sujeitos a impostos especiais de consumo até ao final do mês seguinte àquele em que o imposto se torne exigível.

3. Os particulares e os sujeitos passivos referidos nas alíneas *a*), *b*) e *c*) do nº 1 do artigo 2º que não possuam o estatuto de operador registado ou de operador reconhecido, de acordo com o Código do Imposto sobre Veículos, devem pagar o imposto devido pelas aquisições intracomunitárias de meios de transporte novos sujeitos a imposto sobre os veículos junto das entidades competentes para a cobrança deste imposto.

4. O disposto no número anterior é igualmente aplicável aos sujeitos passivos referidos nas alíneas *b*) e *c*) do nº 1 do artigo 2º e aos particulares que efectuem aquisições intracomunitárias de meios de transporte novos, não sujeitos a imposto sobre veículos.

5. Os sujeitos passivos abrangidos pelo disposto no nº 1 do artigo 5º que efectuem aquisições intracomunitárias de bens sujeitos a impostos especiais de consumo devem pagar o imposto devido junto das entidades competentes para a cobrança daqueles impostos.

6. O pagamento do imposto devido pelas aquisições intracomunitárias referidas nos nºs 3 a 5 é efectuado:

a) Em simultâneo com o imposto sobre veículos ou com os impostos especiais de consumo, quando sejam devidos;

b) Antes do registo, da concessão de licença ou da atribuição de matrícula aos meios de transporte novos, nos restantes casos.

(Redação dada pelo Decreto-Lei nº 41/2016, de 01-08)

CAPÍTULO VI – Outras obrigações dos sujeitos passivos

Artigo 23º – Obrigações gerais

1. Sem prejuízo do disposto no nº 1 do artigo 29º do Código do IVA, os sujeitos passivos referidos no artigo 2º devem:

a) Proceder à liquidação do imposto que se mostre devido pelas aquisições intracomunitárias de bens;

b) Emitir obrigatoriamente uma fatura por cada transmissão de bens efetuada nas condições previstas no artigo 7º, bem como pela transmissão ocasional de um meio de transporte novo isenta nos termos do artigo 14º;

c) Enviar uma declaração recapitulativa das transmissões de bens isentas nos termos do artigo 14º, bem como das operações a que se refere a alínea *a*) do nº 3 do artigo 8º

2. *(Revogado.)*

(Redação dada pelo Decreto-Lei nº 197/2012, de 24-08)

Artigo 24º – Representante fiscal

1. Relativamente às aquisições intracomunitárias de bens e às transmissões referidas no artigo 11º, efectuadas por sujeitos passivos não residentes, sem estabelecimento estável em Portugal, e que disponham de sede, estabelecimento estável ou domicílio noutro Estado membro, as obrigações derivadas da aplicação do presente diploma podem ser cumpridas por um representante, sujeito passivo do imposto sobre o valor acrescentado no território nacional, munido de procuração com poderes bastantes.

2. Os sujeitos passivos não residentes, sem estabelecimento estável em território nacional, e que não disponham de sede, estabelecimento estável ou domicílio noutro Estado membro estão obrigados à nomeação de representante, sujeito passivo do imposto sobre o valor acrescentado no território nacional, munido de procuração com poderes bastantes.

3. O representante a que se referem os números anteriores deve cumprir todas as obrigações decorrentes da aplicação do presente diploma, incluindo a do registo, e é devedor do imposto que se mostre devido pelas operações realizadas pelo representado.

4. O sujeito passivo não estabelecido em território nacional é solidariamente responsável com o representante pelo pagamento do imposto.

5. As obrigações decorrentes da sujeição a imposto das transmissões de bens subsequentes à aquisição intracomunitária isenta nas condições previstas no nº 2 do artigo 15º devem ser cumpridas pelo adquirente dos bens, sujeito passivo registado no território nacional para efeitos de imposto sobre o valor acrescentado.

Artigo 25º – Entrega de declarações no regime de derrogação

1. Os sujeitos passivos mencionados nas alíneas *b*) e *c*) do nº 1 do artigo 2º devem entregar a declaração a que se refere o artigo 31º do Código do IVA ou, caso se encontrem registados, a declaração prevista no artigo 32º do mesmo Código:

a) Até ao fim do mês seguinte àquele em que tenham excedido o valor global das aquisições previsto na alínea *c*) do nº 1 do artigo 5º;

b) Antes de efectuarem uma aquisição intracomunitária de bens que exceda o montante previsto na alínea *c*) do nº 1 do artigo 5º;

c) Antes de efectuarem aquisições intracomunitárias de bens, no caso de exercerem a opção a que se refere o nº 3 do artigo 5º

2. As declarações a que se refere o número anterior produzem efeitos a partir da data da sua apresentação.

3. Os sujeitos passivos abrangidos pelo disposto no nº 1 do artigo 5º que apenas efectuem aquisições intracomunitárias de bens mencionados na alínea *c*) do artigo 1º estão dispensados da entrega das declarações referidas no nº 1.

4. Os sujeitos passivos a que se refere o nº 1 cujas aquisições intracomunitárias de bens não excedam durante um ano civil o montante de € 10 000 podem voltar a beneficiar do disposto no nº 1 do artigo 5º, devendo para esse efeito entregar a declaração a que se refere o artigo 32º do Código do IVA.

5. Os sujeitos passivos que exerceram a opção mencionada no nº 3 do artigo 5º e que, decorrido o prazo de dois anos, pretendam voltar a beneficiar do disposto do nº 1 do mesmo artigo, caso se verifiquem os condicionalismos nele previstos, devem entregar a declaração a que se refere o artigo 32º do Código do IVA.

6. A declaração referida nos nºs 4 e 5 deve ser apresentada durante o mês de Janeiro de um dos anos seguintes àquele em que se tiver completado o prazo aí mencionado, produzindo efeitos a partir de 1 de Janeiro do ano da sua apresentação.

7. As declarações referidas no presente artigo são apresentadas nos termos do artigo 35º do Código do IVA.

Artigo 26º – Entrega de declarações por sujeitos passivos que efectuem vendas à distância

1. As pessoas singulares ou colectivas que efectuem transmissões de bens nas condições previstas nos nºs 1 e 2 do artigo 11º devem entregar a declaração a que se refere o artigo 31º do Código do IVA.

2. A declaração a que se refere o número anterior deve ser apresentada até ao fim do mês seguinte àquele em que tenha sido excedido o montante previsto na alínea *c*) do nº 1 do artigo 11º, a qual produz efeitos desde a data, inclusive, da transmissão de bens em que aquele montante tenha sido excedido.

3. As pessoas singulares ou colectivas que tenham exercido a opção a que se refere a alínea *b*) do nº 2 do artigo 11º ou que transmitam bens sujeitos, no território nacional, a impostos especiais de consumo, nos termos da alínea *a*) do mesmo número, devem entregar a declaração referida no artigo 31º do Código do IVA.

4. A declaração a que se refere o número anterior deve ser apresentada antes de efectuadas as transmissões, produzindo efeitos a partir da data da sua apresentação.

5. Os sujeitos passivos a que se refere o nº 1 cujas transmissões de bens não excedam durante um ano civil o montante de € 35 000 podem proceder à entrega da declaração prevista no artigo 33º do Código do IVA.

6. Os sujeitos passivos que exerceram a opção referida na alínea *b*) do nº 2 do artigo 11º podem proceder à entrega da declaração prevista no artigo 33º do Código do IVA caso, decorrido o prazo de dois anos, não se encontrem abrangidos pelo disposto no nº 1 do mesmo artigo 11º

7. A declaração referida nos nºs 5 e 6 deve ser apresentada durante o mês de Janeiro de um dos anos seguintes àquele em que se tiver completado o prazo aí mencionado, produzindo efeitos a partir de 1 de Janeiro do ano da sua apresentação.

8. As pessoas singulares ou colectivas que pretendam exercer a opção a que se refere o nº 3 do artigo 10º devem apresentar a declaração prevista no artigo 32º do Código do IVA, devendo igualmente apresentar a referida declaração caso pretendam renunciar ao regime por que optaram.

9. As declarações referidas no presente artigo são apresentadas nos termos do artigo 35º do Código do IVA.

Artigo 27º – Obrigação de facturação

1. O imposto devido pelas aquisições intracomunitárias de bens deve ser liquidado pelo sujeito passivo na fatura emitida pelo vendedor ou em documento interno emitido pelo próprio sujeito passivo.

2. As faturas relativas às transmissões de bens isentas nos termos do artigo 14º devem ser emitidas o mais tardar até ao 15º dia do mês seguinte àquele em que os bens foram colocados à disposição do adquirente.

3. As faturas a que se refere o número anterior devem ser emitidas pelo valor total das transmissões de bens, ainda que tenham sido efetuados pagamentos ao sujeito passivo anteriormente à data da transmissão dos bens.

4. A obrigação de emitir fatura, a que se refere a alínea *b*) do nº 1 do artigo 29º do Código do IVA, não é aplicável aos pagamentos efetuados ao sujeito passivo anteriormente à data das transmissões de bens isentas nos termos do artigo 14º

5. Sem prejuízo do disposto no nº 5 do artigo 36º do Código do IVA, as faturas referidas nos números anteriores devem ainda conter o número de identificação fiscal do sujeito passivo do imposto, precedido do prefixo 'PT' e o número de identificação para efeitos do imposto sobre o valor acrescentado do destinatário ou adquirente, que deve incluir o prefixo do Estado membro que o atribuiu, conforme a norma internacional código ISO-3166 alfa 2, bem como o local de destino dos bens.

6. *(Revogado.)*

(Redação dada pelo Decreto-Lei nº 197/2012, de 24-08)

Artigo 28º – Facturação de meios de transporte novos

1. As pessoas singulares ou coletivas que efetuem aquisições intracomunitárias de meios de transporte novos devem exigir que a fatura emitida pelo vendedor contenha os seguintes elementos:

a) Os nomes, firmas ou denominações sociais e a sede ou domicílio do vendedor e do adquirente, bem como os correspondentes números de identificação fiscal, precedidos do prefixo que permite identificar o Estado membro que os atribuiu, se for caso disso;

b) A data em que ocorreu a transmissão;

c) O preço de venda;

d) A identificação do meio de transporte, nomeadamente a matrícula ou número de registo e a especificação das respectivas características;

e) A indicação dos quilómetros percorridos, se se tratar de um veículo terrestre, das horas de navegação, se se tratar de uma embarcação, ou das horas de voo, se se tratar de uma aeronave, reportados à data em que ocorreu a transmissão.

2. As pessoas singulares ou coletivas que efetuem transmissões de meios de transporte novos para outros Estados membros são obrigadas a emitir uma fatura, que deve conter todos os elementos referidos no número anterior.

(Redação dada pelo Decreto-Lei nº 197/2012, de 24-08)

Artigo 29º – Entrega da declaração periódica no regime de derrogação

1. Os sujeitos passivos mencionados nas alíneas *b)* e *c)* do nº 1 do artigo 2º que efectuem aquisições intracomunitárias de bens sujeitas a imposto devem enviar a declaração por transmissão electrónica de dados até ao final do mês seguinte àquele em que o imposto se torne exigível.

2. A obrigação a que se refere o número anterior só se verifica relativamente aos períodos em que haja operações tributáveis.

Artigo 30º – Declaração recapitulativa

1. A declaração recapitulativa referida na alínea *c)* do nº 1 do artigo 23º deve ser enviada, por transmissão electrónica de dados, nos seguintes prazos:

a) Até ao dia 20 do mês seguinte àquele a que respeitam as operações, no caso dos sujeitos passivos abrangidos pela alínea *a)* do nº 1 do artigo 41º do Código do IVA;

b) Até ao dia 20 do mês seguinte ao final do trimester civil a que respeitam as operações, no caso dos sujeitos passivos abrangidos pela alínea *b)* do nº 1 do artigo 41º do Código do IVA.

2. Não obstante o disposto na alínea *b*) do nº 1, os sujeitos passivos aí referidos devem enviar a declaração recapitulativa até ao dia 20 do mês seguinte àquele a que respeitam as operações, quando o montante total das operações referidas na alínea *c*) do nº 1 do artigo 23º, durante o trimestre civil em curso ou em qualquer dos quatro trimestres civis anteriores, seja superior a € 50 000.

3. As transmissões de bens isentas de imposto nos termos das alíneas *d*) a *m*) e *v*) do nº 1 do artigo 14º do Código do IVA não devem constar da declaração recapitulativa a que se refere o nº 1, quando o adquirente dos bens seja um sujeito passivo registado para efeitos de IVA em outro Estado membro, que tenha utilizado o respectivo número de identificação para efectuar a aquisição, ainda que os bens sejam expedidos ou transportados para outro Estado membro.

4. A obrigação declarativa a que se refere o nº 1 só se verifica relativamente aos períodos em que ocorram as operações referidas na alínea *c*) do nº 1 do artigo 23º *(Redação dada pela Lei nº 64-B/2011, de 30-12)*

Artigo 31º – Obrigações de registo contabilístico

1. Para cumprimento do disposto no nº 1 do artigo 44º do Código do IVA, devem ainda ser objecto de registo:

a) As aquisições intracomunitárias de bens efectuadas pelo sujeito passivo;

b) As transferências de bens expedidos ou transportados pelo sujeito passivo ou por sua conta, a partir do território nacional com destino a outro Estado membro, para a realização das operações referidas nas alíneas *e*), *f*) e *g*) do nº 2 do artigo 7º;

c) A afectação dos bens que não se consideram aquisições intracomunitárias nos termos do nº 3 do artigo 4º;

d) Os bens recebidos pelo sujeito passivo que tenham sido expedidos ou transportados, a partir de outro Estado membro para o território nacional, por sujeitos passivos registados para efeitos do IVA em outro Estado membro, ou por sua conta, para que sobre os mesmos sejam executadas peritagens ou quaisquer trabalhos que consistam em prestações de serviços;

e) Os bens enviados pelo sujeito passivo ou por sua conta, a partir do território nacional, com destino a outro Estado membro, para que sobre os mesmos sejam executadas peritagens ou quaisquer trabalhos que consistam em prestações de serviços.

2. Para efeitos do disposto na alínea *a*) do nº 2 do artigo 44º do Código do IVA, os sujeitos passivos devem proceder ao registo das operações de forma a evidenciar:

a) O valor das transmissões de bens isentas nos termos do artigo 14º;

b) O valor das transmissões de bens efectuadas noutro Estado membro nos termos dos nºs 1 do artigo 9º e 1, 2 e 3 do artigo 10º;

c) O valor das transmissões de bens efectuadas no território nacional nos termos dos nºs 2 do artigo 9º e 1 e 2 do artigo 11º, líquidas de imposto, segundo a taxa aplicável e o valor do imposto liquidado, igualmente segundo a taxa aplicável.

3. O disposto no nº 4 do artigo 44º do Código do IVA aplica-se igualmente às aquisições intracomunitárias de bens.

4. Para efeitos do disposto no artigo 48º do Código do IVA, o registo das operações a que se refere o número anterior deve ser efectuado após a recepção das correspondentes facturas ou a emissão do documento interno a que se refere o nº 1 do artigo 27º

5. Para cumprimento das obrigações a que se refere o nº 5 do artigo 24º, o sujeito passivo adquirente dos bens deve proceder ao registo da operação como se se tratasse de uma aquisição intracomunitária de bens.

6. Os sujeitos passivos referidos no nº 4 do artigo 16º devem proceder ao registo, em contas de terceiros apropriadas, das importações de bens efectuadas por conta de sujeitos passivos não residentes, sem estabelecimento estável em território nacional, que beneficiem de isenção nos termos do nº 3 do mesmo artigo, bem como das subsequentes transmissões com destino a outros Estados membros.

Artigo 32º – Comprovação do pagamento do imposto de meios de transporte novos

As pessoas singulares ou colectivas referidas nos nºs 3 e 4 do artigo 22º devem comprovar, junto das entidades competentes para efectuar o registo, conceder a licença ou atribuir a matrícula aos meios de transporte novos, que procederam ao pagamento do imposto devido pela aquisição intracomunitária desses bens.

CAPÍTULO VII – Disposições finais

Artigo 33º – Legislação subsidiária

Em tudo o que não se revelar contrário ao disposto no presente diploma, aplica-se a disciplina geral do Código do IVA.

Reforma da Tributação do Património

Decreto-Lei nº 287/2003, de 12 de Novembro

O presente decreto-lei procede à reforma da tributação do património, aprovando os novos Códigos do Imposto Municipal sobre Imóveis (CIMI) e do Imposto Municipal sobre as Transmissões Onerosas de Imóveis (CIMT) e procedendo a alterações de diversa legislação tributária conexa com a mesma reforma.

Para além do que consta nos preâmbulos dos novos Códigos, onde são explicitadas as principais linhas dos impostos que vão entrar em vigor, e das alterações introduzidas no Código do Imposto do Selo, cumpre chamar a atenção para um conjunto de disposições transitórias incluídas neste decreto-lei que se prendem, nomeadamente, com a fixação de um prazo máximo para promover a avaliação geral dos prédios urbanos e, enquanto essa avaliação não for efectuada, com as regras de actualização transitória dos seus valores patrimoniais tributários, com soluções diferenciadas para os que estão arrendados e para os que o não estão, com a determinação da avaliação dos prédios que entretanto forem transmitidos, a que se aplicará o novo mecanismo de avaliações constante do CIMI, com o estabelecimento de um regime de salvaguarda fixando o aumento da colecta do imposto municipal sobre imóveis (IMI) resultante da actualização do valor dos prédios em montantes moderados e com algumas regras transitórias quanto à liquidação do imposto municipal sobre as transmissões onerosas de imóveis (IMT) e do imposto do selo.

Por outro lado, são ainda objecto deste decreto-lei alterações ao Estatuto dos Benefícios Fiscais, com algumas novas regras sobre a atribuição de benefícios fiscais às casas de habitação e com a ampliação da possibilidade de os sujeitos passivos de baixos rendimentos poderem aceder à isenção do IMI, consagrando-se ainda benefícios em sede deste imposto e de IMT em relação aos prédios objecto de reabilitação urbanística.

As alterações aos Códigos do IRS e do IRC têm subjacentes dois tipos de medidas das mais emblemáticas desta reforma. Por um lado, a eliminação do imposto sobre as sucessões e doações com a tributação em IRC dos incrementos patrimoniais a título gratuito obtidos pelos sujeitos passivos deste imposto. Por outro lado, como os valores patrimoniais tributários que servirem de base à liquidação do IMT passam a constituir o valor mínimo para a determinação do lucro tributável, quer do IRS, rendimentos empresariais, quer do IRC, tornou-se necessário proceder a diversas adaptações nos respectivos Códigos, para consagração destas medidas, as quais constituem igualmente objecto do presente decreto-lei.

Foi ouvida a Associação Nacional dos Municípios Portugueses.

Assim:

No uso da autorização legislativa concedida pela Lei nº 26/2003, de 30 de Julho, e nos termos das alíneas *a)* e *b)* do nº 1 do artigo 198º da Constituição, o Governo decreta o seguinte:

CAPÍTULO I – Aprovação

Artigo 1º – Objecto

O presente diploma visa proceder à reforma da tributação do património, bem como à alteração do Código do Imposto sobre o Rendimento das Pessoas Singulares (CIRS), do Código do Imposto sobre o Rendimento das Pessoas Colectivas (CIRC), do Código do Imposto do Selo (CIS), do Estatuto dos Benefícios Fiscais (EBF) e do Código do Notariado (CN).

Artigo 2º – Aprovação

1. É aprovado o Código do Imposto Municipal sobre Imóveis (CIMI), publicado no anexo I do presente diploma e que dele faz parte integrante.

2. É aprovado o Código do Imposto Municipal sobre as Transmissões Onerosas de Imóveis (CIMT), publicado no anexo II do presente diploma e que dele faz parte integrante.

CAPÍTULO II – Alterações legislativas

Artigos 3º a 12º

O presente Capítulo não se disponibiliza, uma vez que, procedendo a alterações a diversos diplomas, tais alterações foram inseridas no local próprio ou não se inserem no âmbito da presente publicação.

CAPÍTULO III – Regime transitório

Artigo 13º – Elementos para avaliações

1. Os elementos referidos nas alíneas *a)* a *d)* do nº 1 do artigo 62º do CIMI deverão ser aprovados no prazo de 180 dias a contar da data da publicação do presente diploma.

2. As plantas previstas na alínea *b)* do artigo 128º do CIMI devem ser remetidas aos serviços de finanças da área do município no prazo de 30 dias a contar da data da publicação do presente diploma.

3. As câmaras municipais devem colaborar com os serviços competentes da Direcção-Geral dos Impostos na elaboração das propostas de fixação dos elementos de avaliação, as quais devem ser-lhes previamente remetidas para que se pronunciem no prazo de 15 dias.

Artigo 14º – Taxas de conservação de esgotos

1. As taxas de conservação de esgotos, calculadas com base nos valores patrimoniais tributários de prédios urbanos, não poderão exceder um quarto ou um oitavo, respectivamente, das taxas fixadas ao abrigo das alíneas *b)* e *c)* do nº 1 do artigo 112º do CIMI ou das que forem aplicáveis face ao disposto na parte final do nº 8 do mesmo artigo.

2. No caso a que se refere o nº 3 do artigo 112º do CIMI, a taxa de conservação de esgotos não poderá exceder um quarto da taxa de imposto aí prevista.

Artigo 15º – Avaliação de prédios já inscritos na matriz

1. *(Revogado.)*

2. *(Revogado.)*

3. *(Revogado.)*

4. Será promovida uma avaliação geral dos prédios urbanos, no prazo máximo de 10 anos após a entrada em vigor do CIMI.

5. Quando se proceder à avaliação geral dos prédios urbanos ou rústicos, será afectada para despesas do serviço de avaliações uma percentagem até 5, a fixar e regulamentar por portaria do Ministro das Finanças, do IMI cobrado nos anos em que se realizar aquela avaliação.

6. *(Revogado.)*

7. *(Revogado.)*

8. *(Revogado.)*

9. A avaliação geral referida nos números anteriores obedece ao disposto nos artigos 15º-A a 15º-P.

10. Ficam abrangidos pela avaliação geral os prédios urbanos que em 1 de Dezembro de 2011 não tenham sido avaliados e em relação aos quais não tenha sido iniciado procedimento de avaliação, nos termos do CIMI.

(Redação dada pela Lei nº 60-A/2011, de 30-11)

Artigo 15º-A – Princípios da avaliação geral

1. A avaliação geral é promovida de acordo com os princípios gerais do procedimento tributário e os princípios técnicos da avaliação imobiliária.

2. A avaliação geral é regida pelos princípios da legalidade, da simplicidade de termos e da celeridade do procedimento, da economia, da eficiência e da eficácia, no respeito pelas garantias dos contribuintes.

3. Os peritos locais e os peritos avaliadores independentes actuam ao abrigo dos princípios da independência técnica, da imparcialidade e da responsabilidade, devendo interagir nos locais da situação dos prédios urbanos numa relação de proximidade com as populações, com recurso aos meios de informação ao seu dispor.

4. As partes interessadas no procedimento de avaliação geral de prédio urbano devem agir de boa-fé e estão sujeitas a um dever de cooperação especial, prestando a assistência adequada e tempestiva e as informações necessárias à determinação do respectivo valor patrimonial tributário.

(Aditado pela Lei nº 60-A/2011, de 30-11)

Artigo 15º-B – Administração operacional da avaliação geral

1. A Direcção-Geral dos Impostos prossegue as atribuições de administração e gestão operacional da avaliação geral.

2. A Direcção-Geral de Informática e Apoio aos Serviços Tributários e Aduaneiros prossegue as atribuições de implementação e gestão das infra-estruturas tecnológicas da avaliação geral e de prestação de apoio técnico à gestão dos sistemas de informação.

3. À Direcção de Serviços das Avaliações compete o planeamento, o acompanhamento e o controlo da avaliação geral, coordenando a actividade dos peritos locais e prestando-lhes o apoio técnico necessário.

4. Compete aos chefes de finanças fiscalizar a actuação dos peritos locais tendo em conta, designadamente, os princípios constantes do nº 3 do artigo 15º-A.

(Aditado pela Lei nº 60-A/2011, de 30-11)

Artigo 15º-C – Iniciativa do procedimento

1. A iniciativa da avaliação de um prédio urbano no âmbito da avaliação geral cabe aos serviços centrais da Direcção-Geral dos Impostos.

2. Os documentos previstos nos nºs 2 e 3 do artigo 37º do CIMI são enviados, por via electrónica, pelas câmaras municipais aos serviços de finanças da área de situação dos prédios urbanos, nos 10 dias subsequentes à sua solicitação.

3. Nos casos em que não seja possível o envio por transmissão electrónica dos documentos referidos no número anterior, as câmaras municipais procedem ao seu envio em formato papel, no mesmo prazo.

4. Nos prédios urbanos em que se verifique a impossibilidade da entrega dos documentos mencionados no nº 2, devem as câmaras municipais proceder, com a cooperação dos proprietários, à determinação da área bruta de construção do edifício ou da fracção e da área excedente à de implantação, previstas no artigo 40º do CIMI.

5. Sem prejuízo do disposto nos números anteriores, o perito local deve proceder à determinação das referidas áreas no local de situação do prédio sempre que se mostre necessário.

(Aditado pela Lei nº 60-A/2011, de 30-11)

Artigo 15º-D – Valor patrimonial tributário

1. Os valores patrimoniais tributários dos prédios urbanos objecto da avaliação geral são determinados por avaliação directa, nos termos dos artigos 38º e seguintes do CIMI.

2. Para efeitos da avaliação geral, o valor base dos prédios edificados (Vc), o coeficiente de localização (Cl) e o coeficiente de vetustez (Cv), previstos nos artigos 39º, 42º e 44º do CIMI, são os vigentes e determináveis em 30 de Novembro de 2011.

3. Na avaliação geral não é obrigatória a vistoria do prédio a avaliar.

4. Os valores patrimoniais tributários dos prédios urbanos que tenham sido objecto da avaliação geral entram em vigor:

a) Em 31 de Dezembro de 2012, para efeitos do imposto municipal sobre imóveis;

b) No momento da ocorrência dos respectivos factos tributários, para efeitos dos restantes impostos.

5. As decisões relativas a requerimentos e a pedidos de segunda avaliação, reclamações ou impugnações nos termos dos artigos 15º-F e 15º-G reportam-se às datas referidas no número anterior.

6. O disposto nos nºs 4 e 5 não se aplica aos prédios urbanos que, antes das datas aí referidas, sejam avaliados nos termos dos artigos 38º e seguintes do CIMI, nomeadamente nos casos previstos nas alíneas *a*), *b*), *c*), e *d*) do nº 1 e no nº 2 do artigo 13º, na alínea *a*) do nº 3 do artigo 130º do CIMI e no artigo 250º do Código de Procedimento e de Processo Tributário.

(Aditado pela Lei nº 60-A/2011, de 30-11)

Artigo 15º-E – Notificação do valor patrimonial tributário apurado na avaliação geral

1. O valor patrimonial tributário do prédio urbano resultante da avaliação geral é notificado ao sujeito passivo por transmissão electrónica de dados ou, não sendo tal possível, por via postal registada.

2. As notificações por via postal registada presumem-se realizadas no 3º dia posterior ao do registo ou no 1º dia útil seguinte, quando aquele dia não seja útil.

3. À câmara municipal da área da situação do prédio urbano é disponibilizada, por via electrónica, a informação relativa ao resultado da avaliação geral, para os efeitos do disposto no artigo seguinte.

(Aditado pela Lei nº 60-A/2011, de 30-11)

Artigo 15º-F – Segunda avaliação de prédios urbanos

1. Quando o sujeito passivo, a câmara municipal ou o chefe de finanças não concordem com o resultado da avaliação geral de prédio urbano, podem, respectivamente, requerer ou promover a segunda avaliação, no prazo de 30 dias a contar da data em que o sujeito passivo tenha sido notificado.

2. A segunda avaliação é realizada nos termos do artigo 15º-D, por um perito avaliador independente designado pela Comissão Nacional de Avaliação de Prédios Urbanos (CNAPU) e é concluída no prazo de 60 dias após a entrada do pedido.

3. O pedido de segunda avaliação é dirigido ao chefe do serviço de finanças da área da situação do prédio e instruído nesse serviço periférico local.

4. Ficam a cargo do sujeito passivo as despesas da segunda avaliação efectuada a seu pedido, com o limite mínimo de 2 UC, sempre que o valor contestado se mantenha ou aumente.

5. Ficam a cargo da câmara municipal as despesas da segunda avaliação efectuada a seu pedido, com o limite mínimo de 2 UC, sempre que o valor contestado se mantenha ou reduza.

6. A decisão da segunda avaliação é notificada nos termos do artigo anterior.

(Aditado pela Lei nº 60-A/2011, de 30-11)

Artigo 15º-G – Impugnação

A decisão da segunda avaliação prevista no artigo anterior é susceptível de impugnação judicial, nos termos definidos no Código de Procedimento e de Processo Tributário, com os fundamentos mencionados no artigo 77º do CIMI.

(Aditado pela Lei nº 60-A/2011, de 30-11)

Artigo 15º-H – Matriz predial

Findo o prazo referido no nº 1 do artigo 15º-F ou, tendo sido pedida segunda avaliação, no momento em que a respectiva decisão produza os seus efeitos, os serviços centrais da Direcção-Geral dos Impostos procedem à actualização da matriz em resultado da avaliação geral do prédio urbano.

(Aditado pela Lei nº 60-A/2011, de 30-11)

Artigo 15º-I – Peritos locais da avaliação geral

1. Em cada serviço de finanças existem um ou mais peritos locais, nomeados pelo director-geral dos Impostos, que prestam serviço durante a realização da avaliação geral.

2. Compete ao perito local realizar as avaliações gerais dos prédios urbanos que lhe forem cometidas.

3. O número de peritos locais, em cada serviço de finanças, é fixado pelo director-geral dos Impostos.

4. A designação dos peritos locais deve respeitar o previsto no artigo 63º do CIMI.

5. A Direcção-Geral dos Impostos pode, para a designação dos peritos locais, solicitar a colaboração das ordens profissionais e de associações profissionais com atribuições nas áreas técnicas adequadas à realização da avaliação geral.

(Aditado pela Lei nº 60-A/2011, de 30-11)

Artigo 15º-J – Peritos avaliadores independentes da avaliação geral

1. Os peritos avaliadores independentes a que se refere o nº 2 do artigo 15º-F são nomeados pela CNAPU, competindo-lhes proceder à segunda avaliação mencionada no mesmo artigo.

2. Os peritos avaliadores independentes constam de listas organizadas por distrito e por ordem alfabética, com observância dos critérios constantes do nº 3 do artigo 63º do CIMI.

3. Na designação dos peritos avaliadores independentes, a CNAPU tem em consideração o seu domicílio e a localização do prédio urbano a avaliar, com vista a uma maior economia de custos.

(Aditado pela Lei nº 60-A/2011, de 30-11)

Artigo 15º-L – Remunerações, impedimentos, posse e substituição dos peritos

1. As remunerações dos peritos locais e dos peritos avaliadores independentes são fixadas por despacho do Ministro das Finanças.

2. Na avaliação geral não são abonadas as despesas de transportes, excepto as incorridas pelos peritos avaliadores independentes.

3. Na avaliação geral, são aplicáveis aos peritos locais e aos peritos avaliadores independentes, com as necessárias adaptações, as regras de impedimentos e de substituição previstas nos artigos 69º e 70º do CIMI.

(Aditado pela Lei nº 60-A/2011, de 30-11)

Artigo 15º-M – Financiamento da avaliação geral de prédios urbanos

1. Para despesas relacionadas com a avaliação geral dos prédios urbanos é afecta uma verba resultante da execução das receitas tributárias do imposto municipal sobre imóveis relativo aos anos de 2011 e de 2012, a arrecadar em 2012 e 2013, respectivamente, ao abrigo do disposto no nº 5 do artigo 15º

2. A verba a afectar à avaliação geral é estabelecida por portaria do Ministro das Finanças, ouvida a Associação Nacional de Municípios Portugueses.

(Aditado pela Lei nº 60-A/2011, de 30-11)

Artigo 15º-N – Prédios urbanos arrendados

1. No caso de prédio ou parte de prédio urbano abrangido pela avaliação geral que esteja arrendado por contrato de arrendamento para habitação celebrado antes da entrada em vigor do Regime de Arrendamento Urbano, aprovado pelo Decreto-Lei nº 321-B/90, de 15 de Outubro, ou por contrato de arrendamento para fins não habitacionais celebrado antes da entrada em vigor do Decreto-Lei nº 257/95, de 30 de Setembro, o valor patrimonial tributário, para efeitos exclusivamente de IMI, não pode exceder o valor que resultar da capitalização da renda anual pela aplicação do factor 15.

2. No caso de prédios ou partes de prédios abrangidos pelo nº 1 cujas rendas sejam atualizadas nos termos do nº 10 do artigo 33º da Lei nº 6/2006, de 27 de fevereiro, alterada pela Lei nº 31/2012, de 14 de agosto, ou com base no rendimento anual bruto corrigido (RABC), nos termos previstos na alínea *c)* do nº 2 do artigo 35º ou no nº 7 do artigo 36º da mesma lei, é aplicável, com as necessárias adaptações, o disposto no nº 1 com referência ao valor anual da renda atualizada.

3. Os proprietários, usufrutuários ou superficiários de prédios urbanos arrendados por contratos de arrendamento celebrados nos termos dos números anteriores, devem apresentar, anualmente, no período compreendido entre 1 de novembro e 15 de dezembro, participação de que constem o valor da última renda mensal devida e a identificação fiscal do inquilino, conforme modelo aprovado por portaria do membro do Governo responsável pela área das finanças.

4. A participação referida no número anterior deve ser acompanhada da participação eletrónica do contrato de arrendamento ou respetivo modelo 2 da AT, ou ainda, na sua falta, por meios de prova idóneos nos termos a definir por portaria do membro do Governo responsável pela área das finanças.

5. A participação deve ainda ser acompanhada de cópia do recibo de renda ou canhoto desse recibo relativos aos doze meses anteriores à data da apresentação da participação, ou ainda por mapas mensais de cobrança de rendas nos mesmos meses, nos casos em que estas são recebidas por entidades representativas dos proprietários, usufrutuários ou superficiários de prédios arrendados nos termos dos nºs 1 e 2.

6. O valor patrimonial tributário para efeitos exclusivamente de IMI, fixado nos termos do disposto nos números anteriores, é objeto de notificação ao respetivo titular e passível de reclamação ou impugnação nos termos gerais.

7. *(Revogado.)*

8. *(Revogado.)*

9. *(Revogado.)*

10. O valor patrimonial tributário, para efeitos exclusivamente de IMI, fixado nos termos do presente artigo, não é aplicável, prevalecendo, para todos os efeitos, o valor patrimonial tributário determinado na avaliação geral, nas seguintes situações:

a) Falta de apresentação, nos prazos estabelecidos nos números anteriores, da participação ou dos elementos previstos nos números 3, 4 e 5;

b) Não declaração de rendas referentes aos contratos de arrendamento previstos nos números nºs 1 e 2 para efeitos do imposto sobre o rendimento das pessoas singulares e de imposto sobre o rendimento das pessoas coletivas no ano anterior ao ano da participação referida no nº 3;

c) Divergência entre a renda participada e a constante daquela declaração;

d) *(Revogada.)*

e) Transmissão onerosa ou doação do prédio ou parte do prédio urbano;

f) Cessação do contrato de arrendamento referido nos números 1 ou 2;

g) Atualização da renda nos termos previstos nos artigos 30º a 37º ou 50º a 54º da Lei nº 6/2006, de 27 de fevereiro, alterada pela Lei nº 31/2012, de 14 de agosto, exceto nas situações referidas no nº 2;

h) *(Revogada.)*

11. A falsificação, viciação e alteração dos elementos referidos nos nºs 3, 4 e 5 ou as omissões ou inexatidões das participações previstas no nº 3, quando não devam ser punidas pelo crime de fraude fiscal, constituem contraordenação punível nos termos do artigo 118º ou 119º do Regime Geral das Infrações Tributárias, aprovado pela Lei nº 15/2001, de 5 de junho.

(Redação dada pela Lei nº 119/2019, de 18-09)

Artigo 15º-O – Regime de salvaguarda de prédios urbanos

1. A colecta do IMI respeitante aos anos de 2012 e 2013 e liquidado nos anos de 2013 e 2014, respectivamente, por prédio ou parte de prédio urbano objecto da avaliação geral, não pode exceder a colecta do IMI devido no ano imediatamente anterior adicionada, em cada um desses anos, do maior dos seguintes valores:

a) € 75; ou

b) Um terço da diferença entre o IMI resultante do valor patrimonial tributário fixado na avaliação geral e o IMI devido do ano de 2011 ou que o devesse ser, no caso de prédios isentos.

2. A colecta do IMI de prédio ou parte de prédio urbano objecto da avaliação geral, destinado à habitação própria e permanente de sujeito passivo ou do seu agregado familiar, cujo rendimento colectável, para efeitos de IRS, no ano anterior, não seja superior a € 4 898, não pode exceder a colecta do IMI devido no ano imediatamente anterior adicionada, em cada ano, de um valor igual a € 75.

3. No caso de o sujeito passivo deixar de beneficiar do regime previsto no número anterior, aplica-se, com as necessárias adaptações, o previsto no nº 1 relativamente à diferença entre o IMI resultante do valor patrimonial tributário fixado na avaliação geral e a colecta do IMI devido no ano imediatamente anterior.

4. O disposto nos números anteriores não é aplicável:

a) Aos prédios devolutos e aos prédios em ruínas referidos no nº 3 do artigo 112º do Código do IMI;

b) Aos prédios que sejam propriedade das entidades referidas no nº 4 do artigo 112º do Código do IMI;

c) Aos prédios em que se verifique uma alteração do sujeito passivo do IMI após 31 de Dezembro de 2011, salvo nas transmissões por morte de que forem beneficiários o cônjuge, descendentes e ascendentes quando estes não manifestem vontade expressa em contrário.

(Aditado pela Lei nº 60-A/2011, de 30-11)

Artigo 15º-P – Direito subsidiário

À avaliação geral de prédios urbanos aplica-se, subsidiariamente, o disposto no CIMI e demais legislação complementar.

(Aditado pela Lei nº 60-A/2011, de 30-11)

Artigo 16º – Actualização do valor patrimonial tributário

1. Enquanto não se proceder à avaliação geral, o valor patrimonial tributário dos prédios urbanos, para efeitos de IMI, é actualizado com base em coeficientes de desvalorização da moeda ajustados pela variação temporal dos preços no mercado imobiliário nas diferentes zonas do País.

2. Os coeficientes referidos no nº 1 são estabelecidos, entre um máximo de 44,21 e um mínimo de 1, e constam de portaria do Ministro das Finanças.

3. Aos valores dos prédios inscritos nas matrizes até ao ano de 1970, inclusive, é aplicado o coeficiente que lhe corresponder nesse ano e, aos dos prédios inscritos posteriormente, aquele que corresponder ao ano da inscrição matricial.

4. Em qualquer dos casos previstos no número anterior, o coeficiente é sempre aplicado aos referidos valores já expurgados de quaisquer correcções efectuadas posteriormente ao ano de 1970 e aos anos da respectiva inscrição matricial.

5. No caso de prédios urbanos arrendados que o deixaram de estar até 31 de Dezembro de 1988, é aplicado ao valor patrimonial resultante da renda o coeficiente correspondente ao ano a que respeita a última actualização da renda.

(Redação dada pela Lei nº 6/2006, de 27-02)

Artigo 17º – Regime transitório para os prédios urbanos arrendados

1. Para efeitos exclusivamente de IMI, o valor patrimonial tributário de prédio ou parte de prédio urbano arrendado é determinado nos termos do artigo anterior, com excepção do previsto nos números seguintes.

2. Quando se proceder à avaliação de prédio arrendado, o IMI incidirá sobre o valor patrimonial tributário apurado nos termos do artigo 38º do CIMI, ou, caso haja lugar a aumento da renda de forma faseada, nos termos do artigo 38º da Lei nº 6/2006, de 27 de Fevereiro, que aprova o Novo Regime do Arrendamento Urbano, sobre a parte desse valor correspondente a uma percentagem igual à da renda actualizada prevista nos artigos 39º, 40º, 41º e 53º da referida lei sobre o montante máximo da nova renda.

3. Quando o senhorio requeira a avaliação do imóvel para efeitos de actualização da renda e não possa proceder a actualização devido ao nível de conservação do locado, o IMI passa a incidir sobre o valor patrimonial tributário apurado nos termos do artigo 38º do CIMI no 3º ano posterior ao da avaliação.

4. Não tendo sido realizada a avaliação nos termos do nº 2, no ano da entrada em vigor da Lei nº 6/2006, de 27 de Fevereiro, que aprova o Novo Regime do Arrendamento Urbano, o valor patrimonial tributário de prédio ou parte de prédio urbano arrendado, por contrato ainda vigente e que tenha dado lugar ao pagamento de rendas até 31 de Dezembro de 2001, é o que resultar da capitalização da renda anual pela aplicação do factor 12, se tal valor for inferior ao determinado nos termos do artigo anterior.

5. A partir do ano seguinte ao da entrada em vigor da Lei nº 6/2006, 27 de Fevereiro, que aprova o Novo Regime do Arrendamento Urbano, e enquanto não existir avaliação nos termos do artigo 38º do CIMI, o valor patrimonial tributário do prédio, para efeitos de IMI, é determinado nos termos do artigo anterior.

(Redação dada pela Lei nº 6/2006, de 27-02)

Artigo 18º – Apresentação de participação

(Revogado pela Lei nº 6/2006, de 27-02)

Artigo 19º – Prédios parcialmente arrendados

Tratando-se de prédios urbanos só em parte arrendados, cujos rendimentos parciais estão discriminados nas matrizes urbanas, aplicam-se os dois critérios a que se referem os artigos 16º e 17º à parte não arrendada e à parte arrendada, respectivamente, somando-se os dois valores para determinar o valor patrimonial tributário global do prédio.

Artigo 20º – Reclamação da actualização do valor patrimonial tributário

1. O sujeito passivo pode reclamar do resultado das actualizações efectuadas nos termos dos artigos 16º, 17º, nº 1, e 19º, designadamente com fundamento em erro de facto ou de direito.

2. As reclamações são deduzidas no prazo de 90 dias contados do termo do prazo para pagamento voluntário da primeira ou única prestação do IMI, salvo se o documento de cobrança respectivo tiver sido emitido em nome de outrem que não o sujeito passivo, caso em que aquele prazo é contado a partir da data da citação efectuada em processo de execução fiscal.

3. Tratando-se de prédios urbanos isentos de IMI, as reclamações são deduzidas no prazo de 90 dias a contar de 30 de Abril de 2004, devendo a DGCI comunicar aos interessados os novos valores resultantes da actualização.

4. O sujeito passivo pode solicitar que o valor patrimonial tributário do prédio seja determinado por avaliação de acordo com as regras estabelecidas no CIMI, nos prazos referidos nos nºs 2 e 3, consoante o caso.

5. O disposto nos números anteriores não prejudica a dedução de impugnação judicial, nos termos do Código de Procedimento e de Processo Tributário.

Artigo 21º – Vigência dos valores patrimoniais tributários corrigidos

Os valores patrimoniais tributários resultantes das correcções efectuadas, nos termos dos artigos 16º, 17º, nº 1, e 19º, entram em vigor em 31 de Dezembro de 2003, reportando-se, também, a esta data os resultados das participações e eventuais reclamações efectuadas nos termos dos artigos 18º e 20º

Artigo 22º – Regime de cobrança

O Decreto-Lei nº 492/88, de 30 de Dezembro, com as alterações introduzidas pelo Decreto-Lei nº 172-A/90, de 31 de Maio, é aplicável, até à sua substituição, ao IMI, com as necessárias adaptações.

Artigo 23º – Exigência do número fiscal

1. Os sujeitos passivos do IMI, caso ainda não o tenham feito, devem, no prazo de seis meses após a entrada em vigor do presente decreto-lei, proceder à identificação dos prédios com o respectivo número de identificação fiscal.

2. Ao incumprimento da obrigação prevista no número anterior é aplicável o disposto no artigo 117º do Regime Geral das Infracções Tributárias.

Artigo 24º – Comunicação das deliberações das assembleias municipais

No ano de entrada em vigor do CIMI, a comunicação das deliberações referidas no artigo 112º deve dar entrada na Direcção-Geral dos Impostos até 31 de Dezembro.

Artigo 25º – Regime de salvaguarda

1. O aumento da colecta do IMI resultante da actualização dos valores patrimoniais tributários não pode exceder, por prédio, os seguintes valores anuais adicionados à colecta da contribuição autárquica ou do IMI devido no ano anterior ou que o devesse ser, no caso de prédios isentos:

Ano de 2004 – € 60;
Ano de 2005 – € 75;
Ano de 2006 – € 90;
Ano de 2007 – € 105;
Ano de 2008 – € 120;
Ano de 2009 – € 135;
Ano de 2010 – € 150;
Ano de 2011 – € 165.

2. A limitação prevista no número anterior não se aplica aos prédios avaliados, no período temporal aí referido, com aplicação das regras de avaliação previstas nos artigos 38º e seguintes do CIMI.

3. *(Revogado.)*

4. O disposto nos números anteriores não é aplicável:

a) Aos prédios que sejam propriedade das entidades referidas no nº 4 do artigo 112º do CIMI;

b) Aos prédios devolutos e aos prédios em ruínas referidos no nº 3 do artigo 112º do CIMI.

(Redação dada pela Lei nº 64-A/2008, de 31-12)

Artigo 26º – Revisão dos elementos aprovados pela CNAPU

1. Os elementos referidos nas alíneas *a)* e *b)* do nº 1 do artigo 62º do CIMI, constantes da portaria prevista no seu nº 2, podem ser revistos, com fundamento na sua errada qualificação ou quantificação, durante o período decorrido entre a primeira e a segunda publicação.

2. A revisão prevista no número anterior é efectuada sobre proposta apresentada pela Comissão Nacional de Avaliação de Prédios Urbanos (CNAPU), com base nos elementos fornecidos pelos serviços competentes da Direcção-Geral dos Impostos, a apresentar durante o primeiro triénio de vigência do novo regime de avaliação.

3. A revisão a que se refere o número anterior é aprovada nos termos do nº 3 do artigo 62º, originando a repetição das avaliações entretanto efectuadas.

4. Os erros a que alude o nº 1 consideram-se imputáveis aos serviços.

Artigo 27º – Liquidação do IMT e do imposto do selo

1. O IMT relativo aos prédios cujo valor patrimonial tributário tenha sido determinado nos termos do Código da Contribuição Predial e do Imposto sobre a Indústria Agrícola, e enquanto não for efectuada a avaliação geral da propriedade imobiliária, nos termos previstos no Código do Imposto Municipal sobre Imóveis (CIMI), é liquidado, sem prejuízo das regras especiais previstas no CIMT, nos termos seguintes:

a) O imposto relativo aos prédios urbanos é provisoriamente liquidado pelo valor constante do acto ou do contrato ou pelo valor patrimonial tributário inscrito na matriz à data da liquidação, consoante o que for maior, sendo a liquidação corrigida oficiosamente, sendo caso disso, logo que se torne definitivo o valor da avaliação a levar a efeito nos termos previstos no nº 1 do artigo 15º do presente diploma, relativamente a todas as primeiras transmissões que ocorrerem após a entrada em vigor do CIMT;

b) O imposto relativo aos prédios arrendados até 31 de Dezembro de 2001 e que ainda se encontrem arrendados na data da liquidação é liquidado pelo preço constante do acto ou do contrato ou pelo valor determinado nos termos do nº 3 do artigo 17º do presente diploma, consoante o que for maior;

c) O imposto relativo a prédios rústicos é liquidado sobre o valor patrimonial tributário inscrito na matriz à data da liquidação, actualizado com base em factores de correcção monetária cujo limite não poderá exceder 44,21, a fixar em função do ano da última avaliação geral ou cadastral, a publicar em portaria do Ministro das Finanças, ou pelo valor constante do acto ou do contrato, consoante o que for maior.

2. O imposto do selo é liquidado, sem prejuízo das regras especiais previstas no respectivo Código, nos seguintes termos:

a) No caso de prédios urbanos, com base no valor da avaliação prevista no nº 1 do artigo 15º do presente diploma;

b) No caso dos prédios urbanos arrendados até 31 de Dezembro de 2001 e que ainda se encontrem arrendados na data da liquidação, com base no valor determinado nos termos do nº 3 do artigo 17º do presente diploma;

c) No caso dos prédios rústicos, com base no valor patrimonial tributário actualizado pela forma prevista na alínea *c)* do nº 1.

3. Havendo lugar a transmissão, para efeitos de IMT e do imposto do selo, que não envolva mudança de sujeito passivo em sede de IMI, o adquirente, o cabeça-de-casal ou o beneficiário de qualquer transmissão gratuita apresenta a declaração prevista no artigo 37º do CIMI, conjuntamente com a referida no artigo 19º do CIMT ou com a participação a que se refere o artigo 26º do Código do Imposto do Selo, consoante o caso.

4. O valor patrimonial tributário resultante da avaliação efectuada com base na declaração referida na primeira parte do número anterior só produz efeitos no IMI quando se operar a mudança de sujeito passivo deste imposto.

(Redação dada pelo Decreto-Lei nº 211/2005, de 07-12)

CAPÍTULO IV – Disposições finais

Artigo 28º – Remissões

1. Todos os textos legais que mencionam Código da Contribuição Autárquica ou contribuição autárquica consideram-se referidos ao Código do Imposto Municipal sobre Imóveis (CIMI) ou ao imposto municipal sobre imóveis (IMI).

2. Todos os textos legais que mencionem Código do Imposto Municipal de Sisa e do Imposto sobre as Sucessões e Doações, imposto municipal de sisa ou imposto sobre as sucessões e doações consideram-se referidos ao Código do Imposto Municipal sobre as Transmissões Onerosas de Imóveis (CIMT), ao Código do Imposto do Selo, ao imposto municipal sobre as transmissões onerosas de imóveis (IMT) e ao imposto do selo, respectivamente.

Artigo 29º – Modelos de impressos

Os modelos de impressos destinados a dar cumprimento às obrigações impostas pelo CIMI, pelo CIMT e pelo Código do Imposto do Selo são aprovados por portaria do Ministro das Finanças.

Artigo 30º – Modificações dos Códigos

As modificações a introduzir no CIMI, no CIMT e no Código do Imposto do Selo são consideradas como fazendo parte deles e inseridas no lugar próprio, devendo essas modificações ser sempre efectuadas por meio de substituição dos artigos alterados, supressão dos inúteis ou pelo aditamento dos que forem necessários.

Artigo 31º – Revogação

1. A partir da data da entrada em vigor do CIMI, são revogados os Códigos da Contribuição Autárquica, aprovado pelo Decreto-Lei nº 442-C/88, de 30 de Novembro, e da Contribuição Predial e do Imposto sobre a Indústria Agrícola, aprovado pelo Decreto-Lei nº 45 104, de 1 de Julho de 1963, na parte ainda vigente, considerando-se a contribuição autárquica substituída pelo imposto municipal sobre imóveis (IMI) para todos os efeitos legais.

2. É revogado o artigo 5º da Lei nº 36/91, de 27 de Julho, bem como a alínea *c)* do nº 1 do artigo 10º da Lei nº 19/2003, de 20 de Junho.

3. A partir da data da entrada em vigor do CIMT, é revogado o Código do Imposto Municipal de Sisa e do Imposto sobre as Sucessões e Doações, aprovado pelo Decreto-Lei nº 41 969, de 24 de Novembro de 1958.

4. São revogados, a partir da data referida no nº 3, todos os benefícios fiscais relativos ao imposto sobre as sucessões e doações criados por legislação extravagante ao Código aí referido.

5. Os Códigos revogados continuam a aplicar-se aos factos tributários ocorridos até à data da entrada em vigor dos Códigos e alterações referidos no artigo 32º do presente diploma, incluindo os factos que tenham beneficiado de isenção ou de redução de taxa condicionadas e que venham a ficar sem efeito na vigência dos novos Códigos.

6. Mantêm-se em vigor os benefícios fiscais relativos à contribuição autárquica, agora reportados ao IMI, bem como os respeitantes ao imposto municipal de sisa estabelecidos em legislação extravagante ao Código aprovado pelo Decreto-Lei nº 41 969, de 24 de Novembro de 1958, e no Estatuto dos Benefícios Fiscais, que passam a ser reportados ao IMT.

Artigo 32º – Entrada em vigor

1. O CIMI entra em vigor em 1 de Dezembro de 2003, com excepção das normas relativas à constituição, competência e funcionamento dos organismos de avaliação e dos peritos, que entram em vigor no dia seguinte ao da publicação do presente diploma.

2. Aos prédios omissos cujo pedido para inscrição na matriz seja apresentado a partir do dia seguinte ao da publicação do presente diploma aplica-se o regime de avaliações previsto no CIMI, sendo as liquidações da contribuição autárquica respeitantes aos anos anteriores ao de 2003 efectuadas com base na taxa prevista na alínea *c)* do nº 1 do artigo 112º daquele Código fixada para aquele ano.

3. O Código do Imposto Municipal sobre as Transmissões Onerosas de Imóveis entra em vigor em 1 de Janeiro de 2004.

4. As alterações introduzidas ao Código do Imposto do Selo e respectiva Tabela Anexa, relativas às transmissões gratuitas e transferências onerosas de actividades ou de explorações de serviços, entram em vigor em 1 de Janeiro de 2004.

5. As alterações e aditamentos aos Códigos do IRS, do IRC e do Notariado e ao Estatuto dos Benefícios Fiscais entram em vigor em 1 de Janeiro de 2004, com excepção do disposto no nº 2 do artigo 11º do presente diploma.

Visto e aprovado em Conselho de Ministros de 29 de Agosto de 2003. – *José Manuel Durão Barroso – Maria Manuela Dias Ferreira Leite – Maria Celeste Ferreira Lopes Cardona – Amílcar Augusto Contel Martins Theias.*

Promulgado em 23 de Outubro de 2003.

Publique-se.

O Presidente da República, JORGE SAMPAIO.

Referendado em 30 de Outubro de 2003.

O Primeiro-Ministro, *José Manuel Durão Barroso.*

Código do Imposto Municipal Sobre Imóveis

Há muito tempo que se formou na sociedade portuguesa um largo consenso acerca do carácter profundamente injusto do regime actual de tributação estática do património imobiliário. Esse consenso é extensivo à identificação das causas do problema, a saber, a profunda desactualização das matrizes prediais e a inadequação do sistema de avaliações prediais.

Embora o Código da Contribuição Autárquica tenha entrado em vigor em 1 de Janeiro de 1989, o sistema de avaliações vigente é ainda o do velho Código da Contribuição Predial e do Imposto Sobre a Indústria Agrícola, de 1963, que em grande parte manteve o sistema do Código da Contribuição Predial de 1913.

O sistema de avaliações até agora vigente foi criado para uma sociedade que já não existe, de economia rural e onde a riqueza imobiliária era predominantemente rústica. Por essa razão, o regime legal de avaliação da propriedade urbana é profundamente lacunar e desajustado da realidade actual.

A enorme valorização nominal dos imóveis, em especial dos prédios urbanos habitacionais, comerciais e terrenos para construção, por efeito de sucessivos processos inflacionistas e da aceleração do crescimento económico do País nos últimos 30 anos, minaram a estrutura e a coerência do actual sistema de tributação.

A combinação destes factores conduziu a distorções e iniquidades, incompatíveis com um sistema fiscal justo e moderno e, sobretudo, a uma situação de sobretributação dos prédios novos ao lado de uma desajustada subtributação dos prédios antigos.

Mantêm-se, no entanto, plenamente actuais as razões que, aquando da reforma de 1988-1989, levaram à criação de um imposto sobre o valor patrimonial dos imóveis, com a receita a reverter a favor dos municípios, baseado predominantemente no princípio do benefício.

Porém, a profundidade das alterações a introduzir é de tal ordem que se entendeu, em lugar da contribuição autárquica, criar o imposto municipal sobre imóveis (IMI), terminologia de resto mais adequada para designar a realidade tributária em causa, para além de que existem outros tributos que têm as autarquias como seus sujeitos activos.

No plano da incidência, o IMI segue a concepção que presidia à contribuição autárquica e, quanto às isenções, dado que o novo modelo irá conduzir a uma descida da tributação dos prédios mais recentes, diminuíram-se os períodos da sua duração, com base num escalonamento em dois patamares. Modificou-se também a isenção relativa aos prédios de reduzido valor patrimonial pertencentes a famílias de baixos rendimentos, aumentando-se significativamente os limites considerados para o efeito.

Com este Código opera-se uma profunda reforma do sistema de avaliação da propriedade, em especial da propriedade urbana. Pela primeira vez em Portugal, o sistema fiscal passa a ser dotado de um quadro legal de avaliações totalmente assente em factores objectivos, de grande simplicidade e coerência interna, e sem espaço para a subjectividade e discricionariedade do avaliador.

É também um sistema simples e menos oneroso, que permitirá uma rapidez muito maior no procedimento de avaliação.

A concepção do novo sistema de avaliações beneficiou de um vasto acervo de informação, análises e estudos preparados desde há vários anos pelos serviços da Direcção-Geral dos Impostos, os quais foram actualizados e complementados segundo directrizes estabelecidas.

Foram acolhidas, no essencial, as recomendações do relatório da Comissão de Desenvolvimento da Reforma Fiscal, bem como os critérios do anteprojecto do Código de Avaliações elaborado em 1991, actualizados mais tarde no âmbito da Comissão da Reforma da Tributação do Património, considerando-se, nomeadamente, a relevância do custo médio de construção, da área bruta de construção e da área não edificada adjacente, preço por metro quadrado, incluindo o valor do terreno, localização, qualidade e conforto da construção, vetustez e características envolventes.

Estes factores são complementados com zonamentos municipais específicos, correspondentes a áreas uniformes de valorização imobiliária, com vista a impedir a aplicação de factores idênticos independentemente da localização de cada prédio e de cada município no território nacional.

Consagram-se, pois, no Código do Imposto Municipal sobre Imóveis (CIMI) os contornos precisos da realidade a tributar, partindo para isso de dados objectivos que escapem às oscilações especulativas da conjuntura, de modo que sirvam de referência a uma sólida, sustentável e justa relação tributária entre o Estado e os sujeitos passivos.

Por outro lado, criam-se organismos de coordenação e supervisão das avaliações, com uma composição que garante a representatividade dos agentes económicos e das entidades públicas ligadas ao sector, mantendo-se as garantias de defesa das decisões dos órgãos de avaliações.

Os objectivos fundamentais das alterações propostas são, pois, o de criar um novo sistema de determinação do valor patrimonial dos imóveis, o de actualizar os seus valores e o de repartir de forma mais justa a tributação da propriedade imobiliária, principalmente no plano intergeracional.

De referir também que outro dos objectivos principais a alcançar é o da rápida melhoria do nível de equidade. Tal desiderato é prosseguido, enquanto não for determinada a avaliação geral, através da actualização imediata dos valores patrimoniais tributários, pela via da correcção monetária ponderada, da redução substancial dos limites das taxas, fixados em 0,4% e 0,8%, e do estabelecimento de limites ao aumento da colecta, por forma a que não ocorra nem um agravamento exagerado e abrupto do imposto a pagar, nem uma quebra na receita, competindo aos municípios determinar em concreto qual a taxa a aplicar.

No entanto, a actualização do valor patrimonial dos prédios urbanos arrendados até 31 de Dezembro de 2001, e que continuem arrendados no domínio de vigência do novo Código, será feita através da capitalização da renda anual, evitando assim que os seus titulares se vissem confrontados com um imposto a pagar que poderia exceder o rendimento efectivamente recebido.

Os prédios urbanos novos e os que forem transmitidos no domínio de vigência do CIMI serão objecto de avaliação com base nas novas regras de avaliação e passarão a ser tributados por uma taxa entre 0,2% e 0,5%, a fixar por cada município.

Nos prédios rústicos, continua a considerar-se como base para a tributação o seu potencial rendimento produtivo, com alterações de menor relevância, sendo a realização de uma reforma mais global diferida para o momento da reestruturação da base cadastral destes prédios.

A luta contra a fraude e evasão fiscal foi igualmente um dos objectivos da reforma, mormente face a fenómenos de deslocalização da titularidade de imóveis para países ou regiões com regimes fiscais mais favoráveis, prevendo-se uma taxa agravada para estes casos e retirando-se o benefício da não sujeição temporária do imposto aos terrenos destinados à construção de edifícios para venda e aos prédios que integrem o activo de empresas que tenham por objecto a sua venda.

Outra medida importante desta reforma é a do reforço dos poderes tributários dos municípios, nomeadamente através do alargamento do intervalo de fixação das taxas e dos novos poderes de determinar alguns benefícios fiscais, no âmbito das políticas urbanística, cultural, de desenvolvimento e de combate à desertificação.

Daí advirá certamente uma maior responsabilização das autarquias perante as populações, e uma maior exigência dos munícipes para com os seus autarcas, num domínio, como é o caso da fiscalidade, onde se projecta com maior nobreza o exercício dos direitos e dos deveres da cidadania.

CAPÍTULO I – Incidência

Artigo 1º – Incidência

1. O imposto municipal sobre imóveis (IMI) incide sobre o valor patrimonial tributário dos prédios rústicos e urbanos situados no território português, constituindo receita dos municípios onde os mesmos se localizam.

2. O adicional ao imposto municipal sobre imóveis, deduzido dos encargos de cobrança e da previsão de deduções à coleta de imposto sobre o rendimento das pessoas singulares (IRS) e de imposto sobre o rendimento das pessoas coletivas (IRC), constitui receita do Fundo de Estabilização Financeira da Segurança Social.

(Redação dada pela Lei nº 114/2017, de 29-12)

Artigo 2º – Conceito de prédio

1. Para efeitos do presente Código, prédio é toda a fracção de território, abrangendo as águas, plantações, edifícios e construções de qualquer natureza nela incorporados ou assentes, com carácter de permanência, desde que faça parte do património de uma pessoa singular ou colectiva e, em circunstâncias normais, tenha valor económico, bem como as águas, plantações, edifícios ou construções, nas circunstâncias anteriores, dotados de autonomia económica em relação ao terreno onde se encontrem implantados, embora situados numa fracção de território que constitua parte integrante de um património diverso ou não tenha natureza patrimonial.

2. Os edifícios ou construções, ainda que móveis por natureza, são havidos como tendo carácter de permanência quando afectos a fins não transitórios.

3. Presume-se o carácter de permanência quando os edifícios ou construções estiverem assentes no mesmo local por um período superior a um ano.

4. Para efeitos deste imposto, cada fracção autónoma, no regime de propriedade horizontal, é havida como constituindo um prédio.

Artigo 3º – Prédios rústicos

1. São prédios rústicos os terrenos situados fora de um aglomerado urbano, exceto os que sejam de classificar como terrenos para construção, nos termos do nº 3 do artigo 6º, e os que tenham por destino normal uma utilização geradora de rendimentos comerciais e industriais, desde que:

a) Estejam afetos ou, na falta de concreta afetação, tenham como destino normal uma utilização geradora de rendimentos agrícolas e silvícolas;

b) Não tendo a afectação indicada na alínea anterior, não se encontrem construídos ou disponham apenas de edifícios ou construções de carácter acessório, sem autonomia económica e de reduzido valor.

2. São também prédios rústicos os terrenos situados dentro de um aglomerado urbano, desde que, por força de disposição legalmente aprovada, não possam ter utilização geradora de quaisquer rendimentos ou só possam ter utilização geradora de rendimentos agrícolas ou silvícolas e estejam a ter, de facto, esta afetação.

3. São ainda prédios rústicos:

a) Os edifícios e construções diretamente afetos à produção de rendimentos agrícolas ou silvícolas, quando situados nos terrenos referidos nos números anteriores;

b) As águas e plantações nas situações a que se refere o nº 1 do artigo 2º

4. Para efeitos do presente Código, consideram-se aglomerados urbanos, além dos situados dentro de perímetros legalmente fixados, os núcleos com um mínimo de 10 fogos servidos por arruamentos de utilização pública, sendo o seu perímetro delimitado por pontos distanciados 50 m do eixo dos arruamentos, no sentido transversal, e 20 m da última edificação, no sentido dos arruamentos.

5. A qualificação dos rendimentos referidos no presente diploma é aquela que é considerada para efeitos do imposto sobre o rendimento das pessoas singulares (IRS).

(Redação dada pela Lei nº 7-A/2016, de 30-03)

Artigo 4º – Prédios urbanos

Prédios urbanos são todos aqueles que não devam ser classificados como rústicos, sem prejuízo do disposto no artigo seguinte.

Artigo 5º – Prédios mistos

1. Sempre que um prédio tenha partes rústica e urbana é classificado, na íntegra, de acordo com a parte principal.

2. Se nenhuma das partes puder ser classificada como principal, o prédio é havido como misto.

Artigo 6º – Espécies de prédios urbanos

1. Os prédios urbanos dividem-se em:

a) Habitacionais;

b) Comerciais, industriais ou para serviços;

c) Terrenos para construção;

d) Outros.

2. Habitacionais, comerciais, industriais ou para serviços são os edifícios ou construções para tal licenciados ou, na falta de licença, que tenham como destino normal cada um destes fins.

3. Consideram-se terrenos para construção os terrenos situados dentro ou fora de um aglomerado urbano, para os quais tenha sido concedida licença ou autorização, admitida comunicação prévia ou emitida informação prévia favorável de operação de loteamento ou de construção, e ainda aqueles que assim tenham sido declarados no título aquisitivo, exceptuando-se os terrenos em que as entidades competentes vedem qualquer daquelas operações, designadamente os localizados em zonas verdes, áreas protegidas ou que, de acordo com os planos municipais de ordenamento do território, estejam afectos a espaços, infra-estruturas ou equipamentos públicos.

4. Enquadram-se na previsão da alínea *d)* do nº 1 os terrenos situados dentro de um aglomerado urbano que não sejam terrenos para construção nem se encontrem abrangidos pelo disposto no nº 2 do artigo 3º e ainda os edifícios e construções licenciados ou, na falta de licença, que tenham como destino normal outros fins que não os referidos no nº 2 e ainda os da excepção do nº 3.

(Redação dada pela Lei nº 64-A/2008, de 31-12)

Artigo 7º – Valor patrimonial tributário

1. O valor patrimonial tributário dos prédios é determinado nos termos do presente Código.

2. O valor patrimonial tributário dos prédios urbanos com partes enquadráveis em mais de uma das classificações do nº 1 do artigo anterior determina-se:

a) Caso uma das partes seja principal e a outra ou outras meramente acessórias, por aplicação das regras de avaliação da parte principal, tendo em atenção a valorização resultante da existência das partes acessórias;

b) Caso as diferentes partes sejam economicamente independentes, cada parte é avaliada por aplicação das correspondentes regras, sendo o valor do prédio a soma dos valores das suas partes.

3. O valor patrimonial tributário dos prédios mistos corresponde à soma dos valores das suas partes rústica e urbana determinados por aplicação das correspondentes regras do presente Código.

Artigo 8º – Sujeito passivo

1. O imposto é devido pelo proprietário do prédio em 31 de Dezembro do ano a que o mesmo respeitar.

2. Nos casos de usufruto ou de direito de superfície, o imposto é devido pelo usufrutuário ou pelo superficiário após o início da construção da obra ou do termo da plantação.

3. No caso de propriedade resolúvel, o imposto é devido por quem tenha o uso e fruição do prédio.

4. Presume-se proprietário, usufrutuário ou superficiário, para efeitos fiscais, quem como tal figure ou deva figurar na matriz, na data referida no nº 1 ou, na falta de inscrição, quem em tal data tenha a posse do prédio.

5. Na situação prevista no artigo 81º o imposto é devido pela herança indivisa representada pelo cabeça-de-casal.

Artigo 9º – Início da tributação

1. O imposto é devido a partir:

a) Do ano, inclusive, em que a fracção do território e demais elementos referidos no artigo 2º devam ser classificados como prédio;

b) Do ano seguinte ao do termo da situação de isenção, salvo se, estando o sujeito passivo a beneficiar de isenção, venha a adquirir novo prédio para habitação própria e permanente e continuar titular do direito de propriedade do prédio isento, caso em que o imposto é devido no ano em que o prédio deixou de ser habitado pelo respectivo proprietário;

c) Do ano, inclusive, da conclusão das obras de edificação, de melhoramento ou de outras alterações que hajam determinado a variação do valor patrimonial tributário de um prédio;

d) Do 4º ano seguinte, inclusive, àquele em que um terreno para construção tenha passado a figurar no inventário de uma empresa que tenha por objecto a construção de edifícios para venda;

e) Do 3º ano seguinte, inclusive, àquele em que um prédio tenha passado a figurar no inventário de uma empresa que tenha por objecto a sua venda.

2. Nas situações previstas nas alíneas *d)* e *e)* do número anterior, caso ao prédio seja dada diferente utilização, liquida-se o imposto por todo o período decorrido desde a sua aquisição.

3. Na situação prevista na alínea *e)* do nº 1, o imposto é ainda devido a partir do ano, inclusive, em que a venda do prédio tenha sido retardada por facto imputável ao respectivo sujeito passivo.

4. Para efeitos do disposto nas alíneas *d)* e *e)* do nº 1, devem os sujeitos passivos comunicar ao serviço de finanças da área da situação dos prédios, no prazo de 60 dias contados da verificação do facto determinante da sua aplicação, a afectação dos prédios àqueles fins.

5. Nas situações a que alude o número anterior, se a comunicação for apresentada para além do prazo referido, o imposto é devido por todo o tempo já decorrido, iniciando-se a suspensão da tributação apenas a partir do ano da comunicação, cessando, todavia, no ano em que findaria caso tivesse sido apresentada em tempo.

6. Não gozam do regime previsto nas alíneas *d)* e *e)* do nº 1 os sujeitos passivos que tenham adquirido o prédio a entidade que dele já tenha beneficiado.

7. O disposto nas alíneas *d)* e *e)* do nº 1 não é aplicável aos sujeitos passivos que tenham domicílio fiscal em país, território ou região sujeitos a um regime fiscal claramente mais favorável constante de lista aprovada por portaria do Ministro das Finanças.

(Redação dada pela Lei nº 64-B/2011, de 30-12)

Artigo 10º – Data da conclusão dos prédios urbanos

1. Os prédios urbanos presumem-se concluídos ou modificados na mais antiga das seguintes datas:

a) Em que for concedida licença camarária, quando exigível;

b) Que a declaração de inscrição na matriz indique como data de conclusão das obras;

c) Em que se verificar uma qualquer utilização, desde que a título não precário;

d) Em que se tornar possível a sua normal utilização para os fins a que se destina.

2. O chefe de finanças da área da situação dos prédios fixa, em despacho fundamentado, a data da conclusão ou modificação dos prédios, nos casos não previstos no número anterior e naqueles em que as presunções nele enunciadas não devam relevar, com base em elementos de que disponha, designadamente os fornecidos pelos serviços da administração fiscal, pela câmara municipal ou resultantes de reclamação dos sujeitos passivos.

(Redação dada pelo Decreto-Lei nº 41/2016, de 01-08)

CAPÍTULO II – Isenções

Artigo 11º – Entidades públicas isentas

1. Estão isentos de imposto municipal sobre imóveis o Estado, as regiões autónomas e qualquer dos seus serviços, estabelecimentos e organismos, ainda que personalizados, compreendendo os institutos públicos, bem como as autarquias locais e as suas associações e federações de municípios de direito público.

2. Não estão isentos:

a) Os serviços, estabelecimentos e organismos do Estado que tenham caráter empresarial, exceto os hospitais e unidades de saúde constituídos em entidades públicas empresariais em relação aos imóveis nos quais sejam prestados cuidados de saúde;

b) O património imobiliário público sem utilização, nos termos definidos em diploma próprio.

3. Considera-se património imobiliário público sem utilização, nos termos definidos em diploma próprio, o conjunto de bens imóveis do domínio privado do Estado ou dos institutos públicos que se encontrem em inatividade, devolutos ou abandonados e não tenham sido objeto de qualquer uma das formas de administração previstas no artigo 52º, nº 2, do Decreto-Lei nº 280/2007, de 7 de agosto, ou se encontrem integrados em procedimento tendente a esse efeito, por um período não inferior a 3 anos consecutivos.

(Redação dada pela Lei nº 51/2018, de 16-08)

Artigo 11º-A – Prédios de reduzido valor patrimonial de sujeitos passivos de baixos rendimentos

1. Ficam isentos de imposto municipal sobre imóveis os prédios rústicos e o prédio ou parte de prédio urbano destinado a habitação própria e permanente do sujeito passivo ou do seu agregado familiar, e que seja efetivamente afeto a tal fim, desde que o rendimento bruto total do agregado familiar não seja superior a 2,3 vezes o valor anual do IAS e o valor patrimonial tributário global da totalidade dos prédios rústicos e urbanos pertencentes ao agregado familiar não exceda 10 vezes o valor anual do IAS.

2. Para efeitos do disposto no número anterior, os rendimentos do agregado familiar são os do ano anterior àquele a que respeita a isenção.

3. O rendimento referido no nº 1 é determinado individualmente sempre que, no ano do pedido da isenção, o sujeito passivo já não integre o agregado familiar a que se refere o número anterior.

4. As isenções a que se refere o nº 1 são automáticas, nelas não se incluindo os prédios pertencentes a sujeitos passivos não residentes, sendo reconhecidas oficiosamente e com uma periodicidade anual pela Autoridade Tributária e Aduaneira, a partir da data de aquisição dos prédios ou da data da verificação dos respetivos pressupostos.

5. O não cumprimento atempado, pelo sujeito passivo ou pelos membros do seu agregado familiar, das suas obrigações declarativas em sede de IRS e de IMI, determina a não atribuição das isenções previstas no nº 1.

6. A isenção a que se refere o nº 1 abrange os arrumos, despensas e garagens, ainda que fisicamente separados, mas integrando o mesmo edifício ou conjunto habitacional, desde que utilizados exclusivamente pelo proprietário ou seu agregado familiar, como complemento da habitação isenta.

7. Em caso de compropriedade, o valor patrimonial tributário global a que alude o nº 1 é o que, proporcionalmente, corresponder à quota do sujeito passivo e dos restantes membros do seu agregado familiar.

8. Para efeitos do disposto no presente artigo, considera-se prédio ou parte de prédio urbano afeto à habitação própria e permanente do sujeito passivo ou do seu agregado familiar aquele no qual esteja fixado o respetivo domicílio fiscal.

9. Sem prejuízo do disposto no número anterior, o sujeito passivo que, a 31 de dezembro do ano a que respeita o imposto, se encontre a residir em lar de terceira idade pode beneficiar da isenção prevista no presente artigo, efetuando até aquela data prova, junto da Autoridade Tributária e Aduaneira, de que o prédio ou parte de prédio urbano em causa antes constituía a sua habitação própria e permanente.

(Redação dada pela Lei nº 42/2016, de 28-12)

CAPÍTULO III – Matrizes prediais

Artigo 12º – Conceito de matrizes prediais

1. As matrizes prediais são registos de que constam, designadamente, a caracterização dos prédios, a localização e o seu valor patrimonial tributário, a identidade dos proprietários e, sendo caso disso, dos usufrutuários e superficiários.

2. Existem duas matrizes, uma para a propriedade rústica e outra para a propriedade urbana.

3. Cada andar ou parte de prédio susceptível de utilização independente é considerado separadamente na inscrição matricial, a qual discrimina também o respectivo valor patrimonial tributário.

4. As matrizes são actualizadas anualmente com referência a 31 de Dezembro.

5. As inscrições matriciais só para efeitos tributários constituem presunção de propriedade.

Artigo 13º – Inscrição nas matrizes

1. A inscrição de prédios na matriz e a actualização desta são efectuadas com base em declaração apresentada pelo sujeito passivo, no prazo de 60 dias contados a partir da ocorrência de qualquer dos seguintes factos:

a) Uma dada realidade física passar a ser considerada como prédio;

b) Verificar-se um evento susceptível de determinar uma alteração da classificação de um prédio;

c) Modificarem-se os limites de um prédio;

d) Concluírem-se obras de edificação, de melhoramento ou outras alterações que possam determinar variação do valor patrimonial tributário do prédio;

e) Verificarem-se alterações nas culturas praticadas num prédio rústico;

f) Ter-se conhecimento da não inscrição de um prédio na matriz;

g) Verificarem-se eventos determinantes da cessação de uma isenção, excepto quando estes eventos sejam de conhecimento oficioso;

h) Ser ordenada uma actualização geral das matrizes;

i) (*Revogada.*)

j) Verificar-se a ocorrência prevista no nº 2 do artigo 9º;

l) Iniciar-se a construção ou concluir-se a plantação, no caso de direito de superfície.

2. Presume-se que o adquirente de um prédio omisso tomou conhecimento da omissão no momento da transmissão ou do início da posse, salvo prova em contrário.

3. O chefe de finanças competente procede, oficiosamente:

a) À inscrição de um prédio na matriz, bem como às necessárias actualizações, quando não se mostre cumprido o disposto no nº 1;

b) À actualização do valor patrimonial tributário dos prédios, em resultado de novas avaliações ou quando tal for legalmente determinado;

c) À actualização da identidade dos proprietários, usufrutuários, superficiários e possuidores, sempre que tenha conhecimento de que houve mudança do respectivo titular;

d) À eliminação na matriz dos prédios demolidos, após informação dos serviços relativa ao termo da demolição;

e) À inscrição do valor patrimonial tributário definitivo determinado nos termos do presente Código.

4. As inscrições ou actualizações matriciais devem referir o ano em que tenham sido efectuadas, bem como os elementos que as justifiquem.

5. Na situação prevista na alínea *g)* do nº 1 o prazo para apresentação da declaração é de 30 dias.

6. Sempre que haja lugar à junção dos elementos referidos nos nºs 2 e 3 do artigo 37º, têm-se por não entregues as declarações que não sejam por eles acompanhadas.

7. A Direcção-Geral dos Impostos procede ao pré-preenchimento da declaração a que se refere o nº 1, quanto disponha dos elementos previstos no artigo 128º, sem prejuízo da validação a efectuar pelo sujeito passivo.

(Redação dada pela Lei nº 83-C/2013, de 31-12)

Artigo 13º-A – Informação matricial

1. É disponibilizada no Portal das Finanças a informação relativa aos prédios averbados na matriz predial em nome dos sujeitos passivos.

2. Quando a matriz não reflita a titularidade dos prédios que integram a comunhão de bens dos sujeitos passivos casados, estes devem comunicar, até 15 de fevereiro, a identificação dos prédios que são comuns.

3. Com base na informação comunicada nos termos do número anterior, a Autoridade Tributária e Aduaneira procede à atualização matricial, com efeitos a 1 de janeiro desse ano.

4. Caso os sujeitos passivos não efetuem a comunicação nos termos do nº 2, a liquidação respeitante a esse ano terá por base a informação constante da matriz.

(Aditado pela Lei nº 114/2017, de 29-12)

CAPÍTULO IV – Do objecto e tipos de avaliação na determinação do valor patrimonial tributário

Artigo 14º – Objecto da avaliação

1. O valor patrimonial tributário dos prédios é determinado por avaliação, com base em declaração do sujeito passivo, salvo se no presente Código se dispuser de forma diferente.

2. Sempre que necessário, a avaliação é precedida de vistoria do prédio a avaliar.

Artigo 15º – Tipos de avaliação

1. A avaliação dos prédios rústicos é de base cadastral, não cadastral ou directa.

2. A avaliação dos prédios urbanos é directa.

Artigo 16º – Avaliação geral

1. O Ministro das Finanças decide, por portaria, a avaliação geral dos prédios rústicos e ou urbanos de todos ou de qualquer município.

2. Sempre que seja ordenada uma avaliação geral de prédios urbanos, devem os sujeitos passivos apresentar, no serviço de finanças da sua localização, declaração de modelo aprovado.

CAPÍTULO V – Do valor patrimonial tributário dos prédios rústicos

SECÇÃO I – Do rendimento fundiário

Artigo 17º – Valor patrimonial tributário

O valor patrimonial tributário dos prédios rústicos corresponde ao produto do seu rendimento fundiário pelo factor 20, arredondado para a dezena de euros imediatamente superior.

Artigo 18º – Rendimento fundiário

1. O rendimento fundiário corresponde ao saldo de uma conta anual de cultura em que o crédito é representado pelo rendimento bruto e o débito pelos encargos de exploração mencionados no artigo 25º

2. O rendimento fundiário de um prédio apura-se a partir da soma dos rendimentos das suas parcelas com os das árvores dispersas nelas existentes, quando pertencentes ao titular do direito ao rendimento do prédio e se, no seu conjunto, tiverem interesse económico.

Artigo 19º – Parcela

Parcela é a porção contínua de terreno, situada num mesmo prédio rústico, a que corresponda, como norma, uma única qualidade e classe de cultura ou, ainda, uma dependência agrícola ou parte dela.

SECÇÃO II – Avaliação de base cadastral

Artigo 20º – Operações de avaliação

A avaliação de base cadastral consiste na elaboração dos quadros de qualificação e classificação, dos quadros de tarifas e na distribuição parcelar feitos nos termos dos artigos seguintes e é efectuada sob a superintendência da Direcção-Geral dos Impostos, com base nos elementos do cadastro predial a fornecer pelo Instituto Geográfico Português.

Artigo 21º – Quadros de qualificação e classificação

1. A elaboração dos quadros de qualificação e classificação consiste na enumeração das qualidades culturais com interesse económico e na definição de classes ou graus de produtividade sensivelmente diferenciados, bem como na escolha de parcelas tipo representativas de cada qualidade cultural e classe.

2. Na elaboração dos quadros de qualificação e classificação atende-se exclusivamente às explorações normais, segundo os usos da região, não devendo considerar-se as que se encontram desprezadas ou excepcionalmente cuidadas nem as formas transitórias, improvisadas ou acidentais de cultura ou produção, atendendo-se unicamente às circunstâncias especiais que possam conduzir a tarifas sensivelmente diferentes.

3. Faz-se, em regra, uma qualificação e classificação para cada freguesia ou grupos de freguesias com características semelhantes e, excepcionalmente, nas freguesias mais extensas, com condições agrológicas ou económicas bastante diferenciadas, faz-se por zonas tanto quanto possível delimitadas por acidentes naturais ou obras de carácter permanente.

4. As parcelas com o mesmo tipo de aproveitamento têm sempre denominações idênticas.

5. A classificação tem por base a quantidade e qualidade de produtos e para a efectuar têm-se em conta as condições fisiográficas e económicas que influam na determinação do rendimento, precisando-se as características e os elementos que sirvam para distinguir uma classe de outra.

6. A quantidade dos produtos é calculada pela média do quinquénio anterior ou de um período maior para as culturas que, pelo ciclo vegetativo, o exijam.

Artigo 22º – Parcela tipo

1. Na elaboração dos quadros de qualificação e classificação, escolhem-se, por cada classe de parcelas e das árvores dispersas, parcelas ou árvores tipo para confronto na operação de distribuição.

2. As parcelas e as árvores escolhidas para tipo devem objectivar as variações dos limites de produtividade da respectiva classe, não devendo a escolha recair sobre parcelas de terreno heterogéneo.

Artigo 23º – Quadros de tarifas

1. A elaboração dos quadros de tarifas consiste na determinação dos rendimentos unitários de cada uma das qualidades e classes consideradas nos quadros de qualificação e classificação.

2. A tarifa de cada qualidade e classe é o rendimento fundiário unitário das respectivas parcelas ou árvores tipo.

3. As tarifas são calculadas tomando como padrão os processos de exploração técnica e economicamente mais generalizados.

4. Nas qualidades culturais que proporcionem rendimentos temporários, tais como vinhas, pomares, amendoais ou matas exploradas em corte raso, a tarifa é a anuidade de capitalização equivalente à soma de todos os seus rendimentos anuais, reportados ao fim da exploração, feito o cálculo a juro composto que tem como referência a taxa prevista na alínea *j)* do artigo 25º

5. Nas qualidades culturais que proporcionem rendimentos perpétuos, tais como culturas arvenses, alfarrobeiras, montados ou soutos, a tarifa deve corresponder ao rendimento na época da avaliação.

6. Nas qualidades culturais em que a cultura principal proporcione rendimentos plurianuais, a tarifa toma em consideração o período normal que decorre entre duas produções segundo os usos locais.

7. A tarifa de qualquer qualidade e classe não pode ser inferior à estimada para a pastagem espontânea capaz de ser produzida nessa terra.

Artigo 24º – Cálculo da tarifa

1. As tarifas são calculadas por meio de contas anuais de cultura de acordo com a seguinte fórmula:

$$T = RB - EE$$

em que:

T – tarifa;

RB (rendimento bruto) – valor, a preços correntes de mercado na ocasião normal de venda, da produção total de um ciclo, constituída pelos produtos principais e secundários, espontâneos ou obtidos por cultura, comercializáveis em natureza ou no primeiro estádio tecnológico de transformação em que se tornem regionalmente comercializáveis;

EE (encargos de exploração) – que compreendem:

a) As despesas de cultura, conservação e transporte dos produtos para o armazém e, quando for caso disso, para os mercados;

b) As despesas de conservação e de reintegração das plantações, construções, benfeitorias e outros melhoramentos fundiários;

c) As despesas gerais de exploração;

d) O juro correspondente ao capital de exploração.

2. As contas de cultura podem ser apresentadas abreviadamente por grupos de factores de produção ou por operações culturais.

Artigo 25º – Encargos de exploração

A determinação dos encargos prevista no artigo anterior obedece às seguintes regras:

a) O montante dos encargos referidos nas alíneas *a)* e *b)* do nº 1 do artigo 24º é fixado segundo os usos locais, tendo em conta os preços de custo dos factores de exploração;

b) As despesas de cultura são as habitualmente correspondentes à cultura propriamente dita, à guarda e vigilância dos produtos, à colheita e transporte até às dependências rurais, ao seguro das culturas e dos produtos armazenados e, para os produtos não comercializáveis em natureza, ao encargo das operações tecnológicas necessárias para os levar até ao primeiro estádio em que se tornem comercializáveis, compreendidas em todos os casos as despesas de conservação e reintegração do capital fixo de exploração;

c) O prémio de seguro é calculado pelas tabelas correntes das companhias de seguros;

d) As despesas de conservação dos géneros compreendem as relativas à armazenagem e ao tratamento necessário para evitar a deterioração;

e) As despesas de transporte para os mercados calculam-se com referência aos mais próximos e apenas quanto aos produtos que, segundo os usos locais, só naqueles lugares sejam negociáveis;

f) As despesas de reintegração das plantações determinam-se quer pelo número médio de plantas a renovar anualmente, quer pela anuidade de capitalização da despesa do primeiro estabelecimento da cultura, que é o custo da plantação acrescido dos saldos negativos da exploração até ao primeiro ano de saldo positivo e tudo reportado a este mesmo ano;

g) As despesas de conservação e reintegração relativas a melhoramentos fundiários não consideradas nos números anteriores são as necessárias para manter os terrenos em estado normal de cultura;

h) As despesas relativas a construções que funcionem como dependências agrícolas são imputadas a todas as culturas que, segundo os usos locais, delas careçam e devem calcular-se pelo encargo médio da conservação e reintegração das construções, servindo de confronto as que estiverem sendo utilizadas;

i) As despesas gerais de exploração compreendem outras despesas não abrangidas nos números anteriores, nomeadamente as de administração e direcção, calculadas segundo os seus usos locais, devendo ser expressas numa percentagem do total das restantes despesas, a qual não pode exceder 8%;

j) A taxa de juro do capital de exploração tem por referência a taxa EURIBOR, a 12 meses, majorada em 30%.

Artigo 26º – Preços

1. Os preços dos produtos, bem como os das sementes, adubos, correctivos, preparados a aplicar em tratamentos e outros materiais, dos serviços de gados e de máquinas e ainda os salários a utilizar no cálculo das tarifas correspondem à média de três anos do período dos últimos cinco, excluindo os anos a que corresponder o maior e o menor preço.

2. Os preços dos produtos a considerar para a formação das médias são os correntemente praticados no período de maior intensidade de vendas.

3. Os preços das sementes, adubos, correctivos, preparados a aplicar em tratamentos e outros materiais e dos serviços de gados e de máquinas devem reportar-se à época normal de utilização.

4. Os salários médios devem ter em conta a natureza dos trabalhos agrícolas e os períodos habituais da sua prestação.

Artigo 27º – Edifícios afectos a produções agrícolas

1. Os edifícios e construções diretamente afetos à produção de rendimentos agrícolas ou silvícolas situados em prédios rústicos não são avaliados.

2. O valor patrimonial tributário das edificações localizadas em prédios rústicos, que não forem afetas à produção de rendimentos prevista no nº 1, é determinado de acordo com as regras aplicáveis na avaliação de prédios urbanos.

3. As edificações referidas no número anterior podem, a requerimento do proprietário, usufrutuário ou superficiário, e desde que se prove a sua afetação exclusiva à produção de rendimentos agrícolas ou silvícolas, ser inscritas na matriz predial rústica.

(Redação dada pela Lei nº 7-A/2016, de 30-03)

Artigo 28º – Outros prédios

Nos prédios ou partes de prédios afectos à piscicultura e todos aqueles que produzam rendimentos referidos nas alíneas *b), c)* e *d)* do nº 4 do artigo 4º do Código do Imposto sobre o Rendimento das Pessoas Singulares o rendimento é calculado por analogia com o das culturas, tendo em conta as receitas e despesas da actividade.

Artigo 29º – Distribuição parcelar

1. A distribuição parcelar consiste na medição e determinação, no terreno, da qualidade e classe de cada uma das parcelas e de cada uma das árvores dispersas nelas existentes.

2. Relativamente a cada parcela e a cada árvore, a distribuição é feita no terreno por confronto com as parcelas e árvores tipo, sendo a sua qualidade e classe fixadas de acordo com o respectivo quadro de qualificação e classificação.

3. Os terrenos são qualificados e classificados segundo a afectação e graus de produtividade que tiverem no momento da distribuição parcelar, não sendo de atender a situações de abandono.

4. A classificação da parcela deve ter em consideração a existência de árvores cujo titular não seja o mesmo que o do prédio.

5. Nas zonas de cadastro diferido aplicam-se, com as devidas adaptações, as regras seguidas para a avaliação de base não cadastral.

6. A distribuição parcelar é efectuada pelo perito referido no artigo 56º

(Cfr. Declaração de Rectificação nº 4/2004, de 09-01)

Artigo 30º – Registo de distribuição

Do registo da distribuição constam, em relação a cada prédio:

a) os elementos do cadastro predial;

b) O nome, morada e número de identificação fiscal do proprietário;

c) A designação cadastral;

d) Os direitos e ónus que recaiam sobre o prédio, nomes, moradas e identificações fiscais dos respectivos titulares;

e) A qualificação e classificação atribuídas às parcelas e às árvores dispersas e a identificação do titular, quando não seja o do prédio;

f) As áreas e os valores tributáveis das parcelas e das árvores dispersas;

g) O valor patrimonial tributário do prédio;

h) Nas zonas de cadastro diferido aplica-se, com as devidas adaptações, o disposto no artigo 32º

SECÇÃO III – Avaliação de base não cadastral

Artigo 31º – Operações de avaliação

1. A avaliação de base não cadastral consiste na elaboração de quadros de qualificação e classificação e tarifas, nos termos previstos para a avaliação cadastral, na distribuição parcelar e na medição dos prédios.

2. A avaliação de base não cadastral é efectuada nos municípios onde não vigore o cadastro predial ou geométrico, bem como nas zonas de cadastro diferido.

3. Na execução das operações de avaliação podem ser utilizados suportes cartográficos, no todo ou em parte, tendo em vista a simplificação e o aumento da precisão das medições e a melhoria da identificação dos prédios.

Artigo 32º – Registo das operações de avaliação

1. As operações de avaliação respeitam uma ordem topográfica a que corresponde uma numeração dos prédios.

2. Em relação a cada prédio é elaborado um registo da avaliação efectuada, do qual constam, com as necessárias adaptações, os elementos referidos no artigo 30º, as confrontações e a área total do prédio.

SECÇÃO IV – Avaliação directa

Artigo 33º – Iniciativa da avaliação

1. A iniciativa da primeira avaliação de um prédio rústico pertence ao chefe de finanças, com base nas declarações apresentadas pelos sujeitos passivos ou em quaisquer elementos de que disponha.

2. É dispensada a avaliação directa dos prédios cujo valor patrimonial não exceda € 1210, sendo o prédio inscrito na matriz com o valor patrimonial fixado por despacho do chefe de finanças, mediante aplicação das normas do artigo seguinte.

3. Não obstante o disposto no número anterior, sempre que o chefe de finanças disponha de elementos que permitam concluir que da avaliação directa resulta um valor superior, deve determinar a realização da avaliação.

4. O valor de referência indicado no nº 2 é anualmente actualizado, através da aplicação do coeficiente de desvalorização da moeda aprovado por portaria do Ministro das Finanças.

(Redação dada pela Lei nº 53-A/2006, de 29-12)

Artigo 34º – Operações de avaliação

1. A avaliação directa é efectuada aos prédios omissos ou àqueles em que se verificaram modificações nas culturas ou erro de área de que resulte alteração do seu valor patrimonial tributário.

2. A avaliação directa consiste na medição da área dos prédios e na determinação do seu valor patrimonial tributário.

3. Na avaliação directa observa-se, com as necessárias adaptações, o disposto nos artigos 21º a 30º

SECÇÃO V – Disposições diversas

Artigo 35º – Inscrição de prédios sem titular conhecido ou em litígio

1. Os prédios cujo titular não for identificado são inscritos em nome do Estado, com anotação de que o titular não é conhecido.

2. Os prédios ou parte de prédios cuja titularidade se encontre em litígio são inscritos em nome dos litigantes até resolução do diferendo.

Artigo 36º – Fraccionamento ou anexação

Os prédios resultantes de fraccionamentos ou anexação não são submetidos a avaliação, desde que não tenha havido alterações nas culturas, resultando o seu valor da respectiva discriminação ou da adição do valor das parcelas dos prédios que lhes deram origem.

CAPÍTULO VI – Do valor patrimonial tributário dos prédios urbanos

SECÇÃO I – Da iniciativa da avaliação

Artigo 37º – Iniciativa da avaliação

1. A iniciativa da primeira avaliação de um prédio urbano cabe ao chefe de finanças, com base na declaração apresentada pelos sujeitos passivos ou em quaisquer elementos de que disponha.

2. À declaração referida no número anterior deve o sujeito passivo juntar plantas de arquitectura das construções correspondentes às telas finais aprovadas pela competente câmara municipal ou fotocópias das mesmas autenticadas e, no caso de construções não licenciadas, plantas da sua responsabilidade, com excepção dos prédios cuja data de construção é anterior a 7 de Agosto de 1951, caso em que deve ser efectuada a vistoria dos prédios a avaliar.

3. Em relação aos terrenos para construção, deve ser apresentada fotocópia do alvará de loteamento, que deve ser substituída, caso não exista loteamento, por fotocópia do alvará de licença de construção, projecto aprovado, comunicação prévia, informação prévia favorável ou documento comprovativo de viabilidade construtiva.

4. A avaliação reporta-se à data do pedido de inscrição ou actualização do prédio na matriz.

5. Na avaliação de prédios urbanos é aplicável o disposto no artigo 35º

6. Quando as telas finais e os projectos de loteamento referidos nos nºs 2 e 3 sejam entregues na câmara municipal e aí devidamente aprovadas, e caso esta entidade os envie ao serviço de finanças, fica o sujeito passivo dispensado de proceder à sua entrega.

(Redação dada pela Lei nº 64-B/2011, de 30-12)

SECÇÃO II – Das operações de avaliação

Artigo 38º – Determinação do valor patrimonial tributário

1. A determinação do valor patrimonial tributário dos prédios urbanos para habitação, comércio, indústria e serviços resulta da seguinte expressão:

$$Vt = Vc \times A \times Ca \times Cl \times Cq \times Cv$$

em que:

Vt = valor patrimonial tributário;

Vc = valor base dos prédios edificados;

A = área bruta de construção mais a área excedente à área de implantação;
Ca = coeficiente de afectação;
Cl = coeficiente de localização;
Cq = coeficiente de qualidade e conforto;
Cv = coeficiente de vetustez.

2. O valor patrimonial tributário dos prédios urbanos apurado é arredondado para a dezena de euros imediatamente superior.

3. Os prédios comerciais, industriais ou para serviços, para cuja avaliação se revele desadequada a expressão prevista no nº 1, são avaliados nos termos do nº 2 do artigo 46º.

4. A definição das tipologias de prédios aos quais é aplicável o disposto no numero anterior é feita por portaria do membro do Governo responsável pela área das finanças, sob proposta da Comissão Nacional de Avaliação de Prédios Urbanos.

(Redação dada pela Lei nº 7-A/2016, de 30-03)

Artigo 39º – Valor base dos prédios edificados

1. O valor base dos prédios edificados *(Vc)* corresponde ao valor médio de construção, por metro quadrado, adicionado do valor do metro quadrado do terreno de implantação fixado em 25% daquele valor.

2. O valor médio de construção é determinado tendo em conta, nomeadamente, os encargos directos e indirectos suportados na construção do edifício, tais como os relativos a materiais, mão-de-obra, equipamentos, administração, energia, comunicações e outros consumíveis.

(Redação dada pela Lei nº 53-A/2006, de 29-12)

Artigo 40º – Tipos de áreas dos prédios edificados

1. A área bruta de construção do edifício ou da fracção e a área excedente à de implantação *(A)* resultam da seguinte expressão:

$$A = (Aa + Ab) \times Caj + Ac + Ad$$

em que:

Aa representa a área bruta privativa;
Ab representa as áreas brutas dependentes;
Caj representa o coeficiente de ajustamento de áreas;
Ac representa a área de terreno livre até ao limite de duas vezes a área de implantação;
Ad representa área de terreno livre que excede o limite de duas vezes a área de implantação.

2. A área bruta privativa *(Aa)* é a superfície total medida pelo perímetro exterior e eixos das paredes ou outros elementos separadores do edifício ou da fracção, incluindo varandas privativas fechadas, caves e sótãos privativos com utilização idêntica à do edifício ou da fracção, a que se aplica o coeficiente 1.

3. As áreas brutas dependentes *(Ab)* são as áreas cobertas e fechadas de uso exclusivo, ainda que constituam partes comuns, mesmo que situadas no exterior do edifício ou da fracção, cujas utilizações são acessórias relativamente ao uso a que se destina o edifício ou fracção, considerando-se, para esse efeito, locais acessórios as garagens, os parqueamentos, as arrecadações, as instalações para animais, os sótãos ou caves acessíveis e as varandas, desde que não integrados na área bruta privativa, e outros locais privativos de função distinta das anteriores, a que se aplica o coeficiente 0,30.

4. A área do terreno livre do edifício ou da fracção ou a sua quota-parte resulta da diferença entre a área total do terreno e a área de implantação da construção ou construções e integra jardins, parques, campos de jogos, piscinas, quintais e outros logradouros, aplicando-se-lhe, até ao limite de duas vezes a área de implantação (*Ac*), o coeficiente de 0,025 e na área excedente ao limite de duas vezes a área de implantação (*Ad*) o de 0,005.

(Redação dada pela Lei nº 53-A/2006, de 29-12)

Artigo 40º-A – Coeficiente de ajustamento de áreas

1. Para os prédios cuja afectação seja a habitação, o coeficiente de ajustamento de áreas *(Caj)* é aplicado à área bruta privativa e dependente e é variável em função dos escalões de área, de acordo com a seguinte tabela e com base nas seguintes fórmulas:

Aa + 0,3 *Ab*	*Caj*	Fórmulas de ajustamento de áreas
≤ 100	1,00	*Aa* + 0,3 *Ab*
>100-160	0,90	100 × 1,0 + 0,90 × × (*Aa* + 0,3 *Ab* – 100)
>160-220	0,85	100 × 1,0 + 0,90 × × (160 – 100) + 0,85 × × (*Aa* + 0,3 *Ab* – 160)
> 220	0,80	100 × 1,0 + 0,90 × × (160 – 100) + 0,85 × ×(220–160) + 0,80 × × (*Aa* + 0,3 *Ab* – 220)

2. Para os prédios cujas afectações sejam o comércio ou os serviços, o coeficiente de ajustamento de áreas *(Caj)* é aplicado às áreas brutas privativa e dependente e é variável em função dos escalões de área, seguindo a mesma metodologia de cálculo do nº 1, de acordo com a seguinte tabela:

Aa + 0,3 *Ab*	*Caj*
≤ 100	1,00
> 100-500	0,90
> 500-1 000	0,85
> 1000	0,80

3. Para os prédios cuja afectação seja a indústria, o coeficiente de ajustamento de áreas *(Caj)* é aplicado às áreas brutas privativa e dependente e é variável em função dos escalões de área, seguindo a mesma metodologia de cálculo do nº 1, de acordo com a seguinte tabela:

Aa + 0,3 Ab	*Caj*
≤ 400	1,00
> 400-1 000	0,90
> 1 000-3 000	0,85
> 3 000	0,80

4. Para os prédios cuja afectação seja a de estacionamento coberto, individual ou colectivo, fechado ou aberto, o coeficiente de ajustamento de áreas *(Caj)* é aplicado às áreas brutas privativa e dependente e é variável em função dos escalões de área, seguindo a mesma metodologia de cálculo do nº 1, de acordo com a seguinte tabela:

Aa + 0,3 Ab	*Caj*
≤ 100	1,00
> 100-500	0,90
> 500-1 000	0,85
> 1 000	0,80

5. Nos terrenos para construção, o coeficiente de ajustamento de áreas (*Caj*) é aplicado às edificações autorizadas ou previstas, de acordo com as seguintes regras:

a) Quando existir apenas uma afectação, aplica-se a tabela correspondente;

b) Quando existir mais do que uma afectação, com discriminação de área, aplica-se a tabela correspondente a cada uma das afectações;

c) Quando existir mais do que uma afectação e não seja possível estabelecer a discriminação referida na alínea anterior, aplica-se a tabela da afectação economicamente dominante.

(Redação dada pela Lei nº 64-B/2011, de 30-12)

Artigo 41º – Coeficiente de afectação

O coeficiente de afectação *(Ca)* depende do tipo de utilização dos prédios edificados, de acordo com o seguinte quadro:

Utilização	Coeficientes
Comércio	1,20
Serviços	1,10
Habitação	1,00
Habitação social sujeita a regimes legais de custos controlados	0,70
Armazéns e actividade industrial	0,60
Comércio e serviços em construção tipo industrial	0,80
Estacionamento coberto e fechado	0,40
Estacionamento coberto e não fechado	0,15
Estacionamento não coberto	0,08
Prédios não licenciados, em condições muito deficientes de habitabilidade	0,45
Arrecadações e arrumos	0,35

(Redação dada pela Lei nº 53-A/2006, de 29-12)

Artigo 42º – Coeficiente de localização

1. O coeficiente de localização (*Cl*) varia entre 0,4 e 3,5, podendo, em situações de habitação dispersa em meio rural, ser reduzido para 0,35.

2. Os coeficientes a aplicar em cada zona homogénea do município podem variar conforme se trate de edifícios destinados a habitação, comércio, indústria ou serviços.

3. Na fixação do coeficiente de localização têm-se em consideração, nomeadamente, as seguintes características:

a) Acessibilidades, considerando-se como tais a qualidade e variedade das vias rodoviárias, ferroviárias, fluviais e marítimas;

b) Proximidade de equipamentos sociais, designadamente escolas, serviços públicos e comércio;

c) Serviços de transportes públicos;

d) Localização em zonas de elevado valor de mercado imobiliário.

4. O zonamento consiste na determinação das zonas homogéneas a que se aplicam os diferentes coeficientes de localização do município e as percentagens a que se refere o nº 2 do artigo 45º

(Redação dada pela Lei nº 64-B/2011, de 30-12)

Artigo 43º – Coeficiente de qualidade e conforto

1. O coeficiente de qualidade e conforto (*Cq*) é aplicado ao valor base do prédio edificado, podendo ser majorado até 1,7 e minorado até 0,5, e obtém-se adicionando à unidade os coeficientes majorativos e subtraindo os minorativos que constam das tabelas seguintes:

TABELA I
Prédios urbanos destinados a habitação

Elementos de qualidade e conforto	Coeficientes
Majorativos:	
Moradias unifamiliares	Até 0,20
Localização em condomínio fechado	0,20
Garagem individual	0,04
Garagem coletiva	0,03
Piscina individual	0,06
Piscina coletiva	0,03
Campos de ténis	0,03
Outros equipamentos de lazer	0,04
Qualidade construtiva	Até 0,15
Localização excecional	Até 0,10
Sistema central de climatização	0,03
Elevadores em edifícios de menos de quatro pisos	0,02
Localização e operacionalidade relativas	Até 0,20
Minorativos:	
Inexistência de cozinha	0,10
Inexistência de instalações sanitárias	0,10
Inexistência de rede pública ou privada de água	0,08
Inexistência de rede pública ou privada de eletricidade	0,10
Inexistência de rede pública ou privada de gás	0,02
Inexistência de rede pública ou privada de esgotos	0,05
Inexistência de ruas pavimentadas	0,03
Inexistência de elevador em edifícios com mais de três pisos	0,02
Existência de áreas inferiores às regulamentares	0,05
Estado deficiente de conservação	Até 0,05
Localização e operacionalidade relativas	Até 0,10

TABELA II
Prédios urbanos destinados a comércio, indústria e serviços

Elementos de qualidade e conforto	Coeficientes
Majorativos:	
Localização em centro comercial	0,25
Localização em edifícios destinados a escritórios	0,10
Sistema central de climatização............	0,10
Qualidade construtiva	Até 0,10
Existência de elevador(es) e ou escada(s) rolante(s)	0,03
Localização e operacionalidade relativas.......	Até 0,20
Minorativos:	
Inexistência de instalações sanitárias.........	0,10
Inexistência de rede pública ou privada de água...	0,08
Inexistência de rede pública ou privada de eletricidade	0,10
Inexistência de rede pública ou privada de esgotos	0,05
Inexistência de ruas pavimentadas...........	0,03
Inexistência de elevador em edifícios com mais de três pisos...........................	0,02
Estado deficiente de conservação	Até 0,05
Localização e operacionalidade relativas.......	Até 0,10

2. Para efeitos de aplicação das tabelas referidas no número anterior:

a) Considera-se cozinha um local onde se encontram instalados equipamentos adequados para a preparação de refeições;

b) Considera-se que são instalações sanitárias os compartimentos do prédio com um mínimo de equipamentos adequados às respectivas funções;

c) Consideram-se também redes públicas de distribuição de água, de electricidade, de gás ou de colectores de esgotos as que, sendo privadas, sirvam um aglomerado urbano constituído por um conjunto de mais de 10 prédios urbanos;

d) Consideram-se áreas inferiores às regulamentares as que estejam abaixo dos valores mínimos fixados no Regime Geral das Edificações Urbanas (RGEU);

e) Considera-se condomínio fechado um conjunto de edifícios, moradias ou fracções autónomas, construído num espaço de uso comum e privado, com acesso condicionado durante parte ou a totalidade do dia;

f) Considera-se piscina qualquer depósito ou reservatório de água para a prática da natação desde que disponha de equipamento de circulação e filtragem de água;

g) Consideram-se equipamentos de lazer todos os que sirvam para repouso ou para a prática de actividades lúdicas ou desportivas;

h) Para aferição da qualidade construtiva, considera-se a utilização de materiais de construção e revestimento superiores aos exigíveis correntemente, nomeadamente madeiras exóticas e rochas ornamentais;

i) Considera-se haver localização excepcional quando o prédio ou parte do prédio possua vistas panorâmicas sobre o mar, rios, montanhas ou outros elementos visuais que influenciem o respectivo valor de mercado;

j) Considera-se centro comercial o edifício ou parte de edifício com um conjunto arquitectonicamente unificado de estabelecimentos comerciais de diversos ramos, em número não inferior a 45, promovido, detido e gerido como uma unidade operacional, integrando zona de restauração, tendo sempre uma loja âncora e ou cinemas, zonas de lazer, segurança e parqueamento;

l) Considera-se edifício de escritórios o prédio ou parte de prédio concebido arquitectonicamente por forma a facilitar a adaptação e a instalação de equipamentos de acesso às novas tecnologias;

m) Considera-se que é deficiente o estado de conservação quando os elementos construtivos do prédio não cumpram satisfatoriamente a sua função ou façam perigar a segurança de pessoas e bens;

n) Considera-se haver localização e operacionalidade relativas quando o prédio ou parte do prédio se situa em local que influencia positiva ou negativamente o respectivo valor de mercado ou quando o mesmo é beneficiado ou prejudicado por características de proximidade, envolvência e funcionalidade, considerando-se para esse efeito, designadamente, a existência de telheiros, terraços e a orientação da construção;

o) (Revogada.)

3. As directrizes para definição da qualidade de construção, localização excepcional, estado deficiente de conservação e localização e operacionalidade relativas são estabelecidas pela CNAPU com base em critérios dotados de objectividade e, sempre que possível, com base em fundamentos técnico-científicos adequados.

4. Sem prejuízo do disposto no nº 1, caso o produto do valor base do prédio edificado, determinado nos termos do artigo 39º, pela área bruta de construção mais a área excedente à área de implantação, definida no nº 1 do artigo 38º, seja inferior a € 250 000, o limite do coeficiente de localização e operacionalidade relativas da Tabela I é 0,05.

(Redação dada Lei nº 40/2016, de 19-12)

Artigo 44º – Coeficiente de vetustez

1. O coeficiente de vetustez (*Cv*) é função do número inteiro de anos decorridos desde a data de emissão da licença de utilização, quando exista, ou da data da conclusão das obras de edificação, de acordo com a presente tabela:

Anos	Coeficientes de vetustez
Menos de 2	1
De 2 a 8	0,90
De 9 a 15	0,85
De 16 a 25	0,80
De 26 a 40	0,75
De 41 a 50	0,65
De 51 a 60	0,55
Mais de 60	0,40

2. Nos prédios ampliados as regras estabelecidas no número anterior aplicam-se, respectivamente, de acordo com a idade de cada parte.

(Redação dada pela Lei nº 64-A/2008, de 31-12)

Artigo 45º – Valor patrimonial tributário dos terrenos para construção

1. O valor patrimonial tributário dos terrenos para construção é o somatório do valor da área de implantação do edifício a construir, que é a situada dentro do perímetro de fixação do edifício ao solo, medida pela parte exterior, adicionado do valor do terreno adjacente à implantação.

2. O valor da área de implantação varia entre 15% e 45% do valor das edificações autorizadas ou previstas.

3. Na fixação da percentagem do valor do terreno de implantação têm-se em consideração as características referidas no nº 3 do artigo 42º

4. O valor da área adjacente à construção é calculado nos termos do nº 4 do artigo 40º

5. Quando o documento comprovativo de viabilidade construtiva a que se refere o artigo 37º apenas faça referência aos índices do PDM, devem os peritos avaliadores estimar, fundamentadamente, a respectiva área de construção, tendo em consideração, designadamente, as áreas médias de construção da zona envolvente.

(Redação dada pela Lei nº 64-B/2011, de 30-12)

Artigo 46º – Valor patrimonial tributário dos prédios da espécie «Outros»

1. No caso de edifícios, o valor patrimonial tributário é determinado nos termos do artigo 38º, com as adaptações necessárias.

2. No caso de não ser possível utilizar as regras do artigo 38º, o perito deve utilizar o método do custo adicionado do valor do terreno.

3. No caso de terrenos, o seu valor unitário corresponde ao que resulta da aplicação do coeficiente de 0,005, referido no nº 4 do artigo 40º, ao produto do valor base dos prédios edificados pelo coeficiente de localização.

4. O valor patrimonial tributário dos prédios urbanos em ruínas é determinado como se de terreno para construção se tratasse, de acordo com deliberação da câmara municipal.

(Redação dada pela Lei nº 64-A/2008, de 31-12)

CAPÍTULO VII – Dos organismos de coordenação e de avaliação

SECÇÃO I – Da propriedade rústica

SUBSECÇÃO I – Organismos de coordenação

Artigo 47º – Organismos de coordenação

1. Os organismos de coordenação de avaliação de prédios rústicos são:

a) A Direcção-Geral dos Impostos (DGCI);

b) A Comissão Nacional de Avaliação de Prédios Rústicos (CNAPR);

c) A Junta de Avaliação Municipal (JAM).

2. A CNAPR funciona junto da DGCI, que lhe presta o necessário apoio administrativo.

3. O serviço de finanças referido no nº 1 do artigo 52º presta o necessário apoio logístico à JAM.

Artigo 48º – Constituição da CNAPR

1. A CNAPR é constituída por:

a) Director-geral dos Impostos, que preside, podendo delegar no subdirector-geral responsável pelo departamento de gestão tributária competente;

b) Dois vogais indicados pelo Ministério da Agricultura, Desenvolvimento Rural e Pescas;

c) Um vogal indicado pela Associação Nacional dos Municípios Portugueses;

d) Dois vogais indicados pela Direcção-Geral dos Impostos, sendo um secretário;

e) Um vogal indicado pelo Instituto Geográfico Português;

f) Dois vogais indicados pelas associações de agricultores;

g) Um vogal indicado pelos organismos representativos dos avaliadores.

2. Se as associações de agricultores e os organismos representativos dos avaliadores não chegarem a acordo quanto aos vogais que lhes compete indicar, cabe ao Ministério da Agricultura, Desenvolvimento Rural e Pescas, no primeiro caso, e ao director-geral dos Impostos, no segundo, indicar os vogais de entre aqueles que tiverem sido propostos.

3. Os membros da CNAPR são nomeados pelo Ministro das Finanças.

Artigo 49º – Competências da CNAPR

1. Compete à CNAPR:

a) Aprovar os quadros de qualificação, classificação e de tarifas a considerar na avaliação dos prédios de cada município;

b) Esclarecer dúvidas apresentadas pelos membros da JAM;

c) Aprovar, a todo o tempo, qualquer alteração nos quadros de qualificação, classificação e tarifas;

d) Propor à Direcção-Geral dos Impostos as medidas que entender convenientes no sentido do aperfeiçoamento das operações de avaliação;

e) Propor ao Ministro das Finanças, em parecer fundamentado, a actualização dos quadros de qualificação, classificação e tarifas.

2. Ao funcionamento da CNAPR aplica-se o disposto no Código do Procedimento Administrativo sobre o funcionamento dos órgãos colegiais.

Artigo 50º – Composição da JAM

1. A JAM tem a seguinte composição:

a) Um técnico designado pelo director-geral dos Impostos para organizar os quadros de qualificação, classificação e de tarifas no município, que preside;

b) Um perito avaliador permanente, referido no artigo 58º, que secretaria;

c) Um vogal indicado pelo serviço regional do Ministério da Agricultura, Desenvolvimento Rural e Pescas;

d) Dois vogais indicados pelos organismos representativos dos agricultores no município.

2. Caso os organismos representativos dos agricultores não cheguem a acordo quanto aos vogais a indicar, a indicação é feita pelo presidente da JAM de entre aqueles que tiverem sido propostos.

Artigo 51º – Competências da JAM e do presidente

1. Compete à JAM:

a) Elaborar o projecto dos quadros de qualificação e classificação e de tarifas do município;

b) Pronunciar-se sobre as propostas apresentadas pelo perito avaliador, nos termos do artigo 57º, e propor à CNAPR as alterações que julgar convenientes;

c) Decidir, no caso de um perito avaliador encontrar, durante a fase de distribuição, qualidades e ou classes não constantes dos quadros e não representativas ao nível do município, pela aplicação da tarifa que melhor represente essas qualidades ou classes.

2. Compete ao presidente da JAM:

a) Nomear e dar posse aos demais membros;

b) Solicitar ao serviço de finanças a substituição de membros, verificadas as circunstâncias previstas no nº 1 do artigo 53º;

c) Comunicar à DGCI todas as ocorrências, nomeadamente de natureza disciplinar, que considere justificativas da intervenção deste organismo.

Artigo 52º – Da designação dos membros da JAM

1. O chefe de finanças ou, quando haja mais de um serviço de finanças no município, o chefe do serviço de finanças 1 do mesmo solicita às entidades referidas no artigo 50º que designem, no prazo de 20 dias, os respectivos vogais.

2. Decorrido o prazo mencionado no número anterior sem que tenham sido designados os vogais referidos na alínea *d)* do nº 1 do artigo 50º, o presidente da JAM procede à sua nomeação de entre agricultores da área do município.

Artigo 53º – Da substituição dos membros da JAM

1. Os membros da JAM prestam serviço por tempo indeterminado, podendo ser substituídos nas seguintes circunstâncias:

a) Quando apresentem pedidos de escusa, aleguem impedimento ou, por faltas reiteradas às sessões devidamente convocadas, façam presumir a sua intenção de não exercer o cargo com carácter de permanência;

b) Por iniciativa fundamentada do presidente.

2. Ao processo de substituição aplicam-se, com as devidas adaptações, as regras do artigo anterior.

Artigo 54º – Das reuniões da JAM

1. A JAM reúne sempre que o julgue conveniente, estando presente a maioria dos seus membros.

2. Na falta do presidente, este é substituído pelo vogal designado pelo Ministério da Agricultura.

3. Na falta do secretário, o presidente designa, de entre os membros da JAM, quem o substitua.

4. As decisões são tomadas por maioria, tendo o presidente, em caso de empate, voto de qualidade.

Artigo 55º – Dos membros da JAM

1. Os membros da JAM colaboram nas tarefas de avaliação com imparcialidade e independência técnica.

2. Os funcionários de outros serviços públicos nomeados para a JAM, embora funcionalmente subordinados à DGCI, não ficam submetidos à sua jurisdição disciplinar, competindo a esta participar aos departamentos de que os funcionários dependam as infracções por eles praticadas, sem embargo de lhes dispensar os serviços quando o entender, com base em decisão fundamentada.

3. Os membros da JAM que não sejam funcionários da DGCI ou de serviços públicos ficam, pelos actos que nessa qualidade pratiquem, subordinados à referida Direcção-Geral, a qual pode aplicar as medidas julgadas necessárias, incluindo a de exclusão.

4. Com excepção do presidente, os membros da JAM consideram-se domiciliados no local onde esta tiver a sede.

SUBSECÇÃO II – Dos peritos avaliadores

Artigo 56º – Designação

1. A avaliação geral é efectuada por peritos avaliadores nomeados pelo director-geral dos Impostos para cada serviço de finanças.

2. O número de peritos avaliadores em cada serviço de finanças é fixado pelo director-geral dos Impostos.

3. A designação dos peritos avaliadores recai preferencialmente em engenheiros agrónomos, silvicultores, licenciados equivalentes, engenheiros técnicos agrários, agentes técnicos de agricultura ou em técnicos possuidores de habilitação profissional adequada ao exercício daquelas funções.

4. Na falta de diplomados ou técnicos com as habilitações referidas no número anterior, a designação recai em proprietários de prédios rústicos.

5. Os peritos avaliadores podem, no exercício das suas tarefas, socorrer-se de auxiliares locais, que prestarão, designadamente, informações e apoio na medição de áreas.

(Redação dada pela Lei nº 64-A/2008, de 31-12)

Artigo 57º – Competências

1. Compete aos peritos avaliadores realizar as operações de distribuição parcelar e registo de distribuição nas avaliações gerais de base cadastral e não cadastral.

2. Sempre que o perito avaliador, por inexistência ou insuficiência de elementos dos quadros, encontre dificuldades na distribuição e registo das parcelas deve, sem suspender os trabalhos, comunicar o facto à JAM.

Artigo 58º – Peritos avaliadores permanentes

1. As avaliações directas de prédios rústicos são efectuadas por peritos avaliadores permanentes, pelo menos um por cada serviço de finanças, com observância do disposto no artigo 56º

2. Os peritos avaliadores permanentes tomam posse perante o chefe de finanças.

3. Os peritos avaliadores permanentes devem ser substituídos quando apresentem pedido de escusa, aleguem impedimento ou por proposta fundamentada dos serviços com base na falta de capacidade técnica para o exercício das funções ou em grave violação dos deveres funcionais.

(Redação dada pela Lei nº 64-A/2008, de 31-12)

Artigo 59º – Competência dos peritos avaliadores permanentes

Compete aos peritos avaliadores permanentes:

a) Realizar as avaliações directas que lhes forem cometidas;

b) Dar parecer sobre o valor dos prédios rústicos quando para tal forem solicitados nos termos da lei.

SECÇÃO II – Da propriedade urbana

Artigo 60º – Organismos de coordenação de avaliação

1. Os organismos de coordenação de avaliação de prédios urbanos são:

a) A Direcção-Geral dos Impostos.

b) A Comissão Nacional de Avaliação de Prédios Urbanos (CNAPU);

2. A CNAPU funciona junto da DGCI, que lhe presta o necessário apoio administrativo.

Artigo 61º – Constituição da CNAPU

1. A CNAPU é constituída por:

a) Director-geral dos Impostos, que preside, podendo delegar no subdirector-geral responsável pelo departamento de gestão tributária competente;

b) Dois vogais indicados pelo Ministério das Obras Públicas, Transportes e Habitação;

c) Dois vogais indicados pela Associação Nacional de Municípios Portugueses;

d) Dois vogais indicados pela Direcção-Geral dos Impostos, sendo um secretário;

e) Um vogal indicado pelo Instituto Geográfico Português;

f) Um vogal indicado pelas associações de proprietários;

g) Um vogal indicado pelas associações de inquilinos;

h) Um vogal indicado pelas associações de construtores;

i) Um vogal indicado pelas associações de empresas de promoção e de mediação imobiliária;

j) Um vogal indicado pelos organismos representativos dos avaliadores.

2. Se as entidades referidas nas alíneas *f)* a *i)* do número anterior não chegarem a acordo quanto aos vogais que lhes compete indicar, é proposto pelo presidente um vogal de entre os indicados por cada uma daquelas entidades.

3. Os membros da CNAPU são nomeados pelo Ministro das Finanças.

(Redação dada pela Lei nº 64-A/2008, de 31-12)

Artigo 62º – Competências da CNAPU

1. Compete à CNAPU:

a) Propor trienalmente, até 31 de Outubro, os coeficientes de localização mínimos e máximos a aplicar em cada município, com base designadamente em elementos fornecidos pelos peritos locais e regionais e pelas entidades representadas na CNAPU, para vigorarem nos três anos seguintes;

b) Propor trienalmente, até 31 de Outubro, o zonamento e respectivos coeficientes de localização, as percentagens a que se refere o nº 2 do artigo 45º e as áreas da sua aplicação, bem como os coeficientes majorativos aplicáveis às moradias unifamiliares, com base em propostas dos peritos locais e regionais, para vigorarem nos três anos seguintes em cada município;

c) Propor as directrizes relativas à apreciação da qualidade construtiva, da localização excepcional, do estado deficiente de conservação e da localização e operacionalidade relativas;

d) Propor anualmente, até 30 de Novembro, para vigorar no ano seguinte, o valor médio de construção por metro quadrado, ouvidas as entidades oficiais e as associações privadas do sector imobiliário urbano;

e) Propor à Direcção-Geral dos Impostos as medidas que entender convenientes no sentido do aperfeiçoamento das operações de avaliação;

f) Organizar listas de peritos avaliadores independentes por distrito e por ordem alfabética e designar os mesmos para efeitos da segunda avaliação de prédios urbanos, ao abrigo do disposto nos artigos 15º-A a 15º-N do Decreto-Lei nº 287/2003, de 12 de Novembro, com a redacção actual;

g) Propor a lista de prédios a que se refere o nº 4 do artigo 38º

2. Tratando-se de conjuntos ou empreendimentos urbanísticos implantados em áreas cujo zonamento não tenha ainda sido aprovado ou, tendo-o sido, se encontre desactualizado, as propostas referidas nas alíneas *a)* e *b)* do nº 1 são apresentadas anualmente.

3. As propostas a que se referem as alíneas *a)* a *d)* do nº 1 e o número anterior são aprovadas por portaria do Ministro das Finanças.

4. Aplica-se à CNAPU o disposto no nº 2 do artigo 49º

(Redação dada pela Lei nº 7-A/2016, de 30-03)

Artigo 63º – Perito local

1. Em cada serviço de finanças existem um ou mais peritos locais, nomeados pelo director-geral dos Impostos, que prestam serviço por tempo indeterminado.

2. O número de peritos locais, em cada serviço de finanças, é fixado pelo director-geral dos Impostos.

3. A designação dos peritos locais recai, preferencialmente, em engenheiros civis, arquitectos, engenheiros técnicos civis, agentes técnicos de engenharia ou arquitectura ou em diplomados com currículo adequado e em técnicos possuidores de habilitação profissional adequada ao exercício daquelas funções.

4. *(Revogado.)*

(Redação dada pela Lei nº 64-A/2008, de 31-12)

Artigo 64º – Competências do perito local

Compete aos peritos locais:

a) Realizar as avaliações dos prédios que lhe forem cometidas e dar parecer sobre o valor dos prédios urbanos quando para tal forem solicitados nos termos da lei;

b) Elaborar trienalmente ou anualmente proposta do zonamento do município ou parte do município em que exercem a actividade, consoante o previsto nos nºs 1 e 2 do artigo 62º

Artigo 65º – Perito regional

1. Os peritos regionais a que se referem os artigos 74º e 76º são nomeados pelo director-geral dos Impostos, mediante proposta do director de finanças.

2. Os peritos regionais constam de listas organizadas nas direcções de finanças, observando-se o disposto nos nºs 3 e 4 dos artigos 56º e 63º, consoante o caso.

3. As listas referidas no número anterior incluem os engenheiros pertencentes ao quadro dos serviços centrais da Direcção-Geral dos Impostos que superintendem nos serviços de avaliações.

(Redação dada pelo Decreto-Lei nº 211/2005, de 07-12)

Artigo 66º – Competências do perito regional

1. Compete ao perito regional:

a) Intervir nas segundas avaliações;

b) Coordenar os peritos locais na elaboração da proposta dos zonamentos municipais;

c) Dar parecer sobre o valor dos prédios, quando para tal for solicitado, nos termos da lei.

2. Os peritos regionais que fazem a coordenação referida na alínea *b)* do número anterior são designados pelo director-geral dos Impostos.

SECÇÃO III – Disposições comuns

Artigo 67º – Orientação e fiscalização

A orientação e a fiscalização dos trabalhos dos peritos cabem aos chefes de finanças, sem prejuízo de poderem ser atribuídas pelo director-geral dos Impostos aos técnicos da Direcção de Serviços de Avaliações.

Artigo 68º – Remunerações e transportes

1. O Ministro das Finanças fixará anualmente, por despacho, as remunerações dos vogais da CNAPR e da CNAPU, as remunerações e abonos de transporte dos membros da JAM, dos peritos avaliadores, dos peritos avaliadores permanentes, dos peritos locais e dos peritos regionais, bem como os salários dos auxiliares locais.

2. Ficam a cargo do sujeito passivo as despesas de avaliação efectuadas a seu pedido, sempre que o valor contestado se mantenha ou aumente.

3. Ficam a cargo das câmaras municipais as despesas de avaliação de prédio urbano efectuada a seu pedido, sempre que, em resultado desta, não for dada razão à requerente na sua pretensão.

4. O disposto nos nºs 2 e 3 não é aplicável, sempre que haja lugar ao pagamento da taxa prevista no nº 4 do artigo 76º

(Redação dada pela Lei nº 66-B/2012, de 31-12)

Artigo 69º – Impedimentos

1. Nenhum perito avaliador, perito avaliador permanente, perito local e perito regional pode intervir na avaliação de prédios próprios ou em que seja interessada, a qualquer título, entidade de que seja administrador ou colaborador, nem de prédios em que sejam interessados seus ascendentes, descendentes ou parentes e afins até ao 4º grau da linha colateral.

2. As avaliações efectuadas contra o disposto no número anterior são anuladas oficiosamente ou a requerimento dos interessados.

3. A nomeação de perito regional não é incompatível com a de perito avaliador, de perito avaliador permanente ou de perito local.

4. Nenhum perito regional pode integrar uma comissão de avaliação de que faça parte um seu ascendente, descendente, irmão, tio ou sobrinho ou afins do mesmo grau.

Artigo 70º – Posse e substituição

1. Os peritos avaliadores, os peritos avaliadores permanentes, os peritos locais e os vogais nomeados pelas câmaras municipais tomam posse perante o chefe de finanças onde prestam serviço e os peritos regionais, salvo os mencionados no nº 3 do artigo 65º, tomam posse perante o chefe de finanças da área da sua residência.

2. Os peritos referidos no número anterior devem ser substituídos quando apresentem pedido de escusa, aleguem impedimento ou por proposta fundamentada dos serviços com base na falta de capacidade técnica para o exercício das suas funções ou grave violação dos deveres funcionais.

3. O disposto no número anterior aplica-se aos vogais nomeados pelas câmaras municipais, cabendo ao chefe de finanças solicitar a substituição à entidade competente.

(Redação dada pela Lei nº 64-A/2008, de 31-12)

CAPÍTULO VIII – Reclamações e impugnações da avaliação

SECÇÃO I – De prédios rústicos

Artigo 71º – Reclamações das avaliações gerais

1. Concluída a avaliação cadastral ou não cadastral dos prédios rústicos da área de um serviço de finanças, o seu resultado é posto à reclamação por um período de 30 dias, que pode ser prorrogado, até ao máximo de 60 dias, pelo director de finanças, quando as circunstâncias o justifiquem.

2. O local e o período durante o qual o resultado da distribuição está patente aos interessados são publicitados, com a antecedência mínima de 10 dias, através de editais e de outros meios adequados, nomeadamente a imprensa local.

3. Nos municípios não submetidos a cadastro, a reclamação contra as áreas de prédios rústicos só é aceite se a diferença entre a área apurada pelo perito avaliador e a contestada for superior a 10%, a não ser que seja comprovada por suporte cartográfico da responsabilidade do proprietário.

Artigo 72º – Formalidades da reclamação

1. A reclamação referida no artigo anterior é dirigida ao chefe de finanças e tem por base uma petição da qual deve constar a:

a) Identificação do reclamante;

b) Identificação e designação do prédio ou das parcelas objecto da reclamação;

c) Indicação da qualidade e classe que considerem aplicáveis, quanto à distribuição parcelar;

d) Indicação de todas as circunstâncias julgadas relevantes, nomeadamente a identificação de parcelas que se entenda deverem servir para confronto;

e) Área considerada correcta para as parcelas e, nas zonas de cadastro diferido e de base não cadastral, também as confrontações e a área total do prédio quando seja contestada.

2. As petições podem ser instruídas com os documentos de que o reclamante disponha e que julgue de interesse para a decisão.

Artigo 73º – Apreciação das reclamações

1. O chefe de finanças decide as reclamações que tenham por fundamento erro na designação das pessoas, moradas e descrição dos prédios.

2. Caso verifique a existência de prédios omissos, o chefe de finanças promove a sua avaliação, nos termos do presente Código.

3. O resultado das avaliações referidas no número anterior é notificado ao sujeito passivo, podendo este reclamar no prazo de 30 dias.

Artigo 74º – Segunda avaliação

1. As reclamações que tenham por fundamento a área, qualidade e classe das parcelas ou os elementos em que se baseou a avaliação dos prédios ou parte de prédios referidos no artigo 28º dão lugar a uma segunda avaliação, a efectuar por uma comissão composta por dois peritos regionais designados pelo director de finanças, um dos quais preside, e pelo sujeito passivo ou seu representante.

2. Nas zonas de cadastro diferido e nos municípios com avaliação de base não cadastral as reclamações referidas no número anterior abrangem também a área total do prédio.

3. O perito regional que presidir à comissão de avaliação tem apenas voto de desempate, devendo conformar-se com um dos laudos.

4. A indicação do representante do sujeito passivo deve ser comunicada por escrito ao chefe de finanças até 10 dias antes da data marcada para a avaliação.

5. O sujeito passivo ou o seu representante prestam compromisso de honra perante o chefe de finanças, no dia designado para a avaliação, lavrando-se o respectivo termo.

6. A falta de comparência do sujeito passivo ou do seu representante torna definitivo o resultado da primeira avaliação, salvo se a falta for justificada no prazo de oito dias, caso em que apenas é permitido um adiamento.

Artigo 75º – Segunda avaliação directa

1. Quando o sujeito passivo ou o chefe de finanças não concordarem com o resultado da avaliação directa de prédios rústicos podem, respectivamente, requerer ou promover uma segunda avaliação, no prazo de 30 dias contados da data em que o primeiro tenha sido notificado.

2. A segunda avaliação é realizada com observância do disposto no presente Código por uma comissão com a composição e nos termos referidos no artigo 74º

3. Se a segunda avaliação for requerida pelo sujeito passivo, a sua falta de comparência ou a do seu representante torna definitivo o resultado da primeira avaliação, salvo se a falta for justificada no prazo de oito dias, caso em que se permite um adiamento.

4. Sempre que a segunda avaliação seja promovida pelo chefe de finanças, o sujeito passivo deve ser notificado para, no prazo de 20 dias, comunicar se pretende integrar a comissão ou nomear o seu representante.

5. No caso previsto no número anterior, se o sujeito passivo não comunicar que pretende integrar a comissão ou não indicar o seu representante no prazo aí fixado ou, indicando-o, o mesmo não compareça, a competência para a nomeação do representante devolve-se ao chefe de finanças, que nomeará um perito regional.

6. No caso referido no nº 4, à não comparência do sujeito passivo ou do seu representante aplica-se a parte final do nº 3.

7. Caso a segunda avaliação seja requerida pelos sujeitos passivos, e se, em resultado desta, o valor patrimonial tributário se mantenha ou aumente, as despesas com a avaliação são por estes reembolsadas à Direcção-Geral dos Impostos.

(Redação dada pela Lei nº 64-B/2011, de 30-12)

SECÇÃO II – De prédios urbanos

Artigo 76º – Segunda avaliação de prédios urbanos

1. Quando o sujeito passivo, a câmara municipal ou o chefe de finanças não concordarem com o resultado da avaliação directa de prédios urbanos, podem, respectivamente, requerer ou promover uma segunda avaliação, no prazo de 30 dias contados da data em que o primeiro tenha sido notificado.

2. A segunda avaliação é realizada com observância do disposto nos artigos 38º e seguintes, por uma comissão composta por um perito regional designado pelo director de finanças em função da sua posição na lista organizada por ordem alfabética para esse efeito, que preside à comissão, um vogal nomeado pela respectiva câmara municipal e o sujeito passivo ou seu representante.

3. Não obstante o disposto no número anterior, desde que o valor patrimonial tributário, determinado nos termos dos artigos 38º e seguintes, se apresente distorcido relativamente ao valor normal de mercado, a comissão efetua a avaliação em causa e fixa novo valor patrimonial tributário que releva apenas para efeitos de IRS, IRC e IMT, devidamente fundamentada, de acordo com as regras constantes do nº 2 do artigo 46º, quando se trate de edificações, ou por aplicação do método comparativo dos valores de mercado no caso dos terrenos para construção e dos terrenos previstos no nº 3 do mesmo artigo.

4. Pelo pedido de segunda avaliação a que se refere o número anterior é devida pelo requerente uma taxa inicial, a fixar entre 7,5 e 30 unidades de conta, tendo em conta a complexidade da matéria.

5. Para efeitos dos números anteriores, o valor patrimonial tributário considera-se distorcido quando é superior em mais de 15% do valor normal de mercado, ou quando o prédio apresenta características valorativas que o diferenciam do padrão normal para a zona, designadamente a sumptuosidade, as áreas invulgares e a arquitectura, e o valor patrimonial tributário é inferior em mais de 15% do valor normal de mercado.

6. Sempre que o pedido ou promoção da segunda avaliação sejam efetuados nos termos do nº 3, devem ser devidamente fundamentados.

7. É aplicável o disposto nos nºs 3 a 6 do artigo 74º e nos nºs 4 a 6 do artigo 75º

8. Quando uma avaliação de prédio urbano seja efectuada por omissão à matriz ou na sequência de transmissão onerosa de imóveis e o alienante seja interessado para efeitos tributários deverá o mesmo ser notificado do seu resultado para, querendo, requerer segunda avaliação, no prazo e termos dos números anteriores, caso em que poderá integrar a comissão referida no nº 2 ou nomear o seu representante.

9. Nas avaliações em que intervierem simultaneamente o alienante e o adquirente ou os seus representantes, o perito regional que presidir à avaliação tem direito a voto e, em caso de empate, voto de qualidade.

10. Na designação dos peritos regionais que integram a comissão referida no nº 2, deve atender-se ao seu domicílio e à localização do prédio a avaliar, com vista a uma maior economia de custos.

11. A designação dos vogais nomeados pela câmara municipal é efectuada nos seguintes termos:

a) São afectos por tempo indeterminado, a um ou mais serviços de finanças;

b) Na falta de nomeação do vogal da câmara municipal por prazo superior a 20 dias a contar da data em que for pedida, a comissão é composta por dois peritos regionais designados pelo director de finanças, um dos quais preside, e pelo sujeito passivo ou seu representante;

c) Na falta de comparência do vogal nomeado pela câmara municipal, o chefe de finanças nomeia um perito regional, que o substitui.

12. É aplicável aos vogais designados pelas câmaras municipais, o disposto nos artigos 67º e 69º

13. No caso dos prédios em compropriedade, sempre que haja mais do que um pedido de segunda avaliação, devem os comproprietários nomear um só representante para integrar a comissão referida no nº 2, aplicando-se igualmente esta regra em caso de transmissões sucessivas no decurso de uma avaliação, quando exista mais do que um alienante ou adquirente a reclamar.

14. A remuneração do vogal é da responsabilidade da câmara municipal e do sujeito passivo no caso do seu representante.

(Redação dada pela Lei nº 82-D/2014, de 31-12)

SECÇÃO III – Disposição comum

Artigo 77º – Impugnação

1. Do resultado das segundas avaliações cabe impugnação judicial, nos termos definidos no Código de Procedimento e de Processo Tributário.

2. A impugnação referida no número anterior pode ter como fundamento qualquer ilegalidade, designadamente a errónea quantificação do valor patrimonial tributário do prédio.

3. A iniciativa da impugnação a que se refere o nº 1 cabe ao sujeito passivo, à câmara municipal ou à junta de freguesia, quando esta última seja beneficiária da receita.

(Redação dada pelo Decreto-Lei nº 41/2016, de 01-08)

CAPÍTULO IX – Organização e conservação das matrizes

SECÇÃO I – Disposições comuns

Artigo 78º – Competência para a organização e conservação das matrizes

1. A organização e conservação das matrizes incumbem aos serviços de finanças onde os prédios se encontram situados.

2. Podem os serviços centrais da Direcção-Geral dos Impostos, ouvido o director de finanças, chamar a si a competência para a organização das matrizes de qualquer serviço de finanças.

Artigo 79º – Inscrição de prédio situado em mais de uma freguesia

1. Se um prédio urbano se encontrar em duas freguesias do mesmo ou de diferentes concelhos, é inscrito na matriz da freguesia em que se localize a parte onde tenha a entrada principal, exceto quando se trate de um complexo de edifícios ou construções submetidas ao regime de propriedade horizontal ou similar, cujas frações autónomas são inscritas na matriz da freguesia em que se localizem.

2. Se o prédio for rústico e não vedado, é inscrito na freguesia onde esteja situada a maior parte.

3. Se o prédio for rústico e vedado, deve inscrever-se na freguesia a que pertença a parte onde se situe a serventia principal.

4. Diz-se vedado o prédio circunscrito por cerca, muro ou outro meio tendente a impedir o acesso do público de maneira eficaz e duradoura.

(Redação dada pelo Decreto-Lei nº 41/2016, de 01-08)

Artigo 80º – Forma das matrizes

1. As matrizes são constituídas por registos efectuados, por artigo, em suporte informático ou de papel.

2. Salvo o disposto nos artigos 84º e 92º, a cada prédio corresponde um único artigo na matriz.

3. A numeração dos artigos é seguida na matriz de cada freguesia e em cada secção na matriz cadastral.

Artigo 81º – Inscrição de prédio de herança indivisa

1. Quando um prédio faça parte de herança indivisa, é inscrito na matriz predial respectiva em nome do autor da herança com o aditamento «Cabeça-de-casal da herança de ...», sendo atribuído à herança indivisa, oficiosamente, o respectivo número de identificação fiscal pelo serviço de finanças referido no artigo 25º do Código do Imposto do Selo.

2. Ao serviço de finanças referido no número anterior compete averbar, na matriz predial de todos os prédios inscritos em nome do autor da herança, o número de identificação fiscal atribuído à herança indivisa e a identificação dos herdeiros, com a menção das respetivas quotas-partes.

3. Quando os prédios que integram a herança forem transmitidos para um único herdeiro serão inscritos na matriz predial respectiva nesse nome.
(Redação dada pela Lei nº 119/2019, de 18-09)

Artigo 82º – Inscrição de prédio em regime de compropriedade

1. A compropriedade deve inscrever-se em nome de todos os comproprietários, com indicação da parte que caiba a cada um e das correspondentes fracções do valor patrimonial tributário, sem prejuízo do disposto no artigo 92º quanto à propriedade horizontal.

2. Quando não seja conhecida a parte que caiba a cada um dos comproprietários, o prédio é inscrito em nome de todos eles, por ordem alfabética.

Artigo 83º – Inscrição de prédios isentos

A inscrição dos prédios isentos faz-se nos termos gerais, mencionando-se, porém, na coluna das observações, o preceito legal que estabeleça a isenção, devendo ainda, quando esta situação seja temporária, indicar-se, na referida coluna, as datas em que tenha início e termo, bem como o respectivo despacho e o processo em que haja sido proferido, sendo caso disso.

Artigo 84º – Inscrição de prédios mistos

Cada uma das partes distintas do prédio misto é inscrita na matriz que lhe competir.

SECÇÃO II – Matrizes cadastrais rústicas

Artigo 85º – Base cadastral das matrizes

As matrizes rústicas são organizadas com base nos elementos do cadastro extraídos da carta cadastral do País, fornecida pelo Instituto Geográfico Português.

Artigo 86º – Matriz rústica

1. As matrizes cadastrais rústicas devem especificar:

a) A designação cadastral do prédio;

b) O nome, identificação fiscal e residência dos proprietários usufrutuários ou superficiários;

c) A localização e nome dos prédios, quando o tenham;

d) Os direitos referentes a cada prédio, incluindo os resultantes de ónus e encargos permanentes que incidam sobre outros prédios;

e) As parcelas com o seu número de ordem, qualidade de cultura, classe, destino e área em hectares;

f) O valor patrimonial tributário.

2. Nos municípios onde exista cadastro predial, a matriz deve compreender ainda o número de identificação predial (NIP).

Artigo 87º – Árvores

1. Se no prédio existirem árvores dispersas pertencentes ao dono do terreno, são tais árvores, para efeitos de inscrição, incluídas nas parcelas em que estiverem situadas, devendo figurar na matriz, em coluna própria, o número de exemplares de cada qualidade e classe.

2. Quando os proprietários ou usufrutuários das árvores dispersas não o forem do terreno, as ditas árvores constam de tantas inscrições quantos os titulares referidos.

3. As inscrições a que se refere o número anterior mencionam as parcelas em que as árvores dispersas estão situadas, as qualidades e classes que foram atribuídas às mesmas árvores e recebem a designação cadastral do terreno, distinguindo-se por letras maiúsculas segundo a ordem alfabética.

Artigo 88º – Publicação

O Ministro das Finanças fixa, em despacho publicado no Diário da República, a data a partir da qual cada concelho fica submetido, para efeitos fiscais, ao regime de cadastro predial.

SECÇÃO III – Matrizes não cadastrais rústicas

Artigo 89º – Registos de avaliação

As inscrições definitivas dos registos de avaliação devem ser reproduzidas nas matrizes rústicas, seguindo-se a ordem topográfica adoptada.

Artigo 90º – Arquivo

Os registos de avaliação, depois de organizadas as matrizes, devem ser arquivadas na direcção de finanças do respectivo distrito.

SECÇÃO IV – Matrizes urbanas

Artigo 91º – Matriz urbana

1. As matrizes urbanas devem especificar:

a) O nome, identificação fiscal e residência dos proprietários, usufrutuários ou superficiários;

b) A localização e nome do prédio, quando o tenha, confrontações ou número de polícia, quando exista;

c) Descrição do prédio ou indicação da sua tipologia, quando esta exista;

d) Os elementos considerados para o cálculo do valor patrimonial tributário do prédio;

e) O valor patrimonial tributário.

2. Nos municípios onde exista cadastro predial, a matriz deve compreender ainda o número de identificação predial (NIP).

Artigo 92º – Inscrição de prédio em regime de propriedade horizontal

1. A cada edifício em regime de propriedade horizontal corresponde uma só inscrição na matriz, exceto no caso previsto na parte final do nº 1 do artigo 79º

2. Na descrição genérica do edifício deve mencionar-se o facto de ele se encontrar em regime de propriedade horizontal.

3. Cada uma das fracções autónomas é pormenorizadamente descrita e individualizada pela letra maiúscula que lhe competir segundo a ordem alfabética.

(Redação dada pelo Decreto-Lei nº 41/2016, de 01-08)

SECÇÃO V – Cadernetas prediais

Artigo 93º – Cadernetas prediais

1. Por cada prédio inscrito na matriz é preenchida e entregue ao sujeito passivo uma caderneta predial do modelo aprovado.

2. As cadernetas prediais podem ser substituídas, na parte respeitante ao extracto dos elementos matriciais constantes das matrizes, por fotocópias devidamente autenticadas.

3. O preenchimento das cadernetas ou fotocópia compete ao serviço que organizar as respectivas matrizes.

4. Os notários, conservadores e oficiais dos registos, bem como as entidades profissionais com competência para autenticar documentos particulares que titulem actos ou contratos sujeitos a registo predial, sempre que intervenham em actos ou contratos que exijam a apresentação da caderneta predial referida no nº 1 relativa a prédios objecto desses actos, contratos ou factos, podem obtê-la por via electrónica e entregá-la, gratuitamente, ao sujeito passivo.

5. Nos casos em que a declaração modelo nº 1 do IMI é entregue para efeitos de inscrição de prédio urbano ou fracção autónoma na matriz, os notários, conservadores e oficiais dos registos, bem como as entidades profissionais com competência para autenticar documentos particulares que titulem actos ou contratos sujeitos a registo predial que intervenham em actos ou contratos que exijam a sua apresentação podem obtê-la por via electrónica.

6. O titular do prédio, que seja um sujeito passivo abrangido pela obrigação prevista no nº 9 do artigo 19º da Lei Geral Tributária, apenas pode obter a caderneta predial, urbana e rústica de base não cadastral, referida no nº 1, por via eletrónica no Portal das Finanças.

7. Os advogados e solicitadores podem, no exercício da sua profissão, ter acesso à informação constante das cadernetas prediais, sem que se lhes possa opor o regime da confidencialidade, nas seguintes condições:

a) Quando se trate de matéria relacionada com o interesse efetivo dos respetivos clientes;

b) Sujeição a deveres de confidencialidade relativamente à informação que consultam.

(Redação dada pela Lei nº 119/2019, de 18-09)

Artigo 94º – Encerramento das matrizes

O serviço anual de conservação das matrizes é encerrado em 31 de Dezembro.

SECÇÃO VI – Guarda e conservação do cadastro geométrico

Artigo 95º – Competência para conservar os elementos

1. Compete à Direcção-Geral dos Impostos a guarda e conservação dos elementos de base geométrica em seu poder, bem como das matrizes.

2. As alterações nos mapas parcelares incumbem ao Instituto Geográfico Português e são consignadas em três exemplares dos mesmos mapas, um dos quais fica no Instituto, outro na referida Direcção-Geral dos Impostos e o terceiro no serviço de finanças respectivo.

Artigo 96º – Secções cadastrais nas direcções de finanças

Em tudo o que se refira à guarda e conservação do cadastro, o director de finanças deve corresponder-se com o Instituto Geográfico Português através das delegações deste que actuem na área da sua jurisdição, ou directamente, se estas não existirem.

Artigo 97º – Alterações nas matrizes

1. As modificações que se verifiquem nos limites dos prédios, por transmissão de parte deles, parcelamento ou qualquer outra causa, devem ser comunicadas pelos serviços da Direcção-Geral dos Impostos ao Instituto Geográfico Português, para que este possa proceder às correspondentes alterações nos mapas parcelares e seus duplicados.

2. Os peritos que procedam às alterações previstas neste artigo podem, quando se justifique, actualizar o mapa parcelar para além das alterações requeridas, com excepção das estremas com outros proprietários.

3. Na divisão de prédios, a requerimento dos interessados, o perito pode corrigir a distribuição das parcelas divididas.

4. Nas alterações podem ser fixadas tarifas de qualidades e classes não consideradas nos quadros primitivos por analogia com outras semelhantes de freguesias próximas.

5. Sempre que ocorram as modificações previstas no nº 1, o perito do Instituto Geográfico Português encarregado de introduzir nos mapas parcelares as correspondentes alterações pode ainda corrigir a qualificação e classificação das parcelas divididas, se verificar que tais alterações implicam a sua correcção.

Artigo 98º – Verbetes

1. As comunicações a que se refere o artigo anterior devem ser feitas relativamente a cada prédio que tenha sofrido modificação em verbetes do modelo aprovado pelo Ministro das Finanças, nos termos seguintes:

a) Se a modificação for consequência da divisão do prédio, são preenchidos tantos verbetes quantos os prédios que resultarem da divisão;

b) No caso de eliminação do prédio na matriz por destruição total ou transformação de rústico em urbano, o verbete indica apenas o nome do proprietário, a designação cadastral e o motivo da supressão;

c) Quando os prédios rústicos sejam parcialmente destruídos, ou só em parte se transformem em urbanos, procede-se em harmonia com as regras anteriores;

d) No caso de emparcelamento ou de reunião de prédios confinantes, preenche-se um verbete por cada nova unidade constituída, com indicação do nome do proprietário e das designações cadastrais que lhes competiam.

2. A remessa dos verbetes é feita no mês seguinte àquele em que se tenha verificado qualquer das hipóteses abrangidas pelas regras precedentes.

3. Os verbetes, depois de verificados, são remetidos pelo serviço competente da Direcção-Geral dos Impostos ao Instituto Geográfico Português, para alteração dos mapas parcelares.

Artigo 99º – Inscrição de novos prédios ou de prédios modificados quanto aos limites

Os novos prédios e aqueles cujos limites tenham sido modificados recebem o número de inscrição que na matriz lhes competir, atendendo às regras seguintes:

a) Não podem ser utilizados os números de prédios que passem a constituir um novo artigo matricial;

b) São referenciadas as designações cadastrais anteriormente atribuídas aos elementos que entrarem na formação de novos prédios e nas inscrições de cada um desses elementos menciona-se o artigo matricial da nova unidade;

c) O prédio constituído pela reunião de prédios confinantes tem uma só inscrição na matriz cadastral.

Artigo 100º – Parcelas

As parcelas de qualquer prédio devem ser novamente numeradas sempre que em ulterior distribuição se modifique o número delas ou haja alteração por anexação ou divisão de prédios.

Artigo 101º – Alteração da classificação de prédio

A transformação de prédio urbano em rústico ou de rústico em urbano determina o ajustamento do mapa parcelar e a correspondente inscrição ou eliminação na matriz cadastral, conforme o caso.

Artigo 102º – Parcelas cadastrais de prédios rústicos

A nova distribuição das parcelas cadastrais deve ser efectuada segundo os quadros de qualificação e classificação que se encontrem em vigor, do mesmo modo se procedendo no respeitante à aplicação das tarifas.

Artigo 103º – Alterações promovidas pelo IGP

As alterações que o Instituto Geográfico Português detectar, independentemente de comunicação dos serviços de finanças, são consignadas em três exemplares dos mapas parcelares, um dos quais fica em seu poder, outro na Direcção-Geral dos Impostos ou na direcção de finanças, quando a esta competir a guarda e conservação do cadastro, e o terceiro no serviço de finanças.

Artigo 104º – Processo

As alterações referidas no artigo anterior são introduzidas nas fichas dos prédios por elas afectadas, mediante processo organizado pelo Instituto Geográfico Português, que é remetido aos serviços de finanças após resolução.

Artigo 105º – Relações das alterações das matrizes cadastrais

1. Das alterações que se efectuarem nas matrizes cadastrais, quer oficiosamente, quer em virtude das decisões proferidas a requerimento dos sujeitos passivos, organizam-se todos os meses relações em triplicado, por cada matriz, contendo a referência à designação cadastral dos prédios por ordem da sua inscrição, as alterações ocorridas e os factos que as motivaram.

2. Aos serviços competentes da Direcção-Geral dos Impostos são enviados dois exemplares da mencionada relação até ao dia 15 mês imediato àquele a que respeite, ficando o terceiro arquivado no respectivo serviço de finanças.

3. Um dos exemplares da relação é remetido ao Instituto Geográfico Português.

SECÇÃO VII – Alterações matriciais

Artigo 106º – Regras para a alteração das matrizes

As alterações a introduzir nas matrizes devem obedecer às regras seguintes:

a) Os prédios omissos inscrevem-se em artigos adicionais, continuando-se a numeração precedente e acrescentando-se ao texto a nota «Omisso desde. . .»;

b) Os prédios novos são inscritos pela forma declarada na alínea anterior, devendo, quanto aos urbanos, indicar-se a data referida no artigo 10º e eliminar-se o artigo correspondente ao terreno de implantação e, quanto aos prédios rústicos, indicar-se a data em que lhes foi atribuída essa classificação e os motivos;

c) Os prédios melhorados, modificados ou reconstruídos inscrevem-se em novos artigos da matriz, lançando-se nos respectivos textos, conforme os casos: «Melhorado (modificado ou reconstruído) em . . . de . . . de . . . – Estava inscrito sob o artigo . . .»;

d) Tratando-se de prédios modificados ou melhorados sem variação de número de fogos ou andares, a alteração é feita no respectivo artigo, anotando-se no texto: «Modificado (ou melhorado) em . . . de . . . de . . .»;

e) Se um prédio for dividido, é eliminada a sua inscrição na matriz e cada novo prédio resultante da divisão é inscrito em artigo adicional;

f) O prédio constituído pela reunião de outros prédios é inscrito em artigo adicional, eliminando-se as inscrições dos que deixaram de ter existência autónoma e anotando-se na nova inscrição: «Formado pela reunião dos artigos . . .»;

g) Quando se verifique demolição ou destruição total de um prédio, o correspondente artigo é eliminado, rectificando-se a descrição na matriz e alterando-se o valor patrimonial tributário, de harmonia com o resultado da avaliação, se a demolição ou destruição forem parciais;

h) Quando haja lugar a nova classificação de um prédio, procede-se à eliminação do artigo correspondente da matriz e se a transformação for parcial atende-se ao disposto na segunda parte da alínea anterior;

i) As alterações do valor patrimonial tributário fazem-se indicando os novos valores patrimoniais tributários, sempre com menção do ano em que as alterações forem efectuadas e dos documentos em que se fundarem, e anulando os correspondentes elementos anteriores, mas de forma a não impossibilitar a sua leitura;

j) Quando a folha correspondente a uma inscrição não comporte mais alterações são as mesmas continuadas em folha adicional;

l) A anulação de um artigo da matriz efectua-se cortando com um traço o respectivo número e o correspondente valor patrimonial tributário.

SECÇÃO VIII – Renovação das matrizes

Artigo 107º – Renovação das matrizes

1. Sempre que as matrizes não informatizadas se encontrem em estado de deterioração tal que, no todo ou em parte, não possam continuar a ser utilizadas, deve a Direcção-Geral dos Impostos ordenar a sua renovação.

2. A renovação das matrizes consiste na cópia fiel do que nelas se encontre em vigor à data em que se efectue e faz-se apenas na medida em que se mostre necessária.

3. A renovação incumbe ao serviço competente para a organização das matrizes, devendo ser autenticadas, com a rubrica do respectivo chefe, todas as folhas da matriz renovada.

Artigo 108º – Substituição das matrizes

As matrizes prediais devem ser substituídas quando, por inutilização acidental, deterioração irremediável, ou inexactidão manifesta, não possam continuar em serviço.

Artigo 109º – Competência

1. Compete ao Ministro das Finanças, sob proposta do director-geral dos Impostos, mandar proceder à substituição das matrizes.

2. Consoante as razões que a determinem, a substituição pode ser ordenada para todas as matrizes de um distrito para as de um ou mais municípios e ainda para as de uma ou mais freguesias do mesmo ou de diversos municípios.

Artigo 110º – Declaração

1. Quando for ordenada a substituição das matrizes prediais urbanas, todos os proprietários usufrutuários ou superficiários são obrigados a apresentar, no serviço de finanças da área em que se situem os prédios, declaração do modelo aprovado.

2. As declarações devem ser apresentadas em relação a cada prédio no prazo anunciado nos editais.

Artigo 111º – Procedimento

1. O serviço de finanças deve verificar se as declarações, referidas no artigo 110º, correspondem a todos os prédios urbanos situados na freguesia ou freguesias.

2. Esta verificação tem de estar concluída dentro de 60 dias a contar do termo do prazo para entrega das declarações.

3. Quando os sujeitos passivos não tenham apresentado declarações referentes a quaisquer prédios, os serviços de finanças preenchem e assinam os respectivos impressos.

CAPÍTULO X – Taxas

Artigo 112º – Taxas

1. As taxas do imposto municipal sobre imóveis são as seguintes:

a) Prédios rústicos: 0,8%;

b) *(Revogada.)*

c) Prédios urbanos – de 0,3% a 0,45%.

2. Tratando-se de prédios constituídos por parte rústica e urbana, aplica-se ao valor patrimonial tributário de cada parte a respectiva taxa.

3. Salvo quanto aos prédios abrangidos pela alínea *b)* do nº 2 do artigo 11º, as taxas previstas nas alíneas *b)* e *c)* do nº 1 são elevadas, anualmente, ao triplo nos casos:

a) de prédios urbanos que se encontrem devolutos há mais de um ano, ou prédios em ruínas, como tal definidos em diploma próprio;

b) prédios urbanos parcialmente devolutos, incidindo o agravamento da taxa, no caso dos prédios não constituídos em propriedade horizontal, apenas sobre a parte do valor patrimonial tributário correspondente às partes devolutas.

4. Para os prédios que sejam propriedade de entidades que tenham domicílio fiscal em país, território ou região sujeito a regime fiscal claramente mais favorável, constantes de lista aprovada por portaria do Ministro das Finanças, a taxa do imposto é de 7,5%.

5. Os municípios, mediante deliberação da assembleia municipal, fixam a taxa a aplicar em cada ano, dentro dos intervalos previstos na alínea *c)* do nº 1, podendo esta ser fixada por freguesia.

6. Os municípios, mediante deliberação da assembleia municipal, podem definir áreas territoriais, correspondentes a freguesias ou zonas delimitadas de freguesias, que sejam objecto de operações de reabilitação urbana ou combate à desertificação, e majorar ou minorar até 30% a taxa que vigorar para o ano a que respeita o imposto.

7. Os municípios, mediante deliberação da assembleia municipal, podem definir áreas territoriais correspondentes a freguesias ou zonas delimitadas de freguesias e fixar uma redução até 20% da taxa que vigorar no ano a que respeita o imposto a aplicar aos prédios urbanos arrendados, que pode ser cumulativa com a definida no número anterior.

8. Os municípios, mediante deliberação da assembleia municipal, podem majorar até 30% a taxa aplicável a prédios urbanos degradados, considerando-se como tais os que, face ao seu estado de conservação, não cumpram satisfatoriamente a sua função ou façam perigar a segurança de pessoas e bens.

9. Os municípios, mediante deliberação da assembleia municipal, podem majorar até ao dobro a taxa aplicável aos prédios rústicos com áreas florestais que se encontrem em situação de abandono, não podendo da aplicação desta majoração resultar uma colecta de imposto inferior a € 20 por cada prédio abrangido.

10. Consideram-se prédios rústicos com áreas florestais em situação de abandono aqueles que integrem terrenos ocupados com arvoredos florestais, com uso silvo-pastoril ou incultos de longa duração, e em que se verifiquem, cumulativamente, as seguintes condições:

a) Não estarem incluídos em zonas de intervenção florestal (ZIF), nos termos do disposto no Decreto-Lei nº 127/2005, de 5 de Agosto;

b) A sua exploração não estar submetida a plano de gestão florestal elaborado, aprovado e executado nos termos da legislação aplicável;

c) Não terem sido neles praticadas as operações silvícolas mínimas necessárias para reduzir a continuidade vertical e horizontal da carga combustível, de forma a limitar os riscos de ignição e propagação de incêndios no seu interior e nos prédios confinantes.

11. Constitui competência dos municípios proceder ao levantamento dos prédios rústicos com áreas florestais em situação de abandono e à identificação dos respectivos proprietários, até 30 de Março de cada ano, para posterior comunicação à Direcção-Geral dos Impostos.

12. Os municípios, mediante deliberação da assembleia municipal, podem fixar uma redução até 50% da taxa que vigorar no ano a que respeita o imposto a aplicar aos prédios classificados como de interesse público, de valor municipal ou património cultural, nos termos da respetiva legislação em vigor, desde que estes prédios não se encontrem abrangidos pela alínea *n)* do nº 1 do artigo 44º do Estatuto dos Benefícios Fiscais.

13. *(Revogado.)*

14. As deliberações da assembleia municipal referidas no presente artigo devem ser comunicadas à Autoridade Tributária e Aduaneira, por transmissão eletrónica de dados, para vigorarem no ano seguinte, aplicando-se a taxa mínima referida na alínea *c)* do nº 1, caso as comunicações não sejam recebidas até 31 de dezembro.

15. No caso de as deliberações compreenderem zonas delimitadas de freguesias ou prédios individualmente considerados, das comunicações referidas no número anterior deve constar a indicação dos artigos matriciais dos prédios abrangidos, bem como o número de identificação fiscal dos respectivos titulares.

16. Para efeitos da aplicação da taxa do IMI prevista no nº 3, a identificação dos prédios ou fracções autónomas em ruínas compete às câmaras municipais e deve ser comunicada à Direcção-Geral dos Impostos, nos termos e prazos referidos no nº 13.

17. O disposto no nº 4 não se aplica aos prédios que sejam propriedade de pessoas singulares.

18. Os municípios abrangidos por programa de apoio à economia local, ao abrigo da Lei nº 43/2012, de 28 de agosto, ou programa de ajustamento municipal, ao abrigo da Lei nº 53/2014, de 25 de agosto, alterada pela Lei nº 69/2015, de 16 de julho, podem determinar que a taxa máxima do imposto municipal prevista na alínea *c)* do nº 1, seja de 0,5%, com fundamento na sua indispensabilidade para cumprir os objetivos definidos nos respetivos planos ou programas.

(Redação dada pela Lei nº 119/2019, de 18-09)

Artigo 112º-A – Prédios de sujeitos passivos com dependentes a cargo

1. Os municípios, mediante deliberação da assembleia municipal, podem fixar uma redução da taxa do imposto municipal sobre imóveis que vigorar no ano a que respeita o imposto, a aplicar ao prédio ou parte de prédio urbano destinado a habitação própria e permanente do sujeito passivo ou do seu agregado familiar, e que seja efetivamente afeto a tal fim, atendendo ao número de dependentes que, nos termos do Código do IRS, compõem o respetivo agregado familiar, de acordo com a seguinte tabela:

Número de dependentes a cargo	Dedução fixa (em €)
1	20
2	40
3 ou mais	70

2. A deliberação referida no número anterior deve ser comunicada à Autoridade Tributária e Aduaneira, nos termos e prazo previstos no nº 14 do artigo 112º do Código do IMI.

3. A verificação dos pressupostos para a redução da taxa do IMI é efetuada pela Autoridade Tributária e Aduaneira, de forma automática e com base nos elementos constantes nas matrizes prediais, no registo de contribuintes e nas declarações de rendimentos entregues.

4. Para efeitos do disposto no presente artigo, a composição do agregado familiar é aquela que se verificar no último dia do ano anterior àquele a que respeita o imposto.

5. Considera-se o prédio ou parte de prédio urbano afeto à habitação própria e permanente do sujeito passivo ou do seu agregado familiar quando nele estiver fixado o respetivo domicílio fiscal.

6. A Autoridade Tributária e Aduaneira disponibiliza aos municípios, até 15 de setembro, o número de agregados com um, dois e três ou mais dependentes que tenham, na sua área territorial, domicílio fiscal em prédio ou parte de prédio destinado a habitação própria e permanente.

(Aditado pela Lei nº 7-A/2016, de 30-03)

Artigo 112º-B – Prédios devolutos localizados em zonas de pressão urbanística

1. Os prédios urbanos ou frações autónomas que se encontrem devolutos há mais de dois anos, quando localizados em zonas de pressão urbanística, como tal definidas em diploma próprio, estão sujeitos ao seguinte agravamento, em substituição do previsto no nº 3 do artigo 112º:

a) A taxa prevista na alínea *c)* do nº 1 do artigo 112º é elevada ao sêxtuplo, agravada, em cada ano subsequente, em mais 10%;

b) O agravamento referido tem como limite máximo o valor de 12 vezes a taxa prevista na alínea *c)* do nº 1 do artigo 112º

2. As receitas obtidas pelo agravamento previsto no número anterior, na parte em que as mesmas excedam a aplicação do nº 3 do artigo 112º, são afetas pelos municípios ao financiamento das políticas municipais de habitação.

(Aditado pelo Decreto-Lei nº 67/2019, 21-05)

CAPÍTULO XI – Liquidação

Artigo 113º – Competência e prazo da liquidação

1. O imposto é liquidado anualmente, em relação a cada município, pelos serviços centrais da Direcção-Geral dos Impostos, com base nos valores patrimoniais tributários dos prédios e em relação aos sujeitos passivos que constem das matrizes em 31 de Dezembro do ano a que o mesmo respeita.

2. A liquidação referida no número anterior é efetuada nos meses de fevereiro a abril do ano seguinte.

3. Logo que a avaliação de prédio omisso, melhorado, modificado ou ampliado se torne definitiva, liquida-se o imposto a que houver lugar, com observância do disposto no nº 1 do artigo 116º

4. As restantes liquidações, nomeadamente as adicionais e as resultantes de revisões oficiosas, são efectuadas a todo o tempo, sem prejuízo do disposto no artigo 116º

5. Sempre que os pressupostos da isenção deixem de verificar-se e os sujeitos passivos não dêem cumprimento ao disposto na alínea *g)* do nº 1 do artigo 13º, a administração fiscal procede à liquidação extraordinária do imposto desde o ano, inclusive, ao da caducidade da isenção.

6. Não há lugar a qualquer liquidação sempre que o montante do imposto a cobrar seja inferior a € 10.

(Redação dada pela Lei nº 71/2018, de 31-12)

Artigo 114º – Transmissão de prédios em processo judicial

Quando um prédio possa vir a ser objecto de transmissão em processo onde deva haver lugar a graduação de créditos, a entidade responsável pelo processo notifica o serviço de finanças da área da localização dos prédios para este lhe certificar o montante total em dívida e ainda o que deve ser liquidado com referência ao ano em curso por aplicação das taxas em vigor, caso a transmissão presumivelmente venha a acontecer após o termo desse ano.

Artigo 115º – Revisão oficiosa da liquidação e anulação

1. Sem prejuízo do disposto no artigo 78º da Lei Geral Tributária, as liquidações são oficiosamente revistas:

a) Quando, por atraso na actualização das matrizes, o imposto tenha sido liquidado por valor diverso do legalmente devido ou em nome de outrem que não o sujeito passivo, desde que, neste último caso, não tenha ainda sido pago;

b) Em resultado de nova avaliação;

c) Quando tenha havido erro de que tenha resultado colecta de montante diferente do legalmente devido;

d) Quando, havendo lugar, não tenha sido considerada, concedida ou reconhecida isenção.

2. A revisão oficiosa das liquidações, prevista nas alíneas *a)* a *d)* do nº 1, é da competência dos serviços de finanças da área da situação dos prédios.

3. Não há lugar a qualquer anulação sempre que o montante do imposto a restituir seja inferior a € 10.

Artigo 116º – Caducidade do direito à liquidação

1. As liquidações do imposto, ainda que adicionais, são efectuadas nos prazos e termos previstos nos artigos 45º e 46º da Lei Geral Tributária, salvo nas situações previstas no nº 5 do artigo 113º, caso em que a liquidação é efectuada relativamente a todos os anos em que o sujeito passivo gozou indevidamente dos benefícios, com o limite de oito anos seguintes àquele em que os pressupostos da isenção deixaram de se verificar.

2. No caso previsto no nº 2 do artigo 9º, o prazo de caducidade do direito à liquidação conta-se a partir do ano em que ao prédio seja dada diferente utilização.

Artigo 117º – Juros compensatórios

1. Quando, por facto imputável ao sujeito passivo, for retardada a liquidação de parte ou totalidade do imposto devido, a esta acrescem juros compensatórios, nos termos do artigo 35º da Lei Geral Tributária.

2. O juro conta-se dia a dia, desde o momento em que for retardada a liquidação até à data em que vier a ser suprida ou corrigida a falta.

Artigo 118º – Suspensão da liquidação

1. Enquanto não tiver decorrido o prazo de 30 dias contados a partir da notificação da primeira avaliação ou não se tornar definitivo o resultado da segunda avaliação, quando requerida, fica suspensa a liquidação do imposto, salvo se for apresentada impugnação judicial, que não tem efeito suspensivo.

2. Fica igualmente suspensa a liquidação do imposto enquanto não for decidido o pedido de isenção apresentado pelo sujeito passivo:

a) Para os prédios destinados a habitação própria e permanente, ao abrigo do artigo 46º do Estatuto dos Benefícios Fiscais, desde que o requerimento seja apresentado dentro do prazo e o valor patrimonial seja inferior ao limite estabelecido nesse artigo, aplicando-se, para efeitos do pagamento do imposto que venha a ser devido, os prazos previstos nos nºs 2 a 5 do artigo 120º, sem quaisquer encargos se o indeferimento do pedido for por motivo não imputável ao sujeito passivo; ou

b) Para efeitos do disposto no nº 9 do artigo 11º-A, desde que a prova das condições exigidas para beneficiar da isenção seja apresentada dentro do prazo.

3. Nas situações de aquisição onerosa de prédios destinados a habitação própria e permanente do sujeito passivo ou do seu agregado familiar, a liquidação fica suspensa até ao limite do prazo para afetação constante do nº 1 do artigo 46º do Estatuto dos Benefícios Fiscais, quando o valor patrimonial tributário for inferior ao limite estabelecido nesse artigo.

(Redação dada pela Lei nº 42/2016, de 28-12)

CAPÍTULO XII – Pagamento

Artigo 119º – Documento de cobrança

1. Os serviços da Direcção-Geral dos Impostos enviam a cada sujeito passivo, até ao fim do mês anterior ao do pagamento, o competente documento de cobrança, com discriminação dos prédios, suas partes susceptíveis de utilização independente, respectivo valor patrimonial tributário e da colecta imputada a cada município da localização dos prédios.

2. No mesmo período é disponibilizada às câmaras municipais e aos serviços de finanças da área da situação dos prédios a informação contendo os elementos referidos no número anterior, que pode ser aí consultada pelos interessados.

3. Caso o sujeito passivo não receba o documento mencionado no nº 1, deve solicitar em qualquer serviço de finanças uma 2ª via.

Artigo 120º – Prazo de pagamento

1. O imposto deve ser pago:

a) Em uma prestação, no mês de maio, quando o seu montante seja igual ou inferior a 100 €;

b) Em duas prestações, nos meses de maio e novembro, quando o seu montante seja superior a 100 € e igual ou inferior a 500 €;

c) Em três prestações, nos meses de maio, agosto e novembro, quando o seu montante seja superior a 500 €.

2. Sempre que a liquidação deva ter lugar fora do prazo referido no nº 2 do artigo 113º o sujeito passivo é notificado para proceder ao pagamento, o qual deve ter lugar até ao fim do mês seguinte ao da notificação.

3. Sempre que no mesmo ano, por motivos imputáveis aos serviços, seja liquidado imposto respeitante a dois ou mais anos e o montante total a cobrar seja superior a € 250, o imposto relativo a cada um dos anos em atraso é pago com intervalos de seis meses contados a partir do mês seguinte inclusive ao da notificação referida no número anterior, sendo pago em primeiro lugar o imposto mais antigo.

4. No caso previsto nos nºs 1 e 3, o não pagamento de uma prestação ou de uma anuidade, no prazo estabelecido, implica o imediato vencimento das restantes.

5. Se o atraso na liquidação for imputável ao sujeito passivo é este notificado para proceder ao pagamento do imposto respeitante a todos os anos em atraso.

(Redação dada pela Lei nº 71/2018, de 31-12)

Artigo 121º – Juros de mora

São devidos juros de mora nos termos do artigo 44º da Lei Geral Tributária, quando o sujeito passivo não pague o imposto dentro do prazo legalmente estabelecido no documento de cobrança, quer a liquidação tenha ocorrido no prazo normal, quer fora do prazo normal, ou ainda na sequência de liquidação adicional.

Artigo 122º – Garantias especiais

1. O imposto municipal sobre imóveis goza das garantias especiais previstas no Código Civil para a contribuição predial.

2. Compete ao chefe de finanças da área da situação do prédio promover o registo da hipoteca legal, quando esta deva ter lugar.

CAPÍTULO XIII – Fiscalização

Artigo 123º – Poderes de fiscalização

O cumprimento das obrigações previstas no presente Código é assegurado, em geral, pela aplicação do disposto no artigo 63º da Lei Geral Tributária e no regime complementar do procedimento de inspecção tributária, aprovado pelo artigo 1º do Decreto-Lei nº 413/98, de 31 de Dezembro.

Artigo 124º – Entidades públicas

1. As entidades públicas, ou que desempenhem funções públicas, que intervenham em actos relativos à constituição, transmissão, registo ou litígio de direitos sobre prédios, devem exigir a exibição de documento comprovativo da inscrição do prédio na matriz ou, sendo omisso, de que foi apresentada a declaração para inscrição.

2. Sempre que o cumprimento do disposto no número anterior se mostre impossível, faz-se expressa menção do facto e das razões dessa impossibilidade, devendo comunicar-se tal facto ao serviço de finanças da área da situação dos prédios.

Artigo 125º – Entidades fornecedoras de água, energia e telecomunicações

1. As entidades fornecedoras de água, energia e do serviço fixo de telefones devem, até ao dia 15 de abril, 15 de julho, 15 de outubro e 15 de janeiro, comunicar à Autoridade Tributária e Aduaneira os contratos celebrados com os seus clientes, bem como as suas alterações, que se tenham verificado no trimestre anterior.

2. Da comunicação referida no número anterior deve constar a identificação fiscal do proprietário, usufrutuário ou superficiário e respectivo domicílio, bem como a do artigo matricial do prédio, fracção ou parte ou, tratando-se de prédio omisso, a indicação da data da entrega da declaração para a sua inscrição na matriz.

3. A comunicação é feita exclusivamente por via eletrónica, através de declaração de modelo oficial, aprovada por portaria do membro do Governo responsável pela área das finanças.

(Redação dada pela Lei nº 82-B/2014, de 31-12)

Artigo 126º – Alteração de mapas parcelares

Os serviços da administração central, as autarquias locais e os concessionários de serviços públicos devem comunicar ao serviço de finanças da área da situação dos prédios, trimestralmente, todos os factos em que tenham tido intervenção e que importem alterações de mapas parcelares.

Artigo 127º – Pagamento de indemnizações

Não são pagas quaisquer indemnizações por expropriação sem observância do disposto no artigo 124º e sem que se mostrem pagas ou garantidas todas as dívidas vencidas do imposto.

Artigo 128º – Câmaras municipais

1. Às câmaras municipais compete colaborar com a administração fiscal no cumprimento do disposto no presente Código, devendo, nomeadamente, enviar à Autoridade Tributária e Aduaneira, até ao final do mês seguinte ao da sua constituição, aprovação, alteração ou receção:

a) Os alvarás de loteamento, licenças de construção, plantas de arquitetura das construções correspondentes às telas finais, licenças de demolição e de obras, pedidos de vistorias, datas de conclusão de edifícios e seus melhoramentos ou da sua ocupação, bem como todos os elementos necessários à avaliação dos prédios;

b) As plantas dos aglomerados urbanos à escala disponível donde conste a toponímia;

c) As comunicações prévias de instalação, modificação ou encerramento de estabelecimentos previstos no nº 1 do artigo 2º do Decreto-Lei nº 48/2011, de 1 de abril, efetuadas nos termos daquele diploma;

d) As licenças de funcionamento de estabelecimentos afectos a atividades industriais;

e) Enviar, oficiosamente ou a solicitação da administração fiscal, outros dados considerados pertinentes para uma eficaz fiscalização.

2. *(Revogado.)*

3. Os elementos remetidos nos termos do nº 1 são enviados exclusivamente por via eletrónica, sendo os restantes termos, formatos e procedimentos necessários ao seu cumprimento definidos por portaria do membro do Governo responsável pela área das finanças, após audição da Associação Nacional de Municípios Portugueses.

(Redação dada pela Lei nº 82-B/2014, de 31-12)

CAPÍTULO XIV – Garantias

Artigo 129º – Garantias

1. Os sujeitos passivos do imposto, para além do disposto no tocante às avaliações, podem socorrer-se dos meios de garantia previstos na Lei Geral Tributária e no Código de Procedimento e de Processo Tributário.

2. Os prazos de reclamação e de impugnação contam-se a partir do termo do prazo para pagamento voluntário da primeira ou da única prestação do imposto.

(Redação dada pelo Decreto-Lei nº 41/2016, de 01-08)

Artigo 130º – Reclamação das matrizes

1. O sujeito passivo ou qualquer titular de um interesse directo, pessoal e legítimo, pode consultar ou obter documento comprovativo dos elementos constantes das inscrições matriciais no serviço de finanças da área da situação dos prédios.

2. Sem prejuízo do disposto no número anterior, os pedidos sobre a existência de imóveis efectuados por qualquer entidade devem ser dirigidos ao serviço de finanças do domicílio fiscal do sujeito passivo.

3. O sujeito passivo, a câmara municipal e a junta de freguesia podem, a todo o tempo, reclamar de qualquer incorreção nas inscrições matriciais, nomeadamente com base nos seguintes fundamentos:

a) Valor patrimonial tributário considerado desactualizado;

b) Indevida inclusão do prédio na matriz;

c) Erro na designação das pessoas e residências ou na descrição dos prédios;

d) Erro de transcrição dos elementos cadastrais ou das inscrições constantes de quaisquer elementos oficiais;

e) Duplicação ou omissão dos prédios ou das respectivas parcelas;

f) Não averbamento de isenção já concedida ou reconhecida;

g) Alteração na composição dos prédios em resultado de divisão, anexação de outros confinantes, rectificação de estremas ou arredondamento de propriedades;

h) Não discriminação do valor patrimonial tributário dos prédios urbanos por andares ou divisões de utilização autónoma;

i) Passagem do prédio ao regime de propriedade horizontal;

j) Erro na representação topográfica, confrontações e características agrárias dos prédios rústicos;

l) Erro nos mapas parcelares cometidos na divisão dos prédios referidos na alínea anterior;

m) Erro na actualização dos valores patrimoniais tributários;

n) Erro na determinação das áreas de prédios rústicos ou urbanos, desde que as diferenças entre as áreas apuradas pelo perito avaliador e a contestada sejam superiores a 10% e 5%, respectivamente.

4. O valor patrimonial tributário resultante de avaliação direta só pode ser objeto de alteração com o fundamento previsto na alínea *a)* do nº 3 por meio de avaliação decorridos três anos sobre a data do pedido, da promoção oficiosa da inscrição ou da atualização do prédio na matriz.

5. O chefe do serviço de finanças competente pode, a todo o tempo, promover a rectificação de qualquer incorrecção nas inscrições matriciais, salvo as que impliquem alteração do valor patrimonial tributário resultante de avaliação directa com o fundamento previsto na alínea *a)* do nº 3, caso em que tal rectificação só pode efectuar-se decorrido o prazo referido no número anterior.

6. Quando ocorram sinistros que no todo ou em parte destruam prédios, podem os sujeitos passivos reclamar com esse fundamento a eliminação do prédio na matriz ou a redução do seu valor patrimonial tributário através da competente avaliação.

7. Tratando-se de sinistros que afectem significativamente uma freguesia ou um município, pode a junta de freguesia ou a câmara municipal apresentar reclamação colectiva.

8. Os efeitos das reclamações, bem como o das correcções promovidas pelo chefe do serviço de finanças competente, efectuadas com qualquer dos fundamentos previstos neste artigo, só se produzem na liquidação respeitante ao ano em que for apresentado o pedido ou promovida a rectificação.

9. O valor patrimonial tributário resultante da avaliação geral de prédios só pode ser objeto de alteração com o fundamento previsto na alínea *a)* do nº 3 por meio de avaliação, a partir do terceiro ano seguinte ao da sua entrada em vigor para efeitos do imposto municipal sobre imóveis.

(Redação dada pela Lei nº 7-A/2016, de 30-03)

Artigo 131º – Competência e prazo para apreciar as reclamações

A apreciação das reclamações referidas no artigo anterior é da competência dos chefes de finanças da área de situação dos prédios, devendo ser decididas no prazo de 90 dias, excepto as que tiverem por fundamento o valor patrimonial tributário exagerado do prédio, as quais devem ser resolvidas no prazo de 180 dias, podendo as reclamações ser apresentadas no serviço de finanças da área do domicílio fiscal do reclamante.

(Redação dada pelo Decreto-Lei nº 211/2005, de 07-12)

Artigo 132º – Forma das reclamações

1. As reclamações que tiverem por fundamento erro na designação das pessoas, nas suas residências ou na descrição dos prédios podem ser feitas verbalmente quando o reclamante apresente prova documental ou esta consista em informação já existente no serviço de finanças, sem prejuízo de as mesmas serem reduzidas a escrito.

2. As reclamações apresentadas com outros fundamentos devem ser apresentadas por escrito.

3. As reclamações com os fundamentos previstos nas alíneas *a*) e *n*) do nº 3 do artigo 130º, quando respeitantes a prédios urbanos, são apresentadas através da entrega da declaração a que se referem os artigos 13º e 37º, juntamente com os elementos que a devem acompanhar.

(Redação dada pela Lei nº 42/2016, de 28-12)

Artigo 133º – Conteúdo das reclamações

1. As reclamações apresentadas por escrito devem ser acompanhadas dos documentos de prova necessários à decisão.

2. Quando necessário, as reclamações relativas a matrizes cadastrais são enviadas pelos serviços de finanças aos serviços regionais para que estes promovam junto do Instituto Geográfico Português a emissão de parecer sobre os factos alegados pelos reclamantes.

Artigo 134º – Prazo para a conclusão do processo de segunda avaliação

1. O processo de segunda avaliação deve estar concluído no prazo de 180 dias após a entrada do pedido.

2. Se for excedido o prazo referido no número anterior, deve o sujeito passivo ser informado do motivo que levou à não conclusão do processo, devendo indicar-se um prazo previsível para a sua conclusão.

Artigo 135º – Avaliação de prédio em regime de propriedade horizontal

O resultado da avaliação de edifício em regime de propriedade horizontal é notificado ao respectivo administrador, havendo-o, ou, caso contrário, a cada um dos condóminos relativamente à sua fracção autónoma, para que, querendo, possam requerer no prazo de 30 dias segunda avaliação.

CAPÍTULO XV – Adicional ao imposto municipal sobre imóveis

SECÇÃO I – Incidência

Artigo 135º-A – Incidência subjetiva

1. São sujeitos passivos do adicional ao imposto municipal sobre imóveis as pessoas singulares ou coletivas que sejam proprietários, usufrutuários ou superficiários de prédios urbanos situados no território português.

2. Para efeitos do nº 1, são equiparados a pessoas coletivas quaisquer estruturas ou centros de interesses coletivos sem personalidade jurídica que figurem nas matrizes como sujeitos passivos do imposto municipal sobre imóveis, bem como a herança indivisa representada pelo cabeça de casal.

3. A qualidade de sujeito passivo é determinada em conformidade com os critérios estabelecidos no artigo 8º do presente Código, com as necessárias adaptações, tendo por referência a data de 1 de janeiro do ano a que o adicional ao imposto municipal sobre imóveis respeita.

4. Não são sujeitos passivos do adicional ao imposto municipal o Estado, as Regiões Autónomas, as autarquias locais e as suas associações e federações de municípios de direito público, bem como qualquer dos seus serviços, estabelecimentos e organismos, ainda que personalizados, incluindo os institutos públicos.

(Redação dada pela Lei nº 51/2018, de 16-08)

Artigo 135º-B – Incidência objetiva

1. O adicional ao imposto municipal sobre imóveis incide sobre a soma dos valores patrimoniais tributários dos prédios urbanos situados em território português de que o sujeito passivo seja titular.

2. São excluídos do adicional ao imposto municipal sobre imóveis os prédios urbanos classificados como "comerciais, industriais ou para serviços" e "outros" nos termos das alíneas *b*) e *d*) do nº 1 do artigo 6º deste Código.

3. Os sujeitos passivos legalmente autorizados ao exercício da atividade de locação financeira não podem repercutir sobre os locatários financeiros, total ou parcialmente, o adicional ao imposto municipal sobre imóveis quando o valor patrimonial tributário dos imóveis objeto de contrato de locação financeira não exceda a dedução prevista no nº 2 do artigo 135º-C.

(Redação dada pela Lei nº 71/2018, de 31-12)

SECÇÃO II – Valor tributável

Artigo 135º-C – Regras de determinação do valor tributável

1. O valor tributável corresponde à soma dos valores patrimoniais tributários, reportados a 1 de janeiro do ano a que respeita o adicional ao imposto municipal sobre imóveis, dos prédios que constam nas matrizes prediais na titularidade do sujeito passivo.

2. Ao valor tributável determinado nos termos do número anterior são deduzidas as seguintes importâncias:

a) € 600 000, quando o sujeito passivo é uma pessoa singular;

b) € 600 000, quando o sujeito passivo é uma herança indivisa.

3. Não são contabilizados para a soma referida no nº 1 do artigo 135º-B:

a) O valor dos prédios que no ano anterior tenham estado isentos ou não sujeitos a tributação em IMI;

b) O valor dos prédios que se destinem exclusivamente à construção de habitação social ou a custos controlados cujos titulares sejam cooperativas de habitação e construção ou associações de moradores;

c) O valor dos prédios ou partes de prédios urbanos cujos titulares sejam condomínios, quando o valor patrimonial tributário de cada prédio ou parte de prédio não exceda 20 vezes o valor anual do indexante de apoios sociais;

d) O valor dos prédios ou partes de prédios urbanos cujos titulares sejam cooperativas de habitação e construção e associações de moradores.

(Redação dada pela Lei nº 114/2017, de 29-12)

Artigo 135º-D – Sujeitos passivos casados ou em união de facto

1. Os sujeitos passivos casados ou em união de facto para efeitos do artigo 14º do Código do IRS podem optar pela tributação conjunta deste adicional, somando-se os valores patrimoniais tributários dos prédios na sua titularidade e multiplicando-se por dois o valor da dedução prevista na alínea *a*) do nº 2 do artigo anterior.

2. Os sujeitos passivos casados sob os regimes de comunhão de bens que não exerçam a opção prevista no número anterior podem identificar, através de declaração conjunta, a titularidade dos prédios, indicando aqueles que são bens próprios de cada um deles e os que são bens comuns do casal.

3. Não sendo efetuada a declaração no prazo estabelecido, o adicional ao imposto municipal sobre imóveis incide, relativamente a cada um dos cônjuges, sobre a soma dos valores dos prédios que já constavam da matriz na respetiva titularidade.

4. A declaração, de modelo a aprovar por portaria e a apresentar exclusivamente no Portal das Finanças, deve ser efetuada de 1 de abril a 31 de maio.

5. A declaração apresentada nos termos do nº 2 atualiza a matriz quanto à titularidade dos prédios.

6. A opção a que se refere o nº 1 é válida até ao exercício da respetiva renúncia.

(Redação dada pela Lei nº 114/2017, de 29-12)

Artigo 135º-E – Heranças indivisas

1. A equiparação da herança a pessoa coletiva nos termos do nº 2 do artigo 135º-A, pode ser afastada se, cumulativamente:

a) A herança, através do cabeça de casal, apresentar uma declaração identificando todos os herdeiros e as suas quotas;

b) Após a apresentação da declaração referida na alínea anterior, todos os herdeiros na mesma identificados confirmarem as respetivas quotas, através de declaração apresentada por cada um deles.

2. A declaração do cabeça de casal, referida na alínea *a*) do nº 1, de modelo a aprovar por portaria e a efetuar exclusivamente no Portal das Finanças, deve ser apresentada de 1 a 31 de março.

3. As declarações dos herdeiros, referidas na alínea *b*) do nº 1, de modelo a aprovar por portaria e a efetuar exclusivamente no Portal das Finanças, devem ser apresentadas de 1 a 30 de abril.

4. Sendo afastada a equiparação da herança indivisa a pessoa coletiva nos termos dos números anteriores, a quota-parte de cada herdeiro sobre o valor do prédio ou dos prédios que integram a herança indivisa acresce à soma dos valores patrimoniais tributários dos prédios que constam da matriz na titularidade desse herdeiro, para efeito de determinação do valor tributável previsto no artigo 135º-C.

(Aditado pela Lei nº 42/2016, de 28-12)

SECÇÃO III – Taxa

Artigo 135º-F – Taxa

1. Ao valor tributável determinado nos termos do artigo 135º-C e após aplicação das deduções aí previstas, quando existam, é aplicada a taxa de 0,4% às pessoas coletivas e de 0,7% às pessoas singulares e heranças indivisas.

2. Ao valor tributável, determinado nos termos do nº 1 do artigo 135º-C, superior a 1 000 000 € e igual ou inferior a 2 000 000 €, ou o dobro destes valores quando seja exercida a opção prevista no nº 1 do artigo 135º-D, é aplicada a taxa marginal de 1%, quando o sujeito passivo seja uma pessoa singular.

3. Ao valor tributável, determinado nos termos do nº 1 do artigo 135º-C, superior a 2 000 000 €, ou o dobro deste valor quando seja exercida a opção prevista no nº 1 do artigo 135º-D, é aplicada a taxa marginal de 1,5%, quando o sujeito passivo seja uma pessoa singular.

4. O valor dos prédios detidos por pessoas coletivas afetos a uso pessoal dos titulares do respetivo capital, dos membros dos órgãos sociais ou de quaisquer órgãos de administração, direção, gerência ou fiscalização ou dos respetivos cônjuges, ascendentes e descendentes, fica sujeito à taxa de 0,7%, sendo sujeito à taxa marginal de 1% para a parcela do valor que exceda 1 000 000 € e seja igual ou inferior a 2 000 000 €, e à taxa marginal de 1,5% para a parcela que exceda 2 000 000 €.

5. Para os prédios que sejam propriedade de entidades sujeitas a um regime fiscal mais favorável, a que se refere o nº 1 do artigo 63º-D da Lei Geral Tributária, a taxa é de 7.5%.

6. O disposto no número anterior não se aplica aos prédios que sejam propriedade de pessoas singulares.

7. Os prédios referidos no nº 4 devem ser identificados no anexo à declaração periódica de rendimentos prevista no Código do Imposto sobre o Rendimento das Pessoas Coletivas.

(Redação dada pela Lei nº 71/2018, de 31-12)

SECÇÃO IV – Liquidação e Pagamento

Artigo 135º-G – Forma e prazo da liquidação

1. O adicional ao imposto municipal sobre imóveis é liquidado anualmente, pela Autoridade Tributária e Aduaneira, com base nos valores patrimoniais tributários dos prédios e em relação aos sujeitos passivos que constem das matrizes em 1 de janeiro do ano a que o mesmo respeita.

2. Quando seja exercida a opção pela tributação conjunta prevista no nº 1 do artigo 135º-D, há lugar a uma única liquidação, sendo ambos os sujeitos passivos solidariamente responsáveis pelo pagamento do imposto.

3. Sendo dado integral cumprimento ao disposto no artigo 135º-E, a liquidação a efetuar a cada um dos herdeiros tem por base o valor determinado nos termos do nº 4 do mesmo artigo.

4. A liquidação referida nos números anteriores é efetuada no mês de junho do ano a que o imposto respeita.

5. Sempre que não seja efetuada no prazo referido no número anterior, bem como, nomeadamente, em caso de liquidação adicional ou revisão oficiosa, a liquidação é efetuada nos termos dos nºs 1 e 2 do artigo 116º

6. Quando por facto imputável ao sujeito passivo for retardada a liquidação de parte ou da totalidade do imposto devido, a este acrescem juros compensatórios nos termos do artigo 35º da Lei Geral Tributária.

(Redação dada pela Lei nº 114/2017, de 29-12)

Artigo 135º-H – Pagamento

1. O pagamento do adicional ao imposto municipal sobre imóveis é efetuado no mês de setembro do ano a que o mesmo respeita.

2. Quando a liquidação seja efetuada fora do prazo previsto no nº 4 do artigo 135º-G, o sujeito passivo é notificado para proceder ao pagamento até ao fim do mês seguinte ao da notificação.

3. Os serviços da Autoridade Tributária e Aduaneira enviam a cada sujeito passivo, até ao fim do mês anterior ao do pagamento, o documento de cobrança, com a discriminação da liquidação, dos prédios, das quotas-partes, do respetivo valor patrimonial tributário e da coleta.

4. São devidos juros de mora nos termos do artigo 44º da Lei Geral Tributária, quando o sujeito passivo não efetue o pagamento do imposto dentro do prazo legalmente estabelecido no documento de cobrança.

(Redação dada pela Lei nº 114/2017, de 29-12)

SECÇÃO V – Disposições relativas a impostos de rendimento

Artigo 135º-I – Dedução em IRS

1. O adicional ao imposto municipal sobre imóveis é dedutível à coleta do IRS devido pelos sujeitos passivos que detenham rendimentos imputáveis a prédios urbanos sobre os quais incida, até à concorrência:

a) Da parte da coleta do IRS proporcional aos rendimentos líquidos da categoria F, no caso de englobamento; ou

b) Da coleta obtida por aplicação da taxa prevista na alínea *e)* do nº 1 do artigo 72º do Código do IRS, nos demais casos.

2. A dedução à coleta do adicional ao imposto municipal sobre imóveis prevista no número anterior é igualmente aplicável, com as necessárias adaptações, a sujeitos passivos de IRS titulares de rendimentos da Categoria B obtidos no âmbito de atividade de arrendamento ou hospedagem.

3. A dedução prevista no número anterior não é considerada para o limite previsto no nº 7 do artigo 78º do Código do IRS.

(Aditado pela Lei nº 42/2016, de 28-12)

Artigo 135º-J – Dedução em IRC

1. Os sujeitos passivos podem optar por deduzir à coleta apurada nos termos da alínea *a*) do nº 1 do artigo 90º do Código do IRC, e até à sua concorrência, o montante do adicional ao imposto municipal sobre imóveis pago durante o exercício a que respeita o imposto, limitada à fração correspondente aos rendimentos gerados por imóveis, a ele sujeitos, no âmbito de atividade de arrendamento ou hospedagem.

2. A opção pela dedução prevista no número anterior prejudica a dedução deste adicional na determinação do lucro tributável em sede de IRC.

3. A dedução prevista neste artigo não é aplicável quando os imóveis sejam detidos, direta ou indiretamente, por entidade com residência ou domicílio em país, território ou região sujeito a um regime fiscal claramente mais favorável constante de lista aprovada por portaria do membro do Governo responsável pela área das finanças.

4. A dedução prevista no nº 1 é feita nos mesmos termos da dedução prevista na alínea *c*) do nº 2 do artigo 90º do Código do IRC, salvo quanto à aplicação do limite previsto no nº 1 do artigo 92º do mesmo Código.

(Aditado pela Lei nº 42/2016, de 28-12)

SECÇÃO VI – Outras disposições

Artigo 135º-K – Situações especiais

Nas situações em que não tenha sido dado cumprimento ao disposto no nº 1 do artigo 23º do Decreto-Lei nº 287/2003, de 12 de novembro, são observadas, para efeitos deste imposto, as regras aplicáveis às pessoas coletivas.

(Aditado pela Lei nº 42/2016, de 28-12)

Artigo 135º-L – Limites mínimos

Não há lugar a cobrança ou reembolso quando, em virtude da liquidação, ainda que adicional, reforma ou anulação de liquidação, a importância a cobrar ou a restituir seja inferior a € 10.

(Aditado pela Lei nº 114/2017, de 29-12)

Artigo 135º-M – Correção das opções

1. No prazo de 120 dias contados a partir do termo do prazo para pagamento voluntário do imposto, podem os contribuintes manifestar ou alterar as opções referidas nos artigos 135º-D e 135º-E, nos termos aí previstos, produzindo-se os respetivos efeitos.

2. Da entrega dessas declarações não pode resultar a ampliação dos prazos de reclamação graciosa, impugnação judicial, ou revisão do ato tributário que seriam aplicáveis caso não tivessem sido apresentadas.

(Aditado pela Lei nº 114/2017, de 29-12)

CAPÍTULO XVI – Disposições diversas

Artigo 136º – Serviço de finanças competente

1. Os actos tributários consideram-se praticados nos serviços de finanças da área da situação dos prédios.

2. Sem prejuízo do disposto no número anterior, a obrigação de entrega da declaração referida nos artigos 13º e 37º, bem como dos elementos referidos nos nºs 2 e 3 do artigo 37º, nos casos da alínea *d)* do nº 4º da Portaria nº 1282/2003, de 13 de Novembro, pode ser cumprida em qualquer serviço de finanças.

(Redação dada pelo Decreto-Lei nº 211/2005, de 07-12)

Artigo 137º – Juros indemnizatórios

São devidos juros indemnizatórios nos termos previstos no artigo 43º da Lei Geral Tributária, liquidados e pagos nos termos do Código de Procedimento e de Processo Tributário.

Artigo 138º – Actualização periódica

1. Os valores patrimoniais tributários dos prédios urbanos referidos na alínea *b)* do nº 1 do artigo 6º são atualizados trienalmente, por aplicação do coeficiente de desvalorização da moeda correspondente ao ano da última avaliação ou atualização.

2. Os valores patrimoniais tributários dos prédios urbanos referidos nas alíneas *a)*, *c)* e *d)* do nº 1 do artigo 6º são atualizados trienalmente por aplicação de um coeficiente correspondente a 75% do fator de atualização resultante da aplicação das regras do número anterior.

3. Os coeficientes de desvalorização da moeda referidos nos números anteriores são os fixados anualmente por portaria do membro do Governo responsável pela área das finanças para efeitos dos impostos sobre o rendimento.

(Redação dada pela Lei nº 7-A/2016, de 30-03)

Artigo 139º – Comunicação às câmaras municipais dos resultados da avaliação directa dos prédios urbanos

A Direcção-Geral dos Impostos disponibiliza, por via electrónica, à câmara municipal da área da situação do imóvel, a informação relativa ao resultado da avaliação directa de prédios urbanos para efeitos do disposto no nº 1 do artigo 76º

(Aditado por Lei nº 64-A/2008, de 31-12)

Artigo 140º – Regime de salvaguarda de prédios urbanos

1. Em relação aos prédios ou parte de prédios urbanos que sejam habitação própria e permanente do sujeito passivo, a coleta do IMI respeitante a cada ano não pode exceder a coleta do IMI devida no ano imediatamente anterior adicionada, em cada um desses anos, do maior dos seguintes valores:

a) € 75; ou

b) Um terço da diferença entre o IMI resultante do valor patrimonial tributário fixado na avaliação atual e o que resultaria da avaliação anterior, independentemente de eventuais isenções aplicáveis.

2. O disposto no número anterior não é aplicável aos prédios em que se verifique uma alteração do sujeito passivo do IMI no ano a que respeita o imposto, salvo nas transmissões gratuitas de que forem beneficiários o cônjuge, descendentes e ascendentes.

3. O aumento da coleta de IMI determinado por aumento de valor tributável não resultante de mera atualização nos termos do artigo 138º não é aplicável, independentemente do valor do imóvel, a sujeitos passivos que reúnam as condições legais para a isenção de IMI e tenham mais de 65 anos.

(Aditado pela Lei nº 7-A/2016, de 30-03)

Código do Imposto Municipal sobre as Transmissões Onerosas de Imóveis

O imposto municipal sobre as transmissões onerosas de imóveis (IMT), que substitui o imposto municipal de sisa, continua a incidir sobre as transmissões, a título oneroso, do direito de propriedade sobre imóveis e das figuras parcelares desse direito, podendo estes direitos transmitir-se sob diversas formas ou ocorrer na constituição ou extinção de diversos tipos de contratos.

Além dos factos que integram a regra geral da incidência objectiva, o Código continua também a ficcionar, como transmissões sujeitas a imposto, determinadas operações que directa ou indirectamente implicam a transmissão de bens imóveis e que se revestem de características económicas que justificam o seu enquadramento no âmbito da incidência. É o caso, por exemplo, das promessas de aquisição e alienação acompanhadas da tradição dos bens, do contrato de locação em que seja desde logo clausulada a posterior venda do imóvel, dos arrendamentos a longo prazo e da aquisição de partes sociais que confiram ao titular uma participação dominante em determinadas sociedades comerciais se o seu activo for constituído por bens imóveis.

Porém, o novo Código não se limita a reproduzir o anterior e, além de proceder a uma reformulação da linguagem normativa e de reestruturar o seu articulado, vem alargar a base de incidência a negócios jurídicos que, embora anteriores ou mesmo laterais à formalização de contratos translativos de imóveis, têm um resultado económico equivalente mas que passam ao lado de qualquer tipo de tributação. É o caso das cedências sucessivas da posição contratual de promitentes adquirentes nos contratos-promessa de compra e venda que, sendo frequentemente utilizados por alguns promotores imobiliários com o objectivo legítimo de antecipar o financiamento da construção e por investidores com o objectivo de obter alguns lucros, mas que, na maioria das vezes, não são declarados, quer para efeitos de tributação do rendimento quer para efeitos de tributação da transmissão. Assim, a celebração dos contratos-promessa em que seja clausulado que o promitente adquirente poderá ceder a sua posição contratual a terceiro, bem como essas mesmas cedências, passam a integrar a incidência, ainda que, em obediência ao princípio da neutralidade, a tributação seja feita apenas pela parte do preço paga em cada um destes contratos, aplicando-se a taxa que corresponder à totalidade do preço acordado e, por outro lado, sempre que o promitente adquirente ou cessionário venha a celebrar o contrato definitivo, o imposto já pago por ele será levado em conta na liquidação final.

Outra forma frequente de contornar a tributação é a utilização de procurações, vulgarmente designadas por procurações irrevogáveis, em que o representado renuncia ao direito de revogar a procuração, conferindo ao representante um resultado económico equivalente ao do exercício do direito de propriedade, uma vez que, na maioria dos casos, este paga a totalidade do preço do imóvel ao representado, passando, em termos práticos, a poder alienar o bem a um terceiro. Nestes casos, o procurador e o substabelecido ficarão sujeitos a tributação pelas taxas de 5% ou de 6,5%, consoante a procuração confira poderes para alienar prédios rústicos ou urbanos, não podendo pois beneficiar de qualquer isenção ou redução de taxas, sem prejuízo de delas virem a beneficiar, se o contrato definitivo de compra e venda vier a ser celebrado com o procurador ou com o substabelecido.

Em matéria de isenções, mantêm-se, no essencial, as que já vigoravam no domínio da anterior legislação, sem prejuízo de se revogarem formalmente algumas delas que já não tinham aplicabilidade ou deixaram de ter justificação. Por outro lado, como concretização do poder tributário próprio dos municípios, estabelece-se que, em relação a algumas delas, deverão ser as câmaras municipais a reconhecer previamente a sua atribuição.

Quanto à determinação do valor tributável, observa-se que passa a ser determinado segundo as regras previstas pelo novo regime de avaliações previsto no Código do Imposto Municipal sobre Imóveis, apenas com as excepções dos prédios urbanos arrendados até 31 de Dezembro de 2001 e dos prédios rústicos.

Com efeito, com a entrada em vigor da reforma, todos os imóveis urbanos antigos que não estavam arrendados em 31 de Dezembro de 2001, bem como os que foram arrendados depois dessa data, que forem objecto de transmissão onerosa, serão avaliados através da aplicação do novo mecanismo legal de avaliações, obtendo-se assim garantias de actualização, de objectividade e de uniformidade dos valores oficiais dos imóveis que se transmitam, mesmo que tais valores já se encontrem corrigidos através da aplicação dos factores de correcção monetária. Quanto aos imóveis novos, serão avaliados para efeitos da sua inscrição na matriz, relevando o seu valor patrimonial quer para efeitos do imposto municipal sobre imóveis quer do IMT.

Quanto aos prédios urbanos que foram arrendados até 31 de Dezembro de 2001 e que se mantenham nessa situação à data da liquidação, o seu valor tributável para efeitos do IMT será determinado através de um factor de capitalização, com o limite máximo de 15, aplicável ao valor da renda anual. Esta solução tem em vista manter uma maior compatibilidade e equilíbrio entre o valor de mercado desses imóveis e a tributação que o adquirente vai suportar no momento da aquisição.

No caso dos prédios rústicos que sejam objecto de transmissão, prevê-se a actualização do seu valor patrimonial com aplicação de factores de correcção monetária a fixar em função do ano da última avaliação geral ou cadastral.

As elevadas taxas do anterior imposto municipal de sisa e a ausência de qualquer correspondência credível entre os valores matriciais da esmagadora maioria dos prédios e os valores praticados no mercado imobiliário, a que se aliava a convergência de interesses entre alienantes e adquirentes, vinham gerando um endémico e elevado grau de fuga fiscal que se reflectia, sobretudo, no domínio da tributação do rendimento, afectando os legítimos interesses do Estado e, perante a distorção da concorrência resultante destas práticas, afectando em não menor medida as empresas cumpridoras das suas obrigações fiscais.

Tendo em vista inverter esta situação, alteram-se alguns preceitos dos Códigos do IRS e do IRC, de modo que o valor tributável para efeitos da tributação das transmissões de imóveis seja, em regra, igualmente relevante para efeitos da determinação do lucro tributável das empresas, individuais ou colectivas, cuja actividade seja a alienação de bens imóveis, quer por si construídos, quer no âmbito da actividade de compra para revenda. Não obstante, não se trata de uma regra absoluta, já que se confere ao alienante o direito de requerer segunda avaliação, em pé de igualdade com o adquirente, podendo ainda requerer a instauração de um procedimento próprio para demonstrar que o preço efectivamente praticado foi inferior ao valor patrimonial tributário que serviu de base à liquidação do IMT.

Em matéria de taxas, procede-se a uma descida muito significativa dos seus valores nominais, o que, em simultâneo com a actualização dos escalões, originará uma clara diminuição da carga fiscal relativa às aquisições de imóveis. Esta redução da tributação será uma realidade mesmo considerando que o incremento patrimonial resultante da aplicação das novas regras de avaliação aproximará os valores patrimoniais a cerca de 80% a 90% dos valores de mercado destes mesmos bens.

CAPÍTULO I – Incidência

Artigo 1º – Incidência geral

1. O imposto municipal sobre as transmissões onerosas de imóveis (IMT) incide sobre as transmissões previstas nos artigos seguintes, qualquer que seja o título por que se operem.

2. Para efeitos do IMT, o conceito de prédio é o definido no Código do Imposto Municipal sobre Imóveis (CIMI).

Artigo 2º – Incidência objectiva e territorial

1. O IMT incide sobre as transmissões, a título oneroso, do direito de propriedade ou de figuras parcelares desse direito, sobre bens imóveis situados no território nacional.

2. Para efeitos do nº 1, integram, ainda, o conceito de transmissão de bens imóveis:

a) As promessas de aquisição e de alienação, logo que verificada a tradição para o promitente adquirente, ou quando este esteja usufruindo os bens, excepto se se tratar de aquisição de habitação para residência própria e permanente do adquirente ou do seu agregado familiar e não ocorra qualquer das situações previstas no nº 3;

b) O arrendamento com a cláusula de que os bens arrendados se tornam propriedade do arrendatário depois de satisfeitas todas as rendas acordadas;

c) Os arrendamentos ou subarrendamentos a longo prazo, considerando-se como tais os que devam durar mais de 30 anos, quer a duração seja estabelecida no início do contrato, quer resulte de prorrogação, durante a sua vigência, por acordo expresso dos interessados, e ainda que seja diferente o senhorio, a renda ou outras cláusulas contratuais;

d) A aquisição de partes sociais ou de quotas nas sociedades em nome coletivo, em comandita simples ou por quotas, quando tais sociedades possuam bens imóveis, e quando por aquela aquisição, por amortização ou quaisquer outros factos, algum dos sócios fique a dispor de, pelo menos, 75% do capital social, ou o número de sócios se reduza a dois casados ou unidos de facto;

e) A aquisição de unidades de participação em fundos de investimento imobiliário fechados de subscrição particular, independentemente da localização da sociedade gestora, bem como operações de resgate, aumento ou redução do capital ou outras, das quais resulte que um dos titulares ou dois titulares casados ou unidos de facto fiquem a dispor de, pelo menos, 75% das unidades de participação representativas do património do fundo.

3. Considera-se que há também lugar a transmissão onerosa para efeitos do nº 1 na outorga dos seguintes actos ou contratos:

a) Celebração de contrato-promessa de aquisição e alienação de bens imóveis em que seja clausulado no contrato ou posteriormente que o promitente adquirente pode ceder a sua posição contratual a terceiro;

b) Cessão da posição contratual no exercício do direito conferido por contrato-promessa referido na alínea anterior;

c) Outorga de procuração que confira poderes de alienação de bem imóvel ou de partes sociais ou unidades de participação a que se referem as alíneas *d*) e *e*) do nº 2 em que, por renúncia ao direito de revogação ou cláusula de natureza semelhante, o representado deixe de poder revogar a procuração;

d) Outorga de instrumento com substabelecimento de procuração com os poderes e efeitos previstos na alínea anterior;

e) Cedência de posição contratual ou ajuste de revenda, por parte do promitente adquirente num contrato-promessa de aquisição e alienação, vindo o contrato definitivo a ser celebrado entre o primitivo promitente alienante e o terceiro.

4. O disposto na alínea *e)* do número anterior não é aplicável sempre que o contrato definitivo seja celebrado com terceiro nomeado ou com sociedade em fase de constituição no momento em que o contrato-promessa é celebrado e que venha a adquirir o imóvel, desde que o promitente adquirente seja titular do seu capital social.

5. Em virtude do disposto no nº 1, são também sujeitas ao IMT, designadamente:

a) A resolução, invalidade ou extinção, por mútuo consenso, do contrato de compra e venda ou troca de bens imóveis e as do respectivo contrato-promessa, quando, neste último caso, ocorrerem depois de passados 10 anos sobre a tradição ou posse;

b) As permutas, pela diferença declarada de valores ou pela diferença entre os valores patrimoniais tributários, consoante a que for maior;

c) O excesso da quota-parte que ao adquirente pertencer, nos bens imóveis, em acto de divisão ou partilhas, bem como a alienação da herança ou quinhão hereditário;

d) A venda ou cessão do direito a determinadas águas, ainda que sob a forma de autorização para as explorar ou para minar em terreno alheio;

e) As entradas dos sócios com bens imóveis para a realização do capital das sociedades comerciais ou civis sob a forma comercial ou das sociedades civis a que tenha sido legalmente reconhecida personalidade jurídica, as entregas de bens imóveis dos participantes no ato de subscrição de unidades de participação de fundos de investimento imobiliário fechados de subscrição particular e, bem assim, a adjudicação dos bens imóveis aos sócios na liquidação dessas sociedades e a adjudicação de bens imóveis como reembolso em espécie de unidades de participação decorrente da liquidação de fundos de investimento imobiliário fechados de subscrição particular;

f) As entradas dos sócios com bens imóveis para a realização do capital das restantes sociedades civis, na parte em que os outros sócios adquirirem comunhão, ou qualquer outro direito, nesses imóveis, bem como, nos mesmos termos, as cessões de partes sociais ou de quotas ou a admissão de novos sócios;

g) As transmissões de bens imóveis por fusão ou cisão das sociedades referidas na alínea *e)*, ou por fusão de tais sociedades entre si ou com sociedade civil, bem como por fusão de fundos de investimento imobiliário fechados de subscrição particular;

h) As transmissões de benfeitorias e as aquisições de bens imóveis por acessão.

6. O disposto na alínea *c)* do número anterior não é aplicável sempre que o excesso da quota-parte resultar de acto de partilha por efeito de dissolução do casamento que não tenha sido celebrado sob o regime de separação de bens.

(Redação dada pela Lei nº 114/2017, de 29-12)

Artigo 3º – Incidência simultânea a IMT e a imposto do selo

São simultaneamente sujeitas a IMT e a imposto do selo, nos termos do respectivo Código, as transmissões de bens imóveis:

a) Por meio de doações com entradas ou pensões a favor do doador, ou com o encargo de pagamento de dívidas ao donatário ou a terceiro, nos termos do artigo 964º do Código Civil;

b) Por meio de sucessão testamentária com o encargo expresso do pagamento de dívidas ou de pensões devidas ao próprio herdeiro ou legatário, ou a terceiro, tenham-se ou não determinado os bens sobre que recai o encargo e desde que, quanto ao herdeiro, o seu valor exceda a respectiva quota nas dívidas.

Artigo 4º – Incidência subjectiva

O IMT é devido pelos adquirentes dos bens imóveis, sem prejuízo das seguintes regras:

a) Nas divisões e partilhas, o imposto é devido pelo adquirente dos bens imóveis cujo valor exceda o da sua quota nesses bens;

b) Nos contratos para pessoa a nomear, o imposto é devido pelo contraente originário, sem prejuízo de os bens se considerarem novamente transmitidos para a pessoa nomeada se esta não tiver sido identificada ou sempre que a transmissão para o contraente originário tenha beneficiado de isenção;

c) Nos contratos de troca ou permuta de bens imóveis, qualquer que seja o título por que se opere, o imposto é devido pelo permutante que receber os bens de maior valor, entendendo-se como de troca ou permuta o contrato em que as prestações de ambos os permutantes compreendem bens imóveis, ainda que futuros;

d) Nos contratos de promessa de troca ou permuta com tradição de bens apenas para um dos permutantes, o imposto será desde logo devido pelo adquirente dos bens, como se de compra e venda se tratasse, sem prejuízo da reforma da liquidação ou da reversão do sujeito passivo, conforme o que resultar do contrato definitivo, procedendo-se, em caso de reversão, à anulação do imposto liquidado ao permutante adquirente;

e) Nas situações previstas nas alíneas *a)* e *b)* do nº 3 do artigo 2º, o imposto é devido pelo primitivo promitente adquirente e por cada um dos sucessivos promitentes adquirentes, não lhes sendo aplicável qualquer isenção ou redução de taxa, ainda que a parte do preço paga ao promitente vendedor ou ao cedente corresponda a qualquer dos escalões previstos na alínea *b)* do nº 1 do artigo 17º, sem prejuízo do disposto no nº 5 do artigo 17º e no nº 3 do artigo 22º;

f) Nas situações previstas nas alíneas *c)* e *d)* do nº 3 do artigo 2º, o imposto é devido pelo procurador ou por quem tiver sido substabelecido, não lhe sendo aplicável qualquer isenção ou redução de taxa, sem prejuízo do disposto no nº 3 do artigo 22º;

g) Na situação prevista na alínea *e)* do nº 3 do artigo 2º, o imposto é devido pelo contraente originário, não lhe sendo aplicável qualquer isenção, excluindo-se, porém, a incidência se o mesmo declarar no prazo de 30 dias a contar da cessão da posição contratual ou do ajuste de revenda que não houve lugar ao pagamento ou recebimento de qualquer quantia, para além da que constava como sinal ou princípio de pagamento no contrato-promessa, demonstrando-o através de documentos idóneos ou concedendo autorização à administração fiscal para aceder à sua informação bancária.

(Redação dada pela Lei nº 7-A/2016, de 30-03)

Artigo 5º – Nascimento da obrigação tributária

1. A incidência do IMT regula-se pela legislação em vigor ao tempo em que se constituir a obrigação tributária.

2. A obrigação tributária constitui-se no momento em que ocorrer a transmissão.

3. Nos contratos de permuta de bens presentes por bens futuros, a transmissão, relativamente a estes, ocorre logo que os mesmos se tornem presentes, a não ser que, por força das disposições do presente Código, se tenha de considerar verificada em data anterior.

CAPÍTULO II – Isenções

Artigo 6º – Isenções

Ficam isentos de IMT:

a) O Estado, as Regiões Autónomas, as autarquias locais e as associações e federações de municípios de direito público, bem como quaisquer dos seus serviços, estabelecimentos e organismos, ainda que personalizados, compreendidos os institutos públicos, que não tenham carácter empresarial;

b) Os Estados estrangeiros pela aquisição de edifícios destinados exclusivamente à sede da respectiva missão diplomática ou consular ou à residência do chefe da missão ou do cônsul, bem como dos terrenos para a sua construção, desde que haja reciprocidade de tratamento;

c) As constantes de acordo entre o Estado e quaisquer pessoas, de direito público ou privado, que são mantidas nos termos da respectiva lei;

d) As pessoas colectivas de utilidade pública administrativa e de mera utilidade pública, quanto aos bens destinados, directa e imediatamente, à realização dos seus fins estatutários;

e) As instituições particulares de solidariedade social e entidades a estas legalmente equiparadas, quanto aos bens destinados, directa e imediatamente, à realização dos seus fins estatutários;

f) As aquisições de bens para fins religiosos, efectuadas por pessoas colectivas religiosas, como tal inscritas, nos termos da lei que regula a liberdade religiosa;

g) As aquisições de prédios individualmente classificados como de interesse nacional, de interesse público ou de interesse municipal, nos termos da legislação aplicável;

h) As aquisições de bens situados nas regiões economicamente mais desfavorecidas, quando efectuadas por sociedades comerciais ou civis sob a forma comercial, que os destinem ao exercício, naquelas regiões, de actividades agrícolas ou industriais consideradas de superior interesse económico e social;

i) As aquisições de bens por associações de cultura física, quando destinados a instalações não utilizáveis normalmente em espectáculos com entradas pagas;

j) As aquisições de prédios rústicos que se destinem à primeira instalação de jovens agricultores candidatos aos apoios previstos no Decreto-Lei nº 81/91, de 18 de Fevereiro, ainda que operadas em épocas diferentes, até ao valor previsto no artigo 9º, independentemente do valor sobre que incidiria o imposto ultrapassar aquele limite;

l) As aquisições por museus, bibliotecas, escolas, entidades públicas empresariais responsáveis pela rede pública de escolas, institutos e associações de ensino ou educação, de cultura científica, literária ou artística e de caridade, assistência ou beneficência, quanto aos bens destinados, directa ou indirectamente, à realização dos seus fins estatutários;

m) Os fundos de investimento imobiliário cujas unidades de participação sejam integralmente detidas pelas entidades referidas na alínea *a)*.

(Redação dada pela Lei nº 7-A/2016, de 30-03)

Artigo 7º – Isenção pela aquisição de prédios para revenda

1. São isentas do IMT as aquisições de prédios para revenda, nos termos do número seguinte, desde que se verifique ter sido apresentada antes da aquisição a declaração prevista no artigo 112º do Código do Imposto sobre o Rendimento das

Pessoas Singulares (IRS) ou na alínea *a)* do nº 1 do artigo 109º do Código do Imposto sobre o Rendimento das Pessoas Colectivas (IRC), consoante o caso, relativa ao exercício da actividade de comprador de prédios para revenda.

2. A isenção prevista no número anterior não prejudica a liquidação e pagamento do imposto, nos termos gerais, salvo se se reconhecer que o adquirente exerce normal e habitualmente a actividade de comprador de prédios para revenda.

3. Para efeitos do disposto na parte final do número anterior, considera-se que o sujeito passivo exerce normal e habitualmente a actividade quando comprove o seu exercício no ano anterior mediante certidão passada pelo serviço de finanças competente, devendo constar sempre daquela certidão se, no ano anterior, foi adquirido para revenda ou revendido algum prédio antes adquirido para esse fim.

4. Quando o prédio tenha sido revendido sem ser novamente para revenda, no prazo de três anos, e haja sido pago imposto, este será anulado pelo chefe de finanças, a requerimento do interessado, acompanhado de documento comprovativo da transacção.

Artigo 8º – Isenção pela aquisição de imóveis por instituições de crédito

1. São isentas do IMT as aquisições de imóveis por instituições de crédito ou por sociedades comerciais cujo capital seja directa ou indirectamente por aquelas dominado, em processo de execução movido por essas instituições ou por outro credor, bem como as efectuadas em processo de falência ou de insolvência, desde que, em qualquer caso, se destinem à realização de créditos resultantes de empréstimos feitos ou de fianças prestadas.

2. A isenção prevista no número anterior é ainda aplicável às aquisições de imóveis por entidades nele referidas, desde que a entrega dos imóveis se destine à realização de créditos resultantes de empréstimos ou fianças prestadas, nos termos seguintes:

a) Nas aquisições de prédios urbanos ou de fracções autónomas destes exclusivamente destinados a habitação, que derivem de actos de dação em cumprimento;

b) Nas aquisições de prédios ou de frações autónomas destes não abrangidos no número anterior, que derivem de atos de dação em cumprimento, desde que tenha decorrido mais de um ano entre a primeira falta de pagamento e o recurso à dação em cumprimento e não existam relações especiais entre credor e devedor, nos termos do nº 4 do artigo 63º do Código do IRC.

3. No caso de serem adquirentes sociedades directa ou indirectamente dominadas pelas instituições de crédito, só há lugar à isenção quando as aquisições resultem da cessão do crédito ou da fiança efectuadas pelas mesmas instituições àquelas sociedades comerciais e desde que estas sociedades sejam qualificadas como instituições de crédito ou como sociedades financeiras.

(Redação dada pela Lei nº 82-B/2014, de 31-12)

Artigo 9º – Isenção pela aquisição de prédios destinados exclusivamente a habitação

São isentas do IMT as aquisições de prédio urbano ou de fracção autónoma de prédio urbano destinado exclusivamente a habitação própria e permanente cujo valor que serviria de base à liquidação não exceda € 92 407.

(Redação dada pela Lei nº 55-A/2010, de 31-12)

Artigo 10º – Reconhecimento das isenções

1. As isenções são reconhecidas a requerimento dos interessados, a apresentar antes do acto ou contrato que originou a transmissão junto dos serviços competentes para a decisão, mas sempre antes da liquidação que seria de efectuar.

2. O pedido a que se refere o nº 1 deve, quando for caso disso, conter a identificação e descrição dos bens, bem como o fim a que se destinam, e ser acompanhado dos documentos para demonstrar os pressupostos da isenção, designadamente:

a) No caso a que se refere a alínea *b)* do artigo 6º, de documento emitido pelo organismo competente do Ministério dos Negócios Estrangeiros comprovativo do destino dos bens, bem como da existência de reciprocidade de tratamento;

b) Nos casos a que se referem as alíneas *d)*, *e)* e *f)* do artigo 6º, de documento comprovativo da qualidade do adquirente e de certidão ou cópia autenticada da deliberação sobre a aquisição onerosa dos bens, da qual conste expressa e concretamente o destino destes;

c) No caso a que se refere a alínea *g)* do artigo 6º, de documento emitido pelas entidades competentes;

d) Nos casos a que se referem as alíneas *h)*, *i)* e *l)* do artigo 6º, de documento comprovativo da qualidade do adquirente e certidão ou cópia autenticada da deliberação sobre a aquisição onerosa dos bens, da qual conste expressa e concretamente o destino destes;

e) No caso a que se refere a alínea *j)* do artigo 6º, cópia dos documentos de candidatura aos apoios previstos no Decreto-Lei nº 81/91, de 19 de Fevereiro.

3. As isenções a que se referem as alíneas *h)*, *i)*, *j)* e *l)* do artigo 6º só serão reconhecidas se a câmara municipal competente comprovar previamente que se encontram preenchidos os requisitos para a sua atribuição.

4. Para efeitos do disposto no número anterior, a Direcção-Geral dos Impostos solicita à câmara municipal competente a emissão do parecer vinculativo.

5. Nos casos referidos no nº 2, a Direcção-Geral dos Impostos poderá ouvir os serviços competentes dos ministérios que superintendem nas respectivas actividades.

6. São de reconhecimento prévio, por despacho do membro do Governo responsável pela área das finanças sobre informação e parecer da Autoridade Tributária e Aduaneira, as seguintes isenções:

a) As previstas na alínea *b)* do artigo 6º;

b) As previstas nas alíneas *a)* e *b)* do nº 2 do artigo 8º, desde que o valor que serviria de base à liquidação do IMT, caso este fosse devido, apurado nos termos da regra 5ª do artigo 12º, seja superior a € 300 000;

c) As estabelecidas em legislação extravagante ao presente código, cuja competência, nos termos dos respectivos diplomas, seja expressamente atribuída ao Ministro das Finanças.

7. São de reconhecimento prévio, por despacho do director-geral dos impostos sobre informação dos serviços competentes, as seguintes isenções:

a) As previstas nas alíneas *f)*, *h)*, *i)*, *j)* e *l)* do artigo 6º;

b) As estabelecidas em legislação extravagante ao presente Código, cuja competência, nos termos dos respetivos diplomas, seja expressamente atribuída ao diretor-geral da Autoridade Tributária e Aduaneira.

8. São de reconhecimento automático, competindo a sua verificação e declaração ao serviço de finanças onde for apresentada a declaração prevista no nº 1 do artigo 19º, as seguintes isenções:

a) As previstas nas alíneas *a*), *c*), *d*), *e*) e *g*) do artigo 6º, no artigo 7º e nas alíneas *a*) e *b*) do nº 2 do artigo 8º, desde que o valor que serviria de base à liquidação do IMT, caso este fosse devido, apurado nos termos da regra 5ª do artigo 12º, seja igual ou inferior a € 300 000;

b) As previstas no artigo 9º;

c) As estabelecidas nos termos do nº 2 do artigo 12º da Lei nº 2/2007, de 15 de Janeiro;

d) As isenções de reconhecimento automático constantes de legislação extravagante ao presente código.

9. Os serviços da Direcção-Geral dos Impostos competentes para informar os pedidos de isenção poderão ouvir os organismos que superintendem nas actividades em que os requerentes se integram sempre que tal se revele necessário para a adequada proposta de decisão.

10. Não obstante o disposto na alínea *b*) do nº 6, para as situações aí previstas, o requerente pode obter a suspensão do pagamento do imposto nos casos em que a dação em cumprimento tenha sido efectuada por devedor pessoa singular, desde que entregue o requerimento a solicitar a respectiva isenção devidamente instruído conjuntamente com a declaração referida no nº 1 do artigo 19º

11. A emissão da declaração de isenção a que se refere o número anterior compete ao serviço de finanças onde for apresentada a declaração referida no nº 1 do artigo 19º

12. Se a isenção a que se refere o nº 10 não vier a ser objecto de reconhecimento, ao imposto devido são acrescidos juros compensatórios, nos termos do artigo 35º da Lei Geral Tributária, pelo prazo máximo de 180 dias.

(Redação dada pela Lei nº 7-A/2016, de 30-03)

Artigo 11º – Caducidade das isenções

1. Ficam sem efeito as isenções a que se referem as alíneas *d*), *e*), *f*), *h*) e *i*) do artigo 6º quando os bens forem alienados ou lhes for dado outro destino sem autorização prévia do Ministro das Finanças.

2. A autorização prevista no número anterior só será de conceder quando se verificar a impossibilidade ou se reconhecer a inconveniência de aos bens ser dado o primitivo destino e o novo destino desses bens ou dos adquiridos com o produto da sua venda justificar igualmente a isenção.

3. A isenção concedida aos jovens agricultores fica sem efeito nos mesmos casos em que, por desistência, perda de apoio ou outros factos, aqueles incorram nas consequências previstas no Decreto-Lei nº 81/91, de 19 de Fevereiro.

4. As isenções concedidas ao abrigo do disposto na alínea *g*) do artigo 6º ficarão sem efeito se os bens forem desclassificados do património cultural.

5. A aquisição a que se refere o artigo 7º deixará de beneficiar de isenção logo que se verifique que aos prédios adquiridos para revenda foi dado destino diferente ou que os mesmos não foram revendidos dentro do prazo de três anos ou o foram novamente para revenda.

6. Deixarão de beneficiar de isenção as aquisições a que se refere o artigo 8º, se os prédios não forem alienados no prazo de cinco anos a contar da data da aquisição.

7. Deixam de beneficiar igualmente de isenção e de redução de taxas previstas no artigo 9º e nas alíneas *a*) e *b*) do nº 1 do artigo 17º, as seguintes situações:

a) Quando aos bens for dado destino diferente daquele em que assentou o benefício, no prazo de seis anos a contar da data da aquisição, salvo no caso de venda;

b) Quando os imóveis não forem afectos à habitação própria e permanente no prazo de seis meses a contar da data da aquisição.

8. Os organismos públicos que emitirem qualquer parecer ou documento para reconhecimento de isenções deverão informar a Direcção-Geral dos Impostos, no prazo de 30 dias, de quaisquer factos susceptíveis de fazer caducar a isenção concedida. *(Redação dada pela Lei nº 55-A/2010, de 31-12)*

CAPÍTULO III – Determinação do valor tributável

Artigo 12º – Valor tributável

1. O IMT incidirá sobre o valor constante do acto ou do contrato ou sobre o valor patrimonial tributário dos imóveis, consoante o que for maior.

2. No caso de imóveis omissos na matriz ou nela inscritos sem valor patrimonial tributário, bem como de bens ou direitos não sujeitos a inscrição matricial, o valor patrimonial tributário é determinado nos termos do CIMI.

3. Ao valor patrimonial tributário junta-se o valor declarado das partes integrantes, quando o mesmo não esteja incluído no referido valor patrimonial.

4. O disposto nos números anteriores entende-se, porém, sem prejuízo das seguintes regras:

1ª Quando qualquer dos comproprietários ou quinhoeiros alienar o seu direito, o imposto é liquidado pela parte do valor patrimonial tributário que lhe corresponder ou incide sobre o valor constante do acto ou do contrato, consoante o que for maior;

2ª Quando ao tempo da constituição do direito de superfície temporário já esteja terminada a construção das obras ou ultimada a plantação, deve observar-se o seguinte:

a) Se a propriedade do solo for transmitida separadamente do direito de superfície, o imposto é calculado pelo valor patrimonial tributário da propriedade do solo, determinado nos termos da alínea *h)* do artigo 13º, ou incide sobre o valor constante do acto ou do contrato, consoante o que for maior;

b) Na constituição do direito de superfície, ou na transmissão deste direito separadamente da propriedade do solo, o imposto municipal sobre as transmissões onerosas incide sobre o valor actual do direito de superfície, determinado nos termos da alínea *i)* do artigo 13º, ou sobre o valor constante do acto ou do contrato, consoante o que for maior;

3ª Quando ao tempo da constituição do direito de superfície temporário ainda não esteja terminada a construção das obras ou ultimada a plantação, deve observar-se o seguinte:

a) Se a propriedade do solo for transmitida separadamente do direito de superfície, o imposto é liquidado pelo valor patrimonial tributário da propriedade do solo, calculado nos termos da alínea *h)* do artigo 13º, com base no valor do terreno, ou incide sobre o valor constante do acto ou do contrato, consoante o que for maior;

b) Na constituição do direito de superfície, bem como na transmissão deste direito separadamente da propriedade do solo antes de terminada a construção das obras ou de ultimada a plantação, o imposto incide sobre o valor actual do direito de superfície, determinado nos termos da alínea *i)* do artigo 13º, mas se a transmissão ocorrer depois ou o proprietário do solo adquirir a propriedade da obra ou das árvores pelo decurso do prazo, o imposto será calculado sobre o valor patrimonial tributário da propriedade plena do imóvel, deduzido o valor patrimonial tributário da propriedade do solo nessa altura, determinado nos termos da alínea *h)* do artigo 13º, com base no valor do terreno, incidindo o imposto, em qualquer dos casos, sobre o valor constante do acto ou do contrato, se for superior aos indicados;

4ª Nas permutas de bens imóveis, toma-se para base da liquidação a diferença declarada de valores, quando superior à diferença entre os valores patrimoniais tributários;

5ª Nas transmissões por meio de dação de bens em pagamento, o imposto é calculado sobre o seu valor patrimonial tributário, ou sobre a importância da dívida que for paga com os bens transmitidos, se for superior;

6ª Quando a transmissão se efectuar por meio de renúncia ou cedência, o imposto é calculado sobre o valor patrimonial tributário dos respectivos bens imóveis, ou incide sobre o valor constante do acto ou do contrato, se for superior;

7ª Se a propriedade for transmitida separadamente do usufruto, uso ou habitação, o imposto é calculado sobre o valor da nua-propriedade, nos termos da alínea *a)* do artigo 13º, ou sobre o valor constante do acto ou do contrato, se for superior;

8ª Quando se constituir usufruto, uso ou habitação, bem como quando se renunciar a qualquer desses direitos ou o usufruto for transmitido separadamente da propriedade, o imposto é liquidado pelo valor actual do usufruto, uso ou habitação, calculado nos termos da alínea *b)* do artigo 13º, ou incide sobre o valor constante do acto ou do contrato, se for superior;

9ª Se o pensionista adquirir os bens onerados com pensão, o imposto incide sobre o valor patrimonial tributário abatido do valor actual da pensão, ou sobre o valor constante do acto ou do contrato, se for superior;

10ª Nos arrendamentos e nas sublocações a longo prazo, o imposto incide sobre o valor de 20 vezes a renda anual, quando seja igual ou superior ao valor patrimonial tributário do respectivo prédio, e incide sobre a diferença entre o valor patrimonial que os bens tinham na data do arrendamento e o da data da aquisição ou sobre o valor declarado se for superior, caso o arrendatário venha a adquirir o prédio;

11ª Nas partilhas judiciais ou extrajudiciais, o valor do excesso de imóveis sobre a quota-parte do adquirente, nos termos da alínea *c)* do nº 5 do artigo 2º, é calculado em face do valor patrimonial tributário desses bens adicionado do valor atribuído aos imóveis não sujeitos a inscrição matricial ou, caso seja superior, em face do valor que tiver servido de base à partilha;

12ª Nos atos previstos nas alíneas *e)* e *f)* do nº 5 do artigo 2º, o valor dos imóveis é o valor patrimonial tributário ou, caso seja superior, aquele por que os mesmos entraram para o ativo das sociedades ou para o património dos fundos de investimento imobiliário;

13ª Na fusão ou na cisão das sociedades ou dos fundos de investimento referidos na alínea *g)* do nº 5 do artigo 2º, o imposto incide sobre o valor patrimonial tributário de todos os imóveis das sociedades ou dos fundos de investimento objeto de fusão ou cisão que se transfiram para o ativo das sociedades ou dos fundos de investimento que resultarem da fusão ou cisão, ou sobre o valor por que esses bens entrarem para o ativo das sociedades ou dos fundos de investimento, se for superior;

14ª O valor dos bens imóveis ou do direito de superfície constituído sobre os imóveis locados, adquiridos pelo locatário, através de contrato de compra e venda, no termo da vigência do contrato de locação financeira e nas condições nele estabelecidas, será o valor residual determinado ou determinável, nos termos do respectivo contrato;

15ª Se o direito de superfície for constituído pelo Estado, pelas Regiões Autónomas ou pelas autarquias locais, o valor da propriedade do solo transmitida ao superficiário é o preço constante do acto ou do contrato, e o do direito de superfície, quando da sua constituição ou prorrogação, é o preço único constante do acto ou do contrato ou o valor da pensão, determinado este nos termos da alínea *d)* do artigo 13º e, quando da sua cessação ou reversão, é o montante da indemnização;

16ª O valor dos bens adquiridos ao Estado, às Regiões Autónomas ou às autarquias locais, bem como o dos adquiridos mediante arrematação judicial ou administrativa, é o preço constante do acto ou do contrato;

17ª O valor dos bens expropriados por utilidade pública é o montante da indemnização, salvo se esta for estabelecida por acordo ou transacção, caso em que se aplica o disposto no nº 1;

18ª Nas situações previstas nas alíneas *a)* e *b)* do nº 3 do artigo 2º, o imposto incide apenas sobre a parte do preço paga pelo promitente adquirente ao promitente alienante ou pelo cessionário ao cedente;

19ª Quando se verificarem as transmissões previstas nas alíneas *d)* e *e)* do nº 2 do artigo 2º, o imposto é liquidado nos termos seguintes:

a) Pelo valor patrimonial tributário dos imóveis correspondente à quota ou parte social maioritária, ou pelo valor total desses bens, consoante os casos, preferindo em ambas as situações o valor do balanço, se superior;

b) No caso de aquisições sucessivas, o imposto respeitante à nova transmissão será liquidado sobre a diferença de valores determinada nos termos da alínea anterior;

c) Se a sociedade ou o fundo de investimento imobiliário vierem a dissolver-se e todos ou alguns dos seus imóveis ficarem a pertencer ao sócio, sócios, participante ou participantes que já tiverem sido tributados, o imposto respeitante à nova transmissão incidirá sobre a diferença entre o valor dos bens agora adquiridos e o valor por que anteriormente o imposto foi liquidado;

d) Pelo valor patrimonial tributário dos imóveis correspondente à participação maioritária ou pelo valor total desses bens, consoante os casos, preferindo em ambas as situações o valor do relatório de avaliação para a sociedade gestora, se superior.

20ª O valor dos bens imóveis adquiridos ao abrigo de regimes legais de apoio financeiro à habitação, quando se trate da primeira transmissão, é o valor ou o preço fixado pelo Instituto da Habitação e da Reabilitação Urbana, I. P., nos termos estabelecidos nesses regimes.

5. Para efeitos dos números anteriores, considera-se, designadamente, valor constante do acto ou do contrato, isolada ou cumulativamente:

a) A importância em dinheiro paga a título de preço pelo adquirente;

b) O valor dos móveis dados em troca, a determinar nos termos do Código do Imposto do Selo;

c) O valor actual das pensões temporárias ou das pensões ou rendas vitalícias;

d) O valor das prestações ou rendas perpétuas;

e) O valor da prestação temporária no caso do direito de superfície;

f) A importância de rendas que o adquirente tiver pago adiantadamente, enquanto arrendatário, e que não sejam abatidas ao preço;

g) A importância das rendas acordadas, no caso da alínea *b)* do nº 2 do artigo 2º;

h) Em geral, quaisquer encargos a que o comprador ficar legal ou contratualmente obrigado.

(Redação dada pela Lei nº 7-A/2016, de 30-03)

Artigo 13º – Regras especiais

São ainda aplicáveis à determinação do valor tributável do IMT, as regras constantes das alíneas seguintes:

a) O valor da propriedade, separada do usufruto, uso ou habitação vitalícios, obtém-se deduzindo ao valor da propriedade plena as seguintes percentagens, de harmonia com a idade da pessoa de cuja vida dependa a duração daqueles direitos ou, havendo várias, da mais velha ou da mais nova, consoante eles devam terminar pela morte de qualquer ou da última que sobreviver:

Idade	Percentagens a deduzir
Menos de 20 anos	80
Menos de 25 anos	75
Menos de 30 anos	70
Menos de 35 anos	65
Menos de 40 anos	60
Menos de 45 anos	55
Menos de 50 anos	50
Menos de 55 anos	45
Menos de 60 anos	40
Menos de 65 anos	35
Menos de 70 anos	30
Menos de 75 anos	25
Menos de 80 anos	20
Menos de 85 anos	15
85 ou mais anos	10

Se o usufruto, uso ou habitação forem temporários, deduzem-se ao valor da propriedade plena 10% por cada período indivisível de cinco anos, conforme o tempo por que esses direitos ainda devam durar, não podendo, porém, a dedução exceder a que se faria no caso de serem vitalícios;

b) O valor actual do usufruto obtém-se descontando ao valor da propriedade plena o valor da propriedade, calculado nos termos da regra antecedente, sendo o valor actual do uso e habitação igual a esse valor do usufruto, quando os direitos sejam renunciados, e a esse valor menos 30%, nos demais casos;

c) O valor da pensão ou renda vitalícia determina-se aplicando ao produto da pensão ou renda anual por 20 as percentagens indicadas na alínea *a)*, conforme a idade da pessoa ou pessoas de cuja vida dependa a subsistência da pensão ou renda e, se for temporária, o seu valor actual determina-se multiplicando seis décimas partes da pensão ou renda anual pelo número de anos por que deva durar, não podendo, porém, esse valor exceder o que a pensão ou renda teria se fosse vitalícia;

d) O valor da pensão a pagar pelo superficiário será o produto das oito décimas partes do seu montante anual pelo número de anos por que deva durar, com o limite de 20;

e) O valor de qualquer prestação, pensão ou renda perpétua será o produto do seu montante anual por 20;

f) O valor patrimonial tributário do direito de propriedade do solo, quando o direito de superfície for perpétuo, será o correspondente a 20% do valor do terreno;

g) O valor patrimonial tributário do direito de superfície perpétuo será igual ao valor da propriedade plena do imóvel, deduzido o valor da propriedade do solo, calculado nos termos da alínea anterior;

h) O valor patrimonial tributário da propriedade do solo, quando o direito de superfície for temporário, obtém-se deduzindo ao valor da propriedade plena 10% por cada período indivisível de cinco anos, conforme o tempo por que aquele direito ainda deva durar, não podendo, porém, a dedução exceder 80%;

i) O valor actual do direito de superfície temporário obtém-se descontando ao valor da propriedade plena o valor da propriedade do solo, calculado nos termos da alínea anterior;

j) O valor do terreno de prédio rústico sujeito a direito de superfície será o correspondente a 20% do valor patrimonial tributário.

(Redação dada pela Lei nº 64-A/2008, de 31-12)

Artigo 14º – Avaliação nos termos do CIMI

1. Quando houver de proceder-se à avaliação de bens imóveis, à discriminação ou à destrinça de valores patrimoniais tributários de prédios já inscritos na matriz, todas as diligências, procedimentos e critérios de avaliação serão os estabelecidos no CIMI.

2. No caso de contratos de permuta de bens presentes por bens futuros, a avaliação do bem futuro será efectuada quando o bem adquirir a natureza de prédio, nos termos do CIMI.

3. Para efeitos do disposto no número anterior, considera-se que o bem futuro adquire a natureza de prédio quando, no caso de imóveis urbanos a construir, já se encontre aprovado o respectivo projecto de construção.

4. Os valores dos bens ou direitos que não possam ser determinados por aplicação do CIMI são avaliados com base no valor normal de mercado.

5. A avaliação prevista no número anterior é efectuada pelo perito local referido no nº 1 do artigo 63º do CIMI, sendo ainda aplicável o disposto nos artigos 76º e 77º do mesmo Código, quando for caso disso.

6. O chefe de finanças pode dispensar a avaliação de bens a que se refere o nº 2 do artigo 12º sempre que, em face de informação fundamentada, se conclua que o valor declarado não se afasta, para menos, em mais de 10% do seu valor normal de mercado.

Artigo 15º – Aquisições consideradas a título gratuito e oneroso

Nas transmissões de bens imóveis previstas nas alíneas *a)* e *b)* do artigo 3º, o valor sujeito a imposto corresponde:

a) À importância das entradas e das dívidas, ou do valor actual das pensões, calculado este nos termos da alínea *c)* do artigo 13º, a título de tributação da aquisição onerosa;

b) Ao excedente do valor dos bens, a título de tributação da aquisição gratuita.

(Redação dada pela Lei nº 53-A/2006, de 29-12)

Artigo 16º – Aplicação temporal do valor patrimonial tributário

O valor patrimonial tributário para efeitos deste imposto é o valor dos bens imóveis inscritos nas matrizes à data da liquidação.

CAPÍTULO IV – Taxas

Artigo 17º – Taxas

1. As taxas do IMT são as seguintes:

a) Aquisição de prédio urbano ou de fracção autónoma de prédio urbano destinado exclusivamente a habitação própria e permanente:

Valor sobre que incide o IMT (em euros)	Taxas percentuais	
	Marginal	Média (*)
Até 92 407	0	0
De mais de 92 407 e até 126 403	2	0,537 9
De mais de 126 403 e até 172 348	5	1,727 4
De mais de 172 348 e até 287 213	7	3,836 1
De mais de 287 213 e até 574 323	8	
Superior a 574 323	6 taxa única	

(*) No limite superior do escalão.

b) Aquisição de prédio urbano ou de fracção autónoma de prédio urbano destinado exclusivamente a habitação, não abrangidas pela alínea anterior:

Valor sobre que incide o IMT (em euros)	Taxas percentuais	
	Marginal	Média (*)
Até 92 407	1	1
De mais de 92 407 e até 126 403	2	1,268 9
De mais de 126 403 e até 172 348.......	5	2,263 6
De mais de 172 348 e até 287 213.......	7	4,157 8
De mais de 287 213 e até 550 836.......	8	
Superior a 550 836..................	6 taxa única	

(*) No limite superior do escalão.

c) Aquisição de prédios rústicos – 5%.

d) Aquisição de outros prédios urbanos e outras aquisições onerosas – 6,5%.

2. À aquisição onerosa de figuras parcelares do direito de propriedade aplica-se a taxa referida no número anterior correspondente à natureza dos bens sobre que incide o direito adquirido, sendo aplicável a taxa referida na alínea *a)* do número anterior apenas quando estiver em causa a transmissão do usufruto, uso e habitação ou direito de superfície, que incidam sobre prédio urbano ou fração autónoma de prédio urbano destinado exclusivamente a habitação própria e permanente.

3. Quando, relativamente às aquisições a que se referem as alíneas *a)* e *b)* do nº 1, o valor sobre que incide o imposto for superior a € 92 407, é dividido em duas partes, sendo uma igual ao limite do maior dos escalões que nela couber, à qual se aplica a taxa média correspondente a este escalão, e outra, igual ao excedente, a que se aplica a taxa marginal respeitante ao escalão imediatamente superior.

4. A taxa é sempre de 10%, não se aplicando qualquer isenção ou redução sempre que o adquirente tenha a residência ou sede em país, território ou região sujeito a um regime fiscal mais favorável, constante de lista aprovada por portaria do Ministro das Finanças, sem prejuízo da isenção prevista no artigo 7º do Decreto-Lei nº 540/76, de 9 de Julho.

5. Nos casos previstos nas alíneas *a)* e *b)* do nº 3 do artigo 2º, a taxa aplicável aos montantes referidos na regra 18ª do nº 4 do artigo 12º é a que corresponder à totalidade do preço acordado no contrato, não lhe sendo aplicável a taxa referida na alínea *a)* do nº 1.

6. Para efeitos das alíneas *a)* e *b)* do nº 1, na transmissão de partes de prédio aplicam-se as seguintes regras:

a) Se no mesmo acto se transmitir a totalidade do prédio, a cada valor aplica-se a taxa correspondente à totalidade da transmissão;

b) Se no acto não se transmitir a totalidade do prédio, ao valor tributável aplica-se a taxa correspondente ao valor global do prédio tendo em consideração a parte transmitida.

7. O disposto no nº 4 não se aplica quando o adquirente seja pessoa singular.
(Redação dada pela Lei nº 7-A/2016, de 30-03)

Artigo 18º – Aplicação temporal das taxas

1. O imposto será liquidado pelas taxas em vigor ao tempo da ocorrência do facto tributário.

2. Se ocorrer a caducidade da isenção, a taxa e o valor a considerar na liquidação serão os vigentes à data da liquidação.

3. Quando, no caso referido no número anterior e após a aquisição dos bens, tenham ocorrido factos que alterem a sua natureza, o imposto será liquidado com base nas taxas e valores vigentes à data da transmissão.

CAPÍTULO V – Liquidação

Artigo 19º – Iniciativa da liquidação

1. A liquidação do IMT é de iniciativa dos interessados, para cujo efeito devem apresentar, em qualquer serviço de finanças ou por meios electrónicos, uma declaração de modelo oficial devidamente preenchida.

2. A liquidação é promovida oficiosamente pelos serviços de finanças que forem competentes e sempre que os interessados não tomem a iniciativa de o fazer dentro dos prazos legais, bem como quando houver lugar a qualquer liquidação adicional, sem prejuízo dos juros compensatórios a que haja lugar e da penalidade que ao caso couber.

3. A declaração prevista no nº 1 deve também ser apresentada, em qualquer serviço de finanças ou por meios electrónicos, antes do acto ou facto translativo dos bens, nas situações de isenção.

(Redação dada pela Lei nº 64-A/2008, de 31-12)

Artigo 20º – Conteúdo da declaração

1. Para efeitos da liquidação, deve o interessado fornecer os seguintes elementos:

a) A identificação dos imóveis ou a indicação de estarem omissos nas matrizes, bem como o valor constante do acto ou do contrato;

b) O valor atribuído aos bens, com especificação do que corresponder às partes integrantes cujo valor não esteja compreendido no valor patrimonial tributário dos respectivos prédios;

c) Informação sobre se a aquisição vai ou não ser feita no âmbito de um dos actos ou contratos previstos no nº 3 do artigo 2º, juntando cópia do respectivo documento nos casos previstos nas suas alíneas *a)* e *b)*;

d) Os demais esclarecimentos indispensáveis à exacta liquidação do imposto.

2. Nos contratos de permuta de bens presentes por bens futuros em que estes já se encontrem determinados com base em projecto de construção aprovada pela câmara municipal, deve o interessado juntar à declaração referida no artigo anterior cópia da planta de arquitectura devidamente autenticada.

3. Quando se tratar de alienação de heranças ou de quinhões hereditários, devem declarar-se todos os bens imóveis e indicar-se a quota-parte que o alienante tem na herança.

4. Em caso de transmissão parcial de prédios inscritos em matrizes cadastrais, devem declarar-se as parcelas compreendidas na respectiva fracção do prédio.

Artigo 21º – Competência para a liquidação

1. O IMT é liquidado pelos serviços centrais da Direcção-Geral dos Impostos, com base na declaração do sujeito passivo ou oficiosamente, considerando-se, para todos os efeitos legais, o acto tributário praticado no serviço de finanças competente.

2. Para efeitos do número anterior, são aplicáveis as regras seguintes:

a) Quando a liquidação for efectuada com base na declaração do sujeito passivo, considera-se competente para a liquidação do IMT, o serviço de finanças onde é apresentada a declaração referida no nº 1 do artigo 19º;

b) Nos casos em que a liquidação é promovida oficiosamente considera-se competente para a liquidação do IMT, o serviço de finanças da área da situação dos prédios, sem prejuízo do disposto nos números seguintes;

c) Quando a declaração for apresentada por meios eletrónicos ou nos termos da alínea *c*) do nº 1 do artigo 8º do Decreto-Lei nº 263-A/2007, de 23 de julho, considera-se competente para a liquidação do IMT o serviço de finanças do domicílio ou sede do sujeito passivo.

3. Nas alienações de herança ou de quinhão hereditário, bem como no caso de transmissões por partilha judicial ou extrajudicial, a liquidação do IMT é sempre promovida pelo serviço de finanças competente para a liquidação do imposto do selo.

4. Nos casos previstos no numero anterior, se não houver lugar a liquidação de imposto do selo, a liquidação do IMT é promovida pelo serviço de finanças onde estiverem situados os bens, e se estes ficarem situados na área de mais de um serviço de finanças, por aquele a que pertencerem os de maior valor patrimonial tributário.

(Redação dada pela Lei nº 119/2019, de 18-09)

Artigo 22º – Momento da liquidação

1. A liquidação do IMT precede o acto ou facto translativo dos bens, ainda que a transmissão esteja subordinada a condição suspensiva, haja reserva de propriedade, bem como nos casos de contrato para pessoa a nomear nos termos previstos na alínea *b)* do artigo 4º, salvo quando o imposto deva ser pago posteriormente, nos termos do artigo 36º

2. Nas transmissões previstas nas alíneas *a), b), c)* e *d)* do nº 3 do artigo 2º, o imposto é liquidado antes da celebração do contrato-promessa, antes da cessão da posição contratual, da outorga notarial da procuração ou antes de ser lavrado o instrumento de substabelecimento, sem prejuízo do disposto no número seguinte.

3. Sempre que o contrato definitivo seja celebrado com um dos contraentes previstos nas alíneas *a*), *b*), *c*) e *d*) do nº 3 do artigo 2º, ou que o facto tributário ocorra antes da celebração do contrato definitivo que opere a transmissão jurídica do bem, e o contraente já tenha pago o imposto devido por esse facto, só há lugar a liquidação adicional quando o valor que competir à transmissão definitiva for superior ao que serviu de base à liquidação anterior, procedendo-se à anulação parcial ou total do imposto se o adquirente beneficiar de redução de taxa ou de isenção.

4. Não se realizando dentro de dois anos o acto ou facto translativo por que se pagou o IMT, fica sem efeito a liquidação.

(Redação dada pela Lei nº 64-A/2008, de 31-12)

Artigo 23º – Liquidações com base em documentos oficiais

Nas transmissões operadas por divisão, partilha, arrematação, venda judicial ou administrativa, adjudicação, transacção ou conciliação, servem de base à liquidação os correspondentes instrumentos legais.

Artigo 24º – Direito de preferência

1. Se, por exercício judicial de direito de preferência, houver substituição de adquirentes, só se liquidará imposto ao preferente se o que lhe competir for diverso do liquidado ao preferido, arrecadando-se ou anulando-se a diferença.

2. Se o preferente beneficiar de isenção, procede-se à anulação do imposto liquidado ao preferido, e aos correspondentes averbamentos.

Artigo 25º – Contratos para pessoa a nomear

1. Nos contratos para pessoa a nomear, o contraente originário, seu representante ou gestor de negócios pode apresentar no serviço de finanças que procedeu à liquidação do imposto, para os efeitos previstos na alínea *b)* do artigo 4º, até cinco dias após a celebração do contrato, declaração, por escrito, contendo todos os elementos necessários para a completa identificação do terceiro para quem contratou, ainda que se trate de pessoa colectiva em constituição, desde que seja indicada a sua denominação social ou designação e o nome dos respectivos fundadores ou organizadores.

2. Uma vez feita a declaração, antes ou depois da celebração do contrato, não é possível identificar pessoa diferente.

3. Se vier a ser nomeada a pessoa identificada na declaração, averba-se a sua identidade na declaração para efeitos de liquidação de IMT e procede-se à anulação deste se a pessoa nomeada beneficiar de isenção.

Artigo 26º – Alienações de quinhão hereditário

1. Nas alienações de quinhão hereditário, quando não se conheça a quota do co-herdeiro alienante, o IMT é calculado sobre o valor constante do contrato em relação aos bens imóveis, devendo proceder-se à correcção da liquidação logo que se determine a quota-parte dos bens respeitantes ao co-herdeiro.

2. A partilha não pode efectuar-se sem que, sendo caso disso, a liquidação esteja corrigida.

Artigo 27º – Liquidação relativa a prédio omisso

Nos casos previstos no nº 2 do artigo 12º, o imposto é liquidado sobre o valor constante do acto ou contrato, corrigindo-se oficiosamente a liquidação, sendo caso disso, logo que o valor da avaliação, a efectuar nos termos do CIMI, se torne definitivo.

Artigo 28º – Transmissão de fracção de prédio ou fracção de parcela cadastral

1. Se se transmitir parte de prédio ou fracção de parcela cadastral, o imposto é liquidado sobre o valor constante do acto ou do contrato, procedendo-se seguidamente, sempre que for necessário para se apurar o valor correspondente à parte transmitida, à discriminação do valor patrimonial tributário de todo o prédio ou de toda a parcela, corrigindo-se a liquidação, sendo caso disso.

2. A discriminação é efectuada nos termos do CIMI, correndo as respectivas despesas por conta do Estado.

Artigo 29º – Mudança nos possuidores de bens

1. Todas as vezes que ocorra mudança nos possuidores de bens sem que tenha sido pago IMT, são notificados os novos possuidores para apresentarem, dentro de 30 dias, os títulos da sua posse.

2. Concluindo-se desses títulos que se operou transmissão de imóveis a título oneroso, o chefe de finanças liquida imediatamente o imposto se lhe competir ou comunicará o facto ao serviço de finanças competente, sem prejuízo das sanções que ao caso couberem.

3. Se os novos possuidores não apresentarem os títulos da sua posse, presume-se, salvo prova em contrário, que os bens foram adquiridos a título gratuito, liquidando-se o correspondente imposto do selo.

Artigo 30º – Valor patrimonial tributário excessivo

1. Antes da celebração do acto ou contrato, os sujeitos passivos podem requerer, ao abrigo do CIMI, a avaliação de imóveis quando fundamentadamente considerem excessivo o valor patrimonial tributário inscrito na matriz que serviu de base à liquidação do IMT, procedendo-se à reforma da liquidação, sendo caso disso, logo que a avaliação se torne definitiva.

2. O resultado da avaliação efectuada nos termos do número anterior, será levado à matriz para todos os efeitos legais.

Artigo 31º – Liquidação adicional

1. Em caso de omissão de bens ou valores sujeitos a tributação ou havendo indícios fundados de que foram praticados ou celebrados actos ou contratos com o objectivo de diminuir a dívida de imposto ou de obter outras vantagens indevidas, são aplicáveis os poderes de correcção atribuídos à administração fiscal pelo presente Código ou pelas demais leis tributárias.

2. Quando se verificar que nas liquidações se cometeu erro de facto ou de direito, de que resultou prejuízo para o Estado, bem como nos casos em que haja lugar a avaliação, o chefe do serviço de finanças onde tenha sido efectuada a liquidação ou entregue a declaração para efeitos do disposto no nº 3 do artigo 19º, promove a competente liquidação adicional.

3. A liquidação só pode fazer-se até decorridos quatro anos contados da liquidação a corrigir, excepto se for por omissão de bens ou valores, caso em que poderá ainda fazer-se posteriormente, ficando ressalvado, em todos os casos, o disposto no artigo 35º

4. A liquidação adicional deve ser notificada ao sujeito passivo, nos termos previstos no Código de Procedimento e de Processo Tributário, a fim de efectuar o pagamento e, sendo caso disso, poder utilizar os meios de defesa aí previstos.

(Redação dada pela Lei nº 64-A/2008, de 31-12)

Artigo 32º – Isenção técnica

1. Não há lugar ao pagamento sempre que o montante de imposto liquidado seja inferior a € 10 por cada documento de cobrança que for de processar.

2. O limite a que se refere o número anterior é elevado para € 25 por cada documento de cobrança que for de processar, nos casos de liquidação adicional.

(Redação dada pela Lei nº 67-A/2007, de 31-12)

Artigo 33º – Juros compensatórios

1. Sempre que, por facto imputável ao sujeito passivo, for retardada a liquidação de imposto devido, a este acrescerão juros compensatórios nos termos do artigo 35º da Lei Geral Tributária.

2. Os juros serão contados dia a dia, desde o termo do prazo para o pedido de liquidação até à data em que a falta for suprida, dentro do prazo fixado no artigo 35º do presente Código.

Artigo 34º – Caducidade da isenção – Pedido de liquidação

1. No caso de ficar sem efeito a isenção ou a redução de taxas, nos termos do artigo 11º, devem os sujeitos passivos solicitar, no prazo de 30 dias, a respectiva liquidação.

2. O pedido é efetuado em declaração de modelo oficial e deve ser entregue no serviço de finanças onde foi apresentada a declaração referida no artigo 19º ou, caso não tenha havido lugar a essa apresentação, no serviço de finanças da localização do imóvel.

(Redação dada pela Lei nº 83-C/2013, de 31-12)

Artigo 35º – Caducidade do direito à liquidação

1. Só pode ser liquidado imposto nos oito anos seguintes à transmissão ou à data em que a isenção ficou sem efeito, sem prejuízo do disposto no número seguinte e, quanto ao restante, nos artigos 45º e 46º da Lei Geral Tributária.

2. Sendo desconhecida a quota do co-herdeiro alienante, para efeitos do artigo 26º, aos oito anos acrescerá o tempo por que o desconhecimento tiver durado.

3. Nos actos ou contratos por documento particular autenticado, ou qualquer outro título, quando essa forma seja admitida em alternativa à escritura pública, o prazo de caducidade do imposto devido conta-se a partir da data da promoção do registo predial.

(Redação dada pela Lei nº 114/2017, de 29-12)

CAPÍTULO VI – Cobrança

Artigo 36º – Prazos para pagamento

1. O IMT deve ser pago no próprio dia da liquidação ou no 1º dia útil seguinte, sob pena de esta ficar sem efeito, sem prejuízo do disposto nos números seguintes.

2. Se a transmissão se operar por acto ou contrato celebrado no estrangeiro, o pagamento do imposto deve efectuar-se durante o mês seguinte.

3. Se os bens se transmitirem por arrematação e venda judicial ou administrativa, adjudicação, transacção e conciliação, o imposto será pago dentro de 30 dias contados da assinatura do respectivo auto ou da sentença que homologar a transacção.

4. Quando qualquer dos actos referidos no número anterior não opere a transmissão dos bens, o imposto, quando devido, deve ser pago nos termos gerais.

5. O imposto deve ser pago no prazo de 30 dias a contar, da notificação nos casos previstos nos nºs 1 e 2 do artigo 31º, do trânsito em julgado da sentença no caso do artigo 24º, e da data do contrato, se o adquirente já estiver usufruindo os bens, ou da data da tradição, nas promessas de aquisição e alienação ou troca.

6. Se caducar qualquer isenção ou redução de taxas, o imposto deve ser pago no prazo previsto no nº 1 do artigo 34º

7. Nas partilhas judiciais e extrajudiciais, o imposto deve ser pago nos 30 dias posteriores ao acto.

8. Sempre que o IMT seja liquidado conjuntamente com o imposto do selo, o seu pagamento deve ser efectuado no prazo da respectiva notificação.

9. No caso previsto na alínea *e)* do nº 3 do artigo 2º, o imposto deve ser pago nos termos seguintes:

a) No prazo de 30 dias a contar da data da celebração do contrato definitivo;

b) No prazo de 30 dias a contar da data da decisão que não reconheceu o direito à exclusão, quando o interessado tiver requerido a prova prevista na alínea *g)* do artigo 4º

10. No caso previsto no nº 3 do artigo 5º, o imposto deve ser pago nos termos seguintes:

a) Tratando-se de prédios a construir, antes da celebração do contrato;

b) Nas demais situações, no prazo de 30 dias a contar da data da aquisição pelo alienante.

11. Nos casos em que houver prazo de pagamento fixado em legislação especial, o IMT deve ser pago nesse prazo.

(Redação dada pela Lei nº 55-A/2010, de 31-12)

Artigo 37º – Local de pagamento

1. O IMT é pago nas tesourarias de finanças ou em qualquer outro local autorizado nos termos da lei, mediante documento de cobrança de modelo oficial.

2. A prova do pagamento do IMT é feita mediante a apresentação da declaração referida no artigo 19º, acompanhada do comprovativo da cobrança.

Artigo 38º – Consequências do não pagamento

1. Se o imposto não for pago antes do acto ou facto translativo, ou a sua liquidação não for pedida, devendo-o ser, dentro dos prazos fixados para o pagamento no artigo 36º, o chefe de finanças promove a sua liquidação oficiosa e notifica o sujeito passivo para pagar no prazo de 30 dias, sem prejuízo dos juros compensatórios e da sanção que ao caso couber.

2. Sendo a liquidação requerida pelo sujeito passivo depois do acto ou facto translativo ou de decorridos os prazos previstos no artigo 36º, o imposto deve ser pago no próprio dia, sem prejuízo dos juros compensatórios e da sanção que ao caso couber.

3. Quando o imposto, depois de liquidado, não for pago até ao termo dos prazos a que referem os nºs 1 e 2, começarão a contar-se juros de mora e será extraída pelos serviços competentes certidão de dívida para cobrança coerciva.

Artigo 39º – Privilégio mobiliário e imobiliário

O IMT goza dos privilégios creditórios previstos nos artigos 738º e 744º do Código Civil para a sisa.

Artigo 40º – Prescrição

1. Sem prejuízo do disposto nos números seguintes, o IMT prescreve nos termos dos artigos 48º e 49º da Lei Geral Tributária.

2. Sendo desconhecida a quota do co-herdeiro alienante, para efeitos do artigo 26º, ao prazo de prescrição acresce o tempo por que o desconhecimento tiver durado.

3. Verificando-se caducidade de benefícios, o prazo de prescrição conta-se a partir da data em que os mesmos ficaram sem efeito.

4. Nos actos ou contratos por documento particular autenticado, ou qualquer outro título, quando essa forma seja admitida em alternativa à escritura pública, o prazo de prescrição do imposto devido conta-se a partir da data da promoção do registo predial.

(Redação dada pela Lei nº 64-B/2011, de 30-12)

CAPÍTULO VII – Garantias

Artigo 41º – Garantias

1. Sem prejuízo do disposto nos artigos seguintes, os sujeitos passivos podem socorrer-se dos meios de garantia previstos na Lei Geral Tributária e no Código de Procedimento e de Processo Tributário.

2. *(Revogado).*

(Redação dada pela Lei nº 119/2019, de 18-09)

Artigo 42º – Revisão oficiosa da liquidação

À revisão oficiosa da liquidação aplica-se o disposto no artigo 78º da Lei Geral Tributária.

Artigo 43º – Legitimidade para reclamar ou impugnar

1. Os sujeitos passivos e as pessoas solidária ou subsidiariamente responsáveis pelo pagamento do imposto podem reclamar contra a respectiva liquidação, ou impugná-la, com os fundamentos e nos termos estabelecidos no Código de Procedimento e de Processo Tributário.

2. Quando se invocar, como prova de um dos fundamentos alegados, documento ou sentença superveniente, os prazos contam-se desde a data em que se tornar possível obter o documento ou do trânsito em julgado da sentença.

Artigo 44º – Anulação por acto ou facto que não se realizou

1. A anulação da liquidação de imposto pago por acto ou facto translativo que não chegou a concretizar-se pode ser pedida a todo o tempo, com o limite de um ano após o termo do prazo de validade previsto no nº 4 do artigo 22º, em processo de reclamação ou de impugnação judicial.

2. Quando tiver havido tradição dos bens para o reclamante ou impugnante ou este os tiver usufruído, o imposto será anulado em importância equivalente ao produto da sua oitava parte pelo número de anos completos que faltarem para oito, de acordo com a data em que o mesmo abandonou a posse.

Artigo 45º – Anulação proporcional

1. Se antes de decorridos oito anos sobre a transmissão, vier a verificar-se a condição resolutiva ou se der a resolução do contrato, pode obter-se, por meio de reclamação ou de impugnação judicial, a anulação proporcional do IMT.

2. Os prazos para deduzir a reclamação ou a impugnação com tais fundamentos contam-se a partir da ocorrência do facto.

3. O imposto é anulado em importância equivalente ao produto da sua oitava parte pelo número de anos completos que faltarem para oito.

Artigo 46º – Reembolso do imposto

1. Anulada a liquidação, quer oficiosamente, quer por decisão da entidade ou tribunal competente, com trânsito em julgado, efectua-se o respectivo reembolso.

2. Não há lugar a anulação sempre que o montante de imposto a anular seja inferior a € 10.

3. São devidos juros indemnizatórios, nos termos do artigo 43º da Lei Geral Tributária que são liquidados e pagos nos termos do Código de Procedimento e de Processo Tributário.

Artigo 47º – Reembolso independentemente da anulação

(Revogado pela Lei nº 64-B/2011, de 30-12)

CAPÍTULO VIII – Fiscalização

Artigo 48º – Obrigações de cooperação dos tribunais

1. Os juízes de paz devem remeter ao serviço de finanças competente, até ao dia 15 de cada mês, uma cópia dos autos de conciliação lavrados no mês anterior pelos quais se operaram ou venham a operar transmissões de imóveis a título oneroso.

2. Os juízes de paz não podem entregar aos interessados os autos de conciliação sem neles averbarem o número e a data do documento de cobrança do IMT, quando devido, e a tesouraria onde tiver sido pago.

3. Não pode ser ordenada entrega de bens imóveis a preferentes sem estes apresentarem documento comprovativo de estar paga, ou não ser devida, diferença de IMT.

4. Os secretários judiciais e os secretários técnicos de justiça remetem igualmente uma participação, em duplicado, dos termos ou documentos de transacção, das liquidações e partilhas de estabelecimentos comerciais ou industriais ou de sociedades, das partilhas e divisões de coisa comum de que façam parte bens imóveis, bem como das sentenças que reconheçam direitos de preferência, que tenham sido concluídos ou lavrados no mês anterior e pelos quais se operaram ou venham a operar transmissões sujeitas a IMT.

Artigo 49º – Obrigações de cooperação dos notários e de outras entidades

1. Quando seja devido IMT, os notários e outros funcionários ou entidades que desempenhem funções notariais, bem como as entidades e profissionais com competência para autenticar documentos particulares que titulem actos ou contratos sujeitos a registo predial, não podem lavrar as escrituras, quaisquer outros instrumentos notariais ou documentos particulares ou autenticar documentos particulares que operem transmissões de bens imóveis nem proceder ao reconhecimento de assinaturas nos contratos previstos nas alíneas *a*) e *b*) do nº 3 do artigo 2º, sem que lhes seja apresentado o extracto da declaração referida no artigo 19º acompanhada do correspondente comprovativo da cobrança, que arquivarão, disso fazendo menção no documento a que respeitam, sempre que a liquidação deva preceder a transmissão.

2. Caso se alegue extravio, os referidos documentos podem ser substituídos, conforme os casos, por certidão ou fotocópia autenticada, passada pelos serviços emitentes dos documentos originais.

3. Havendo lugar a isenção, as entidades referidas no nº 1 devem averbar a isenção e exigir o documento comprovativo que arquivam.

4. As entidades referidas no nº 1 devem submeter, até ao dia 15 de cada mês, à Direcção-Geral dos Impostos, em suporte electrónico, os seguintes elementos:

a) Uma relação dos actos ou contratos sujeitos a IMT, ou dele isentos, efectuados no mês antecedente, contendo, relativamente a cada um desses actos, o número, data e importância dos documentos de cobrança ou os motivos da isenção, nomes dos contratantes, artigos matriciais e respectivas freguesias, ou menção dos prédios omissos;

b) Cópia das procurações que confiram poderes de alienação de bens imóveis em que por renúncia ao direito de revogação ou cláusula de natureza semelhante o representado deixe de poder revogar a procuração, bem como dos respectivos substabelecimentos, referentes ao mês anterior;

c) Cópia das escrituras ou documentos particulares autenticados de divisões de coisa comum e de partilhas de que façam parte bens imóveis.

5. A obrigação a que se refere o número anterior compete também às entidades e profissionais que autentiquem documentos particulares, ou qualquer outro título, quando essa forma seja admitida em alternativa à escritura pública, ou reconheçam as assinaturas neles apostas.

6. São solidariamente responsáveis com o sujeito passivo pelo pagamento do imposto os notários que celebrem escrituras públicas e as pessoas que, por qualquer outra forma, intervenham nos documentos particulares autenticados, ou qualquer outro título, quando essa forma seja admitida em alternativa à escritura pública, desde que tenham colaborado na falta de liquidação ou arrecadação do imposto ou, na data daquela intervenção, recepção ou utilização, não tenham exigido o documento comprovativo do pagamento ou da isenção, se for caso disso.

(Redação dada pela Lei nº 64-A/2008, de 31-12)

Artigo 50º – Actos relativos a bens imóveis sujeitos a registo

Nenhum facto, acto ou negócio jurídico relativo a bens imóveis sujeitos a registo pode ser definitivamente registado sem que se mostre pago o IMT que seja devido.

Artigo 51º – Obrigações dos serviços do Ministério dos Negócios estrangeiros

1. Os serviços competentes do Ministério dos Negócios Estrangeiros não podem legalizar nenhum documento comprovativo de transmissão de imóveis situados em Portugal, operada no estrangeiro, sem que lhe seja apresentado o documento de cobrança do IMT, quando devido, devendo averbar-se no mencionado documento, o número, a data e a tesouraria onde o pagamento foi efectuado.

2. Os serviços referidos no número anterior devem remeter à Autoridade Tributária e Aduaneira, por via eletrónica, até ao dia 15 de abril, 15 de julho, 15 de outubro e 15 de janeiro, uma relação referente aos atos ou contratos celebrados no estrangeiro e legalizados no trimestre anterior.

3. A relação referida no número anterior deve indicar o tipo de acto ou contrato, a data da legalização, o serviço de finanças em que o IMT foi liquidado, o número, data e importância do respectivo documento de cobrança, nomes dos outorgantes, artigos matriciais e respectivas freguesias, ou menção dos prédios omissos.

(Redação dada pela Lei nº 82-B/2014, de 31-12)

Artigo 52º – Não atendimento de documentos ou títulos respeitantes a transmissões

Salvo disposição de lei em contrário, não podem ser atendidos em juízo, nem perante qualquer autoridade, autarquia local, repartição pública e pessoa colectiva de utilidade pública, os documentos ou títulos respeitantes a transmissões pelas quais se devesse ter pago IMT, sem a prova de que o pagamento foi feito ou de que dele estão isentas.

Artigo 53º – Entregas de bens por parte dos testamenteiros e cabeças-de-casal

Os testamenteiros e cabeças-de-casal não devem fazer entrega de quaisquer legados ou quinhões de heranças constituídos por bens imóveis sem que o IMT tenha sido pago, quando devido, ficando solidariamente responsáveis com os sujeitos passivos se a fizerem.

Artigo 54º – Obrigações de fiscalização das autoridades públicas em geral

1. O cumprimento das obrigações impostas por este diploma é fiscalizado, em geral, e dentro dos limites da respectiva competência, por todas as autoridades, autarquias locais, repartições públicas e pessoas colectivas de utilidade pública, e, em especial, pela Direcção-Geral dos Impostos.

2. Os serviços da Direcção-Geral dos Impostos, em especial os serviços de finanças, devem verificar os documentos que, nos termos dos artigos anteriores ou de outras disposições legais, lhes forem enviados por quaisquer entidades, promovendo as liquidações ou reforma das mesmas a que houver lugar, incluindo as motivadas por reconhecimento indevido de benefícios fiscais, sem prejuízo da responsabilidade que for de imputar ao autor do acto.

3. No caso de se tratar de aquisição de prédio ou fracção autónoma de prédio urbano destinado a habitação, a verificação a que se refere o número anterior é feita, designadamente, através do processo administrativo de reconhecimento de benefício fiscal em sede de IMT.

CAPÍTULO IX – Disposições diversas

Artigo 55º – Direito de preferência de organismos públicos

1. Se, por indicação inexacta do preço, ou simulação deste, o imposto tiver sido liquidado por valor inferior ao devido, o Estado, as autarquias locais e demais pessoas colectivas de direito público, representados pelo Ministério Público, poderão preferir na venda, desde que assim o requeiram perante os tribunais comuns e provem que o valor por que o IMT deveria ter sido liquidado excede em 30% ou em € 5000, pelo menos, o valor sobre que incidiu.

2. A acção deve ser proposta em nome do organismo que primeiro se dirigir ao agente do Ministério Público junto do tribunal competente, e dentro do prazo de seis meses a contar da data do acto ou contrato, quando a liquidação do imposto tiver precedido a transmissão, ou da data da liquidação, no caso contrário.

3. O Ministério Público deve requisitar ao serviço de finanças que liquidou o imposto os elementos de que ele já disponha ou possa obter para comprovar os factos alegados pelo autor.

4. Os bens são entregues ao preferente mediante depósito do preço inexactamente indicado ou simulado e do imposto liquidado ao preferido.

5. Com vista a permitir o exercício do direito de preferência das autarquias locais previsto no presente artigo, a Direcção-Geral dos Impostos disponibiliza, por via electrónica, à câmara municipal da área da situação do imóvel a informação relativa às escrituras e aos documentos particulares autenticados efectuados no mês anterior.

(Redação dada pela Lei nº 64-A/2008, de 31-12)

Código do Imposto do Selo

Lei nº 150/99, de 11 de Setembro

Aprova o Código do Imposto do Selo

A Assembleia da República decreta, nos termos da alínea *c)* do artigo 161º da Constituição, para valer como lei geral da República, o seguinte:

Artigo 1º – Código do Imposto do Selo e tabela anexa

São aprovados pela presente lei o Código do Imposto do Selo e a Tabela Geral anexos, que substituem, respectivamente, o Regulamento do Imposto do Selo, aprovado pelo Decreto nº 12 700, de 20 de Novembro de 1926, e a Tabela Geral do Imposto do Selo, aprovada pelo Decreto nº 21 916, de 28 de Novembro de 1932, e alterações posteriores.

Artigo 2º – Abolição das estampilhas fiscais

1. São abolidas, a partir de 1 de Setembro de 1999, as estampilhas fiscais.

2. O pagamento do imposto do selo que, nos termos da Tabela Geral aprovada pelo Decreto nº 21 916, se devesse efectuar por estampilha passa a fazer-se, desde aquela data, por meio de guia.

3. Até à entrada em vigor do Código e Tabela Geral anexos, a liquidação e entrega do imposto do selo nas circunstâncias referidas no número anterior cabem:

a) Às pessoas colectivas e, também, às pessoas singulares que actuem no exercício de actividade de comércio, indústria ou prestação de serviços, relativamente aos contratos ou restantes documentos em que intervenham;

b) No caso de não intervenção nos actos, contratos ou documentos de qualquer das entidades referidas na alínea anterior, às entidades públicas a quem os contratos ou os restantes documentos devam ser apresentados para qualquer efeito legal, nos termos da alínea *a)* do artigo 14º do Código do Imposto do Selo.

4. A partir da data referida no nº 1, deixa de acrescer o imposto do selo do artigo 92 da Tabela Geral aprovada pelo Decreto nº 21 916 a quaisquer contratos especialmente tributados pela mesma Tabela.

Artigo 3º – Imposto do selo

1. A Tabela Geral anexa aplica-se, sem prejuízo do disposto no número 1-A Tabela Geral anexa aplica-se, sem prejuízo do disposto nos nºs 2 e 3 do presente artigo, aos contratos celebrados a partir da data da entrada em vigor do Código do Imposto do Selo.

2. Para efeitos do número anterior, são considerados novos contratos a segunda prorrogação e a prorrogação não automática, efectuada após o 30º dia anterior ao termo do respectivo prazo dos contratos de garantia das obrigações e de concessão de crédito celebrados anteriormente à data referida no nº 1, entendendo-se como primeira prorrogação a que ocorra após a mesma data.

3. Os contratos de abertura de crédito celebrados até à data da entrada em vigor do Código do Imposto do Selo, em que o crédito seja utilizado sob a forma de conta corrente prevista no ponto 17.1.4 da Tabela Geral anexa, cessam em 31 de Dezembro de 2002, passando o crédito utilizado a partir dessa data a ser tributado nos termos aí previstos.

4. À tributação dos negócios jurídicos sobre bens imóveis prevista no nº 1 da Tabela Geral aplicar-se-ão, até à reforma de tributação do património, as regras de determinação da matéria tributável do Código do Imposto Municipal de Sisa e do Imposto sobre as Sucessões e Doações, aprovado pelo artigo 1º do Decreto-Lei nº 41 969, de 24 de Novembro de 1958.

5. Até à instalação das conservatórias de registo de bens móveis previstas no Código de Registo de Bens Móveis, aprovado pelo artigo 1º do Decreto-Lei nº 277/95, de 25 de Outubro, a tributação prevista no nº 20 da Tabela Geral aplicar-se-á exclusivamente aos registos efectuados na Conservatória do Registo Automóvel.

(Redação dada pela Lei nº 176-A/99, de 30-12)

Artigo 4º – Serviços locais

Até à reorganização da Direcção-Geral dos Impostos, consideram-se serviços locais da administração fiscal as repartições de finanças e as tesourarias da Fazenda Pública e serviços regionais as direcções de finanças.

Artigo 5º – Prazo de prescrição

Ao imposto devido nos termos das verbas da Tabela Geral, aprovada pelo Decreto nº 21 916, sem correspondência na presente lei por terem deixado de ser tributados os factores nelas abrangidos, aplica-se o disposto no nº 2 do artigo 5º do Decreto-Lei nº 398/98, de 17 de Dezembro.

Artigo 6º – Entrada em vigor

1. O Código do Imposto do Selo e a Tabela Geral denominada em escudos, anexos à presente lei e da qual fazem parte integrante, entram em vigor no dia 1 de Março de 2000.

2. A Tabela Geral denominada em euros que consta em anexo à presente lei, da qual faz parte integrante, substituirá a Tabela Geral denominada em escudos no dia 1 de Janeiro de 2002.
(Redação dada pela Lei nº 176-A/99, de 30-12)

Aprovada em 1 de Julho de 1999.

O Presidente da Assembleia da República, *António de Almeida Santos.*

Promulgada em 26 de Agosto de 1999.

Publique-se.

O Presidente da República, JORGE SAMPAIO.

Referendada em 2 de Setembro de 1999.

O Primeiro-Ministro, *António Manuel de Oliveira Guterres.*

Código do Imposto do Selo*

O imposto do selo é o imposto mais antigo do sistema fiscal português (foi criado por alvará de 24 de Dezembro de 1660) e era considerado, até à sua reforma, operada em 2000, um imposto anacrónico.

A reforma de 2000 veio remodelar profundamente a estrutura normativa do imposto, eliminando do seu extenso universo de incidência uma parte importante dos tipos de tributação, que se revelavam mais arcaicos, porque mais flagrantemente desajustados das realidades actuais.

Manteve, porém, as características de simplicidade na liquidação e pagamento, tendo-se, nessa linha, abolido a estampilha fiscal como forma de pagamento.

A reforma de 2000 reduziu em mais de um terço o número de verbas da Tabela Geral e pôs termo à acumulação de tributação do mesmo facto por mais de uma verba.

Merece especial relevo a alteração da filosofia de tributação do crédito, que passou a recair sobre a sua utilização e já não sobre a celebração do respectivo negócio jurídico de concessão. Outra inovação importante nesta matéria foi a relevância que o factor tempo passou a ter na determinação da taxa do imposto.

Foi ainda alargada a base de incidência à tributação dos cartões de crédito, garantias, cessões de crédito, designadamente as associadas à actividade de *factoring*, locação financeira e comissões de mediação no âmbito da actividade seguradora.

A reforma de 2000 marcou uma tendência para a alteração de uma das suas mais ancestrais características, que de imposto sobre os documentos se tende a afirmar cada vez mais como imposto sobre as operações que, independentemente da sua materialização, revelem rendimento ou riqueza.

Uma outra referência prende-se com a modernização dos meios de controlo do cumprimento das obrigações fiscais, bem como os meios de defesa dos sujeitos passivos, colocando-os ao nível dos restantes impostos.

* Texto de acordo com a republicação do Decreto-Lei nº 287/2003, de 12 de Novembro.

Com a reforma da tributação do património, que agora se opera, o Código do Imposto do Selo sofre uma profunda remodelação. A decisão de abolir o imposto sobre as sucessões e doações relativo às transmissões gratuitas a favor de herdeiros legitimários tornou injustificável a manutenção de um Código destinado a tributar apenas as restantes transmissões gratuitas.

Essas transmissões passam, a partir de agora, a ser tributadas em imposto do selo, pelo que o Código teve de ser ajustado e dotado das normas necessárias a esse fim.

Essas transmissões passam, a partir de agora, a ser tributadas em imposto do selo, pelo que o Código teve de ser ajustado e dotado das normas necessárias a esse fim.

Mas esta reforma não se limita a introduzir no Código as normas do antigo imposto sobre as sucessões e doações. Antes pelo contrário, introduz outras alterações na tributação das transmissões gratuitas.

Quanto à incidência objectiva passa a indicar-se expressamente quais os bens ou direitos não sujeitos a imposto, eliminando-se a tributação dos bens pessoais ou domésticos, bem como a presunção da sua existência, até agora vigente.

Também se excluem da incidência do imposto as transmissões gratuitas a favor dos sujeitos passivos do imposto sobre o rendimento das pessoas colectivas.

Esta exclusão, que representa outra das alterações profundas da reforma, vem reafirmada nas normas de incidência subjectiva em que só as pessoas singulares passam a ser sujeitos passivos deste imposto.

Por esta via, introduz-se um princípio de maior coerência no sistema tributário, no sentido da concretização do conceito de rendimento acréscimo consagrado no Código do IRC, já que todos os afluxos patrimoniais que ingressem na esfera jurídico-patrimonial das pessoas colectivas ou equiparadas passarão a relevar para efeitos da determinação da sua matéria colectável.

A sujeição destas transmissões a IRC não prejudica, porém, as eventuais isenções ou exclusões em sede desse imposto, que agora passarão igualmente a incluir os ingressos patrimoniais que tinham idênticos benefícios em sede de imposto sucessório.

Quanto à territorialidade, mantém-se a regra de tributar as transmissões de bens situados em território nacional, seja qual for a residência dos beneficiários dessas transmissões e do respectivo autor. Porém, quando os bens transmitidos forem direitos sobre pessoas colectivas, limita-se a sujeição aos casos em que também os adquirentes tenham domicílio em território nacional.

No que respeita ao apuramento do valor tributável nas transmissões gratuitas, simplifica-se profundamente o sistema, articulando-o simultaneamente com outros impostos e aproveitando mecanismos de controlo já instituídos que podem ser de utilização comum, como é o caso, por exemplo, dos objectos de arte, de colecção e de antiguidades.

Quanto aos veículos automóveis, aeronaves de turismo e barcos de recreio, estabelecem-se igualmente critérios de quantificação, aqui por remissão para o Código do Imposto Sobre o Rendimento das Pessoas Singulares onde, para outros efeitos, está prevista a fixação de valores de mercado para os referidos bens.

Introduzem-se novas regras, ou aperfeiçoam-se outras, de determinação do valor tributável como, por exemplo, dos estabelecimentos comerciais, industriais ou agrícolas, dos estabelecimentos afectos ao exercício de profissões liberais, bem como um novo mecanismo de avaliação indirecta, por adaptação do disposto na Lei Geral Tributária.

No caso concreto dos estabelecimentos comerciais, industriais ou agrícolas sem contabilidade organizada estabelece-se um mecanismo indirecto de determinação do seu valor tributável, através da utilização de factores de capitalização do rendimento fixados em função do zonamento dos imóveis onde esses estabelecimentos se encontram instalados, utilizando regras estabelecidas no Código do Imposto Municipal sobre Imóveis (CIMI).

No que respeita aos bens imóveis, a determinação do seu valor tributável terá por base o novo sistema de avaliações constante do CIMI.

Em matéria de liquidação, o imposto incidente sobre as transmissões gratuitas passa a ser liquidado pelos serviços centrais da DGCI, com introdução de inovações significativas no respectivo procedimento, todas subordinadas a uma preocupação de simplicidade e eficiência.

A inovação mais importante nesta matéria é que a base tributável nas transmissões por morte deixa de ser a quota hereditária de cada herdeiro, passando a ser a massa hereditária global na pessoa do cabeça-de-casal. Desta forma, a liquidação do imposto não exige a partilha prévia, ainda que ideal, da herança, o que constituirá importante factor de simplificação e desburocratização dos procedimentos administrativos.

Esta inovação permitirá, ainda, eliminar o regime de suspensão do procedimento de liquidação do imposto relativamente aos bens onerados com o direito de usufruto.

Por outro lado, o sistema adoptado, que se traduz numa considerável simplificação da estrutura do sistema de tributação, designadamente ao nível das taxas e da liquidação, permitirá a sua informatização.

A taxa do imposto nas transmissões gratuitas sofre uma forte redução, passando a aplicar-se apenas uma taxa única de 10%, facto que também constituirá um factor de simplicidade.

Elimina-se a taxa de 5% prevista nos artigos 182º e seguintes do Código do Imposto sobre Sucessões e Doações, face à jurisprudência que o Tribunal de Justiça vem proferindo a propósito da interpretação do nº 4 do artigo 5º da Directiva nº 90/ /435/CEE, do Conselho, de 23 de Julho, relativa ao regime comum aplicável às sociedades mães e sociedades afiliadas de Estados membros diferentes, no sentido de aquela imposição não poder ser aplicável aos dividendos distribuídos pelas filiais às sociedades participantes.

Ora, se o imposto sucessório por avença não pode ser aplicável aos dividendos distribuídos a empresas não residentes em Portugal não faz sentido mantê-lo quando os beneficiários sejam residentes.

Assim, as participações sociais e os títulos de crédito, incluindo as obrigações, passarão a ser tributados nos termos gerais do Código, isto é, apenas se e quando ocorrer a sua transmissão gratuita.

Ainda no âmbito da presente reforma, é acrescentada à Tabela Geral a verba 27, como resultado de não serem incluídas na incidência do novo imposto municipal sobre as transmissões onerosas de imóveis as subconcessões e trespasses de concessões feitas pelo Estado ou entidades públicas para exploração de empresas ou serviços, que vinham sendo tributadas em imposto de sisa.

Entendeu-se que não faria sentido manter tais contratos sujeitos a um imposto sobre transmissões de imóveis e que a sede natural da sua tributação seria em imposto do selo.

Ao proceder-se desse modo, e por razões de equidade e uniformidade, passam a incluir-se na mesma verba os trespasses de estabelecimentos comerciais, industriais ou agrícolas.

CAPÍTULO I - Incidência

Artigo 1º – Incidência objectiva

1. O imposto do selo incide sobre todos os atos, contratos, documentos, títulos, papéis e outros factos ou situações jurídicas previstos na Tabela Geral, incluindo as transmissões gratuitas de bens.

2. Não são sujeitas a imposto as operações sujeitas a imposto sobre o valor acrescentado e dele não isentas.

3. Para efeitos da verba 1.2 da Tabela Geral, são consideradas transmissões gratuitas, designadamente, as que tenham por objecto:

a) Direito de propriedade ou figuras parcelares desse direito sobre bens imóveis, incluindo a aquisição por usucapião;

b) Bens móveis sujeitos a registo, matrícula ou inscrição;

c) Participações sociais, valores mobiliários e direitos de crédito associados, ainda que transmitidos autonomamente, títulos e certificados da dívida pública, bem como valores monetários, ainda que objecto de depósito em contas bancárias;

d) Estabelecimentos comerciais, industriais ou agrícolas;

e) Direitos de propriedade industrial, direitos de autor e direitos conexos;

f) Direitos de crédito dos sócios sobre prestações pecuniárias não comerciais associadas à participação social, independentemente da designação, natureza ou forma do acto constitutivo ou modificativo, designadamente suprimentos, empréstimos, prestações suplementares de capital e prestações acessórias pecuniárias, bem como quaisquer outros adiantamentos ou abonos à sociedade;

g) Aquisição derivada de invalidade, distrate, renúncia ou desistência, resolução, ou revogação da doação entre vivos com ou sem reserva de usufruto, salvo nos casos previstos nos artigos 970º e 1765º do Código Civil, relativamente aos bens e direitos enunciados nas alíneas antecedentes;

h) Os valores distribuídos em resultado da liquidação, revogação ou extinção de estruturas fiduciárias a sujeitos passivos que não as constituíram.

4. São consideradas simultaneamente como aquisições a título oneroso e gratuito as constantes do artigo 3º do Código do Imposto Municipal Sobre as Transmissões Onerosas de Imóveis (CIMT).

5. Para efeitos da verba 1.2 da tabela geral, não são sujeitas a imposto do selo as seguintes transmissões gratuitas:

a) O abono de família em dívida à morte do titular, os créditos provenientes de seguros de vida e as pensões e subsídios atribuídos, ainda que a título de subsídio por morte, por sistemas de segurança social;

b) De valores aplicados em fundos de poupança-reforma, fundos de poupança-educação, fundos de poupança-reforma-educação, fundos de poupança-ações, fundos de pensões, fundos de investimento mobiliário e imobiliário ou sociedades de investimento mobiliário e imobiliário;

c) Donativos efectuados nos termos da Lei do Mecenato;

d) Donativos conforme os usos sociais, de bens ou valores não incluídos nas alíneas anteriores, até ao montante de € 500;

e) Transmissões a favor de sujeitos passivos de imposto sobre o rendimento das pessoas colectivas, ainda que dele isentas;

f) Bens de uso pessoal ou doméstico.

6. Para efeitos do presente Código, o conceito de prédio é o definido no Código do Imposto Municipal sobre Imóveis (CIMI).

7. Os valores e dinheiro depositados em contas conjuntas, guardados em cofres de aluguer ou confiados a qualquer pessoa ou entidade, consideram-se pertencentes em partes iguais aos respectivos titulares, salvo prova em contrário, tanto da Fazenda Nacional como dos interessados.

8. O disposto no nº 2 não se aplica às situações previstas na verba nº 11.2 da Tabela Geral.

(Redação dada pelo Decreto-Lei nº 7/2015, de 13-01)

Artigo 2º – Incidência subjectiva

1. São sujeitos passivos do imposto:

a) Notários, conservadores dos registos civil, comercial, predial e de outros bens sujeitos a registo, outras entidades públicas, incluindo os estabelecimentos e organismos do Estado, bem como todas as entidades ou profissionais que autentiquem os documentos particulares, relativamente aos actos, contratos e outros factos em que sejam intervenientes, com excepção dos celebrados perante notários relativos a crédito e garantias concedidos por instituições de crédito, sociedades financeiras ou outras entidades a elas legalmente equiparadas e por quaisquer outras instituições financeiras, e quando, nos termos da alínea *n)* do artigo 5º, os contratos ou documentos lhes sejam apresentados para qualquer efeito legal;

b) Entidades concedentes do crédito e da garantia ou credoras de juros, prémios, comissões e outras contraprestações;

c) Instituições de crédito, sociedades financeiras ou outras entidades a elas legalmente equiparadas residentes em território nacional, que tenham intermediado operações de crédito, de prestação de garantias ou juros, comissões e outras contra-prestações devidos por residentes no mesmo território a instituições de crédito ou sociedades financeiras não residentes;

d) Entidades mutuárias, beneficiárias de garantia ou devedoras dos juros, comissões e outras contraprestações no caso das operações referidas na alínea anterior que não tenham sido intermediadas por instituições de crédito, sociedades financeiras ou outras entidades a elas legalmente equiparadas, e cujo credor não exerça a actividade, em regime de livre prestação de serviços, no território português;

e) Empresas seguradoras relativamente à soma do prémio do seguro, custo da apólice e quaisquer outras importâncias cobradas em conjunto ou em documento separado, bem como às comissões pagas a mediadores, líquidas de imposto;

f) Entidades emitentes de letras e outros títulos de crédito, entidades editantes de cheques e livranças ou, no caso de títulos emitidos no estrangeiro, a primeira entidade que intervenha na negociação ou pagamento;

g) *(Revogada)*;

h) Outras entidades que intervenham em actos e contratos ou emitam ou utilizem os documentos, títulos ou papéis;

i) Representantes que, para o efeito, são obrigatoriamente nomeados em Portugal pelas entidades emitentes de apólices de seguros efectuados no território de outros Estados membros da União Europeia ou fora desse território, cujo risco ocorra em território português;

j) Representantes que, para o efeito, são obrigatoriamente nomeados em Portugal pelas instituições de crédito ou sociedades financeiras que, no território português, realizam operações financeiras em regime de livre prestação de serviços que não sejam intermediadas por instituições de crédito ou sociedades financeiras domiciliadas em Portugal;

l) Representantes que, para o efeito, são obrigatoriamente nomeados em Portugal por quaisquer entidades que, no território português, realizem quaisquer outras operações abrangidas pela incidência do presente Código em regime de livre prestação de serviços;

m) *(Revogada.)*

n) *(Revogada.)*

o) A Santa Casa da Misericórdia de Lisboa, relativamente aos contratos de jogo celebrados no âmbito dos jogos sociais do Estado, cuja organização e exploração se lhe encontre atribuída em regime de direito exclusivo, bem como relativamente aos prémios provenientes dos jogos sociais do Estado;

p) As entidades que concedem os prémios do bingo, das rifas e do jogo do loto, bem como quaisquer prémios de sorteios ou de concursos;

q) O trespassante, nos trespasses de estabelecimento comercial, industrial ou agrícola;

r) O subconcedente e o trespassante, respetivamente, nas subconcessões e trespasses de concessões feitos pelo Estado, pelas regiões autónomas ou pelas autarquias locais, para exploração de empresas ou de serviços de qualquer natureza, tenha ou não principiado a exploração;

s) As entidades abrangidas pelo regime estabelecido no artigo 22º do EBF, quando estas tenham personalidade jurídica, ou as respetivas sociedades gestoras, nos restantes casos;

t) O primeiro adquirente, nas operações de reporte, salvo se este não for domiciliado em território nacional, caso em que os sujeitos passivos do imposto são:

i) As contrapartes centrais, instituições de crédito, sociedades financeiras ou outras entidades a elas legalmente equiparadas e quaisquer outras instituições financeiras domiciliadas em território nacional que tenham intermediado as operações;

ii) O primeiro alienante domiciliado em território nacional, caso as operações não tenham sido intermediadas pelas entidades referidas na subalínea anterior.

2. Nas transmissões gratuitas, são sujeitos passivos do imposto as pessoas singulares para quem se transmitam os bens, sem prejuízo das seguintes regras:

a) Nas sucessões por morte, o imposto é devido pela herança, representada pelo cabeça-de-casal, e pelos legatários;

b) Nas demais transmissões gratuitas, incluindo as aquisições por usucapião, o imposto é devido pelos respectivos beneficiários.

3. Não obstante o disposto no nº 1, nos atos ou contratos da verba 1.1 da Tabela Geral, são sujeitos passivos do imposto os adquirentes dos bens imóveis.

4. *(Revogado.)*

5. Nas situações previstas na verba nº 2 da Tabela Geral, é sujeito passivo do imposto o locador e o sublocador.

6. Para efeitos do disposto no número anterior, é sujeito passivo:

a) Em caso de pluralidade de locadores ou de sublocadores, aquele que proceder à apresentação da declaração prevista no artigo 60º ou o primeiro locador ou sublocador identificado na referida declaração, quando apresentada por terceiro autorizado, sem prejuízo da responsabilidade de qualquer dos locadores ou sublocadores, nos termos gerais, em caso de incumprimento da obrigação declarativa;

b) No arrendamento e subarrendamento de prédio pertencente a herança indivisa ou de parte comum de prédio constituído em propriedade horizontal, a herança indivisa representada pelo cabeça de casal e o condomínio representado pelo administrador, respetivamente.

(Redação dada pela Lei nº 114/2017, de 29-12)

Artigo 3º – Encargo do imposto

1. O imposto constitui encargo dos titulares do interesse económico nas situações referidas no artigo 1º

2. Em caso de interesse económico comum a vários titulares, o encargo do imposto é repartido proporcionalmente por todos eles.

3. Para efeitos do nº 1, considera-se titular do interesse económico:

a) Nas transmissões por morte, a herança e os legatários e, nas restantes transmissões gratuitas, bem como no caso de aquisições onerosas, os adquirentes dos bens;

b) No arrendamento e subarrendamento, o locador e o sublocador;

c) Nas apostas, incluindo em todos os jogos sociais do Estado, o apostador;

d) *(Revogada.)*;

e) Nas garantias, as entidades obrigadas à sua apresentação;

f) Na concessão do crédito, o utilizador do crédito;

g) Nas restantes operações financeiras realizadas por ou com intermediação de instituições de crédito, sociedades ou outras instituições financeiras, o cliente destas;

h) Nas operações de pagamento baseadas em cartões, previstas na verba 17.3.4. da Tabela Geral do Imposto do Selo, as instituições de crédito,sociedades financeiras ou outras entidades a elas legalmente equiparadas e quaisquer outras instituições financeiras a quem aquelas forem devidas;

i) *(Revogada.)*

j) Nos cheques, o titular da conta;

k) Nas letras e livranças, o sacado e o devedor;

l) Nos títulos de crédito não referidos anteriormente, o credor;

m) *(Revogada.)*

n) No reporte, o primeiro alienante;

o) Nos seguros, o tomador, nos seguros de grupo contributivo, o segurado na proporção do prémio que suporte, e, na atividade de mediação, o mediador;

p) *(Revogada.)*

q) *(Revogada.)*

r) *(Revogada.)*

s) Em quaisquer outros actos, contratos e operações, o requerente, o requisitante, o primeiro signatário, o beneficiário, o destinatário dos mesmos, bem como o prestador ou fornecedor de bens e serviços;

t) Nos prémios do bingo, das rifas, do jogo do loto e dos jogos sociais do Estado, bem como em quaisquer prémios de sorteios ou de concursos, o beneficiário.

u) *(Revogada.)*

v) Nos trespasses de estabelecimento comercial, industrial ou agrícola e nas subconcessões e trespasses de concessões feitos pelo Estado, pelas regiões autónomas ou pelas autarquias locais, para exploração de empresas ou de serviços de qualquer natureza, tenha ou não principiado a exploração, os adquirentes dos referidos direitos;

x) Nas situações previstas na verba nº 29 da Tabela Geral, os fundos de investimento mobiliário, fundos de investimento imobiliário, sociedades de investimento mobiliário e sociedades de investimento imobiliário.

4. *(Revogado.)*

(Redação dada pela Lei nº 114/2017, de 29-12)

Artigo 4º – Territorialidade

1. Sem prejuízo das disposições do presente Código e da Tabela Geral em sentido diferente, o imposto do selo incide sobre todos os factos referidos no artigo 1º ocorridos em território nacional.

2. São, ainda, sujeitos a imposto:

a) Os documentos, actos ou contratos emitidos ou celebrados fora do território nacional, nos mesmos termos em que o seriam se neste território fossem emitidos ou celebrados, caso aqui sejam apresentados para quaisquer efeitos legais;

b) As operações de crédito realizadas e as garantias prestadas por instituições de crédito, por sociedades financeiras ou por quaisquer outras entidades, independentemente da sua natureza, sediadas no estrangeiro, por filiais ou sucursais no estrangeiro de instituições de crédito, de sociedades financeiras, ou quaisquer outras entidades, sediadas em território nacional, a quaisquer entidades, independentemente da sua natureza, domiciliadas neste território, considerando-se domicílio a sede, filial, sucursal ou estabelecimento estável;

c) Os juros, as comissões e outras contraprestações cobrados por instituições de crédito ou sociedades financeiras sediadas no estrangeiro ou por filiais ou sucursais no estrangeiro de instituições de crédito ou sociedades financeiras sediadas no território nacional a quaisquer entidades domiciliadas neste território, considerando-se domicílio a sede, filial, sucursal ou estabelecimento estável das entidades que intervenham na realização das operações;

d) Os seguros efectuados noutros Estados membros da União Europeia cujo risco tenha lugar no território nacional, não sendo devido, no entanto, quanto aos seguros efectuados em Portugal cujo risco ocorra noutro Estado membro da União Europeia;

e) Os seguros efectuados fora da União Europeia cujo risco tenha lugar no território nacional.

3. Nas transmissões gratuitas, o imposto é devido sempre que os bens estejam situados em território nacional.

4. Para efeitos do disposto no número anterior, consideram-se bens situados em território nacional:

a) Os direitos sobre bens móveis e imóveis aí situados;

b) Os bens móveis registados ou sujeitos a registo, matrícula ou inscrição em território nacional;

c) Os direitos de crédito ou direitos patrimoniais sobre pessoas singulares ou colectivas quando o seu devedor tiver residência, sede, direcção efectiva ou estabelecimento estável em território nacional, e desde que aí tenha domicílio o adquirente;

d) As participações sociais quando a sociedade participada tenha a sua sede, direcção efectiva ou estabelecimento estável em território nacional, desde que o adquirente tenha domicílio neste território;

e) Os valores monetários depositados em instituições com sede, direcção efectiva ou estabelecimento estável em território nacional, ou, não se tratando de valores monetários depositados, o autor da transmissão tenha domicílio, sede, direcção efectiva ou estabelecimento estável neste território;

f) Os direitos de propriedade industrial, direitos de autor e direitos conexos registados ou sujeitos a registo em território nacional.

5. Nas transmissões gratuitas, consideram-se domiciliadas em território nacional as pessoas referidas no artigo 16º do Código do IRS.

6. *(Revogado.)*

7. Nas situações previstas na verba nº 29 da Tabela Geral, o imposto é devido sempre que os fundos de investimento mobiliário, fundos de investimento imobiliário, sociedades de investimento mobiliário e sociedades de investimento imobiliário sejam constituídos e operem de acordo com a legislação nacional.

8. Nas operações previstas na verba 21 da Tabela Geral, o imposto é devido sempre que o primeiro adquirente ou o primeiro alienante sejam domiciliados em território nacional, considerando-se domicílio a sede, filial, sucursal ou estabelecimento estável que intervenham na realização das operações.

(Redação dada pela Lei nº 42/2016, de 28-12)

Artigo 5º – Nascimento da obrigação tributária

1. A obrigação tributária considera-se constituída:

a) Nos actos e contratos, no momento da assinatura pelos outorgantes;

b) Nas apólices de seguros, no momento da cobrança dos prémios;

c) Nos cheques editados por instituições de crédito domiciliadas em território nacional, no momento da recepção de cada impressão;

d) Nos documentos expedidos ou passados fora do território nacional, no momento em que forem apresentados em Portugal junto de quaisquer entidades;

e) Nas letras emitidas no estrangeiro, no momento em que forem aceites, endossadas ou apresentadas a pagamento em território nacional;

f) Nas letras e livranças em branco, no momento em que possam ser preenchidas nos termos da respectiva convenção de preenchimento;

g) Nas operações de crédito, no momento em que forem realizadas ou, se o crédito for utilizado sob a forma de conta corrente, descoberto bancário ou qualquer outro meio em que o prazo não seja determinado nem determinável, no último dia de cada mês;

h) Nas operações realizadas por ou com intermediação de instituições de crédito, sociedades financeiras ou outras entidades a elas legalmente equiparadas, no momento da cobrança dos juros, prémios, comissões e outras contraprestações, considerando-se efectivamente cobrados, sem prejuízo do disposto no nº 1 do artigo 51º, os juros e comissões debitados em contas correntes à ordem de quem a eles tiver direito;

i) *(Revogada.)*

j) *(Revogada.)*

l) Sem prejuízo do disposto na alínea seguinte, nos restantes casos, na data da emissão dos documentos, títulos e papéis ou da ocorrência dos factos;

m) Nos empréstimos efectuados pelos sócios às sociedades em que seja estipulado prazo não inferior a um ano e sejam reembolsados antes desse prazo, no momento do reembolso;

n) Em caso de actos, contratos, documentos, títulos, papéis e outros factos previstos na Tabela anexa ao presente Código em que não intervenham a qualquer título pessoas colectivas ou pessoas singulares no exercício de actividade de comércio, indústria ou prestação de serviços, quando forem apresentados perante qualquer sujeito passivo do imposto referido na alínea *a)* do nº 1 do artigo 2º;

o) *(Revogada.)*

p) Nas sucessões por morte, na data da abertura da sucessão;

q) Nos créditos litigiosos, definidos nos termos do nº 3 do artigo 579º do Código Civil, quando transitar em julgado a decisão;

r) Nas aquisições por usucapião, na data em que transitar em julgado a acção de justificação judicial, for celebrada a escritura de justificação notarial ou no momento em que se tornar definitiva a decisão proferida em processo de justificação nos termos do Código do Registo Predial;

s) *(Revogada.)*

t) Nos prémios do bingo, das rifas, do jogo do loto e dos jogos sociais do Estado, bem como em quaisquer prémios de sorteios ou de concursos, no momento da atribuição.

u) *(Revogada.)*

v) Nos contratos de arrendamento, subarrendamento e promessa previstos na verba 2 da tabela geral, na data do início do arrendamento, do subarrendamento, das alterações ou, no caso de promessa, da disponibilização do bem locado.

w) Nas situações previstas na verba nº 29 da Tabela Geral, no último dia dos meses de março, junho, setembro e dezembro de cada ano.

2. Caso os prémios referidos na alínea *t)* do número anterior sejam pagos de forma fracionada, a obrigação tributária considera-se constituída no momento de cada pagamento, por referência à parte proporcional do imposto calculado nos termos da verba 11.4 da Tabela Geral sobre a totalidade do prémio.

(Redação dada pela Lei nº 42/2016, de 28-12)

CAPÍTULO II – Isenções

Artigo 6º – Isenções subjectivas

São isentos de imposto do selo, quando este constitua seu encargo:

a) O Estado, as Regiões Autónomas, as autarquias locais e as suas associações e federações de direito público e quaisquer dos seus serviços, estabelecimentos e organismos, ainda que personalizados, compreendidos os institutos públicos, que não tenham carácter empresarial;

b) As instituições de segurança social;

c) As pessoas colectivas de utilidade pública administrativa e de mera utilidade pública;

d) As instituições particulares de solidariedade social e entidades a estas legalmente equiparadas;

e) O cônjuge ou unido de facto, descendentes e ascendentes, nas transmissões gratuitas sujeitas à verba 1.2 da tabela geral de que são beneficiários.

(Redação dada pela Lei nº 64-A/2008, de 31-12)

Artigo 7º – Outras isenções

1. São também isentos do imposto:

a) Os prémios recebidos por resseguros tomados a empresas operando legalmente em Portugal;

b) Os prémios e comissões relativos a seguros do ramo «Vida»;

c) *(Revogada.)*

d) As garantias inerentes a operações realizadas, registadas, liquidadas ou compensadas através de entidade gestora de mercados regulamentados ou através de entidade por esta indicada ou sancionada no exercício de poder legal ou regulamentar, ou ainda por entidade gestora de mercados organizados registados na CMVM, que tenham por objecto, directa ou indirectamente, valores mobiliários, de natureza real ou teórica, direitos a eles equiparados, contratos de futuros, taxas de juro, divisas ou índices sobre valores mobiliários, taxas de juro ou divisas;

e) Os juros e comissões cobrados, as garantias prestadas e, bem assim, a utilização de crédito concedido por instituições de crédito, sociedades financeiras e instituições financeiras a sociedades de capital de risco, bem como a sociedades ou entidades cuja forma e objecto preencham os tipos de instituições de crédito, sociedades financeiras e instituições financeiras previstos na legislação comunitária, umas e outras domiciliadas nos Estados membros da União Europeia, ou em qualquer Estado, com excepção das domiciliadas em territórios com regime fiscal privilegiado, a definir por portaria do Ministro das Finanças;

f) As garantias prestadas ao Estado no âmbito da gestão da respetiva dívida pública direta, e ao Instituto de Gestão de Fundos de Capitalização da Segurança Social, I. P., em nome próprio ou em representação dos fundos sob sua gestão, com a exclusiva finalidade de cobrir a sua exposição a risco de crédito;

g) As operações financeiras, incluindo os respetivos juros, por prazo não superior a um ano, desde que exclusivamente destinadas à cobertura de carência de tesouraria e efetuadas por sociedades de capital de risco (SCR) a favor de sociedades em que detenham participações, bem como as efetuadas por outras sociedades a favor de sociedades por elas dominadas ou a sociedades em que detenham uma participação de, pelo menos, 10% do capital com direito de voto ou cujo valor de aquisição não seja inferior a € 5 000 000, de acordo com o último balanço acordado e, bem assim, efetuadas em benefício de sociedade com a qual se encontre em relação de domínio ou de grupo;

h) As operações, incluindo os respectivos juros, referidas na alínea anterior, quando realizadas por detentores de capital social a entidades nas quais detenham directamente uma participação no capital não inferior a 10% e desde que esta tenha permanecido na sua titularidade durante um ano consecutivo ou desde a constituição da entidade participada, contanto que, neste último caso, a participação seja mantida durante aquele período;

i) Os empréstimos com caraterísticas de suprimentos, incluindo os respetivos juros, quando realizados por detentores de capital social a entidades nas quais detenham diretamente uma participação no capital não inferior a 10% e desde que esta tenha permanecido na sua titularidade durante um ano consecutivo ou desde a constituição da entidade participada, contando que, neste caso, a participação seja mantida durante aquele período;

j) Os mútuos constituídos no âmbito do regime legal do crédito à habitação até ao montante do capital em dívida, quando deles resulte mudança da instituição de crédito ou sub-rogação nos direitos e garantias do credor hipotecário, nos termos do artigo 591º do Código Civil;

l) Os juros cobrados por empréstimos para aquisição, construção, reconstrução ou melhoramento de habitação própria;

m) O reporte de valores mobiliários ou direitos equiparados realizado em bolsa de valores;

n) O crédito concedido por meio de conta poupança-ordenado, na parte em que não exceda, em cada mês, o montante do salário mensalmente creditado na conta;

o) Os actos, contratos e operações em que as instituições comunitárias ou o Banco Europeu de Investimentos sejam intervenientes ou destinatários;

p) O jogo do bingo e os jogos organizados por instituições de solidariedade social, pessoas coletivas legalmente equiparadas ou pessoas coletivas de utilidade pública que desempenhem, única e, exclusiva ou predominantemente, fins de caridade, de assistência ou de beneficência, quando a receita se destine aos seus fins estatutários ou, nos termos da lei, reverta obrigatoriamente a favor de outras entidades;

q) *(Revogada.)*

r) *(Revogada.)*

s) *(Revogada.)*

t) As aquisições onerosas ou a título gratuito de imóveis por entidades públicas empresariais responsáveis pela rede pública de escolas, destinadas directa ou indirectamente à realização dos seus fins estatutários;

u) A constituição de garantias a favor do Estado ou das instituições de segurança social, no âmbito da aplicação do artigo 196º do Código de Procedimento e de Processo Tributário e do Decreto-Lei nº 42/2001, de 9 de fevereiro.

2. O disposto nas alíneas *g)* e *h)* do nº 1 não se aplica quando qualquer dos intervenientes não tenha sede ou direcção efectiva no território nacional, com excepção das situações em que o credor tenha sede ou direcção efectiva noutro Estado membro da União Europeia ou num Estado em relação ao qual vigore uma convenção para evitar a dupla tributação sobre o rendimento e o capital acordada com Portugal, caso em que subsiste o direito à isenção, salvo se o credor tiver previamente realizado os financiamentos previstos nas alíneas *g)* e *h)* do nº 1 através de operações realizadas com instituições de crédito ou sociedades financeiras sediadas no estrangeiro ou com filiais ou sucursais no estrangeiro de instituições de crédito ou sociedades financeiras sediadas no território nacional.

3. O disposto nas alíneas *g)*, *h)* e *i)* do nº 1 não se aplica quando qualquer das sociedades intervenientes ou o sócio, respetivamente, seja entidade domiciliada em território sujeito a regime fiscal privilegiado, a definir por portaria do membro do Governo responsável pela área das finanças.

4. O disposto na alínea *p)* do nº 1 não se aplica quando se trate de imposto devido nos termos das verbas nº s 11.2, 11.3 e 11.4 da Tabela Geral.

5. Mantêm-se em vigor as isenções nas transmissões gratuitas, constantes de acordos entre o Estado e quaisquer pessoas, de direito público ou privado.

6. *(Revogado.)*

7. O disposto na alínea *e)* do nº 1 apenas se aplica às garantias e operações financeiras diretamente destinadas à concessão de crédito, no âmbito da atividade exercida pelas instituições e entidades referidas naquela alínea.

(Redação dada pela Lei nº 42/2016, de 28-12)

Artigo 8º – Averbamento da isenção

Sempre que haja lugar a qualquer isenção, deve averbar-se no documento ou título, ou indicar-se na declaração a que se refere o artigo 60º, a disposição legal que a prevê.

(Redação dada pela Lei nº 82-B/2014, de 31-12)

CAPÍTULO III – Valor tributável

SECÇÃO I – Regras gerais

Artigo 9º – Valor tributável

1. O valor tributável do imposto do selo é o que resulta da Tabela Geral, sem prejuízo do disposto nos números e artigos seguintes.

2. A determinação do valor tributável por métodos indirectos terá lugar quando se verificarem os casos e condições previstos nos artigos 87º e 89º da Lei Geral Tributária (LGT) e segue os termos do artigo 90º da mesma lei e do artigo 52º do Código do Imposto sobre o Rendimento das Pessoas Colectivas (IRC), com as necessárias adaptações.

3. Nos contratos de valor indeterminado, a sua determinação é efectuada pelas partes, de acordo com os critérios neles estipulados ou, na sua falta, segundo juízos de equidade.

4. À tributação dos negócios jurídicos sobre bens imóveis, prevista na tabela geral, aplicam-se as regras de determinação da matéria tributável do Código do Imposto Municipal sobre as Transmissões Onerosas de Imóveis (CIMT).

5. Para efeitos da verba nº 29 da Tabela Geral, o valor líquido global das entidades previstas na alínea *x)* do nº 3 do artigo 3º corresponde à média dos valores comunicados à CMVM ou divulgados pelas entidades gestoras, com exceção do valor correspondente aos ativos relativos a unidades de participação ou participações sociais detidas em organismos de investimento coletivo abrangidos pelo regime estabelecido no artigo 22º do EBF, no último dia de cada mês do trimestre.

(Cfr. Declaração de Retificação nº 2/2015, de 11-03)

Artigo 10º – Valor representado em moeda sem curso legal em Portugal

1. Sempre que os elementos necessários à determinação do valor tributável sejam expressos em moeda sem curso legal em Portugal, as taxas de câmbio a utilizar são as de venda.

2. Para os efeitos do número anterior, pode optar-se entre considerar a taxa do dia em que se efectuar a liquidação ou a do 1º dia útil do respectivo mês.

Artigo 11º – Valor representado em espécie

A equivalência em unidade monetária nacional dos valores em espécie faz-se de acordo com as regras seguintes e pela ordem indicada:

a) Pelo preço tabelado oficialmente;

b) Pela cotação oficial de compra;

c) Tratando-se de géneros, pela cotação de compra na Bolsa de Mercadorias de Lisboa ou, não existindo essa cotação, pelo preço médio do respectivo ano ou do último determinado e que constem da estiva camarária;

d) Pelos preços dos bens ou serviços homólogos publicados pelo Instituto Nacional de Estatística;

e) Pelo valor do mercado em condições de concorrência;

f) Por declaração das partes.

Artigo 12º – Contratos de valor indeterminado

Sem prejuízo do disposto no artigo 9º, o serviço de finanças da área do domicílio ou sede do sujeito passivo pode alterar o valor tributável declarado sempre que, nos contratos de valor indeterminado ou na determinação da equivalência em unidades monetárias nacionais de valores representados em espécie, não tiverem sido seguidas as regras, respectivamente, dos artigos 9º e 11º

SECÇÃO II – Nas transmissões gratuitas

Artigo 13º – Valor tributável dos bens imóveis

1. O valor dos imóveis é o valor patrimonial tributário constante da matriz nos termos do CIMI à data da transmissão, ou o determinado por avaliação nos casos de prédios omissos ou inscritos sem valor patrimonial.

2. No caso de imóveis e direitos sobre eles incidentes cujo valor não seja determinado por aplicação do disposto neste artigo e no caso do artigo 14º do CIMT, é o valor declarado ou o resultante de avaliação, consoante o que for maior.

3. Se os bens forem expropriados por utilidade pública antes da liquidação, o seu valor será o montante da indemnização.

4. Na determinação dos valores patrimoniais tributários de bens imóveis ou de figuras parcelares do direito de propriedade, observam-se as regras previstas no CIMT para as transmissões onerosas.

5. No prazo para a apresentação da participação a que se refere o artigo 26º, podem os interessados requerer a avaliação de imóveis nos termos e para os efeitos previstos no artigo 30º do CIMT.

6. Quando a propriedade for transmitida separadamente do usufruto, o imposto devido pelo adquirente, em consequência da consolidação da propriedade com o usufruto, incide sobre a diferença entre o valor patrimonial tributário do prédio constante da matriz e o valor da sua propriedade considerado na respectiva liquidação.

7. Nas aquisições por usucapião, em que o prédio usucapido seja habitacional, comercial, industrial ou para serviços, e a totalidade das construções erigidas durante a posse tenham sido comprovadamente realizadas a expensas do usucapiente, considera-se que o valor tributável é correspondente a 20% do valor patrimonial tributário constante da matriz à data do nascimento da obrigação tributária.

(Redação dada pelo Decreto-Lei nº 41/2016, de 01-08)

Artigo 14º – Valor tributável dos bens móveis

1. O valor dos bens móveis de qualquer natureza que não seja determinado por aplicação de regras específicas previstas no presente Código é o dos valores oficiais, quando existam, ou o declarado pelo cabeça-de-casal ou pelo beneficiário, consoante o que for maior, devendo, tanto quanto possível, aproximar-se do seu valor de mercado.

2. O valor dos veículos automóveis, motociclos, bem como o das aeronaves de turismo e barcos de recreio, é o valor de mercado ou o determinado nos termos do nº 7 do artigo 24º do Código do Imposto sobre o Rendimento das Pessoas Singulares, consoante o que for maior.

3. O valor dos objectos de arte, objectos de colecção e antiguidades, tal como se encontram definidos na lista em anexo ao regime de tributação em imposto sobre o valor acrescentado, aprovado pelo Decreto-Lei nº 199/96, de 18 de Outubro, determina-se nos termos das alíneas seguintes, segundo a sua ordem de prioridade:

a) Por avaliador oficial, caso exista, desde que o cabeça-de-casal ou interessado junte a respectiva certidão de avaliação com a participação prevista no artigo 26º;

b) Pelo valor de 60% do valor de substituição ou perda fixado em contrato de seguro que incida sobre esses bens, caso tenha sido celebrado e esteja em vigor à data da transmissão ou até 30 dias anteriores e seja apresentado com a participação prevista no mesmo artigo;

c) Pelo valor do contrato de seguro referido na regra anterior, caso seja a administração fiscal a obter os seus dados junto das companhias de seguros;

d) Por avaliação promovida pela administração fiscal a expensas do interessado, a qual, para o efeito, obterá o necessário parecer de perito idóneo e independente, devendo o interessado colaborar na avaliação facultando o acesso aos referidos bens.

4. O valor do ouro para investimento e o dos títulos que comportem um direito de propriedade ou de crédito sobre os mesmos e o das moedas de ouro, como tal qualificadas no regime previsto no Decreto-Lei nº 362/99, de 16 de Setembro, é o valor de aquisição que serviu de base à liquidação do imposto sobre o valor acrescentado, ainda que dele isentos, ou o valor declarado, conforme o que for maior.

5. Para efeitos do disposto no nº 3, considera-se como avaliador oficial o que se encontrar habilitado, por parte dos organismos oficiais competentes, para proceder à avaliação dos bens aí referidos e como perito independente o que, face aos seus conhecimentos, dê garantias de idoneidade técnica para avaliar os mesmos bens.

Artigo 15º – Valor tributável de participações sociais, títulos de créditos e valores monetários

1. O valor das quotas ou partes em sociedades que não sejam por acções e o dos estabelecimentos comerciais, industriais ou agrícolas com contabilidade organizada determina-se pelo último balanço, ou pelo valor atribuído em partilha ou liquidação dessas sociedades, salvo se, não continuando as sociedades com o herdeiro, legatário ou donatário do sócio falecido ou doador, o valor das quotas ou partes tiver sido fixado no contrato social.

2. Se o último balanço referido no número anterior precisar de ser corrigido, o valor do estabelecimento ou das quotas e partes sociais determinar-se-á pelo balanço resultante das correcções feitas.

3. O valor das acções, títulos e certificados da dívida pública e outros papéis de crédito é o da cotação na data da transmissão e, não a havendo nesta data, o da última mais próxima dentro dos seis meses anteriores, observando-se o seguinte, na falta de cotação oficial:

a) O valor das ações é o correspondente ao seu valor nominal, quando o total do valor assim determinado, relativamente a cada sociedade participada, correspondente às ações transmitidas, não ultrapassar € 500 e o que resultar da aplicação da seguinte fórmula nos restantes casos:

$$Va = \frac{1}{2 \times n} \times \left[S + \frac{(R1 + R2)}{2} \times f \right]$$

em que:

Va representa o valor de cada ação à data da transmissão;

n é o número de ações representativas do capital da sociedade participada;

S é o valor substancial da sociedade participada, o qual é calculado a partir do valor contabilístico correspondente ao último exercício anterior à transmissão com as correções que se revelem justificadas, considerando-se, sempre que for caso disso, a provisão para impostos sobre lucros;

R1 e *R2* são os resultados líquidos obtidos pela sociedade participada nos dois últimos exercícios anteriores à transmissão, considerando-se $R1 + R2 = 0$ nos casos em que o somatório desses resultados for negativo, sendo *f* o fator de capitalização dos resultados líquidos calculado com base na taxa de juro aplicada pelo Banco Central Europeu às suas principais operações de refinanciamento, tal como publicada no jornal da União Europeia e em vigor na data em que ocorra a transmissão, acrescida de um *spread* de 4%;

b) No caso de sociedades constituídas há menos de dois anos, quando tiver de recorrer-se ao uso da fórmula, o valor das respectivas acções é o que lhes corresponder no valor substancial, ou seja:

$$Va = \frac{S}{n}$$

c) Os títulos e certificados da dívida pública e outros valores mobiliários para os quais não se estabelecem no presente Código regras próprias de valorização são tomados pelo valor indicado pela Comissão do Mercado de Valores Mobiliários, nos termos da alínea *d)* do nº 6 do artigo 26º, que resultar da aplicação da seguinte fórmula:

$$Vt = \frac{N + J}{1 + \frac{rt}{1200}}$$

em que:

Vt representa o valor do título à data da transmissão;

N é o valor nominal do título;

J representa o somatório dos juros calculados desde o último vencimento anterior à transmissão até à data da amortização do capital, devendo o valor apurado ser reduzido a metade quando os títulos estiverem sujeitos a mais de uma amortização;

r é a taxa de desconto implícita no movimento do valor das obrigações e outros títulos, cotados na bolsa, a qual é fixada anualmente por portaria do Ministro das Finanças, sob proposta da Direcção-Geral dos Impostos, após audição da Comissão do Mercado de Valores Mobiliários;

t é o tempo que decorre entre a data da transmissão e a da amortização, expresso em meses e arredondado por excesso, devendo o número apurado ser reduzido a metade quando os títulos estiverem sujeitos a mais de uma amortização;

d) Os títulos ou certificados da dívida pública cujo valor não possa determinar-se por esta forma são considerados pelo valor indicado pelo Instituto de Gestão do Crédito Público.

4. Exceptuam-se do disposto no número anterior os seguintes casos especiais:

a) Tratando-se de sociedades liquidadas ou partilhadas, o valor das acções é o que lhes for atribuído na liquidação ou partilha, mas se a sociedade for liquidada ou partilhada extrajudicialmente tal valor é confrontado com o que resultar da aplicação da alínea *a)* do número anterior, prevalecendo o maior;

b) O valor dos títulos representativos do capital social das cooperativas é o correspondente ao seu valor nominal;

c) O valor das acções que apenas conferem direito a participação nos lucros é o que resultar da multiplicação da média do dividendo distribuído nos dois exercícios anteriores ao da transmissão pelo factor f mencionado na alínea *a)* do número anterior.

5. O valor tributável dos valores monetários corresponde ao montante existente à data da transmissão, o qual, quando estiver expresso em moeda sem curso legal em Portugal, é determinado de acordo com o disposto no artigo 10º, aplicando-se as taxas de câmbio à data da transmissão.

(Redação dada pelo Decreto-Lei nº 41/2016, de 01-08)

Artigo 16º – Valor tributável dos estabelecimentos comerciais, industriais ou agrícolas

1. O valor dos estabelecimentos comerciais, industriais ou agrícolas sujeitos a tributação para efeitos do imposto sobre o rendimento das pessoas singulares que não sejam obrigados a possuir contabilidade organizada é determinado com base em inventário elaborado para o efeito que, com referência à data da transmissão, inclua as respectivas existências, os bens de equipamento, créditos, valores de patentes, de marcas de fabrico e de direitos conexos, bem como os respectivos débitos, de acordo com as seguintes regras que originarem maior valor:

a) Valor atribuído pelo cabeça-de-casal ou beneficiário;

b) Valor de trespasse, que é obtido pela aplicação de um factor entre 5 e 10 à média dos rendimentos tributáveis para efeitos da tributação sobre o rendimento dos últimos três anos já apurados.

2. Os factores previstos na alínea *b)* do nº 1 são fixados em função dos coeficientes de localização definidos para a zona de situação dos imóveis em que os estabelecimentos se encontram instalados, conforme previsto no artigo 42º do CIMI, nos seguintes valores:

a) Estabelecimentos localizados em imóveis a que seja aplicável um coeficiente até 1,2 – 5;

b) Estabelecimentos localizados em imóveis a que seja aplicável um coeficiente entre 1,2 e 1,8 – 7;

c) Estabelecimentos localizados em imóveis a que seja aplicável um coeficiente entre 1,8 e 3,5 – 10;

d) Estabelecimentos não localizados em imóveis urbanos – 5.

3. Os imóveis, automóveis e motociclos, bem como as aeronaves de turismo e os barcos de recreio, são tributados autonomamente de acordo com as regras de determinação do valor tributável que lhes são aplicáveis.

4. O valor dos estabelecimentos previstos no nº 1 é, no entanto, o que lhe for atribuído em partilha ou liquidação judicial ou, sendo liquidado ou partilhado extrajudicialmente, o que lhe tiver sido atribuído, se for superior.

(Redação dada pelo Decreto-Lei nº 41/2016, de 01-08)

Artigo 17º – Sociedades de transparência fiscal e estabelecimentos afectos a profissões liberais

O valor tributável de participações de pessoas singulares em sociedades tributadas no regime de transparência fiscal e o de espaços afectos ao exercício de profissões liberais é o valor de trespasse declarado pelo cabeça-de-casal ou pelo beneficiário ou o determinado pela aplicação dos factores previstos no nº 2 do artigo 16º, consoante o que for maior.

(Cfr. Declaração de Rectificação nº 4/2004, de 09-01)

Artigo 18º – Avaliação indirecta

1. O valor dos estabelecimentos comerciais, industriais ou agrícolas obrigados a possuir contabilidade organizada e das sociedades comerciais que não sejam por acções, sempre que se verifique uma das situações previstas no artigo 88º da LGT, é determinado pela aplicação dos factores previstos no nº 2 do artigo 16º do presente Código, aplicáveis a um rendimento presumido para esse efeito, se ainda o não tiver sido para efeitos da tributação sobre o rendimento, com base nos elementos previstos no artigo 90º da mesma lei.

2. O disposto no número anterior é igualmente aplicável aos estabelecimentos comerciais, industriais ou agrícolas e aos espaços previstos no artigo 17º que não sejam obrigados a possuir contabilidade organizada e que, nos três exercícios anteriores ao da transmissão já apurados, apresentem uma média negativa de rendimento tributável para efeitos de IRS.

Artigo 19º – Transmissão gratuita da propriedade ou do usufruto com encargo

1. Quando a propriedade for transmitida com o encargo de pensão ou renda vitalícia ou temporária a favor de terceiro, o imposto relativo à aquisição da propriedade incide sobre o valor dos bens, deduzido do valor actual da pensão.

2. Sucedendo o pensionista ao proprietário, ou doando-lhe este os bens, o imposto incide sobre o valor da propriedade, deduzido do valor actual da pensão.

3. Quando o usufruto for transmitido com o encargo de pensão ou renda vitalícia ou temporária a favor de terceiro, o imposto relativo à aquisição do usufruto incide sobre o valor igual ao da propriedade, sendo vitalício, e, sendo temporário, sobre o produto da 20ª parte do valor da propriedade por tantos anos quantos aqueles por que o usufruto foi deixado, sem que exceda 20, deduzido daquelas importâncias.

Artigo 20º – Dedução de encargos

Ao valor da transmissão de bens deduz-se o montante dos encargos e dívidas constituídos a favor do autor da herança até à data da abertura da sucessão mediante actos ou contratos que onerarem os bens relacionados, bem como dos impostos cujo facto tributário tenha ocorrido até àquela data.

Artigo 21º – Remissão

Sem prejuízo do disposto no nº 2 do artigo 9º e no artigo 18º, são ainda aplicáveis à determinação do valor tributável nas transmissões gratuitas as regras constantes dos artigos 13º e 15º do CIMT.

CAPÍTULO IV – Taxas

Artigo 22º – Taxas

1. As taxas do imposto são as constantes da Tabela anexa em vigor no momento em que o imposto é devido.

2. Não haverá acumulação de taxas do imposto relativamente ao mesmo acto ou documento.

3. Quando mais de uma taxa estiver prevista, aplica-se a maior.

4. O disposto nos nº s 2 e 3 não se aplica aos factos previstos nas verbas nºs 1.1, 1.2, 11.2, 11.3 e 11.4 da Tabela Geral.

(Redação dada pela Lei nº 66-B/2012, de 31-12)

CAPÍTULO V – Liquidação

SECÇÃO I – Regras gerais

Artigo 23º – Competência para a liquidação

1. A liquidação do imposto compete aos sujeitos passivos referidos nos nºs 1 e 3 do artigo 2º

2. Tratando-se de imposto devido por operações de crédito ou garantias prestadas por um conjunto de instituições de crédito ou de sociedades financeiras, a liquidação do imposto pode ser efectuada globalmente por qualquer daquelas entidades, sem prejuízo da responsabilidade, nos termos gerais, de cada uma delas em caso de incumprimento.

3. *(Revogado.)*

4. Tratando-se do imposto devido pelos actos ou contratos previstos na verba 1.1 da tabela geral, à liquidação do imposto aplicam-se, com as necessárias adaptações, as regras contidas no CIMT.

5. Não obstante o disposto nos nºs 1 e 4, havendo simultaneamente sujeição ao imposto das verbas 1.1 e 1.2 da tabela geral, à liquidação do imposto são aplicáveis as regras do artigo 25º

6. Nos documentos e títulos sujeitos a imposto são mencionados o valor do imposto e a data da liquidação, com exceção dos contratos previstos na verba 2 da tabela geral, cuja liquidação é efetuada nos termos do nº 8.

7. *(Revogado.)*

8. Tratando-se de imposto devido pelos contratos previstos na verba 2 da tabela geral, o imposto é liquidado pela Autoridade Tributária e Aduaneira com base na declaração prevista no artigo 60º, considerando-se, para todos os efeitos legais, o ato tributário praticado no serviço de finanças da área da situação do prédio.

9. Tratando-se do imposto devido pelas situações previstas na verba nº 29 da Tabela Geral, o imposto é liquidado pelo sujeito passivo no prazo estabelecido no nº 1 do artigo 44º

(Redação dada pela Lei nº 114/2017, de 29-12)

Artigo 24º – Processo individual

No serviço de finanças competente, organiza-se em relação a cada sujeito passivo um processo em que se incorporam as declarações e outros elementos que se relacionem com o mesmo.

SECÇÃO II – Nas transmissões gratuitas

Artigo 25º – Competência

1. A liquidação do imposto devido pelas transmissões gratuitas compete aos serviços centrais da DGCI, sendo promovida pelo serviço de finanças da residência do autor da transmissão ou do usucapiente, sempre que os mesmos residam em território nacional.

2. Na falta de residência em território nacional, a liquidação do imposto é promovida pelo serviço de finanças da residência do cabeça-de-casal ou do beneficiário, conforme o caso.

3. Havendo vários beneficiários pela mesma transmissão, nos casos previstos na parte final do número anterior, a liquidação é promovida pelo serviço de finanças onde residir o beneficiário de mais idade ou, caso sejam transmitidos bens situados em território nacional, onde estiverem os bens de maior valor.

4. Sendo vários os doadores, todos ou alguns domiciliados em território nacional, a liquidação é promovida pelo serviço de finanças do local onde tenha domicílio o doador residente neste território que dispôs de bens de maior valor e, se os bens forem de igual valor, pelo serviço de finanças de qualquer dos locais em que residir o doador de mais idade.

5. Encontrando-se todos os doadores domiciliados fora de território nacional, aplicam-se as regras dos nºs 2 e 3, consoante o caso.

Artigo 26º – Participação da transmissão de bens

1. O cabeça-de-casal e o beneficiário de qualquer transmissão gratuita sujeita a imposto são obrigados a participar ao serviço de finanças competente a doação, o falecimento do autor da sucessão, a declaração de morte presumida ou a justificação judicial do óbito, a justificação judicial, notarial ou efectuada nos termos previstos no Código do Registo Predial da aquisição por usucapião ou qualquer outro acto ou contrato que envolva transmissão de bens.

2. A participação a que se refere o número anterior é de modelo oficial, identifica o autor da sucessão ou da liberalidade, as respectivas datas e locais, bem como os sucessores, donatários, usucapientes ou beneficiários, as relações de parentesco e respectiva prova, devendo, sendo caso disso, conter a relação dos bens transmitidos com a indicação dos valores que devam ser declarados pelo apresentante.

3. A participação deve ser apresentada até ao final do 3º mês seguinte ao do nascimento da obrigação tributária, em qualquer serviço de finanças ou noutro local previsto em lei especial.

4. O cabeça-de-casal deve identificar todos os beneficiários, se possuir os elementos para esse efeito, caso em que os mesmos ficam desonerados da participação que lhes competir.

5. Os prazos são improrrogáveis, salvo alegando-se e provando-se motivo justificado, caso em que o chefe de finanças pode conceder um adiamento até ao limite máximo de 60 dias.

6. A participação é instruída com os documentos seguintes, salvo quando estes contenham informação já do conhecimento da administração fiscal através do cumprimento da obrigação da apresentação da declaração anual de informação contabilística e fiscal a que se refere o artigo 113º do Código do IRS e o artigo 113º do Código do IRC, consoante os casos:

a) Certidão do testamento com que tiver falecido o autor da herança;

b) Certidão da escritura de doação, ou da escritura de partilha, se esta já tiver sido efectuada;

c) Certidão da sentença, transitada em julgado, que justificou a aquisição, ou da escritura de justificação notarial;

d) Certidão, passada pela Comissão do Mercado de Valores Mobiliários ou pelo Instituto de Gestão do Crédito Público, conforme os casos, da cotação das acções, títulos ou certificados de dívida pública e de outros valores mobiliários ou do valor determinado nos termos do artigo 15º;

e) Certidão comprovativa da falta de cotação oficial das acções, passada pela Comissão do Mercado de Valores Mobiliários, contendo sempre a indicação do respectivo valor nominal;

f) Havendo lugar a aplicação da fórmula constante da alínea *a)* do nº 3 do artigo 15º, extracto do último balanço da sociedade participada, acompanhado de declaração emitida por esta donde constem a data da sua constituição, o número de acções em que se divide o seu capital e respectivo valor nominal e os resultados líquidos obtidos nos dois últimos exercícios;

g) No caso referido na alínea *a)* do nº 4 do artigo 15º, além da declaração mencionada na parte final da alínea anterior, extracto do último balanço ou do balanço de liquidação;

h) No caso referido na alínea *b)* do nº 4 do artigo 15º, declaração passada por cada uma das cooperativas donde conste o valor nominal dos títulos;

i) No caso referido na alínea *c)* do nº 4 do artigo 15º, documento comprovativo, passado pela sociedade participada, de que as acções apenas dão direito a participação nos lucros, o qual deve evidenciar igualmente o valor do dividendo distribuído nos dois exercícios anteriores;

j) Extracto do último balanço do estabelecimento comercial, industrial ou agrícola, ou do balanço de liquidação, havendo-o, ou certidão do contrato social, nos termos e para os efeitos das alíneas *a)* e *b)* do nº 4 do artigo 15º ou, não havendo balanço, o inventário previsto no nº 1 do artigo 16º, podendo a certidão do contrato social ser substituída por exemplar do Diário da República onde tenha sido publicado;

l) Documento comprovativo dos valores monetários existentes, emitido pelas instituições competentes, no caso de valores depositados, bem como, tratando-se de dinheiro depositado em instituições bancárias, extracto do depósito ou da respectiva conta-corrente à data da transmissão, com demonstração dos movimentos efectuados nos últimos 60 dias;

m) Documentos necessários para comprovar o passivo referido no artigo 20º

7. Quando não possa juntar-se a certidão do testamento por este se encontrar em poder de terceiro, o chefe de finanças deve notificá-lo para, dentro do prazo de 15 dias, lhe fornecer aquela certidão.

8. Alegando e provando os interessados que não lhes é possível obter o extracto do balanço ou inventário ou as declarações referidas nas alíneas *f)* a *h)* do nº 6, serão notificados os administradores, gerentes ou liquidatários da empresa ou os administradores da massa falida para os apresentarem dentro de 15 dias.

9. Se, no termo do prazo, houver bens da herança na posse de qualquer herdeiro ou legatário que não tenham sido relacionados pelo cabeça-de-casal, incumbirá àqueles descrevê-los nos 30 dias seguintes.

10. Os documentos referidos nas alíneas *f)*, *g)* e *j)* do nº 6 devem conter a assinatura de quem represente a sociedade no momento da sua emissão, a qual deve ser comprovada através do reconhecimento, podendo este ser efectuado pelo serviço de finanças competente.

11. Ficam dispensados da obrigação de participação prevista no nº 1 os beneficiários de doações isentos não abrangidos pela obrigação do nº 1 do artigo 28º

(Redação dada pela Lei nº 64-B/2011, de 30-12)

Artigo 27º – Formalidades da participação

1. A participação a que se refere o artigo 26º é assinada pelos interessados, seus representantes legais ou mandatários.

2. Com base na mesma participação, instaura-se o respectivo processo de liquidação do imposto.

Artigo 28º – Obrigação de prestar declarações e relacionar os bens

1. Os beneficiários de transmissões gratuitas estão obrigados a prestar as declarações e proceder à relação dos bens e direitos, a qual, em caso de isenção, deve abranger os bens e direitos referidos no artigo 10º do Código do IRS e outros bens sujeitos a registo, matrícula ou inscrição, bem como, excepto no caso de doações a favor de beneficiários isentos, os valores monetários, ainda que objecto de depósito em contas bancárias.

2. Não sendo apresentada a participação nos termos dos artigos anteriores, ou contendo a mesma omissões ou inexactidões, e tendo o chefe de finanças conhecimento, por qualquer outro meio, de que se operou uma transmissão de bens a título gratuito, compete-lhe instaurar oficiosamente o processo de liquidação do imposto.

3. Antes de cumprir o disposto no nº 2, o chefe de finanças notifica o infractor ou infractores, sob pena de serem havidos por sonegados todos os bens, para efectuar a participação ou suprir as deficiências ou omissões, dentro do prazo por ele estabelecido, não inferior a 10 nem superior a 30 dias.

4. Caso persista a recusa de entrega da relação de bens, a liquidação é feita com base na informação disponível e na que for apurada pelos serviços, face ao disposto no artigo 29º

(Redação dada pelo Decreto-Lei nº 277/2007, de 01-08)

Artigo 29º – Sonegação de bens

1. Em caso de suspeita fundada de sonegação de bens, o chefe de finanças competente requer o respectivo arrolamento nos termos dos artigos 141º e 142º do Código de Procedimento e de Processo Tributário.

2. Tratando-se de bens a que a administração fiscal esteja impedida de aceder, face a situações de sigilo legalmente previstas, é comunicado o facto ao agente do Ministério Público do tribunal da comarca da residência do autor da transmissão ou da residência do beneficiário para que o mesmo desenvolva as diligências que entender adequadas em defesa dos interesses do Estado.

Artigo 30º – Desconhecimento dos interessados ou dos bens

Quando forem desconhecidos os interessados ou os bens, ou estes tiverem desaparecido, o respectivo processo será enviado com todas as informações ao director de finanças, que decidirá se ele deve ser arquivado, ou ordenará as diligências que entender ainda convenientes.

Artigo 31º – Valor de estabelecimento ou de partes sociais

1. Fazendo parte da herança ou da doação estabelecimento comercial, industrial ou agrícola ou outro estabelecimento com contabilidade organizada, bem como quotas e partes em sociedades que não sejam por acções cujo valor de liquidação não esteja fixado no pacto social, ou ainda quando façam parte da herança ou da doação acções cujo valor tenha de ser determinado por aplicação da fórmula constante da alínea *a)* do nº 3 do artigo 15º, o chefe de finanças remeterá à direcção de finanças o duplicado do extracto do balanço, havendo-o, e demais elementos apresentados ou de que dispuser, a fim de se proceder à determinação do seu valor.

2. Os imóveis são considerados no activo do balanço pelo valor patrimonial tributário.

Artigo 32º – Certidão do valor patrimonial tributário

1. O chefe de finanças deve juntar ao processo de liquidação a certidão do valor patrimonial tributário dos prédios ou documento equivalente extraído do sistema informático.

2. Havendo prédios omissos na matriz ou nela inscritos sem valor patrimonial tributário, procede-se, quanto a eles, nos termos do artigo 14º do CIMT.

3. Sempre que se verifique qualquer das hipóteses previstas no nº 1 do artigo 28º do CIMT, procede-se à discriminação do valor patrimonial tributário de todo o prédio ou de toda a parcela, com observância do disposto no nº 2 daquele artigo.

Artigo 33º – Liquidação do imposto

1. Depois de instruído o processo com os documentos ou elementos mencionados nos artigos anteriores, bem como dos respeitantes aos elementos obtidos pela administração fiscal, o chefe de finanças promove a liquidação do imposto, observando as disposições do presente Código e as aplicáveis da lei civil que as não contrariem.

2. Desde que exista acto ou contrato susceptível de operar transmissão, o chefe de finanças só pode abster-se de promover a respectiva liquidação com fundamento em invalidade ou ineficácia julgada pelos tribunais competentes, sem prejuízo do disposto no artigo 38º da LGT.

3. Não obstante o disposto na parte final do número anterior, os efeitos da tributação subsistem em relação aos bens em que ocorreu a tradição ou se verificou a usufruição, sendo-lhes aplicável, com as necessárias adaptações, o disposto no nº 2 do artigo 44º do CIMT.

4. Sempre que o imposto devido pelas transmissões gratuitas deva ser liquidado pelos serviços da administração fiscal, só se procede à liquidação, ainda que adicional, se o seu quantitativo não for inferior a € 10.

(Redação dada pela Lei nº 53-A/2006, de 29-12)

Artigo 34º – Suspensão do processo por litígio judicial

1. Se estiver pendente litígio judicial acerca da qualidade de herdeiro, validade ou objecto da transmissão, ou processo de expropriação por utilidade pública de bens pertencentes à herança ou doação, o cabeça-de-casal, o testamenteiro ou os donatários podem requerer, em qualquer altura, a suspensão do processo de liquidação, apresentando certidão do estado da causa.

2. A suspensão refere-se apenas aos bens que forem objecto do litígio.

3. Transitada em julgado a decisão, devem os interessados declarar o facto dentro de 30 dias no serviço de finanças competente, juntando certidão da decisão, prosseguindo o processo de liquidação ou reformando-se no que for necessário, conforme o que houver sido julgado.

Artigo 35º – Suspensão do processo por exigência de dívidas activas

1. As pessoas referidas no artigo anterior também podem requerer a suspensão do processo de liquidação, nos termos nele previstos, quando penda acção judicial a exigir dívidas activas pertencentes à herança ou doação, ou quando tenha corrido ou esteja pendente processo de insolvência ou de falência contra os devedores.

2. Enquanto durar o processo, os requerentes da suspensão devem apresentar nova certidão do seu estado, no mês de Janeiro de cada ano.

3. À medida que as dívidas activas forem sendo recebidas, em parte ou na totalidade, os responsáveis pelo imposto devem declarar o facto no serviço de finanças competente, dentro dos 30 dias seguintes, a fim de se proceder à respectiva liquidação.

Artigo 36º – Notificação da liquidação

Feita ou reformada a liquidação, devem os interessados ser dela notificados nos termos do Código de Procedimento e de Processo Tributário, a fim de efectuarem o pagamento ou utilizarem os meios de defesa aí previstos.

Artigo 37º – Impedimento do chefe de finanças

Não é permitido ao chefe de finanças promover a liquidação do imposto quando nela for interessado, por si, por seu cônjuge ou por pessoa que represente, devendo o director de finanças designar outro chefe de finanças da sua área de competência.

Artigo 38º – Disposições comuns com o CIMT

São aplicáveis à liquidação do imposto nas transmissões gratuitas, com as necessárias adaptações, as disposições contidas nos artigos 14º, 29º, 31º e 34º do CIMT.

SECÇÃO III – Regras comuns

Artigo 39º – Caducidade do direito à liquidação

1. Só pode ser liquidado imposto nos prazos e termos previstos nos artigos 45º e 46º da LGT, salvo tratando-se das aquisições de bens tributadas pela verba 1.1. da Tabela Geral ou de transmissões gratuitas, em que o prazo de liquidação é de oito anos contados da transmissão ou da data em que a isenção ficou sem efeito, sem prejuízo do disposto nos números seguintes.

2. Se forem entregues ao ausente quaisquer bens por cuja aquisição não lhe tenha ainda sido liquidado imposto, os oito anos contar-se-ão desde a data da entrega.

3. Sendo desconhecida a quota do co-herdeiro alienante, para efeitos do artigo 26º do CIMT, ou suspendendo-se o processo de liquidação, nos termos dos artigos 34º e 35º, aos oito anos acrescerá o tempo por que o desconhecimento ou a suspensão tiver durado.

4. Nos actos ou contratos por documento particular autenticado, ou qualquer outro título, quando essa forma seja admitida em alternativa à escritura pública, o prazo de caducidade do imposto devido conta-se a partir da data da promoção do registo predial.

(Redação dada pela Lei nº 66-B/2012, de 31-12)

Artigo 40º – Juros compensatórios

1. Sempre que, por facto imputável ao sujeito passivo, for retardada a liquidação ou a entrega de parte ou da totalidade do imposto devido, acrescerão ao montante do imposto juros compensatórios, de harmonia com o artigo 35º da LGT.

2. Os juros referidos no número anterior serão contados dia a dia, a partir do dia imediato ao termo do prazo para a entrega do imposto ou, tratando-se de retardamento da liquidação, a partir do dia em que o mesmo se iniciou, até à data em que for regularizada ou suprida a falta.

CAPÍTULO VI – Pagamento

Artigo 41º – Dever de pagamento

O pagamento do imposto é efetuado pelas pessoas ou entidades referidas no artigo 23º, com exceção do imposto referente à verba 2 da tabela geral, que é pago pelo locador ou sublocador.

(Redação dada pela Lei nº 82-B/2014, de 31-12)

Artigo 42º – Responsabilidade tributária

1. Sem prejuízo do disposto no artigo 23º, são solidariamente responsáveis com o sujeito passivo pelo pagamento do imposto as pessoas ou entidades habilitadas legalmente a autenticar documentos, quando essa forma seja admitida em alternativa à escritura pública, e as pessoas ou entidades que, por qualquer outra forma, intervierem nos atos, contratos e operações ou receberem ou utilizarem livros, papéis e outros documentos, sempre que tenham colaborado na falta de liquidação ou arrecadação do imposto ou, na data daquela intervenção, receção ou utilização, não tenham exigido a menção a que alude o nº 6 do artigo 23º ou verificado o cumprimento da obrigação declarativa prevista no nº 2 do artigo 60º

2. São também solidariamente responsáveis com o sujeito passivo pelo pagamento do imposto liquidado nas transmissões gratuitas as pessoas que, nos factos sujeitos a registo, tenham autorizado ou procedido à sua realização sem se certificarem de que o imposto se encontrava liquidado, de que fora promovida a sua liquidação ou de que não era devido.

3. Tratando-se das operações referidas nas alíneas *i), j)* e *l)* do nº 1 do artigo 2º, a entidade a quem os serviços são prestados é sempre responsável solidariamente com as entidades emitentes das apólices e com as instituições de crédito, sociedades financeiras e demais entidades nelas referidas.

4. O disposto no nº 1 aplica-se aos funcionários públicos que tenham sido condenados disciplinarmente pela não liquidação ou falta de entrega dolosa da prestação tributária ou pelo não cumprimento da exigência prevista na parte final do mesmo número.

(Redação dada pela Lei nº 82-B/2014, de 31-12)

Artigo 43º – Forma de pagamento

O imposto do selo é pago mediante documento de cobrança de modelo oficial.

Artigo 44º – Prazo e local de pagamento

1. O imposto é pago nas tesourarias de finanças, ou em qualquer outro local autorizado nos termos da lei, até ao dia 20 do mês seguinte àquele em que a obrigação tributária se tenha constituído.

2. Sempre que o imposto deva ser liquidado pelos serviços da administração fiscal, só se procede a liquidação, ainda que adicional, se o seu quantitativo não for inferior a € 10.

3. Havendo lugar a liquidação do imposto pelos serviços da administração fiscal, o sujeito passivo é notificado para efectuar o seu pagamento no prazo de 30 dias, sem prejuízo do disposto no nº 1 do artigo 45º

4. Havendo lugar a liquidação do imposto pelos sujeitos passivos referidos no nº 3 do artigo 2º, excepto tratando-se de situações em que há lugar à sujeição simultânea das verbas 1.1 e 1.2 da tabela geral, o imposto é pago nos prazos, termos e condições definidos no artigo 36º do CIMT.

5. *(Revogado.)*

6. Havendo lugar a liquidação do imposto a que se refere a verba 2 da tabela geral, o imposto é pago no prazo previsto no nº 2 do artigo 60º

(Redação dada pela Lei nº 42/2016, de 28-12)

Artigo 45º – Pagamento do imposto nas transmissões gratuitas

1. O imposto liquidado nas transmissões gratuitas é pago pela totalidade até ao fim do segundo mês seguinte ao da notificação ou durante o mês em que se vence cada uma das prestações.

2. Se o imposto for pago pela totalidade até ao fim do segundo mês seguinte ao da notificação, haverá lugar a um desconto de 0,5% ao mês calculado sobre a importância de cada uma das prestações em que o imposto tivesse de ser dividido, nos termos do número seguinte, com exclusão da primeira.

3. O imposto, quando superior a € 1000, é dividido em prestações iguais, no máximo de 10 e com o mínimo de € 200 por prestação, acrescendo à primeira as fracções resultantes do arredondamento de todas elas, assim como os juros compensatórios e o IMT que for de liquidar no processo, vencendo-se a primeira no segundo mês seguinte ao da notificação e cada uma das restantes seis meses após o vencimento da anterior.

4. Não sendo paga qualquer das prestações, ou a totalidade do imposto, no prazo do vencimento, começam a correr imediatamente juros de mora.

5. Findo o prazo de pagamento previsto no nº 4 sem que a prestação em dívida ou o imposto tenha sido pago, há lugar a procedimento executivo, o qual abrange todas as prestações vincendas, que para o efeito se consideram logo vencidas.

6. A notificação a efectuar é acompanhada do plano de pagamento em prestações e do desconto, devendo o interessado comunicar ao serviço de finanças competente, no prazo de 15 dias a contar da notificação, se pretende efectuar o pagamento do imposto de pronto, sendo o mesmo pago em prestações na falta de tal comunicação.

7. O imposto respeitante à transmissão de bens móveis só pode ser dividido em prestações mediante prestação de garantia idónea, nos termos do artigo 199º do Código de Procedimento e de Processo Tributário.

8. Havendo lugar a liquidação adicional por erro imputável aos serviços, é aplicável o disposto nos números antecedentes.

Artigo 46º – Documento de cobrança

1. A cobrança do imposto liquidado nas transmissões gratuitas faz-se mediante documento de cobrança de modelo oficial, pelo qual se procede também à cobrança do IMT que tiver sido liquidado no mesmo processo.

2. O documento de cobrança é extraído em nome das pessoas para quem se transmitirem os bens.

3. No caso de o imposto ser devido pela herança, o documento de cobrança é extraído em nome do autor da herança com o aditamento «Cabeça-de-casal da herança de» e identificado pelo número fiscal que for atribuído à herança, nos termos do artigo 81º do CIMI.

4. O documento de cobrança de cada prestação ou da totalidade do imposto é enviado ao interessado, até ao fim do mês anterior ao do pagamento.

5. *(Revogado.)*

(Redação dada pela Lei nº 42/2016, de 28-12)

Artigo 47º – Privilégio creditório

1. Os créditos do Estado relativos ao imposto do selo incidente sobre aquisições de bens têm privilégio mobiliário e imobiliário sobre os bens transmitidos, nos termos do nº 2 do artigo 738º ou do nº 2 do artigo 744º do Código Civil, consoante a natureza dos bens.

2. O imposto liquidado nas transmissões gratuitas goza dos privilégios que nas disposições legais referidas no número anterior se estabelecem para o imposto sobre as sucessões e doações.

Artigo 48º – Prescrição

1. O imposto do selo prescreve nos termos dos artigos 48º e 49º da LGT.

2. Se forem entregues ao ausente quaisquer bens por cuja aquisição não tenha ainda sido liquidado imposto, o prazo de prescrição conta-se a partir do ano seguinte ao da entrega.

3. Sendo desconhecida a quota do co-herdeiro alienante, para efeitos do artigo 26º do CIMT, ou suspendendo-se o processo de liquidação, nos termos dos artigos 34º e 35º, ao prazo de prescrição acresce o tempo por que o desconhecimento ou a suspensão tiver durado.

4. Nos actos ou contratos por documento particular autenticado, ou qualquer outro título, quando essa forma seja admitida em alternativa à escritura pública, o prazo de prescrição do imposto conta-se a partir da data da promoção do registo predial.

(Redação dada pela Lei nº 64-A/2008, de 31-12)

CAPÍTULO VII – Garantias

Artigo 49º – Garantias

1. Às garantias dos sujeitos passivos aplicam-se, conforme a natureza das matérias, a LGT e o Código de Procedimento e de Processo Tributário (CPPT).

2. Aplica-se às liquidações do imposto previsto nas verbas 1.1 e 1.2 da tabela geral, com as necessárias adaptações, o disposto nos artigos 41º a 47º do CIMT.

3. *(Revogado.)*

4. Nas transmissões gratuitas, os prazos de reclamação e de impugnação contam-se a partir do termo do prazo para pagamento voluntário da primeira ou da única prestação do imposto.

5. Os sujeitos passivos referidos no nº 1 do artigo 2º e os titulares do encargo resultante das liquidações de imposto por aqueles efetuadas podem apresentar reclamação nos termos do nº 1 do artigo 131º do CPPT.

(Redação dada pela Lei nº 119/2019, de 18-09)

Artigo 50º – Restituição do imposto

(Revogado pela Lei nº 64-B/2011, de 30-12)

Artigo 51º – Compensação do imposto

(Revogado pela Lei nº 119/2019, de 18-09)

CAPÍTULO VIII – Obrigações acessórias e fiscalização

SECÇÃO I – Regras gerais

SUBSECÇÃO I – Obrigações dos sujeitos passivos

Artigo 52º – Declaração anual

1. Os sujeitos passivos do imposto referidos no nº 1 do artigo 2º, ou os seus representantes legais, são obrigados a enviar anualmente, por transmissão eletrónica de dados, declaração discriminativa do imposto do selo liquidado e do valor das operações e dos atos realizados isentos deste imposto, segundo a verba aplicável da tabela.

2. A declaração a que se refere o número anterior é de modelo oficial e constitui um anexo da declaração anual de informação contabilística e fiscal prevista no artigo 113º do Código do IRC e no artigo 113º do Código do IRS, devendo ser apresentada nos prazos aí previstos.

3. Os sujeitos passivos a que seja aplicável o regime de normalização contabilística para microentidades ficam dispensados da apresentação da declaração referida no número anterior.

4. Sempre que aos serviços da administração fiscal se suscitem dúvidas sobre quaisquer elementos constantes das declarações, notificarão os sujeitos passivos para prestarem por escrito, no prazo que lhes for fixado, nunca inferior a 10 dias, os esclarecimentos necessários.

(Redação dada pelo Decreto-Lei nº 41/2016, de 01-08)

Artigo 52º-A – Declaração mensal de imposto do selo

1. Os sujeitos passivos referidos no nº 1 do artigo 2º são obrigados a apresentar declaração discriminativa, por verba aplicável da Tabela Geral, com:

a) O valor tributável das operações e factos sujeitos a imposto do selo;

b) O valor do imposto liquidado, identificando os titulares do encargo;

c) As normas legais ao abrigo das quais foram reconhecidas isenções, identificando os respetivos beneficiários;

d) *(Revogada).*

2. A declaração a que se refere o número anterior é de modelo oficial devendo ser apresentada, por via eletrónica, no prazo previsto no nº 1 do artigo 44º, através de modelo oficial, nos termos a regulamentar por portaria do membro do Governo responsável pela área das finanças.

3. Quaisquer alterações aos elementos declarados anteriormente devem ser efetuadas através da apresentação de declaração de substituição relativamente ao período a que aqueles se reportam, nos termos e condições seguintes:

a) Sem prejuízo da responsabilidade contraordenacional que ao caso couber, quando da alteração resulte imposto superior ao anteriormente declarado, ainda que fora do prazo legalmente estabelecido;

b) Quando da alteração resulte imposto inferior ao anteriormente declarado, no prazo de um ano contado a partir da data prevista no nº 2, ou até à data de conclusão de procedimento inspetivo, consoante o que ocorrer primeiro.

4. Da apresentação das declarações de substituição não pode resultar a ampliação dos prazos de reclamação graciosa, impugnação judicial ou revisão do ato tributário, que seriam aplicáveis caso não tivessem sido apresentadas.

5. Quando da alteração resulte imposto inferior ao anteriormente declarado, o reembolso é efetuado até ao fim do 2º mês seguinte ao da submissão da declaração de substituição prevista na alínea *b)* do nº 3, desde que a mesma tenha sido submetida dentro do prazo legal e não contenha erros de preenchimento.

(Redação dada pela Lei nº 119/2019, de 18-09)

Artigo 53º – Obrigações contabilísticas

1. As entidades obrigadas a possuir contabilidade organizada nos termos dos Códigos do IRS e do IRC devem organizá-la de modo a possibilitar o conhecimento claro e inequívoco dos elementos necessários à verificação do imposto do selo liquidado, bem como a permitir o seu controlo.

2. Para cumprimento do disposto no nº 1, são objecto de registo as operações e os actos realizados sujeitos a imposto do selo.

3. O registo das operações e actos a que se refere o número anterior é efectuado de forma a evidenciar:

a) O valor das operações e dos actos realizados sujeitos a imposto, segundo a verba aplicável da Tabela;

b) O valor das operações e dos actos realizados isentos de imposto, segundo a verba aplicável da Tabela;

c) O valor do imposto liquidado, segundo a verba aplicável da Tabela;

d) O valor do imposto compensado.

4. As entidades que, nos termos dos Códigos do IRC e do IRS, não estejam obrigadas a possuir contabilidade organizada, bem como os serviços públicos, quando obrigados à liquidação e entrega do imposto nos cofres do Estado, devem possuir registos adequados ao cumprimento do disposto no nº 3.

5. Os documentos de suporte aos registos referidos neste artigo e os documentos comprovativos do pagamento do imposto serão conservados em boa ordem durante o prazo de 10 anos.

Artigo 54º – Relação de cheques e vales do correio passados ou de outros títulos

As entidades que passem cheques e vales de correio, ou outros títulos a definir por despacho do Ministro das Finanças, devem remeter aos serviços regionais da administração fiscal da respectiva área, até ao último dia do mês de Março de cada ano, relação do número de cheques e vales de correio, ou dos outros títulos acima definidos, passados no ano anterior.

Artigo 55º – Elaboração de questionários

Os serviços da administração fiscal poderão enviar às pessoas singulares ou colectivas e aos serviços públicos questionários quanto a dados e factos de carácter específico relevantes para o controlo do imposto, que devem ser devolvidos, depois de preenchidos e assinados, no prazo que lhes for assinalado, o qual não poderá ser inferior a 10 dias úteis, aplicando-se o Regime Complementar de Inspecção Tributária.

SUBSECÇÃO II – Obrigações de entidades públicas e privadas

Artigo 56º – Declaração anual das entidades públicas

Os serviços, estabelecimentos e organismos do Estado, das Regiões Autónomas e das autarquias locais, incluindo os dotados de autonomia administrativa ou financeira e, ainda que personalizados, as associações e federações de municípios, bem como outras pessoas coletivas de direito público, as pessoas coletivas de utilidade pública, as instituições particulares de solidariedade social e as empresas públicas enviam à Autoridade Tributária e Aduaneira, por transmissão eletrónica de dados, a declaração a que se refere o artigo 52º

(Redação dada pelo Decreto-Lei nº 41/2016, de 01-08)

Artigo 56º-A – Declaração mensal das entidades públicas

As entidades referidas no artigo anterior ficam também obrigadas a apresentar à Autoridade Tributária e Aduaneira a declaração a que se refere o artigo 52º-A no prazo e condições aí definidos.

(Aditado pela Lei nº 114/2017, de 29-12)

Artigo 57º – Obrigações dos tribunais

Quando, em processo judicial, se mostre não terem sido cumpridas quaisquer obrigações previstas no presente Código directa ou indirectamente relacionadas com a causa, deve o secretário judicial, no prazo de 10 dias, comunicar a infracção ao serviço de finanças da área da ocorrência do facto tributário, para efeitos da aplicação do presente Código.

Artigo 58º – Títulos de crédito passados no estrangeiro

Os títulos de crédito passados no estrangeiro não podem ser sacados, aceites, endossados, pagos ou por qualquer modo negociados em território nacional sem que se mostre pago o respectivo imposto.

Artigo 59º – Legalização dos livros

(Revogado pela Lei nº 3-B/2010, de 28-04)

Artigo 60º – Contratos de arrendamento

1. Os locadores e sublocadores comunicam à Autoridade Tributária e Aduaneira os contratos de arrendamento, subarrendamento e respetivas promessas, bem como as suas alterações e cessação.

2. A comunicação referida no número anterior é efetuada até ao fim do mês seguinte ao do início do arrendamento, do subarrendamento, das alterações, da cessação ou, no caso de promessa, da disponibilização do bem locado, em declaração de modelo oficial, nos termos a regulamentar por portaria do membro do Governo responsável pela área das finanças.

3. *(Revogado.)*

4. A comunicação a que se referem os números anteriores considera-se submetida no serviço de finanças da área da situação do prédio.

(Redação dada pela Lei nº 82-B/2014, de 31-12)

SECÇÃO II – Nas transmissões gratuitas

Artigo 61º – Obrigações dos serviços de informática tributária

Os serviços de informática tributária disponibilizam aos serviços de finanças competentes para a liquidação informação sobre os óbitos ocorridos.

Artigo 62º – Participação de inventário judicial

1. Quando houver inventário, o tribunal remeterá, em duplicado, ao serviço de finanças competente, no prazo de 30 dias contados da data da sentença que julgou definitivamente as partilhas, uma participação circunstanciada contendo o nome do inventariado e os do cabeça-de-casal, herdeiros e legatários, respectivo grau de parentesco ou vínculo de adopção e bens que ficaram pertencendo a cada um, com a especificação do seu valor.

2. Se o inventário for arquivado antes da conclusão, é este facto comunicado ao serviço de finanças no prazo de oito dias.

3. A participação ou comunicação é junta ao processo.

Artigo 63º – Obrigações de fiscalização

1. São aplicáveis a este imposto, na parte referente às transmissões gratuitas, com as necessárias adaptações, as disposições contidas nos artigos 48º a 54º do CIMT.

2. Para efeitos do cumprimento das obrigações previstas no número anterior, o imposto do selo sobre as transmissões gratuitas de bens imóveis considera-se assegurado, desde que esteja instaurado o processo referido no nº 2 do artigo 27º e dele constem todos os imóveis transmitidos.

(Redação dada pelo Decreto-Lei nº 211/2005, de 07-12)

Artigo 63º-A – Levantamento de valores

1. Nenhuma pessoa singular ou coletiva pode autorizar o levantamento de quaisquer depósitos de valores monetários, participações sociais, valores mobiliários, títulos e certificados de dívida pública que lhe tenham sido confiados, que hajam constituído objeto de uma transmissão gratuita, por ela de qualquer forma conhecida, sem que se mostre pago o imposto do selo relativo a esses bens, ou, verificando-se qualquer isenção, sem que se mostre cumprida a respetiva obrigação declarativa a que se refere o nº 2 do artigo 26º

2. A inobservância do disposto no número anterior importará a responsabilidade solidária da pessoa singular ou colectiva pelo pagamento do imposto, bem como a dos administradores, directores ou gerentes desta última que tomaram ou sancionaram a decisão.

(Redação dada pelo Decreto-Lei nº 41/2016, de 01-08)

CAPÍTULO IX – Disposições diversas

Artigo 64º – Cheques

1. A impressão dos cheques é feita pelas instituições de crédito para uso das entidades emitentes que nelas tenham disponibilidades, podendo as entidades privadas que não sejam instituições de crédito mandar imprimir os seus próprios cheques, por intermédio dessas instituições e de acordo com as normas aprovadas.

2. Os cheques são numerados por séries e, dentro destas, por números.

3. Em cada instituição de crédito, haverá um registo dos cheques impressos contendo número de série, número de cheques de cada série, total de cheques de cada impressão, data da recepção de cheques impressos, imposto do selo devido e data e local do pagamento.

Artigo 65º – Letras e livranças

1. As letras emitidas obedecerão aos requisitos previstos na lei uniforme relativa a letras e livranças.

2. O modelo das letras e livranças e suas características são estabelecidos em portaria do Ministro das Finanças.

3. As letras são editadas oficialmente ou, facultativamente, pelas empresas públicas e sociedades regularmente constituídas, desde que o número de letras emitidas durante o ano não seja inferior a 600.

4. Para efeitos da segunda parte do número anterior, podem as entidades nele referidas emitir letras no ano de início da sua actividade quando prevejam que o número de letras a emitir nesse ano será igual ou superior ao múltiplo do número de meses de calendário desde o início da actividade até ao final do ano por 50.

5. As letras editadas pelas empresas públicas e sociedades regularmente constituídas são impressas nas tipografias autorizadas para o efeito por despacho do Ministro das Finanças.

6. As letras referidas no número anterior contêm numeração sequencial impressa tipograficamente com uma ou mais séries, convenientemente referenciadas.

7. A aquisição das letras é efectuada mediante requisição de modelo oficial que contém a identificação fiscal da entidade adquirente, bem como da tipografia, ficando esta sujeita, relativamente ao registo e comunicação, às mesmas obrigações aplicáveis à impressão das facturas, com as adaptações necessárias.

8. As entidades que emitam letras e livranças devem possuir registo onde constem o número sequencial, a data de emissão e o valor da letra ou livrança, bem como o valor e a data de liquidação do imposto.

9. As letras editadas oficialmente são requisitadas nos serviços locais da administração fiscal ou noutros estabelecimentos que aquela autorize.

10. As livranças são exclusivamente editadas pelas instituições de crédito e sociedades financeiras.

Artigo 66º – Sociedade de capitais

(Revogado pela Lei nº 3-B/2010, de 28-04)

Artigo 67º – Matérias não reguladas

1. Às matérias não reguladas no presente Código aplica-se a LGT e, subsidiariamente, o disposto no Código do IRC.

2. *(Revogado.)*

(Redação dada pela Lei nº 42/2016, de 28-12)

Artigo 68º – Assinatura de documentos

1. As declarações, relações e comunicações são assinadas pelas entidades obrigadas à sua apresentação ou pelos seus representantes ou por gestor de negócios, devidamente identificados.

2. São recusadas as declarações, relações e comunicações que não se mostrem devidamente preenchidas e assinadas, sem prejuízo das sanções estabelecidas para a falta da sua apresentação.

Artigo 69º – Envio pelo correio

1. As declarações previstas neste Código, assim como quaisquer outros elementos declarativos ou informativos que devam ser enviados à administração fiscal, podem ser remetidas pelo correio.

2. No caso previsto no número anterior, a remessa deve ser efectuada de modo que a recepção ocorra dentro do prazo fixado, considerando-se cumprido o prazo desde que se prove que a remessa se fez com uma antecedência mínima de cinco dias ao do termo do prazo.

3. As declarações e elementos previstos no nº 1 poderão ser enviados por fax ou por correio electrónico, em termos a regulamentar por portaria do Ministro das Finanças.

Artigo 70º – Direito de preferência

1. Nos trespasses de estabelecimento comercial, industrial ou agrícola, se, por indicação inexacta de preço, ou simulação deste, o imposto do selo tiver sido liquidado por valor inferior ao devido, o Estado, as autarquias locais e demais pessoas colectivas de direito público poderão preferir na aquisição desde que assim o requeiram perante os tribunais comuns e provem que o valor por que o imposto deveria ter sido liquidado excede em 30% ou em € 5000, pelo menos, o valor sobre que incidiu.

2. Ao exercício do direito de preferência, aplica-se, com as necessárias adaptações, o disposto no artigo 55º do CIMT.

Artigo 70º-A – Desincentivo ao crédito ao consumo

Relativamente aos factos tributários ocorridos até 31 de dezembro de 2019, as taxas previstas nas verbas 17.2.1 a 17.2.4 são agravadas em 50%.

(Redação dada pela Lei nº 71/2018, de 31-12)

Tabela Geral do Imposto do Selo

1 – Aquisição de bens:

1.1 – Aquisição onerosa ou por doação do direito de propriedade ou de figuras parcelares desse direito sobre imóveis, bem como a resolução, invalidade ou extinção, por mútuo consenso, dos respectivos contratos – sobre o valor 0,8%

1.2 – Aquisição gratuita de bens, incluindo por usucapião, a acrescer, sendo caso disso, à da verba 1.1 – sobre o valor 10%

2 – Arrendamento e subarrendamento, incluindo as alterações que envolvam aumento de renda operado pela revisão de cláusulas contratuais e a promessa quando seguida da disponibilização do bem locado ao locatário – sobre a renda ou seu aumento convencional, correspondentes a um mês ou, tratando-se de arrendamentos por períodos inferiores a um mês, sem possibilidade de renovação ou prorrogação, sobre o valor da renda ou do aumento estipulado para o período da sua duração 10%

3 – *(Revogada.)*

4 – Cheques de qualquer natureza, passados no território nacional – por cada um € 0,05

5 – *(Revogada.)*

6 – *(Revogada.)*

7 – *(Revogada.)*

8 – *(Revogada.)*

9 – *(Revogada.)*

10 – Garantias das obrigações, qualquer que seja a sua natureza ou forma, designadamente o aval, a caução, a garantia bancária autónoma, a fiança, a hipoteca, o penhor e o seguro-caução, salvo quando materialmente acessórias de contratos especialmente tributados na presente Tabela e sejam constituídas simultaneamente com a obrigação garantida, ainda que em instrumento ou título diferente – sobre o respectivo valor, em função do prazo, considerando-se sempre como nova operação a prorrogação do prazo do contrato:

10.1 – Garantias de prazo inferior a um ano – por cada mês ou fracção 0,04%

10.2 – Garantias de prazo igual ou superior a um ano 0,5%

10.3 – Garantias sem prazo ou de prazo igual ou superior a cinco anos 0,6%

11 – Jogo:

11.1 – Apostas de jogos não sujeitos ao regime dos impostos especiais sobre o jogo, designadamente, as representadas por bilhetes, boletins, cartões, matrizes, rifas ou tômbolas – sobre o respetivo valor:

11.1.1 – Apostas mútuas 25%

11.1.2 – Outras apostas 25%

11.2 – Os prémios do bingo, com exceção dos prémios do bingo online, de rifas e do jogo do loto, bem como de quaisquer sorteios ou concursos, com exceção dos prémios dos jogos sociais previstos na verba nº 11.3 da presente Tabela – sobre o valor ilíquido, acrescendo 10% quando atribuídos em espécie:

11.2.1 – Do bingo 25%

11.2.2 – Dos restantes 35%

11.3 – Jogos sociais do Estado: incluídos no preço de venda da aposta 4,5%

11.4 – Jogos sociais do Estado: sobre a parcela do prémio que exceder € 5.000 .... 20%

12 – *(Revogada.)*

13 – *(Revogada.)*

14 – *(Revogada.)*

15 – *(Revogada.)*

16 – *(Revogada.)*

17 – Operações financeiras:

17.1 – Pela utilização de crédito, sob a forma de fundos, mercadorias e outros valores, em virtude da concessão de crédito a qualquer título excepto nos casos referidos na verba 17.2, incluindo a cessão de créditos, o *factoring* e as operações de tesouraria quando envolvam qualquer tipo de financiamento ao cessionário, aderente ou devedor, considerando-se, sempre, como nova concessão de crédito a prorrogação do prazo do contrato – sobre o respectivo valor, em função do prazo:

17.1.1 – Crédito de prazo inferior a um ano – por cada mês ou fracção 0,04%

17.1.2 – Crédito de prazo igual ou superior a um ano 0,5%

17.1.3 – Crédito de prazo igual ou superior a cinco anos 0,6%

17.1.4 – Crédito utilizado sob a forma de conta corrente, descoberto bancário ou qualquer outra forma em que o prazo de utilização não seja determinado ou determinável, sobre a média mensal obtida através da soma dos saldos em dívida apurados diariamente, durante o mês, divididos por 30 .... 0,04%

17.2 – Pela utilização de crédito em virtude da concessão de crédito no âmbito de contratos de crédito a consumidores abrangidos pelo Decreto-Lei nº 133/2009, de 2 de Junho, considerando-se, sempre, como nova concessão de crédito a prorrogação do prazo do contrato – sobre o respectivo valor, em função do prazo:

17.2.1 – Crédito de prazo inferior a um ano – por cada mês ou fração 0,128%

17.2.2 – Crédito de prazo igual ou superior a um ano 1,6%

17.2.3 – Crédito de prazo igual ou superior a cinco anos 1,6%

17.2.4 – Crédito utilizado sob a forma de conta-corrente, descoberto bancário ou qualquer outra forma em que o prazo de utilização não seja determinado ou determinável, sobre a média mensal obtida através da soma dos saldos em dívida apurados diariamente, durante o mês, divididos por 30 ....0,128%

17.3 – Operações realizadas por ou com intermediação de instituições de crédito, sociedades financeiras ou outras entidades a elas legalmente equiparadas e quaisquer outras instituições financeiras – sobre o valor cobrado:

17.3.1 – Juros por, designadamente, desconto de letras e bilhetes do Tesouro, por empréstimos, por contas de crédito e por crédito sem liquidação 4%

17.3.2 – Prémios e juros por letras tomadas, de letras a receber por conta alheia, de saques emitidos sobre praças nacionais ou de quaisquer transferências 4%

17.3.3 – Comissões por garantias prestadas 3%

17.3.4 – Outras comissões e contraprestações por serviços financeiros, incluindo as taxas relativas a operações de pagamento baseadas em cartões 4%

18 – Precatórios ou mandados para levantamento e entrega de dinheiro ou valores existentes – sobre a importância a levantar ou a entregar 0,5%

19 – *(Revogada.)*

20 – *(Revogada.)*

21 – Reporte – sobre o valor do contrato 0,5%

22 – Seguros:

22.1 – Apólices de seguros – sobre a soma do prémio do seguro, do custo da apólice e de quaisquer outras importâncias que constituam receita das empresas seguradoras, cobradas juntamente com esse prémio ou em documento separado:

22.1.1 – Seguros do ramo «Caução» 3%

22.1.2 – Seguros dos ramos «Acidentes», «Doenças» e «Crédito» e das modalidades de seguro «Agrícola e pecuário» 5%

22.1.3 – Seguros do ramo «Mercadorias transportadas» 5%

22.1.4 – Seguros de «Embarcações» e de «Aeronaves» 5%

22.1.5 – Seguros de quaisquer outros ramos 9%

22.2 – Comissões cobradas pela actividade de mediação sobre o respectivo valor líquido de imposto do selo 2%

23 – Títulos de crédito:

23.1 – Letras – sobre o respectivo valor, com o mínimo de € 1 .... 0,5%

23.2 – Livranças – sobre o respectivo valor, com o mínimo de € 1 .... 0,5%

23.3 – Ordens e escritos de qualquer natureza, com exclusão dos cheques, nos quais se determine pagamento ou entrega de dinheiro com cláusula à ordem ou à disposição, ainda que sob a forma de correspondência – sobre o respectivo valor, com o mínimo de € 1 .... 0,5%

23.4 – Extractos de facturas e facturas conferidas – sobre o respectivo valor, com o mínimo de € 0,5 .... 0,5%

24 – *(Revogada.)*

25 – *(Revogada.)*

26 – *(Revogada.)*

27 – Transferências onerosas de actividades ou de exploração de serviços:

27.1 – Trespasses de estabelecimento comercial, industrial ou agrícola – sobre o seu valor 5%

27.2 – Subconcessões e trespasses de concessões feitos pelo Estado, pelas Regiões Autónomas ou pelas autarquias locais para exploração de empresas ou de serviços de qualquer natureza, tenha ou não principiado a exploração sobre o seu valor 5%

28 – *(Revogada.)*

29 – Valor líquido global dos organismos de investimento coletivo abrangidos pelo artigo 22º do EBF:

29.1 – Organismos de investimento coletivo que invistam, exclusivamente, em instrumentos do mercado monetário e depósitos – sobre o referido valor, por cada trimestre 0,0025%

29.2 – Outros organismos de investimento coletivo – sobre o referido valor, por cada trimestre 0,0125%

(Redação dada pela Lei nº 119/2019, de 18-09)

Código dos Impostos Especiais de Consumo

Decreto-Lei nº 73/2010, de 21 de Junho

A simplificação e a desburocratização constituem um dos objectivos a prosseguir pelo Governo em todas as áreas das políticas públicas.

O Programa do XVIII Governo considera que o cumprimento das obrigações fiscais se deve pautar por princípios de economia de custos, acessibilidade, simplicidade e celeridade de resposta.

Por isso também no domínio fiscal se aposta na utilização das novas tecnologias como meio para desburocratizar e simplificar, substituindo-se as vistorias e condicionamentos prévios para a constituição dos entrepostos fiscais por acções sistemáticas de fiscalização *a posteriori* e mecanismos de responsabilização efectiva dos operadores.

No seguimento destas orientações, o novo Código dos Impostos Especiais de Consumo (CIEC) clarifica as regras de tributação e procede à simplificação das normas e procedimentos relativos ao acompanhamento da circulação dos produtos sujeitos a imposto, bem como da autorização dos entrepostos fiscais previstos no CIEC.

Trata-se, em grande medida, de dar continuidade ao esforço de simplificação também desenvolvido ao nível da União Europeia, no que, em particular, respeita a impostos harmonizados pelo Direito Comunitário, no caso, aos impostos especiais de consumo incidentes sobre o álcool e bebidas alcoólicas, os produtos petrolíferos e energéticos e os tabacos manufacturados. Esta harmonização jurídica, inicialmente decorrente da Directiva nº 92/12/CEE, do Conselho, de 25 de Fevereiro, surge agora fundada na Directiva nº 2008/118/CE, de 16 de Dezembro, relativa ao regime geral dos impostos especiais de consumo, que revoga a Directiva nº 92/12/CEE, e cuja transposição para o ordenamento jurídico nacional importa promover.

A perspectiva central das alterações ora promovidas foi, sobretudo, a de uma maior simplificação e desburocratização dos procedimentos aplicáveis, dispensando os operadores económicos de intervenções evitáveis ou não imprescindíveis.

Aproveitou-se também para contemplar no texto normativo, enquanto princípio legitimador destes impostos, o princípio da equivalência, distinto do da capacidade contributiva, e que dita a respectiva adequação ao custo provocado pelos contribuintes nos domínios da saúde pública ou do ambiente.

Quanto às inovações em concreto, o CIEC, mantendo inalterada a estrutura dos impostos especiais de consumo, introduz novos conceitos, define novos sujeitos passivos do imposto, o destinatário registado, o destinatário registado temporário e o expedidor registado, e clarifica, entre outros aspectos, as condições de exigibilidade do imposto e o momento da introdução no consumo.

Das novas regras consagradas, assume particular relevância a adopção do sistema informatizado dos movimentos e dos controlos dos produtos sujeitos a impostos especiais de consumo (EMCS), que habilita os operadores nacionais na área dos impostos especiais de consumo a proceder quer à expedição quer à recepção de produtos originários ou destinados a outro Estado membro da União Europeia, tendo por base um relacionamento com as autoridades aduaneiras integralmente desmaterializado.

Com efeito, o novo sistema, por oposição ao sistema em suporte de papel, desmaterializa, simplifica e abrevia as formalidades necessárias ao controlo do imposto, facilitando o acompanhamento da circulação daqueles produtos em regime de suspensão do imposto.

Implementa-se, assim, o enquadramento legal de suporte que legitima os procedimentos inerentes a uma ligação permanente com todos os outros Estados membros, num único sistema electrónico para os movimentos de produtos sujeitos a impostos especiais de consumo célere e eficaz, abrindo novas oportunidades aos operadores nacionais, que passam a utilizar um sistema inovador, proporcionando transacções seguras, rápidas e de fácil utilização.

Na sistematização do CIEC mantém-se a divisão entre uma parte geral, compreendendo disposições aplicáveis a todos os impostos especiais de consumo, e uma parte especial, dividida em capítulos respeitantes a cada um deles.

No que respeita às soluções substantivas do CIEC, no capítulo dos princípios e regras gerais, são introduzidos novos conceitos e definições, clarificando-se, por exemplo, as situações de exigibilidade do imposto, o sujeito passivo e o momento da introdução no consumo.

No segundo capítulo, relativo à liquidação, pagamento e reembolso, são igualmente aperfeiçoadas as regras relativas aos reembolsos, prevendo-se o reembolso por inutilização e perda irreparável, o alargamento do prazo de reembolso no caso de devolução de produtos por razões de natureza comercial.

No terceiro capítulo, relativo à produção, transformação e armazenagem em regime de suspensão, definem-se e caracterizam-se novas figuras estatutárias, como seja o destinatário registado, o destinatário registado temporário e o expedidor registado. Este último, sem precedentes jurídicos, quer nacionais quer comunitários, permite que a circulação dos produtos, em regime de suspensão do imposto, se efectue do seu local de importação para destinos autorizados, prevendo-se que as respectivas regras entrem plenamente em vigor a 1 de Janeiro de 2011.

No que toca às regras de circulação previstas no quarto capítulo, houve sobretudo a preocupação de clarificar a distinção entre a circulação em regime de suspensão do imposto e a circulação com imposto pago noutro Estado membro, bem como de introduzir maior precisão nas regras relativas às provas alternativas para o apuramento do regime de circulação.

O quinto capítulo traz à matéria das perdas um quadro clarificador das situações, causas e limites relativamente aos quais o imposto não é exigível, bem como das perdas tributáveis, simplificando-se os procedimentos aplicáveis.

É a mesma preocupação que se tem ao disciplinar, no sexto capítulo, a matéria das garantias, no âmbito do qual assume particular relevância o seu ajuste e alteração, de modo a permitir maior flexibilidade e ponderação na fixação das mesmas.

Na parte especial do CIEC, e no que respeita ao imposto sobre o álcool e bebidas alcoólicas, disciplinado no primeiro capítulo, as alterações efectuadas visam estabelecer novos condicionalismos e regras de controlo ao nível das pequenas destilarias, as quais gozam de um regime especial, da desnaturação do álcool, quer para fins terapêuticos e sanitários quer para fins industriais, da armazenagem de produtos vitivinícolas, quer em entrepostos fiscais de produção, quer de armazenagem.

No tocante ao imposto sobre os produtos petrolíferos e energéticos, disciplinado pelo segundo capítulo, procede-se à actualização das referências legais e aperfeiçoa-se a linguagem jurídica, simplificando ainda as regras e obrigações que impendem sobre os operadores económicos. Além disto, devolve-se ao CIEC a fixação dos intervalos das taxas do imposto sobre os produtos petrolíferos e energéticos, solução originariamente empregue pelo Código de 1999, e que maior clareza traz à leitura e interpretação do presente decreto-lei.

Quanto ao imposto sobre o tabaco, de que cuida o terceiro capítulo, o esforço principal foi feito na simplificação das regras respeitantes à comercialização dos produtos de tabaco, clarificando-se ainda as disposições relativas à detenção dos mesmos produtos, e procedendo-se a uma vasta actualização da redacção das normas legais.

Tendo em vista permitir a adaptação ao novo sistema informatizado dos movimentos e dos controlos dos produtos sujeitos a impostos especiais de consumo, é previsto um período transitório durante o qual a circulação pode prosseguir ao abrigo das formalidades estabelecidas pelo Código dos Impostos Especiais de Consumo, aprovado pelo Decreto-Lei nº 566/99, de 22 de Dezembro.

Por outro lado, são introduzidas as necessárias alterações ao Regime Geral das Infracções Tributárias, aprovado pela Lei nº 15/2001, de 5 de Junho, visando adequá-lo às regras previstas no presente decreto-lei.

Assim:

No uso da autorização legislativa concedida pelo artigo 130º da Lei nº 3-B/2010, de 28 de Abril, e nos termos das alíneas *a*) e *b*) do nº 1 do artigo 198º da Constituição, o Governo decreta o seguinte:

Artigo 1º – Objecto

1. É aprovado o Código dos Impostos Especiais de Consumo (CIEC), publicado em anexo ao presente decreto-lei, do qual faz parte integrante.

2. O presente decreto-lei transpõe para a ordem jurídica interna a Directiva nº 2008/118/CE, do Conselho, de 16 de Dezembro, relativa ao regime geral dos impostos especiais de consumo e que revoga a Directiva nº 92/12/CEE, do Conselho, de 25 de Fevereiro.

Artigo 2º – Depositários autorizados e operadores registados

1. Os depositários autorizados cujos entrepostos fiscais foram autorizados ao abrigo do Código dos Impostos Especiais de Consumo, aprovado pelo Decreto-Lei nº 566/99, de 22 de Dezembro, mantêm, sem demais formalidades, o respectivo estatuto, sem prejuízo das disposições que lhes sejam directamente aplicáveis por força do CIEC.

2. Os operadores registados cujas autorizações foram concedidas ao abrigo do Código dos Impostos Especiais de Consumo, aprovado pelo Decreto-Lei nº 566/99, de 22 de Dezembro, adquirem, sem demais formalidades, o estatuto de destinatário registado, previsto no artigo 26º do CIEC.

3. Não adquirem o estatuto de destinatário registado os operadores registados que entreguem declaração expressa em contrário no prazo de três meses a contar da data de entrada em vigor do presente decreto-lei, sem prejuízo das disposições que lhes sejam directamente aplicáveis por força do CIEC.

Artigo 3º – Alteração ao Regime Geral das Infracções Tributárias

O artigo 109º do Regime Geral das Infracções Tributárias (RGIT), aprovado pela Lei nº 15/2001, de 5 de Junho, passa a ter a seguinte redacção:

(Alterações inseridas no local próprio)

Artigo 4º – Desmaterialização de actos e de procedimentos

1. Os pedidos, comunicações e notificações entre os interessados e outros intervenientes nos procedimentos previstos no CIEC devem ser efectuados por transmissão electrónica.

2. O disposto no número anterior produz efeitos a partir de 1 de Janeiro de 2012, devendo até essa data assegurar-se a possibilidade de os pedidos, comunicações e notificações se realizarem através de endereço de correio electrónico único, criado para o efeito, e indicado no sítio da Internet da Direcção-Geral das Alfândegas e dos Impostos Especiais sobre o Consumo.

Artigo 5º – Norma transitória

As disposições regulamentares do Código dos Impostos Especiais de Consumo, aprovado pelo Decreto-Lei nº 566/99, de 22 de Dezembro, constantes de portaria ou de despacho ministerial mantêm-se em vigor até à entrada em vigor da regulamentação prevista no CIEC.

Artigo 6º – Referências legislativas

Consideram-se feitas para as disposições correspondentes do CIEC todas as referências ou remissões efectuadas em legislação tributária ou outra, bem como em normas regulamentares, para as disposições do Código dos Impostos Especiais de Consumo, aprovado pelo Decreto-Lei nº 566/99, de 22 de Dezembro.

Artigo 7º – Norma revogatória

1. É revogado o Decreto-Lei nº 566/99, de 22 de Dezembro.

2. Exceptuam-se do disposto no número anterior os artigos 32º a 36º do Código dos Impostos Especiais de Consumo, aprovado pelo Decreto-Lei nº 566/99, de 22 de Dezembro, os quais se mantêm em vigor até 31 de Dezembro de 2010, quando esteja em causa:

a) A circulação, exclusivamente no território nacional ou a expedição com destino a outro Estado membro, de produtos sujeitos a impostos especiais de consumo, em regime de suspensão do imposto;

b) A recepção de produtos sujeitos a impostos especiais de consumo, em regime de suspensão do imposto, expedidos de outro Estado membro, no caso de expedições efectuadas a coberto das formalidades previstas no nº 6 do artigo 15º e no artigo 18º da Directiva nº 92/12/CEE, do Conselho, de 25 de Fevereiro.

3. São revogadas as alínea *g*), *i*) e *j*) do nº 2 do artigo 109º do RGIT, aprovado pela Lei nº 15/2001, de 5 de Junho.

Artigo 8º – Entrada em vigor

1. O presente decreto-lei entra em vigor 30 dias após a sua publicação.

2. As disposições relativas ao expedidor registado, a que se refere o artigo 31º do CIEC, entram em vigor a 1 de Janeiro de 2011.

Visto e aprovado em Conselho de Ministros de 6 de Maio de 2010. – *José Sócrates Carvalho Pinto de Sousa – Luís Filipe Marques Amado – Fernando Teixeira dos Santos – José António Fonseca Vieira da Silva – António Manuel Soares Serrano – António Augusto da Ascenção Mendonça – Dulce dos Prazeres Fidalgo Álvaro Pássaro – Ana Maria Teodoro Jorge.*

Promulgado em 11 de Junho de 2010.

Publique-se.

O Presidente da República, ANÍBAL CAVACO SILVA.

Referendado em 14 de Junho de 2010.

O Primeiro-Ministro, *José Sócrates Carvalho Pinto de Sousa.*

Código dos Impostos Especiais de Consumo

PARTE I – PARTE GERAL

CAPÍTULO I – Princípios e regras gerais

Artigo 1º – Objecto

O presente Código dos Impostos Especiais de Consumo (Código) estabelece o regime dos impostos especiais de consumo, considerando-se como tais:

a) O imposto sobre o álcool, as bebidas alcoólicas e as bebidas adicionadas de açúcar ou outros edulcorantes (IABA);

b) O imposto sobre os produtos petrolíferos e energéticos (ISP);

c) O imposto sobre o tabaco (IT).

(Redação dada pela Lei nº 42/2016, de 28-12)

Artigo 2º – Princípio da equivalência

Os impostos especiais de consumo obedecem ao princípio da equivalência, procurando onerar os contribuintes na medida dos custos que estes provocam nos domínios do ambiente e da saúde pública, em concretização de uma regra geral de igualdade tributária.

Artigo 3º – Âmbito de aplicação territorial

1. As disposições do Código aplicam-se no território nacional, entendendo-se como tal o território historicamente definido no continente europeu e os arquipélagos dos Açores e da Madeira, bem como o mar territorial e a sua zona contígua, nos termos da lei aplicável.

2. Com exceção das bebidas não alcoólicas, as disposições relativas à circulação e ao controlo dos produtos sujeitos a impostos especiais de consumo, previstas no presente Código, são igualmente aplicáveis aos movimentos que se iniciam em território nacional com destino a um outro Estado membro, e vice-versa, incluindo os seguintes territórios:

a) Principado do Mónaco;

b) San Marino;

c) Zonas de soberania do Reino Unido em Akrotiri e Dhekelia;

d) Ilha de Man;

e) Jungholz e Mittelberg (Kleines Walsertal).

3. As disposições relativas à circulação e ao controlo dos produtos sujeitos a impostos especiais de consumo previstas no presente Código não são aplicáveis aos movimentos entre o território nacional e os seguintes territórios terceiros e vice-versa:

a) Ilhas Canárias;

b) Territórios da República Francesa referidos no artigo 349º e no nº 1 artigo 355º do Tratado sobre o Funcionamento da União Europeia;

c) Ilhas Åland;

d) Ilhas Anglo-Normandas;

e) Ilha de Heligoland;

f) Território de Büsingen;

g) Ceuta;

h) Melilha;

i) Livigno;

j) Campione d'Italia;

l) Águas italianas do lago Lugano.

4. À entrada e à saída de produtos sujeitos a impostos especiais de consumo provenientes ou destinados a um dos territórios referidos no número anterior são aplicáveis, respectivamente, as formalidades estabelecidas pelas disposições aduaneiras comunitárias para a entrada e a saída de produtos no território aduaneiro da Comunidade.

(Redação dada pela Lei nº 42/2016, de 28-12)

Artigo 4º – Incidência subjectiva

1. São sujeitos passivos de impostos especiais de consumo:

a) O depositário autorizado e o destinatário registado;

b) No caso de fornecimento de eletricidade ao consumidor final, os comercializadores, definidos em legislação própria, os comercializadores para a mobilidade elétrica, os produtores que vendam eletricidade diretamente aos consumidores finais, os autoprodutores e os consumidores que comprem eletricidade através de operações em mercados organizados;

c) No caso de fornecimento de gás natural ao consumidor final, os comercializadores de gás natural, definidos em legislação própria.

2. São também sujeitos passivos, sem prejuízo de outros especialmente determinados no presente Código:

a) A pessoa que declare os produtos ou por conta da qual estes sejam declarados, no momento e em caso de importação;

b) O arrematante, em caso de venda judicial ou em processo administrativo;

c) Qualquer outra pessoa, além do depositário autorizado, envolvida em saída irregular do entreposto fiscal ou que retire ou por conta da qual sejam retirados os produtos;

d) O depositário autorizado, o expedidor registado ou qualquer outra pessoa que se tenha constituído garante da operação de circulação, ou todas as pessoas que tenham participado na saída irregular ou que tenham tido conhecimento da natureza irregular da mesma, em caso de irregularidade durante a circulação em regime de suspensão do imposto;

e) A pessoa que detenha os produtos sujeitos a imposto ou qualquer outra pessoa envolvida na sua detenção, em caso de detenção irregular;

f) A pessoa responsável pela produção, ou qualquer outra pessoa envolvida na sua produção, em caso de produção irregular;

g) Qualquer pessoa envolvida na entrada irregular dos produtos no território nacional;

h) As pessoas singulares ou colectivas que introduzam no consumo, vendam ou utilizem produtos sujeitos a imposto, nas demais situações de irregularidade.

3. Quando vários devedores respondam pela mesma dívida de imposto, ficam obrigados ao pagamento dessa dívida a título solidário.

(Redação dada pela Lei nº 66-B/2012, de 31-12)

Artigo 5º – Incidência objectiva

1. Os impostos especiais de consumo referidos no artigo 1º incidem sobre os produtos definidos na parte especial do presente Código.

2. Sempre que seja relevante para a determinação da incidência objectiva dos impostos especiais de consumo, são de aplicar os critérios estabelecidos para a classificação de mercadorias na Nomenclatura Combinada instituída pelo Regulamento (CEE) nº 2658/ /87, de 23 de Julho, e respectivas actualizações e as regras gerais para a interpretação desta Nomenclatura, as notas das secções e capítulos da mesma, as notas explicativas do Sistema Harmonizado de Designação e Codificação de Mercadorias do Conselho de Cooperação Aduaneira, os critérios de classificação adoptados pelo dito Conselho e as notas explicativas da Nomenclatura Combinada da Comunidade Europeia.

Artigo 6º – Isenções comuns

1. Os produtos sujeitos a impostos especiais de consumo estão destes isentos sempre que se destinem:

a) A ser utilizados no âmbito das relações diplomáticas ou consulares;

b) A organismos internacionais reconhecidos como tal pelo Estado Português, bem como aos membros desses organismos, dentro dos limites e nas condições fixadas pelas convenções internacionais que criam esses organismos ou pelos acordos de sede;

c) Às forças de outros Estados que sejam Partes no Tratado do Atlântico Norte para uso dessas forças ou dos civis que as acompanhem ou para o abastecimento das suas messes ou cantinas, excluindo os membros dessa força que tenham nacionalidade portuguesa;

d) A ser consumidos no âmbito de um acordo concluído com países terceiros ou com organismos internacionais, desde que esse acordo seja admitido ou autorizado em matéria de isenção do imposto sobre o valor acrescentado;

e) A ser expedidos ou exportados;

f) A ser consumidos como abastecimentos, sem prejuízo dos limites e condições fixados no nº 3 para as provisões de bordo.

2. As Forças Armadas e organismos referidos no número anterior estão autorizados a receber produtos sujeitos a impostos especiais de consumo provenientes de outros Estados membros, em regime de suspensão do imposto, a coberto do documento administrativo eletrónico previsto no artigo 36º, desde que os produtos sejam acompanhados pelo certificado de isenção previsto no anexo II ao Regulamento de Execução (UE) nº 282/2011, do Conselho, de 15 de março.

3. A isenção estabelecida na alínea *f*) do nº 1 depende da verificação cumulativa das seguintes condições:

a) Que os produtos se destinem a consumo de bordo de embarcações ou aeronaves que operem a partir de portos ou aeroportos nacionais;

b) Que o referido consumo se faça fora do espaço fiscal português;

c) Que os produtos fornecidos sejam conservados em compartimento selado pela estância aduaneira competente nos termos da legislação aplicável;

d) Que os produtos fornecidos se limitem às quantidades fixadas no número seguinte.

4. Para efeitos da alínea *d*) do número anterior os produtos fornecidos devem limitar-se, por pessoa e dia de viagem, às seguintes quantidades:

a) 2 maços de cigarros, 10 cigarrilhas, 3 charutos ou 40 g de tabaco para fumar, não sendo estas quantidades cumuláveis;

b) 1 l de bebidas espirituosas, 1 l de produtos intermédios ou 2 l de cerveja, não sendo estas quantidades cumuláveis.

5. A estância aduaneira competente pode dispensar, em casos especiais devidamente fundamentados, a selagem do compartimento referido na alínea *c*) do nº 3.

6. A violação das condições fixadas nos nºs 3 e 4 determina a liquidação do imposto à entidade requisitante, sem prejuízo das sanções previstas na lei.

7. As pequenas remessas sem valor comercial e as mercadorias contidas na bagagem pessoal dos viajantes, procedentes de um Estado que não seja membro da União Europeia, estão isentas na importação nos termos previstos em legislação especial.

8. Sem prejuízo do disposto no número anterior, estão isentos na importação, os seguintes produtos contidos na bagagem pessoal dos viajantes provenientes de países ou territórios terceiros:

a) O rapé, o tabaco de mascar, o tabaco aquecido e os líquidos, contendo nicotina em recipientes utilizados para carga e recarga de cigarros eletrónicos, nas quantidades previstas nas alíneas *e*) a *h*) do nº 3 do artigo 61º;

b) As bebidas não alcoólicas, na quantidade prevista na alínea *e*) do nº 4 do artigo 61º

(Redação dada pela Lei nº 42/2016, de 28-12)

Artigo 6º-A – Lojas francas

1. Os produtos vendidos em lojas francas estão isentos de impostos especiais de consumo, desde que sejam transportados na bagagem pessoal de passageiros que viajem para um país ou território terceiro, efetuando um voo ou travessia marítima.

2. Para efeitos do disposto no número anterior, entende-se por:

a) «Loja franca», qualquer estabelecimento situado num aeroporto ou terminal portuário que satisfaça as condições previstas na legislação nacional aplicável;

b) «Passageiros que viajem para um país ou território terceiro», qualquer passageiro na posse de título de transporte, por via aérea ou marítima, que mencione como destino final um aeroporto ou um porto situado num país ou território terceiro.

3. A loja franca é considerada como constituindo parte do entreposto fiscal de armazenagem que procede ao seu abastecimento.

4. Os produtos vendidos a bordo de aeronaves ou navios, durante um voo ou uma travessia marítima para um país ou território terceiro, são equiparados a produtos vendidos em lojas francas.

5. *(Revogado.)*

6. Para efeitos da isenção prevista no nº 1, tratando-se de travessia marítima, considera-se que constitui destino final um porto situado num país ou território terceiro em que ocorra a escala do navio, com a saída e permanência temporária dos passageiros nesse porto, ainda que posteriormente possam ocorrer escalas em portos situados no território aduaneiro da União Europeia.

(Redação dada pela Lei nº 71/2018, de 31-12)

Artigo 7º – Facto gerador

1. Constitui facto gerador do imposto a produção ou a importação em território nacional dos produtos referidos no artigo 5º, bem como a sua entrada no referido território quando provenientes de outro Estado membro.

2. Em derrogação do disposto no número anterior, constitui facto gerador do imposto, o momento do fornecimento ao consumidor final de eletricidade e de gás natural por comercializadores definidos em legislação própria.

3. Quando os produtos forem sujeitos a um procedimento ou a um regime aduaneiro suspensivo, só é aplicável o regime específico dos impostos especiais de consumo no momento em que o produto deixe de estar abrangido pelo mesmo.

4. Entende-se por «produção» qualquer processo de fabrico, incluindo, se aplicável, de extracção, através do qual se obtenham produtos sujeitos a impostos especiais de consumo, bem como as operações de desnaturação e as de adição de marcadores e de corantes, e ainda a envolumação de tabaco manufacturado, desde que se integrem no referido processo de fabrico.

(Redação dada pela Lei nº 82-B/2014, de 31-12)

Artigo 8º – Exigibilidade

1. O imposto é exigível em território nacional no momento da introdução no consumo dos produtos referidos no artigo 5º ou da constatação de perdas que devam ser tributadas em conformidade com o presente Código.

2. A taxa de imposto a aplicar no território nacional é a que estiver em vigor na data da exigibilidade.

Artigo 9º – Introdução no consumo

1. Para efeitos do presente Código considera-se introdução no consumo de produtos sujeitos a imposto:

a) A saída, mesmo irregular, desses produtos do regime de suspensão do imposto;

b) A detenção fora do regime de suspensão do imposto desses produtos sem que tenha sido cobrado o imposto devido;

c) A produção desses produtos fora do regime de suspensão do imposto sem que tenha sido cobrado o imposto devido;

d) A importação desses produtos, a menos que sejam submetidos, imediatamente após a importação, ao regime de suspensão do imposto;

e) A entrada, mesmo irregular, desses produtos no território nacional fora do regime de suspensão do imposto;

f) A cessação ou violação dos pressupostos de um benefício fiscal;

g) O fornecimento de electricidade ao consumidor final, o autoconsumo e a aquisição de electricidade por consumidores finais em mercados organizados;

h) O fornecimento de gás natural ao consumidor final, incluindo a aquisição de gás natural diretamente por consumidores finais em mercados organizados, bem como a importação e a receção de gás natural de outro Estado membro diretamente por consumidores finais.

2. O momento da introdução no consumo corresponde:

a) No caso de produtos que circulem, em regime de suspensão do imposto, de um entreposto fiscal com destino a um destinatário registado, ao momento da entrega do relatório de receção desses produtos pelo referido destinatário;

b) No caso de produtos que circulem, em regime de suspensão do imposto, para um dos destinatários mencionados nas alíneas *a*) a *d*) do nº 1 do artigo 6º, ao momento da recepção desses produtos pelos referidos destinatários;

c) Na situação referida na alínea *f*) do número anterior, ao momento da cessação ou da violação dos pressupostos do benefício fiscal;

d) Na situação referida no nº 4 do artigo 35º, ao momento da entrega do relatório de receção desses produtos pelo depositário autorizado ou pelo destinatário registado;

e) No caso das bebidas não alcoólicas, que circulem em regime de suspensão do imposto, ao momento da receção desses produtos pelo destinatário registado.

3. No caso de não ser possível determinar, com exactidão, o momento em que ocorreu a introdução no consumo, o momento a considerar para efeitos de exigibilidade do imposto é o da constatação dessa introdução pela autoridade aduaneira.

4. Não é considerada introdução no consumo a inutilização total ou a perda irreparável dos produtos em regime de suspensão do imposto, por causa inerente à natureza dos produtos, dentro dos limites fixados no presente Código, devido a caso fortuito ou de força maior ou na sequência de autorização da estância aduaneira competente.

5. *(Revogado.)*

6. Para além do disposto no nº 1, considera-se ainda terem sido introduzidos no consumo os produtos correspondentes às estampilhas especiais que não se mostrem devidamente utilizadas, os que sejam inutilizados com preterição das regras aplicáveis ou as perdas que ultrapassem os limites fixados, nos termos e nas condições previstas no presente Código.

(Redação dada pela Lei nº 42/2016, de 28-12)

Artigo 10º – Formalização da introdução no consumo*

1. A introdução no consumo deve ser formalizada através da declaração de introdução no consumo (DIC) ou, no acto de importação, através da respectiva declaração aduaneira.

2. A DIC é processada por transmissão electrónica de dados, salvo no caso dos particulares, que continuam a poder apresentar a DIC em suporte de papel.

3. A DIC deve ser processada até ao final do dia útil seguinte àquele em que ocorra a introdução no consumo.

4. Em derrogação ao disposto no número anterior, a DIC pode ser processada com periodicidade mensal, até ao dia 5 do mês seguinte, para os produtos tributados à taxa 0 ou isentos, ou até ao 5º dia útil do 2º mês seguinte, para a eletricidade e para o gás natural.

5. Exclui-se do regime estabelecido no número anterior a DIC para os produtos que beneficiem da isenção prevista nas alíneas *a*) e *b*) do nº 1 do artigo 6º, que deve ser processada em conformidade com o previsto no nº 3.

6. Para efeitos do presente Código, considera-se estância aduaneira competente a alfândega ou delegação aduaneira em cuja jurisdição se situa o domicílio fiscal do operador económico ou o entreposto fiscal, consoante o caso, ou outro local sujeito a controlo aduaneiro.

(Redação dada pela Lei nº 82-B/2014, de 31-12)

Artigo 10º-A – Introduções no consumo globalizadas

1. As introduções no consumo efetuadas num determinado mês pelos sujeitos passivos que detenham um dos estatutos previstos no presente código, são globalizadas no mês seguinte, numa única liquidação, processada de forma automática.

2. Sem prejuízo do estabelecido no número anterior, nas situações previstas no nº 4 do artigo 10º para a eletricidade e para o gás natural, e nas restantes situações de globalização das introduções no consumo consagradas em legislação avulsa, a liquidação é efetuada no mês seguinte ao período neles consagrado.

(Aditado pela Lei nº 114/2017, de 29-12)

CAPÍTULO II – Liquidação, pagamento e reembolso do imposto

Artigo 11º – Liquidação do imposto

1. Nas situações referidas no artigo anterior, os sujeitos passivos são notificados da liquidação do imposto, até ao dia 15 do mês da globalização, por via eletrónica, de forma automática, através de mensagem disponibilizada na respetiva área reservada na plataforma dos impostos especiais de consumo no portal da Autoridade Tributária e Aduaneira (AT), sem prejuízo das regras de notificação através do serviço público de notificações eletrónicas associado à morada única digital.

2. Sempre que não seja possível efetuar a notificação nos termos do número anterior, a estância aduaneira competente notifica os sujeitos passivos da liquidação do imposto, até ao dia 20 do mês da globalização, por via postal simples, para o seu domicílio fiscal.

3. Os sujeitos passivos que não detenham nenhum dos estatutos previstos no presente Código, são notificados da liquidação do imposto, pela estância aduaneira competente, por via postal simples, para o seu domicílio fiscal.

* Nos termos da Lei nº 114/2017, de 29-12, as referências à declaração de introdução no consumo (DIC) devem ser consideradas feitas à declaração de introdução no consumo eletrónica (e-DIC).

4. A notificação por via eletrónica considera-se efetuada no quinto dia posterior à sua disponibilização, na área reservada do sujeito passivo na plataforma de gestão dos impostos especiais de consumo no portal da AT, salvo quando o sujeito passivo comprove que, por facto que não lhe seja imputável, a notificação ocorreu em data posterior à presumida, designadamente, por impossibilidade de acesso à referida área reservada, sem prejuízo das regras aplicáveis em caso de notificação através do serviço público de notificações eletrónicas associado à morada única digital.

5. Quando em consequência de uma importação for devido imposto, observa-se o disposto na legislação comunitária aplicável aos direitos aduaneiros, quer estes sejam ou não devidos, nomeadamente no que respeita aos prazos para a sua liquidação e cobrança, limiares mínimos de cobrança e aos prazos e fundamentos da cobrança *a posteriori*, do reembolso e da dispensa de pagamento.

6. Na falta ou no atraso de liquidação imputável ao sujeito passivo, ou em caso de erro, de omissão, de falta ou de qualquer outra irregularidade com implicação no montante de imposto a cobrar, a estância aduaneira competente procede à liquidação do imposto e dos juros compensatórios que forem devidos, notificando o sujeito passivo por carta registada com aviso de receção.

(Redação dada pela Lei nº 114/2017, de 29-12)

Artigo 12º – Pagamento e facto extintivo da dívida

1. O imposto deve ser pago até ao último dia útil do mês em que foi notificada a liquidação, nas situações previstas no artigo 10º-A e, nas restantes situações, até ao 15º dia após a notificação da liquidação.

2. *(Revogado).*

3. Não há lugar a cobrança do imposto quando o montante liquidado for inferior a € 10 ou, no caso das bebidas sem fins comerciais, não seja excedido o limite de 30 litros de produto acabado por ano e por produtor.

4. Para além do disposto no artigo 40º da lei geral tributária, a prestação tributária extingue-se sempre que, em consequência de uma infracção, ocorra a apreensão de produtos e estes sejam abandonados, declarados perdidos ou, no caso de produtos de utilização condicionada, estes não possam ser restituídos ao seu proprietário, por não estarem preenchidas as condições exigidas por lei para a sua utilização.

5. Os custos e encargos inerentes ao depósito, à inutilização ou à venda, incluindo análises e estudos, dos produtos apreendidos, abandonados ou declarados perdidos, são da responsabilidade das pessoas singulares ou colectivas que detinham os referidos produtos.

6. Para efeitos do nº 4, o abandono dos produtos deve ser solicitado ao diretor da alfândega competente, no prazo previsto no nº 2 do artigo seguinte.

(Redação dada pela Lei nº 114/2017, de 29-12)

Artigo 13º – Atraso no pagamento

1. Em caso de mora, o devedor só pode proceder a novas introduções no consumo após o pagamento ou a constituição de garantia das importâncias em dívida e dos juros de mora correspondentes.

2. Decorridos 30 dias sobre o fim do prazo de pagamento do imposto sem que este tenha sido pago, a estância aduaneira competente acciona a garantia ou, na falta ou insuficiência daquela, desencadeia a cobrança coerciva, emitindo a respectiva certidão de dívida.

3. A estância aduaneira competente deve remeter a certidão de dívida no prazo de 30 dias para o órgão de execução fiscal competente.

Artigo 14º – Pagamento em prestações

1. O devedor que, pela sua situação económica, não possa solver a dívida dentro dos prazos legalmente fixados, pode solicitar ao director-geral das Alfândegas e dos Impostos Especiais sobre o Consumo o seu pagamento em prestações mensais, em número não superior a 12.

2. O pedido deve ser apresentado na estância aduaneira competente até ao termo do prazo para o pagamento voluntário, com fundamento em grave dificuldade de natureza económica e financeira.

3. O fundamento exigido no número anterior deve ser documentalmente comprovado, podendo a estância aduaneira competente solicitar a apresentação da documentação suplementar que considere relevante.

4. O pagamento em prestações depende da constituição de uma garantia de valor igual ao da prestação tributária em dívida, bem como dos correspondentes juros de mora.

5. A falta de pagamento de qualquer prestação implica o vencimento das restantes, devendo a estância aduaneira promover a imediata cobrança da dívida remanescente.

6. A garantia pode ser reduzida, mediante pedido apresentado na estância aduaneira competente, em montante correspondente ao das prestações já pagas, sendo libertada quanto estiver satisfeita a totalidade da dívida.

Artigo 15º – Regras gerais do reembolso

1. Constituem fundamento para o reembolso do imposto pago, desde que devidamente comprovados, o erro na liquidação, a expedição ou exportação dos produtos sujeitos a imposto, bem como a retirada dos mesmos do mercado, nos termos e nas condições previstas no presente Código.

2. Podem solicitar o reembolso os sujeitos passivos referidos no nº 1 e na alínea *a*) do nº 2 do artigo 4º que tenham procedido à introdução no consumo dos produtos em território nacional e provem o pagamento do respectivo imposto.

3. O pedido de reembolso deve ser apresentado na estância aduaneira competente no prazo de três anos a contar da data da liquidação do imposto, sem prejuízo do disposto na alínea *a*) do artigo 17º e na alínea *a*) do artigo 18º

4. O reembolso só pode ser efectuado desde que o montante a reembolsar seja igual ou superior a € 25.

Artigo 16º – Reembolso por erro

1. O reembolso por erro na liquidação inclui o erro material e a errónea qualificação ou quantificação dos factos tributários.

2. Sem prejuízo do disposto no nº 2 do artigo anterior, o reembolso pode ainda ser efectuado, no mesmo prazo, por iniciativa da estância aduaneira competente.

Artigo 17º – Reembolso na expedição

O reembolso na expedição para outro Estado membro está sujeito aos seguintes procedimentos:

a) O pedido de reembolso deve ser apresentado até dois dias úteis antes da expedição dos produtos;

b) O pedido de reembolso deve conter a indicação do local onde os produtos se encontram e se os mesmos possuem marcas fiscais ou marcas de identificação nacional;

c) A prova do pagamento do imposto é feita mediante a apresentação do respectivo documento de cobrança, devendo identificar-se o documento de introdução no consumo;

d) O expedidor deve apresentar, logo que possível, na estância aduaneira onde efetuou o pedido de reembolso, o exemplar nº 3 do documento de acompanhamento simplificado (DAS), devidamente anotado pelo destinatário e acompanhado de um documento que ateste o pagamento do imposto no Estado membro de destino ou, no caso de não haver lugar a pagamento do imposto, documento que ateste a sua regularização fiscal no Estado membro de destino;

e) Tratando-se de bebidas não alcoólicas, o expedidor deve ainda apresentar o documento comprovativo da respetiva transmissão intracomunitária, não se aplicando, neste caso, o disposto na alínea anterior;

f) Os produtos introduzidos no consumo em território nacional, ostentando uma marca fiscal ou uma marca de identificação nacional, só podem ser objecto de reembolso do imposto desde que a destruição dessas marcas seja controlada pela estância aduaneira competente.

(Redação dada pela Lei nº 42/2016, de 28-12)

Artigo 18º – Reembolso na exportação

O reembolso na exportação está sujeito aos seguintes procedimentos:

a) O pedido de reembolso deve ser apresentado até dois dias úteis antes da apresentação da declaração aduaneira de exportação;

b) O pedido de reembolso deve conter a indicação do local onde os produtos se encontram e se os mesmos possuem marcas fiscais ou marcas de identificação nacional;

c) O pedido de reembolso deve ser mencionado na respectiva declaração aduaneira de exportação;

d) A prova do pagamento do imposto é feita mediante a apresentação do respectivo documento de cobrança, devendo identificar-se o documento de introdução no consumo;

e) A prova da saída efectiva do território da Comunidade é efectuada mediante a certificação de saída, nos termos da legislação aduaneira aplicável;

f) Os produtos introduzidos no consumo em território nacional, ostentando uma marca fiscal ou uma marca de identificação nacional, só podem ser objecto de reembolso do imposto desde que a destruição dessas marcas seja controlada pela estância aduaneira competente.

Artigo 19º – Reembolso por retirada do mercado

1. É fundamento para o reembolso do imposto por retirada dos produtos do mercado a impossibilidade da sua comercialização, nomeadamente por deterioração, por contaminação ou por se terem tornado impróprios para o consumo humano.

2. Considera-se ainda retirada do mercado a devolução dos produtos, por razões de natureza comercial, que ocorra no prazo de 90 dias contados a partir da data de introdução no consumo.

3. A prova do pagamento do imposto é feita mediante a apresentação do respectivo documento de cobrança, devendo identificar-se o documento de introdução no consumo.

4. Os produtos introduzidos no consumo em território nacional, ostentando uma marca fiscal ou uma marca de identificação nacional, só podem ser objecto de reembolso do imposto desde que a destruição dessas marcas seja controlada pela estância aduaneira competente.

Artigo 20º – Outros casos de reembolso

1. Constituem ainda fundamento para o reembolso a inutilização, a perda irreparável dos produtos e a situação prevista no nº 7 do artigo 46º

2. A perda irreparável dos produtos ou a sua inutilização devem ser devidamente comprovadas pela autoridade aduaneira, nos termos e de acordo com os procedimentos definidos, respectivamente, nos artigos 50º e 52º

3. As isenções previstas no presente Código podem ser concretizadas através do mecanismo do reembolso do imposto pago, desde que o sujeito passivo disponha dos elementos contabilísticos que permitam o controlo da afectação dos produtos ao destino isento.

CAPÍTULO III – Produção, transformação e armazenagem em regime de suspensão

Artigo 21º – Produção, transformação e detenção em regime de suspensão

1. A produção, transformação e armazenagem de produtos sujeitos a impostos especiais de consumo, em regime de suspensão do imposto, apenas podem ser efectuadas em entreposto fiscal mediante autorização e sob controlo da estância aduaneira competente.

2. Para efeitos do presente Código, entende-se por «regime de suspensão do imposto» o regime fiscal aplicável à produção, transformação, detenção e circulação dos produtos sujeitos a impostos especiais de consumo não abrangidos por um procedimento ou regime aduaneiro suspensivo, em que é suspensa a cobrança dos referidos impostos.

Artigo 22º – Estatuto de depositário autorizado

1. Constitui depositário autorizado a pessoa singular ou colectiva autorizada pela autoridade aduaneira, no exercício da sua profissão, a produzir, transformar, deter, receber e expedir, num entreposto fiscal, produtos sujeitos a impostos especiais de consumo em regime de suspensão do imposto.

2. O depositário autorizado enquanto sujeito passivo de imposto é responsável pelas obrigações de declaração, mesmo relativamente a produtos de que não seja proprietário.

3. O depositário autorizado está sujeito às seguintes obrigações:

a) Prestar uma garantia, no caso dos entrepostos fiscais de armazenagem, destinada a cobrir os riscos inerentes à introdução no consumo de produtos no estado de poderem ser utilizados como produtos sujeitos a impostos especiais de consumo;

b) Manter actualizada, no entreposto fiscal, uma contabilidade das existências em sistema de inventário permanente, com indicação da sua proveniência, destino e os elementos relevantes para o cálculo do imposto;

c) Introduzir os produtos no entreposto fiscal e inscrevê-los na contabilidade de existências, no termo da circulação em regime de suspensão do imposto;

d) Prestar-se aos varejos e outros controlos determinados pela autoridade aduaneira;

e) Comunicar a nomeação ou a substituição de gerentes ou administradores, bem como qualquer alteração dos pressupostos subjacentes à concessão do estatuto;

f) Cumprir os demais procedimentos prescritos pela autoridade aduaneira.

Artigo 23º – Aquisição e manutenção do estatuto de depositário autorizado

1. A aquisição do estatuto de depositário autorizado depende:

a) Da verificação da idoneidade fiscal do interessado e demais requisitos fixados na lei;

b) Da autorização do entreposto fiscal, nos termos do artigo seguinte.

2. Para efeitos da alínea *a*) do número anterior, são requisitos cumulativos para a concessão do estatuto os seguintes:

a) A actividade económica principal deve consistir na produção, transformação, armazenagem ou comercialização de produtos sujeitos a impostos especiais de consumo, excepto nos casos em que a actividade económica do operador seja exclusivamente a prestação de serviços de armazenagem;

b) O comerciante em nome individual ou qualquer dos gerentes ou administradores, no caso de pessoa colectiva, não ter sido condenado por crime tributário ou por contra-ordenação tributária punível com coima igual ou superior a € 5000 nos últimos cinco anos;

c) Inexistência de dívidas tributárias ou contributivas em fase de cobrança coerciva, sem que haja reclamação graciosa, impugnação judicial, recurso judicial, oposição à execução ou pagamento em prestações com prestação de garantia.

3. A manutenção do estatuto de depositário autorizado depende da verificação dos requisitos fixados na alínea *a*) do nº 1 e no número anterior, bem como do cumprimento das obrigações previstas no nº 3 do artigo anterior, sem prejuízo das demais obrigações legais que sobre aquele impendem.

Artigo 24º – Autorização e constituição do entreposto fiscal

1. Para efeitos do presente Código, entende-se por «entreposto fiscal» o local onde são produzidos, transformados, armazenados, recebidos ou expedidos pelo depositário autorizado, no exercício da sua profissão, produtos sujeitos a impostos especiais de consumo em regime de suspensão do imposto, nas condições estabelecidas no presente Código e demais legislação complementar.

2. A constituição do entreposto fiscal depende de pedido dirigido à estância aduaneira em cuja jurisdição se situam as respectivas instalações, efectuado mediante preenchimento de formulário disponibilizado no sítio da Internet da Direcção-Geral das Alfândegas e dos Impostos Especiais sobre o Consumo, acompanhado dos seguintes documentos:

a) Cópia do documento de licenciamento das instalações, quando exigível, bem como do registo do prédio na respectiva conservatória ou da correspondente inscrição matricial, ou, se for o caso, do respectivo contrato de arrendamento ou qualquer outro título que legitime a utilização das instalações para o exercício da actividade;

b) Plano de produção anual previsível, com indicação das taxas de rendimento, no que se refere aos entrepostos fiscais de produção ou transformação, ou previsão de movimento anual médio por produto, quanto aos entrepostos fiscais de armazenagem;

c) Os documentos previstos na parte especial do presente Código, consoante o caso.

3. Reunidos os requisitos estabelecidos no artigo anterior, bem como na parte especial do presente Código, a constituição do entreposto fiscal é autorizada e comunicada ao interessado, no prazo de 30 dias, pelo director da alfândega, podendo, para efeitos do artigo 33º, haver lugar a fiscalização *a posteriori*.

4. A autorização para a constituição do entreposto fiscal produz efeitos após a prestação da garantia exigível.

5. O incumprimento do prazo referido no nº 3, contado a partir da data de apresentação do pedido na estância aduaneira competente, faz presumir o seu indeferimento para efeitos de recurso por via hierárquica ou contenciosa.

Artigo 25º – Regras de funcionamento do entreposto fiscal

1. O entreposto fiscal e os reservatórios nele existentes não podem ser utilizados para a produção, a transformação ou a armazenagem de produtos diversos dos que constem da autorização, salvo autorização prévia para o efeito, efectuado mediante preenchimento de formulário disponibilizado no sítio da Internet da Direcção-Geral das Alfândegas e dos Impostos Especiais sobre o Consumo.

2. No entreposto fiscal podem ser colocados, em regime de suspensão do imposto, produtos provenientes de outro entreposto fiscal e de um expedidor registado, a coberto do documento de acompanhamento electrónico.

3. Do entreposto fiscal podem sair produtos, em regime de suspensão do imposto, quer destinados a um entreposto fiscal ou a um destinatário registado, através da emissão do respectivo documento de acompanhamento electrónico, quer destinados à exportação, através da respectiva declaração aduaneira de exportação ou, se a estância aduaneira de exportação não coincidir com a estância aduaneira de saída, da emissão do respectivo documento de acompanhamento electrónico.

4. Excepcionalmente, e a pedido do interessado, a estância aduaneira competente pode autorizar que no entreposto fiscal sejam colocados produtos sujeitos a um regime aduaneiro suspensivo, desde que separados contabilisticamente dos restantes.

5. Os produtos já introduzidos no consumo só podem reentrar no entreposto fiscal mediante comunicação prévia à estância aduaneira competente, nomeadamente para efeitos do disposto no nº 2 do artigo 19º, e através do respectivo documento de reentrada, efectuando-se as devidas anotações na contabilidade de existências.

6. O titular do entreposto fiscal fica sujeito a medidas de controlo, designadamente o acesso à contabilidade e aos sistemas informáticos, bem como ao controlo e verificação física dos produtos.

Artigo 26º – Entreposto fiscal de produção

1. Para efeitos da alínea *b)* do nº 2 do artigo 24º, o depositário autorizado, titular de um entreposto fiscal de produção, deve apresentar à estância aduaneira competente as respectivas taxas de rendimento, correspondentes às quantidades de matérias-primas necessárias ao fabrico de produtos sujeitos a impostos especiais de consumo.

2. O director da alfândega aprova as taxas de rendimento apresentadas, com base na análise da informação relevante de que disponha.

3. Sempre que se verifiquem divergências entre as quantidades produzidas e as quantidades decorrentes da taxa de rendimento, deve proceder-se, por iniciativa do depositário autorizado ou da estância aduaneira competente, à revisão da taxa de rendimento aprovada.

Artigo 27º – Entreposto fiscal de armazenagem

1. A armazenagem, em regime de suspensão do imposto, de produtos acabados sujeitos a imposto só pode ter lugar em entreposto fiscal de armazenagem, sem prejuízo de poderem permanecer no entreposto fiscal de produção após o seu fabrico.

2. No entreposto fiscal de armazenagem apenas podem ser efectuadas manipulações usuais destinadas a assegurar a conservação e utilização dos produtos, nomeadamente o acondicionamento, o envasilhamento, a marcação, a diluição, a aditivação e a desnaturação.

Artigo 28º – Estatuto do destinatário registado

1. Constitui destinatário registado a pessoa singular ou colectiva autorizada pela autoridade aduaneira, no exercício da sua profissão e nas condições estabelecidas no presente Código, a receber, não podendo deter nem expedir, produtos sujeitos a impostos especiais de consumo que circulem em regime de suspensão do imposto.

2. A autorização referida no número anterior pode ser também concedida de forma temporária, limitando-se, neste caso, a uma quantidade específica de produtos, a um único expedidor e a um período de tempo determinado.

3. O destinatário registado enquanto sujeito passivo é responsável pelas obrigações declarativas, mesmo relativamente a produtos dos quais não seja proprietário, estando ainda sujeito ao cumprimento das seguintes obrigações:

a) Prestar uma garantia que cubra os riscos inerentes à introdução no consumo dos produtos sujeitos a impostos especiais de consumo que lhe sejam destinados;

b) No termo da circulação, cumprir as formalidades aplicáveis à introdução no consumo em território nacional;

c) Comunicar a nomeação ou a substituição de gerentes ou administradores, bem como qualquer alteração dos pressupostos subjacentes à concessão do estatuto;

d) Manter um registo contabilístico atualizado dos produtos recebidos em regime de suspensão de imposto e introduzidos no consumo, com indicação da sua proveniência, destino e elementos relevantes para o cálculo do imposto;

e) Prestar-se a qualquer controlo que permita à autoridade aduaneira certificar-se da recepção efectiva dos produtos.

(Redação dada pela Lei nº 83-C/2013, de 31-12)

Artigo 29º – Aquisição do estatuto de destinatário registado

1. A aquisição do estatuto de destinatário registado depende da verificação da idoneidade fiscal do interessado e demais requisitos fixados na lei, sendo requisitos cumulativos para a concessão do estatuto os seguintes:

a) A actividade económica principal deve consistir na comercialização de produtos sujeitos a impostos especiais de consumo;

b) O comerciante em nome individual ou qualquer dos gerentes ou administradores, no caso de pessoa colectiva, não ter sido condenado por crime tributário ou por contra-ordenação tributária punível com coima igual ou superior a € 5000 nos últimos cinco anos;

c) Inexistência de dívidas tributárias ou contributivas em fase de cobrança coerciva, sem que haja reclamação graciosa, impugnação judicial, recurso judicial, oposição à execução ou pagamento em prestações com prestação de garantia.

2. No prazo de 30 dias, a autorização é comunicada ao interessado, indicando a data a partir da qual produz efeitos e o respectivo registo alfanumérico.

3. A manutenção do estatuto de destinatário registado depende da verificação dos requisitos fixados no nº 1 e do cumprimento das obrigações previstas no nº 3 do artigo anterior, sem prejuízo das demais obrigações legais que sobre aquele impendem.

4. O incumprimento do prazo referido no nº 2, contado a partir da data de apresentação do pedido na estância aduaneira competente, faz presumir o seu indeferimento para efeitos de recurso por via hierárquica ou contenciosa.

Artigo 30º – Destinatário registado temporário

1. Os operadores económicos que apenas pretendam receber ocasionalmente, em regime de suspensão do imposto, produtos sujeitos a impostos especiais de consumo, devem registar-se na estância aduaneira competente, indicando, para o efeito, o período de validade, o expedidor e a quantidade dos produtos que pretendem receber.

2. O destinatário registado temporário está sujeito às seguintes obrigações:

a) Prestar uma garantia que cubra os riscos inerentes à introdução no consumo dos produtos sujeitos a impostos especiais de consumo que lhe sejam destinados;

b) No termo da circulação, cumprir as formalidades de introdução no consumo em território nacional;

c) Prestar-se a qualquer controlo que permita à autoridade aduaneira certificar-se da recepção efectiva dos produtos.

3. A autorização é comunicada ao interessado, indicando a data a partir da qual produz efeitos e o respectivo registo alfanumérico.

Artigo 31º – Estatuto do expedidor registado

1. Constitui expedidor registado a pessoa singular ou colectiva autorizada pela autoridade aduaneira, no exercício da sua profissão e nas condições estabelecidas no presente Código, a expedir produtos sujeitos a impostos especiais de consumo em regime de suspensão do imposto, do local da sua importação e na sequência da introdução em livre prática nos termos do artigo 79º do Regulamento (CEE) nº 2913/92, do Conselho, de 12 de Outubro.

2. O expedidor registado está sujeito ao cumprimento das seguintes obrigações:

a) Prestar-se a qualquer controlo que permita à autoridade aduaneira certificar-se da expedição dos produtos;

b) Comunicar a nomeação ou a substituição de gerentes ou administradores, bem como qualquer alteração dos pressupostos subjacentes à concessão do estatuto;

c) Consoante os casos, prestar ou indicar uma garantia válida que cubra os riscos inerentes à introdução no consumo dos produtos sujeitos a impostos especiais de consumo que pretenda expedir.

Artigo 32º – Aquisição do estatuto de expedidor registado

1. Os operadores económicos que pretendam obter o estatuto de expedidor registado devem apresentar o pedido dirigido à estância aduaneira competente, mediante preenchimento de formulário disponibilizado no sítio da *Internet* da Direcção-Geral das Alfândegas e dos Impostos Especiais sobre o Consumo, e depende da verificação da idoneidade fiscal do interessado e demais requisitos fixados na lei.

2. Para efeitos do número anterior, são cumulativos para a concessão do estatuto os seguintes requisitos:

a) O comerciante em nome individual ou qualquer dos gerentes ou administradores, no caso de pessoa colectiva, não ter sido condenado por crime tributário ou por contra-ordenação tributária punível com coima igual ou superior a € 5000 nos últimos cinco anos;

b) Inexistência de dívidas tributárias ou contributivas em fase de cobrança coerciva, sem que haja reclamação graciosa, impugnação judicial, recurso judicial, oposição à execução ou pagamento em prestações com prestação de garantia.

3. No prazo de 30 dias, a autorização é comunicada ao interessado, indicando a data a partir da qual produz efeitos e o respectivo registo alfanumérico.

4. A manutenção do estatuto de expedidor registado depende da verificação dos requisitos fixados nos nºs 1 e 2, bem como do cumprimento das obrigações previstas no nº 2 do artigo anterior, sem prejuízo das demais obrigações legais que sobre aquele impendem.

5. O incumprimento do prazo referido no nº 3, contado a partir da data de apresentação do pedido na estância aduaneira competente, faz presumir o seu indeferimento para efeitos de recurso por via hierárquica ou contenciosa.

Artigo 33º – Revogação das autorizações

1. As autorizações a que se referem os artigos 24º, 29º, 30º e 32º podem ser revogadas a pedido do respectivo titular ou por decisão do director da alfândega.

2. Constituem fundamento da decisão oficiosa de revogação, sem prejuízo da instauração de processo por infracção tributária, nomeadamente as seguintes situações:

a) A não observância reiterada das obrigações estabelecidas neste Código ou nas disposições adoptadas para a sua aplicação;

b) O não pagamento do imposto, na situação prevista no nº 2 do artigo 13º;

c) A não utilização do estatuto fiscal para os fins para que foi constituído;

d) O não exercício da actividade que justifique a manutenção do estatuto;

e) A não observância superveniente dos requisitos fixados, consoante o caso, na alínea *a*) do nº 1 e no nº 2 do artigo 23º, no nº 1 do artigo 29º e no nº 2 do artigo 32º

3. Para efeitos da alínea *d*) do número anterior, considera-se que não é exercida actividade quando, nomeadamente, durante um período superior a 90 dias não ocorra qualquer movimento de entrada ou saída de produtos sujeitos a impostos especiais de consumo no entreposto fiscal de armazenagem ou, no caso dos destinatários registados, não haja qualquer recepção daqueles produtos.

4. A decisão de revogação é notificada ao interessado, através de carta registada, após a audição prévia nos termos legais, podendo esta ser dispensada, mediante decisão do diretor-geral da AT, quando seja razoavelmente de prever que a diligência possa comprometer a execução ou a utilidade da decisão.

5. A estância aduaneira competente determina o procedimento e os prazos relativos à execução da decisão de revogação, nomeadamente o destino a atribuir aos produtos que se encontrem em regime de suspensão do imposto.

(Redação dada pela Lei nº 114/2017, de 29-12)

Artigo 34º – Validade e conservação dos documentos*

1. Os dados relativos ao documento administrativo electrónico e à declaração de introdução no consumo, que constem no sistema informatizado nacional, prevalecem sobre quaisquer outros documentos.

2. Todos os documentos que titulam ou suportam o processo declarativo previsto no presente Código devem ser conservados pelo prazo de quatro anos a contar da sua emissão ou validação, consoante o caso.

* Nos termos da Lei nº 114/2017, de 29-12, as referências à declaração de introdução no consumo (DIC) devem ser consideradas feitas à declaração de introdução no consumo eletrónica (e-DIC).

CAPÍTULO IV – Circulação em regime de suspensão

Artigo 35º – Regime geral de circulação

1. A circulação de produtos sujeitos a impostos especiais de consumo, em regime de suspensão do imposto, efectua-se de um entreposto fiscal para:

a) Outro entreposto fiscal;

b) Um destinatário registado;

c) Um dos destinatários isentos previstos no nº 1 do artigo 6º, se os produtos forem expedidos de outro Estado membro;

d) A estância aduaneira de saída do território da Comunidade.

2. A circulação de produtos sujeitos a impostos especiais de consumo, em regime de suspensão do imposto, efectua-se ainda de um local de importação, por um expedidor registado, para:

a) Um entreposto fiscal;

b) Um destinatário registado, se os produtos forem expedidos do Estado membro de importação;

c) Um dos destinatários isentos previstos no nº 1 do artigo 6º, se os produtos forem expedidos do Estado membro de importação.

3. Sem prejuízo do disposto nos números anteriores, são permitidas operações de circulação em regime de suspensão do imposto no território nacional que envolvam a contentorização ou mudança do meio de transporte, desde que se realizem em armazéns de exportação, devidamente autorizados pela estância aduaneira competente.

4. Nos casos referidos nas alíneas *a)* e *b)* do nº 1 e nas alíneas *a)* e *b)* do nº 2, os produtos sujeitos a impostos especiais de consumo podem circular em regime de suspensão do imposto para um local de entrega direta, designado pelo depositário autorizado ou pelo destinatário registado, situado em território nacional.

5. O presente capítulo não é aplicável à circulação de bebidas não alcoólicas, em regime de suspensão do imposto, a qual se efetua nos termos do artigo 87º-E.

(Redação dada pela Lei nº 42/2016, de 28-12)

Artigo 36º – Formalidades na circulação

1. A circulação de produtos sujeitos a impostos especiais de consumo, em regime de suspensão do imposto, é efectuada a coberto de um documento administrativo electrónico.

2. O documento administrativo electrónico é processado por transmissão electrónica de dados, devendo ser apresentado, para efeitos de validação, com a antecedência máxima de sete dias relativamente à data de expedição nele indicada, através do sistema informatizado estabelecido pela Decisão nº 1152/2003/CE, do Parlamento Europeu e do Conselho, de 16 de Junho, relativa à informatização dos movimentos e dos controlos dos produtos sujeitos a impostos especiais de consumo.

3. Após a validação do documento administrativo electrónico, o sistema informatizado atribui o respectivo código de referência administrativo.

4. A circulação referida no nº 1 deve ser acompanhada pela versão impressa do documento administrativo electrónico ou por qualquer outro documento comercial que mencione, de forma claramente identificável, o código de referência administrativo.

Artigo 37º – Início da expedição

1. A circulação de produtos sujeitos a impostos especiais de consumo, em regime de suspensão do imposto, tem início no momento em que os produtos saem do entreposto fiscal de expedição ou, no caso de importação, no momento da sua introdução em livre prática, nos termos da legislação aduaneira aplicável.

2. Os momentos referidos no número anterior reportam-se à data e hora de expedição inscritas no documento administrativo electrónico.

3. Para efeitos do presente Código, entende-se por «expedição» a saída de produtos sujeitos a impostos especiais de consumo do entreposto fiscal ou do local de importação, desde que cumpridas as formalidades aplicáveis.

Artigo 38º – Incidentes

1. O documento administrativo electrónico pode ser rectificado ou anulado até à data de início da expedição nele indicada, nos termos do Regulamento (CE) nº 684/ /2009, da Comissão, de 24 de Julho.

2. Sempre que se verifiquem eventos susceptíveis de afectar a normalidade da circulação, o expedidor ou o destinatário devem, de imediato, comunicá-los à estância aduaneira competente.

Artigo 39º – Alteração de destino e destino incerto

1. No decurso da circulação em regime de suspensão do imposto, o expedidor pode alterar o destino, indicando um novo destino em conformidade com o disposto no nº 1 do artigo 35º, salvo nos casos previstos na alínea *c*) do nº 1 e na alínea *c*) do nº 2 do mesmo artigo.

2. Na circulação de produtos petrolíferos e energéticos em regime de suspensão do imposto, por via marítima ou via navegável interior, para um destinatário desconhecido no momento da apresentação do documento administrativo electrónico referido no nº 1 do artigo 36º, o expedidor pode não preencher os dados respeitantes ao destinatário, desde que previamente autorizado pela estância aduaneira competente.

3. Para efeitos do número anterior, logo que o destinatário seja conhecido, e o mais tardar até ao termo da circulação, o expedidor deve completar o preenchimento do documento administrativo electrónico.

Artigo 40º – Controlo na circulação

1. No decorrer da circulação em regime de suspensão do imposto, devem ser apresentados às autoridades competentes, sempre que solicitados no âmbito de um controlo, o documento referido no nº 4 do artigo 36º bem como os produtos transportados.

2. Caso sejam detectadas irregularidades ou discrepâncias entre os produtos efectivamente transportados e o documento administrativo electrónico, as autoridades devem proceder à elaboração do respectivo relatório de controlo, sem prejuízo das demais medidas que se revelem adequadas.

Artigo 41º – Inacessibilidade do sistema informatizado na expedição

1. Quando, por razões que não lhe sejam exclusivamente imputáveis, o expedidor não possa proceder ao envio de um documento administrativo electrónico, a operação de circulação pode ainda assim ter início desde que:

a) Os produtos sejam acompanhados por um documento em suporte papel que contenha os mesmos dados que devem constar do documento administrativo electrónico;

b) Antes do início da operação de circulação, o expedidor informe a estância aduaneira competente da impossibilidade de aceder ao sistema informatizado.

2. Quando o sistema informatizado se encontrar de novo acessível, o expedidor deve enviar um documento administrativo electrónico à estância aduaneira competente, de acordo com o previsto no nº 1 do artigo 36º, o qual deve conter toda a informação que foi declarada no documento em suporte papel, e que prevalece sobre este último após a validação pelo sistema informatizado.

3. Enquanto não for possível o envio do documento administrativo electrónico, considera-se que a circulação em regime de suspensão do imposto é efectuada a coberto do documento em suporte papel.

4. O expedidor deve manter nos seus registos uma cópia do exemplar do documento referido na alínea *a*) do nº 1.

5. Caso pretenda efectuar uma alteração de destino durante a inacessibilidade do sistema, o expedidor deve previamente informar a estância aduaneira competente.

Artigo 42º – Termo da operação de circulação

A circulação em regime de suspensão do imposto termina, nos casos referidos nas alíneas *a*), *b*) e *c*) do nº 1, nas alíneas *a*), *b*) e *c*) do nº 2 e no nº 4 do artigo 35º, no momento da entrega do relatório de receção pelo destinatário e, nos casos referidos na alínea *d*) do nº 1 e no nº 3 do mesmo artigo, no momento em que os produtos saem do território aduaneiro da Comunidade.

(Redação dada pela Lei nº 82-B/2014, de 31-12)

Artigo 43º – Formalidades na recepção

1. No momento da recepção dos produtos ou, o mais tardar, no prazo de cinco dias úteis a contar da mesma, o destinatário deve enviar, por transmissão electrónica de dados, o respectivo relatório de recepção.

2. Sempre que os produtos se destinem às entidades referidas nas alíneas *a*) a *d*) do nº 1 do artigo 6º, o relatório de recepção deve ser enviado pela estância aduaneira do local de recepção.

3. No caso de uma exportação, deve ser enviado o relatório de exportação ou a certificação de saída, emitidos, respectivamente, pela estância aduaneira de exportação ou pela estância aduaneira de saída, de acordo com a legislação aduaneira aplicável.

4. Sem prejuízo do disposto no artigo anterior, a operação de circulação considera-se apurada pelo relatório de recepção ou, tratando-se de uma exportação, pelo relatório de exportação ou pela certificação de saída.

Artigo 44º – Inacessibilidade do sistema informatizado na recepção

1. Quando, por razões que não lhe sejam exclusivamente imputáveis, o destinatário não possa proceder ao envio do relatório de recepção, deve apresentar junto da estância aduaneira competente um relatório de recepção em suporte papel.

2. Por sua vez, a estância aduaneira competente no local da recepção deve remeter à autoridade competente no local de expedição uma cópia do relatório de recepção referido no número anterior.

3. Logo que o sistema informatizado se encontre de novo acessível, o destinatário deve enviar um relatório de recepção electrónico, de acordo com o previsto no nº 1 do artigo 43º, o qual deve conter toda a informação constante no relatório de recepção em suporte papel.

4. Quando, numa exportação, o relatório de exportação não puder ser elaborado em formato electrónico por razões de inacessibilidade do sistema, a estância aduaneira competente deve informar o expedidor do apuramento da operação de circulação.

Artigo 45º – Provas alternativas

Na ausência do relatório de recepção, no caso de uma expedição, ou do relatório de exportação ou da certificação de saída, no caso de uma exportação, e não tendo ocorrido nenhuma das situações previstas no artigo anterior, podem ser admitidas, em casos devidamente fundamentados, para efeitos do apuramento da operação de circulação, as seguintes provas:

a) Na expedição, a confirmação pelas autoridades competentes no destino, no âmbito de um processo de cooperação administrativa, de que os produtos foram recepcionados pelo destinatário;

b) Na exportação, a confirmação pelas autoridades aduaneiras de exportação de que os produtos saíram efectivamente do território da Comunidade.

Artigo 46º – Irregularidades na circulação em regime de suspensão de imposto

1. Sempre que, durante a circulação em regime de suspensão do imposto, seja cometida ou detectada em território nacional uma irregularidade, o imposto torna-se exigível nos termos do artigo 8º

2. No caso de produtos expedidos de outro Estado membro, a autoridade aduaneira informa as autoridades competentes desse Estado membro de que procedeu à cobrança do imposto em território nacional.

3. Se os produtos sujeitos a imposto, expedidos do território nacional, não chegarem ao destino e não for possível determinar o local da irregularidade, considera-se que essa irregularidade foi cometida naquele território.

4. Nos casos referidos no nº 1, o imposto é liquidado à taxa em vigor à data da constatação da irregularidade e, no caso referido no nº 3, à taxa em vigor à data da expedição, salvo se, no prazo de quatro meses contado dessa última data, for apresentada à autoridade aduaneira prova suficiente da regularidade da operação ou do local onde a infracção ou a irregularidade foi efectivamente cometida.

5. Em qualquer das situações referidas nos números anteriores, o imposto é cobrado à pessoa singular ou colectiva que se tenha constituído como garante da operação de circulação, sem prejuízo da instauração de processo por infracção fiscal.

6. Na situação referida no nº 3, se o garante não tiver ou puder não ter tido conhecimento de que os produtos não chegaram ao destino, é-lhe concedido o prazo de um mês a contar da notificação da intenção de proceder à liquidação para apresentar prova do termo da circulação ou do local em que ocorreu a irregularidade.

7. No prazo de três anos a contar da data do início da operação de circulação, o garante pode solicitar à estância aduaneira competente o reembolso do imposto se apresentar prova suficiente de que o imposto foi cobrado no outro Estado membro onde se apurou ter sido cometida a irregularidade.

8. Para efeitos do presente Código, entende-se por «irregularidade na circulação» uma situação que ocorra durante a circulação de produtos sujeitos a impostos especiais de consumo, e devido à qual a circulação ou parte da mesma não tenha terminado de forma regular, exceptuando-se as situações de perda irreparável ou inutilização total.

CAPÍTULO V – Perdas e Inutilização

Artigo 47º – Regras gerais

1. A perda irreparável ou a inutilização total dos produtos em regime de suspensão do imposto não é tributável, desde que ocorra por causa inerente à própria natureza dos produtos, devido a caso fortuito ou de força maior, ou na sequência de autorização da estância aduaneira competente.

2. A perda irreparável de produtos pode ocorrer por causa inerente à própria natureza, nos termos e nos limites fixados no artigo seguinte e no artigo 49º, ou por caso fortuito ou de força maior, nos termos do artigo 50º

3. A inutilização de produtos deve efectuar-se sob controlo aduaneiro nos termos do artigo 52º

4. Para efeitos do número anterior, e quando a entidade apreensora ou à ordem da qual estejam depositados os produtos não for a autoridade aduaneira, a referida entidade deve comunicar a esta autoridade o método, o local e a data em que o produto será inutilizado.

5. Para efeitos do presente artigo, considera-se que os produtos se encontram totalmente inutilizados ou irreparavelmente perdidos quando deixem de poder ser utilizados como produtos sujeitos a impostos especiais de consumo.

(Redação dada pela Lei nº 64-B/2011, de 30-12)

Artigo 48º – Perdas na armazenagem

1. Para efeitos do disposto no nº 4 do artigo 9º, não são tributáveis as perdas inerentes à natureza dos produtos correspondentes às diferenças, para menos, entre o saldo contabilístico e as existências em entreposto, calculadas sobre a soma das quantidades de produto existentes em entreposto com as quantidades nele entradas, após o último varejo, com os seguintes limites:

a) Até 1,5%, no caso de álcool e bebidas alcoólicas não engarrafados;

b) Até 0,4%, no caso dos produtos petrolíferos e energéticos.

2. O limite previsto na alínea *a*) do número anterior pode ser ajustado em casos específicos, na destilação de vinhos e no envelhecimento de bebidas alcoólicas em vasilhame de madeira.

3. O disposto nos números anteriores é aplicável aos produtos acabados que permaneçam em entreposto fiscal de produção.

4. No caso de, no ano anterior ao período abrangido por ação inspetiva, não ter ocorrido nenhum varejo, devem ser consideradas as quantidades constantes do inventário, relativo a esse ano, para apuramento do custo das mercadorias vendidas e das matérias consumidas.

(Redação dada pela Lei nº 114/2017, de 29-12)

Artigo 49º – Perdas na circulação

1. Para efeitos do disposto no nº 4 do artigo 9º, não são tributáveis as perdas inerentes à natureza dos produtos, ocorridas na circulação em regime de suspensão do imposto, até ao limite de 0,3%, no caso do álcool e bebidas alcoólicas não engarrafados calculado sobre as quantidades constantes do documento administrativo electrónico.

2. Ainda para efeitos do disposto no nº 4 do artigo 9º, no caso dos produtos petrolíferos e energéticos, não são tributáveis as perdas inerentes à natureza dos produtos, ocorridas na circulação em regime de suspensão do imposto, até aos seguintes limites calculados sobre as quantidades constantes do documento administrativo electrónico:

a) Até 0,5%, para os produtos classificados pelos códigos NC 2710 11 41 a 2710 11 59, 2710 19 21, 2710 19 25 e 2710 19 31 a 2710 19 49 e 0,4% para os produtos classificados pelos códigos NC 2710 19 51 a 2710 19 69, se o meio de transporte utilizado for navio-tanque e a carga, por produto, for inferior, respetivamente, a 1 400 000 l a 15°C ou a 1000 kg-ar;

b) Até 0,35%, para os produtos classificados pelos códigos NC 2710 11 41 a 2710 11 59, 2710 19 21, 2710 19 25 e 2710 19 31 a 2710 19 49 e 0,4% para os produtos classificados pelos códigos NC 2710 19 51 a 2710 19 69, se o meio de transporte utilizado for navio-tanque e a carga, por produto, for superior, respetivamente, a 1 400 000 l a 15°C ou a 1000 kg-ar;

c) Até 0,3%, para os produtos classificados pelos códigos NC 2710 11 41 a 2710 11 59, 2710 19 21, 2710 19 25 e 2710 19 31 a 2710 19 49 e 0,2% para os produtos classificados pelos códigos NC 2710 19 51 a 2710 19 69, se o meio de transporte utilizado for vagão-cisterna ou camião-cisterna;

d) Até 0,03%, para os produtos classificados pelos códigos NC 2710 11 41 a 2710 11 59, 2710 19 21, 2710 19 25 e 2710 19 31 a 2710 19 49 e 0,02% para os produtos classificados pelos códigos NC 2710 19 51 a 2710 19 69, se a transferência for efetuada por tubagem;

e) Para os óleos leves, não abrangidos pelas alíneas anteriores, e para os gases de petróleo liquefeitos, até 0,4% se o meio de transporte utilizado for navio-tanque, até 0,5% se o meio de transporte utilizado for vagão-cisterna ou camião-cisterna e até 0,02% se a transferência for efectuada por tubagem;

f) Aos biocombustíveis puros são aplicáveis os limites para perdas previstos nas alíneas anteriores para os produtos petrolíferos e energéticos nos quais são incorporados.

(Redação dada pela Lei nº 66-B/2012, de 31-12)

Artigo 50º – Perdas por caso fortuito ou de força maior

1. Não são tributáveis as perdas devidas a caso fortuito ou de força maior, desde que não tenha havido negligência grave e sejam comunicadas à autoridade aduaneira, para efeitos de confirmação e apuramento, até ao 2º dia útil seguinte ao da sua ocorrência.

2. Para efeitos do número anterior, deve ser feita prova suficiente da perda irreparável dos produtos junto da estância aduaneira em cuja jurisdição ocorreu a perda ou, não sendo possível a sua determinação, junto da estância aduaneira em cuja jurisdição a perda foi constatada.

Artigo 51º – Perdas tributáveis

1. As perdas que ultrapassem os limites fixados nos artigos 48º e 49º estão sujeitas a imposto, exigível, consoante o caso, ao depositário autorizado na armazenagem ou a quem se constituiu garante da operação de circulação, devendo o imposto ser liquidado segundo as regras estabelecidas no nº 3 do artigo 11º

2. Para efeitos do disposto no número anterior, o imposto é liquidado apenas sobre as quantidades que excedam os limites fixados nos artigos 48º e 49º

Artigo 52º – Inutilização sob controlo aduaneiro

Não estão sujeitos ao pagamento do imposto os produtos inutilizados mediante autorização e sob controlo da estância aduaneira competente.

CAPÍTULO VI – Garantias

Artigo 53º – Regras gerais

1. A armazenagem e a circulação dos produtos sujeitos a impostos especiais de consumo dependem da constituição prévia de uma garantia.

2. As garantias previstas no presente Código podem ser prestadas em numerário, fiança bancária ou seguro-caução.

3. O termo de garantia deve conter uma cláusula em que o garante expressamente se obrigue, perante a autoridade aduaneira, como principal pagador até ao montante máximo garantido, renunciando ao benefício da excussão.

4. Estão dispensadas da prestação de garantia as situações em que o montante de imposto a garantir seja inferior ao montante previsto no nº 3 do artigo 12º
(Redação dada pela Lei nº 42/2016, de 28-12)

Artigo 54º – Garantias de armazenagem

1. O titular de entreposto fiscal de armazenagem deve prestar uma garantia inicial, cujo montante corresponda a 2% da previsão média mensal do imposto exigível pelos produtos a entrar em entreposto no primeiro ano de actividade, computando-se, no caso de produtos isentos, o imposto que seria devido pela introdução no consumo destes produtos.

2. Os organismos públicos e outras entidades que exerçam funções de intervenção, controlo da qualidade e defesa da denominação de origem dos produtos sujeitos a imposto, que sejam titulares de entrepostos fiscais, ficam dispensados da constituição de garantia.

3. A armazenagem de produtos sujeitos a impostos especiais de consumo tributados à taxa 0 está dispensada da constituição de garantia.

4. O álcool resultante de medidas de intervenção comunitária não é considerado para o cômputo da garantia referida no nº 1.

5. No caso de ser titular de mais de um entreposto fiscal, o depositário autorizado pode prestar uma garantia global única, equivalente à soma das garantias constituídas para cada entreposto.

Artigo 55º – Garantias de circulação

1. Os riscos inerentes à circulação de produtos em regime de suspensão são cobertos por uma garantia prestada pelo depositário autorizado ou pelo expedidor registado.

2. Em derrogação do disposto no número anterior, a garantia pode ainda ser prestada pelo transportador junto da estância aduaneira competente.

3. Os riscos inerentes às operações de circulação que ocorram integralmente no território nacional, e desde que o garante seja o expedidor, podem ser cobertos pela garantia prevista no artigo anterior.

4. A garantia pode ser prestada de forma global para várias operações de circulação, ou de forma isolada para uma única operação, sendo válida em todo o território comunitário.

5. A garantia global prestada pelas pessoas referidas nos nºs 1 e 2 é fixada no montante mínimo de 10% da média mensal do imposto correspondente às operações de circulação realizadas no ano anterior ou, no caso de início de actividade, da previsão média mensal para o primeiro ano.

6. A garantia isolada deve corresponder ao montante total do imposto que seria devido pela introdução no consumo dos produtos em circulação.

7. Em cada operação de circulação deve ser invocada uma única garantia válida, cujo montante não pode ser inferior ao montante do imposto em causa nessa operação.

8. Sem prejuízo do regime aplicável aos pequenos produtores de vinho, os expedidores de produtos tributados à taxa 0 devem prestar uma garantia global anual de € 2500 a € 15 000, consoante a frequência das expedições para outros Estados membros, podendo a estância aduaneira competente autorizar a redução do montante mínimo, tratando-se de remessas ocasionais.

9. Ficam dispensados da prestação da garantia de circulação os produtos petrolíferos e energéticos expedidos por via marítima ou por condutas fixas, com destino:

a) Ao território nacional;

b) A outro Estado membro, com o acordo desse Estado.

10. No caso da circulação ocorrida integralmente no território nacional, estão ainda dispensados da prestação de garantia os organismos e entidades referidos no nº 2 do artigo anterior, bem como os produtos tributados à taxa zero.

11. A responsabilidade do garante cessa quando for emitido o respectivo relatório de recepção ou, tratando-se de uma exportação, o relatório de exportação ou a certificação de saída.

12. Tratando-se de bebidas não alcoólicas, a responsabilidade do garante cessa com a receção desses produtos pelo destinatário.

13. Sem prejuízo do regime aplicável aos pequenos produtores de vinho, o montante mínimo de fixação da garantia prevista no nº 5 é reduzido para metade para os expedidores de produtos tributados à taxa 0 e para expedidores de produtos intermédios.

(Redação dada pela Lei nº 42/2016, de 28-12)

Artigo 56º – Garantia do destinatário registado

1. O destinatário registado presta uma garantia, cujo montante mínimo deve ser igual a 25% da média mensal do imposto, calculado sobre as declarações de introdução no consumo processadas no ano anterior ou, no caso de início de actividade, da previsão média mensal para o primeiro ano.

2. Na situação prevista no artigo 30º, deve ser prestada uma garantia de montante igual ou superior ao imposto resultante de cada recepção efectuada.

Artigo 57º – Cumulação de garantias

1. Pode ser prestada uma garantia global única para cobrir todos os riscos inerentes à armazenagem e circulação dos produtos sujeitos a impostos especiais de consumo, cujo montante deve corresponder à soma das garantias previstas nos artigos 54º e 55º

2. No caso de coexistirem, nas mesmas instalações, entreposto aduaneiro e entreposto fiscal, a estância aduaneira competente pode autorizar a constituição de uma garantia global única, cujo montante deve corresponder à soma da garantia calculada nos termos do nº 1, com a garantia do entreposto aduaneiro, calculada nos termos da legislação aplicável.

3. O termo de garantia deve conter uma cláusula em que o garante expressamente se obrigue perante a autoridade aduaneira como principal pagador até ao montante máximo garantido.

Artigo 58º – Ajuste das garantias

1. Por iniciativa da estância aduaneira competente ou do garante, os montantes das garantias previstas no presente capítulo são ajustados em função da alteração das circunstâncias.

2. Para efeitos do número anterior, os montantes das garantias devem ser periodicamente revistos, para que se mantenham actualizados em relação às percentagens que, nos termos dos artigos 54º, 55º e 56º, serviram de base à respectiva fixação.

Artigo 59º – Validade das garantias

Sem prejuízo das disposições aplicáveis à circulação, as garantias previstas no presente capítulo são válidas por um ano a contar da data da sua constituição, sendo automaticamente renováveis por iguais períodos de tempo, salvo denúncia expressa com a antecedência mínima de 30 dias.

CAPÍTULO VII – Circulação e tributação após a introdução no consumo

Artigo 60º – Produtos adquiridos para fins comerciais

1. Os produtos já introduzidos no consumo noutro Estado membro que forem adquiridos para fins comerciais ou para consumo próprio, que não seja considerado uma aquisição para uso pessoal, nos termos do artigo seguinte, estão sujeitos a imposto no território nacional.

2. Os produtos referidos no número anterior circulam entre o território dos outros Estados membros e o território nacional a coberto do documento de acompanhamento previsto no Regulamento (CEE) nº 3649/92, da Comissão, de 17 de Dezembro.

3. O adquirente dos produtos referidos no nº 1 deve cumprir as seguintes obrigações:

a) Antes da expedição dos produtos com destino ao território nacional, apresentar uma declaração junto da estância aduaneira competente do local de recepção e garantir o pagamento do imposto;

b) Após a recepção dos produtos, apresentar nessa estância aduaneira cópia do documento previsto no número anterior e pagar o imposto devido;

c) Prestar-se a todos os controlos que permitam à autoridade aduaneira comprovar a efectiva recepção dos produtos, bem como o pagamento do imposto devido.

4. À circulação de produtos já introduzidos no consumo entre o continente e as Regiões Autónomas dos Açores e da Madeira, e vice-versa, e entre as Regiões Autónomas, são aplicáveis as regras previstas nos números anteriores, com as devidas adaptações.

(Redação dada pela Lei nº 42/2016, de 28-12)

Artigo 61º – Produtos adquiridos para uso pessoal

1. Os produtos já introduzidos no consumo e adquiridos por particulares noutro Estado membro para seu uso pessoal, quando transportados pelos próprios para território nacional, não estão sujeitos a imposto, nos termos e limites previstos no presente artigo.

2. São critérios para determinação da aquisição para uso pessoal a que se refere o número anterior:

a) O estatuto comercial e os motivos da detenção dos produtos;

b) O local em que se encontram os produtos ou a forma de transporte utilizada;

c) Qualquer documento relativo aos produtos;

d) A natureza dos produtos;

e) A quantidade dos produtos.

3. Para efeitos de aplicação da alínea *e*) do número anterior, presume-se que a detenção de tabaco manufacturado tem fins comerciais quando forem ultrapassados os seguintes limites quantitativos:

a) Cigarros, 800 unidades;

b) Cigarrilhas (charutos com um peso máximo de 3 g/unidade), 400 unidades;

c) Charutos, 200 unidades;

d) Tabaco para fumar, 1 kg;

e) Rapé, 250 g;

f) Tabaco de mascar, 250 g;

g) Tabaco aquecido, 20 g;

h) Líquidos contendo nicotina, em recipientes utilizados para carga e recarga de cigarros eletrónicos, 30 ml.

4. Para efeitos de aplicação da alínea *e*) do nº 2, presume -se que a detenção de bebidas alcoólicas e de bebidas não alcoólicas tem fins comerciais quando forem ultrapassados os seguintes limites quantitativos:

a) Bebidas espirituosas, 10 l;

b) Produtos intermédios, 20 l;

c) Vinhos (dos quais 60 l, no máximo, de vinhos espumantes), 90 l;

d) Cervejas, 110 l;

e) Bebidas não alcoólicas, 20 l.

5. Presume-se que a detenção de produtos petrolíferos não se destina ao uso pessoal do seu detentor quando forem transportados por formas de transporte atípicas, efectuadas por particulares ou por sua conta.

6. Para efeitos do número anterior, considera-se forma de transporte atípica o transporte de combustível que não se encontre no reservatório de um veículo, ou num recipiente de reserva apropriado, até ao limite de 10 l, bem como o transporte de produtos líquidos para aquecimento que não seja efectuado em camiões-cisternas utilizados por operadores profissionais.

7. Os produtos adquiridos em território nacional por particulares de outros Estados membros, para seu uso pessoal e transportados pelos próprios, estão sujeitos a imposto.

(Redação dada pela Lei nº 42/2016, de 28-12)

Artigo 62º – Compras à distância

1. Os produtos adquiridos noutro Estado membro, já introduzidos no consumo, por pessoas residentes em território nacional que não exerçam qualquer actividade económica independente, e sejam expedidos ou transportados directa ou indirectamente, pelo vendedor ou por sua conta, para o território nacional, ficam sujeitos a imposto.

2. Para efeitos do artigo 8º, o imposto torna-se exigível no momento da entrega dos produtos em território nacional.

3. As operações referidas nos números anteriores só podem ser efectuadas através de um representante fiscal estabelecido em território nacional e autorizado pela estância aduaneira competente.

4. O representante fiscal deve cumprir as seguintes obrigações:

a) Antes da expedição dos produtos com destino ao território nacional, apresentar uma declaração junto da estância aduaneira competente do local de recepção e garantir o pagamento do imposto;

b) Após a recepção dos produtos, apresentar nessa estância aduaneira cópia do documento previsto no nº 2 do artigo 60º e pagar o imposto devido;

c) Manter um registo dos produtos recepcionados.

5. No caso de incumprimento das obrigações previstas no número anterior, é responsável pelo pagamento do imposto o adquirente dos produtos.

6. Tratando-se de bebidas não alcoólicas, é responsável pelo cumprimento das obrigações constantes do presente artigo o adquirente dos produtos.

(Redação dada pela Lei nº 42/2016, de 28-12)

Artigo 63º – Vendas à distância

Os produtos já introduzidos no consumo, vendidos em território nacional a pessoas residentes noutro Estado membro, e que sejam expedidos ou transportados directa ou indirectamente pelo vendedor ou por sua conta ficam sujeitos a imposto no Estado membro de destino.

Artigo 64º – Perdas e inutilização

1. No caso de produtos já introduzidos no consumo noutro Estado membro, não são tributáveis as perdas inerentes à natureza dos produtos em causa, ocorridas na circulação intracomunitária, ou devido a caso fortuito ou de força maior, nos termos e nos limites fixados, respectivamente, nos artigos 49º e 50º

2. Não são ainda tributáveis os produtos destinados a inutilização sob controlo aduaneiro, a efectuar nos termos do artigo 52º

Artigo 65º – Irregularidades relativas a produtos já introduzidos no consumo

1. Quando, em território nacional, ocorrer uma irregularidade durante a circulação de produtos já introduzidos no consumo noutro Estado membro, o imposto torna-se exigível nos termos do artigo 8º

2. Quando não for possível determinar o local em que a irregularidade ocorreu, o imposto é exigível se a mesma foi detectada no território nacional.

3. Em derrogação do número anterior, se no prazo de três anos a contar da data de aquisição dos produtos sujeitos a impostos especiais de consumo for apurado o Estado membro onde efectivamente ocorreu a irregularidade, o imposto torna-se exigível nesse Estado membro.

4. O imposto é devido pela pessoa que garantiu o respectivo pagamento, nos termos da alínea *a*) do nº 4 do artigo 62º, ou por todas as pessoas que tenham participado na irregularidade.

5. Há lugar ao reembolso do imposto relativo aos produtos introduzidos no consumo que sejam objecto de uma irregularidade ocorrida ou detectada noutro Estado membro e quando se comprove ter sido pago o imposto devido nesse Estado membro.

PARTE II – PARTE ESPECIAL

CAPÍTULO I – Imposto sobre o álcool, as bebidas alcoólicas e as bebidas adicionadas de açúcar ou outros edulcorantes

SECÇÃO I – Álcool e bebidas alcoólicas

Artigo 66º – Incidência objectiva

1. O imposto incide sobre a cerveja, os vinhos, outras bebidas fermentadas, os produtos intermédios e as bebidas espirituosas, genericamente designadas por bebidas alcoólicas, e sobre o álcool etílico, genericamente designado por álcool.

2. Para efeitos de aplicação do número anterior, entende-se por:

a) «Cerveja» todas as bebidas compreendidas no código a Nomenclatura Combinada (NC) 2203 e qualquer outro produto que contenha uma mistura de cerveja com bebidas não alcoólicas abrangido pelo código NC 2206, desde que num caso e noutro o título alcoométrico adquirido seja superior a 0,5% vol.;

b) «Vinho tranquilo» os produtos abrangidos pelos códigos NC 2204 e 2205, com excepção do vinho espumante, cujo título alcoométrico adquirido resultante inteiramente de fermentação seja superior a 1,2% vol. e igual ou inferior a 18% vol.;

c) «Vinho espumante» os produtos abrangidos pelos códigos NC 2204 10, 2204 2110, 2204, 2910 e 2205, cujo título alcoométrico adquirido resultante inteiramente de fermentação seja superior a 1,2% vol. e igual ou inferior a 15% vol., que estejam contidos em garrafas fechadas por rolhas em forma de cogumelo fixadas por arames ou grampos, ou com uma sobrepressão derivada do anidrido carbónico em solução de, pelo menos, 3 bar;

d) «Outras bebidas tranquilas fermentadas» os produtos abrangidos pelos códigos NC 2204, 2205 e 2206, com excepção dos vinhos, da cerveja e das outras bebidas espumantes fermentadas, cujo título alcoométrico adquirido seja superior a 1,2% vol. e igual ou inferior a 10% vol., e ainda os de título alcoométrico superior a 10% vol., mas não a 15% vol., desde que, neste último caso, o álcool contido no produto resulte inteiramente de fermentação;

e) «Outras bebidas espumantes fermentadas» os produtos abrangidos pelos códigos NC 2206 00 31 e 2206 00 39, bem como os produtos abrangidos pelos códigos NC 2204 10, 2204 21 10, 2204 29 10 e 2205, com excepção dos vinhos, cujo título alcoométrico adquirido seja superior a 1,2% vol. e igual ou inferior a 13% vol. e ainda os que, tendo um título alcoométrico superior a 13% vol. mas inferior a 15% vol., resultem inteiramente de fermentação, que estejam contidos em garrafas fechadas por rolhas em forma de cogumelo, fixadas por arames ou grampos, ou com uma sobrepressão derivada do anidrido carbónico em solução de, pelo menos, 3 bar;

f) «Produtos intermédios» os produtos de título alcoométrico adquirido superior a 1,2% vol. e igual ou inferior a 22% vol., abrangidos pelos códigos NC 2204, 2205 e 2206, não incluídos nas alíneas anteriores;

g) «Álcool etílico» o líquido com teor alcoólico mínimo de 96% vol. a 20ºC, obtido quer por rectificação após fermentação de produtos agrícolas alcoógenos, designado por álcool etílico de origem agrícola, com as características mínimas constantes do anexo I do Regulamento (CE) nº 110/2008, do Parlamento Europeu e do Conselho, de 15 de Janeiro, quer por processo químico, designado por álcool etílico de síntese;

h) «Álcool etílico diluído» o líquido com teor alcoólico inferior a 96% vol. e superior a 70% vol. a 20ºC, resultante da diluição do álcool etílico definido na alínea anterior, ainda que adicionado de substâncias e preparados aromatizantes;

i) «Destilado etílico» o líquido com teor alcoólico inferior a 96% vol. a 20ºC, que não se enquadre nas alíneas anteriores, incluindo qualquer destilado de origem agrícola;

j) «Álcool etílico parcialmente desnaturado» o álcool a que se adicionaram, como desnaturante, substâncias químicas que o tornam impróprio para o consumo humano por ingestão;

l) «Álcool etílico totalmente desnaturado» o álcool a que foram adicionados os desnaturantes nas proporções descritas no ponto I do anexo ao Regulamento de Execução (UE) nº 162/2013, da Comissão, de 21 de fevereiro;

m) «Bebidas espirituosas» os produtos compreendidos no código NC 2208 definidos nos termos do artigo 2º do Regulamento (CE) nº 110/2008, do Parlamento Europeu e do Conselho, de 15 de Janeiro.

3. São equiparados a bebidas espirituosas previstas na alínea *m*) do número anterior:

a) Os produtos não compreendidos nas alíneas *g*) a *i*), com um teor alcoólico em volume superior a 1,2% vol. abrangidos pelos códigos NC 2207 e 2208, mesmo quando estes produtos constituam parte de um produto abrangido por outro capítulo da Nomenclatura Combinada;

b) Os produtos abrangidos pelos códigos NC 2204, 2205 e 2206 de teor alcoólico adquirido superior a 22% vol.

(Redação dada pela Lei nº 83-C/2013, de 31-12)

Artigo 67º – Isenções

1. Estão isentos do imposto as bebidas alcoólicas e o álcool quando utilizados:

a) No fabrico de produtos não destinados ao consumo humano, desde que tenham sido desnaturados e distribuídos de acordo com a legislação em vigor;

b) No fabrico de vinagres abrangidos pelo código pautal 2209;

c) No fabrico de aromas destinados à preparação de géneros alimentícios e bebidas não alcoólicas de teor alcoólico adquirido não superior a 1,2% vol.;

d) Directamente ou como componentes de produtos semiacabados, na produção de géneros alimentícios, com ou sem recheio, desde que o título de álcool não exceda 8,5 l de álcool puro por cada 100 kg de produto, no caso de chocolate, e 5 l de álcool puro por cada 100 kg de produto, nos restantes casos;

e) Para a realização de ensaios de produção ou para fins científicos ou ainda como amostras para análise;

f) Em processos de fabrico, desde que o produto final não contenha álcool;

g) No fabrico de produtos constituintes não sujeitos ao imposto;

h) No fabrico de produtos agro-alimentares desde que se trate de vinhos modificados.

2. *(Revogado.)*

3. Está ainda isento do imposto o álcool:

a) Utilizado em fins industriais, nos termos do artigo 68º;

b) Distribuído sob a forma de álcool totalmente desnaturado nos termos fixados pelo Regulamento de Execução (UE) nº 162/2013, da Comissão, de 21 de fevereiro;

c) Destinado a consumo próprio dos hospitais e demais estabelecimentos de saúde, públicos e privados;

d) Destinado a testes laboratoriais e à investigação científica;

e) Destinado a fins terapêuticos e sanitários;

f) Utilizado no fabrico de medicamentos, tal como definidos na alínea *ee*) do artigo 3º do Decreto-Lei nº 176/2006, de 30 de Agosto.

(Redação dada pela Lei nº 42/2016, de 28-12)

Artigo 68º – Álcool desnaturado

1. Para efeitos de isenção do imposto, o álcool utilizado em fins industriais deve ser objeto de desnaturação, através de desnaturante a identificar por portaria dos membros do Governo responsáveis pelas áreas das finanças e da economia, ou através dos desnaturantes nas proporções descritas no ponto I do anexo ao Regulamento de Execução (UE) nº 162/2013 da Comissão, de 21 de fevereiro, sendo que, para efeitos de comercialização exclusivamente em território nacional, é permitida a adição de corante – azul de metileno – à fórmula prevista naquele regulamento, na proporção de 2 g/hl de álcool a desnaturar.

2. Em derrogação do disposto no número anterior, o álcool para utilização em fins industriais pode excepcionalmente não ser desnaturado desde que, comprovadamente, a desnaturação se revele prejudicial à saúde pública.

3. Para efeitos do número anterior, a autorização é dada pelo director da alfândega e fica subordinada à condição da utilização industrial se realizar no local especificado naquela autorização, ou noutro local sob controlo aduaneiro.

4. O álcool destinado a consumo próprio dos hospitais e demais estabelecimentos de saúde, públicos ou privados, pode igualmente ser objecto de desnaturação através de desnaturante a identificar por portaria dos membros do Governo responsáveis pelas áreas das finanças e da saúde.

5. Para efeitos da isenção do imposto prevista na alínea *e)* do nº 3 do artigo anterior, o álcool para fins terapêuticos e sanitários, destinado à venda ao público em farmácias, drogarias e outros estabelecimentos comerciais, para o efeito devidamente licenciados, deve ser objecto de desnaturação, através de desnaturante a identificar por portaria dos membros do Governo responsáveis pelas áreas das finanças e da saúde.

6. Os operadores referidos no nº 1 do artigo 4º, que pretendam receber álcool parcialmente desnaturado de outro Estado membro ou de países terceiros, devem comunicar à estância aduaneira competente, no termo da operação de circulação ou no acto da importação, consoante o caso, o desnaturante utilizado e as respectivas quantidades.

7. Para efeitos do número anterior, só se considera álcool desnaturado se a desnaturação tiver sido realizada nos termos da legislação nacional aplicável.

(Redação dada pela Lei nº 83-C/2013, de 31-12)

Artigo 69º – Operações de desnaturação

1. A desnaturação, total ou parcial, referida no artigo anterior, deve ser realizada em entreposto fiscal, mediante autorização da estância aduaneira competente.

2. Em excepção do disposto no número anterior, a estância aduaneira competente pode autorizar a desnaturação do álcool nas instalações onde vai ser utilizado, a pedido da entidade a que o álcool se destina.

3. As operações de desnaturação devem ser precedidas da apresentação de uma declaração junto da estância aduaneira competente, no prazo de dois dias úteis anteriores à operação, indicando a espécie e o volume de álcool a desnaturar e a espécie e quantidade de desnaturante a utilizar.

4. Nas operações de desnaturação efectuadas no território do continente, o volume de álcool sujeito a cada operação não pode ser inferior a 20 hl, salvo em casos devidamente fundamentados, autorizados pela estância aduaneira competente.

5. A estância aduaneira competente deve controlar as operações de desnaturação e proceder à recolha de amostras sempre que o entenda conveniente.

6. O álcool referido na alínea *i)* do nº 2 do artigo 66º só pode ser declarado para consumo após desnaturação.

Artigo 70º – Condições de comercialização do álcool para fins terapêuticos e sanitários

1. O álcool para fins terapêuticos e sanitários, ainda que diluído ou desnaturado, só pode ser vendido ao público nas farmácias, drogarias e outros estabelecimentos comerciais com secção de drogaria.

2. Só é permitida a venda ao público de álcool para fins terapêuticos e sanitários desde que este se encontre devidamente embalado em recipientes e a respectiva quantidade não exceda 0,25 l.

3. As embalagens que contenham álcool parcialmente desnaturado devem ser incolores e no respectivo rótulo devem constar as indicações sobre a percentagem do álcool, a qual não pode ser inferior a 70%, nem superior a 96% v/v, a percentagem e indicação do desnaturante, a expressão «uso externo» e a identificação do entreposto fiscal onde foram efectuadas as operações de desnaturação e embalagem.

4. O envasilhamento do álcool destinado à venda ao público só pode ser realizado, salvo no caso de importação de álcool já embalado, pelos titulares de entrepostos fiscais ou, tratando-se de álcool para fins terapêuticos e sanitários, ainda que diluído, também por fabricantes de especialidades farmacêuticas.

5. Para efeitos do disposto na parte final do número anterior, devem os fabricantes proceder ao respectivo registo junto da estância aduaneira competente.

6. É livre o trânsito de álcool adquirido pelo público, nos termos do nº 1.

Artigo 71º – Cerveja

1. A unidade tributável da cerveja é constituída pelo número de hectolitros/grau plato, ou grau alcoólico adquirido, de produto acabado.

2. As taxas do imposto sobre a cerveja são as seguintes:

a) Superior a 0,5% vol. e inferior ou igual a 1,2% vol. de álcool adquirido, € 8,34/hl;

b) Superior a 1,2% vol. de álcool adquirido e inferior ou igual a 7° plato, € 10,44/hl;

c) Superior a 1,2% vol. de álcool adquirido e superior a 7° plato e inferior ou igual a 11° plato, € 16,70/hl;

d) Superior a 1,2% vol. de álcool adquirido e superior a 11° plato e inferior ou igual a 13° plato, € 20,89/hl;

e) Superior a 1,2% vol. de álcool adquirido e superior a 13° plato e inferior ou igual a 15° plato, € 25,06/hl;

f) Superior a 1,2% vol. de álcool adquirido e superior a 15° plato, € 29,30/hl.

(Redação dada pela Lei nº 114/2017, de 29-12)

Artigo 72º – Vinho

1. A unidade tributável do vinho é constituída pelo número de hectolitros de produto acabado de vinho tranquilo e espumante.

2. A taxa do imposto aplicável aos vinhos tranquilos e espumantes é de € 0.

Artigo 73º – Outras bebidas fermentadas, tranquilas e espumantes

1. A unidade tributável das outras bebidas fermentadas, tranquilas e espumantes é constituída pelo número de hectolitros de produto acabado.

2. A taxa do imposto aplicável às outras bebidas fermentadas, tranquilas e espumantes é de € 10,44/hl.

3. Sem prejuízo do previsto no número anterior, a taxa do imposto aplicável às outras bebidas fermentadas, tranquilas e espumantes, produzidas pelos pequenos produtores e nas pequenas sidrarias, identificados no nº 2 do artigo 81º, é a prevista no nº 2 do artigo anterior.

(Redação dada pela Lei n.º 71/2018, de 31-12)

Artigo 74º – Produtos intermédios

1. A unidade tributável dos produtos intermédios é constituída pelo número de hectolitros de produto acabado.

2. A taxa do imposto aplicável aos produtos intermédios é de € 76,10/hl.
(Redação dada pela Lei nº 114/2017, de 29-12)

Artigo 75º – Álcool etílico

1. A unidade tributável do álcool é constituída pelo hectolitro de álcool contido, na base de 100% de volume, à temperatura de 20ºC.

2. A taxa do imposto aplicável é a prevista no nº 2 do artigo seguinte.

Artigo 76º – Bebidas espirituosas

1. A unidade tributável das bebidas espirituosas é constituída pelo hectolitro de álcool contido, na base de 100% de volume, à temperatura de 20ºC.

2. A taxa do imposto aplicável às bebidas espirituosas é de € 1386,93/hl.
(Redação dada pela Lei nº 114/2017, de 29-12)

Artigo 77º – Taxas na Região Autónoma dos Açores

São fixadas em 25% das taxas em vigor no continente as taxas do imposto sobre o álcool relativas aos produtos a seguir mencionados, desde que produzidos e declarados para consumo na Região Autónoma dos Açores:

a) Os licores e os «creme de» definidos, respectivamente, nas categorias 32 e 33 do anexo II do Regulamento (CE) nº 110/2008, do Parlamento Europeu e do Conselho, de 15 de Janeiro, produzidos a partir de frutos ou matérias-primas regionais;

b) As aguardentes vínica e bagaceira destiladas na Região, com as características e qualidade definidas nos nºs 4 e 6 do anexo II do Regulamento (CE) nº 110/2008, do Parlamento Europeu e do Conselho, de 15 de Janeiro.

Artigo 78º – Taxas na Região Autónoma da Madeira

1. A taxa do imposto aplicável às bebidas espirituosas declaradas para consumo na Região Autónoma da Madeira é de € 1237,58/hl.

2. A taxa prevista no número anterior é igualmente aplicável ao álcool etílico tributável nos termos do nº 1 do artigo 75º

3. As taxas do imposto relativas a vinho licoroso obtido das variedades de uvas puramente regionais, especificadas no artigo 15º do Regulamento (CEE) nº 4252/88, do Conselho, de 21 de dezembro, desde que produzidos e declarados para consumo na Região Autónoma da Madeira, são fixadas em 50% da taxa em vigor no território do continente.

4. As taxas do imposto relativas aos produtos a seguir mencionados, desde que produzidos e declarados para consumo na Região Autónoma da Madeira, são fixadas em 25% da taxa prevista no nº 2 do artigo 76º:

a) O rum, tal como definido nos termos do nº 1 do anexo II do Regulamento (CE) nº 110/2008, do Parlamento Europeu e do Conselho, de 15 de janeiro, na alínea *a)* do nº 4 do artigo 1º do Regulamento (CEE) nº 1576/89, do Conselho, de 29 de maio, que possua a denominação geográfica «Rum da Madeira», referida no nº 3 do artigo 5º e no nº 1 do anexo II do referido regulamento;

b) Os licores e os «creme de», definidos, respetivamente, nas categorias 32 e 33 do anexo II do Regulamento (CE) nº 110/2008, do Parlamento Europeu e do Conselho, de 15 de janeiro, produzidos a partir de frutos ou plantas regionais.
(Redação dada pela Lei nº 114/2017, de 29-12)

Artigo 79º – Pequenas destilarias

1. Sem prejuízo do cumprimento dos requisitos relativos à constituição e funcionamento dos entrepostos fiscais de produção, o estatuto de pequena destilaria pode ser concedido pelo diretor da alfândega a empresas, que detenham uma única destilaria, e que, simultaneamente:

a) Produzam por ano até ao máximo de 10 hl de álcool puro incorporado em bebidas espirituosas destiladas;

b) Sejam jurídica, económica e contabilisticamente independentes de outras destilarias;

c) Não operem sob licença ou por conta de outrem.

2. É fixada em 50% da taxa normal a taxa aplicável às bebidas espirituosas que as pequenas destilarias anualmente produzam e declarem para consumo.

3. O regime previsto nos números anteriores não é cumulável com as reduções previstas nos artigos 77º e 78º

4. As pequenas destilarias ficam dispensadas do cumprimento das obrigações previstas no artigo 83º, com a exceção da alínea *a*) do nº 1 do mesmo artigo, estando sujeitas ao cumprimento das obrigações previstas no artigo 85º

5. Para efeitos de controlo da produção, as pequenas destilarias devem:

a) Proceder ao registo, em formulário próprio, das matérias-primas utilizadas e dos produtos obtidos;

b) Sujeitar-se à selagem da unidade produtiva durante o período de inactividade da mesma.

(Redação dada pela Lei nº 42/2016, de 28-12)

Artigo 80º – Pequenas cervejeiras

1. Sem prejuízo do cumprimento dos requisitos relativos à constituição e funcionamento dos entrepostos fiscais de produção, o estatuto de pequena cervejeira pode ser concedido pelo director da alfândega a empresas que detenham um único entreposto fiscal de produção de cerveja e que, simultaneamente:

a) Produzam por ano até ao limite máximo de 200 000 hl de cerveja;

b) Sejam jurídica, económica e contabilisticamente independentes de outras empresas cervejeiras;

c) Não operem sob licença ou por conta de outrem.

2. Em derrogação ao disposto no número anterior, considera-se uma única empresa independente duas ou mais empresas cervejeiras que trabalhem em conjunto e cuja produção anual total não exceda 200 000 hl de cerveja.

3. São fixadas em 50% da taxa normal as taxas aplicáveis à cerveja que as pequenas cervejeiras anualmente produzam e declarem para introdução no consumo.

(Redação dada pela Lei nº 42/2016, de 28-12)

Artigo 81º – Pequenos produtores de vinho e de sidra

1. Salvo disposição em contrário, os pequenos produtores de vinho e de sidra ficam dispensados das obrigações relacionadas com a produção, circulação e controlo previstos no presente Código.

2. Consideram-se pequenos produtores de vinho e de sidra as pessoas que produzem, em média, menos de 1000 hl por ano.

3. Sempre que os pequenos produtores efectuem, em nome próprio, operações de circulação intracomunitárias, devem cumprir as obrigações estabelecidas no Regulamento (CE) nº 436/2009, da Comissão, de 26 de Maio, nomeadamente no que respeita ao registo de saída e ao documento de acompanhamento, e enviar uma cópia deste à estância aduaneira competente.

4. A estância aduaneira competente deve ser informada pelo destinatário das remessas de vinho ou de sidra recebidas em território nacional por meio do documento ou de uma referência ao documento referido no número anterior.

5. Os depositários autorizados que detenham vinho ou sidra adquirido aos pequenos produtores devem identificar a sua proveniência e registar os respetivos movimentos na contabilidade de existências, ficando sujeitos ao regime geral.

(Redação dada pela Lei nº 71/2018, de 31-12)

Artigo 82º – Produção

1. As operações de fermentação, de destilação, de envelhecimento, de loteamento e de acerto de grau são consideradas como produção ou transformação.

2. As operações necessárias à conservação e utilização, bem como ao envasilhamento, qualquer que seja a capacidade da embalagem, e ainda à diluição e desnaturação, podem também ser efectuadas em entreposto fiscal de armazenagem.

3. Não se considera como produção a operação de misturar bebidas alcoólicas de diferente natureza ou destas com bebidas não alcoólicas fora de um entreposto fiscal, desde que se verifiquem cumulativamente as seguintes condições:

a) O imposto a que essas bebidas estão sujeitas tenha sido regularmente declarado ou pago anteriormente;

b) O montante pago ou a pagar não seja inferior ao do imposto devido pelo produto final resultante da mistura.

4. Mediante pedido fundamentado, pode o director-geral das Alfândegas e dos Impostos Especiais sobre o Consumo autorizar a constituição de entrepostos fiscais de produção ou de transformação de álcool a destilarias inscritas no organismo competente do Ministério da Agricultura, do Desenvolvimento Rural e das Pescas, nomeadamente para reaproveitamento de bebidas alcoólicas impróprias para consumo humano ou em outras situações em que seja demonstrado um interesse económico relevante decorrente de circunstâncias excepcionais, dispensando-se o cumprimento das obrigações constantes das alíneas *a)* a *d)* do artigo seguinte.

5. Podem ser dispensados dos requisitos relativos à constituição e funcionamento dos entrepostos fiscais de produção, os pequenos produtores de bebidas alcoólicas, cujas reduzidas dimensão e capacidade produtiva o justifique, autorizados nos termos definidos por portaria do membro do Governo responsável pela área das finanças.

(Redação dada pela Lei nº 42/2016, de 28-12)

Artigo 83º – Obrigações dos produtores de álcool e de bebidas alcoólicas

1. Constituem obrigações dos produtores de álcool:

a) Apresentar a memória descritiva das instalações com a respectiva planta e características gerais dos reservatórios que delas façam parte, incluindo a respectiva planimetria;

b) Instalar os diversos componentes dos equipamentos de produção nos prazos fixados pela entidade competente e de forma a tornar acessível a comparação visual de todas as condições de entrada e de saída de matérias-primas alcoógenas e de álcool, bem como da selagem dos aparelhos;

c) Instalar o equipamento de produção por forma a que o álcool circule livremente desde a saída da coluna até à chave de regulação da produção e desta até aos correspondentes depósitos selados, os quais devem obedecer às características metrológicas estabelecidas na Portaria nº 1541/2007, de 6 de Dezembro, efectuando-se a circulação do álcool através de tubos rígidos, sem soldaduras, derivações ou chaves, visíveis em toda a sua extensão, e com as junções de tubos efectuadas por meio de uniões ou porcas dispostas de maneira a poderem ser seladas;

d) Submeter os restantes depósitos ao controlo metrológico e possuir o respectivo certificado do Instituto Português da Qualidade (IPQ);

e) Utilizar, na determinação do teor alcoométrico e da densidade do álcool, instrumentos de medição que obedeçam às características metrológicas estabelecidas na Portaria nº 16/91, de 9 de Janeiro, e na Portaria nº 377/91, de 2 de Maio, e no documento da Organização Internacional de Metrologia Legal (OIML), relativo a tabelas alcoométricas.

2. Constituem obrigações dos produtores vitivinícolas e de outras bebidas alcoólicas:

a) Possuir depósitos onde se encontre claramente identificada a natureza do produto e apostas, de modo visível e indelével, as respectivas capacidades;

b) Instalar indicadores de nível em estado funcional, ou outro equipamento similar, nomeadamente, caudalímetros que permitam o controlo eficaz da quantidade produzida e armazenada, bem como o número de ordem, caso se trate de depósitos fixos;

c) A prevista na alínea *a*) do número anterior.

(Redação dada pela Lei nº 64-B/2011, de 30-12)

Artigo 84º – Entrepostos de armazenagem

1. Para além das obrigações previstas no artigo 24º, na constituição de entrepostos fiscais de armazenagem, salvo para os organismos públicos e as entidades com funções de intervenção, controlo da qualidade e defesa da denominação de origem dos produtos sujeitos a este imposto, os interessados devem:

a) Possuir um volume de negócios, no ano anterior, superior a € 150 000 ou € 75 000, consoante o entreposto a constituir se situe, respectivamente, no continente ou nas Regiões Autónomas;

b) Apresentar prova de que as instalações afectas directamente à armazenagem têm uma área mínima de 100 m^2, possuem vias de acesso fácil e permitem exercer com eficácia as medidas de controlo necessárias;

c) Apresentar prova de estarem habilitados a exercer a actividade de venda por grosso de álcool e bebidas alcoólicas, excepto nos casos em que a actividade principal do operador seja a prestação de serviços de armazenagem.

2. A condição referida na alínea *a)* do número anterior, no caso de início de actividade, pode ser substituída por um compromisso em que o interessado declara o volume de negócios estimado.

3. No caso de entrepostos fiscais de armazenagem de álcool, para além das condições referidas no número anterior, constitui ainda condição necessária a previsão fundamentada de que o seu movimento anual médio não é inferior a 5000 hl no continente ou a 1000 hl nas Regiões Autónomas.

4. No caso de entrepostos fiscais de armazenagem de produtos vitivinícolas, os depósitos devem obedecer aos condicionalismos previstos no nº 2 do artigo anterior.

Artigo 85º – Circulação

1. A circulação de álcool e de bebidas alcoólicas rege-se pelo disposto na parte geral do presente diploma, com as seguintes excepções na circulação nacional:

a) É proibida a circulação de produtos em regime suspensivo entre entrepostos fiscais de produção, excepto no caso de serem considerados matérias-primas ou produtos não acabados;

b) A circulação de produtos entre o continente e as Regiões Autónomas dos Açores e da Madeira, e vice-versa, e entre as Regiões Autónomas, deve efetuar-se em regime de suspensão do imposto, sem prejuízo da situação prevista no nº 4 do artigo 60º;

c) Excetuam-se do previsto na alínea anterior, após a introdução no consumo, os vinhos tranquilos e espumantes, as outras bebidas tranquilas fermentadas e os produtos referidos no artigo 77º e nos nºs 3 e 4 do artigo 78º, quando destinados ao consumo fora da respetiva Região Autónoma, podendo a circulação efetuar-se a coberto do documento de transporte previsto no regime geral de bens em circulação.

d) *(Revogada.)*

2. A circulação do álcool está subordinada à regulamentação aplicável ao transporte de mercadorias perigosas.

(Redação dada pela Lei nº 42/2016, de 28-12)

Artigo 86º – Sistema de selagem

1. No momento da introdução no consumo, as bebidas espirituosas acondicionadas para venda ao público devem ter aposta uma estampilha especial, não reutilizável, cujo modelo e procedimentos a observar na requisição, fornecimento e controlo são regulamentados por portaria do membro do Governo responsável pela área das finanças.

2. A estampilha referida no número anterior deve ser colocada de forma indelével na embalagem, em qualquer local visível.

3. As estampilhas especiais são vendidas, nos termos da portaria prevista no nº 1, aos operadores referidos no nº 1 do artigo 4º, salvo quando a actividade principal do operador seja a prestação de serviços de armazenagem, devendo nesse caso ser adquiridas pelos depositantes.

4. As estampilhas especiais podem ainda ser vendidas ao responsável pelo pagamento da dívida aduaneira na importação, ao detentor, no caso de detenção para fins comerciais, ao arrematante, no caso de venda judicial ou em processo administrativo, e aos sujeitos passivos a que se referem as alíneas *d*) a *h*) do nº 2 do artigo 4º, desde que regularizada a situação fiscal.

5. Para além do disposto no artigo 8º, o imposto é exigível sempre que não seja apresentada prova da utilização das estampilhas junto da estância aduaneira competente.

6. Para aplicação do disposto no número anterior, a taxa das bebidas espirituosas prevista no nº 2 do artigo 76º deve ser aplicada em função do produto a que as estampilhas em falta se destinavam e do teor alcoólico desse produto, habitualmente comercializado pelo operador.

7. Sempre que não seja possível determinar o produto a que se destinavam as estampilhas referidas nos números anteriores, o imposto é calculado em função do produto comercializado pelo operador de que resulte o maior montante de imposto, na data em que o mesmo se torna exigível.

8. É proibida a detenção de bebidas espirituosas acondicionadas para comercialização e venda ao público que não ostentem a estampilha especial a que se refere o presente artigo.

9. A requisição de estampilhas especiais por operadores económicos sem estatuto IEC depende da constituição de uma garantia, cujo montante mínimo deve ser igual a 25% do imposto exigível pelos produtos correspondentes às estampilhas em causa.
(Redação dada pela Lei nº 42/2016, de 28-12)

Artigo 87º – Venda de mercadorias

1. O álcool e as bebidas alcoólicas não engarrafados, apreendidos e declarados perdidos a favor da fazenda pública em processo de infracção tributária, abandonados, ou considerados fazendas demoradas, devem ser vendidos ou inutilizados, no prazo de 60 dias, contados a partir do trânsito em julgado da declaração de perda da mercadoria a favor da fazenda pública, da declaração de abandono, do envio da certidão do tribunal ou do termo do prazo concedido para atribuição de um destino aduaneiro ou fiscal aos produtos, mesmo que não tenha sido ainda proferida sentença judicial, podendo aplicar-se a mesma formalidade ao álcool e às bebidas alcoólicas engarrafados desde que requerida pelo interessado.

2. Para efeitos do disposto no número anterior, e quando a entidade apreensora não for a autoridade aduaneira, deve a mesma comunicar o facto à autoridade aduaneira, no prazo de 15 dias contados a partir da data da apreensão, enviando para o efeito os elementos identificativos necessários.

3. O produto da venda deve ser depositado à ordem do processo respectivo, depois de deduzidas as importâncias que forem devidas, designadamente as relativas aos recursos próprios comunitários, bem como as relativas ao transporte, análises e armazenagem.

4. Quando o álcool for objecto de processo de venda só podem habilitar-se os depositários autorizados titulares de entrepostos fiscais de álcool.

5. Efectuada a adjudicação do álcool ou das bebidas alcoólicas, se o arrematante possuir o estatuto de depositário autorizado, deve proceder à emissão do documento administrativo electrónico referido no artigo 36º o qual deve ter como destino o seu entreposto fiscal.

6. São subsidiariamente aplicáveis à venda as disposições previstas na legislação aduaneira.

(Redação dada pela Lei nº 64-B/2011, de 30-12)

SECÇÃO II – Bebidas não alcoólicas

Artigo 87º-A – Incidência objetiva

1. Estão sujeitos a imposto os seguintes produtos, genericamente designados por bebidas não alcoólicas:

a) As bebidas destinadas ao consumo humano, adicionadas de açúcar ou de outros edulcorantes, abrangidas pelo código NC 2202;

b) As bebidas abrangidas pelos códigos NC 2204, 2205, 2206 e 2208, com um teor alcoólico superior a 0,5% vol. e inferior ou igual a 1,2% vol;

c) Concentrados, sob a forma de xarope ou outra forma líquida, de pó, grânulos ou outras formas sólidas, destinados à preparação de bebidas previstas nas alíneas anteriores, nas instalações do consumidor final ou de retalhista.

2. Os produtos adquiridos noutro Estado membro estão sujeitos a imposto no território nacional, exceto se for considerada uma aquisição para uso pessoal, quando transportados pelo próprio para o território nacional, de acordo com os critérios previstos no nº 2 do artigo 61º

(Redação dada pela Lei nº 114/2017, de 29-12)

Artigo 87º-B – Isenções

1. Estão isentas do imposto, as seguintes bebidas não alcoólicas:

a) Bebidas à base de leite, soja ou arroz;

b) Sumos e néctares de frutos e de algas ou de produtos hortícolas e bebidas de cereais, amêndoa, caju e avelã;

c) Bebidas consideradas alimentos para as necessidades dietéticas especiais ou suplementos dietéticos;

d) Bebidas cuja mistura final resulte da diluição e adicionamento de outros produtos não alcoólicos aos concentrados tributados ao abrigo da alínea *c)* do nº 1 do artigo anterior, desde que seja demonstrada a liquidação do imposto sobre aqueles concentrados;

e) As bebidas abrangidas pelo nº 1 do artigo anterior não adicionadas de açúcar ou de outros edulcorantes.

2. Estão ainda isentas do imposto as bebidas não alcoólicas quando utilizadas:

a) Em processos de fabrico ou como matéria-prima de outros produtos;

b) Para pesquisa, controle de qualidade e testes de sabor.

(Aditado pela Lei nº 42/2016, de 28-12)

Artigo 87º-C – Base tributável e taxas

1. A unidade tributável das bebidas não alcoólicas é constituída pelo número de hectolitros de produto acabado, sem prejuízo do disposto na alínea *c*) do número seguinte.

2. As taxas do imposto dos produtos previstos do nº 1 do artigo 87º-A são as seguintes:

a) As bebidas previstas nas alíneas *a*) e *b*) do nº 1 do artigo 87º-A cujo teor de açúcar seja inferior a 25 gramas por litro: 1 € por hectolitro;

b) As bebidas previstas nas alíneas *a*) e *b*) do nº 1 do artigo 87º-A cujo teor de açúcar seja inferior a 50 gramas por litro e igual ou superior a 25 gramas por litro: 6 € por hectolitro;

c) As bebidas previstas nas alíneas *a*) e *b*) do nº 1 do artigo 87º-A cujo teor de açúcar seja inferior a 80 gramas por litro e igual ou superior a 50 gramas por litro: 8 € por hectolitro;

d) As bebidas previstas nas alíneas *a*) e *b*) do nº 1 do artigo 87º-A cujo teor de açúcar seja igual ou superior a 80 gramas por litro: 20 € por hectolitro;

e) Concentrados previstos na alínea *c*) do nº 1 do artigo 87º-A:

i) Na forma líquida: € 6/hl, € 36/hl, € 48/hl ou € 120/hl, consoante o teor de açúcar seja, respetivamente, inferior a 25 gramas por litro, inferior a 50 gramas por litro e igual ou superior 25 gramas por litro, inferior a 80 gramas por litro e igual ou superior 50 gramas por litro, ou igual ou superior a 80 gramas por litro;

ii) Apresentados sob a forma de pó, grânulos ou outras formas sólidas: € 10/hl, € 60/hl, € 80/hl e € 200/hl por 100 quilogramas de peso líquido, consoante o teor de açúcar seja, respetivamente, inferior a 25 gramas por litro, inferior a 50 gramas por litro e igual ou superior 25 gramas por litro, inferior a 80 gramas por litro e igual ou superior 50 gramas por litro, ou igual ou superior a 80 gramas por litro.

(Redação dada pela Lei nº 119/2019, de 18-09)

Artigo 87º-D – Produção e armazenagem

A produção e a armazenagem de bebidas não alcoólicas, em regime de suspensão do imposto, devem ser efetuadas em entreposto fiscal, aplicando-se com as necessárias adaptações o disposto em relação às bebidas alcoólicas, podendo os respetivos requisitos ser simplificados por portaria do membro do Governo com a tutela da área das finanças.

(Aditado pela Lei nº 42/2016, de 28-12)

Artigo 87º-E – Circulação

1. As bebidas não alcoólicas podem circular, em regime de suspensão do imposto, de um entreposto fiscal, de um local de importação ou entrada no território nacional, para:

a) Um entreposto fiscal;

b) Um destinatário registado;

c) Outro Estado membro ou, no caso de exportação, a estância aduaneira de saída, desde que provenientes de um entreposto fiscal.

2. A circulação referida no número anterior é efetuada a coberto de um documento comercial que permita a correta identificação dos produtos, o qual substitui, para efeitos do presente Código, as referências ao documento administrativo eletrónico e ao documento de acompanhamento simplificado.

3. As regras especiais aplicáveis à circulação das bebidas não alcoólicas são definidas por portaria do membro do Governo responsável pela área das finanças.

(Aditado pela Lei nº 42/2016, de 28-12)

Artigo 87º-F – Sistema de selagem

1. O Governo pode determinar por portaria do membro do Governo responsável pela área das finanças a aplicação às bebidas não alcoólicas das normas previstas no artigo 86º com as necessárias adaptações.

2. No caso previsto no número anterior, o imposto é exigível ao adquirente das estampilhas, podendo o mesmo ser liquidado e pago com base no fornecimento destas, nos termos e condições a definir por portaria do membro do Governo responsável pela área das finanças.

(Aditado pela Lei nº 42/2016, de 28-12)

CAPÍTULO II – Imposto sobre os produtos petrolíferos e energéticos

Artigo 88º – Incidência objectiva

1. Estão sujeitos ao imposto sobre os produtos petrolíferos e energéticos:

a) Os produtos petrolíferos e energéticos;

b) Quaisquer outros produtos destinados a serem utilizados, colocados à venda ou a serem consumidos em uso como carburante;

c) Os outros hidrocarbonetos, com exceção da turfa, destinados a serem utilizados, colocados à venda ou a serem consumidos em uso como combustível;

d) A electricidade abrangida pelo código NC 2716.

2. Para efeitos da alínea *a)* do número anterior, são qualificados como produtos petrolíferos e energéticos:

a) Os produtos abrangidos pelos códigos NC 1507 a 1518, quando destinados a serem utilizados como carburante ou combustível;

b) Os produtos abrangidos pelos códigos 2701, 2702 e 2704 a 2715;

c) Os produtos abrangidos pelos códigos NC 2901 e 2902;

d) Os produtos abrangidos pelos códigos NC 2905 11 00, que não sejam de origem sintética, quando destinados a serem utilizados como carburante ou combustível;

e) Os produtos abrangidos pelos códigos NC 3403 11 e 3403 19;

f) Os produtos abrangidos pelo código NC 3811;

g) Os produtos abrangidos pelo código NC 3817;

h) Os produtos abrangidos pelos códigos NC 3824 90 91, 3824 90 97 e 2909 19 10, quando destinados a ser utilizados como carburante ou combustível.

3. Para efeitos da alínea *b)* do nº 1, é qualificado como uso como carburante a utilização de um produto como combustível em qualquer tipo de motor não estacionário.

4. Para efeitos da alínea *c*) do nº 1, é qualificado como uso como combustível a utilização de um produto, através de combustão, desde que tal não seja considerado uso como carburante.

5. Para efeitos do imposto sobre produtos petrolíferos e energéticos considera-se nível de tributação o montante total do ISP e de outras imposições cobradas, com exclusão do IVA, calculadas, directa ou indirectamente, com base na quantidade de produtos petrolíferos e energéticos à data da sua introdução no consumo.

6. Não estão sujeitos ao imposto os produtos petrolíferos e energéticos consumidos nas instalações de um estabelecimento de produção dos referidos produtos, excepto os usados para fins alheios a essa produção.

(Redação dada pela Lei nº 82-B/2014, de 31-12)

Artigo 89º – Isenções

1. Estão isentos do imposto os produtos petrolíferos e energéticos que, comprovadamente:

a) Sejam utilizados para outros fins que não sejam em uso como carburante ou em uso como combustível, salvo no que se refere aos óleos lubrificantes classificados pelos códigos NC 2710 19 81 a 2710 19 99;

b) Sejam utilizados na navegação aérea, com excepção da aviação de recreio privada;

c) Sejam utilizados na navegação marítima costeira e na navegação interior, incluindo a pesca e a aquicultura, mas com exceção da navegação de recreio privada, no que se refere aos produtos classificados pelos códigos NC 2710 19 41 a 2710 19 49 e 2710 19 61 a 2710 19 69;

d) Sejam utilizados na produção de eletricidade, de eletricidade e calor (cogeração), ou de gás de cidade, por entidades que desenvolvam tais atividades como sua atividade principal, no que se refere aos produtos classificados pelos códigos NC 2710 19 61 a 2710 19 69, pelo código NC 2711, bem como os produtos classificados pelos códigos NC 2710 19 41 a 2710 19 49, consumidos nas Regiões Autónomas dos Açores e da Madeira;

e) Sejam utilizados em transportes públicos de passageiros, no que se refere aos produtos classificados pelo código NC 2711;

f) Sejam utilizados em instalações sujeitas ao regime de comércio europeu de emissão de licenças de gases com efeitos de estufa (CELE), identificadas no anexo II do Decreto-Lei nº 38/2013, de 15 de março, ou a um acordo de racionalização dos consumos de energia (ARCE), no que se refere aos produtos energéticos classificados pelos códigos NC 2701, 2702, 2704 e 2713, ao fuelóleo com teor de enxofre igual ou inferior a 1%, classificado pelo código NC 2710 19 61 e aos produtos classificados pelo código NC 2711, com exceção das entidades que desenvolvam a atividade de produção de eletricidade, de eletricidade e calor (cogeração) ou de gás de cidade como sua atividade principal;

g) Contidos nos reservatórios normais e nos contentores especiais dos veículos automóveis procedentes de outros Estados membros;

h) Sejam utilizados em operações de dragagem em portos e vias navegáveis, mas com exclusão da extracção comercial de areias que não vise o desassoreamento, no que se refere aos produtos classificados pelos códigos NC 2710 19 41 a 2710 19 49 e 2710 19 61 a 2710 19 69;

i) Sejam utilizados no transporte de passageiros e de mercadorias por caminhos de ferro, no que se refere aos produtos classificados pelos códigos NC 2710 19 41 a 2710 19 49;

j) Sejam utilizados como carburantes no âmbito do fabrico, projecto, ensaio e manutenção de aeronaves e embarcações;

l) Sejam utilizados pelos clientes finais economicamente vulneráveis, beneficiários da tarifa social, nos termos do Decreto-Lei nº 101/2011, de 30 de setembro, no que se refere ao gás natural classificado pelo código NC 2711 21 00.

2. Está isenta do imposto a electricidade que, comprovadamente, seja:

a) Utilizada para produzir electricidade, e para manter a capacidade de produzir electricidade;

b) Produzida a bordo de embarcações;

c) Utilizada para o transporte de passageiros e de mercadorias por via férrea em comboio, metropolitano ou eléctrico, e por trólei;

d) Utilizada pelos clientes finais economicamente vulneráveis, beneficiários de tarifa social, nos termos do Decreto-Lei nº 138-A/2010, de 28 de Dezembro;

e) Utilizada nas instalações previstas na alínea *f*) do número anterior.

3. Para efeitos de aplicação da alínea *b*) do nº 1, entende-se por «aviação de recreio privada» a utilização de uma aeronave pelo seu proprietário ou por uma pessoa singular ou colectiva que a possa utilizar mediante aluguer ou a outro título, para fins não comerciais e, em especial, para fins que não sejam o transporte de pessoas ou de mercadorias ou a prestação de serviços a título oneroso ou no interesse das autoridades públicas.

4. Para efeitos de aplicação da alínea *c*) do nº 1, considera-se «navegação de recreio privada» a utilização de uma embarcação pelo seu proprietário ou por uma pessoa singular ou colectiva, que a pode utilizar através de aluguer ou a outro título, para fins não comerciais e, em especial, para fins que não sejam o transporte de pessoas ou de mercadorias ou a prestação de serviços a título oneroso ou no interesse das autoridades públicas.

5. Para efeitos de aplicação da alínea *g*) do nº 1, consideram-se «reservatórios normais»:

a) Os reservatórios fixados com carácter permanente pelo construtor em todos os veículos automóveis do mesmo tipo que permitam a utilização directa do carburante, tanto para a tracção dos veículos como, se for caso disso, para o funcionamento dos sistemas de refrigeração ou de outros equipamentos durante o transporte;

b) Os reservatórios de gás adaptados aos veículos a motor que permitam a utilização directa do gás como carburante, bem como os reservatórios de gás para outros dispositivos com os quais os veículos a motor possam ser eventualmente equipados;

c) Os reservatórios fixados com carácter permanente pelo construtor em todos os contentores do mesmo tipo que permitam, durante o transporte, a utilização directa do carburante para o funcionamento dos sistemas de refrigeração ou de outros sistemas semelhantes, com os quais sejam equipados os contentores especiais.

6. Ainda para efeitos de aplicação da alínea *g*) do nº 1, consideram-se «contentores especiais» todos os contentores equipados com dispositivos especialmente adaptados para sistemas de refrigeração, ventilação, isolamento térmico ou outros sistemas semelhantes.

7. As isenções previstas nas alíneas *a*), *c*), *d*), *e*), *f*), *h*), *i*) e *j*) do nº 1 e nas alíneas *a*), *c*) e *e*) do nº 2 dependem de reconhecimento prévio da autoridade aduaneira competente.
(Redação dada pela Lei nº 114/2017, de 29-12)

Artigo 90º – Isenção para os biocombustíveis

1. Beneficiam de isenção total ou parcial do imposto, até ao limite máximo global de 40 000 t/ano, os biocombustíveis puros abaixo indicados, quando produzidos por pequenos produtores dedicados:

a) Produtos abrangidos pelos códigos NC 1507 a NC 1518;

b) Produtos abrangidos pelos códigos NC 3824 90 55 e NC 3824 90 80 a NC 3824 90 97, para os respectivos componentes produzidos a partir da biomassa;

c) Produtos abrangidos pelos códigos NC 2207 20 00 e NC 2905 11 00 que não sejam de origem sintética;

d) Produtos obtidos a partir da biomassa, incluindo os produtos abrangidos pelos códigos NC 4401 e NC 4402.

2. Para efeitos do disposto no número anterior, são considerados pequenos produtores dedicados aqueles que sejam reconhecidos como tal nos termos da legislação aplicável.

3. O valor da isenção para os biocombustíveis é definido em função dos preços dos biocombustíveis ou das suas matérias-primas e dos combustíveis fósseis que pretendem substituir, de forma a não conduzir a uma sobrecompensação dos custos adicionais associados à produção dos biocombustíveis.

4. O valor e os procedimentos de aplicação da presente isenção são estabelecidos por portaria dos membros do Governo responsáveis pelas áreas das finanças, da economia, da agricultura, dos transportes e do ambiente.

5. (*Revogado.*)

6. (*Revogado.*)

7. (*Revogado.*)

8. (*Revogado.*)

9. (*Revogado.*)

10. (*Revogado.*)

(Redação dada pela Lei nº 55-A/2010, de 31-12)

Artigo 91º – Base tributável

1. A unidade tributável dos produtos petrolíferos e energéticos é de 1000 l convertidos para a temperatura de referência de 15ºC, salvo o disposto nos números seguintes.

2. Para os produtos petrolíferos e energéticos classificados pelo código NC 2711, com exceção do gás natural, e pelos códigos NC 2701, 2702, 2704, 2710 19 51 a 2710 19 69, 2710 19 81 a 2710 19 99, 2712, 2713, 2714, 3403, 3811 21 00, 3811 29 00 e 3817, a unidade tributável é de 1000 kg.

3. Para os produtos petrolíferos e energéticos classificados pelo código NC 3811 90 00, a unidade tributável é a dos produtos petrolíferos e energéticos nos quais se destinam a ser incorporados.

4. A unidade tributável do gás natural é o gigajoule.

5. A unidade tributável da electricidade é o MWh.

(Redação dada pela Lei nº 83-C/2013, de 31-12)

Artigo 92º – Taxas

1. Os valores das taxas unitárias do imposto sobre os produtos petrolíferos e energéticos aplicável às gasolinas, aos gasóleos, aos petróleos, aos fuelóleos e à electricidade são fixados, para o continente, por portaria dos membros do Governo responsáveis pelas áreas das finanças e da economia, tendo em consideração o princípio da liberdade de mercado e os diferentes impactos ambientais de cada um dos produtos energéticos, favorecendo gradualmente os menos poluentes, dentro dos seguintes intervalos:

Produto	Código NC	Taxa do imposto (euros)	
		Mínima	Máxima
Gasolina com chumbo	2710 11 51 a 2710 11 59	650	650
Gasolina sem chumbo	2710 11 41 a 2710 11 49	359	650
Petróleo	2710 19 21 a 2710 19 25	302	400
Petróleo colorido e marcado	2710 19 25	0	149,64
Gasóleo	2710 19 41 a 2710 19 49	278	400
Gasóleo colorido e marcado	2710 19 41 a 2710 19 49	21	199.52
Fuelóleo com teor de enxofre superior a 1 %	2710 19 63 a 2710 19 69	15	44,92
Fuelóleo com teor de enxofre inferior ou igual a 1 %	2710 19 61	15	39,93
Eletricidade	2716	1	1,10

2. O gasóleo misturado por razões técnicas ou operacionais com o fuelóleo é tributado com a taxa aplicável ao fuelóleo que for utilizado na mistura, desde que a operação seja aprovada pela autoridade aduaneira e realizada sob controlo aduaneiro.

3. A taxa aplicável ao metano e aos gases de petróleo usados como carburante é de € 133,56/ 1000 kg e, quando usados como combustível é fixada entre € 7,92 e € 9,13/1000 kg, sendo igualmente aplicável ao acetileno usado como combustível.

4. A taxa aplicável ao gás natural usado como carburante é de € 1,15/GJ e quando usado como combustível é de € 0,307/GJ.

5. A taxa aplicável aos produtos petrolíferos e energéticos obtidos a partir de óleos usados ou de resíduos e que sejam utilizados como carburante ou como combustível são tributados de acordo com o nível de tributação aplicável a esses produtos.

6. A taxa aplicável aos produtos petrolíferos e energéticos classificados pelas posições NC 2701, 2702, 2704 e 2713 é fixada entre € 4,16 e € 35/1000 kg.

7. Sem prejuízo das isenções previstas no presente diploma, os produtos petrolíferos e energéticos sujeitos a imposto que não constem dos números anteriores, são tributados com as seguintes taxas:

a) Com a taxa aplicável à gasolina sem chumbo, os produtos petrolíferos e energéticos classificados pelos códigos NC 2707 10 10, 2707 20 10, 2707 30 10, 2707 50 10, 2710 11 21 a 2710 11 31, 2901 10 00 a 2901 24 90, ex 2901 29 00, 2902 11 00, ex 2902 19 80, 2902 20 00 a 2902 44 00, 3811 11 10 e 3811 11 90;

b) Com a taxa aplicável ao petróleo, os produtos petrolíferos e energéticos classificados pelo código NC 2709 00 10, consumidos em uso carburante;

c) Com a taxa aplicável ao petróleo colorido e marcado, os produtos petrolíferos e energéticos classificados pelo código NC 2709 00 10, consumidos nos usos previstos nos nºs 2 e 3 do artigo seguinte;

d) Com a taxa aplicável ao fuelóleo com teor de enxofre inferior ou igual a 1%, salvo quando consumidos na produção de electricidade, incluindo a co-geração, os produtos petrolíferos e energéticos classificados pelos códigos NC 2706 00 00, 2707 91 00, 2707 99 11, 2707 99 19, 2709 00 90, 2712 10 10 a 2712 20 90, 2712 90 39 a 2712 90 99, 2715 00 00, 3403 11 00 a 3403 19 99, 3817 00 50 e 3817 00 80;

e) Com uma taxa compreendida entre € 0 e € 5,99/1000 kg os produtos petrolíferos e energéticos classificados pelos códigos NC 2710 19 83 a 2710 19 93;

f) Com a taxa compreendida entre € 0 e € 30/1000 kg os produtos petrolíferos e energéticos classificados pelos códigos NC 2710 19 81, 2710 19 99, 3811 21 00 e 3811 29 00;

g) Com a taxa compreendida entre € 100 e € 400/1000 l, o gasóleo de aquecimento classificado pelo código NC 2710 19 45.

8. A fixação das taxas do imposto relativas aos produtos petrolíferos e energéticos referidos na parte final do nº 3, no nº 6 e nas alíneas *e*), *f*) e *g*) do número anterior, é feita por portaria dos membros do Governo responsáveis pelas áreas das finanças e da economia.

9. Qualquer produto utilizado como carburante está sujeito ao nível de tributação aplicável ao produto petrolífero e energético carburante substituído.

10. Os produtos referidos nas alíneas *a*) e *c*) do nº 1 do artigo 88º usados como combustível, para os quais não esteja prevista qualquer taxa, estão sujeitos à taxa aplicável ao produto petrolífero e energético combustível substituído.

11. Os aditivos classificados pelo código NC 3811 90 00 estão sujeitos à taxa aplicável aos produtos petrolíferos e energéticos nos quais se destinam a ser incorporados.

(Redação dada pela Lei nº 114/2017, de 29-12)

Artigo 92º-A – Adicionamento sobre as emissões de CO_2

1. Para além das taxas previstas no artigo anterior, os produtos petrolíferos e energéticos previstos na tabela seguinte estão ainda sujeitos a um adicionamento resultante da aplicação de uma taxa, calculada nos termos do número seguinte, e de acordo com os fatores de adicionamento constantes da mesma tabela:

	Fator de Adicionamento
Gasolina	2,271654
Petróleo	2,453658
Gasóleo (abrange gasóleo rodoviário, gasóleo colorido e marcado e gasóleo de aquecimento)	2,474862
GPL	2,902600
Gás natural	0,056100
Fuelóleo	3,096000
Coque	2,696100
Carvão	2,265670

2. O valor da taxa referida no número anterior a vigorar em cada ano (*n*) é calculado no ano anterior (*n*-1) como média aritmética do preço resultante dos leilões de licenças de emissão de gases de efeito de estufa, realizados no âmbito do Comércio Europeu de Licenças de Emissão, entre 1 de outubro do ano *n*-2 e 30 de setembro do ano *n*-1.

3. De acordo com a evolução de preços nos termos do número anterior, o Governo pode fixar um valor mínimo, atualizado periodicamente, para a tonelada de CO_2.

4. O adicionamento incide sobre os produtos petrolíferos e energéticos referidos no artigo anterior e no nº 1 quando sujeitos ao imposto e dele não isentos.

5. É aplicável à liquidação, cobrança e pagamento o disposto no presente Código, na lei geral tributária e no Código de Procedimento e Processo Tributário, com as devidas adaptações.

(Redação dada pela Lei nº 71/2018, de 31-12)

Artigo 93º – Taxas reduzidas

1. São tributados com taxas reduzidas o gasóleo, o gasóleo de aquecimento e o petróleo coloridos e marcados com os aditivos definidos por portaria do membro do Governo responsável pela área das finanças.

2. O petróleo colorido e marcado só pode ser utilizado no aquecimento, iluminação e nos usos previstos no nº 3.

3. O gasóleo colorido e marcado só pode ser consumido por:

a) Motores estacionários utilizados na rega;

b) Embarcações referidas nas alíneas *c*) e *h*) do nº 1 do artigo 89º;

c) Tratores agrícolas, ceifeiras debulhadoras, motocultivadores, motoenxadas, motoceifeiras, colhedores de batata automotrizes, colhedores de ervilha, colhedores de forragem para silagem, colhedores de tomate, gadanheiras-condicionadoras, máquinas de vindimar, vibradores de tronco para colheita de azeitona e outros frutos, bem como outros equipamentos, incluindo os utilizados para a atividade aquícola e na pesca com a arte-xávega, aprovados por portaria dos membros do Governo responsáveis pelas áreas das finanças, da agricultura e do mar;

d) Veículos de transporte de passageiros e de mercadorias por caminhos de ferro;

e) Motores fixos;

f) Motores frigoríficos autónomos, instalados em veículos pesados de transporte de bens perecíveis, alimentados por depósitos de combustível separados, e que possuam certificação ATP (Acordo de Transportes Perecíveis), nos termos a definir em portaria dos membros do Governo responsáveis pelas áreas das finanças, da agricultura e dos transportes.

4. O gasóleo de aquecimento só pode ser utilizado como combustível de aquecimento industrial, comercial ou doméstico.

5. O gasóleo colorido e marcado só pode ser adquirido pelos titulares do cartão eletrónico instituído para efeitos de controlo da sua afetação aos destinos referidos no nº 3, sendo responsável pelo pagamento do montante de imposto, resultante da diferença entre o nível de tributação aplicável ao gasóleo rodoviário e a taxa aplicável ao gasóleo colorido e marcado, o proprietário ou o responsável legal pela exploração dos postos autorizados para a venda ao público, em relação às quantidades que venderem e que não fiquem devidamente registadas no sistema eletrónico de controlo, bem como em relação às quantidades para as quais não sejam emitidas as correspondentes faturas com a identificação fiscal do titular de cartão.

6. A venda, a aquisição ou o consumo dos produtos referidos no nº 1 com violação do disposto nos nºs 2 a 5 estão sujeitos às sanções previstas no Regime Geral das Infracções Tributárias e em legislação especial.

7. Para efeitos deste artigo, entendem-se por motores fixos os motores que se destinem à produção de energia e que, cumulativamente, se encontrem instalados em plataformas inamovíveis.

8. Enquanto não existirem condições técnicas para a implementação do gasóleo de aquecimento com as características previstas no anexo VI do Decreto-Lei nº 89/2008, de 30 de Maio, pode ser utilizado na Região Autónoma da Madeira, colorido e marcado, o gasóleo classificado pelos códigos NC 2710 19 41, 2710 19 45 e 2710 19 49.

9. Na aquisição do gasóleo colorido e marcado na Região Autónoma da Madeira é dispensada a utilização do cartão electrónico, enquanto não existirem as condições técnicas descritas no número anterior.

(Redação dada pela Lei nº 114/2017, de 29-12)

Artigo 93º-A – Reembolso parcial para o gasóleo profissional

1. É parcialmente reembolsável o imposto sobre os produtos petrolíferos e energéticos suportado pelas empresas de transporte de mercadorias, com sede ou estabelecimento estável num Estado membro, relativamente ao gasóleo classificado pelos códigos NC 2710 19 41 a 2710 19 49, quando abastecido em veículos devidamente licenciados e destinados exclusivamente àquela atividade.

2. O reembolso parcial previsto no número anterior aplica-se igualmente às demais imposições calculadas com base na quantidade de produtos petrolíferos introduzidos no consumo, sendo distribuído proporcionalmente por cada uma das imposições abrangidas com base nas respetivas taxas normais de tributação, excluindo-se o imposto sobre o valor acrescentado, ao qual se aplicam os procedimentos próprios deste imposto.

3. O reembolso previsto nos números anteriores é apenas aplicável às viaturas com um peso total em carga permitido não inferior a 7,5 toneladas, matriculadas num Estado membro, tributadas em sede de imposto único de circulação, ou tributação equivalente noutro Estado membro, nos escalões definidos por portaria dos membros do Governo responsáveis pelas áreas das finanças e da economia.

4. Os valores unitários do imposto sobre os produtos petrolíferos e energéticos e demais imposições a reembolsar nos termos do presente artigo são fixados por portaria dos membros do Governo responsáveis pelas áreas das finanças e da economia, respeitando o limiar mínimo de tributação estabelecido no artigo 7º da Diretiva nº 2003/96/CE, do Conselho, de 27 de outubro de 2003.

5. A portaria referida no número anterior fixa também o valor máximo de abastecimento anual, por veículo, elegível para reembolso, entre 25 000 e 40 000 litros.

6. O reembolso parcial do imposto é devido ao adquirente, sendo processado em relação a cada abastecimento com observância do limite previsto no nº 4 do artigo 15º, através da comunicação por via eletrónica, a efetuar pelos emitentes de cartões frota ou outro mecanismo de controlo certificado à Autoridade Tributária e Aduaneira (AT), dos seguintes dados:

a) A matrícula da viatura abastecida e o Estado membro de emissão da mesma;

b) A quilometragem da viatura no momento do abastecimento;

c) O número de identificação fiscal (NIF) do adquirente do combustível, que seja proprietário, locatário financeiro ou locatário em regime de aluguer sem condutor da viatura abastecida e devidamente licenciada para o transporte rodoviário de mercadorias por conta de outrem;

d) O volume de litros abastecidos e o respetivo preço de venda;

e) O tipo de combustível;

f) A data e o local do abastecimento;

g) O número e a data da fatura correspondente;

h) O número do cartão ou outro mecanismo de controlo individualizado por viatura utilizado no registo dos abastecimentos;

i) O número de identificação em sede de imposto sobre o valor acrescentado emitido por outro Estado membro, a denominação, a morada da sede ou do estabelecimento estável, o código de atividade (NACE), o endereço de correio eletrónico e o número internacional de conta bancária (IBAN), em relação aos adquirentes sem NIF ou número de identificação de pessoa coletiva (NIPC) portugueses;

j) O peso total em carga permitido da viatura, quando matriculada noutro Estado membro.

7. O reembolso referido nos números anteriores depende da certificação pela AT dos sistemas de registo e comunicação de abastecimentos, bem como dos locais de abastecimento.

8. Os procedimentos de controlo deste mecanismo de reembolso são fixados por portaria dos membros do Governo responsáveis pelas áreas da modernização administrativa, das finanças e da economia, na qual se determinam designadamente:

a) As obrigações acessórias dos emitentes de cartões frota ou outro mecanismo de controlo certificado, dos revendedores e dos adquirentes de combustíveis;

b) A dispensa de comunicação de algum dos dados previstos no nº 6, designadamente em relação à informação que seja transmitida à AT no âmbito de outros procedimentos;

c) Os requisitos dos sistemas de registo, controlo e comunicação de abastecimentos;

d) As condições de exigibilidade e especificações técnicas de aditivos para marcação do gasóleo que beneficie do presente regime de reembolso.

9. O presente regime de reembolso parcial aplica-se igualmente, com as necessárias adaptações, ao abastecimento a depósitos localizados em instalações de consumo próprio de empresas de transporte de mercadorias exclusivamente destinadas às viaturas previstas no nº 3.

10. O reembolso parcial do imposto ao adquirente é devido no prazo de 90 dias após a comunicação à AT do respetivo abastecimento.

(Aditado pela Lei nº 24/2016, de 22-08)

Artigo 94º – Taxas na Região Autónoma dos Açores

1. Os valores das taxas unitárias do imposto sobre os produtos petrolíferos e energéticos são fixados, para a Região Autónoma dos Açores, tendo em consideração o princípio de liberdade de mercado e as técnicas tributárias próprias.

2. As taxas do imposto aplicáveis nas ilhas dos Açores são inferiores às taxas aplicáveis na ilha de São Miguel, a fim de compensar os sobrecustos de transporte e armazenagem entre São Miguel ou o continente e as respectivas ilhas.

3. Os sobrecustos referidos no número anterior são determinados pelo Governo Regional.

4. Para efeitos do disposto no presente artigo, os valores das taxas unitárias do imposto aplicáveis na ilha de São Miguel aos produtos a seguir indicados são fixados por resolução do Conselho do Governo Regional, podendo ser alterados dentro dos seguintes intervalos:

Produto	Código NC	Taxa do imposto (euros)	
		Mínima	Máxima
Gasolina com chumbo	2710 11 51 a 2710 11 59	650	650
Gasolina sem chumbo	2710 11 41 a 2710 11 49	359	650
Petróleo	2710 19 21 a 2710 19 25	49,88	339,18
Gasóleo	2710 19 41 a 2710 19 49	49,88	400
Gasóleo colorido e marcado	2710 19 41 a 2710 19 49	21	199,52
Fuelóleo com teor de enxofre superior a 1 %	2710 19 63 a 2710 19 69	15	44,92
Fuelóleo com teor de enxofre inferior ou igual a 1 %	2710 19 61	15	39,93
Eletricidade	2716	1	1,10

(Redação dada pela Lei nº 71/2018, de 31-12)

Artigo 95º – Taxas na Região Autónoma da Madeira

Os valores das taxas unitárias do imposto sobre os produtos petrolíferos e energéticos, aplicável às gasolinas, aos gasóleos, aos petróleos, aos fuelóleos e à eletricidade, são fixados, para a Região Autónoma da Madeira, por portaria do membro competente do Governo Regional da Madeira, tendo em consideração o princípio da liberdade de mercado e os diferentes impactos ambientais de cada um dos produtos energéticos, favorecendo gradualmente os menos poluentes, dentro dos seguintes intervalos:

Produto	Código NC	Taxa do imposto (euros)	
		Mínima	Máxima
Gasolina com chumbo	2710 11 51 a 2710 11 59	747,50	747,50
Gasolina sem chumbo	2710 11 41 a 2710 11 49	359	747,50
Petróleo	2710 19 21 a 2710 19 25	302	460
Gasóleo	2710 19 41 a 2710 19 49	278	460
Gasóleo colorido e marcado	2710 19 41 a 2710 19 49	1	229,08
Fuelóleo com teor de enxofre superior a 1 %	2710 19 63 a 2710 19 69	15	44,92
Fuelóleo com teor de enxofre inferior ou igual a 1 %	2710 19 61	15	39,93
Eletricidade	2716	1	1,10

(Redação dada pela Lei nº 7-A/2016, de 30-03)

Artigo 96º – Produção de produtos petrolíferos e energéticos

1. Consideram-se estabelecimentos de produção de produtos petrolíferos e energéticos as instalações industriais onde os produtos referidos no nº 2 do artigo 88º são fabricados ou submetidos a um tratamento definido, na acepção da nota complementar 4 do capítulo 27 da NC.

2. Não se consideram produção de produtos petrolíferos e energéticos:

a) As operações no decurso das quais sejam obtidas pequenas quantidades de produtos petrolíferos e energéticos como subprodutos;

b) As operações mediante as quais o utilizador de um produto petrolífero e energético torne possível a sua reutilização na sua própria empresa, desde que os montantes do imposto já pagos sobre esse produto não sejam inferiores ao montante do imposto devido, se o produto reutilizado fosse de novo sujeito a esse imposto;

c) A operação que consiste em misturar, fora de um estabelecimento de produção ou de um entreposto aduaneiro, produtos petrolíferos e energéticos com outros produtos petrolíferos e energéticos ou outras substâncias, desde que observados os requisitos previstos no número seguinte.

3. A operação prevista na alínea *c*) do número anterior não é qualificada como produção de produtos petrolíferos e energéticos, quando:

a) O imposto das substâncias de base tenha sido pago anteriormente; e

b) O montante pago não seja inferior ao montante do imposto devido por essa mistura, não sendo a primeira condição aplicável quando a mistura esteja isenta em função de um destino especial.

4. O tratamento de óleos minerais usados com vista à obtenção de produtos utilizáveis em uso como combustível ou como carburante é obrigatoriamente feito em entreposto fiscal.

5. A mistura de vários tipos de gases de petróleo com metano, gás natural ou outro tipo de gases, para obtenção de gás carburante para automóveis, só pode ser feita em entreposto fiscal.

6. A mistura ou incorporação de biocombustíveis noutros produtos petrolíferos e energéticos é obrigatoriamente feita em entreposto fiscal.

(Redação dada pela Lei nº 71/2018, de 31-12)

Artigo 96º-A – Comercialização da electricidade

1. Os comercializadores de electricidade registados e licenciados nos termos da legislação aplicável, que fornecem ao consumidor final, incluindo os comercializadores de electricidade para a mobilidade eléctrica, devem registar-se na estância aduaneira competente, para efeitos do cumprimento das obrigações fiscais previstas no presente Código.

2. São equiparados aos comercializadores, os produtores de electricidade que forneçam directamente os consumidores, através da rede pública de distribuição ou através de linha directa.

3. As quantidades de electricidade a declarar para introdução no consumo são as quantidades facturadas aos clientes consumidores finais.

(Aditado pela Lei nº 64-B/2011, de 30-12)

Artigo 96º-B – Comercialização do gás natural

1. Os comercializadores de gás natural registados e licenciados nos termos da legislação aplicável, que fornecem ao consumidor final, devem registar-se na estância aduaneira competente, para efeitos do cumprimento das obrigações fiscais previstas no presente Código.

2. As quantidades de gás natural a declarar para introdução no consumo são as quantidades faturadas aos clientes consumidores finais.

3. *(Revogado.)*

(Redação dada pela Lei nº 82-B/2014, de 31-12)

Artigo 97º – Controlo fiscal de biocombustíveis

1. Os locais de produção dos biocombustíveis referidos no nº 1 do artigo 90º são considerados entrepostos fiscais de transformação.

2. (*Revogado.*)

3. (*Revogado.*)

(Redação dada pela Lei nº 55-A/2010, de 31-12)

Artigo 98º – Constituição de entrepostos fiscais

1. Para além dos requisitos referidos no artigo 24º, os interessados devem:

a) Apresentar memória descritiva das instalações com a respectiva planta e características gerais dos reservatórios que delas façam parte, incluindo a respectiva planimetria, devendo a memória descritiva conter o volume nominal dos reservatórios e respectivos produtos a armazenar e o volume nominal das tubagens de interligação, abastecimento e transferência, devendo ser também acompanhada dos certificados de calibração e respectivas tabelas volumétricas;

b) Submeter os depósitos e os instrumentos de medição ao controlo metrológico da entidade competente e possuir certificado de calibração dentro do prazo de validade;

c) Apresentar um documento emitido pela Direcção-Geral de Energia e Geologia, atestando o cumprimento das obrigações em matéria de reservas de segurança, ou de ter sido demonstrada a existência de condições para o seu cumprimento, em caso de início de actividade.

2. As autorizações para a constituição de entrepostos fiscais só podem ser concedidas a pessoas singulares ou colectivas que satisfaçam cumulativamente os seguintes requisitos económicos mínimos:

a) Capital social: € 500 000;

b) Capacidade de armazenagem: 100 000 l por produto, no que se refere às gasolinas e ao gasóleo;

c) Volume de vendas anual: € 5 000 000.

3. Os titulares de entrepostos fiscais de transformação estão dispensados dos requisitos referidos no número anterior.

4. Consideram-se entrepostos fiscais de transformação os entrepostos fiscais de produção onde são efectuadas operações de produção que não envolvem a refinação de petróleo bruto.

5. Os titulares de entrepostos fiscais de armazenagem de produtos destinados a ser utilizados em fins isentos dentro do território nacional estão dispensados dos requisitos previstos no nº 2.

(Redação dada pela Lei nº 64-B/2011, de 30-12)

Artigo 99º – Obrigações do destinatário registado

Para além dos requisitos previstos no artigo 29º, os interessados devem ainda apresentar um documento emitido pela Direcção-Geral de Energia e Geologia, atestando o cumprimento das obrigações em matéria de reservas de segurança, ou de ter sido demonstrada a existência de condições para o seu cumprimento, em caso de início de actividade.

Artigo 100º – Circulação

1. Estão sujeitos aos documentos previstos nos artigos 36º e 60º os seguintes produtos petrolíferos e energéticos:

a) Os produtos abrangidos pelos códigos NC 1507 a 1518, quando destinados a serem utilizados como carburante ou combustível;

b) Os produtos abrangidos pelos códigos NC 2707 10, 2707 20, 2707 30 e 2707 50;

c) Os produtos abrangidos pelos códigos NC 2710 11 a 2710 19 69 e, no caso dos produtos abrangidos pelos códigos NC 2710 11 21, 2710 11 25 e 2710 19 29, as disposições em matéria de controlo e circulação são apenas aplicáveis à circulação comercial a granel;

d) Os produtos abrangidos pelos códigos NC 2711, com excepção dos códigos 2711 11, 2711 21 e 2711 29;

e) Os produtos abrangidos pelo código NC 2901 10;

f) Os produtos abrangidos pelos códigos 2902 20, 2902 30, 2902 41, 2902 42, 2902 43 e 29 02 44;

g) Os produtos abrangidos pelos códigos 2905 11 00, que não sejam de origem sintética, quando destinados a serem utilizados como carburante ou combustível;

h) Os produtos abrangidos pelos códigos NC 3824 90 91 e 3824 90 97, quando destinados a ser utilizados como carburante ou combustível;

i) Os produtos abrangidos pelos códigos NC 3811 1 110, 3811 11 90, 3811 19 00 e 3811 90 00.

2. Ficam dispensados do documento administrativo electrónico previsto no artigo 36º os produtos petrolíferos e energéticos que circulem em regime de suspensão do imposto por condutas fixas em território nacional.

(Redação dada pela Lei nº 66-B/2012, de 31-12)

CAPÍTULO III – Imposto sobre o tabaco

Artigo 101º – Incidência objectiva

1. O imposto incide sobre o tabaco manufacturado, considerando-se como tal os seguintes produtos:

a) Os charutos e as cigarrilhas;

b) Os cigarros;

c) Os tabacos de fumar, compreendendo o tabaco de corte fino destinado a cigarros de enrolar e os restantes tabacos de fumar, com exclusão do tabaco para cachimbo de água;

d) O tabaco para cachimbo de água;

e) O rapé;

f) O tabaco de mascar;

g) O tabaco aquecido;

h) O líquido contendo nicotina, em recipientes utilizados para carga e recarga de cigarros eletrónicos.

2. Para efeitos de aplicação da alínea *a*) do número anterior, são considerados charutos e cigarrilhas, se puderem ser fumados tal como se apresentam e se, tendo em conta as suas características e as expectativas normais dos consumidores, se destinarem exclusivamente a sê-lo:

a) (*Revogada.*)

b) Os rolos de tabaco revestidos de uma capa exterior em tabaco natural;

c) (*Revogada.*)

d) Os rolos de tabaco com um interior constituído por uma mistura de tabaco batido e revestidos de uma capa exterior, com a cor natural dos charutos, em tabaco reconstituído, abrangendo a totalidade do produto, incluindo, se for caso disso, o filtro, mas não a boquilha, no caso de charutos com boquilha, quando o seu peso unitário, sem filtro nem boquilha, for igual ou superior a 2,3 g e inferior a 10 g e o seu perímetro, em pelo menos um terço do comprimento, for igual ou superior a 34 mm.

3. Os rolos de tabaco mencionados no número anterior são considerados cigarrilhas ou charutos, consoante o seu peso seja igual ou inferior a 3g por unidade ou superior a 3 g por unidade, respetivamente.

4. São equiparados a charutos e cigarrilhas os produtos constituídos parcialmente por substâncias que não sejam tabaco, mas que correspondam aos outros critérios definidos no número anterior.

5. Para efeitos de aplicação da alínea *b*) do nº 1, são considerados cigarros:

a) Os rolos de tabaco susceptíveis de serem fumados tal como se apresentam e que não sejam charutos ou cigarrilhas no sentido definido no nº 2;

b) Os rolos de tabaco que, mediante uma simples manipulação não industrial, são introduzidos em tubos de papel de cigarro;

c) Os rolos de tabaco que, por simples manipulação não industrial, são envolvidos em folhas de papel de cigarro;

d) Um rolo de tabaco dos referidos nas alíneas anteriores é considerado, para efeitos de aplicação do imposto, como dois cigarros quando, sem filtro e sem boquilha, tenha um comprimento superior a 8 cm, sem ultrapassar 11 cm, como três cigarros quando, nas mesmas condições, tenha um comprimento superior a 11 cm, sem ultrapassar 14 cm, e assim sucessivamente.

6. Para efeitos de aplicação da alínea *c*) do nº 1, são considerados tabacos de fumar:

a) O tabaco cortado ou fraccionado de outra maneira, em fio ou em placas, susceptível de ser fumado sem transformação industrial posterior;

b) Os resíduos de tabaco acondicionados para venda ao público não abrangidos nos nºs 2 e 4 susceptíveis de serem fumados, considerando-se resíduos de tabaco, os restos das folhas de tabaco e os subprodutos provenientes da transformação do tabaco ou do fabrico de produtos de tabaco;

c) O tabaco de corte fino destinado a cigarros de enrolar, conforme definido nas alíneas anteriores, relativamente ao qual mais de 25% em peso das partículas tenha uma largura de corte inferior a 1,5 mm, ou superior a 1,5 mm e que tenha sido vendido ou se destine a ser vendido para cigarros de enrolar;

d) As folhas de tabaco destinadas a venda ao público.

7. Para efeitos de aplicação da alínea *d*) do nº 1, é considerado tabaco para cachimbo de água, o tabaco próprio para ser fumado exclusivamente num cachimbo de água e que consista numa mistura de tabaco e glicerol, podendo ainda conter óleos e extratos aromáticos, melaços ou açúcar e ser aromatizado com frutas.

8. Para efeitos de aplicação da alínea *e*) do nº 1, é considerado rapé o tabaco em pó ou em grão, especialmente preparado para ser cheirado, mas não fumado.

9. Para efeitos de aplicação da alínea *f*) do nº 1, é considerado tabaco para mascar o tabaco apresentado em rolos, barras, tiras, cubos ou placas, acondicionado para a venda ao público, especialmente preparado para ser mascado mas não fumado.

10. Para efeitos de aplicação da alínea *g*) do nº 1, é considerado tabaco aquecido o produto de tabaco manufaturado especialmente preparado para emitir um vapor sem combustão da mistura de tabaco nele contida.

11. Para efeitos de aplicação da alínea *h*) do nº 1, é considerado cigarro eletrónico o produto que pode ser utilizado para consumir vapor que contém nicotina, por meio de boquilha, ou qualquer componente desse produto, incluindo um cartucho, um reservatório e o dispositivo sem cartucho ou reservatório, podendo ser descartável ou recarregável através de uma recarga e de um reservatório, ou recarregado por cartucho não reutilizável.

12. São equiparados aos cigarros, aos tabacos de fumar, ao tabaco para cachimbo de água, ao rapé, ao tabaco de mascar e ao tabaco aquecido os produtos constituídos, total ou parcialmente, por substâncias que, não sendo tabaco, obedeçam aos outros critérios definidos nos nºs 4 a 9, excetuando os produtos que tenham uma função exclusivamente medicinal.

(Redação dada pela Lei nº 7-A/2016, de 30-03)

Artigo 102º – Isenções

1. Estão isentos do imposto:

a) O tabaco desnaturado utilizado para fins industriais ou hortícolas;

b) O tabaco exclusivamente destinado a testes científicos, bem como a testes relacionados com a qualidade dos produtos;

c) O tabaco destinado a ensaios;

d) O tabaco reciclado pelo produtor que, comprovadamente, resulte de tabaco deteriorado e impróprio para o consumo humano.

2. A isenção prevista na alínea *a*) do número anterior está dependente da autorização prévia da estância aduaneira competente.

3. Para efeitos de controlo, as isenções previstas nas alíneas *b*), *c*) e *d*) do nº 1 devem ser previamente comunicadas à estância aduaneira competente.

4. No caso de as isenções previstas nas alíneas *b*) e *c*) do nº 1 ultrapassarem 0,01% das introduções no consumo efectuadas pelo operador económico no ano anterior, ficam sujeitas a autorização prévia da estância aduaneira competente.

Artigo 103º – Cigarros

1. O imposto incidente sobre os cigarros tem dois elementos: um específico e outro *ad valorem*.

2. A unidade tributável do elemento específico é constituída pelo milheiro de cigarros.

3. O elemento *ad valorem* resulta da aplicação de uma percentagem única aos preços de venda ao público de todos os tipos de cigarros.

4. As taxas dos elementos específico e *ad valorem* são as seguintes:

a) Elemento específico – 96,12 €;

b) Elemento *ad valorem* – 15%.

5. Os cigarros ficam sujeitos a um montante mínimo de imposto sobre o tabaco que corresponde ao imposto mínimo total de referência deduzido do montante do imposto de valor acrescentado correspondente ao preço de venda ao público desses cigarros.

6. O imposto mínimo total de referência, para efeitos do número anterior, corresponde a 104% do somatório dos montantes que resultarem da aplicação das taxas do imposto sobre o tabaco previstas no nº 4 e da taxa do imposto sobre o valor acrescentado aos cigarros pertencentes à classe de preços mais vendida do ano a que corresponda a estampilha especial em vigor.

(Redação dada pela Lei nº 71/2018, de 31-12)

Artigo 104º – Charutos e cigarrilhas

1. O imposto sobre os charutos e as cigarrilhas reveste a forma *ad valorem*, resultando da aplicação ao respetivo preço de venda ao público das percentagens seguintes:

a) Charutos – 25%;

b) Cigarrilhas – 25%;

c) (*Revogada.*)

d) (*Revogada.*)

2. O imposto resultante da aplicação do número anterior não pode ser inferior a:

a) Charutos – 410,87 € por milheiro;

b) Cigarrilhas – 61,63 € por milheiro.

3. (*Revogado.*)

4. (*Revogado.*)

5. (*Revogado.*)

6. (*Revogado.*)

7. (*Revogado.*)

(Redação dada pela Lei nº 71/2018, de 31-12)

Artigo 104º-A – Tabacos de fumar, rapé, tabaco de mascar e tabaco aquecido

1. O imposto incidente sobre o tabaco de corte fino destinado a cigarros de enrolar e sobre os restantes tabacos de fumar, o rapé, o tabaco de mascar e o tabaco aquecido, tem dois elementos: um específico e outro *ad valorem*.

2. A unidade tributável do elemento específico é o grama.

3. O elemento *ad valorem* resulta da aplicação de uma percentagem única aos preços de venda ao público de todos os tipos de tabaco de corte fino destinado a cigarros de enrolar e restantes tabacos de fumar, de rapé, de tabaco de mascar e de tabaco aquecido.

4. As taxas dos elementos específico e ad valorem são as seguintes:

a) Elemento específico – 0,081 €/g;

b) Elemento *ad valorem* – 15%.

5. O imposto relativo ao tabaco de corte fino destinado a cigarros de enrolar, e restantes tabacos de fumar, ao rapé, ao tabaco de mascar e ao tabaco aquecido, resultante da aplicação do número anterior, não pode ser inferior a 0,174 €/g.

6. Para efeitos de determinação do imposto aplicável, caso o peso das embalagens individuais, expresso em gramas, constitua um número decimal, esse peso é arredondado:

a) Por excesso, para o número inteiro imediatamente superior, quando o algarismo da primeira casa decimal for igual ou superior a cinco;

b) Por defeito, para o número inteiro imediatamente inferior, nos restantes casos.

(Redação dada pela Lei nº 71/2018, de 31-12)

Artigo 104º-B – Tabaco para cachimbo de água

1. O imposto incidente sobre o tabaco para cachimbo de água reveste a forma *ad valorem*, resultando da aplicação de uma percentagem única ao respetivo preço de venda ao público.

2. A taxa aplicável é de 50%.

(Aditado pela Lei nº 82-B/2014, de 31-12)

Artigo 104º-C – Líquido contendo nicotina

1. O imposto incidente sobre o líquido contendo nicotina, em recipientes utilizados para carga e recarga de cigarros eletrónicos, reveste a forma específica, sendo a unidade tributável o mililitro.

2. A taxa do imposto é de 0,31 €/ml.

3. Para efeitos de determinação do imposto aplicável, caso o volume das embalagens individuais, expresso em mililitros, constitua um número decimal, esse volume é arredondado:

a) Por excesso, para o número inteiro imediatamente superior, quando o algarismo da primeira casa decimal for igual ou superior a cinco;

b) Por defeito, para o número inteiro imediatamente inferior, nos restantes casos.

(Redação dada pela Lei nº 71/2018, de 31-12)

Artigo 105º – Taxas na Região Autónoma dos Açores

1. Aos cigarros fabricados nas Regiões Autónomas dos Açores e da Madeira por pequenos produtores cuja produção anual não exceda, individualmente, 500 t e que sejam consumidos na Região Autónoma dos Açores são aplicáveis as seguintes taxas:

a) Elemento específico – € 34,00;

b) Elemento *ad valorem* – 42%.

2. Os cigarros ficam sujeitos, no mínimo, a 75% do montante do imposto que resulta da aplicação do disposto no nº 5 do artigo 103º

(Redação dada pela Lei nº 71/2018, de 31-12)

Artigo 105º-A – Taxas na Região Autónoma da Madeira

1. Aos cigarros fabricados nas Regiões Autónomas da Madeira e dos Açores por pequenos produtores cuja produção anual não exceda, individualmente, 500 t e que sejam consumidos na Região Autónoma da Madeira são aplicáveis as seguintes taxas:

a) Elemento específico – € 58;

b) Elemento *ad valorem* – 10%.

2. Os cigarros ficam sujeitos, no mínimo, a 90% do montante do imposto que resulta da aplicação do disposto no nº 5 do artigo 103º

3. A todos os cigarros consumidos na Região Autónoma da Madeira, às taxas previstas no nº 1 deste artigo ou no nº 4 do artigo 103º, consoante o caso, adicionam-se as seguintes taxas:

a) Elemento específico – € 20,37;

b) Elemento *ad valorem* – 10%.

(Redação dada pela Lei nº 82-B/2014, de 31-12)

Artigo 106º – Regras especiais de introdução no consumo

1. A introdução no consumo de tabaco manufaturado está sujeita a regras de condicionamento aplicáveis no período que medeia entre o dia 1 de setembro e o dia 31 de dezembro de cada ano civil.

2. Durante o período referido no número anterior, as introduções no consumo de tabaco manufaturado efetuadas mensalmente, por cada operador económico, não podem exceder os limites quantitativos, decorrentes da aplicação de um fator de majoração, definido por portaria do membro do Governo com a tutela da área das finanças, à quantidade média mensal do tabaco manufaturado introduzido no consumo ao longo dos 12 meses imediatamente anteriores.

3. Para efeitos do disposto no número anterior, o cálculo da média mensal tem por base a quantidade total das introduções no consumo de tabaco manufaturado não isento, efetuadas entre o dia 1 de setembro do ano anterior e o dia 31 de agosto do ano subsequente.

4. Cada operador económico deve apresentar à estância aduaneira competente, até ao dia 15 de Setembro de cada ano, uma declaração inicial contendo a indicação da respectiva média mensal e a determinação do consequente limite quantitativo que lhe é aplicável no período de condicionamento.

5. Em casos excepcionais, devidamente fundamentados na alteração brusca e limitada no tempo do volume de vendas, pode ser autorizada a não observância daqueles limites quantitativos, não obstante não serem os mesmos considerados para efeitos do cálculo da média mensal para o ano seguinte.

6. Findo o período de condicionamento e o mais tardar até ao final do mês de janeiro de cada ano, o operador económico deve apresentar à estância aduaneira competente uma declaração de apuramento contendo a indicação das quantidades totais de tabaco manufaturado efetivamente introduzidas no consumo durante o período de condicionamento.

7. As quantidades de tabaco manufaturado que excedam o limite quantitativo referido no nº 4 ficam sujeitas ao pagamento do imposto à taxa em vigor na data da apresentação da declaração de apuramento, quando tal excesso seja comprovado pelo confronto dos seus elementos com os processados pela administração, sem prejuízo do procedimento por infração a que houver lugar.

8. As regras previstas nos números anteriores são individualmente aplicáveis ao continente, à Região Autónoma dos Açores e à Região Autónoma da Madeira, devendo as obrigações previstas nos números anteriores ser cumpridas junto da estância aduaneira onde são processadas as respetivas introduções no consumo.

9. Para efeitos do disposto no nº 7, a liquidação do imposto é feita nos seguintes termos:

a) No caso de cigarros, de acordo com o previsto no nº 5 do artigo 103º, no nº 2 do artigo 105º ou no nº 2 do artigo 105º-A, consoante se reportem a introduções no consumo efetuadas no continente, na Região Autónoma dos Açores ou na Região Autónoma da Madeira, respetivamente;

b) No caso das cigarrilhas, de acordo com o previsto no nº 2 do artigo 104º;

c) No caso do tabaco de corte fino destinado a cigarros de enrolar e dos restantes tabacos de fumar, de acordo com o previsto no nº 5 do artigo 104º-A.

10. As regras de condicionamento previstas no presente artigo não são aplicáveis aos charutos, ao tabaco para cachimbo de água, ao rapé, ao tabaco de mascar, ao tabaco aquecido e ao líquido contendo nicotina, em recipientes utilizados para carga e recarga de cigarros eletrónicos.

(Redação dada pela Lei nº 7-A/2016, de 30-03)

Artigo 107º – Regras especiais de produção

Pode ser autorizado o encapamento de charutos e cigarrilhas fora dos entrepostos fiscais e em regime de tarefa domiciliária, nas condições a fixar por despacho do director-geral das Alfândegas e dos Impostos Especiais sobre o Consumo.

Artigo 108º – Condições de comercialização

1. É proibida a comercialização no mercado nacional de produtos de tabaco que não satisfaçam as condições legalmente exigidas para o efeito ou que não correspondam aos elementos declarados nos termos dos números seguintes.

2. A comercialização de novas marcas de tabaco manufacturado, ou quaisquer alterações dos elementos de marcas já existentes, devem ser previamente comunicadas à autoridade aduaneira, com a antecedência mínima de 30 dias.

3. Para efeitos do disposto no número anterior, devem ser declarados pelos operadores económicos os seguintes elementos:

a) Características de apresentação das marcas;

b) Características físicas do produto e seu enquadramento nos termos do artigo 101º;

c) O teor de nicotina, no caso dos recipientes utilizados para carga e recarga de cigarros eletrónicos;

d) Preço de venda ao público pretendido, com a adequada fundamentação.

4. A comunicação feita nos termos do número anterior não afasta a responsabilidade do operador económico pelo cumprimento dos requisitos legais.

5. *(Revogado.)*

6. Os operadores económicos que comercializem produtos de tabaco que não se destinam a ser introduzidos no consumo no território nacional devem indicar previamente à estância aduaneira competente os preços de venda que seriam praticados se os produtos referidos se destinassem a ser introduzidos naquele território, bem como as subsequentes alterações desses preços.

7. No caso de determinada marca de tabacos deixar de ser comercializada, o operador económico deve comunicar o facto à autoridade aduaneira, indicando a data em que tal ocorreu, considerando-se que uma marca de tabaco deixou de ser comercializada se durante 12 meses seguidos não tiver sido introduzida no consumo.

(Redação dada pela Lei nº 42/2016, de 28-12)

Artigo 109º – Dizeres das embalagens

1. Sem prejuízo de outras obrigações impostas por lei especial, os produtos de tabaco destinado ao consumo no continente e nas regiões autónomas devem conter impresso, em local bem visível das respetivas embalagens individuais:

a) O nome da empresa fabricante;

b) A designação da marca;

c) O preço de venda ao público no território de consumo;

d) O número de unidades, ou o peso líquido no caso dos tabacos de fumar, do tabaco para cachimbo de água, do rapé, do tabaco de mascar e do tabaco aquecido, ou o volume de líquido no caso dos recipientes utilizados para carga e recarga de cigarros eletrónicos;

e) O teor de nicotina, no caso dos recipientes utilizados para carga e recarga de cigarros eletrónicos;

f) A designação do tipo de produto;

g) A mensagem com o aviso de saúde, nos termos da legislação aplicável.

2. Nas embalagens destinadas a exportação ou a provisões de bordo é dispensada a indicação do preço de venda ao público.

3. *(Revogado.)*

(Redação dada pela Lei nº 119/2019, de 18-09)

Artigo 110º – Marcação das embalagens

1. As embalagens de venda ao público de tabaco manufaturado para consumo no território nacional devem ter aposta, antes da sua introdução no consumo, uma estampilha especial, cujo modelo, forma de aposição e controlo são regulamentados por portaria do membro do Governo responsável pela área das finanças, a qual é utilizada como elemento de segurança, sendo complementada por um identificador único, sempre que exigível, nos termos da legislação aplicável.

2. As formalidades a observar para a requisição e o fornecimento das estampilhas especiais e do identificador único, bem como os correspondentes preços unitários, são determinados por portaria do membro do Governo responsável pela área das finanças.

3. As embalagens de tabaco manufacturado para venda ao público devem ostentar a estampilha especial com as características definidas para o ano da respectiva comercialização, sendo proibida a comercialização de produtos que ostentem estampilhas diferentes, salvo nas situações e nos períodos consagrados na portaria prevista no número anterior.

4. Para além do disposto no artigo 9º, considera-se também ter sido introduzido no consumo o tabaco manufacturado correspondente às estampilhas especiais fornecidas aos agentes económicos e que não se mostrem utilizadas regularmente através da aposição em embalagens de venda ao público saídas dos entrepostos fiscais, ou regularmente introduzidas no consumo, ou que não sejam apresentadas à autoridade aduaneira a solicitação desta.

5. Considera-se justificada a falta de apresentação das estampilhas especiais à autoridade aduaneira caso seja entregue declaração adequada, emitida pelos serviços competentes do país para onde as estampilhas foram remetidas, ou em face de prova admitida pelo director-geral das Alfândegas e dos Impostos Especiais sobre o Consumo.

6. Para efeitos do nº 4, a liquidação do imposto é feita com base no preço de venda ao público mais elevado praticado pelo operador económico, na data em que se torna exigível o imposto.

7. Sempre que não haja preço de venda ao público homologado, a liquidação do imposto é feita com base no preço de venda ao público de marcas equiparáveis já comercializadas no mercado nacional.

8. A requisição de estampilhas especiais por operadores económicos sem estatuto IEC depende da constituição de uma garantia, cujo montante mínimo deve ser igual a 25% do imposto exigível pelos produtos de tabaco correspondentes às estampilhas em causa.

(Redação dada pela Lei nº 119/2019, de 18-09)

Artigo 111º – Proibição de detenção e comercialização

1. É proibida a comercialização no continente de tabaco manufacturado destinado a ser consumido nas Regiões Autónomas, e vice-versa, ou ainda a comercialização numa Região Autónoma, de tabaco destinado à outra.

2. É ainda proibida a detenção, por particulares, de produtos de tabaco manufacturado que não tenham aposta a estampilha especial válida prevista no artigo anterior, em quantidades superiores a 800 unidades ou 2 kg, consoante sejam, respectivamente, cigarros ou os restantes produtos de tabaco.

3. Para efeitos do número anterior, as quantidades de tabaco são aplicáveis por pessoa, excepto se a circulação destes produtos se efectuar por meio de transporte particular, caso em que as quantidades são aplicáveis por meio de transporte, presumindo-se neste caso que o respectivo condutor é o seu detentor.

4. A proibição prevista no nº 1 abrange a comercialização à distância de produtos de tabaco, através de via postal ou outro meio equivalente.

(Redação dada pela Lei nº 64-B/2011, de 30-12)

Artigo 112º – Preço de venda ao público

1. Os preços de venda ao público dos produtos de tabaco e as subsequentes alterações são comunicadas pelos fabricantes estabelecidos na Comunidade ou, se for caso disso, pelos seus representantes ou mandatários comerciais ou pelos importadores de países terceiros.

2. *(Revogado).*

(Redação dada pela Lei nº 42/2016, de 28-12)

Artigo 113º – Depósito e inutilização

1. Todo o tabaco manufacturado apreendido ou abandonado está obrigatoriamente sujeito a inutilização sob controlo aduaneiro.

2. Os custos inerentes ao depósito e inutilização referidos no número anterior são da responsabilidade das pessoas singulares ou colectivas que tenham participado na situação irregular que conduziu à apreensão do tabaco em causa.

Artigo 114º – Entrepostos fiscais

1. As autorizações para a constituição de entrepostos fiscais de produção de produtos de tabaco manufaturado, no continente, só podem ser concedidas a pessoas singulares ou coletivas que satisfaçam, cumulativamente, os seguintes requisitos económicos mínimos:

a) Capital social, quando aplicável: € 2 000 000;

b) Volume de vendas anual: € 50 000 000.

2. No caso de autorizações para a constituição de entrepostos fiscais de produção nas Regiões Autónomas dos Açores e da Madeira, os montantes referidos no número anterior são reduzidos para € 500 000, no que respeita ao capital social, quando aplicável, e para € 20 000 000, relativamente ao volume de vendas anual.

3. Os entrepostos fiscais de produção de tabacos manufacturados estão sujeitos a um procedimento de controlo de natureza declarativo-contabilístico.

4. *(Revogado.)*

5. As condições de natureza física e contabilística, necessárias à constituição e aprovação dos entrepostos fiscais de armazenagem de tabacos manufaturados, são regulamentados por portaria do membro do Governo responsável pela área das finanças.

(Redação dada pela Lei nº 119/2019, de 18-09)

Artigo 115º – Regras especiais aplicáveis às folhas de tabaco destinadas a venda ao público, ao rapé, ao tabaco de mascar, ao tabaco aquecido e ao líquido contendo nicotina

1. À circulação de folhas de tabaco destinadas a venda ao público, de rapé, de tabaco de mascar, de tabaco aquecido e de líquido contendo nicotina, em recipientes utilizados para carga e recarga de cigarros eletrónicos são aplicáveis, com as devidas adaptações, os regimes previstos nos artigos 35º e 60º.

2. Os produtos de tabaco referidos no número anterior, procedentes de outro Estado-Membro e que não se destinem a entreposto fiscal, devem ser declarados para introdução no consumo, junto da estância aduaneira competente, no momento da sua receção em território nacional.

3. *(Revogado).*

(Redação dada pela Lei nº 71/2018, de 31-12)

CAPÍTULO IV – Disposições finais

Artigo 116º – Procedimentos de aplicação

A regulamentação dos procedimentos de aplicação do presente Código é efetuada por portaria do membro do Governo responsável pela área das finanças.

(Aditado pela Lei nº 82-B/2014, de 31-12)

Lei nº 71/2018, de 31 de Dezembro

(...)

Artigo 309º – Adicional às taxas do imposto sobre os produtos petrolíferos e energéticos

1. Mantém-se em vigor em 2019 o adicional às taxas do imposto sobre os produtos petrolíferos e energéticos, no montante de 0,007 €/l para a gasolina e no montante de 0,0035 €/l para o gasóleo rodoviário e o gasóleo colorido e marcado, que é consignado ao fundo financeiro de caráter permanente previsto no Decreto-Lei nº 63/2004, de 22 de março, na sua redação atual, até ao limite máximo de 30 000 000 € anuais, devendo esta verba ser transferida do orçamento do subsetor Estado para aquele fundo.

2. O adicional a que se refere o número anterior integra os valores das taxas unitárias fixados nos termos do nº 1 do artigo 92º do Código dos IEC.

3. Os encargos de liquidação e cobrança incorridos pela AT são compensados através da retenção de 3% do produto do adicional, a qual constitui sua receita própria.

(...)

Reforma da Tributação Automóvel

Lei nº 22-A/2007, de 29 de Junho

Procede à reforma global da tributação automóvel, aprovando o Código do Imposto sobre Veículos e o Código do Imposto Único de Circulação e abolindo, em simultâneo, o imposto automóvel, o imposto municipal sobre veículos, o imposto de circulação e o imposto de camionagem.

A Assembleia da República decreta, nos termos da alínea *c)* do artigo 161º da Constituição, o seguinte:

Artigo 1º – Objecto

1. É aprovado o Código do Imposto sobre Veículos (ISV) publicado no anexo I à presente lei e que dela faz parte integrante.

2. É aprovado o Código do Imposto Único de Circulação (IUC) publicado no anexo II à presente lei e que dela faz parte integrante.

Artigo 2º – Competência para a administração dos impostos

1. A competência relativa à administração do imposto sobre veículos, abreviadamente designado por ISV, e do imposto único de circulação, abreviadamente designado por IUC, cabe à Direcção-Geral das Alfândegas e dos Impostos Especiais sobre o Consumo e à Direcção-Geral dos Impostos, respectivamente.

2. As entidades que, por força das competências referidas no número anterior e dos regimes jurídicos constantes da presente lei, realizam tratamento ou interconexão de dados estão obrigadas a dar cumprimento às disposições legais e regulamentares em matéria de protecção de dados pessoais.

Artigo 3º – Titularidade da receita do IUC

1. É da titularidade do município de residência do sujeito passivo ou equiparado a receita gerada pelo IUC incidente sobre os veículos da categoria A, E, F e G, bem como 70% da componente relativa à cilindrada incidente sobre os veículos da categoria B, salvo se essa receita for incidente sobre veículos objecto de aluguer de longa duração ou de locação operacional, caso em que deve ser afecta ao município de residência do respectivo utilizador.

2. Nas situações a que se refere a parte final do número anterior, em que não seja possível identificar o município de residência do utilizador dos veículos, a receita assim apurada é repartida pelos municípios na mesma proporção da repartição da receita total.

3. A receita gerada pela componente do IUC relativa ao nível de emissão de dióxido de carbono incidente sobre os veículos da categoria B, bem como 30% da componente relativa à cilindrada incidente sobre os mesmos veículos, é da titularidade:

a) Do Estado, quanto aos veículos que circulem no território do continente;

b) Das Regiões Autónomas dos Açores e da Madeira, quanto aos veículos que circulem nos respectivos territórios.

4. É ainda da titularidade do Estado a receita gerada pelo IUC incidente sobre os veículos das categorias C e D, com excepção da respeitante a veículos destas categorias que circulem nas Regiões Autónomas dos Açores e da Madeira, sendo da titularidade destas a receita de IUC gerada nos respectivos territórios.

Artigo 4º – Regime de salvaguarda da receita dos municípios

1. A receita do imposto único de circulação e do imposto municipal sobre veículos a atribuir globalmente aos municípios em 2007, nos termos do artigo anterior, não é inferior ao valor correspondente à receita do imposto municipal sobre veículos atribuída em 2006, actualizada de 2,1%.

2. Para cumprimento do disposto no número anterior, pode ser transferida uma parcela da receita gerada pelo imposto único de circulação que é da titularidade do Estado, relativa ao nível de emissões de dióxido de carbono e incidente sobre os veículos da categoria B.

Artigo 5º – Sistemas de informação

A Direcção-Geral dos Impostos, a Direcção-Geral das Alfândegas e dos Impostos Especiais sobre o Consumo e a Direcção-Geral de Informática e Apoio aos Serviços Tributários e Aduaneiros celebram protocolos com o Instituto dos Registos e Notariado, I. P., o Instituto da Mobilidade e dos Transportes Terrestres, I. P., o Instituto Portuário e dos Transportes Marítimos, I. P., o Instituto Nacional de Aviação Civil, I. P., e com as forças da autoridade, designadamente com a Polícia de Segurança Pública e a Guarda Nacional Republicana, com vista à troca de informação necessária à liquidação e fiscalização do ISV e do IUC.

Artigo 6º – Alteração à Lei das Finanças Locais

O artigo 10º da Lei nº 2/2007, de 15 de Janeiro, passa a ter a seguinte redacção:
(As alterações não se transcrevem por não se inserirem no âmbito da presente publicação)

Artigo 7º – Alteração ao Código do Imposto sobre o Valor Acrescentado

Os artigos 13º e 15º do Código do Imposto sobre o Valor Acrescentado, aprovado pelo Decreto-Lei nº 394-B/84, de 26 de Dezembro, passam a ter a seguinte redacção:

(Alterações inseridas no local próprio)

Artigo 8º – Alteração ao Regime Geral das Infracções Tributárias

Os artigos 73º e 109º do Regime Geral das Infracções Tributárias, aprovado pela Lei nº 15/2001, de 5 de Junho, passam a ter a seguinte redacção:

(Alterações inseridas no local próprio)

Artigo 9º – Revogação de disposições do Regime Geral das Infracções Tributárias

É revogado o nº 4 do artigo 108º do Regime Geral das Infracções Tributárias, aprovado pela Lei nº 15/2001, de 5 de Junho.

Artigo 10º – Regime transitório do ISV

(Revogado pela Lei nº 83-C/2013, de 31-12)

Artigo 11º – Impostos abolidos

1. A partir da entrada em vigor da presente lei considera-se abolido o imposto automóvel.

2. O imposto municipal sobre veículos, o imposto de circulação e o imposto de camionagem são abolidos em 1 de Janeiro de 2008, mantendo-se a aplicação do respectivo regime legal durante o ano de 2007 em relação a todos os veículos tributáveis, com excepção dos veículos da categoria B matriculados ou registados a partir da entrada em vigor da presente lei.

3. As referências ao imposto automóvel e ao imposto sobre a venda de veículos automóveis feitas pela legislação em vigor devem entender-se, após a data da sua abolição, como sendo feitas ao imposto sobre veículos.

4. As referências ao imposto municipal sobre veículos e aos impostos de circulação e de camionagem feitas pela legislação em vigor devem entender-se, após a data da sua abolição, como sendo feitas às categorias do imposto único de circulação que lhes sejam correspondentes, tendo em atenção as características dos veículos tributáveis.

Artigo 12º – Autorização de cobrança de impostos

A partir da entrada em vigor da presente lei e durante o ano de 2007, o Governo é autorizado a cobrar o imposto sobre os veículos e o imposto único de circulação constantes do Código do ISV e do Código do IUC, anexos à presente lei.

Artigo 13º – Legislação revogada

1. Com a entrada em vigor da presente lei, são revogados:

a) A Lei nº 36/91, de 27 de Julho;

b) O Decreto-Lei nº 371/85, de 19 de Setembro;

c) O Decreto-Lei nº 471/88, de 22 de Dezembro, com excepção do disposto na alínea *c)* do artigo 2º, que se mantém em vigor até 31 de Dezembro de 2007;

d) O Decreto-Lei nº 103-A/90, de 22 de Março;

e) O Decreto-Lei nº 27/93, de 12 de Fevereiro;

f) O Decreto-Lei nº 35/93, de 13 de Fevereiro, com excepção do disposto na alínea *b)* do nº 1 do artigo 3º, que se mantém em vigor até 31 de Dezembro de 2007;

g) O Decreto-Lei nº 40/93, de 18 de Fevereiro;

h) O Decreto-Lei nº 56/93, de 1 de Março, com excepção do disposto no nº 4 do artigo 2º, que se mantém em vigor até 31 de Dezembro de 2007;

i) O Decreto-Lei nº 264/93, de 30 de Julho, com excepção do disposto na alínea *b)* do nº 1 do artigo 13º e no artigo 14º, que se mantêm em vigor até 31 de Dezembro de 2007.

2. São revogados a partir de 1 de Janeiro de 2008:

a) O Decreto-Lei nº 143/78, de 12 de Junho;

b) O Decreto-Lei nº 116/94, de 3 de Maio.

3. Consideram-se extintos e inaplicáveis ao ISV e ao IUC todos os benefícios fiscais relativos aos impostos abolidos nos termos da presente lei que não sejam mantidos nos códigos aprovados pela presente lei, com excepção dos benefícios previstos pelo Decreto-Lei nº 43/76, de 20 de Janeiro, pelo artigo 3º da Lei nº 36/91, de 27 de Julho, pelo Decreto-Lei nº 292-A/2000, de 15 de Novembro, e pela alínea *f)* do nº 1 do artigo 10º da Lei nº 19/2003, de 20 de Junho.

4. Os benefícios de carácter duradouro relativos ao imposto automóvel que tenham sido reconhecidos ao abrigo da legislação ora revogada mantêm-se em vigor até ao decurso do respectivo prazo, nos termos e condições em que foram reconhecidos e com manutenção dos ónus que lhes sejam inerentes.

Artigo 14º – Entrada em vigor

1. A presente lei entra em vigor em 1 de Julho de 2007.

2. O disposto no Código do IUC aprovado pela presente lei é aplicável:

a) A partir de 1 de Julho de 2007, no que respeita aos veículos da categoria B matriculados a partir dessa mesma data;

b) A partir de 1 de Janeiro de 2008, aos restantes veículos.

Aprovada em 24 de Maio de 2007.

O Presidente da Assembleia da República, em exercício, *Guilherme Silva.*

Promulgada em 28 de Junho de 2007.

Publique-se.

O Presidente da República, ANÍBAL CAVACO SILVA.

Referendada em 28 de Junho de 2007.

O Primeiro-Ministro, *José Sócrates Carvalho Pinto de Sousa.*

Código do Imposto sobre Veículos

CAPÍTULO I – Princípios e regras gerais

Artigo 1º – Princípio da equivalência

O imposto sobre veículos obedece ao princípio da equivalência, procurando onerar os contribuintes na medida dos custos que estes provocam nos domínios do ambiente, infra-estruturas viárias e sinistralidade rodoviária, em concretização de uma regra geral de igualdade tributária.

Artigo 2º – Incidência objectiva

1. Estão sujeitos ao imposto os seguintes veículos:

a) Automóveis ligeiros de passageiros, considerando-se como tais os automóveis com peso bruto até 3500 kg e com lotação não superior a nove lugares, incluindo o do condutor, que se destinem ao transporte de pessoas;

b) Automóveis ligeiros de utilização mista, considerando-se como tais os automóveis com peso bruto até 3500 kg e com lotação não superior a nove lugares, incluindo o do condutor, que se destinem ao transporte, alternado ou simultâneo, de pessoas e carga;

c) Automóveis ligeiros de mercadorias, considerando-se como tais os automóveis com peso bruto até 3500 kg e com lotação não superior a nove lugares, que se destinem ao transporte de carga, de caixa aberta, fechada ou sem caixa;

d) Automóveis de passageiros com mais de 3500 kg e com lotação não superior a nove lugares, incluindo o do condutor;

e) Autocaravanas, considerando-se como tais os automóveis construídos de modo a incluir um espaço residencial que contenha, pelo menos, bancos e mesa, espaço para dormir, que possa ser convertido a partir dos bancos, equipamento de cozinha e instalações para acondicionamento de víveres;

f) Motociclos, triciclos e quadriciclos, tal como estes veículos são definidos pelo Código da Estrada.

2. Estão excluídos da incidência do imposto os seguintes veículos:

a) Veículos não motorizados, bem como os veículos exclusivamente eléctricos ou movidos a energias renováveis não combustíveis;

b) Ambulâncias, considerando-se como tais os automóveis destinados ao transporte de pessoas doentes ou feridas dotados de equipamentos especiais para tal fim, bem como os veículos dedicados ao transporte de doentes, nos termos regulamentados.

c) Automóveis ligeiros de mercadorias, de caixa aberta, sem caixa ou de caixa fechada que não apresentem cabine integrada na carroçaria, com peso bruto de 3500 kg, sem tração às quatro rodas;

d) *(Revogada.)*

(Redação dada pela Lei nº 7-A/2016, de 30-03)

Artigo 3º – Incidência subjectiva

1. São sujeitos passivos do imposto os operadores registados, os operadores reconhecidos e os particulares, tal como definidos pelo presente código, que procedam à introdução no consumo dos veículos tributáveis, considerando-se como tais as pessoas em nome de quem seja emitida a declaração aduaneira de veículos.

2. São ainda sujeitos passivos do imposto as pessoas que, de modo irregular, introduzam no consumo os veículos tributáveis.

(Redação dada pelo Decreto-Lei nº 53/2017, de 31-05)

Artigo 4º – Base tributável

1. O imposto sobre veículos possui natureza específica, sendo a sua base tributável constituída pelos seguintes elementos, tal como constantes do respectivo certificado de conformidade:

a) Quanto aos automóveis de passageiros, de mercadorias e de utilização mista, tributados pela tabela A, a cilindrada, o nível de emissão de partículas, quando aplicável, e o nível de emissão de dióxido de carbono (CO_2) relativo ao ciclo combinado de ensaios resultante dos testes realizados ao abrigo do «Novo Ciclo de Condução Europeu Normalizado» (*New European Driving Cycle – NEDC*) ou ao abrigo do «Procedimento Global de Testes Harmonizados de Veículos Ligeiros» (*Worldwide Harmonized Light Vehicle Test Procedure – WLTP*), consoante o sistema de testes a que o veículo foi sujeito para efeitos da sua homologação técnica;

b) Quanto aos automóveis ligeiros de mercadorias e de utilização mista, tributados pela tabela B, a cilindrada e o nível de emissões de partículas, quando aplicável;

c) Quanto aos veículos fabricados antes de 1970, aos motociclos, triciclos, quadriciclos e autocaravanas, a cilindrada.

2. Quando os veículos sujeitos a tributação em função do nível de emissão de dióxido de carbono não integrem este elemento no certificado de conformidade, as emissões a considerar como base tributável são as que resultem de medição efectiva a realizar por centro técnico legalmente autorizado.

3. Para efeitos de aplicação do número anterior, as emissões de CO_2 dos veículos usados, resultantes de medição efectiva por centro técnico legalmente autorizado, cujo valor seja inferior ao constante do certificado de conformidade mais antigo do veículo da mesma marca, modelo e versão, ou, no caso deste não constar de informação disponível, de veículo similar, não são aceites para efeitos fiscais, prevalecendo o valor do certificado.

4. Nas Regiões Autónomas dos Açores e da Madeira sempre que não seja possível apurar o valor da medição efectiva de dióxido de carbono relativamente a veículos a que não tenha sido emitido certificado de conformidade, o valor das emissões é calculado tendo em conta o certificado de conformidade mais antigo, da mesma marca, modelo e versão, ou no caso deste não constar, de informação disponível de veículo similar.

(Redação dada pela Lei nº 71/2018, de 31-12)

Artigo 5º – Facto gerador

1. Constitui facto gerador do imposto o fabrico, montagem, admissão ou importação dos veículos tributáveis em território nacional, que estejam obrigados à matrícula em Portugal.

2. Constitui ainda facto gerador do imposto:

a) A atribuição de matrícula definitiva após o cancelamento voluntário da matrícula nacional feito com reembolso de imposto ou qualquer outra vantagem fiscal;

b) A transformação de veículo que implique a sua reclassificação fiscal numa categoria a que corresponda uma taxa de imposto mais elevada ou a sua inclusão na incidência do imposto, a mudança de chassis ou a alteração do motor de que resulte um aumento de cilindrada ou das emissões de dióxido de carbono ou partículas;

c) A cessação ou violação dos pressupostos da isenção de imposto ou o incumprimento dos condicionalismos que lhe estejam associados;

d) A permanência do veículo no território nacional em violação das obrigações previstas no presente código.

3. Para efeitos do presente código entende-se por:

a) «Admissão», a entrada de um veículo originário ou em livre prática noutro Estado-membro da União Europeia em território nacional;

b) «Importação», a entrada de um veículo originário de país terceiro em território nacional.

4. Sem prejuízo das obrigações declarativas previstas nos artigos 18º e 19º, quando, à entrada em território nacional, os veículos tributáveis forem colocados em regime de suspensão de imposto, considera-se gerado o imposto no momento em que se produza a sua saída desse regime.

(Redação dada pela Lei nº 66-B/2012, de 31-12)

Artigo 6º – Exigibilidade

1. Nos casos mencionados no nº 1 do artigo anterior, o imposto torna-se exigível no momento da introdução no consumo, considerando-se esta verificada:

a) No momento da apresentação do pedido de introdução no consumo pelos operadores registados e reconhecidos;

b) No momento da apresentação da declaração aduaneira de veículos pelos particulares.

2. Nos casos mencionados no nº 2 do artigo anterior considera-se verificada a introdução no consumo no momento da ocorrência do facto gerador do imposto ou, sendo este indeterminável, no momento da respectiva constatação.

3. A taxa de imposto a aplicar é a que estiver em vigor no momento em que este se torna exigível.

(Redação dada pelo Decreto-Lei nº 53/2017, de 31-05)

Artigo 7º – Taxas normais – automóveis

1. A tabela A, a seguir indicada, estabelece as taxas de imposto, tendo em conta a componente cilindrada e ambiental, e é aplicável aos seguintes veículos:

a) Aos automóveis de passageiros;

b) Aos automóveis ligeiros de utilização mista e aos automóveis ligeiros de mercadorias, que não sejam tributados pelas taxas reduzidas nem pela taxa intermédia.

TABELA A

Componente cilindrada

Escalão de cilindrada (centímetros cúbicos)	Taxas por centímetros cúbicos (euros)	Parcela a abater (euros)
Até 1 000	0,99	767,50
Entre 1 001 e 1 250	1,07	769
Mais de 1 250	5,06	5600,00

Componente ambiental

Veículos a gasolina

Escalão de CO_2 (gramas por quilómetro)	Taxas (euros)	Parcela a abater (euros)
Até 99	4,18	386,00
De 100 a 115	7,31	678,87
De 116 a 145	47,51	5 337,00
De 146 a 175	55,35	6 454,52
De 176 a 195	141,00	21 358,39
Mais de 195	185,91	30 183,74

Veículos a gasóleo

Escalão de CO_2 (gramas por quilómetro)	Taxas (euros)	Parcela a abater (euros)
Até 79	5,22	396,88
De 80 a 95	21,20	1 671,07
De 96 a 120	71,62	6 504,65
De 121 a 140	158,85	17 107,60
De 141 a 160	176,66	19 635,10
Mais de 160	242,65	30 235,96

2. A tabela B, a seguir indicada, tem em conta exclusivamente a componente cilindrada, sendo aplicável aos seguintes veículos:

a) Na totalidade do imposto, aos automóveis ligeiros de mercadorias, de caixa fechada, com lotação máxima de três lugares, incluindo o do condutor, e altura interior da caixa de carga inferior a 120 cm;

b) Na totalidade do imposto, aos automóveis ligeiros de mercadorias, de caixa fechada, com lotação máxima de três lugares, incluindo o do condutor, e tracção às quatro rodas, permanente ou adaptável;

c) Aos automóveis abrangidos pelos nºs 2 e 3 do artigo seguinte, nas percentagens aí previstas;

d) Aos automóveis abrangidos pelo artigo 9º, nas percentagens aí previstas.

TABELA B

Componente cilindrada

Escalão de cilindrada (centímetros cúbicos)	Taxas por centímetros cúbicos (euros)	Parcela a abater (euros)
Até 1 250	4,80	3 011,74
Mais de 1 250.	11,38	10 972,84

3. Ficam sujeitos a um agravamento de € 500 no total do montante do imposto a pagar, os veículos ligeiros, equipados com sistema de propulsão a gasóleo, sendo o valor acima referido reduzido para € 250 relativamente aos veículos ligeiros de mercadorias referidos no nº 2 do artigo 9º, com exceção dos veículos que apresentarem nos respetivos certificados de conformidade ou, na sua inexistência, nas homologações técnicas, um valor de emissão de partículas inferior a 0,002 g/km.

4. Sempre que o imposto relativo à componente ambiental apresentar um resultado negativo, será o mesmo deduzido ao montante do imposto da componente cilindrada, não podendo o total do imposto a pagar ser inferior a € 100, independentemente do cálculo que resultar da aplicação da tabela A ou da tabela B.

5. A cilindrada dos automóveis movidos por motores Wankel corresponde ao dobro da cilindrada nominal, calculada nos termos do Regulamento das Homologações CE de Veículos, Sistemas e Unidades Técnicas Relativo às Emissões Poluentes, aprovado pelo Decreto-Lei nº 202/2000, de 1 de Setembro.

6. Nas situações previstas na alínea *b)* do nº 2 do artigo 5º, o montante do imposto a pagar é o que resulta da diferença entre o imposto incidente sobre o veículo após a respectiva operação, atento o tempo de uso entretanto decorrido, e o imposto originariamente pago, excepto nos casos de mudança de chassis, em que o imposto é devido pela totalidade.

7. *(Revogado.)*

8. Os veículos que se encontrem equipados com motores preparados para o consumo, no seu sistema de propulsão, exclusivamente de gás de petróleo liquefeito (GPL), gás natural ou bioetanol, são tributados, na componente ambiental, pelas taxas correspondentes aos veículos a gasolina.

9. Os veículos que se encontrem equipados com motores preparados para o consumo, no seu sistema de propulsão, de biodiesel são tributados, na componente ambiental, pelas taxas correspondentes aos veículos a gasóleo.

(Redação dada pela Lei nº 114/2017, de 29-12)

Artigo 8º – Taxas intermédias – automóveis

1. É aplicável uma taxa intermédia, correspondente às percentagens a seguir indicadas do imposto resultante da aplicação da tabela A constante do nº 1 do artigo anterior, aos seguintes veículos:

a) 60%, aos automóveis ligeiros de passageiros que se apresentem equipados com motores híbridos, preparados para o consumo, no seu sistema de propulsão, quer de energia elétrica ou solar quer de gasolina ou de gasóleo;

b) 50%, aos automóveis ligeiros de utilização mista, com peso bruto superior a 2500 kg, lotação mínima de sete lugares, incluindo o do condutor, e que não apresentem tração às quatro rodas, permanente ou adaptável;

c) 40%, aos automóveis ligeiros de passageiros que utilizem exclusivamente como combustível gases de petróleo liquefeito (GPL) ou gás natural;

d) 25%, aos automóveis ligeiros de passageiros equipados com motores híbridos *plug-in*, cuja bateria possa ser carregada através de ligação à rede elétrica e que tenham uma autonomia mínima, no modo elétrico, de 25 quilómetros.

2. É aplicável uma taxa intermédia, correspondente a 95% do imposto resultante da aplicação da tabela B a que se refere o nº 2 do artigo anterior, aos veículos fabricados antes de 1970, aos quais, independentemente da sua proveniência ou origem, é aplicável a tabela D a que se refere o nº 1 do artigo 11º

3. É aplicável uma taxa intermédia, correspondente a 50% do imposto resultante da aplicação da tabela B a que se refere o nº 2 do artigo anterior, aos automóveis ligeiros de mercadorias, de caixa aberta, ou sem caixa, com lotação superior a três lugares, incluindo o do condutor, que apresentem tracção às quatro rodas, permanente ou adaptável.

(Redação dada pela Lei nº 82-D/2014, de 31-12)

Artigo 9º – Taxa reduzida – automóveis

1. É aplicável uma taxa reduzida, correspondente a 15% do imposto resultante da aplicação da tabela B a que se refere o nº 2 do artigo 7º, aos seguintes veículos:

a) Automóveis ligeiros de utilização mista que, cumulativamente, apresentem peso bruto superior a 2300kg, comprimento mínimo da caixa de carga de 145 cm, altura interior mínima da caixa de carga de 130 cm medida a partir do respectivo estrado, que deve ser contínuo, antepara inamovível, paralela à última fiada de bancos, que separe completamente o espaço destinado ao condutor e passageiros do destinado às mercadorias, e que não apresentem tracção às quatro rodas, permanente ou adaptável;

b) Automóveis ligeiros de mercadorias, de caixa aberta ou sem caixa, com lotação superior a três lugares, incluindo o do condutor e sem tracção às quatro rodas, permanente ou adaptável;

c) (*Revogada*).

2. É aplicável uma taxa reduzida correspondente a 10% do imposto resultante da aplicação da tabela B, aos automóveis ligeiros de mercadorias, de caixa aberta, fechada ou sem caixa, com lotação máxima de três lugares, incluindo o do condutor, com excepção dos abrangidos pelo nº 2 do artigo 7º

3. É aplicável uma taxa reduzida, correspondente a 30% do imposto resultante da aplicação da tabela B a que se refere o nº 2 do artigo 7º, às autocaravanas.

(Redação dada pela Lei nº 66-B/2012, de 31-12)

Artigo 10º – Taxas – motociclos, triciclos e quadriciclos

As taxas de imposto aplicáveis aos motociclos, triciclos e quadriciclos são as constantes da tabela seguinte:

TABELA C

Escalão de cilindrada (centímetros cúbicos)	Valor (euros)
De 120 até 250	66,70
De 251 até 350	82,83
De 351 até 500	110,80
De 501 até 750	166,74
Mais de 750	221,61

(Redação dada pela Lei nº 114/2017, de 29-12)

Artigo 11º – Taxas – veículos usados

1. O imposto incidente sobre veículos portadores de matrículas definitivas comunitárias atribuídas por outros Estados membros da União Europeia é objeto de liquidação provisória nos termos das regras do presente Código, com exceção da componente cilindrada à qual são aplicadas as percentagens de redução previstas na tabela D ao imposto resultante da tabela respetiva, as quais estão associadas à desvalorização comercial média dos veículos no mercado nacional:

TABELA D

Tempo de uso	Percentagem de redução
Até 1 ano	10
Mais de 1 a 2 anos	20
Mais de 2 a 3 anos	28
Mais de 3 a 4 anos	35
Mais de 4 a 5 anos	43
Mais de 5 a 6 anos	52
Mais de 6 a 7 anos	60
Mais de 7 a 8 anos	65
Mais de 8 a 9 anos	70
Mais de 9 a 10 anos	75
Mais de 10 anos	80

2. Para efeitos de aplicação do número anterior, entende-se por «tempo de uso» o período decorrido desde a atribuição da primeira matrícula e respectivos documentos pela entidade competente até ao termo do prazo para apresentação da declaração aduaneira de veículos.

3. Sem prejuízo da liquidação provisória efetuada, sempre que o sujeito passivo entenda que o montante do imposto apurado dos termos do nº 1 excede o imposto calculado por aplicação da fórmula a seguir indicada, pode requerer ao diretor da alfândega, mediante o pagamento prévio de taxa a fixar por portaria do membro do Governo responsável pela área das finanças, e até ao termo do prazo de pagamento a que se refere o nº 1 do artigo 27º, que a mesma seja aplicada à tributação do veículo, tendo em vista a liquidação definitiva do imposto:

$$ISV = \left(\frac{V}{VR} \times Y\right) + C$$

em que:

ISV representa o montante do imposto a pagar;

V representa o valor comercial do veículo, tomando por base o valor médio de referência determinado em função da marca, do modelo e respetivo equipamento de série, da idade, do modo de propulsão e da quilometragem média de referência, constante das publicações especializadas do setor, apresentadas pelo interessado;

VR é o preço de venda ao público de veículo idêntico no ano da primeira matrícula do veículo a tributar, tal como declarado pelo interessado, considerando-se como tal o veículo da mesma marca, modelo e sistema de propulsão, ou, no caso de este não constar de informação disponível, de veículo similar, introduzido no mercado nacional, no mesmo ano em que o veículo a introduzir no consumo foi matriculado pela primeira vez;

Y representa o montante do imposto calculado com base na componente cilindrada, tendo em consideração a tabela e a taxa aplicável ao veículo, vigente no momento da exigibilidade do imposto;

C é o "custo de impacte ambiental", aplicável a veículos sujeitos à tabela A, vigente no momento da exigibilidade do imposto, e cujo valor corresponde à componente ambiental da referida tabela.

4. Na falta de pedido de avaliação formulado nos termos do número anterior presume-se que o sujeito passivo aceita como definitiva a liquidação do imposto feita por aplicação da tabela constante do nº 1.

5. *(Revogado.)*

(Redação dada pela Lei nº 42/2016, de 28-12)

CAPÍTULO II – Estatuto dos sujeitos passivos

Artigo 12º – Estatuto do operador registado

1. Operador registado é o sujeito passivo que se dedica habitualmente à produção, admissão ou importação de veículos tributáveis em estado novo ou usado e que é reconhecido como tal pela Direcção-Geral das Alfândegas e dos Impostos Especiais sobre o Consumo, por meio de autorização prévia e atribuição de número de registo que o identifica nas relações que com ela mantém.

2. O estatuto de operador registado confere ao sujeito passivo os seguintes direitos:

a) Apresentar, processar e imprimir a declaração aduaneira de veículos, na admissão ou importação de veículos, associando-lhe pedido de isenção ou redução do imposto;

b) Deter os veículos tributáveis em suspensão de imposto por prazo máximo de três anos depois de apresentada a declaração aduaneira de veículos;

c) Alienar os veículos novos a outro operador registado enquanto permaneçam em suspensão de imposto;

d) Apresentar a declaração aduaneira de veículos em qualquer alfândega com competência em matéria deste imposto.

3. Além do que se encontra genericamente prescrito no presente código, o estatuto de operador registado implica o cumprimento das seguintes obrigações:

a) Comunicar à Direcção-Geral das Alfândegas e dos Impostos Especiais sobre o Consumo, no prazo máximo de 30 dias, a alteração dos gerentes ou administradores, bem como qualquer outra alteração dos pressupostos subjacentes à concessão do estatuto;

b) Conservar as facturas e os certificados de conformidade respeitantes aos veículos objecto de declaração pelo prazo previsto na legislação aduaneira;

c) Apresentar os veículos tributáveis que se encontrem em regime de suspensão sempre que tal lhe seja solicitado;

d) Prestar-se aos varejos e outros controlos determinados pela Direcção-Geral das Alfândegas e dos Impostos Especiais sobre o Consumo.

(Redação dada pela Lei nº 83-C/2013, de 31-12)

Artigo 13º – Autorização

1. O estatuto de operador registado é objecto de autorização prévia pela Direcção-Geral das Alfândegas e dos Impostos Especiais sobre o Consumo, mediante pedido formulado pelas pessoas singulares ou colectivas interessadas, reunidos que estejam os seguintes requisitos cumulativos:

a) Exercício, a título principal, da actividade de comércio de veículos tributáveis;

b) Capital social mínimo de € 50 000, ou de € 25 000 quando o requerente se dedique exclusivamente ao comércio de motociclos;

c) Admissão ou importação de mais de 50 veículos tributáveis, novos e sem matrícula, por ano civil, ou volume anual mínimo de vendas no respectivo sector de actividade de € 2 000 000, sendo estes requisitos de 20 veículos ou € 1 000 000 quando o requerente se dedique exclusivamente ao comércio de motociclos;

d) Inexistência de dívidas tributárias ao Estado em fase de cobrança coerciva, sem que haja reclamação graciosa, impugnação judicial, recurso judicial, oposição à execução ou pagamento em prestações com prestação de garantia;

e) Não terem sido condenados por crime tributário ou por contra-ordenação tributária punível com coima igual ou superior a € 5 000, nos últimos 5 anos.

2. Os requisitos quantitativos estabelecidos no nº 1 são reduzidos a metade sempre que o requerente se encontre domiciliado e exerça a sua actividade nas regiões autónomas.

3. O pedido de autorização deve ser acompanhado da seguinte documentação:

a) Certidão do registo comercial comprovativa da sua situação jurídica;

b) Pacto social actualizado, tratando-se de sociedade comercial;
c) Indicação do local de armazenagem dos veículos durante o regime suspensivo.

Artigo 14º – Revogação da autorização

1. A autorização a que se refere o artigo anterior pode ser revogada por iniciativa dos interessados, mediante pedido fundamentado, ou por decisão do director-geral das Alfândegas e dos Impostos Especiais sobre o Consumo, sempre que se comprove o incumprimento grave das obrigações constantes do presente código ou de normas complementares, sem prejuízo da instauração de processo por infracção tributária.

2. A decisão de revogação é precedida de audição prévia a realizar nos termos da Lei Geral Tributária e comunicada ao interessado através de carta registada com aviso de recepção, com antecedência de 30 dias, prazo durante o qual deve ser dado um destino fiscal aos veículos que este detenha em regime suspensivo, salvo quando tenha sido determinada a sua apreensão.

3. Nos casos em que haja lugar à apreensão dos veículos e à revogação da autorização em virtude da prática de infracção tributária, esta produz efeitos imediatamente após a recepção da respectiva notificação.

Artigo 15º – Estatuto do operador reconhecido

1. Operador reconhecido é o sujeito passivo que, não reunindo as condições para se constituir como operador registado, se dedica habitualmente ao comércio de veículos tributáveis e procede à sua admissão ou importação em estado novo ou usado, sendo reconhecido como tal pela Direcção-Geral das Alfândegas e dos Impostos Especiais sobre o Consumo através da atribuição de número de registo que o identifica nas relações que com ela mantém.

2. O estatuto de operador reconhecido é objecto de reconhecimento pelo director de alfândega da área de residência ou sede, mediante pedido formulado pelas pessoas singulares ou colectivas interessadas, reunidos que estejam os requisitos a que se refere o artigo 13º, com exclusão das alíneas *b)* e *c)* do nº 1.

3. O estatuto de operador reconhecido confere ao sujeito passivo o direito de deter os veículos tributáveis em suspensão de imposto pelo prazo máximo de três anos depois de apresentada a declaração aduaneira de veículos, implicando o cumprimento das obrigações a que estão sujeitos os operadores registados, sob pena de revogação da autorização nos termos estabelecidos no artigo anterior.

(Redação dada pela Lei nº 83-C/2013, de 31-12)

Artigo 16º – Particulares

Particular é todo o sujeito passivo que proceda à admissão ou importação de veículos tributáveis, em estado novo ou usado, com a finalidade principal de satisfazer as suas necessidades próprias de transporte.

CAPÍTULO III – Introdução no consumo

Artigo 17º – Obrigações declarativas

1. A introdução no consumo e a liquidação do imposto são tituladas pela declaração aduaneira de veículos (DAV).

2. *[Revogado].*

3. Para efeitos de matrícula, os veículos automóveis ligeiros e pesados, os motociclos, os ciclomotores, os triciclos e os quadriciclos, ainda que excluídos do imposto, ficam sujeitos ao processamento da DAV.

4. A DAV é exclusivamente processada por transmissão eletrónica de dados, com exceção da declaração que respeite à transformação de veículos, alteração do número de chassis ou da cilindrada, bem como a outros factos geradores de imposto que ocorram em momento posterior à atribuição da matrícula nacional, e sem prejuízo do regime de tributação previsto no nº 3 do artigo 11º

5. Para efeitos do presente Código e em derrogação do número de declarações previsto no nº 5 do artigo 430º-A da Reforma Aduaneira, aprovada pelo Decreto-Lei nº 46 311, de 27 de Abril de 1965, é fixado em três o limite máximo de declarações aduaneiras de veículo a apresentar, por ano civil, perante a alfândega.

(Redação dada pelo Decreto-Lei nº 53/2017, de 31-05)

Artigo 18º – Introdução no consumo por operadores registados

1. Os operadores registados estão obrigados à apresentação da DAV no prazo máximo de 20 dias úteis após a ocorrência do facto gerador do imposto.

2. Apresentada a DAV pelos operadores registados, os veículos tributáveis permanecem em suspensão de imposto pelo período máximo de três anos, termo até ao qual deve ser apresentado o pedido de introdução no consumo ou realizada a expedição, exportação ou sujeição dos veículos a outro regime fiscal de apuramento do regime suspensivo, considerando-se, de outro modo, haver introdução ilegal no consumo.

3. Enquanto perdure a suspensão de imposto, o local de armazenagem usado pelos operadores registados é considerado como área de entreposto fiscal, não sendo permitido que os veículos usados dele saiam sem autorização expressa do director da alfândega territorialmente competente, considerando-se de outro modo haver introdução ilegal no consumo.

4. *[Revogado].*

5. Os operadores registados que introduzam no consumo veículos usados ficam sujeitos à apresentação da documentação prevista no artigo 20º.

(Redação dada pelo Decreto-Lei nº 53/2017, de 31-05)

Artigo 19º – Introdução no consumo por operadores reconhecidos

1. Os operadores reconhecidos estão obrigados à apresentação da DAV no prazo máximo de 20 dias úteis após a ocorrência do facto gerador do imposto.

2. Apresentada a DAV pelos operadores reconhecidos, os veículos tributáveis permanecem em suspensão de imposto pelo período máximo de três anos, termo até ao qual deve ser apresentado o pedido de introdução no consumo ou realizada a expedição, exportação ou sujeição dos veículos a outro regime fiscal de apuramento do regime suspensivo, considerando-se, de outro modo, haver introdução ilegal no consumo.

3. Enquanto perdure a suspensão de imposto, o local de armazenagem usado pelos operadores reconhecidos é considerado como área de entreposto fiscal, não sendo permitido que os veículos usados dele saiam sem autorização expressa do director da alfândega territorialmente competente, considerando-se de outro modo haver introdução ilegal no consumo.

4. Os operadores reconhecidos que introduzam no consumo veículos usados ficam sujeitos à apresentação da documentação prevista no artigo 20º

(Redação dada pelo Decreto-Lei nº 53/2017, de 31-05)

Artigo 20º – Introdução no consumo por particulares

1. Os particulares e os sujeitos passivos que não se encontrem constituídos como operadores registados ou operadores reconhecidos estão obrigados à apresentação da DAV nos prazos seguintes:

a) No prazo máximo de 20 dias úteis, após a entrada do veículo tributável em território nacional ou após a ocorrência dos factos geradores previstos na alínea *b)* do nº 2 do artigo 5º;

b) No prazo máximo de 10 dias úteis após o termo dos regimes de admissão ou importação temporária quando, findos estes regimes, o particular opte pela introdução no consumo.

2. A DAV deve ser acompanhada do certificado de matrícula estrangeiro ou de documento equivalente, de factura comercial ou de declaração de venda no caso de aquisição a particular, do certificado de conformidade, do documento de transporte e respectivo recibo de pagamento sempre que o veículo não ingresse no território nacional pelos seus próprios meios, bem como do documento comprovativo da medição efectiva do nível de emissão de dióxido de carbono por centro técnico legalmente autorizado sempre que tal elemento não conste do respectivo certificado de conformidade.

3. É dispensada a apresentação do certificado de conformidade quando seja indicado o «Número de Registo Nacional de Homologação» emitido pelo Instituto da Mobilidade e dos Transportes, I.P., onde constem os elementos de tributação referidos no artigo 4.º do presente Código, sendo a base tributável apurada recorrendo aos elementos constantes daquele registo e, quando aplicável, ao documento comprovativo da medição efetiva do nível de emissão de dióxido de carbono previsto no número anterior.

4. Os documentos previstos no nº 2 podem ser apresentados por transmissão eletrónica de dados, devendo os originais ser conservados pelo prazo de quatro anos, ficando sujeitos à apresentação dos originais a qualquer momento nos serviços competentes, para efeitos de fiscalização e controlo.

5. Sem prejuízo do disposto no número anterior, o original do certificado de matrícula ou documento equivalente do veículo deve ser depositado no Instituto da Mobilidade e dos Transportes, I.P. (IMT, I.P.), ou, no caso das regiões autónomas, nos serviços competentes em matéria de transportes terrestres, no prazo de 10 dias a contar da data de apresentação da DAV.

(Redação dada pela Lei nº 71/2018, de 31-12)

Artigo 21º – Registo e anulação das declarações

1. As alfândegas devem proceder ao registo numérico da DAV na data da sua apresentação ou, quando tal se revele impossível, no dia útil seguinte.

2. Pode haver lugar a anulação da DAV já registada antes de pago ou garantido o imposto, a pedido do interessado, quando se comprove que um veículo foi erradamente declarado para um determinado regime fiscal ou que, na sequência de circunstâncias especiais, deixou de se justificar a sujeição a esse regime.

3. A DAV apresentada por operadores registados e reconhecidos pode ser anulada antes de pago ou garantido o imposto com os seguintes fundamentos:

a) Exportação, comprovada por documento administrativo único com carimbo de saída efectiva, ou expedição, comprovada por declaração de expedição;

b) Afectação ao regime de admissão temporária por venda a missões diplomáticas e consulares de carreiras acreditadas em Portugal e respectivos funcionários;

c) Venda do veículo a pessoa que transfira a sua residência habitual de Portugal para outro país, com atribuição de matrícula de expedição ou exportação;

d) Destruição total, devida a caso fortuito ou de força maior, ou transformação do veículo em sucata sob controlo aduaneiro, livre de ónus ou encargos de qualquer natureza para o erário público;

e) Abandono a favor da fazenda pública, livre de ónus ou encargos de qualquer natureza para o erário público, ou declaração de perda do veículo proferida por autoridade judicial ou administrativa;

f) Furto ou roubo do veículo, devidamente participado às autoridades policiais, sem que o automóvel tenha sido encontrado e restituído ao seu proprietário no prazo de seis meses, e desde que se comprove o cancelamento da matrícula;

g) Declaração indevida por duplicação da DAV.

4. Não há lugar à anulação da DAV quando a Direcção-Geral das Alfândegas e dos Impostos Especiais sobre o Consumo tenha previamente informado o interessado da intenção de proceder a uma inspecção do veículo ou da documentação apresentada, ou depois de lhe ter sido atribuída matrícula nacional.

5. A anulação da DAV previamente registada não prejudica a responsabilização penal ou contra-ordenacional pela prática de infracções tributárias.

6. No caso de ter sido apresentado um pedido de benefício fiscal e de o mesmo ter sido indeferido, o interessado é notificado para, no prazo de 30 dias, solicitar a anulação da DAV e declarar o destino que pretende dar ao veículo, sob pena de introdução ilegal no consumo.

(Redação dada pelo Decreto-Lei nº 53/2017, de 31-05)

Artigo 22º – Circulação

1. As entidades que no exercício das suas competências de fiscalização detectem em circulação um veículo com matrícula estrangeira válida, provisória ou definitiva, relativamente ao qual não tenha sido apresentada atempadamente a DAV, devem, independentemente do procedimento contra-ordenacional a que haja lugar, notificar o proprietário ou legítimo detentor da obrigação de proceder à sua apresentação dentro do prazo de dois dias úteis, devendo a notificação identificar o respectivo destinatário e o seu domicílio, o veículo em causa e a alfândega territorialmente competente para apresentação imediata da DAV, à qual é remetida cópia da notificação para efeitos de controlo.

2. A entrada em território nacional de veículo com matrícula de trânsito, provisória ou temporária que se encontre inválida, presume-se verificada no termo da sua validade.

3. Decorrido o prazo para apresentação da DAV e até ao termo do prazo para pagamento do imposto, é permitida a circulação em território nacional de veículos portadores de matrícula estrangeira válida, desde que acompanhados por um exemplar da DAV e conduzidos pelo proprietário ou pelo respectivo cônjuge ou unido de facto.

4. O documento comprovativo do pagamento do imposto com a anotação da matrícula nacional atribuí da permite a utilização sem restrições dos veículos referidos no número anterior, bem como dos veículos introduzidos no consumo no estado de novo, pelo prazo de 60 dias contados desde a atribuição da matrícula.

5. A emissão do certificado de matrícula e respectiva entrega ao declarante só é efectuada pelo Instituto da Mobilidade e dos Transportes Terrestres, I. P., depois de se mostrarem pagas as taxas devidas.

(Redação dada pela Lei nº 64-A/2008, de 31-12)

Artigo 23º – Abandono e venda

1. Os proprietários dos veículos que, ao abrigo da alínea *e)* do nº 3 do artigo 21º e da alínea *c)* do nº 1 do artigo 32º, tenham efectuado declaração de abandono a favor do Estado devem proceder à sua entrega no prazo e local indicado pelos serviços aduaneiros, constituindo a guia emitida pela entidade receptora do veículo o documento comprovativo da dispensa de pagamento do imposto.

2. Os tribunais competentes, através do Ministério Público, e as autoridades administrativas, em processo de contra-ordenação, enviam à Direcção-Geral das Alfândegas e dos Impostos Especiais sobre o Consumo certidão das decisões transitadas em julgado, que tenham declarado definitivamente perdidos a favor do Estado quaisquer veículos com matrícula estrangeira ou que, possuindo matrícula nacional, se presuma terem sido introduzidos ilegalmente no consumo.

3. A Direcção-Geral das Alfândegas e dos Impostos Especiais sobre o Consumo deve informar a Agência Nacional de Compras Públicas, E. P. E., da situação dos veículos, no prazo máximo de cinco dias, para que esta se pronuncie sobre o interesse da sua afectação ao parque do Estado nos termos do Decreto-Lei nº 31/85, de 25 de Janeiro, procedendo a Direcção-Geral das Alfândegas e dos Impostos Especiais sobre o Consumo à sua venda ou comunicando à entidade que superintenda o processo que nada obsta à venda, sempre que a Agência Nacional de Compras Públicas, E. P. E., se pronuncie em sentido negativo.

4. Quando a venda se destine à introdução no consumo e à matrícula nacional, são devidos o imposto sobre veículos, os direitos aduaneiros e os demais tributos aplicáveis, nos termos geralmente prescritos para os veículos usados, havendo lugar à tributação como sucata em sede de direitos aduaneiros sempre que a venda se destine ao desmantelamento e os veículos não se encontrem em livre prática.

5. Quando o veículo não reúna as condições necessárias à sua integração no património automóvel do Estado e possua antiguidade superior a 10 anos ou quando a Agência

Nacional de Compras Públicas, E. P. E., o tenha avaliado em valor inferior a € 1 000, a Direcção-Geral das Alfândegas e dos Impostos Especiais sobre o Consumo pode determinar a sua destruição através de operador registado habilitado para a gestão de veículos em fim de vida (VFV) livre de ónus ou encargos de qualquer natureza para o erário público.

(Redação dada pela Lei nº 67-A/2007, de 31-12)

Artigo 24º – Veículos não destinados a matrícula

1. Os veículos que entrem em território nacional e não se destinem a ser matriculados, por se destinarem a desmantelamento, circulação ou permanência em domínio exclusivamente privado, colecionismo ou qualquer outra razão que dispense a atribuição de matrícula nacional devem, no prazo de 10 dias úteis após a entrada em território nacional, ser objeto de apresentação de DAV, sendo os documentos originais do veículo entregues no IMT, I. P., ou nos serviços competentes em matéria de transportes terrestres, no caso das regiões autónomas, no prazo de 10 dias a contar da data de apresentação da DAV.

2. Os veículos destinados a desmantelamento devem ser reconduzidos diretamente para os centros credenciados para o efeito, ficando os seus proprietários ou legítimos detentores obrigados a enviar às entidades referidas no número anterior, no prazo de 30 dias, o certificado de destruição do veículo.

3. Sempre que se pretenda alterar o destino fiscal do veículo com vista à sua reexpedição ou reexportação, deve o respectivo proprietário solicitar à alfândega competente a autorização para saída do veículo do território nacional, com 10 dias de antecedência.

4. Sempre que se pretenda proceder à introdução do veículo no consumo, o imposto é determinado em função das taxas em vigor no momento da apresentação da DAV, tomando-se em consideração os anos de uso que o veículo possuísse àquela data.

(Redação dada pelo Decreto-Lei nº 53/2017, de 31-05)

CAPÍTULO IV – Liquidação, pagamento e reembolso

Artigo 25º – Forma e prazo da liquidação

1. A liquidação do imposto sobre veículos é realizada pela Autoridade Tributária e Aduaneira (AT) com base na DAV, dentro dos seguintes prazos:

a) Na data da apresentação do pedido de introdução no consumo por operadores registados e reconhecidos;

b) Na data da apresentação da DAV pelos particulares;

c) Nos dois dias úteis seguintes à avaliação de veículos usados prevista no nº 3 do artigo 11º

2. Sem prejuízo das regras de notificação através do serviço público de notificações eletrónicas associado à morada única digital, a liquidação do imposto é notificada aos sujeitos passivos sem estatuto de operador registado ou reconhecido, de forma automática, por via eletrónica, através de comunicação disponibilizada na sua área reservada no portal da Autoridade Tributária e Aduaneira (AT), nos seguintes momentos, considerando-se a notificação efetuada:

a) Imediatamente após a submissão da DAV;

b) Imediatamente após o apuramento do imposto nas situações associadas a isenções parciais;

c) Imediatamente após o prazo estabelecido na alínea *c*) do nº 1 do presente artigo nas situações de aplicação do método de avaliação previsto no nº 3 do artigo 11º.

3. A liquidação do imposto resultante de regularização fiscal pela transformação de veículo, alteração do número de chassis ou da cilindrada, bem como relativa a outros factos geradores de imposto que ocorram em momento posterior à atribuição de matrícula nacional, é notificada presencialmente aos sujeitos passivos ou, nessa impossibilidade, através de carta registada para o seu domicílio fiscal, após o apuramento do imposto devido.

4. Sem prejuízo das regras de notificação através do serviço público de notificações eletrónicas associado à morada única digital, os operadores registados e os operadores reconhecidos consideram-se notificados da liquidação do imposto na data de apresentação do pedido de introdução no consumo, com exceção das situações associadas a isenções parciais, em que a notificação é efetuada após o apuramento do imposto devido, bem como nas situações de aplicação do método de avaliação previsto no nº 3 do artigo 11º, em que a notificação ocorre imediatamente após o prazo estabelecido na alínea *c*) do nº 1 do presente artigo, sendo em ambos os casos efetuada de forma automática e por via eletrónica, através de comunicação disponibilizada na área reservada dos sujeitos passivos, no portal da AT.

5. Sempre que não seja possível efetuar a notificação de forma automática e por via eletrónica, a estância aduaneira competente notifica os sujeitos passivos da liquidação do imposto por carta registada, para o seu domicílio fiscal.

6. Sempre que o veículo tributável tenha beneficiado de isenção de imposto ou de redução de taxa, a liquidação assenta na diferença entre o imposto a pagar e aquele que já tenha sido pago ou que o deveria ser, caso não houvesse lugar à isenção ou taxa reduzida.

7. Quando, em consequência de uma importação, for devido imposto, observa-se o disposto na regulamentação comunitária aplicável aos direitos aduaneiros, quer estes sejam ou não devidos, no que respeita aos prazos para cobrança a posteriori, reembolso e dispensa de pagamento.

(Redação dada pela Lei nº 114/2017, de 29-12)

Artigo 26º – Liquidação oficiosa

Na falta ou atraso de liquidação imputável ao sujeito passivo ou no caso de erro, omissão, falta ou qualquer outra irregularidade que prejudique a cobrança do imposto, a Direcção-Geral das Alfândegas e dos Impostos Especiais sobre o Consumo liquida-o oficiosamente com base nos elementos de que disponha, notificando o sujeito passivo para, no prazo de 10 dias úteis, proceder ao respectivo pagamento.

Artigo 27º – Pagamento

1. O pagamento do imposto é efectuado no prazo de 10 dias úteis a contar da data da notificação da liquidação, sem prejuízo do disposto no Decreto-Lei nº 289/88, de 24 de Agosto, para os casos de prestação de caução global.

2. Decorridos 30 dias sobre o vencimento do imposto sem que se tenha efectuado o respectivo pagamento ou declaração de abandono do veículo a favor do Estado, a Direcção-Geral das Alfândegas e dos Impostos Especiais sobre o Consumo procede de imediato à respectiva apreensão, promovendo procedimento contra-ordenacional por introdução irregular no consumo e emitindo certidão de dívida, a remeter ao serviço de finanças do domicílio fiscal do devedor para efeitos de cobrança coerciva.

3. Os veículos tributáveis não podem ser matriculados sem que a Direcção-Geral das Alfândegas e dos Impostos Especiais sobre o Consumo tenha comunicado ao Instituto da Mobilidade e dos Transportes Terrestres, I. P. ou às direcções regionais de transportes terrestres das regiões autónomas, informação comprovativa de que o imposto sobre veículos e, se for o caso, os direitos aduaneiros e o imposto sobre o valor acrescentado, se encontram pagos ou garantidos, ou de que foi reconhecida a sua isenção ou a não sujeição ao imposto sobre veículos.

4. Os veículos cuja matrícula nacional tenha sido cancelada nos termos da alínea *a)* do nº 2 do artigo 5º, só podem voltar a ser matriculados depois de recebida a informação fiscal a que se refere o número anterior.

5. *[Revogado].*

6. Os veículos que tenham sofrido transformação geradora de imposto nos termos da alínea *b)* do nº 2 do artigo 5º só podem ser objecto de regularização junto do Instituto da Mobilidade e dos Transportes Terrestres, I. P., ou dos serviços competentes referidos no número anterior, no caso das regiões autónomas, após a recepção da informação a que se refere o nº 3 do presente artigo.

7. O IMT, I. P., ou os serviços competentes, no caso das regiões autónomas, devem comunicar à AT quaisquer outras transformações geradoras de imposto de que venham a ter conhecimento.

(Redação dada pelo Decreto-Lei nº 53/2017, de 31-05)

Artigo 28º – Reembolso por erro e duplicação da colecta

1. Em caso de erro na liquidação ou de duplicação da colecta, devidamente comprovados, há lugar ao reembolso do imposto nos termos genericamente previstos pela lei tributária.

2. O imposto não é objecto de reembolso quando o valor a restituir seja inferior a € 30.

Artigo 29º – Reembolso por expedição ou exportação

1. Em caso de expedição ou exportação de veículos cujo imposto já tenha sido cobrado há lugar ao reembolso do imposto.

2. O valor do reembolso é determinado em função do período decorrido entre a atribuição da matrícula definitiva nacional e a data da apresentação do pedido de reembolso, na seguinte medida:

a) Reembolso de 75% no período de um ano;

b) Reembolso de 50% no período superior a um ano mas inferior ou igual a dois anos;

c) Reembolso de 25% no período superior a dois anos mas inferior ou igual a três anos.

3. Para efeitos de reembolso do imposto, o requerente apresenta na alfândega comprovativo do cancelamento da matrícula nacional, fatura de aquisição do veículo no território nacional e, quando estiverem em causa fins comerciais, a respetiva fatura de venda, que fundamente a expedição ou exportação, bem como cópia da declaração de expedição do veículo ou, no caso de se tratar de uma exportação, cópia do documento administrativo único com a autorização de saída do veículo nele averbada.

4. O pedido de reembolso é apresentado no prazo máximo de um ano desde a data da expedição ou exportação e o seu deferimento depende da inexistência de dívidas tributárias ao Estado em fase de cobrança coerciva, sem que haja reclamação graciosa, impugnação judicial, recurso judicial, oposição à execução ou pagamento em prestações com prestação de garantia.

5. O reembolso é efectuado após verificação do cumprimento de todos os requisitos estipulados no nº 3, não sendo devido quando o seu valor a restituir seja inferior a € 30.

(Redação dada pela Lei nº 66-B/2012, de 31-12)

CAPÍTULO V – Regimes suspensivos

SECÇÃO I – Admissão e importação temporária

SUBSECÇÃO I – Regras gerais

Artigo 30º – Requisitos e prazo de validade

1. O regime de admissão temporária faculta a permanência de veículos tributáveis matriculados noutro Estado membro da União Europeia no território nacional com suspensão de imposto pelo prazo máximo de seis meses, seguidos ou interpolados, em cada período de 12 meses, verificadas as seguintes condições cumulativas:

a) Serem os veículos portadores de matrícula definitiva de outro Estado membro e estarem matriculados em nome de pessoa sem residência normal em Portugal;

b) Serem os veículos introduzidos em território nacional pelos proprietários ou legítimos detentores para seu uso privado.

2. Os veículos objecto de admissão temporária apenas podem ser conduzidos em território nacional pelos seus proprietários, cônjuges ou unidos de facto, ascendentes e descendentes em primeiro grau ou pelos seus legítimos detentores, na condição de estas pessoas não terem residência normal em Portugal.

3. Em derrogação do disposto no número anterior, é permitida a condução de veículos objecto de admissão temporária a pessoas distintas do proprietário em caso de força maior, avaria mecânica ou em virtude de contrato de prestação de serviços de condução profissional, devendo a sua circulação ser feita a coberto dos respectivos títulos definitivos.

4. Os empregados de empresas de aluguer de veículos devidamente credenciados podem ser autorizados a conduzir automóveis ligeiros objecto de admissão temporária no trajecto de regresso ao Estado em que se encontram matriculados.

5. Os residentes em território nacional só podem utilizar, ao abrigo do regime de admissão temporária, veículos com matrícula estrangeira nas situações previstas no presente capítulo quando para o efeito seja concedida autorização prévia da alfândega.

6. Para efeitos do presente Código considera-se residente a pessoa singular que tem a sua residência normal em território nacional por período igual ou superior a 185 dias, por ano civil, em consequência de vínculos pessoais e profissionais ou, no caso de uma pessoa sem vínculos profissionais, em consequência de vínculos pessoais indicativos de relações estreitas entre ela própria e o local onde vive, assim como a pessoa colectiva que possui sede ou estabelecimento estável no território nacional.

7. A residência normal de uma pessoa cujos vínculos profissionais se situem num lugar diferente do lugar onde possui os seus vínculos pessoais, e que, por esse facto, viva alternadamente em lugares distintos situados em dois ou mais Estados membros, considera-se como estando situada no lugar dos seus vínculos pessoais, desde que aí se desloque regularmente.

8. Os particulares comprovam o lugar da sua residência normal pela apresentação do bilhete de identidade ou por qualquer outro documento validamente emitido por autoridade competente, podendo as autoridades de fiscalização, em caso de dúvidas, exigir outros elementos de informação ou provas suplementares.

9. À importação temporária de veículos com matrícula de país terceiro é aplicável o disposto no Código Aduaneiro Comunitário, estabelecido pelo Regulamento (CEE) nº 2913/92, do Conselho, de 12 de Outubro de 1992, e as respectivas Disposições de Aplicação.

(Redação dada pela Lei nº 3-B/2010, de 28-04)

Artigo 31º – Matrícula provisória

1. Sem prejuízo do disposto em convenções internacionais ou das regras aplicáveis no âmbito de relações diplomáticas e consulares, os veículos matriculados em série provisória de um Estado membro da União Europeia, só podem beneficiar do regime de admissão temporária pelo período máximo de 90 dias, a contar da respectiva entrada em território nacional, na condição de serem admitidos e conduzidos pelos seus proprietários ou legítimos detentores, pessoas não residentes em território nacional e requererem na alfândega a emissão de guia de circulação.

2. Os veículos portadores de matrícula de série provisória apenas podem circular em território nacional enquanto se mantiver a respectiva validade, considerando-se de outro modo haver introdução ilegal no consumo.

3. As entidades fiscalizadoras que detectem em circulação um veículo em violação do disposto nos números anteriores, notificam o seu proprietário ou legítimo detentor, com conhecimento à alfândega mais próxima, para que se dirija a esta no prazo de dois dias úteis a fim de ser emitida guia de circulação, sob pena de apreensão do veículo e participação da prática da infracção tributária.

4. A notificação deve indicar o respectivo destinatário e o seu domicílio, o veículo em causa e a alfândega territorialmente competente para a emissão da guia.

(Redação dada pela Lei nº 64-B/2011, de 30-12)

Artigo 32º – Apuramento do regime

1. O regime de admissão ou importação temporária cessa em virtude dos seguintes factos:

a) Introdução no consumo;

b) Expedição ou exportação;

c) Abandono a favor do Estado, livre de ónus ou encargos de qualquer natureza para o erário público;

d) Destruição efectuada sob controlo aduaneiro ou devida a acidente, avaria grave ou acto criminoso, desde que estes sejam comprovados junto da Direcção-Geral das Alfândegas e dos Impostos Especiais sobre o Consumo e o veículo se destine a sucata;

e) Caducidade, pelo decurso do respectivo prazo, quando o presente código o estabeleça.

2. A expedição ou exportação de veículos que tenham sido detectados em infracção pelas autoridades de fiscalização, efectua-se obrigatoriamente sob controlo aduaneiro, depois de solvida a responsabilidade contra-ordenacional.

3. A expedição e exportação de veículos admitidos ao abrigo do artigo 36º depende de pedido dirigido ao director-geral das Alfândegas e dos Impostos Especiais sobre o Consumo, admitindo-se o respectivo deferimento tácito decorridos 90 dias, devendo o proprietário, em caso de exportação, apresentar à Direcção-Geral das Alfândegas e dos Impostos Especiais sobre o Consumo o Documento Administrativo Único.

Artigo 33º – Tributação pela introdução no consumo

Sempre que os veículos em regime de admissão ou importação temporária a que se refere o presente capítulo sejam objecto de posterior introdução no consumo em território nacional, nomeadamente por serem transmitidos, em vida ou por morte, a pessoa relativamente à qual não se verifiquem os respectivos pressupostos, há lugar a tributação nos termos genericamente prescritos para os automóveis usados, sem prejuízo da responsabilidade penal ou contra-ordenacional a que haja lugar.

SUBSECÇÃO II – Regras especiais

Artigo 34º – Missões, estágios, estudos e trabalho transfronteiriço

1. Em derrogação do disposto na alínea *a)* do nº 1 do artigo 30º, podem beneficiar do regime de admissão temporária os veículos matriculados em série normal de outro Estado membro por pessoas que se encontrem em Portugal em execução de missão de duração limitada, estágio ou estudo, e mantenham noutro Estado membro a sua residência e vínculos pessoais, sendo o regime fixado pelo prazo necessário à respectiva conclusão.

2. Em derrogação ao disposto na alínea *a*) do nº 1 do artigo 30º, podem ainda beneficiar do regime de admissão temporária os trabalhadores transfronteiriços que residam em Espanha com o respectivo agregado familiar, caso exista, e se desloquem regularmente no trajecto de ida e volta entre a sua residência e o local de trabalho situado em território nacional.

3. A aplicação do regime de admissão temporária às situações previstas no nº 1 depende da apresentação de pedido à Direcção-Geral das Alfândegas e dos Impostos Especiais sobre o Consumo, a realizar no prazo máximo de 30 dias após a entrada em território nacional, acompanhado pela documentação comprovativa dos respectivos pressupostos.

4. O reconhecimento do regime de admissão temporária às situações previstas no nº 2 depende de declaração do interessado de que preenche os requisitos referidos, apresentada à Direcção-Geral das Alfândegas e dos Impostos Especiais sobre o Consumo, através de via postal registada ou entregue directamente nos seus serviços, contendo os seguintes elementos:

a) Nome, número de identificação civil, residência e número de identificação fiscal português;

b) Local de trabalho e, nos casos de trabalhadores por conta de outrem, identificação da entidade patronal;

c) Identificação do veículo, com indicação da marca, modelo e respectiva matrícula.

5. No prazo de oito dias úteis após a recepção da declaração a que se refere o número anterior, a Direcção-Geral das Alfândegas e dos Impostos Especiais sobre o Consumo envia ao interessado a guia de circulação prevista no nº 1 do artigo 40º

6. No período de tempo que medeia entre o envio da declaração e a emissão da guia de circulação, o interessado pode circular exibindo, se for interceptado pelos agentes de fiscalização, cópia da declaração com a prova de entrega ou registo de envio.

7. Sem prejuízo da responsabilidade contra-ordenacional, caso, no momento da fiscalização, o interessado não exiba a guia de circulação a que se refere o nº 5 nem cópia da declaração enviada nos termos do nº 4, é concedido o prazo de 10 dias úteis para que a mesma seja apresentada à estância aduaneira em cuja área de jurisdição se situa o respectivo local de trabalho, sendo a esta dado conhecimento imediato desta diligência.

8. Nas circunstâncias referidas no número anterior, não há lugar à apreensão ou imobilização do veículo, ao abrigo do nº 8 do artigo 73º do Regime Geral das Infracções Tributárias.

(Redação dada pela Lei nº 44/2008, de 27-08)

Artigo 35º – Funcionários e agentes das Comunidades Europeias e parlamentares europeus

1. Os funcionários e agentes das Comunidades Europeias e parlamentares europeus, que por razões profissionais venham estabelecer residência em Portugal, beneficiam do regime de admissão temporária relativamente a um veículo destinado a uso pessoal, adquirido no Estado membro da última residência ou no Estado membro de que são nacionais ou ainda no mercado nacional, durante o período de tempo em que exerçam funções em território nacional.

2. A aplicação do regime depende da apresentação do pedido à Direcção-Geral das Alfândegas e dos Impostos Especiais sobre o Consumo, no prazo máximo de um ano após o início de funções em território nacional, acompanhado de documento emitido pelas entidades competentes comprovativo da qualidade e estatuto do interessado e pelos títulos definitivos do automóvel.

3. Os veículos automóveis que beneficiam deste regime circulam munidos do certificado de matrícula de veículo privilegiado emitido pelo Serviço do Protocolo do Ministério dos Negócios Estrangeiros e com matrícula dos grupos de letras CD ou FM e apenas podem ser conduzidos pelo beneficiário do regime, seu cônjuge ou unido de facto, ascendentes e descendentes directos que com ele vivam em economia comum.

4. Sem prejuízo do disposto no número anterior, o director-geral das Alfândegas e dos Impostos Especiais sobre o Consumo pode autorizar que outras pessoas utilizem o veículo em caso de força maior ou em situações especiais, ou se essas pessoas se acharem vinculadas por um contrato de prestação de serviços profissionais, como condutor, ao proprietário ou legítimo detentor do veículo.

5. Decorridos, pelo menos, quatro anos sobre a data de atribuição do primeiro certificado de matrícula privilegiado ao veículo, ou, decorrido prazo inferior, no caso de terem sido regularizados nos termos do artigo 33º, os funcionários e agentes das Comunidades Europeias e parlamentares europeus podem proceder à substituição do veículo, com suspensão de imposto, por um outro adquirido no mercado nacional ou em mercado de outro Estado membro, havendo lugar à emissão de novo certificado de matrícula e atribuição de nova matrícula pelos serviços do Protocolo do Ministério dos Negócios Estrangeiros.

6. Os funcionários e agentes das Comunidades Europeias, que residam em Portugal à data do início de funções, gozam da faculdade de uso de certificado de matrícula para o veículo de que são proprietários e podem aceder ao regime previsto no número anterior, quatro anos após esse início.

7. Este regime é igualmente aplicável ao pessoal das organizações intergovernamentais estabelecidas em território nacional.

8. Quando os funcionários e agentes das Comunidades Europeias e parlamentares europeus pretendam introduzir no consumo os veículos antes de decorrido o prazo de quatro anos, é exigida uma percentagem do imposto de acordo com a seguinte tabela, salvo se o regime pela introdução no consumo for mais favorável, caso em que é este o aplicável:

Anos a partir da entrada do veículo em Portugal:
No decurso do 1º ano – a totalidade;
No 2º ano – 75%;
No 3º ano – 50%;
No 4º ano – 25%.

(Redação dada pela Lei nº 44/2008, de 27-08)

Artigo 36º – Missões diplomáticas e consulares, agências europeias especializadas instaladas em Portugal e seus funcionários

1. As missões diplomáticas e consulares acreditadas em Portugal e os respectivos funcionários beneficiam do regime de admissão ou importação temporária, para os veículos de sua propriedade, incluindo os adquiridos em Portugal, em regime de reciprocidade, dentro dos seguintes limites:

a) Para cada missão diplomática ou consular, os automóveis necessários ao seu serviço oficial, em número máximo de unidades fixado pelo Ministério dos Negócios Estrangeiros;

b) Até três automóveis, para os chefes de missão diplomática;

c) Um automóvel para cada um dos demais funcionários constantes da lista do corpo diplomático, ou o máximo de dois, no caso de funcionário casado, a viver em união de facto ou com família a seu cargo;

d) Um automóvel para os cônsules de carreira, ou o máximo de dois, no caso de funcionário casado, a viver em união de facto ou com família a seu cargo;

e) Um automóvel por cada funcionário administrativo ou técnico das missões diplomáticas ou dos postos consulares que não tenha em Portugal residência permanente.

2. Os veículos devem ser adquiridos, admitidos ou importados temporariamente, no prazo máximo de um ano após a chegada do interessado ao território nacional, e são registados nos serviços do Protocolo do Ministério dos Negócios Estrangeiros em nome dos funcionários a que pertencem, considerando-se no regime enquanto se mantiverem ao serviço efectivo das entidades referidas no número anterior.

3. A aplicação do regime depende da apresentação de pedido à Direcção-Geral das Alfândegas e dos Impostos Especiais sobre o Consumo, a realizar no prazo máximo de 30 dias após a entrada em território nacional, acompanhado pela documentação comprovativa dos respectivos pressupostos, de título definitivo do automóvel ou factura comercial, e de comprovativo de franquia emitida pelo Ministério dos Negócios Estrangeiros.

4. No caso de se verificar a transferência de propriedade do automóvel admitido ou importado temporariamente entre as entidades referidas no nº 1, o número de matrícula é aquele que seja atribuído ao novo proprietário.

5. Quando as pessoas mencionadas nas alíneas *b)* a *e)* do nº 1 cessem funções em Portugal sem que se tenha verificado a transferência de propriedade prevista no número anterior, são cancelados os registos dos respectivos automóveis.

6. Quando as entidades ou pessoas abrangidas pelo presente artigo pretendam introduzir no consumo os veículos antes de decorrido o prazo de quatro anos, é exigida uma percentagem do imposto de acordo com a seguinte tabela, salvo se o regime pela introdução no consumo for mais favorável, caso em que é este o aplicável:

Anos a partir da entrada do veículo em Portugal:

No decurso do 1º ano – a totalidade;

No 2º ano – 75%;

No 3º ano – 50%;

No 4º ano – 25%.

7. Os veículos introduzidos no consumo nos termos do presente artigo podem ser substituídos uma única vez por outros veículos a adquirir em suspensão de imposto no mercado nacional ou em mercado de outro Estado membro, num prazo máximo de seis meses, havendo lugar à emissão de novo certificado de matrícula e atribuição de nova matrícula pelos serviços do Protocolo do Ministério dos Negócios Estrangeiros, excepto se respeitarem a missão diplomática ou consular, caso em que não há limites para a respectiva substituição.

8. O regime previsto no presente artigo é aplicável, com as devidas adaptações, às agências europeias especializadas instaladas em Portugal e aos respectivos funcionários cuja equiparação ao corpo diplomático se encontre estabelecida nos protocolos celebrados.

9. Aos funcionários abrangidos pelo número anterior que residam em Portugal à data do início de funções é aplicável o disposto no nº 6 do artigo 35º

(Redação dada pela Lei nº 44/2008, de 27-08)

Artigo 37º – Automóveis de aluguer

1. Às empresas regularmente constituídas no território da União Europeia que se dediquem ao exercício da actividade de aluguer de automóveis matriculados em série normal de um Estado membro é autorizada a admissão temporária no território nacional de automóveis de aluguer em cumprimento dos respectivos contratos, desde que quem alugue o veículo seja uma pessoa não estabelecida nem residente em território nacional.

2. Os automóveis referidos no número anterior, caso se encontrem em Portugal no termo da execução de contrato de aluguer, podem, no prazo de cinco dias após esse termo, ser realugados a pessoas residentes ou não residentes no território nacional, com vista à sua expedição ou exportação, no prazo de quatro e oito dias, respectivamente.

3. No mesmo prazo de cinco dias, a que se refere o número anterior, o automóvel pode ser conduzido por trabalhador da empresa de aluguer, ainda que residente em território nacional, tendo em vista a sua devolução ao país onde se iniciou o contrato de aluguer do veículo.

4. A inobservância do disposto nos números anteriores é considerada introdução ilegal no consumo e implica a apreensão imediata do veículo e a responsabilização solidária da empresa e do respectivo utilizador.

Artigo 38º – Exposições e demonstrações

1. Os veículos que ingressem em território nacional para utilização exclusiva em feiras, exposições, apresentações, corridas, treinos, testes ou demonstrações, beneficiam do regime de admissão temporária, pelo prazo máximo de 90 dias, sob responsabilidade fiscal da entidade organizadora do evento ou do proprietário.

2. A aplicação do regime depende de pedido dirigido à Direcção-Geral das Alfândegas e dos Impostos Especiais sobre o Consumo, a realizar antes da entrada em território nacional ou no prazo máximo dos 10 dias posteriores, acompanhado pela documentação comprovativa das condições de que o regime depende.

Artigo 39º – Uso profissional

1. Podem permanecer e circular temporariamente em território nacional, sem a exigência de guia de circulação nem o cumprimento de formalidades aduaneiras, os veículos para fins de uso profissional, portadores de matrícula de série normal de outro Estado membro, tendo em vista o exercício direto de uma atividade remunerada ou com fim lucrativo, desde que reunidos os seguintes condicionalismos:

a) Serem os veículos admitidos por pessoa estabelecida fora do território nacional, ou por sua conta;

b) Os veículos não se destinarem a ser essencialmente utilizados a título permanente em território nacional, podendo ser dada uma utilização privada com natureza acessória ao uso profissional;

c) Os veículos terem sido adquiridos nas condições gerais de tributação, considerando-se essa condição preenchida quando portadores de uma matrícula de série normal de outro Estado membro, com exclusão de toda e qualquer matrícula temporária;

d) *(Revogada.)*

2. *(Revogado.)*

3. Para efeitos de acesso ao regime previsto no número anterior, as pessoas com residência normal noutro Estado membro que utilizem o veículo no território nacional para uso profissional, devem fazer-se acompanhar da seguinte documentação, para efeitos de exibição às entidades de fiscalização, sempre que a mesma for solicitada:

a) Documentos do veículo que atestem que o mesmo se encontra matriculado numa série normal e em nome de pessoa estabelecida noutro Estado membro;

b) Documento de identificação pessoal ou qualquer outro documento de efeito equivalente, que comprove a residência normal do condutor do veículo noutro Estado membro.

4. Em derrogação do disposto no nº 1, é exigida a guia de circulação a que alude o nº 1 do artigo 40º às pessoas com residência normal em território nacional, sendo a mesma emitida mediante a apresentação de declaração à alfândega, de que preenchem os condicionalismos exigidos no nº 1 do presente artigo, sendo-lhes aplicável, com as necessárias adaptações, o disposto nos nºs 4 a 7 do artigo 34º

5. Considera-se uso profissional a utilização de automóvel ligeiro tendo em vista o exercício directo de uma actividade remunerada ou com fim lucrativo.

(Redação daaa pela Lei nº 83-C/2013, de 31-12)

Artigo 40º – Condições de circulação

1. A circulação dos veículos a que se referem os artigos 31º, 34º, 37º, 38º e o nº 4 do artigo 39º é feita a coberto de guia de circulação.

2. A circulação dos veículos a que se referem os artigos 35º e 36º é feita ao abrigo de certificado de matrícula de série especial, emitido pelos Serviços do Protocolo do Estado do Ministério dos Negócios Estrangeiros, sendo atribuída a estes veículos matrícula especial.

(Redação dada pela Lei nº 83-C/2013, de 31-12)

SECÇÃO II – Expedição e exportação

Artigo 41º – Âmbito

1. A matrícula de expedição ou de exportação pode ser atribuída pela Direcção-Geral das Alfândegas e dos Impostos Especiais sobre o Consumo ao veículo que possua matrícula nacional ou que seja apresentado às alfândegas sem matrícula por operador registado ou reconhecido e que se destine a ser expedido para outro Estado membro da União Europeia ou exportado para país terceiro.

2. A atribuição de matrícula de expedição ou de exportação depende da apresentação de pedido do interessado à Direcção-Geral das Alfândegas e dos Impostos Especiais sobre o Consumo, acompanhado da seguinte documentação:

a) Certificado de matrícula ou título de registo de propriedade, quando a matrícula nacional não se encontre cancelada;

b) Factura comercial ou documento equivalente, quando os veículos sejam objecto de expedição ou exportação com fins comerciais ou quando não tenham ainda sido matriculados em Portugal.

3. A atribuição de matrícula de expedição ou exportação tem como efeito a anulação da DAV, se o imposto ainda não tiver sido pago, ou o reembolso, total ou parcial, nos termos do artigo 29º, quando o imposto tenha sido pago.

Artigo 42º – Veículos de ensaio

1. Pode ser atribuída matrícula de expedição ou de exportação, pelo prazo de um ano e renovável uma única vez, a automóveis ligeiros fabricados em território nacional que se destinem a ser submetidos a testes de durabilidade em situação real de circulação, ou outros, desde que solicitadas por empresas que comprovem dispor de departamento de investigação tecnológica em Portugal e tenham tido uma facturação bruta no mercado nacional superior a € 300 000 000 no ano imediatamente anterior.

2. O número de veículos nas condições do número anterior não deve exceder o estritamente necessário à realização dos ensaios, não podendo, em cada momento, ultrapassar as 50 unidades, devendo a respectiva circulação processar-se nas seguintes condições, na falta das quais se considera haver introdução ilegal no consumo:

a) Os veículos devem ser identificados com os dizeres «VEÍCULO DE ENSAIO», inscritos de forma permanente nas partes laterais e posterior, em dimensão não inferior à da matrícula;

b) Os veículos apenas podem ser conduzidos por funcionários da empresa, devidamente credenciados para o efeito, ou por funcionários de empresa contratada para a realização dos referidos testes.

3. Findo o prazo máximo de permanência dos veículos a que se refere o nº 1, devem as empresas solicitar o apuramento do regime, segundo uma das modalidades previstas no artigo 32º

Artigo 43º – Transferência de residência

1. As pessoas que transfiram a sua residência habitual de Portugal para outro país podem solicitar a atribuição de matrícula de expedição ou de exportação, desde que a transferência de residência se dê no prazo máximo de 90 dias contados desde a data da emissão do documento aduaneiro de circulação a que se refere o artigo seguinte.

2. Na apresentação do pedido de atribuição de matrícula de expedição ou de exportação, o interessado deve comprovar a transferência iminente da sua residência através de contrato de trabalho, de pedido de autorização de residência noutro Estado, de contrato de arrendamento de imóvel, ou de qualquer outro meio considerado idóneo pela Direcção-Geral das Alfândegas e dos Impostos Especiais sobre o Consumo.

Artigo 44º – Circulação e controlo

1. Após a atribuição da matrícula de expedição ou de exportação e a aposição do respectivo selo de validade, a alfândega emite o documento aduaneiro de circulação com numeração sequencial, do qual consta o prazo de validade da matrícula durante o qual o automóvel pode circular em território nacional.

2. O veículo ao qual tenha sido atribuída matrícula de expedição ou de exportação só pode permanecer no território nacional durante o período máximo de 90 dias e ser conduzido pelo seu titular, pelo cônjuge ou unido de facto, pelos ascendentes e descendentes em 1º grau ou, no caso de se tratar de pessoa colectiva, por pessoa devidamente autorizada, desde que, em qualquer dos casos, não sejam residentes nem estabelecidos em território nacional.

CAPÍTULO VI – Regimes de isenção

SECÇÃO I – Regras gerais

Artigo 45º – Pedido de reconhecimento

1. As isenções previstas no presente capítulo dependem de reconhecimento da Direcção-Geral das Alfândegas e dos Impostos Especiais sobre o Consumo, mediante pedido do interessado em que se faça prova documental da verificação dos respectivos pressupostos.

2. O pedido de reconhecimento deve ser apresentado nos prazos seguintes:

a) No prazo de 12 meses a contar da data da transferência de residência a que se refere o artigo 58º ou no prazo de 6 meses a contar da data da cessação de funções, nos casos a que se referem os artigos 62º e 63º;

b) Antes de apresentado o pedido de introdução no consumo ou pago o imposto pelo operador registado, nos casos a que se referem os artigos 51º a 54º e 57º-A, podendo o pedido ser apresentado no prazo de 30 dias após a atribuição de matrícula quando se dê a transformação de veículos que constitua facto gerador do imposto.

3. As isenções previstas no presente capítulo são aplicáveis a veículos adquiridos em sistema de locação financeira desde que dos documentos do veículo conste a identificação do locatário.

4. Nos casos previstos nos artigos 58º, 62º e 63º, o benefício apenas é reconhecido a um automóvel ou motociclo por beneficiário.

5. No caso previsto no artigo 57º-A, o benefício apenas é reconhecido a um veículo por agregado familiar.

6. No caso de ter sido apresentado um pedido de benefício fiscal e de o mesmo ter sido indeferido, o interessado é notificado para, no prazo de 30 dias, declarar o destino que pretende dar ao veículo, considerando-se de outro modo haver introdução ilegal no consumo.

7. O direito às isenções reconhecidas nos termos do presente artigo caduca no prazo de seis meses após a respectiva notificação ao interessado, devendo este, nesse prazo, exercê-lo, apresentando a DAV para efeitos de matrícula do veículo objecto de isenção.

(Redação dada pela Lei nº 114/2017, de 29-12)

Artigo 46º – Circulação dos veículos

1. A circulação do veículo isento em território nacional pode ser autorizada pela alfândega antes de tomada decisão sobre o seu reconhecimento, na condição de o veículo ser conduzido pelo seu proprietário, pelo cônjuge ou unido de facto ou pelos ascendentes e descendentes em primeiro grau que com ele vivam em economia comum.

2. Reconhecida a isenção e antes de emitido o certificado de matrícula, o veículo isento pode circular no território nacional durante um prazo de 60 dias, contados desde a data de atribuição da matrícula nacional, a coberto de pedido de introdução no consumo do qual conste indicação da matrícula.

Artigo 47º – Ónus de intransmissibilidade

1. Os beneficiários das isenções de imposto não podem alienar, a título oneroso ou gratuito, alugar ou emprestar o automóvel objecto de isenção antes de decorrido o prazo de 12 meses, contado a partir da data da atribuição da matrícula nacional, havendo de outro modo lugar à liquidação integral do imposto e a responsabilidade penal ou contra-ordenacional.

2. *(Revogado).*

3. No caso da alienação do veículo se efectuar entre o beneficiário de isenção e o sujeito que reúna todas as condições para beneficiar da mesma, com excepção dos casos de transferência de residência, o registo do veículo depende da comprovação prévia perante a Direcção-Geral das Alfândegas e dos Impostos Especiais sobre o Consumo por parte do adquirente.

4. O ónus de intransmissibilidade e a sua extinção por decurso do prazo são registados nos documentos dos veículos pela autoridade competente.

(Redação dada pela Lei nº 114/2017, de 29-12)

Artigo 48º – Limitação temporal

1. As isenções previstas no presente código ou em legislação avulsa, só podem ser reconhecidas ao mesmo beneficiário uma vez em cada cinco anos, ou uma vez em cada 10 anos nos casos do artigo 58º, 62º e 63º, contados desde a data da atribuição da matrícula nacional do automóvel ligeiro, não havendo qualquer limitação temporal relativamente às isenções a que se referem os artigos 51º a 53º

2. Não obstante o disposto no número anterior, pode ser concedida nova isenção antes de decorrido o prazo de cinco anos aos beneficiários das isenções previstas no artigo 54º, nas seguintes situações:

a) Acidente de que resultem danos irreparáveis, que determinem o cancelamento da matrícula do automóvel;

b) Furto ou roubo devidamente participado às autoridades policiais, sem que o automóvel tenha sido encontrado e restituído ao seu proprietário no prazo de seis meses, e desde que se comprove o cancelamento da matrícula;

c) Inadequação do automóvel às necessidades do deficiente, devido ao agravamento comprovado da sua incapacidade, desde que não seja possível proceder à necessária adaptação do veículo.

3. Quando haja recuperação do veículo pelas autoridades policiais nas situações a que se refere a alínea *b)* do número anterior, há lugar a tributação nos termos prescritos no artigo 50º

Artigo 49º – Transmissão por morte, de veículo isento

1. O direito às isenções previstas no presente código é transmissível *mortis causa* caso se verifiquem no transmissário os respectivos pressupostos, aplicando-se, de outro modo, o regime prescrito no artigo seguinte.

2. A verificação dos pressupostos da isenção para efeitos do número anterior é dispensada quando estejam em causa veículos especialmente adaptados para o transporte de deficientes que se movam apoiados em cadeiras de rodas.

3. Para efeitos do presente artigo, a obrigação tributária constitui-se com a abertura da sucessão, considerando-se esta verificada na data do óbito, ficando o herdeiro ou legatário na pessoa do cabeça de casal, sujeito à regularização fiscal do veículo, no prazo máximo de 20 dias úteis, a contar do final do 3º mês seguinte à data do óbito, sob pena de procedimento contraordenacional.

(Redação dada pela Lei nº 83-C/2013, de 31-12)

Artigo 50º – Ónus de tributação residual

1. Sempre que os veículos que beneficiem das isenções a que se refere o presente capítulo, com exceção dos abrangidos pelo regime previsto no artigo 58º, sejam transmitidos, em vida ou por morte, e depois de ultrapassado o período de intransmissibilidade, a pessoa relativamente à qual não se verifiquem os respetivos pressupostos, há lugar a tributação em montante proporcional ao tempo em falta para o termo de cinco anos, segundo as taxas em vigor à data da concessão do benefício, ainda que a transmissão se tenha devido à cessação da respetiva atividade.

2. A isenção concedida a veículo adquirido em regime de locação financeira não dispensa a tributação prevista no número anterior, sempre que o locatário proceda à devolução do veículo ao locador antes do fim do prazo de cinco anos, sendo ambos solidariamente responsáveis pelo pagamento da dívida.

3. O prazo previsto nos números anteriores é de quatro anos, no caso dos veículos a que se referem os nºs 1 a 3 do artigo 53º

4. O ónus de tributação residual previsto no nº 1 do presente artigo, bem como o ónus de intransmissibilidade previsto no artigo 47º, são registados nos documentos dos veículos pela autoridade competente, sendo nula a transmissão de veículo sobre os quais os mesmos incidam, sem prejuízo da sua extinção pelo decurso do respectivo prazo ou pelo pagamento do imposto.

(Redação dada pela Lei nº 71/2018, de 31-12)

SECÇÃO II – Regras especiais

SUBSECÇÃO I – Funções de autoridade, utilidade pública e serviço de táxi

Artigo 51º – Serviço de incêndio, funções de autoridade e afectação ao parque do Estado

1. Estão isentos do imposto:

a) Os veículos identificados pelo Despacho nº 3974/2013, de 15 de março, com as classes L, M ou S, adquiridos para funções operacionais pela Autoridade Nacional de Proteção Civil ou pelas associações humanitárias ou câmaras municipais para o conjunto das missões de proteção, socorro, assistência, apoio e combate aos incêndios atribuídas aos seus corpos de bombeiros;

b) Os veículos adquiridos em estado novo, destinados às forças militares, militarizadas e de segurança, incluindo as polícias municipais, quando afectos exclusivamente ao exercício de funções de autoridade, considerando-se como tais as funções de vigilância, patrulhamento, policiamento, apoio ao serviço de inspecção e investigação e fiscalização de pessoas e bens;

c) Os veículos declarados perdidos ou abandonados a favor do Estado ou adquiridos pela Agência Nacional de Compras Públicas, E. P. E.;

d) Os veículos automóveis, com lotação igual ou superior a sete lugares, incluindo o do condutor, adquiridos pelos municípios e freguesias, mesmo que em sistema de leasing, para transporte de crianças em idade escolar do ensino básico;

e) Os veículos adquiridos para o exercício de funções operacionais das equipas de sapadores florestais pelo Instituto da Conservação da Natureza e das Florestas, I. P., bem como os veículos adquiridos pelas corporações de Bombeiros para o cumprimento das missões de proteção civil, nomeadamente socorro, assistência, apoio e combate a incêndios;

f) Os veículos adquiridos para o exercício de funções operacionais pela Agência para a Gestão Integrada de Fogos Rurais, I.P. (AGIF, I.P.) quando afetos exclusivamente ao apoio preventivo e combate a incêndios.

2. O reconhecimento da isenção prevista no número anterior depende de pedido dirigido à Autoridade Tributária e Aduaneira, anterior ou concomitante à apresentação do pedido de introdução no consumo, instruído com os seguintes documentos:

a) Declaração emitida pela Autoridade Nacional de Proteção Civil da qual conste o reconhecimento da entidade requerente e as características técnicas dos veículos, nos casos previstos na alínea *a)* do número anterior, bem como nos casos previstos na alínea e) do mesmo número no que diz respeito às corporações de bombeiros;

b) Declaração emitida pelos serviços respectivos que ateste o destino a que o veículo será afecto, no caso referido na alínea *b)* do número anterior;

c) Cópia da sentença ou decisão que determinou a perda ou abandono da viatura, bem como a declaração da sua atribuição ou aquisição pela Agência Nacional de Compras Públicas, E. P. E., no caso referido na alínea c) do número anterior;

d) Declaração emitida pelo serviço competente do município ou freguesia acompanhada de factura pró-forma identificativa da marca, modelo e versão do veículo a adquirir, no caso referido na alínea *d)* do número anterior;

e) Declaração emitida pelo Instituto da Conservação da Natureza e das Florestas, I. P. da qual constem as características técnicas dos veículos, no caso referido na alínea *e)* do número anterior;

f) Declaração, emitida pelo serviço respetivo, que ateste o destino a que o veículo será afeto, no caso referido na alínea *f)* do número anterior.

3. Os veículos referidos nas alíneas *a)*, *d)*, *e)* e *f)* do nº 1 devem ostentar dizeres identificadores da entidade beneficiária, inscritos de forma permanente nas partes laterais e posterior, em dimensão não inferior à da matrícula, considerando-se de outro modo haver introdução ilegal no consumo.

(Redação dada pela Lei nº 71/2018, de 31-12)

Artigo 52º – Pessoas coletivas de utilidade pública e instituições particulares de solidariedade social, cooperativas e associações de e para pessoas com deficiência

1. Estão isentos do imposto os veículos para transporte coletivo dos utentes com lotação de nove lugares, incluindo o do condutor, adquiridos em estado novo, por instituições particulares de solidariedade social, cooperativas e associações de e para pessoas com deficiência com o estatuto de organização não-governamental das pessoas com deficiência (ONGPD), que se destinem ao transporte em atividades de interesse público e que se mostrem adequados à sua natureza e finalidades, desde que, em qualquer caso, possuam um nível de emissão de CO_2 até 180 g/km.

2. O reconhecimento da isenção prevista no presente artigo depende de pedido dirigido à Direcção-Geral das Alfândegas e dos Impostos Especiais sobre o Consumo, anterior ou concomitante à apresentação do pedido de introdução no consumo, instruído com documento comprovativo actualizado do estatuto jurídico da instituição e documento comprovativo da aquisição.

3. Os veículos devem ostentar dizeres identificadores da entidade beneficiária, inscritos de forma permanente nas partes laterais e posterior, em dimensão não inferior à da matrícula, considerando-se, de outro modo, haver introdução ilegal no consumo.

(Redação dada pela Lei nº 114/2017, de 29-12)

Artigo 53º – Táxis e veículos afectos à actividade de aluguer

1. Os automóveis ligeiros de passageiros e de utilização mista que se destinem ao serviço de aluguer com condutor – táxis, letra 'A' e letra 'T', introduzidos no consumo e que apresentem até quatro anos de uso, contados desde a atribuição da primeira matrícula e respetivos documentos, e não tenham níveis de emissão de CO_2 superiores a 160 g/km, confirmados pelo respetivo certificado de conformidade, beneficiam de uma isenção correspondente a 70% do montante do imposto.

2. Os veículos referidos no número anterior que se encontrem equipados com motores preparados para o consumo exclusivo, no seu sistema de propulsão, de gás de petróleo liquefeito, gás natural ou de energia eléctrica, ou com motores híbridos, preparados para o consumo, no seu sistema de propulsão, quer de energia eléctrica ou solar quer de gasolina ou gasóleo, ficam integralmente isentos de imposto.

3. A isenção prevista no número anterior é aplicável também aos veículos adaptados ao acesso e transporte de pessoas com deficiência, independentemente dos níveis de emissão de CO_2, devendo os mesmos apresentar as caraterísticas que se encontram definidas regulamentarmente pela entidade competente em matéria de circulação e segurança rodoviária, para os veículos destinados ao transporte em táxi de pessoas com mobilidade reduzida.

4. O reconhecimento das isenções previstas no presente artigo depende de pedido dirigido à Direcção-Geral das Alfândegas e dos Impostos Especiais sobre o Consumo, anterior ou concomitante à apresentação da DAV, instruído com cópia do alvará para o exercício da actividade, licença de táxi e prova da qualidade da forma societária do sujeito passivo.

5. Os automóveis ligeiros de passageiros e de utilização mista, não previstos no artigo 8º e nos números 1 e 2 do artigo 9º, bem como os veículos previstos no nº 3 do artigo 9º, novos, que se destinem ao exercício de atividades de aluguer sem condutor, beneficiam, na introdução no consumo, de uma isenção correspondente a 40% do montante do imposto, nas condições seguintes:

a) Os veículos devem possuir um nível de emissão de CO_2 até 120 g/km, ou até 165g/km no caso dos veículos previstos no nº 3 do artigo 9º, confirmado pelo respetivo certificado de conformidade;

b) As empresas beneficiárias locadoras devem estar licenciadas para o exercício exclusivo da actividade de aluguer de automóveis;

c) Os veículos objecto de redução do imposto não podem ser alugados ou cedidos por prazo superior a 3 meses a uma mesma pessoa ou entidade, durante um período de 12 meses consecutivos, nem podem ser objecto, no período de ónus, de aluguer ou cessão a pessoas ou entidades jurídica ou economicamente vinculadas à entidade beneficiária;

d) Os alugueres devem ser titulados por contrato, devendo os veículos circular acompanhados de documento emitido pela locadora, que identifique o locatário, a residência e o período de tempo de aluguer do veículo.

6. Os automóveis ligeiros de passageiros, que se destinem ao exercício de atividades de aluguer sem condutor, quando adaptados ao acesso e transporte de pessoas com deficiência beneficiam, na introdução no consumo, da isenção prevista no artigo 54º, desde que:

a) Cumpram o disposto nas alíneas *b)*, *c)* e *d)* do número anterior;

b) Os veículos com estas características não representem mais de 10% da frota da entidade beneficiária.

7. O estatuto de entidade beneficiária exige a inscrição prévia na Direcção-Geral das Alfândegas e dos Impostos Especiais sobre o Consumo, instruído com cópia do alvará para o exercício da actividade e prova da qualidade da forma societária do sujeito passivo, sendo as reduções do imposto para os veículos requeridas através de formulário próprio, anterior ou concomitante à apresentação da declaração aduaneira de veículos (DAV).

(Redação dada pela Lei nº 114/2017, de 29-12)

SUBSECÇÃO II - Pessoas com deficiência

Artigo 54º – Conteúdo da isenção

1. Estão isentos do imposto os veículos destinados ao uso próprio de pessoas com deficiência motora, maiores de 18 anos, bem como ao uso de pessoas com multideficiência profunda, de pessoas com deficiência que se movam exclusivamente apoiadas em cadeiras de rodas e de pessoas com deficiência visual, qualquer que seja a respectiva idade, e as pessoas com deficiência, das Forças Armadas.

2. A isenção é válida apenas para os veículos que possuam nível de emissão de CO_2 até 160 g/km, não podendo a isenção ultrapassar o montante de € 7800.

3. Quando o sujeito passivo com deficiência reúna todas as condições para beneficiar da isenção, com excepção da carta de condução, sendo tal falta devida exclusivamente à circunstância de inexistir veículo adaptado ao tipo de deficiência em que possa efectuar a aprendizagem e exame de condução, a isenção do imposto pode ser concedida para o veículo a adquirir, na condição de que seja prestada garantia do imposto sobre veículos e do imposto sobre o valor acrescentado, devendo o interessado, no prazo de um ano, provar a obtenção da mesma, sob pena de ser accionada a garantia.

4. O limite relativo ao nível de emissão de CO_2 estabelecido no nº 2 não é aplicável aos veículos especialmente adaptados ao transporte de pessoas com deficiência que se movam apoiadas em cadeira de rodas, tal como estas são definidas pelo artigo seguinte, sendo as emissões de CO_2 aumentadas para 180 g/km, quando, por imposição da declaração de incapacidade, o veículo a adquirir deva possuir mudanças automáticas.

(Redação dada pela Lei nº 3-B/2010, de 28-04)

Artigo 55º – Condições relativas ao sujeito passivo

1. Para efeitos do reconhecimento da isenção prevista no artigo anterior, considera-se:

a) «Pessoa com deficiência motora», toda aquela que, por motivo de alterações na estrutura e funções do corpo, congénitas ou adquiridas, tenha uma limitação funcional de carácter permanente, de grau igual ou superior a 60%, e apresente elevada dificuldade na locomoção na via pública sem auxílio de outrem ou recurso a meios de compensação, designadamente próteses, ortóteses, cadeiras de rodas e muletas, no caso de deficiência motora ao nível dos membros inferiores, ou elevada dificuldade no acesso ou na utilização dos transportes públicos colectivos convencionais, no caso de deficiência motora ao nível dos membros superiores;

b) «Pessoa com multideficiência profunda», a pessoa com deficiência motora que para além de se encontrar nas condições referidas na alínea anterior, tenha uma ou mais deficiências, das quais resulte um grau de incapacidade igual ou superior a 90%, que implique acentuada dificuldade de locomoção na via pública sem auxílio de outrem ou sem recurso a meios de compensação, ou no acesso ou utilização dos transportes públicos colectivos convencionais, e que esteja comprovadamente impedido de conduzir automóveis;

c) «Pessoa com deficiência que se mova apoiada em cadeira de rodas», a pessoa com deficiência de origem motora ou outra, de carácter permanente, com grau de incapacidade igual ou superior a 60%, cuja locomoção se faça exclusivamente através do recurso a cadeira de rodas;

d) «Pessoa com deficiência visual», a pessoa que tenha uma alteração permanente no domínio da visão de 95%;

e) «Pessoa com deficiência, das Forças Armadas», a pessoa que seja considerada como tal nos termos do Decreto-Lei nº 43/76, de 20 de Janeiro, e tenha um grau de incapacidade igual ou superior a 60%, independentemente da sua natureza.

2. A percentagem de deficiência é fixada nos termos da Tabela Nacional de Incapacidades que esteja em vigor na data da sua determinação pela respectiva junta médica.

Artigo 56º – Instrução do pedido

1. O reconhecimento da isenção prevista no artigo 54º depende de pedido dirigido à Autoridade Tributária e Aduaneira, anterior ou concomitantemente à apresentação do pedido de introdução no consumo, acompanhado da habilitação legal para a condução, quando a mesma não é dispensada, bem como de declaração de incapacidade permanente emitida há menos de cinco anos, nos termos do Decreto-Lei nº 202/96, de 23 de outubro, ou de declaração idêntica emitida pelos serviços da Guarda Nacional Republicana, da Polícia de Segurança Pública ou das Forças Armadas, das quais constem os seguintes elementos:

a) A natureza da deficiência, tal como qualificada pelo artigo anterior;

b) O correspondente grau de incapacidade, nos termos da tabela referida no nº 2 do artigo anterior, excepto no que se refere aos deficientes das Forças Armadas, relativamente aos quais o grau de incapacidade é fixado por junta médica militar ou pela forma fixada na legislação aplicável;

c) A comprovação da elevada dificuldade de locomoção na via pública ou no acesso ou utilização dos transportes públicos colectivos convencionais;

d) A inaptidão para a condução, caso exista.

2. Sempre que no decurso da instrução se suscitem dúvidas fundamentadas quanto ao grau de incapacidade dos requerentes, os serviços aduaneiros podem obrigar à submissão das pessoas com deficiência em nome de quem foram emitidas as declarações de incapacidade a uma junta médica de verificação, notificando-os dessa intenção.

3. Com a notificação referida no número anterior, devem os interessados ser informados de que, caso queiram ter acesso imediato ao benefício antes de serem conhecidos os resultados da junta médica de verificação, pode o mesmo ser reconhecido condicionalmente, desde que fique garantido o montante do imposto do veículo a legalizar, até que a Direcção-Geral da Saúde ou as autoridades regionais de saúde comuniquem o respectivo resultado.

4. Dentro do prazo de caducidade do direito à liquidação do imposto, sempre que a Direcção-Geral das Alfândegas e dos Impostos Especiais sobre o Consumo venha a dispor de informação nova e relevante que não tenha sido considerada no acto de reconhecimento da isenção, pode notificar as pessoas com deficiência em nome de quem foram emitidas as declarações de incapacidade referidas nos números anteriores para se submeterem a nova junta médica, considerando-se haver introdução ilegal no consumo em caso de recusa não fundamentada.

5. Em derrogação do prazo a que se refere o nº 1, nas situações de pessoas com deficiência definitiva não sujeita a reavaliação, o atestado médico de incapacidade multiuso tem validade vitalícia.

6. Para os efeitos previstos no nº 1, ficam dispensadas da apresentação da habilitação legal para a condução as pessoas referidas na alínea *a*) do nº 1, do artigo anterior, desde que apresentem uma incapacidade permanente de natureza motora igual ou superior a 80%, bem como as pessoas referidas nas alíneas *b*), *c*), *d*) e *e*) do nº 1 do mesmo artigo, desde que observadas as condições e graus de incapacidade fixados nas referidas alíneas.

(Redação dada pela Lei nº 42/2016, de 28-12)

Artigo 57º – Condução do automóvel

1. É permitida a condução do veículo da pessoa com deficiência, mediante pedido dirigido à Direcção-Geral das Alfândegas e dos Impostos Especiais sobre o Consumo:

a) Independentemente de qualquer autorização, pelo cônjuge, desde que com ele viva em economia comum, ou pelo unido de facto;

b) Pelos ascendentes e descendentes em 1º grau que com ele vivam em economia comum e por terceiros por ele designados, até ao máximo de dois, desde que previamente autorizados pela Direcção-Geral das Alfândegas e dos Impostos Especiais sobre o Consumo, e na condição de a pessoa com deficiência ser um dos ocupantes.

2. A restrição à condução a que se refere a alínea *b*) do número anterior, no que respeita à presença da pessoa com deficiência, não é aplicável às pessoas com multideficiência profunda, às pessoas com deficiência motora cujo grau de incapacidade permanente seja igual ou superior a 80% ou, não a tendo, se desloquem em cadeiras de rodas, e às pessoas com deficiência visual, quando as deslocações não excedam um raio de 60 km da residência habitual e permanente do beneficiário e de uma residência secundária a indicar pelo interessado, mediante autorização prévia da administração tributária, nesta última situação.

3. Em casos excepcionais devidamente fundamentados, pode ser autorizada a deslocação sem a presença da pessoa com deficiência por distância superior à referida no número anterior, emitindo a Direcção-Geral das Alfândegas e dos Impostos Especiais sobre o Consumo uma guia de circulação para o trajecto e tempo necessários.

4. No caso dos ascendentes e descendentes do beneficiário do regime serem pessoas com deficiência motora, ou a elas equiparados, habilitados com a declaração a que se refere o nº 1 do artigo 56º podem também eles conduzir o veículo sem quaisquer restrições, desde que devidamente autorizados pela Direcção-Geral das Alfândegas e dos Impostos Especiais sobre o Consumo e fazendo-se acompanhar de documento comprovativo dessa autorização.

(Redação dada pela Lei nº 66-B/2012, de 31-12)

SUBSECÇÃO II-A – Famílias numerosas*

Artigo 57º-A – Conteúdo da isenção

1. São objeto de uma isenção correspondente a 50% do montante do imposto sobre veículos na aquisição de automóveis ligeiros de passageiros com lotação superior a cinco lugares:

a) Os agregados familiares que comprovadamente tenham mais de três dependentes a cargo;

b) Os agregados familiares que comprovadamente tenham três dependentes a seu cargo e em que pelo menos dois tenham idade inferior a 8 anos.

2. Para efeitos do disposto no número anterior, só são considerados os automóveis ligeiros de passageiros com emissões específicas de CO_2 iguais ou inferiores a 150g/km, não podendo a isenção ultrapassar o montante de € 7 800.

3. O reconhecimento da isenção prevista no nº 1 depende de pedido dirigido à Autoridade Tributária e Aduaneira.

Artigo 57º-B – Condições relativas aos agregados familiares

1. Para efeitos do reconhecimento da isenção prevista no artigo anterior, considera-se agregado familiar os agregados constituídos por uma das seguintes situações:

a) Os cônjuges não separados judicialmente de pessoas e bens e os seus dependentes;

b) Cada um dos cônjuges ou ex-cônjuges, respetivamente, nos casos de separação judicial de pessoas e bens ou de declaração de nulidade, anulação ou dissolução do casamento, e os dependentes a seu cargo;

c) O pai ou a mãe solteiros e os dependentes a seu cargo;

d) O adotante solteiro e os dependentes a seu cargo.

2. Para efeitos do disposto no número anterior, e desde que devidamente identificados pelo número fiscal de contribuinte na declaração de rendimentos, consideram-se dependentes:

a) Os filhos, adotados e enteados, menores não emancipados, bem como os menores sob tutela;

b) Os filhos, adotados e enteados, maiores, bem como aqueles que até à maioridade estiveram sujeitos à tutela de qualquer dos sujeitos a quem incumbe a direção do agregado familiar, que, não tendo mais de 25 anos nem auferindo anualmente rendimentos superiores ao valor da retribuição mínima mensal garantida, tenham frequentado no ano a que o imposto respeita o 11º ou 12º anos de escolaridade, estabelecimento de ensino médio ou superior;

c) Os filhos, adotados, enteados e os sujeitos a tutela, maiores, inaptos para o trabalho e para angariar meios de subsistência, quando não aufiram rendimentos superiores ao salário mínimo nacional mais elevado.

* (Aditada pela Lei nº 68/2015, de 08-07).

SUBSECÇÃO III – Transferência de residência

Artigo 58º – Transferência de residência

1. Estão isentos de imposto os veículos da propriedade de pessoas, maiores de 18 anos, que transfiram a sua residência de um Estado-Membro da União Europeia ou de país terceiro para território nacional, desde que estejam reunidas as condições estabelecidas nos artigos 59º e 60º

2. Estão ainda isentos de imposto os veículos das pessoas de nacionalidade portuguesa ou de outro Estado membro da União Europeia que tenham exercido a sua actividade noutro país, durante 24 meses e cujos rendimentos estejam sujeitos a tributação efectiva em Portugal, tendo sido:

a) Cooperantes;

b) Professores que tenham exercido funções docentes no estrangeiro em cursos ministrados em língua ou sobre cultura portuguesa, em conformidade com listas publicadas pelo respectivo departamento;

c) Funcionários contratados no estrangeiro para prestarem serviço em postos diplomáticos e consulares portugueses ou para representarem serviços públicos portugueses;

d) Funcionários de organizações internacionais de que Portugal seja parte contratante.

(Redação dada pela Lei nº 114/2017, de 29-12)

Artigo 59º – Condições relativas à transferência de residência

1. O reconhecimento da isenção prevista no artigo anterior depende de pedido dirigido à Direcção-Geral das Alfândegas e dos Impostos Especiais sobre o Consumo, acompanhado de:

a) Comprovativo da residência noutro Estado-Membro da União Europeia ou em país terceiro por período de seis meses, seguidos ou interpolados se nesse país vigorarem restrições de estada, e a respetiva transferência para Portugal, na situação prevista no nº 1 do artigo anterior;

b) Comprovativo da nacionalidade, da natureza da actividade desenvolvida noutro país e do respectivo vínculo contratual e duração, nas situações previstas no nº 2 do artigo anterior.

2. Para efeitos do disposto da alínea *a)* do número anterior e no caso de a legislação do país de proveniência estabelecer restrições de estada, tendo a residência sido fixa por períodos não consecutivos, conta-se o tempo total de permanência no país com base em certificado emitido pela entidade consular competente, não podendo cada período ser inferior a 183 dias por ano civil.

3. Não se consideram residentes noutro Estado membro ou em país terceiro, as pessoas que se encontrem no estrangeiro para efeitos de estudos, estágios ou execução de funções de duração determinada até dois anos.

4. Consideram-se estudos os que estejam subordinados ao programa de uma universidade ou outra instituição educacional, bem como a formação prática relacionada com esses estudos, excepto se a actividade desenvolvida for considerada como trabalho de pesquisa independente.

5. Considera-se que a pessoa desempenhou funções de duração determinada noutro Estado membro ou em país terceiro, sempre que tenha estado subordinada a vínculo contratual de trabalho com pessoa residente em território nacional, tendo, em consequência, auferido remuneração e declarado rendimentos em Portugal.

6. A transferência de residência do sujeito passivo a que alude o nº 1 do artigo 58º implica a fixação da residência normal em território nacional de acordo com as regras estabelecidas nos nºs 6, 7 e 8 do artigo 30º

(Redação dada pela Lei nº 114/2017, de 29-12)

Artigo 60º – Condições relativas ao veículo

1. A isenção de imposto referida no artigo 58º só é concedida quando se verifiquem, cumulativamente, as seguintes condições relativas ao veículo:

a) Destinar-se a ser introduzido no consumo por ocasião da transferência de residência normal do interessado para território nacional;

b) Ter sido adquirido no país de proveniência, ou em país onde anteriormente tenha igualmente residido o proprietário, em condições gerais de tributação e não ter beneficiado na expedição ou exportação de qualquer desagravamento fiscal, presumindo-se tal facto quando o veículo se encontre munido de uma placa de matrícula de série normal, com exclusão de toda e qualquer placa temporária;

c) Ter sido propriedade do interessado no país de proveniência, durante pelo menos seis meses antes da transferência de residência, contados desde a data da emissão do documento que titula a propriedade ou da data em que celebrou o contrato de locação financeira, se for o caso.

2. Aos membros de organizações internacionais reconhecidas por Portugal, nas condições convencionalmente fixadas, aos membros das Forças Armadas dos Estados partes contratantes do Tratado do Atlântico Norte ou dos seus funcionários civis e aos funcionários abrangidos pela alínea *c)* do nº 2 do artigo 58º não é aplicável o disposto na alínea *b)* nº 1 desde que tenham cessado o exercício de funções no âmbito da organização internacional ou do Tratado do Atlântico Norte ou no posto diplomático ou consular.

(Redação dada pela Lei nº 114/2017, de 29-12)

Artigo 61º – Pedido de isenção

1. Para efeitos do reconhecimento da isenção por transferência de residência, o requerente deve apresentar, juntamente com o pedido, os seguintes documentos:

a) Declaração aduaneira de veículo;

b) Certificado de matrícula e título de registo de propriedade, se for o caso, comprovativo da propriedade do veículo;

c) (Revogada).

d) Certificado de residência oficial, emitido pela entidade administrativa com competência para o controlo de habitantes ou, caso não exista, certificado consular, onde conste a data do início e cessação da residência;

e) Documento da vida quotidiana que ateste a residência no país de proveniência, designadamente, recibos de renda de casa, consumo de água, electricidade, recibos de vencimento ou provas de desconto para efeitos de saúde e reforma.

2. A Direcção-Geral das Alfândegas e dos Impostos Especiais sobre o Consumo pode exigir a tradução oficial de documentos estrangeiros.

3. Nos casos previstos no nº 2 do artigo 58º, o pedido de isenção é acompanhado de documento emitido pela entidade competente que ateste o estatuto do requerente, bem como as datas de início e de cessação de funções.

(Redação dada pela Lei nº 114/2017, de 29-12)

Artigo 62º – Funcionários diplomáticos e consulares portugueses

1. Os funcionários diplomáticos e consulares portugueses e os funcionários cujas funções no quadro externo sejam equiparadas ao serviço diplomático, que regressem a Portugal após cessação das mesmas, beneficiam da isenção de imposto na introdução no consumo de um veículo, desde que sejam proprietários do veículo há pelo menos 12 meses antes da respectiva cessação, ou de dois veículos, no caso de serem casados e o cônjuge ou unido de facto ter acompanhado o titular do cargo no país de exercício, não podendo, neste último caso, a cilindrada acumulada ser superior a 3500 cm^3, devendo um dos veículos ficar registado em nome do cônjuge ou do unido de facto.

2. O pedido de isenção é acompanhado da DAV e de certificado do Ministério dos Negócios Estrangeiros que ateste o estatuto e a categoria profissional do requerente, o tipo de missão desempenhada e a data de início e da cessação de funções no quadro externo.

3. Em caso de transferência imprevisível e independente da vontade do requerente, que torne impossível o cumprimento do prazo previsto no nº 1, é concedida a isenção desde que o requisito relativo à propriedade do automóvel se tenha verificado por período igual ou superior a seis meses.

Artigo 63º – Funcionários, agentes das Comunidades Europeias e parlamentares europeus

1. Os funcionários e agentes das Comunidades Europeias que, tendo permanecido, pelo menos, 12 meses no exercício efetivo de funções, venham estabelecer ou restabelecer a sua residência em território nacional, após a cessação definitiva das mesmas, beneficiam de isenção de imposto sobre veículos na introdução no consumo de um veículo, desde que esse veículo:

a) Tenha sido adquirido no Estado da última residência do requerente, ou em Estado onde anteriormente tenha igualmente residido;

b) Seja propriedade do requerente há, pelo menos, 12 meses, antes da transferência de residência.

2. O pedido de isenção é acompanhado da DAV e de documento emitido pela entidade comunitária competente, que ateste a qualidade e o estatuto do requerente, bem como o período de exercício efectivo de funções.

(Redação dada pela Lei nº 66-B/2012, de 31-12)

SUBSECÇÃO IV – Outras isenções

Artigo 63º-A – Aquisição por via sucessória

Os veículos propriedade de um residente noutro Estado-Membro ou em país terceiro, adquiridos por via sucessória por um residente no território nacional, podem ser introduzidos no consumo com isenção do imposto sobre veículos, devendo o pedido de benefício ser apresentado no prazo de 24 meses, contados a partir da data do óbito, instruído com um certificado passado por um notário ou por qualquer outra entidade competente do Estado-Membro, ou do país terceiro de proveniência, comprovativo da aquisição do veículo por via sucessória.

(Aditado pela Lei nº 114/2017, de 29-12)

CAPÍTULO VII – Disposições finais

Artigo 64º – Fiscalização

1. Os veículos tributáveis estão sujeitos a fiscalização desde a entrada em território nacional até à regularização da sua situação fiscal.

2. Estão ainda sujeitos a fiscalização os veículos que tenham beneficiado de isenção ou redução de imposto, dentro do período em que se mantenham os ónus que lhes estão associados, podendo a Direcção-Geral das Alfândegas e dos Impostos Especiais sobre o Consumo, em função de critérios de risco, solicitar a especial colaboração dos postos consulares, das juntas de freguesia, dos serviços de estrangeiros, dos centros de emprego e da segurança social e outros que se venham a revelar necessários à comprovação dos elementos relevantes à concessão dos benefícios.

3. A fiscalização do cumprimento das disposições previstas neste código compete à Direcção-Geral das Alfândegas e dos Impostos Especiais sobre o Consumo, à Direcção-Geral dos Impostos, ao Instituto da Mobilidade e dos Transportes Terrestres, I. P., ao Instituto dos Registos e do Notariado, I. P., na área das respectivas atribuições, à Polícia de Segurança Pública e à Guarda Nacional Republicana, em especial à respectiva Brigada Fiscal, no que respeita à circulação dos veículos tributáveis e ao controlo da sua situação fiscal.

Artigo 65º – Impedimento de reconhecimento do direito a benefícios fiscais

1. Só podem beneficiar de isenção ou taxa reduzida de imposto sobre veículos os contribuintes que, no momento da introdução no consumo, apresentem as suas obrigações tributárias em sede de imposto sobre veículos e de imposto único de circulação integralmente satisfeitas relativamente a todos os veículos da sua propriedade e que não possuam outras dívidas tributárias ao Estado em fase de cobrança coerciva, sem que haja reclamação graciosa, impugnação judicial, recurso judicial, oposição à execução ou pagamento em prestações com prestação de garantia.

2. Para efeitos do disposto no número anterior, as conservatórias do registo automóvel, a Direcção-Geral das Alfândegas e dos Impostos Especiais sobre o Consumo e a Direcção-Geral dos Impostos devem proceder à necessária troca de informação relativamente aos contribuintes faltosos.

Artigo 66º – União de facto

Para efeitos da aplicação do presente código, a prova da união de facto, reconhecida nos termos da Lei nº 7/2001, de 11 de Maio, depende da apresentação dos seguintes documentos:

a) Declaração emitida pela junta de freguesia atestando que os interessados residem em economia comum há mais de dois anos;

b) Comprovação da identidade de domicílio fiscal dos interessados nos últimos dois anos;

c) Declaração de ambos os membros da união de facto, sob compromisso de honra, de que assumem a união e que esta perdura há mais de dois anos.

Código do Imposto Único de Circulação

CAPÍTULO I – Princípios e regras gerais

Artigo 1º – Princípio da equivalência

O imposto único de circulação obedece ao princípio da equivalência, procurando onerar os contribuintes na medida do custo ambiental e viário que estes provocam, em concretização de uma regra geral de igualdade tributária.

Artigo 2º – Incidência objectiva

1. O imposto único de circulação incide sobre os veículos das categorias seguintes, matriculados ou registados em Portugal:

a) Categoria A: Automóveis ligeiros de passageiros e automóveis ligeiros de utilização mista com peso bruto não superior a 2 500 kg que tenham sido matriculados, pela primeira vez, no território nacional ou num Estado-Membro da União Europeia ou do Espaço Económico Europeu, desde 1981 até à data da entrada em vigor do presente código;

b) Categoria B: Automóveis de passageiros referidos nas alíneas *a)* e *d)* do nº 1 do artigo 2º do Código do Imposto sobre Veículos e automóveis ligeiros de utilização mista com peso bruto não superior a 2 500 kg, cuja data da primeira matrícula, no território nacional ou num Estado-Membro da União Europeia ou do Espaço Económico Europeu, seja posterior à da entrada em vigor do presente código;

c) Categoria C: Automóveis de mercadorias e automóveis de utilização mista com peso bruto superior a 2500 kg, afectos ao transporte particular de mercadorias, ao transporte por conta própria, ou ao aluguer sem condutor que possua essas finalidades;

d) Categoria D: Automóveis de mercadorias e automóveis de utilização mista com peso bruto superior a 2500 kg, afectos ao transporte público de mercadorias, ao transporte por conta de outrem, ou ao aluguer sem condutor que possua essas finalidades;

e) Categoria E: motociclos, ciclomotores, triciclos e quadriciclos, tal como estes veículos são definidos pelo Código da Estrada, matriculados desde 1992;

f) Categoria F: Embarcações de recreio de uso particular com potência motriz igual ou superior a 20 kW, registados desde 1986;

g) Categoria G: Aeronaves de uso particular.

2. O imposto único de circulação incide ainda sobre os veículos referidos no número anterior que, não sendo sujeitos a matrícula em Portugal, aqui permaneçam por um período superior a 183 dias, seguidos ou interpolados, em cada ano civil, com exceção dos veículos de mercadorias de peso bruto igual ou superior a 12 toneladas.

3. Presumem-se afectos ao transporte particular de mercadorias ou ao transporte por conta própria os veículos relativamente aos quais se não comprove a afectação ao transporte público de mercadorias ou ao transporte por conta de outrem.

4. Nos casos de veículos das categorias F e G, entende-se por uso particular o uso de uma embarcação ou de uma aeronave pelo seu proprietário ou por uma pessoa singular ou colectiva que a utilize, mediante aluguer ou a outro título, para fins não comerciais, designadamente para fins que não sejam o transporte de pessoas, de mercadorias ou a prestação de serviços, a título oneroso ou no interesse das autoridades públicas.

(Redação dada pela Lei nº 119/2019, de 18-09)

Artigo 3º – Incidência subjectiva

1. São sujeitos passivos do imposto as pessoas singulares ou coletivas, de direito público ou privado, em nome das quais se encontre registada a propriedade dos veículos.

2. São equiparados a sujeitos passivos os locatários financeiros, os adquirentes com reserva de propriedade, bem como outros titulares de direitos de opção de compra por força do contrato de locação.

3. É ainda equiparada a sujeito passivo a herança indivisa, representada pelo cabeça de casal.

(Redação dada pelo Decreto-Lei nº 41/2016, de 01-08)

Artigo 4º – Incidência temporal

1. O imposto único de circulação é de periodicidade anual, sendo devido por inteiro em cada ano a que respeita.

2. O período de tributação corresponde ao ano que se inicia na data da matrícula ou em cada um dos seus aniversários, relativamente aos veículos das categorias A, B, C, D e E, e ao ano civil, relativamente aos veículos das categorias F e G.

3. O imposto é devido até ao cancelamento da matrícula ou registo em virtude de abate efetuado nos termos da lei.

(Redação dada pela Lei nº 66-B/2012, de 31-12)

Artigo 5º – Isenções

1. Estão isentos de imposto os seguintes veículos:

a) Veículos da administração central, regional, local e das forças militares e de segurança, bem como os veículos adquiridos pelas associações humanitárias de bombeiros ou câmaras municipais para o cumprimento das missões de protecção, socorro, assistência, apoio e combate a incêndios, atribuídas aos seus corpos de bombeiros;

b) Automóveis e motociclos da propriedade de Estados estrangeiros, de missões diplomáticas e consulares, de organizações internacionais e de agências europeias especializadas, bem como dos respectivos funcionários, quando o seu reconhecimento seja obrigatório em virtude de instrumento de direito internacional;

c) Automóveis e motociclos que, tendo mais de 20 anos e constituindo peças de museus públicos, só ocasionalmente sejam objecto de uso e não efectuem deslocações anuais superiores a 500 quilómetros;

d) Veículos não motorizados, exclusivamente elétricos ou movidos a energias renováveis não combustíveis, veículos especiais de mercadorias sem capacidade de transporte, ambulâncias e veículos dedicados ao transporte de doentes nos termos da regulamentação aplicável, veículos funerários e tratores agrícolas;

e) Veículos da categoria B que possuam um nível de emissão de CO_2 até 180g/km e veículos da categoria A, que se destinem ao serviço de aluguer com condutor (letra «T») ou ao transporte em táxi.

f) Veículos apreendidos no âmbito de um processo-crime, enquanto durar a apreensão;

g) Veículos considerados abandonados, nos termos do Código da Estrada, a partir do momento em que sejam adquiridos por ocupação pelo Estado ou pelas autarquias locais, bem como navios considerados abandonados que integrem o património do Estado nos termos do Decreto-Lei nº 202/98, de 10 de julho, alterado pelo Decreto-Lei nº 64/2005, de 15 de março;

h) Veículos declarados perdidos a favor do Estado;

i) Veículos utilizados pelas equipas de sapadores florestais que integrem o Sistema de Defesa da Floresta contra Incêndios.

2. Estão ainda isentos de imposto, os seguintes sujeitos passivos:

a) Pessoas com deficiência cujo grau de incapacidade seja igual ou superior a 60%, em relação a veículos da categoria B que possuam um nível de emissão de CO_2 até 180g/km ou a veículos das categorias A e E, e nas condições previstas nos nºs 5 e 6;

b) Instituições particulares de solidariedade social, nas condições previstas no nº 7.

3. A isenção a que se refere a alínea *b)* do nº 1 é reconhecida mediante despacho do Director-Geral dos Impostos sobre pedido acompanhado por declaração do Ministério dos Negócios Estrangeiros que comprove os pressupostos da isenção.

4. A isenção a que se refere a alínea *c)* do nº 1 deve ser objecto de comprovação em qualquer serviço de finanças, relativamente a cada ano a que respeite, mediante pedido apresentado no prazo para pagamento do imposto e acompanhado do título de propriedade e documento de identificação ou certificado de registo ou matrícula do veículo.

5. A isenção prevista na alínea *a)* do nº 2 só pode ser usufruída por cada beneficiário em relação a um veículo em cada ano, e não pode ultrapassar o montante de € 240, sendo reconhecida nos seguintes termos:

a) Em qualquer serviço de finanças, produzindo efeitos a partir do ano do pedido, ou da data do nascimento da obrigação tributária se anterior e o pedido for efetuado até ao termo do prazo de pagamento previsto no artigo 17º, desde que verificados os respetivos pressupostos;

b) Através da Internet, se a informação relativa à incapacidade estiver confirmada no cadastro da Autoridade Tributária e Aduaneira, produzindo efeitos nos termos da alínea anterior, com as devidas adaptações.

6. A isenção nos termos do número anterior não prejudica a liquidação nos termos gerais, caso o contribuinte venha a optar por usufruir do benefício relativamente a outro veículo no mesmo ano.

7. A isenção prevista na alínea *b)* do nº 2 é reconhecida no serviço de finanças da área da sede da entidade interessada mediante entrega de requerimento devidamente documentado.

8. Estão isentos de 50% do imposto os seguintes veículos:

a) Os veículos da categoria D, quando autorizados ou licenciados para o transporte de grandes objectos;

b) Os veículos das categorias C e D que efectuem transporte exclusivamente na área territorial de uma região autónoma;

c) Os veículos de categoria C, com peso bruto superior a 3500 kg, em relação aos quais os sujeitos passivos do imposto exerçam a título principal a atividade de diversão itinerante, e desde que os veículos se encontrem exclusivamente afetos a essa atividade.

9. Estão isentos os veículos que, embora permaneçam em território nacional por um período superior a 183 dias, se encontrem matriculados em série normal de outro Estado membro e preencham os requisitos exigíveis para beneficiar do regime de admissão temporária previsto no artigo 34º do Código do Imposto sobre Veículos para missões, estágios, estudos e trabalho transfronteiriço.

(Redação dada pela Lei nº 71/2018, de 31-12)

Artigo 6º – Facto gerador e exigibilidade

1. O facto gerador do imposto é constituído pela propriedade do veículo, tal como atestada pela matrícula ou registo em território nacional.

2. É ainda considerado facto gerador do imposto a permanência em território nacional por período superior a 183 dias, seguidos ou interpolados, em cada ano civil, de veículos não sujeitos a matrícula em Portugal e que não sejam veículos de mercadorias de peso bruto igual ou superior a 12 toneladas.

3. O imposto considera-se exigível no primeiro dia do período de tributação referido no nº 2 do artigo 4º

4. Sem prejuízo do referido nos números anteriores, quando seja acoplado motor ou aumentada a potência motriz dos veículos da categoria F, o imposto é devido e torna-se exigível nos 30 dias seguintes à alteração.

(Redação dada pela Lei nº 82-B/2014, de 31-12)

Artigo 7º – Base tributável

1. O imposto único de circulação possui natureza específica, sendo a sua base tributável constituída pelos seguintes elementos:

a) Quanto aos veículos das categorias A, a cilindrada, a voltagem, a antiguidade da matrícula e o combustível;

b) Quanto aos veículos da categoria B, a cilindrada e o nível de emissão de dióxido de carbono (CO_2) relativo ao ciclo combinado de ensaios resultante dos testes realizados ao abrigo do «Novo Ciclo de Condução Europeu Normalizado» (*New European Driving*

Cycle – NEDC) ou ao abrigo do «Procedimento Global de Testes Harmonizados de Veículos Ligeiros» (*Worldwide Harmonized Light Vehicle Test Procedure – WLTP*), consoante o sistema de testes a que o veículo foi sujeito para efeitos da sua homologação técnica, ou, quando este elemento não integre o certificado de conformidade, as emissões que resultam de medição efetiva realizada em centro técnico legalmente autorizado nos termos previstos para o cálculo do imposto sobre veículos;

c) Quanto aos veículos das categorias C e D, o peso bruto, o número de eixos, o tipo de suspensão dos eixos motores e antiguidade da primeira matrícula do veículo motor;

d) Quanto aos veículos da categoria E, a cilindrada e a antiguidade da matrícula;

e) Quanto aos veículos da categoria F, a potência motriz, tal como constante do respectivo livrete;

f) Quanto aos veículos da categoria G, o peso máximo autorizado à descolagem, tal como constante do certificado de aero-navegabilidade;

g) *(Revogada.)*

2. Na determinação da base tributável do imposto incidente sobre os veículos das categorias C e D, considera-se equivalente a suspensão pneumática o tipo de suspensão definido no anexo II da Diretiva 96/53/CE do Conselho, de 25 de julho de 1996, que fixa as dimensões máximas autorizadas no tráfego nacional e internacional e os pesos máximos autorizados no tráfego internacional para certos veículos rodoviários em circulação na Comunidade.

3. Na determinação da base tributável do imposto incidente sobre os veículos das categorias C e D que sejam veículos articulados, constituídos por tractor e semi-reboque, ou conjuntos formados por veículo automóvel e reboque, cujo peso bruto, excluindo o rebocável, seja igual ou superior a 12 toneladas, valem as seguintes regras:

a) O peso bruto corresponde ao peso bruto máximo que o automóvel está autorizado a deslocar;

b) O número de eixos corresponde ao número de eixos do automóvel ou tractor somado ao número de eixos do veículo rebocado;

c) O tipo de suspensão corresponde ao dos eixos motores.

4. Para efeitos do disposto na alínea *b)* do número anterior, no caso de ao mesmo veículo automóvel ou ao tractor virem a ser acoplados, alternadamente, diferentes reboques ou semi-reboques, presume-se que ao reboque correspondem dois eixos e que ao semi-reboque correspondem dois eixos se o peso bruto máximo, a que se refere a alínea *a)* do nº 3, for igual ou inferior a 36 toneladas, e três eixos se aquele peso bruto for superior a 36 toneladas.

5. Quando, para efeitos de determinação da base tributável dos veículos da categoria F, haja que proceder à conversão de unidades de potência, as fórmulas a empregar são as seguintes:

1 kW = 1,359 cv

1 kW = 1,341 HP

1 HP = 0,7457 kW

6. Nas Regiões Autónomas dos Açores e da Madeira os valores das emissões de dióxido de carbono a considerar para efeitos de determinação do IUC, são os mesmos que foram utilizados para efeitos do cálculo do ISV.

7. Quando estejam em causa veículos movidos por motores *Wankel*, a cilindrada a que se refere o nº 1 é apurada nos termos do nº 5 do artigo 7º do Código do Imposto sobre Veículos.

(Redação dada pela Lei nº 119/2019, de 18-09)

Artigo 8º – Taxas – regras gerais

1. As taxas do imposto são as que estiverem em vigor no momento em que ele se torna exigível.

2. Quando a um veículo tributável sejam aplicáveis taxas diferentes de imposto em virtude das suas características ou utilização, prevalecem as taxas mais elevadas.

3. As taxas constantes do presente código devem ser actualizadas todos os anos em função do índice de preços no consumidor.

Artigo 9º – Taxas – categoria A

As taxas aplicáveis aos veículos da categoria A são as seguintes:

Combustível Utilizado		Eletricidade Voltagem Total	Imposto anual segundo o ano da matrícula (em euros)		
Gasolina Cilindrada (cm³)	Outros Produtos Cilindrada (cm³)		Posterior a 1995	De 1990 a 1995	De 1981 a 1989
Até 1 000	Até 1 500	Até 100	18,36	11,58	8,12
Mais de 1 000 até 1 300	Mais de 1 500 até 2 000	Mais de 100	36,85	20,71	11,58
Mais de 1 300 até 1 750	Mais de 2 000 até 3 000		57,56	32,17	16,14
Mais de 1 750 até 2 600	Mais de 3 000		146,03	77,02	33,29
Mais de 2 600 até 3 500			265,18	144,40	73,53
Mais de 3 500			472,48	242,70	111,52

(Redação dada pela Lei nº 71/2018, de 31-12)

Artigo 10º – Taxas – categoria B

1. As taxas aplicáveis aos veículos da categoria B são as seguintes:

Escalão de Cilindrada (centímetros cúbicos)	Taxas (euros)	Escalão de CO_2 (gramas por quilómetro)	Taxas (euros)
Até 1 250	29,30	Até 120	60,10
Mais de 1 250 até 1 750	58,79	Mais de 120 até 180	90,06
Mais de 1 750 até 2 500	117,47	Mais de 180 até 250	195,59
Mais de 2 500	402,02	Mais de 250	335,06

2. Aos veículos da categoria B cuja data da primeira matrícula no território nacional ou num Estado membro da União Europeia ou do Espaço Económico Europeu seja posterior a 1 de janeiro de 2017, aplicam-se as seguintes taxas adicionais:

Escalão de CO_2 (gramas por quilómetro)	Taxas (euros)
Mais de 180 até 250	29,3
Mais de 250	58,79

3. Na determinação do valor total do IUC, devem multiplicar-se à coleta obtida a partir das tabelas previstas nos números anteriores os seguintes coeficientes, em função do ano da primeira matrícula do veículo em território nacional ou num Estado membro da União Europeia ou do Espaço Económico Europeu:

Ano Aq. Cat. B	Coeficiente
2007	1,00
2008	1,05
2009	1,10
2010 e seguintes	1,15

(Redação dada pela Lei nº 119/2019, de 18-09)

Artigo 11º – Taxas – categoria C

As taxas aplicáveis aos veículos da categoria C são as seguintes:

Veículos de peso bruto inferior a 12 t

Escalões de peso bruto (quilogramas)	Taxas Anuais (euros)
Até 2 500	32,42
De 2 501 a 3 500	53,69
De 3 501 a 7 500	128,65
De 7 501 a 11 999	208,68

Veículos a motor de peso bruto igual ou superior a 12 t

Escalões de peso bruto (quilogramas)	Ano da 1.ª matrícula									
	Até 1990 (inclusive)		Entre 1991 e 1993		Entre 1994 e 1996		Entre 1997 e 1999		2000 e após	
	Com suspensão pneumática ou equivalente	Com outro tipo de suspensão	Com suspensão pneumática ou equivalente	Com outro tipo de suspensão	Com suspensão pneumática ou equivalente	Com outro tipo de suspensão	Com suspensão pneumática ou equivalente	Com outro tipo de suspensão	Com suspensão pneumática ou equivalente	Com outro tipo de suspensão
	Taxas anuais (em euros)		Taxas anuais (em euros)		Taxas anuais (em euros)		Taxas anuais (em euros)		Taxas anuais (em euros)	
2 Eixos										
De 12 000	226	234	209	219	198	208	191	198	189	196
De 12 001 a 12 999	321	378	298	349	285	334	274	322	271	320
De 13 000 a 14 999	324	383	300	355	288	338	277	326	275	324
De 15 000 a 17 999	361	402	335	376	321	358	307	343	305	340
>= 18 000	458	510	425	473	407	452	392	433	389	428
3 Eixos										
< 15 000	226	321	209	297	198	284	190	274	189	271
De 15 000 a 16 999	318	359	295	333	282	320	270	305	268	302
De 17 000 a 17 999	318	367	295	340	282	325	270	312	268	309
De 18 000 a 18 999	413	456	384	423	367	405	350	390	347	386
De 19 000 a 20 999	414	456	386	423	369	409	353	390	349	391
De 21 000 a 22 999	416	462	387	427	372	460	355	393	350	437
>= 23 000	465	517	432	482	414	460	396	440	394	437
>= 4 Eixos										
< 23 000	319	357	296	331	282	318	271	302	268	300
De 23 000 a 24 999	402	453	376	421	358	402	343	387	340	384
De 25 000 a 25 999	413	456	384	423	367	405	350	390	347	386
De 26 000 a 26 999	757	857	704	799	671	761	645	730	640	723
De 27 000 a 28 999	767	877	713	817	680	780	655	751	649	744
>= 29 000	790	890	732	828	700	793	671	760	666	755

Veículos articulados e conjuntos de veículos

Escalões de peso bruto (quilogramas)	Ano da 1.ª matrícula									
	Até 1990 (inclusive)		Entre 1991 e 1993		Entre 1994 e 1996		Entre 1997 e 1999		2000 e após	
	Com suspensão pneumática ou equivalente	Com outro tipo de suspensão	Com suspensão pneumática ou equivalente	Com outro tipo de suspensão	Com suspensão pneumática ou equivalente	Com outro tipo de suspensão	Com suspensão pneumática ou equivalente	Com outro tipo de suspensão	Com suspensão pneumática ou equivalente	Com outro tipo de suspensão
	Taxas anuais (em euros)		Taxas anuais (em euros)		Taxas anuais (em euros)		Taxas anuais (em euros)		Taxas anuais (em euros)	
2+1 Eixos										
12 000	225	227	208	210	197	200	190	192	188	191
De 12 001 a 17 999	311	383	292	355	280	337	270	325	268	323
De 18 000 a 24 999	413	486	387	452	372	431	358	415	354	412
De 25 000 a 25 999	446	498	419	464	400	441	387	424	385	421
>= 26 000	831	915	780	850	745	812	717	779	713	772
2+2 Eixos										
< 23 000	307	353	290	328	277	312	267	300	266	298
De 23 000 a 25 999	397	449	375	419	355	400	344	385	342	382
De 26 000 a 30 999	758	863	710	804	676	767	656	737	650	730
De 31 000 a 32 999	819	886	768	825	732	790	709	757	704	751
>= 33 000	871	1051	819	979	781	933	757	898	751	888
2+3 Eixos										
< 36 000	771	868	722	808	691	771	669	742	663	733
De 36 000 a 37 999	851	924	801	865	764	827	738	801	731	795
>= 38 000	882	1040	827	976	792	930	765	901	759	893
3+2 Eixos										
< 36 000	765	844	717	784	686	751	663	718	658	717
De 36 000 a 37 999	784	893	737	831	704	795	677	761	672	760
De 38 000 a 39 999	786	950	738	882	705	843	680	809	673	807
>= 40 000	915	1175	858	1094	819	1045	795	1003	787	1002
>= 3+3 Eixos										
< 36 000	715	847	670	790	641	752	620	721	613	716
De 36 000 a 37 999	843	936	793	870	756	842	730	800	723	793
De 38 000 a 39 999	851	953	800	884	763	846	737	812	730	806
>= 40 000	870	967	816	901	780	858	756	825	748	819

(Redação dada pela Lei nº 71/2018, de 31-12)

Artigo 12º – Taxas – categoria D

As taxas aplicáveis aos veículos da categoria D são as seguintes:

Veículos de peso bruto inferior a 12 t

Escalões de peso bruto (em quilogramas)	Taxas anuais (em euros)
Até 2 500	17,22
De 2 501 a 3 500	29,38
De 3 501 a 7 500	66,86
De 7 501 a 11 999	111,43

Veículos a motor de peso bruto >= 12 t

Escalões de peso bruto (em quilogramas)	Ano da 1.ª matrícula									
	Até 1990 (inclusive)		Entre 1991 e 1993		Entre 1994 e 1996		Entre 1997 e 1999		2000 e após	
	Com suspensão pneumática ou equivalente	Com outro tipo de suspensão	Com suspensão pneumática ou equivalente	Com outro tipo de suspensão	Com suspensão pneumática ou equivalente	Com outro tipo de suspensão	Com suspensão pneumática ou equivalente	Com outro tipo de suspensão	Com suspensão pneumática ou equivalente	Com outro tipo de suspensão
	Taxas anuais (em euros)		Taxas anuais (em euros)		Taxas anuais (em euros)		Taxas anuais (em euros)		Taxas anuais (em euros)	
2 Eixos										
12 000	131	135	123	127	115	121	111	114	110	113
De 12 001 a 12 999	152	197	143	185	137	177	133	172	132	171
De 13 000 a 14 999	154	198	145	186	139	178	135	173	134	171
De 15 000 a 17 999	188	274	177	254	170	244	163	236	161	235
>=18 000	222	344	207	325	198	310	191	299	189	297
3 Eixos										
< 15 000	130	155	122	146	114	140	110	136	109	135
De 15 000 a 16 999	154	200	145	187	139	179	135	174	134	173
De 17 000 a 17 999	154	200	145	187	139	179	135	174	134	173
De 18 000 a 18 999	185	264	175	246	166	236	161	229	159	227
De 19 000 a 20 999	185	264	175	246	166	236	161	229	159	227
De 21 000 a 22 999	187	282	176	265	169	251	162	243	161	241
>=23 000	281	350	264	330	250	316	243	303	241	301
>= 4 Eixos										
< 23 000	154	196	145	184	139	135	135	171	134	170
De 23 000 a 24 999	218	261	203	245	193	234	188	227	186	226
De 25 000 a 25 999	247	288	233	270	223	255	216	248	215	246
De 26 000 a 26 999	402	503	378	471	361	452	347	435	344	432
De 27 000 a 28 999	405	504	380	474	362	453	348	436	346	433
>=29 000	456	678	426	638	409	609	394	590	391	583

Veículos articulados e conjuntos de veículos

Escalões de peso bruto (em quilogramas)	Ano da 1.ª matrícula									
	Até 1990 (inclusive)		Entre 1991 e 1993		Entre 1994 e 1996		Entre 1997 e 1999		2000 e após	
	Com suspensão pneumática ou equivalente	Com outro tipo de suspensão	Com suspensão pneumática ou equivalente	Com outro tipo de suspensão	Com suspensão pneumática ou equivalente	Com outro tipo de suspensão	Com suspensão pneumática ou equivalente	Com outro tipo de suspensão	Com suspensão pneumática ou equivalente	Com outro tipo de suspensão
	Taxas anuais (em euros)		Taxas anuais (em euros)		Taxas anuais (em euros)		Taxas anuais (em euros)		Taxas anuais (em euros)	
2 + 1 Eixos										
12 000	129	130	121	121	113	113	110	110	109	109
De 12 001 a 17 999	152	194	143	183	137	175	133	170	132	169
De 18 000 a 24 999	196	256	184	241	171	231	171	224	170	222
De 25 000 a 25 999	247	366	233	342	217	327	217	318	215	315
>=26 000	376	502	350	471	325	449	325	434	323	431

Escalões de peso bruto (em quilogramas)	Ano da 1.ª matrícula									
	Até 1990 (inclusive)		Entre 1991 e 1993		Entre 1994 e 1996		Entre 1997 e 1999		2000 e após	
	Com suspensão pneumática ou equivalente	Com outro tipo de suspensão	Com suspensão pneumática ou equivalente	Com outro tipo de suspensão	Com suspensão pneumática ou equivalente	Com outro tipo de suspensão	Com suspensão pneumática ou equivalente	Com outro tipo de suspensão	Com suspensão pneumática ou equivalente	Com outro tipo de suspensão
	Taxas anuais (em euros)		Taxas anuais (em euros)		Taxas anuais (em euros)		Taxas anuais (em euros)		Taxas anuais (em euros)	
2 + 2 Eixos										
< 23 000	152	194	143	183	137	176	133	170	132	169
De 23 000 a 24 999	184	245	174	231	165	221	159	215	158	213
De 25 000 a 25 999	216	259	201	243	192	233	186	226	184	224
De 26 000 a 28 999	310	433	290	407	277	389	268	376	266	374
De 29 000 a 30 999	373	495	347	465	332	443	322	428	320	425
De 31 000 a 32 999	439	581	413	547	394	520	382	503	379	500
>=33 000	585	682	549	641	523	612	506	592	502	588
2 + 3 Eixos										
< 36 000	430	494	404	464	385	441	374	427	371	424
De 36 000 a 37 999	461	648	432	608	412	580	399	562	395	557
>=38 000	634	702	596	658	567	628	550	608	546	604
3 + 2 Eixos										
< 36 000	365	425	341	400	327	382	317	369	315	366
De 36 000 a 37 999	437	571	411	536	392	512	381	495	378	490
De 38 000 a 39 999	573	672	540	631	514	604	498	583	493	578
>=40 000	795	926	746	868	711	830	689	802	682	796
>= 3 + 3 Eixos										
< 36 000	303	395	285	372	272	354	264	341	261	339
De 36 000 a 37 999	399	495	376	465	358	443	344	428	342	425
De 38 000 a 39 999	465	501	436	469	416	448	404	433	400	430
>=40 000	478	676	448	636	427	607	414	588	411	582

(Redação dada pela Lei nº 71/2018, de 31-12)

Artigo 13º – Taxas – categoria E

As taxas aplicáveis aos veículos da categoria E são as seguintes:

Escalão de cilindrada (em centímetros cúbicos)	Taxa anual (em euros) (segundo o ano da matrícula do veículo)	
	Posterior a 1996	Entre 1992 e 1996
De 120 até 250	5,71	0,00
Mais de 250 até 350	8,08	5,71
Mais de 350 até 500	19,53	11,56
Mais de 500 até 750	58,68	34,56
Mais de 750	127,44	62,50

(Redação dada pela Lei nº 71/2018, de 31-12)

Artigo 14º – Taxas – categoria F

A taxa aplicável aos veículos da categoria F é de 2,72 €/kW.
(Redação dada pela Lei nº 71/2018, de 31-12)

Artigo 15º – Taxas – categoria G

A taxa aplicável aos veículos da categoria G é de 0,69 €/kg, tendo o imposto o limite de 12 642 €.

(Redação dada pela Lei nº 71/2018, de 31-12)

CAPÍTULO II – Liquidação e pagamento

Artigo 16º – Liquidação

1. A competência para a liquidação do imposto é da Autoridade Tributária e Aduaneira considerando-se, para todos os efeitos legais, o ato tributário praticado no serviço de finanças da residência ou sede do sujeito passivo.

2. A liquidação do imposto é feita pelo próprio sujeito passivo através da *Internet*, nas condições de registo e acesso às declarações eletrónicas.

3. A liquidação do imposto pode ainda ser feita em qualquer serviço de finanças, por solicitação do sujeito passivo que não esteja abrangido pela obrigação prevista no nº 9 do artigo 19º da lei geral tributária, ou quando se verifique alguma das seguintes circunstâncias:

a) Os veículos tributáveis não se encontrem matriculados no território nacional;

b) Os veículos tributáveis beneficiem de isenção cujos pressupostos devam ser objecto de comprovação;

c) Exista erro de identificação ou omissão de veículo tributável na base de dados, que não permita ao sujeito passivo liquidar o imposto através da *Internet*.

4. No momento da liquidação do imposto é emitido documento único de cobrança que, certificado pelos meios em uso na rede da cobrança, comprova o bom pagamento do imposto.

5. Quando se verifique furto, extravio ou inutilização da documentação comprovativa do pagamento do imposto ou de isenção pode ser obtida certidão comprovativa em qualquer serviço de finanças ou através da *Internet*.

6. Não é devido pagamento nem há lugar a qualquer cobrança sempre que o montante do imposto liquidado seja inferior a € 10.

(Redação dada pela Lei nº 40/2016, de 19-12)

Artigo 17º – Prazo para liquidação e pagamento

1. No ano da matrícula ou registo do veículo em território nacional, o imposto é liquidado pelo sujeito passivo do imposto nos 30 dias posteriores ao termo do prazo legalmente exigido para o respectivo registo.

2. Nos anos subsequentes o imposto deve ser liquidado até ao termo do mês em que se torna exigível, nos termos do nº 2 do artigo 4º

3. Na reactivação de matrícula cancelada o imposto deve ser liquidado no prazo de 30 dias a contar da data da reactivação.

4. Nas situações previstas no nº 4 do artigo 6º, o imposto deve ser liquidado no prazo de 30 dias, a contar da alteração.

5. Nas situações a que se refere o nº 2 do artigo 6º, o imposto deve ser liquidado no prazo de 30 dias a contar do termo do período nele previsto.

(Redação dada pela Lei nº 82-B/2014, de 31-12)

Artigo 17º-A – Efeitos fiscais da regularização da propriedade

Sem prejuízo do disposto no artigo 3º, a alteração da titularidade do direito de propriedade efetuada ao abrigo do procedimento especial para registo de propriedade de veículos adquirida por contrato verbal de compra e venda releva para efeitos de imposto único de circulação, desde a data da transmissão, quando aquele pedido for apresentado pelo vendedor no prazo de um ano após o decurso do prazo para cumprimento do registo obrigatório referido no artigo 2º daquele procedimento especial.

(Aditado pela Lei nº 82-B/2014, de 31-12)

Artigo 18º – Liquidação oficiosa

1. Na ausência de registo de propriedade do veículo efetuado dentro do prazo legal, o imposto devido é liquidado e exigido:

a) Ao sujeito passivo do imposto sobre veículos com base na declaração aduaneira do veículo em que assenta a liquidação desse imposto, ainda que não seja devido;

b) Ao que seria sujeito passivo do imposto sobre veículos com base na declaração aduaneira de veículo entregue nos termos do nº 3 do artigo 17º do CISV, quando se trate de veículos excluídos daquele imposto.

2. Na falta ou atraso de liquidação imputável ao sujeito passivo, ou no caso de erro, omissão, falta ou qualquer outra irregularidade que prejudique a cobrança do imposto, a Autoridade Tributária e Aduaneira procede à liquidação oficiosa com base nos elementos de que disponha, notificando o sujeito passivo para, no prazo de 10 dias úteis, proceder ao respetivo pagamento.

3. Findo o prazo referido no número anterior sem que esteja efectuado o pagamento do imposto, é extraída a correspondente certidão de dívida.

4. Não há lugar a qualquer anulação sempre que o montante do imposto a restituir seja inferior a € 10.

(Redação dada pela Lei nº 119/2019, de 18-09)

Artigo 18º-A – Revisão oficiosa da liquidação

1. Sem prejuízo do disposto no artigo 78º da lei geral tributária, as liquidações são oficiosamente revistas quando ocorra erro imputável às entidades competentes para a manutenção, conservação e atualização das matrículas dos veículos a que se refere o artigo 2º

2. São também oficiosamente revistas as liquidações, quando ocorram inexatidões ou erros materiais manifestos, imputáveis às entidades competentes para o registo.

(Redação dada pela Lei nº 119/2019, de 18-09)

CAPÍTULO III – Obrigações acessórias, fiscalização e regime contra-ordenacional

Artigo 19º – Obrigações específicas dos locadores de veículos

(Revogado pela Lei nº 7-A/2016, de 30-03)

Artigo 20º – Competência para a fiscalização

1. O cumprimento das obrigações impostas por este código é fiscalizado por todas as autoridades com competência para o efeito, designadamente pela Direcção-Geral dos Impostos, pela Direcção-Geral das Alfândegas e dos Impostos Especiais sobre o Consumo, pelo Instituto da Mobilidade e dos Transportes Terrestres, I. P., pela Guarda Nacional Republicana, pela Polícia de Segurança Pública, pelos municípios, pelas conservatórias do registo automóvel, pelas capitanias dos portos e pela Polícia Marítima, bem como pelos serviços privativos de estradas e aeroportos.

2. A autoridade ou agente da autoridade que verifique qualquer infracção ao presente código, e quando para tal tenha competência, deve levantar auto de notícia e remetê-lo ao serviço de finanças da área onde foi cometida a infracção, para que o mesmo proceda à instauração do correspondente processo.

3. O funcionário que no exercício ou por causa do exercício das suas funções tenha conhecimento de qualquer infracção ao presente código e que não seja competente para levantar auto de notícia deve participá-la ao serviço de finanças da área onde foi cometida a infracção, para que o mesmo proceda à instauração do correspondente processo.

4. As infracções ao presente código consideram-se praticadas na área do serviço de finanças do domicílio ou sede do infractor.

Artigo 21º – Falta de entrega da prestação tributária

A falta de entrega, total ou parcial, do imposto único de circulação que seja devido nos termos do presente código, quando não consubstancie crime, é punível nos termos previstos pelo artigo 114º do Regime Geral das Infracções Tributárias, aprovado pela Lei nº 15/2001, de 5 de Junho.

Artigo 22º – Apreensão e imobilização do veículo

1. Autuadas as infracções a que se refere o artigo anterior, há lugar à apreensão ou imobilização imediata do veículo, bem como à apreensão dos documentos que titulam a respectiva circulação, até ao cumprimento das obrigações tributárias em falta.

2. Sendo impossível a apreensão ou imobilização imediata do veículo, o agente ou funcionário que apure a infracção deve mencionar tal facto no auto de notícia ou na participação, devendo o chefe do serviço de finanças competente promover imediatamente as diligências para a apreensão, junto das autoridades policiais ou de aviação civil.

3. Para satisfação do imposto e das coimas resultantes da violação ao disposto no presente código, bem como das despesas de remoção e armazenagem do veículo, a Fazenda Pública goza de privilégio mobiliário especial sobre o veículo tributável, salvo se a transmissão se tiver concretizado por venda judicial ou extrajudicial em processo a que o Estado deva ser chamado a deduzir os seus direitos.

4. Verificada a apreensão da documentação, deve a mesma ser apresentada juntamente com o auto de notícia no serviço de finanças competente, comunicando este a ocorrência de imediato ao Instituto da Mobilidade e dos Transportes Terrestres, I.P., ou aos serviços competentes em matéria de transportes terrestres, no caso das regiões autónomas.

5. Efectuado o pagamento da coima, cessam os efeitos da apreensão, cabendo ao serviço de finanças competente a devolução da documentação apreendida e comunicar o facto ao Instituto da Mobilidade e dos Transportes Terrestres, I. P., ou aos serviços competentes em matéria de transportes terrestres, no caso das regiões autónomas.

Artigo 23º – Pagamento imediato do imposto

1. É facultado ao infractor o pagamento do imposto em falta e da respectiva coima no acto da verificação da infracção, mediante a emissão de recibo provisório.

2. O auto de notícia, bem como o duplicado do recibo provisório e a respectiva importância, são enviados pelo autuante, no prazo de três dias, ao serviço de finanças competente, para efeitos de instrução do processo de contra-ordenação.

3. Quando se mostre conveniente, pode o autuante, no mesmo prazo, fazer a apresentação da documentação e meios de pagamento em qualquer serviço de finanças, que os remete de imediato ao serviço de finanças competente.

4. Efectuado o pagamento a que se referem os números anteriores, o chefe do serviço de finanças procede de imediato à sua arrecadação, enviando os documentos e comprovativo do pagamento para o serviço de finanças competente.

5. O serviço de finanças competente para a instauração do processo de contra-ordenação deve entregar ao proprietário do veículo um comprovativo do pagamento, mediante a apresentação de declaração por parte do sujeito passivo e devolução do recibo provisório.

Artigo 24º – Cancelamento da matrícula

Sem prejuízo do disposto no Código da Estrada, há lugar ao cancelamento da matrícula, que é solicitado pela Autoridade Tributária e Aduaneira à entidade competente, nos seguintes casos:

a) Veículos registados em nome de pessoas coletivas extintas;

b) Veículos registados em nome de sujeitos passivos que tenham falecido e não sejam conhecidos quaisquer herdeiros ou legatários, ou todos os herdeiros conhecidos tenham repudiado a herança.

(Aditado pelo Decreto-Lei nº 41/2016, de 01-08)

Lei nº 82-B/2014, de 31 de Dezembro

(...)

Artigo 216º – Adicional em sede de imposto único de circulação

1. Sobre os veículos a gasóleo enquadráveis nas categorias A e B do IUC, previstas nas alíneas *a*) e *b*) do nº 1 do artigo 2º do Código do IUC, aprovado pela Lei nº 22-A//2007, de 29 de junho, incide um adicional de IUC com as seguintes taxas:

a) Veículos a gasóleo enquadráveis na categoria A:

Gasóleo — Cilindrada (centímetros cúbicos)	Taxa adicional segundo o ano de matrícula (euros)		
	Posterior a 1995	De 1990 a 1995	De 1981 a 1989
Até 1 500	3,14	1,98	1,39
Mais de 1 500 até 2 000	6,31	3,55	1,98
Mais de 2 000 até 3 000	9,86	5,51	2,76
Mais de 3 000	25,01	13,19	5,70

b) Veículos a gasóleo enquadráveis na categoria B:

Gasóleo — Cilindrada (centímetros cúbicos)	Taxa adicional (euros)
Até 1 250	5,02
Mais de 1 250 até 1 750	10,07
Mais de 1 750 até 2 500	20,12
Mais de 2 500	68,85

2. As isenções, totais ou parciais, aplicáveis em sede de IUC são igualmente aplicáveis ao adicional previsto no presente artigo.

3. Aplicam-se ao adicional de IUC as regras de liquidação e pagamento previstas nos artigos 16º a 23º do Código do IUC.

4. A receita do adicional de IUC reverte integralmente para o Orçamento do Estado, nos termos dos artigos 10º-A, 10º-B e 88º da lei de enquadramento orçamental, aprovada pela Lei nº 91/2001, de 20 de agosto, alterada e republicada pela Lei nº 41/2014, de 10 de julho.

5. Às matérias não reguladas no presente artigo aplica-se o Código do IUC.

(...)

Nota:

Nos termos do artigo 308º (Adicional em sede de imposto único de circulação), da Lei nº 71/2018, de 31-12, mantém-se em vigor em 2019 o adicional de IUC previsto no artigo 216º da Lei nº 82-B/2014, de 31 de dezembro, aplicável sobre os veículos a gasóleo enquadráveis nas categorias A e B previstos nas alíneas *a*) e *b*) do nº 1 do artigo 2º do Código do IUC.

ÍNDICE-SUMÁRIO

PARTE GERAL

CONSTITUIÇÃO DA REPÚBLICA PORTUGUESA 9

PRINCÍPIOS FUNDAMENTAIS 9

PARTE I Direitos e deveres fundamentais 11

TÍTULO I Princípios gerais 11

TÍTULO II Direitos, liberdades e garantias 12

CAPÍTULO I Direitos, liberdades e garantias pessoais 12

TÍTULO III Direitos e deveres económicos, sociais e culturais 13

CAPÍTULO II Direitos e deveres sociais 13

PARTE II Organização económica 14

TÍTULO I Princípios gerais 14

TÍTULO IV Sistema financeiro e fiscal 15

PARTE III Organização do poder político 17

TÍTULO I Princípios gerais 17

TÍTULO III Assembleia da República 19

CAPÍTULO II Competência 19

TÍTULO IV Governo 23

CAPÍTULO III Competência 23

TÍTULO V Tribunais 24

CAPÍTULO II Organização dos tribunais 24

TÍTULO VII Regiões autónomas 24

TÍTULO VIII Poder local 27

CAPÍTULO I Princípios gerais 27

CAPÍTULO III Município 27

TÍTULO IX Administração Pública 27

LEI GERAL TRIBUTÁRIA

DECRETO-LEI Nº 398/98, DE 17 DE DEZEMBRO 29

TÍTULO I Da ordem tributária 33

CAPÍTULO I Princípios gerais 33

CAPÍTULO II Normas tributárias 35

TÍTULO II Da relação jurídica tributária 37
CAPÍTULO I Sujeitos da relação jurídica tributária 37
CAPÍTULO II Objecto da relação jurídica tributária 42
CAPÍTULO III Constituição e alteração da relação jurídica tributária 44
CAPÍTULO IV Extinção da relação jurídica tributária 45
SECÇÃO I Pagamento da prestação tributária 45
SECÇÃO II Caducidade do direito de liquidação 46
SECÇÃO III Prescrição da prestação tributária 48
CAPÍTULO V Garantia da prestação tributária 49
TÍTULO III Do procedimento tributário 50
CAPÍTULO I Regras gerais 50
CAPÍTULO II Sujeitos 54
SECÇÃO I Administração tributária 54
SECÇÃO II Contribuintes e outros interessados 64
CAPÍTULO III Do procedimento 67
SECÇÃO I Início do procedimento 67
SECÇÃO II Instrução 68
CAPÍTULO IV Decisão 69
CAPÍTULO V Procedimentos de avaliação 71
SECÇÃO I Princípios gerais 71
SECÇÃO II Avaliação indirecta 72
SUBSECÇÃO I Pressupostos 72
SUBSECÇÃO II Critérios 75
SUBSECÇÃO III Procedimentos 76
TÍTULO IV Do processo tributário 79
CAPÍTULO I Acesso à justiça tributária 79
CAPÍTULO II Formas de processo e processo de execução 80

CÓDIGO DE PROCEDIMENTO E DE PROCESSO TRIBUTÁRIO
DECRETO-LEI Nº 433/99, DE 26 DE OUTUBRO 83
TÍTULO I Disposições gerais 89
CAPÍTULO I Âmbito e direito subsidiário 89
CAPÍTULO II Dos sujeitos procedimentais e processuais 90
SECÇÃO I Da personalidade e da capacidade tributárias 90
SECÇÃO II Da legitimidade 91
SECÇÃO III Da competência 91
SECÇÃO IV Dos atos procedimentais e processuais 94
SUBSECÇÃO I Dos prazos 94
SUBSECÇÃO II Do expediente interno 96
SUBSECÇÃO III Das notificações e citações 98
TÍTULO II Do procedimento tributário 103
CAPÍTULO I Disposições gerais 103
CAPÍTULO II Procedimentos prévios de informação e avaliação 106

CAPÍTULO III Do procedimento de liquidação 107
SECÇÃO I Da instauração 107
SECÇÃO II Da decisão 108
SECÇÃO III Dos juros indemnizatórios 108
SECÇÃO IV Procedimentos próprios 109
CAPÍTULO IV Do reconhecimento dos benefícios fiscais 110
CAPÍTULO V Dos recursos hierárquicos 111
CAPÍTULO VI Do procedimento de reclamação graciosa 112
CAPÍTULO VII Da cobrança 115
SECÇÃO I Disposições gerais 115
SECÇÃO II Das garantias da cobrança 115
SECÇÃO III Do pagamento voluntário 117
SECÇÃO IV Das formas e meios de pagamento 121
CAPÍTULO VIII Do procedimento de correção de erros da administração tributária 122
TÍTULO III Do processo judicial tributário 123
CAPÍTULO I Disposições gerais 123
SECÇÃO I Da natureza e forma de processo judicial tributário 123
SECÇÃO II Das nulidades do processo judicial tributário 125
CAPÍTULO II Do processo de impugnação 126
SECÇÃO I Disposições gerais 126
SECÇÃO II Da petição 127
SECÇÃO III Da contestação 129
SECÇÃO IV Do conhecimento inicial do pedido 130
SECÇÃO V Da instrução 131
SECÇÃO VI Da sentença 133
SECÇÃO VII Dos incidentes 134
SECÇÃO VIII Da impugnação dos atos de autoliquidação, substituição tributária, pagamentos por conta e dos atos de liquidação com fundamento em classificação pautal, origem ou valor aduaneiro das mercadorias 135
CAPÍTULO III Dos processos de ação cautelar 136
SECÇÃO I Disposições gerais 136
SECÇÃO II Do arresto 137
SECÇÃO III Do arrolamento 138
SECÇÃO IV Da apreensão 138
SECÇÃO V Da impugnação das providências cautelares adotadas pela administração tributária 139
CAPÍTULO IV Ação para o reconhecimento de um direito ou interesse legítimo em matéria tributária 139
CAPÍTULO V Dos meios processuais acessórios 140
CAPÍTULO VI Da intimação para um comportamento 141
TÍTULO IV Da execução fiscal 141
CAPÍTULO I Disposições gerais 141
SECÇÃO I Do âmbito 141

SECÇÃO II Da competência 142
SECÇÃO III Da legitimidade 143
SUBSECÇÃO I Da legitimidade dos exequentes 143
SUBSECÇÃO II Da legitimidade dos executados 143
SECÇÃO IV Dos títulos executivos 145
SECÇÃO V Das nulidades processuais 146
SECÇÃO VI Dos incidentes e impugnações 146
SECÇÃO VII Da suspensão, interrupção e extinção do processo 147
CAPÍTULO II Do processo 150
SECÇÃO I Disposições gerais 150
SECÇÃO II Da instauração e citação 154
SECÇÃO III Garantias especiais 157
SECÇÃO IV Do pagamento em prestações 157
SECÇÃO V Da dação em pagamento 161
SECÇÃO VI Da oposição 163
SECÇÃO VII Da apreensão de bens 166
SUBSECÇÃO I Do arresto 166
SUBSECÇÃO II Da penhora 167
SUBSECÇÃO III Dos embargos de terceiro 174
SECÇÃO VIII Da convocação dos credores e da verificação dos créditos 174
SECÇÃO IX Da venda dos bens penhorados 176
SECÇÃO X Da extinção da execução 181
SUBSECÇÃO I Da extinção por pagamento coercivo 181
SUBSECÇÃO II Da extinção por pagamento voluntário 182
SUBSECÇÃO III Da declaração em falhas 184
SECÇÃO XI Das reclamações e recursos das decisões do órgão da execução fiscal 184
TÍTULO V Dos recursos dos atos jurisdicionais 185

COMBATE AO PLANEAMENTO FISCAL ABUSIVO
DECRETO-LEI Nº 29/2008, DE 25 DE FEVEREIRO 191
CAPÍTULO I Objecto e âmbito 193
CAPÍTULO II Deveres 196
CAPÍTULO III Gestão 197
CAPÍTULO IV Ilícitos de mera ordenação social 198
CAPÍTULO V Disposições finais 199

REGIMES DE TRIBUTAÇÃO PRIVILEGIADA
PORTARIA Nº 150/2004, DE 13 DE FEVEREIRO 201

REGIME COMPLEMENTAR DO PROCEDIMENTO DE INSPEÇÃO TRIBUTÁRIA E ADUANEIRA
DECRETO-LEI Nº 413/98, DE 31 DE DEZEMBRO 205
PARTE I Procedimento de inspecção tributária 207

TÍTULO I Princípios e disposições gerais 207
CAPÍTULO I Objecto e âmbito 207
CAPÍTULO II Princípios do procedimento de inspecção tributária 209
CAPÍTULO III Classificações do procedimento de inspecção tributária 210
TÍTULO II Competência e garantias de imparcialidade 211
CAPÍTULO I Competência 211
CAPÍTULO II Garantias de imparcialidade 212
TÍTULO III Planeamento e selecção 214
CAPÍTULO I Planeamento 214
CAPÍTULO II Selecção 215
TÍTULO IV Actos de inspecção 215
CAPÍTULO I Garantias do exercício da função inspectiva 215
CAPÍTULO II Local, horário dos actos de inspecção e prazo do procedimento 219
CAPÍTULO III Notificações e informações 221
PARTE II Marcha do procedimento de inspecção 223
TÍTULO I Início do procedimento de inspecção 223
CAPÍTULO I Preparação, programação e planeamento 223
CAPÍTULO II Cooperação e notificação para início do procedimento 224
TÍTULO II Actos do procedimento de inspecção 226
TÍTULO III Conclusão e efeitos do procedimento de inspecção 229
CAPÍTULO I Conclusão do procedimento de inspecção 229
CAPÍTULO II Efeitos do procedimento de inspecção 231

SISTEMA DE INSPEÇÃO TRIBUTÁRIA POR INICIATIVA DO SUJEITO PASSIVO OU DE TERCEIRO
DECRETO-LEI Nº 6/99, DE 8 DE JANEIRO 233

REGIME GERAL DAS INFRAÇÕES TRIBUTÁRIAS
LEI Nº 15/2001, DE 5 DE JUNHO 237
PARTE I Princípios gerais 241
CAPÍTULO I Disposições comuns 241
CAPÍTULO II Disposições aplicáveis aos crimes tributários 244
CAPÍTULO III Disposições aplicáveis às contra-ordenações 249
PARTE II Do processo 253
CAPÍTULO I Processo penal tributário 253
CAPÍTULO II Processo de contra-ordenação tributária 257
SECÇÃO I Disposições gerais 257
SECÇÃO II Processo de aplicação das coimas 262
SUBSECÇÃO I Da fase administrativa 262
SUBSECÇÃO II Da fase judicial 266
PARTE III Das infracções tributárias em especial 267
TÍTULO I Crimes tributários 267

CAPÍTULO I Crimes tributários comuns 267
CAPÍTULO II Crimes aduaneiros 269
CAPÍTULO III Crimes fiscais 273
CAPÍTULO IV Crimes contra a segurança social 275
TÍTULO II Contra-ordenações tributárias 275
CAPÍTULO I Contra-ordenações aduaneiras 275
CAPÍTULO II Contra-ordenações fiscais 280

DOS IMPOSTOS EM ESPECIAL

CÓDIGO DO IMPOSTO SOBRE O RENDIMENTO DAS PESSOAS SINGULARES
DECRETO-LEI Nº 442-A/88, DE 30 DE NOVEMBRO 291
DECRETO-LEI Nº 198/2001, DE 3 DE JULHO 297
LEI Nº 82-E/2014, DE 31 DE DEZEMBRO 299
CAPÍTULO I Incidência 319
SECÇÃO I Incidência real 319
SECÇÃO II Incidência pessoal 339
CAPÍTULO II Determinação do rendimento coletável 347
SECÇÃO I Regras gerais 347
SECÇÃO II Rendimentos do trabalho 350
SECÇÃO III Rendimentos empresariais e profissionais 351
SECÇÃO IV Rendimentos de capitais 359
SECÇÃO V Rendimentos prediais 360
SECÇÃO VI Incrementos patrimoniais 361
SECÇÃO VII Pensões 365
SECÇÃO VIII Dedução de perdas 366
SECÇÃO IX Abatimentos 367
SECÇÃO X Processo de determinação do rendimento coletável 367
CAPÍTULO III Taxas 373
CAPÍTULO IV Liquidação 380
CAPÍTULO V Pagamento 396
CAPÍTULO VI Obrigações acessórias 411
CAPÍTULO VII Fiscalização 420
CAPÍTULO VIII Garantias 421
CAPÍTULO IX Disposições diversas 422

TABELA DE ATIVIDADES EXERCIDAS PELOS SUJEITOS PASSIVOS DO IRS
PORTARIA Nº 1011/2001, DE 21 DE AGOSTO 425

TABELA DE ATIVIDADES DE ELEVADO VALOR ACRESCENTADO, COM CARÁTER CIENTÍFICO, ARTÍSTICO OU TÉCNICO EXERCIDAS POR RESIDENTES NÃO HABITUAIS
PORTARIA Nº 12/2010, DE 7 DE JANEIRO 429

CÓDIGO DO IMPOSTO SOBRE O RENDIMENTO DAS PESSOAS COLETIVAS
DECRETO-LEI Nº 442-B/88, DE 30 DE NOVEMBRO 433
DECRETO-LEI Nº 159/2009, DE 13 DE JULHO 441
LEI Nº 2/2014, DE 16 DE JANEIRO 449
CAPÍTULO I Incidência 462
CAPÍTULO II Isenções 469
CAPÍTULO III Determinação da matéria coletável 476
SECÇÃO I Disposições gerais 476
SECÇÃO II Pessoas coletivas e outras entidades residentes que exerçam, a título principal, atividade comercial, industrial ou agrícola 477
SUBSECÇÃO I Regras gerais 477
SUBSECÇÃO II Mensuração e perdas por imparidades em ativos correntes 486
SUBSECÇÃO III Depreciações, amortizações e perdas por imparidades em ativos não correntes 489
SUBSECÇÃO IV Imparidades 494
SUBSECÇÃO IV-A Provisões 494
SUBSECÇÃO V Regime de outros encargos 496
SUBSECÇÃO VI Regime das mais-valias e menos-valias realizadas 501
SUBSECÇÃO VII Instrumentos financeiros derivados 506
SUBSECÇÃO VIII Empresas de seguros 508
SUBSECÇÃO VIII-A Rendimentos de patentes e outros direitos de propriedade industrial 508
SUBSECÇÃO IX Dedução de lucros e reservas distribuídos e de mais e menos-valias realizadas com a transmissão onerosa de partes sociais 510
SUBSECÇÃO X Dedução de prejuízos 514
SECÇÃO III Pessoas coletivas e outras entidades residentes que não exerçam, a título principal, atividade comercial, industrial ou agrícola 516
SECÇÃO III-A Estabelecimentos estáveis de entidades residentes 517
SECÇÃO IV Entidades não residentes 519
SECÇÃO V Determinação do lucro tributável por métodos indiretos 520
SECÇÃO VI Disposições comuns e diversas 521
SUBSECÇÃO I Correções para efeitos da determinação da matéria coletável 521
SUBSECÇÃO II Regime especial de tributação dos grupos de sociedades 530

SUBSECÇÃO III Transformação de sociedades 535
SUBSECÇÃO IV Regime especial aplicável às fusões, cisões, entradas de ativos e permutas de partes sociais 535
SUBSECÇÃO V Liquidação de sociedades e outras entidades 544
SUBSECÇÃO VI Transferência de residência de uma sociedade para o estrangeiro e cessação de atividade de entidades não residentes 545
SUBSECÇÃO VII Realização de capital de sociedades por entrada de património de pessoa singular 549
SECÇÃO VII Regime simplificado de determinação da matéria coletável 549
CAPÍTULO IV Taxas 552
CAPÍTULO V Liquidação 556
CAPÍTULO VI Pagamento 568
SECÇÃO I Entidades que exerçam, a título principal, atividade comercial, industrial ou agrícola 568
SECÇÃO II Entidades que não exerçam, a título principal, atividade comercial, industrial ou agrícola 573
SECÇÃO III Disposições comuns 573
CAPÍTULO VII Obrigações acessórias e fiscalização 575
SECÇÃO I Obrigações acessórias dos sujeitos passivos 575
SECÇÃO II Outras obrigações acessórias de entidades públicas e privadas 586
SECÇÃO III Fiscalização 587
CAPÍTULO VIII Garantias dos contribuintes 588
CAPÍTULO IX Disposições finais 591

REGIME DAS DEPRECIAÇÕES E AMORTIZAÇÕES PARA EFEITOS DE IRC

DECRETO REGULAMENTAR Nº 25/2009, DE 14 DE SETEMBRO 593

ESTATUTO DOS BENEFÍCIOS FISCAIS

DECRETO-LEI Nº 215/89, DE 1 DE JULHO 615
PARTE I Princípios gerais 623
PARTE II Benefícios fiscais com carácter estrutural 628
CAPÍTULO I Benefícios fiscais de natureza social 628
CAPÍTULO II Benefícios fiscais à poupança 630
CAPÍTULO III Benefícios fiscais ao sistema financeiro e mercado de capitais 632
CAPÍTULO IV Benefícios fiscais às zonas francas 644
CAPÍTULO V Benefícios fiscais relativos a relações internacionais 653
CAPÍTULO VI Benefícios fiscais à capitalização das empresas 656
CAPÍTULO VII Benefícios fiscais relativos a bens imóveis 660
CAPÍTULO VIII Outros benefícios fiscais 667
CAPÍTULO IX Benefícios fiscais à reestruturação empresarial 677
CAPÍTULO X Benefícios fiscais relativos ao mecenato 679

CAPÍTULO XI Benefícios às cooperativas 685
CAPÍTULO XII Benefícios pela exigência de fatura 687
CAPÍTULO XIII Benefício ao reinvestimento de lucros e reservas 687
PARTE III Benefícios fiscais com carácter temporário 687

CÓDIGO DO IMPOSTO SOBRE O VALOR ACRESCENTADO
DECRETO-LEI Nº 394-B/84, DE 26 DE DEZEMBRO 693
DECRETO-LEI Nº 102/2008, DE 20 DE JUNHO 697
CAPÍTULO I Incidência 701
CAPÍTULO II Isenções 715
SECÇÃO I Isenções nas operações internas 715
SECÇÃO II Isenções na importação 720
SECÇÃO III Isenções na exportação, operações assimiladas a exportações e transportes internacionais 721
SECÇÃO IV Outras isenções 724
CAPÍTULO III Valor tributável 726
SECÇÃO I Valor tributável nas transacções internas 726
SECÇÃO II Valor tributável na importação de bens 729
CAPÍTULO IV Taxas 729
CAPÍTULO V Liquidação e pagamento do imposto 730
SECÇÃO I Deduções 730
SECÇÃO II Pagamento do imposto 739
SECÇÃO III Outras obrigações dos contribuintes 741
SECÇÃO IV Regimes especiais 756
SUBSECÇÃO I Regime de isenção 756
SUBSECÇÃO II Regime forfetário dos produtores agrícolas 758
SUBSECÇÃO III Regime dos pequenos retalhistas 761
SUBSECÇÃO IV Regime de tributação dos combustíveis líquidos aplicável aos revendedores 764
SECÇÃO V Disposições comuns 766
CAPÍTULO VI Fiscalização e determinação oficiosa do imposto 774
CAPÍTULO VII Garantias dos sujeitos passivos 778
CAPÍTULO VIII Disposições finais 779
LISTA I Bens e serviços sujeitos a taxa reduzida 780
LISTA II Bens e serviços sujeitos a taxa intermédia 785
ANEXO A – Lista das actividades de produção agrícola 786
ANEXO B – Lista das prestações de serviços agrícolas 786
ANEXO C – Lista dos bens a que se refere o artigo 15º, nº 4, do CIVA 786
ANEXO D – Lista exemplificativa de prestações de serviços por via electrónica 787
ANEXO E – Lista dos bens e serviços do sector de desperdícios, resíduos e sucatas recicláveis a que se refere a alínea *i*) do nº 1 do artigo 2º 787

ANEXO F – Lista das atividades de produção agrícola 788
ANEXO G – Lista das prestações de serviços agrícolas 788

REGIME DO IVA NAS TRANSAÇÕES INTRACOMUNITÁRIAS
DECRETO-LEI Nº 290/92, DE 28 DE DEZEMBRO 789
CAPÍTULO I Incidência 797
CAPÍTULO II Isenções 803
CAPÍTULO III Valor tributável 805
CAPÍTULO IV Taxas 806
CAPÍTULO V Liquidação e pagamento do imposto 806
SECÇÃO I Deduções 806
SECÇÃO II Reembolsos 807
SECÇÃO III Pagamento do imposto 807
CAPÍTULO VI Outras obrigações dos sujeitos passivos 808
CAPÍTULO VII Disposições finais 813

REFORMA DA TRIBUTAÇÃO DO PATRIMÓNIO
DECRETO-LEI Nº 287/2003, DE 12 DE NOVEMBRO 815
CAPÍTULO I Aprovação 816
CAPÍTULO II Alterações legislativas 816
CAPÍTULO III Regime transitório 816
CAPÍTULO IV Disposições finais 828

CÓDIGO DO IMPOSTO MUNICIPAL SOBRE IMÓVEIS
CAPÍTULO I Incidência 833
CAPÍTULO II Isenções 837
CAPÍTULO III Matrizes prediais 839
CAPÍTULO IV Do objecto e tipos de avaliação na determinação do valor patrimonial tributário 840
CAPÍTULO V Do valor patrimonial tributário dos prédios rústicos 841
SECÇÃO I Do rendimento fundiário 841
SECÇÃO II Avaliação de base cadastral 841
SECÇÃO III Avaliação de base não cadastral 845
SECÇÃO IV Avaliação directa 846
SECÇÃO V Disposições diversas 846
CAPÍTULO VI Do valor patrimonial tributário dos prédios urbanos 847
SECÇÃO I Da iniciativa da avaliação 847
SECÇÃO II Das operações de avaliação 847
CAPÍTULO VII Dos organismos de coordenação e de avaliação 855
SECÇÃO I Da propriedade rústica 855
SUBSECÇÃO I Organismos de coordenação 855
SUBSECÇÃO II Dos peritos avaliadores 858
SECÇÃO II Da propriedade urbana 859
SECÇÃO III Disposições comuns 862

CAPÍTULO VIII Reclamações e impugnações da avaliação 863
SECÇÃO I De prédios rústicos 863
SECÇÃO II De prédios urbanos 865
SECÇÃO III Disposição comum 866
CAPÍTULO IX Organização e conservação das matrizes 867
SECÇÃO I Disposições comuns 867
SECÇÃO II Matrizes cadastrais rústicas 868
SECÇÃO III Matrizes não cadastrais rústicas 869
SECÇÃO IV Matrizes urbanas 869
SECÇÃO V Cadernetas prediais 870
SECÇÃO VI Guarda e conservação do cadastro geométrico 871
SECÇÃO VII Alterações matriciais 873
SECÇÃO VIII Renovação das matrizes 874
CAPÍTULO X Taxas 875
CAPÍTULO XI Liquidação 878
CAPÍTULO XII Pagamento 879
CAPÍTULO XIII Fiscalização 881
CAPÍTULO XIV Garantias 882
CAPÍTULO XV Adicional ao imposto municipal sobre imóveis 884
SECÇÃO I Incidência 884
SECÇÃO II Valor tributável 885
SECÇÃO III Taxa 887
SECÇÃO IV Liquidação e Pagamento 887
SECÇÃO V Disposições relativas a impostos de rendimento 888
SECÇÃO VI Outras disposições 889
CAPÍTULO XVI Disposições diversas 890

CÓDIGO DO IMPOSTO MUNICIPAL SOBRE AS TRANSMISSÕES ONEROSAS DE IMÓVEIS

CAPÍTULO I Incidência 895
CAPÍTULO II Isenções 898
CAPÍTULO III Determinação do valor tributável 903
CAPÍTULO IV Taxas 908
CAPÍTULO V Liquidação 910
CAPÍTULO VI Cobrança 914
CAPÍTULO VII Garantias 916
CAPÍTULO VIII Fiscalização 917
CAPÍTULO IX Disposições diversas 920

CÓDIGO DO IMPOSTO DO SELO

LEI Nº 150/99, DE 11 DE SETEMBRO 921
CAPÍTULO I Incidência 928
CAPÍTULO II Isenções 935
CAPÍTULO III Valor tributável 938

SECÇÃO I Regras gerais 938
SECÇÃO II Nas transmissões gratuitas 939
CAPÍTULO IV Taxas 944
CAPÍTULO V Liquidação 945
SECÇÃO I Regras gerais 945
SECÇÃO II Nas transmissões gratuitas 945
SECÇÃO III Regras comuns 950
CAPÍTULO VI Pagamento 951
CAPÍTULO VII Garantias 954
CAPÍTULO VIII Obrigações acessórias e fiscalização 954
SECÇÃO I Regras gerais 954
SUBSECÇÃO I Obrigações dos sujeitos passivos 954
SUBSECÇÃO II Obrigações de entidades públicas e privadas 956
SECÇÃO II Nas transmissões gratuitas 957
CAPÍTULO IX Disposições diversas 958
Tabela Geral do Imposto do Selo 961

CÓDIGO DOS IMPOSTOS ESPECIAIS DE CONSUMO
DECRETO-LEI Nº 73/2010, DE 21 DE JUNHO 965
PARTE I Parte geral 971
CAPÍTULO I Princípios e regras gerais 971
CAPÍTULO II Liquidação, pagamento e reembolso do imposto 977
CAPÍTULO III Produção, transformação e armazenagem em regime de suspensão 981
CAPÍTULO IV Circulação em regime de suspensão 988
CAPÍTULO V Perdas e Inutilização 992
CAPÍTULO VI Garantias 994
CAPÍTULO VII Circulação e tributação após a introdução no consumo 997
PARTE II Parte especial 1000
CAPÍTULO I Imposto sobre o álcool, as bebidas alcoólicas e as bebidas adicionadas de açúcar ou outros edulcorantes 1000
SECÇÃO I Álcool e bebidas alcoólicas 1000
SECÇÃO II Bebidas não alcoólicas 1011
CAPÍTULO II Imposto sobre os produtos petrolíferos e energéticos 1013
CAPÍTULO III Imposto sobre o tabaco 1025
CAPÍTULO IV Disposições finais 1035

LEI Nº 71/2018, DE 31 DE DEZEMBRO
Artigo 309º – Adicional às taxas do imposto sobre os produtos petrolíferos e energéticos 1036

REFORMA DA TRIBUTAÇÃO AUTOMÓVEL
LEI Nº 22-A/2007, DE 29 DE JUNHO 1037

CÓDIGO DO IMPOSTO SOBRE VEÍCULOS
CAPÍTULO I Princípios e regras gerais 1041
CAPÍTULO II Estatuto dos sujeitos passivos 1048
CAPÍTULO III Introdução no consumo 1051
CAPÍTULO IV Liquidação, pagamento e reembolso 1055
CAPÍTULO V Regimes suspensivos 1058
SECÇÃO I Admissão e importação temporária 1058
SUBSECÇÃO I Regras gerais 1058
SUBSECÇÃO II Regras especiais 1060
SECÇÃO II Expedição e exportação 1065
CAPÍTULO VI Regimes de isenção 1067
SECÇÃO I Regras gerais 1067
SECÇÃO II Regras especiais 1070
SUBSECÇÃO I Funções de autoridade, utilidade pública e serviço de táxi 1070
SUBSECÇÃO II Pessoas com deficiência 1073
SUBSECÇÃO II-A Famílias numerosas 1076
SUBSECÇÃO III Transferência de residência 1077
SUBSECÇÃO IV Outras isenções 1080
CAPÍTULO VII Disposições finais 1080

CÓDIGO DO IMPOSTO ÚNICO DE CIRCULAÇÃO
CAPÍTULO I Princípios e regras gerais 1083
CAPÍTULO II Liquidação e pagamento 1093
CAPÍTULO III Obrigações acessórias, fiscalização e regime contra-ordenacional 1095

LEI Nº 82-B/2014, DE 31 DE DEZEMBRO
Artigo 216º Adicional em sede de imposto único de circulação 1099

SUMÁRIO

PARTE GERAL

CONSTITUIÇÃO DA REPÚBLICA PORTUGUESA 9

LEI GERAL TRIBUTÁRIA
Decreto-Lei nº 398/98, de 17 de Dezembro 29

CÓDIGO DE PROCEDIMENTO E DE PROCESSO TRIBUTÁRIO
Decreto-Lei nº 433/99, de 26 de Outubro 83

COMBATE AO PLANEAMENTO FISCAL ABUSIVO
Decreto-Lei nº 29/2008, de 25 de Fevereiro 191

REGIMES DE TRIBUTAÇÃO PRIVILEGIADA
Portaria nº 150/2004, de 13 de Fevereiro 201

REGIME COMPLEMENTAR DO PROCEDIMENTO DE INSPEÇÃO TRIBUTÁRIA E ADUANEIRA
Decreto-Lei nº 413/98, de 31 de Dezembro 205

SISTEMA DE INSPEÇÃO TRIBUTÁRIA POR INICIATIVA DO SUJEITO PASSIVO OU DE TERCEIRO
Decreto-Lei nº 6/99, de 8 de Janeiro 233

REGIME GERAL DAS INFRAÇÕES TRIBUTÁRIAS
Lei nº 15/2001, de 5 de Junho 237

DOS IMPOSTOS EM ESPECIAL

CÓDIGO DO IMPOSTO SOBRE O RENDIMENTO DAS PESSOAS SINGULARES
Decreto-Lei nº 442-A/88, de 30 de Novembro 291

TABELA DE ATIVIDADES EXERCIDAS PELOS SUJEITOS PASSIVOS DO IRS
Portaria nº 1011/2001, de 21 de Agosto 425

TABELA DE ATIVIDADES DE ELEVADO VALOR ACRESCENTADO, COM CARÁTER CIENTÍFICO, ARTÍSTICO OU TÉCNICO EXERCIDAS POR RESIDENTES NÃO HABITUAIS
Portaria nº 12/2010, de 7 de Janeiro 429

CÓDIGO DO IMPOSTO SOBRE O RENDIMENTO DAS PESSOAS COLETIVAS
Decreto-Lei nº 442-B/88, de 30 de Novembro 433

REGIME DAS DEPRECIAÇÕES E AMORTIZAÇÕES PARA EFEITOS DE IRC
Decreto Regulamentar nº 25/2009, de 14 de Setembro 593

ESTATUTO DOS BENEFÍCIOS FISCAIS
Decreto-Lei nº 215/89, de 1 de Julho 615

CÓDIGO DO IMPOSTO SOBRE O VALOR ACRESCENTADO
Decreto-Lei nº 394-B/84, de 26 de Dezembro 693

REGIME DO IVA NAS TRANSAÇÕES INTRACOMUNITÁRIAS
Decreto-Lei nº 290/92, de 28 de Dezembro 789

REFORMA DA TRIBUTAÇÃO DO PATRIMÓNIO
Decreto-Lei nº 287/2003, de 12 de Novembro 815

CÓDIGO DO IMPOSTO MUNICIPAL SOBRE IMÓVEIS 831

CÓDIGO DO IMPOSTO MUNICIPAL SOBRE AS TRANSMISSÕES ONEROSAS DE IMÓVEIS 893

CÓDIGO DO IMPOSTO DO SELO
Lei nº 150/99, de 11 de Setembro 921

CÓDIGO DOS IMPOSTOS ESPECIAIS DE CONSUMO
Decreto-Lei nº 73/2010, de 21 de Junho 965

Lei nº 71/2018, de 31 de dezembro
Artigo 309º – Adicional às taxas do imposto sobre os produtos petrolíferos e energéticos 1036

REFORMA DA TRIBUTAÇÃO AUTOMÓVEL
Lei nº 22-A/2007, de 29 de Junho 1037

CÓDIGO DO IMPOSTO SOBRE VEÍCULOS 1041

CÓDIGO DO IMPOSTO ÚNICO DE CIRCULAÇÃO 1083

Lei nº 82-B/2014, de 31 de Dezembro
Artigo 216º Adicional em sede de imposto único de circulação 1099

ÍNDICE-SUMÁRIO 1101
SUMÁRIO 1115